- 20世纪每年的详尽史实分析，涵盖生活的方方面面：政治、军事、体育、艺术以及科学……
- 1000多张图片解读这个世纪
- 《20世纪看得见的历史》是每个家庭必备的20世纪编年史之一

FOREWORD BY

**THE RT.HON.
SIR EDWARD HEATH,**

K.G.,M.B.E.,M.P.

GENERAL EDITOR:

THRRY BURROWS

主 编：【英】特里·布劳斯

译 者：周光尚 望 震 薄景山

20世纪
看得见的历史

VISUAL HISTORY
of the TWENTIETH
CENTURY

中国社会科学出版社

图书在版编目（CIP）数据

图字：01-2004-3633 号

20 世纪看得见的历史／（英）布劳斯主编；周光尚等译.—北京：中国社会科学出版社，2006.1（2009.2 重印）

书名原文：Visual History of the Twentieth Century

ISBN 978-7-5004-5328-4

Ⅰ.2… Ⅱ.①布… ②周… Ⅲ.世界史：现代史-20 世纪 Ⅳ.K15

中国版本图书馆 CIP 数据核字（2005）第 139469 号

出 版 人　赵剑英
责任编辑　孔继萍　高　涵
责任校对　林福国
责任印制　何　艳

出　　版　中国社会科学出版社
社　　址　北京鼓楼西大街甲 158 号（邮编 100720）
网　　址　http：//www.csspw.cn
　　　　　中文域名：中国社科网　　010-64070619
发 行 部　010-84083685
门 市 部　010-84029450
经　　销　新华书店及其他书店

印刷装订　北京市兴怀印刷厂
版　　次　2006 年 1 月第 1 版
印　　次　2009 年 2 月第 5 次印刷

开　　本　850×1168　1/16
印　　张　36
插　　页　2
字　　数　1100 千字
定　　价　98.00 元

前　言

亚伯拉罕·林肯曾说过："同胞们，我们无法逃避历史。"他说的没错，但他或许可以补充道：如果我们尽其所能地了解历史，我们便会从中获益匪浅。

不论战后学校的课程设置合理与否，我都因下面的事实一次次地感到震惊和失望：现在，人们对哪怕是距今最近的历史也知之甚少。他们往往只对自己国家的历史略知一二，而对其他国家的历史则几乎一无所知。本书就是要帮助人们填补这方面的空白。

回顾20世纪的历史，我们取得了大量的成就。有许多事实，足以说服态度最坚决的怀疑论者。本书精心挑选了一些博学的分析家和时事评论员的个人评论，我们可在阅读本书的过程中根据客观事实对其作出评判。另外，本书还精选了一些图片。

如果说一幅图片需要用上千个词语，或者更多词语来对其进行描述，那么本书可谓是最佳选择。通过本书我们可以看到人类取得了难以察觉的成就，并从中感悟人类的价值；在感受我们的同胞或整个世界所经历过的绝望或得意、胜利或灾难的过程中，我们可以得出自己的结论。这一切都会让我们认识到我们像现在这样生存的原因以及我们的父母或祖父母曾拥有或缺少、抓住或失去的机遇。

与1900年相比，在20世纪末我们取得了长足的进步。然而，历史还是给我们留下了诸多教训，而这些教训却往往为人们所忽视。正如我在书中所描述的那样，20世纪好像注定要大体上像其开始的时候那样走向结束，这时巴尔干半岛出现了流血和混乱的局面。常言道："忽视历史教训的民族注定要重蹈覆辙。"我希望，通过阅读本书，人们能够从中吸取更多的教训，从而避免更多的灾难，在人类面临抉择之际会有更多的人参与讨论。因而我们人人都会有机会过上更好的生活。

爱德华·希思[1]

---

[1]爱德华·希思爵士　1970年至1974年任英国保守党首相，2005年7月17日病逝，享年89岁，终身未婚。爱德华·希思爵士曾26次访华，会晤过毛泽东主席，与邓小平有长期和亲密的私人关系，对全面恢复中英关系起过重要且积极的作用。

序 言

　　1895 年，赫伯特·乔治·威尔斯发表了其第一篇小说《时间机器》，该小说一经发表就获得了成功。当我们回顾世事变迁并思考我们对 21 世纪所寄予的希望和存在的忧虑的时候，我们总会将这篇小说的内容同世纪之交的情形联系起来。

　　在 100 年后的今天，我们得以验证威尔斯的预言中最悲观的情形并未随着时间的推移而消逝——至少还没有以他所描述的方式而消逝。但让我们暂且设想：公众当中的普通一员能够利用赫伯特·乔治·威尔斯不可思议的发明活到今天，他会用怎样的理由来解释周围世界所发生的变化呢？毫不夸张地说，在 20 世纪，人类在其生活的各个可以想象的领域均取得了重大的进展。但要说世界的确已经变得几乎面目全非了，这正确吗？首先，我们来考察一下我们的交通工具。20 世纪初，国内最有效的交通工具要数行驶于发达国家大城市之间力量巨大的蒸汽机车了。而对于国际交通工具来说，昂贵的远洋航行班轮则迎合了富人实现横越大西洋之旅的想法。对于想完成全球旅行的其他大多数人来说，除了参加陆军或海军之外几乎就没有什么机会了。

　　新内燃机的发明者还在竭力使机动车成为切实可行的交通工具。当时的机动车噪音大，可靠性差，速度不比马车快，但当时的旅行者却难以想象，在不到一个世纪的时间里机动车会从一件新奇的事物变成多数当代西方人的生活必需品。

　　最引人注目的是，人们可能最难想象今天早已习以为常的空中旅行在当时却是人类最后不能征服的几大障碍之一。尽管热气球早在一个世纪前就已升上天空，但机械飞行还正处在试验的最初阶段。事实上，仍有一些科学家和工程师公开声称"比空气重的"飞行器简直是不可能的。正如我们现在所了解的那样，1903 年，莱特兄弟在基蒂·霍克进行的试验，证明了这些人的说法是不正确的。但即使是莱特兄弟最忠实的支持者也不敢产生这样的梦想：在数十年的时间里，人类会完全征服天空，而且人会在月球表面着陆，然后安全返回地面。

　　我们的通讯方式也在过去 100 年当中得到了飞跃性的发展。由亚历山大·格雷姆·贝尔发明并取得专利的电话在 19 世纪和 20 世纪之交还是一种新生事物。直到 20 世纪 50 年代，普通的劳动者才能够考虑打电话这一奢侈消费的可能性——当你想同你必须面对面或以书信的方式才能交流的一个人进行交流时。当时，如果你想了解世界上正在发生的事情，报纸会向你做全面报道。当 20 世纪 20 年代无线电收音机问世的时候，这一状况发生了革命性的变化。但 20 世纪影响最大的通讯革新却是来自一位名叫约翰·洛吉·贝尔德的苏格兰工程师所做的电视实验。贝尔德的发现对动力学界产生了不可估量的影响。现在，电视给观众提供了大量的新闻和娱乐节目。但怀疑者却在几十年的时间里对这种"匣子"持蔑视态度，认为它腐化了家庭生活，并让我们远离宗教。今天，电视和其相关事物，如电脑和互联网，却全然成了我们生活中最重要的内容。

尽管人类取得了这些了不起的技术成就，但对许多由来已久的态度和看法却念念不忘。20世纪的历史表明，当我们要解决我们内部存在的争端时，我们仍旧倾向于诉诸武力。在刚过去的100年中，世界的大部分地区曾两度被卷入毁灭性战争的漩涡。在1914年至1918年间爆发的第一次世界大战当中，有1000多万年轻人在毫无目的或毫无意识形态意义的战争中失去了生命。面对杀伤力日益强大的武器，落后的军事战略已远远不合时宜，因此，战争伤亡巨大。在这场"结束一切战争的战争"发生21年之后，欧洲再次陷入战争。在1939年至1945年期间，协约国军队顽强反抗纳粹分子领导下的德国的侵略扩张。第二次世界大战在现代历史中占据着非常重要的地位。在6年的时间里，世界的大部分地区陷入了一片混乱之中。1945年8月6日，美国向日本城市广岛投掷了一颗原子弹，瞬间导致25万人死亡。这清楚地表明世界依然如故。

在接下来的45年中，作为"冷战"的一部分，意识形态矛盾的两个"超级大国"——美国和苏联迅速发展核武器，核毁灭的阴影笼罩着整个世界。直到1990年苏联解体，对核毁灭的担忧才渐渐消退。

在我们迈入新千年之际，技术继续以几乎难以置信的速度飞速发展。有线卫星电视让我们能够一按按钮就能观看数百个频道的电视节目；互联网为我们提供了了解信息的各种渠道，这在10年前看来还是不可能的事情；我们对人体器官工作方式的理解继续深化；宇宙的神秘面纱慢慢揭开，我们对地球上生命的起源了解得越来越多。但正如艾尔弗雷德·丁尼生所写的那样，"知识来了，智慧却迟迟不见踪影"。虽然我们在科学进步方面取得了巨大成就，但我们却惊讶地发现，我们相信在21世纪我们当中的一员可能会到一颗遥远的行星表面上徒步行走，却担心我们没有能力缔造中东持久的和平、解决北爱尔兰永无休止的争斗、缓解负债累累的第三世界国家的饥荒或者营造巴尔干国家和睦相处的氛围。令人感到悲哀的是，21世纪的重要历史事件看来不可避免地要从这些永久的冲突当中衍生出来。

目 录

前言 ·· 5

爱德华·希思（英帝国勋章获得者、嘉德勋爵士、英国前首相）

序言 ·· 6

特里·伯罗斯

1900-1909   10

1910-1919   38

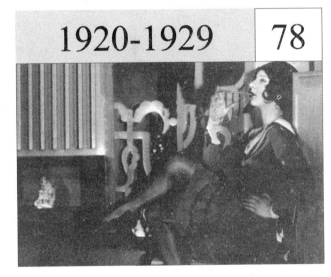

1920-1929   78

1930-1939   114

1940-1949 | 154

1970-1979 | 350

1950-1959 | 218

1980-1989 | 420

1960-1969 | 282

1990-1999 | 490

索引 561

图片来源说明 576

英国工人运动的诞生

▲工人代表委员会第一任书记拉姆齐·麦克唐纳。

19^{00} 年 2 月 28 日，英国工人运动向其在议会中获得成功的目标迈进了一大步。独立工党（成立于 1893 年）同工人联合会（成立于 1868 年）合作，成立了工人代表委员会。该机构的第一任书记是苏格兰人詹姆斯·拉姆齐·麦克唐纳，他曾在 1894 年作为议员候选人在选举中落选。

19 世纪中期，为改善英国工人的困境，罗伯特·欧文等社会改革家和宪章运动者已经做了大量的工作，但在他们赢得选举权之后的 30 年间，工人运动却一直是一盘散沙，结果他们未能取代由托利党党员（保守党党员）和辉格党党员（自由党党员）组成的政府。工人代表委员会努力与工人运动中同自己意见迥异的力量联合起来，以结束工人阶级对忽视其利益的政府制度所表现出来的普遍厌恶。

左翼党派是坚持强硬路线的社会民主联盟，其领袖是亨利·汉德曼。汉德曼是一位著名的马克思主义者，1881 年他发表了自宪章运动时代以来英国的第一部文献——《所有人的英国》。虽然他对英国其他社会党人产生了重大影响，但卡尔·马克思并不喜欢他，马克思认为他过高地评价了自己的思想。由一群旨在通过法律范围内的社会改革而非马克思主义革命建立民主社会主义国家的知识分子组成的更温和的费边社，也提出了自己的主张，提出实行费边社会主义，主张温和缓进，反对无产阶级革命运动。

1906 年工人代表委员会正式更名为工党，但要看到其在议会中产生一定的影响力还要再等 18 年。

义和团运动

19^{00} 年 5 月，在中国北方地区爆发了官方鼓励的农民起义。发起者是以"义和拳"（字面意思是"正义、和谐的拳头"）而出名的一个团体。该团体由练拳习武之人组成，他们认为练拳习武能产生非凡的力量。

正如西方人所了解的那样，18 世纪后，义和团变得活跃起来，他们对外公开的目标是将所有外国势力赶出中国。随着 19 世纪

▶一群英国军官在"检查"北京的大门。

90 年代后期外国对中国东北地区侵略的加剧，慈禧太后开始将义和团当作民兵，鼓励他们的活动。义和团的第一个攻击目标是传播西方价值观的基督教使团。1900 年 5 月，义和团军队集结到北京和北方的港口城市天津周围。

6 月，慈禧太后下令处死所有外国人。在北京，教堂和其他外国在华建筑被

新闻摘要

· 世界人口达到 17 亿。
· 连接北美五大湖和密西西比河的芝加哥大运河开通。
· 弗里德里克·多恩发现氢元素。
· 伊斯曼·柯达照相器材公司推出勃朗尼盒式照相机。
· 贾科莫·普契尼创作的歌剧《托斯加》在罗马首次公演。
· 第一批留声机唱片上市。
· 第一本《米其林美食指南》出版。
· 英国创办《每日快报》。
· 本年度出版的图书包括西格蒙德·弗洛伊德的《释梦》、约瑟夫·康拉德的《吉姆老爷》和弗兰克·L.鲍姆的《绿野仙踪》。

1 月
· 南尼日利亚成为英国的保护国。
· 被流放到西伯利亚的列宁获得自由。
· 英国艺术评论家约翰·罗斯金去世。

2 月
· 英国军队击退布尔人对金伯利和莱迪史密斯的围攻。

3 月
· 旧金山爆发腹股沟淋巴结炎瘟疫。
· 印度爆发饥饿罢工。

4 月
· 阿散蒂军队围攻英国在

夷为平地，中国基督教徒遭到杀害，德国公使克林德被枪杀。外国公使馆遭围攻，后来一支强大的国际救援部队穿过天津直抵首都，此时围攻才得以解除，而义和团也在北京战败。尽管人数远远超过侵略军，但由于其供应贫乏，武器短缺，成分混杂的义和团和农民总是注定要失败。

尽管慈禧太后曾下过命令，但义和团运动的活动范围主要还是限于中国东北地区。中国南方和中原地区的地方官员认为维持同世界各国的关系对中国的发展是极其重要的，而无视北京反对外国的立场。他们在当地民众中间宣传这样的观点，即义和团运动没有得到清政府的支持，而只是一次地方叛乱。

1901年9月7日，奕劻、李鸿章代表清政府与英国、美国、德国、法国、俄国、意大利、日本、奥地利、荷兰、比利时、西班牙十一国公使在北京签订了《辛丑和约》。此后敌对状态随之结束。

◀义和团运动被镇压后，英德两国骑兵占领北京紫禁城。

米诺斯文化

▲阿瑟·伊文思爵士在克里特岛上的了不起的发现中最重要的部分——诺萨斯宫殿中的宝座。

19 00年5月19日，英国考古学家阿瑟·伊文思爵士通过发掘获得了关于古代世界的最了不起的发现之一，他在爱琴海的克里特岛上发现了诺萨斯古城遗址。

伊文思是牛津大学阿希莫林博物馆的馆长，他曾提出：希腊大陆的迈锡尼文化发源于克里特岛。

1886年，他在克里特区今天的首府伊拉克利翁购买了一片土地，诺萨斯古城遗址恰好就在这片土地上。他的发现引起了建筑界的震惊，这一发现有力地证明：在公元前3000年至公元前1100年，该岛上存在着高度发达的青铜时代的文化。

诺萨斯古城遗址的中心是一座建有复杂而迂回的走廊的特大宫殿遗址，根据希腊神话，这里是宙斯之子米诺斯王的住所。据说，这座宫殿里有一个迷宫，里面住着一个人身牛头怪物——神话中长着人身和牛头的妖怪。

跟大部分克里特文化一样，诺萨斯古城于公元前1450年前后毁于同特拉火山爆发有关的几次地震，沉没的阿特兰提斯城的传说可能就是由此而来的。

为纪念神话中的国王，伊文思将这一新文化命名为"米诺斯文化"。在接下来的25年中，他继续挖掘遗址，他通过挖掘获得的大量人工制品为文明的发展提供了至关重要的新资料。他后来的工作主要是努力译解在遗址中出土的三千多件黏土字版上发现的米诺斯"B类线形文字"。1941年，伊文思去世，虽然当时他未能获得成功，但他所做的工作为迈克尔·文特里斯于11年后成功译解"B类线形文字"奠定了基础。

西非的库马西堡垒黄金海岸基地。
· 美国吞并夏威夷。
· 无政府主义者企图在比利时暗杀威尔士亲王爱德华。
· 巴黎博览会开幕。

5月
· 汤加成为英国的保护国。
· 英国军队解除布尔人对南非马弗京的包围。
· 英国吞并奥兰治自由邦。

6月
· 英国军队在德兰士瓦从布尔人手中夺取比勒陀利亚。
· 首届汽车拉力赛举行（巴黎到里昂）。
· 德国宣布扩充海军。

7月
· 第二届奥林匹克运动会在巴黎开幕。
· 齐柏林式飞艇完成第一次飞行。
· 列宁离开俄国流亡瑞士。
· 巴黎地下铁路开通。
· 意大利国王翁贝托一世在蒙察遇刺，伊曼纽尔三世继位。

8月
· 秘鲁和厄瓜多尔发生地震，数千人遇难。
· 美国在首届戴维斯杯网球赛中夺冠。

9月
· 澳大利亚联邦宣告成立。
· 爱尔兰民族主义者游行示威，反对英国的统治。

11月
· 美国民主党候选人威廉·麦金莱赢得总统大选。
· 英国作曲家阿瑟·沙利文和剧作家奥斯卡·王尔德去世。

12月
· 马克斯·普朗克教授揭示量子理论。

新闻摘要

- 《英国教育法》在英格兰和威尔士实施，为人们提供中等教育。
- 澳大利亚推行普遍选举权。
- 中国清朝皇帝下诏废除裹足习俗。
- 皮埃尔·居里和玛丽·居里分离出镭盐。
- 英国的贝利斯和斯塔林发现激素。
- 法国实行反教权主义政策。
- 人造纤维获得专利。
- 里茨豪华旅馆在伦敦开业。
- 查尔斯·帕泰在巴黎创办电影制片厂。
- 法国作曲家克劳德·德彪西的作品《牧神午后前奏曲》首次公演。
- 拉赫玛尼诺夫的作品《第二钢琴协奏曲》首次公演。
- 本年度出版的图书包括约瑟夫·康拉德的《黑暗的中心》、亨利·詹姆斯的《鸽翼》和奥古斯特·埃斯科菲耶的《烹饪指导》。

1月
- 中国清廷迁回北京。
- 俄国废除死刑。

2月
- 科学家发现蚊子会传播黄热病。

3月
- 美国汽车协会成立。

帝国创建者之死

1902年3月26日，英帝国在非洲的杰出人物塞西尔·罗德斯去世。

罗德斯1853年生于赫特福德郡的一个传教士家庭。他早期的抱负已显示出他倾向于成为一名法律或神职人员，但他早期阶段的教育因肺病而受到了严重的影响。在他17岁的时候，他前往南非加入其兄长所从事的活动。他们一起奔赴世界钻石开采中心金伯利。在此后的十年中，罗德斯在南非获得了大量的财富，其间曾返回英国，在牛津大学完成了他的学业。罗德斯不断扩充着自己的财富，截至1890年，人们认为他所创办的公司——德比尔矿业公司拥有世界钻石存储量的90%以上。

不过，最重要的是罗德斯是一位效忠英帝国的

▲企图建立英国统治下的非洲大陆的领土扩张主义者塞西尔·罗德斯。

人，他的梦想是看到一个在英国统治下的统一的非洲大陆。19世纪80年代，他积极参与当地的政治。根据政府的特许，他下令建立了南非公司，以寻求新领土，向北方扩张英国的统治，鼓励商业和殖民，并保护矿藏。1890年，他的"开拓者"们向北前进，穿过马塔贝莱兰，建立了一个根据地，他们以英国首相的

名字将其命名为"索尔兹伯里"。五年后，这一领地正式更名为"罗德西亚"。

1890年，罗德斯出任开普殖民地总督。他是一位独裁的统治者，他同德兰士瓦共和国总统克鲁格激烈的个人敌对状态在其统治期间占据着支配性的地位。1895年，他默许批准进行企图以武力占领德兰士瓦的"詹姆森袭击"行动，结果这一行动损失惨重，并激化了开普同德兰士瓦之间本已十分棘手的关系，最终导致了其政治上的失败。

塞西尔·罗德斯去世后留下了大量的财产，其中大部分被用来设立了"罗德斯奖学金"，这一奖学金一直为来自英国之外的优秀学生提供在牛津大学学习的机会。美国前总统比尔·克林顿就曾获得过这一奖学金。

南非战争（又称"英布战争"）

1902年5月31日，英国同布尔人签署《费雷尼欣条约》，从而结束了代价高昂的英国同两个南

非布尔共和国之间的战争状态。根据这一条约，德兰士瓦（现为南非共和国境内的一个地区）和奥兰治自由邦成为英国的直辖殖民地。

战争开始于1899年10月11日，表面原因是德兰士瓦共和国总统克鲁格拒绝给予到南非淘金的外国移民——非布尔人（主要是英国人）完全的公民身

◄数千人聚集在伦敦市长官邸周围，庆祝英国在南非战争中获胜。

份。英国在开普殖民地的总督阿尔弗雷德·米尔纳对此坚持盛气凌人而毫不妥协的立场，形势因而恶化起来。虽然人们普遍认为这一地区是英帝国最不重要的组成部分之一，但德兰士瓦却因其金矿而成为对领土扩张主义者颇具吸引力的地方。

战争开始后，布尔人的军队迅速利用了英军人数不足及地形不利的弱点，从两个布尔共和国的领土上进攻英军。他们从德兰士瓦攻进纳塔尔，从奥兰治自由邦攻入北开普省，其中后面一役得到了当地反英起义军的支援。1899年12月，布尔人获得了最大的胜利，英国军队在莱迪史密斯、马弗京和金伯利等地遭到重挫，这一段时间被称作"黑色星期"。

当援军抵达时，英军的命运逐渐发生了变化。到1900年初的时候，英军已经可以集结近50万人的军队对抗只有8万人的布尔人军队了。在基钦纳伯爵的领导下，英军击退了布尔人的军队。1900年6月，英军占领了约翰内斯堡和比勒陀利亚。弹尽粮绝的布尔人军队不断发动英勇而具有破坏性的突袭，这种突袭持续了近18个月，但面对基钦纳残忍的消耗战，他们最后只得被迫向英军投降。

历史证明这场战争分散了英国的注意力，英国为此付出了沉重的代价，当他们在南非发动南非战争的时候，德国和中欧普遍进行了军事扩充。

驯服尼罗河的 阿斯旺水坝

▲横穿尼罗河长达1.6公里（1英里）的阿斯旺水坝为埃及农业和能源生产带来了根本性的变化。

只要在埃及还存在着文明社会，那么这个国家的生命线就是尼罗河。尼罗河发源于非洲大陆，流向东北，最后注入地中海，总流程长达6741公里（4187英里）。每年5月份，尼罗河的水位开始上涨，并在随后的夏季洪水到来时达到最高点。这种不稳定的水量供应，一直是困扰埃及农民的一大问题。20世纪初，埃及农民使用的还主要是法老时期发展起来的传统的灌溉技术。

位于开罗以南965公里（600英里）长度为1.6公里（1英里）的阿斯旺水坝的修筑，部分解决了这一问题。尼罗河洪水泛滥时，水流从180个水闸奔流而下，关闭水闸就可将洪水堵在高40米（130英尺）的堤坝内。洪水过后，就会出现一个长达近320公里（200英里）的巨大的人工湖。围在水坝中的水可在整个一年内慢慢放出，用以灌溉干旱的土地，否则，这些土地就不可能进行耕种。

1902年12月10日，第一座阿斯旺水坝竣工，这在当时的工程界堪称一大壮举，11000名工人用了将近4年时间才修筑完毕。这座水坝为埃及农业带来了根本性的变化，后来又用于水力发电，最终帮助埃及在经济方面远远领先于其他非洲国家。

4月
- 俄国同清政府签订条约，俄军撤出满洲。
- 大火蔓延伦敦城。
- 俄国内务大臣和秘密警察头目西皮亚金遇刺。

5月
- 马提尼克岛上的培雷火山爆发，造成5万人死亡。
- 西班牙为国王阿方索十三世举行加冕典礼。
- 古巴正式脱离西班牙的统治获得独立。
- 《费雷尼欣条约》签署，英布战争结束。

6月
- 德国、奥匈帝国和意大利三国同盟续约。
- 英国同其殖民地签署优惠贸易政策协定。

7月
- 英国首相索尔兹伯里退休，阿瑟·贝尔福继任首相。
- 菲律宾反抗美国的起义失败。

8月
- 英国为爱德华七世举行加冕典礼。

9月
- 都柏林2000多人参加反对英国政府的游行示威。
- 法国作家埃米尔·左拉去世。

10月
- 罗斯福总统平息美国煤矿工人罢工。
- 埃及霍乱传染病在造成3万多人死亡后有所缓和。

11月
- 法国同意大利签署《法意协定》。

12月
- 阿斯旺水坝投入使用。

新美国人

▲在埃利斯岛上的国家登记大厅，来自全球各地并希望在美国开始新生活的移民形成了美国混杂多样的文化。

新闻摘要

· 土耳其残酷镇压马其顿起义。

· 俄国爆发大饥荒。

· 罗斯福总统建立美国第一个国家野生动物保护区。

· 第六届犹太复国运动大会否决了英国提出的在乌干达建立犹太国的倡议。

· 法国许多宗教修道会被解散。

· 英国实行20英里/小时的时速限制。

· 穿越西伯利亚连接贝加尔湖的铁路竣工。

· 为争取妇女选举权，埃米林·潘克赫斯特创立妇女社会与政治联盟。

· 达特茅斯皇家海军学校成立。

· 伦敦威斯敏斯特大教堂竣工。

· 科学家发现空气中的氖和氙两种元素。

· 伊凡·巴甫洛夫进行条件反射的研究。

· 斑疹伤寒的传播方式得到证实。

· 染色体携带遗传基因得到证明。

· 荷兰医生威廉·埃因托芬发明心电图。

· 新的自动瓶子吹制机器使大规模生产电灯泡成为现实。

美国在传统上被视为支持移民的国家。但到了20世纪初，大量外来移民从一些主要港口如纽约湾北部的埃利斯岛涌入，这些移民与当地居民的关系开始变得紧张起来。

被称作"新移民"的这批移民来自意大利和希腊、原奥匈帝国统治之下的地方以及令人感到恐怖的波兰犹太人聚居区。随着美国在更大程度上成了一个人员混杂的国家，成为问题的不仅仅是大量新移民的到来——截至1903年，每年有将近100万，信仰冲突令形势变得更为严峻，美国

人主要是新教徒，而很多初来乍到的外来移民是来自欧洲广大地区的天主教徒和犹太教徒。结果，在美国发行量最大的外语刊物是用意地绪语(历史上中欧和东欧的犹太人使用的语言，是多种语言的混合，主要来自于中世纪日耳曼方言，其次来自于希伯来语、阿拉姆语和各种斯拉夫语、古法语以及古意大利语——译者注)出版的，其数量甚至超过了德语刊物。

随着外来移民劳工数量的增长，他们的生存条件恶化起来。他们中的很多人没有受过教育，涌入了大

城市的廉价公寓。结果，这些城市中富有的居民同这些新美国人之间的关系变得越来越紧张了。

1903年3月初，美国国会通过了一项法案，向来到美国的每个新移民征收2美元的税，表明了国会解决这一难题的决心。这一法案还完全禁止某些人群进入美国，因为从欧洲来的新移民往往是出于反对政府这一传统而来到美国的。该法案禁止罪犯、精神病患者和一夫多妻或一妻多夫的无政府主义移民前往美国——事实上，正是一个无政府主义者在1901年刺杀了总统麦金莱。对在此之前以接受一切申请居住的移民而闻名的美国来说，这的确是一个重大的政策转变。

▲由年轻成员组成的一个德国家庭抵达埃利斯岛。大多数"新移民"来自中欧。

保加利亚大屠杀

叛乱和骚乱构成了1903年巴尔干地区的鲜明特征。这一年秋季，马其顿人要土耳其统治当局给以自由的要求，最终以报复性的回应而告结束。

20世纪的斯拉夫国家发生过因世仇而酿成的杀戮悲剧。1903年，马其顿内部革命组织宣称：马其顿地区的人既不是保加利亚人，

也不是塞尔维亚人。这一言论在该地区引发了一连串的起义。

1903年4月，莫纳斯提尔附近的一个小村子成了保加利亚人猛烈攻击的目标，紧接着在萨洛尼卡发生了针对土耳其政府大楼的爆炸袭击。5月，意大利和奥地利派遣军舰前往萨洛尼卡，帮助土耳其人镇压那

里正在发生的起义。9月，一艘匈牙利轮船被起义者炸毁，致使29名乘客和船员在爆炸中丧生。

马其顿内部革命组织的口号是"马其顿人享有的马其顿"，该组织在8月初就计划发动一次起义击败他们眼中的那些压迫者，这次起义后来被称为"圣以利亚日起义"。土耳其派遣一

支人数众多的军队前去镇压叛乱，但几周时间过去后，变得很清楚的是：这支军队的真正目标是对起义者进行报复。在这一年中，这支军队实施了许多反人类的暴行，9月达到顶点，他们在莫纳斯提尔地区杀死了几千名保加利亚人。土耳其军队摧毁了卡斯托里亚城，屠杀了1万人。就在这个月，面对当时的形势，欧洲大国被迫进行干预。土耳其对这次起义所作出的反应非常残忍，在针对平民的扫荡式的攻击中，该地区没有一个村子能够幸免于难。

▶ 革命的马其顿军队自己武装起来，反对土耳其统治当局的压迫。

印象派画家高庚之死

▲ 画家自己眼中的保罗·高庚——作于1896年被高庚称为《各各他》的自画像。

1903年5月8日，画家保罗·高庚去世，当时他居住在南太平洋马克萨斯群岛上，但他是一名法国人，1848年6月7日出生于巴黎。

高庚没接受过正规的艺术培训，而是通过其监护人收藏的作品学习了美术，这位监护人还帮他找了份证券经纪人的工作。后来经画家卡米利·毕沙罗介绍，高庚加入了印象派（该画派把努力获取生活作为一种经历而不是情感或想象的反应），后来还与他们一起展览作品。

在整个19世纪80年代，高庚发展了他的印象主义风格，然而，与此同时他的个人生活却遇到了不少麻烦。他因证券市场崩溃丢掉了工作，婚姻也破裂了，最后他和儿子一起移居到法国乡下。

1888年，高庚的艺术风格已经成熟。其作品《雅各与天使的搏斗》（亦称《听布道后的幻想》——译者注）反常地将雅各与画中的真实人物放到了同一平面上，从而背弃了印象主义。这一年的最后几个月，高庚同凡·高一起呆在法国阿尔勒，两人常一起交流思想和看法。但此时凡·高的精神病却日益恶化，12月23日，他用剃须刀刀片威胁其客人，而后割掉了他自己的左耳。

而后，高庚焦躁不安地回到了巴黎。他的作品此时转向了象征主义，充满着精神共鸣和野蛮的无知同知识的反差。1891年，他来到了塔希提岛（南太平洋中的一个岛屿，法属波利尼西亚的经济活动中心——译者注），在那里他断言："在经历了文明的疾病之后，在这个新世界中的生活又回归到了健康的轨道之上。"

后来，高庚返回巴黎，发现他的声望已远不如从前。1895年，他离开巴黎，又回到了塔希提岛。就在两年后，他得知女儿已经去世。这变成了他从事创作的部分灵感，遂创作了作品：《我们从何处来》、《我们是谁》以及《我们往何处去》。不久，他自杀未遂。

1901年，高庚移居多米尼克岛，在那里他从原始世界找到了灵感。他对20世纪的许多画家都曾产生过重大影响。

- 第一部叙事体长片《黄金列车大劫案》摄制完成。
- 第一届龚古尔奖金文学奖颁奖。
- 本年度出版的图书包括杰克·伦敦的《荒野的呼唤》、海伦·凯勒的《我生活的故事》和塞缪尔·巴特勒的《众生之路》。
- 波士顿红袜队获首届世界职业棒球锦标赛冠军。
- 首届环法自行车赛举行。
- 美国制造第一批哈利·戴维森摩托车。

1月
- 国王爱德华七世在新德里加冕，被封为印度皇帝。
- 波利尼西亚遭海啸袭击，造成数千人丧生。
- 同意美国开凿巴拿马运河的协议签署。

2月
- 德国、英国和意大利对委内瑞拉实施封锁。

3月
- 罗伯特·斯科特、欧内斯特·沙克尔顿和爱德华·威尔逊到达比以前的探险家距离南极更近的地方。
- 英国军队占领北尼日利亚。
- 沙皇尼古拉二世容许俄国实行改革。

4月
- 保加利亚人在马其顿的一个村庄屠杀165名穆斯林。
- 反犹太大屠杀造成俄国比萨拉比亚多人死亡。

'03

新闻摘要

· · · · · · · · · ·

5 月

· 国王爱德华七世访问法国。

· 旨在促进英帝国内部贸易的关税同盟成立。

· 首次横贯大陆的汽车旅行在美国启程, 52 天后行程结束。

· 法国画家保罗·高庚去世。

6 月

· 塞尔维亚国王亚历山大一世和王后德拉加遭杀害。

· 福特汽车公司成立。

7 月

· 英法两国协商并达成谅解。

· 罗马教皇利奥十三世去世, 威尼斯·萨尔托主教继位, 称圣庇护十世。

· 日本抗议俄国不撤出满洲。

· 美国画家詹姆斯·麦克尼尔·惠斯勒去世。

8 月

· 巴尔干部分暴行开始显现。

· 哥伦比亚政府拒绝批准《巴拿马运河条约》。

· 英国前首相索尔兹伯里去世。

9 月

· 土耳其军队在马其顿屠杀 5000 多名保加利亚人。

法国政教冲突

在1903 年这一年中, 法国天主教会眼睁睁地看着其力量逐渐遭到削弱。教会与军队一起受到了对其持怀疑态度的中—左翼政府的制约。

冲突部分源于对军官德雷福斯的审判的争论。10 年前, 德雷福斯就被指控向德国出卖情报, 并因此被流放到魔岛（位于法属圭亚那北岸外, 曾是因犯流放地, 现为冬季游览地——译者注）。对于他的罪行存在诸多疑问, 并有人暗示, 作为犹太人, 他被判刑是出于宗教原因。1899 年重审, 他又被判有罪, 但这次他获得了赦免。后来发现关于他的军事文件是伪造的, 但因这次事件而受到损害的不仅仅是军队形象。这件事

▲ 阿尔弗雷德·德雷福斯, 他曾被军事法庭宣判为德国间谍, 1901 年被法国总统鲁贝赦免。

苦苦地拖了很多年, 天主教会的名声也受到了损害, 因为天主教会尽力将他逮捕入狱, 结果引发了一场反犹主义的讨论。

在很多人看来, 在旧政府中当权的人显然很高兴能让被冤枉的人呆在监狱里, 因为只有这样才能维持现状。但新一届政府却表示要作出鲜明的改变。后来被称作"社会主义激进分子"的联合政府开始执掌政权, 在不到四年的时间里就解散了教权机构。1903 年 3 月, 宗教团体发现政府拒绝了他们要求得到教师职位的请求, 这一举措受到了 8 月 5 日在马赛出席大会的教师们的欢迎。政府还解散了天主教的修道会。

天主教会在一些场合通过不合作甚或暴力的方式对此表达了心中的愤怒。但变化是不可避免的：两年内多数宗教修道会被解散和驱逐, 政府颁布了新的法律, 实行政教分离。

科学第一夫人—玛丽·居里

1903 年 12 月, 玛丽·居里成为获得诺贝尔奖的第一位女性。这一奖项共同颁发给玛丽·居里与同其一起工作的另两位科学家——她的丈夫皮埃尔·居里和亨利·贝克雷尔。

玛丽·居里一生大部分时间在法国工作, 而且其丈夫也是法国人, 但她的原籍却是波兰, 她原名叫玛丽·斯可罗多夫, 1867 年 7 月 11 日生于华沙。还在孩提时代, 她就显示出了非凡的记忆力, 后来开始做家庭教师。1891 年, 她移居法国, 一边

▶ 玛丽·居里, 获得诺贝尔奖的第一位女性, 后来被聘为巴黎大学的第一位女教授。

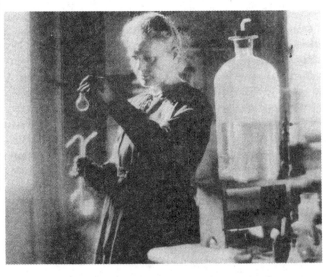

以黄油面包充饥，一边努力学习。

1895 年，她同皮埃尔·居里结婚。他们夫妇两人同贝克雷尔一道，共同研究被玛丽·居里命名为"放射性"的现象，她对这种现象具有特别浓厚的兴趣。居里夫妇在这一领域的开拓性工作有：发现了以其祖国名字命名的钋元素，最重要的是发现了高放射性的镭元素。

玛丽·居里对她之后的 20 世纪的科学家产生了重大影响，受其影响的科学家当中有她自己的女儿伊伦·居里。1935 年，伊伦夫妇因其在放射性方面的研究工作而共同获得诺贝尔奖。尽管已经取得如此非凡的成就，玛丽·居里还是继续努力，并在其丈夫去世后的 1906 年被聘为巴黎大学的第一位女教授，她的知名度远远不止于科学领域。或许是因为她在寻求癌症治疗方法的工作中所表现出来的勤奋，抑或是因为她证明女人也能够像男人一样达到学术巅峰所采取的方式，玛丽·居里在 1911 年因其研究工作而第二次获得诺贝尔奖，这在历史上是史无前例的。

为了促销并从竞争对手那里吸引读者，法国报纸《机动车报》的编辑亨利·德斯格朗吉宣布：一项新的自行车赛事——环法自行车赛将于 1903 年 1 月举行。

第一届环法自行车赛

▲当 1907 年环法自行车赛参赛选手快速经过法国的一个城镇时，人们的生活也因之停顿下来。

竞争对手《自行车报》赞助的是当时法国最大的自行车赛：波尔多—巴黎与巴黎—布勒斯特自行车赛。德斯格朗吉本人也是一名自行车手，还曾在这一运动中创过纪录。他设计了一种比赛，其特点是 60 名参赛选手，2500 公里（1500 英里）的赛程。比赛于 7 月 1 日开始，为期 19 天，包括 6 个赛段，行程从巴黎开始途经里昂、波尔多和南特，奖金总额为 2 万法郎。这是一项非常艰苦的比赛，其基本形式从创立之日起几乎没作过什么改变，当时好像是仅为那些狂热献身于完成测试路线的选手们设计的。第一次环法自行车赛只有 21 名车手到达了终点。

在比赛中体格最健壮并充当领头羊的车手佩戴着臂章和徽章标志。他们沉重的自行车上仅安装了一个前闸，减速时直接挤压摩擦前轮。在比赛最初的日子里，没有人前来为车手们加油助威，较长的赛段是在夜间通过的。在这些坚强的狂热者当中，一位名叫毛瑞斯·盖利的烟囱清洁工夺得了冠军，其成绩比亚军选手快了将近 3 个小时。除了荣誉，盖利还得到了 3000 法郎的奖金。

没有人为最初的发起人提供担保，要一直等到比赛结束这项冒险性的行动才算获得成功。即使如此，就在同一年第一辆哈利·戴维森摩托车还是上路了，环法车赛将永远植根于全世界运动爱好者的心目中。虽然不乏公平参与的争论，偶尔对其未来发展的疑虑，甚至还有对一些参赛选手服用违禁药物的指控，但环法自行车赛无疑保持住了它在 20 世纪规模最大的车赛中的地位。

· 美国马萨诸塞州发放第一批汽车牌照。
· 彼得一世当选为塞尔维亚国王。
· 英国内阁因在对外贸易政策上的意见不同而进行重大改组。
· 艾尔弗雷德·迪金出任澳大利亚第二任总理。

10 月
· 美英两国划定阿拉斯加边界。
· 奥匈帝国与俄国就马其顿改革达成一致意见。

11 月
· 俄国社会民主党分裂为孟什维克党和布尔什维克党。
· 英国作战部开始整编军队。
· 巴拿马从哥伦比亚分离出去。
· 中国清政府调遣一万多人的部队进入满洲。
· 法国画家卡米利·毕沙罗去世。

12 月
· 《美巴运河条约》签署，美国获得巴拿马运河区的控制权。
· 法属刚果分为四个区：加篷、乍得、乌班吉沙立和中部刚果。
· 芝加哥剧院发生火灾，造成 600 多人丧生。
· 威尔伯·莱特和奥威勒·莱特的"飞行者号"进行首次"比空气重"的试飞。
· 皮埃尔·居里、玛丽·居里和亨利·贝克雷尔共同获得诺贝尔物理奖。

飞行时代的诞生

▲空中飞行的威尔伯·莱特(1902年于基蒂·霍克),其弟奥威勒驾驶滑翔机进行了第一次试飞。

人类、动物和上帝英勇的冒险经历和对飞行的不懈追求,在众多文明的神话、艺术和宗教中占据着重要的地位。传奇故事中中国商朝的王子在战车中飞翔,而波斯国王则在御座上飞翔。罗马神话中的墨丘利神是带翅膀的各路神灵的信使。最著名的是希腊传说的伊卡洛斯,他挥舞着用蜡做成的人工翅膀飞翔,但由于他飞得离太阳太近,翅膀熔化了。从人类社会的早期,人类就产生了飞行的愿望。

人类早期的很多飞行幻想都试图机械地模仿鸟类和其他飞行动物的动作。于是,令人感到不可思议的是,人类第一次借助"比空气轻"的交通工具从地上起飞,这一计划是由法国人约瑟夫-米歇尔·孟戈菲和雅克-艾蒂安·孟戈菲最先设想并实施的,他们两人于1783年10月发射了第一个有人驾驶的热气球。驾驶员能够控制飞行高度,但方向却主要受风力支配,尽管如此,这仍是一项了不起的成就。人类或许能够进入天空,但还不能说征服了天空。

又过了一个多世纪,第一项"比空气重"的设计才得以进行其首次飞行。最伟大的早期航空学的先驱当数德国的工程师奥托·利林塔尔,他发明了滑翔机,并驾驶他的飞行器进行了两千多次成功的飞行。他的工作和著作,尤其是《鸟类飞行——飞机驾驶术基础》,为下一代的开拓者提供了很多灵感。受其影响的有家住俄亥俄州代顿市的自行车制造商奥威勒·莱特和威尔伯·莱特,他们饶有兴趣地阅读了有关他的英雄事迹。1896年8月,利林塔尔在滑翔机事故中遇难,这一消息变成了促使莱特兄弟进行他们自己富有创造性试验的动力。

莱特兄弟的目标是,研制出第一架装有动力并完全可以控制的空中交通工具。最初的工作开始于1900年10月,当时他们制造出了自己的双翼滑翔机。这一设计主要建立在利林塔尔对升起滑翔机和机翼翘面的整个重量所要求的机翼表面积的计算之上。他们听取美国气象局的建议,从代顿移居到北卡罗来纳州的基蒂霍克,那里有几座小山,还有从高处刮起的稳定的风和松软的沙丘,他们的飞行器可以从山上起飞,在沙丘上着陆。第一次飞行没能达到他们根据计算结果而预想的高度。一年后,他们制造了第二架滑翔机并进行试飞,这次他们增大了翼展和总面积。尽管这次改进的效果并没有他们所期望的那样显著,但威尔伯·莱特毕竟能够驾驶滑翔机飞行122米(400英尺)的距离了。

或许正是失败使得莱

▲基蒂霍克的胜利使莱特兄弟享誉全球。图中,他们穿着礼服、戴着礼帽,在美国接受勋章。

▶ 奥威勒·莱特正在为早期的一次试飞作准备（1903年于基蒂·霍克）。

特兄弟作为有洞察力的先驱而功成名就。他们没有继续进行无法让人满意的同样的试验，相反，他们建造了一条很大的通风隧道，这样他们就能够精确地测出作用在不同型号机翼构造上的阻力。他们一共制造了近200个不同的模型，并将得到的数据在各种设计图上进行比较。尽管他们的实际试验因这一工作而中断了长达一年之久，但当他们在1902年10月制造出第三架滑翔机时，试飞恰如过去6个月当中模型在通风隧道中所飞行的一样精确。在掌握空气动力学的同时，他们还在最新的滑翔机上体现出了机械创新的特点——将垂直的方向舵连接到机翼的机械装置上，这给飞行员提供了更大的自由度。莱特兄弟用这架滑翔机大约进行了800次试飞，逐渐将其性能调整到了最佳状态。

现在，莱特兄弟就要迈出第一架装有动力的飞行器研制道路上的最后一步。与原来在自行车厂雇佣的技师查尔斯·泰勒一起，他们研制了一台25马力的较轻的发动机。他们将用它来带动为飞行器提供动力的螺旋推进器。

在此期间，美国热气球驾驶员奥科塔夫·夏努特——他曾对莱特兄弟的工作产生过重要的影响

——邀请威尔伯·莱特为美国西部工程师协会作演讲。美国科学机构逐渐开始对在基蒂霍克进行的活动产生了兴趣。然而，关于人类飞天的问题还存在着争论。霍普金斯大学著名的数学家西蒙·纽科姆教授就曾发表过自己所作的验证，他认为装有动力并比空气重的飞行是不可能的事情。

但他们并没有因此而退却，在基蒂霍克进行了两个月的准备工作和测试后，威尔伯·莱特于1903年12月14日进行了装有动力的首次试飞。不幸的是，机器在起飞时停止了转动，他们花了三天时间才将损坏的地方修复完毕。

重大突破终于在1903

年12月17日上午10时35分这一刻到来，在发动发动机后，奥威勒·莱特驾驶着飞机飞行了大约40米（120英尺），飞行持续了12秒。这一天，莱特兄弟又进行了三次试飞，在最后一次试飞中威尔伯·莱特持续飞行59秒，飞行距

离达260米（850英尺）。

尽管这些最初的成功现在看来可能是很普通的，但莱特兄弟取得的突出成就却预示着飞行时代的真正开始。这一点后来得到了证明，莱特兄弟取得的成就是20世纪最伟大的科学变革之一。

▶ 奥威勒·莱特（左）与其兄长威尔伯（右）在一起，该照片未标明拍摄时间。

日俄战争

1904年,俄国和日本对满洲和朝鲜半岛上的帝国野心发展成了一场战争。这场冲突酝酿已久,其根源可以追溯到19世纪。

1896年,根据与中国清政府签订的一项盟约,俄国获得将横贯西伯利亚铁路延伸越过中国的满洲到符拉迪沃斯托克(我国传统上称其为海参崴——译者注)的权利。两年后,俄国向中国施压,迫使中国同意其租借满洲南部的旅顺口。日本对俄国势力的这一扩张表示不满。1904年2月,日本中止了同俄国的外交关系,有关满洲和朝鲜问题的谈判宣告破裂。

俄国在整个外交谈判的过程中明确表示,俄国对任何冲突都感到胜券在握,沙皇高官谢尔盖·威特的下台更是激化了本已不稳定的形势。沙皇尼古拉二世及其很多大臣均认为,一场成功的战争会转移人们对俄国面临的许多国内问题上的注意力。

2月8日夜,日本向俄国证明了它是比俄国人认为的日本更为强大的国家,日本军舰突袭了驻扎在旅顺港的俄国军队。俄国未正式宣战,俄军缺乏良好的交流、强有力的领导以及长期作战的意志——这些成了这场战争的一个特点,因此,他们反应混乱。日本果断地利用了这种混乱局面,迅速派兵在朝鲜登陆。在不到三周的时间内日军就到达鸭绿江,逼近满洲边界。俄国没有得到其他国家的支持;事实上,2月初,英国和美国政府均表示在这场战争中保持中立。日本保证朝鲜的主权,作为回报,朝鲜在军事上支持日本反对俄国,俄国在朝鲜的利益实际上被宣告失效。

2月10日,日俄两国正式宣战。在此之前,在近代战争史上还没有一个亚洲国家曾击败过欧洲国家,但这种情形将在一年内发生变化。随着时间的推移,俄国海军未能对日本军队产生任何影响。在整个2月份,日本反复袭击旅顺口,正当俄国军队犹豫不决的时候,日军凿沉舰艇,堵塞了旅顺港的出海口。直到5月份,日本舰队仅损失一艘鱼雷艇和一艘战舰。

在整个战争期间,双方形成了一种不断重复的模式:俄国军队在一定程度上能够伺机而动并从敌方那里得到一定的收获,但日军的行动确实更胜一筹。到了3月初,符拉迪沃斯托克便成为日军将要轰炸的目标。

▲日军第30团准备抗击在辽阳附近正向前推进的俄国军队。

英国在西藏的军事行动

西藏位于中国境内的西南部,是一个多山的地区,海拔在4000米以上。

1903年7月,英国军队派遣一支远征军前往西藏地区,目的是调查俄国在西藏的军事存在。这一行动利用了俄国陷于日俄战争的机会，其意图是扼制俄国在该地区的野心。

英国军队遵照弗朗西斯·扬哈斯本（1836—1942）的命令，从印度出发，目标是西藏首府拉萨。一到西藏，他们就强迫西藏精神领袖达赖喇嘛同意他们在该地区设立商栈，并不得将领土让与其他国家。

1904年3月，由麦克唐纳准将率领的英军在古鲁公路上遭遇两千多名西藏士兵的抵抗。后者虽然进行了顽强的抵抗，但他们根本不是处于优势地位的敌军的对手，很快就被敌军包抄，中了敌军的计谋。在这场战斗中，西藏军队死亡人数达300人，其中包括他们的一位将军。英军清除了通往古鲁公路上的障碍。

英军在6个月内抵达拉萨，西藏地方当局领导人答应了他们的要求。尽管英国宣称本次远征的目的是阻止俄国入侵西藏，但事实上他们并未遇到俄国军队的抵抗。

▲英国远征军的麦克唐纳准将强迫西藏喇嘛为其军队提供粮食。

1904年《英法协定》

▲皮埃尔·保罗·康邦，法国驻英国大使，曾代表法国外长同英国签订《英法协定》。

1904年4月8日，英国和法国签订了《英法协定》，解决了两国之间存在的分歧，并拉近了两国的距离。本协定普遍使用了"谅解"一词。

实际上，这一术语最早出现于19世纪40年代，用来描述两国之间的友好时期。1904年签订的《英法协定》表明英国已经摆脱了英布战争后的孤立局面。与1898年秋季的气氛相比，该协定是一个巨大的进步，当时在殖民地问题上的争论将英国和法国推到了在苏丹法绍达发动战争的边缘。

1904年《英法协定》给英法两国的关系带来了很大的变化：解决了在纽芬兰的捕鱼权问题，还解决了正处于争执中的领土争端问题——英国放弃西非部分土地，维持对埃及的控制；而给予法国出入苏伊士运河和在摩洛哥自由行动的权利，实际上结束了摩洛哥的独立状态。上述这些问题有的可以追溯到几百年前，因此，谈判持续了好几个月的时间。最后，保罗·康邦代表法国外长同英国外交大臣兰斯多恩签订了《英法协定》。

采取这一行动的倡议在某种程度上要归功于英王爱德华七世，他在一年前曾访问巴黎。而有些人却对此冷嘲热讽，认为他的作用仅限于不愿冒犯其访问期间所发现的法兰西共和国所持的态度。

1904年《英法协定》的签订虽未导致英法两国建立同盟关系，但已建立了协约关系。尽管协定本文只字未提共同反对德国的问题，但是英法两国签订协定的本意还是要解决双方分歧，以便共同对抗德国。因此，《英法协定》产生的后果不言而喻，即将欧洲主要国家分化成了不同的竞争体系：法国同英国建立了更亲密的关系，而英法两国都疏远了德国。

▲兰斯多恩，英法谈判期间的英国外交大臣。

· 法国召回驻梵蒂冈大使。
· 横越大西洋的低廉费用鼓励人们移民到美国。
· 日军在满洲南山战役中击败驻扎在旅顺港的俄军。
· 捷克作家安东宁·德伏夏克和英国探险家亨利·莫顿·斯坦利去世。

6月
· 美国游览船发生灾难，造成1000多名乘客丧生。

7月
· 第三届奥林匹克运动会在美国圣路易斯开幕。
· 横贯西伯利亚的铁路竣工。
· 俄国内务大臣维·康·普列维遭暗杀。
· 俄国剧作家安东·契诃夫在德国去世。

8月
· 日本在中国辽阳击败俄国。
· 英国军队抵达中国西藏拉萨。

9月
· 意大利爆发大罢工。
· 俄国军队在奉天战败。
· 英军同西藏地方当局订立条约。

10月
· 法国和西班牙签订关于摩洛哥问题的协定。
· 俄国舰队在北海袭击英国拖网渔船。

11月
· 俄国舰队在旅顺港被日军大量摧毁。
· 美国共和党候选人西奥多·罗斯福赢得总统选举。

12月
· 沙皇尼古拉二世在动乱后同意进行改革。

'05

新闻摘要

· 从车里雅宾斯克通向符拉迪沃斯托克的横贯西伯利亚铁路正式开通。
· 俄国反犹太人大屠杀。
· 寇松总督将印度孟加拉分成东孟加拉和西孟加拉。
· 阿司匹林第一次在市场上销售。
· 俄国和日本爆发饥荒。
· "野兽派"这一术语第一次被用来描述包括马蒂斯在内的法国画家流派。
· 萧伯纳的剧作《人与超人》和《巴巴拉少校》首次公演。
· 英国小说家奥切的探险小说《深红色的海绿》出版。

1月
· 俄国驻旅顺港军队向日本军队投降。
· 俄国请愿者在圣彼得堡"流血星期日"事件中遭军队枪杀。

2月
· 沙皇尼古拉二世的叔父谢尔盖大公遭炸弹袭击身亡。

3月
· 日本军队在满洲奉天战役中击败俄国军队。
· 俄国沙皇尼古拉二世承诺进行改革。
· 德皇威廉二世访问丹吉尔（摩洛哥北部城市——译者注），引发第一次摩洛哥危机。
· 法国作家朱尔斯·凡尔纳去世。

俄国"流血星期日"

日俄战争中的失败给曾一度强大的俄国带来了耻辱性的打击。这次战败起到了催化剂的作用，激化了对沙皇尼古拉二世及其顾问们的专制独裁和统治俄国方式的不满。

最初的抗议开始于1904年底，当时的示威行动主要集中在圣彼得堡。1905年1月22日，一位名叫乔治·加邦的牧师在圣彼得堡冬宫外组织了一次合法的游行示威——俄国工人集会，这变成了引发冲突的导火索。加邦的目的是亲自向沙皇递交一份请愿书并请求实施改革，而他不知道当时沙皇并不在冬宫。在沙皇的叔父弗拉基米尔大公的控制下，秘密警察集合起来驱散成千上万的抗议者。军队不加区别地向参加游行示威的人群开枪射击，打死105人，打伤数百人。

这次暴行之后，抗议由原来的和平方式转向了暴力手段，并蔓延到俄国各地。尼古拉不能总指望其军队忠诚于他。起义军控制了横贯西伯利亚的铁路和黑海的敖德萨港口，"波将金"号战舰上的水兵叛变，向忠于沙皇的反革命的皇家禁卫军和反犹志愿者团体开枪射击。

1906年9月，在孟什维克社会主义者的影响下，第一个工人委员会——苏维埃开始成立。10月，苏维埃组织发起一次大罢工，俄国

▲反对沙皇尼古拉二世残酷统治的抗议活动在圣彼得堡举行。

经济因此而停滞下来。

10月30日，尼古拉二世听从其顾问谢尔盖·尤列维奇·威特的建议，发表了著名的"十月宣言"，宣言称给予公民基本的公民自由，如言论和出版自由，解放所有俄国人，成立将限制沙皇部分专制统治且由选举产生的立法机构。温和派认为宣言表明他们取得了胜利，因而表示接受该宣言，而革命者则对此表示怀疑。由于反对派力量严重削弱，沙皇于1906年底得以再次统治俄国。

1905年革命未能将沙皇尼古拉二世赶下台，也没有建立新的共和政体，甚至也未能为民主制度铺平前进的道路。革命的苏维埃领袖有的被逮捕，有的像布尔什维克领袖列宁一样，流亡欧洲。沙皇开始进行改革，于1906年通过了《基本法》。这一结果其实是一份打了折扣的"十月宣言"的翻版，沙皇几乎

▲"波将金"号战舰上叛变的水兵向苏维埃政府投降，布尔什维克后来称其为英雄。

没有放弃其享有的任何权力。最重大的进展是产生了杜马，杜马在某种程度上是由选举产生的立法机构，其字面意思是"审议"，在理论上有权推翻沙皇提出的新法规。杜马并非常设性会议：第一次会议于1906年5月10日~7月21日召开，第二次会议则在1907年3~6月举行。在这些会议之外，沙皇依然实行专制统治。

尼古拉二世支持保守派力量，企图通过调整选举制度来避免杜马转向革命的可能性。但最后杜马发展成为产生俄国国内民主和社会主义反对派的摇篮。第四次也是最后一次会议，从1912年11月开始，一直持续到1917年3月，在此期间反抗力量得到了重大的发展。后来成立的第一届临时政府正是以杜马为基础形成的，临时政府执政6个月后，布尔什维克夺取了权力。

▲忠于沙皇的军队残酷镇压"流血星期日"起义，造成105人死亡。

看待时空的新方法

19 05年对科学界具有特殊的意义，这一年，阿尔贝特·爱因斯坦第一次发表了"狭义相对论"，这一理论改变了人类思考时间、空间和宇宙的方式，爱因斯坦也因此成为历史上最著名的科学家。

爱因斯坦1879年出生于德国的乌尔姆，其早期生活中惟一值得注意的可能就是他在校学习成绩平平。爱因斯坦发现上学是件令人感到枯燥乏味的事情，认为死记硬背事实而不学习如何理解问题的机械的学习没有任何价值。

15岁那年，爱因斯坦没有完成学业而中途退学，并与家人一起移居到了意大利的米兰。还在孩提时代，爱因斯坦就对解答数学难题产生了兴趣。因此，对科学的强烈爱好促使他参加了苏黎世联邦理工学院的入学考试。第一次考试他未能如愿以偿，第二年他再次申请，这次他终于顺利通过了考试。但他却发现那里的教育形式还是拘谨而沉闷，尽管如此，他还是于1900年以马马虎虎的成绩从该校毕业。

爱因斯坦做了一段时间的数学教师后，此时已是瑞士公民的他决定从事行政工作，并于1902年在伯尔尼专利局谋得了一个检验员的职位。正是在这段时间，他为其最著名的

▲阿尔贝特·爱因斯坦，20世纪最伟大的科学家之一。

科学成就打下了基础。

1905年对爱因斯坦来说是一个转折点。他提交了一篇题为《分子大小的新定义》的论文，并因此获得苏黎世大学的博士学位。这一年他又写了四篇论文，其中包括《狭义相对论》，在这篇论文中，他认为如果光速不变且一切自然法则完全一致，那么对于观察者来说，时间和运动均是相对的。支持其理论并将质量和能量联系起来的数学级数，可能就是他创立的最著名的数学公式：$E=mc^2$。

爱因斯坦后半生的大部分时间致力于和平事业。极具悲剧性讽刺意味的是，他最伟大的科学成就——可能是自艾萨克·牛顿发现地心引力后最重要的科学理论——却帮助人类研制出了原子弹。

4月
· 印度拉合尔（今巴基斯坦拉合尔省——译者注）发生地震，造成一万多人死亡。

5月
· 波兰爆发骚乱，造成多人死亡。
· 俄国波罗的海舰队在日俄对马海峡战役中损失惨重。

6月
· 俄国"波将金"号战舰上的军官发动起义。
· 希腊总理德利亚尼斯遇刺。

7月
· 俄国同德国结成同盟。
· 法国同意就摩洛哥问题召开国际会议。

8月
· 德属东非爆发马吉起义。
· 英国同日本续签《英日同盟条约》。
· 沙皇尼古拉二世设立立宪议会（杜马）。

9月
· 在美国的调停下，日本同俄国签订《朴次茅斯和约》，日俄战争结束。
· 出生于爱尔兰的医生和慈善家托马斯·约翰·巴纳多去世。

10月
· 挪威同瑞典达成分离条约。
· 俄国爆发大罢工，沙皇尼古拉二世发布"十月宣言"。
· 英国莎士比亚戏剧演员亨利·欧文去世。

11月
· 丹麦查尔斯王子被推举为挪威哈康七世。
· 日本强迫朝鲜签订条约，日本获得控制朝鲜外交政策的权力。

12月
· 波斯爆发革命。
· 英国首相贝尔福辞职。
· 朝鲜宣布成为日本的保护国。

新闻摘要

· 阿迦·可汗三世建立全印穆斯林联盟。
· 英国通过《贸易争端法案》。
· "争取选举权的妇女"称谓开始得到使用。
· 瑞士和意大利之间的辛普朗铁路隧道开通。
· 英国皇家海军无畏级战舰下水。
· 土耳其发现赫梯人古城遗址。
· 第一届国际汽车大奖赛在法国勒芒举行。

1月
· 西班牙国际会议解决了在摩洛哥控制权问题上存在的分歧。

2月
· 英国自由党在英国大选中获得压倒性的胜利。
· 南太平洋群岛遭遇飓风袭击，1万人丧生。

3月
· 法国煤矿发生爆炸事故，1800名矿工遇难。
· 沙皇尼古拉二世授权俄国杜马。

4月
· 俄国杜马举行第一次选举。
· 意大利维苏威火山爆发，造成数百人死亡。
· 旧金山发生地震。

5月
· 俄国杜马召开第一次会议。

英国自由党执政

1905年12月，保守党首相阿瑟·贝尔福辞职，自由党领袖亨利·坎贝尔—巴纳曼出任英国首相。在随后于1906年1月13日举行的大选中，自由党获得了绝大多数的选票。

作为托利党（1832年后更名为保守党——译者注）的反对党，自由党成立已久，并在19世纪发展壮大，在威廉·格莱斯顿的领导下赢得了改革党的声誉。在格莱斯顿时代行将结束时，反对其允许爱尔兰自治主张的工联主义者从自由党中分离出去，自由党力量因而受到削弱。

经过长期的政治消沉之后，自由党在1906年的选举中充分利用了保守党在关税改革问题上的分歧。自由党的获胜结果显著——获得了一百多张议席中的绝大多数。新组成的内阁当中有后来出任首相的赫伯特·阿斯奎斯和大卫·劳合·乔治。

这次选举引人注目的另一点是工人代表委员会的表现势头良好，在选举开始之前工人代表委员会同自由党签订了一份协定，结果在选举中赢得了54个席位。他们在选举结束五天后选举基尔·哈迪为其领袖，并将名称改为工党。

从此，自由党执政长达11年，在此期间英国政府着手进行改革，英国福利制度已初见端倪。这是自由党最后一次独立执政。

▲大卫·劳合·乔治，未来的首相，曾在1906年组成的英国政府中供职。

旧金山发生地震

◄1906年地震后的旧金山。在地震中幸免于难的几座建筑物又毁于大火。

在19世纪50年代的淘金热中繁荣起来的旧金山，位于两大地震断层边线之间，一直处于不稳定的状态。圣安德烈亚斯断层起于旧金山海湾北部的门多西诺角，从海港下面经过，向前绵延1000公里（600英里）进入科罗拉多沙漠。该城以东是面积较小的海达德断层。因此，旧金山的45万居民对于对城市生活影响甚小的周期性地震早已习以为常。他们从来没想到会发生1906年4月18日那样的事情。

凌晨5时过后不久，圣安德烈亚斯断层发生了大规模的移动。这次地震导致一片混乱：旧金山的大部分地方在仅仅1分钟的时间内就变成了瓦砾碎石。等地震平息下来时,该城许多地方又发生了火灾。该城的供水系统管道由于是沿着圣安德烈亚斯断层铺设的,在地震中全部折断。本不充足的消防队伍更是无能为力了:到中午的时候,旧金山在燃烧却无法控制。这座城市接着又燃烧了三天,最后是一场小雨扑灭了这场大火。

这场灾难非常严重,但基础设施的重建速度是不可思议的。在不到两周的时间里,电力供应和电车系统就重新运转起来。因火灾而离开这一地区的人数之少令人惊讶。

尽管估计地震及其带来的后果造成700人死亡,但旧金山已经够幸运的了,因为第一次地震发生在夜间,此时大多数人都呆在家里,从而避开了碎石的伤害,否则,死亡人数会大大增加。

这次地震及其带来的后果给旧金山政府提供了大量有益的教训。此后的建筑物要用有钢铁加固的混凝土建造,虽然它们不可能坚不可摧,但它们比容易倒塌的木砖结构要安全得多。

只要旧金山存在,它就容易受到地震的伤害,庆幸的是到目前为止还没有一次地震接近过1906年4月18日里氏8.25级的纪录。

美国占领古巴

▲美国帮助古巴脱离西班牙的统治而赢得独立,但美国的占领导致古巴普遍贫穷。

美国同位于佛罗里达州以南145公里(90英里)的古巴岛之间的关系,一直很难处理。自从1492年克里斯托弗·哥伦布首次航行发现美洲新大陆到19世纪中期,古巴一直处于西班牙的统治之下,古巴已成为美国亲密的贸易伙伴。1868年,持续达10年之久的战争(古巴第一次独立战争——译者注)爆发,经过这次战争,古巴未能脱离西班牙而获得独立。1898年,美国军舰"缅因"号在哈瓦那港沉没后,美国卷入了古巴与西班牙的第二次战争。

1902年,古巴成立共和国,但仍处于美国的占领之下。1902年当选为古巴第一任总统的托马斯·埃斯特拉达·帕尔马签署了一份协定,作为美国撤军(最后于1904年撤军)的条件,古巴准许美国监督其政府的管理。

人们普遍认为,帕尔马准许美国过多地干预古巴事务。他的领导地位逐渐受到了威胁,威胁主要来自著名的反美自由主义者约瑟·米格尔·戈梅斯。1906年2月,帕尔马再次当选总统后,古巴爆发了政府军同忠诚于戈梅斯的起义者之间的激烈战斗。迫于威胁,帕尔马辞职。9月28日,美国对此做出反应,任命威廉·塔夫脱为作战部长。一周后,6000名美军奉命前往古巴恢复秩序。

美国继续统治着古巴,一直到1909年戈梅斯最终当选为古巴总统。普遍腐败很快成为古巴政治中特有的顽症。美国继任政府都默默地忍受着这种现象。

· 挪威剧作家亨里克·易卜生去世。

6月

· 彼得·斯托雷平出任俄国大臣会议主席(政府首脑——译者注),骚乱仍在继续。

· 德国开始建造更多的战舰。

7月

· 俄国颁布戒严令,杜马解散。

· 在法国、英国和意大利的保证下,埃塞俄比亚独立。

· 法国撤销对阿尔弗雷德·德雷福斯做出的有罪判决。

8月

· 智利发生大地震。

· 爱德华七世在德国拜会德皇威廉。

9月

· 香港遭遇台风袭击,数百人丧生。

· 中国清政府禁止使用鸦片。

· 古巴总统辞职,美国为其组建新政府。

10月

· 争取选举权的妇女在英国下议院举行游行示威。

· 法国画家保罗·塞尚去世。

11月

· 俄国大臣会议主席斯托雷平实行土地改革。

· 列昂·托洛茨基流亡国外。

12月

· 英国授权德兰士瓦和奥兰治殖民地实行自治。

· 德国总理冯·比洛解散国会,强迫德国举行选举。

'07

新闻摘要

· 俄国和中国爆发饥荒，几百万人被饿死。

· 印度爆发黑死病，造成一百多万人死亡。

· 第一批电动洗衣机在美国问世。

· 美国威廉·伦道夫·赫斯特创建国际新闻社。

· 芬兰、瑞典和挪威批准妇女选举权。

· 巴勃罗·毕加索的作品《阿维尼翁的小姐》问世。

· 都柏林阿比剧院演出约翰·米林顿·辛格的作品《西方世界的花花公子》引发骚乱。

· 罗伯特·巴登·鲍威尔组建"童子军"运动团体。

1月

· 牙买加发生大地震，七百多人遇难。

· 穆罕默德·阿里·米尔扎出任波斯国王。

2月

· 争取选举权的妇女同警察发生冲突。

· 英国政府在爱尔兰自治问题上争论不休。

3月

· 俄国第二届杜马成立。

· 莫汉达斯·甘地在南非发起非暴力不合作运动。

4月

· 爱尔兰新芬党成立。

· 中国清政府收回满洲。

英国妇女议会

19 07年2月13日，妇女选举运动转向了暴力方式，一大群争取选举权的妇女试图冲进英国议会大厦，向英国政府递交请愿书。

当天早些时候，这些争取选举权的妇女公布了她们自封的"议会"，而后一百多名妇女社会与政治联盟的成员——英国妇女选举运动中最杰出的运动参与者——穿过威斯敏斯特大街向下议院前进。妇女社会与政治联盟的创始人和领导者埃米琳·潘克赫斯特，已经因煽动妇女"闯入下议院"而被捕入狱。

一个营的骑警用了五个小时的时间才将游行示威平息。共有57名妇女被捕，有15名争取选举权的妇女冲进了下议院大楼。第二天，身陷囹圄的潘克赫斯特之女克丽斯特贝尔在霍洛韦监狱看起来一点儿也不后悔，还将这一事件称为"我们运动的伟大胜利"。

妇女社会与政治联盟的主要目标是自由党，她们视其为妇女选举运动进程中的障碍。在冲击议会前，抗议主要是以非暴力的方式进行的，这种情形此时看来肯定要发生变化了。

▲身着监狱服装的埃米琳·潘克赫斯特及其女儿克丽斯特贝尔，她们是英国妇女选举运动的先驱。

艰难的汽车拉力赛

19 世纪80年代，内燃发动机刚刚发明出来，人类竞争的本能就促成了第一届汽车拉力赛的诞生。最初的比赛采取的是从一座城市到另一座城市的形式。1895年，第一次重大比赛在巴黎和波尔多之间进行。此后，这种比赛方式很快传遍了欧洲并最终传到了美国。在美国，《纽约先驱报》编辑詹姆斯·戈登·贝内特每年都为全国汽车俱乐部比赛提供所需的奖金。

1907年6月，一种新型的比赛——越过一系列检查站的长距离汽车拉力赛诞生了。海报将这次汽车拉力赛宣传为最艰难的比赛，赛程为从北京至巴黎，行程达12500公里（8 000英里）。

六名车手参加了这次比赛，他们越过长城，穿过了乌拉尔山和戈壁沙漠。

在比赛过程中，车手们经受住了迥然不同的地形和气候的考验，更不用说来自抢劫者的威胁了。

最终，意大利的鲍基斯夺冠，他用62天时间完成了本次比赛。

▶由鲍基斯驾驶的汽车从北京出发，行驶12500公里（8 000英里）到达了巴黎。

公海上的竞争

19 07年年底，英国的姐妹轮船"卢西塔尼亚"号和"毛里塔尼亚"号开始了一连串破纪录的横跨大西洋的航行，它们的每次新旅程好像就是要创造远洋航行速度的新标准。

1907年9月6日，"卢西塔尼亚"号进行其首次航行。它从爱尔兰海岸的昆士唐起航，用了仅120小时54分钟的时间到达了新泽西的桑迪胡克，这一成绩超过了德国轮船"德国"号，创下了最快的横渡大西洋的纪录，赢得了蓝飘带奖（颁发给以最快的平均速度横渡大西洋的邮船的一项著名奖励——译者注）。"卢西塔尼亚"号乘载着650名船员和1200名乘客，平均速度为每小时24海里。在随后的一个月里，这一纪录

▲"路西塔尼亚"号客轮，1907年获蓝飘带奖，后来在一战期间被德国潜艇击沉。

被其返航时打破，仅用了116个小时。

11月16日，使用改进后的涡轮机的"毛里塔尼亚"号下水，这艘轮船比先前的"卢西塔尼亚"号速度更快。它首次航行纽约，速度达到

每天635海里，比"卢西塔尼亚"号轮船快了将近20海里。

"毛里塔尼亚"号在其长久的使用寿命中，以"大西洋中的老妇人"而著名，在1929年之前一直保持着蓝飘带奖的速度最快的纪录。后来被第一次世界大战打断，在一战期间，"毛里塔尼亚"号退役成为一艘医院船，进行了269次为期两天的横渡大西洋的航行。1934年，它寿终正寝，一年后被砸成碎片。

"卢西塔尼亚"号的命运更具戏剧性。1915年5月7日，它被德国海军潜艇击沉，这成了美国参加第一次世界大战的一系列诱发事件之一。

吕米埃兄弟发明彩色照相术

19 07年，巴黎人奥古斯特·吕米埃和路易·吕米埃兄弟俩再次将照相术推向了另一个发展阶段，他们发明了第一种拍摄彩色照片的实用方法，此前他们在19世纪末所做的开拓性的工作中已经摄制了第一部电影。

尽管彩色照片早在19世纪60年代已经出现，但其技术复杂，价格也高得令人不敢问津。然而，人类追求彩像的欲望非常强烈，19世纪末期，给黑白照片着色成了一种技巧性较高的艺术。

被吕米埃兄弟称作"奥托克罗姆"的照相制版术，是建立在对同一图像拍摄三次的基础上的。每一个正片是一块含有淀粉颗粒

的玻璃片，这些淀粉颗粒都染上了颜色，被用作滤色镜。这样，他们就能够拍出三张不同的底片，其中每一张都经过滤色镜的过滤，因此，在每张底片上仅能看到红、绿、蓝三种颜色。将这三张底片叠加，经过光的照射，结果就是一张彩色图像。

尽管与黑白照相术相比，彩色照相术仍然比较昂贵，但在1935年之前，各种形式的"奥托克罗姆"照相制版术仍然占据着优势地位。1935年，美国柯达公司研究人员利奥波德·戈多斯基和利奥波德·曼内发明了柯达彩色胶片照相制版术——柯达彩色胶片制作方法的前身，这一发明为

当代照相术的出现奠定了基础。

▲吕米埃兄弟，其发明对静止摄影和运动摄影的发展均产生了重大的影响。

5月
·印度国内爆发骚乱。

6月
·沙皇尼古拉二世解散第二届杜马。
·英国通过限制议会上院权力的法案。

7月
·德国、奥地利和意大利三国续签《三国同盟条约》，其有效期为六年。
·南非奥兰治殖民地正式通过修订后的宪法。
·朝鲜国王退位，日本控制朝鲜政府。

8月
·法国舰队轰炸卡萨布兰卡（即今摩洛哥第一大城市达尔贝达——译者注）。
·爱尔兰爆发骚乱，军队打死四名平民。
·世界列强在海牙举行和平会议（此处指第二次海牙和平会议，第一次海牙和平会议于1899年5月至7月举行——译者注）。

9月
·中国国民党成立。
·挪威作曲家爱德华·格里格去世。

10月
·俄国第三届杜马成立。

11月
·俄克拉何马成为美国的第46个州。

12月
·列宁离开俄国。
·乌干达和东非划定边界。
·英国作家拉迪亚德·吉卜林获诺贝尔文学奖。

新闻摘要

- 美国联邦调查局成立。
- 第一批T型福特车问世。
- 英国通过《未成年人法案》，废除未成年人死刑。
- 英国全国农场主联合会成立。
- 沙克尔顿南极探险队到达距离南极 160 公里（100 英里）的地方。
- 人类第一次实现城市到城市（法国布伊到兰斯）的飞行。
- 英国伦敦港务局成立。
- 横跨泰恩河的国王爱德华七世大桥开始投入使用。
- 英国伦敦罗瑟海斯隧道开通。
- 纽约哈得孙河隧道竣工。
- 卢瑟福和盖格发明盖氏计量器。
- 科学家第一次将氦液化。
- 日本科学家分离出谷氨酸一钠。
- 科学家分离出脊髓灰质炎病毒。
- 科学家研制出回转罗盘。
- 美国蒙大拿州发现霸王龙化石。
- 弗洛伊德和荣格出席第一届国际精神病学大会。
- 毕加索和布拉克举行第一次立体派画展。
- 爱德华·埃尔加的《第一交响曲》举行公演。

青年土耳其革命

1908 年 7 月 24 日，迫于青年土耳其革命的压力，奥斯曼帝国苏丹阿卜杜尔·哈米德二世开始进行大规模的改革。改革包括恢复1876年宪法和重开国会，这两项内容先前均被苏丹专制政府宣布为非法。

青年土耳其党是由不同革命团体组成的一个政党联盟，其中最有影响的是统一和进步委员会。这场运动早在 1889 年就已经开始了，当时一群伊斯坦布尔高等专科学校的医科学生发起了一场推翻苏丹统治的运动。这一秘密活动发展到了其他重要的高等院校，不久就遭到了当局的镇压。运动领袖受到了处罚，很多人流亡巴黎，在那里，他们谋划了后来的革命活动。

统一和进步委员会的领导人是知识分子出身的艾哈迈德·里扎，他曾做

▲穆斯塔法·基马尔，青年土耳其党的领导人，后来以"阿塔图尔克"（土耳其之父）闻名于世。

过巴黎《协商》半月刊的编辑，人们因其思想而记住了他的名字。土耳其革命中的温和派——统一和进步委员会主张建立管理有序的中央集权政府。就像其他派系斗争一样，其中的主要忧虑并不仅仅是苏丹残酷的专制统治，还有日益增长的外国的影响，后者威胁着奥斯曼帝国的未来。

只有忠于苏丹的军队参加到运动中来，革命才会成为可能。第三军团当中一批不满的年轻军官组成了一个秘密的革命团体，并与统一和进步委员会结成了同盟，这为革命爆发提供了最后的推动力。1908 年 7 月 3 日，艾哈迈德·尼亚齐少校起义，反对地方当局的统治。起义迅速蔓延到了军队的其他单位。面对这种形势，苏丹别无选择，只好作出让步。

刚开始的时候，统一和进步委员会内部存在分歧，这削弱了其在新成立的议会中的作用，但到1912年他们就成了奥斯曼帝国政治中的主要力量。虽然他们的自由改革受到了欢迎，但他们在第一次世界大战中与德国结盟，这一灾难性的外交政策对"土耳其之父"穆斯塔法·基马尔分裂奥斯曼帝国负有直接责任。

伦敦奥运会上的争议

1908 年奥运会——第四届奥运会，本来是计划在罗马举行的。但1906年规模巨大的维苏威火山爆发造成了资金困难，意大利被迫放弃举办权，本届奥运会匆匆转到了新建成的伦敦谢波兹布什体育场举行。

1908年奥运会是第一届以正式开幕式开始的奥运会。从此，这种开幕式成了象征性的政治抗议的场所。来自芬兰的运动员，抗议俄国的统治，不愿举俄国国旗。芬兰人要求举自己的旗帜，这一要求被奥委会拒绝，他们索性不

▲意大利的马拉松选手彼得里·多纳多在一名官员的帮助下通过终点线，这一援助之手后来使他丧失了资格。

举旗帜行进。这也是第一届将英国—爱尔兰问题搬上世界舞台的奥运会，许多赞同共和政体的爱尔兰运动员拒绝参加本次奥运会，更不用说打着英国代表团的旗帜参加比赛了。

本届奥运会还因英美两国之间不断的争吵而令人感到遗憾。争执始于开幕式，担任美国旗手的铅球运动员拉尔夫·罗斯走过主席台时，不愿向爱德华七世扬旗致敬。此后，英国官员同美国运动员发生了多次摩擦。事件在400米短跑决赛时达到了顶点。在比赛中，美国选手约翰·卡彭特因不公平地阻挡英国选手温德姆·哈尔斯维勒的跑道而被取消资格。官员们下令重新进行决赛，其他合格选手拒绝参加，于是，哈尔斯维勒通过一次走过场的比赛夺得了金牌——这在奥运会历史上仅发生过一次。

1908 年奥运会是此前规模最大、最成功的一届，来自 22 个国家的两千多名运动员参加了比赛。和前几届奥运会一样，美国运动员控制了比赛规则，但他们的胜利也引发了对"职业水准"的指控。1908 年奥运会上的明星之一是美国运动员雷·尤瑞，他包揽了立定跳远比赛的全部三枚金牌，这使他在三届奥运会上获得的金牌总数达到了 10 枚。

战争边缘上的巴尔干

1908 年 10 月，哈布斯堡王朝的扩张主义政策将欧洲推向了战争的边缘，巴尔干半岛脆弱的力量均势因而被打乱。

这一年的早些时候，青年土耳其革命已经使土耳其内部出现了很多不稳定的

尼亚和黑塞哥维那的很多塞尔维亚人的自由而战。在整个中欧地区，战争一触即发，因为英国和法国表示，如果发生战争它们将支持塞尔维亚，而德国则坚定不移地支持奥地利的立场。

▲一张早期的讽刺漫画，生动地说明欧洲领导人在努力避免巴尔干卷入全面战争的过程中关系脆弱。

因素。哈布斯堡王朝将这视为在巴尔干半岛扩张其势力的机会。哈布斯堡王朝驻俄国大使莱克斯·冯·埃伦塔尔同俄国外长伊沃尔斯基签订了一份协定，根据这份协定，奥地利吞并土耳其统治的波斯尼亚和黑塞哥维那，俄国将不作反对。作为交换条件，奥地利将同意向俄国战舰开放具有战略地位的巴尔干海峡。

1908 年 10 月 6 日，奥地利宣布吞并波斯尼亚和黑塞哥维那，这引起了塞尔维亚的强烈反对，塞尔维亚威胁要为居住在波斯

在随后的几个月里，上述各国之间的关系一直处于紧张状态，最后这一局势得到了解决，但并不令人满意，新成立的土耳其政府同意将波斯尼亚和黑塞哥维那卖给哈布斯堡王朝。战争勉强得以避免，但在波斯尼亚和黑塞哥维那两地，受到塞尔维亚支持的对哈布斯堡的敌视态度却与日俱增。最后，1908年的危机表明，巴尔干半岛不稳定的政治格局很容易被打乱，并且一旦乱起来，欧洲各国就会做出强烈反应。

· 贝洛·巴尔托克的《第一弦乐四重奏》举行公演。
· 音乐指挥家阿尔图洛·托斯卡尼尼在纽约大都会歌剧院院首次登台。
· 诺思克利夫勋爵收购英国《泰晤士报》。
· 本年度出版的图书包括 E.M. 福斯特的《带风景的房间》、阿诺德·本涅特的《老夫人的故事》和肯尼思·格雷厄姆的《杨柳风》。
· W.G. 格雷斯最后一次参加板球比赛。

1月
· 摩洛哥爆发由苏丹的弟弟穆莱·哈费德领导的起义。
· 甘地从南非监狱获释。
· 英国工党决定采纳社会主义。

2月
· 葡萄牙国王和王储遇刺，曼奴埃尔二世继位。

3月
· 人类第一次实现单人驾机飞行。
· 印度警察开枪击毙参加暴乱者。

4月
· 英国首相坎佩尔·班纳曼因健康原因辞职，赫伯特·亨利·阿斯奎斯继任首相。
· 第四届奥林匹克运动会在伦敦开幕。
· 中国发生洪涝灾害，造成两千多人死亡。

5月
· 澳大利亚工党执政。
· 莱特兄弟设计的飞机获得专利。

福特汽车公司推行大规模生产

1908 年 8 月 12 日，亨利·福特打破常规的第一辆 T 型车在底特律汽车制造厂下线。在这之前，汽车对所有的人来说都太昂贵了，只有最富有的人才消费得起。尽管 T 型车的价格大大低于竞争对手，一般被称为"莉齐"或"廉价小汽车"，但对于工薪阶层来说还是可望而不可即。尽管如此，T 型车还是在汽车普及方面发挥了重要的作用，正如亨利·福特自己所说的那样，它使汽车"走向了民主化"。

福特的这一新车型立即在市场上获得了成功，汽车产量供不应求。福特汽车公司被迫寻求一种全新的生产方法。最终的解决方案——装配流水线为制造业带来了根本性的变革，并使大规模生产成为可能。这种方案很简单：每人完成每辆汽车上的一套

▲被称作"莉齐"的福特 T 型车在美国引发了一场交通工具的革命。

工作，其工作一旦完成，就将汽车推上传送带，由下一名工人完成另一套不同的工作。自 1913 年使用这种生产方法后，福特汽车公司将从零件到成品车的生产时间从 14 小时减少了 2 小时。为进一步提高生产效率，该公司将装配线工人的工资由 9 小时工作日的 2.34 美元增加到了 8 小时工作日的 5 美元。随着生产效率的提高，福特汽车公司逐渐降低了 T 型车的价格，最后降到 300 美元，这一价格支付起来更轻松。

福特汽车公司生产并售出了 150 万辆 T 型车，该公司因此成为世界上最成功的汽车制造商，亨利·福特也成为美国最富有的工业家之一。

到 1927 年福特汽车公司停止生产 T 型车时为止，美国汽车大约有一半是福特汽车。

利奥波德二世在刚果的暴行结束

1908 年 8 月 19 日，比利时国王利奥波德二世面对来自欧洲其他国家的压力被迫将刚果自由邦移交给比利时政府。此前，他在这一地区实行独裁统治已近 30 年。

刚果自由邦——后来的扎伊尔，现在的刚果民主共和国——是在探险家亨利·莫顿·斯坦利完成著名的刚果河之行后建立起来的。以利奥波德二世

为首的一个欧洲协会（国际非洲协会——译者注）成立，其目的是掠夺在该地区已发现的丰富的农产品和矿物产品，包括橡胶、象牙和棕榈油。该协会曾经资助过斯坦利的工作。他们与主要部落首领达成了开发该地区的贸易协议。1884 年，利奥波德二世宣称，他拥有将这些分散的领地当作一个独立的国家进行统治的权利，并

将该地区命名为"刚果自由邦"。欧洲主要国家承认利奥波德对这一地区享有主权。

19 世纪 90 年代，利奥波德显然认为他能够以自以为合适的任何方式对待土著居民，结果其统治陷入了困境。其中，为收割庄稼和开采这一地区，他推行奴隶制。随处可见惨不忍睹的暴行，在其统治期间，这一地区的人口减少到了 800 万——估

新闻摘要

6 月
- 英国同俄国达成一致意见，同意在马其顿进行改革。
- 德国建造更多战舰的计划得到批准。
- 波斯发生政变。
- 美国同委内瑞拉断绝外交关系。
- 西伯利亚通古斯卡河发生神秘的燃烧弹爆炸事件。
- 俄国作曲家尼古拉·里姆斯基—科尔萨科夫去世。

7 月
- 马其顿爆发由青年土耳其党领导的起义。
- 土耳其恢复其 1876 年宪法。

8 月
- 比利时国王利奥波德二世将其对刚果自由邦的个人控制权让与比利时。
- 波罗的海和北海大会举行。
- 穆莱·哈费德在摩洛哥马拉喀什战役中获胜。

9 月
- 连接大马士革和麦地那的汉志铁路竣工。
- 德国正式承认穆莱·哈费德为摩洛哥苏丹。
- 美国通用汽车公司成立。

计人口至少减少了70%。

当有关利奥波德统治的传闻传到欧洲时，他的统治激起了舆论的义愤，比利时政府感到必须要采取行动了。在布鲁塞尔，全国议会投票决定比利时支付利奥波德1.2亿法郎收

购该领地，该地区因而变成了比利时的殖民地。此后，这一地区称比属刚果，1960年获得独立。

◀ 比利时国王、刚果自由邦残暴的统治头目利奥波德二世。

第一位黑人体育超级明星
——杰克·约翰逊

19 08年12月26日，杰克·约翰逊成为第一位黑人重量级拳击世界冠军。这次冠军争夺战是在澳大利亚的悉尼举行的，当比赛进行到第十四回合时，因担心参加本次比赛的加拿大人汤米·伯恩斯的安全，警察进入拳击场，比赛宣告结束。

约翰逊来自得克萨斯州的加尔维斯敦，在获得具有开创性意义的胜利之前，他受到了美国拳击机构的长期歧视。事实上，约翰逊在从事了11年的职业拳击之后才获得这次争夺世界冠军的机会。

作为一名拳击冠军，约翰逊成了美国黑人社会的英雄人物。同时，他发现自己变成了白人优越论者所憎恨的对象，他同白人女性的两次婚姻引起了普遍的愤慨。

为寻找一名合适的白人竞争对手夺去约翰逊的冠军头衔，拳击机构费尽心机，耗费了大量的时间和精力，由此还产生了一个短语"伟大的白人希望"。已退出拳坛的前冠军詹姆斯·J.杰弗里斯禁不住诱惑而重返拳坛，人们希望他能战胜约翰逊。结果，他却败在了约翰逊的手下。

然而，约翰逊却因道德立法而陷于困境。1912年，约翰逊与其未婚妻驾车行进时被捕，警察称他违反了禁止出于"不道德目的"在各州间运送妇女的《曼恩法案》，后来被判一年监禁。在等待上诉而获得保释时，他乘飞机来到了欧洲。

约翰逊在法国避难期间曾三次卫冕，但1915年他被迫同杰西·维拉德进行比赛。约翰逊轻易就败给了对手。因此，有人认为，他可能认为将冠军头衔让给白人后，法院就会撤销对他的有罪判决，于是他放弃了本次比赛。结果，他错了：五年后，他向美国政府自首并服刑。

▲1915年早已不在运动巅峰状态的杰克·约翰逊（右）败在了杰西·维拉德的手下。

· 在布何劳会议上，俄国同意奥地利吞并波斯尼亚。

· 卡萨布兰卡事件加剧了德法两国间的紧张局势。

10月

· 保加利亚在国王斐迪南一世的领导下宣布脱离土耳其独立。

· 奥地利吞并波斯尼亚和黑塞哥维那。

· 克里特岛宣布与希腊结成联盟。

· 电力单位标准化会议在伦敦召开。

· 比利时正式兼并刚果自由邦。

· 德皇威廉二世接受英国《每日电讯报》采访，激起德国国内民众的反英情绪。

11月

· 美国共和党候选人威廉·塔夫脱赢得总统选举。

· 英国选出第一位女市长。

· 自由党赢得古巴选举。

· 中国光绪皇帝和慈禧太后去世，满族统治中国的历史宣告结束。

12月

· 波希米亚爆发起义。

· 土耳其议会举行第一次会议。

· 威尔伯·莱特在法国夺得"米什兰杯"。

· 意大利南部发生强烈地震，大约20万人遇难。

艺术的未来？

▲费利波·托马索·马里内蒂（中）在巴黎与卢伊吉·鲁索罗、卡洛·卡拉、翁贝托·博乔尼以及吉诺·塞韦里尼在一起。

19 09年2月20日，巴黎《费加罗报》刊登了由法裔意大利作家和编辑费利波·托马索·马里内蒂发表的《未来主义宣言》，读者感到有些困惑。"未来主义"这一术语是作为各学科的艺术家反叛的战斗号召而杜撰出来的。在马里内蒂的心目中，人类既往的艺术和文化已变得腐朽和僵死，必须鼓励艺术家们进行创新和变革。此外，他还提出摧毁现存的文化机构，包括图书馆和博物馆。

尽管该宣言在艺术权力机构内部引起了预期的强烈的反响，但20世纪早期的一些最杰出的艺术家却发现自己逐渐响应了马里内蒂的呼声。博乔尼、马拉和卡拉等画家开始将一切新事物融入到他们的作品中。最早的未来主义绘画艺术虽然受到了立体主义的影响，例如同时表现一个物体的不同表面，但公认的未来主义风格还是在全新的对速度和动作的强调中诞生了。

在其他艺术形式方面，未来派画家公开谴责贝多芬、肖邦和巴赫等人，并提倡以噪音大且无音调的舞台装置替代管弦乐队。欧洲举行了多场未来派音乐会，有些还吸引了大量的听众。不过，大部分听众好像是出于好奇才这么做的。

作为接受布尔什维克主义的第一位艺术运动领导人，马里内蒂曾访问过俄国，对韦列米尔·赫列布尼克夫和马雅可夫斯基产生了重大影响，并为后来建立在文学基础上的俄国未来主义运动的兴起埋下了伏笔。不过，俄国未来主义运动主要源于政治动机。

对一场艺术运动来说不寻常的是，马里内蒂的宣言居然赞美军国主义、暴力、死亡和无政府主义。五年后，未来派艺术家积极投身于第一次世界大战。事实上，博乔尼、建筑空想家圣伊利亚等许多最杰出的艺术家就死于这场战争。

第一个到达北极的人——探险家皮里

◀征服北极的第一人罗伯特·皮里，后来的证据显示他可能未达目的地而错误地终止了探险。

在 经过两次失败的尝试后，海军中校罗伯特·皮里于1909年4月6日将美国国旗插在了北极上，最终实现了到达北极的梦想。

皮里到达北极的准备工作早在 1886 年就开始了，他和同事马修·汉森在海图上未标明的格陵兰岛大冰原上徒步行走 160 公里（100 英里）。五年后，他们乘雪橇在格陵兰岛上前进了 1600 多公里（1000 多英里），这次旅行第一次证明：格陵兰岛是名副其

'09

新闻摘要

- 莫汉达斯·甘地创建印度国民大会党。
- 英国情报机构军情五处和军情六处成立。
- 英国女童子军成立。
- 美国全国有色人种协进会成立。
- 美国终止鸦片进口。
- 路易·布莱里奥驾驶单翼机飞越英吉利海峡。
- 医学界发现梅毒疗法。
- 科学家发现脱氧核糖核酸与核糖核酸。
- 伦敦维多利亚和艾伯特博物馆向公众开放。
- 作曲家理查德·施特劳斯完成其作品《厄勒克特拉》。
- 伦敦塞尔弗里奇百货商店开始营业。
- 本年度出版的图书包括H.G.威尔斯的《安·维罗尼卡》和L.M.蒙哥马利的《绿山墙的安妮》。

1月
- 英国和印度开通电报线路。

2月
- 民族主义者强迫奥斯曼帝国大维齐尔（即首相——译者注）辞职。
- 土耳其承认奥匈帝国对波斯尼亚和黑塞哥维那的兼并。

3月
- 埃及实行新闻审查制度。
- 外部干预阻止塞尔维亚同奥匈发生战争。
- 英国批准海军法案，开

实的岛屿。

他第一次尝试赴北极探险是在1902年，此前为了确定合适的路线，他花了将近10年的时间认真研究了该地区的情况。结果，这次尝试因船只无法通过冰冻的海面而告失败。在得到美国海军提供的适合自己要求的"罗斯福"号破冰船后，皮里于1905年第二次赴北极探险。尽管在这只小船的帮助下，他得以在埃尔斯米尔岛上的谢里登角建立了根据地，但恶劣的天气条件使他无法乘雪橇前进，他的努力再次以失败告终。

1908年7月，皮里从美国起航，开始了他的胜利之旅。皮里及其远征队做好了充分的准备，于1909年3月1日离开谢里登角。皮里中校率领汉森、4名爱斯基摩人和40只狗开始进行最后阶段的艰苦跋涉。

一场争论破坏了本应胜利返回成为完美之旅的这次北极探险，皮里以前的同事弗雷德里克·库克宣布早在11个月之前他就成功到达了北极。尽管有看起来像拍摄的证据，但陪同库克探险的爱斯基摩人却证明他在距离北极点160多公里（100多英里）的地方就停下了，公众对他宣称成功到达北极的真实性表示怀疑。

最后具有讽刺意味的曲折是，20世纪80年代，一份对皮里探险队航海日志的研究显示，尽管他可能真的以为他已经到达了北极，但一系列的航海误差显示他至少与其目的地相距50公里（30英里）。

布莱里奥飞越英吉利海峡

19 09年7月25日，法国人路易·布莱里奥创造了飞行历史，成为驾机飞越宽度达34公里（21英里）的英吉利海峡的第一人。凌晨5时，布莱里奥驾机从法国加来起飞，飞行跌跌撞撞，但他还是在37分钟后成功地在多佛尔城外的一块陆地上着陆。通过这次成功飞行，他获得了伦敦报纸《每日邮报》颁发的1000英镑奖金。

▲飞行先驱路易·布莱里奥，驾机飞越英吉利海峡的第一人。他的对手康特·德朗贝尔因发动机出现故障而未能如愿以偿。

布莱里奥是一位靠发明车灯发了财的富翁，在这次飞行之前，他已是法国最著名的一位飞行家，曾于前一年获得过"法国飞行俱乐部奖章"。他早期的飞机设计有点儿古怪，其中有一个样式是飞机尾部先起飞，还有一个与箱式风筝十分相像。到1909年他研制出历史上著名的"布莱里奥XI"号飞机时，他设计的飞机特点已经成熟，那就是带有一个用以驱动双翼推进器的三汽缸、28马力发动机的小单翼机。

尽管事实上已经飞越过比英吉利海峡宽度更长的距离，但因大力宣传的奖金数额以及飞越英吉利海峡，这次飞行还是吸引了很多著名的飞行家。

实际上，布莱里奥真可谓幸运，因为就在六天前，康特·德朗贝尔曾试图飞越英吉利海峡，眼看就要成功了，这时发动机出现了故障，他只得中途迫降。布莱里奥汲取了这一教训，他驾驶的飞机后部机身没有蒙皮，还安装有一个气囊。这次成功飞行带给布莱里奥的不仅有奖金，还有永存史册的地位。

始同德国展开军备竞赛。
· 塞尔维亚承认奥匈帝国对波斯尼亚的所有权。

4月
· 土耳其承认保加利亚独立。
· 罗马教皇庇护十世为法国民族女英雄贞德行宣福礼。
· 青年土耳其党废黜土耳其苏丹。

5月
· 《印度议会法案》给予印度议会上院更大的权力。

6月
· 德皇威廉二世与沙皇尼古拉二世举行会晤。

7月
· 德国总理伯恩哈德·冯·比洛辞职，特奥巴尔德·赫尔维希继任总理。
· 巴塞罗那爆发大罢工。
· 墨西哥发生大地震。

8月
· 瑞典爆发大罢工。

10月
· 西班牙好战的反教权主义者弗朗西斯科·瓜尔迪亚被执行死刑。
· 俄国与意大利就巴尔干问题签署协议。
· 日本于伊藤博文在满洲遇害后对朝鲜实施独裁统治。

11月
· 英国议会对劳合·乔治提出的"人民预算案"进行末读，议会上院否决该提案，从而引发宪法危机。

12月
· 英国议会解散。
· 意大利总理戈利蒂被免职，新政府成立。
· 比利时国王利奥波德二世去世，阿尔贝特一世继位。

1910–19

在整个人类历史的长河中,因为领土划分而发动战争一直是历史的悲剧,但这好像又是不可避免的残酷事实。随着武器装备变得越来越先进,造成敌对国家最惊人的伤亡数字的可能性也随之增大。正是在20世纪的第二个10年期间,现代化武装冲突的危险在一次战争中最大程度地显现出来,这一点使得发生在这10年当中的其他事件就显得微不足道了。

截至1910年,西欧和中欧国家形成了众多的国家联盟,看起来能够应付一切可能的侵略行动。尽管欧洲像一个动荡不安的大锅炉,但这些结盟条约连同德国、法国、奥匈帝国以及俄国规模空前的军备扩充,看起来很可能令其他竞争对手望尘莫及。但一次偶然的事件——奥匈帝国王储弗朗茨·斐迪南大公遭塞尔维亚民族主义者暗杀——使欧洲卷入了史无前例的规模最大、最血腥的战争漩涡。

在20世纪结束之时,我们发现巴尔干半岛正是世界残暴冲突的中心。正是类似的紧张状态激起的火花使欧洲陷入了战争之中。1912年,对立的巴尔干各国联合起来将奥斯曼帝国从该地区驱逐出去。这一举动成功后,他们内部为领土划分而相互争战。在这一过程中,塞尔维亚跟过去一样变成了最强大的国家。斐迪南大公遭暗杀后,奥匈帝国对塞尔维亚宣战。德皇威廉二世宣布支持奥匈帝国;而俄国和法国则与塞尔维亚结盟。当德国侵略比利时并企图包围法国时,英国对德国宣战。

残酷的战壕战在东线和西线展开。跟以往一样,新科技在战争结束之后得到了发展。对科技优势的要求推动了科技快速向前发展。在战争爆发的四年期间,武器装备变得更具杀伤力,人类以更快的速度生产出了更为致命的炸药。事实证明大多数步兵炮火是无法将装甲坦克穿透的,需要制造威力更大的武器来对付它。空战在未来的统治地位清楚地显现出来,早期飞机的作用由简单的侦察发展为能够向敌方战线发射有力炮火并投掷炸弹的复杂的武装战争机械。同时,潜艇在海战中显示出了致命的新威胁,德国海军令航行在大西洋上的协约国船只付出了沉重的代价。

然而,新的军事战略却跟不上这种先进科技的发展。双方的指挥官大致还按照17世纪以来的方式制订战略计划。守军"挖掘掩体",同能够通过其战壕防线的胜利之师展开遭遇战。但在机关枪时代,这种作战方式造成的伤亡是不可饶恕的。在后来于1939年被称作"第一次世界大战"的这场战争期间,一代人给毁掉了。欧洲的统治者们选拔了6000多万年轻人参军。其中有1000多万人走上了不归路,将生命献给了一场既无任何目的也毫无意识形态意义的荒唐战争。

第一次世界大战还对欧洲的未来产生了重大影响。一度强大的日耳曼帝国被迫向获胜的协约国俯首称臣。惩罚性的战争赔款使德国经济破产,为后来纳粹的出现创造了外部环境。奥匈帝国被消灭而被分成奥地利和匈牙利两个国家。在俄国,布尔什维克抓住机会,利用人们日益高涨的反战情绪,迫使俄国退出战争,并最终发动了一场共产主义革命。英国和法国经济受到了战争的破坏。在战争的最后一年期间,美国曾向英国和法国提供武器和军队,英法两国因此欠下了美国的债务。

规模空前的"结束一切战争的战争"导致的犯罪暴行震惊了世界。然而,20年后,另一场战争又将爆发。

巴黎遭受 1746 年后最严重的洪灾

新闻摘要

· 福特汽车公司在英国开设第一家汽车制造厂。
· 美国童子军成立。
· 美国曼恩法案成为法律。
· 美国创下时速 131.7 英里(211.95 公里)的新纪录。
· 后印象主义画展在伦敦举行。
· 格雷西·菲尔兹首次登台演出。
· 伊戈尔·斯特拉文斯基的作品《火鸟》首次公演。
· 伦敦帕拉斯神像揭幕。
· 纽约曼哈顿大桥竣工。
· 哈雷彗星回归。

1月
· 英国自由党以微弱优势赢得大选。
· 法属刚果更名为法属赤道非洲。

2月
· 第一家职业介绍所在伦敦开业。
· 埃及总理布特罗斯·加利遭暗杀。
· 爱德华·卡森出任北爱尔兰统一党领袖。

3月
· 希腊"军事联盟"解散。

4月
· 土耳其镇压阿尔巴尼亚起义。
· 英国最终通过 1909 年"人民预算案"。
· 美国作家马克·吐温去世。

▲猛烈的降雨使塞纳河河水漫过河堤，巴黎街道上出现了新型的交通工具。

在1月份的下半个月期间，法国中部降下了史无前例的雨水，塞纳河水位因此上涨，洪水淹没了巴黎的房屋。直到1月26日，巴黎市有一半都处于被水淹没的状态。虽然有足够的饮用水，但没有足够的水使工厂运转起来，5万难民躲在公共建筑物里，在那里他们可以喝上在临时的厨房里做的汤。

当塞纳河达到最高水位时，洪水冲进了以其文化和精致而著称的巴黎，将田地里的耕牛和工人阶层所在的城郊的家具冲到了南部。地下铁道、有轨电车线路以及很多条铁路停止运营。行人尽最大努力，借助木板桥沿着主要街道行走。下水道里的污水也升上来流到了街道上，因此，截至1月28日洪水达到最高点时，圣拉札火车站周围的地区变成了一片肮脏的湖泊。

美国因马克·吐温的逝世而悲痛

"关于我去世的报道是夸大之辞"，好几年前马克·吐温在从欧洲发给美国联合通讯社的电报上如是说，他是为回应一家报纸载文宣布他去世的消息而作出上述表示的。1910年4月21日，深受人们喜爱的小说家、幽默作家真的离开了这个世界。

马克·吐温给人们留下印象最深的是他的三本汤姆·索耶小说（分别于1876、1894、1896 年出版）和经典名著《哈克贝里·费恩历险记》（1885 年）。他有一种天赋，就是通过具有讽刺意味的成人的眼光来表达孩子气的无赖习气和天真无邪。这与马克·吐温的经历有关，他在密西西比河畔的汉尼拔度过了田园诗般的童年，并亲身经历了美国南北战争所造成的巨大的社会变化。

塞缪尔·朗荷恩·克莱门斯，出生于 1835 年 11 月 30 日。1857 年，他实现了孩童时代的愿望，成了一名领航员，他在《密西西比河上的生活》（1883 年）中这么评价这一职业：他喜欢这一职业，胜过他所从事的其他任何一种。他在开始其写作生涯时，使用了笔名"马克·吐温"，这本来是领航员的叫喊声，意思是水深二英寻（测量水深的单位，合 6 英尺或 1.8288 米——译者注），也就是蒸汽船可以航行通过的最浅深度。

19 世纪 90 年代，马克·吐温因做文学出版投机生意失败而破产，并因

▲马克·吐温去世前不久在家中休息。他一直是美国最受尊敬的文学巨匠之一。

女儿于 1896 年不幸死亡而痛苦不堪。他后期的作品反映了其日益加深的讽刺和痛苦的感受。《傻瓜威尔逊》或许说出了他的心里话，他在这部小说中写道："大家都说：'死去好难啊！'——这是不得不活着的人们发出的奇怪的抱怨。"

马可尼无线电报首次用于缉拿罪犯

19 10年7月31日，美国出生的牙医霍利·哈维·克里平及其情妇埃塞尔·勒·尼夫，在"蒙特罗斯"号上因涉嫌于几个月前谋杀其妻贝尔·埃尔莫尔——杂耍剧场的一位歌手而被伦敦警察厅警员沃尔特·迪尤逮捕。这对安装在轮船上的马可尼无线电报系统来说是一次胜利，警员正是在它的帮助下将逃犯克里平抓捕归案的。

1月31日，克里平在参加一次聚会后返回家中，他给妻子服用了一剂天仙子碱溴氢酸盐，这足以毒死她。克里平在妻子死后，将其尸体肢解，并将尸体埋在地窖中。他对所有问及他妻子的人说，她到美国去了。

不久，他将27岁的埃塞尔·勒·尼夫以秘书的身份带到家中，并告诉越来越对其产生怀疑的贝尔·埃尔莫尔的朋友说，他妻子

▲"蒙特罗斯"号返回英国，克里平医生（右）被护送着走出轮船，几个月后他被执行绞刑。

已在美国去世。7月，当警员来调查他妻子死亡的原因时，克里平和埃塞尔·勒·尼夫俩人正如胶似漆，爱得死去活来。几天后，警员迪尤带着搜查证又来调查，发现这对男女已不见了踪影。并在地窖中发现了贝尔·埃尔莫尔的尸体，而后便对克里平医生发布了逮捕令。

这对情人已经飞往比利时，途中他们化装成"罗宾逊父子"：克里平剃掉胡须，并扔掉了眼镜，而埃塞尔·勒·尼夫则乔装打扮成一个小男孩。他们在安特卫普登上了开往加拿大魁北克省的"蒙特罗斯"号轮船。这对情人立即引起了船长亨利·肯德尔的怀疑。在以后的两天中，他仔细观察他们，然后向利物浦发电报："非常怀疑克里平伦敦地窖杀人犯及其同谋就在该轮船乘客中间。"

接到报警后，警员迪尤登上了速度更快的"劳伦提克"号。离开加拿大时，他发电报说，他将乔装成一位领航员在圣劳伦斯登上"蒙特罗斯"号。他一登上"蒙特罗斯"号，就邀请"罗宾逊"来到他的舱位见这位"领航员"。两人握手时，警员迪尤说明了自己的身份，并将克里平抓捕。

10月22日，克里平医生被判决犯有谋杀罪并被判处死刑；其情妇被无罪释放。11月23日，克里平在本顿维尔监狱被绞死，临死时还坚决声辩自己无罪。

爱迪生研制有声电影新技术

8 月27日，美国发明家托马斯·阿尔瓦·爱迪生在新泽西州的西奥兰治的实验室向一群特殊观众演示了"有声活动电影机"。一部分是留声机一部分是照相机的这台机器，由于能够同时录制声音和图像，从而标志着有声活动电影的研制工作取得了重大突破。

在爱迪生做出这一发明之前，同时录制声音和

▲托马斯·阿尔瓦·爱迪生谦虚地将其取得的成就描述为"百分之一的灵感加上百分之九十九的汗水"。

图像的尝试不尽如人意，因为先前的尝试都是在布景上隐蔽地安装上一个扩音器，演员要一边继续演戏，一边调整其声音。这样做的结果是，要么是表演呆板，要么是扩音器中演员的声音时高时低。爱迪生希望两年内能在电影院放映有声电影。

5月
· 英国上议院实行改革。
· 英国议会实行改革，议会任期减至5年。
· 英国煤矿发生灾难，130多名矿工遇难。
· 罗马教皇圣庇护十世激起德国新教徒反对教皇通谕。
· 爱德华七世去世，其子乔治五世继位。

7月
· 南非获得自治领地位。
· 俄国同日本就满洲和朝鲜问题签订《日俄协定》。
· 英国飞行家和汽车制造商查尔斯·斯图尔特·罗尔斯去世。

8月
· 日本吞并朝鲜。
· 黑山宣布独立。
· 英国著名女护士弗洛伦斯·南丁格尔去世，终年90岁。

9月
· 路易·博塔领导的南非党赢得南非选举。
· 英国画家威廉·霍尔曼·亨特和法国画家亨利·卢梭去世。

10月
· 法国派遣军队镇压铁路罢工。
· 葡萄牙爆发革命，成立共和国。
· 埃留提利奥斯·凡尼济洛斯出任希腊总理，希腊国民议会解散。

11月
· 俄国作家列夫·托尔斯泰去世。

12月
· 埃留提利奥斯·凡尼济洛斯在希腊国民议会选举中赢得多数。

新闻摘要

· 英国通过《国家安全法》。
· 英国颁布《著作权法》。
· 人类在战争（在利比亚发生的意大利对土耳其的战争）中首次使用飞机。
· 科学家发现宇宙辐射和超导。
· 卢瑟福提出原子核理论。
· 格林威治时间成为世界标准时间。
· 伦敦最后一辆马拉车退役。
· 第一家电影制片厂在好莱坞创立。
· 第一届印第安纳波利斯500英里汽车拉力赛举行。
· 第一届五国橄榄球赛举行。

1月
· 法国总理阿里斯蒂德·白里安险遭暗杀。

2月
· 拉姆齐·麦克唐纳当选英国工党领袖。
· 加拿大议会决定与英国维持联邦关系。

3月
· 纽约工厂发生火灾，146人丧生。

4月
· 英国下议院否决关于《议会法案》的公民投票。

5月
· 俄国同土耳其因黑山问题造成的紧张局势加剧。
· 英国提出《国民保险法案》。
· 英国下议院通过《议会法案》。

乔治五世加冕

▲加冕庆典之日乔治五世与王后玛丽合影。

1911年6月22日，一个异常炎热的夏季刚刚开始的时候，乔治五世被封为"大不列颠及爱尔兰联合王国和所有海外自治领国王、国教捍卫者和印度皇帝"的加冕典礼在威斯敏斯特教堂举行，庆典持续了七个小时。

来自英联邦各国的首脑出席了这一备受关注的仪式，而数以千计并非如此兴高采烈的民众则站在教堂外边和街道两旁，远地观看着跟在乔治五世和王后玛丽后面的队伍。

自大、老练、善交际、有魅力的爱德华七世的去世标志着一个奢侈、乐观而充满冒险性的时代走向了终结。在国内外动荡不安而造成英联邦统治危机的情况下，爱德华七世腼腆、谦虚而忧郁的儿子乔治五世继承了王位。务实的乔治五世将度过比其父亲统治时期更复杂、更艰难的时期，并以其处理事务的风格而赢得人们的尊敬和爱戴。

到南极探险的比赛以悲剧告终

1911年12月14日，挪威探险家罗尔德·阿蒙森及其随行人员抵达南极，使得罗伯特·法尔康·斯科特及其探险队最先到达南极的希望破灭，后者要再用五周的时间才能到达，并在返回英国设在南极洲的探险队营地时不幸遇难。

1910年6月1日，斯科特上校及其随行人员从伦敦乘坐"特拉诺瓦"号轮船出发向新西兰的利特尔顿港前进，人们在东印度码头为他们加油。罗尔德·阿蒙森本打算到北极探险，但他在去北极的途中听说美国的罗伯特·埃德温·皮里已经到达了北极，于是，他掉转方向向南极进发。

在南极探险过程中，阿蒙森及其四位同行人员使用了雪橇，并依靠52个

▲由挪威探险家罗尔德·阿蒙森插上的旗帜在南极飘扬。

狗拉雪橇逃生，在返回途中的每一个补给站都放置了补给食物。他在冰雪覆盖的3220公里（2000英里）的路途上认真地标注路线，在胜利后他说："一切都像在跳舞。"

1911年10月24日，斯科特从埃文斯角出发时仅有11位随行人员，决定依靠电动雪橇和小马前进，而只带了几只狗。雪橇发动机很快就出现了故障，而天气变得太冷时，又不得不杀掉小马。结果，在跨越从最后一个补给站到南极点往返距离为240公里（150英里）的这段最艰难的行程时，斯科特及其探险队员不得不步行前进，而剩下的食物仅能供五位探险队员用一个月的。1912年1月18日，斯科特上校、欧

茨上校、爱德华·威尔逊和海军军士埃德加·埃文斯精疲力尽地抵达南极时，却发现阿蒙森已先期到达。

在返回最后一个补给站的途中，这五名探险队员遭遇了暴风雪和越来越低的气温的侵袭，他们旅行的速度变得更慢了，用以维持生计的食物也越来越少了。

斯科特在3月19日的日记中这样痛苦地写道："今天，我们按照惯例以拖拉的方式出发。雪橇非常笨重，距离补给站15.5英里，应该在三天内到达。这是多么艰难的行进啊！我们只剩下两天的食物，一天的燃料。我们的脚正在被冻坏……现在截肢是我惟一能希望做到的事情……这天气连一次机会也不给我们。"

他最后的记录注明的日期是1912年3月29日，但直到1913年2月斯科特乘坐的"特拉诺瓦"号轮船才到达新西兰，随之而来的是他们遇难的噩耗。

▲斯科特的日记最后的记录讲述了一次英勇但注定要失败的悲壮的逃生故事。

墨西哥起义

▲潘乔·维亚率领起义军投入战斗。维亚的军队在墨西哥北部农村山区开展了长期的游击战争。

截至1911年，81岁的普弗里雯·迪亚斯将军统治墨西哥已达35年之久。这位总统给墨西哥带来了和平，并使经济走向了现代化。但他也对农村实行了残暴的统治，当地的农民眼睁睁地看着他们的土地被大地主掠取，他们的反抗还遭到了残酷镇压。他建立了彻底腐败的政治体制，操纵选举，限制新闻舆论。

在1910年的大选中，受过美国教育的富有地主子弟弗朗西斯科·马德罗对迪亚斯的自动连任构成了威胁。当局作出反应，逮捕了马德罗及其许多支持者。马德罗逃到美国，乔装成一名铁路工人并号召墨西哥人民起来反抗他们的统治者。

马德罗得到了有战斗力的农村游击队员的支持，尤其是得到了墨西哥南部埃米廉诺·萨帕塔和北部潘乔·维亚的支持。面对这次规模巨大的起义，迪亚斯的军队和警察显得无能为力。1911年5月，81岁高龄的总统迪亚斯同意以安全前往欧洲为

条件辞职，后来他在欧洲贫困潦倒而去世。

通过自由选举，马德罗获得了胜利，掌握了政权，但历史证明他的统治是很短暂的。作为一位素食论者和唯心主义者，他不可能统治经济困难而秩序混乱的国家。他建立起来的理想的自由政府未能满足反对社会革命的保守的商人、地主和军官的要求。

新政府也无法满足农村的穷人的要求，他们要求立即进行彻底的改革——萨帕塔不久重新展开了要求社会公正的武装运动。获得完全自由的新闻媒体借机公开抨击自由政府的一言一行。

马德罗的统治注定不能长久。1913年2月，一名强硬派军人夺得了政权并将他处死。

▲埃米廉诺·萨帕塔领导的南部"萨帕塔主义者"起义军开始远征，后来取得了一次大捷。

- 美孚石油公司因反托拉斯诉讼而解散。
- 英国诗人和剧作家威廉·施文克·吉尔伯特和奥地利作曲家古斯塔夫·马勒去世。

6月
- 利物浦港口工人举行罢工。
- 希腊批准修订后的宪法。

7月
- 德国炮艇外交引发摩洛哥危机。

8月
- 英国爆发第一次全国铁路罢工。
- 莱昂纳多·达·芬奇的作品《蒙娜·丽莎》在法国罗浮宫被盗。

9月
- 意大利对土耳其宣战。
- 俄国大臣会议主席彼得·斯托雷平遇刺。

10月
- 英王乔治五世命令超无畏级英国皇家海军舰艇战舰下水。
- 加拿大保守党组建新政府。
- 中国爆发辛亥革命。
- 温斯顿·丘吉尔在英国内阁改组中出任英国海军大臣。
- 中国宣布实行共和政体。

11月
- 德国同法国签署《德法协定》，摩洛哥危机宣告结束。
- 意大利吞并的黎波里和昔勒尼。
- 伦敦爆发妇女选举权运动。
- 意大利在的黎波里赢得对土耳其的决定性的军事胜利。

12月
- 英国铁路罢工结束。
- 中国政府下令剪掉辫子，并改革历法。
- 孙中山成为中华民国临时大总统。

新闻摘要
. . . .

- 英国陆军航空队成立。
- 第一架水上飞机下线。
- 不锈钢问世。
- X射线晶体学问世。
- 科学家发现维生素。
- 英国炒作"皮尔当人"头盖骨。
- 瓦斯利·康丁斯基发表绘画中的抽象主义理论。
- 勋伯格·阿诺尔德的作品《月光下的彼埃罗》首次公演。
- 拉格泰姆节奏爵士乐风靡英国。
- "SOS"被用作国际通用求救信号。
- 德国推出商业飞机服务。
- 俄国开始发行《真理报》。
- 英国从澳大利亚手中夺回板球锦标。
- 华纳兄弟电影公司、福克斯和环球电影公司在好莱坞成立。

1月
- 德国社会主义工人党在德国选举中获胜。
- 新墨西哥成为美国的第47个州。

2月
- 法国批准关于摩洛哥问题的《德法协定》。
- 中国满清皇帝退位,宣布实行共和。
- 亚利桑那成为美国的第48个州。
- 英国议会否决最低工资的提案。
- 英国爆发煤矿工人罢工。

中华民国的成立

1912年2月12日,最后一位中国皇帝——六岁的溥仪退位,这标志着统治中国达300年之久的满清王朝结束。

两个月前,革命党领袖孙中山(1866~1925年)已经被来自16个省的代表团选举为中华民国"临时大总统"。1912年1月1日,他在南京宣誓就职,并促使中国第一次采用西方的阳历代替了传统的阴历纪年法。同一天,他承认其军事权力根基不稳,致电势力强大的军阀袁世凯,声明将把总统职位让与袁世凯。

在这个月后来的日

子里,御林军首领被炸死后,北洋军的高级将领敦促北京政府建立共和国。作为皇帝退位的条件,袁世凯和南京临时政府同意授权溥仪及其家人继续居住在北京紫禁城,并

▲来自北京的学生加入孙中山领导的革命军队伍。

拥有其皇室财产,还同意每年向他们提供400万美元的薪俸。

伍德罗·威尔逊当选美国总统

1912年11月5日,曾为富有改革精神的普林斯顿大学校长、卓有成就的新泽西州民主党州长的伍德罗·威尔逊,当选为20年来第一位民主党总统。作为一位改革者,事

实证明他是一位非常成功的竞选者,以被其称作"新自由"的方式把握住了进步主义的主流。他批评极端的财富和权力,而提倡实用的方式,主张政府应当顺应时代的要求而作出

改变。他提倡消灭"邪恶的"信任,实行更激烈的竞争和更广泛的民主。因为共和党的选票分别投给了罗斯福和塔夫脱,因此,威尔逊仅以总票数的42%就赢得了总统大选。

▲伍德罗·威尔逊以社会改革的宣言当选为20世纪美国第一位民主党总统。

"永不沉没"的"泰坦尼克"号遭遇灾难

1912年4月14日距离午夜还有20分钟时，世界上最大的、白星游轮公司引以为荣的客轮"泰坦尼克"号撞到了纽芬兰附近冰冷的大西洋海域中的一座冰山上。仅仅过了2小时40分钟，这座被其船东称为事实上不会沉没的长270米（885英尺）、重47070吨的豪华蒸汽客轮就沉没了，1523名乘客和船员因此而丧生，仅有705人幸免于难。

损坏，受损处的隔间能够容纳涌入的海水。这艘客轮的设计构想是，即使船体受损，海水涌入两个隔间或多达四个隔间，这艘客轮照样能够继续航行。

1912年，在北大西洋发现了很多冰山，爱德华·J.史密斯船长深知很可能遇到冰山。4月14日下午一早，"泰坦尼克"号上的马可尼无线电报员收到了白星公司客轮"波罗的海"号发

▲"泰坦尼克"号从贝尔法斯特港起航，这成了它的最后一次远洋航行试验，随后就在其处女航过程中遭遇灾难。

建造这艘豪华的"泰坦尼克"号花了哈兰·沃尔夫造船厂11000名工人整整一年的时间，这艘客轮是白星游轮公司计划在南安普敦和纽约之间运营的三艘豪华远洋巨轮中的第二艘，该公司希望通过三艘巨轮与稍小的丘纳德航运公司的横越大西洋班轮进行竞争。这艘庞大的客轮拥有用法国胡桃木做镶板的餐厅、豪华的舞厅、游泳池、健身房、土耳其浴室、巴黎风格的咖啡馆以及室内花园。它还拥有一个用来作特别保护的双层船底和一个有16个防水隔间的船体。在驾驶台上轻轻一按便可以关闭舱壁上的门。因此，从理论上讲，如果船体有一处受到

出的一份冰警告，他将其交给了史密斯船长。当晚尽管天气晴朗，但没有月亮，守望楼中两名守望员发现很难在平静而漆黑的海面上辨别出冰山，特别是由于他们没有配备双筒望远镜，就更加困难了。然而，史密斯船长却不顾这些，没有下令减速，时速还是22海里。后来就在这天晚上，无线电报员又收到了大西洋运输公司"梅萨巴"号客轮发出的有巨大浮冰块和大冰山的冰警告。但遗憾的是，这一消息却没有告诉给驾驶台。

"泰坦尼克"号几乎就要撞上冰山了，这时守望员才敲铃向驾驶台上的船员发出警告。船航行速度太

快，无法迅速调转方向。晚11时40分，"泰坦尼克"号撞向了冰山。前面的五个隔间被撞坏，这超出了其承受能力。随着"泰坦尼克"号慢慢下沉进入海面，海水依次漫过了各个舱壁的顶部，涌入了各个隔间。接着，客轮沉没了。

打开、坐上并开动救生艇的过程十分混乱——由于原计划进行的救生艇训练于几天前被取消，船员们对救生艇这一装备并不熟悉。20艘救生艇只开动了18艘，而且多数还只是部分乘载（主要是富有的一等和二等乘客），结果致使本能够逃生的500人丧生。

4月15日凌晨2时20分，"泰坦尼克"号沉入海底，数百名乘客和船员在冰冷的海水中拼命挣扎。

他们大多在几分钟内就丧生了，只有少数被返回出事地点的两艘救生艇救起。

凌晨4时10分，丘纳德航运公司班轮"喀尔巴阡"号将第一批救生艇上的人员救上船。营救705名在这次可怕的灾难——人类骄傲与自满的证明——中生还者的行动持续了四个小时。

▲"永不沉没"的"泰坦尼克"号遇难的消息成为世界各地报纸的头条新闻，在这一灾难中共有1523人丧生。

3月
· 人类第一次从飞行着的飞机上跳伞。
· 摩洛哥成为法国的保护国。

5月
· 第五届奥林匹克运动会在斯德哥尔摩开幕。
· 匈牙利爆发罢工和骚乱。
· 瑞典戏剧家奥古斯特·斯特林堡和美国航空先驱威尔伯·莱特去世。

6月
· 丹麦腓特烈八世去世，克里斯琴十世继位。

7月
· 新西兰改革派赢得大选。
· 日本明治天皇去世，嘉仁继位。

9月
· 乌尔斯特爆发要求爱尔兰地方自治的游行示威和动乱。
· 圣多明各（多米尼加共和国）爆发革命。

10月
· 世界列强达成避免巴尔干战争的协定。
· 黑山对土耳其宣战。
· 土耳其对保加利亚和塞尔维亚宣战。
· 意大利同土耳其缔结《洛桑和约》，意土战争结束。

11月
· 土耳其请求国际社会干预巴尔干半岛局势。
· 美国民主党候选人伍德罗·威尔逊赢得总统大选。

12月
· 土耳其同巴尔干同盟国达成停战协定。

新闻摘要

· 美国宪法第 16 条和第 17 条修正案获得批准。
· 美国创立联邦储备系统。
· 美国征收联邦所得税。
· 加拿大开通横穿大陆的铁路。
· 美国成为世界上最大的制造业国家。
· 挪威实现普遍选举权。
· 英国出现首位女性行政长官。
· 巴黎最后一辆马车退役。
· 莱昂纳多·达·芬奇的《蒙娜·丽莎》失而复得。
· 俄国僧侣因信奉异教被逐出希腊。
· 尼尔斯·玻尔提出原子结构理论。
· 科学家提出同位素的概念。
· 理查德·维尔斯泰特分离出叶绿素。
· 伊戈尔·斯特拉文斯基的作品《春之祭》首次公演。
· 古典吉他演奏家安德烈斯·塞戈维亚首次演出。
· 本年度出版的图书包括托马斯·曼恩的《威尼斯之死》、戴维·赫伯特·劳伦斯的《儿子与情人》和马塞尔·普鲁斯特的《追忆似水年华》第一卷。
· 罗伯特·布里奇斯成为英国桂冠诗人。
· 第一份纵横字谜报纸出版。
· 《新政治家》开始在英国出版。

青年土耳其党发动政变

到1912 年底，保加利亚、塞尔维亚、黑山和希腊等巴尔干国家的联军集结在伊斯坦布尔以外几公里处，土耳其政府准备将土耳其第二大城市阿德里安堡割让给保加利亚。

青年土耳其党领导人恩维尔·帕夏对奥斯曼帝国的衰落深感羞辱和愤怒，决定"努力推翻一切"。1 月 23 日，恩维尔与统一和进步委员会的重要成员塔拉特和基马尔一起，率领一群追随者高喊着"卡米尔·帕夏死去吧"进入了土耳其宫廷的主要会议室。他们以枪口逼迫内阁总理辞职，并击毙作战部长纳济姆将军。接着，恩维尔逼迫苏丹任命其支持者舍夫克特为内阁总理。

虽然英国保证在土耳其之外给予卡米尔安全行动的自由，但他再也没能恢复内阁总理的地位。青年土耳其党的恩维尔、塔拉特和基马尔三人同盟继续建立军政府，鼓励民族主义，促进土耳其现代化。

▲恩维尔·帕夏，青年土耳其党领袖，近代土耳其的设计师之一。

好莱坞的诞生

▲塞西尔·B.德米尔的第一部电影《娶印第安女人为妻的白人》的摄影棚。

1913 年，雄心勃勃的年轻导演塞西尔·B.德米尔来到洛杉矶郊外的好莱坞，他发现这里是摄制其第一部电影《娶印第安女人为妻的白人》的理想场所。这里气候温和，风景宜人，可以长年摄制电影，而无需使用照明设备。此外，洛杉矶小镇尚未加入工会，因此，其劳动力成本仅为纽约的一半，而且这里聚集着大量墨西哥和亚洲工人。一些当地人乐于提供无偿劳动，因此临时演员费用低廉。

极其重要的是，加利福尼亚远离绰号为"爱迪生托拉斯"的电影专利公司，该公司要求每家电影公司认可爱迪生对活动电影放映机享有的专利，每摄制一部电影都要缴纳专利权税。

新泽西州北昂市森特奥尔电影公司率先在好莱坞设立电影制片厂。1911 年，这家电影公司在森塞特大街租下了布隆多旅馆，并将其命名为"尼斯托"电影制片厂。其他电影公司也纷纷效仿。1915 年 3 月 15 日，卡尔·莱默尔环球电影公司又在大张旗鼓的宣传中在好莱坞山的北部成立了环球电影制片厂。

同一年，经过长期的法律斗争后，"爱迪生托拉斯"解散，迎来了电影制造业的新时代，国际电影制片厂在其成立后的第一年就摄制了 250 部电影。随着明星影响与日俱增，人们开始在影片中寻找角色，渴望功成名就。

妇女选举权运动参与者
埃米莉·戴维森之死

▲妇女选举权运动参与者埃米莉·戴维森跳到了国王的马下，埃普索姆的赛马观众惊恐地在一旁观看。

1913年赛马日（6月4日），埃米莉·戴维森在埃普索姆赛马场跳到了国王的马前，这集中体现了日益倾向使用暴力的妇女选举权运动大无畏的勇气和绝望的情绪。这位40岁的牛津大学毕业生经常说，一个人应当准备为事业献出自己的生命。她在受伤四天后，因伤势过重不治身亡。6月14日，人们为她举行了盛大的葬礼游行——数以千计的妇女从维多利亚出发，穿过伦敦市前往国王十字车站，一路上她们向民众展示妇女选举权运动的标志，高举旗帜，并沿途散发传单。这天晚上，她被安葬在诺森伯兰郡莫珀斯的家族墓地中。

自从1906年自由党赢得选举后，妇女选举权运动日益表现出暴力倾向。许多自由党下议院议员对争取选举权的妇女深表同情。在自由党赢得选举后，这些妇女希望能够获得有限的妇女选举权。然而，政府在这一问题上意见不一，妇女选举权运动因而未能取得什么进展。

愤怒而失望的妇女选举权运动（由埃米琳·潘克赫斯特成立的"妇女社会与政治联盟"发展而来）的领导人采取了日益倾向暴力的手段。为了引起人们的注意，她们在禁止游行的地方举行游行示威。接着，面对支付罚款和坐牢的选择，她们毫不犹豫地选择了坐牢，以便最大限度地让世人关注她们的事业。

她们还不断骚扰内阁大臣们，打断他们的会议，包围他们的住所。入狱后，她们立即展开绝食示威，监狱医生开始将管子插入她们的嘴和鼻孔中给她们强行喂食，这引起了人们的关注，并得到了一些人的同情。

1910年，英国政府通过《调解法》，这再次给争取选举权的妇女们带来了希望。然而，这一法案很快就被议会搁置了。1912年3月，潘克赫斯特加快了暴力运动的步伐。

一群群争取选举权的妇女在伦敦西区用锤子捣碎商店的窗户；她们向唐宁街下议院的窗户投掷石块；向大臣们的信箱中投放点燃后的破布，还趁大臣们不在时向其住所安放炸弹。总之，争取选举权的妇女同当局展开了斗争，监狱里挤满了为争取选举权而进行绝食示威的妇女。

为避免引起人们关注而对政府不利的强行喂食的做法，内务大臣雷金纳德·麦肯那提出实行被称作"猫和老鼠法案"的"犯人（因健康状况不佳而暂时释放）法案"。根据这一法案，不再对绝食的妇女强行喂食，而是将其释放，过几天后再将她们逮捕——如果能找到她们的话。正是根据这一法案，潘克赫斯特获释，随后又在埃米莉·戴维森的灵车后面正要进入其马车时被逮捕。

尽管争取选举权的妇女继续发动暴力运动，但直到第一次世界大战爆发，她们仍未实现其目标。1918年的《人民代表法案》给予已婚妇女30%以上的选票，这是迈向所有妇女都享有选举权目标的第一步。

▲数以千计的争取选举权的妇女参加了埃米莉·戴维森的葬礼，妇女选举权运动因而进一步凝聚了力量。

1月

· 希腊通过巴尔干战争从土耳其手中夺取希俄斯岛。

· 戈特利布·冯·雅戈出任德国外长。

· 巴尔干战争和平谈判会议破裂。

· 英国下议院通过《爱尔兰地方自治法案》。

· 雷蒙·普安卡雷出任法国总统。

· 土耳其和希腊在忝聂朵斯岛附近爆发海战。

· 伦敦爆发争取妇女选举权的示威游行。

2月

· 保加利亚终止同土耳其的停战状态。

· 墨西哥军队叛乱，维多利亚诺·韦尔塔参与军队叛乱并推翻总统弗朗西斯科·马德罗，而后墨西哥爆发内战，马德罗遭杀害。

3月

· 国际社会调解巴尔干同盟与土耳其之间存在的矛盾。

· 美国俄亥俄州和印第安纳州遭遇洪水灾害。

· 比利时实行义务兵役制。

· 美国爆发争取妇女选举权的示威游行。

· 德英两国划定尼日利亚同喀麦隆的边界。

· 法国总理白里安在比例代表制问题上输掉选票，继而辞职。

· 亚德里亚那堡在巴尔干战争中落入保加利亚军队手中。

· 土耳其接受关于巴尔干战争的调停结果。

· 希腊乔治一世国王遭暗杀，其子继位，称康斯坦丁一世。

· 美国工业家约翰·皮尔庞特·摩根去世。

巴尔干战争

▲马其顿叛军控制了北部通往萨洛尼卡的主要公路。巴尔干战争接近逐步升级为更大规模的战争。

新闻摘要

4月
· 中华民国国会举行第一次会议。
· 争取妇女选举权的埃米琳·潘克赫斯特被捕入狱。
· 美国总统伍德罗·威尔逊第一次在国会做国情咨文。
· 土耳其同保加利亚达成停火协议。

5月
· 英国议会下议院否决《妇女选举权法案》。
· 土耳其同巴尔干同盟国家订立和约，第一次巴尔干战争宣告结束。

6月
· 德国开始大规模扩充军备。
· 保加利亚同奥匈帝国签订军事协定。
· 保加利亚向塞尔维亚和希腊发动进攻，第二次巴尔干战争开始。
· 英国桂冠诗人艾尔弗雷德·奥斯丁去世。

7月
· 英国议会下议院通过《爱尔兰地方自治法案》。
· 俄罗斯向保加利亚宣战。
· 英国上议院驳回《爱尔兰地方自治法案》。
· 土耳其参加第二次巴尔干战争，重新从保加利亚手中夺回亚德里亚那堡。

到1913年，巴尔干半岛已变成欧洲的战场，刚刚成立的野心勃勃的国家在这里疯狂争夺领土，并反对奥斯曼帝国和哈布斯堡王朝统治下的奥地利。

1912年，第一次巴尔干战争爆发，巴尔干同盟——塞尔维亚、保加利亚、希腊和黑山——发动了对土耳其的战争。1913年5月，交战双方订立《伦敦和约》，掠夺了土耳其在欧洲几乎所有的剩余领土。根据该条约成立了新的穆斯林国家阿尔巴尼亚，其他战利品则由巴尔干各战胜国进行分割。

至此，各国已经养成了战争的习性。刚刚签订的条约墨迹未干，保加利亚便感到它并未得到战利品的公平份额，于是就对塞尔维亚和希腊宣战。

第二次巴尔干战争对保加利亚来说是一场灾难，在这场战争中该国得不偿失。罗马尼亚和土耳其两国均抓住机会对保加利亚发动攻击，要求获得保加利亚南部和北部的领土。8月，《布加勒斯特和约》签订，第二次巴尔干战争宣告结束。根据《布加勒斯特和约》，保加利亚几乎失去了通过第一次巴尔干战争获得的全部领土。

通过1912~1913年的战争，塞尔维亚变成了强大的地区性国家，其人口增长了150万。不过，塞尔维亚不具备连接海洋的通道，通道为奥地利统治下的克罗地亚和新成立的阿尔巴尼亚阻断。

塞尔维亚计划吞并阿尔巴尼亚，以便使战绩辉煌的1913年锦上添花。但当奥地利宣布其不妥协的立场后，塞尔维亚不得不放弃了原来的计划。

关于《布加勒斯特和约》最重要的一点是，这一条约是在没有任何列强的干预下签订的。

巴尔干半岛是列强无力控制的地区，但它同时又是至少在奥地利和俄国看来危及其切身利益的地区。作为最后一招，俄国将不得不支持塞尔维亚的斯拉夫人反对奥地利，但俄国却无法控制塞尔维亚民族主义的雄心壮志。巴尔干半岛已成为一个可以预见的更大规模战争的爆发点。《布加勒斯特和约》签订后一年，就爆发了第一次世界大战。

▲巴尔干战争后的若干年中，现代战争的武器将变得威力更大、更致命。

流水线的架设

1913 年 10 月 7 日，亨利·福特按动按钮，起动了不久前安装在密执安州高地园的长达 76 米（250 英尺）的流水线。第一次不是工人走向木"马"上的汽车前完成每辆汽车上的各种工作，而是工人在一个地方站着，传送带将汽车底盘拖到他们面前，每一名工人在底盘继续移动前完成一份具体工作。这一工作方式的创新大大加快了福特汽车的生产速度。以前生产一辆 T 型福特汽车要用 12.5 小时，而安装流水线之后，生产同样的汽车每辆从头到

▲世界上第一条大规模的生产流水线——汽车先驱亨利·福特设计的密执安州高地园流水线。

尾仅用 93 分钟的时间。

起初，亨利·福特设计这种简单而轻便的 T 型车，仅使用标准的零部件而且只有一种黑色色调，其目的是生产出价格低廉的汽车，以满足市场的需

要，而到 1913 年的时候，T 型车已经成为非常受欢迎的汽车，价格仅为其他大多数汽车的一半。

由于引入了流水线，亨利·福特得以进一步降低价格。结果，到 1915 年的时候，已经有一百多万辆 T 型车行驶在美国公路上了。这一结果是在这样的情况下出现的：为吸引足够多的工人并使其愿意忍受单调的工作及其残忍的工作速度，他不得不将工人的工资大幅提高到每天 5 美元，并将工作日时间减少到 8 个小时。

巴拿马运河竣工

1913 年 10 月 10 日，巴拿马地峡将大西洋和太平洋连接起来。美国总统伍德罗·威尔逊以谨小慎微的指挥工作证明了美国高超的技术水平，他在白宫按动按钮，引爆了远在 6435 公里（4000 英里）之外的爆炸装置，清除了巴拿马运河路线中的最后一道障碍。

修建一条跨越中美洲的运河早已成为一些人的愿望，运河开通后，从美国东海岸到西海岸的海上航程将缩短 12870 公里（8000 英里）。19 世纪 80 年代，由苏伊士运河的创建者费迪南德·德雷塞布成立的一家法国公司获得了修建巴拿马运河的特许

权，但这家公司因破产而未能如愿。美国提出横穿尼加拉瓜修建一条运河的计划，但这一计划也同样无果而终。

到 20 世纪初，美国决意要修建一条运河，并要求享有控制运河的权力。当时，巴拿马还属于哥伦比亚所有。当哥伦比亚政府在美国对未来运河区要求享有控制权问题上犹豫不决的时候，美国支持巴拿马人发起了独立运动。

1903 年 11 月，美国承认受其保护的独立的巴拿马，新成立的巴拿马政府也即时承认美国对 16 公里（10 英里）宽的巴拿马运河区享有主权，作为交换条件，美国向巴拿马政府支

付了 1000 万美元。

1904 年，长达 82 公里（51 英里）的运河修建工作开始。这是一个颇具技术性的壮举，由美国军官兼工程师乔治·华盛顿·戈撒尔斯指挥。在修建运河的过程中工人要克服疟疾和黄热病等热带病，其难度跟在不适宜居住的地带修建运河、水闸和人工湖一样了不起。1914 年 8 月 15 日，巴拿马运河终于通航。

▲巴拿马运河正式开通，第一次将大西洋和太平洋两大海洋连接起来。

· 中国长江流域爆发起义。
· 第二次巴尔干战争停火。

8 月
· 法国实行义务兵役制。
· 巴尔干各国之间签订和约。

9 月
· 日本对中国实施炮舰外交政策。
· 保加利亚同土耳其签订条约，解决战争问题。

10 月
· 袁世凯当选中华民国总统。
· 塞尔维亚侵略阿尔巴尼亚。
· 葡萄牙平息保皇党叛乱。

11 月
· 中华民国临时国会宣布国民党为非法。
· 德国同土耳其开展更大规模的军事合作。
· 美国拒绝承认韦尔塔为墨西哥总统。
· 俄国与中国承认蒙古"自治"。
· 莫汉达斯·甘地在南非被捕。
· 希腊同土耳其签订和约，解决领土争端。
· 第一艘轮船驶过巴拿马运河。
· 德法两国之间因阿尔萨斯—洛林地区的"察贝恩事件"关系更趋紧张。

12 月
· 希腊吞并克利特岛。

乌尔斯特冲突

（乌尔斯特，爱尔兰岛北部地区，现分属爱尔兰共和国和英国——译者注）

19 14年8月，如果说欧洲尚未爆发战争，那么有充分的理由可以说英国已陷入关于乌尔斯特的一种内战。保守党已表示，它将支持信奉新教的乌尔斯特人发动武装叛乱，以阻止爱尔兰地方自治。

在19世纪期间，自由党政府曾作出过两次努力试图通过《地方自治法案》，根据该法案，爱尔兰将有权获得有限的自治，但每次都遭到了保守党占上风的英国议会上议院的否决。1911年，自由党政府终止了上议院永久否决立法的权力，从此以后，上议院阻止法案通过的时效仅为三年。突然，通向地方自治的道路又开通了。

1912年，保守党对下议院提出的十分温和的《地方自治法案》反应异常强烈。其领袖安德鲁·波拿·劳宣称："如果我不准备支持他们，我无法想象他们的反抗能坚持多久。"4月，包括爱德华·卡森在内的资深的保守党党员检阅了由乌尔斯特新教徒组建的武装民兵组织——由8万人组成的乌尔斯特志愿军，后来，卡森成了乌尔斯特志愿军的首席发言人。

《地方自治法案》被下议院及时通过两次，但两次均被上议院否决。1914年，上议院的否决有效期即将过去。然而，很多英国军官强烈反对爱尔兰自治，公开发表言论称，不可能期望军队强迫乌尔斯特新教徒接受爱尔兰天主教徒的统治。

▲乌尔斯特反对爱尔兰自治的人集会努力怂恿上议院继续坚持其反对《地方自治法案》的立场。

危机在1914年期间激化。3月，自由党的海军大臣温斯顿·丘吉尔宣布向苏格兰西海岸派遣一支战斗舰队，此举使危机升温。同时，内阁决定对爱尔兰的军火库加强防卫。乌尔斯特新教徒担心一场军事镇压即将来临。

此时，对爱尔兰英军可靠性的怀疑达到了极点。很多军官是乌尔斯特人或与乌尔斯特有关。驻扎在都柏林城外沼泽地的第三骑兵旅由热诚的乌尔斯特人休伯特·高夫将军统率。

3月21日，休伯特将军和其90名下属军官中的70名宣布，他们宁可解散也不愿同乌尔斯特志愿军作战。4月，受到"沼泽地兵变"的鼓舞，乌尔斯特志愿军一度控制了拉恩的乌尔斯特港，从两艘轮船上卸下了3万支来复枪和300万发的弹药。对此，英国当局未作任何努力进行干涉。与此同时，爱尔兰南部的民族主义者踊跃参加当地的民兵组织——爱尔兰志愿者。

7月的第三周，由各党派参加的地方自治会议在白金汉宫召开。自由党首相赫伯特·阿斯奎斯第一次提议乌尔斯特9个郡中的6个可排除在地方自治之外。但保守党人甚至认为这也无法接受。

7月26日，爱尔兰志愿者通过霍斯偷偷运来一些武器。紧接着发生了英国军人同都柏林当地人民的武装对抗。在对抗中，三名平民中弹死亡，很多人受伤。看来爱尔兰内战在即。

这时，英德战争爆发，相比之下，其他事情都变得不那么重要了。上议院通过了《地方自治法案》，但其执行却一直拖到战争结束。应其请求，乌尔斯特志愿者被并入了英国军队。

大多数天主教爱尔兰志愿者也并入了英国军队，但有数千人留在了爱尔兰，发誓要继续为地方自治而斗争。阿斯奎斯向乌尔斯特新教徒许诺，他们绝对不会被迫违背自己的意愿而接受地方自治。这为下一幕爱尔兰悲剧埋下了伏笔。

◀响应忠诚的乌尔斯特志愿军的行动，南部民族主义者踊跃参加"爱尔兰志愿者"。

巴黎丑闻与复仇

▲有争议的法国政客约瑟夫·卡约认为他受到了《费加罗报》的敲诈。其妻子擅自行动处理了此事。

19 14年3月，在巴黎发生的一起丑闻将性和政治两者联系在了一起。这起丑闻就是按照法兰西第三共和国的标准来看也是十分过激的。

丑闻涉及激进的政客约瑟夫·卡约，他多次担任法兰西第三共和国的部长职务，事发时他身为财政部长。

卡约是一位令右翼民族主义者所憎恨的人物，他们通过巴黎新闻舆论发动了一次恶意诽谤他的活动。《费加罗报》的编辑古斯塔夫·卡尔梅特得到了卡约写给其第二个妻子的露骨的情书，他写这封情书时，他们两人尚未结婚，只是情人关系。于是，这位编辑就威胁他说要将这封情书公之于众。3月16日，卡约太太到达《费加罗报》办公处，掏出左轮手枪将这位编辑击毙。

巴黎大街上爆发了右翼反卡约的骚乱，卡约的政治生涯走向了毁灭。其妻子却被法院宣布无罪，认为她有权维护自己的名誉。

不受欢迎的人——洛克菲勒

亿 万富翁小约翰·戴维森·洛克菲勒是1914年美国最令人憎恨的人之一。其原因是：洛克菲勒家族的财产当中有南科罗拉多州的煤矿。

当矿井中不堪忍受的条件引起罢工时，州民兵和公司保安受命对参加罢工的工人进行了攻击。

4月20日，民兵侵入了拉德洛罢工工人的一个工地宿舍并将其完全烧毁。第二天，人们在该工地宿舍发现了13具烧焦的尸体，其中有两名妇女和11名儿童。

充满敌意的群众包围了位于百老汇大街上的洛克菲勒的办公楼。一位演说者要求将洛克菲勒"像狗一样击毙"。世界产业工会的四名成员在莱克星顿大街的一座公寓大楼里制作了一个定时炸弹，打算将其投入洛克菲勒的住宅。但炸弹过早地爆炸，炸死了四名世界产业工会会员。

到年底的时候，尽管引起罢工的不满情况一个也没有得到解决，但科罗拉多的矿工还是恢复了工作。

小约翰·戴维森·洛克菲勒仍然是人们所怀念的一位伟大的美国慈善家。

▲创造无限财富的一代元老小约翰·戴维森·洛克菲勒。

6月
· 美国承认墨西哥政府。
· 希腊吞并土耳其的希俄斯岛和莱斯博岛。
· 奥匈帝国皇储弗朗茨·斐迪南大公在萨拉热窝遇刺身亡。

7月
· 英国议会在《爱尔兰地方自治》问题上陷入僵局。
· 卡瓦哈尔出任墨西哥总统。
· 英国军队和爱尔兰民族主义分子在都柏林发生冲突。

8月
· 英法两国军队占领德国的保护国多哥兰。
· 日本就中国胶州港问题向德国发出最后通牒。
· 卡兰萨将军率领的军队进入墨西哥城。
· 教皇圣庇护十世去世，本尼迪克特十五世继位。

9月
· 圣彼得堡更名为彼得格勒。
· 英国占领德属新几内亚岛。
· 美国军队撤离墨西哥维拉克鲁斯。
· 英法两国军队在西非的喀麦隆击败德国军队。

10月
· 南非爆发反对英国人的布尔人起义。

11月
· 共和党人在美国国会选举中获胜。
· 英国正式吞并土耳其塞浦路斯。
· 印度军队占领巴士拉。

12月
· 英国宣布埃及为英国保护国。
· 德国政府控制食品供应。

第一次世界大战的根源

▲弗朗茨·斐迪南大公在萨拉热窝同罗马天主教代表会谈，仅几小时后大公遇刺，欧洲因此陷入战争。

几乎没有哪次战争像1914年爆发的第一次世界大战那样为人们期盼已久。

战争爆发后，欢呼的人群拥入欧洲各国首都的街道，尽情表达期待的战争最终到来时所得到的解脱感。

欧洲长久以来被分成了两个军事阵营，双方陷入了疯狂的军备竞赛之中。大国对抗的中心是法德两国间的敌意。

1871年，法国被普鲁士人率领的德国军队战败。法国被迫将阿尔萨斯和洛林两省割让给新成立的德意志帝国，并向德国支付沉重的战争赔款。

▲奥匈帝国皇储弗朗茨·斐迪南大公：其遇刺身亡点燃了"结束一切战争的战争"的导火索。

四十多年后，法国仍旧意欲报复。

敌意的另一个焦点是饱受战争之苦的巴尔干半岛，在该地区，俄国与奥匈帝国不和。俄国支持塞尔维亚的斯拉夫人，而试图控制多民族帝国的奥地利哈布斯堡王朝的统治者却对塞尔维亚的民族主义充满了敌对情绪。

在这些紧张的对抗情况下，法国和俄国结成了防御性的同盟，以对付德国和奥匈帝国。尽管英国传统上不与欧洲各国结盟，但德国日益增长的工业和军事力量还是令英国政治家们感到恐慌。当德国在20世纪的第一个10年期间迅猛扩充海军的时候，英国也以海军扩充回应。英国还与传统的仇敌法国和俄国签订了协定，尽管这种协定的性质远远赶不上完全的军事同盟。

德皇威廉二世是一位情绪不稳定、忧郁不安的人。他生来就权力衰败，这一缺陷使他势必要显示自己的权威。

他的姿态政治成为20世纪初期不稳定的非常明显的标志。他说过德国需要"阳光下的地盘"，此话一出引起了英国人的恐惧，他们认为他对英帝国怀有野心。他沉湎于以"战争叫嚣"而著称的战争边缘政策，1911年发生的阿加迪尔事件使这一政策达到了顶点。当时，德国派遣一艘战舰前去对抗法国在摩洛哥的军事势力，欧洲一时被拖到了战争的边缘而摇摆不定。到1914年，德国

的军事精英们已认识到力量均势开始向对其不利的方向发展。他们认为，既然战争不可避免，那么早点爆发比晚点爆发还要好。

尽管德国是欧洲最好战的国家，但各大国均以军人的英勇和为祖国而自我牺牲的精神来教育国民。

截至1911年，欧洲列强已有40年没有进行过战争。很多人都渴望有机会展示自己的勇气。大体上，影响巨大的各国社会主义运动均反对军国主义，但事实上，国际社会主义运动表明根本无法对抗好战的爱国主义。

与1911年相比，1914年的夏天看起来缺少国际紧张气氛。但1914年6月28日，奥匈帝国皇储弗朗

茨·斐迪南大公在其夫人索菲的陪同下开始对波斯尼亚首府萨拉热窝进行正式访问。

在塞尔维亚人看来，这次访问为挑衅行为。波斯尼亚于1908年为奥匈帝国吞并。塞尔维亚爱国者正与部分塞尔维亚人一起试图将波斯尼亚省从哈布斯堡王朝的统治下"解放"出来。

一个名为"黑手社"的塞尔维亚秘密组织决定刺杀斐迪南大公。当大公的汽车驶向萨拉热窝市政厅的时候，有人向其投掷了一枚炸弹。炸弹爆炸了，但大公夫妇却安然无恙。大公夫妇在午餐后乘车返回，可是，其乘坐的车转错了方向，并正好停在了正在返回火车站途中的19岁的"黑手社"刺杀小组成员

加弗里洛·普林西普的对面。这位惊愕不已的年轻人掏出手枪击毙了大公夫妇。这次暗杀为奥匈帝国羞辱塞尔维亚及其支持者俄国提供了借口。在德国全力支持下，哈布斯堡王朝政府要求塞尔维亚允许奥地利在塞尔维亚境内追捕恐怖分子。奥地利对塞尔维亚所有的让步均置之不理，7月28日，奥匈帝国对塞尔维亚宣战。

各大国均制定了战争计划，迅速动员，大量招募士兵，之后发动出其不意的进攻。各方都担心另一方发动令自己来不及组织还击的决定性的进攻。当俄国进行过支持塞尔维亚的动员后，它尽力表明它并不想同德国发生战争。但德国政府和军队将领紧张不安，有的人渴望战争

的到来。他们实施了"施利芬计划"——对西线发动迅速进攻，消灭法国，然后集中兵力对付东线上的俄国。

8月1日，在沙皇拒绝停止动员后，德国对俄国宣战。接着，德国对纽伦堡发动了佯装的空袭，正式对法国宣战。

然而，德国人却不想同英国发生战争。英国自由党政府传统上反对战争，并不认为自己有义务援助法国。可是，8月3日，遵照"施利芬计划"，德国军队进入了中立国比利时。作为比利时中立的保证国，英国感到其不能体面地袖手旁观了，英国政府对德国发出了最后通牒，要求其无条件遵守比利时中立。德国以8月4日对比利时的回路入

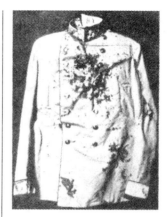

▲奥匈帝国皇储弗朗茨·斐迪南大公遇刺时穿在身上的血迹斑斑的上衣。

侵回答英国的通牒。德国宰相贝特曼这一天对英国驻柏林大使宣布说："国际条约不过是一张废纸。"

因此，英国外交大臣爱德华·格雷黄昏时站在英国政府大楼的窗前说道："整个欧洲的灯即将熄灭，我们这一生不会看到它们再亮起来了。"

▲警察阻止将凶手塞尔维亚无政府主义者加弗里洛·普林西普当众私刑处死，而将其逮捕。

'14

第一次世界大战大事年表

7月

· 奥匈对塞尔维亚宣战。

8月

· 德国对俄国宣战。

· 德国军队占领卢森堡。

· 俄国侵占东普鲁士。

· 意大利宣布中立。

· 德国对法国和比利时宣战。

· 德国侵略法国和比利时。

· 英国对德国宣战并对其实施海上封锁。

· 美国宣布中立。

· 德国第二集团军在列日为比利时军队阻拦。

· 奥匈对俄国宣战。

· 塞尔维亚和黑山对德国宣战。

· 法国和英国对奥匈宣战。

· 日本就中国胶州港问题向德国发出最后通牒。

· 德国军队攻陷布鲁塞尔。

· 比利时蒙斯战役。

· 纳慕尔战役。

· 俄国在普鲁士弗兰克瑞战役中击败德国。

· 日本对德国宣战。

· 德国攻陷亚眠。

9月

· 西线第一个战壕完成。

· 德军与盟军双方试图在一次"冲向海洋的赛跑"中包抄对方。

· 法国政府迁往波尔多。

· 德国军队越过马恩河。

西　线

▲战壕战在近代军械库时代使过时的作战策略显得荒唐，其结果是大量的人在战争中丧生。

19 14年8月初,满怀爱国热情奔向前线的法国、德国和英国士兵立即陷入了一连串的战役当中,这些战役比以前见到的任何一次欧洲战争都更加血腥。

法国和德国都计划采取攻势。法国将其军队大部分集中部署在紧接阿尔萨斯—洛林的东部边境上,准备通过突袭直接进入德国中心地带。

英国派遣小规模的英国远征军坚守其国界左翼,但还是有一个沿比利时边境直到英国海岸而毫无防备的很大的缺口。

德国采用了修改后的最初于1895年制订的"施利芬计划"。德军主力将迅速前进穿过比利时和法国北部而进逼巴黎。

德国预计在六周之内击败法国,然后德国就可以将其军队东移去进攻俄国。

德国对中立国比利时的入侵并不顺利。比利时军队顽强抵抗,为阻止德军前进,炸毁了桥梁和铁路。德军对比利时的抵抗恼羞成怒,于是焚烧村庄,并枪杀了大量的平民——这一暴行一点儿也不亚于同盟国夸大宣传的那样。

当德国军队迅速穿过比利时的时候,法国对洛林发动了进攻,结果惨遭失败。法国人不屑于穿戴单调的迷彩服,而是穿着包括红裤子在内的传统的色彩鲜艳的军装,热衷于骑兵冲锋,并集中配备刺刀的步兵前进。成千上万的法国士兵死在了德军的炮火下。

英国远征军的六个师赶到了欧洲大陆,但这已经有点儿迟了。英国将这六个师部署在穿过比利时前来进犯的大规模德军前进的路线上。

8月23日,英军在法比边境的蒙斯出色地发动了迅速而精确的来复枪进攻,使来犯的德军损失惨重。然而,人数占绝对优势的英国远征军却很快就撤退了,右边的法国军队也是这样。

看来没有什么能够阻止德国人占领巴黎,但他们却犯了一个重大的错误,他们撤了两个集团军到东线。而且,数百公里的步行行军使得德军筋疲力尽。

在约瑟夫·霞飞将军的率领下,法国军队展开了马恩河反击战。这是临时准备起来的反击战争的

▲一位妇女向前往西线作战的德国士兵献花。几乎没有人能够想象出战争将要造成的伤亡。

典范——由600辆出租汽车组成的车队成功地将法国士兵从巴黎送到了前线。英国远征军指挥官约翰·弗伦奇因将其军队撤回英国而一直情绪低落，此时他率领远征军参加了这次反击战。德国军队被迫撤退。

战争转向了比利时边境。在长达一个月的伊普尔战役（10月12日~11月11日）中，英国远征军坚守阵地，抵抗德军疯狂的反攻。当时冬天就要来临，双方军队开始构筑工事。两条平行的战壕从英吉利海峡一直不间断地延伸到瑞士。侧翼包抄已经不可能，双方前进的惟一方法就是面对势不可当的炮火进行正面攻击。双方军队在此后的三年中几乎未能前进一步。

战争在前五个月中造成的伤亡令人震惊，到1914年底，最早的一批英国远征军伤亡人数达90%左右，有10%的人丧生。法国军队损失了50多万人。德国在西线迅速取得胜利的企图已成泡影，随之而来的是持久的消耗战。

▼东线的德国军队控制了波兰的罗兹，得以进军华沙。

东　线

▲德军越过马恩河，法国步兵的一个营准备开枪射击。

在东线，德国和奥匈帝国面对的是340万俄国军队——当时世界上人数最多的军队。但当时人们认为，俄国要进行动员，其速度将是缓慢的。德军在西线长达六周的战争中取得胜利的时候，他们认为东线牵制了他们的军事行动。

不久，形势明朗起来，即德国必须依靠自己的努力而不是盟国奥匈帝国。战争的第一次进攻——奥匈帝国对塞尔维亚的进攻彻底失败。接着，奥匈帝国又在利沃夫被俄国军队击败，伤亡人数达25万人左右。

德国的计划落空，其原因不仅是奥地利力量弱小，还有俄国令人吃惊的动员速度。8月中旬，两支俄国军队分别从东面和南面向东普鲁士推进，此时只有一支德国军队在此作战。但是，俄国军队装备落后，供应匮乏，食物和弹药不足，有些军人甚至连靴子也没有。更为严重的是，缺乏训练的俄军无线电操作员不会使用密码，这使得德军得以拦截他们的通讯，并提前得知俄军的每次行动。

为应对俄国的挑战，德国任命保罗·冯·兴登堡将军为东线司令，埃里希·冯·鲁登道夫为其参谋长。他们在东面的俄国军队前面仅留下小规模的掩护部队，而调动德国第八集团军的全部兵力进攻南面的俄国第二集团军。在8月份的最后一周进行的坦嫩贝格战役对德军司令来说是一次胜利，在这场战役中他们取得了彻底的胜利，俘获俄军12.5万人。

尽管奥匈帝国军队战绩继续糟糕，但经过坦嫩贝格战役后，其他国家没有机会打败德国了。9月，德军又在东普鲁士的马祖里湖取得了胜利，在东面击退了俄军。兴登堡和鲁登道夫因为在东线战场上的胜利而成为民族英雄，他们注定要在以后的战争发展方向和战后的德国政治生活中发挥重大的作用。

- 马恩河战役开始。
- 德国在普鲁士马祖里湖战役中击败俄国。
- 俄国从奥匈帝国手中夺取利沃夫。
- 协约国从德国手中重新夺回兰斯。
- 埃纳河战役开始。
- 俄国侵占匈牙利。
- 英法两国在西非的喀麦隆击败德国。
- 德奥对俄国的第一次华沙战役开始。

10月
- 德国夺取安特卫普市。
- 第一次比利时伊普尔战役开始。
- 伊塞战役阻止德军靠近英吉利海峡。

11月
- 德国在智利附近的科罗内尔海战中击败英国。
- 俄国对土耳其宣战。
- 法国和英国对土耳其宣战。
- 英国正式吞并土耳其塞浦路斯。
- 德国军队在东线攻破俄国防线。

12月
- 奥地利从塞尔维亚手中夺取贝尔格莱德。
- 奥地利在东线发起大进攻。
- 德军在东线进攻中夺取罗兹。
- 英国在福克兰群岛海战中击败德国。
- 德军对英国实施第一次空袭。

德军空袭英国

19 15年1月19~20日，英国遭到了其历史上的第一次空袭。尽管造成的损失较小，但这次袭击却揭开了最终造成1000多名英国平民死亡的长达三年之久的空袭的序幕。

本次空袭是由德国海军的齐柏林飞机执行的。三架齐柏林式飞机从汉堡起飞，打算轰炸汉堡周围的目标。然而，一架出现了故障，不得不返回，而另两架分别标有"L3"和"L4"番号的飞机则慢慢地从跑道起飞了。

晚上8时20分，"L3"飞抵大雅茅斯英国海岸，扔下了其装载的6枚高性能炸弹和7枚燃烧弹。"L4"

▲金斯林市的房屋被意想不到的来自空中的新威胁：齐柏林飞机摧毁。

则迷失了方向，在诺福克乡间上空来回飞行，使很多小村庄上的人惊恐万分，之后它飞到了金斯林的上空并进行轰炸。

在1月19~20日的空袭中，4人死亡，16人受伤，另有成千上万的人对这种新的全面战争的体验感到恐惧。

新闻摘要

· 丹麦实现普遍选举权。
· 澳大利亚任用第一批女法官。
· 英国妇女协会成立。
· 美国再现三K党。
· 第一架全金属飞机问世。
· 分离出痢疾病菌。
· 破伤风接种实验获得成功。
· 第一种致癌物质被确认。
· 印度发现史前遗迹。
· 比弗布鲁克勋爵收购《每日快报》。
· 该年内发行的电影包括：戴维·沃克·格里菲思导演和摄制的《一个国家的诞生》。
· 第一次世界大战期间的最后一届足协杯在英国举行。

1月
· 美国参议院否决妇女选举权提案。
· 纽约和旧金山第一次实现穿越大陆东西部的电话通话。

3月
· 希腊首相被国王康斯坦丁免职，新政府组成。

4月
· 土耳其发生针对亚美尼亚人的大屠杀。
· 世界重量级拳击冠军杰克·约翰逊被杰斯·威拉德击败。
· 俄国作曲家亚历山大·斯克里亚宾去世。

电影《一个国家的诞生》引起的争议

▲亨利·贝·沃索尔和莉琏·吉什，在戴维·沃克·格里菲思的《一个国家的诞生》中饰演角色。

3 月3日在纽约发行了戴维·沃克·格里菲思导演和摄制的有影响的史诗般的无声电影《一个国家的诞生》，这引起了人们对其技术成就的赞美，同时也招来了人们对影片民族主义内容的极度憎恶。

这部影片是根据托马斯·迪克逊的小说和剧本《同族人》改编而成，这篇小说讲述了一个白人南部家族眼中的美国内战和南部重建的历史。

故事情节聚集在一位狂热的黑人强奸南部白人妇女（莉琏·吉什饰演）一事上。影片中所有的黑人角色都由皮肤涂黑的白人演员饰演。影片中的男主人公是由被强奸的妇女的哥哥领导的三K党，该组织为受害者报仇并打败了包围其家族的黑人。

从技术角度而言，该影片称得上是一部杰作，《纽约太阳报》曾这样写道："从未见过壮观的场面和紧张的戏剧性事件如此完美地结合在一起。"虽然标价为每位2美元，但人们都蜂拥到电影院去看这部影片。该影片还引起了黑人和白人自由主义者对影片中关于黑人的描写的强烈抗议。美国全国有色人种协进会呼吁人们联合抵制这部影片，并在放映该影片的电影院前组织了示威抗议活动。

"卢西塔尼亚号"客轮的沉没

5月7日，从纽约驶往利物浦的海洋客轮"卢西塔尼亚号"被德国潜艇在距离爱尔兰南部海岸13公里（8英里）的海域炸沉。共有1198人被淹死，其中128人为美国公民。

"卢西塔尼亚号"客轮是在第一次世界大战前参与竞争蓝飘带奖——颁发给以最快的速度横渡大西洋的轮船的奖项——的主要横跨大西洋的客轮之一。当时其乘客有来自社会最高层的很多大人物，其中包括美国大富豪阿尔弗雷德·范德比尔特。

未发出警告就将一客轮炸沉的野蛮行径引起了普遍的谴责。当时一般都不知道"卢西塔尼亚号"客轮上运送的除乘客外还有军需品，这便出现了将其作为正当军事目标的争议。

▲像这样的图画使报纸得以将"卢西塔尼亚号"沉没描述为"动摇人性的犯罪"。

在"卢西塔尼亚号"从纽约启航前一周，德国驻美国大使馆就将其列入了美国公民应避免乘坐的船只名单当中。

当"卢西塔尼亚号"沉没的消息在英国发布后，骚乱分子们走上街头，攻击德国人开办的商店或听起来像德国人名字的商店——在利物浦、曼彻斯特、伦敦东区和其他城市都是这样。

骚乱分子一释放，其他"外国人"很快就受到了攻击，包括犹太人和华人。在利物浦，政府不得不派军队前去恢复秩序。政府许诺将拘留敌国侨民，这才最终平息了"卢西塔尼亚骚乱"。在美国虽然没有爆发类似的暴力活动，"卢西塔尼亚号"沉没在使美国公众舆论转向反对德国方面发挥了重要作用，为美国最终参战铺平了道路。

非洲战争

在第一次世界大战爆发前的几年当中，德国已经在非洲攫取了几块殖民地。战争爆发后，这些殖民地受到了英国、法国及比利时三国殖民地军队的攻击。在西非，多哥被轻易占领，喀麦隆在一场断断续续的战役后也屈服了。

德属西南非洲（今纳米比亚）同英国殖民地南非联邦相邻，而就在十多年前布尔人曾在南非联邦为争取独立而斗争。

虽然南非联邦总理简·斯穆茨本人是个布尔人，但这并未能阻止几个布尔人将军趁英国陷入欧洲战争而无暇顾及该地区之时而发动叛乱。令英国幸运的是，在南非国防军中，大约有11000名布尔人参加了叛乱，但有将近参加叛乱人数3倍的军人仍然忠于政府。

叛乱一被镇压下去，由路易斯·博萨率领的国防军便得以将其注意力转向了德军。于1月份侵占了西南非洲的荒芜之地后，国防军用了7个月的时间使德属殖民地军队最后无条件投降。

德国最有价值的殖民地是德属东非（今坦桑尼亚）。英勇的德国军官保罗·冯·莱托-福贝克上校在该地区组织了一支由大约2500个非洲士兵和200名白人军官组成的军队，发动进攻，侵占了肯尼亚和乌干达。1914年11月，他击溃了在坦噶进行水陆两栖登陆的英属印度军队，缴获了大量的武器弹药，这些战利品足以供其使用好几年的。

冯·莱托-福贝克远离国家，因此避免激烈的战斗，继续开展游击战，抵抗扩张的英国军队。1917年，德军统帅部派遣一架齐柏林飞机从欧洲运送武器支援其东非军队，但后来德军误以为冯·莱托-福贝克已被击败，于是命令这次空运在苏丹中途停止。事实上，冯·莱托-福贝克从未被击败过，一直在继续战斗，直到第一次世界大战结束。

5月
- 土耳其开始有计划地屠杀和驱逐亚美尼亚少数民族。
- 德国潜艇炸沉"卢西塔尼亚号"客轮。
- 英国实施收容政策。
- 英国赫伯特·亨利·阿斯奎斯任首相的联合政府成立。
- 特奥菲洛·布拉加赢得葡萄牙总统选举。

6月
- 美国国务卿因总统对德国的政策而辞职。

7月
- 海地总统在革命中被杀身亡。

8月
- 新西兰组成联合政府。
- 贝拉尔多·马沙多赢得葡萄牙总统大选。

9月
- 美国借给英法两国5亿美元贷款。
- 英国政治家基尔·哈迪去世。

10月
- 美国承认卡兰萨为总统的墨西哥政府。
- 民族主义者在南非选举中赢得多数票。
- 澳大利亚总理辞职。
- 法国总理维维安尼辞职，阿里斯蒂德·白里安组织新政府。
- 英国护士埃迪斯·卡维尔被德军处死。

11月
- 中国拟实行袁世凯为皇帝的君主政体。
- 英国正式吞并吉尔伯特群岛和埃利斯群岛。
- 美国劳工领袖乔·希尔被处死。

12月
- 英国政府提议征兵。

发动进攻的德国潜艇

1月

· 德国军队第一次使用毒气。

· 德国巡洋舰"布吕歇尔号"在多格滩战役中被炸沉。

2月

· 英国军队在美索不达米亚发动进攻。

· 德国和奥地利开始发动针对俄国的马祖里战役。

· 德国军队从俄国手中夺取立陶宛梅梅尔。

· 英法两国海军炮击土耳其达达尼尔海峡阵地。

3月

· 协约国海军通过达达尼尔海峡的尝试失败。

· 德国军队空袭巴黎。

· 俄国军队在波兰夺取普热梅希尔。

4月

· 第二次伊普尔战役在比利时开始。

· 协约国在加利波利登陆。

· 法国、英国和意大利达成秘密联盟协定。

· 德军在东线的进攻开始。

5月

· 德国潜艇炸沉美国"Gulflight号"轮船。

· 德奥联军在加利西亚的进攻突破俄军防线。

· 意大利宣布终止同德国的三国同盟条约。

· 第二次阿图瓦战役在法国开始。

· 德国潜艇炸沉"卢西塔尼亚号"客轮,造成大量平民丧生。

1915年2月18日,德国宣布用潜艇封锁英国领海,以反击协约国对德国及其同盟国的封锁。

声明详细说明:所有接近不列颠群岛的协约国船只,将会在未接到警告的情况下遭到鱼雷的攻击。这不仅是一项非常有争议的计划,这一计划必将导致非战斗国和中立国人员伤亡,而且也是一个野心勃勃的策略,相当重要的原因是战役开始时德国在北海只有21艘潜艇。

然而,在1915年当中,德国潜艇数量就像其船员的作战效率一样急剧增长。

第一次潜艇战役持续了一年多,炸沉了协约国的一百多万吨运货。在地

中海,德国潜艇在奥地利和土耳其港口作战,适宜的气候条件和商船船员的粗心大意使这里成了德军寻找乐趣的狩猎场。

英国被迫改变船只航线,从澳大利亚、印度和远东出发绕好望角航行,而不愿到上面这些危险的海域去冒险。最后英国调遣500艘海军船只前去抗击德国在地中海的潜艇。

不过,最后德国潜艇是在更艰难的英国附近海域取得了决定性的胜利。在接近不列颠群岛海域被炸沉的船只当中有一艘美国油轮和两艘英国客轮——"卢西塔尼亚号"和"阿拉伯号",两艘客轮都乘载着大量的美国乘客。沉

船导致的乘客丧生激起了强烈的抗议,并使美国舆论开始支持协约国。

8月19日"阿拉伯号"沉没产生的国际压力迫使德军统帅部调整其策略,因此,1915年9月1日,不受约束的潜艇战争暂时结束了。德国同意将来在未发出警告之前不再攻击客轮,但商船沉没事件依然持续不断。

总统威尔逊领导美国人民对德国施加压力,要求德国进一步调整其潜艇战策略。1916年春,他设法获得了一份承诺,即德国潜艇在未发出警告前不会用鱼雷攻击或炮轰商船,而且将尽最大努力限制对交战国作战军队的军事行动。这一承诺实际上结束了第一次潜艇战役。第二次潜艇战役开始于1917年初,当时削弱英国的经济基础变得空前迫切起来。

◀ 海上隐藏的恐怖——1915年德国发动的潜艇战给协约国船只带来了灾难。

美国驱逐德国间谍

1915年12月,德国驻美国大使馆武官弗朗兹·冯·巴本上校和卡尔·博伊-埃德上校因在中立国美国组织间谍和破坏活动而被美国驱逐出境。在大战爆发的第一年期

间,协约国宣传人员努力说服美国,使其相信发生在一家军工厂的每一次爆炸均是德国间谍所为。

然而,直到1915年夏天才找到德国使馆从事非法活动的可靠证据,当时

名叫艾伯特的一位德国官员不小心将其公文包忘在了地铁车箱里。正在跟踪他的侦探弗兰克·伯克捡到了那个公文包,并在其中发现了为从事破坏活动而制订的多项计划。

为避免外交对峙的发生，美国并未表示得到了这些文件，而是将其泄漏给了《纽约世界报》(该报创办于 1861 年，1883 年 5 月为新闻巨头约瑟夫·普利策收购，一度成为现代资产阶级报纸的典范，于 1931 年停办——译者注)。这一事件造成的丑闻为美国驱逐上面提到的两位武官提供了借口。

▶ 被美国驱逐出境的德国驻美国大使馆武官弗朗兹·冯·巴本。

加利波利战役

1915 年 1 月，英国政府试图通过对德国盟国土耳其的一次冒险进攻推动战争进程。在海军大臣温斯顿·丘吉尔的鼓动下，英国计划派遣一支海军军队穿过达达尼尔海峡——从地中海通向土耳其首都伊斯坦布尔的狭窄航道。

在法国的勉强支持下，英国集合了一支舰队，其中大部分战舰都已经陈旧过时。3 月 18 日，三艘战舰被水雷炸沉，全力穿过达达尼尔海峡的尝试宣告失败。

英国认为，只有在登陆部队占领航道海岸后海军才能顺利通过海峡。

当时，在地中海东部可供调遣的军队包括前往西线途经埃及的澳大利亚和新西兰兵团(澳新军团)。登陆选择的地点是加利波利半岛。4 月 25 日黎明，英法军队和澳新军团乘坐大约 200 艘商船抵达土耳其海岸。由于缺乏专业的登陆技能，大多数人像划船比赛一样排成队列登陆。他们的军官既不熟悉所要面对的地形，也不了解土耳其军

▲ 澳新军团在加利波利战役中登陆失败。

队的部署情况。

澳新军团士兵未能到达指定的登陆海滩，而是在险峻的山脊前的一个小海湾进行登陆。这支军队很快就陷入土耳其内陆一英里的地方，处在土耳其军队炮火控制下的阵地里，任其摆布，而无法摆脱困境。英法登陆也未取得成功。

5 月初，西线的僵局在加利波利重现，协约国军队因土耳其军队所挖的战壕受阻，而不得不死守着面积狭小的地盘。8 月，英军再次试图在苏弗拉湾登

陆，但也陷入了困境。

尽管协约国军队作战异常英勇顽强，但到圣诞节时，他们的指挥官决定减少其人员伤亡。在接下来的几周中，得以幸存的协约国士兵逃向海岸，这是整个加利波利战役惨败中最成功的行动。

在加利波利战役中，协约国军队伤亡达 26.5 万人。对澳大利亚和新西兰来说，这是一次永远也无法忘记的经历，它激发了新的民族自豪感，并引起了对英国当局持久的猜疑。

- 澳珀斯战役在法国开始。
- 费斯蒂贝尔战役在法国打响。
- 意大利对奥匈帝国宣战。

6 月

- 德奥联军从俄国手中夺取乌克兰城市利沃夫。
- 意大利同奥地利之间的第一次伊松佐河战役开始。

7 月

- 在西南非洲的德国军队向南非政府投降。
- 意大利同奥地利之间的第二次伊松佐河战役开始。

8 月

- 德国军队攻陷华沙。
- 意大利对土耳其宣战。
- 德国军队攻陷布列斯特-利托夫斯克。

9 月

- 德军在特洛普向被俄军控制的东线推进。
- 德国军队攻陷立陶宛维尔纽斯。
- 第三次阿图瓦战役在法国开始。
- 英军攻陷美索不达米亚的库阿勒伊马拉。

10 月

- 保加利亚对协约国宣战。
- 奥地利军队在对塞尔维亚的新一轮进攻后攻陷贝尔格莱德。
- 意大利同奥地利之间的第三次伊松佐河战役开始。

11 月

- 意大利同奥地利之间的第四次伊松佐河战役开始。
- 温斯顿·丘吉尔因加利波利战役惨败而辞去首相职务。
- 土耳其阻止英军在美索不达米亚的进军。

12 月

- 英国军队在库阿勒伊马拉被土耳其军队包围。
- 协约国军队开始从加利波利撤退。

潘乔·维亚对山姆大叔发动战争

▲驻扎在纳明奎帕的美国边境哨兵俘虏潘乔·维亚领导的起义军士兵。

在墨西哥农村人口中激起的极大的不满成了著名的游击战领袖埃米廉诺·萨帕塔和潘乔·维亚发动武装运动的起因，而这场武装运动在1910~1920年几乎一直持续不断。

1916年，当时的墨西哥总统是开明地主维纳斯蒂安纳·卡兰萨，他是在由美国策划的一场运动——推翻其残酷的前任统治者韦尔塔之后而掌握政权的。最初，萨帕塔和维亚是支持卡兰萨的，但此时两位游击战领袖却转而同后者展开了斗争。

在墨西哥北部活动的维亚对美国支持卡兰萨感到非常愤慨。1916年1月，他决定报复美国。

维亚领导的起义军伏击了一辆载着一群美国采矿工程师的火车，打死了15名外国人。3月，维亚进一步采取行动，派遣一个由500名身强力壮的起义军士兵组成的突击队越过边界进入新墨西哥。3月9日黎明，他们向到处是沙漠的哥伦布镇发动了袭击。这些墨西哥人在"维亚万岁"的

呼喊声中继续进行其暴力活动，点火焚烧和洗劫了许多建筑物，还向当地居民开枪射击，打死18人。最后，他们被美国骑兵击退。

这次袭击在美国国内引起了强烈的抗议。参议员阿尔贝特·巴昆·福尔呼吁政府派遣一支50万人的军队占领墨西哥。然而，伍德罗·威尔逊总统只是组织了一支由6000名强壮士兵组成的远征军讨伐，约翰·潘兴将军任远征军司令。

远征军进入墨西哥，四处寻找维亚的人马，结果一无所获。远征军受到了充满敌对情绪的墨西哥农民的奚落，其搜寻也受到了阻碍，他们继续向南推进，这时就连卡兰萨本人也对此次远征的目的深感不安。

墨西哥军队奉命抗击潘兴率领的远征军。1917年1月，双方军队发生了短暂的冲突，接着美国远征军最后撤离墨西哥。这次徒劳的远征耗费了美国1.3亿美元。

日德兰海战

无畏级战舰是20世纪初最先进的武器。在英国公众看来，德国公海舰队同英国大舰队之间的遭遇战将导致世界大战。但1916年5月31日日德兰海战爆发时，结果令人大失所望，这一遭遇战并不具有决定性。

在好战的赖因哈德·舍尔海军上将的率领下，德国公海舰队在此之前已经开始袭击北海，希望在英国皇家海军从斯卡帕湾南下抵达之前能够使英国舰队受挫。然而，英军破解了德国海军的密码，当5月底德国公海舰队出海时，英军及时得到了这一信息。英国大舰队司令约翰·杰利科上将前去迎战。

英国舰队共计250艘战

舰在阴暗而狂风大作的天气的掩护下出发前去决战。双方兵力对比为：英国舰队投入无畏级战舰28艘和巡洋舰9艘，德国舰队投入无畏级战舰16艘和战斗巡洋舰5艘，英国皇家海军对这场战役的胜利志在必得。

当英国巡洋舰同敌军接触后，他们迅即掉头北上，引诱德国舰队尾随其后驶

向英国无畏级战舰。这一策略很奏效，世界上最先进的战舰激战5分钟，决一胜负。然后，德国舰队返航并摆脱了英国舰队的追击。

双方均宣称在这场海战中取得了胜利。德国舰队损失舰只11艘，伤亡2551人；英国皇家海军损失舰只15艘，伤亡6094人。另一方面，德国公海舰队被迫返回港口，对后面的战争进程影响甚微。

▲英国皇家海军舰艇"玛丽女王"号在日德兰海战中被摧毁，这场海战使英德两国海军伤亡达7500多人。

"一种可怕的美已经诞生"

虽然在第一次世界大战中有大约10万的南爱尔兰人为英国而战，但少数爱尔兰民族主义者决意要按谚语"英国的困境时期是爱尔兰的机会"行事。帕特里克·皮尔斯领导的爱尔兰共和国兄弟会和詹姆斯·康诺利领导的国民军计划发动1916年复活节起义。民族主义者同德国建立了联系，德国同意向其供应武器。

耶稣受难日（复活节前的星期五——译者注），一艘名为"艾于德"的商船挂着挪威国旗，抵达爱尔兰海岸附近，这艘船上运载着两万支来复枪。然而，由于出现了误会，没有起义者前来将这些武器运上岸，这艘商船也被凿而沉没。

尽管发生了这样的事件，原计划的起义还是于复活节之后的星期一（4月24日）这一天爆发了。用来复枪、猎枪、丁字镐和大锤武装起来的大约1800名起义者占领了都柏林的主要建筑物。其中，邮政总局大楼成了本次起义的指挥部。

皮尔斯宣布建立"爱尔兰共和国临时政府"并公开声明"爱尔兰通过我们将其

▲在1916年复活节起义期间，英国步兵在由空啤酒桶构成的防御工事后面，伏击起义军。

儿女召唤到她的旗帜下，为其自由而战"。

事实上，起义军在爱尔兰并没得到多少人的支持。英国作出了强烈而严厉的反应。为驱赶起义军，英国军队使用了大量大炮，结果造成了大量的财产损失和平民伤亡。在长达一周的激烈战斗中，共有大约500人死亡，2000多人受伤。最后，炮火摧毁了邮政总局大楼的内部，起义军被迫投降。

英军司令约翰·麦克斯韦利用其权力根据戒严法将2000多人送进了英国拘禁营地。90名起义者被秘密军事法庭判处死刑，实际上包括皮尔斯和康诺利在内的15人被执行了死刑。在未被执行死刑的人当中有后来成为爱尔兰总统的埃蒙·德瓦勒拉，其幸免于难的原因是当时他有一张美国护照。

持续达10天之久的死刑执行完全改变了爱尔兰公众的情绪。原本不受欢迎的起义军通过流血牺牲变成了民族英雄。爱尔兰诗人威廉·巴特勒·叶芝的诗篇《一九一六年复活节》记录了这一质变，诗中说：起义领袖已经"变了，彻底的变了：一种可怕的美已经诞生"。

▲遭英国军队炮轰后的都柏林邮政总局大楼，复活节起义在这次轰炸后宣告结束。

3月
·潘乔·维亚袭击美国；潘兴将军进入墨西哥搜捕维亚。
·中华民国总统袁世凯去世。

6月
·反对土耳其统治的阿拉伯人起义开始。
·美国和墨西哥在墨西哥展开卡里萨尔战役。

8月
·丹麦将维尔京群岛卖给美国。
·英国作曲家乔治·巴特沃斯去世。

10月
·数以千计的比利时人被迫迁往德国工作。
·奥地利首相遭暗杀。
·澳大利亚举行公民投票，否决征兵提案。

11月
·民主党人伍德罗·威尔逊再次赢得总统大选。
·侯赛因成为阿拉伯国王。
·美国同墨西哥签署条约草案。
·奥匈皇帝弗朗茨·约瑟夫一世去世，查理一世继位。
·英国机枪发明者海勒姆·马克沁、英国作家萨基（赫克托·休·芒罗）和美国作家杰克·伦敦去世。

12月
·英国陆军大臣劳合·乔治和首相阿斯奎斯因政策分歧辞职，劳合·乔治出任首相。
·美国通过《移民法案》。
·格里高利·拉斯普廷在彼得格勒被暗杀。

英国陆军大臣基钦纳命丧北海

19 16年6月5日，英国陆军大臣基钦纳乘坐的英国皇家海军舰艇"汉普敦"号从斯卡珀湾启航后还不到两个小时就在北海触雷沉没，基钦纳溺水身亡。当时基钦纳正前往俄国拜见沙皇以弄清俄国形势的真相。本来劳合·乔治是要陪同前往的，但在最后一刻他被召回爱尔兰——是这次爱尔兰谈判挽救了他的性命。作为参加过布尔战争的军人，基钦纳曾在第一次招募一万名志愿军时做过一

▲英国陆军大臣基钦纳号召志愿者参军的不朽画像。

次动员，其动员宣传因一海报而流传于世，海报上写着"你的国家需要你"，并附有一张其手指指向读者的画像。响应其号召的人对他极为推崇。

在第一次世界大战爆发时，基钦纳强烈反对战争将在圣诞节前结束的普遍观点，而认为战争将是长期而艰难的。不幸的是，政治家们限制了他作为陆军大臣本应起到的作用。关于他的去世，温斯顿·丘吉尔这样写道："深夜急流和北海深渊注定其身其名远离肤浅。"

土耳其阿拉伯人起义

▲侯赛因·伊本·阿里号召穆斯林世界投入战斗，标志着麦加阿拉伯起义的开始。

19 16年6月5日，侯赛因·伊本·阿里对奥斯曼帝国军营发动了来复枪射击进攻，并正式宣告青年土耳其党统治下的奥斯曼帝国的统治结束。数日内在麦加就看不到土耳其人了，一周后吉达港和塔伊夫（Taif）镇也落入了阿拉伯人之手。汉志阿拉伯起义已经开始。

土耳其阿拉伯人对1913年政变后实行土耳其民族主义和世俗政策的土耳其政府的统治日益感到气愤。

1914年11月，亲德国的青年土耳其党政府正式向协约国宣战，随后残酷镇压了奥斯曼帝国境内可能爆发的任何一次起义。

1915年夏，凯末尔决定剿灭叙利亚的阿拉伯人秘密团体和其他持不同政见者组织。1915年8月28日，他下令在贝鲁特绞死11名阿拉伯人，并于随后的18个月内在黎巴嫩展开逮捕、驱逐及处决行动。

后来在汉志率领英国游击队的青年军官托马斯·爱德华·劳伦斯这样写道：凯末尔已经"在叙利亚将各阶层、形势和教义集中到了一起，处于普遍的不幸和危险的境地，并因此使爆发一次联合起义成为可能"。

协约国利用了阿拉伯人对青年土耳其党的敌对情绪。在1915年期间，英国人控制的埃及当局向侯赛因保证他们将"承认并支持阿拉伯人的独立"，尽管他们并不清楚哈桑王国确切的疆域范围。

英国外交大臣爱德华·格雷也向侯赛因传达信息：他赞成"土耳其统治下的阿拉伯人的独立"。侯赛因不需要更多的支持了。

'16

新闻摘要

第一次世界大战大事年表

1月
· 奥匈帝国军队进攻黑山。
· 俄国开始进攻土耳其。

2月
· 意大利同奥地利展开第五次伊松佐河战役。
· 俄国军队占领土耳其埃尔斯伦。
· 在喀麦隆的最后一批德国军队投降。
· 法国开始凡尔登战役。
· 俄国军队占领土耳其比特利斯。

3月
· 德国对葡萄牙宣战。
· 协约国空袭比利时泽布勒赫的德国潜艇基地。

4月
· 俄国军队占领土耳其特拉勃森。
· 土耳其军队重新夺回美索不达米亚的库阿勒伊马拉。

5月
· 澳新军团抵达法国。
· 奥匈帝国开始对意大利进行新一轮进攻。
· 北海日德兰半岛海战。

6月
· 俄国军队在东线开始新一轮进攻。
· 协约国封锁希腊。
· 协约国军队攻陷德属东非威廉斯塔尔。

玛格丽特·桑格开办计划生育诊所

"妈妈！您能负担起一个大家庭吗？您还想要更多的孩子吗？如果不是,那您为什么要生他们呢?"这是1916年10月16日玛格丽特·桑格为宣传其在纽约布鲁克林开办其第一家计划生育诊所而印制的5000份单页宣传品上每份开头的几句话。

由于急于听到桑格夫人及其两位助手的建议并观看在诊所内展览的各种计划生育器具,第一天清晨150名妇女在诊所外边排队等候诊所开门。

还在两年前,接受过专门培训的护士玛格丽特·桑格就因出版激进的女权主义杂志《女反抗者》而引起一场有争议的风波,在这本杂志中她提供避孕的建议,断言"不拥有并控制自己身体的妇女不

▶ 胶带也难以令计划生育先驱、女权运动之母玛格丽特·桑格保持沉默。

能说自己获得了自由"。当邮局将该杂志查抄后,她开始制作名为《计划生育》的小册子,这本小册子详细介绍了杀精避孕套和子宫帽等计划生育器具的使用方法。她因散发计划生育印刷品而遭控告,并被判入狱一个月。第二年她用了一年的时间到欧洲旅行,在那里她了解了避孕套和子宫帽的使用。

1918年7月,玛丽·斯托普斯在英国出版其书籍《婚后之爱情》,开始呼吁实行计划生育。接着,她于1921年3月开办了伦敦第一家计划生育诊所。

劳合·乔治出任英国首相

1916年12月7日,劳合·乔治出任英国首相。在此之前,诺斯克利夫勋爵经营的《泰晤士报》与受到比弗布鲁克勋爵重大影响的《每日快报》和《每日新闻》等报纸刊载了许多批评阿斯奎斯首相的文章。

这些报纸日益支持陆军大臣劳合·乔治,此前,劳合·乔治同阿斯奎斯在精简后的战争委员会的组成问题上争执不休,长达一个月之久。劳合·乔治意欲掌管这一将首相排斥在外的委员会。

12月5日晚,阿斯奎斯前往白金汉宫递交辞呈。英王在其日记中写道,

他"非常遗憾地"接受了他的辞呈。然后,他召来殖民地事务大臣波拿·劳,让他组织新内阁。

第二天,英王、阿斯奎斯、贝尔福、劳合·乔治、亨德森和波拿·劳在白金汉宫举行会议。波拿·劳说,只有阿斯奎斯同意加入他领导的内阁,他才会出任首相。会议达成一致意见,即阿斯奎斯应当考虑波拿·劳的建议,如果他拒绝在新内阁中任职,将由劳合·乔治出任首相。

经过几个小时的思考后,阿斯奎斯拒绝了级别较低的职务,于是,波拿·劳谢绝了英王的任命,首

▲ 在阿斯奎斯拒绝在波拿·劳领导的新内阁中任职后,劳合·乔治出任首相。

相一职就落到了劳合·乔治的头上。在24小时之内,劳合·乔治向英王报告说,他能够组织新内阁。就这样,他被适时地任命为首相兼财政大臣。

- 俄国军队攻陷乌克兰切尔诺维茨。

7月

- 法国索姆河战役开始,协约国遭受重大伤亡。
- 劳合·乔治出任英国战争大臣。

8月

- 新一轮进攻迫使土耳其在埃及撤退。
- 意大利和奥地利之间的第六次伊松佐河战役开始。
- 保加利亚开始在萨洛尼卡进攻协约国军队。
- 罗马尼亚对奥匈帝国宣战并开始在特兰西瓦尼亚发动进攻。
- 意大利对德国宣战。
- 保罗·冯·兴登堡被任命为德军总参谋长。
- 土耳其正式对俄国宣战。

9月

- 保加利亚对罗马尼亚宣战。
- 协约国军队攻陷德属东非达累斯萨拉姆。
- 意大利同奥地利展开第七次伊松佐河战役。
- 英国军队在法国使用第一批装甲坦克。

10月

- 德奥联军开始对罗马尼亚发动反攻。
- 意大利同奥地利展开第八次伊松佐河战役。
- 法国在西线开始发动新一轮进攻。
- 意大利同奥地利展开第九次伊松佐河战役。

12月

- 德军占领罗马尼亚布加勒斯特。
- 德国向协约国表达和平谈判的愿望。
- 法国军队开始在西线发动新一轮进攻。

1916年：凡尔登战役与索姆河战役

德国军队于1915年4月在伊普尔展开有限的进攻后，就在西线转向了防守。但1916年2月，德军统帅部改变策略，转向进攻。德军参谋长法尔根汉决定对法国军队实施致命的打击，此时的法国军队自第一次世界大战爆发后已元气大伤，伤亡人数将近200万。法尔根汉不是尝试突围，而是计划通过进攻法国感到不惜一切代价必须防御的战线上的军事要地，而"让法国把血流尽"。凡尔登战役标志着按计划在西线进行的消耗战的开始。

凡尔登要塞的突出部被选作战场，其原因不仅是该地对法国人来说具有极高的感情价值，还有它能够使德国军队将足够多的大炮运来打击法国军队。大炮充当了德国计划——以步兵有限的进攻占领要地，依靠大炮消灭法国的后备军队——的最重要的组成部分。

1916年2月21日，德国第五集团军用1200门大炮（半数以上为大口径大炮）对法国军队展开了战争中史无前例的最具毁灭性的轰炸。当天晚些时候，德国步兵突击队进入遭到

▲索姆河战役中，英军的一支机枪部队正在战斗中。长达142天的索姆河战役夺去了100多万人的生命。

破坏的法国战壕。在以后的数日内，德国军队稳步推进，并于2月25日占领了都慕炮台。

听到这一消息，法国统帅部感到非常吃惊。2月25日，任命贝当将军为负责保卫凡尔登的第二集团军司令。贝当是一位杰出的军事家，以爱护其士兵而声名远扬。他立即着手组织军需品、调遣援军，为处境艰难的部队解围。通向凡尔登的惟一通道——后来被称作"圣路"的一条公路——处于德国军队的持续不断的炮火袭击之下，但就是每天驶过这条公路的300辆载重卡车将法国援军和弹药送到了凡尔登。在3、4、5三个月当中，战役的激烈程度丝毫未减。令德军惊恐万分的是，他们也发现他们的军队正在经受"绞肉机"的考验。1916年7月1日，协

约国军队在索姆河发动进攻，迫使德国军队停止了在凡尔登的军事行动。7月底，法国军队转为进攻，通过一连串的猛烈反击夺回了这一年早些时候被德军占领的大部分领土。双方各伤亡30多万人，吃尽苦头的法国军队坚守住了凡尔登，而德国计划的煽动者法尔根汉却被解雇，为兴登堡和鲁登道夫两人所取代。

德国军队对凡尔登的袭击，减少了法国军队对协约国军队发动的索姆河夏季攻势的支持，但索姆河战役仍在继续进行。

此时，英国军队发挥了主导作用。在驻扎在索姆河以南的法国军队的5个师的支援下，由罗林森将军指挥的英国第四集团军的11个师发动了全力进攻。

英国军队主要依赖其大大扩充后的炮兵部队，拥有2000多门大炮且有充足的弹药供应。在初期的轰炸中，英国军队共发射了1732873发炮弹，英国统帅部认为这足以摧毁德军的防御工事。但英军没有足够多的大口径大炮，而且发射出去的炮弹将近三分之一出现了故障，而德军的防空壕却成功地防御了炮弹的轰炸，其效果比原来预料的还要好。

然而，英国军队确信

▲在具有重要战略地位的俯瞰默兹河的凡尔登要塞遭受攻击的法国军队。

他们的大炮已经发挥了作用,因此,英国步兵于1916年7月1日上午排着整齐的队伍"进入了最后状态",结果遭到了指挥得当的德军大炮和机枪炮火的重挫。

发动进攻的10万人的英国军队在第一天的激战中就伤亡5.7万人,其中将近2万人当场死亡。

英军的进攻实际上已经停止,而在右翼的战术上比较富有经验的法国军队却取得了一定的胜利。

对英军来说,这次进攻是一次惨痛的挫折,但7月1日毕竟只是强大的夏季进攻的第一天,进攻还要继续到11月份。英军吸取了教训,采取了灵活的策略。

7月14日展开并获得胜利的黎明进攻展示了"纽芬兰军队"的能力,并象征着英军参谋工作取得了显著的进步。但英军的每次进攻很快都在孤注一掷的战壕战中陷入了困境,尤其是当德国军队采取了猛烈的反击策略时,英军的情形更是如此。德国第二集团军司令比洛将军命令其士兵说:"不惜一切代价坚守住我们现在的阵地。敌人只有从成堆的尸体上踏过才能通过这里。"

9月25日,英军将坦克投入战场上使用,但在取得一些局部胜利后,对坦克寄予的希望也破灭了。11月13日,协约国军队占领了博蒙哈默尔,此时严寒和雨水已经将战场

▲索姆河战役结束后的一个荒废的法国防空壕。索姆河战役的结果是大量的人员伤亡和夺得极少的领土。

变成了冰冷的泥泞,已经不可能再展开有效的军事行动了,至此,战役的最后阶段宣告结束。

英军的第一次重大进攻以失望而告终,尽管英国军队借此证明了自己是一支英勇而有能力的军队。长达142天的索姆河战役使英国军队伤亡41.5万人,法国军队伤亡20多万人,德国军队伤亡40万~60万人。凡尔登战役和索姆河战役结果均是大量的人员伤亡和夺得极少的领土,从而体现了西线战壕战的恐怖之处。

▲一顶头盔和一支来复枪组合在一起成了在凡尔登战场上牺牲的一位无名法国士兵的墓碑。

'17

新闻摘要

· · · · · · · · · · · · · ·

· 横贯澳大利亚铁路竣工。
· 布尔什维克将银行国有化，没收牧师和贵族的土地及财产。
· 美国开始征兵。
· 澳大利亚公投再次否决征兵提案。
· 墨西哥实施新宪法。
· 查理·卓别林签订好莱坞第一份百万美元合同。
· P.G.沃德豪斯出版第一部《吉夫斯和伍斯特的故事》。

1月
· 英国、法国和意大利承认汉志王国（位于阿拉伯半岛）。
· 边境侦察员威廉·科迪（别名为"水牛比尔"）去世。

2月
· 美国同德国断绝外交关系。
· 澳大利亚联合政府成立。

3月
· 应古巴政府的请求，美国军队进入古巴。
· 沙皇尼古拉二世退位，临时政府成立。
· 法国在总理阿里斯蒂德·白里安辞职后成立新政府。
· 丹麦将维尔京群岛卖给美国的工作完成。

4月
· 法国军队当中发生叛变。

5月
· 中华民国总理段祺瑞被

美国参战

19 17年4月2日，美国总统伍德罗·威尔逊向国会作报告，请求国会对德国宣战。他在一次很有说服力的演讲中说："我们必须使世界对民主无害。"在这次演讲中他将协约国的胜利与维护民主视为同等重要的事项。4天后，他的提议获得了国会的批准。两个月后，第一批美国军队启航前往欧洲。

在此之前的3年当中，威尔逊总统任凭德国挑衅而一直贯彻中立政策。1915年5月，丘纳德航运公司班轮"卢西塔尼亚"号被德军潜艇用鱼雷炸沉，德国声称该客轮上装有计划运往英国的军需品。该事件使128名美国人丧生，但威尔逊并不愿因此而改变初衷，他为其政策辩护说："有时候一个国家的政策是正确的，国家并不需要强迫他人信服。"1916年，威尔逊以和平宣言当选为总统，但直到1917年1月他才向国会发表其著名的演讲《没有战争的和平》。然而，就在这个月的月底，德国宣布它将不再对"中立国船只"显示任何克制，正式使美国商船成为德军鱼雷攻击的目标。

2月，英国特工向美国方面传递了其截获的从德国发往墨西哥的电报，这份电报后来被称作"齐默尔曼电报"。电文称，如果墨西哥支持德国，德国将支持墨西哥夺回美国西南部的领土。

3月，三艘美国货船被德国潜艇炸沉。最后，威尔逊总统很不情愿地被迫放弃了其中立立场。

4月16日，美国正式对德宣战。

◄ 数百名美国年轻人响应政府号召，在排队等候，踊跃志愿参加美国海军。

英国提议建立犹太国家

19 17年11月2日，英国外交大臣阿瑟·贝尔福宣布："英国政府赞同在巴勒斯坦内部建立犹太人的国家，并将尽最大努力帮助实现这一目标，同时英国政府认为不得从事任何行动，损害巴勒斯坦内部非犹太人团体的公民权和宗教信仰权。"他希望通过此举确保犹太复国主义运动者支持协约国。"贝尔福宣言"震惊了整个阿拉伯世界。就在此前的一年当中，协约国正是在阿拉伯国王和麦加捍卫者侯赛因·伊本·阿里的帮助下打败土耳其，为英国保住了巴勒斯坦。

作为回报，英国保证帮助大部分阿拉伯世界获得独立。除此之外，巴勒斯坦的穆斯林同犹太人的人数比例为10∶1，远远多于后者。因此，阿拉伯人认为英国人应认可他们包括自决权在内的权利。

▲ "犹太国"的设计师——阿瑟·贝尔福（左），其提议震惊了整个阿拉伯世界。

妇女在第一次世界大战期间的作用

▲法国合格的年轻男子奔赴战争前线，妇女在家里发挥着日益重要的作用。

在1914年和1915年期间，随着越来越多的成年男子响应基钦纳勋爵的征兵呼吁，劳动力出现了短缺现象，尤其是在工程行业。截至1915年6月，工程行业已有五分之一的男性工人应征入伍，当时军队特别需要得到补充。工资大幅上涨，举个例子来说，当时造船厂铆工的工资在1914至1919年期间翻了一番。工作条件得到了改善，特别是工厂普遍使用了自助食堂，为工人提供价廉物美的饭菜。尽管如此，几乎各行业，尤其是军工行业，工人依然供不应求。

许多妇女渴望进入劳动力队伍，妇女选举权运动的参与者达卡勒·福克斯说出了很多妇女的心声，她说："我们相信妇女几乎能够受雇于智力和体力工作的任何一个职位。" 1915年7月1日，3万名妇女在克里斯塔贝尔·潘克赫斯特的带领下沿着英国白厅示威游行，她们高举旗帜，上面写着："我们要求得到服役的权利。" 同她们要求得到"同等工资"的结果一样，政府同意了她们的要求。随着1916年3月2日征兵工作的开始，政府发起了一场征召妇女担任职务的运动。

妇女涌入市场，担当起传统上属于男性工作的角色，如搬运煤袋、在田地上干活或在军工厂制造炮弹，还有的加入到其他妇女当中从事更传统的女性工作，如护理和教学工作。在1915年和1918年期间，有100多万名妇女在其一生中第一次开始做支付薪金的工作。近80万名妇女进入工程和军火行业；10万名妇女成为公共汽车和电车司机及售票员、火车站搬运工、保安和巡警。政府部门增加了20万名妇女，被雇用而从事行政工作的妇女人数从3.3万人增加到10.2万人。女速记员永远取代了手握鹅毛笔的男秘书。15万多名妇女加入了军队的辅助部门。

这一新找到的自立增加了妇女的自信，改变了她们的习惯。看到妇女没有男性陪伴进餐、在酒馆买酒喝以及抽烟都成了很平常的事情。妇女喜欢用时装和打扮自己，也更讲实用，她们喜欢穿长度不到脚踝的较短的裙子，有些妇女甚至在下班后穿着长裤，帽子样式也不再那么艳丽了。发型也改变了，女性喜欢留整齐的短发。

战争结束后，妇女对国家作出的卓越贡献被认可。1918年7月通过的《人民代表法案》授予30岁以上的妇女以选举权。

尽管很多妇女不得不将其工作重新交给从战场上回来的男子，但很多妇女仍继续工作，而且妇女的就业机会比以前更多了。1919年，《性别无限制（撤销）法案》规定：不得因性别或婚姻情况限制任何人从事任何工作。妇女的状况在社会上转向了好的发展方向。

▲"田间姑娘"干费力的农活。战争期间，女劳动力对经济起到了至关重要的作用。

解职。

6月
· 阿尔巴尼亚宣布独立。
· 都柏林爆发民族主义者起义。
· 希腊国王康斯坦丁一世退位，其子亚历山大继位。
· 俄国舰队在塞瓦斯托波尔发动叛乱。

7月
· 同爱尔兰反对派调和的会议在都柏林召开。
· 段祺瑞重新获得中华民国总理职位。
· 俄国爆发反政府示威游行。

8月
· 罗马教皇本尼狄克十五世试图在欧洲讲和。
· 加泰罗尼亚爆发反对西班牙的起义。

9月
· 孙中山在中国广州另立政府。
· 法国印象派画家埃德加·德加去世。

10月
· 玛塔·哈里因情报活动被法国处死。

11月
· 英国提议在巴勒斯坦内部建立犹太国家。
· 乔治·克列孟梭出任法国总理。
· 乌克兰共和国成立。
· 雕塑家奥古斯特·罗丹去世。

12月
· 芬兰宣布脱离俄国而独立。
· 罗伯特·伯登出任加拿大总理。
· 法国发生火车灾难，造成500人死亡。
· 英国第一位女医生伊丽莎白·加勒特·安德森去世。

'17

俄国革命

▲布尔什维克支持者驱车进入彼得格勒（圣彼得堡）街头，游说人们支持其召开制宪国民代表大会的要求。

19 17年3月，一场革命推翻了俄国沙皇尼古拉二世的统治，统治俄国长达300年之久的罗曼诺夫王朝覆亡了。在经过两年半的全面战争之后，发生这一事件并不意外。在此之前爆发的1905年革命中，沙皇政府也是勉强幸免于难。尽管在1914年之前的若干年当中，俄国经济得到了发展，并实行了改革，但几乎各阶层的俄国人已坚持认为沙皇政府是腐朽而专制的政府。随着俄国军队失败的加剧，以及大城市食物供应的减少，沙皇政府不可避免地受到了指责。

1917年3月初，一次罢工和示威游行席卷了首都彼得格勒，沙皇政府的末日来临了。奉命前去镇压示威的军队转到了人民群众一边。随后，温和的国家杜马委员会委员成立了临时政府，沙皇尼古拉二世退位，并指定他的兄弟米哈伊尔继承皇位，但遭到了这位大公的拒绝。临时政府开始了组织民主选举成立制宪国民代表大会的缓慢工作，未来政府的组成形式将由选举产生的制宪国民代表大会作出决定。

自封的临时政府根本没有能力完全统治俄国。由工人和士兵选举产生的彼得格勒苏维埃颁布了自己的命令。其他的苏维埃也纷纷在全国各地的工厂和军队里成立，威胁着军官和工厂主的权威。然而，俄国三大左派政党——马克思主义布尔什维克、孟什维克和以农民为基础的社会革命党，却普遍认为俄国要采取的下一个步骤是建立议会式的自由民主。

布尔什维克领导人弗拉基米尔·伊里奇·列宁不同意这种观点。在瑞士流亡期间，列宁将推翻沙皇看作是向世界革命迈出的第一步。

列宁到达彼得格勒的芬兰车站后，他号召立即采取行动建立工人的国家，这令前往欢迎其回国的布尔什维克感到震惊。布尔什维克提出的新口号是："全部政权归苏维埃。"

正当临时政府不知所措、犹豫不决的时候，城市和农村的形势恶化起来。列宁又提出了一个口号："面包、和平和土地。"这一口号恰恰说出了当时俄国人需要的东西，大城市和军队中的普通士兵对布尔什维克的支持迅速上升。

6月，临时政府发动了对加利西亚的新一轮战争。结果，俄国在战争中惨败。俄国军队开始瓦解。在农村，农民已经开始分割地主的财产，以满足他们得到梦寐以求的土地的愿望。农民士兵经历过一

▲尼古拉二世退位前，成群的抗议者在冬宫前示威。

次次的失败和重大伤亡后，对战争已经大失所望，数以百万计的农民士兵从前线逃跑，因为他们不想在分配土地时被人遗漏。

城市也陷入了混乱状态。7月，士兵、水兵和工人走上彼得格勒街头，很多人高呼着布尔什维克的口号。临时政府镇压了这次起义，逮捕了很多布尔什维克领袖，利昂·托洛茨基也遭逮捕，他是一位不久就要加入布尔什维克党的杰出的革命者。列宁则逃亡至芬兰。

但临时政府的统治仍不稳定。面对人民群众的压力，温和的社会革命党党员亚历山大·克伦斯基出任内阁总理。但9月份他遇上了由总司令科尔尼洛夫将军发动的军事叛乱。为平定叛乱，克伦斯基不得不依靠富有战斗精神的彼得格勒工人。被捕的布尔什维克领袖因此获释，武器也发给了工厂苏维埃。

流亡芬兰后，列宁敦促立即采取行动："如果现在我们不夺取政权，历史将不会饶恕我们！"他的这一主张得到了时任彼得格勒苏维埃主席的托洛茨基的支持。11月4日，列宁乔装打扮回到彼得格勒。托洛茨基成立了彼得格勒苏维埃革命军事委员会，来组织夺取政权的工作。与此同时，全俄苏维埃第二次代表大

▲在布尔什维克包围冬宫时，军队开火；1917年7月，俄国许多城市陷入全面无序状态。

会开幕，来自全国各地的苏维埃的代表将出席本次大会。

11月6日晚，武装起来的工人、士兵和水兵——赤卫队占领了彼得格勒的各个战略要地，如桥梁和发电站。而彼得格勒的多数人全然不知正在发生的事情。电影院还在上映电影，咖啡馆座无虚席。当赤卫队包围临时政府所在地——冬宫的时候，"阿芙乐尔"号巡洋舰就停泊在这座大楼的对面。包围一直持续到第二天，经过一阵最低限度的战斗后，布尔什维克冲进了冬宫。克伦斯基从侧门逃脱。

布尔什维克在苏维埃大会上宣布起义的消

息后，孟什维克和社会革命党代表走出会场，托洛茨基轻蔑地说，他们将自己放进了"历史的垃圾箱"。当列宁宣布新政府将是惟一的布尔什维克委员会——人民委员会之后，他们更感不安了。在没有其他革命政党参加的情况下，铁路工人立即举行罢工进行抗议。

布尔什维克政变后，

围绕着争夺新政府的权力，进行了一场殊死的斗争。当制宪国民代表大会的选举最终举行时，结果表明，有大约25%的俄国人支持布尔什维克。1918年1月大会召开，但一天后就解散了。俄国进入了漫长的国内战争、经济衰退和饥荒的艰难时期。

▲布尔什维克准备对冬宫发动最后进攻时，士兵埋伏等待。

17

第一次世界大战中的科学技术

新闻摘要

第一次世界大战大事年表

2月
· 德国宣布实施无限制潜艇战。
· 英国军队夺回美索不达米亚库阿勒伊马拉。

3月
· 英军占领美索不达米亚的巴格达。
· 在西线的德军撤退到兴登堡防线。
· 英军占领 Baupanne 和佩罗讷。

4月
· 美国对德国和奥匈帝国宣战。
· 英军在巴勒斯坦的加沙击败土耳其军队。
· 西线阿拉斯战役开始。
· 西线维美脊战役开始。
· 西线第二次埃纳河战役开始。
· 土耳其军队在第二次加沙战役中击败英军。

5月
· 意大利同奥地利之间的第十次伊松佐河战役开始。

6月
· 比利时梅西纳战役开始。
· 美国军队在法国登陆。
· 东线俄国军队展开克伦斯基进攻。
· 爱德蒙·艾伦比开始担任巴勒斯坦英军司令。

▲图为英国的布里斯托尔双翼侦察机。第一次世界大战是飞机发挥作用的首次战争。

在拿破仑一世进行的历次重大战争之后，欧洲列强第一次发现自己陷入了一场为生存而战的痛苦战争之中，在 20 世纪取得的许多工业和科技进步第一次被充分应用。在经过 1914~1915 年大规模的杀戮后，将军们最终认识到，带刺铁丝网、机枪和大炮有助于防御战术，因而无法向处于准备充分的防御阵地发动进攻。因此，他们开始借助于新科技来打破战壕战的僵局。

首先使用化学武器来压制敌军前线防御工事的是德国军队。1915 年，他们使用氯气开始对伊普尔发动进攻，不过，德军在取得一些胜利后，其进攻被迫中止。一开始，毒气在防御军队当中引起了恐惧，但由于良好的训练和有效

面具的使用，事实证明毒气并不是获得战争胜利的武器。而且，因为所有大国均开始使用毒气，其作用大部分被抵消，当然毒气还是令受到其攻击的不幸的军队痛苦不堪。

另一种化学武器是便于携带的火焰喷射器，它同毒气一样，其作用也是引起对方——特别是未经过良好训练的军队——的恐慌，它能够在近距离内发射出强烈的火焰。德法两国军队均使用了火焰喷射器，但其在肉搏战中使用有限，对整个战争均势的影响甚微。

随后的重大进步是注

重灵活性和进攻性的装甲作战车。装甲车是用新发明的内燃发动机驱动的，为通过地形崎岖不平的西线战场，还给装甲车装上了履带。英国军队（法国军队紧随其后）首先制造出了这种车辆，在转运到法国期间，出于安全原因，将其称作"水上坦克"。

坦克行驶速度缓慢，最高越野速度为每小时 5 公里(3 英里)，容易受到敌军炮火的袭击。尽管如此，它们为突破德军防线提供了可能性。1916 年 9 月 15 日，英国军队在索姆河战役的一次进攻中第一次使用了坦克。

这一行动迟缓的庞然大物在守军德国军队中引起了混乱，英国军队在弗莱尔—库尔瑟莱特周围展开的有限进攻大获全胜。但第二天，没有几辆坦克能够重新投入战争了。

在 1917 年期间，坦克得到了改进，英法两国统帅部均对其坦克部队抱有极大的信心。在 1917 年 11 月的康布雷战役中，英军第一次将其坦克集

▶美国军官在某一战地视察一辆首批使用的坦克。虽然在第一次世界大战结束以前坦克作了大规模改进，但最早的坦克速度很慢且不稳定。

▲随着飞机用于战争用途，重型大炮被研制出来专门应付这一新威胁。

中起来，在这次战役中英军获得了重大胜利，在德军防线上打开了一个缺口。与索姆河战役中的情形相同，在第一次攻击后，英军没有几辆坦克能够再投入战争发动进攻了，德军得以填补空缺并重新占领了在战役开始阶段丢掉的阵地。

1918年，新研制出来的轻型坦克投入使用，但同德军反坦克大炮相比，其不可靠性和易受攻击性再次制约了其作用的发挥。在1918年8月8日开始的亚眠战役中，坦克在打开德军防线过程中起到了重要作用，但到了8月12日，在第一天投入战争的414辆坦克中能够使用的只剩下6辆了。精确大炮的进攻依然是突破敌军防线的最佳手段，坦克只能在下一次世界大战中发挥决定性的作用了。

由于坦克是用内燃发动机驱动的，这也为飞机的出现提供了可能性。

1903年，第一架飞机升空，而到1914年第一次世界大战爆发时，各大国都拥有了自己的充当空中侦察部队的空军。在整个战争过程中，各大国大力发展军用飞机。原因是其具有良好的侦察功能。在战争中取得赫赫战绩魅力十足的战斗飞行员，在对敌军行动和频繁下落的炮弹进行监视的双座侦察机面前，只能充当其护卫了。

1916年，马力更大的飞机的出现使新生的空军发挥了更大的作用。首先是通过使用机枪和炸弹对地面发动直接进攻，支持步兵前进。尽管对飞行员来说，这是危险而不受欢迎的差事，但它却变得日益重要起来。到了1918年，所有重大进攻都是在空军的配合下进行的。

军用飞机的另一作用是与众不同的：深入敌军后方对战略目标实施远程轰炸。尽管第一次世界大战期间的轰炸机行动缓慢，只能运送数量不多的炸弹，但科技在战争进行的4年当中的进展速度是非常迅猛的，英国皇家空军得以研制出装有4个发动机的轰炸机，从而具备了轰炸柏林的能力。

尽管军用飞机获得了成功，但双方司令官对科技寄予的打破战壕战的僵局的希望却未成为现实。在1914~1918年期间，将在第二次世界大战中呈现出来的军事和科学家之间的密切关系正处于孕育阶段，因此，这一时期的武器普遍不能满足军事用途的近乎苛刻的要求。但人们已经看到了两者之间的联系，这种联系预示着未来的发展方向。

第一次世界大战向世人表明科技的发展是一把双刃剑，它能造福于人类，也能毁灭人类，因为人们依靠科技能够创造出具有毁灭性的武器。

▲潜艇在德国军队发动的北海和大西洋战役中发挥了重要的作用。

7月

· 德国和奥匈帝国军队开始在东线展开反攻。

· 齐柏林式飞艇空袭英国。

· 第三次比利时伊普尔战役开始。

8月

· 俄国军队夺回乌克兰切尔诺维茨。

· 中国对德国和奥地利宣战。

· 意大利同奥地利展开第十一次伊松佐河战役。

9月

· 德国在东线发动进攻后占领了拉脱维亚的里加。

10月

· 东非马希瓦战役打响，标志着德军新一轮进攻的开始。

· 德奥联军在卡波雷托战役中突破意大利防线。

11月

· 协约国军队占领帕斯尚尔。

· 英国军队占领巴勒斯坦的加沙和雅法。

12月

· 苏维埃俄国同德国停战。

· 罗马尼亚同同盟国停战。

· 德军攻陷土耳其控制的耶路撒冷。

· 法国康布雷战役开始。

'18

沙皇及其家人遭残杀

▲沙皇尼古拉二世及其家人被残杀前在托博尔斯克为卫兵包围。

19 18年7月17日凌晨，前沙皇尼古拉二世夫妇及其孩子和侍从，被当地的契卡（秘密警察）头目雅科夫·尤罗夫斯基及其由6名匈牙利人和5名俄国人组成的执行小组带到叶卡特琳堡伊帕泰夫住宅的地下室并残忍杀害。罗曼诺夫王朝宣告终结。

在前沙皇于1917年3月退位后不久，他及其家人和大量侍从就被软禁在皇村豪华住宅内，还比较舒适。然而，8月份，社会上出现了日益动荡的局面，临时政府总理亚历山大·克伦斯基担心他们的安全，决定将他们一家搬到西伯利亚小镇托博尔斯克，在那里他们住在以前当地地方长官的住宅内而受到保护。

1917年11月7日，布尔什维克推翻了临时政府，克伦斯基不能再保护沙皇一家。1918年4月，由于担心该地区的反共产主义势力帮助他们逃跑或为其目的而利用他们，布尔什维克政府达成一致意见，指示乌拉尔地区布尔什维克主席团主席菲利普·戈洛谢金单独负责控制前沙皇及其家人，允许他将他们转移到附近的城市叶卡特琳堡。在那里，他们被监禁在伊帕泰夫住宅内，大部分时间被一名不友好的卫兵限制在其房间里。7月16日，戈洛谢金向列宁报告说，"战争形势"要求处死他们。同一天晚些时候，莫斯科批准将沙皇及其家人处决。

"最后攻击"：协约国大进攻

19 18年春德军企图突围而失败后，协约国军队转入进攻。8月8日，英国军队率先发动进攻，

▲当成千上万的德国士兵别无选择只好投降时，第一次世界大战不可避免地宣告结束。

鲁登道夫将这一天称为"德军的黑色日子"。罗林森将军率领的由英国、澳大利亚和加拿大三国军队组成的第四集团军打响了亚眠战役。400多辆坦克在大雾的掩护下向前推进，在坦克的支援下，英军用大炮（使用先进的"预测射击"技术）实施了毁灭性的轰炸，协约国军队赢得了战役的初步胜利。

截至8月11日，英国军队已俘获德军3万人，并在德国防线上打开了突破口。胜利的重要意义在于

其对德军士气产生了影响。在第一次世界大战开始后，所有德国军队第一次不战而退，成千上万的德国士兵很少反抗或毫无反抗就为协约国军队俘获。高层也呈现出士气衰落的迹象，德皇在同其将军于8月11日在艾维斯尼斯召开的一次会议上承认："我明白我们必须悬崖勒马了。我们几乎达到了我们抵抗能力的极限。战争必须结束。"

英国第四集团军此时开始靠近1916年索姆河战

新闻摘要

· 俄国共产党成立政治局。
· 英国出现严重的粮食短缺。
· 西班牙流感流行病造成全世界200万人死亡。
· 美国妇女获得选举权。
· 《英国教育法案》将可离校就业的合法年龄提高至14岁。
· 人类发明出声纳。
· 每分钟78转成为唱片放音速度的标准。
· 美国开始世界上第一次航空邮件服务。

1月
· 柏林罢工开始。
· 伍德罗·威尔逊提出《十四点和平纲领》。
· 俄国红军成立。
· 布尔什维克军队占领赫尔辛基。
· 俄国采用公历纪年法。

2月
· 俄国实现政教分离。
· 布尔什维克军队占领乌克兰。
· 奥地利画家古斯塔夫·克利姆特去世。

3月
· 德国和俄国签订《布列斯特—立托夫斯克和约》。
· 莫斯科成为俄国首都。
· 布尔什维克党更名为俄国共产党。
· 立陶宛宣布脱离俄国而独立。

场上遭到破坏的地表——一个很难克服的障碍,陆军元帅黑格断定在该地区的前进不得停顿下来。结果,进攻的中心逐渐向北延伸。8月21日,宾将军率领的第三集团军开始发动进攻(阿尔伯特战役);8月26日,霍恩将军率领的第一集团军开始进攻(斯卡尔普河战役)。在南方,法国军队进攻努瓦扬;9月12日,美国军队发动进攻并在圣米耶勒获得其第一次重大战役的胜利。

9月下旬,协约国军队的进攻达到了高潮阶段:英国军队开始袭击兴登堡防线;法国军队和美国军队迅速挺进阿尔贡;比利时、英国及法国联军进攻佛兰德斯。

9月29日,英国军队突破了很难攻克的兴登堡防线,英军的这次行动可谓战况辉煌,他们俘获德军3.5万人并缴获380门大炮。这标志着战争结束的开端,因为就在这一天德军统帅部决定:他们必须立即请求美国总统伍德罗·威尔逊停战。

10月4日,德国成立了以巴登亲王马克斯为帝国宰相的有社会民主党参加的联合政府出面求和。同一天,巴登亲王致书美国总统威尔逊,请求以威尔逊的"十四点"为和平条件的基础,达成停战协定。

▶欢欣鼓舞的英国人聚集在白金汉宫外面庆祝胜利。后来乔治五世接见了他们。

停战协定的签署

▲第一次世界大战停战日,欧洲和美洲各地举行庆祝仪式,标志着一战正式结束。

在1918年8月和9月期间,德国军队未能阻止协约国军队进攻的态势,这迫使德皇和德军统帅部很不情愿地向协约国请求进行和平谈判。10月4日,德国和奥匈帝国同美国总统伍德罗·威尔逊取得联系,要求停战。德国和奥匈这样做的目的是,希望比直接同法国和英国联系得到更有利的条件。威尔逊根据其著名的《十四点和平纲领》演讲的答复却未能令德国人满意,因为它要求德国从所有外国领土撤军。

在德军统帅部就是否接受协约国提出的条款而争执不休的时候,德国的军事和社会体制开始崩溃。以公海舰队内部的叛变和柏林大街骚乱为背景,社会民主党帝国宰相弗雷德里希·艾伯特指示德国停战委员会要求立即进行停战谈判。11月7日,停战委员会的两名成员越过防线在设在雷萨德的法国司令部会见了福煦将军。

协约国停战条款反映了四年战争给协约国人民造成的痛苦。德国必须交出阿尔萨斯—洛林;协约国将占领莱茵兰;德国将交出所有的潜艇,协约国将扣留公海舰队;废除同俄国和罗马尼亚签订的条约;大量的战争材料转移到协约国。在进一步商讨后,德国人返回会议谈判桌前。1918年11月11日凌晨5时,双方在贡比涅侧道的一节火车厢里签署了停战协定,协定于签署6个小时后——11月11日11时开始生效。至此,第一次世界大战宣告结束。

- 法国作曲家克劳德·德彪西去世。

4月
- 英国皇家空军成立。
- 德国军队占领赫尔辛基。

5月
- 格鲁吉亚宣布脱离俄国而独立。

6月
- 奥地利爆发食品骚乱。

7月
- 俄国采用新宪法。

8月
- 美国同俄国断绝外交关系。

9月
- 印度加尔各答爆发穆斯林起义。

10月
- 捷克斯洛伐克宣布独立。
- 匈牙利总理蒂萨遭暗杀。

11月
- 埃及国民党成立。
- 波兰共和国宣告成立。
- 德国成立马克斯·艾伯特为总理的新政府。
- 德皇威廉二世离开德国流亡荷兰。
- 爱沙尼亚宣布独立。
- 奥地利皇帝查理一世退位。
- 托马斯·马萨里克当选为捷克斯洛伐克总统。
- 反布尔什维克的军队在俄国鄂木斯克建立据点。
- 拉脱维亚宣布独立。
- 俄国红军占领爱沙尼亚。

12月
- 冰岛成为独立的主权国家。
- 亚历山大一世为国王的塞尔维亚—克罗地亚—斯洛文尼亚王国成立。
- 葡萄牙总统帕埃斯遇刺。
- 德国共产党成立。

1918年：第一次世界大战战后阶段

新闻摘要

第一次世界大战大事年表

1月
· "布雷斯劳"号巡洋舰在达达尼尔海峡沉没。

2月
· 澳大利亚军队攻陷耶利哥。

3月
· 德国军队占领基辅。
· 俄国和同盟国签订和平条约。
· 西线"春季"攻势开始，德国军队向前开进。

4月
· 德军王牌飞行员曼弗雷德·冯·里奇特霍芬战死。
· 英国海军袭击比利时泽布吕赫的德军潜艇基地。

5月
· 英军对德国发动空袭。
· 德军攻陷法国的苏瓦松和兰斯。

6月
· 德军在西线的新一轮进攻开始。
· 意大利和奥地利之间的皮亚韦河战役开始。

7月
· 第二次马恩河战役阻止德军向巴黎挺进。
· 协约国在西线的反攻开始。
· 协约国军队越过马恩河。

大规模的战争无法在一天的时间内走向结束。在1918年11月的停战协定签订后，欧洲很多地方还处在动荡之中，从柏林到莫斯科和伊斯坦布尔悬而未决的战争仍在继续。第一次世界大战夺去了约2000万人的生命。战后，流感席卷了整个世界。根据一些估计的数字，这次流感造成的死亡人数比在战争中死亡的人数还要多。欧洲的很多地方经受着饥饿和苦难的煎熬。美国救济协会向欧洲提供了价值15亿美元的食品，从而避免了因饥饿而造成大规模死亡。在现代战争的压力下，罗曼诺夫王朝、奥斯曼帝国、哈布斯堡王朝和普鲁士霍亨索伦王室全都跌进了历史的垃圾箱。

1919年1月，就在这种混乱和荒芜的景象中，获胜的协约国在凡尔赛金碧辉煌的会场举行会议。尽管出席会议的有从中国、日本和暹罗（泰国的旧称——译者注）远道而来的代表团，但会上所有的重大决议均由以下三人敲定：法国的乔治·克列孟梭、英国首相劳合·乔治和美国总统威尔逊。会议几乎演变成了旧世界的玩世不恭主义和新世界的理想主义之间的冲突。威尔逊主张其著名的《十四点和平纲领》，试图以民主和民族自决为基础建立一个新欧洲。克列孟梭和劳合·乔治则主要想确保德国暂时衰落。协约国未邀请德国及其他战败国出席会议——条款是由战胜国决定后强加给战败国的。

将威尔逊提出的民族

▼无人区：第一次世界大战后阿尔萨斯—洛林地区的一片遭到破坏的森林。

▲1919年，英国首相劳合·乔治、法国总理乔治·克列孟梭和美国总统威尔逊在巴黎。

自决原则（主张国家疆界应当与民族界限一致）应用于欧洲很多地方复杂的种族分布结构中绘制一幅新的欧洲地图的尝试，不久就得到证实是根本不可能的事情。奥匈帝国瓦解后新成立的捷克斯洛伐克和塞尔维亚—克罗地亚—斯洛文尼亚王国（后来改名为南斯拉夫）均是多民族国家。协约国未将民族自决原则适用于德国，因为如果将所有讲德语的人都统一到一个单一的国家中，这就等于将欧洲的支配权拱手让给了德国。

欧洲新疆界的划分在国家之间产生了很深的积怨。德国怨恨新独立的波兰得以经由"波兰走廊"抵达原属于德国的港市但泽（今格但斯克）而通往波罗的海。苏维埃俄国也因战后波兰控制了乌克兰的大片地区而怨恨波兰。匈牙利因和解而失去了很多领土而怨恨其所有的邻国，尤其是罗马尼亚。意大利尽管是战胜国之一，但它也因战争

▲人类针对袭击战后世界的毁灭性的流感流行病采取了一系列的预防措施，其中包括为伦敦的公共马车喷洒药水。

中作出的重大牺牲而得到很少的回报而怀恨在心。

但这些都比不上德国人的怨恨。他们不能接受其一直在进行一场非正义的侵略战争的结论，也无法接受他们已经在战场上失败的事实。他们只能接受的是协约国强加给他们的和平条款，因为停战协定使他们陷入了不能自卫、无法重新发动战争的境地。

关于德国不得不接受的条款是否过于繁重这一问题，从一开始就引起了争论。这些条款包括：将阿尔萨斯—洛林归还给法国，协约国军队占领莱茵河西岸地区，严格限制德国军队的规模和性质，割让一些其他地方的领土，还有最有争议的战败赔款问题。

战败赔款并不是什么新问题，举个例子来说，法国就在1870~1871年的战争后被迫向德国支付了数额巨大的赔款。既然法国和英国均因第一次世界大战而欠下了大量贷款，两国都认为德国当然要支付其认为是一场由德国发起的战争的代价。但有些学者——最著名的是英国经济学家梅纳尔·凯恩斯——主张战争赔款是无法支付的，并将成为战后欧洲经济复苏的重大障碍。德国当然无意还清战争赔款，而且事实还证明其宁愿通过恶意通货膨胀破坏其经济，也不愿支付协约国要求的巨额赔款。事实证明，战败赔款是一战后国际关系中争议颇多的一个话题。

美国总统威尔逊建立了一个合法、公正与和平的战后世界计划的重点——国际联盟，后者从来也没能处理战争遗留下来的问题——即使美国加入这一组织也无法处理，况且它并未加入。

第一次世界大战的影响远不止划定疆界和恶化国家间的关系。它深刻改变了人类及其生活的社会。参加第一次世界大战的老兵在战后所有交战国家中都成了一支重要的力量，大多数老兵在政治上倾向于极右翼势力。在两次世界大战之间出现的阿道夫·希特勒和贝尼托·墨索里尼两位欧洲主要右翼独裁者，同英国右翼党领袖厄尔纳德·莫斯利一样，均为受到其战争经历影响的军人，这决不是偶然。

人们已经习惯了国家利用特权摆布其生命的做法。他们还习惯了在1914年之前还难以想象的大规模的屠杀行动。如果没有第一次世界大战所导致的大屠杀，那么就不会出现希特勒所操纵的种族灭绝大屠杀和斯大林设立的古拉格集中营。

▶1919年6月，美国总统威尔逊(前中)亲自在比利时尼乌波特察看战争损失情况。

8月
· 法国夺回苏瓦松。

9月
· 英国军队夺回佩罗讷。
· 德军撤退到"西格弗里德防线"。
· 美军在西线圣米耶勒战役中击败德军。
· 协约国军队突破保加利亚防线。
· 土耳其军队在巴勒斯坦的抵抗崩溃。
· 比利时军队占领比利时迪克斯迈德。
· 保加利亚同协约国达成停战协定。

10月
· 协约国军队夺取叙利亚大马士革。
· 法国军队夺取圣昆廷。
· 法国军队占领贝鲁特。
· 英国军队夺取康布雷。
· 英国军队占领法国里尔。
· 比利时军队夺回布鲁日和泽布勒赫。
· 意大利和奥地利之间的维托利奥威尼托战役开始。
· 土耳其同协约国签订停战协定。

11月
· 协约国军队占领土耳其君士坦丁堡。
· 奥匈帝国同协约国达成停战协定。
· 美国军队在西线占领色当。
· 德国同协约国签订停战协定，第一次世界大战结束。
· 德军在罗得西亚投降。
· 德军撤离法国。

斯巴达克同盟柏林起义

19 19年1月,以罗萨·卢森堡和卡尔·李卜克内西为首的革命者试图在俄国十月革命胜利的背景下在德国建立一个工人阶级的国家。要是他们获得了成功,那必将改变历史的发展进程。

第一次世界大战结束时,士兵、水兵和工人控制了柏林,面对这样的形势,德皇威廉二世被迫退位。社会民主党主导的政府掌握了政权,并组织选举、组成立宪会议。但柏林的政治形势很不稳定。该市最有影响力的极"左"派别是卢森堡和李卜克内西领导的斯巴达克同盟。1918年12月,斯巴达克同盟成员与其他极"左"团体一起成立了德国共产党。许多共产党员武装起来,并有效控制了柏林的大部分地区。

政府得到了其领导的社会民主党民兵的支持,但却无法指望正规军抵抗共产党员来保护自己,因为他们都同情左翼力量。政府转而求助于志在保卫祖国并镇压布尔什维克革命的由本已退役的军官领导的非正规志愿军——"自由军团"。

1919年1月6日,斯巴达克同盟成员发动了起义,占领了柏林的许多主要建筑物。然而,由于没有得到德国工人的大力支持,他们遭遇了反击。"自由军团"涌入柏林,经过几天血腥的街道激战后,这次起义被镇压下去。1月15日,卢森堡和李卜克内西被捕,接着在其被押往监狱的路途中遭到残酷杀害。

▲策划柏林起义的极"左"组织斯巴达克同盟的领导人之一罗萨·卢森堡。

试图结束战争的联盟

19 19年2月14日,美国总统威尔逊在巴黎和会召开之前提出了《国际联盟盟约》的各项条款。国际联盟是一项高度理想主义的计划,旨在结束处于敌对状态的主权国家时代而开创一个在国际事务中合作和法治的新时代。

《国联盟约》第八条要求将军备削减到"同国家安全和履行国际义务共同行动相符合的最低水平"。国际联盟的成员国将同意放弃在国际事务中使用武力,将通过仲裁解决争端,而不是诉诸战争。任何违反《国联盟约》——例如,

▲旁观者目睹了一个重要的历史时刻——《凡尔赛和约》的签订。

发动侵略战争——的国家将面临其他成员国联合军事行动的打击。

成立国际联盟的提案得到了普遍的赞同,并被写入了许多和平条约之中。

到1919年底,这一新的国际组织已基本成形。它尽管设在日内瓦并受到欧洲国家的控制,但它却名副其实地是一个世界范围的国际组织——巴西和日本均在其管理委员会之列,其成员包括埃塞俄比亚。

但是,美国并未参加国联。当威尔逊从巴黎回到华盛顿的时候,他因病而精疲力尽。美国国会发现《国联盟约》当中对外国困境的承诺太多而无法忍受。美国从未批准这一条约,世界上最强大的国家使自己远离了组成世界政府的第一次尝试。

新闻摘要

· 俄国内战爆发。
· 共产党第三国际成立。
· 土耳其民族主义者在穆斯塔法·基马尔的领导下发动资产阶级民族革命。
· 国际联盟成立。
· 社会主义和共产主义运动分离。
· 美国军团成立。
· 人类实现第一次直升机飞行。
· 科学家发明质谱仪。
· 沃尔特·格罗皮厄斯创建包豪斯建筑学院。
· 俄国电影工业实现国有化。
· 美国出现棒球比赛受贿丑闻。
· 巴顿爵士成为美国第一位赢得"三冠王"的骑手。
· 西班牙斗牛士胡安·贝拉蒙特在一个赛季杀死200多头公牛。

1月
· 德国共产党起义。
· 英国工党成为反对党。
· 美国前总统西奥多·罗斯福去世。
· 罗马尼亚兼并特兰西瓦尼亚。
· 巴黎和会开幕。

2月
· 德国国民代表大会在魏玛召开,魏玛共和国宣告成立。
· 俄国红军进驻爱沙尼亚。

阿尔科克和布朗

19年6月14日下午1时58分，两名原英国皇家空军飞行员——约翰·阿尔科克和阿瑟·惠滕-布朗从纽芬兰的圣约翰驾机起飞，试图实现横越大西洋的直飞计划。报业大王诺斯克利夫已为实现这一壮举的第一人提供了一万英镑的奖金。

▲实现第一次飞越大西洋的约翰·阿尔科克和阿瑟·惠滕-布朗(中)。

两位飞行员驾驶的飞机是曾在第一次世界大战中使用过的配有两个罗尔斯-罗伊斯发动机的维克·维米轰炸机。除了一台无线电报机外，他们驾驶的飞机装备非常简单。驾驶员座舱是敞开的，这使得飞行员遇到暴风雨时毫无保护，而且还受到发动机全部噪音的干扰，从而使飞行员之间无法进行对话。

经过空中16小时的飞行后，阿尔科克和布朗感到寒冷、饥饿、精疲力尽，很快就绝望了。接着，透过灰白的薄雾，他们看到了较暗的陆地的颜色。飞机飞过了戈尔韦海岸，然后在湿软的沼泽地上着陆，着陆时飞机底朝天翻倒在地上。他们在16小时28分钟内飞行了2735公里。

两名飞行员均因其英雄业绩而被封为爵士，但阿尔科克享受其成功喜悦的时间不长，这一年的晚些时候他在法国的一次飞机坠毁事故中丧生。

男人对议会的垄断结束

1918年通过的《人民代表法案》最终授予英国妇女以选举权，尽管并未实现同男人平等的权利——法案规定只有超过30岁的妇女才有资格参与投票。随后于1918年11月举行的议会选举显示妇女选举权并未必然给予妇女以政治影响力。

作为一位都柏林选民，一位名叫马尔凯维奇（康斯坦斯·戈尔-布斯）伯爵的妇女当选为下议院议员。但她是新芬党成员，新芬党议员在英国议会中缺席，而宣布成立了爱尔兰共和国议会。

直到1919年下议院才出现第一位女议员。她就是美国出生的保守党党员南希·阿斯特。她是弗吉尼亚一位烟草拍卖商的女儿，其丈夫是普利茅斯下议院议员威廉·沃尔多夫·阿斯特。1919年，其父去世后，阿斯特被封为阿斯特子爵并晋升为上议院议员。

阿斯特夫人继承了其丈夫作为普利茅斯保守党候选人的身份，并赢得了空缺选举，成为下议院议员。

虽然阿斯特夫人是通过其丈夫的影响而当选为议员的，但事实证明她对妇女权利和社会问题很感兴趣，积极参与有关活动，是一位有魄力而能力非凡的下议院议员。

▲英国下议院第一位女议员——美国出生的南希·阿斯特夫人。

· 阿富汗埃米尔遇刺。

3月

· 埃及民族主义者发动暴动。

· 奥地利社会民主党成员卡尔·伦纳出任奥地利总理。

4月

· 印度发生"阿姆理查"大屠杀。

· 联美电影制片厂在好莱坞成立。

5月

· 中国爆发"五四运动"。

· 亚美尼亚宣布脱离土耳其独立。

6月

· 芬兰对苏维埃俄国宣战。

· 德国在斯卡帕湾凿沉其海军舰队军舰。

· 德国在凡尔赛签署和约。

7月

· 美国爆发种族骚乱。

· 杰克·登普西赢得世界重量级拳击冠军头衔。

8月

· 德国通过"魏玛"宪法。

· 罗马尼亚军队占领布达佩斯。

9月

· 美国共产党成立。

10月

· 英国战时内阁解散。

11月

· 英国举行第一次战争阵亡将士纪念日活动。

· 英国选举产生第一位下议院女议员南希·阿斯特。

12月

· 法国印象派画家皮尔-奥古斯特·雷诺阿去世。

1920-29

在经历过上个十年的灾难后，包括第一次世界大战的战胜国协约国在内的世界各国政府都付出了惨重的代价，它们将其注意力转向了通过建立国际联盟以减少未来爆发大规模战争的危险性。作为一个旨在代表世界各国政府的组织，国际联盟将为国际争端提供解决问题的外交途径。另外，发动军事侵略的国家将面临国际联盟内部成员国联合军事行动的打击。尽管这无疑是一条合理的原则，但这一提议却因缺乏实际的权力而未能如愿以偿付诸实施；美国拒绝加入国联，从而削弱了该组织的能力。不过，这的确表明：此时，看来只有被迫作出最后孤注一掷的抉择时，世界各国的统治者才可能发动战争。

20世纪20年代，欧洲发生了引人注目的政治剧变。俄国在沙皇统治覆亡后经历了痛苦的国内战争，最后布尔什维克建立了苏维埃社会主义共和国联盟（苏联）。这是列宁努力联合世界工人力量反对资本主义的开端，他认为资本主义不仅是俄国付出如此惨重代价的战争的起因，而且是一切战争的根源。1924年列宁去世后，苏联在斯大林残酷的统治下从一个农业国转变为一个工业化的"超级大国"，列宁的崇高目标被推翻了。当斯大林巩固其独裁地位时，几百万政治异已遭到了残忍的"整肃"。斯大林因此成为20世纪最有权力的世界领导人。

政治方面的另一个极端是，当报纸编辑出身的贝尼托·墨索里尼掌权后，意大利出现了法西斯主义。在这十年内，随着时间的推移，"第二领袖"抛弃了宪法中越来越多的内容，他终于能够以毫无疑问的权力统治意大利了。

在大西洋的另一端，美国正处于获得史无前例的财富和发展的"爵士乐时代"。由于在第一次世界大战中受到的影响小于欧洲，美国此时在世界舞台上成了头号强国。可以从美国新兴的城市中了解其获得的新财富。在纽约市，多层摩天大楼如雨后春笋般地出现在人们面前，而摒弃了历史上著名的古典建筑模式。就像古代世界的统治者通过建造巨大的纪念性建筑物寻求不朽名声一样，美国拥有极大财富的工业家花了少量的财产用于建立空前高大而豪华的圣地，以纪念其获得的商业利益。截至1925年，纽约华尔街已成为世界上最重要的股票市场。然而，当政府采取不寻常的措施禁止销售烈酒后，美国的另一面也显现出来。由于在美国城市中聚集着这么多的财富，《禁酒令》引起了一大批有组织的犯罪，因为匪徒们乐于满足人们对烈性酒持续不断的需求。据说，阿芳斯·卡蓬等黑手党首领和其他秘密人物从中赚取了大量财富，其财产可与美国最富有的人相提并论。

20世纪20年代，一些最重要的科技发展成果逐渐走近普通百姓。自从亨利·福特研制出第一批生产线后，汽车制造成本已经大大降低。尽管汽车对于大多数人来说还是过于昂贵，但其销售数量却急剧攀升。随着机械化程度变高，社会也变得比以前更活跃起来。

由于歌手和喜剧演员能够通过无线电将其节目传递给数百万听众，大众娱乐的情形也发生了变化。同样，到20年代末，电影院里的观众也第一次得以在银幕上看到其偶像的面孔。

但如果说20世纪20年代常被人们描述为轻佻的十年——整个世界在经历了第一次世界大战的痛苦后尽情享乐，那么在1929年纽约和伦敦的股票市场崩溃而使世界经济失控而连续低迷时，这一切全都结束了。随之而来的是"大萧条"，它给20年代后面几年的工业世界蒙上了一层阴影。

新闻摘要

· 中国爆发饥荒。
· 德国国家社会主义工人党成立。
· 英国派遣被称作"爱尔兰王室警吏团"的军队前往爱尔兰。
· 英国失业工人总数超过100万。
· 美国宪法第十九条修正案赋予妇女选举权。
· 牛津大学给予女生与男生同等的地位。
· 共产党对先锋派艺术表示谴责。
· 爱尔兰共和军杀害14名英国士兵。
· 法国宣布成立黎巴嫩国。
· 拉姆伯特舞蹈公司在伦敦成立。
· 欧洲第一次播放广播节目。
· 本年度出版的图书包括科莱特的《彻底》、弗朗西斯·斯科特·菲茨杰拉德的《天堂一边》和辛克莱·刘易斯的《大街》。

1月

· 俄国共产党领导的军队在克拉斯诺里亚克击败俄国白军。
· 《凡尔赛和约》获得批准。
· 美国开始实施《禁酒令》。
· 近三万犹太人在乌克兰大屠杀中丧生。
· 保罗·德夏内尔当选为法国总统。
· 荷兰拒绝引渡德皇威廉二世。

第一次红色恐慌

虽然第一次世界大战的战场并未到达美国边界，但有许多美国人在这场战争中献出了生命。回国军人看到的不仅有规模宏大的欢迎仪式，还有不稳定的经济境况。这引起了一段时期的工业动荡和骚乱，而1919年底长达两个月的煤矿工人罢工使其达到了高潮。

与此同时，1917年俄国十月革命引起了一种普遍担忧：类似的工人起义可能会在世界上任何地方爆发。虽然没有真实的证据显示抗议活动是由煽动者操纵的，但政治家们却高度重视"红色恐慌"：在他们看来，共产主义威胁正敲击着资本主义最强大堡垒的大门。对此他们作出了迅速而严酷的反应。

1920年1月2日，美国政府对三十多个城市展开搜捕，逮捕了将近3000名共产党员、无政府主义者和其他一些激进分子。这次行动是由司法部长米切尔·帕尔默策划的，其合法根据是1917年的《间谍法》和1918年的《暴动法案》。

"帕尔默搜捕"分化了政治前景。有些国会议员敦促政府对许多遭到逮捕的人处以死刑，但实施搜捕而漠视公民自由的做法却招致了人们的普遍抗议。民主党高级官员帕尔默为其狂热行为付出了代价，尽管他坚持认为他成功挫败了试图推翻政府的布尔什维克阴谋，但他在当年晚些时候还是丢掉了总统提名。

▲波士顿警察展示查获的"颠覆性"布尔什维克文献。美国政府对共产主义传播的这一最早迹象迅速作出了反应。

禁酒时期

1920年1月16日，美国政府实施宪法第十八条修正案，禁止销售各种烈性酒。

▲禁酒官员提供了一个处理葡萄酒和烈酒的快捷而有效的方法。禁酒的做法对席卷美国的一系列犯罪活动负有直接责任。

这种做法一点也不新鲜：早在19世纪宗教复兴运动过程中，很多州就曾一度试行过禁酒法。然而，到20世纪初期，禁酒运动在美国已颇具影响力，该运动主要由"主张关闭酒店者同盟"领导。他们利用在第一次世界大战期间暂停烈性酒销售而将用于酿造烈性酒的粮食用于制作食品的机会，推动了该运动的进展。到禁酒令颁布时，大多数州已经通过这种立法。禁酒问题有时被看作农村居民和城市居民之间的分裂：禁酒运动利用了人们越来越不赞成城市的快速发展及其格格不入的生活方式，而提倡恢复传统的农村价值标准。

此时，禁酒可能已经合法，但人们对酒的需求却依然不减。既然酒精仍被作为麻醉剂合法使用，不道德的医生就能通过开假药方来增加其收入。这样一来，政府声望便受到了威胁。

与美国农村情形不同，在大多数城市当中，禁酒令非常不受欢迎，且缺乏足够的人力有效执行该法律。一个突然兴旺起来的非法贩卖烈酒的黑市应运而生，这一时期臭名昭著的罪犯大多在某种程度上与此有关。在这里解释一下这一市场的营利性：在20世纪20年代中期，芝加哥最臭名远扬的酒贩子阿芳斯·卡蓬估计每年赢利高达5000万美元，这比好莱坞最著名的演员道格拉斯·费尔班克斯的薪水要高出十多倍。

到1930年的时候，《禁酒令》已经失去了广泛的支持。原教旨主义者控制着禁酒运动，他们疏远了温和的多数人，此时后者当中很多人认为禁酒运动侵犯了公民自由，而且还造成了美国空前的犯罪高潮。1933年，美国政府最终废除了《禁酒令》。

国际联盟第一次会议

19 20年2月11日，继上一个月召开巴黎预备会议之后，国际联盟大会第一次会议在伦敦圣詹姆士宫召开。指导会议记录的是英国首相阿瑟·贝尔福。在本次会议期间，与会者拟订了成立国际法庭的计划。

国联是作为《凡尔赛和约》的一部分而成立的，其目的是防止再次发生世界战争并维持根据各种战后领土协定而产生的现状。国联大会由来自英国、意大利、法国、日本、比利时、西班牙、巴西和希腊等八国的代表组成。国联的宗旨是维护集体安全——军事侵略将遭到国联成员国联合军事行动的打击。

美国因国内政治现状未能批准《凡尔赛和约》，也未加入国联，这大大损害了其信誉和影响力。这一点特别具有讽刺意味，为成立国联这一计划付出毕生精力的体弱多病的美国总统伍德罗·威尔逊最终却徒劳无功。美国持有保留意见的原则是《国联盟约》中的这一条，即强制所有成员国为抵抗任何其他成员国的进攻而提供军事援助。

在整个20年代期间，最初由同盟国组成的国联也将中立和敌对的国家吸纳为成员国。最后，当人们不再怀疑其权威时，国联才算获得了成功。尽管它成功调停了一些较小的国际争端，但其无法一致抵抗20世纪30年代德国拒绝继续支付战争赔款的行动，国联的信誉因而受到破坏。在第二次世界大战期间，虽然理论上国联依然存在，但当时它已彻底停止了活动，而不再具有任何能力可言。尽管如此，且国联自身存在很多缺陷，但国联还是为联合国的成立提供了一幅蓝图。

▼来自8个国家的代表举行会议，庆祝国际联盟的成立。国联的宗旨是防止第一次世界大战的恐怖重现。

- 意大利画家阿梅代·莫迪利亚尼去世。

2月
- 俄国承认爱沙尼亚为独立国家。
- 布尔什维克处决俄国白军司令高尔察克。
- 挪威得到斯匹次卑尔根群岛。
- 数以千计的波兰人成为致命的斑疹伤寒症的牺牲品。
- 匈牙利和捷克斯洛伐克通过新宪法。

3月
- 爱尔兰被分为北爱尔兰和南爱尔兰。
- 好莱坞最著名的两位电影明星玛丽·皮克馥和道格拉斯·费尔班克斯结婚。

4月
- 墨西哥爆发反对总统卡兰萨政府的革命。
- 奥斯曼帝国遭协约国肢解。
- 英国获得对美索不达米亚和巴勒斯坦的控制权。
- 法国获得对叙利亚和黎巴嫩的控制权。
- 龙卷风席卷美国南部的几个州，造成一百多人死亡。
- 土耳其民族主义者在安卡拉选举穆斯塔法·基马尔为总统。
- 波兰开始在乌克兰进攻俄国。
- 英国征兵活动结束。

5月
- 波兰和乌克兰两国军队从俄国手中夺取基辅；在这个月的晚些时候波兰对俄国宣战。
- 本尼迪克特十五世封法国民族女英雄贞德为圣徒。
- 墨西哥总统维纳斯蒂安纳·卡兰萨遇刺。

德国"卡普政变"

▶柏林人针对新成立的卡普政府举行大罢工。没有他们的支持,"卡普政变"注定要走向失败。

第一次世界大战战败后,德国国内局面依然动荡,并一直延续到20世纪20年代。极"左"的共产党人和极右的民族主义者之间存在的分歧加剧了不稳定的政治形势。这种敌对状态经常升级为暴力行动。1920年3月13日,新成立的魏玛共和国面临第一次重大挑战。名叫沃尔夫冈·卡普的政客发动了一起军事政变,企图恢复君主政体。

被称为"卡普政变"的这次军事政变的直接原因是,魏玛共和国政府解散民族主义者"自由军团"(由战时军官领导、由老兵和失业的志愿者组成的一支非正式右翼军队)的时间日益迫近。"自由军团"自称其作用是抗击在德国一些大城市爆发的被视为布尔什维克鼓动的起义。事实上的确如此,正是"自由军团"镇压了1919年斯巴达克柏林起义并杀害了起义领导人卡尔·李卜克内西和罗萨·卢森堡。

虽然"自由军团"过去得到了半官方的支持,但现在人们普遍认为他们已经失去了控制。因此,新成立的魏玛共和国政府采取措施,解散这支军队。3月13日,"自由军团"在军事领导人冯·吕特维茨的支持下成功进入柏林。在原德军参谋长埃里希·鲁登道夫的支持下,卡普博士自称德国首相。艾伯特总统失去了其职位赖以存在的基础——军队的全力支持,无法采取预防性的行动,只好逃往南方。

"卡普政变"仅仅持续了四天时间。在工人和工会的支持下,艾伯特呼吁举行大罢工。共产党领导人利用这一混乱状态,参与了柏林大街上的游行示威和小规模的冲突。由于未能得到忠于艾伯特政府的公务员的支持,卡普被迫于3月17日接受了失败的事实。

卡普没有因其在政变中的角色而受到处罚。他先是逃往瑞典,后又于1922年回国,最后在接受审判前去世。对于魏玛共和国来说,这次政变只是其在20年代期间所面临的众多危机之一。

丑闻玷污芝加哥白短袜棒球队

1920年9月28日,大陪审团指控芝加哥白短袜队的八名球星与一个赌博财团勾结而在同辛辛那提红队比赛时输掉了1919年世界职业棒球锦标赛,这一消息震惊了职业棒球界。

坐在被告席上的运动员是埃迪·赛特、奥斯卡·费尔施、查利·里斯堡、巴克·韦弗、奇克·格兰迪尔、"左撇子"克劳德·威廉姆斯、佛瑞德·麦克米伦和击球手乔·杰克逊。法官认为这些运动员收受了多达10万美元的贿赂,作为交换条件,他们以3:5的比分输掉了锦标赛。

白短袜队是当年夺冠的热门球队,他们输球的方式引起了许多体育新闻记者的怀疑。直到下一个

▼"乔，说事情不是这样的！"击球手乔·杰克逊收受贿赂一事被披露后，美国人震惊了。

赛季对职业运动中的赌博行为进行调查时，三名球员才供认了事情的真相。白短裤队的经营者查尔斯·乔姆斯基立即暂停了其球队的比赛。

人们认为赌博阴谋背后的策划者是臭名昭著的纽约走私贩和诈骗犯阿诺德·罗西斯坦。然而，作为一位有影响的走私贩子，罗西斯坦能够在其交际圈里任命高级政客和城市官员。他从未受到审判。

一点也不令人感到惊讶的是，因来自非法赌博团体的证人不足，八名运动员均于1921年8月3日被宣告无罪。不过，第二天，他们均被棒球协会总干事兰迪斯法官处以终生禁赛的惩罚。

广为人知的"黑色短袜"事件也因著名的语句"乔，说事情不是这样的"而留在了人们的脑海中，这句话是当时在法庭外面等待偶像乔·杰克逊的一位狂热的年轻球迷喊出来的。

牛津大学给予女生与男生同等的地位

1920年10月7日，英国历史最悠久的高等院校牛津大学顺应20世纪初期的时代潮流，第一次招收了100名女生为该大学的正式生。

牛津大学的历史可以追溯到12世纪。1167年，巴黎大学将英国学生挡在了大门外，牛津大学便应运而生。从那时起，该校培养了许多世界上最著名的科学家和政治领袖。

同剑桥大学一样，牛津大学一直实行学院制，即大学作为一个整体由若干个半独立的学院组成（目前，牛津大学由39所学院及由教会设立的七所永久私人学院组合而成。最古老的据说是默顿学院，建于1264年，最年轻的叫沃尔夫森学院，建于1966年——译者注）。

1878年，第一所女子学院玛格丽特·霍尔学院成立。但直到1920年，同招收男生一样平等地接收女生的做法才被认为是妥当的。先前的惯例是，妇女虽然能够得到世界上最著名的大学的指导，但她们却无法获得其所学专业的学位。

尽管这不可能从总体上对妇女产生重大的影响，因为当时实际上只有享有特权的人才可能接受大学教育，但这表明英国当局正开始认可20世纪妇女对发挥新作用的要求。

▼牛津大学的女生聚集在一起，为女王前来看望她们作准备。在1920年之前，妇女无权获得大学正式生的资格。

·奥运会在比利时安特卫普市开幕。

9月

·意大利爆发产业工人运动。

·阿尔瓦洛·奥夫雷贡当选为墨西哥总统。

·纽约金融区发生炸弹爆炸，造成至少30人死亡；犯罪嫌疑人俄国人亚历山大·布赖洛夫斯基被捕。

·亚历山大·米勒兰德当选为法国总统。

·意大利发生地震，造成500人死亡。

10月

·奥地利通过新宪法。

·波兰侵占立陶宛的维尔尼亚。

·俄国同波兰签署和平条约，结束两国间的战争状态。

·希腊国王亚历山大逝世。

·国际联盟迁往日内瓦。

11月

·共和党候选人沃伦·哈丁赢得美国总统选举。

·俄国红军占领塞瓦斯托波尔。

·俄国内战以共产党取得胜利而告结束。

·爱尔兰共和军杀死15名军校学员。

12月

·土耳其强迫亚美尼亚签署割让领土的条约。

·爱尔兰科克宣布实施戒严令。

·康斯坦丁国王返回希腊。

·英国议会通过《爱尔兰政府法案》。

·甘地警告：英国继续统治印度将会酿成"血海"。

协约国占领鲁尔

▲在德国政府拒绝支付战争赔款后，法国军队开进莱茵兰地区。

新闻摘要

· 英国结束政府对食品、铁路和煤的控制。
· 英国出现第一位女律师。
· 英国皇家军团成立。
· 法国机械师实现了第一次直升机飞行。
· 中国仰韶发现新石器时代遗址。
· 列宁宣布实施"新经济政策"。
· 调查显示在柏林有近 50 万儿童患病。
· 中国共产党成立。
· 本年度发行的影片包括查尔斯·卓别林的第一部标准长度的影片《孩子》。
· 这一年出版的图书包括 D.H.劳伦斯的《恋爱中的女人》、阿道尔斯·赫胥黎的《克罗姆·耶娄》和阿加莎·克里斯蒂的《斯泰尔斯庄园奇案》。
· 贝比·鲁斯在美国棒球赛季中创下本垒打个数的新纪录(59 个)。

1月
· 希腊对土耳其发动战争，侵占安纳托利亚。
· 德国开始战争罪审判。
· 阿里斯蒂德·白里安组织法国政府。
· 印度第一届议会召开。

2月
· 意大利共产主义者和法西斯分子发生暴动。
· 希腊与土耳其政府在伦敦举行谈判。

3月
· 俄罗斯喀琅施塔得海军暴动，遭到忠于政府的军

德国西南部的鲁尔区是世界上最大的工业区之一。在 19 世纪末期，鲁尔依靠克鲁伯和蒂森两家公司成了欧洲煤矿开采和钢铁生产的主要中心，该地区在经济方面的重要性从而显现出来。

鲁尔在 20 世纪初皇室扩充军备的过程中起到了至关重要的作用。第一次世界大战结束后，协约国力求将这一地区中立化以防止类似的战争悲剧重演。当德国将其占领的阿尔萨斯—洛林归还给法国后，这一地区的生产能力立即削减下来。另外，协约国军队还得到许可占领了莱茵兰地区。

然而，协约国应当如何得到战争损害赔偿的具体问题却无法达成一致。1921 年 2 月 5 日，赔偿委员会就一个赔款数额达成了一致意见并递交德国政府，要求德国赔偿协约国 560 亿美元，赔款可在 42 年内还清。这一赔款数额的 52%将支付给法国。

这一数额引起了德国人的愤慨，政治家们认为这无异于奴役德国经济。3 月 22 日，他们未按期支付第一批赔款。迫于美国要求减少赔款数额的压力，协约国提出了一个修改后的数额——330 亿马克，并警告说，如果 5 月 1 日前不支付赔款，他们将占领鲁尔。四天后，当看到德国没有支付赔款的迹象时，法国和比利时军队进入了杜塞尔多夫、杜伊斯堡和 Ruhrort，途中未遇到任何抵抗。协约国进一步提出要求，宣布对出口产品再加征 50%的税。

1921 年 5 月 15 日，面对经济崩溃的形势，德国政府作出让步，同意无条件接受协约国提出的赔偿要求。9 月底，法国军队从鲁尔撤退。这次危机结束了，但经济崩溃给德国带来的耻辱却很快为新威胁——民族社会主义的出现提供了肥沃的土壤。

邪恶的美国三K党活动嚣张

20世纪20年代初期，随着新三K党成员人数创下 400 多万人的历史新高，美国白种优越运动方面的活动变得异常嚣张起来。

三K党第一次出现是在美国内战结束后的 1866 年，其成员为反政府的联邦老兵。尽管其目的最初也不过是社交聚会，但它很快就变成了反对派讨论重建计划的论坛。威胁和暴力是三K党活动的特点，尽管 1870 年的《暴力法案》宣布其为非法组织，但在这一时期它仍是一支强大的政治力量。

1915 年，借助于格里菲思导演的电影《一个国家的诞生》对三K党的称赞，三K党第二次兴起。这次三K党变成了原来南方衰落的价值观念中的爱国阵线。此时，他们的攻击目标仍主要是黑人，但也包括工会、共产主义者、犹太人以及其他移民。

参加人数众多的三K党仪式变成了引人注目的

场面:数千名三K党成员清一色地身穿白色长袍,头戴兜帽,跟在他们新采用的一个燃烧着的十字架标志后面向前行进。1921年9月11日,三K党控制了佐治亚州亚特兰大一所大学的一个学院。其目标是要建立一门新学科——"崇美主义"。然而,对所谓"社会不良分子"处私刑和骚乱的场面又出现了。1922年5月18日,一位黑人少年被绑在树桩上遭拷打后被烧死,其原因是他是一桩白人妇女凶杀案中的嫌疑犯。

三K党对其他美国人来说是一件非常令人尴尬的事情,就连其团体内部的人也对很多暴行感到懊悔。因此,在20世纪30年代期间和大萧条时期,其成员人数有所减少,尽管在20世纪60年代的公民权利斗争中有较小程度的复活,但其数量绝不能同20世纪20年代的最高纪录相提并论。

▲又一新成员正式加入三K党。在20世纪20年代期间,三K党成员人数创下了历史纪录。

爱尔兰分裂

19 21年12月6日,英国试图通过成立爱尔兰自由邦,以解决爱尔兰数百年来的政治纠纷。根据《英爱条约》的条款,该岛屿将被划分成两个自治地区,领土沿教派分布线进行划分。英国将给予拥有爱尔兰32郡中的26个郡、占支配地位的罗马天主教爱尔兰自由邦同大英帝国其他成员相同的宪法中规定的地位,而新教徒占多数的其余北方6郡依然实行"地方自治"。

《英爱条约》激怒了拥护共和政体的人们。1919年,当选为英国议会议员的25名新芬党党员不愿出席议会,而是在都柏林宣布成立自己非法的共和国议会——爱尔兰共和国下议院。对复活节起义的残酷镇压已经在天主教徒占多数的南方引起了普遍的反英情绪,因此,在埃蒙·德瓦勒拉领导下的爱尔兰共和国下议院得到了人们的大力支持。然而,德瓦勒拉的志向是爱尔兰作为一个整体应当成为一个独立的共和国。而英国政府的行动在某种程度上接近这一目标,拥护共和政体的人则认为《英爱条约》是一份无法令人满意的协议。

▲在第一个《英爱条约》签署之前的暴力抗议中,抗议者纵火焚烧都柏林海关。

《英爱条约》签署后,新成立了一个合法的爱尔兰共和国下议院,在选举举行之前由军事领导人迈克尔·柯林斯主持内阁。当爱尔兰共和国下议院批准《英爱条约》后,德瓦勒拉愤然辞职,发誓将继续为共和主义而斗争。

爱尔兰的分裂是20世纪持久暴力冲突中的又一历史阶段,在这一阶段当中,尽管出现了近期短暂的暴力中止,但令人满意的结局依然如同先前一样遥远。

▲尽管《英爱条约》得到了新芬党拥护者的支持,但它却使拥护共和政体的团体走向了分裂。

队镇压。
- 奥地利前国王查理发动未遂政变。
- 波拿·劳辞去英国保守党领袖的职务。
- 《里加条约》重新划定波兰同俄国的边界。

4月
- 土耳其军队在安纳托利亚战胜希腊军队。

5月
- 法国军队占领鲁尔。
- 法西斯分子在意大利选举中获胜。
- 埃及爆发民族主义者骚乱。

6月
- 西班牙军队在摩洛哥阿努阿尔战役中战败。

7月
- 爱尔兰同英国签订停战协定。
- 德国西里西亚的领土被波兰和捷克斯洛伐克分割。

8月
- 国王费索在失去叙利亚王位后被封为伊拉克国王。
- 歌剧歌唱家恩里科·卡鲁索去世。

10月
- 德国和波兰重新分割上西里西亚。
- 俄国准许克里米亚独立。
- 法国承认土耳其安卡拉政府。
- 俄国加入国际联盟的申请被驳回。

11月
- 日本首相孝原遇刺。
- 孟买在威尔士亲王抵达时爆发骚乱。
- 英国与阿富汗签署《友好条约》。

12月
- 英爱签署关于爱尔兰独立的《英爱条约》。
- 爱因斯坦获诺贝尔物理学奖。

甘地与非暴力不合作运动

19 22年3月10日，印度民族主义领袖莫汉达斯·甘地被英国统治当局逮捕并监禁起来。作为持续时间达两年之久的不合作运动的关键人物，甘地被控犯有煽动叛乱罪，并被判处六年监禁。

自18世纪中期的克莱夫时代以来，印度一直处于英国的正式统治之下。在随后的一个世纪当中，尽管存在着民族主义的传统，但直到1885年印度国民大会党（简称国大党——译者注）成立，争取独立的论坛才第一次出现。在成立后的35年当中，国大党吸纳了大量善良的知识分子。1920年，接受过英国教育的律师甘地成了这个组织的领导人。

在甘地的领导下，争取独立的斗争从富有的印度城市上流社会发展到了贫穷的乡下人中间。他的演说辞非常简单：最好通过不合作而非暴力冲突的方式结束英国人的统治。他的个人榜样得到了全国数百万人的支持。他下令联合抵制英国商品，还宣布包括法庭和学校在内的所有由英国人管理的机构无效。其目标是：不是将英国人赶出印度，而是使其无法统治印度。

这一运动在英国当局内部引起了混乱。然而，在印度东海岸发生纵火事件

▲和平抵抗的象征莫汉达斯·甘地将争取独立的斗争发展到了印度的乡下人中间。

后，甘地本人宣布不合作运动结束。甘地一点也不想举行这样的起义。他是靠一种立场声名远扬，成为20世纪最伟大的人物之一，但同时他使富有战斗精神的民族主义者受到了挫折，因为他们视其为力量无比强大的象征，而他的顾虑却常常成为他们实现自己目标的障碍。

爱尔兰领导人迈克尔·柯林斯遇刺

19 22年8月22日，新爱尔兰自由邦的设计师之一、爱尔兰民族主义领导人迈克尔·柯林斯在一次伏击中身亡。他的死亡是1921年《英爱条约》签署后共和主义分裂的直接后果。根据埃蒙·德瓦勒拉的命令，柯林斯同前总统阿瑟·格里菲斯一起参加了和平解决爱尔兰危

◀遭暗杀的民族主义领导人迈克尔·柯林斯的灵柩通过都柏林大街，上面盖着爱尔兰共和国国旗。

机的谈判。通过谈判达成的条约使得北方和南方产生了分歧。尽管柯林斯认为该条约是当时所能达成的最好的条约，但德瓦勒拉以及其他很多坚持强硬路线的拥护共和政体的人认为它是一份无法接受的协议。

这种分歧最终导致了内战的爆发，其起因是1922年6月29日拥护共和政体的叛乱分子占领了"四法院"大楼。尽管当时柯林斯比较年轻，才31岁，但他却是一位著名的军事战略家，并控制着爱尔兰国民军。在8月份早些时候阿瑟·格里菲斯去世后，柯林斯成为政府首脑。他在前去阅兵的途中被几名刺客击毙，大家认为这次暗杀行动是拥护共和政体的一个组织所为。

好莱坞曝光

▲一张清白的照片，罗斯科·阿巴克尔是当时无声电影时代中最伟大的明星之一。丑闻结束了他的演艺生涯，并使好莱坞设立了审查制度。

20世纪20年代初，好莱坞沾上了现代巴比伦的污名。由威廉·伦道夫·赫斯特经营的一种有影响的新报纸很快发现，比富翁和名人的活动更能促进报纸销售的内容是性和丑闻；如果两者结合起来，那就会产生爆炸性的效果。

该报盯上的第一位大明星是当时无声电影时代中最受欢迎的喜剧演员之一——罗斯科·阿巴克尔。1921年9月5日，阿巴克尔在圣弗朗西斯饭店举行了一次聚会。与那个时代发生的许多好莱坞事件一样，放荡和性都是不可或缺的内容。一位名叫弗吉尼亚·拉佩的年轻女明星在聚会后被送往医院并死于膀胱破裂，消息传出后，阿巴克尔的问题便开始了。

流言很快就传开了。在一位名叫莫德·德尔蒙特的神秘妇女提供了可疑证据后，阿巴克尔被捕并被指控犯有谋杀罪。德尔蒙特称，在聚会达到高潮时，阿巴克尔将那位打扮得花枝招展的年轻女明星拖进了他的卧室，然后将其强奸。赫斯特的报纸很快就作出评论，在数日内阿巴克尔最近生活中的每一个下流的细节（大多数都是不真实的）均被放在头版的醒目位置。一夜之间，长着一副娃娃脸的阿巴克尔成了美国最令人厌恶的人。

在经历了三次审讯后，阿巴克尔最后于1922年4月12日被证明是清白的。先前保留下来的医疗证据证明拉佩有堕胎史并患有心脏病，病情又因酗酒而恶化。看来她是因堕胎失败而死亡，而莫德·德尔蒙特正是利用了这一悲剧。

尽管法庭对此事作出了史无前例的道歉，但这一悲剧却毁掉了阿巴克尔的演员生涯。电影院不再放映其一度颇受欢迎的影片，他的演艺生涯突然走向了终结。很多年后，他得以重新开始成为一名导演，但他使用的是笔名"威廉·B·古德里奇"。

该丑闻也有更广泛的含意，它将好莱坞的享乐主义曝光在公众面前。阿巴克尔惨败的一个直接后果是海斯办公室的设立。在此后的40年里，该办公室承担了审查在美国放映的影片的任务。

和平谈判在巴黎举行。
· 美国对中国实行武器禁运。
· 南非约翰内斯堡宣布实施军事管制。
· 经英国许可，福阿德一世成为埃及国王。
· 英国和埃及对苏丹实施共同管辖。
· 穆罕达斯·甘地在印度遭囚禁。

4月
· 美国爆发煤矿工人罢工。
· 爱尔兰起义者占领都柏林四法院。
· 俄国同德国签署《拉帕洛条约》。
· 从伦敦起飞前往巴黎的一架飞机途中坠毁，六人遇难。
· 遵照列宁的指示，约瑟夫·斯大林被任命为共产党总书记。

5月
· 德国将上西里西亚割让给波兰。
· 列宁身患中风。
· 梵蒂冈反对英国在巴勒斯坦的统治。
· 爱尔兰自由邦的六个郡宣布新芬党为非法组织。
· 吴佩孚击败叛乱军队从而结束了中国南北之间的血腥内战。

6月
· 德国实施紧急经济措施。
· 由英国登山运动员乔治·马洛里率领的珠穆朗玛峰探险队到达八千多米的高度。
· 亲英派在爱尔兰自由邦选举中成为多数派。

7月
· 法西斯在意大利影响力扩大。
· 智利和秘鲁同意通过仲裁解决边界争端。
· 意大利爆发大罢工。
· 美国游泳队员约翰尼·魏斯穆勒成为在1分钟内（58.6秒）游完100米的第一人。
· 爱尔兰一百多名民族主义囚犯越狱逃跑。
· 法国总统亚历山大·米勒兰在巴黎发生的一次暗杀行动中幸免于难。

法西斯政权的诞生

新闻摘要

8月

· 意大利社会主义者同法西斯主义者爆发冲突。

· 爱尔兰自由邦总理迈克尔·柯林斯遇刺。

· 阿拉伯人抵制英国对巴勒斯坦实行的委任统治。

· 希腊在阿菲永战役中被土耳其击败。

· 爱尔兰自由邦总统阿瑟·格里菲思、爱尔兰自由邦总理迈克尔·柯林斯、英国报纸出版商诺斯克利夫（阿尔弗烈德·哈姆斯沃斯）和美国发明家亚历山大·格雷姆·贝尔去世。

9月

· 威廉·科斯格雷夫当选为爱尔兰自由邦总统。

· 士麦那（今土耳其伊兹密尔——译者注）落入土耳其军队手中，希腊居民惨遭杀害。

· 希腊国王康斯坦丁退位。

· 苏维埃俄国开始征兵。

10月

· 英国失业工人举行游行示威。

· 希腊和土耳其达成停战协定。

· 英国首相劳合·乔治因其土耳其政策而辞职，以波拿·劳为首相的保守党内阁开始执政。

· 南罗得西亚（今津巴布韦——译者注）投票反对与南非合并。

◀ 欧洲法西斯主义的创始人本尼托·墨索里尼。在其掌权的五年中，这位"领袖"实际上在意大利实施了独裁统治。

1922年10月30日，意大利民族主义者本尼托·墨索里尼率领四万人的军队进军罗马，建立了20世纪欧洲第一个极权主义国家。

墨索里尼生于1883年，年轻的时候曾做过小学教师。他如饥似渴地阅读了大量的书籍，终日沉浸在伟大的哲学家和社会政治思想家的著作当中。他在20岁刚出头的时候开始从事政治活动，并很快以才华横溢、魅力超俗的雄辩家和宣传家而声名远扬。他的雄辩时常具有煽动性，他因此而经常触犯法律。截至1910年，他已经因极端社会主义观点而进过五次监狱。在成为一名有影响的作家后，他于1912年当上了意大利最畅销的社会主义期刊《前进报》的编辑。

当1914年欧洲开始陷入战争状态的时候，墨索里尼撰写社论，坚决反对意大利参与战争。然而，其观点却发生了迅速的转变，他因此而失去了工作并被社会党开除党籍。在这种情况下，他认为摆在他面前的惟一选择就是参加意大利军队。

战后，墨索里尼将其注意力转向了政治。他在1919年3月于米兰召开的一次有许多人参加的会议上号召在意大利政治生活中实行独裁政治并成立新的武装部队。于是，由志在摧毁社会主义和共产主义的好战者组成的团体——"战斗法西斯党"成立，该名称出自罗马帝国时期代表权威的束棒。墨索里尼怂恿他的手下恢复早期意大利的强大地位。为强调其权力，墨索里尼自称"领袖"。

法西斯组织很快就在意大利北部和中部建立起来。到1920年，它们经常发起破坏罢工的行动。此时，墨索里尼得到了广泛的支持。在1921年5月举行的意大利议会选举中，35名法西斯分子当选议员。然而，此时这些法西斯组织还不是真正意义上的政党。1921年7月，墨索里尼成立了"国家法西斯党"。至此，法西斯组织已经成为意大利的一个政党。

此时，墨索里尼在意大利产生了很大的影响，其手下的法西斯分子差不多已经镇压了组织分散的共产党反对派。1922年8月，他认为他已经为掌权作好了准备。

10月30日，四万名身着黑色衬衫的法西斯分子耀武扬威地闯进了罗马。国王维克托·伊曼纽尔三世被迫宣布实行军事管制，但遭到了拒绝，因为人们担心军事管制会导致全面内战的爆发。在他看来，墨索里尼待在政府当中在宪法的限制范围内活动是最安全的。第二天，墨索里尼接到了国王令其组织新内阁的电报。

尽管墨索里尼在18个月的时间内或多或少是依据宪法进行统治的，但这之后他逐渐攫取了日益重要的个人权力。在他的统治下，言论自由受到了限制。到1927年的时候，所有的政治反对派均被解散，墨索里尼成为欧洲第一个法西斯独裁者。

▲四万名身着黑色衬衫的法西斯分子耀武扬威地进军罗马，墨索里尼因此掌权。

考古学家发现图坦卡蒙宝藏

▲同真人大小一样的图坦卡蒙皇后的雕像被小心翼翼地包在硬纸板盒子里搬出法老坟墓。

19 22年11月4日，伟大的埃及学家霍华德·卡特经过多年持续不懈的研究后终于在卢克斯发现了图坦卡蒙法老的坟墓，这是当时那个时代最了不起的考古发现之一。这位国王在公元前1333—1323年统治着埃及，人们认为他在15—18岁之间就去世了。

古埃及法老以其墓地的奢华而闻名，墓地中与他们一起埋葬的有保证他们平安度过来生的必要的物品。最有影响的法老的陪葬品——大量的财宝已在第二十王朝（约公元前1000年）末期被劫掠一空。但从那以后，其余的坟墓全都安然无恙。

在20世纪20年代期间，卡特及其考古队一起小心翼翼地发掘出了大量的无价之宝，这使人们对古埃及世界产生了无穷的兴趣。该坟墓的第一个墓室中有黄金雕像和法老的画像、浮雕、纸草纸卷轴以及四个精致而镶嵌着珍贵钻石的手工雕刻而成的战车。卡特在主墓室附近的一间密封的墓室里发现了一套三组合的棺材，里层棺材是用实心黄金浇铸成的石棺，这位年轻国王的木乃伊就安放在这个石棺当中。罩在这位国王脸上的是一张外表华丽的用金子做成的面具。

这一发现使得人们对考古学和埃及学产生了空前的兴趣。将古代国王做成木乃伊的做法引起了好莱坞电影制造商的兴趣，这无疑同发掘出的那些与死者有关的神秘死亡是古代灾祸所致的推测有关。

卡特及其考古队最终从坟墓中发掘出1700多件文物，并将它们陈列在位于开罗的埃及博物馆内。在20世纪70年代期间，这些文物有的获准离开博物馆到欧洲和美洲进行了极为成功的巡回展览。每到一个城市，大量的观众都排起长队以期能够一睹埃及古迹中的一些最华丽标本的风貌。

对图坦卡蒙的无穷魅力来说，或许最具有讽刺意味的是，到目前为止他是所有埃及法老中最著名的一位，而事实上尽管他是古代社会中最著名的历史人物，但他的名声却完全来自在其坟墓中发现出的华丽的宝藏。他还在非常年轻时——可能当时才五岁——就当上了国王，事实上统治埃及的是他的大臣——摄政王艾。实际上，有争议认为图坦卡蒙是所有法老中历史地位最不重要的一位。

▼霍华德·卡特在坟墓中的第四个神龛前屈膝辨认文物，石棺就是在这里发现的。

- 墨索里尼开始在意大利执政。
- 英国巧克力制造商和慈善家乔治·卡德伯里去世。

11月
- 中国爆发内战。
- 共和党在美国国会选举中多数优势受到削弱。
- 英国广播公司进行第一次广播。
- 苏丹穆罕默德四世离开土耳其。
- 意大利议会授予墨索里尼应急权力。
- 希腊处死对希腊被土耳其战败负有责任的官员。
- 爱尔兰共和党党员厄斯金·奇尔德斯被处死。
- 法国作家马塞尔·普鲁斯特去世。

12月
- 爱尔兰和英国批准《英爱条约》，并由英国国王乔治五世正式宣布。
- 北爱尔兰议会投票决定不加入爱尔兰自由邦。
- 苏维埃俄国更名为苏维埃社会主义共和国联盟。
- 最后一批英国军队离开爱尔兰自由邦。
- 丹麦物理学家尼尔斯·玻尔以其对原子结构的研究获诺贝尔物理学奖。

新闻摘要

- 苏联建立第一个强迫劳动集中营。
- 国际刑警组织成立。
- 美国俄克拉何马州在三K党制造暴力事件后实施军事管制。
- 波斯（今伊朗——译者注）和日本发生地震，数千人遇难。
- 瘟疫在印度迅速蔓延。
- 英国妇女获得离婚诉讼方面的平等权，妻子有权起诉其丈夫的通奸行为。
- 印度国大党发起非暴力不合作运动。
- 美国接纳2.5万名亚美尼亚孤儿。
- 英国第一次向美国播送无线电广播节目。
- 查尔斯顿舞风靡全世界。
- 由伊迪丝·西特韦尔作词、威廉·沃尔德作曲的《前线》首次在伦敦演唱。
- 华纳兄弟电影公司在好莱坞成立。
- 本年度发行的影片包括埃里克·冯·施特罗海姆执导的《贪婪》。

1月
- 意大利组建法西斯预备役部队。
- 战争赔款问题加剧法德两国间的紧张局势。
- 法国和比利时军队重新占领并包围鲁尔；接着爆发冲突，导致20名德国人死亡。

潘乔之死

19 23年7月10日，以别名"潘乔"声名远扬的革命领袖弗朗西斯科·维亚被击毙。

维亚出生于1878年，父亲是一位农场工人。在

◀墨西哥革命中最有影响的重要人物之一弗朗西斯科·维亚以同意隐退为条件而获得正式赦免。

少年时期，他因杀死强奸其姐姐的一位雇主而开始了其流亡生活。他同其领导的2000名治安维持会成员受到人们的欢迎，并开始举行起义反对总统维多利亚诺·韦尔塔的独裁统治。1914年，在维纳斯蒂安纳·卡兰萨的领导下，他同埃米廉诺·萨帕塔联合起来推翻了韦尔塔的统治。然而，由于卡兰萨不愿进行社会改革，革命者内部因而出现了分裂。卡兰

萨当上了总统，并发动了一连串的战役，打击维亚和萨帕塔领导的军队，最终于1915年4月获得胜利。维亚及其手下逃往墨西哥北部山区，在那里他们成了凶狠的土匪，并成功躲避了美国的追杀。

1920年，卡兰萨的统治被推翻，政府称如果向政府投降，维亚将获得赦免。他接受了这一条件，并不再参加任何政治活动。他只享受了三年的自由生活，便被海莱拉家族成员击毙，在革命期间维亚处决了该家族的四名成员。

德国经济崩溃

19 24年11月15日，严重的通货膨胀最终导致了德国经济的完全崩溃，德国的形势恶化起来。在恶性通货膨胀危机达到高潮时，一块面包的价格在一天之内就上涨了200倍。

尽管德国经济已经在《凡尔赛和约》的苛刻条款下苦苦挣扎，但通货膨胀还要归因于德国政府拒不支付协约国要求的战败赔款。德国政府鼓励莱茵兰的工厂工人举行罢工，这导致了法国和比利时对鲁

尔的占领。在此期间，尽管工业生产已经停止，但德国政府仍旧为其工人发放工资。而且，货币供应量是通过印刷更多的钞票来实现的，这导致了螺旋形膨胀，并很快使马克的面值比印刷钞票所使用的纸还要小。

从1923年初开始，德国货币情况就每况愈下。在第一次世界大战前，1美元仅能兑换4马克多一点，到1923年8月，1美元就可以兑换将近500万马克了。在11月份最后的崩溃

▶马克急剧贬值，收银机对这位柏林店主已经无济于事，只得使用茶叶箱来存放钞票。

来临之时，4.2万亿马克才能兑换1美元。对德国人来说，4.2万亿马克仅能买到一磅多牛肉和一块面包。

尽管未造成大量人员饿死，但当时的形势的确荒唐可笑。工人们一天要领两次工资，要用小推车将收入送回家中。针对这种形势，德国国家银行发行了一种新钞票，一新马克面值相当于原来贬值后的纸币的一万亿马克。

虽然危机给德国工人带来了贫穷和冲突，但受害最深的还是中产阶级。几天之内，一生的积蓄突然变得只相当于一张邮票的价值了。

1924年，在外交部长古斯塔夫·斯特雷泽曼的引导和帮助下，德国经济危机得到了一定程度的缓和。斯特雷泽曼意识到，拒不支付协约国要求的战败赔款只会对德国经济造成更大的损害。因此，他执行了一种绥靖政策。当弗雷德里希·艾伯特去世而由前陆军元帅保罗·冯·兴登堡出任总统的时候，政治形势才稳定下来。

但是，在整个被称作"服从的年代"期间，在德国国内依然普遍存在着极端主义政党乐此不疲煽动起来的不满情绪。

东京成为废墟

东京，这座原来名为江户的皇城，有史以来就是一座多灾多难的城市。1657年，在建市200周年之时，一场火灾烧毁了该城一半以上的地方并夺去了十多万人的生命。1923年9月1日上午，日本遭受了其最具毁灭性的自然灾难，一次地震几乎毁灭了东京及其邻近的港市横滨。

灾难开始于11时58分，当时人们接连感觉到了三次强烈的地震。地震的碰撞力非常大：东京的每一座主要建筑物均被夷为平地，包括皇宫、600多所佛教寺院、150座神道教庙宇和200所教堂。几乎所有的家庭住宅都被震塌了。尽管数千人在地震中丧生，但幸存者随之而面临的危险是如同恶魔一样残酷无情的火灾。在狂风的肆虐下，火势掠过瓦砾堆，灾难进一步蔓延。所有的水管都被折断了，也没有电力供应，因此面对火灾人们无计可施。

更多的灾难还在后面，地震的震动引起了海啸。海啸到达高潮时，高度将近12米（40英尺），巨大的海浪跳出了相模湾，将所有的海滨村庄冲到了东京的西部。

东京同外界隔绝长达近两天的时间，救助快要饿死的难民的食物才最后空投下来，当时有13000名难民聚集在皇宫的废墟上等待救助。部队建起了临时房屋和帐篷。灾难发生后不到一周，国际援助就开始行动了。国际红十字会仅从美国就协调组织了价值1000万美元以上的捐赠。

因地震、海啸、火灾、霍乱、痢疾和伤寒症而死亡的人数估计多达15万。几乎所有的家庭木制建筑物都在灾难中毁掉，一半以上的砖砌建筑物的结局与此相似。共计造成250万人无家可归。

▼灾难后拍摄的一幅照片：就在一天前，这里还是东京市中心最繁华的街道之一。

- 德国举行第一次纳粹集会。

2月
- 美国劳工党拒绝接受共产主义。
- 巴黎—斯特拉斯堡的特快列车与一列货物列车相撞，28名乘客遇难。

3月
- 美国在内华达州和蒙大拿州发放第一批退休金。
- 美国宣布如果苏联偿还国际债务，它将承认该国。
- 美国国会参议院拒绝承认联合国国际法院。
- 法国女演员萨拉·伯恩哈特去世。

4月
- 埃及成立由议会批准的政府并颁布宪法。
- 约克公爵与伊丽莎白·鲍斯—莱昂女王结婚。
- 对图坦卡蒙陵墓的发现起过推动作用的卡那封伯爵死于昆虫叮咬，引起人们对古代诅咒的思考。

5月
- 英国首相波拿·劳辞职，斯坦利·鲍德温继任其职务。
- 英国暂时取消巴勒斯坦宪法。
- 匪徒在中国境内的一列火车上绑架150名乘客。

6月
- 纽约解除禁酒令。
- 保加利亚发生政变。

基马尔领导土耳其进入西方社会

新闻摘要

7月

- 英国伦敦码头工人开始举行罢工。
- 苏维埃社会主义共和国联盟正式成立。
- 墨索里尼宣布反对党派为非法组织，成为意大利的独裁者。
- 墨西哥前革命领导人潘乔·维亚遇刺。
- 希腊同土耳其签订《洛桑条约》。
- 法国网球明星苏珊·朗格朗在第五届温布尔登女子网球赛中夺冠。

8月

- 墨索里尼挑起同希腊的武装对抗并占领科孚岛（又称克基拉岛——译者注）。
- 德国爆发罢工和骚乱。
- 美国总统哈丁去世，副总统卡尔文·柯立芝继任其职位。
- 德国以古斯塔夫·斯特来斯曼为总理的新联合政府成立。
- 伊蒙·德瓦勒拉被爱尔兰政府逮捕。
- 美国爆发煤矿工人罢工。

9月

- 美国正式承认墨西哥政府。
- 爱尔兰自由邦加入国际联盟。
- 西班牙驻巴塞罗那军队发生兵变。

1923年10月29日，在具有超凡魅力的穆斯塔法·基马尔的领导下，土耳其共和国宣告成立。这是进行重大改革进程中的第一阶段。

在第一次世界大战期间，同德国结为盟国的强大的奥斯曼帝国以失败和屈辱结束了战争。协约国之间于战后达成的条约维护了其在战争期间获得的领土利益。法国军队占领了伊斯坦布尔和西里西亚；意大利占领了帝国西部大部分地区；亚美尼亚成为一个独立的国家；希腊占领了安纳托利亚，并在进一步攫取领土。

穆斯塔法·基马尔是一位非常有影响的军事领导人，此时他强烈反对伊斯坦布尔的苏丹穆罕默德六世政府主张调和的做法。1920年3月，同许多民族主义者一道南逃至安卡拉的基马尔宣布成立致力于恢复土耳其战前领土的新政府。后来，土耳其举

▼将土耳其带入20世纪的人——穆斯塔法·基马尔在土耳其共和国成立后发起了史无前例的改革。

行总统选举，基马尔当选。

基马尔采取的第一步行动是收回亚美尼亚，当地的军队根本不是国民军的对手。随后又对希腊发动充满怨恨的战争，战争于1922年9月结束，当时基马尔亲自制定了土耳其的战争战略。至此，基马尔成了一位民族英雄。安卡拉政府宣布废除伊斯坦布尔非法的苏丹政权。10月2日，民族主义者收回了原首都伊斯坦布尔，苏丹穆罕默德流亡国外。10月29日，土耳其共和国宣告成立。

作为共和人民党的领袖，基马尔在其任内着手进行史无前例的改革，其目标是建立一个足以同任何欧洲国家抗衡的自给自足的现代工业化国家。

新政府抛弃了同苏丹统治时期相关的标志：取缔宗教学校和组织，禁止穿戴土耳其毡帽等传统的服装；废除伊斯兰教法律，取而代之的是西方国家模式的法律；不仅允许妇女

▲作为新的现代土耳其的标志，一辆美国福特公司生产的T型汽车穿过君士坦丁堡大街，庆祝基马尔领导的共和人民党获得胜利。

参加投票，而且还可以成为政府职务的候选人，这在伊斯兰统治下都是不可能的事情。基马尔还借用欧洲使用名和姓的传统。最激进的举措是他决定用西方国家使用的拉丁字母取代阿拉伯字母。这引起了教育和文化领域的空前发展。事实证明基马尔还是一位出色的外交家，他同土耳其大多数先前的敌对国家都签订了和约。

基马尔推行的改革并没有受到一致的欢迎。事实上，基马尔政府残酷镇压了多次伊斯兰起义，其中最著名的是安纳托利亚地区库尔德人举行的起义。同样，暗杀基马尔的秘密计划失败后，所有的可疑元凶均遭枪决。虽然他从未完全获得实施独裁统治的权力，但基马尔因其在土耳其实现现代化的过程中发挥的突出作用而在1934年被正式授予"阿塔图尔克"称号，意为"土耳其之父"。

动荡的英国政治

▲安德鲁·波拿·劳最后一次走出英国首相传统住所唐宁街10号。喉癌晚期的健康状况迫使他辞职。

到1922年6月份前后的时候，第一次世界大战后成立的以劳合·乔治为首相的英国联合政府最终已无法维持下去了。相继出现的爱尔兰问题、有关卖官鬻爵的丑闻以及将英国和土耳其拖向战争边缘的政治事件，引起了英国下议院保守党普通议员对政府的不信任。自由党出身的劳合·乔治提议就批准继续维持联合政府再次举行选举，这激起了保守党的反感。因健康状况不佳而隐退的原战争内阁保守党成员安德鲁·波拿·劳要求进行政党表决。结果二比一的多数反对继续维持联合政府。相反，持反对意见的多数人决意独立在波拿·劳和斯坦利·鲍德温的领导下举行选举。

1922年10月20日，劳合·乔治别无选择，只得提出辞职，内阁保守党也如法炮制。保守党在11月份举行的大选中赢得了多数票。

在1923年期间，劳同其大臣鲍德温的关系变得紧张起来，他因同其政党之间存在大量的分歧而面临辞职的命运。不过，迫使他最后辞职的是其糟糕的健康状况。1923年5月20日，由于深受喉癌不治之症的折磨，他将领导权让与鲍德温。6个月后，安德鲁·波拿·劳去世。

尽管斯坦利·鲍德温做了15年的议员，但相对来说，他还是一个行动莫测的人物。其公开宣布的目标是使政府走向稳定，但其任务并不轻松。联合政府中的大多数保守党党员此时在政治上陷入了一片混乱之中（丘吉尔曾将劳内阁描述为"第二代表队"）。另外，英国经济陷入了停滞状态，失业率正在上升。

鲍德温试图重新实行其前任首相为支持"自由贸易"而废弃的进口税政策，他请求获得授权，这在英国引起了争议。事实证明其判断是错误的：他的请求遭到否决，并引起了一年当中的又一次选举。这次，保守党的多数地位受到了严重削弱。不过，鲍德温又遇到了一次伤痛的打击。赫伯特·阿斯奎斯领导的自由党眼看依靠自己的力量无法获得执政地位，于是同意如果他们能够得到足够多的席位，他们将支持占少数派的工党政府。相对于保守党，自由党和工党一起获得了92个席位的多数。于是，1924年1月24日，出生于苏格兰的58岁的拉姆齐·麦克唐纳出任英国第一届工党内阁首相。

麦克唐纳内阁持续时间并不比劳内阁时间长。他通过以爱尔兰自由邦放弃对北爱尔兰六郡的领土要求为条件免除了爱尔兰自由邦所欠下的债务，从而平息了爱尔兰日益加剧的暴力活动。

然而，继有关对一共产党报纸编辑的丑闻之后，议会通过了对麦克唐纳内阁的不信任投票，该内阁开始呈现出衰弱的迹象。在政府内部形成新的联合后，麦克唐纳内阁再也无法维持下去了。1924年11月4日，麦克唐纳被迫辞职。斯坦利·鲍德温再次登上了英国政治的中心舞台。

▼难以预测的人斯坦利·鲍德温，在1922年引起人们的注意之前，其政治经历平淡无奇。

· 米格尔·普里莫·德里韦拉领导政变，成为西班牙独裁者。
· 德国宣布进入紧急状态。
· 意大利军队从科孚岛撤退。

10月
· 德国发生未遂政变。
· 英国殖民地南罗得西亚获得有限自治权。
· 安卡拉取代伊斯坦布尔成为土耳其首都。
· 土耳其共和国成立，穆斯塔法·基马尔任总统。
· 英国前首相安德鲁·波拿·劳去世。

11月
· 德国莱茵兰爆发要求独立的骚乱。
· 阿道夫·希特勒企图在慕尼黑发动政变。
· 德国总理斯特来斯曼未能通过信任投票，继而辞职。

12月
· 阿道弗·德拉·韦尔塔起义反对墨西哥政府。
· 以威廉·勃兰特为总理的德国新联合政府成立。
· 英国保守党在大选中失利。
· 希腊国王乔治二世流亡国外；后来，希腊军队废黜其王位。
· 日本摄政王裕仁成功避开一项暗杀计划。

列宁逝世

▲1917年，列宁在一辆卡车上向人群作演讲。他试图将马克思主义应用到俄罗斯，同时他也是一位很有经验的革命组织者。

19 24年1月21日，俄国十月社会主义革命领袖和苏联的设计者弗拉基米尔·伊里奇·列宁去世。他对20世纪历史进程产生了巨大的影响。

弗拉基米尔·伊里奇·乌里扬诺夫（1901年，他开始使用笔名"列宁"）出生于1870年4月22日，年轻时他接受了高雅的中产阶级的教育，并成了一名出类拔萃的学生。1887年，他颇具影响力的兄长在试图推翻沙皇亚历山大三世的统治失败后被绞死，这使列宁第一次接触到了革命。同一年，列宁开始在喀山大学学习法律，还没过三个月他就因组织一次非法集会而被校方开除。在以后的两年中，列宁潜心研读革命著作。就是在这期间他接触到了曾引发国际共产主义运动的卡尔·马克思的重要论著《资本论》。

1891年，列宁获准参加喀山大学法律专业的毕业考试，结果他以最优秀的成绩从该校大学毕业。在他获得律师资格后，他致力于保护穷人的利益。在这期间，他开始成为一名积极的马克思主义者。1894年，他因为编写讲解马克思主义的小册子被当局逮捕并被流放到西伯利亚。

1900年，列宁流放期满，他同妻子涅杰日达一起移居慕尼黑，在那里他同其他俄国马克思主义流亡者一道创办了革命的新闻刊物《火星报》。列宁及其拥护者试图以此为起点将马克思主义变成一种能适用于俄国的思想体系。有人认为，马克思主义对于俄国多数农民而言是毫无意义的，还认为工业发达国家的无产阶级革命——正如《资本论》中所描述的那样——绝不会在俄国发生，因为俄国的无产阶级群体规模太小。列宁通过社论进行了辩解，认为资本主义已经使得阶级体系在农民当中得到了一定程度的发展，农民中占多数的贫穷阶层构成了"半无产阶级"。然而，所有各方都一致认为，只有在资产阶级革命推翻沙皇的独裁统治后，才会爆发无产阶级革命。

1902年，列宁写成了《怎么办？》一书，他在该文献中描述了由专业革命者领导的中央集权的政党思想，这一政党将成为"无产阶级的先锋队"。四年前，后来成为俄国社会民主工人党（后又发展成共产党）的第一次代表大会在明斯克举行，结果其领导人遭到了逮捕。1903年，第二次俄国社会民主工党代表大会在流亡途中举行，先是在布鲁塞尔召开，后又转到了伦敦。这期间，列宁的文献引起了激烈的争论，导致无产阶级队伍走向分裂：同意列宁观点的人变成了布尔什维克，而赞成争取更大范围民主的反对者则成了孟什维克。这两个派别继续争执不休，一直到1917年俄国十月社会主义革命爆发以后。

列宁返回俄国，并在1905年革命中发挥了一定的作用。但革命失败后，他再次流亡欧洲。1912年，他建立了一个完全脱离日益受到欢迎的孟什维克的独立政党——布尔什维克。在第一次世界大战爆发后的前几年当中，列宁在欧洲各地参加社会主义大会，号召"变帝国主义战争为国内战争"，但未获得成功。1917年，他非常有影响的著作《帝国主义是资本主义的最高阶段》出版。在这本书中，他认为帝国主义者从本质上来说是扩张主义者，只要他们存在，就总会有战争爆发。

1917年3月，列宁的机会来了，俄国发生饥荒，沙

皇被迫退位。列宁得以回到俄国，德国当局准许他通过东线进入俄国，因为他们认为他将成为俄国不稳定的因素。在6月份召开的全俄第一次苏维埃代表大会上，列宁同临时政府的领导人、温和的社会主义者亚历山大·克伦斯基意见不和。起初，很少有人支持布尔什维克，但由于克伦斯基未能满足饥饿的工人、军队和农民的要求，形势发生了逆转，布尔什维克获得了广泛的支持。

11月7日，列宁及其支持者列昂·托洛茨基组织起来的布尔什维克红军发动了不流血的政变，宣布从现在起所有权力归苏维埃。在全俄第二次苏维埃代表大会上，列宁当选为苏维埃国家人民委员会主席。

此后，列宁的注意力转向了使俄国退出第一次世界大战与巩固革命成果两方面的工作。1918年3月，《布列斯特—立托夫斯克和约》签署，由此他实现了第一个目标。尽管和约条款非常苛刻，但为了打击国内政治反对派，列宁需要德国的财政支持。

正当列宁着手实施土地和工业国有化计划的时候，俄国西南部陷入了混乱状态，由协约国军队支持的反布尔什维克派别勾结起来反对新政府。被称作"白色军团"的军队在整个1919年期间不断发动进攻，但1921年红军发动反攻并占领了原沙俄帝国各个独立的共和国。1922年，列宁宣布苏维埃社会主义共和国联盟（苏联）成立。

在他生命的最后几年当中，列宁对其看到的苏维埃制度内部日益严重的腐败现象进行了打击。列宁在去世前一年口授给其秘书的"遗嘱"中明白无误地表达了他对革命前景的担忧，尤其令他担忧的是，新当选的中央委员会总书记约瑟夫·斯大林从事着买卖权力的活动。

在斯大林残忍的领导下，苏联成了强大的独裁国家。在其统治期间形成了20世纪后50年当中盛行的看法和疑虑。1924年1月21日，列宁逝世，终年54岁。如果他能再多活几年的话，20世纪的历史进程将很可能就是另外一种情形了。

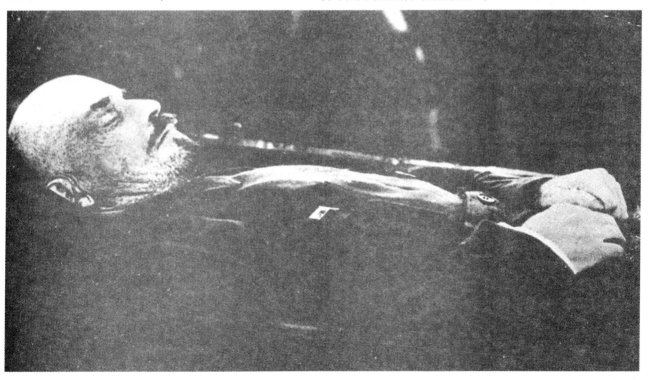

新闻摘要

· · · · · · · · · · ·

· 澳大利亚实行选举义务制。
· 苏联归还中国部分领土。
· 彼得格勒更名为列宁格勒。
· 约翰·埃德加·胡佛出任美国联邦调查局局长。
· 美国限制外来移民。
· 丹麦任命世界上第一位女内阁部长。
· 本年度发行的影片包括使道格拉斯·范朋克一举成名的《巴格达窃贼》和沃尔特·迪斯尼的第一部动画片。
· 乔治·格什温的《蓝色狂想曲》首次公演。
· 本年度出版的图书包括E.M.福斯特的《通往印度之路》和佩勒姆·格伦维尔·沃德豪斯的《举世无双的吉夫斯》。
· 第一届冬季奥林匹克运动会在法国沙莫尼举行。

1月
· 以萨阿德·扎格卢勒为首的民族主义者赢得埃及大选。
· 埃莱夫塞雷奥·韦尼泽洛斯当选为希腊总理。
· 英国首相斯坦利·鲍德温辞职,拉姆齐·麦克唐纳和工党开始执政。
· 弗拉基米尔·伊里奇·列宁逝世。
· 意大利工会未能获得法西斯分子的批准并遭其破坏。

2月
· 美国前总统伍德罗·威尔逊去世。
· 波斯国王艾哈迈德遭废黜。

3月
· 土耳其实行改革,内容包括废除国王的职权。

利奥波德和利奥伯的奇怪案件

19 24年8月20日,未满18岁就大学毕业的两位年轻而才华横溢的美国人内森·利奥波德和理查德·利奥伯以谋杀罪被判处终身监禁。至此,20世纪最特殊的凶杀案之一最终结案。

1924年5月21日,利奥波德和利奥伯(其父亲为西尔斯·罗布克公司的副总裁)实施了其蓄谋已久的计划,执行了一次"绝对"无法发现的谋杀。受害者是芝加哥的一位百万富翁的儿子博比·弗兰克斯,他们将他绑架后带到了芝加哥外的一小块地上。博比·弗兰克斯在利奥伯用凿子击打其头部后很快死亡。在尸体被发现前,死者的父亲收到了一张用打字机打出来的署名为"乔治·约翰逊"的绑票,向其索要1万美元。

该计划看起来没有留下任何漏洞,但利奥波德却不小心将其眼镜丢在了犯罪现场附近。警察根据这副眼镜对其眼镜商进行了追踪。在警方对利奥波德进行审讯的时候,他表现得很冷静:"如果我不敢肯定我的眼镜在家里,我就会说这副是我的。"他未能向警方出示那副眼镜。在警方发现绑票上的铅字同利奥波德自己使用的安德伍德牌打字机打出的字完全相同后,利奥波德完全供认了其罪行。

许多人都认为并要求警方处死利奥波德和利奥伯。然而,著名律师克拉伦斯·达罗参与了诉讼,并以反对死刑的激昂的人道主义论点保住了他们的性命。法官接受了达罗要求减刑的主张,他们两人均以谋杀罪被判处终身监禁,并以绑架罪被判处99年的有期徒刑。这种判决让人们普遍认为,在特权社会中存在着一种不同的司法制度。

利奥伯在监狱中被人杀害,利奥波德于1958年获得假释,并写下了《终身监禁加上九十九年有期徒刑》一书。1971年,他因心脏病发作去世。

▶ 出身富贵家庭的利奥波德(左)和利奥伯本应有个美好的前程。相反,他们却被送进了监狱。

季诺维也夫信件

◀ 格里戈里·季诺维也夫:他写过"季诺维也夫信件"吗?时间正好赶上大选,季诺维也夫丑闻促使拉姆齐·麦克唐纳解散工党内阁。

19 24年2月1日,在拉姆齐·麦克唐纳组织英国社会主义内阁(英国工党内阁——译者注)

后,英国成为第一个承认苏联政府合法性的大国。然而,到这一年年底的时候,英苏关系破裂,保守党在英国的另一次大选中获胜。这些事件是"季诺维也夫信件"公布于众的结果。

麦克唐纳领导的是一个力量虚弱的少数派政

府,因此不足为奇的是,在议会通过对他的不信任决议后,他于10月9日别无选择,只得要求举行该年内的又一次大选。1924年10月24日,外交大臣亚历山大·克劳公布了声称是试图协调世界各地共产党行动的共产国际执行委员会(苏联政府中的一个委员会)主席格里戈里·季诺维也夫发来的一封信件,政府选举活动受到了无礼的干扰。致英国共产党的这封信实际上是建议如何在英国实现革命,包括对军队的渗透。

在选举活动进行的最后一周期间,有关"季诺维也夫信件"的报道占据了媒体的大量篇幅。在近似于英国的"红色恐慌"中,选民开始将工党同共产主义联系起来,这使得斯坦利·鲍德温领导的保守党赢得了多数票而重新执政。新内阁立即中断了同苏联的官方关系。

关于这封信件真实性的争议仍在继续。尽管作为一种意识形态的共产主义的传播一直是苏联早期议事日程中的一项内容,但现在人们一般认为"季诺维也夫信件"是一个骗局,其目的是使英国的第一个社会主义政府名声扫地。

文学大师康拉德去世

▲最伟大的英语作家之一、波兰出生的约瑟夫·康拉德,他在二十多岁之前还几乎不会说英语。

19 24年8月3日,当时最伟大的作家之一约瑟夫·康拉德去世。

约瑟夫·特奥多尔·康拉德1857年出生于波兰。当他的父亲、诗人阿波洛·科热日尼奥夫斯基因领导一次反对俄国统治的起义而被流放时,他同其家人一起迁居到了俄国北部。父亲去世后,康拉德被送到瑞士上学,但由于他无法适应那里的教育而辍学,并参加了法国商船队。1881年,他又转到了英国商船"巴勒斯坦"号上,这改变了他的生活,并为其后来创作《吉姆老爷》等多部著名的小说提供了灵感。

康拉德又做了16年的商船水手,在此期间,他进行了其著名的冒险活动——指挥一艘汽船沿刚果河逆流而上进入非洲中心。他创作的小说《黑暗的中心》就反映了他在刚果度过的四年中所经受的精神创伤,当时刚果是比利时国王利奥波德二世的私人殖民地,在那里贪婪的欧洲商人残酷剥削土著居民。这部小说的题目,不仅象征了他的深入"黑色大陆"之行,而且还象征了人类的邪恶与黑暗。

定居英国后,康拉德发现做一名作家的生活非常艰难,不仅他及其家人过着清贫的生活,而且在其余生中他还不断受到在刚果染上的痛风疾病的折磨。在去世前十年,其文学作品才得到读者普遍的认可。

人们普遍认为康拉德还是最伟大的英语作家之一。这一点很令人钦佩,因为英语并非他的母语。令人感到吃惊的是,他21岁时其英语词汇量才不过十来个。

4月

· 希特勒因以失败而告终的"啤酒馆暴动"被监禁。

· 英国控制北罗得西亚。

· 意大利法西斯分子因作弊而赢得大选。

· 社会民主党赢得丹麦大选。

5月

· 德国举行议会选举,纳粹分子在德国议会中获得了最多的席位。

· 威廉·马克思为总理的德国联合政府崩溃。

6月

· 英国拒绝接受埃及的要求,而不愿放弃苏丹。

· 法国总统亚历山大·米勒兰辞职,加斯东·杜梅格继任其职务。

· 以J.B.赫尔佐克为政府首脑的民族主义政府在南非选举后执政。

7月

· 印度穆斯林和印度教教徒爆发骚乱。

8月

· 德国政府准许德国国家银行独立自主经营。

9月

· 解决德国战争赔款问题的"道威斯计划"开始付诸实施。

10月

· 国际联盟通过《日内瓦条约》。

· 英国工党在议会选举失败后解散议会,保守党在随后举行的大选中获胜。

11月

· 土耳其残酷镇压库尔德人起义。

· 美国共和党候选人卡尔文·柯立芝赢得总统选举。

· 法国和比利时军队撤离鲁尔。

12月

· 德国举行大选,纳粹势力受到削弱。

· 希特勒从狱中获释。

· 阿尔巴尼亚宣布成立共和国。

斯大林取代托洛茨基

新闻摘要

· 法国开始在法德边界构筑防御工事。
· 美国田纳西州禁止讲授进化论。
· 土耳其政府开始实施现代化计划。
· 秘鲁遭遇灾难性的暴雨袭击。
· 南非荷兰语被确定为南非官方语言。
· 美国遭龙卷风袭击，造成将近 1000 人死亡。
· 首届装饰艺术博览会在巴黎开幕。
· 科学家分离出维生素 B 和 B_2。
· 第一台英国广播公司长波发送机投入使用。
· 科学家研制出电气录音的方法。
· 本年度发行的影片包括谢尔盖·爱森斯坦导演的《战舰波将金号》、查尔斯·卓别林所演的《淘金记》和弗雷德·尼布洛的《宾虚》。
· 本年度出版的图书包括弗吉尼亚·吴尔夫所著的《黛洛维夫人》、弗朗西斯·斯科特·菲茨杰拉德所著的《了不起的盖茨比》、弗朗兹·卡夫卡所著的《判决》和阿道夫·希特勒所著的《我的奋斗》。

1 月

· 挪威首都克里斯丁亚那更名为奥斯陆。

▲俄国革命中最伟大的精英之一列昂·托洛茨基，他曾是列宁接班人的首选。

19 25 年 1 月，为填补列宁逝世后在苏联留下的真空而引发的权力斗争宣告结束。布尔什维克革命中最著名的精英、列宁宠爱的接班人列昂·托洛茨基被约瑟夫·斯大林的支持者从权力的位子上赶下台。

尽管托洛茨基是曾与列宁一起流亡的革命者之一，但他在 1917 年的布尔什维克革命中却发挥了非常积极的作用。当 1917 年 11 月列宁抵达俄国的时候，彼得格勒苏维埃主席托洛茨基已经为推翻克伦斯基领导的临时政府铺平了道路。

托洛茨基在布列斯特—立托夫斯克和平谈判过程中发挥了积极的作用，还负责组建了红军，如果没有红军，苏维埃俄国就不会在革命之后的内战中取得胜利。

当 1922 年 5 月列宁身患疾病的时候，人们认为托洛茨基将接管权力。然而，身为布尔什维克党中央总书记并在众多政府委员会中任职的约瑟夫·斯大林却得以利用其所处的环境而设法使自己掌握了权力。

斯大林年轻时深受苏维埃修正主义宣传的影响。不过，我们知道共产党知识分子普遍低估了未受过多少教育的斯大林。斯大林同其他有影响的布尔什维克一起开始对托洛茨基进行一连串的公开攻击，将其描绘成了一位宗派主义者。非常不幸的是，这时托洛茨基患病而无法领导一次自卫行动。正当托洛茨基无能为力的时候，列宁去世了，斯大林成了列宁理所当然的接班人。

身体康复后，托洛茨基在《十月革命的教训》一文中概括了其永久革命的理论，但很快就被斯大林公开指责为异端邪说。1925 年 1 月，斯大林精心安排解除了托洛茨基的职务，并将其逐出共产党中央委员会。1929 年 1 月，在经过一年的流放后，托洛茨基被永远驱逐出苏联。10 年后，居住在墨西哥的托洛茨基成了臭名昭著的"冰镐谋杀案"的受害者，这次谋杀被认为是苏联人所为。

在巩固了世界上最大的国家内极大的个人权力后，斯大林开始实施残酷的统治，其统治一直持续到 1953 年他去世。在他统治期间，他无疑成了 20 世纪权力最大的领导人之一。

▲约瑟夫·斯大林，他在 20 世纪很长的时间内统治着世界上最大的国家。

中国共产党在反对帝国主义的运动中发展壮大

19 25 年，继 20 世纪初的义和团运动之后，中国再次爆发了反对帝国主义的运动。这次运动大部分爆发在中国的沿海城市上海及其周围地区。

这次危机始于 1925 年 4 月，当时在一家日本纱厂工作的中国工人举行罢工，抗议其非常恶劣的工作条件。工人代表前去会见日本经营管理人员，但谈判却以殴斗结束，在双方的殴打中，一名中国工人被打死。促使形势恶化的是，由外国人组成的负责管理上海国际租界的委员会不仅拒绝起诉凶手，还以发动骚乱为由逮捕了多名工人。

年轻的中国共产党利用了中国人民对外国帝国主义的这种敌对情绪。中国共产党积极推动工人和学生参与政治活动，并于1925年5月30日组织了一次声势浩大的政治抗议活动。英国警察与示威者相遇，并残忍地向示威人群开枪射击，打死13名示威者，打伤数十人。

这次事件被称作"五卅惨案"，它产生了两个直接后果。中国人民愤怒不已，在共产党的发动下组织了抵制英国和日本商品的活动。中国各地不断爆发游行示威和暴动，不久

外国人开办的工厂就受到了围攻。抗议活动一直持续到1926年初，最后英国政府答应惩治相关警察，并向"五卅惨案"受害者支付赔偿费。

在1925年的这些事件中，变化最大的是中国共产党，其成员人数剧增，一年间从寥寥数人增加到了两万多人。

▲英国警察在打死参与暴动的中国学生的警察局外站岗值勤。

蒋介石为巩固统治发动内战

▲中国民族主义的创始人孙逸仙，他为推翻统治中国长达几百年的封建主义作出了巨大贡献。

1925年3月12日，现代中国之父孙逸仙逝世。他是领导辛亥革命推翻满清王朝统治的几位先驱之一，并从1912年中国国民党建党以来一直担任该党的领袖。中国国民党的党纲是他提出的"三民主义"：民族、民权和民生。起初，

国民党是仿照中国传统的秘密社团组建的，但后来孙逸仙采用了苏联布尔什维克的模式。在逝世前，他致力于建立一支专业化的军队，以便统一中国，对抗残余的地方军阀。在他逝世时，这支军队人数已达四万左右，其中包括日益壮大的中国共产党的大量党员。

孙逸仙逝世后，接替其职务的是国民党的军事领导人蒋介石。在他担任国民党领导人的早期，共产党员同保守的国民党员之间的紧张关系就开始显现出来。

开始的时候，蒋介石还能够控制住这些异议分子（他们是国民党获得苏联持续支持的必要条件），

然而，由于担心共产党密谋推翻其领导地位，他于1927年策划了一场血腥的整肃运动，将共产党员开除出国民党。他断言，不消灭共产党，中国就不会统一。因此，随后中国进入了长达22年之久的内战时期。1949年，共产党打败国民党，内战才宣告结束。

▲曾为布尔什维克的蒋介石企图消除共产主义对中国的影响，结果却徒劳无功。

- 怀俄明州任命美国第一位女州长。
- 墨索里尼成为意大利独裁者。
- 德国成立新的联合政府。
- 苏联革命军事委员会主席列昂·托洛茨基被免职。
- 英国同中国签订《北京条约》。
- 德国军舰在第一次世界大战后首次下水。
- 智利发生军事政变，政府被颠覆。

2月
- 巴伐利亚解除对纳粹党的禁令。
- 英格兰板球队12年中第一次在国际板球锦标赛中战胜澳大利亚队。
- 葡萄牙政府被推翻。
- 土耳其爆发库尔德人起义，反对穆斯塔法·基马尔的统治。
- 德国总统弗雷德里希·艾伯特去世。

3月
- 美国对智利同秘鲁的争端进行仲裁。
- 英国拒绝签署《日内瓦协议书》。
- 卡尔文·柯立芝发表就职演说，就任美国总统。
- 日本实行男性公民普遍选举权。
- 英国政治家柯曾勋爵和中国政治家孙逸仙去世。

4月
- 英国财政大臣温斯顿·丘吉尔宣布英国货币将恢复金本位。
- 保加利亚发生炸弹爆炸事件，造成150多人死亡。
- 保罗·潘勒韦出任法国总理。
- 保罗·冯·兴登堡当选为德国总统。
- 画家约翰·桑热·塞尔让去世。

达尔文主义受到攻击

新 闻 摘 要
. . . .

5月
· 中国抵制英国商品。
· 塞浦路斯变为英国殖民地。
· 日内瓦军备会议开幕。
· 新西兰总理威廉·弗格森·梅西去世，改良党领袖约瑟夫·科茨继任其职务。
· 英国在华军队向反帝群众开枪。

6月
· 希腊发生政变，塞奥佐罗斯·潘加洛斯将军夺取政权。
· 英国煤矿发起关于生产率的辩论。
· 香港爆发大罢工，中国继续动荡不安。
· 南非下议院议员通过一项法案，禁止黑人从事任何需要技能的工作。

7月
· 法国和比利时军队从鲁尔撤退。
· 通过选举产生的第一届伊拉克议会开幕。
· 叙利亚爆发德鲁斯起义。
· 意大利和南斯拉夫签署条约，解决达尔马提亚人的争端。
· 苏珊·朗格朗赢得其第六个温布尔登网球赛冠军头衔。
· 伦敦一家医院的一位病人成为得到成功治疗的第一位糖尿病患者。

8月
· 挪威正式吞并斯匹次卑尔根群岛。
· 德国特赦卡普起义领导人。

20世纪西方社会生活中最重要的特征可能就是不断变化的对宗教的态度了。

长期以来，科学家就同宗教教义存在着冲突。是19世纪英国的生物学家查尔斯·达尔文的工作引发了自伽利略因宣传其地球围绕太阳转、地球不是宇宙的中心的观点而被罗马教廷审判后最大的争议。重要的是，达尔文告知世人人类的经历并非源自亚当和夏娃。

达尔文是在对太平洋岛屿进行的长达五年的探险过程中形成这一观点的，即地球上的生命是经过一系列的进化阶段而产生的。他相信上帝并没有创造出完全成形的人类，人类是由较低级的哺乳动物进化而来的。而且，其他灵长类动物，如黑猩猩和猴子，是人类的远亲。

▶ 在所谓的"猴类"审判期间，反"进化论"的作者威廉所著的书籍创下销售数量的最高纪录。

◀ 触犯美国田纳西州反进化法的教师约翰·T.斯科普斯。直到1967年在该州讲授查尔斯·达尔文的"进化论"才成为合法的事情。

虽然开始的时候存在争议，但到19世纪末期，达尔文在其《物种起源》一书中所阐述的"进化论"已为科学界同行所普遍接受。而非科学界却又经过了很长时间才接受其观点。

1925年，进化问题开始进入公众的视线。在这一年年初，田纳西州议会已经通过了一项法律，规定任何否定上帝造人说的人都将受到起诉。7月，一位在代顿市工作的中学教师约翰·T.斯科普斯被指控向一群13~15岁的学生讲授达尔文主义。

1925年7月10日，法院开庭审理这一案件，由于著名律师的介入，该案进一步引起了公众的关注。原告方是前总统候选人威廉·詹宁斯·布赖恩；其对手是因为利奥波德和利奥伯两位杀人犯进行辩护而著名的克拉伦斯·达罗。达罗将这一案件看作同类案件中最重要的一起，"因为我们阻止了法院以魔法为由而对人们进行审判"。

尽管一些人将对这一案件的审理视作科学合理性战胜基督教信仰难得的公开机会，但法官约翰·罗尔斯顿却在其陈述中称法律的正确性或达尔文主义均与此案无关。斯科普斯承认他讲授了达尔文理论，被判决有罪，并被处罚金100美元。

虽然现在讲授达尔文"进化论"在西方国家已经变得非常普遍，但又过了42年后田纳西州议会才废除上面提到的那项法律。

不自觉的王国

19 25 年 11 月，皮埃尔·洛布美术馆举行了超现实主义的第一次专题展览，巴黎由此成为 20 世纪最重要的艺术运动之一的中心。

"超现实主义"这一术语早在一年前当诗人安德烈·勃雷东发表其文章《超现实主义宣言》时就诞生了。他将这一术语定义为"完全超自然的机械行为论"。受西格蒙德·弗洛伊德的影响，勃雷东主张的是试图同逻辑对立而不自觉地起作用从而模糊了梦想与现实界线的一种艺术。超现实主义者诗作采取的是"机械写作"，而有点让人无法接受，是该运动中画家的作品给 20 世纪的艺术刻上了永久的烙印。尽管勃雷东试图以其描述的学说为基础来领导超现

实主义者，但艺术家的作品所涉及的领域使他这种想法变成了泡影。

许多超现实主义艺术家都曾参与过达达主义运动或曾受到其影响，达达主义运动是 1910—1920 年主要在德国盛行的一种概念派"反艺术"运动。在达达派艺术作品中最著名的是库尔特·施维特斯用废弃物做成的梅茨拼贴画、马克斯·恩斯特的抽象画和马塞尔·杜尚的普通雕刻品。然而，超现实主义者并不是要破坏艺术，而是试图针对已被接受的"理性世界"创造一种新的艺术形式，而"理性世界"正从第一次世界大战及由其造成的令人惊愕的伤亡数字导致的神情麻木的恐惧中苏醒过来。

向皮埃尔·洛布美术

馆提供参展作品的画家有马克斯·恩斯特、乔·米罗、乔治·德·契里柯、伊夫斯·坦圭、立体派艺术家帕布罗·毕加索和美国超现实主义者摄影家曼·雷。20 世纪最受人喜爱的两位画家萨尔瓦多·达利和莱恩·马格里特也参与了超现实主义运动。

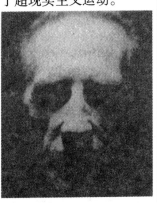

▲巧妙的灯光使马塞尔·杜尚的面部形成了一个多阴影的头骨。出生于法国的杜尚是最著名的达达派艺术家，对超现实主义者产生了重要的影响。

道威斯和张伯伦因"道威斯计划"而获诺贝尔和平奖

19 25 年 12 月 10 日,诺贝尔委员会将其一年一度的和平奖颁发给了策划战争赔款公约的两位设计师——美国副总统查理·盖茨·道威斯和英国外交大臣奥斯汀·张伯伦。

1923 年，金融家出身的道威斯被任命为赔款委员会主席，负责寻求解决德国无力支付协约国就第一次世界大战期间蒙受的损失提出的惩罚性的赔偿金

这一问题的方法。1924 年 8 月，道威斯和张伯伦达成的"道威斯计划"出笼。据该计划，将重组独立于德国中央政府的德国国家银行，依靠价值 8 亿美元的美

国投资帮助德国恢复经济。根据计划，德国政府将在第一年内支付 10 亿马克，并于 1928 年达到 25 亿马克。

众所周知，准确地说，"道威斯计划"只是有助于欧洲暂时摆脱经济崩溃的厄运。

◀战争赔款公约的设计师美国副总统查理·盖茨·道威斯。他认为，只有帮助德国恢复经济，战争赔款的支付才会成为可能。

· 谋杀苏丹总督的七名凶手被执行绞刑。
· 第一次世界大战时期的法国英雄马歇尔·贝当开始指挥在摩洛哥作战的法国士兵。
· 三 K 党在华盛顿举行大游行。

9 月
· 蒋介石出任中国军队总司令。
· 英国工党驳回与英国共产党联合的要求。

10 月
· 希腊入侵保加利亚；后来，军队交由国际联盟指挥。
· 叙利亚爆发骚乱。
· 欧洲国家在洛迦诺会议期间讨论安全问题。
· 法国海军炮轰大马士革。
· 意大利占领东非索马里兰。
· 加拿大自由党在选举中继续执政，但所得多数票优势减少。
· 波斯国王被废黜。

11 月
· 阿里斯蒂德·白里安组织法国政府。
· 墨索里尼取缔意大利所有左翼政党。
· 英国政府以煽动叛乱言论为由逮捕并监禁 12 名共产党员。
· 德国忠于纳粹党的精锐部队——纳粹党卫军成立。
· 国王爱德华七世的遗孀亚历山德拉王后去世。

12 月
· 德国发生政治危机。
· 英国、法国、意大利和德国签订《洛迦诺公约》。
· 英国军队撤出德国科隆。
· 北爱尔兰同爱尔兰自由邦划定边界。
· 萧伯纳获诺贝尔文学奖，张伯伦和查尔斯·道威斯获诺贝尔和平奖。
· 礼萨可汗出任波斯国王。
· 墨索里尼声明他仅向意大利国王负责。

约翰·洛吉·贝尔德发明电视

- 蒋介石开始统一中国。
- 黎巴嫩通过新宪法。
- 土耳其禁止一夫多妻现象，并通过民法典。
- 法国货币与金本位挂钩。
- 法西斯分子控制意大利工业。
- 德国成立希特勒青年团。
- 收养在英国合法化。
- 科学家研制出第一枚以液体做燃料的火箭。
- 科学家分离出第一种酶。
- 科学家培养出抗破伤风血清。
- 墨西哥发现古代马雅人古城遗址。
- 本年度发行的影片包括弗里兹·兰创作的《大都会》和布斯特·基顿的《将军》。
- 希恩·奥凯西创作的戏剧《犁和星星》在都柏林开演时发生骚乱。
- 本年度出版的图书包括托马斯·爱德华·劳伦斯所著的《七根智慧之柱》、阿兰·亚历山大·米尔恩所著的《小熊温尼》和弗朗兹·卡夫卡所著的《城堡》。

1月

- 保加利亚新政府特赦政治犯。
- 丹麦、瑞典和挪威签署协定，解决争端。
- 阿卜杜尔·阿齐兹彼恩·沙特在麦加强迫国王阿里退位，并宣布自

1926年1月27日，英国伦敦科学研究所第一次成功地演示了无线电对活动镜像的传输。这一装置的发明者是时年38岁的英格兰工程师约翰·洛吉·贝尔德，他创造出新短语"远距离传输图像"来描述这一过程。这是通讯系统发展中的第一阶段，它使20世纪后50年中人们的生活发生了根本性的变化。

电视运转的科学原理是建立在人类眼睛工作的基础之上的。我们看到的每一个图像在其穿过视网膜后可以短暂停留。如果一个图像的各个断面能够迅速地显示在一个屏幕上，大脑就能够解读组合起来的图像。同样，电影投影或栩栩如生的电影作品以高达每秒30张镜像的速度不断地改变着图像，从而产生了活动的效果。

为了演示其富有创造力的工作，贝尔德创制了一部照像机，它能将手握一对口技表演中使用的假人的发明者的图像转换为电子信号。这些信号通过在几根电缆中机械地扫描窄窄的电子波束并传输到阴极射线管，以与无线电信号相同的方式被传输、接收并显示出来。贝尔德的电视原型能够扫描240条水平线，效果是相当粗糙的，但还是产生了可以辨认出来的图像。

后来，艾萨克·休恩伯格的工作改进了贝尔德的这一设置，他在电子扫描方面作出了开拓性的贡献，认为通过增加组成图像的线数可以改善图像的质量。他的405线标准成了欧洲的标准线数，该情形一直持续到20世纪70年代，当时超高频传输的使用使线数得以增加到625条。

电视对现代社会的影响不可估量，从新闻和流行文化的传播到家庭的变迁等人类交流的各个方面都因此发生了变化。

◀一张"传输圆盘"将人面部的图像发送出去，尔后被电子波束扫描。约翰·洛吉·贝尔德称其发明为"无线图像"。

英国大罢工

在第一次世界大战结束后，对英国经济至关重要的威尔士和约克郡的煤矿陷入了衰落状态。德国被战争摧毁的采矿业的振兴导致英国煤炭价格暴跌。新上任的财政大臣温斯顿·丘吉尔将英国货币恢复为金本位制，导致了通货膨胀和更多的工人失业，形势因而变得更为严峻起来。英国政府试图用各种补助金来支持煤矿工业。然而，1926年初，首相斯坦利·鲍德温宣布将取消这些补助金，煤矿矿主开始采取措施，以避免利润进一步下跌：降低其雇工的工资。代表煤矿工人的工会——矿工联合会未能成功游说政府进行干预。不可避免的后果发生了，1926年5月1日，100多万英国煤矿工人举行罢工。

矿工向管理英国各工会的组织——英国工会联盟求助。1921年，英国工

▲尽管英国爆发了总罢工,但公共汽车仍旧能够沿着伦敦牛津大街运营。政府命令警察保护那些破坏罢工而帮助维持公益事业的志愿者。

会联盟设立了工会大会,以抗议雇主企图在不稳定的经济环境下减少工资。在全国拥有五百多万会员的工会联盟运动团体当时在英国是一股强大的力量。该团体也令英国当局窘迫不安:工会联盟的诞生几乎没有经过血腥革命的洗礼,但政治右翼团体中的许多人认为它是影响广泛的红色恐怖的一个组成部分。

应矿工联合会的请求,英国工会联盟投票决定支持矿工的主张并号召举行总罢工。这或许是英国工会运动团体显示其力量的第一次良机。

接着,1926 年 5 月 3 日,300 万工人举行罢工。除矿井外,英国铁路和电车系统、码头以及钢铁工厂也全都立即陷入了瘫痪状态。

在温斯顿·丘吉尔的影响下,英国政府对罢工采取了强硬的立场,拒绝在罢工举行期间进行任何形式的谈判。由于全国的所有报纸均中断发行,除政治外还作为作家而闻名的丘吉尔在紧急状态下主编了一份报纸——《英国报纸》。他对夸夸其谈的宣传表现出的热情促进了公众舆论转而反对罢工,20 年后这种宣传对其国家变得非常重要起来。他呼吁志愿者行动起来,保持英国正常的运转,这一呼吁得到了热情的回应。在营造了一种战时气氛后,丘吉尔得以选拔军人和大学生就任重要的职务。

在进行一周的斗争后,英国工会联盟意识到罢工正在走向失败,便试图通过谈判作出让步。1926 年 5 月 12 日,英国工会联盟发现无望取得胜利,于是命令其成员复工。孤立无援的矿工继续坚持罢工达 7 个月之久,但到冬季来临的时候,罢工资金已被用完。他们被迫重新回到矿井中工作,其得到的工资比原来更低了,同时工作时间也延长了。这次工人罢工遭到了彻底的失败。

围绕长达 9 天的总罢工所发生的一切事件并未对经济产生长期的影响。这次罢工是英国第一次也是惟一的一次总罢工,它令英国的工人运动受到了挫折。又过了 40 年后,工会运动团体才感到有能力同英国政府的权力进行较量。

▼ 军队奉命维持英国的食品供应,受到护送的一队装甲车聚集在伦敦海德公园。

己为汉志(他称之为沙特阿拉伯)的国王。
· 英国军队撤离莱茵兰。
· 约翰·洛吉·贝尔德演示无线图像。

2 月
· 意大利禁止劳工行动。
· 德国和波兰申请加入国际联盟。

3 月
· 伊蒙·德瓦勒拉辞去新芬党主席的职务。
· 中国警察在一次北京示威游行中杀害了 17 名学生。

4 月
· 一名爱尔兰妇女试图刺杀墨索里尼。
· 德国和苏联签订《友好条约》,两国关系得到进一步发展。
· 印度穆斯林和印度教教徒爆发骚乱,造成大约 100 人死亡。
· 原哥萨克战士阿里·礼萨可汗被封为波斯国王。

5 月
· 英国煤矿工人举行罢工,后来引发总罢工。
· 尼加拉瓜爆发反对总统查莫罗的起义,美国军队进入该国。
· 波兰发生军事政变。
· 伊蒙·德瓦勒拉组建共和党,爱尔兰反条约民族主义力量分裂。
· 威廉·马克思出任德国总理。
· 法国宣布黎巴嫩为共和国。
· 柏柏尔人首领向法国投降,摩洛哥里夫战争宣告结束。
· 葡萄牙发生政变,总统贝尔纳迪诺·马沙多被免职,德科斯塔将军开始执政。

世界妇女哀悼瓦伦蒂诺

◄ 第一位著名的银幕偶像鲁道夫·瓦伦蒂诺继续代表着影片中浪漫的逃避现实者。他的去世令其影迷悲痛欲绝。

新闻摘要

6月
· 约瑟夫·毕苏斯基在波兰建立独裁统治。
· 伦敦数千名妇女举行和平示威游行。
· 瑞典自由党赢得选举。
· 加拿大总理麦肯齐·金因政治丑闻被迫辞职。
· 英国和土耳其就伊拉克边界问题签订条约。

7月
· 英国和葡萄牙划定西南非洲(今非洲西南部国家纳米比亚——译者注)边界。
· 墨西哥通过反教权法。
· 葡萄牙总统德科斯塔被德弗拉戈索将军推翻。
· 法国爆发金融危机,阿里斯蒂德·白里安政府因此解散,以雷蒙·普安卡雷为总理的新的联合政府成立。
· 美国和巴拿马联盟成立,宣称要保护巴拿马运河。
· 比利时爆发金融危机,导致比利时法郎贬值。
· 阿尔巴尼亚、南斯拉夫和希腊签订条约,划定阿尔巴尼亚边界。

8月
· 法国法郎贬值。
· 乔治斯·孔季利斯将军废黜希腊独裁者塞奥佐罗斯·潘加洛斯。
· 格特鲁德·埃德乐成为游过英吉利海峡的第一位女性,用时 14 小时

19 26年8月23日,当世界妇女心目中的电影偶像鲁道夫·瓦伦蒂诺去世的消息传来时,妇女们为之悲痛欲绝。

长相英俊、态度温和、穿着讲究的瓦伦蒂诺1895年出生于意大利的塔兰托,其父亲是一位农民。1913年,他认为他将在纽约获得名声和财富。然而,在以后的四年中,他却做过园林工人、洗碟工和舞男,而后才凭借自己在舞蹈方面的天赋而成为歌舞杂耍中的一名舞蹈演员。警方对一起勒索犯罪嫌疑犯的调查使他离开纽约逃到了西海岸,并落脚好莱坞。正是在这里,他功成名就,成了所有影迷心目中最了不起的人物。

在扮演了很多无足轻重而普通平凡的角色后,他在 1921 年扮演《动乱中的四骑士》中的朱利奥而一举成名。他在出演《酋长》、《血与沙》等其他浪漫影片时获得了更大的成功。

好莱坞的广告宣传人员也希望将瓦伦蒂诺的银幕形象搬入其现实生活当中,在他身上发生了许多引人注目的风流韵事,包括与无声时代最著名的女影星之一波拉·内格里的激情约会。

31 岁的瓦伦蒂诺因溃疡而突然去世,这引起了规模空前的哀悼活动。在纽约为其举行的葬礼上,成千上万泣不成声的妇女排着长达 11 个街区的队伍前去同庄严安放着的瓦伦蒂诺的遗体告别。据报道,在美国至少有十几位影迷因其去世而自杀,她们以这种方式表达自己的悲痛之情。

有些人推测,和许多其他著名的浪漫主角一样,他可能也陷入了传闻之中。不过,如今瓦伦蒂诺的名字依然是"非常性感"的代名词。

▲ 两位狂热的影迷跪在纽约医院台阶前,其偶像鲁道夫·瓦伦蒂诺就是在这家医院去世的。

魔术师哈里·霍迪尼无法逃脱死亡

世 界上最著名的表演脱身术的魔术师哈里·霍迪尼,在其不可思议的职业生涯中能够从锁链、锁着的箱子和监狱牢房中逃脱,但 1926 年 10 月 31 日最终栽在了死神的手里。

霍迪尼 1874 年出生于埃尔希·韦斯,父亲是一位犹太传教士。少年时,他从故乡布达佩斯迁居,最后定居纽约市。他年轻时是马戏团的一名荡秋千演员,时间都花在了荡秋千的演出上。20 世纪早期,

▶ 20 世纪最著名的表演脱身术的魔术师哈里·霍迪尼既不受限于绳子和锁链,也不受制于紧身衣。

霍迪尼以其超乎寻常的勇敢技艺赢得了声誉。他在美国各码头区经常表演的最了不起的一项绝技是，看着霍迪尼被锁链锁住并锁在箱子里，然后用绳子将箱子捆住从一艘小船里将其抛进水中。而他总能安然无恙地出现在人们面前。

与其他魔术师不同，霍迪尼从不试图宣称其表演并非依靠动作熟练而产生的错觉。在其生前的最后几年中，他努力揭露巫师和降神者的伎俩，称能够通过自然的方法达到他们所谓"超自然"的魔力。

对一位以欺骗死亡而成名的人来说，他的去世却非常平凡。在蒙特利尔同一群学生交谈的时候，他向他们解释他的肚子为什么可能经得起重拳的击打。在他还未来得及收缩腹部肌肉——这一把戏的诀窍——的时候，一位听众连续用拳向其猛击两下。第二天，霍迪尼因疼痛而病倒了。外科医生切除了他的阑尾，但当时他已经患上了腹膜炎，炎症感染了他的身体系统，已经无法治疗了。

31 分钟，对男女选手来说均为新纪录。
· 英国煤矿工人爆发骚乱。
· 德国社会主义工人党在纽伦堡举行集会。
· 电影演员鲁道夫·瓦伦蒂诺去世。

9 月
· 美国遭龙卷风袭击，造成一千五百多人死亡。
· 意大利企图扩大其在红海地区的势力范围。
· 蒋介石军队占领汉口。
· 德国加入国际联盟，西班牙退出。

10 月
· 托洛茨基和季诺维也夫被斯大林逐出苏共中央政治局。
· 意大利法西斯党宣布反对政党为非法组织，墨索里尼恢复死刑。
· 美国魔术师哈里·霍迪尼去世。

11 月
· 英国煤矿工人结束长达六个月的罢工。
· 意大利和阿尔巴尼亚签订条约。
· 荷属东印度群岛上的爪哇爆发反对荷兰统治的民族起义。
· 意大利维苏威火山爆发。
· 宗主国会议授予英国自治领以自治权以及同英国平等的地位，并成立英联邦。
· 罗马教皇宣布墨索里尼受到"上帝的完全保佑"。

12 月
· 德国联合政府瓦解。
· 小说家阿加塔·克里斯蒂失踪，11 天后被找到。
· 日本天皇嘉仁去世，裕仁成为日本第 124 个天皇。
· 法国印象派画家克劳德·莫内和奥地利诗人莱纳·玛丽·里尔克去世。

"白种优越"论在南非

可以说随着 1910 年南非联邦的诞生，种族隔离的思想就自然而然地产生了。为了巩固和保护由布尔人和其他白人移民的既得利益，执政的南非党在 1910 年至 1924 年间通过了试图在工业和领土范围内划清种族界线的法令。布尔人使用的"种族隔离"（字面意思是孤立）一词概括了当时的现状，但这一术语直到 1948 年才得到正式使用。

20 世纪 20 年代之前，采矿业主导着南非的经济。在此期间，劳动分工已经按种族确定下来：布尔人和白人移民从事需要技能的工作，而由法律界定的黑人、有色人种（混血人种）和印第安人则从事无需技能的劳动。1911 年的《矿井和工厂法令》中第一次以法律的形式规定了这种分工，该法令划出了一条"彩条"，禁止非白种人从事某些采矿工作。

有组织的布尔人民族主义兴起，布尔人同矿主和政府多次展开辩论。当 1919 年矿井董事会宣布：鉴于下跌的金价和日益上涨的成本，该董事会计划用黑人劳工取代半技能的布尔人，而黑人劳工得到的薪水平均仅为白人劳工的 10%。1922 年，工业动荡转变为极端的大罢工。3 月 12 日，敌对状态达到顶点，武装起义爆发，白人种族主义者控制了兰德。总理简·斯穆茨派遣炮兵和飞机恢复秩序，起义遭到镇压。200 多人在这次被称作"兰德起义"的武装起义中丧生。

由于白人种族主义者产生的影响越来越大，政府于 1926 年修改了《矿井和工厂法令》，禁止非白种人从事一切需要技能的和大多数半技能的工作。

这些法律有效地巩固了白人对南非经济和政治前景的控制，这种控制一直持续到 20 世纪 90 年代。

◀ 南非联邦总理简·斯穆茨，曾镇压"兰德起义"，后又巩固该国"白种优越"的社会局面。

'27

新闻摘要

- 意大利废除陪审团审判，重新采用死刑。
- 英国通过《英国工会法案》，规定总罢工为非法。
- 伊拉克东北部发现储量巨大的油田。
- 中国发现人类社会早期直立人的遗骨。
- 英国广播公司第一次播音。
- 葡萄牙爆发腹股沟淋巴结炎疫情。
- 南斯拉夫发生地震，数百人遇难。
- 本年度发行的影片包括艾伦·克罗斯兰的《爵士歌手》、阿贝尔·冈斯的《拿破仑》和威廉·韦尔曼的《翼》。

1月

- 温斯顿·丘吉尔会晤意大利独裁者墨索里尼。
- 协约国对德国的军事管理结束。
- 威廉·马克思出任德国总理。

2月

- 葡萄牙爆发反对独裁者卡莫纳的起义。
- 年仅 10 岁的叶赫迪·梅纽因以其惊人的小提琴演奏轰动巴黎。
- 马尔科姆·坎贝尔创下 280.33 公里/时（174.224 英里/时）的世界陆上速度新纪录。

3月

- 蒋介石的军队占领上海，英国和美国军队进攻南京。
- 亨利·西格雷夫创下 328 公里/时（203.841 英里/时）的世界陆地速度新纪录。

林德伯格首次单独飞越大西洋

1927 年 5 月 21 日，美国人查尔斯·奥古斯都·林德伯格驾驶的"圣路易斯精神"号飞机降落在勒博格特机场，至此他成了国际上的一位知名人物。他成为单独直飞跨越大西洋的第一人，从而重新书写了人类航空史。与此同时，他还得到了 25000 美元的高额奖金。

林德伯格是美国中西部一位国会议员的儿子，他放弃了上大学的机会，而报名进入了一所航空学校学习。在经过短暂的特技飞行员培训后，他于 1926 年开始飞行圣路易斯—芝加哥航线。广泛宣传的奖金的宣布促使他寻求几位商人的支持，希望他们能向其提供一架改进后的飞机，以完成长达 5790 公里（3600 英里）的飞行。

这位 25 岁的飞行员得到了瑞安公司的一架配有单发动机的 NYP 单翼机，这架飞机的发动机改装后比普通飞机要大，燃料容量也变大了。加大的引擎外罩使飞机座舱的窗户变得暗淡起来，这就意味着需要一副潜望镜以直接看清前面的物体。

林德伯格用 33.5 小时的时间完成了其冒险飞行，性格温和的他面对等待其顺利抵达目的地的 10 万人而感到不知所措。"圣路易斯精神"号飞机经海路被运回美国，此后作为美国最著名的人物之一的林德伯格驾驶它进行了大量的飞行表演。现在这架飞机还在史密森学院占据着重要的地位。

▼查尔斯·林德伯格和"圣路易斯精神"号。他开拓性的飞行壮举引起了美国公众的高度关注。

是杀人犯，还是殉道者？

▲不论是因犯罪还是因其政治信仰而受到处罚，现在大多数人都一致认为：不幸的无政府主义者萨柯和万泽蒂未能得到公正的审判。

1927 年 8 月 23 日，出生于意大利的无政府主义者尼古拉·萨柯和巴托洛梅奥·万泽蒂被处以死刑。至此，美国拖得时间最长的一桩刑事案件最终结案。该案件成了国际上闻名一时的案件，并引起了国际社会的普遍谴责。

事情始于 1920 年 4 月 15 日，当时马萨诸塞州布雷茵特里一家鞋厂的出纳员和保安在反抗企图盗窃应发给工人的工资巨款时被人杀死。

该案发生后的第二个月，著名的无政府主义者萨柯和万泽蒂受到审判，陪审团认为对其作出有罪判决不存在什么困难。

很多人认为该案件处理得有失妥当，社会主义者和其他激进分子为争取萨柯和万泽蒂获释而积极活动，称法院是因为其政治信仰而对其作出了有罪判决。对其他人来讲，这是继续歧视移民和其他少数民族的又一证据。一位被判有罪的罪犯供认说，他参与了那次抢劫案。即使如此，也未能争得法院对该案件展开再审。1927 年 4 月 9 日，法院宣布萨柯和万泽蒂被判处死刑，因此而引起的游行示威蔓延到了马萨诸塞州——甚至美国以外的地方。游说人士到美国驻欧洲各国的使馆进行游说，费城和纽约还爆发了骚乱。

尽管萨柯和万泽蒂直到最后一直坚持说他们是无辜的，但四个月后他们还是被送到了死刑电椅上。

在这一有争议的死刑执行后达 50 年的时候，马萨诸塞州正式宣告：他们两人当时没有得到公正的审判。

有声电影的诞生

19 27年10月6日，华纳兄弟电影公司推出了世界上第一部有声电影《爵士歌手》，娱乐界从此迈进了一个新时代。

工程师和发明家们用了将近十年的时间试图研制一种能为无声的银幕配音的系统。虽然已经能够很好地完成录音，但困难在于如何实现声音和嘴部动作的协调一致。

具有讽刺意味的是，1923年当华纳兄弟电影公司人气指数有所下降时，好莱坞却开始转向赢利。与其他电影制片公司的负责人不同，萨姆·华纳认为观众将蜂拥到电影院观看有声电影。因此，他为被称作"维他风"的有声电影系统申请了专利。该系统在技术方面很不成熟，声音是由每分钟 33¹/₃ 转的16英寸(40厘米)的唱片发出的，就是根据国内标准，其效果也算是相当糟糕的。同步录音也远不完美。

1926年，华纳兄弟让大众在电影《唐璜》中粗略感受了一下"维他风"，该影片的特点是配有同步的音乐和声音效果。不过，人们是从该影片主角"爵士歌手"阿尔·乔尔森的口中第一次听到了同步配音的歌词。

《爵士歌手》中虽然只有为数不多的几次对话，但它却让人们产生了这样一种感觉：无声时代及其许多最著名的明星一夜之间变成了历史。看电影与原来的意义不同了。

▼ 低声歌手阿尔·乔尔森在第一部有声电影《爵士歌手》中为其"妈咪"演唱。

"黑人领袖"马库斯·加维事业的兴衰

19 27年11月，黑人民族主义的先驱者之一马库斯·加维被美国政府驱逐出境。

加维1887年出生于牙买加，后来靠自学成才。1914年，他创立了"全球黑人发展协会"，协会宗旨中写明其目的是要在非洲建立一个独立的黑人国家。1916年，加维迁居美国，并在哈莱姆(纽约市一地区，位于曼哈顿北部——译者注)和其他黑人聚居区成立"全球黑人发展协会"分部。

能力出众的加维以其自己主办的报纸《黑人世界》为机关报，笼络了一大批追随者，到处宣传富有争议的消息：只有摆脱白人的压迫，获得经济上的自由，黑人才能获得平等的地位。加维是出了名的贫穷商人，但他还是创办了黑人工厂联营公司——一家零售业连锁店。他一贯追求的是，用黑人的劳动生产出产品卖给黑人消费者。

1925年，深受美国当局(黑人和白人)厌恶的加维和"全球黑人发展协会"的其他成员因同发展黑人航运公司有关的邮轮假货指控而被捕入狱。经过上诉，他于1927年11月23日得到了总统柯立芝的赦免。然而，作为交换条件，加维很不光彩地以"不受欢迎的外国侨民"的名义被驱逐出境，回到其故土牙买加。尽管这实际上结束了加维的影响力——1940年，他悄无声息地离开了人世，但他却成了20世纪60年代期间黑人民族主义运动领袖的象征。

▲黑人民族主义运动的先驱——马库斯·加维。他曾是一位极具影响力的人物，最后却悄无声息地离开了人世。

4月
· 蒋介石在汉口建立政府，开始进行其"清党"活动。

5月
· 查尔斯·林德伯格成为单独飞越大西洋的第一人。
· 英国同苏联断绝外交关系。
· 日内瓦经济会议开幕。

6月
· 叙利亚德鲁土族起义结束。
· 苏联处死 20 名英国间谍嫌疑犯。
· 伦敦共产党员同法西斯分子发生冲突。

7月
· 爱尔兰民族主义政治家凯文·奥希金斯遇刺。
· 爱尔兰通过《公共安全法案》。
· 维也纳爆发抗议民族主义分子的暴乱和罢工。

8月
· 华夫脱党（又称埃及国民党——译者注）领袖扎格尔去世，纳哈斯·帕夏继任其职务。

9月
· 穆斯塔法·基马尔在土耳其议会中获得独占地位。
· 日本遭海啸袭击，造成3000人死亡。
· 美国舞蹈家伊莎多拉·邓肯去世。

10月
· 中国发现成吉思汗陵。

11月
· 中国同苏联断绝外交关系。
· 世界杯足球赛宣告设立。
· 托洛茨基和季诺维也夫被开除出苏联共产党。

12月
· 中国国民党处死 600 名共产党员。

28

新闻摘要

· 伊斯兰教不再是土耳其的国教。
· 齐柏林伯爵进行第一次横越大西洋的商业飞行。
· 保加利亚、希腊和土耳其发生地震，荷属东印度群岛火山爆发，共造成数千人死亡。
· 美国第一次进行有计划的电视节目播放。
· 英国发放第一批养老金。
· 本年度发行的影片包括劳雷尔和哈蒂主演的《两个水兵》、G. W. 帕布斯特的《潘多拉的盒子》和卡尔·西奥多·德莱厄尔的《圣女贞德》。
· 沃尔特·迪斯尼创作的卡通人物米老鼠第一次与观众见面。
· 贝托尔特·布莱希特和库尔特·魏尔创作的《三分钱歌剧》第一次公演。
· 编纂者经过70年的辛勤工作，《牛津英语词典》终于得以出版发行。
· 本年度出版的图书包括大卫·赫伯特·劳伦斯所著的《查特莱夫人的情人》、伊弗琳·沃所著的《衰落与瓦解》和奥尔德斯·赫胥黎所著的《针锋相对》。

1月
· 斯大林将其所有的政敌处死或驱逐出境。
· 英国泰晤士河决堤，造成伦敦14人死亡。
· 作家托马斯·哈代去世。

2月
· 英国委任统治下的约旦获得自治。

结束一切战争的条约——《凯洛格—白里安公约》

协约国在第一次世界大战中获得胜利后，世界舞台上的大人物开始思考未来怎样才能避免这种灾难性的战争。大多数人将其希望寄托于国际联盟——调解争端以及采取共同行动反对军事侵略的国际组织。然而，国联从一开始就存在着重大缺陷，因为并非世界上所有的主要国家都签约加入了该组织，其中最引人注目的是美国并未加入国联。

美国拒绝加入国联，这一问题成了美国国会中激烈争论的焦点。事实上成立国联主要是总统威尔逊的构想，这使问题变得更难以解决。根据国联盟约，当其他任何成员国受到攻击时，其他成员国对其负有保护和军事介入的义务，威尔逊的反对者对此表示反对。许多美国人都认为，美国军队在对他们来说并没有什么直接利益的一场战争中牺牲了过多的军人。

法国外长阿里斯蒂德·白里安建议：如果美国不加入国际联盟，法美两国将签署条约，宣布放弃战争行动。而美国国务卿弗兰克·比灵斯·凯洛格则建议：其他国家也可以签署该条约。因此，1928年8月27日，包括英国和德国在内的15个国家的代表签署了《凯洛格—白里安公约》，又称《巴黎公约》。在随后的几个月里，世界上其他各主要国家——一共60个——先后签署了该公约。

毫无疑问，《凯洛格—白里安公约》的宗旨是高尚的，但由于存在许多制约因素以及解释不够确实，结果该公约并没有发挥什么作用，只不过是一项一般的声明而已，即在处理国际争端的时候，要争取和平，反对战争，而很少有人会反驳这种观点。《凯洛格—白里安公约》几乎完全没有产生什么效果。有些人将其视为美国安抚其欧洲盟友的一种方式，而美国并未作出任何可以兑现的承诺。

作为一位富有想像力的政治家，阿里斯蒂德·白里安还以第一次公开提出联合欧洲的设想而知名，在1930年的国际联盟会议上他就提出了这一建议，但当时并未得到认真的对待。

▼ 阿里斯蒂德·白里安（左）和弗兰克·比灵斯·凯洛格（右）宣布要争取和平，反对战争。其他60个国家赞同他们提出的这一观点。

人类偶然发现青霉素

1928年9月，发生在伦敦一家医学实验室的一起偶然事件导致了20世纪最重要的发现之一——抗生素药物青霉素。

在伦敦圣玛利亚医科学校学习的时候，细菌学家亚历山大·弗莱明在一连串的金黄色的葡萄球菌实验中注意到培养基上的一块区域上意外地受到了一种绿色的霉的污染。通过仔细观察，他发现细菌不能在这些受到污染的区域上面生长，这使他相信：

事实上霉里面的某种物质——他称其为青霉素——能将细菌杀死。经过进一步的实验，弗莱明惊讶地发现青霉素能够抑制人体感染处的普通活性细菌的生长。

令弗莱明受挫的问题是，他缺乏必要的化学知识来分离出这种化学成分。因此，他意识到他的这一发现将可能令世人震惊，但此时他无法将其投入到实际应用中。

他将这种工作留给了其他人，其中最为著名的是牛津大学的研究员生物化学家厄恩斯特·钱恩和病理学家霍华德·弗洛里，他们两人于1940年成功地分离并纯化了青霉素。在取得这一突破后，他们接着进行了人体临床试验。结果表明，青霉素是已发现的最有效的无毒抗生素。

1945年，弗莱明、钱恩和弗洛里获诺贝尔医学奖，其工作的重要性得到了认可。尽管现在有些人体细菌对青霉素产生了一种免疫力，但各种各样的青霉素仍在现代医学中继续发挥着非常重要的作用。

▲细菌学家亚历山大·弗莱明对青霉素的发现成为20世纪最重大的医学进步之一。

苏联第一个"五年计划"

▲"构成主义"画家为称赞斯大林的第一个"五年计划"制作的引人注目的宣传板："建立社会主义，确保大国地位。"

1928年10月1日，约瑟夫·斯大林宣布苏联第一个"五年计划"开始实施，这是一项野心勃勃的旨在实现普遍工业化和农业集体化的经济战略。

在实行这一计划期间，苏联取得了大量的工业发展成果，如用于水力发电的第聂伯河大坝。苏联还建成了许多往往只发展一种单一工业的新的大工业城，大约有900万工人从农村转移到新工厂里务工。这一体系是为实现一个中央集权的委员会设定的产量目标而建立起来的。为实现这些生产定额，必须发展重工业。

然而，并不像放映的大量宣传影片中所表现的那样，苏联工人并非完全一致拥护"五年计划"。这并不奇怪，因为自从1924年列宁逝世后，他们实际得到的工资价值已经下跌了80%。面对这种情况，斯大林采取了强制措施，包括对反对的声音实施严厉的惩罚。工人会因违反车间无关紧要的规定而被投进监狱；盗窃工厂财物者将被判处死刑。此外，政府还禁止工人在劳动之外的自由活动，这意味着未经有关领导人员的许可，工人就不能离开其工作岗位。

斯大林称赞第一个"五年计划"的完成为一项伟大的成就，它在苏联国内宣传方面发挥了重要的作用——事实上，苏联政府正式宣称在四年内实现了包括工业产量增加两倍在内的目标。第一个"五年计划"在建立现代化的工业国家过程中发挥了重要的作用，而当60年过后苏联走向瓦解时，公布的真实数字显示工业产量每年仅增长5%。

▼斯大林工作时的照片：历史证明约瑟夫·斯大林善于操纵苏联的国家宣传工具以提升个人形象。

3月
· 美国加利福尼亚州水坝溃决，造成至少450人死亡。
· 华夫脱党领袖纳哈斯·帕夏出任埃及总理。

4月
· 中国国民党军队发动大规模进攻。
· 日本占领中国山东省。

5月
· 意大利对具有参与投票资格的人数作出限制。
· 中国国民党军队在抗日过程中蒙受巨大损失。

6月
· 蒋介石领导的国民党军队占领北京。
· 阿梅莉亚·埃尔哈特成为飞越大西洋的第一位女性。
· 英国妇女选举权运动领袖埃米林·潘克赫斯特去世。

7月
· 埃及国王福阿德发动政变，随后成为独裁者。
· 墨西哥当选总统奥夫雷贡遇刺。

8月
· 韦尼泽洛斯领导的自由党赢得希腊选举。
· 第九届奥林匹克运动会在阿姆斯特丹举行。
· 15个国家签订禁止战争的《凯洛格—白里安公约》。

9月
· 阿尔巴尼亚变成以索古为国王的君主国。
· 普鲁士放松限制阿道夫·希特勒公开演讲的禁令。
· 意大利同希腊签订《友好条约》。

10月
· 苏联开始实施第一个"五年计划"。
· 蒋介石当选为中国总统。

11月
· 共和党党员赫伯特·胡佛当选为美国总统。

12月
· 英国正式承认中国国民党政府。

'29

新闻摘要

- 墨西哥国家革命党成立。
- 苏联富农受到斯大林的迫害。
- 玛格丽特·邦德菲尔德成为在英国内阁中任职的第一位妇女。
- 德国失业率高涨。
- 埃德温·鲍威尔·哈勃发现哈勃定律。
- 本年度发行的影片包括第一部电影音乐片,哈里·博蒙特导演的《百老汇的旋律》。
- 美国柯达公司研制出彩色胶片原材料。
- 第一张电视彩色图像在美国展示。
- 本年度出版的图书包括埃利切·玛丽·雷马克所著的《西线无战事》、罗伯特·格雷夫斯所著的《向一切告别》和欧内斯特·海明威所著的《永别了,武器》。

1月
- 国王亚历山大一世成为南斯拉夫的独裁者。
- 列昂·托洛茨基被逐出苏联。
- 美国法律的推行者怀亚特·厄普去世。

2月
- 印度爆发宗教骚乱,造成一百多人死亡。
- 意大利同梵蒂冈签订《拉特兰条约》。
- 英国女演员利利·兰特里去世。

3月
- 北京宣布实施军事管制。
- 法西斯分子赢得意大利单一政党选举。

情人节大屠杀

人们本来认为1929年2月14日——情人节是世界情侣的节日,而阿芳斯·卡蓬犯罪团伙却有着与众不同的打算。

自从1920年禁酒令颁布后,在美国各大城市中出现了一种新型的歹徒。非法生产和销售酒类产品变成了一种大宗买卖,而对地区控制的对抗也变得激烈起来。

当化装成芝加哥警察的卡蓬团伙进入位于北克拉克大街2122号的一家非法啤酒商店的车库时,凶杀案发生了。在那儿,他们发现了"臭虫"乔治·莫兰团伙的7名成员。乔治·莫兰当时经营着一家日渐缩小的非法生产和销售酒类产品的公司,他一度曾是卡蓬的强大对手和牺牲品戴恩·奥巴尼翁的得力助手。卡蓬团伙的目的很简单,就是要让乔治·莫兰破产。他们不愿进行谈判也不愿看到对方妥协,而是命令被其俘获的人背靠着墙,然后用机枪扫射,将其打倒在地。

在这一地区发生黑社会谋杀案是习以为常的事情,但卡蓬组织绝对残忍的突袭却成了头条新闻,而且同弗朗西斯·斯科特·菲茨杰拉德的小说一样,这种残忍也完全变成了爵士乐时代的象征。尽管警方不久就查清了本次凶杀案的元凶,但他们却没有足够的证据对其作出有罪判决。

▼遇害歹徒的血肉模糊的尸体。警方没有充足的证据对其主要嫌疑犯阿芳斯·卡蓬作出有罪判决。

第一届奥斯卡金像奖

20世纪20年代末期,好莱坞面临抉择。电影业因有声电影的诞生而受到了人们前所未有的喜爱,但普遍的道德堕落却给观众留下了不好的印象。政府采取了自己的行动,设立了"海斯办公室"——向电影制片人提供道德接受度清单的一种审查机构。而电影业内部也感到有必要提高自己的尊严。著名的米高梅电影公司总裁路易斯·B.梅耶提出了每年举行一次颁奖仪式的想法。

奥斯卡金像奖是根据新成立的美国电影艺术与科学学院命名的,其目的是公开奖励该学院的演员、剧作家、技术人员、导演和制片人等五类人当中的优秀人物。

1929年5月,为1927—1928年摄制的影片而举行的第一届奥斯卡金像奖颁奖典礼在好莱坞罗斯福大酒店简朴的环境下举行。第一批获奖的有影片《翼》(这是一部第一次世界大战期间昙花一现的影片,而且可能是无声时代的最后一部巨作)、剧作家本·赫克特和制片人杰克·华纳。获奖者获得了"小雕像"——一个将一把剑插入一卷电影的高为34厘米(13.5英寸)的镀金人像。

这些奖项引来了冷嘲热讽,弗朗西斯·马里恩评论说:"小雕像是电影业完美的象征:一位手握一把闪闪发光的宝剑的身强力壮的人,装着脑子的头部有一半被切掉了。"

从此以后,奥斯卡金像奖每年颁发一次,现在还向世界各地进行现场直播。不过，直到1931年美国电影艺术与科学学院图书馆馆长玛格丽特·赫里克作出即兴评论——"他看起来就像我的叔叔奥斯卡"时，才出现了非正式的名字"奥斯卡金像奖"，"小雕像"因此也成了家喻户晓的奖品。

▶珍尼特·盖诺接受由道格拉斯·费尔班克斯颁发的奥斯卡金像奖。她因出演《七重天》、《日出》和《街头天使》而受到人们的普遍赞赏。

巴勒斯坦紧张形势加剧

19 29年8月24日，第一次现代暴力——阿拉伯起义造成47名犹太人死亡，阿拉伯人同犹太人之间的紧张关系达到了顶点。英国政府派军队前往恢复秩序，但希伯伦接着又爆发了多次起义。这次冲突是有关犹太人接近西墙（常常被称作"哭墙"）的争执而引起的。这个地方作为犹太希律王宫殿惟一的遗迹对犹太人而言一直是圣地，而作为被认为是先知穆罕默德升天之处的萨赫拉清真寺的遗址对穆斯林来说也是圣地。

1922年国际联盟批准了1917年提出的《贝尔福宣言》，该宣言称英国政府保证支持犹太人建立民族国家。此后，在整个20世纪20年代期间，巴勒斯坦的形势变得越来越难以驾驭。当委任统治生效后，犹太复国主义者得以统治约旦河东岸巴勒斯坦的一块区域。犹太人成立了犹太复国主义政府，建立了犹太复国主义政治体制，世界各地的犹太人纷纷向该地区迁移，要求得到土地并建立新的社区。

虽然委任统治协议条款努力保护本地区非犹太人的利益，但阿拉伯领导人并不赞成成立新的国家。他们本来就强烈反对英国人的统治，尽管他们承认该地区对犹太人具有特殊意义，但他们担心大量的犹太人涌入会使他们渐渐失去领土。另一方面，英国政府同世界犹太复国主义组织（正是这一组织施加的压力促成了新国家的成立）联系，看来英国政府偏袒犹太人。

1929年8月爆发的阿拉伯起义导致133名犹太人死亡。一百多名阿拉伯人也在起义中死亡，他们大多是被前往恢复秩序的英国军队打死的。在随后展开的皇家委员会调查中，沃尔特·肖尽管提到了阿拉伯领导人对其领土的担忧以及未来很有可能再发生冲突，但同时态度强硬地谴责了阿拉伯领导人。他可能没有想到他的话多么具有预见性。

▼关于接近耶路撒冷神圣的"哭墙"的争执一度引发了阿拉伯人同犹太人之间的暴力冲突。

4月
·托洛茨基拒绝接受德国向其提供的政治庇护。
·英国皇家空军进行第一次从英国至印度的不间断飞行。

5月
·德国共产党举行暴力游行示威。
·日本军队从中国山东撤退。
·英国工党在大选中获胜。
·好莱坞颁发第一届奥斯卡金像奖。

6月
·以拉姆齐·麦克唐纳为首相的英国工党内阁成立。

7月
·日本政府崩溃。
·托洛茨基拒绝接受英国向其提供的庇护。
·《凯洛格—白里安公约》开始生效。
·法国总理雷蒙德·普安卡雷因健康原因辞职，阿里斯蒂德·白里安继任其职务。
·罗马教皇庇护十一世离开梵蒂冈。
·中国同苏联爆发边界冲突。

8月
·巴勒斯坦的阿拉伯人和犹太人爆发冲突。
·甘地当选为印度国民议会议长，但他拒绝接受该职务。
·俄罗斯芭蕾舞团经理谢尔盖·佳吉列夫去世。

9月
·玻利维亚和巴拉圭之间的战争结束。
·美国股票价格创历史新高。

10月
·"黑色星期四"致使华尔街崩溃。
·英国同苏联恢复外交关系。

11月
·日本开始入侵满洲。

12月
·中国同苏联签署《伯力议定书》。
·土耳其政府授予妇女选举权。

华尔街崩溃

在 20 世纪 20 年代的"爵士乐时代",大多数美国人和一些欧洲人的生活水平得到了史无前例的提高,这一时代常被称作生活堕落的时代。然而1929 年 10 月,这一时代突然停顿了下来。华尔街纽约股票交易所遭到了彻底的崩溃。世界各地都感受到了这一事件所产生的影响,经济变得不景气起来,这给 20 世纪 30 年代的大部分时间蒙上了一层阴影。

从 20 世纪 20 年代中期开始,美国经济就得到了自由发展,并于 1929 年9 月初达到了最高点。这一年的早些时候失业率开始上升,当时就听到一些传言说会发生麻烦。不过,在许多主要的资金管理人开始清算数额巨大的证券之前,华尔街在很大程度上具有复原的能力。这些资金管理人的行为导致股票市场价格出现了突然下跌的趋势。在随后的一个月里,随着不稳定的金融形势的加剧,谣言四起,股票市场体系的相对脆弱性开始暴露出来。不久,投机商就开始指示其经纪人廉价出售其手中的股票,此举导致股票价格进一步下

▲华尔街呈现出一片恐慌的景象。当市场崩溃毁灭了数以千计的个人财富后,成千上万的投资者聚集在纽约证券交易所前。

跌。这种信任危机很快就升级为全面恐慌,这种现象发生在 1929 年 10 月 24日,这一天后来被称作"黑色星期四"。

这一天上午的交易比平常要活跃,但到了中午气氛变得狂热起来。自动收报机用纸条供不应求。任何握有股票的人看来都在抛出自己手中的股票,而不问价格高低。努力减少损失的小额投资者丧失了个人发迹的希望。对世界范围内的任何一家股票交易所来说,这都是最具灾难性的一上午。下午,当

非常有影响力的股票投资机构 JP 摩根证实它相信华尔街会走出困境后,股票价格变得稳定下来,并出现了小幅回升。其他许多

家其他银行和主要投资者开始全部买下销路不好的股票,因为他们相信这些股票已经降至最低价。截至下午 3 时最后一声铃声

▶来得快,去得快。对这位距破产只差 100 美元的年轻投资者来说,现金成了最想得到的东西。

▼为了阻止快速升高的失业率并刺激经济，美国总统胡佛宣布价值1.75亿美元的一揽子资助计划。

响起，纽约股票交易所共完成12894650股的交易。

人们希望"黑色星期四"是价格不再反映其实际价值的膨胀市场造成的一次性后果。很少有人为后来还要发生的事情作好了思想准备。在接下来一周的星期一上午，市场开盘不利，继续猛跌，第二天达到了最低点。1929年10月29日——不久就被称作"黑色星期二"，共完成1600万股的交易。当时价格非常低，纽约股票交易所实际上已完全崩溃。美国的许多富人一夜之间变得一无所有。有些人无法勇敢地

▼新安装的自动收报机用纸条为投资者提供股票价格升降的最新情况。

面对随后将要发生的事情，而选择了自杀，县级信托公司总裁詹姆斯·赖尔登就是这样。

按照其固有的自由贸易的传统，美国政府避免对金融市场进行直接干预。然而，总统胡佛发现自己面临着越来越大的压力，不得不采取行动以增加人们对美国经济的信心。他请求国会追加1.75亿美元为一项市政建设计划提供资金支持，以重振建筑业，同其他行业一样，建筑业已有数千人失业。为防止再发生毁灭性的市场崩溃，胡佛成立了一个由400名美国大商人、银行家和工业巨头组成的委员会。

在随后的十年当中，为刺激经济，美国政府采取了日益急切的措施，但什么也无法避开随之而来的"大萧条"。世界各地都感受到了"华尔街崩溃"的后果。造成"黑色星期四"后果的猖獗投机买卖为以后的十年定下了基调。在

▲政府派警察前去处理华尔街纽约国库分库大楼外出现的混乱场面。

以后的三年中，股票价格继续下跌。1932年12月，股票平均值比1929年最高点低了79%。

引起"华尔街崩溃"的具体事件很难说清，但人们为此提出了许多理论。虽然股票市场对美国经济起着举足轻重的作用，但同银行系统一样，其复杂的机制要完全依赖于投资者的信心。同时它也依赖于稳定的经济环境，即当一位投资者决定出售一家公司的股票时，他通常会购买别的股票。正如事件所证实的一样，当大多数投资者对股票市场准则丧失信心的时候，股票市场体系本身完全无法正常运转起来。

毫无疑问，引起最初的华尔街泡沫突然破裂的

一个因素是海外投资者在其中所起的作用。第一次世界大战后，由于本国经济千疮百孔，许多外国人抓住机会分享"柯立芝繁荣"的成果。这种庞大外部资金的注入促使华尔街股票价格人为地攀升起来，实际上这种高价绝不可能保持下去——事实上，据报道，一些股票价格是其每年所能产生的股息的150倍。在20世纪20年代末期，随着欧洲经济逐渐从几年的战争中复苏过来，外国投资者重新对其本国市场充满了信心，于是他们开始从美国撤出，而转向在本国股票市场经营的公司。到"黑色星期四"到来时，欧洲的许多大投资商已经低价出售了其手中的大部分股票。

1930-39

20世纪30年代可以概括为恐惧与疯狂的年代。世界仍处于1929年10月爆发的股票市场大崩溃引起的剧痛中，严重的失业问题对西方各国政府构成巨大压力：1929年，失业者占劳动力总数的比例大约为4%，而在此后的三年里，西方国家有五分之一的工人找不到养家糊口的工作。由于各国连续几届政府对这种状况熟视无睹或束手无策，"大萧条"的阴影迅速扩散到整个欧洲和美国。直到1933年，随着富兰克林·德拉诺·罗斯福当选总统后实施的金融改革，美国经济才出现转机。罗斯福通过制定《国家工业恢复法》逐渐恢复了人们对银行体系的信任。大规模公共建设项目创造了数百万个新的就业机会，为最艰难的人们提供了宝贵的帮助。到这个年代中期，经济状况开始缓慢复苏。但就在此时，欧洲的战争阴云再一次吸引了全世界关注的目光。

1936年，西班牙处于内战的血雨腥风中。新生的共和国政府面临着聚集在军队中的法西斯分子发动的叛乱。随着分裂局面的出现，战争迫在眉睫。西班牙充满了各种尖锐的矛盾：工人反对雇主；天主教反对世俗论者；农民反抗地主。这些矛盾还导致了各派政治观念的斗争，甚至使一些家族陷入自法西斯将军佛朗哥实施独裁统治后长达数十年的不和与纷争。

然而，最令世界震惊的事件却发生在德国。1918年，推翻了皇帝威廉二世的统治之后，德国在20年代的多数时期处于混乱状态。巨额的战争赔款摧毁了德国经济，造成大量的失业和普遍的饥荒。1930年，极右翼的国家社会主义党（简称"纳粹"）领袖阿道夫·希特勒逐步就如何解除德国苦难提出了自己的主张。他将罪恶的矛头指向犹太人和共产党人，用蛊惑人心的手段宣称只有他的主张才能"恢复祖国的昔日辉煌"，因而迅速骗取了大批群众的支持。1933年掌权之后，纳粹分子对德国境内的少数民族实施了一系列恐怖行动，而犹太人则首当其冲。希特勒宣称犹太人掌握着德国的经济命脉，他们只知道为自己赚钱却不考虑其他民族和整个德国的利益。他的这种嫁祸于人的手段使大批犹太人在30年代不断遭受迫害，并被驱赶到犹太人集中营。

1937年，当法西斯叛军在西班牙内战中连遭惨败时，希特勒第一次抓住了干预外国事务的机会。他派遣德国的"容克"式轰炸机携带大批炸弹轰炸共和国政府军驻守的巴斯克城，造成数千人死亡。这种杀伤力巨大的武器成为未来战争的可怕缩影。

希特勒的崛起最初并未引起世界的严重关注。真正的改变出现在1938年，希特勒派军队越过本国边境进入奥地利。随后奥地利宣布"自愿"与德国合并，组成所谓的"第三帝国"。然而他的"向伟大德国未来的进军"不仅没有停止，反而愈演愈烈。他的军队又闪电般冲过了与捷克斯洛伐克交界的苏德台边境线。1939年9月1日，100多万德国军队大举入侵英国的盟国——波兰。两天后，英国首相内维尔·张伯伦向英国人民宣布对德宣战。从第一次世界大战的硝烟中走出仅仅21年之后，欧洲再次陷入全面战争的火海。

'30

新闻摘要

- 西班牙共和运动风起云涌。
- 苏联宣布农场集体化；斯大林开始清除富农。
- "大萧条"造成美国人口流出超过流入。
- 葡萄牙成立法西斯国民统一党。
- 中国出现大饥荒。
- 缅甸、意大利和日本发生大地震，死亡数千人。
- 这一年的优秀电影包括：约瑟夫·冯·斯坦博格的《蓝天使》和路易斯·迈尔斯通的《西线无战事》。
- 诺埃尔·考沃德的戏剧《私生活》在伦敦公演。
- 乌拉圭在首届世界杯足球赛决赛中4：2战胜阿根廷，获得冠军。
- 澳大利亚板球选手迪昂·布拉德曼在一次测试比赛中，以创纪录的334回合战胜英国队。

1月
- 埃及国民党组成政府，结束了18个月的独裁专制。
- 西班牙独裁者瑞维拉首相辞职；达玛索·伯尔格尼尔将军接管政权。
- 印度国民大会要求完全独立于英国。

2月
- 印度第一个"不可接触者"当选地方议院议员。

斯大林清除富农

1930年6月，苏联领袖约瑟夫·斯大林重新开始推行强硬的农业集团化政策。由于对庞大的个体农业经济深感不安，斯大林起初希望劝说单干的农民放弃手中的土地加入国营的集体农庄，但遭到他们的顽强抵制。于是，斯大林创造了在农民中划分等级成分的方法。一部分较富裕的农民被列为所谓的"富农"，是人民的敌人。"富农"的含义相当灵活和宽泛，实际上，农村中所有反对斯大林集体化政策的人都可能被视为"富农"。

在斯大林和苏联的其他政治家们看来，农民的"小资产阶级"观念是不能容忍的，个体农民阶层是建设纯粹共产主义国家的绊脚石。1929年12月斯大林下令清除富农。

起初，"清除"并不意味着"处决"富农，而是没收他们的土地并将他们投入监狱或全家流放到严寒荒僻的西伯利亚。有些地方允许富农留下来，但必须加入集体农庄。

到1930年春，苏联已有过半农民加入集体农庄，但这项政策严重损害了农业生产力，农民们因被迫遵循斯大林的意志而深感不满。鉴于有关方面预测集体农庄的产量将大低于往年，斯大林不得不让步。他宣布不愿加入集体农庄的农民可以脱离。但他没有料到大批农民纷纷离去，于是又采取极端的强迫手段恢复执行集体化政策。这个过程导致无数农民死亡。

▼ 斯大林对土地所有者阶层——"富农"宣战。他认为他们是对共产主义的威胁。这些农民不久将被迫加入集体农庄。

第九颗行星被发现

1930年2月18日，美国天文学家克莱德·汤姆勃（Clyde Tombaugh）在浩淼的星空背景中锁定了一个移动目标，从而完成了对这个"失踪的"第九颗太阳行星的搜索。此前，天文学家在研究了天王星和海王星的不规则运行轨道之后，认为在更遥远的太空深处可能存在着一个未知的神秘星球。他们在位于美国亚利桑纳州弗莱格斯塔夫的劳维尔天文台，对这颗以希腊和罗马神话中的地下王国之神命名的第九大行星进行了多次探测。这项工作最初由该天文台创建者柏塞沃·劳维尔领导。劳维尔于1916年逝世，生前曾两次试图发现这颗行星，但均未获成功。

成功的探索始于1929

年。这一年，该天文台购买了33厘米口径的新型天文望远镜，并聘请业余天文爱好者克莱德·汤姆勃执行艰苦乏味的夜空搜索任务。经过对连续拍摄的夜空照片进行反复对比之后，终于发现了这颗"失踪的"行星——冥王星。

冥王星围绕太阳运行一圈的时间为248年，是自天文望远镜发明以来，人类发现的第三颗太阳系行星（前两颗是天王星和海王星）。地球上肉眼可以看到的其他行星是水星、金星、火星、木星和土星，由于人们在夜空中可以观察到它们的移动，因而被称为"行星"。

▲ 发现冥王星的业余天文爱好者克莱德·汤姆勃。但最近的研究使一些科学家认为，从严格意义上说，冥王星不是行星而是小行星。

福尔摩斯系列
侦探小说的作者逝世

▲ 亚瑟·柯南道尔爵士，最伟大的侦探福尔摩斯的创造者。现在仍是英国最受欢迎的作家之一。

1930年7月7日，享誉世界的福尔摩斯系列侦探小说作者亚瑟·柯南道尔爵士在英国埃塞克斯郡考姆堡逝世，终年71岁。

柯南道尔1859年5月22日出生于苏格兰的爱丁堡，年轻时在爱丁堡大学学习医学，毕业后作为开业医生直到1891年。在大学学习期间，他遇到了一位具有缜密推理能力的讲师。这位讲师成为他后来塑造大侦探歇洛克·福尔摩斯的原型。

这部世界最著名的侦探系列小说是从1887年出版的短篇小说《血字的研究》开始的。从1891年起，柯南道尔定期在《小说连载》杂志上发表福尔摩斯侦探系列小说。这些故事中还有另一个重要人物，福尔摩斯的朋友华生医生。这位心地善良却时常出些小错的绅士帮助福尔

摩斯侦破了许多扑朔迷离的罪案。华生的人物性格与福尔摩斯的严谨冷峻以及犯罪大师莫里迪亚的狡诈凶狠形成鲜明的对照。

尽管这些小说大受欢迎，令众多读者爱不释手，但柯南道尔很快就于1893年构思了一个情节，让主人公福尔摩斯在一次侦探行动中遇难。不料此举竟引起公众的强烈抗议，柯南道尔不得不绞尽脑汁又将福尔摩斯从死亡中挽救出来。

柯南道尔的作品不断被改编为广播剧、动画片和电影故事片，使福尔摩斯更加深入人心。即使在柯南道尔逝世后，还有以福尔摩斯、华生和莫里迪亚为主要人物的新小说不断出现。美国的福尔摩斯迷们甚至模仿伦敦的"歇洛克·福尔摩斯"协会，将纽约的一条街道注册为贝克大街（小说中的福尔摩斯住在伦敦的贝克大街）。世界其他国家也出现过类似的福尔摩斯崇拜者团体。

▲ "福尔摩斯正在进行艰难的化学分析。"1893年版《海军谈判》的彩色插图。

3月
· 印度圣雄甘地开始"向海洋进军"，以抗议征收盐税。
· 英国失业人口超过150万。
· 德国政府对议会反对削减福利表示不满。
· 作家D.H.劳伦斯、德国海军上将阿尔弗雷德·冯·提卑斯、美国前总统威廉·霍华德·塔夫特和英国前首相亚瑟·詹姆斯·巴尔沃逝世。

4月
· 苏联给予集体农庄优惠政策。
· 日本、英国、法国、意大利和美国签署海军裁军协议。意大利开始实施军舰建造计划。
· 27岁的英国女子艾米·约翰逊成为第一个单人驾机从英国飞到澳大利亚的女性。

5月
· 甘地被捕引发印度骚乱和罢工。
· 英国和埃及就苏丹危机进行对话。
· 奥斯瓦德·莫斯莱爵士脱离英国工党政府以表示对严重失业的抗议。克里门特·埃特里取代他的职务。

6月
· 最后一批协约国军队撤出德国莱茵地区。
· 斯大林声称他的大清洗运动有利于苏联。
· 英国的西蒙报告建议在印度各省实施地方自治。
· 因与弗阿德国王发生冲突，埃及政府辞职。

30

新闻摘要
•••••••••

7月

· 波斯和土耳其发生库尔德人骚乱。

· 中国共产党军队进攻汉口。

· 英国派遣两艘军舰前往埃及,镇压反英起义。

· 福尔摩斯的创造者亚瑟·柯南道尔爵士逝世。

8月

· 加泰罗尼亚民族党和西班牙共和党结盟,争取加泰罗尼亚自治。

· 秘鲁军事政变迫使总统辞职。

· 波兰大规模群众示威迫使政府改组,乔佐夫·皮尔索德斯基任总理。

· 英国失业人口达到200万。

· 苏联军队在敖德萨枪杀二百多名罢工者。

· 道格拉斯·麦克阿瑟任美国陆军总参谋长。

9月

· 纳粹党在德国大选中获胜;希特勒由于是奥地利人而未能在议会中获得席位。

· 经济萧条迫使加拿大通过紧急法律。

· 西班牙停止实行检查制度。

· 剧作家萧伯纳拒绝接受贵族头衔。

悉尼港口大桥即将竣工

▲作为最伟大的现代工程之一,悉尼港口大桥在设计上可满足公路、铁路运输和行人通行的要求。

在许多人看来,悉尼港口大桥是现代世界的伟大奇迹之一。1930年,最后两片钢梁在中间合拢,预示着这座大桥即将竣工。这座雄伟壮观的大桥于1924年开始建造。但由于悉尼港海水过深,无法利用传统的临时支撑法建造大桥,因此人们决定将悬吊在两岸桥墩上的钢梁向中间伸展,然后合拢成为当时世界跨度最大的拱形桥梁。8月13日,这座跨度五百多米的桥梁在中间合拢。

悉尼港口大桥采用高强度硅钢板建造,是世界上用这种材料建造的最重的桥梁。这座双链拱桥以两岸巨大岩石桥墩为基础,桥面高出水平面56米,上面铺有四条铁轨、两条步行道和一条宽17米的车行道。虽然两道拱形钢梁已在1930年夏天合拢,但整个建筑工程直到1932年才最后完成。此后还需进行日常维护。

这座桥梁是拉菲尔·弗雷曼爵士的众多杰出设计之一。弗雷曼1880年11月27日生于英国伦敦,是著名的"弗雷曼、福克斯及伙伴"公司的主要建筑设计师。他还设计了横跨津巴布韦和赞比亚边境的赞比西河维多利亚大桥和南非的五座大桥,以及新西兰的奥克兰海港大桥。

阿比西尼亚的新皇帝

1930年11月2日,阿比西尼亚摄政王、皇位继承人塔法里亲王接受加冕,成为这个古老的北非王国的新皇帝。他的名号为"海尔塞拉西",意思是"三位一体的权力"。

1892年7月23日,海尔塞拉西生于海亚附近的塔法里,是萨哈·塞拉西的长孙。他的父亲拉斯·玛勘昂是曼尼莱柯二世皇帝的首席顾问。海尔塞拉西从法国传教士那里接受教育。由于天资聪颖、能力过人,他很快就当上了海亚省省长。尽管身为省长,但他通过集中化的行政措施,逐步扩大中央政府的权力,削弱贵族势力。

1913年,曼尼莱柯二世皇帝逝世后,他的孙子里奇亚速继位。但里奇亚速的统治未能持久,因为他的强烈的阿拉伯倾向令占人口大多数的基督教徒非常反感。在这种情况下,海尔塞拉西抓住机会于1916年废黜了里奇亚速。1917年,曼尼莱柯二世的女儿朱蒂图成为阿比西尼亚女皇,封海尔塞拉西为塔法里亲王。

1923年,海尔塞拉西成功地让阿比西尼亚接受法制国家制度。1924年,他促使阿比西尼亚与欧洲各国建立外交关系,这是该国历史上的第一次。1928年,海尔塞拉西被加封为摄政王,并在1930年朱蒂图女皇逝世后成为皇帝。

1935年,意大利入侵阿比西尼亚,海尔塞拉西被迫流亡,直到1941年意军撤退,才在英国的帮助下重掌大权(当年,阿比西尼亚改名为埃塞俄比亚)。

海尔塞拉西病故于1975年8月26日。也有人说他死于埃塞俄比亚的军事政变。

▲"犹太之狮",埃塞俄比亚皇帝海尔塞拉西,在位长达45年,其中只有意大利墨索里尼军队入侵期间中断了6年。

日本首相
滨口雄幸遇刺

▲日本首相滨口雄幸在东京火车站遇刺,九个月后不治身亡。

11月14日,日本首相滨口雄幸在东京火车站被一个极右组织成员开枪射击,身受重伤。滨口雄幸是日本第一个由温和的民主党组阁的首相,在1930年的选举中再次当选。但迅速崛起的右翼集团对他的政策非常不满。

滨口雄幸1870年5月1日生于日本的高知市,很小的时候就被过继到滨口家。1895年,他于东京帝国大学毕业后进入日本大藏省,1914年当选日本国会议员。1924年被当时的首相加滕隆章先后任命为大藏大臣和内务大臣。

滨口雄幸不幸在世界经济大萧条期间当选首相。此时日本正经历着严重的通货膨胀。为制止疯狂上涨的物价,滨口雄幸试图重新回到黄金本位制,但这种政策在全球大萧条的现状下严重损害了日本经济,并引起社会动荡。

随后他又试图以政府文官控制军队,因而与手握实权的军方领导人产生龃龉。这在当时日本全民崇尚武士道精神的情况下是非常危险的举措,也使其他政治家深感不安。极右翼集团则明确表示这位内阁首相是国家的敌人。滨口雄幸终因伤重不治,死于第二年8月26日。

10月
· 爱尔兰在伦敦会议上要求独立。
· 英国要求制止犹太人向巴勒斯坦移民。
· 土耳其和希腊签署友好条款。
· 英国将威海海军基地交还中国。
· 英国R101号飞艇坠毁,死亡44人。
· 芬兰发生未遂法西斯政变。
· 巴西军事政变,基图兰·沃加斯博士被任命为总统,实行独裁统治。
· 德国亚深发生煤矿瓦斯爆炸,260多名矿工死亡。
· 纳粹在柏林举行反犹太人示威。
· 法国开始在与德国交界地区建造马其顿防御体系。

11月
· 阿比西尼亚皇帝海尔塞拉西加冕。
· 日本首相滨口遇刺。

12月
· 奥地利社会民主党组成新政府,奥托·安德尔任总理。
· 最后一批协约国军队撤出德国萨尔地区。
· 西班牙发生反政府未遂兵变。
· 英国驻印度旁遮普邦行政长官遇刺受伤。
· 美国作家海明威获得诺贝尔文学奖。

'31

新闻摘要
· · · · · · · · · ·

· 中欧国家出现金融危机。
· 英国给予英联邦地区独立司法权。
· 英国推出"试验"福利制度。
· 印度的国民抵制运动继续进行。
· 首次不间断飞越太平洋成功。
· 当年公演的著名影片包括：查尔斯·卓别林的《城市之光》、弗雷茨·朗的《我们的自由》和《百万富翁》、罗宾·蒙里安的《化身医生》、詹姆斯·沃尔斯的《弗兰克斯汀》和莫恩·罗伊的《小霸王》。
· 《星条旗永不落》被确定为美国国歌。
· 威廉·沃尔顿的《伯沙撒的盛宴》在英国利兹首次公演。

1月
· 德国失业人口接近500万。
· 圣雄甘地出狱，与英国统治当局谈判。
· 皮埃尔·拉维尔任法国总理。
· 丘吉尔辞去影子内阁职务，以抗议给予印度更大独立权的政策。
· 苏联著名芭蕾舞演员帕芙洛娃逝世。

帝国大厦高耸入云

5月的第一天，在美国总统赫伯特·胡佛的主持下，纽约帝国大厦首次敞开它的大门。

这座位于曼哈顿第五大道34街的世界最著名的摩天大楼是由谢尔夫、兰博和哈蒙建筑师公司设计的。这座全钢结构的建筑共有102层，高380米，是当时世界最高的大厦，并保持这个纪录直到1954年。1950年，它的顶端又加装了一个高达68米的电视天线，使其总高度达到450米。1985年这根天线被一根造型更现代的天线所取代。

帝国大厦已成为纽约不可错过的标志性建筑，并曾在《金刚》和《西雅图不眠之夜》等多部好莱坞电影中出现。尽管它在设计上主要作为办公楼，但实际上已成为著名的旅游观光景点。

◀ 20世纪最伟大的标志性建筑之一——纽约帝国大厦。

热气球升空新纪录

5月27日，瑞士出生的比利时物理学教授奥加斯特·皮卡尔和他的同事查尔斯·凯弗乘坐教授自行设计的热气球升空，到达海拔15577米高度，那里的气压只有海平面的十分之一。他们打破了当时人类乘坐热气球升空的最高纪录。

皮卡尔1884年1月28日生于瑞士巴塞尔的一个学术之家（他的父亲朱莱斯和哥哥都是化学教授）。1922年，皮卡尔成为布鲁塞尔大学应用物理学教授。在那里，他进行了一系列有关确定宇宙射线性质的实验。但这些实验必须在15240米以上的高空进行，才可能获得成功。因此，皮卡尔决定对热气球的设计进行彻底的改造，在上面安装一个增压舱。这个设想在当时没有先例，却可以保证皮卡尔和凯弗在相对安全的条件下进行实验。1930年，皮卡尔在比利时几位金融家的帮助下，造出了这种气球，并在1931年利用它创造了新的升空纪录。

1932年，皮卡尔再次乘坐热气球升空。这次他到达16935米的高度。后来，他又和儿子杰克斯一起乘坐带有类似设计的增压舱潜水器，测量海洋深度。

奥加斯特·皮卡尔的科学精神和冒险勇气感动了许多人。比利时著名漫画家埃尔热的风靡全球的连环画《丁丁历险记》中的卡尔库鲁斯教授就是以他为原型塑造的。

▼ 为了检验他的有关宇宙射线性质的理论，奥加斯特·皮卡尔教授准备进行创纪录的升空探险。

英国广播公司开始电视广播

5月 8 日，英国广播公司（BBC）开始在伦敦进行电视广播。这个世界广播史上的重大事件是一项为期 7 年的新技术试验和检测计划的一部分。此时，BBC 一直在研究利用苏格兰工程师、发明家约翰·巴尔德研制的设备，进行定期电视广播的可能性。

巴尔德于 1926 年首次成功地展示了电视图像。他用机械方式扫描移动图像，然后通过电子方式将这些图像连续显示在一个小屏幕上。这些图像只有 30 线，每秒钟扫描 10 次。尽管它的分辨率非常粗糙，却足以证明这种技术的可行性。但对于巴尔德来说，不幸的是 BBC 没有采用他的设备，而是选择了马可尼公司设计的更先进的系统，并于 1936 年起从伦敦的亚历山大宫开始定期广播。

▲亚历山大宫，英国广播公司最初所在地。从这里开始的电视广播在 20 世纪媒体中扮演着越来越重要的角色。

德国银行发生货币危机

1931 年 7 月，德国银行系统出现全面崩溃，其根本原因可以追溯到第一次世界大战。

根据战后签订的《凡尔赛协议》，德国必须赔偿战争给协约国造成的损失；协约国则希望用这些赔款偿还战争期间所欠美国银行的债务。而德国用于赔款的大部分资金也是从美国重新借贷的。1929 年美国股票市场大崩溃以后，这种货币的流转方式便走到了尽头。

尽管欧洲作为一个整体并未立即受到影响，但美国资金的流出却明显减缓，而到 1931 年则完全停止。为了偿还自己的债务，许多投资海外的美国人开始将资金调回国内，使大批外国企业濒临绝境。这种行动使英国和奥地利的经济深受影响。而对已经被赔偿压得喘不过气的德国则更是雪上加霜。

1931 年 5 月奥地利信贷银行宣布破产后，美英等西方担心资金安全，纷纷从德国抽回短期资金。在从 6 月初到 7 月中旬的短短六个星期内，德国中央银行就被提取了价值 20 亿美元的黄金和外汇。由于外资大量抽走，德国黄金储备减少 42%。德国政府于 1931 年 7 月下旬宣布停业两天，德国四大银行中的两家随即破产，同年 9 月宣布停止支付外债，禁止黄金自由输出。这种情况引起了巨大的社会动荡，并成为导致希特勒上台的重要因素。

▲库蒂斯博士和布鲁宁博士代表德国出席"七国"会议。没有贷款，德国就没有能力支付战争赔偿。

2 月
· 英国前工党领袖奥斯瓦尔·莫斯里爵士组建新党，并声称该党可拯救国家。
· 印度总督埃尔温爵士首次与甘地会谈。
· 纳粹要求德国废除现行法制。
· 托洛茨基被剥夺苏联公民权。

3 月
· 印度国大党停止国民抵制运动；印度释放政治犯。
· 印度坎普尔发生穆斯林与印度教徒冲突，两百多人死亡。
· 秘鲁海军发动政变。
· 因对选举改革提案存在分歧，英国自由党与工党密切关系接近破裂。

4 月
· 西班牙大选后，共和派要求国王阿方索十三世退位；国王逃亡，共和派组建以革命领袖阿尔卡拉·萨莫拉为首的临时政府。
· 德国不顾欧洲其他国家的反对，与奥地利组成关税同盟。
· 埃及与伊拉克签订友好条约。

5 月
· 中国国民党分裂集团在广东另立政府。
· 金融危机席卷奥地利。
· 保罗·杜默尔当选法国总统。
· 罗马教皇庇佑十一世谴责共产主义。
· 穆斯塔法·凯末尔再次当选土耳其总统。
· 奥加斯特·皮卡尔和查尔斯·凯弗成为首次到达大气同温层的人。

31

日本侵占中国东北

1931年9月18日凌晨，日本军队突然袭击驻扎在沈阳的中国军队。这些守卫南满铁路的日军以铁路被炸为借口，对沈阳驻军发起进攻。在杀死七八十个中国士兵之后，迅速占领了全城。中国当局认为日军此举是为侵占整个东北而挑衅，为避免扩大事态，给日本造成口实，便下令中国军队不准抵抗。但中国人民认为日本右翼军人集团的最终目的就是吞并东北进而占领整个中国。

多年来，日本一直在想方设法占领中国东北。中日甲午战争后，他们企图霸占这块地方，但俄国为了自身的利益联合法国和德国，迫使日本收敛其扩张野心。但1904年日俄战争后，日本从俄国手中夺得了东北南部的控制权。1911年辛亥革命以后，中国得以在某种程度上控制该地区。1915年，日本强迫中国接受21项要求（即臭名昭著的"二十一条"），由日本派兵"保护"东北，允许日本"租赁"该地区99年，并给予日本在该地区的商务特权。

中国当局的软弱被动态度，更加助长了日军的侵略气焰。五个月后日军便占领了整个东北。1932年，日本将中国东北三省合并为所谓的"满洲国"，并扶植前清朝皇帝溥仪作为他们的傀儡。

◀日军突然进攻中国沈阳驻军，未遭遇认真抵抗，很快便占领整个东北。

爱迪生逝世

10月18日，美国最伟大的发明家托马斯·阿尔瓦·爱迪生在新泽西州西奥润奇逝世，享年84岁。爱迪生一生共创造了1093件专利，并率先将实验室成果推向工业生产。这些成就使他当之无愧地成为世界最知名的美国人。

在他奉献给世界的众多发明中包括电灯泡、留声机、炭极式传音器（至今仍用于电话机和话筒）、实用电光和电力系统（全国电力网的雏形）、无线电发报机、革命性的电力铁路以及许多后来用于制作电影的技术。

爱迪生1847年2月11日生于俄亥俄州的米尔兰。在学校读书时，由于听力缺陷再加上老师教育无方，他的学习成绩很差。1863年，爱迪生提前四年退学，进入电报局当学徒。他在那里辛勤工作了六年，终因部分失聪无法迅速而准确地操作无线电设备而被解雇。但这时他已奠定了进行发明创造的基础——个人天赋加上牢固的基本知识和刻苦的钻研精神（他的一句名言是：天才就是一分灵感加九十九分的汗水）。

1871年，爱迪生与16岁的玛丽·斯蒂维尔结婚。玛丽给他生了三个孩

新闻摘要

6月
- 苏联宣布第二个五年计划。
- 波兰和苏联签订商务条约。
- 奥地利基督教社会党组成以卡尔·布鲁斯科为首的新政府。
- 西班牙左翼党派赢得大选。

7月
- 英国财政委员会预测政府将出现巨大预算赤字。
- 朝鲜发生反华骚乱。
- 德国纳粹党与民族党结盟。
- 挪威与丹麦就格陵兰岛主权问题发生争端。
- 随着德意志银行破产，德国金融危机加剧。所有银行关门长达三周。

8月
- 中国长江洪水泛滥，造成大饥荒。
- 英国首相雷姆斯基·麦克唐纳辞职；并被工党开除。
- 英国组成联合政府以平衡预算。
- 苏联与法国签订互不侵犯条约。
- 圣雄甘地到达英国，讨论印度的未来。

9月
- 英国实行严厉的经济法案，造成社会不安。

▲ 启迪一代人的伟大发明家爱迪生将每次失败都看作下一次成功的必由之路。

子,后因患脑膜炎死于1884年8月。两年后,爱迪生与俄亥俄州一个富有的企业家的女儿,20岁的明娜·米勒结婚。同年,即1886年,他在新泽西州的西奥润奇建立了一个新的实验室。

80岁以后,爱迪生仍坚持他的发明工作,却无法取得过去那样的成就。但人们将永远记住这个为全世界带来光明的人。

爱迪生的一生勤奋好学,刻苦钻研,对人类作出了巨大贡献。他成功的"秘诀"是什么?他除了有一颗好奇的心,一种亲自试验的本能,就是他具有超乎常人的艰苦工作的无穷精力和果敢精神。当有人称爱迪生是个"天才"时,他却解释说:"天才就是百分之一的灵感加上百分之九十九的汗水。"

黑帮大盗卡彭入狱

10月,美国著名黑帮头目"刀疤脸"埃尔·卡彭因罪证确凿被判处11年监禁并支付罚款和法庭费用8万美元。1934年8月,在亚特兰大监狱服刑的卡彭被转移到新建的阿尔卡特扎监狱,并在那里一直囚禁到1939年11月。由于先前患有梅毒病,卡彭被保释就医,进入巴尔迪摩的医院,最后又从那里回到位于佛罗里达的家中。

卡彭是一个意大利移民家庭的第四个儿子。他的犯罪生涯开始于纽约布鲁科林区的詹姆斯街头黑帮。1919年,卡彭混迹于芝加哥色情业,后来参与美国禁酒期间的非法贩酒活动。到1929年,卡彭通过各种血腥的暴力手段,控制了整个芝加哥的犯罪集团。其中最著名的黑帮

火并事件发生在1929年2月14日,卡彭集团的人马伪装成警察,在芝加哥北部的一个汽车修理厂,杀死了敌对的"臭虫莫兰"帮的大部分人。这就是黑帮史上臭名昭著的"圣瓦伦丁日大屠杀"。

卡彭从独霸的赌博、色情和非法贩酒活动中获得了巨大的收益。20年代期间,他从这些行业获得的收入高达1亿美元。但芝加哥警察当局无法(或者是不情愿)将他绳之以法。尽管收入如此巨大,卡彭却没有向联邦税务局缴纳任何税费。阿尔卡特扎的审判使他的罪恶走到了尽头。1947年1月25日,破了产的埃尔·卡彭死于贫病交加之中。

▼埃尔·卡彭在监禁保释证书上签字。美国国内收入署(IRS)在芝加哥警察局20年无所作为之后,终于取得他犯罪的确凿证据。

· 英国12000多名海军官兵在苏格兰兵变,抗议裁减薪金。
· 有关印度独立的第二次圆桌会议在伦敦举行。
· 奥地利发生法西斯政变。
· 日军在沈阳袭击中国军队。

10月
· 美国著名黑帮大盗埃尔·卡彭入狱。
· 最长的悬索桥华盛顿大桥在纽约建成。
· 由麦克唐纳领导的国民政府在英国大选中获胜。
· 伦敦群众示威抗议降低工资。
· 曼纽·阿赞扎成为西班牙总统。
· 各国在日内瓦达成停止武器生产12个月的协议。
· 美国发明家爱迪生逝世。

11月
· 麦克唐纳组成新的英国国民政府内阁。
· 甘地身穿腰布在白金汉宫觐见英国国王乔治五世。
· 纳粹党在德国海塞州大选中获胜。
· 中国东北实行临时停战。

12月
· 西班牙实行新的共和宪法;阿尔卡拉·萨莫拉当选总统。
· 梵蒂冈图书馆大火,烧毁大量图书。
· 荷兰成立荷兰纳粹党。
· 英国政府警告甘地,不能容忍可能威胁英国对印度统治的事情。

新闻摘要

．．．．．．．．．．

- 苏联发生大饥荒。
- 卡尔·金斯基创立无线电天文学。
- 维生素C被分离出来。
- 乔治五世国王首次对英联邦和欧洲发表圣诞节演说。
- 悉尼港口大桥正式开通。
- 人类首次实现原子分裂。
- 亚原子、中子被发现。
- 当年公演的著名影片包括：莫恩·罗伊的《逃亡》、罗宾·蒙里安的《今夜之恋》、詹姆斯·威尔士的《老黑屋》、霍华德·霍克斯的《表面》、恩斯特·吕贝斯克的《天堂陷阱》、劳瑞尔和哈第的《八音盒》以及马克斯兄弟的《马匹》。
- 当年出版的名著包括：阿德斯·赫斯利的《勇敢的新世界》、埃弗林·沃弗的《黑色小淘气》、海明威的《午后之死》和格拉姆·格林的《斯坦堡特快车》。

1月

- 印度重新开始全民不合作运动；国大党被宣布非法，甘地和其他领导人被捕。
- 德国拒绝继续支付战争赔款。
- 日军侵占中国上海。
- 西班牙北部共产党起义被镇压。

"帕拉"之死

4月5日，一匹名叫"帕拉"的冠军名马在美国被毒死。这一事件在长期以来被视为体育运动之王的赛马界引起巨大震动。"帕拉"（意思是"闪电"）是赛马运动史上罕见的最优良赛马之一。出事当天，"帕拉"一直待在位于加利福尼亚曼罗公园的一个私人牧场里，它的主人大卫·戴维斯正在与人协商比赛事宜以及该马的电影合同。

帕拉通常在澳大利亚参加比赛，平时也圈养在那里。1929年，它在悉尼附近的玫瑰山赛场上第一次夺冠，引起人们的热情关注。从当年9月起，它在所参加的比赛中大获全胜，因而名声鹊起。1930年，它在春季狂欢节赛马项目中，一周内连续五次拔得头筹，成为经

▲澳大利亚的骄傲，赛马场超级明星"帕拉"第一次在美国观众面前展示它的雄姿。

典传奇。尽管帕拉为深爱它的众多马迷们赢得不少赌彩，但遭到一些人的忌妒。在隆重的德比大赛日，1930年11月1日，一位著名图书出版商看到帕拉很可能超过他投下巨额赌金的那匹马，竟蓄意开枪击倒帕拉。幸亏专职驯马师汤姆·伍德柯克的勇敢行动，才挽救了它。

伍德柯克伴随着帕拉来到美国。4月5日早晨，他发现帕拉生病了。尽管作出了最大努力，胃部大量出血的帕拉还是死于当天中午。随后进行的调查发现，这匹马是因为吃了含有大量铅砷酸盐杀虫剂的草料而死亡的。当时的澳大利亚总理约瑟夫·列昂称帕拉的死"是一个大悲剧"。

小林德伯格死于绑架

1932年3月1日夜晚，查尔斯·林德伯格夫妇年仅21个月的儿子在位于美国新泽西州侯波威尔的家中被绑架。绑匪通

◀林德伯格幼小的儿子遭绑架和杀害的消息震动全美。当凶手布鲁诺·豪波曼被电椅处死时，人人拍手称快。

过一架梯子进入幼儿房间，抱走孩子并留下一张勒索5万美元赎金的字条。这一罪行立即登上美国各种报纸的头条。这不仅是因为事件本身，而且因为孩子的父亲查尔斯·林德伯格是许多美国人心中的英雄。他曾于1927年首次单人驾驶"圣路易斯"号单引擎飞机从纽约直飞巴

黎，创造了不间断飞行的世界纪录。

尽管绑架者留下了勒索赎金的字条，但再也没有与林德伯格夫妇联系。在通过各种媒体向绑架者呼吁之后，绑架者安排一位名叫约翰·勘顿的退休教师前往纽约布鲁尼克斯区伍德兰德墓地领取赎金，以换取小林德伯格平安回家。然而赎金交出后，这可怜的孩子却没有回来。实际上，他早在被绑架时（或者此后不久）即惨遭

杀害。5月12日，孩子的尸体在林德伯格家附近被发现。

孩子的尸体被发现后，当局立即展开大规模侦缉凶手的行动。美国各大报纸都刊登了绑匪领取的赎金钞票号码，但直到两年后，其中一张钞票才被发现。1934年9月15日，一个有过多次犯罪记录的德国出生的木匠布鲁诺·豪波曼，在纽约布鲁尼克斯区的加油站用这张钞票支付汽油费时当场被捕，并于1935年1月2日送交审判。

▲位于新泽西州侯波威尔的林德伯格住宅，30年代震动全美的罪案之一就发生在这里。林德伯格儿子的尸体于被绑架两个月后在这所住宅附近发现。

尽管他百般抵赖，但充足的证据迫使他不得不认罪。警察在搜查他家时，发现了11000美元的赎金钞票、退休教师约翰·勘顿的电话号码以及用于修理绑架用的梯子的木板等各种确凿证据。1935年2月13日，豪波曼被判处死刑，并立即用电椅执行。

科克罗夫特和华尔顿分裂原子

19 32年，物理实验硕果累累。英国剑桥大学的两位物理学家约翰·科克罗夫特与欧内斯特·华尔顿通力合作，成功实现了锂原子的分裂。他们用一台极高能量的粒子加速器轰击锂原子核，将锂原子转变为氦。这是人类首次利用人工粒子加速手段实现的核反应。

科克罗夫特和华尔顿在剑桥卢瑟福实验室完成的这项实验，是人类第一次通过完全由人工控制的方法使原子核发生嬗变。在这个反应中释放出的巨大核能为验证爱因斯坦质能关系式提供了第一个重要的实验依据。另外，这个实验还证实了伽莫夫对入射粒子进入核内的几率的估算。这些入射粒子尽管受到了核电荷的排斥，但是它们仍能深入原子核的内部。

科克罗夫特和华尔顿创造性的工作，使加速器成为现代物理实验室不可缺少的基础设备，其作用就好比医生的显微镜和天文学家的望远镜，是物理学家观测物质世界的重要工具。粒子加速器可将亚原子粒子（即"电子"）加速到80万电子伏特，这将在锂原子中产生高能质子波束。这些质子的冲击改变了锂的原子结构，使它转变成氦原子。尽管改变原子的实验目的已经达到，但与千百年来炼金术士梦想的"点石成金"相比，这仅仅是迈向成功的第一步。

这两位科学家在他们的同行基础物理学家鲁泽福特的支持下，并由剑桥大学增拨了1000英镑经费，继续制造更大的粒子加速器。由于杰出的成就，科克罗夫特和华尔顿共同获得1951年诺贝尔物理学奖。

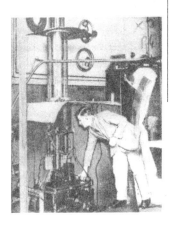

◀ 科克罗夫特正在调整他的"原子分裂器"加速泵。他和华尔顿的实验对20世纪科学发展产生了重大影响。

· 法国平息摩洛哥骚乱。

2月
· 60个国家参加日内瓦裁军会议。
· 立陶宛发生法西斯政变。
· 埃蒙·瓦尔拉领导的爱尔兰共和党在爱尔兰自由区选举中获胜。
· 日本在中国东北建立伪满洲国。
· 德国纳粹党选择奥地利出生的希特勒作为该党总统候选人，他同时获得德国国籍。

3月
· 芬兰镇压法西斯暴乱。
· 中国军队迫使日军撤出上海；2000多人阵亡。
· 埃蒙·瓦尔拉被爱尔兰议会任命为总统。
· 保罗·兴登堡在德国大选中战胜希特勒，当选总统。
· 前清皇帝溥仪成为伪满洲国"总统"。
· 爱尔兰共和军重申将要继续进行暴力活动，直到建立统一的爱尔兰共和国。
· 查尔斯·林白的21个月大的儿子被绑架，其尸体两个月后被发现。

4月
· 德国取缔纳粹党"风暴兵"。
· 兴登堡在德国第二次大选中再次获胜；纳粹通过选举扩大影响。
· 爱尔兰议院表决不再效忠英国王室。

5月
· 阿米拉·埃尔哈特首创女子单人飞越大西洋。
· 法国总统保罗·杜默尔被暗杀，阿尔伯特·利布伦继任。
· 日本首相养毅遇刺。

阿米拉·埃尔哈特创造飞行纪录

新闻摘要

· 奥地利组成联合政府。
· 德国总统海恩勃格迫使总理布鲁宁辞职。
· 日本和中国签订停战协议。

6月
· 西班牙发生政变,实行君主立宪制。
· 德国内阁排除纳粹,并禁止在军队建立纳粹组织。
· 意大利两人因试图谋杀墨索里尼而被处死。

7月
· 德国在劳伦斯谈判中,接受战争赔偿条件。
· 葡萄牙总统卡曼纳任命奥利弗里亚·苏拉扎为总理。
· 比利时改革法律,承认法语和佛兰德语为官方语言。
· 美国总统胡佛命令军队制止退伍军人在华盛顿的示威。
· 德国大选后,纳粹成为国会最大政党。
· 第10届奥林匹克运动会在美国洛杉矶举行。

8月
· 西班牙兵变被镇压。
· 希特勒拒绝在帕潘手下担任副总理。
· 随着纳粹与共产党的冲突,柏林爆发骚乱。
· 胡佛总统承认禁酒令已失败,要求废除该法令。

◀ 阿米拉·埃尔哈特被人们亲切称为"林迪女士"。她曾多次打破飞行纪录,不幸于1937年失踪。尽管有30000多人参与搜救,但始终没有发现她的遗体和飞机。

19 32年5月20日至21日,来自美国堪萨斯州的前社会工作者阿米拉·埃尔哈特单独驾机飞越大西洋,成为创此纪录的第一个女性。此前她曾于1928年6月作为乘员飞越大西洋。尽管她由于那次飞行已获得普遍赞扬,但她仍认为需要进行一次单独飞行以证明自己的实力和荣誉。

阿米拉·埃尔哈特生于1897年7月24日,第一次世界大战期间曾在加拿大当护士,后来到美国波士顿担任社会工作者。1931年她与出版商乔治·帕特纳姆结婚,但仍保留自己的姓氏。

在成功地实现单人驾机飞越大西洋后,她又在美国各地进行了一系列公益广告飞行,以增强人们对航空事业的支持,并通过自己的精彩表演鼓励更多女性参与过去由男性独霸的军事飞行领域。

1935年1月,她又迈出了极为大胆的一步:单人驾机从夏威夷飞到加利福尼亚。过去也曾有几个飞行员试图尝试此举,但都不幸死在途中,主要是由于这段航程远远超过横跨大西洋的航线。但埃尔哈特最终完成了其他人未能做到的事情。接着,她又将眼光转向更广阔的世界。

1937年,她驾驶一架洛克希德公司制造的"伊莱特亚"号双引擎飞机,开始了她的环球飞行。与她同行的是导航员弗里德·诺安。7月2日,在已经完成了三分之二的航程后,这架飞机消失在中太平洋的某个区域。人们再也没有收到埃尔哈特和诺安的消息,也没有发现这架飞机的踪迹。此后,人们对她们的命运进行了种种猜测。有人认为她们被日本海军逮捕,甚至还有人相信她们落入外星人的手中。

▼ 阿米拉·埃尔哈特驾驶这架"美国情人"号飞机飞越大西洋,成功降落在爱尔兰的伦敦德里附近的库尔摩尔,创造了单人飞行新纪录。

洛杉矶奥运会

8 月,伴随着盛大的开幕式,第10届世界奥林匹克运动会在美国洛杉矶举行。可惜,由于世界范围的经济大萧条使参加本届运动会的国家减少,而运动员人数不到1928年在荷兰举行的上届运动会的一半。而且其中许多人还声称负担不起到洛杉矶的旅费。

本届运动会首次使用了奥运村,当时是专门为参赛的男选手建造的。女选手则住在洛杉矶市区的一家旅馆。田径比赛在新扩建的洛杉矶体育场进行,那里新铺设的碾压煤渣跑道非常适合跑步竞赛。裁判采用最新的电子计时和终点摄影技术,使本届运动会创造的10项新的世界纪录令人信服。美国成为田径项目的霸主,共赢得11块金牌。

现代奥运会始于1896年在希腊雅典举行的奥运会。那次运动会向所有愿意参加比赛的人开放,也没有组成各个国家队,有些比赛甚至是由前来参观的旅游者进行的。田径比赛在仿照公元前330年的古运动场建造的潘纳茨尼克体育场进行。

在那次运动会上还

举行了全程26英里（大约四万米）的首次现代马拉松长跑比赛。公元前490年，雅典人打败了入侵的敌军，一个年轻士兵从马拉松跑步向远方的人们传递胜利消息不幸累死。该项目是为了纪念他而设立的。古代奥林匹克运动会起源于希腊，其中一些项目如标枪等一直流传至今，成为比赛的规定项目。

▲1932年奥运会。这座漂亮的奥运村是各国男运动员的家。女选手住在城里的旅馆。

罗斯福成为美国总统

1932年接近尾声时，美国与世界各国一样，仍深陷于前所未有的经济大萧条中。当四年一度的大选临近时，许多选民感到在位总统，共和党人罗伯特·胡佛没有为受苦的人们做多少事情。人们在绝望中期待着民主党总统候选人富兰克林·罗斯福和他提出的摆脱困境的"新措施"。在11月8日这个竞选的决定性时刻，罗斯福以22822000票对胡佛15762000票的绝对优势当选美国总统。同时，民主党也在国会参众两院获得多数席位。

当罗斯福于1933年3月4日进入白宫办公室时，许多人认为他在如此恶劣的情况下担任总统，纵有过人才干，也难以力挽狂澜。这个国家的大多数银行都已倒闭，工业生产在四年内降低了一半，1300万工人失去了工作。罗斯福忍受着早年患小儿麻痹症造成的残疾，坚定地挑起了拯救祖国的重担。他对美国人民说："……惟一让我们畏惧的东西就是畏惧本身。"这使整个国家振作起来。在人民的全力支持下，他创建了美国历史上最有效的政府，实现了经济复苏。

罗斯福1882年1月30日诞生于纽约一豪富家庭，1900至1907年先后在哈佛大学、哥伦比亚大学攻读历史、政治和法律。大学毕业后曾担任律师。从1913年起任美国海军部助理部长7年。1928年任纽约州长。

1929年美国爆发严重的经济危机，他提出"要为美国人民实行新政"的纲领，博得资产阶级的赞赏和部分群众拥护。

▼富兰克林·罗斯福总统（右）与佐治亚州的两位农场工人合影。他认为竞选成功的关键在于接触普通劳动者。

· 赫尔曼·戈林当选德国议会主席。

9月

· 世界和平会议在日内瓦举行。

· 西班牙给予加泰罗尼亚更大自治权。

· 德国总理帕潘解散议会。

10月

· 英国奥斯沃德·莫斯利建立英国法西斯同盟。

· 斯大林实行大清洗，许多列宁时期的老战友遭流放。

· 伦敦发生骚乱，新教徒上街发泄对"饥饿3月"的不满。

· 民族主义政府控制匈牙利。

· 伊拉克独立。

11月

· 第三次印度问题圆桌会议在伦敦举行。

· 德国重新选举，纳粹失利，未能掌握国会多数。

· 美国民主党候选人富兰克林·罗斯福在总统大选中以绝对优势获胜。

· 德国总理弗兰茨·帕潘辞职；希特勒未能组成联合政府。

12月

· 德国共产党与纳粹在国会发生冲突。

· 德国组成以科尔·舒勒克尔为首的中左联合政府。

· 法国总理海里奥特辞职；约瑟夫·保罗邦库组成新政府。

· 英国宣布释放印度的近3万名囚徒。

· 英国作品《福尔赛世家》的作者约翰·加斯维奇获诺贝尔文学奖。

经济大萧条

'32

到1932年，人们已看出西方国家陷入了历史上最严重的经济危机。这场由1929年10月纽约股票市场价格崩溃引发的"大萧条"，首先向美国全国蔓延。随着股市价值在1929—1932年间剧降80%，成千上万的小投资者变得血本无归、倾家荡产。而股票贬值引起的美国银行紧缩银根，又将经济危机的狂潮推向其他工业化国家。

在短短的四年里，美国就有近半数的银行倒闭。许多美国人由于不再信任本国的经济体制而不愿将钱存入金融机构，宁可留在自己手里。人们的消费和支出大为减少，导致产出进一步下降。到1932年，美国制造业产量下降到只有1929年的一半。产出水平的巨幅下降又造成美国工人失业率在三年内达到30%。

从第一次世界大战时期起，欧洲各国一直依赖美国银行的贷款：战败的德国需要从美国借款以支付战争赔款；英法等战胜国也希望通过美国的投资振兴经济。但这些债务也对许多欧洲国家的经济造成重大伤害，特别是英国和德国这两个美国最大的债务国。当美国由于国内资金匮乏而减缓资金外流时，这些欧洲国家也开始陷入危机。到1932年，美国对欧洲的投资贷款完全停止，给英国和德国经济造成沉重打击。

德国的失业人口自纽约股市崩溃后开始攀升，到1932年猛升到600万。这意味着每四个工人就有一个没有工作。英国的数字尽管没有这么高，但影响同样严重。为保护本国产品，限制进口，大多数国家都将进口关税提高到无法接受的水平。而这些贸易措施却在整体上对经济造成了更大的损失。到1932年底，世界贸易量下降到不足1929年的一半。

除了"大萧条"造成的经济灾难外，世界市场的萎缩还带来了其他的重要

▲ 20年代末开始的"大萧条"给资本主义工业化国家带来了空前的经济灾难，使四分之一以上的美国家庭丧失了他们的财产。

▶ 华尔街的老板们只是损失了财富，而最受打击的却是下层工人。失业使他们面临饥饿。

影响。在美国这个税率和政府权力都较低的国家，新当选的罗斯福总统不得不花费更多的精力向人民推行他的新措施。这为改变美国经济结构创造了机会，使政府得以增强对工商业的监管并大力促进公共基础设施的建设。尽管政府实施了许多雄心勃勃的项目，但并没有立即对经济复苏产生人们所希望的效果。到1939年，美国的失业率仍高达15%。

在欧洲，"大萧条"的政治影响更值得关注。从整体上看，过去被普遍视为极端组织的法西斯和共产党的人数都大幅增长，在各国议会中的席位也显著增加。虽然英国只有极少数人追随法西斯主义，但德国却成为法西斯滋生蔓延的家园。希特勒在战争赔偿造成的严重经济危机中浑水摸鱼，迅速夺得国家大权。这种现象使一些历史学家确信，如果没有"大萧条"造成的恶劣经济环境，德国纳粹不可能如此迅速崛起，直至掌握国家政权。而希特勒通过大规模的公共设施建设和军备生产，使德国经济在1936年迅速恢复，也使他的权力基础更加稳固。

最后，也正是希特勒的扩张野心点燃的第二次世界大战结束了全球经济大萧条的时代。英国直到欧洲战火纷飞、军工厂重新生产时，才从经济萎缩中振作起来。失业的人们回到车间、矿山和码头，还有一些人走向法国的战场。欧洲的战争同样对美国经济产生了重大影响。武器的大量需求使美国兵工厂一片繁忙。1941年，随着美国加入战争，"大萧条"也终于结束了。

总之，"大萧条"暴露了资本主义工业化国家的经济弱点。第二次世界大战后，各国政府都或多或少地增强了经济监控，力求通过法律和税赋手段保持经济稳定，避免重蹈20世纪30年代全球经济大危机的覆辙。

◀ "大萧条"带来的经济萎缩使广大劳动群众产生怨恨，形成滋生极端组织的温床。

▼ 与许多美国乡村人一样，这些阿肯色州的采棉工人不得不背井离乡寻找工作。

新闻摘要

· · · · · · · · · · · ·

· 纳粹迫使大批犹太人离开德国。

· 流行性感冒席卷欧洲。

· 当年公演的著名影片包括：马里安·库波利欧内特·斯科得塞克的《金刚》、詹姆斯·威尔士的《隐身人》、亚历山大·柯达的《亨利八世的私生活》、罗宾·蒙里安的《克里斯蒂娜女王》和马克斯兄弟主演的《鸭汤》。

· 当年出版的名著包括：乔治·奥维尔的《穿梭于巴黎和伦敦之间》和列昂·托洛茨基的《俄国革命史》。

1月

· 西班牙实行战时法律。

· 希特勒任德国总理。

· 爱尔兰共和党在爱尔兰选举中获胜。

· 埃德瓦尔德·德拉迪尔成为法国总理。

2月

· 美国金融危机迫使银行关闭。

· 日军进攻中国；不顾世界压力，日本退出国联。

· 美国当选总统罗斯福遭遇未遂暗杀。

· 德国国会被纵火。

3月

· 罗斯福正式就任美国总统。

"流线体形"之旅

长期以来，英国人习惯将缺乏体育道德的行为斥为"简直没有板球精神"。不幸的是，板球这项非常高雅和广受喜爱的项目本身却因英队在远征澳大利亚的一系列比赛中的粗野行为而蒙羞。1月，一封来自澳大利亚板球协会的电报被送到米度塞克斯郡板球俱乐部，投诉英国队部分队员缺乏体育道德的行为。以攻球手哈劳德·拉伍德为首的这些球员采用一种被称为"流线体形"的投球方式，以极快的速度将球投向澳大利亚队的守垒员，迫使他躬身躲避，而场上其他队员则不得不时刻准备用腿部阻挡飞驰而来的板球。尽管这种战术使这项上流社会喜爱的运动变得斯文扫地，却帮助英国队以4:1战胜澳大利亚。

▶ 澳大利亚击球手伍德福躬身躲避"捣蛋鬼"哈劳德·拉伍德的快速投球。尽管有著名球员布雷德曼在场，澳大利亚队仍丢掉了冠军。

罗斯福的新措施

富兰克林·罗斯福在美国经济大萧条的艰难时期走上权力舞台。很明显，他必须为挽救美国经济做些事情。其中最重要的是要振作人民的精神。罗斯福之所以竞选总统的重要因素就是他相信自己有能力改变形势。因此他一走进白宫便立即开始实施他的著名的"新措施"。

这些新措施包括帮助农场主恢复农业生产、制定平衡的预算、实施大规模公共设施建设并对一些重要行业实行政府监管。6月16日，他提请国会批准《国家工业复兴法》。这个法令旨在通过两种方式振兴经济：第一，发放30亿美元的联邦基金用于扩大公共设施建设，以期创造100万个新工作岗位。第二，组建国家振兴管理委员会，其任务是制定工商业管理条例，使雇主和工会协商确定工作时间、公平的工资以及合理的产品价格。

有些人认为罗斯福的新措施只是短期内的权宜之计。公共设施建设计划进展缓慢，难以为大批失业工人提供直接的帮助，而国家振兴管理委员会很快也会变成办事拖拉推诿的官僚机构。实际上，尽管新措施对刺激经济没起多大作用，却在很大程度上稳定了国民经济，为今后的增长奠定了稳固的基础。

▲ 富兰克林·罗斯福（右）和他的秘书、"新措施"的构思者威廉·伍德林（左）。

古巴政坛"走马灯"

8月，古巴发生总罢工，进而引起军队兵变，迫使统治古巴八年的齐拉多·马克哈多总统逃往美国佛罗里达州的迈阿密。

1924年，马克哈多通过提出一项反映古巴民族主义倾向的国家复兴计划而当选古巴总统。掌权后，他推出了有利于吸引美国投资和促进工业、矿业和旅游发展的税收政策。但在获得初步成效之后，他日益变得独裁起来。甚至不惜为延长自己的任期而修改宪法。1929年，纽约股票市场崩溃，引发了古巴经济危机。1931年，古巴发生骚乱，马克哈多侥幸没有下台。

他最终还是在1933年8月被推翻。卡洛斯·曼纽尔·卡斯帕迪斯被任命为临时总统。然而，一个学生激进组织和军人集团的联盟又在9月5日发动政变，将卡洛斯赶下台。哈瓦那大学的一位医学教授雷蒙·马丁被任命为临时总统。不料，他又很快被弗尔基齐奥·巴蒂斯塔领导的政变赶走。

▶ 马克哈多总统下台后，古巴陷入无政府状态。这是警察在哈瓦那大街游行。

酒类饮料重返美国

当罗斯福总统向国会提交解除禁酒令的第18条宪法修正提案时，美国人纷纷举杯欢庆。这项修正案的通过，结束了美国长达13年的禁止生产和销售酒类的历史。

自1920年美国实行禁酒令以来，一直以来许多利欲熏心、胆大妄为的人通过各种非法渠道来满足那些嗜酒如命的美国人的需求，从中大发横财。他们先是从加拿大和墨西哥边境偷运，或者用船从巴哈马或古巴走私。而政府反应是加强边境控制，并建立海岸警卫队，用高速快艇检查和缉拿海上走私船只。在"大萧条"期间，许多美国人陷入焦虑和不安，他们往往借酒浇愁。有些买不起私酒的人，就用医用酒精代替。在禁酒令颁布的最初几年，医生开出的医用酒精的处方多达数百万份。到20年代后期，有组织的走私帮派开始私下贩卖酒精给那些没有医生处方的人们。

走私分子提供的烈酒往往品质很差，有些甚至就是直接用玉米等谷物的蒸馏液体勾兑制成的。饮用这种劣质酒可能造成失明、瘫痪，甚至死亡。

禁酒令不仅缺乏美国人民普遍的认可和支持，而且使社会的有组织犯罪增加，甚至导致一些原本守法的公民也铤而走险。

◀ 好酒来啦——解除禁酒令后的第一辆满载啤酒的卡车在人们的欢呼中驶入纽约的布里威利百货商场。在经历长达13年的禁酒期后，人们终于可以开怀畅饮这琼浆玉液了。

- 纳粹在德国大选中获胜。
- 希特勒要求建立第三帝国。

4月
- 纳粹掠夺犹太人财产。
- 美国货币脱离金本位；加拿大效仿此举。
- 犹太教授被剥夺在德国执教的权利。

5月
- 日本与中国停火。
- 伦敦犹太人与纳粹分子斗殴。
- 英法德签订为期10年的互不侵犯条约。

6月
- 奥地利总理杜尔福斯禁止本国法西斯党派。

7月
- 希特勒全面禁止反对党。
- 甘地因反英行动被判处一年监禁。
- 列昂·托洛茨基和妻子到法国政治避难。

8月
- 甘地获释出狱。

9月
- 英国网球运动员弗雷德·帕里赢得美国公开赛冠军。
- 伊拉克加茨国王加冕。

10月
- 阿尔伯特·萨兰特成为法国总理。
- 纳粹德国退出日内瓦裁军会议和国联。

11月
- 美国正式承认苏联。
- 德国召开新国会；犹太人和妇女被剥夺议员资格。

12月
- 法国债券交易欺诈导致金融丑闻。
- 美国批准对宪法的21项修改，废除禁酒令。
- 罗马尼亚总统莱昂·杜卡被暗杀。

希特勒掌握德国大权

19 33年，随着阿道夫·希特勒领导的纳粹取得德国政权，整个欧洲响起警报。当时，谁也无法猜测他和他的政党会变得像魔鬼一般疯狂。20 世纪所有实施独裁专制的政治家，如苏联的斯大林和意大利的墨索里尼，都没有达到希特勒那样臭名昭著的程度。

纳粹主义的根源在于普鲁士人理想的武士社会，那里的每个人都服从军事纪律的管制。伴随着这种信仰的是傲慢的哲学家尼采提出的个人无条件服从整体的观念。希特勒继承了这些腐朽的观念，通过各种无耻的宣传使许多德国人相信：他们具有高贵的雅利安血统，他们

▲阿道夫·希特勒，20 世纪最善于蛊惑人心的政治人物。他的扩张政策直接导致第二次世界大战的爆发。

理当成为其他民族的统治者；而德国之所以没有实现这个最终目标是因为缺乏像希特勒这样杰出的领导者。

这些观点对于那些痛恨在战败后出卖德国利益以求和平的政治家的人们特别具有煽动性。第一次世界大战结束后，战败的德国必须向协约国支付1320 亿金马克的战争赔款，使它的经济一蹶不振，景况非常悲惨。20 年代的通货膨胀狂潮使富裕的中产阶级变得一贫如洗，迫使他们中的许多人在绝望中转而支持崛起中的纳粹。希特勒还巧妙地将斗争的矛头指向共产党，以博取那些恐惧共产主义的资本家和上流社会的欢

心。一些人尽管不赞成希特勒的观点，但为了阻止共产党上台，他们宁可站在纳粹一边。

在向许多德国人心中灌输了雅利安人种优越的观念之后，希特勒进一步驱使他们对他所确定的敌人实施"沉重打击"。不幸的犹太人被当作德国存在的困难的根源。希特勒将所有不满现状的人们聚集在纳粹旗下，对他们的"共同敌人"发起进攻。

纳粹组织最初非常微小。但自从 1919 年在慕尼黑的一家啤酒馆召开第一次会议以来，它迅速扩大

▼ 纳粹分子用测量鼻子宽度等野蛮手段，鉴定德国人种的"纯度"。

▲德国大选海报鼓动人们支持希特勒和兴登堡。保守势力试图用高官厚禄笼络和控制希特勒。

并开始挑战政府。到1930年德国国会选举时，纳粹党已发展到拥有107个席位，而共产党只有77个席位。这意味着当时的德国总理海因克·布鲁宁无法组成一个多数派政府。为避免政治动荡，德国总统保罗·冯·兴登堡发布一项紧急法令，允许布鲁宁继续执政两年。1932年5月，布鲁宁辞职。随后，经过7月举行的多次选举，纳粹获得国会230个席位。

为了保持传统保守势力——拥有军人或贵族背景的普鲁士精英的权力，兴登堡总统于1933年1月30日任命纳粹党魁希特勒为德国总理。兴登堡及其支持者天真地以为只要他们手中还拥有权力，就可以控制希特勒；他们相信一个卑微的前陆军下士永远也无法超越声威显赫的政坛元老。但实际上，他们的错误不仅愚蠢而且是致命的。在不到两年内，希特勒就把德国变成了一个极权国家，他自己成为"元首"，使德国的旧秩序荡然无存。

为了执行弱肉强食的法西斯规则，希特勒开始消除那些他认为不符合德国需要的因素。他利用约瑟夫·戈培尔建立的纳粹宣传机器进行各种蛊惑人心的宣传，迅速在全国掀起新的恐怖主义反犹浪潮。希特勒行使权力的第一个行动就是建立集中营。这些集中营起初用来关押反纳粹分子，其中主要是共产党人，但后来犹太人、吉普赛人、同性恋者和其他胆敢反对新统治者的人都成了这里的囚徒。

集中营的生活惨不忍睹，然而它最初的目的还仅限于摧残人们的精神而不是消灭肉体。但这种情况在第二次世界大战爆发后出现逆转。1940年，纳粹建立了第一批死亡集中营。这些堆满尸骨的集中营大部分都建在波兰。希特勒把这种滔天罪行表述为"最后解决方案"，企图用种族灭绝的手段消灭这个星球上的所有犹太人和其他"劣等民族"。在恐怖的奥斯维辛集中营，每天有12000多人被毒气毒死或被烧死。尽管希特勒最终未能实现他的罪恶野心，但仍有600多万犹太人死于他的魔掌。

▲纳粹的宣传机器将犹太社区描绘成德国经济危机的根源，号召老百姓"爱祖国"，抵制犹太商店。

▼在纳粹当政的十几年里，犹太人口锐减。希特勒的既定政策就是要将他们集中拘禁起来，然后成批处决。

'34

希特勒拒绝支付战争赔款

◀当希特勒以所有普通德国人的名义宣布拒绝支付战争赔款时,《凡尔赛条约》开始变成一纸空文。

新闻摘要

- 德国废除各州议会。
- 瑞士通过银行保密法。
- 美国黑帮头目班尼·帕克和柯莱德·巴劳被警方击毙。
- 当年公演的著名影片包括:乔治·库克的《大卫·科波菲尔》、马克·桑德奇的《离婚的人》、弗兰克·卡帕的《一夜情》和劳雷尔与哈蒂主演的《沙漠之子》。
- 当年出版的名著包括:罗伯特·格鲁夫的《我,克劳蒂斯》、亨利·摩尔的《北回归线》和米海尔·肖洛霍夫的《静静的顿河》。
- 意大利战胜捷克斯洛伐克,荣获世界杯足球赛。

1月
- 法国债券诈骗犯阿莱克斯·斯塔夫斯基死于可疑情况,导致法国政治危机。
- 奥斯沃德·莫斯利爵士在英国发动法西斯骚乱。
- 德国反对纳粹统治的牧师在家中被秘密逮捕。
- 德国颁布法令强迫"劣等人"绝育。

2月
- 奥地利社会民主党起义遭野蛮镇压,导致紧急状态。
- 摩洛哥柏柏尔族与法国军队发生冲突。
- 债券诈骗案在巴黎引起骚乱,德拉迪尔总理辞职,保罗·杜莫奇组建

1934年,希特勒在稳定了对德国的控制之后,又迈出了大胆的一步,宣布德国将不再向协约国支付第一次世界大战的赔款。希特勒敏锐地抓住了能够让德国从战败和"大萧条"造成的经济危机中恢复元气的重要机会,果断地实施大规模公共设施建设计划,其中包括兴建覆盖全国的公路交通网。这些计划不仅能为大量失业工人获得工作,更重要的是为实现他梦寐以求的领土扩张打下物质基础。同时,他还悄悄制定了恢复军工生产、重整德国武装的计划,为在不久的将来发动侵略战争作准备。

通过公开宣布不再支付赔款,希特勒要让全世界知道,德国已经或即将成为不容忽视的大国。紧接着,希特勒还将把目光转向根据停战协议而被法国和比利时军队占领的德国最重要的工业区——鲁尔。希特勒深知,此时正在"大萧条"中煎熬的各国无心卷入武装冲突,特别是经济状况日益恶化的英国,宁愿对此装聋作哑,也不会挑起事端。通过拒绝支付赔款,希特勒不仅解决沉重的债务负担,而且狡诈地试探了欧洲各国的实力和态度。

美国警察与码头工人发生冲突

7月5日成为美国历史上著名的"血腥的星期二"。这一天,美国警察与参加旧金山码头工人罢工的工会会员之间的冲突演变为一场流血的骚乱。这场罢工开始于5月9日。后来,当由雇主和相关商人组成的产业协会为达到破坏罢工和削弱工会势力的目的,试图自行将货物从码头运往城里的仓库时,双方发生冲突。

第一次打斗发生在7月3日,罢工工人试图阻止显然受雇主控制的大批警察进入码头。当警察向罢工者发射催泪瓦斯时,引起混乱和搏斗。双方多人受伤,两人被警察击毙,其中一人是银行职员,被流弹击中前额。还有几辆卡车被掀翻。

7月4日是美国独立日。码头工人没有什么行动,因为大多数人都回

◀由于当局试图破坏罢工,旧金山码头工人与警察之间发生暴力冲突。

家过节去了。但 7 月 5 日双方的冲突变成更大规模的骚乱，到 7 月 16 日又进一步引发全市总罢工。

从表面上看，这次罢工的起因是关于旧金山码头搬运工人的报酬和工作条件，但很快又被赋予了新的含义。罗斯福总统的"新措施"，特别是《国家工业振兴法》，已明确规定工人有权组织工会。但许多雇主企图违背这个法令，甚至根本无视它的存在。旧金山的罢工是对工人维护自身权利的决心的考验，也是对雇主在"新措施"出台以前长期实行不公平规则的坚决回击。

▼ "头号公敌" 约翰·迪林戈尔（右），历史上最臭名昭著的银行抢劫犯。

迪林戈尔之死

世界上最臭名昭著的银行大盗约翰·迪林戈尔最终栽在埃德加·胡佛领导的美国联邦调查局（FBI）的侦探手中，结束了他的罪恶生涯。1934 年 7 月 22 日夜晚，迪林戈尔被他的在芝加哥开妓院的老朋友安尼·赛奇（此人已被芝加哥警方控制）骗到"传记"剧院。当他从芝加哥"传记"剧院出来时，埋伏在门口的 FBI 侦探们一跃而起，将他击毙。这是 FBI 第三次试图逮捕这个美国头号通缉犯，终获成功。

迪林戈尔的死结束了轰动全美的一系列银行抢劫和越狱疑案。这些罪行曾使他数次登上各大报纸头版头条。

迪林戈尔曾在美国海军"犹太州"号军舰服役。脱离军队后，干过一些犯罪活动，后来在印第安纳州监狱服刑的七年时间里潜心研究各种银行抢劫案例。出狱后，他与在监狱里结识的同伙在四个月内连续抢劫了五家银行。被捕后，他被送往俄亥俄州的监狱，但又在同伙的帮助下越狱逃脱。随后，他们在印第安纳和华盛顿抢劫银行，然后逃往亚利桑那州的图森。在那里，他们被当地警察逮捕。这次迪林戈尔被送入印第安纳州的"王冠针"监狱。但深谙逃脱术的迪林戈尔用一个涂满黑色鞋油的木制假手枪，逼着 12 个全副武装的狱警为他打开牢门。临走时，口中还哼着乡村小曲。

再次逃脱的迪林戈尔继续实施银行抢劫，并不断逃避追捕，直到芝加哥那个漆黑的夜晚，FBI 将他送上不归路。

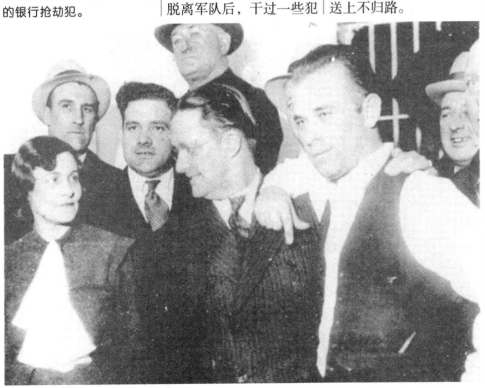

联合政府。
· 比利时阿尔伯特一世国王逝世；他的儿子利奥波德三世继位。
· 英国作曲家爱德华·埃尔加逝世。

3 月
· 英国实行驾驶考试。
· 意大利、奥地利和匈牙利签署合作条约。
· 菲律宾从美国统治下获得独立。
· 中国前清皇帝溥仪在日本支持下，就任伪满洲国"皇帝"。

4 月
· 西班牙社会党发动罢工，导致政府辞职和宣布实行战时法律。
· 印度甘地暂停实施不合作运动。
· 墨索里尼通过议会获得独裁权力。
· 奥地利德尔福斯总理巩固自己的独裁地位。

5 月
· 德国新教教会领导人谴责纳粹。
· 拉脱维亚建立独裁统治。
· 希特勒制定新法律制度，禁止申述权。
· 英国作曲家古斯塔夫·赫斯特逝世。

6 月
· 德国议会宣布停止支付战争赔款。
· 英国奥斯沃德·莫斯利爵士在伦敦召集纳粹集会，结束与英共的冲突。
· 希特勒和墨索里尼在威尼斯会面。
· 英国和意大利确定利比亚和苏丹之间的边界。
· 希特勒在所谓的"长刀之夜"开始肃清反对党。
· 波兰、罗马尼亚与苏联签署边界协议。
· 英国作曲家弗雷德里克·蒂利斯逝世。

珠穆朗玛峰的又一个牺牲者

6月19日,登山运动员马里斯·威尔森在试图单人攀登珠穆朗玛峰时死在途中,人类征服世界最高峰的希望再次破灭。威尔森不是第一个也不是最后一个死于珠峰的登山者。对于许多登山爱好者来说,珠穆朗玛峰是他们心中的圣地,登上珠峰是他们向往的最高荣誉。

珠峰是横贯亚洲中部的喜马拉雅山脉的主峰之一,海拔高度8848米,是地球的最高点。那里的气压只有其他地区的三分之二,氧气供应不足;再加上猛烈的风暴和寒冷的天气,使它成为许多试图征服它的登山运动员的墓地,其中包括传奇的英国运动员乔治·摩尔雷。

许多人相信摩尔雷在1924年6月登上了顶峰,但随后死于下山途中。他的同伴最后一次看到他时,他已经接近顶峰而且"状态良好"。他的遗体在1999年被发现,由于冰层覆盖,保存得很好。

▲英国登山者马里斯·威尔森消失在珠穆朗玛峰的陡坡中,未能征服这座世界最高峰。人类的这个愿望直到1953年才得以实现。

希特勒实施独裁

◀德国总统、陆军元帅保罗·冯·兴登堡与总理阿道夫·希特勒。兴登堡逝世后,希特勒集二任于一身,独揽大权。

8月2日希特勒成为德国总统,使他在稳固了作为德国总理的地位之后,又向独裁统治迈出重要的一步。

其实在担任总理期间,希特勒就制造了许多事件以获取额外的权力。国会纵火案就是其中之一:1933年2月27日夜,纳粹指使一名精神病人纵火焚烧国会大厦,然后嫁祸于人,诬陷共产党企图暴动;并以此为借口大肆镇压反对党,剥夺许多公民的基本人权。同时,希特勒也十分清楚,如果不能控制德国军队,他的扩张野心将无法实现。而且,德国军队直接听命于总统,他必须得到军队的支持才能爬上总统的宝座。

此时,尽管军队中有不少人赞成希特勒的观点,却不信任纳粹组织的一些成员,其中最让他们讨厌的是纳粹准军事组织——"冲锋队"的首脑恩斯特·罗姆。纳粹的冲锋队类似于旧时代的私人武装,尽管它效忠于希特勒,并曾为他立下汗马功劳,但在许多人看来它已成为

'34

新闻摘要

7月

· 英国开始增强空军实力。
· 日本组成以岗田圭介为首的新政府。
· 伊拉克至黎巴嫩的石油管道开通。
· 海因里奇·海默尔掌管纳粹集中营。
· 奥地利总理杜尔福斯被纳粹分子暗杀;科特·舒斯克因格继任。
· 美国银行大盗迪林戈尔被FBI击毙。
· 诺贝尔奖金获得者科学家玛丽·居里逝世。

8月

· 德国总统兴登堡逝世;希特勒获得"元首"头衔,开始实施独裁。
· 美军撤出海地。
· 纳粹分子在美国集会,近万人参加。

9月

· 英国威尔士矿井坍塌,262人死亡。
· 伦敦法西斯帮派与反对者冲突。
· 美国纺织工人罢工。
· 德国纳粹在纽伦堡召开大会,75万与会者欢呼希特勒创建"千年帝国"。
· 飓风袭击日本造成1500人死亡。
· 国际联盟承认苏联。
· 谣言盛传德国将接管奥地利,英、法、意表示支持奥地利独立。

国家政治稳定的潜在威胁。罗姆狂傲不羁，连军队都不放在眼里，并扬言要对德国政治进行"革命"。而这与希特勒笼络军人，巩固已到手的政权的策略格格不入。因此，希特勒在戈林和希姆莱等高级助手的支持下，于1934年6月29日，果断逮捕了罗姆和他的同伙埃德蒙·海因茨，并不经审判立即处决；同时解散了冲锋队。希特勒通过此举赢得了德国军队的信任和支持，他们表示同意将总统和总理这两个职务合并。当现任总统保罗·冯·兴登堡于8月2日逝世时，希特勒成为了德国总统，并顺理成章地获得了军队的指挥权。此时，他有了新头衔——"元首"。

南斯拉夫国王亚历山大遇刺

10月9日，南斯拉夫国王亚历山大在访问法国期间，由法国外交部长路易斯·巴楚陪同游览港口城市马赛时，遇刺身亡。这次暗杀是由克罗地亚的恐怖组织实施的。该组织与南斯拉夫和意大利的法西斯有密切联系。

亚历山大国王是在1929年1月6日南斯拉夫发生流血政变后上台的。那场政变结束了由于该国克罗地亚族领导人斯蒂潘·雷迪克被暗杀引发的长达6个月的骚乱。亚历山大宣布南斯拉夫为王国并禁止一切党派、工会和任何可能导致地区冲突的活动。他还命令所有地方选举机构将其权力交给他的王室代表。

亚历山大的目的是要建立一种整体的南斯拉夫民族意识，结束国内各地区之间的争端和冲突。他试图消除各地区在诸如税收的日常事务方面的差异，并制定全国统一的法律。政变之后，他开始清理国家官员，希望以此消除腐败和无能官僚。将管理国家各地区日常事务的原有33个部裁减合并为9个。其中6个以塞尔维亚人为主，两个归克罗地亚人，另一个由斯洛文尼亚人管理，而穆斯林却被排除在外。尽管亚历山大国王做了最大努力，但仍无法让这个国家的不同民族和集团团结一致，和睦相处，各种冲突一直延续至今。

▲ 当一名克罗地亚军官用军刀刺倒亚历山大国王时，他的司机将刺客抓住。

- "玛丽女王"号豪华客轮启航。

10月
- 西班牙组成以莱鲁克斯为首的右翼政府。
- 西班牙政府镇压加泰罗尼亚人的独立运动；左翼政党抗议新政府。
- 南斯拉夫国王亚历山大遇刺；彼得二世继位。
- 甘地辞去印度国大党领导人职务。
- 中国共产党在毛泽东领导下开始长征。

11月
- 埃及发生骚乱，福阿德国王中止议会。
- 丘吉尔警告说，德国正在加强其空军，一旦发生战争，英国将难以自卫。
- 土耳其领袖凯末尔要求在1935年1月之前，每个土耳其人都必须确定自己的姓氏。所有世袭头衔都将取消。
- 斯大林迫使数千人流亡西伯利亚。

12月
- 英国与澳大利亚开通定期航空邮递业务。
- 斯大林的战友，著名共产党领导人谢尔盖·基洛夫遇刺身亡，导致苏共开展新的大清洗。加米涅夫和季诺维也夫被捕。
- 意大利军队与阿比西尼亚军队在阿比西尼亚边境交火。
- 土耳其妇女获得选举权。
- 意大利剧作家鲁奇·普雷安德罗获诺贝尔文学奖。

'35

新闻摘要

· · · · · · ·

- 美国中西部沙尘成灾。
- 泛美航空公司首次推出飞越太平洋航班。
- 英国宣布在今后两年扩大空军三倍。
- 希特勒禁止德国人与犹太人通婚。
- 英国制定"绿带"政策，防止城市盲目扩大。
- 冰岛成为第一个法律允许堕胎的国家。
- 雷克尔·斯卡尔发明测量地震强度的公式。
- 摩纳波利游戏板发明。
- 赞比西河下游铁道大桥建成开通，成为世界最长大桥。
- 迈克林·埃文斯在美国的实验中分离出维生素E。
- 当年公演的著名影片包括：詹姆斯·威尔士的《弗兰肯斯坦的新娘》、弗里德·希区柯克的《39级台阶》、马克·桑德奇的《高帽子》和马克斯兄弟主演的《剧场一夜》。
- 乔治·格什温的歌剧Porgy and Bess，T．S艾略特的《教堂谋杀案》首次公演。
- 当年出版的名著包括：克里斯菲尔·埃瑟伍德的《诺里斯先生》、T.E.劳伦斯的《智慧的七大支柱》和企鹅图书公司首次出版的名著系列平装书。

雷达的发明

◀英国空军在伦敦海德公园测试雷达系统的性能。

19^{35} 年最重要的发明或许要算英国创造的雷达——一种通过无线电波搜索和发现目标的设备。虽然雷达的原理早在19世纪末期就已为人所知，而且法国、德国和美国都已独立研制出雷达系统，但只有英国国家实验室的两位科学家罗伯特·沃森瓦特和 A．F．威尔金斯首次创造出具有实用功能的雷达设备。他们获悉飞机在空中飞行时会对雷达接受的信号产生干扰之后，便开始设法用雷达波发现飞行物。沃森瓦特过去是气象观测员，曾花费大量时间研制出一种可以预测雷雨的设备。这使他能够用类似的方法发现飞机。

1935年后期，他们制造了一种可以向可疑目标发射无线电波并能测量电波往返时间的设备。然后，经过测量从发射到接收信号所用的时间便可计算出飞机与无线电发射位置之间的距离。到当年年底，他们研制的雷达已能发现112公里之外的飞机。

沃森瓦特和威尔金斯研制的设备是世界上第一台实用的雷达防御系统。它在后来发生的不列颠之战中发挥了至关重要的作用，使英国空军能够在德国飞机飞临海峡上空之前作好迎击的准备。1942年，沃森瓦特因此项杰出成就而晋封爵士。

阿拉伯的劳伦斯逝世

19^{35}年5月19日，《智慧的七大支柱》的作者，著名的"阿拉伯的劳伦斯"爱德华·劳伦斯逝世。他是第一次世界大战期间中东地区最睿智的学者和最勇敢的战士。

劳伦斯的父亲托玛斯·卡波曼起初住在爱尔兰，有妻子和两个女儿。后来他抛妻别女，来到英国与一个名叫萨玛·马登的女人另组家庭。最后他们搬到牛津，并将家族姓氏改为劳伦斯。爱德华·劳伦斯是他们的第二个儿子。

劳伦斯以优等成绩从牛津大学毕业后，加入了英国情报机构，并被派到埃及与土耳其边界的西奈地区北部绘制地图。第一次世界大战开始时，劳伦斯正在开罗继续执行情报搜集任务。不久，他发现由于德国的盟友土耳其的重重阻挠，自己工作难有成效。于是他说服上级允许他利用阿拉伯游牧部落组建一支游击队。

劳伦斯的游击队战功卓著，对协约国军队占领耶路撒冷起了重要作用。

▼ 勇敢而古怪的劳伦斯谢绝了国王乔治五世授予的荣誉。

1917 年 11 月,他被土耳其军队逮捕,并惨遭虐待,但最终设法脱逃。这次经历使他刻骨铭心,性格也发生重大变化。在战争即将结束时,他受到英王乔治五世的接见,却谢绝了国王授予的优异服务勋章。这使他饱受上流社会的歧视。到了晚年,他的性格变得更加怪异。5 月 13 日,他骑自行车发生事故,六天后逝世。

劳伦斯的一生充满传奇色彩,他的性格也是充满矛盾的复合体。他在沙漠中缓缓骑驼,也在文明城市里高速驶车。他的灵魂拥抱最单纯的自然,呼吸阿拉伯开阔的空间,同时也展望未来的世纪。他说:"在我看来,我们这一代惟一主要的任务,是征服最后的一个元素,大气。"他是一个具有超人成就的军事家和战士,但同时也是探索灵魂的作家和翻译家。他是世界上最大的冒险家之一,但同时又那样羞怯、内向,且患得患失。

坎贝尔打破纪录

英国赛车手迈尔克鲁姆·坎贝尔在美国犹他州驾驶他特制的超级赛车"蓝鸟"号,打破了每小时 300 英里(483 公里)的陆地驾驶最高速度纪录,成为轰动一时的新闻。9 月 3 日,坎贝尔驾车来到盐湖城的波尼威尔赛场,在近乎完美的条件下创造了新的驾车速度。此前,从未有人达到过 300 英里时速。而此次经正式测量,坎贝尔和他的"蓝鸟"的精确时速为 301.337 英里(584.85 公里)。

坎贝尔在第一次世界大战期间曾当过皇家空军飞行员,从那时起便开始追求高速度。1924 年,他改行进入赛车运动,曾驾驶第一代"蓝鸟"创造了时速 146.16 英里(235.17 公里)的佳绩。坎贝尔驾驶的高速赛车和后来驾驶的水上快艇都冠以"蓝鸟"的名

称。这个名称出自比利时剧作家玛奥雷斯·马特林柯的著名戏剧《蓝鸟》。在经过九次尝试之后,坎贝尔终于在 1935 年创造了新的陆地速度纪录。

突破时速 300 英里极限之后,坎贝尔又将目光转向水上速度纪录。1937 年,他驾驶的水上快艇创造了时速 129.5 英里(208.36 公里)的新纪录。1938 年又超过了这个纪录。1939 年 8 月 19 日,他又创造了时速 141.74 英里(228 公里)的水上速度新纪录。他一直保持着这个纪录直到 1948 年病逝。坎贝尔的儿子,唐纳德·坎贝尔继承父亲的遗志,继续创造新的陆地和水面驾驶速度。1967 年,他试图在英国康尼森湖面打破纪录时,不幸意外身亡。

▼ 迈尔克鲁姆·坎贝尔驾驶他的"蓝鸟"首次突破时速 300 英里(483 公里)大关。这辆赛车成为"艺术装潢"时代的经典之一。

1 月
· 意大利和法国签订《马赛条约》,结束在北非地区的冲突。
· 萨尔地区投票与德国统一。
· 在苏联的一次公开审判中,季诺维也夫、加米涅夫和另外 18 人因"参与谋杀基洛夫"被判监禁。
· 穆斯塔法·凯末尔被封为"土耳其之父"。
· 意大利的非洲殖民地昔兰尼加、的黎波里和费赞合并为利比亚。
· 阿比西尼亚向国联控告意大利向北非扩张。
· 墨索里尼解散内阁。

2 月
· 意大利派兵进入东非和阿比西尼亚。
· 美国警察逮捕绑架并杀害查尔斯·林白之子的布鲁诺·豪波曼。
· 英国议会通过允许印度部分自治的决议。

3 月
· 维尼兹罗成为希腊起义领导人;起义失败后逃亡。
· 萨尔地区正式并入德国。
· 希特勒拒绝继续执行《凡尔赛条约》规定的德国裁军方案。
· 赫尔曼·戈林组建德国空军。
· 英国反对德国实行征兵制。
· 波斯改国名为伊朗。

4 月
· 法国、英国和意大利抗议德国恢复军备。
· 希特勒禁止在德国销售英语报纸并禁止图书馆收藏印欧语系作品。
· 斯大林主持莫斯科地铁开通仪式。
· 奥地利政府宣布扩大武装力量,实行征兵制。

纳粹立法迫害犹太人

新闻摘要

5月

· 意大利继续向北非派遣军队。

· 捷克纳粹党赢得议会大选。

· 法国和苏联签订为期五年的友好条约。

· 美国运动员杰西·欧文斯一天打破五项世界田径纪录。

· 英国国王乔治五世庆祝在位25周年。

6月

· 英国与意大利就意大利在北非的扩张进行谈判。

· "诺曼底"号轮船首航纽约，创造4天零11小时的纪录。

· 法国皮埃尔·弗兰丁总理辞职；皮埃尔·拉威尔组成新政府。

· 前保皇党赢得希腊大选。

· 斯勘利·巴尔德温担任英国首相。

· 英国和德国就控制德国海军规模达成协议；法国反对该协议。

7月

· 北爱尔兰发生反天主教骚乱。

· 法国政府实施紧急财政法。

· 意大利军队与阿比西尼亚军队交火，40人阵亡；阿比西尼亚皇帝海尔塞拉西宣布抵抗意军入侵，将"战斗到最后一人"。

◀ "不买犹太人的东西！"纳粹当局从一系列抵制活动开始逐步实施迫害犹太人的政策。

从1933年起，希特勒的纳粹开始运用国家机器大规模欺侮和迫害德国境内的犹太人。他们禁止犹太人从事社会公职、大学教师和法律工作，纵容甚至鼓励破坏和摧毁犹太人商店或企业。9月15日，纳粹通过了纽伦堡法令，第一次以法律形式（即臭名昭著的《德意志公民法》），剥夺德国犹太人的公民权，使他们处于受压迫的社会地位。第二个类似的法律，《德国人血统与荣誉保护法》，禁止犹太人与其他德国人之间发生任何性关系。11月15日，纳粹又颁布了对这些法律的补充条款，规定任何人只要祖父母辈有一人是犹太人就不得拥有德国公民权。

这些法律仅仅是向在德国社会隔离犹太人迈出的第一步。随着更多法律的出台，对犹太人的欺侮和迫害变得更加具体和细致：犹太人家里不得雇佣45岁以下的具有德意志血统的家庭女佣；犹太人的护照必须加盖一个鲜红的大写字母"J"，以表示其犹太身份；犹太人不得冠以姓氏，因为在纳粹看来，他们有"犹太人"作为姓氏就足够了。

纳粹逐渐剥夺犹太人法律权益的过程一直发展到撕去任何法律伪装而将大批犹太人送往位于波兰的集中营处死。

以希特勒为首的纳粹党打着当时在德国流行的民族主义招牌，宣扬德意志民族是优秀民族，把犹太民族视为劣等民族。他们断章取义地摘取前人论述人口问题中的某些词句，拼凑成一个种族优劣的理论，作为把犹太人打入劣等人种的依据。纳粹党还利用当时德国群众痛恨《凡尔赛和约》的心理，煽动复仇主义情绪，并把这种情绪转移到犹太人身上。

正如一些历史学家指出的，德国纳粹屠杀犹太人的罪行，是"德国虚伪的政治家为其侵略战争对民众进行系统的政治愚弄和教化的结果"。

▶ 一个被羞辱的犹太人律师赤足走在慕尼黑大街上。他身上的牌子写道："我是犹太人，但我再不抱怨纳粹。"

墨索里尼入侵阿比西尼亚

10月3日，意大利法西斯开始实施领土扩张，墨索里尼的军队入侵非洲国家阿比西尼亚。意军武器精良，准备充足，再加上飞机大炮的火力支援，使手持原始武器的阿比西尼亚人难以抵抗。国际联盟（阿比西尼亚于1923年加入）虽然谴责了意大利赤裸裸的侵略行动，却未采取任何实际行动。英国和法国意识到意大利侵略阿比西尼亚的严重性，宣布禁止意大利船只通行苏伊士运河，并准备根据事态发展采取进一步行动。英国不希望看到

墨索里尼与希特勒结盟，因此试图通过谈判的方式和平解决这个问题。法国也因担心破坏他们已与意大利签订的条约而不愿卷入冲突。

墨索里尼深知国联不会给阿比西尼亚任何实际的帮助，因而更加肆无忌惮地扩大侵略行动。他命令每个意大利公民都去听他的无线电广播。他在广播中声称这一入侵事件是为了解决自1896年以来意大利与这个非洲国家之间的争端，国联无权干涉。

而阿比西尼亚领导者海尔塞拉西一直谋求

国联的支持，却未获成功。当意大利大举入侵时，他曾组织游击队进行抵抗，但还是被迫于1936年流亡国外。1941年，他在英国军队的帮助下重新回到祖国。

▼ 墨索里尼知道国联不会进行认真的干预，因此决心大举入侵阿比西尼亚。

红军长征胜利

10月20日，毛泽东领导的中国工农红军第一方面军历时一年，长途跋涉两万五千里来到中国西北部的陕西延安，胜利完成了史无前例的战略大转移——长征。尽管这支红军从南方根据地出发时的十万多官兵到最后仅有不足1万人到达目的地，但他们成为中国革命的种子。

红军撤出江西根据地

后，先向贵州前进。蒋介石调集70多万人马围追堵截。在前三个月的激烈战斗中，红军兵力损失过半，但还是突破了敌人的四道封锁线。1935年1月，中国共产党在遵义会议上确立了毛泽东的领导地位，特别是军事指挥权。红军的命运开始出现转机。毛泽东率领红军向相对比较安全的西北地区挺进。

胜利到达延安后，毛泽东的中央红军与当地红军汇合。1936年底，另外两支长征部队也来到陕北，红军壮大到3万余人。他们继续巩固和扩大延安周围的根据地，为最终战胜蒋介石领导的国民党奠定了基础。

红军长征的重要意义在于，它确立了毛泽东对中国共产党和工农红军的领导地位。从此，中国革命力量在毛泽东的领导下，从不断的挫折逐步走上胜利的坦途，最后赢得全国胜利。

◀长征是中国伟大的历史事件，它奠定了毛泽东作为中国共产党最高领袖的地位。

· 印度军队在骚乱中打死10名穆斯林。

8月

· 英国通过印度政府组成法，并在德里建立中央立法机构。

· 墨索里尼宣布将通过武力而非谈判解决阿比西尼亚问题。

· 纳粹党旗成为德国国旗。

· 法国国内骚乱导致经济动荡。

9月

· 海尔塞拉西和墨索里尼拒绝国联提出的阿比西尼亚和平协议。

· 迈尔克鲁姆·坎贝尔创造时速301.337英里的陆地速度新纪录。

10月

· 意大利入侵阿比西尼亚；国联制裁意大利。

· 奥地利发生库特·苏柯宁领导的反纳粹政变。

· 乔治·兰斯波里拒绝担任英国工党领袖；克莱门·阿特利继任。

· 德国退出国联。

· 毛泽东领导的长征胜利结束。

11月

· 希腊全民公决保留王室。

· 菲律宾共和国成立；美国保持其军队控制权。

· 日军进入北平，支持分裂的国民党人。

12月

· 英国和法国公众反对意大利占领阿比西尼亚领土。

· 蒋介石担任中国国民党总裁。

· 埃及国民党迫使国王福阿德恢复宪法。

法西斯主义泛滥

新闻摘要

· 希特勒主持德国大众汽车公司第一个制造厂开工典礼。
· 英国"玛丽女王"号豪华客轮驶离南安普顿港,开始处女航。
· 当年公演的著名影片包括:亚历山大·柯达的《伦勃朗》、H.G.德威尔士的《即将发生的事情》和莱尼·雷凡斯特尔的《意志的胜利》。
· 谢尔盖·普罗科夫的《彼得与狼》首次公演。
· 玛格丽特·米歇尔的小说《飘》出版。
· 第 11 届奥林匹克运动会在柏林举行。

1月
· 法国总理皮埃尔·拉威尔辞职,阿尔伯特·萨拉奥组成新政府。
· 英国国王乔治五世逝世,其子爱德华八世继位。

2月
· 日本发生未遂军事政变,迫使岗田首相辞职,广田弘毅继任。
· 加瓦哈拉·尼赫鲁当选印度国大党总裁。

3月
· 德国违反《凡尔赛条约》,重新占领莱茵兰地区。

4月
· 南非土著人在议会拥有代表。

就整体而言,第一次世界大战后的欧洲政治舞台的特色主要就是法西斯主义的崛起和泛滥。一些政治哲学家将这种现象视为所有政治事务的中心。个人的权益被忽视,被当作整体利益的微不足道的组成部分;而整个国家或民族都必须服从一个领袖的钢铁意志。意大利的本尼图·墨索里尼就是一个典型的例子,他首先在1919 年提出法西斯主义的概念。1922 年,墨索里尼控制了意大利政权,然后用五年时间在国内推行法西斯主义,改造工业和司法制度。到 30 年代初,他在意大利实现了个人独裁统治。

30 年代期间,法西斯主义的影响遍及全世界。

在日本,极端的民族主义者试图控制政府并建立武士时代的法律。遍布全国的各个法西斯团体几乎都以恢复神秘荣耀的古代社会,建立强大的皇权统治为宗旨。日本人的这些做法尽管与法西斯主义的原始含义有所不同,但实际上,他们认为自己拥有神圣祖先遗传的高贵血统,理当成为其他民族的统治者。这在本质上与纳粹德国的法西斯主义是相通的。

虽然法西斯主义在英国和北美都失败了,但它在拉丁美洲却有着广泛的市场。那里的一些国家甚至在欧洲早已通过第二次世界大战铲除了法西斯之后相当长的一段时间里仍实行着这种独裁统治。

▲英国法西斯组织创始人奥斯瓦尔·莫斯里爵士在伦敦的一次法西斯集会上演讲。

法西斯主义为什么会在 20 世纪猖獗一时,其中一个重要原因是世界经济大萧条的影响。法西斯主义者对不满现实的人们允诺要恢复往日的辉煌,并将当前的苦难归咎于少数群体(如犹太人),进而煽动人们的仇恨情绪。德国纳粹的迅速崛起和成功在很大程度上推动了全球法西斯运动的发展。希特勒的法西斯措施使一个濒临破产的国家恢复了元气,重新成为国际舞台上不可忽视的重要力量,也为其他情况类似的国家提供了"榜样"。

▲训练国家的武士。在墨索里尼的指导下,一群持枪的意大利法西斯青年行进在罗马的大街上,向公众展示他们的爱国热情。

南非堕入黑暗年代

19 36年,南非开展了旨在加强白人统治的运动,使拥有投票权的南非黑人业主迅速减少。英国殖民统治者1909年通过的《南非法》只给予该地区男性白人投票权,而所有女性,无论黑人白人都没有投票权。1930年,白人女性获得了此项政治权利,但黑人和有色人种的权利仍受限制——他们只能对白人候选人进行投票。而在此后的若干年里,他们仅有的权利也逐步被剥夺。到1956年,南非所有的有色人种均失去了投票权。

南非政府实施了一系列种族隔离政策,这些政策最终在这个国家形成了系统的种族隔离制度。这种罪恶制度起源于1913年的《国家土地法》,该法律禁止黑人购买或租赁指定保留区以外的土地。1923年通过的《国家城市区域法》又进一步加剧了种族歧视,在城镇实施白人与黑人的隔离。这两项法律结合在一起,形成了南非全面歧视和压迫黑人和有色人种的社会体制,为种族隔离制度奠定了牢固的法律基础。这个制度在第二次世界大战后正式确立并一直延续到90年代。

不爱江山爱美人

19 36年,英国国王爱德华八世决定与曾经两次离婚的沃利斯·辛普森女士结婚,因而引发英国宪政危机。尽管这对情侣的热恋关系早已在外界传开了几年,但政府的新闻检察官仍控制着这些有损王室荣誉的消息。1930年,爱德华八世(当时称威尔士王子)第一次见到辛普森女士。两年后,她嫁给了第二任丈夫恩斯特·辛普森。后来,辛普森夫妇进入威尔士王子的社交圈子,频繁的接触使他们最终堕入爱河。

1936年1月,国王乔治五世逝世,威尔士王子继位,成为爱德华八世国王和英国教会领袖。由于教会严格反对离婚,爱德华开始认真考虑他与一个离婚女人结婚可能对王室和政府造成的宪政问题。

然而,无论他的王室家族还是政府以及英联邦各国政府,在这个问题上都不支持国王。报纸上很快就出现了关于国王即将退位的传言。12月10日,这位国王宣布退位。他在退位声明中说:"我,爱德华,特此宣布放弃我的王位和继承权,永不反悔。"12月11日,议会批准了他的退位。爱德华的弟弟约克公爵阿尔伯特继位,为乔治六世国王。爱德华被封为温莎公爵,于1937年6月3日在法国与沃利斯·辛普森结婚。

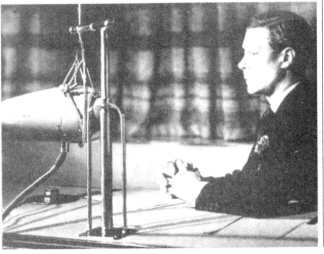

▼ 严峻的时刻:爱德华八世在退位后向全国人民发表告别广播。

· 希腊任命马塔克萨将军为总理。
· 埃及国王福阿德逝世;其子法洛克继位。

5月
· 巴勒斯坦阿拉伯人与犹太人冲突。
· 意军占领亚迪斯亚贝巴,意大利与阿比西尼亚之间的战争结束。

6月
· 法国左翼阵线组成政府,列昂·布鲁恩任总理。
· 英国北爱尔兰地方政府宣布爱尔兰共和军非法。

7月
· 弗朗西斯科将军发动兵变,西班牙内战爆发。
· 德国飞艇"兴登堡"号飞越大西洋,抵达纽约。

8月
· 美国黑人运动员杰西·欧文斯在柏林奥运会上夺得四块金牌。
· 英国对埃及的摄政结束。
· 斯大林处决16名前苏共高级领导人,包括季诺维也夫和加米涅夫。

9月
· 外国不干涉西班牙内战协议签订。

10月
· 弗兰克被任命为西班牙民族党全国领导人。
· 数千人与英国纳粹党领导人莫斯利爵士的支持者在伦敦发生冲突。
· 英国数千人从加鲁向伦敦进军,抗议失业。

11月
· 墨索里尼宣布建立罗马一柏林轴心。
· 罗斯福再次当选美国总统。
· 伦敦水晶宫毁于大火。

12月
· 英王爱德华八世退位。

'36

1936年西班牙内战

▶ 西班牙内战渗透到了每个家庭。来自各个阶层的男人、妇女和儿童都拿起武器投入了这场死亡人数接近百万的血腥战争。

19 36年7月17日，西班牙发生了反对民主选举产生的共和派政府的军事政变，几十年来各种政治势力之间的矛盾、怨恨和争斗终于激化为流血的内战。这次政变虽然以失败而告终，但却成为西班牙众多敌对势力之间公开战争的导火索。尽管战争的双方可大致分为共和派和保皇派，但实际上，它们各自又包含许多不同的利益集团。共和派中有城市工人和农业劳动者以及受过良好教育的左翼中产阶级。他们的敌人保皇派包括军队中的骨干分子、地主和商人，他们都得到西班牙罗马天主教会的支持。投身于这场血腥内战的还有各种极端政治组织，如法西斯党（长枪党）和好战的无政府主义党派，再加上君主专制主义者、自由主义者和社会主义者。

外国势力也不甘寂寞，因为交战的任何一方都不可能单凭自己的力量取胜。内战期间，共有六万多名外国人加入了共和派的国际纵队，许多国家的政府也给予了大力支援，特别是苏联、法国和墨西哥。而右翼保皇派的国民军则从德国和意大利获得了更多更直接的帮助。德意两国及时提供了大量坦克、飞机甚至直接派出地面部队帮助他们的法西斯盟友。

在1936年下半年的很长时间里，双方都在巩固自己的阵地。尽管共和派控制了大部分国土，但他们丢失了北非的西属摩洛哥、加纳利群岛和巴利阿里群岛大部，以及本土的加德拉马山区。在残酷的肃清内部的斗争中，双方至少处决了五万人。由于任何一方都不愿接受另一方的统治，因此他们各自在自己控制的区域建立起政府。共和派于1936年9月组建政府，由拉戈·卡巴莱奥领导；1937年5月由居安·尼格林继任。而保皇派则于1936年10月1日成立由弗朗西斯科·佛朗哥将军领导的政府。

1936年11月，保皇派开始进攻共和派，不久便抵达首都马德里的郊区，但未能占领城市。1937年夏，保皇派占领巴斯克省和阿斯图里亚斯地区。佛朗哥率领的法西斯军队控制了西班牙北部沿海地区。然后他们继续向东进

▲一个法国记者试图在战火中挽救一个西班牙幼儿的生命。

▲一个加入保皇派阵营的年轻姑娘正在持枪瞄准。

他们试验新武器和新技术的场所，以便为后来的世界大战作准备。

这场内战的一个可悲的特征是无情的杀戮。实际上，这种杀戮到1939年4月1日内战全面停止后仍在继续。佛朗哥为了在这个国家实行独裁统治，杀害了数千被捕的共和派人士和被怀疑为共和派同情者的人们。在五个月后爆发的第二次世界大战中，佛朗哥为了保住自己的统治地位，宣布西班牙中立，但实际上却同情和支持纳粹德国领导的轴心国集团。

佛朗哥坚持这种名为中立，暗中支持纳粹的立场，直到1943年看到德国法西斯大势已去，才开始实施全面中立的政策。

攻，并于1938年4月抵达地中海沿岸。此时，共和派军队正集中在加泰罗尼亚地区。佛朗哥的军队攻入该地区，迫使共和党人向北退却。在那里，他们惟一的出路只有穿越比利牛斯山脉进入法国。1939年2月五十多万共和派人士（其中平民和军人各占一半）进入法国。不久，被围困的共和派政府成员也陆续逃到法国。到1939年3月，共和派控制的区域只剩下了马德里。但在这危机关头，共和派内部的共产党和非共产党集团之间爆发的争斗使马德里不攻自破。3月28日，保皇派国民军进入马德里市区。在此后的日子里，所有留在西班牙境内的共和派团体都被解散或缴械。1939年4月1日，西班牙内战正式结束。

没人知道究竟有多少人在这血腥的内战中失去生命，尽管有人估计这个数字在50万到100万之间。许多受压迫的西班牙人希望在欧洲复杂多变的政治环境下通过战斗获得自己的权益，这或许是导致这场战争的主要原因。一些局外人从简单的角度观察西班牙内战，把它视为右翼与左翼势力、法西斯与共产党或工人与资本家之间的决斗。这种看法未免过于偏颇。一些外国势力，特别是德国和意大利甚至将西班牙内战当成

▼1936年11月，艰苦的索莫斯里战役结束后，一群保皇派士兵押解着被俘的共和派人士游街。

37

阿拉伯人与犹太人紧张关系升级

▲英国士兵守卫在"哭墙"旁边。这道城墙见证着巴勒斯坦地区阿拉伯—犹太冲突的历史。

新闻摘要

· 美国中西部各州洪水泛滥。

· 美国旧金山金门大桥开通。

· 当年公演的著名影片包括:马克斯兄弟的《比赛一日》、弗兰克·卡波拉的《失去的地平线》、简·雷诺阿的《大幻觉》以及迪斯尼动画片《白雪公主和七个小矮人》。

· 毕加索创作《格尔尼卡》。

· 当年出版的名著包括海明威的《拥有与失去》和图坎的《穴居矮人》。

1月

· 英国禁止其公民参加西班牙内战。

· 斯大林开始进行莫斯科大审判。

· 托洛茨基流亡墨西哥。

2月

· 国民大会党赢得印度大选多数席位。

· 佛朗哥的保皇派军队占领西班牙的马拉加。

· 蒋介石拒绝与毛泽东合作。

3月

· 西班牙保皇派占领布雷哈加。

4月

· 西班牙格尔尼克遭法西斯德国空军猛烈轰炸。

· 《印度政府法》生效;缅甸从印度分离。

5月

· 德国"兴登堡"号飞艇在

20世纪以来一直困扰世界的阿拉伯—犹太冲突问题起源于1917年11月2日的巴弗尔声明。当时的英国外交大臣阿瑟·巴弗尔在给罗斯苏尔德爵士的信中写道:"女王陛下的政府希望看到犹太人民在巴勒斯坦建立自己的国家,并将尽最大努力帮助实现这个目标。人们越来越清楚地认识到,再不能做任何损害巴勒斯坦非犹太群体的公民和宗教权利或居住在其他国家的犹太人权利和政治地位的事情了。"

尽管法国、俄国以及其他几个阿拉伯国家对此表示反对,但英国仍然希望犹太复国主义思潮能够影响美国的相关政策。而且,英国政府相信在巴勒斯坦建立一个亲英的犹太国家将有助于确保苏伊士运河和印度通道的安全。

▲巴勒斯坦犹太居民区的女兵们正在进行队列训练。

巴弗尔声明虽然阐述了英国在巴勒斯坦建立犹太国家的愿望,却没有充分表达出犹太复国主义者要将整个巴勒斯坦变成犹太家园的要求。

国际联盟理事会于1922年7月24日,批准了英国对巴勒斯坦的委任托管。这是巴弗尔声明的内容之一。同年9月22日,英国宣布巴弗尔声明仅适用于巴勒斯坦的四分之一地区。这意味着,犹太人不得向英国托管地区以外的巴勒斯坦地区移民。

这一声明的直接结果是造成了阿拉伯社会与犹太群体的紧张关系。犹太人试图尽可能多地获得巴勒斯坦土地,并通过移民不断增加他们在这一地区的人口。而阿拉伯人则力求阻止犹太人获得土地和输入人口。这样双方不可避免地发生了冲突,有时甚至发展为暴力行动。1923年到1929年间,双方态势相对平静。1928年,巴勒斯坦的犹太人移民减少而离开的人则有所增加。

◀作为阿拉伯人与犹太人的圣地,巴勒斯坦一直是20世纪中东冲突的核心。

30年代，随着欧洲法西斯势力的崛起，越来越多的犹太人开始进入巴勒斯坦寻求生路。那里的犹太人迅速增加了30%。

1935年11月，阿拉伯人要求阻止犹太人移民，不得再将该地区的土地转让给犹太人。英国托管当局于1937年将巴勒斯坦分割为两部分，将三分之二的地区交给阿拉伯人管理。这种做法遭到犹太复国主义领导人的反对。

德国飞艇爆炸

5月，美国电影观众震惊地目睹了巨大的德国飞艇"兴登堡"号毁灭的情景。5月6日晚，当这艘作为纳粹第三帝国的骄傲的飞艇试图在新泽西州的雷克赫斯特地区降落时爆炸。在场的一位电影摄影师拍下了从飞艇起火、爆炸到坠毁在地面的全过程。同时在场的一位名叫赫伯特·莫里森的芝加哥广播电台记者迅速作了报道。

当时，莫里森正在报道从德国飞来的"兴登堡"号延误抵达的消息，却没有想到会遇到飞艇爆炸的突发事件。这时，他的报道立即从飞艇降落过程的精彩叙述变成惊恐失措的叫喊，他简直无法相信眼前发生的情况，更无法表达他内心的感受。人们只能听到他断断续续的几句话，但谁也不记得他说的是什么。令人惊奇的是，有几个人在这次事故中幸免遇难。但在从飞艇第一次起火到坠地爆炸的30秒钟内，共有35人丧生，另有1人受重伤，第二天在医院死去。

"兴登堡"号飞艇是雨果·埃克纳尔的梦幻之作。他以非凡的勇气和毅力从第一次世界大战后的经济危机中挽救了齐柏林飞艇公司。为研制公司的旗舰产品"兴登堡"号并使它顺利投入德国与北美之间的定期航线，他曾勉强与他所憎恶的纳粹合作。当"兴登堡"号的姊妹艇"齐柏林伯爵"号完成了举世瞩目的全球飞行之后，埃克纳尔确信，民用航空的未来就在这巨大的飞艇身上。

前几年，"兴登堡"号和"齐柏林伯爵"号一直都被纳粹当作宣传其"成就"的工具，被视为纳粹第三帝国的象征。实际上，这两艘飞艇都填充着高度易燃的氢气，意味着它们非常容易发生致命的火灾和爆炸。

当最初建造"兴登堡"号时，按照设计应填充非常安全的氦气。但不幸的是，当时只有美国能大量供应这种气体，而它又于1927年通过了《氦控制法》，禁止出口氦。

有人怀疑这次空难是由于人为破坏，但至今仍无法证实。

▲ 历史上最"灿烂"的空难之一，"兴登堡"号飞艇在30秒内化为灰烬。

美国撞毁，死亡35人。
· 英国国王乔治六世在威斯敏斯特教堂加冕。
· 英国首相斯坦利·巴德温辞职；诺维尔·张伯伦继任。

6月
· 佛朗哥的军队占领比奥。
· 法国总理布鲁姆辞职；卡米尔·乔特姆斯组成新政府。
· 美国电影明星简·哈罗逝世。

7月
· 埃蒙·维尔拉重新当选爱尔兰总理。
· 中国抗日战争爆发。
· 日军占领北平。
· 美国女飞行员阿米拉·埃尔哈特在环球飞行中消失。
· 美国作曲家乔治·格什温逝世。

8月
· 伊拉克独裁者巴克尔·萨迪其遇刺。
· 日军轰炸上海。
· 德国纳粹建成布琛瓦尔德集中营。

9月
· 英国驻加里利行政长官被阿拉伯人杀害。
· 中国共产党与蒋介石联合抗日。
· 希特勒在纽伦堡集会上叫嚣要为德国争取"生存空间"。

10月
· 捷克斯洛伐克的苏德台地区发生骚乱。
· 英国温萨公爵夫妇在柏林会见希特勒。

11月
· 日军占领上海。

12月
· 日军在南京屠杀超过30万中国人。
· 意大利退出国际联盟。

38

新闻摘要
. . . .

· 奥托·哈恩成为第一个分裂铀原子,使之产生核能的科学家。

· 约翰·布雷德展示世界第一台彩色电视机。

· 当年公演的著名影片包括:米歇尔·库兹的《强盗罗宾汉》、塞齐·埃尔斯坦的《亚历山大·诺维奇》、霍华德·霍克斯的《育婴奇谈》和希区柯克的《失踪的女人》。

· 在墨索里尼发出"不胜则死"的指令后,意大利队在第三届足球世界杯赛上卫冕成功。

1月

· 澳大利亚庆祝从欧洲移民150周年。

2月

· 希特勒宣布自己为德国武装部队总司令。

· 因反对首相张伯伦对德国过分妥协,英国外交大臣艾登辞职。

3月

· 苏联公开审判结束后,尼古拉·布哈林成为被判死刑的18位前苏共高级领导人之一。

· 德军进入奥地利;奥地利随后宣布并入德国。

· 英国首相张伯伦宣布与法国和荷兰一起抵抗德国侵略。

4月

· 西班牙佛朗哥军队大举进攻加泰罗尼亚地区。

· 罗马尼亚挫败法西斯密

希特勒重返故乡

19 38年3月14日,无数卐字旗在奥地利首都维也纳街头飞舞。希特勒和他的纳粹军队进入这个美丽的城市,受到当地人民的热烈欢迎。希特勒出生于奥地利,现在他衣锦还乡又成了这个国家的新统治者。根据不久前签署的协议,奥地利与德国合并为一个国家。

▲当希特勒重返他的出生地时,受到家乡人们的热情欢迎。

奥地利前任总理科特·冯·舒斯克因格一直反对希特勒的合并计划,但被迫辞职。他的继任者本身就是纳粹分子。他上台后立即邀请希特勒和他的军队进入奥地利,作为"维护和平"、平息国内骚乱的力量。尽管这种行动严重违反《凡尔赛条约》,但希特勒毫不犹豫地声明"德意志民族绝不能再被分裂"。奥地利纳粹组织成立后不久,他们就制定了反对奥地利犹太人的行动计划,使其中许多人逃往国外。

吞并奥地利后,希特勒又将目光转向捷克斯洛伐克与德国交界的苏德台地区,这里的人们多讲德语。根据1919年的《圣日尔曼条约》,这一地区属捷克管辖。住在那里的德国人对捷克官员的歧视一直非常不满,再加上30年代纳粹宣传的影响,为希特勒的下一步扩张奠定了基础。

苏德台地区纳粹党与捷克政府的紧张关系导致该地区的人们倾向纳粹,但同时要求完全独立。9月29日,应希特勒的建议,英国、法国和德国及其盟友意大利在慕尼黑就此问题举行了会谈。而在苏德台地区紧张局势不断加剧的背景下,作为当事国的捷克政府却被排除在外。

法国不愿违背它与捷克签订的条约,但英国首相张伯伦却决定采取对希特勒妥协退让的错误政策。为了确保自己国家的安全,英国和法国最终同意了德国和意大利的要求。10月5日,德国军队开进苏德台地区。10月10日,苏德台地区正式移交德国。

墨索里尼巩固法西斯团结

自 从1936年意大利法西斯领袖墨索里尼访问柏林,与希特勒建立罗马—柏林轴心联盟以来,战争的阴云迅速弥漫在欧洲上空。越来越多的人们认识到战争已迫在眉睫。前几年意大利入侵阿比西尼亚,损害了它与国际联盟的关系;现在墨索里尼试图通过与希特勒的结盟增强自己的力量。

尽管希特勒大肆吹捧墨索里尼是"世界上的伟大政治家",但这只是虚伪的笼络手段。实际上,与德国结盟只能使意大利沦为纳粹德国的附庸国。特别是当意大利接受纳粹德国的反犹政策,开始在本国迫害犹太人时,人们更加认识到墨索里尼是希特勒的帮凶。

1936年10月24日,德国和意大利秘密签订《德意议定书》,"罗马—柏林轴心"正式结成。议定书签订以后,墨索里尼声称"罗马和柏林之间的垂直线是轴心",欧洲各国可以围绕这个"轴心"进行合作。

意大利和德国不仅就德国以承认意属埃塞俄比

亚作为取得某些经济让步的回报这样的具体问题达成协议，还就全面的合作取得了一致意见。

▶ 一丘之貉——希特勒（左）和墨索里尼（右）共同宣布要在欧洲建立法西斯新秩序。

《星际大战》散布恐慌

▲ 奥尔森·沃尔斯使许多美国人以为新泽西真的遭遇火星人攻击。

有句格言说得好：有时一个人能愚弄所有人。10月31日，美国娱乐界一个名叫奥尔森·沃尔斯（绰号"捣蛋鬼"）的人利用根据科幻小说《星际大战》改编的新闻广播剧在北美散布恐慌，造成极大影响。沃尔斯在这些伪造的新闻采访中扮演一名记者，报道"亲眼目睹"的来自火星的高度发达的外星人入侵新泽西州的事件。令人费解的是，他没有解释为什么这些"火星人"单单看中了新泽西。

实际上，这一切都发生在"水银"剧场的拍摄外景地。沃尔斯组织了一帮人在这里排演广播剧。他们最初的意图是想排演莎士比亚戏剧的现代版系列剧。虽然这个群体只有少量忠实的听众，但这一天的恶作剧广播却使他们，特别是他们的领导者沃尔斯名声大震。沃尔斯后来在1940年制作经典影片《公民凯恩》，该影片被许多人认为是至今为止最伟大的电影。

喷气时代的黎明

1938年，一个名为"强力喷射"的公司向前来参观的英国空军部官员展示了他们的最新发明。这家公司是毕业于皇家空军学院的弗兰克·惠特勒建立的，他们研制出第一台喷气发动机原型机。尽管此时这台机器被固定在车间的台架上，仅供展示之用，但惠特勒相信如果把这种新型引擎安装到飞机上，必将大大提高飞行速度。

可惜，惠特勒未能说服空军部官员相信喷气发动机的优势，直到后来德国工程师独立研制出这种技术并应用于他们的飞机。

1939年8月27日，汉斯·奥勒恩设计的"海恩科尔178"号喷气引擎战斗机飞上德国的蓝天。此时，英国才开始认真考虑惠特勒的发明。

▶ 弗兰克·惠特勒（右）解释喷气引擎的工作原理。如果不是担心纳粹德国的入侵，喷气飞机的研制可能还会被推迟。

谋政变。

5月
· 道格拉斯·海德当选爱尔兰总统。
· 希特勒与墨索里尼在罗马会面，宣布建立长期联盟。

6月
· 奥地利犹太人被大批解雇。
· 日本继续侵略中国，轰炸广州。

7月
· 日军与苏军在中蒙边界地区交火。
· 墨索里尼采取反犹政策。

8月
· 捷克苏德台地区的德裔居民开始与政府谈判。
· 德国开始组建机械化部队。

9月
· 巴勒斯坦阿拉伯极端组织围困伯利恒和耶路撒冷。
· 英国皇家海军紧急待命。
· 有关苏德台问题的慕尼黑会议开始。同意希特勒德国吞并苏德台；张伯伦回到英国，宣称得到了"我们时代的和平"。

10月
· 德军进入苏德台地区；捷克总统爱德华·本尼斯辞职。
· 巴勒斯坦分治计划失败后，英军重新占领耶路撒冷。

11月
· 反犹暴力行为席卷德国，大批犹太人及其产业受到冲击。
· 土耳其领导人凯末尔逝世；伊斯梅特·昂奥继任。

12月
· 德国犹太人所有财产和企业均被纳粹没收。
· 法国和德国签订再次确认双方边界条约。

新闻摘要

- 德国战舰"俾斯麦"号下水。
- 当年公演的著名影片包括：维克多·弗莱明的《飘》和《绿野仙踪》、乔治·马歇尔的《戴斯屈出马》、威廉·迪特利的《钟楼怪人》和简·雷诺阿的《游戏规则》以及约翰·福特的《关山飞渡》。
- 当年出版的名著包括：约翰·斯坦伯格的《愤怒的葡萄》、詹姆斯·乔伊斯的《芬尼根之觉醒》和克里斯图费尔·艾瑟伍德的《再见，柏林》。

1月
- 佛朗哥的军队占领巴塞罗那。
- 希特勒重开德国国会。
- 爱尔兰诗人威廉·巴特勒·叶慈逝世。

2月
- 法国和英国正式承认西班牙佛朗哥政府。
- 教皇庇护十一世逝世，庇护十二世继位。

3月
- 德军进入波西米亚和摩拉维亚；纳粹进攻捷克首都布拉格。
- 波兰拒绝德国对但泽地区和巴尔干走廊的领土要求。
- 德国吞并立陶宛的迈米尔。
- 保皇派占领马德里，西班牙内战结束。

犹太人逃离中欧

▲ "水晶之夜"使几乎所有的犹太商店和企业都毁于纳粹的暴力袭击。

30 年代后期，大批逃离纳粹德国控制的中欧国家的犹太人，却在进入拟议中的犹太家园巴勒斯坦上遇到了麻烦。虽然此前英国曾试图在那里为犹太人建立自己的国家，但占当地人口多数的阿拉伯人强烈反对犹太人继续向巴勒斯坦移民，迫使英国政府宣布暂停移民六个月，以避免引起整个阿拉伯社会的骚乱。从 20 年代起，他们就一直反对犹太人在该地区的存在。

▶ 逃离纳粹魔掌的德国和奥地利犹太难民抵达英国，开始他们的新生活。

30 年代，犹太人向巴勒斯坦移民逐年递增。希特勒上台后，疯狂实施反犹政策。1938 年 11 月 9 日夜，纳粹一手制造了席卷全国的暴力摧毁犹太社区的恐怖事件。当夜有数百个犹太教堂被烧毁，数千个犹太人被殴打，几乎所有的犹太商店都被洗劫一空。许多街道路面上铺满了打碎的玻璃，以致那天夜晚又被称为"水晶之夜"。这些事实使任何人都不再怀疑纳粹灭绝犹太人的罪恶企图。前往巴勒斯坦的犹太移民更是成倍上升。

英国政府虽然痛苦地注意到德国发生的一切，却不愿进一步接受更多的犹太移民，以免激怒巴勒斯坦的阿拉伯社区。1939 年 9 月突然爆发的第二次世界大战，使英国找到了打破僵局的契机。它决定限制犹太人向该地区移民，以保持在当地的统治势力。但尽管如此，仍有许多犹太人为逃避纳粹的迫害和屠杀，通过各种非法途径进入巴勒斯坦。

佛朗哥统治西班牙

3 月底，西班牙共和派军队在内战中崩溃，弗朗西斯科·佛朗哥将军领导的国民军控制了西班牙全境。佛朗哥于 1936 年 10 月 1 日被任命为国民军总司令，同时自封为国家首脑。当时仍控制着西班牙大部分地区的共和派拒绝承认他的政府，所以于 1936 年 7 月爆发的内战升级。佛朗哥的国民军在德意法西斯的支持和帮助下，在此后近三年的时间里在西班牙全境展开激烈的战斗。尽管共和派得到了苏联、法国和墨西哥的支持，并有 6 万名外国志愿者组成的国际纵队与佛朗哥作战，但最终不抵敌人训练有素、装备精良并得到德意法西斯强大空军支援的正规军队。实际上共和派是用自己的血肉之躯和钢铁意志与佛朗哥对抗了三年。

夺取全国政权之后，佛朗哥开始建立酝酿已

东方的战争

▲保皇派的胜利将西班牙带入佛朗哥长达36年的独裁统治黑暗时期。

久的法西斯独裁统治。他的第一个行动是大规模处决在内战中抵抗他的成千上万个共和派人士及其同情者。当第二次世界大战在西班牙内战结束五个月后爆发时，佛朗哥为了稳定国内形势，确保自己的统治地位，宣布西班牙中立，但实际上却同情和支持纳粹德国领导的轴心国集团。

战后，佛朗哥作为欧洲和西班牙最后一个独裁者，长期受到国际联盟和其后的联合国的抵制。

日本侵华战争成为30年代主导日本政治生活的主线。日本人一直梦想着建立与其他大国平起平坐的大帝国，极端军国主义分子的贪婪目光始终盯着中国，企图主宰它的命运，进而统治整个亚洲。出于这个狂妄的野心，他们不断向国民宣扬自己的"权力"，甚至将野蛮的侵略当作民族的"荣耀"。从本质上看，这种极端的民族主义思潮与德国和意大利的法西斯理论如出一辙。

1936年2月，日本右翼集团发动了流血政变。尽管这次政变未获成功，但仍促使日本政府加紧实施侵略邻国的政策。1931年在中国大陆建立了满洲傀儡政府后，日本军队对东北地区继续施加影响。1937年7月7日，北平卢沟桥事件成为战争的导火索。

在日军的猖狂进攻下，蒋介石领导的中国国民党节节败退，很快就丧失了大片河山。不久，日军占领了上海，又于1937年12月占领国民政府首都南京。

日军进入南京后，对手无寸铁的平民百姓进行了惨无人道的大屠杀，造成超过30万人死亡。这一事件成为世界战争史上最黑暗的纪录。然而，日军的野蛮屠杀不仅吓不倒坚强的中国人民，反而更坚定了他们抗战到底的决心。日本统治中国的梦想最终彻底破灭，他们在这里找到的只有自己的坟墓。

▼侵华日军在舟山群岛的定海港登陆。

4月
· 英、法、波兰签订互助条约。
· 意大利入侵阿尔巴尼亚。
· 匈牙利退出国际联盟。
· 英国开始征兵。

5月
· 莫洛托夫任苏联外长。
· 西班牙退出国际联盟。
· 希特勒和墨索里尼签订《钢铁条约》。

7月
· 丘吉尔敦促英国与苏联签订军事条约。

8月
· 德国与苏联签订互不侵犯条约。
· 英国与波兰签订互助条约。
· 平民开始撤离巴黎和伦敦。

9月
· 德国入侵波兰。
· 英、法、澳大利亚和新西兰对德宣战。
· 德军占领波兰西部；苏联侵入波兰东部；该国被德苏分割为两部分。
· 苏联退出国际联盟。
· 日军继续进攻中国，展开长沙战役。
· 英国军舰"勇气"号被德国潜艇击沉。
· 罗马尼亚总理阿蒙德·卡林斯库被法西斯"铁卫队"暗杀。

10月
· 美国宣布中立。
· 英国军舰"皇家橡树"号在港口被击沉。
· 英法拒绝德国的和平条件。

11月
· 日军进犯华南，占领南京。
· 苏联侵略芬兰。

12月
· 大西洋战役开始；德国军舰"斯比伯爵"号沉没。

1939年欧洲再次爆发战争

1939年9月3日，英国和法国对德国宣战，第二次世界大战爆发，距第一次世界大战结束仅21年。与上次一样，这场战争的根源还是由于德国的扩张政策。1938年，德国在吞并了奥地利之后，又占领了捷克斯洛伐克的苏台台地区。面对希特勒咄咄逼人的侵略野心，英国和法国采取了妥协退让的政策。1938年9月的《慕尼黑协议》签订之后，它们以为希特勒会遵守诺言，通过外交手段而不是战争来实现自己的目标。然而协议墨迹未干，1939年3月希特勒以轰炸布拉格相威胁，要求捷克政府允许德国军队进入该国。此时，任何人都不再怀疑希特勒企图统治整个欧洲的野心。纳粹德国的侵略模式是首先通过外交途径向受害国提出勒索条件，继而派兵占领。而其他欧洲大国由于惧怕德国，只能眼看着它一个一个地吞并邻国。

英国和法国决定联合向德国显示实力，以迫使它放弃野心勃勃的侵略计划。英法试图在3月31日与波兰和罗马尼亚建立联盟。但有关德国即将入侵罗马尼亚的传言使这一计划破产。8月23日，德国与苏联签订互不侵犯条约，标志着欧洲即将进入全面战争。9月1日德国开始入侵波兰，随后占领波兰西部；而苏联则于9月17日占领波兰东部。这一事件鲜明地体现了德苏条约的实质。9月3日，德国入侵波兰两天后，英法对德宣战。

德军进攻的迅速和凶猛令人吃惊。突破边界三天后，德军就打通了通往波兰全国的道路。八天后，德军包围华沙。德国的军事行动向世界展示了希特勒闪电战的强大威力。在战争初期，他们曾广泛使用这种战术。纳粹的闪电战通常是先集中大批坦克突破对方防线，然后以机械化部队迅速跟进，再由步兵在空军的支援下攻击和占领城市。

苏联在与德国瓜分了波兰之后，又占领了爱沙尼亚、拉脱维亚和立陶宛，然后开始进攻芬兰，并于1940年3月，迫使芬兰接受不平等条约。德国继续在海上开战，有效地利用潜艇打击英国的海上运输。许多人以为德国在占领波兰后会继续东进，但波兰特别是华沙的顽强抵抗，使希特勒改变了计划。1940年4月，德国挥师北进，占领丹麦全境以及挪威的几个重要港口。5月10日，希特勒的战争矛头转向西边。

德军熟练运用闪电战，横扫进军道路上的一切障碍。荷兰、比利时、卢森堡在德军的迅猛攻击下

▲英国首相张伯伦在慕尼黑会见希特勒后，宣称已经获得了"一代人的和平"。

◀波兰人空有抵抗纳粹入侵的决心，却无法阻挡闪电战的强大攻势。

◄ 英王乔治六世在白金汉宫对全国发表演说。他在战争期间一直没有离开伦敦，鼓舞着人民的斗志，赢得了人民的尊敬。

一触即溃。接着，德军战车轰鸣着冲入宿敌法国的领土。法国脆弱的防线无法阻挡纳粹军队的疯狂进攻。6月22日，德军占领法国全境（其中60%，包括巴黎，由德军直接占领；其他部分由维希傀儡政府管理），并开始准备渡海入侵英国。

在不到一年的时间里，德军几乎占领了整个欧洲大陆。虽然英国本土尚未受到攻击，但它在欧洲大陆的部队已经被赶到海边。更糟糕的是，此时英国还处于孤立无援的状态，因为苏联与德国签订了互不侵犯条约，而美国也无意卷入欧洲的战争。在大多数人看来，英国无法战胜拥有欧洲大陆全部资源的德国，它最终也难免与欧洲其他国家同样的命运。

轻而易举的胜利使希特勒的欲望无限膨胀起来，他开始把注意力转向东方，准备向苏联发动进攻。为了避免两线作战，希特勒希望能与英国媾和。他相信，英国人已经吓怕了，只要他一进行战争恐吓，敌人就会不战而降，和谈当然是英国人求之不得的。因此，在1940年5月至7月这两个月里，希特勒并没有定下进攻英国的具体计划，而是在草拟对英国的"和约"。他通过当时中立的瑞典国王和梵蒂冈的罗马教皇，向伦敦试探和谈的可能性。纳粹党徒还企图绑架取道西班牙和葡萄牙前往巴哈马就任总督的英王的兄嫂温莎公爵夫妇，妄图以重金收买，为其沟通和谈渠道。

然而，此时担任英国首相的已不是软弱无能的张伯伦，而是勇敢的原海军大臣丘吉尔。英国人民对政府过去执行的绥靖政策已深厌痛绝，他们不能容忍政府一错再错。5月13日，丘吉尔在首相就职

◄ 德国空军用反复而猛烈的轰炸为地面部队的进攻开辟道路。

典礼上代表内阁全体成员演讲："……你们问：我们的政策是什么？我说，我们的政策就是用上帝赋予我们的全部力量在海上、陆地和空中发动战争，向黑暗可悲的、人类罪恶史上没有先例的兽性暴政发动战争。这就是我们的政策！"以丘吉尔为代表的新政府代表英国人民向万恶的纳粹公开表明了战斗到底的决心。

英国人的抵抗决心使纳粹德国的诱降计划彻底破产。于是，恼羞成怒的希特勒决心以武力征服。1940年7月16日，希特勒发出了准备进攻英国的16号指令，即"海狮计划"。"海狮计划"总的战略意图是：在从拉姆斯格特到怀特岛以西的广阔战线上，进行一次突然的军事行动；以部署在挪威、荷兰、比利时和法国的3000架飞机去摧毁英国的防御体系，在空战中消灭英国空军，并用火力压制住英国海军，夺取制空、制海权，然后派25到40个师登陆作战，一举占领英国。但此时英国已经掌握了多种先进技术，并拥有当时世界最好的战斗机和勇敢忠诚、技术高超的飞行员，再加上最先进的早期预警雷达系统，使德国空军遭遇惨败。

1940-49

在20世纪40年代初始的6个月里,希特勒的"闪电"战略征服了西欧大片土地。接着,纳粹德国摆开大举入侵英国的架势,对伦敦进行了狂轰滥炸。这种行动开创了现代战争武器可悲的先例:在第一次世界大战时,飞机的作用基本上限制在杀伤双方前线的军事人员;而现在普通市民也变成了攻击的目标。战争期间,纳粹德国不断向伦敦和英国的其他城市投射摧毁性炸弹,包括V1和V2型导弹。英国也以牙还牙,对德国的德累斯顿和柏林等城市进行了恐怖的地毯式轰炸。最后,希特勒入侵英国的计划以彻底失败而告终,这在很大程度上归功于在英吉利海峡上空英勇作战的英国皇家空军。

1941年底,觊觎太平洋地区丰富资源已久的日本,对驻扎在夏威夷群岛珍珠港的美国太平洋舰队发动了突然袭击。美国立即对轴心国宣战,使这场战争真正成为全球规模的世界大战。但直到1943年,随着希特勒在入侵苏联中不断失败,战争的天平才逐渐开始向同盟国倾斜。1945年4月,英国、美国和苏联军队开始向德国首都柏林进军,以结束欧洲的战事。虽然苏联一直作为同盟国成员而英勇战斗,但西方国家对苏联和共产主义仍抱有极大的猜忌。第二次世界大战结束后,苏联成为东欧的统治者。在德国的苏联占领区诞生了一个新国家——德意志民主共和国。接着,苏联周围的东欧国家——捷克斯洛伐克、波兰、匈牙利、保加利亚、南斯拉夫和罗马尼亚都建立了自己的共产党国家,处于苏联的巨大影响之下。正如温斯顿·丘吉尔所述:"一道铁幕已经降落在这个大陆中间。"从40年代末起,45年来东方与以美国为首的西方之间的关系可以形象地概括为一个词——"冷战"。

德国投降几个月后,太平洋战争也进入尾声。日本在美军的沉重打击下从初期的胜利逐渐走向崩溃。为了尽快迫使日本投降,结束战争,美国于1945年8月6日上午8点15分向日本的广岛市中心投掷了一颗原子弹,空前巨大的爆炸在城市上空形成高达23000英尺的"蘑菇云"。这是成为20世纪最惨烈的时刻之一:冲击波造成的死亡者超过全市30万人口的三分之一,还有数万人死于核辐射尘埃。三天之后,又一颗原子弹在长崎爆炸造成四万人死亡,全城化为灰烬。这两次核爆炸在20世纪后半叶形成了长期的阴影。它以无可争辩的事实表明,人类有权对自己的敌人使用威力无比的毁灭性武器;在这个世界上,谁拥有最强大的核武装,谁就拥有最大的影响力。到40年代末,美国和苏联开始了不断升级的军备竞赛,使各自的核能力都足以毁灭整个地球。

从道德的角度看,可以认为第二次世界大战获得了令人满意的结果。建立在"雅利安种族优势"神话基础之上的纳粹政权被彻底摧毁,但只有当阴森恐怖的纳粹集中营被发现时,人们才普遍认识到法西斯主义的惨无人道。纳粹分子以"工业效率"大批处决因禁在这些死亡集中营里的东欧犹太人。善良的人们无法想象,为了充分提高杀人效率,这些集中营竟然是由德国最好的建筑师和工程师设计和建造的。据估计,死在这里的犹太人多达400万。血腥的大规模屠杀,令人发指!然而,纳粹的崛起及其种种罪恶难道仅与"德国人"相关?中肯的答案是,只要存在滋生残暴的条件和环境,或许它会出现在任何地方。

苏联侵略芬兰

19 39 年 11 月 30 日，苏联以 "维护自身安全" 这个貌似 "合理" 的借口，侵入芬兰。在此之前，苏联曾根据斯大林的 "友好互助" 条约占领了爱沙尼亚、拉脱维亚和立陶宛，为莫斯科的安全增加了屏障。现在只有芬兰仍存在着威胁苏联心腹之地的隐患。

当年 10 月，苏联要求芬兰将其边界大幅度向内收缩，以解除列宁格勒可能遭受敌人炮兵攻击的威胁。他们还要求芬兰交出该国惟一的不冻港佩萨莫、芬兰湾入口罕勾以及该海湾内几座小岛的控制权。尽管除了不能割让罕勾地区之外，芬兰政府已准备同意苏联的大部分要求，而且苏联政府也在 1939 年 11 月 13 日开始的谈判中重申了苏芬互不侵犯条约。但两天之后，苏军坦克分别从八个地点越过边界，同时用空军轰炸了芬兰首都赫尔辛基。

尽管军事力量对比悬殊（芬兰只有 20 万人的军队，而庞大的苏联几乎是举全国之兵），但芬兰人还是进行了艰苦的抵抗，将入侵的苏军阻挡在海湾地带。世界惊奇地看到，直到 12 月底，勇敢的芬兰人一直让苏军寸步难移。

然而苏联不甘心失败。经过战术调整之后，苏军重新聚集起来，并于 1940 年 2 月 1 日发起总攻击。就在英国和法国还在争论着是否应援助芬兰时，苏军已经深入芬兰领土。1940 年 3 月 12 日，芬兰被迫按照苏联的条件投降。并签订《苏芬和约》。依照该和约，原属芬兰的整个卡累利阿地峡、芬兰湾中的若干岛屿以及北方的萨拉、库萨摩和雷巴契半岛的一部分划归苏联，汉科港以 30 年为期租借给苏联作为海军基地。

▲由滑雪高手组成的芬兰 "自杀攻击队" 在海湾地区阻击苏军近 6 个月。

纳粹入侵丹麦和挪威

纳 粹德国对挪威的侵略集缜密策划、阴谋诡计和凶残暴力之大成。整个过程是从 4 月 5 日夜晚在挪威首都奥斯陆德国使馆举行的电影招待会开始的。

包括政府要员在内的尊贵客人们观看了一部关于德国侵领波兰的影片，其中有华沙遭到狂轰滥炸的恐怖镜头。影片结尾的字幕上写着 "这些都应归咎于他们的英国和法国朋友们"。

由于挪威不理会与德国的敌人结盟的危险，也不考虑抵抗纳粹进军的后果，德国开始对全面占领挪威和丹麦作最后的准备。

入侵挪威的警告信号已经变得清晰。4 月 8 日，在伦敦的挪威使馆得到德国军舰出现在挪威海岸的消息，同时，一艘德国军舰在挪威南部海岸被波兰潜艇击沉的流言也在奥斯陆传开。德军立即宣布向挪威沿海城市卑尔根进军，"帮助" 挪威人抵抗英法联军的 "入侵"。

就在挪威不断传来坏消息的同时，丹麦的局势也在恶化。面对德军的入侵，丹麦皇家卫队仅稍作抵抗便土崩瓦解。4 月 8 日，纳粹占领了整个丹麦。（德军对丹麦的入侵和占领如此迅速，以至于挪威人直到纳粹兵临城下才获悉这个消息。）

当天夜晚，德国军舰从南面接近奥斯陆。他们的第一次攻击被粉碎了，"普鲁士"号战舰连同1000多名官兵葬身海底。

4月9日，德国空军猛烈轰炸奥斯陆。在48小时之内，德军分七路大举进攻，控制了挪威所有的重要港口，实现了他们的

▲ 疯狂的纳粹军队几乎未遭遇多少抵抗便占领了斯堪的纳维亚半岛。

侵略意图。6月7日，英国和法国从挪威撤出了自己的全部军队，挪威国王和政府也流亡伦敦。德军于6月10日占领挪威全境。

丘吉尔重返政坛

5月10日，温斯顿·丘吉尔告别了他的"在野"时期，重新回到权力中心，领导英国人民抗击德国军队的猖狂进攻。丘吉尔在30年代一直呼吁人们关注纳粹崛起的危险，却遭到许多政客的忽视和冷遇。

丘吉尔认为签署慕尼黑协议是个"彻头彻尾的大失败"。此后，他一直力图说服全国人民对纳粹威胁达成共识。尽管大多数国会议员站在他一边，但首相诺维尔·张伯伦却始终反对他的见解。当英国被迫于1939年9月3日对德国宣战时，张伯伦任命丘吉尔为海军大臣。在海军部工作期间，丘吉尔展示了抗击希特勒的决心和能力。

张伯伦辞职后，丘吉尔接替他成为新内阁首相兼国防大臣。5月13日他作为首相在国会宣誓就职，并发表了他的第一次重要的历史性演讲。他告诉英国人民，他不能为他们奉献其他东西，只有"辛劳、血汗和满腔热情"。丘吉尔的时代开始了。历史证明，他不仅领导人民度过了艰难的战争岁月，而且创造了更伟大的成就。

温斯顿·丘吉尔是一位政治家、军事家和艺术家，也是20世纪声名最显赫的英国首相。他在许多著名演讲中使用具有召唤力且激动人心的言语，被认为是战时英国精神的代表，对提高民族士气起了非常重要的作用。他作为一个伟大的人物和伟大的领导者而享有盛名。

▲ 作为英国最长寿的政治家之一，温斯顿·丘吉尔的事业在卓越的军事领导艺术中达到顶峰。

· 这一年上映的著名影片包括：约翰·福特的《愤怒的葡萄》、查尔斯·卓别林主演的《大独裁者》、乔治·库克的《费城故事》、阿尔弗雷德·希区柯克导演的《吕贝卡》、迈克尔·库雷兹演的《海鹰》、亚历山大·柯达的《巴格达窃贼》和迪斯尼动画片《梦幻曲》。

· 海蒂·迈克丹尼尔成为第一个荣获奥斯卡金像奖的黑人女演员。

· "兔巴哥"系列动画片首次公演。

· 美国哥伦比亚广播公司（CBS）首次播放彩色节目。

· 鲍勃（Be-bop）爵士乐在纽约米尔顿剧院亮相。

· 安顿·维伯恩创作的《变奏交响曲》首次公演。

· 乔秦·安其兹的《安其兹协奏曲》首次公演。

· 当年出版的名著包括：卡森·迈克库勒的《天涯何处觅知音》、亚瑟·库斯勒的《黑暗的正午》、戴兰·托马斯的《艺术家的肖像》、格雷马·格林的《光荣与权力》和厄勒斯特·海明威的《丧钟为谁而鸣》。

· 原定在日本东京举行的第12届奥运会因战争而被取消。

'40

纳粹对荷兰和比利时发动闪电进攻

新闻摘要

1月
· 英国实行配给制。

2月
· 巴拉圭内阁和议会辞职;约瑟·弗利克斯·伊斯廷贝亚总统接管政府。
· 西藏确立第十四世达赖喇嘛。
· 《39级台阶》的作者约翰·巴肯逝世。

3月
· 法国总理达拉第辞职;保罗·雷纳德接任。

5月
· 英国首相张伯伦辞职;温斯顿·丘吉尔组成新政府。

6月
· 法国总理雷纳德辞职;贝当元帅出任新总理。
· 德国艺术家保罗·克利逝世。

7月
· 日本解散所有政党。
· 阿维拉·卡迈乔当选墨西哥总统。
· 美国杂志《公告牌》发表第一个流行排行榜。

9月
· 英国设立乔治十字勋章,以表彰英勇市民。
· 伊昂·安东尼斯库成为罗马尼亚独裁者;国王卡罗二世退位。

▲ 比利时政府错误地以为对希特勒采取绥靖政策可以避免纳粹的全面入侵,因而付出了沉重的代价。

就在温斯顿·丘吉尔就任英国首相兼国防大臣当天,他的办公室里充满了暴风雪般的电报向他通报德国入侵荷兰和比利时的惊人消息。5月10日凌晨,聚集在这两个低地国家边境的德国军队发动了进攻,海军和空军也同时对荷兰和比利时的重要军事目标进行了轰炸。德军从240公里宽的战线齐头并进,到5月28日已全面占领两国。希特勒已经可以看见法国的景色。

无论比利时还是荷兰都没有料到这场突如其来的侵略战争。早在当年1月,就曾有一个德国空军少校在比利时迫降时被捕;此外,还有情报表明德军在边境附近聚集了30多个师;但这些都没有引起足够的重视。仓促之下,荷兰和比利时都未能组织有效的抵抗。这种无所作为

的情况在很大程度上是由于他们试图避免刺激希特勒,希望他不把他们视为潜在的威胁(因而可以免遭攻击)。但希特勒并没有因为这两国的柔弱恭顺而收敛其侵略野心。

对荷兰和比利时的入侵再次显示了希特勒在干涉西班牙内战和进攻波兰中所使用的阴谋诡计。他的军事战略以快速进攻为核心,被称为"闪电战"。其基本特征是装甲部队的快速突击,结合协调一致的空中支持,紧跟着强大的步兵进攻。在敌人尚未察觉时,德军就立即摧毁其通讯线路、交通枢纽及其他重要军事设施,使敌人顿时陷入瘫痪,无法组织抵抗。希特勒善于制造假象,避实就虚,让自己的精锐部队避开重兵把守的战场而长驱直入敌方的心腹要害之地,进而控制整个国家。有时,希特勒的战线

拉得很宽,试图以最小的人员和装备损失消灭大量的敌军,占领更多的土地和资源。

希特勒运用这种战略战术,在极短的时间内迅速控制了欧洲大多数国家,因而能够利用几乎整个欧洲的资源来支持他对英国以及后来对苏联的战争。

然而,希德勒的闪电战术并没有给他的侵略战争带来长久的好运。随着战争的进展,德军的战线变得越来越长,补给越来越困难,闪电战也逐渐失去了最初的"辉煌"。猖狂一时的德国法西斯终将被它自己点燃的战火所焚毁。

▲一个德军机枪小组正在向藏在家中抵抗纳粹进攻的狙击手射击。

敦刻尔克大撤退

▲在这震惊世界的军事行动中，英国远征军大批部队撤离敦刻尔克海滩。

5月底，从前线撤退下来的英国军队聚集在英吉利海峡法国沿岸港口敦刻尔克。希特勒似乎看到了全歼敌人的机会，派遣大批空军前来轰炸在这里等候撤回本土的英军。

一群接着一群的重型轰炸机呼啸而来，雨点般的炸弹落在狭窄的敦刻尔克港口和海滩上拥挤不堪的人群中。与此同时，英国远征军开始实施撤退计划。

在获悉比利时沦陷后，英国在欧洲作战的远征军便受命向敦刻尔克撤退，然后从那里登船回到英国本土。5月26日，"迪纳莫行动"将第一批部队从敦刻尔克运回。5月27日夜晚，载着疲惫不堪的士兵的船只在英国海军的护卫和支援下，穿过波涛汹涌的英吉利海峡，将大批部队送回自己的家乡。

5月30日，最后一批远征军撤到敦刻尔克。此时最初只有40艘小型军舰的运输船队，已经扩大为拥有400多艘各式各样的军舰、拖船、运输船、渔船和其他民用船只甚至小舢板组成的古怪庞杂的"舰队"。这些船只由从事不同职业的英国和法国志愿者驾驶着，他们冒着枪林弹雨往返于波涛汹涌的海峡。从5月31日到6月1日，共有132000多人从敦刻尔克撤离。但事实清楚地表明，德国人留给英军的时间已经不多了。

到6月2日，尽管英国空军在与德国空军的作战中尽了最大努力，但已无法在白天控制敦刻尔克的制空权。英国决定在当天夜晚利用黑暗为掩护，集中更多的船只将全部滞留在那里的部队运回。但不幸的是法国军队在6月3日拂晓在坚守滩头的战斗中失利。船队不得不在第二天夜晚重返敦刻尔克，将26000多名法国士兵撤退到英国。

6月4日下午2点23分，英国海军部宣布："迪纳莫行动"已完成，共有338000多名士兵从敦刻尔克撤回；总有一天英军将重返欧洲大陆与德军作战。

◀在五天时间里"迪纳莫行动"共营救三十多万协约国部队士兵安全返回英国。

10月
· 英国伊丽莎白公主首次对国民发表讲话。

11月
· 民主党候选人富兰克林·罗斯福第三次当选美国总统。
· 泰国军队入侵法国统治下的老挝和柬埔寨领土。
· 英国政治家诺维尔·张伯伦、雕塑家兼作家艾瑞克·盖尔和出版商罗兹莫尔男爵逝世。

12月
· 《夜色朦胧》和《了不起的盖茨比》的作者司科特·费兹格雷德逝世。

纳粹占领巴黎

新闻摘要

第二次世界大战大事记

3月

· 苏联军队在波兰肯特恩森林屠杀四千多名波兰官兵。

· 苏军突破芬兰曼内海姆防线。

· 芬兰与苏联签订条约，苏芬战争结束。

4月

· 英国破译德国"恩格玛"通讯密码。

· 德国入侵挪威。

· 德国与英国军舰在挪威的纳尔维克进行两次海战。

· 英法联军在挪威登陆。

· 德军在挪威占领杜姆贝斯。

· 英军开始从挪威撤退。

5月

· 德军入侵比利时、卢森堡和荷兰。

· 荷兰女王惠勒米娜流亡英国。

· 德军越过色当附近的默兹河。

· 鹿特丹惨遭轰炸。

· 荷兰军队投降。

· 德国机械化部队沿索姆河谷迅速推进。

· 德军占领法国的亚眠和阿拉斯。

· 英法联军的色当防线被突破；德军开始分割包围联军。

当英国远征军从敦刻尔克撤退时，14万遭受德军追击的法国军队也随着踏上英国的土地。在这种情况下，法国的陷落已不可避免。从多种角度看，法国已经在这场战争中失败。但德国却迟疑了几天，没有采取任何行动，尽管他们的军队在攻占巴黎之前就已经作了重新部署。

战场的暂时平静没有持续多久。6月10日，意大利对早已精疲力尽的法国宣战，希望从德国手中分得一些胜利果实。深处绝地的法军仍然进行了殊死战斗，成功地击退了进犯边境的意军。然而，他们却未能阻挡海湾地区的纳粹德军。

长期以来，法国一直依赖马其诺防线抵挡德国的入侵。这是一条从瑞士边界的巴塞尔，沿莱茵河左岸和比利时边界直到阿登森林南部的坚不可摧的壁垒防线。德国以狡诈的欺骗手段让法国以为由维尔海姆·冯·利勃将军指挥的德军C集团军将从马其诺防线正面发起进攻。却不料，随着比利时的沦陷，德军已经能够从侧翼绕过马其诺防线，深入法国腹地。

法国人还认为阿登森林地带不利于坦克通行。但德军的坦克和装甲部队于5月12日成功地穿过这片森林，从防线最薄弱的环节实施突破。法国企图利用阿登森林阻挡德军的幻想破灭后，再也没有什么力量能够抵抗疯狂的敌人，只好节节败退。5月16日，德军从80公里宽的战线发起攻击。

▲ 让许多巴黎人无法相信的情景——纳粹军队的铁蹄通过凯旋门。

到6月，战斗即已基本结束。6月14日是法兰西民族蒙受巨大耻辱的一天。这天清晨，德军第18集团军一部在未遭遇任何抵抗的情况下开进巴黎，在法国政府大厦上空和埃菲尔铁塔顶端升起了德军万字旗，并在著名的香榭丽舍大街举行了所谓"入城式"。法国政府逃往波尔多。在那里，他们试图解除与英国的同盟关系。

法国总理保罗·雷诺被陆军元帅贝当所取代。他上台伊始立即与德国进行停战谈判。6月22日，法国正式投降，国土被分割为德国占领区和由以贝当为首、以中部城市维希为首都的傀儡政府控制区。这个屈辱的停战条件遭到大多数法国人的坚决反对。戴高乐将军以伦敦为基地，组织起自由法国军队，开展抵抗运动，为最终从纳粹手中解放祖国而奋斗。

▲ 希特勒和纳粹的其他高级将领视察他们最近占领的地区。

伦敦在燃烧

法国于6月22日正式向德国投降，使德国得以集中力量对付它在欧洲的最后一个敌人——英国。考虑到德军在法国的有利位置，希特勒于6月16日发布准备入侵英国的命令。

▲ 烈火硝烟笼罩下的伦敦圣保罗大教堂。

由于担心英国海军的强大威力和英吉利海峡对跨海作战的德军造成损伤，希特勒决定首先利用空军获取决定性优势，然后再实施登陆。从6月到9月，德国空军与英国皇家空军在海峡上空不断激战，并曾深入英国南部海岸。

英国军队的装备通常要比德军好一些，至少在空军方面是如此。英国拥有先进的早期预警雷达和当时世界最好的"烈火"式战斗机。这意味着尽管德军占有二比一的数量优势，但皇家空军仍能给予德国空军沉重打击。到8月底，德国空军已经损失了600多架飞机。经过英国空军英勇作战，这个数

字很快又上升到1700多架。希特勒不得不重新制定他的计划。

到9月中旬，事实已清楚地表明德国在与英国的空中较量中已失败。9月17日，希特勒放弃了入侵英国的计划，但又开始实施大规模轰炸。

最初对伦敦的空袭实际上开始于9月7日。德国轰炸机在希特勒的直接指挥下对这座优美的大都市进行轰炸，以报复前几天英国空军对柏林的轰炸。这种轰炸与其说是一种军事行动，不如说是沉重的心理威慑。德军对伦敦的轰炸持续了57个昼夜，还扩大到考文垂和利物浦等工业和港口城市。

德国空军的轰炸一直持续到冬天。到第二年2月，轰炸似乎停了下来，但

3月和4月又卷土重来。直到后来希特勒将战争的矛头指向另一个方向。尽管英国城市仍是德国空军的攻击目标，但大规模的轰炸终于停止了。

▲ 当伦敦人饱受战火煎熬时，一位送牛奶的工人在废墟瓦砾中坚持履行他的日常工作。

▲ 劫难——从圣保罗大教堂顶部俯瞰遭受轰炸的伦敦核心商业区。

- 英国政府采用紧急权力。
- 联军开始从敦刻尔克撤退。
- 法国的布伦被德军占领。
- 比利时军队向德国投降。
- 英军重新夺回纳尔维克。
- 英国的法西斯分子，包括奥斯三屋德·穆斯雷被拘留。

6月
- 德国装甲部队占领法国北部和西南部。
- 意大利派船前往中立港口。
- 挪威停止抵抗。
- 德军越过法国的塞纳河。
- 意大利对法国和英国宣战。
- 意大利军队进入法国南部。
- 英军撤出纳尔维克。
- 德军占领巴黎。
- 西班牙军队占领摩洛哥国际区。
- 苏联军队进入波罗的海三国。
- 苏军完全占领拉脱维亚、爱沙尼亚和立陶宛。
- 法国的贝当元帅开始与德国进行停战谈判；主战派政治家（包括戴高乐将军）离开法国来到英国。
- 法国单方面与德国签订停战协议；法国被分割为德国占领区和维希政府控制区两部分。
- 法国维希政府与意大利停战。
- 日军入侵法属印度支那。
- 苏联要求罗马尼亚割让比萨拉比亚和布库维尼亚地区。
- 罗马尼亚被迫同意苏联的要求；苏军占领比萨拉比亚和布库维尼亚地区。
- 戴高乐将军成为"自由法国"运动领袖。
- 德军占领英吉利海峡岛屿。

新闻摘要
· · · · · · · · ·

7月

· 英国建立祖国卫队。
· 英国海军在阿尔及利亚港口击沉法国军舰，以免德军使用。
· 英国扣留所有停靠在英属港口的法国船只。
· 法国维希政府中断与英国的关系。
· 德国开始实施摧毁英国空军的计划，企图通过攻击英吉利海峡里的船只，引诱英国战斗机进行决战。
· 贝当元帅成为法国维希政府总统。
· 在日本的压力下，英国关闭缅甸对中国的公路供应线。
· 美国总统签署"两大洋"海军协议。
· 爱沙尼亚、拉脱维亚和立陶宛并入苏联。
· 日本重新任命近卫亲王为首相，实施强硬的扩张计划。

8月

· 意大利军队入侵英属索马里。
· 德国发起不列颠战役，企图消灭英国空军，进而大规模入侵英伦三岛。
· 英国从中国上海撤出防卫部队。

9月

· 德军轰炸造成英国平民每天死亡300—600人。
· 英国空军轰炸德军占领的欧洲港口。
· 意大利军队入侵埃及。
· 日军占领法属印度支那。

意大利参战

当疲惫不堪的英军从敦刻尔克撤退后，一个新的威胁出现了。

意大利在德国入侵波兰之前就是其坚定的盟友，一直在道义上支持纳粹。随着欧洲其他地区的沦陷，墨索里尼迫不及待地要加入希特勒对法国和英国的战争。

在这种情况下，英国首相丘吉尔和法国总理雷诺于5月25日与美国总统罗斯福会谈。注意到意大利可能会对地中海地区提出领土要求，他们要求美国与墨索里尼斡旋，向他表示英法可以适当满足他的要求，以换取双方之间的和平。

但墨索里尼相信他在德国的帮助下可以获取想得到的任何东西，因而对这个和平建议置之不理，拒绝了美国的斡旋。

6月10日下午4点45分，意大利外交部长通知英国驻意大使，自午夜起意大利与英国开始处于战争状态。法国也收到了类似的通知。

法国于6月22日投降后，意大利更加肆无忌惮地在北非追逐自己的利益。25万装备精良的意大利军队从它在利比亚的基地出发，直扑埃及。

英意宣战后，英军在前线与意军发生数次小规模冲突，而真正的战斗则出现在意军入侵埃及的9月13日。

到9月17日，意军已推进到萨迪布兰尼，并在那里驻扎了三个月。英军乘意军犹豫不决之机，抢先将装甲重兵运抵该地区。

12月9日拂晓，25000人的英军装甲部队向驻守在萨迪布兰尼的意军发起猛攻。第二天，英军突破意军的坚固防线。到12月15日，所有意军都被赶出埃及。

▲ 一群意大利士兵在利比亚沙漠上观看英国与轴心国空军在北非上空的激战。

托洛茨基遇刺身亡

8月20日，俄国革命原领导人之一列昂·托洛茨基被暗杀凶手用冰镐杀死。

此前，托洛茨基曾遭遇一个由30人组成的、配备机枪的暗杀小组的袭击却幸免于难。但这次他的保镖未能发现这个孤身刺客藏匿的凶器，致使托洛茨基遇害身亡。

托洛茨基1879年生于俄国的列夫·戴维德维奇，早年是乌里扬诺夫·伊里奇·列宁的亲密战友，1922年列宁遇刺受伤时，他曾指定为列宁的继承人。列宁虽然大难不死，但知道自己将不久于人世。他试图说服托洛茨基对斯大林采取先发制人的手段，以便掌握党的领导权，但托洛茨基犹豫不决。到1924年列宁病逝时，斯大林大权独揽，托洛茨基才发现自己已陷于孤立。

1926年，托洛茨基被逐出苏共政治局；1928年他和他的"同伙"被流放到苏联偏远地区；1929年又被驱逐出境，先后流亡到土耳其、法国和挪威等国家。

自从斯大林控制的苏联政府在一次缺席审判中判定托洛茨基犯有"叛国"罪后，他一直担心会遭到暗杀，因而不得不躲到万里之外的墨西哥，但仍未逃脱毒手。

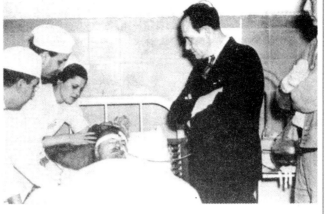

▲ 曾被列宁指定为继承人的托洛茨基，屡遭迫害和放逐，最后死于暗杀。

拉斯考柯斯岩洞壁画被发现

19 39年9月，四个年轻的法国人在蒙提纳克附近的山洞里探险时，惊讶地发现一处神奇的史前岩洞壁画。这是人类考古学最重要的发现之一。这个岩洞就是著名的拉斯考柯斯岩洞，包括一个主洞穴和几个蜿蜒曲折的侧洞。洞穴的墙壁上布满了各种动物的雕刻、图案和绘图，其中有三只长着巨大犄角的欧洲野牛。这种欧洲野牛现在已经灭绝。

这些壁画还展示了远古时期的鹿、牛和马，最奇特的是一头独角兽。尽管人们普遍认为这种生灵只是神话中的动物，但它出现在原始人类的绘画中，或许表明这种传说中的动物在我们祖先生活的石器时代曾确有其实。

一些考古学家认为拉斯考柯斯岩洞可能被古人当作某种宗教的中心，在那里进行神秘的祭祀活动。从壁画上的大量箭簇和各种狩猎工具看，似乎可以肯定这种观点。

科学家利用碳—14年代测定法证明拉斯考柯斯岩画出现在公元前15000—13000年之间，属于欧洲的旧石器时代晚期。

拉斯考柯斯岩洞向公众开放后20多年后，许多珍贵的壁画开始褪色，一些图案上出现了绿色的霉菌。为了保护这些世界罕见的史前遗迹，许多著名考古学家建议对这个岩洞进行封闭管理。因此，当地政府决定从1963年起，该岩洞停止对一般公众开放，只有经过特别批准的少数学者才能进入洞内进行发掘和研究。

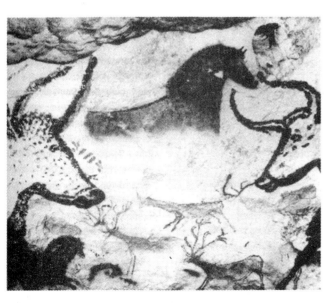

◀ 拉斯考柯斯岩洞主穴壁画细部。它是最著名的史前绘画之一。

- 英军和自由法国军队试图夺取维希政府控制的塞内加尔，未获成功。
- 德国、意大利和日本签订《三国条约》。

10月

- 满载避难儿童的"不列颠女皇"号邮轮被德国潜艇击沉。
- 希特勒和墨索里尼在勃伦纳山口会面。
- 德国控制罗马尼亚的石油生产。
- 自由法国军队夺取西非的杜阿拉。
- 德军缺乏空中优势，希特勒被迫放弃入侵英国的计划。
- 英国重新开放从缅甸至中国的供应线。
- 希腊拒绝意大利的领土要求；意大利入侵希腊。

11月

- 英军登陆克里特岛。
- 英国"皇家杰维斯"号战舰被击沉。
- 坎特伯雷大教堂被德军轰炸机摧毁；此次轰炸造成考文垂市的重大灾难。
- 英国海军在塔兰托重创意大利舰队。
- 希特勒与苏联外交部长莫洛托夫会谈。
- 英国对德国汉堡发动报复性空袭。
- 瑞士政府解散瑞士纳粹党。
- 匈牙利和罗马尼亚加入"三国条约"。

12月

- 希腊军队在阿尔巴尼亚粉碎意军进攻并占领帕图艾达。
- 希腊军队在阿尔巴尼亚全境击溃意军。
- 德军增援巴尔干地区的意大利军队。
- 英国第8军在利比亚对意军发起攻击。
- 美国开始实施研制原子弹的"曼哈顿工程"。
- 美国国家美术馆在华盛顿开放。

不列颠之战

英国于 1939 年 9 月 3 日对德国宣战之后不久，德军最高司令部便开始考虑入侵英国本土的可能性。他们决定跨越英吉利海峡对英格兰东南部海岸进行多点攻击。不列颠群岛的这一地区历来是重要的防线，因为在历史上英国与其他欧洲国家（主要是荷兰、法国和西班牙）的冲突中，这里毫无例外地都是保卫国土最重要的阵地。

德国人对此也非常清楚。但直到 1940 年 6 月，希特勒一直以为英国会迫于德军的强大威力而接受屈辱的和平条件。

▲ 不列颠之战期间，英国皇家空军的"烈火"式战斗机在英吉利海峡上空巡逻。

然而 7 月 16 日，他下达了这个命令："由于英国不顾其军队的虚弱地位而拒不签署协议，我决定准备实施进攻英国的登陆行动，必要时彻底粉碎它。"

这个准备计划名为"海狮"行动。德国企图通过攻占英国本土来结束在欧洲的战争。

这个计划要求德国海军在英吉利海峡开辟一条"走廊"，两侧由水雷和潜艇护卫，将部队和装备源源不断运到英国海岸。

但德国人很清楚如果没有海峡上空的制空权，他们将无法对抗英国皇家海军的强大优势。另一个必须考虑的因素是天气。从 9 月中旬开始，英吉利海峡经常笼罩在大雾之下，

◀ 当雷达侦测到敌机来犯时，英国皇家空军战斗机飞行员和地勤人员奔向他们的飞机。

对德军非常不利。因此，希特勒决定必须在9月15日以前完成"海狮"行动。

于是，他命令空军部长赫尔曼·戈林指挥德国空军摧毁英国空军。戈林傲慢地以为自己的飞机比对手多得多，英国一定会在德军登陆攻击之前投降。

从6月到7月初，德国将空军主力调到比利时和法国，开始对英国重要目标进行试探性攻击，为实施大规模空袭作准备。

8月2日，戈林终于下达了代号为"鹰日"的命令。这是一个企图在德军地面部队进攻不列颠群岛之前首先摧毁英国空军的作战计划。

在即将来临的战斗中，英国空军不得不面对数量占绝对优势的强大敌人，以区区600驾战斗机对抗德国空军的1300架轰炸机和1200架战斗机。尽管在数量上居于劣势，但英国仍占有几个重要的优势：

德军轰炸机体形庞大、速度迟缓，极易被英军"烈火"和"飓风"式战斗机攻击，特别是在白天。同样，德军的俯冲轰炸机在速度和灵活性方面无法与英军战斗机相比。

虽然德国拥有许多优秀的飞行员，但由于远程作战的限制使他们无法长时间逗留在海峡上空，不得不频繁返回离战场较远的基地。英国的另一个优势在于拥有先进的雷达，

▲德国元帅赫尔曼·戈林未能在不列颠之战中指挥德国空军夺取胜利。这使他在希特勒心中的地位大大降低。

能够及早发现敌军的动向，掌握战斗主动权。

从8月8日起，德军开始对东南沿海岸的英军目标和内地的雷达站实施猛烈轰炸。8月11日至13日，德军每天同时出动

1500架飞机进行大规模空袭。

然而，事实越来越明显，德军无法轻易取胜。8月8日至13日期间，德军损失了145架飞机。到当月底，这个数字上升到600多架。而英国皇家空军仍在不断击落德国轰炸机，其速度之快使德军根本来不及补充新飞机。

希特勒眼看这一招儿行不通，于是命令戈林将轰炸目标从东南海岸转向英国的各个城市。作出这个决定在很大程度上是由于他错误地以为，这样可以迫使英国民众为了免遭生灵涂炭而要求他们的政府接受德国的"和平"条件。

到9月15日——希特勒预定的"海狮"计划第一阶段任务完成的日期，德

军仍未获得梦寐以求的英吉利海峡制空权。

尽管德军对英国城市的轰炸一直持续到1941年，但事实已经很清楚，德国企图跨海入侵英国已经是力不从心。

虽然英国空军在整个不列颠之战的过程中也损失了900多架飞机，却总共击落了两倍于此的敌机，迫使德军于10月12日正式放弃入侵英国的计划。不列颠之战就这样以英国的胜利而告终。

在国会举行的表彰皇家空军的庆功会上，英国首相温斯顿·丘吉尔发表了著名的演说："这是人类战争史上从未有过的以少胜多的辉煌战例。"

▼德军轰炸机向英国投掷杀伤力巨大的炸弹。

艾米·约翰逊死于飞机失事

1941年1月5日，被英国媒体誉为"空中女王"的女飞行员艾米·约翰逊在完成空军的一次飞行任务后，在托马斯·伊斯特波里机场降落时，不幸机毁人亡。

艾米·约翰逊1903年6月1日生于英格兰东北部的赫尔，是由男性主宰的飞行事业中仅有的几个女飞行员之一。

艾米自幼对飞行充满兴趣。1928年，她在伦敦一家公司担任秘书期间考取了飞行执照，同时还成为英国第一个获得地面机械工程师资格的女性。

1930年，她试图打破单人驾机从澳大利亚的达尔文飞到英国克劳敦的最短时间纪录。尽管未能在规定的三天内完成这项挑战，但她仍成为第一个单独完成该航线飞行的女性。这个成就使她获得巨大声誉。1931年，她创造了穿越西伯利亚飞往日本东京的奇迹。1932年打破了单人驾机从英国飞往南非开普敦的世界纪录。

▶ 艾米·约翰逊和她的飞机——盖甫斯·莫斯，她单人驾驶该机19天到达澳大利亚。

詹姆斯·乔伊斯逝世

1月13日，伟大的爱尔兰小说家詹姆斯·乔伊斯在瑞士苏黎世逝世。乔伊斯1882年生于爱尔兰的都柏林。他一直接受天主教教育，从小学到都柏林大学神学院。

他在都柏林大学主修语言，但把大部分时间都用于他越来越感兴趣的文学创作。在此期间，他为一些杂志撰写了一些评论和短篇小说，获得普遍好评。在成功的鼓舞下，乔伊斯决定以写作为职业。

他最著名的著作是《都柏林人》、《一个年轻艺术家的肖像》和《尤里西斯》。他的写作风格被后人称为"意识流"，是古希腊伟大诗人荷马的《奥德塞》风格的现代翻版。

▲ 詹姆斯·乔伊斯，爱尔兰最伟大的文学家之一，也是20世纪全世界最有影响的作家之一。

隆美尔率领的德国非洲军团抵达的黎波里

埃尔温·隆美尔是杰出的坦克部队指挥官。甚至连英国首相丘吉尔也在议会上这样评价他："我们遇到了顽强而训练有素的对手，撇开战争罪恶不说，他的确是个伟大的将军。"（据说，他曾多次提到，就英国而言，第二次世界大战的三个杰出人物是丘吉尔、蒙格马利和隆美尔。）

1940年，隆美尔率领德军第七装甲师来到法国海岸后，受希特勒之命指挥在非洲挽救意大利军队的德国部队。

2月14日，当隆美尔到达位于的黎波里的前敌指挥所时，驻守在那里的意军已接近崩溃。原来在意军指挥下的德国部队很快就发现这位新来的指挥官沉着、干练、行动果断。

隆美尔迅速从意军将领手中接过指挥权，将分散的部队组织起来。他的雷厉风行的风格鼓舞了士兵们的斗志，很快便建立起著名的德国非洲军团。

随着与英军的多次交战，隆美尔指挥的机械化沙漠部队以其快速多变、狡诈凶狠的战术，让英军难以招架，连遭败绩。他因此而很快就赢得了"沙漠之狐"的称号。

10月31日，隆美尔进

▲ 隆美尔非洲军团的一支装甲部队快速穿越利比亚沙漠。

攻英军的阿格拉阵地。两天后，英军被迫后撤，损失惨重。又过了一天，德军摧毁了英军的侧翼防线，迫使英军撤至利比亚与埃及的边界。希特勒格外重视他的这位将军的战功，不久就提升他为帝国元帅。

纳粹横扫巴尔干，进入希腊

▲ 德军占领雅典后在卫城神庙摆出胜利的姿势。

19 39 年 8 月签订的德苏互不侵犯条约使这两个国家得以瓜分欧洲东北部国家。然而，他们在欧洲最东部的半岛巴尔干却发生了利益冲突。随着纳粹对罗马尼亚的影响越来越大，苏联认为必须在巴尔干沿海建立海军基地，以保护苏联的利益。1941 年 3 月，面对苏联的强大威胁，巴尔干地区各国与德国签订条约，允许德军进驻该地区。但南斯拉夫随后发生了军事政变，反对前摄政王保罗签署加入法西斯条约，出卖自己的国家。

同时，英国卷入希腊与意大利冲突的风险也越来越大。希特勒不能容忍在自己脚下出现两个潜在的敌对国家，于是决定出兵控制局面。

4月6日，希特勒对南斯拉夫新政府发动闪电进攻，横扫该国全境。尽管遭遇抵抗，但德军在匈牙利人的支持下，仅用两周便解决了问题。

与此同时，意大利军队遭遇很大麻烦，这次是在希腊。墨索里尼原以为可以轻而易举地占领软弱的希腊。但侵入希腊后，他很快就发现希腊人的顽强抵抗使他的军队寸步难行。这时，德国出兵解救被困的意军并占领希腊，于4月26日进入雅典。

随着南斯拉夫和希腊被德国控制，在北非的英国军队陷入无路可退的地步。

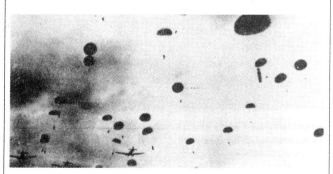

▲ 纳粹横扫巴尔干，德军伞兵在希腊的科林斯湾实施空降。

· 美国批准支持欧洲国家反法西斯的《租赁法案》。
· 德国空袭英国。
· 隆美尔将军在利比亚对英军发起进攻，重新夺回阿尔法耶拉。
· 南斯拉夫加入三国条约；该国发生反对三国条约的政变。
· 英军在埃塞俄比亚占领克尔恩。
· 英国海军在地中海玛塔潘海角之战中战胜意大利海军。

4月
· 伊拉克发生由拉什迪·阿里领导的反英政变。
· 英军在埃塞俄比亚夺取意军占领的阿迪斯·阿巴巴。
· 英军夺取意军占领的玛萨瓦。
· 轴心国军队入侵南斯拉夫和希腊；南斯拉夫和希腊向轴心国侵略者投降。
· 驻利比亚德军开始向图布鲁克进攻。
· 驻希腊英军开始撤退。

5月
· 维希法国开始围捕犹太人并将他们送往德国。
· 斯大林担任苏联共产党总书记。
· 纳粹副元首鲁道夫·赫斯在苏格兰登陆，试图与英国进行和平谈判。
· 德军空袭克立特群岛。
· 英国战舰"皇家胡德"号被德国"俾斯麦"号战舰击沉。
· 英国海军击沉"俾斯麦"号战舰。
· 拉什迪·阿里被驻伊英军推翻；伊拉克原政府复职。
· 英军完全撤离克立特群岛。

希特勒进攻苏联

▲ 马拉装备的苏军与现代化武装的德国军队形成鲜明的对比。

1940年底，希特勒被迫放弃入侵英国的计划——"海狮"行动。挫败敌人入侵计划在很大程度上应归功于英国皇家空军的巨大勇气和坚韧精神，他们彻底粉碎德国法西斯企图夺取海峡制空权的梦想。1940年冬天海峡的恶劣气候也使希特勒感到担心。由于未能说服法国和西班牙一起参加与英国争夺地中海控制权的战斗，希特勒决定将矛头指向东边的苏联。

1940年12月18日，希特勒下令准备实施"巴巴罗萨"行动——入侵苏联的计划。此前，德国已对巴尔干国家采取了一系列军事行动，以确保能够从宽阔的战线对苏联发起进攻。一个由罗马尼亚、匈牙利、斯洛伐克、意大利和芬兰组成的松散联盟参加了德国的侵略行动，但这些

国家耽搁了几个月，直到德国对苏宣战前几个小时才集结它们的部队。

1941年6月22日凌晨，战争从猛烈的空袭开始。紧接着，德国及其盟友集中190个师的兵力——有史以来最大的一次兵力集中——向苏联发起全面进攻。德国的突然袭击使苏德互不侵犯条约成为一

纸空文，也迫使苏联与英国，并最终与美国结盟。

希特勒计划从三个攻击方向将红军主力包围并消灭在俄罗斯西部地区，以防止他们分散撤退到辽阔的苏联中西部。为实现这一目标，他的北方集团军群从前波罗的海国家进军，直逼列宁格勒；他的中央集团军群从波兰出发，打通斯摩棱斯克，进军莫斯科；同时，由南方集团军群占领乌克兰。

希特勒集中了360万军队，3600辆坦克和2700

架飞机，以崭新的闪电战方式，迅速攻入苏联腹地。而希特勒还应该感谢斯大林对苏联红军进行的"大清洗"。那次大清洗使苏军大伤元气，后来在苏芬战争期间暴露出许多弱点，但这些弱点并未引起苏联最高当局的足够认识。

在德军入侵的最初几周，人们普遍认为苏军已精疲力竭，似乎无法支撑下去；希特勒的军队将很快取胜。从6月至12月，德军已俘获苏军300多万，一些战线深入苏联国土数百公里。然而，希特勒对别处大获成功的闪电战此时却已成强弩之末。

在过去的几个世纪里，许多入侵者最终都后

◀ 德军在俄罗斯城市和乡村遭遇顽强抵抗，被迫进行逐屋逐巷的战斗。

悔不该把脚伸进俄罗斯。辽阔无垠的国土,丰富的矿产资源和严寒的北方冬季都使它成为侵略者不可逾越的障碍。斯大林还拥有巨大的人力资源,并在远离德国势力范围的乌拉尔山区建立了庞大的军事工业基地,作好了进行长期而艰苦的战争的准备。希特勒知道德国必须迅速取胜。但到1941年8月,他与德军其他将领在下一步行动方案上产生了分歧。

▲ 进入俄罗斯城市维特巴斯克的德军士兵发现这里只有烧焦的房屋——苏联成功地运用了19世纪抵抗拿破仑侵略的战术。

这一次,希特勒的军事才能背叛了他自己,他在战争最初几周所表现出来的神奇预见力现在已荡然无存,至少他没有料到苏联进行的战争准备(尽管斯大林一直认为希特勒不会在1942年以前进攻苏联)。事实越来越明显,苏联具有比各种情报所透露的强大得多的军事潜力。

德国人终于发现挡在他们面前的不是情报部门所说的5000辆坦克,而是20000辆。尽管德军坦克速度更快,火力更猛,但他们仍付出了惨重的代价:发起进攻后的六周内,共损失了60000人。

连续进攻变得越来越艰难。从波罗的海到黑海沿岸,宽达1600公里(1000英里)的德军战线受到物资紧缺的威胁。但事实也同样表明,苏联红军在苏芬战争中表现出来的作战经验缺乏并不代表苏军真正的战斗能力。

当德军攻占苏联大城市时,顽强的俄罗斯人宁愿战斗到死也不会向纳粹投降。这种不屈的精神让德军的进攻付出了高昂的代价。

在这方面,列宁格勒保卫战是杰出的范例。从1941年9月到1944年1月,这座英雄的城市被围困了整整900天,有大约65万市民死于饥饿和疾病。他们顽强地抵抗着75万德国大军的疯狂进攻,最终取得了胜利。

1941年9月30日至10月2日,德军集中77个师约200万兵力,14000多门大炮,1700辆坦克和1400架飞机,向苏联首都莫斯科发动代号为"台风"的"闪击战",妄图在冬季到来之前攻占莫斯科,打败苏联,以此向全世界显示其"闪击战"的威力和德国武装力量的"不可战胜"。苏联军民在莫斯科近郊同德军浴血鏖战。12月6日,苏军开始反攻,到1942年1月初,迫使德军后撤100公里至250公里,解放了1万多个居民点。为扩大成果,苏联9个方面军从1月8日到4月下半月向敌人发起全线反攻,击溃德军50多个师,击毙击伤德军80多万人,将敌军击退150公里至400公里,解除了对莫斯科的威胁,夺回了60多座城镇。

苏军在莫斯科保卫战中的胜利宣告了希特勒"闪击战"的彻底破产,极大地鼓舞了苏联及全世界人民战胜法西斯的信心。

◄ 俄罗斯的市民志愿者与真正的士兵一样,都是令敌人胆战心惊的祖国卫士。

击沉德国"俾斯麦"号战列舰

德国海军威力最大的"俾斯麦"号战舰，可以说是第三帝国的象征。5月27日，它迎来了自己的末日，结束了短暂而"辉煌"的历史。

"俾斯麦"号战舰于1939年建成下水，重25000吨，最大航速30节，带有8门能够发射15英寸炮弹的主炮。它的舰身如此庞大，以至于当它浮现在遥远海面时，许多英国水手都以为那是一片陆地。

它的灭顶之灾来自挪威。5月，一架英军侦察机发现了它的踪迹，英国海军决定击沉这艘为德国海军象征的军舰。英国派出北大西洋舰队的大部分舰只参战。经过在冰岛附近的最初接触后，这艘庞大的战舰与皇家海军的"威尔士亲王"号战舰和"胡克"战斗巡洋舰号发生激战。

"俾斯麦"号在击沉"胡克"号后，驶向公海。但在5月26日再次被皇家海军包围。一阵猛烈的攻击摧毁了"俾斯麦"的舵仓，它在英国海军战舰重炮轰击下逐渐下沉。

致命的攻击来自27日凌晨，英国军舰排炮齐发，将已经三处起火的"俾斯麦"号送入海底。

▲ 三处重伤的德国海军战舰"俾斯麦"号被英国皇家海军击沉，永远躺在幽深的大西洋海底。

新闻摘要

6月
· 自由法国军队进占叙利亚。
· 德军进入罗马尼亚（"巴巴罗萨"行动）。
· 芬兰对苏宣战并进占卡累利阿地区。
· 德国在明斯克附近围歼大量苏军。

7月
· 苏军撤至斯大林防线。
· 德军突破斯大林防线并占领斯摩棱斯克。
· 日军开始攻占法属印度支那。
· 德军占领爱沙尼亚的塔林。
· 自由法国部队控制了叙利亚和黎巴嫩。
· 德军进入乌克兰。
· 罗马尼亚重新占领比萨拉比亚和布库维尼亚。

8月
· 英国首相丘吉尔和美国总统罗斯福签署《大西洋宪章》。
· 苏联和英国军队进入伊朗。

9月
· 德军开始包围列宁格勒。
· 德军占领乌克兰的基辅。

10月
· 英国空袭德国纽伦堡。
· 苏联政府迁出莫斯科；德军进入距莫斯科95公里（60英里）处。

罗斯福冻结日本在美国的资产

经过几个月不见行动的口头警告之后，美国政府终于下令冻结日本在美国的资产，以回应日本在远东和南太平洋地区的不断扩张。自从英国和法国对德宣战以来，日本一直寻求将这一地区原来在英法控制之下的殖民地据为己有。

认识到日本对南太平洋地区和平的威胁，美国试图通过威胁日本经济命脉来遏制其扩张野心。而日本也试图让美国相信日本的扩张是它自身生存的需要；同时还不断威胁美国，如果外交努力失败，将不可避免地导致日美之间的战争。

1940年7月，美国下令禁止向日本出口航空燃料和金属。后来的事实表明，这一禁令促使日本下决心进攻美国在亚太地区的殖民地。

1941年7月2日，日本决定占领荷属东印度群岛。而罗斯福则提出以确保殖民地对美国的原材料供应作为保持中立的条件。

为此进行的美日谈判持续了几个月。这时日本确信自己能够在南太平洋地区战胜美国。

10月，日本首相近卫亲王的辞职表明战争已不可避免。他的继任者东条英机对继续与美国谈判不感兴趣。随着12月对珍珠港美国海军基地的突然袭击，日本与美国进入了公开全面的战争状态。

▲东条英机担任日本首相后，日美敌对状态迅速加剧。

美国在冰岛建立军事基地

▲ 英美人员在冰岛搭建帐篷军营，为美国驻军的到来作准备。

7月7日，美国向英国驻守的冰岛派遣2万名守卫部队并在那里建设军事基地。这是美国政府为参加欧洲战争而迈出的重要一步。

早在战争初期丹麦沦陷时，英国就决定占领冰岛，以免德军从那里发动进攻。面对冰岛可能成为敌人在大西洋上攻击英国海军的据点，英国政府别无选择，只有抢先占领这个重要的岛屿。但它为这次行动而征用的商船受到严重损失，大批从加拿大和美国运来的武器和装备沉入海底。

到1941年4月，英国已在冰岛建立了商船护航部队和飞机的基地。随着德国潜艇攻击越来越靠近美国水域，罗斯福总统命令扩大美国安全区，使其覆盖远至冰岛的北大西洋水域。尽管此时美国还不愿意为英国船只提供直接的保护，但可以为英国提供有关该水域敌舰活动的情报。

《大西洋宪章》

英国和美国之间的非正式联盟，向以后双方签订正式协定迈出了重要的一步。8月14日，英美两国领导人发表了联合声明。

丘吉尔在严密的安全措施保护下前往位于纽芬兰的普雷斯迪亚湾与罗斯福会谈。会谈期间，两位领导人签署了联合声明，史称《大西洋宪章》。

这个协定阐述了两国的基本共识：未经相关地区人民的同意，两国不谋求领土或其他方面的扩张，也不得实施领土交换。他们还决定尊重所有国家的主权，提倡一切贸易平等的原则。他们还主张提高工人生活标准，促进经济发展和社会安全。此外，该协定还要求确保公海自由和解除侵略者武装。

这些基本共识的精彩之处在于，两国共同声明他们将在"最终摧毁法西斯暴政之后"，努力实现该宪章的前五项目标。这是该协定最重要的意义。

与美国这样强大的国家签署这样的联合声明，对于在困境中坚持与希特勒作战的英国来说，无疑是巨大的支持；对猖狂一时的法西斯德国则是沉重的打击。

▲ 美国总统罗斯福和英国首相丘吉尔签署《大西洋宪章》。

- 德军占领苏联港口城市傲德塞。
- 日本首相近卫亲王辞职；东条英机任首相。
- 德军占领乌克兰的哈尔科夫。
- 德军进攻莫斯科遭遇失败。

11月
- 德军占领苏联的库尔斯克。
- 英军航空母舰"皇家方舟"号被德国潜艇摧毁。
- 德军重新开始对莫斯科的攻击。
- 英军在北非展开攻势（十字军行动）。
- 苏联发动反击，德军后撤。

12月
- 苏军开始反击，解除德军对莫斯科的包围。
- 英军解放利比亚的图布鲁克。
- 日本空袭珍珠港，造成美军损失惨重。
- 英美对日宣战。
- 日军攻占太平洋岛屿威克岛和关岛。
- 日军入侵马来西亚；英军撤至新加坡。
- 日军入侵菲律宾。
- 英国军舰"威尔士亲王"号和"驱逐"号被日本空军炸沉。
- 意大利和德国对美国宣战。
- 德军开始从莫斯科撤退。
- 希特勒亲自掌管德国武装部队。
- 日军入侵香港，港英政府投降。
- 英军在利比亚重新占领本哈兹。

日军突袭珍珠港

十年来一直比较紧张的日美关系，终于因日军突然袭击驻扎在夏威夷群岛珍珠港的美国海军基地而彻底崩溃。

12月7日星期天，上午8时，第一批日军俯冲轰炸机出现在美国海军基地上空并实施猛烈轰炸和扫射。

美军基地上谁也没有料到这次袭击。一位雷达操作员最先在监视器上发现了日军机群并报告上级，但没有引起重视。他们以为那是从美国本土飞来的机群。

日军的突然袭击使毫无戒备的美国海军措手不

▲ 美国军舰在日本空军突袭珍珠港时中弹爆炸。日本的不宣而战，迫使中立的美国加入第二次世界大战。

及。在30分钟内，美国太平洋舰队遭受重创，死伤官兵和平民近3500人。

这次突袭是从一个由6艘航空母舰、2艘战舰、3艘巡洋舰和11艘驱逐舰组成的日本舰队发起的。由这些航空母舰上的360架舰载飞机实施主攻。这支由山本五十六海军大将指挥的舰队，企图通过突然袭击一举摧毁美国太平洋舰队，从而扫清日本向东南亚和印度尼西亚群岛以及南太平洋扩张的障碍。

孤注一掷的日本舰队悄悄行驶到珍珠港以北445公里(275英里)处，没有被美军发现。日军飞机从这里起飞，对预定目标发起突然袭击。

这是一场海上、水下、空中闪电式的立体袭击战，在短短的1个多小时里，日军共发射鱼雷40枚，各型炸弹556枚，共计144吨。击沉、击伤美军各型舰船总计40余艘，其中击沉战列舰4艘、重巡洋舰2艘、轻巡洋舰2艘、驱逐舰2艘和油船1艘；重创战列舰3艘、巡洋舰2艘和驱逐舰2艘；击伤重巡洋舰1艘、轻巡洋舰4艘、驱逐舰1艘和辅助船5艘。击毁飞机265架。美军伤亡惨重，总计2403人阵亡，1778人受伤。日军只有29架飞机被击毁，70架被击伤，55名飞行员死亡，5艘袖珍潜

▲ 燃烧中的美国军舰"西弗吉尼亚"号逐渐沉入珍珠港海底。这次突袭使美国太平洋舰队在不到一小时内即受到重创。

艇被击沉，1艘袖珍潜艇被俘。日本联合舰队司令官山本五十六赢得了这场赌博，这是他最为冒险、收益最大的一次赌博，这一战使他名震世界海战史。

尽管日军战果累累，但并未摧毁整个太平洋舰队。受重创的战舰中，有2艘被修复。更重要的是，袭击发生时，2艘航空母舰正在外演习，因而躲过劫难。此外，日军还未能炸毁对美军行动至关重要的珍珠港石油储存仓库。

日本驻美大使在突袭发生后才向美国政府递交一份正式宣战声明。对日本这种不宣而战的卑鄙手段，美国政府立即作出强烈反应。罗斯福总统称这次袭击为"丑恶的行径"。长期以来一直热衷于保持中立的美国人民强烈要求立即对日开战。

12月8日，美国国会正式对日宣战。珍珠港的美国陆、海军官兵满怀对日军卑鄙突袭的仇恨和蒙受重创的耻辱，积极投入全面战争的准备。12月11日，日本的轴心国伙伴德国和意大利正式对美宣战。随着美国正式加入国际反法西斯阵线，此前一直在欧洲西部孤军奋战的英国，现在有了强大的同盟，更增加了夺取战争胜利的把握。

战争初期，法国和荷兰被德国击败，它们在东南亚地区的殖民地也随之失去庇护。日军不仅企图攻占这些地区，而且觊觎着美国的太平洋属地。在突袭美国舰队之后，他们便开始放手向东南亚进攻。实际上，日本早在1937年就发动了全面的侵华战争。

突袭珍珠港三个星期后，日军占领香港。驻守香港的英军将领严重低估了

▲美军驱逐舰"道尼斯"号和"卡森"号在袭击中被炸毁，而它们身后的太平洋舰队旗舰"宾夕法尼亚"号则奇迹般地躲过此难，仅受轻伤。

日军的作战能力和决心。这个错误同样也发生在1942年2月失守的新加坡。随着旷日持久的对华作战越来越艰难，日军开始将进攻的矛头转向欧洲国家在东方的殖民地。

日本的目标是最终建立一个由日本统治的，包括新西兰、澳大利亚和整个东南亚在内（其最西端达到印度）的太平洋大帝国。为实现这个目标，日本迅速占领了菲律宾和原属英国控制的柬埔寨、泰国、缅甸等东南亚国家。

他们还占领了荷属东印度群岛和马来西亚半岛诸国并从美国手中夺取了威克岛和关岛。

日本通过偷袭和野

蛮入侵不断在太平洋地区扩张，直到1942年6月在中途岛海战中遭遇灭顶之灾。

Honolulu Star-Bulletin 1st EXTRA

WAR !
OAHU BOMBED BY JAPANESE PLANES

(Associated Press by Transpacific Telephone)
SAN FRANCISCO, Dec. 7.—President Roosevelt announced this morning that Japanese planes had attacked Manila and Pearl Harbor.

SIX KNOWN DEAD, 21 INJURED, AT EMERGENCY HOSPITAL

Attack Made On Island's Defense Areas

Hundreds See City Bombed

Names of Dead and

▲美国被日本的野蛮侵略激怒。只有一个结果，立即对日开战。

▲袭击发生三天后，罗斯福总统正式宣布对日宣战。

新闻摘要

· · · · · · · · · · · · · · ·

- 威廉·吉比斯发明的"自由船"货轮在美国开始大规模生产。
- 英国开展"为胜利而奉献"运动。
- 美国采取新闻审查制度。
- 世界第一台电子计算机研制成功。
- 当年公演的著名电影包括迈克尔·库利兹的《卡萨布兰卡》、诺尔·考沃德的《报效祖国》、奥森·威尔的《神奇的阿姆伯尔森》、乔治·斯蒂文森的《绝代佳人》和迪斯尼动画片《小鹿斑比》。
- 弗兰克·森尼特拉首次在纽约演出。
- 艾尔温·柏林创作的歌曲《白色圣诞》被比宁·考斯比唱红。
- 阿尔伯特·卡姆斯的《异乡人》出版。

1月

- 英国艺术家瓦尔特·斯柯特逝世。

3月

- 英国诺贝尔奖获得者物理学家威廉·布拉格爵士逝世。

4月

- 马耳他人民被授予乔治十字勋章。

5月

- 美国著名演员约翰·巴里莫尔逝世。

美国拘留日裔美国人

1941年底日军对珍珠港的偷袭，使美国人民受到极大的震撼。在强烈要求对日宣战的同时，狂热的复仇心理使他们怀疑在美国的日裔居民（甚至所有东亚人）可能为敌人效力。

美国政府迫于狂热的民众压力、媒体的催促以及军方的要求，开始强制所有居住在美国西海岸的日裔居民迁移。这项法令的实施,部分原因是确实有一些日本间谍在美国西海岸活动,同时也是为了避免可能发生的国内冲突。

为了执行这个法令，美国于3月18日成立了"战时安置局"。该局负责将11万日裔美国人从沿海地区迁移到位于美国偏远地区的10个安置中心。这些设在内华达山脉与密西西比河之间的安置中心基本上实行军事管制。

安置区内的生活设施严重不足，迁来的居民只能从事少数几种生产活动。在此期间，营区内的许多儿童都无法接受正规教育。

尽管这条法令引起被拘留者的强烈不满，但他们中仍有17000多人设法让当局相信他们对美国的忠诚，并被允许加入军队，为美国的胜利作出自己的贡献。

直到1988年，美国政府才就被拘留日裔美国人在此期间所遭受的苦难，向他们中的幸存者表示道歉。

◀ 许多日裔美国人发现他们成了珍珠港事件的替罪羊。

英国空军夜袭德国

英国政府派飞机利用夜幕的掩护轰炸德国人口稠密的城市，这是盟军在第二次世界大战期间最受争议的行动之一。英国一些官员认为轰炸德国平民比攻击其军队或工业区更加有效。这毫无疑问带有报复德军空袭英国大城市的心理因素。在不列颠之战期间，希特勒一直试图通过这种方式摧毁英国人民的心理防线。为此，德军曾连续57天猛烈轰炸伦敦，却没有攻击军事或工业目标。他们以为这样便可以迫使英国人民要求他们的政府接受屈辱的"和平"。

丘吉尔首相的一位科学顾问在4月的一份报告中指出，如果对德国城市进行地毯式轰炸，可导致德国三分之一的人口无家可归。鉴于德国人民心理素质比它的军队较为脆弱，英国政府决定由皇家空军轰炸机司令亚瑟·哈里斯爵士组织指挥这次"恐怖轰炸"行动。

哈里斯总结了轰炸卢比克和鲁尔等德国城市的经验后，于5月30日至31日，出动1046架轰炸机，开始实施他的著名"千机夜袭"计划，在一夜之间投下了1455吨炸弹，摧毁了德国中心城市科隆的三分之一。无数的炸弹落在夜幕笼罩的城市，一时间楼倒屋塌。一些燃烧弹引起无法控制的大火，人们称这种现象为"火风暴"。火风暴肆虐之处，消耗大量氧气，造成大量人员窒息而亡。轰炸对德国造成的损失远远超过德国空军对英国的破坏，同时打击了德国人的民心与士气，极大地鼓舞了全世界反法西斯阵营夺取最后胜利的勇气和信心。

◀ 希特勒曾声称英国空军绝不可能到达德国首都。但1941年间，柏林、科隆和卢比克都惨遭轰炸。

中途岛之战

▲ 一架美军飞机在轰炸日本太平洋舰队之后，挣扎着回到自己的航空母舰。

6月初，美国海军与日本海军在中途岛附近海域激战，太平洋战争出现决定性的转折。

日本于1941年12月偷袭珍珠港后，受到重创的美国海军因忙于更换和维修军舰而一直处于劣势。

日本陆军和空军在海军的大力援助下，迅速夺取了太平洋地区大片土地。同时，日本海军也在试图完成它在突袭珍珠港时未能完成的任务——全面摧毁美国太平洋舰队。

日本舰队司令官山本五十六派出军舰在中途岛附近寻找美国舰队，并命令它们击沉它们看到的任何目标。然而，珍珠港事件已不可能重演了。

此时，美国海军以3艘巨大航空母舰为主力，在中途岛东北565公里（350英里）的海面摆开阵势，正等待着日本舰队前来送死。此外，美国还有150架飞机在中途岛和夏威夷监视着日军的行动，随时准备出击。因为美国早已破译了日军密码，对日本舰队的行踪了如指掌。6月4日，美军飞机对日本舰队展开攻击，很快击沉了3艘航空母舰和1艘重型巡洋舰，当天晚上在返回的路上又击沉日军另一艘航空母舰。6月6日，尽管日军也击沉了美国军舰"约克城"号，但还是被迫撤出中途岛海域。

与被击沉的4艘航空母舰一起葬身海底的还有许多精锐的日本海军飞行员。这次战役使日本海军大伤元气，从此无法与美国太平洋舰队抗衡，遏制了日本势力在太平洋地区的扩张。

▲ 身受重创的美国"约克城"号航空母舰开始倾斜，水兵们准备弃船逃生。

7月
· 英国成立牛津救济委员会。

9月
· 美国实行燃料配给。

10月
· 美国实行价格冻结。
· 美国开通阿拉斯加高速公路。

12月
· 美国物理学家费米实现受控核裂变反应。

第二次世界大战大事记

1月
· 德国召开万森会议决定对德国占领区犹太人的"最后解决方案"。
· 英军在利比亚夺取莫塞布雷加。
· 日军攻占马来西亚的吉隆坡。
· 日军入侵缅甸。
· 德军在利比亚发动反击，英军撤退。

2月
· 美国航空母舰袭击日军占领的太平洋岛屿。
· 英军从马来西亚撤退到新加坡。
· 挪威亲纳粹分子维德根·柯斯林担任首相。
· 日军入侵新加坡；新加坡投降。
· 日军入侵荷属东印度群岛。
· 日军轰炸澳大利亚的达尔文市。

妇女在战争中的角色

▲ 虽然只有少数妇女直接参加战斗，但第二次世界大战永远改变了妇女的社会角色。战后许多女性不愿回到她们原来的生活。

谁也不能忽视这个事实，1939—1945年的第二次世界大战彻底改变了整个世界。国家边界被重新划分，独裁者被清除，人们心头的伤痕被抚平。战争的双方都认识到科学技术对夺取胜利的重要意义：掌握制空权的先进飞机、攻城略地的快速坦克、难以预防的远程导弹，甚至威力无比的原子弹，都成为克敌制胜的法宝。

然而，更重要的变化在于社会而不是军事。如果说第一次世界大战在很大程度上消除了贵族统治的社会影响，那么第二次世界大战则无可争辩地证明了妇女对整个社会的贡献远不只是养育子女和操持家务。

人们普遍认为，当战争的需要使大批男子离开日常工作时，他们将自己的岗位留给了身后的妇女。但第二次世界大战开始时却没有出现这种情况。经济萎缩对劳动力市场的影响直到战争爆发时仍未消除。实际上美国直到1941年底参战之前仍未摆脱"大萧条"的影响。另一个可悲的案例是，加拿大为参战而组成的预备部队，其成员大部分来自欧洲和美国的失业者。然而，随着战争局面的日益紧张和严酷，大批妇女开始走上为战争服务的不同岗位。

妇女对战争的最明显

▲ 英国妇女承担起工作的重担。这位来自"妇女耕作军"的志愿者正在耕地。

贡献首先体现在军需品工厂。在那里，她们不仅替代了参战的男子，而且为满足战争日益增加的需求而付出更多的辛劳。此外，她们还要参加战争带来的大量临时性工作。战时军需品生产的突击性和时效性很强，这是和平时期的工作效率无法相比的。美国参战前，拥有大量女工的"红石"兵工厂为了提高生产效率，开始裁减工人，但很快就不得不停止。

1945年6月，工作管理部门以"调整生产计划"为借口，解雇了200名工人。接着又解雇了更多的

人。更糟糕的是，整个解雇过程还体现了当时普遍存在的社会歧视。第一批被解雇的工人大部分是黑人和妇女。

到1945年10月，"红石"兵工厂的女工（包括黑人和白人）已全部被解雇。而罕特维尔兵工厂也在1945年8月裁减了500名女工，又在9月解雇了1850人。

这时，为保护这些女工的工作权利，工会也面临进退两难的问题。一方面，像对待季节性临时工那样对待这些从事着重要工作的女工是不可容忍

的;另一方面,工会有责任保护那些在前线战斗的男工的工作。

从整体上看,直接参加军事工作的妇女受到的待遇要好一些。尽管由于某些敏感原因,大多数国家不允许妇女上前线,但她们仍可承担许多重要的非战斗任务。例如,加拿大有45000多名妇女为前线部队服务,从事各种艰难的后勤保障工作。但在苏联,大量普通市民与红军战士一起承担着保卫自己城市的重担,其中包括许多勇敢的女性。严酷的战争淡化了人们对性别差异的敏感。

在整个战争期间,许多苏联妇女与男人并肩战斗在保卫祖国的最前线,与凶残的敌人浴血搏斗。

在四年艰苦卓绝的战斗中,共有87名妇女荣获"苏联英雄"称号,其中包括著名女战士科斯莫杰米扬斯卡娅和年仅18岁就为国捐躯的女游击队员卓娅。苏联空军有三个完全由妇女志愿者组成的飞行大队,分别为第586女子战斗机大队,第587女子轰炸机大队和第588女子夜间轰炸机大队。第588大队即著名的"夜巫女"大队,共有23名女飞行员荣获"苏联英雄"称号。此外,后方还有数以百万计的妇女活跃后勤保障、军工生产和救治伤员的岗位上,为最终战胜德国法西斯做出了巨大的贡献。

妇女对其他领域的影响或许还不能立即表现出来。二战之前,记者这个行业是男性独占的领地。女记者的作用仅限于与妇女相关的话题以及一些琐碎

▲ 或许她们未能直接走上杀敌的战场,但这些身穿制服的护士和皇家空军女子服务队队员始终战斗在保卫祖国的前线。

的花边新闻或娱乐报道。随着战争的来临,越来越多的女性成为前线记者。到1945年,美国有127位女性获得正式的军事记者资格。

虽然许多妇女最终还是恢复她们战前的角色,但战争对她们的角色造成的重要影响已不可逆转。那种认为某些工作不适合女性的论点已被大量事实证明是错误的。

男女工作能力平等的事实导致人们要求实行同工同酬。为这次战争作出重大贡献的妇女们第一次感到她们有权向社会索取自己应得的权益。

◀战争对军用物资的需求使妇女回到军需工厂,没有她们,英国不可能获得胜利。

'42

塞瓦斯托波尔第二次被围困

7月3日,德军突破克里米亚半岛港口城市塞瓦斯托波尔的苏军防线,结束了该市遭遇的第二次围困。该市第一次被围发生在克里米亚战争期间。由于那次战役非常残酷而艰难,英国专门设立了一种新奖章——"维多利亚"十字勋章,以表彰那些英勇作战的军人。

在此前的30个星期里,德军第11集团军一直包围着这座城市,并构筑了坚固的阵地准备发起最后的攻击。6月2日凌晨,德军集中1300门重炮猛烈轰击苏军阵地,同时出动空军对该市进行轮番轰炸。

守卫城市的苏军大约有106000人,还有一支弱小的海军部队以及来自共青团的志愿者。他们在敌人的狂轰滥炸中坚持了五天五夜。

当轰炸终于停止,德军士兵开始向城里移动时,他们惊讶地发现许多俄国人不仅活着而且还顽强地向他们射击。市民和红军战士们誓死保卫自己的城市。

实际上,德军试图占领的每个俄罗斯城市都会出现这种情况。塞瓦斯托波尔的保卫者让每座大楼、每条街巷都成为纳粹的坟墓。战斗结束时,德军第11集团军得到的只是一片废墟。

▲ 经过近八个月的血腥战斗,纳粹占领了已成废墟的塞瓦斯托波尔。

袭击迪拜

8月19日拂晓,由6000名英国和加拿大士兵组成的突击队对德军重兵把守的法国港口城市迪拜发起突然攻击。英加联合突击队在试图登陆并将重武器推上海滩时,与敌军发生激烈战斗。德军以防波堤为掩护,向背水作战的突击队猛烈开火,使他们受到严重伤亡。那些修建防波堤的人们怎么也不会想到,这些用来抵御自然灾害的建筑此时会成为纳粹的"帮凶"。

尽管处于绝望的境地,但突击队员们仍坚持战斗,直到下午2时才放下

武器。战斗停止后,法国市民纷纷从家里走出来。他们已经听到英国广播公司(BBC)的呼吁,要求他们不要做任何可能危及自身安全的事情。但他们还是在海滩上发现了大批衣衫褴褛的尸体和损坏的武器。德军最初在一个集体墓地埋葬了1000多个联合突击队员尸体,以表示对死者的敬意。后来,维赫马特墓地的神父们向迪拜送去了一批棺材,德军又以军人的荣誉重新安葬这些牺牲的士兵。

◀ 英加联军在迪拜损失了大量坦克、飞机、登陆艇和数千名士兵(包括牺牲和被俘者)。

新闻摘要

3月
· 英国突击队在法国袭击纳粹分子。
· 英国空袭德国城市卢比克。

4月
· 德国和意大利空袭英属马耳他。
· 盟国认为不可能在1942年欧洲开辟第二战场。
· 驻守巴丹半岛的美军和菲律宾军队向日军投降。
· 10000多名美军和菲律宾战俘在巴丹半岛死亡。
· 德军向苏联发动春季攻势。
· 美军首次使用舰载B-25轰炸机空袭东京。

5月
· 日军在缅甸占领曼德勒。
· 英军占领马达加斯加。
· 盟军在珊瑚海战役中取得战略性胜利。
· 驻柯雷吉多尔岛美军和菲律宾军队向日军投降。
· 德国党卫军副司令里查德·海德里齐被捷克抵抗战士击毙。
· 德国将军隆美尔领导的北非军团迫使英军撤退到埃及。
· 英国空军首次对德国科隆市实施"千机空袭"。

6月
· 美国海军在中途岛战役中大败日本舰队。
· 德军为报海德里齐遇刺

蒙格马利与隆美尔决战阿拉曼

▲ 勃纳德·蒙格马利将军,领导盟军北非战役的英雄。

1942年,北非英军与轴心国部队再次在阿拉曼相遇。上一次,由隆美尔率领的轴心国部队成功地将英军击退到埃及,摧毁了他们的大部分坦克。6月30日,英军再次兵临阿拉曼,与处于防守位置的隆美尔对峙长达数月。

8月,英国任命了一位新将军哈罗德·亚历山大负责指挥北非英军,他又任命勃纳德·蒙格马利将军指挥阿拉曼前线的部队。为使他的第8集团军作好充分的准备,蒙格马利推迟了对隆美尔的反击。

盟国空军和潜艇在地中海的不断袭击,使驻守阿拉曼的隆美尔部队给养和装备供应十分困难。到蒙格马利的总攻击准备就绪时,隆美尔手上只剩下80000人,210辆坦克和350架飞机。而蒙格马利则拥有230000人,1230辆坦克和1500架飞机。

10月23日上午10点,第8集团军发起进攻。两天后,隆美尔的坦克已被击毁过半,但他在第三天利用反坦克炮成功地阻止了英军的进攻。在后来的一个星期里,占有绝大优势的英军与轴心国联军展开一场猫捉老鼠的死亡游戏（但英军在一周内损失的坦克数量是敌军的四倍）。到11月2日,隆美尔知道自己大势已去,开始向利比亚撤退,然后又退到突尼斯。

▲ 英军可怕的对手,隆美尔——"沙漠之狐"。

"椰林"之火

11月28日,一些从炮火硝烟的战争前线返回美国的士兵、水兵和飞行员在波士顿著名的"椰林"夜总会火灾中遇难。

当天晚上,一些狂热的橄榄球迷在观看了白天进行的波士顿队对"神圣十字"队的比赛后,涌进"椰林"夜总会使本已客满的室内更加拥挤不堪。

晚上10点左右,当主持人米奇·阿尔波特宣布

▲ 许多幸存者从烈火燃烧的波士顿"椰林"夜总会中逃出来,其中有些后来因受伤过重而亡。

节目开始时,起因不明的大火就从刚刚装修完毕的麦罗迪大厅燃起。凶猛的火苗穿过楼下的酒吧,沿着装饰豪华的墙壁,迅速燃遍人群拥挤的整个夜总会,惊恐万状的人们争相逃命,情况完全失控。

这场火灾造成433人当场死亡,还有更多的人因受伤严重而在随后几天死去。

之仇,将捷克斯洛伐克的利迪泽夷为平地。

· 德军在利比亚重新占领图布鲁克。

· 英军撤至阿拉曼。

7月

· 日军入侵瓜达康纳尔的所罗门岛。

· 日军入侵巴布亚新几内亚。

8月

· 朱可夫将军第一次出任苏军最高副统帅。

· 美军在瓜达康纳尔登陆。

· 英军和加拿大军队在进攻法国的迪拜时遭受重大损失。

· 蒙格马利将军担任在北非的英国第8集团军司令。

9月

· 德军企图占领斯大林格勒;苏联部署该市保卫战。

10月

· 英军在北非发起阿拉曼战役新攻势。

11月

· 北非德军开始撤退。

· 艾森豪威尔将军指挥的美军在北非登陆。

· 德军开始占领维希法国。

· 英军夺回图布鲁克。

· 入侵高加索的德军开始撤退。

· 苏军发起反击,包围进攻斯大林格勒的德军。

12月

· 德军试图解救在斯大林格勒被围的部队。

· 苏军迫使意大利军队从顿河撤退。

· 英印军队开始向缅甸境内的日军进攻。

· 英军在利比亚夺回本海兹。

· 法国海军上将达兰在阿尔及尔遇刺身亡。

斯大林格勒与东线战局

▲ 斯大林格勒战役是第二次世界大战的转折点。希特勒的军事扩张机器终于开始崩溃。

在俄罗斯进行的战争对双方都有严重的教训。1941年12月，德军开始从莫斯科撤退——主要是由于他们离自己的供应线太远。但斯大林却错误地以为德国在1942年初就会被打败，于是便发起反击。然而，他很快就为这个错误付出了代价。德军实力并没有损伤，只是进行战术撤退，引诱苏军出击，结果在最初几周内就使数十万红军受到重创。这时，斯大林又错误地判断德军将会重新进攻莫斯科，因而将部队集中在中部前线。但德军却出人意料地从南面发起进攻。在占领整个克里米亚之后，德军直扑伏尔加河和斯大林格勒，企图占领这个俄罗斯南部重镇，获得高加索地区丰富的石油矿藏。

到1942年夏天，德军已攻入斯大林格勒郊区。战斗场面之残酷和血腥，堪称20世纪之最。

斯大林格勒对双方都至关重要。它是苏联的主要工业中心之一，并且控制着俄罗斯南部的交通动脉。德军要深入苏联腹地，就必须攻克斯大林格勒；而斯大林则下令死守该城，直至最后一人。他派手下最好的将军朱可夫监督执行城防计划。红军战士和市民们夜以继日构筑工事，准备迎接即将临近的殊死搏斗。

希特勒对斯大林格勒同样抱定了志在必得的决心，命令攻城部队只准前进，不得撤退。他派弗雷德里奇·保卢斯指挥的第6集团军、埃沃德·冯·科莱斯特指挥的第4坦克集团军进攻斯大林格勒。

这不仅是一个战役，更是对双方领导者——斯大林和希特勒意志的考

▼ 红军部队向德军战线冲锋。东部战线成为希特勒的噩梦。

▲ 德军在斯大林格勒不仅遇到红军战士的坚决阻击还有市民的顽强抵抗。

验。他们之间谁也不愿退却或达成某种妥协。

德军攻入斯大林格勒郊区后，遭遇守军的顽强抵抗。每座房屋，每跺墙壁，每条街巷都成为红军战士和志愿者的战斗堡垒，他们以大无畏的精神捍卫着城市的每一寸土地。1942 年 9 月，他们从市中心向德军发起反击。10 月红军的反击推进到伏尔加河附近。

这时，德军的供应开始紧张起来，而且他们很快将面临俄罗斯的严冬——这个像红军一样令他们胆战心惊的敌人。

斯大林一直在逐渐增强他在斯大林格勒的力量。他并不急于将新组建的部队投入冬天的反击，而是通过坚守城市，消耗敌军力量来鼓舞部队士气和培养战斗技能，作好周密的反攻准备。

1942 年 11 月 19 日，反攻的日子终于到来。苏军由北向南展开强大的钳形攻势。在四天里，他们将德军第 6 集团军和第 4 坦克集团军的 25 万人包围在斯大林格勒城。12 月，外围的德军试图挽救被包围的伙伴，但都被英勇的红军和严酷的天气所击败。

希特勒知道，只要斯大林格勒还在俄国人手中，他的军队在高加索就会面临沉重的压力。因此，他驳回了前线司令官保卢斯要将部队后撤，以便与其他德军部队会合的请求，命令他坚守阵地，不得退却。这个愚蠢的决定将几十万滞留在斯大林格勒的士兵推向绝望的坟墓。

双方在严冬中的较量一直持续到 1943 年。1 月初，被压缩在包围圈中的德军态势急剧恶化，已经没有任何突围的希望。为了停止流血，苏军最高统帅部向被围德军的指挥部发出最后通牒，令其停止抵抗，但遭到了拒绝。10 日，苏军顿河方面军向被围德军发起旨在分割并各个消灭被围德军的进攻。31 日德军南集群被消灭，以第六集团军司令为首的残部投降。2 月 2 日德军北集群残部投降，斯大林格勒会战结束。这次会战历时长达 200 天之久，法西斯集团在会战中被打死、打伤、俘虏和失踪的官兵约达 150 万人，占其在苏德战场作战总兵力的四分之一。

斯大林格勒战役在显示了苏军业已增强的威力及其很高的军事学术水平的同时，为世界军事展现了一卷史无前例的大规模战略性防御战役的磅礴画卷。在会战中，为围歼敌军重兵集团，苏军先后出色地实施了大规模的战略性防御战役和进攻战役，其中的防御战的出色运用，不仅为苏军后来的进攻战及最终的胜利奠定了坚实的基础，更是防御战成功运用的典范，永远彪炳史册。

或许这是第二次世界大战最重要的转折点。从此，德军再也无法恢复元气，而苏军则随着敌人的衰败而逐渐强大起来。

更重要的是，斯大林格勒战役彻底粉碎了纳粹军队"不可战胜"的神话，极大地增强了欧洲人民抗击法西斯的信心。

▲ 希特勒训练有素的军队像一个世纪以前的拿破仑一样无法抵御俄罗斯严酷的冬天。

'43

新闻摘要

·孟加拉发生大饥荒。

3月

·俄罗斯作曲家谢尔盖·拉赫马尼诺夫逝世。

5月

·美国煤矿工人大罢工。

·斯大林解散共产国际。

6月

·美国发生种族骚乱。

第二次世界大战大事记

1月

·同盟国首脑举行卡萨布兰卡会议。

·英国第8集团军在利比亚占领的黎波里。

·斯大林格勒被围德军投降。

2月

·苏军占领库尔斯克。

·英国第8集团军抵达突尼斯边境。

·苏军收复哈尔科夫。

·盟军"钱迪特"特种部队开始在缅甸日军战线背后展开行动。

3月

·德军发起反击,企图阻止盟军在突尼斯的进攻,遭遇失败。

·德军重新占领苏联的哈尔科夫。

·盟军在突尼斯粉碎德军玛兹防线。

4月

·德军撤退,英军和美军在突尼斯会合。

缅甸之战

▲ 缅甸战场的英军面临着两大敌人——凶残的日军和炎热的天气。

英军在缅甸与强大的日军进行着艰苦的战斗。日本觊觎缅甸已久,他们很早就训练了一支由昂山领导的缅甸反英游击队,并承诺日军"帮助"缅甸人民从英国殖民统治下获得"解放"。

日军于1942年侵入缅甸,到年底便控制了全国。日本人任命缅甸前总理巴貌为该国元首,而昂山则负责组阁。但实际上他们只不过是日军的傀儡。

当英军试图从缅甸驱逐日军时,发现敌人防守很严密。英军每次从印度进入缅甸都受到顽强的阻击,不久便放弃了这个计划。

面对这种令人沮丧的局面,英军司令奥德·温盖特将军开始组织和训练一支名为"钱迪特"的远程特种部队。这支部队基本上是一支游击队,于2月到5月期间不断从西面进入缅甸袭击日军。

他们穿过亲敦江,进入敌占区腹地,在曼德勒与密支那之间的铁道线上开始游击活动,切断敌人的运输线。

然后他们又进一步来到伊洛瓦底江边,在那里接受空投的补给。过江后,他们继续破坏日军的交通线,但不久就陷入敌人的重重包围。为了避免重大伤亡,"钱迪特"游击队被迫退到印度境内。英军开始重新考虑反攻缅甸的问题。

▲"钱迪特"部队——一支由盟军军官指挥的亚洲人部队,没有把缅甸从日本人手中夺回来。

轰炸德国大水坝

5月16日,英国皇家空军兰开夏轰炸机大队指挥官盖·吉本斯率领他的"大坝摧毁者"特别攻击队对德国进行了一系列大胆的袭击。

袭击的目的是炸毁鲁尔峡谷上的三座大坝,让汹涌的河水冲毁或淹没德国的军事工业心脏地区。这些建筑在峡谷上的大坝为德国最重要的兵工厂供水,并进行水力发电。

这些大坝都有敌人重兵把守,防空火力非常强大,致使英军的前几次袭击未能成功。派去的飞机往往在中途被拦截,即使飞到目标上空,又因投掷的炸弹威力不够而无法摧毁厚重的大坝。而试图从空中发射鱼雷攻击大坝,也因德军密集的反鱼雷网而告失败。

这时,英国发明家巴恩斯·沃莱斯设计了一种新型炸弹,引起国防部的高度重视。沃莱斯的发明原理与孩子们玩的打水漂儿完全一样。如果将这种炸弹以特定的速度,从特定的高度投向水面,它就可以跃过反鱼雷网,然后再潜入水中,将大坝炸毁。

这三座大坝分别位于埃德尔、莫恩和斯科勃。5

月16日夜晚的轰炸成功地摧毁了埃德尔和莫恩大坝，并重创斯科勃大坝，造成鲁尔河水泛滥，淹死1300人。

对德国来说，这次袭击不仅造成一场大灾难，而且严重影响了它的军事生产，直到大坝修复后才得以恢复。

▲ 存储着1.34亿吨水的莫恩大坝和为鲁尔工业区提供强大动力的水电站。

意大利投降

9月8日，意大利最终结束与德国的伙伴关系，正式向盟国投降。实际上，此前有关意大利投降的谈判已经进行了一段时间。

根据投降协议，同盟国方面给予意大利非常优惠的条件，但要求意大利必须参加反对德国的战争。起初，意大利方面还有些犹豫，但当蒙格马利的第8集团军的两支部队从西西里抵达墨西拿海湾，并于9月3日在意大利本土登陆后，意大利政府才同意接受这些投降条件。

9月9日，一支由170000名美军和英军组成的部队在拿波里南部的塞尔摩登陆。尽管此时意大利军队已不再构成威胁，但盟军仍面临着占领意大利南部和中部的8个德国师。

9月29日，巴多里奥和美英苏国家的代表艾森豪威尔在马耳他岛上共同签署了意大利投降协定的详细条款。条款包括军事、政治、经济等各方面的内容，规定盟国在意大利的权利，将意大利领土上的一切物质财富置于盟国控制之下，盟国在意大利设立占领区军事管辖局，由英国人直接领导。10月13日，巴多里奥政府在意大利人民强烈要求下，终于反戈一击，向德国宣战。美

▲ 雷奇奥市民欢庆战争结束，热烈欢迎进城的盟军。

英苏立即承认意大利是对德作战的一方。

自7月墨索里尼被赶下台以来，德军就一直在准备占领意大利。准备就绪后，一旦获悉盟军登陆的消息，便进入战争状态。守候在塞尔摩的德军第16装甲师顽强抵挡着盟军。直到10月5日，盟军才进入拿波里。

到10月13日意大利对德宣战时，德军在意大利的部队已得到增援，并巩固了阵线，特别是加里亚诺至桑加诺之间的古斯塔夫防线。

◀ 在双方握手的瞬间，卡斯特拉诺将军（中）代表意大利向盟军统帅艾森豪威尔将军无条件投降。

- 日本海军大将山本五十六乘坐的飞机在所罗门群岛上空被击落。

5月
- 盟军在北非占领突尼斯全境。
- 美军夺回阿留申群岛。
- 突尼斯德军投降。

6月
- 盟军占领地中海上的潘泰莱利岛。

7月
- 美军开始进攻太平洋上的所罗门群岛。
- 德军在苏联进攻库尔斯克。
- 盟军在西西里岛登陆。
- 德军停止对库尔斯克的进攻。
- 美军占领西西里的帕勒摩。
- 墨索里尼被罢免意大利总理职务。

8月
- 美军进攻所罗门群岛的新乔治亚岛。

9月
- 意大利军队向盟军无条件投降。
- 美国和澳大利亚军队占领新几内亚岛。
- 英军在意大利的塔兰托登陆。
- 德军占领罗马。
- 前意大利总理墨索里尼被德军特种部队从监狱中解救出来。

10月
- 英军在意大利占领拿波里。

11月
- 美军在所罗门群岛占领勃根维尔。
- 苏军夺回基辅。

12月
- 英国海军击沉德国巡洋舰"舒玛赫"号。

大屠杀:纳粹统治下的犹太人和其他少数民族的悲惨命运

当阿道夫·希特勒开始有计划地向欧洲其他地区扩张时,他的心里早已确定了某些目标。德国北面和西面的国家,如挪威和荷兰,将被并入所谓的"大德国";那些由德国军事管制的国家,如法国,最终将成为德国控制下的欧洲集团的一部分——就像战后俄罗斯控制着扩张的苏联一样。

但希特勒的计划与苏联又有显著区别。他的计划逐渐倾向于利用和剥削当地资源和人民的殖民统治。希特勒的计划深深地印着邪恶而顽固的种族偏见烙印。

在德国军队内部存在着一个拥有特殊权力的集团,即纳粹党卫军。它的前身是希特勒于1925年组建的私人卫队。这个组织不断扩大规模,获取权力。到1939年,第二次世界大战开始时,它的成员已达25万人。

党卫军负责在每个被德军占领的国家执行希特勒的种族清洗政策。那些根据纳粹理论被定为"下等"种族的人民,受到系统地围捕和杀害。他们仅仅是由于在纳粹看来他们的种族血统"不纯",因而所经历的遭遇与那些"纯正"种族有天壤之别。尽管如此,被占领区的居民中最接近"雅利安"种族的人也会受到德国占领者的歧视和压迫。

在对德国本土的犹太人实施大规模迫害之后,希特勒又在入侵苏联期间,进一步制定了所谓的"最后解决方法"——清除德国占领区境内的所有犹太人。

德军侵入俄罗斯西部和乌克兰后,党卫军的刽子手们便尾随而来,围捕和射杀他们发现的每个犹太人。到1941年底,他们杀害了近150万人。然而,杀戮还远未停止。

1942年1月,纳粹和党卫军首领举行万森会议,并在会上作出决定:清除西欧和中欧地区的所有犹太人和吉普赛人等其他少数民族。这个命令立即下达到各个德军占领区,大量犹太人被驱赶和运送到波兰东部的集中营。在

▲ 纳粹军队将犹太妇女和儿童驱赶到犹太居民区。其中大部分后来被毒死在奥斯维辛、苏比波尔和特雷波林卡集中营。

那里，他们被成批屠杀或在艰苦的奴隶劳动和非人的折磨中死去。在短短两年多的时间里，有四百多万犹太人死于纳粹的奥斯维辛、苏比波尔和特雷波林卡集中营。

与其他德军占领区一样，纳粹在波兰华沙建立了犹太人居住区。纳粹先将犹太人集中在那里，然后再分批送往特雷波林卡集中营实施消灭。这个犹太区被高3米，长18公里的围墙包围着。到1942年夏，里面已经挤满了50多万犹太人，其中数万人没有住所，在疾病和饥饿的折磨下慢慢死去。这时又有消息传来，他们将被转移到另一个较为空旷的集中营。纳粹以每天5000人的速度将这里的犹太人运出。到1943年1月，这里的人数已大为减少。

有些第一批离开华沙犹太人区的人，被送到特雷波林卡集中营后没有被

纳粹处死，而是又送回原来的犹太人区，以"安抚"仍留在那里的人，以免因恐慌而发生骚乱。

1月18日，当纳粹再次进入犹太人区时，知道真相的犹太人被迫拿起各种"武器"与他们进行了殊死抵抗。战斗一直持续了四天，直到调集了配备坦克和喷火枪的2000多名士兵，纳粹才镇压了这些手持猎枪和土制炸弹的犹太人的起义。在这场战斗中，尽管纳粹拥有绝对优势，但仍有数百人死亡。

然而，犹太人并不是希特勒种族灭绝政策的惟一受害者。纳粹将所有斯拉夫民族和俄罗斯人也都视为"劣等"人种。他们像对待奴隶一样驱使着这些民族的战俘，强迫他们从事极为艰苦而危险的工作，直到受尽折磨而死去。

希特勒处理被占领国家少数民族的办法对德国

▲ 当手持简陋武器的华沙犹太人进行殊死抵抗时，德军纵火焚烧犹太人街区。

的战争进展起了很大的反作用。他让党卫军实施的隔绝、迫害、屠杀少数民族的政策激起了更多人的顽强抵抗。许多不愿忍受迫害的人们纷纷加入地下抵抗组织，打击占领区的德

军。甚至那些没有直接遭受党卫军迫害的人们也纷纷起来阻挠和破坏他们的卑鄙行动。

▼ 纳粹占领区的各族难民携带着少得可怜的家产沿途流浪。

新闻摘要
. . . .

· 世界银行和国际货币基
  金组织成立。
· 华盛顿会议讨论成立联
  合国。
· 英国批准巴特勒教育
  法，实行 11-plus 考试。
· 丹麦发现保藏完好的两
  千年古尸。
· 当年公演的著名影片包
  括劳伦斯·奥利弗的
  《亨利五世》、弗兰克·
  卡帕拉的《阿森尼勘的
  旧缀带》和谢尔盖·伊
  尔斯坦的《伊凡雷帝》。
· 迈克尔·泰皮特的《时
  代宠儿》首次公演。
· 萨摩赛特·毛姆的《剃
  刀边缘》和 T.S.艾尔特
  的《四重奏》出版。
· 第 13 届奥林匹克运动
  会因战争而被取消。

1月
· 英国建筑家埃温·卢特
  耶斯和挪威艺术家爱德
  华·蒙克逝世。

2月
· 英国威尔士矿工大罢工。
· 英国开始征收个人所
  得税。
· 荷兰艺术家皮特·蒙德
  里安逝世。

3月
· 威尔士矿工罢工结束。

6月
· 冰岛成为独立共和国。

遗传的奥秘

1月，美国细菌学家奥斯沃德·安维雷和他的同事柯林·麦克劳德及迈克莱恩·麦克卡特向学术界报告，他们发现了足以证明生命细胞遗传物质由脱氧核糖核酸（DNA）构成的证据，使人类对生命奥秘的认识又迈出了重要的一步。早在 1869 年，人们便知道 DNA 的存在。由于

▲ 杰出的美国细菌学家奥斯沃德·安维雷证明了 DNA 的作用是携带遗传信息。

它是从细胞核中分离出来的，因此这种物质便被命名为核蛋白质。

但是从那时起一直没有人知道 DNA 的作用是携带遗传信息，直到安维雷和他的同事们通过一系列相对比较简单却极具创造性的试验，才揭示了它的这种功能。后来，伦敦的弗雷德·格里弗兹继续进行了这项研究工作。在此之前，学术界一直对这个问题争论不休：究竟是各种蛋白质还是染色体中的核酸（或者是这两者结合起来）负责携带遗传信息？

安维雷及其同事们的开拓性工作为后来几十年人们对 DNA 进行的更多研究奠定了坚实的基础。1953 年诺贝尔奖金获

得者詹姆斯·沃森和弗朗西斯·克里克通过揭示 DNA 的双螺旋结构使这项研究又向前迈进一步。他们还展示了这种结构的稳定性怎样使 DNA 分子成为复制更多 DNA 分子的模板。

1984 年，英国遗传学家阿莱克·杰弗里发明了一种分离 DNA 序列的方法。这种方法也可以用于创造被分离序列的图像。

杰弗里注意到，每个生命器官的 DNA 序列图案都是单一的，因此可以起到类似指纹的作用。

DNA "指纹功能"后来被警察用作刑事侦察和鉴别手段，只需极少量的遗传物质便可发现犯罪的证据。

美军横扫东南亚

2月4日，随着美军驻帕拉米苏岛军舰的猛烈攻击，美军重新发动对东南亚日军的进攻。2月29日，美军在阿德米拉群岛的劳斯尼格斯登陆。

1943 年初，美军开始从密克罗尼西亚进攻日军防线，同时开始调集大批兵力对日军发起大规模战役，进而占领日军控制的距日本本岛仅数百公里的

▶ 一支美国海军陆战队向巴布亚新几内亚的布干维尔岛日军防线前进。

岛屿。

到 1944 年初，美军已经在太平洋地区集中了与他们在欧洲同样多的

兵力，而它的海军则是决定这一地区战局的主要因素。

1944 年夏，美国海军

蒙德里安和蒙克：永恒的联系

▲ 到1944年7月，美国海军已经控制了战略要地塞班岛。太平洋战争的胜利指日可待。

在太平洋水域集中了将近100艘航空母舰，随时可以攻击任何地方的日军。

7月底，美军从日军手中夺回塞班、蒂尼安和关岛等岛屿，并将这些岛屿作为盟军的空军基地，以便对日本本土实施空袭。

由尼米兹海军上将指挥的美军依靠"逐岛跳越"的作战方针，逐渐夺取了马绍尔群岛和马里亚纳群岛。1944年10月，由麦克阿瑟将军指挥的美国太平洋部队开始对占领菲律宾的日军发动进攻，意在切断日本至东南亚的海上通道和日军在荷属东印度群岛的交通。

不出意料，这些岛屿上的战斗进行得非常艰苦。日军顽强抵抗，往往宁可战死也不向美军投降。

为了表明不惜一切代价对抗到底的决心，日军开始使用著名的"神风特攻队"对美国军舰实行自杀式攻击。

在全球战争如火如荼的年代，很难想象这个世界会对两个深奥的人的逝世表示悲痛。这两个超越相互敌对的政治壁垒，将毕生精力奉献给艺术的人——爱德华·蒙克和皮特·蒙德里安在相隔几天后先后逝世。他们的逝世使世界失去了两位数百年来最有影响的艺术家。

挪威画家爱德华·蒙克于1月23日在奥斯陆附近的埃克里逝世。蒙克对德国表现主义画派具有重大的影响。他的创作来源于对世界心灵和精神的感悟和抽象。蒙克的作品往往带有冷峻的色调。他的最著名的绘画《呐喊》反映了他自己辛酸的生活经历。他的母亲、姐姐、哥哥和父亲都在他很小的时候先后死去，对他的心灵造成永远的伤痛。他说："疾病、癫狂、恐惧和死亡成为我儿时的摇篮，并将伴随我的一生。"

◀ 爱德华·蒙克为德国表现主义画派奠定了基础，他早年深受高更和凡·高的影响。

▲ 皮特·蒙德里安在美国度过了他人生的最后四年，对纽约画派产生重大影响。

皮特·蒙德里安是个天才的画家，对荷兰的抽象主义运动产生过巨大的影响。他于1940年2月迁居纽约，1944年2月1日逝世。尽管他的身世不像蒙克那样充满悲剧色彩，但他的作品同样具有强烈的感染力，特别是在建筑和图形设计领域。1911年，随着立体主义的兴起，他在巴黎住了很长时间。

蒙德里安创造了一个新术语"新塑型主义"，以表述他对世界的纯客观的观念。在自己的作品中，他以简单的直线、正确的角度和鲜明的基本色彩体现他的这种观念。

8月
· 躲在安特卫普的犹太人弗兰克一家（包括安妮）被出卖给德国人。

10月
· 埃及国王弗奥克解散政府。

12月
· 美国著名乐队指挥和吉恩·米尔和俄罗斯艺术家瓦斯里·康丁斯基逝世，前者死于飞机失事。

第二次世界大战大事记

1月
· 苏军在列宁格勒附近发起反击。
· 盟军在意大利蒙特卡西诺进攻德军阵地。
· 盟军在意大利安奇奥登陆。
· 美国将军艾森豪威尔被任命为欧洲盟军总司令。
· 苏军解除德军对列宁格勒的包围。
· 美军在太平洋地区发起新反击。
· 美军在太平洋上的卡瓦加兰岛登陆。

2月
· 德军猛烈空袭伦敦。
· 盟军在意大利蒙特卡西诺发起第二次进攻。
· 美军收复太平洋岛屿埃尼维托克。
· 挪威游击队击沉德军装运重水的船只。

3月
· 美军开始在白天轰炸柏林。
· 盟军在意大利蒙特卡西诺发起第三次进攻。
· 苏军渡过德涅斯特河。
· 德军占领匈牙利。
· 英印联军在印度对日军发动伊姆法尔一库玛战役。

英国宣布爱尔兰旅行禁令

有关美军在北爱尔兰的德里建立海军基地和盟军即将对欧洲德军发动进攻的情报可能落入隐藏在爱尔兰南部的纳粹分子手中,英国政府于3月12日下令全面禁止前往爱尔兰共和国。

从某些方面看,爱尔兰是插在英国战争防线上的一根刺。尽管爱尔兰在第二次世界大战初期就已宣布保持中立,但许多英国人感到它对希特勒德国很友好。实际上,这种怀疑起源于过去的敌对关系而缺乏该国与纳粹合作的具体证据。尽管爱尔兰当局没有采取行动制止德国利用其驻都柏林使馆监视英国的通信活动,但他们确实也没有鼓励这种行动,而且也不阻止英国进行同样的行动。

英国和爱尔兰可能发生冲突的方面可能是英国军舰过于频繁使用爱尔兰港口来保护他们的商船。但这种潜在冲突可以通过其他协议来避免。对于这个问题,丘吉尔后来以强硬的口吻写道:"……如果当时我们不能得到他们的允许,我们将采取武力而不会坐以待毙。"

▲ 一个美国水兵站在北爱尔兰德里海军基地。

盟军在意大利推进

尽管盟军于1943年夏较为轻松地攻入意大利,但他们的攻势不久就被阻止在德军增强的古斯塔夫防线。这条防线由设在蒙特卡西诺附近的一系列碉堡要塞组成。

事实证明,由凯塞林指挥的德国守军战斗力远比意大利部队强得多。面临顽强的抵抗,盟军被迫在距罗马55公里的安奇奥实施冒险登陆,以避开古斯塔夫防线。

1月22日,盟军登陆部队5万余人,5000多车辆在安奇奥登陆。对盟军的海上进攻毫无准备的德军很快就放弃了抵抗。但盟军并没有乘势扩大战果,而是花了很多时间来巩固他们在安奇奥的阵地。而凯塞林却迅速调集预备部队,并于2月3日对盟军发起反击。他不仅成功地守住了古斯塔夫防线,而且从那里发动了新的进攻。

5月,盟军派来了增援部队,准备对古斯塔夫

◀随着城市的解放,五十多万饥饿的意大利市民从盟军设立的公共食堂获得宝贵的粮食。

防线发动决定性的进攻。5月11日夜，总攻开始，兵力占绝对优势的盟军部队很快就在从古斯塔夫到西海岸的多个位置突破了德军的防线。

随着德军防线的崩溃，美军打通了向北进军的道路。而英军第8集团军下属的波兰部队则于5月18日占领了蒙特卡西诺。

5月23日，据守在安奇奥的盟军部队开始向前推进。尽管损失了不少重装备，但他们仍彻底消灭了古斯塔夫防线残余的德军部队。

随着几支部队的会合，盟军开始准备进攻罗马。那里的德军在腹背受敌的情况下，开始向罗马以北260公里（160英里）的地方实施战术撤退。

6月5日，盟军终于以盛大的凯旋仪式进入罗马。收复这座拥有灿烂历史的城市是对全世界反法西斯人民的巨大鼓舞。罗斯福总统发表声明："这是我们占领的第一个轴心国首都，很快会有第二个和第三个。"

尽管盟军取得了辉煌的胜利，但意大利的战事还远未结束，因为德军仍在增强它在意大利北部的力量。

▶ 1944年，频繁的V2火箭袭击使清理轰炸现场成为伦敦防卫工人的重要工作。

德国发射V1导弹袭击伦敦

▲ 沉默而冷酷的杀手。无望取胜的希特勒企图利用V2导弹恐吓伦敦。

6月13日，德军向伦敦发射了他们最新研制的武器——V1导弹，引起伦敦人的一阵恐慌。第一枚V1导弹从位于法国北部海岸帕斯德卡莱斯的发射站发射升空，直扑伦敦。

饱受德国空军轰炸的苦难的伦敦市民不得不再次面对希特勒庞大武库中的新装备。V1导弹的最大飞行速度为每小时580公里，可携带2000磅炸弹。

尽管，它还不是真正准确的武器，但德军可以用它攻击英国南部的任何目标而不必让自己的飞行员承受生命危险。

英军很快就学会从它的喷气发动机发出的独特声音来识别和击毁这种"会飞的炸弹"。但德国不久又制造出不带这种声音的第二代导弹——V2。

由沃纳·冯·布劳恩（后来是美国的登月计划的主要设计师）设计的V2是世界上第一种真正的弹道导弹。它的飞行速度如此之快，以至击中目标后，它发出的声音才被人们听到。

9月8日，伦敦第一次遭受V2导弹袭击。

7月
· 苏军收复明斯克，俘虏15万德军。
· 苏军攻到苏波边境。
· 盟军占领诺曼底的卡昂。
· 日本首相东条英机辞职。
· 一群德军反叛者试图谋杀希特勒失败。
· 苏军抵达波兰的卢布林。
· 苏军攻占波兰的布雷斯特—利托夫斯克。

8月
· 华沙爆发反对德军占领军的大起义。苏军停止进攻。德国党卫军镇压起义者，波兰人死亡18万。
· 盟军在法国南部登陆（龙骑兵行动）。
· 英军攻占法国北部的法莱斯。
· 英军在意大利占领佛罗伦萨。
· 美军渡过法国塞纳河。
· 盟军在法莱斯会合，俘虏5万德军。
· 罗马尼亚爆发由迈克尔国王领导的反德政变。
· 美军收复巴黎。

9月
· 南斯拉夫游击队在英国空军支援下，破坏德军交通线。
· 英军在比利时占领布鲁塞尔。
· 盟军占领比利时的安特卫普。
· 盟军摧毁德军在法国的导弹发射基地。

'44

新闻摘要

. . . .

· 苏联与芬兰停火。
· 苏联对保加利亚宣战。
· 保加利亚对德国宣战并与苏联达成停火协议。
· 德军首次用V2导弹袭击伦敦。
· 丘吉尔与罗斯福在魁北克举行会议。
· 美军抵达卢森堡并越过边境进入德国。
· 罗马尼亚与美国、苏联和英国停战。
· 盟军空降兵实施空降，以确保通向鲁尔的道路畅通；德军坚守阿纳姆，英军进攻受挫。
· 芬兰与苏联停战。
· 德国组建志愿祖国卫队。
· 加拿大军队在法国夺取加来。
· 苏军进入南斯拉夫。

10月

· 华沙起义失败。
· 英军登陆希腊。
· 苏军进入匈牙利。
· 盟国首脑举行莫斯科会议。
· 英军解放希腊雅典。
· 德国陆军元帅隆美尔参与暗杀希特勒失败后自杀。
· 美国海军与日本海军在莱特海湾激战，日本海军彻底覆灭。
· 日本空军首次使用"神风"自杀式轰炸机。
· 德军占领匈牙利的布达。

诺曼底登陆

D日——6月6日，盟军开始在法国北部实施大规模登陆，向欧洲德军发起进攻。德军最高司令部曾预料到这次攻击，但无法确定盟军发起登陆进攻的时间和地点。

由隆美尔和其他将军组成的德国智囊团认为盟军最可能在加来与迪拜之间登陆。因为那里是英吉利海峡最窄的一段；而希特勒则认为进攻可能发生在诺曼底海滩附近，后来隆美尔也表示赞同这个观点。接着，德军最高司令部开始研究并确定如何应对盟军的登陆进攻。

一些德军高级将领认为，最好在盟军登陆后立即发起强大的反击。但隆美尔反对这个地面作战计划，因为盟军的空中优势可确保登陆部队迅速巩固阵地并获得必要的补充，使德军的战略反击面临极

▲ 在诺曼底大规模登陆的"超载行动"打开了盟军在西欧的胜利之路。

大的困难和危险。他认为德军应在盟军接近登陆海滩之前阻击他们。

代号为"超载行动"的登陆进攻计划开始了。由156000人组成的盟军部队在从奥恩河口到科唐坦半岛东南端之间的诺曼底海滩登陆。

与此同时，一支83000人的英国和加拿大部队在诺曼底东部海滩登陆，另一支73000人的美军部队在西部海滩登陆。

尽管德军对盟军的进攻有所准备，但隆美尔

▲ 美军在卡昂港附近登陆，遭遇部署在该地区的德军一个坦克师的顽强抵抗。

这位曾在北非对英军造成极大威胁的将军，却在盟军进攻开始时离开了办公室，因为他认为在这样的天气下横渡海峡是不可能的。

正如事先预料的，盟军的登陆进攻遇到德军的全面抵抗，其中以美军在卡昂的作战最为惨烈。守卫在那里的一个德军装甲师在美军登陆的第二天又得到另一个装甲师的增援，顽强阻击到7月9日。

▲ 1944年6月6日的"D"日登陆粉碎了德军的防线，盟军随后解放了被占领的法国。

但从全局看，德军试图巩固其防守战线的战略意图已被盟军强大的空中优势和他们自己内部的指挥混乱所葬送。

7月20日，一群德国高级军官（包括隆美尔）密谋暗杀希特勒。这一事件虽未成功，但沉重打击了德军士气。月底，盟军越过德军的诺曼底防线，开始向法国北部进攻。

解放巴黎

8月19日,巴黎地下抵抗组织对纳粹占领者发动全市规模的武装起义,迎来了盼望已久的解放。

著名的法国抵抗组织在反法西斯斗争中不断壮大,到1944年已发展为具有相当规模的部队。他们随着盟军于6月6日在诺曼底登陆后,立即投入解放祖国的战斗。

突破德军的诺曼底防线后,盟军遇到四个德军装甲师的疯狂反击。但他们未能阻挡盟军的强大攻势,很快便被打得溃不成军。

德军迅速后撤,但又频繁遭到法国抵抗组织的袭击和骚扰。桥梁被炸断,铁路被掀翻,后勤补给被切断,这些都阻滞了德军的撤退。希特勒预先安排的部队撤退和重组计划在法国抵抗组织的袭击和破坏下变成了一纸空文。德军再也无法对盟军的强大攻势建立新的防线。

巴黎的抵抗组织得知德军防线崩溃之后,开始准备从纳粹占领者手中夺回自己的城市。随着德军从诺曼底不断后撤,这些抵抗组织开始驱逐维希傀儡政府,并将市政管理权

▲ 盟军在巴黎市中心举行胜利大游行。巴黎在被纳粹占领四年后回到法国人民手中。

交给戴高乐将军领导的流亡政府代表。

然而在解放巴黎的过程中,抵抗组织也与盟军发生了一些不愉快的摩擦。当美军部队在曼蒂斯卡斯考特穿越塞纳河时,遭遇法国抵抗组织的阻挡。

艾森豪威尔将军命令盟军包围巴黎,但没有率先进城,而是把这个荣誉留给雅克·莱柯尔克将军指挥的自由法国部队。诺曼底登陆后,莱柯尔克将军带领他的部队直取巴黎,并于8月25日进城接受德军投降。第二天,在巴黎警察、首都内地军和勒克莱尔将军的装甲师的联合进攻下,巴黎解放了。下午16时,戴高乐将军从奥尔良门进入巴黎,来到

市政大厅。等待在那里的有临时市政府(巴黎解放委员会)和全国抵抗委员会的委员,军队的几支分队和人山人海的巴黎市民。他在香舍丽榭大街举行的胜利大游行上发表了简短的演说:"此刻,我只想说心中的一句话——巴黎万岁!"

与此同时,在盟军强大攻势下撤退到德国西格玛格林根的维希政府,试图扮演流亡首脑的角色。但他们在法国的支持者们却因帮助纳粹欺压和残害自己的同胞而受到抵抗组织的清算和复仇。

没人知道在巴黎解放之后,究竟有多少前维希政府官员和他们的支持者被法国抵抗组织处决,但估计大约有10000人。另有800人经过法律程序被处决。

◀ 当德军被迫退出占领区时,法国平民与盟军一起搜捕纳粹狙击手。

- 苏军进入捷克斯洛伐克。
- 美军在菲律宾的莱特岛登陆。
- 苏军和南斯拉夫游击队解放贝尔格莱德。
- 美、英、苏正式承认戴高乐将军领导的法国临时政府。
- 美国麦克阿瑟将军回到菲律宾。
- 盟军与保加利亚新政府停战。
- 苏军进攻匈牙利的布达佩斯。

11月
- 民主党候选人富兰克林·罗斯福在美国大选中获胜,连任总统。
- 希腊完全解放;希腊共产党游击队拒绝解散,并占领雅典和比雷埃弗斯地区。
- 英国空军在挪威炸沉德国"提匹兹"号战舰。
- 盟军占领斯特拉斯堡。
- 美军B-29轰炸机首次轰炸东京。

12月
- 盟军在意大利占领拉文纳。
- 美军在菲律宾占领民都洛。
- 巴尔基战役开始,德军向比利时的阿登高地反击。
- 德军在比利时包围美军占领的巴斯通尼。
- 美军完全占领菲律宾的莱特岛。

'45

新闻摘要

· · · · · · · · · · · · · ·

- 德国基督教民主同盟成立。
- 法国对银行和其他行业实行国有化。
- 联合国教科文组织成立。
- 报纸《时代》和《世界》在德国出版。
- 英国成立艺术委员会。
- 当年公演的著名影片包括罗伯特·罗西尼的《罗马，开放的城市》、大卫·利恩的《对峙》以及卡罗·里德和卡森·卡宁的《真正的光荣》。
- 特恩尼塞·威廉姆斯的《玻璃动物园》在纽约公演。
- 罗杰斯和哈莫斯坦的音乐剧《旋转木马》在纽约公演。
- 本杰明·布莱恩的歌剧《彼得·格里姆斯》首次公演。
- 当年发表的名著包括乔治·奥威尔的《动物农场》、普里茅·利维的《放逐生涯》和简·保罗·萨特的《理性时代》。

1月
- 华夫脱党抵制埃及大选。
- 希腊内战停战。

2月
- 世界贸易组织在伦敦举行会议。
- 埃及首相阿哈麦德·巴哈被暗杀。

雅尔塔会议

2月4日至11日，世界反法西斯阵线三大国首脑在克里米亚半岛的雅尔塔举行会议，讨论有关打败并占领希特勒德国的问题。参加会议的有英国首相温斯顿·丘吉尔、美国总统富兰克林·

▲ 光荣的时刻。"三巨头"——丘吉尔、罗斯福和斯大林一起决定德国战败后的命运。

罗斯福和苏联领袖约瑟夫·斯大林。

这些领导人已经确定，战败的德国应被分割为几个"占领区"，分别由美国、英国、法国和苏联管理。会议还决定没收或摧毁德国的军事工业，并将该国的战争罪犯送交国际军事法庭审判。

丘吉尔、罗斯福和斯大林还同意设立一个委员会负责战争赔偿问题。（丘吉尔特别提到苛刻的《凡尔赛条约》是导致第二次世界大战的原因之一，因此赔偿数字不宜设定过高。）

这次会议的主要议题集中在如何处理那些从纳粹手中解放的东欧国家。这是一个特别敏感的问题，因为苏联要求将其中大部分纳入它的势力范围。

斯大林最后同意，对于每个有争议的国家，其临时管理机构应最终由全民自由选举产生的政府所取代。

后来的事实表明，斯大林显然不愿兑现他对丘吉尔和罗斯福的承诺。战争结束后，苏联在波兰、捷克斯洛伐克、匈牙利、罗马尼亚和保加利亚建立了共产党政府，却从未举行自由选举。

德累斯顿大轰炸

2月发生了二战期间最残酷的事件之一，但这次受罪的却是德国人民。早在1942年3月，英国参谋部在分析了敌情后就得出结论，认为德国的最大弱点在于人民的士气不足，如果对德国平民实施大规模袭击，便可促使他们制止希特勒在欧洲的侵略行动。

而希特勒也曾通过轰炸平民目标试图摧毁英国人民的抵抗意志。英国参谋部决定以其人之道，还制其人之身，通过轰炸德国城市动摇其继续进行战争的决心。

1945年之前，德国城市德累斯顿还未曾遭遇过盟军的连续轰炸。这座城市是世界上最美丽的城市之一，被誉为"易北河畔的佛罗伦萨"。它有数千座优雅的建筑和一些世界上

▲ 德国最美丽的城市之一德累斯顿在一夜之间化为废墟。

最好的艺术展览馆。但在军事上，德累斯顿没有什么重要意义，因此也没有任何防御敌人空袭的设施。

2月13日夜，德累斯顿在800架美英飞机的大规模猛烈轰炸下变得面目全非。

盟军投掷的炸弹中包含大量燃烧弹。德累斯顿城内很快就出现数千处无法控制的烈火，它们汇集在一起形成了巨大的"火风暴"，迅速消耗着周围的氧气，导致大量人员窒息而死。燃烧的温度如此之高，以致下水道里都流淌着熔化的死人躯体的油脂。

▲ 德累斯顿人民努力重建自己的城市；该市死于轰炸的人数几乎是日本广岛的两倍。

到这次空袭结束时，德累斯顿的死亡人数超过135000人——几乎是日本广岛原子弹爆炸死难者的两倍。一夜之间，这座世界上最美丽的城市就从地球上消失了。

盟军越过莱茵河

美英以策应苏军在东线的进攻为借口，对德累斯顿实施的轰炸，实际上与他们跨越莱茵河向柏林推进的主要任务没有多少关系。

盟军已经决定由英国的蒙格马利将军指挥的地面进攻将从战线北端开始。同时，由巴顿将军指挥的美国第三军已于3月初到达莱茵河畔的科布伦茨。在这两个位置的下游是霍奇将军指挥的美国第一军。此时，第一军已经占领波恩南面跨越莱茵河的雷梅根大桥。

同时，由威廉·辛普森中将指挥的美国第九军也已抵达莱茵河下游的杜塞多夫附近，他们在这里与美国第三军和第一军一起，等候蒙格马利的部队作好渡河准备。

3月23日，攻击终于开始了。第三军抢占时机，在欧芬海姆渡过莱茵河，基本上未遭遇敌军抵抗。同时，蒙格马利指挥的25个师在维索附近48公里宽的战线上发起以大规模轰炸为先导的进攻。一批接着一批的轰炸机飞过莱茵

▲ 美军第17空降师在德国莱茵河战线后方实施空降。

河上空，然后地面部队在3000多门大炮的火力支援下越过莱茵河。

如此大规模的轰炸，使蒙格马利的部队在未遭遇严重抵抗的情况下迅速跨越莱茵河并向前推进了32公里。

盟军大部队越过莱茵河之后，开始迅速向德国腹地挺进，沿途不断击溃和消灭大批毫无斗志的德军，与苏联红军共同形成对法西斯巢穴的最后包围。

▼盟军跨越莱茵河向德国心脏地区挺进，夺取最后胜利。

3月
· 阿拉伯联盟在埃及成立。

5月
· 英国成立新的临时政府。

6月
· 约瑟·布斯塔曼当选秘鲁总统。
· 加拿大自由党赢得大选。
· 波兰组成新政府。

7月
· 盟国首脑举行波茨坦会议。
· 工党在英国大选中获胜；克里门·艾德礼担任政府首相。
· 澳大利亚总理约翰·库廷逝世；约瑟夫·杰弗里继任。

8月
· 中国国民党和共产党发生冲突。
· 美国结束石油配给。
· 波兰和苏联确定新边界。
· 印度尼西亚国民党宣布国家独立。
· 越南迫使保大皇帝退位。

9月
· 胡志明领导的越南宣布独立。
· 全印大会拒绝英国提出的独立方案；印度举行选举。
· 埃及要求英军撤离。
· 奥地利作曲家安顿·韦伯和匈牙利作曲家贝拉·巴图克逝世。

10月
· 捷克斯洛伐克开始实行工业国有化。
· 葡萄牙独裁者萨拉扎允许成立反对党。
· 中国国民党和共产党在东北发生冲突。

新闻摘要

· 挪威前领导人韦德科恩·库斯林因与纳粹合作而被处决。
· 联合国正式成立。
· 约瑟·林海尔成为巴西总统。
· 丹麦组成以艾瑞克·埃里森为首的新政府。

11月

· 美国发生大罢工。
· 匈牙利小农党赢得大选。
· 盟军承认恩维尔·霍查领导的阿尔巴尼亚新政府。
· 铁托领导的民族战线在南斯拉夫大选中获胜；宣布成立共和国。
· 戴高乐当选法国临时政府首脑。
· 萨拉扎在被操纵的葡萄牙大选中获胜。
· 共产党在保加利亚大选中获胜。

12月

· 安雷克·杜特拉当选巴西总统。
· 卡尔·瑞纳当选奥地利总统。
· 日本裕仁天皇放弃神权。
· 美军司令官乔治·巴顿和美国作家西奥多·德莱塞逝世。

东西大会师，占领德国全境

盟军于3月下旬越过莱茵河，以横扫千军的强大优势向前推进，4月11日抵达距柏林仅 95 公里（60 英里）的易北河畔。德国呈现全面崩溃的状态。

此时，随着战争即将以失败而告结束，希特勒进入了歇斯底里的最后阶段。他开始采用自我毁灭的方式，命令德军尽可能地破坏国家的基础设施，企图以"焦土"战术阻挡盟军的前进。为了达到这个目的，他命令毁掉工厂、发电厂、煤气管道以及食品衣物等。

当德国军需部长阿

▲西部盟军在易北河畔与东部苏军会师。

尔伯特·斯俾尔表示反对这个命令时，希特勒告诉他："如果战争失败，德国民族也将不复存在。因此没有必要考虑人民继

续生存的需求。"说完这番话的第二天，盟军开始跨越莱茵河。希特勒下令德军顽强抵抗而不必考虑德国人民的生死。

这时，大部分德国人已厌倦了战争，他们最关心的是如何避免落入他们最害怕的苏联红军手中。这也是盟军对德国的进攻如此顺利而未遭遇重大抵抗的原因之一。而苏军于4月16日渡过奥德河以后，遭遇重重阻击，4月25日才接近柏林。当天下午，红军包围了这座城市，随后与易北河畔的美军会师。

三位战争领导者之死

随着盟军的节节胜利，希特勒进入最后的疯狂，开始寻求某种扭转德国战争局面的预兆。4月12日，当他听到美国总统富兰克林·罗斯福逝世的消息时，心中一阵狂喜。正是罗斯福领导美国人民投入反对法西斯轴心国的战争，导致德国的惨败。

罗斯福总统是杰出的政治家。自从 1933 年当选美国总统后，他一直在这个岗位上辛勤工作，直到逝世。

在罗斯福的领导下，美国实施了他在竞选时提出的"新经济"政策，使国家走出大萧条的阴影，进入繁荣发展的阶段。随着此

▲贝尼托·墨索里尼和他的情妇克莱拉·帕塔西被意大利游击队处死。

后的两次当选，罗斯福成为美国历史上惟一连任三届总统的人——这是他杰出领导能力和巨大影响力的结果。他逝世后，亨利·杜鲁门接任美国总统。

4月，人们目睹了许多重要事件的发生，其中包

括两个法西斯头目的可耻下场。

4月28日，贝尼托·墨索里尼和他的情妇克莱拉·帕塔西被意大利游击队处死。他们是乘坐在一辆汽车里试图逃避盟军对纳粹分子的搜捕时被俘的。

经过简短的审讯之后，墨索里尼被带到一堵墙下，被机枪扫射而死。他的尸体被吊在米兰的劳莱特广场示众。

4月30日夜，阿道夫·希特勒与他的情妇爱娃·布劳恩在德国议会大厦举行婚礼之后，双双自杀而亡。当然，没有多少人会为他们的死而悲伤。

德国投降

1945月5月8日午夜，第二次世界大战欧洲战事正式结束。此前，西北欧德军的投降书已于5月4日在位于鲁恩博格的蒙格马利盟军司令部签署。而驻意大利德军的投降书则早在4月29日签署，并于5月2日结束了那里的战争。

德军投降仪式在位于兰斯的盟军总部举行。德国陆军元帅凯特尔在美国、英国、法国和苏联代表的面前，签署了涵盖德军所有武装部队的最终投降书。

当然杀戮不会立即停止。在短暂的两天平静之后，一些地方又发生零星的战斗。在柏林，一些小股的党卫军分子在街头寻找那些放下武器从前线脱逃的德国正规军士兵。这些纳粹分子将捉到的士兵吊起来，在他们的脖子上挂上一条标语："我背叛了元首。"

对于战败的大多数德国人民来说，他们最关心的是如何避免引起苏联红军的注意，而不是战败的后果。

战争的结束是人民的盛大节日。盟国的所有城市都沉浸在欢乐的海洋中，因为人们知道，至少欧洲已经不再流血了。

▲ 整个欧洲都在庆祝长达六年的战争的结束。

▲英国数千条街道举行盛大的街道宴会，庆祝盟军在欧洲取得最后的胜利。

第二次世界大战大事记

1月
· 英军在缅甸发起新的反击。
· 卢布林委员会宣布自己为波兰政府。
· 苏联承认波兰卢布林委员会政府。
· 美军在菲律宾吕宋岛登陆。
· 苏军在波兰南部对德军发起新攻势。
· 德军完成从比利时布尔奇战役地区的撤退。
· 苏军解放华沙。
· 布达佩斯被围德军向苏军投降。
· 苏军解放克拉科夫。
· 匈牙利与盟军停战。
· 进攻的苏军越过奥德河。
· 苏军抵达奥斯维幸集中营。
· 美军在菲律宾的苏比克湾登陆。

2月
· 盟国首脑举行雅尔塔会议。
· 美国空军对柏林实施大规模轰炸。
· 美军对日本实施空袭。
· 盟军对莱茵河战线发起进攻。
· 德累斯顿在盟军的轰炸中化为废墟，大批市民死亡。
· 美国海军在太平洋的硫磺岛登陆。

3月
· 罗马尼亚成立亲苏政府。
· 美军收复菲律宾首都马尼拉。
· 美军越过莱茵河。
· 美军投掷燃烧弹，摧毁硫磺岛四分之一的建筑。

新闻摘要
....
· 盟军在缅甸占领曼德勒。
· 蒙格马利将军指挥的盟军部队越过莱茵河,进入鲁尔。
· 苏军抵达奥地利边界。
· 苏军攻占波兰的但泽。
4月
· 美军在太平洋冲绳岛登陆。
· 盟军在意大利发起新的进攻。
· 捷克斯洛伐克成立社会党临时政府。
· 日本以小矶为首相的内阁辞职。
· 美国空军击沉日本"大和"号战舰。
· 美军占领德国的汉诺威。
· 盟军到达德国易北河畔。
· 日军在硫磺岛使用自杀式火箭滑翔攻击机。
· 苏军占领奥地利的维也纳。
· 苏军越过奥德河向德国发动新的进攻。
· 美军和苏军在德国会师。
· 联合国成立大会在美国举行。
· 意大利德军投降。

发现纳粹死亡集中营

随着欧洲的战争即将结束,盟军的士兵们有理由为胜利感到高兴。因为他们经历了六年的艰苦卓绝的战争,目睹了许多城镇化为灰烬,数千万生命惨遭涂炭。

然而,当他们进入德军长期占领的东欧地区时,却被所发现的地狱般的惨状抹去了脸上的笑容。

▲ 逃离死亡线的达豪集中营的战俘们向到来的美军欢呼。

希特勒于1933年执掌德国大权后,立即开始迫害犹太人。在整个30年代,成千上万的犹太人被投入集中营,他们的财产被以各种名目的罚款而没收。

随着第二次世界大战的进行,犹太人逐步被剥夺公民权,他们的子女被禁止进入公立学校和大多数行业;他们被禁止拥有土地或与非犹太人交往,甚至不得进入图书馆或博物馆等公共建筑。

到1941年,他们被禁

▶ 应邀采访纳粹罪行的记者们简直无法面对这个悲惨的事实。

止使用电话系统或乘坐公共交通工具。更有甚者,当局还强迫所有六岁以上的犹太人佩戴明黄色的犹太人标志——六角形的"大卫之星"。

随着德军在欧洲推进,随之而来的党卫军部队任意屠杀手无寸铁的犹太人、吉普赛人和斯拉夫人。他们常用的杀人手段是机枪扫射,有时也将受害者关进密闭的卡车车厢,然后灌入汽车废气。

然而,不久德国纳粹开始考虑这些杀人方式。这绝不是由于良心尚存,而是认为这些处决方法的效率还不够高。

1942年1月20日,一个由15名纳粹高级干部组成的小组在柏林郊区开会讨论所谓的"犹太人问题最终解决方案"。他们作出了一个骇人听闻的罪恶决定:将德国欧洲占领区内的所有犹太人运送到设在东欧(大部分在波兰)的死亡集中营。

这些受害者被送到这些集中营后,那里的纳粹分子对他们进行筛选,一些能够从事艰苦工作或拥有某种技艺的人被留在集中营。而另一些,大部分是妇女、儿童和老人,则被直接送进特别建造的毒气室。在这些集中营里,法西斯纳粹以典型的"德国效率"每天杀害12000多人。

而那些侥幸留下来的人们则被迫将毒气室里的尸体抬出来,先拔出他们口中的金牙和其他有价值的填充物,然后再放入火葬场的焚尸炉。

随着盟军的节节胜利,欧洲城市逐步获得解放,纳粹的血腥罪恶最终大白于天下。在希特勒对德国的12年统治期间,共有600多万犹太人惨遭屠杀,其中400多万人死于设在波兰的奥斯维幸、贝尔森和布勘瓦德等集中营。

当盟军士兵们看到那些在德军逃跑时来不及杀

害的集中营幸存者时，简直无法相信自己的眼睛：他们个个骨瘦如柴，奄奄一息，与那些已经死亡的尸体混在一起。这就是法西斯罪行的真实写照。

▶ 这些布勘瓦德集中营的幸存者们将永远不会忘记那人间地狱般的悲惨经历。

波茨坦协定

7月17日，同盟国三大国首脑在柏林郊区波茨坦开会，讨论如何处置战败的德国。

除了德国问题之外，他们还要决定波兰边界、占领奥地利、德国赔偿以及继续对日作战等问题。

尽管谁也不愿承认这个事实，但实际上最有争议的问题是苏联在东欧的角色。

过去几次有关这个问题的会议都是在轻松的气氛下进行的。因为那时的"三巨头"丘吉尔、罗斯福和斯大林都在全力以赴地对付他们的共同敌人而暂时忽略了他们的分歧。

而现在，他们的共同敌人已经被打败，纳粹已经灭亡，国际政治争端的真实本质开始浮出表面。现在到了分配战利品的时候，它关系到每个国家的切身利益。丘吉尔和斯大林都希望通过这次会议为自己的国家争得更多好处。

会议的最后声明似乎十分公允："盟国的意图是，要给予德国人民在民主和平的基础上重建生活的机会。"然而，这个声明的最终解释却体现了西方民主国家和苏联截然不同的目的。

尽管波兰的西部边界被确定在奥德河和尼斯河，包括前东普鲁士的部分领土（这次领土重新划分还涉及将数百万德国人迁回德国），但斯大林拒绝让西方染指东欧。

由于反法西斯战争已接近取得最后胜利，战时同盟基础逐渐消失，盟国之间的矛盾日益突出，苏、美、英三国就战后世界政治安排展开激烈争论。当时对日战争尚在进行，盟国仍需继续合作，三大国因而还是就一些重要问题达成了协议。波茨坦会议对于巩固欧洲反法西斯战争的胜利成果、迫使法西斯日本早日无条件投降起了积极作用。

波茨坦会议以后，这些并肩打败德国法西斯的东西方大国，再也没有作为盟友一起开会。

◀ 胜利的盟国领导人在波茨坦会议上欢聚一堂。但随后而来的却是长期的"冷战"。

5月

· 邓尼兹海军上将成为德国领导人。

· 苏军攻克柏林。

· 盟军在缅甸占领仰光。

· 德军西北欧部队向蒙格马利将军投降。

· 欧洲战争结束。

7月

· 美军完全占领冲绳。

· 美国空军对日本实施集中轰炸。

· 英、美、法三国军队占领柏林西部。

· 美国在新墨西哥沙漠试验原子弹爆炸。

8月

· 美国 B-29 轰炸机向日本广岛投掷原子弹，造成 7 万—8 万人死亡。

· 苏联对日宣战。

· 美国向日本长崎投掷原子弹。

· 日本在保全天皇体制的前提下，接受盟军投降条件。

· 苏军进入北朝鲜。

· 日本同意向盟军投降。

· 法国亨利·贝当元帅因与纳粹合作而被判有罪。

· 美军进入日本。

9月

· 日本正式投降；美国麦克阿瑟将军控制日本。

· 美军在朝鲜南部登陆。

11月

· 对纳粹分子的战争罪行审判在德国纽伦堡开庭。

'45

美国投掷原子弹

8月6日，美国向过去从未接触过战争的日本小城市广岛投掷了一颗威力巨大的原子弹，其爆炸力相当于2万吨TNT炸药。从此，世界进入更加危险和恐慌的时代。

研制这种大规模杀伤性武器的起因是美国错误地以为德国正在佩纳明德制造类似的武器。其实冯·布劳恩正在那里研制德国最先进的V2火箭。

实际上，希特勒对核物理研究没有多少兴趣，他驱逐了这方面的犹太科学家。但德国科学家里茨·梅特纳一直在研究中子轰击铀原子产生裂变的原理，并试图制造一种基于核裂变的武器。

美国对此十分担心。1939年，包括爱因斯坦在内的一些杰出的科学家联名致函罗斯福总统，敦促他批准制定一份基于核裂变的武器的研制计划。

原子弹的理论研究一直持续到1943年。这一年，美国在新墨西哥州的洛斯阿拉莫建立了一个新的实验室，在罗伯特·奥本海默指导下开始研制用于实战的核武器。他们用了2年时间和20亿美元经费，终于造出了世界第

▲ 20世纪决定性的时刻之一：原子弹爆炸产生的巨大蘑菇云在广岛上空腾起。

一颗原子弹并作好了试爆准备。

1945年7月16日清晨5点30分，阿拉莫格多空军基地突然腾起比一千个太阳还要亮的闪光。足以致盲的闪光过后，超高温热波将沙漠里的沙子熔为玻璃，巨大的冲击波携着千万个雷霆般的声音从爆心席卷而来。

当12000米（40000英尺）的蘑菇状烟云拔地而起时，奥本海默这位"曼哈顿计划"的执行人，双手合十，自言自语："我真是作孽啊，世界就要毁灭了。"而站在他身边观察试验部队情况的格鲁夫将军，则作出了比较实际的反应："战争就要结束了，有一两颗这玩意儿，日本就完蛋了。"

尽管日本在1943年已经转为战略防御，但太平洋地区的战斗仍非常激烈。1944年间，美军成功地占领塞班、蒂尼安和关岛。同时英军也阻止了从缅甸入侵印度的日军。

1944年10月，麦克阿瑟将军指挥的美军开始收复日军占领的菲律宾。两个月之后，英军开始对缅甸的日军发起进攻。到1945

◀美军"安诺拉·盖伊"号轰炸机投掷的原子弹将广岛大部分市区化为废墟。

身受重伤,70%的建筑物被摧毁或损坏。

8月8日,苏联对日宣战并进入中国东北,加速了日本的灭亡。为遏制苏联向太平洋地区扩张,并迫使犹豫不定的日本政府立即投降,杜鲁门下令向日本投掷第二颗原子弹。这次的目标选择了较小的城市长崎。

8月9日摧毁长崎的原子弹威力比广岛经受的爆炸还要大。8月14日,日本天皇第一次否决了军方的建议,在无线电广播中呼吁停战并要求日本人民接受"无法接受的"事实。

第二次世界大战以日本的无条件投降而宣告结束。

年6月,美军经过血腥激战,夺取了硫磺岛和冲绳岛。这里距日本本土仅800公里(500英里),所有城市都在美军空袭范围之内。

但日本仍不投降,而是狂言要战斗到最后一人。然而到了7月,即使最狂热的日军好战分子也开始寻求停止战争的出路了。

7月26日,温斯顿·丘吉尔和新任美国总统亨利·杜鲁门对日本发出最后通牒,要求它无条件投降。这份最后通牒还指出:日本的战争罪行必须受到严惩,并必须支付战争赔偿。两位首脑还声明:"我们无意奴役日本人民,也不想摧毁日本这个国家……"

不幸的是,由于未能正确翻译日本首相对此作出的反应,在盟国方面看来,日本似乎根本不考虑

无条件投降。

这时杜鲁门相信惟一能够让日本投降,结束战争的办法就是给予它最沉重的一击。于是他下令对日本平民目标使用美国秘密研制的原子武器。投掷

在广岛的原子弹,席卷了10平方公里范围内所有的地面物体。66000多男人、妇女和儿童在爆炸的瞬间被高温蒸发。

随着巨大的冲击波从爆心传来,又有69000多人

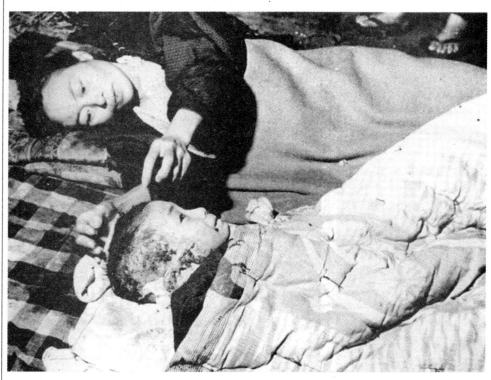

▲尽管有些人在广岛和长崎原子弹爆炸中侥幸存活下来,但其中许多人仍在随后的年代死于爆炸产生的核辐射。

'46

联合国的诞生

新闻摘要
. . . .

- 美国生育高峰（"婴儿潮"）开始。
- 匈牙利出现恶性通货膨胀。
- 罢工严重影响美国工业。
- 世界性小麦短缺。
- 世界第一座核反应堆在苏联开始运行。
- 研究利用磁共振成功。
- 发现太阳黑子发射无线电波。
- 意大利生产的"黄蜂"牌小型摩托车上市。
- 当年公演的著名影片包括大卫·利恩的《远大前程》、卡罗尔·里德的《孤胆英豪》、威廉·梅勒的《美好年华》、弗兰克·卡帕拉的《奇妙的生活》和阿尔弗雷德·希区柯克的《名声狼藉》。
- 音乐剧《安妮，拿起你的枪》在纽约公演。
- 尼古斯·卡扎纳特凯斯撰写的《希腊男孩左巴》出版。

1月
- 英国的"好好贵族"（威廉·乔伊斯）因叛逆罪被处以绞刑。
- 中国国共双方停战。
- 联合国举行首次全体大会。
- 戴高乐辞去法国临时政府总统职务。

1月10日，在英国伦敦圣詹姆斯宫举行的联合国第一次全体会议标志着新年伊始，万象更新。来自占世界人口80%的51个国家的代表汇聚一堂，探讨如何实现人类永久和平的伟大宗旨。

联合国是近代史上第二个类似的国际组织。第一个是第一次世界大战结束后，根据《凡尔赛条约》成立于1919年的国际联盟（国联）。

国联的宗旨是维护第一次世界大战结束后确定的国际状态。但由于美国拒绝认可《凡尔赛条约》，大大削弱了国联的作用。

30年代，国联目睹日本对中国、意大利对埃塞俄比亚的赤裸裸的侵略而无能为力，极大地损害了自身的威信。第二次世界大战期间，它已经完全失去了存在的意义。

1944年间，在联合反对德日意法西斯轴心国的同盟国中，出现了主张建立永久性国际机构的强烈呼声。在这种形势下，来自英国、美国、法国和中国的代表于1944年8月21日至10月7日在华盛顿举行会议。

这次会议的目的是起草一份初步建议，提交当年12月在旧金山召开的有关建立国际组织的联合国会议讨论。这次会议产生了于1945年10月24日生效的《联合国宪章》。

这个宪章确立了联合国力求实现的一些目标。其中主要包括避免战争和正式承认基本人权。

宪章还确立了创造适当环境，以利于维持正义，尊重源于条约和其他国际法之义务的目标。

它的另一个目标是促进社会进步和提高人民生活水平。简而言之，联合国宪章的最终目标是维护世界和平与安全。

联合国第一次全体会议在伦敦举行（以后的全体会议都将在位于美国纽约的联合国永久性总部召开）。这次会议集中讨论了伊朗与苏联的争端。

伊朗控告苏联军队阻止伊朗军队进入阿塞拜疆省，从而威胁伊朗对该地区的主权，更为重要的是掠夺该省的石油。

◀ 英国皇家炮兵部队的军官正在准备第一次联合国大会的国名标牌。

日本天皇放弃神权

战败和无条件投降对日本人民造成的心理震撼尚未散去，新的打击和恐慌又降临在他们的头上。

1月1日，日本报纸和广播电台公布了裕仁天皇发表的诏书。根据美国驻日占领军的命令，裕仁被迫声明他不是神的本性，结束了延续了数千年的传统信仰。（从古代起，日本天皇一直被认为是太阳神天照的嫡传子孙。）

根据美国在战后为日本起草的新宪法，日本应成为君主立宪制国家。这就决定了日本的最高权力属于日本人民而不是它的皇帝；皇帝的权力只是一种象征。

▶在盟国占领者的沉重压力下，日本天皇裕仁被迫宣布放弃神权。

英国实行国有化

1945年7月底，随着战争在欧洲的结束和在远东接近尾声，英国人民举行了自1935年以来的第一次国家领导人选举。

选举结果令世界颇感意外，温斯顿·丘吉尔这位带领英国人民度过艰难岁月，赢得战争胜利的杰出领导者败于工党领袖克雷芒·艾德礼，不得不离开政府。工党在竞选中赢得议院占有压倒性多数的136个席位，组建了英国历史上第一个奉行社会福利政策的政府。

工党一直主张实行大规模社会改革并对重要行业和部门实施国有化。实施国有化的目标是使政府对国民经济拥有较多的控制权，从而避免重蹈30年代大萧条的覆辙。

根据这个宗旨，政府于1946年3月1日开始对英格兰银行实施国有化。

▲伦敦英格兰银行。该银行于1946年被英国新工党政府国有化。

此前，该银行自1694年经国会批准组建以来，一直由私人控制。

1947年1月1日，随着英格兰银行国有化，煤炭行业建立了国家煤炭理事会。该理事会接管了全国1647座私营煤矿，掌握了煤炭行业大权。

国有化政策的成功主要体现在失业率大为降低。在此后的二十多年里，英国的失业人口几乎从未超过50万，大约仅占总人口的2%左右。

随着英国的国有化程度不断深化，国家直接控制、掌握了金融、邮电、通讯、运输、能源、钢铁、飞机制造、造船、宇航等国民经济命脉以及电子、自动化设备等现代工业中的相当大一部分。到70年代末，英国邮电、通讯、电力、煤气、煤炭、铁路、造船的几乎100%，航空和钢铁的75%，汽车工业的50%，石油工业的25%均属国有。国有企业约占全部工业产值的1/3。可以说，英国政府已将重要经济部门基本掌握在手中。从此，意大利开始活跃于欧洲和国际政治舞台，并在战后全球经济恢复和繁荣中扮演了重要角色。

· 社会党人费利克斯·古安任法国临时政府总统。
· 南斯拉夫确定六个加盟共和国：塞尔维亚、马其顿、斯洛文尼亚、波黑、黑山和克罗地亚。

2月
· 金日成成为朝鲜领导人。
· 挪威人特里夫·赖伊担任联合国秘书长。
· 匈牙利成立以朱尔坦·泰尔迪为总统的共和国。
· 胡安·庇隆当选阿根廷总统。

3月
· 英格兰银行国有化。
· 俄罗斯开始实施第四个五年计划。
· 伦敦希斯罗机场开放。

4月
· 日本进行大选。
· 美国正式承认南斯拉夫共和国。
· 德国苏占区成立德国社会统一党。
· 日本战犯在东京受审。
· 英国经济学家约翰·梅纳德·凯恩斯逝世。

5月
· 希腊共产党与保皇党发生内战。
· 法国新宪法被全民投票否决。
· 意大利国王以马利三世退位，温贝尔多二世继位。
· 罗马尼亚战时独裁者安东尼斯库被判处死刑。
· 罢工迫使美国政府接管铁路和煤矿。
· 英国议会通过煤矿国有化提案。
· 克里蒙·高华德领导的共产党赢得捷克斯洛伐克大选。
· 荷兰组成以比尔为总理的联合政府。

'46

新闻摘要
. . . .

6月
- 德国美军占领区进行地方选举。
- 法国举行大选。
- 美国最高法院判定公共汽车种族隔离措施非法。
- 乔治·贝都尔特担任法国临时政府总统。
- 希腊占领多德卡尼斯群岛。
- 英国电视发明人约翰·布莱德和美国拳击手杰克·约翰逊逝世。

7月
- 菲律宾宣布成立共和国。
- 米高·阿尔曼当选墨西哥总统。
- 犹太恐怖分子在耶路撒冷制造"大卫王"饭店爆炸，造成91人死亡。
- 盟国和平会议在巴黎举行。

8月
- 盟国解散德国军队。
- 英国作家 H.G. 威尔斯逝世。

9月
- 有关巴勒斯坦未来的会议在伦敦举行。
- 印度组成以尼赫鲁为首的临时政府。
- 希腊乔治二世国王回到国内。

丘吉尔定义"铁幕"

3月5日，英国前首相温斯顿·丘吉尔在美国密苏里州富尔顿发表演说，就共产主义东方与资本主义西方的关系问题提出了著名的"铁幕"论断。他说："从波罗的海的什切青到亚得里亚海边的里雅斯特，一幅横贯欧洲大陆的铁幕已经降落下来。"

丘吉尔所说的"铁幕"是指斯大林的苏联及其东欧邻国与其他国家之间的意识形态壁垒。他呼吁美国与英国建立联盟，以抵御苏联可能进行的扩张。丘吉尔抨击斯大林集团所用的词汇和语气几乎与若干年前抨击希特勒德国完全一样。

丘吉尔演说包含了他在第二次世界大战结束之后私下向杜鲁门总统表达的观点。世界各国对他的演说反响不同。在伦敦，《泰晤士报》一篇头版文章这样评论他的观点："……尽管西方民主与共产主义在许多方面是对立的，但也有许多值得相互学习的东西。"而美国参议员罗伯逊则在公开演说中强调美英密切关系在遏制苏联扩张方面的重要性。

丘吉尔的这种观点是通过对战后苏联一系列行动的密切观察得出的。

早在盟国于1945年7月举行的波茨坦会议期间，丘吉尔就感到西方与斯大林的苏联已不再有共同利益。尽管签订了相关协议，但斯大林绝不愿意将战后过渡时期苏联控制下的东欧国家的权力交给那里的人民。这种情况验证了丘吉尔对苏联企图称霸欧洲的严重担心。

▲ 英国战时英雄温斯顿·丘吉尔提出的词——"铁幕"将用来描述东西方之间的分歧。

意大利实行共和制

6月3日，意大利在全民投票中以压倒性多数同意将国家体制从君主制改为共和制。这次投票直接导致现任国王温贝尔多二世成为多余者。6月14日，他和他的男性继承者被永久驱逐出意大利。安瑞柯·尼古拉成为意大利共和国首任总统。

温贝尔多是国王维克多·以马利三世的儿子。以马利刚刚在一个月以前自愿退位。导致大多数意大利人选择共和制的决定因素是温贝尔多在墨索里尼法西斯统治期间扮演的不光彩角色。

随着新共和国的诞生，意大利真正开始在战争的废墟上重建家园。温和的阿尔塞德·加斯波里总理领导这个国家从君主制向共和制过渡，直到1953年卸任。

在担任总理期间，加斯波里推出许多改革措施，并努力促使意大利重返国际舞台。1951年，他带领意大利加入北大西洋公约组织，增加了意大利对国际事务的影响。同年，意大利开始重建军队。他还参与了组建欧洲委员会的活动。

◀ 意大利新共和国首任总理阿尔塞德·加斯波里。随着法西斯主义的灭亡，意大利的君主制也走向了坟墓。

中国内战继续

10月，中国国民党和共产党双方爆发激烈战斗，从而再次拉开漫长而残酷的内战序幕。

盟军战胜日本，导致第二次世界大战的结束和日本军国主义的侵略扩张计划的彻底破灭。随着日军从他们曾经占领的亚洲广大地区撤离，当地各派势力立即开始了无休止的争夺控制权的斗争。而这种斗争在饱受日本蹂躏的中国表现得最为激烈和残酷。

其实在抗战期间，中国的内战就没有停止过。而此时国共双方的激烈冲突更加引起国际上的严重关注。

美国总统杜鲁门曾试图调解内战双方——蒋介石领导的国民党和毛泽东领导的共产党。为了帮助中国实现统一，他派遣乔治·马歇尔将军作为他的特使和调停人来到中国，实施著名的马歇尔计划，希望促成双方的和解。不幸，马歇尔的使命没有获得多少成功。10月，双方再次爆发大规模战争。

美国立即对中国实施武器禁运。但在1947年，他们改变了政策，开始向蒋介石的国民党军队提供武器。（奇怪的是，美国竟然声称为国民党提供武器符合美国的"支持中立国家反对共产党"的政策。）

在内战期间，中国共产党没有正式获得他们的盟友苏联的军事支持。而将毛泽东视为农民革命家的斯大林不断呼吁由国民党和共产党组成一个联合政府。

然而，国民党始终不愿放弃在中国建立独裁统治的愿望，试图以强大的武力手段消除"异党"。因此，中国共产党人只能依靠自己力量抵抗国民党军队的进攻。在双方誓不两立状态下，中国的全面内战愈演愈烈。

▼ 反抗蒋介石国民党统治的共产党新四军部队。

10月
· 泰奇·埃尔伦德担任瑞典首相。
· 中国内战继续。
· 法国实行新宪法。
· 英国牛津大学新图书馆开放。
· 保加利亚共产党领导的祖国阵线赢得大选。

11月
· 英国成立国民健康服务部。
· 美国共和党在大选中赢得国会多数席位。
· 在法国国民议会选举中，没有任何党派获得决定性多数席位。
· 罗马尼亚大选后，组成共产党控制的政府。
· 法国封锁越南海防市，印度支那爆发战争。
· 新西兰工党在大选中获胜，继续控制政府。

12月
· 纽约成为联合国总部永久所在地。
· 法国成立以利昂·布鲁姆为首的社会党政府。
· 美国作家达蒙·鲁尼恩和演员 W.C. 费尔德斯逝世。

纽伦堡大审判

▲ 纳粹高层领导者赫尔曼·戈林、鲁道夫·赫斯、约希姆·冯·里宾特洛甫和海尔姆·凯特尔（前排，从左至右）坐在被告席上，等待他们的命运。

随着盟军在欧洲的节节胜利，人们发现了证明法西斯轴心国蓄意实施大规模屠杀的大量证据。

尽管战争必然会造成死亡，但盟军在向柏林进军过程中的所见所闻证实，法西斯屠杀战俘和平民，其范围之广，手段之残忍，为世界近代史所仅见！

早在第二次世界大战结束之前，就有一些有识之士开始设想如何界定那些在战争中无视公认准则、滥杀无辜的行为，并通过法律惩罚犯有此类战争罪行的人。

1945年8月8日，来自美国、英国、苏联和法国的代表在伦敦签署了著名的《伦敦协议》。该协议确定，将建立一个国际军事法庭，审判那些被控在多个国家犯有战争罪行的法西斯轴心国成员。（那些所犯罪行仅涉及某一个国家的人将在该受害国予以审判。）

根据该协议条款，法庭可对这些犯罪嫌疑人判处反和平罪、反人类罪或战争罪。同谋实施这些罪行也属于犯罪。除对个人的指控外，某些组织，如党卫军等也可以因其反人类的性质而受到审判，无论它们处于何种法律地位。

反和平罪涉及破坏条约或协定的侵略行动。被控犯有反人类罪的人包括那些实施和参与大规模种族灭绝行动的人。

战争罪是指那些违反战争法的行为。在这个军事法庭上，被告拥有的权利与普通刑事法庭大体相同。

伦敦协议签署后不久，又有其他19个国家表示接受该协议的规定。1945年10月18日，第一次审判在柏林举行。这次审判由苏联的涅克琴科将军主持，被告为24名前纳粹领导人。他们被控犯有战争罪。

此外，盖世太保等纳粹组织的极端分子也被控有罪。1945年11月20日，审判转移到纽伦堡（10年前这里曾是纳粹聚集的重要场所），由英国大法官杰弗里·劳伦斯主持。于是，由国际军事法庭对几个前纳粹主要领导者进行的纽伦堡大审判开始了。从1945年11月20日到1946年10月1日，共开庭216次才作出最终裁决。

在24名被控战争罪的纳粹分子中，有19人最终被判有罪。(被告之一罗伯特·莱伊在狱中自杀；德国工业家古斯塔夫·格鲁波因患有老年性痴呆而被判免于出庭。)海加尔玛·沙赫特、弗兰茨·冯·派潘和汉斯·弗雷舒克等三人被判无罪。卡尔特·邓尼兹、巴尔德·冯·舒赫克、阿尔贝特·斯庇尔和康斯坦丁·冯·涅尔茨等

四人被判处10年到20年监禁。鲁道夫·赫斯、瓦尔茨·冯克和埃瑞克·雷德被判处终身监禁。其他12名纳粹罪犯被判处绞刑。

马丁·鲍曼受到缺席审判并被判处绞刑，但因当局始终没有找到他而无法执行。赫尔曼·戈林也设法逃避了绞刑之辱，在临刑前夜服毒自杀。其他10名战犯汉斯·弗兰克、威尔海姆·弗里克、朱利斯·斯特克尔、阿尔弗雷德·罗斯勃格、恩斯特·卡尔腾勃纳、乔海姆·冯·里宾特洛甫、弗里兹·佐克尔、阿尔弗雷德·

▲ 前德国空军首脑赫尔曼·戈林在审判庭宣誓作证。

▼ 柏林斯潘道监狱。在纽伦堡被判处终身监禁的鲁道夫·赫斯一直被关押在这里，直到1987年死亡。

朱迪、威尔海姆·克特尔和亚瑟·西塞恩科特于1946年10月16日被执行绞刑。

那些力求追究纳粹战争罪行的人们面临的一个重要问题，就是要确定哪些人应当被起诉。盟军占领德国后曾想逮捕所有为纳粹服务的人，但他们很快就发现这将涉及太多的人以至难以实施。德国曾有数百万人出于各种动机而参加过纳粹组织，其中许多人并非蓄意犯罪。因此，在拥有4450万人口的

德国美、英、法占领区，只有209000受到起诉。

苏占区报告的被起诉者仅为17000多人。但这并不意味着苏联对纳粹分子的惩罚比其他占领国少，而是由于他们很少通过司法程序对战争罪行嫌疑人实施惩罚。

英国煤炭工业国有化

新闻摘要

· · · · · · · ·

· 印巴分治造成孟加拉和旁遮普邦内部冲突。
· 冰岛赫克拉火山爆发。
· 美国成立中央情报局。
· 英国爆发经济危机。
· 英国国会批准城乡计划法。
· 英国法定离校年龄提高到15岁。
· 第一架超音速飞机制成。
· 碳14年代测定法出现。
· 美国制成世界第一台微波炉。
· 《镜报》在德国出版。
· 当年公演的著名电影包括鲍威尔和普雷斯勃格的《黑水仙》和维特里奥·塞卡的《偷自行车的人》。
· 英国创建爱丁堡艺术节。
· 莱纳和罗威的音乐剧《布里加顿》在纽约公演。
· 当年出版的名著包括阿尔伯特·卡姆斯的《瘟疫》、索尔·贝尔劳的《受害者》、马尔柯姆·劳雷的《火山之下》、简·吉纳特的《布列斯特港的奎海勒》和阿尔贝托·莫拉维亚的《罗马妇人》。
· "模式"教师埃尔拉·卡赞设立演员创作室。
· 美国设立"托尼"表演艺术奖。

19 47年,最令英国人民激动的消息之一就是政府对煤炭工业实行国有化。

大选后当政的工党于1946年3月对英格兰银行实行了国有化,以检验某些关键部门和行业实施国有化的可行性。实行国有化的目的在于避免再次出现30年代的经济大萧条,并使政府能够改善一些行业的工人权利和条件。

国有化的第二个目标是煤炭业——当时英国手工劳动力最多的行业。

从1月1日起,根据1946年颁布的煤炭工业国有化法组建的国家煤炭委员会开始运作。它的职责是从私人矿主手中接管煤矿,并监督煤炭及相关物资的分配。该委员会委员由罕德里董事长协会提名并报请能源大臣任命。当时煤炭委员会的资产包括1647座煤矿,100多万英亩土地和大约10万个矿工家庭。

英格兰银行和煤炭工业的国有化的顺利完成将这项政策继续推向其他领域。此后,电话、航空、铁路、钢铁和公用事业(包括煤气和电力)也都陆续实现了国有化,成为全民公有财产。

▲ 在1943年建成的莱斯特郡的兰特煤矿,一位资深老矿工向两位青年矿工表示祝贺。

死海古卷被发现

4 月迎来了人类最重要的考古发现之一:一个贝都男孩在死海库姆兰海岸的沙漠洞窟中发现了一套陶罐。这些陶罐中藏着一些精美的皮制卷轴,上面的文字手迹可追溯到公元前1世纪至公元1世纪。

后来,人们在50年代和60年代又陆续发现了同样的卷轴,专家学者将它们拼接在一起,组成了圣经(旧约)原稿的第一部分。

令人感到意外的是,这些卷轴是用希伯来语或阿拉姆语写成的,看来属于古犹太教的某个派别。学者们争论的焦点在于,这些卷轴究竟是由哪个派别制作的。起初人们认为它们是犹太教"坚贞"派或早期基督派的作品。但后来的许多证据表明这些卷轴出自犹太教创始团体"艾赛尼"的图书馆。这个派别自公元前2世纪至公元68年一直住在库姆兰海岸,直到入侵的罗马帝国军队占领这一地区。

这些希伯来旧约卷轴的制作日期大约是公元70年——基督耶稣遇难后40年,表明此时希伯来圣经已经形成正式版本。这些卷轴还可以帮助学者们了解早至公元四百多年前的古代巴勒斯坦历史,并追溯基督教的出现。

这些古卷还反映了早期基督教与犹太教的关系。但它们所包含的信息受到以色列考古部门的严格控制。人们很难接触这些重要的古代文献。

▶ 这些是 2000 年前包含以色列旧约文本的死海古卷的一部分。

马歇尔计划

6月5日，美国国务卿乔治·马歇尔在哈佛大学的一次会议上，提出了振兴被战争摧毁的欧洲经济的计划。他相信这个计划可以为整个欧洲的民主繁荣创造条件。

根据一个由 16 个欧洲国家代表组成的委员会提交的计划，美国国会批准制定了"欧洲复兴计划"。按照这个计划，美国将对大多数欧洲国家（甚至包括苏联控制的那些国家）提供财政援助。但后来苏联撤出该计划，并在其控制的东欧国家停止该计划的实施。

欧洲成立了以保罗·赫夫曼为首的经济合作组织，负责对留在计划内的奥地利、比利时、丹麦、芬兰、法国、英国、希腊、冰岛、爱尔兰、意大利、卢森堡、荷兰、挪威、葡萄牙、瑞典、瑞士、土耳其和联邦德国等国家分配来自美国的价值130 亿美元的经济援助。援助的大部分款项属于赠送，用于帮助恢复各国的工业和农业，同时也有利于稳定经济和扩大贸易；其余部分以贷款形式交付。

马歇尔计划对稳定和发展欧洲各国经济的效果非常明显。由于美国的援助，大多数国家经济都增长了 15%—25%。它们的重工业也在逐步恢复。

1949 年，杜鲁门总统将这个计划进一步扩展到欧洲以外的其他国家。

尽管人们普遍认为马歇尔计划为战后欧洲甚至全球的经济复苏起到重要作用，然而一些经济学家却不以为然。他们指出，这个计划不仅阻碍了欧洲各国复兴的进程，还增大了这些国家干预经济的程度，特别是那些所接受的援助占本国GDP份额较大的国家，例如希腊和奥地利，经济一直停滞，直到马歇尔计划结束才开始复苏。

▼ 根据马歇尔计划，美国援助的第一批白糖运抵伦敦的皇家维多利亚码头。

1月

· 文森特·奥里尔担任法国总统。

· 法国成立以拉马德尔为总理的新联合政府。

· 埃及断绝与英国的外交关系。

2月

· 英国出现燃料短缺。

· 意大利组成以加斯波里为总理的新政府。

· 阿拉伯人和犹太人拒绝英国提出的巴勒斯坦分治建议。

· 在巴黎签署的和平协议生效。

3月

· 布尔加宁担任苏联国防部长。

· 同盟国外长会议在莫斯科举行。

· 美国总统杜鲁门发表演说，阐述"杜鲁门主义"外交政策。

· 比利时组成以保罗·斯巴克为首的新联合政府。

· 中国国民党军队占领共产党的延安。

· 印度总督瓦维尔爵士辞职；蒙巴顿爵士继任。

· 马达加斯加民族党反抗法国统治。

4月

· 德国英军占领区举行地方选举。

· 英国将巴勒斯坦问题提交联合国解决。

· 索尔·海尔达开始康提吉探险。

· 丹麦国王克里斯蒂安十世逝世，弗雷德里克九世继位。

· 美国汽车大王亨利·福特和作家威尔拉·卡瑟逝世。

印度独立

▲ 随着独立运动的发展，印度教徒与穆斯林之间的暴力冲突越来越激烈。（插图：上，尼赫鲁；下：真纳）

新闻摘要

5月

· 德国法军占领区进行地方选举。

· 法国爆发总罢工。

· 日本采用新宪法。

· 意大利加斯波里总理辞职；几天后他组建新的联合政府。

· 匈牙利总理纳吉辞职；拉吉斯·蒂尼耶斯继任。

6月

· 政府的经济发展政策迫使英国重新实行战时的节俭配给制。

7月

· 西欧国家会议在巴黎举行，讨论马歇尔计划。

· 荷兰军队开始对荷属印度尼西亚发动进攻，企图重新控制该地区。

· 美国签署旨在改革军队结构的国家安全法。

· 罗马尼亚国家农民党被解散。

8月

· 英国第一座核反应堆开始运行。

· 印巴分离；巴基斯坦成立以里库特·阿里·汉为总理的政府；印度成立以尼赫鲁为首的政府。

· 共产党赢得匈牙利大选。

8月，随着印度独立法的生效，英国对印度的殖民统治终于走到了尽头。根据英国议院7月批准的这个法令，印度被一分为二。8月14日午夜，以穆斯林为主的巴基斯坦正式建国。

英国一直试图在印度建立单一的行政体制，并将所有权力移交给这个政府。但印度政治的复杂性使这个设想几乎无法实现。根本问题在于印度作为一个国家存在着尖锐对立的政治和宗教分歧，只有在希望结束英国统治这一点上能保持一致。（圣雄甘地的"英国撤出印度"运动明确表达了印度绝大多数人民的愿望。）

印度的两大政治/宗教集团是由穆罕默德·阿里·真纳领导的穆斯林和潘迪特·杰瓦哈拉·尼赫鲁领导的印度教徒。而印度的锡克教徒（他们在英国军队中占有重要地位）

则天真地以为他们的勇敢和忠诚可以获得英国的某种形式的褒奖和补偿。当然，这只是他们的一厢情愿。英国撤离后，塔亚·辛哈领导的锡克人在这个国家的政治舞台上变得无足轻重。

1946年，印度教徒与穆斯林之间的内战变得越来越血腥，一些印度军队也不断发生兵变，迫使英国人不得不考虑迅速移交权力。世界各国的有识之士都已看到，那里的

形势不仅没有改善而且变得更坏。

1947年3月，蒙巴顿爵士担任英国驻印度总督。他的任务是在1948年6月将这个国家移交印度人民管理。但他很快就意识到，如果让英国军队继续逗留在这个国家，士兵们的生命将面临更大危险。他认为，与其眼看着越来越多的人死于内战，而进展缓慢的双方谈判又毫无结果，不如索性将旁遮普和孟加拉一分为二，分别由穆斯林（巴基斯坦）和印度教徒（印度）管理。

甘地不接受这个方案，甚至表示宁愿让穆斯林领导人真纳担任统一的印度政府总理，也不愿看到国家分裂。

但尼赫鲁经过多次抗争后，最终还是与真纳一起接受了英国的印巴分治方案。随着分治方案的实施，又有一百多万人死于大规模的民族迁徙过程中。

▼ 在有关印度独立的一次谈判会议上，蒙巴顿爵士坐在尼赫鲁与真纳之间。

美国成立共产党调查委员会

美国在50年代开展的调查共产党的运动，很像剧作家亚瑟·米勒后来撰写的17世纪发生的"抓巫婆"事件。鉴于第二次世界大战后共产主义势力的迅速崛起，美国国会于1947年10月同意成立一个名为"众议院非美活动委员会"的机构，对所谓"共产党向美国渗透"的情况进行调查。随着控告和反控告的不断升级，这项工作很快变成了一场歇斯底里的运动。

10月23日，华盛顿决定将调查的重点转向共产党对娱乐业的渗透。首当其冲的便是当时担任电影演员协会主席，三十多年后成为美国总统的雷诺德·里根。但里根坚决否认演员协会已被共产党控制，因而得以继续留任。

不幸的是，来自廷塞尔城的一些制片人、导演和剧本作家受到指控，被称为"好莱坞十人"集团。尽管根据美国宪法第五补充条款，美国公民有权拒绝回答任何可能证明其有罪的问题，但这10个人——阿尔瓦·贝塞、赫伯特·白德曼、莱斯特·考尔、爱德华·德米特里克、瑞英·拉德纳、约翰·霍德劳森、阿尔贝特·马尔兹、萨缪尔·奥尼兹、阿德里安·斯克特和戴尔顿·特姆波仍于11月24日被判藐视国会罪，并被判处半年到一年监禁。出狱后，这10个人均被列入黑名单，其中大部分再也没有回到好莱坞工作。

▼ 包括著名影星英格丽·褒曼和劳伦·巴尔考(中)在内的许多电影演员受到美国政府的反共调查。

查克·耶戈尔突破声障

10月14日，美国空军上校查克·耶戈尔驾驶贝尔飞机公司制造的X-1型火箭引擎试验飞机，创造了世界航空界的奇迹，成为美国历史上最杰出的试飞员。

耶戈尔驾驶的试验飞机由特别改制的B-29搭载升空，然后在7600米（25000英尺）高空脱离。当X-1像石头一样落下时，耶戈尔立即启动火箭引擎，驾驶飞机以超过音速——每小时1065公里（662英里）的速度上升到12200米

▲美国空军上校查克·耶戈尔驾驶贝尔飞机公司制造的X-1型超音速"火箭飞机"，创造了世界航空纪录。

（40000英尺）。这个项目的保密工作非常严格，以至于贝尔飞机公司和美国政府直到1948年6月才对外宣布。

第二次世界大战期间，耶戈尔效力于美国驻英空军基地，曾击落13架敌机，后来自己也在法国的空战中被击落（他在抵抗组织的帮助下逃脱了）。

尽管他具有巨大的勇气和丰富的经验，但由于缺乏高等教育学历，而未被选入美国的载人宇航项目。

9月
- 约翰·库勃创造每小时634公里（394英里）的陆地驾驶最高速度。
- 萨纳耶克担任锡兰总理。

10月
- 印控克什米尔地区爆发战斗。
- 欧洲共产党和工人党情报局在波兰共产党大会上成立。
- 戴高乐领导的爱国阵线党在法国大选中获胜。

11月
- 荷、比、卢海关同盟生效。
- 丹麦成立社会民主党政府。
- 法国总理雷马德尔辞职；罗伯特·舒曼组建新政府。
- 英国伊丽莎白公主与菲利普·蒙巴顿结婚。
- 澳大利亚实行银行国有化。
- 联合国分治计划宣布后，巴勒斯坦犹太人与阿拉伯人发生战斗。

12月
- 罗姆洛·加尔高斯当选委内瑞拉总统。
- 意大利实施新宪法。
- 希腊政府宣布共产党和民族解放阵线非法。
- 罗马尼亚迈克尔国王辞职。
- 英国政治家斯坦利·贝尔德温逝世。

'48

新闻摘要

· 联合国大会发表人权宣言。
· 美洲国家组织成立。
· 世界卫生组织成立。
· 西印度群岛开始向英国大规模移民。
· 固体晶体管研制成功。
· 染色体核糖核酸被发现。
· 每分钟 33 转的唱片研制成功。
· 贝克明斯特·富勒在美国建造世界第一座大型天文测量台。
· 皮卡尔研制成功用于深海观测的深潜器。
· 英国推出莫里斯微型轿车。
· 当年公演的著名影片包括劳伦斯·奥利弗的《哈姆雷特》、大卫·利昂的《雾都孤儿》、鲍威尔和普里斯博格的《红舞鞋》、亚历山大·麦肯德里克的《荒岛酒池》、奥森·威尔斯的《上海女士》和约翰·休斯顿的《盖世枭雄》。
· 英国举办奥尔堡音乐节。
· 奥利弗·梅西昂的《图兰加里拉交响曲》首次公演。
· 音乐剧《刁蛮公主》在纽约公演。
· 当年出版的名著包括楚门·盖波特的《其他人的声音》、诺曼·梅勒的《裸者与死者》和艾伦·帕顿的《哭泣的大地》。

甘地遇害

▲ 甘地拒绝采取暴力夺权的方式赢得了世界人民的尊重,却死于本国的暴力活动之下。

1 月 20 日深夜,印度教徒的精神领袖甘地做完晚祈祷后,在回家的路上遇到了年轻的印度教极端分子古德斯。古德斯一言未发,举枪便对甘地射击。这位印度国民运动的伟大导师、深受世界人民尊敬的"圣雄"就这样离开了人世。而最令人心痛的是,这个毕生致力于以非暴力运动反对英国统治的人,最终竟死于自己同胞的血腥暴力。

甘地于 1869 年 10 月 2 日出生在印度西部的博尔本达尔。他成长在一个印度教家庭,但也深受耆那教的影响。耆那教是一种崇尚道德的印度宗教,提倡非暴力。从孟买大学毕业后,甘地来到伦敦学习法律。年轻时代的他将英国描述为"哲学家和诗人之国度,各种文明荟萃之沃土"。然而,人们可以想象,一个贫穷的印度学生在 19 世纪晚期英国的真

实生活会怎样改变他对英国人的看法。结束了伦敦的留学生活之后,甘地来到南非工作。他在那里经历的种族歧视和压迫,对他献身于印度人民的独立事业产生了重大的影响,也使他对政治学产生了浓厚的兴趣。

回到印度后,甘地发起了为本地人民争取权力的运动,甚至谴责维多利亚女王纵容种族主义。尽管如此,他仍然支持英国对南非布尔人的战争,并在第一次世界大战期间支持英国。

20 年代,甘地开始在印度政坛崭露头角,并将印度国民大会党转变为争取独立的重要力量。他针对英国殖民政府发起的非暴力"不合作"运动迅速席卷了整个印度。到 1922 年,已有数千名和平抵制英国统治的印度人被捕。

1922 年 3 月 10 日,甘地本人也遭逮捕并被判处六年监禁。两年后,他被提前释放。然而出狱后,他痛心地发现他热爱的国大党已经分裂,过去一直合作抗英的穆斯林和印度教徒出现严重分歧和对立。

甘地继续坚持以非暴力方式抵制英国统治的策略,但其他一些政治家转而采取新的、带有暴力色彩的斗争方式。

甘地的真正悲剧在于,如果不是死于暴力,他或许真的可以通过和平方式赢得祖国的独立并保持其完整统一。

▼ 甘地曾被英国殖民统治者视为眼中钉,但最后一任英国驻印总督蒙巴顿爵士不得不承认他的重要地位。

共产党在捷克斯洛伐克掌权

▲捷克斯洛伐克总统克里蒙·高华德在布拉格肯斯基宫的阳台上向集会的群众发表讲话。

2月25日，克里蒙·高华德领导的一个松散的共产主义者联盟通过所谓的"和平接管"方式掌握了捷克斯洛伐克的权力。这并不是一次传统意义上的政变，而是由于该国总统爱德华·班斯为避免发生内战并导致苏联干涉而作出的让步。

爱德华·班斯于1945年回到捷克斯洛伐克，来管理这个新恢复的国家。与战后完全受苏联影响的其他东欧国家不同，捷克斯洛伐克拥有相当强大的民主体制，尽管实际上它的行政和军事模式与苏联非常接近。

只要看看此时捷克政治体制的开放程度，便可以明确认识克里蒙·高华德领导的过渡政府的性质。

这个"人民阵线"内阁的成员来自几个不同集团，包括共产党、社会民主党、捷克民族社会主义党和斯洛伐克民主党。在1946年5月举行的战后第一次选举中，共产党赢得将近40%的选票，试图凭借苏联的支持控制捷克斯洛伐克。

但1947年7月，当克里姆林宫不顾捷克政府大多数人的意见，坚持要求美国的马歇尔计划不得包括捷克斯洛伐克等东欧国家时，形势开始恶化。苏联的这种态度使捷克共产党的国内支持率开始下降。1947年11月，他们在各高等院校举行的选举中遭遇惨败。1948年1月举行的一次民意测验表明，共产党的国民支持率已下降到25%。此时苏联正试图通过东欧各国共产党增强其对该国的影响，而捷克斯洛伐克的动向表明，那里的人民反对莫斯科的统治。

为了保住权力，捷克共产党开始加强对国内政治派别和工会的控制。尽管其他政党强烈要求停止干涉，但高华德及其同伙还是绕开选举产生的地方机构而另行组建由忠诚的工会分子组成的"行动委员会"。

另一个特别行动出现在2月20日，他们组建了一支两万人的武装部队，所有官兵都来自共产党的支持者。2月22日，这支部队穿过首都布拉格，向政府施加压力。由于担心爆发内战并导致苏联干涉，班斯总统于2月25日将权力移交给高华德领导的共产党。

· 拼字游戏卡上市。

1月
· 英国铁路国有化。
· 荷兰在印度尼西亚与印尼国民党停火。

2月
· 马来亚联邦成立，导致共产党起义。
· 锡兰实现自治。

3月
· 法国、英国、比利时、荷兰和卢森堡签订共同防止武装侵略的《布鲁塞尔条约》。
· 中国国民党领导人蒋介石获得独裁大权。
· 美国国会批准马歇尔援助计划。
· 捷克政治家吉安·马斯雷克神秘死亡。

4月
· 罗马尼亚按照苏联模式修改宪法。
· 基督教民主党在意大利选举中获得多数票。

5月
· 捷克议会批准新宪法，但总统班斯拒绝签字。
· 南朝鲜举行选举。
· 鲁奇·伊安奥蒂成为意大利新总统。
· 英国结束对巴勒斯坦的统治。
· 以色列在巴勒斯坦宣布建立犹太国家，大卫·本格里安任政府总理；查姆·威茨曼当选总统。
· 美国和苏联正式承认以色列。
· 埃及、约旦、伊拉克和叙利亚联合入侵以色列。
· J.C.舒姆兹领导的政府在南非选举中失败。

'48

新闻摘要

· · · · · · · · · · · · · ·

6月

· 南非成立以 D.F.马伦为总理的新政府，执行种族隔离政策。

· 捷克斯洛伐克总统班斯辞职；共产党人克里蒙·高华德成为新总统并批准新宪法。

· 联合国斡旋，阿以战争停火。

· 匈牙利工人党成立。

· 马来亚宣布进入紧急状态。

· 南斯拉夫被逐出欧洲共产党和工人情报局。

7月

· 李承晚当选南朝鲜总统。

· 荷兰组成以威廉·德拉斯为首的新政府。

· 以色列犹太人与阿拉伯人第二次部分停火。

· 第十四届奥林匹克运动会在伦敦举行。

· 铁托在南斯拉夫共产党会议上赢得信任投票。

· 美国在军队中废除种族隔离制度。

· 匈牙利总统朱尔坦·泰尔迪辞职。

以色列建国

5月14日，大卫·本古里安在特拉维夫自豪地宣布以色列建国，结束了两千多年来犹太民族没有自己国家，长期寄人篱下的历史。自从罗马帝国的创建者将犹太人驱逐出他们的神圣家园以来，世界上就再也没有出现过正式的犹太国家，他们不得不浪迹天涯。

现在，犹太人终于结束了流浪的历史。他们中有许多人是从凶残的纳粹手中逃出来的幸存者。他们的社会背景和生活经历迥异，甚至没有通用的语言。但这些都没有妨碍他们从世界各地来到这里，建设自己的家园。

从德国迁到以色列的人大多数都是在纳粹统治期间被迫离开自己的工作和家乡的医生、律师和教师等专业人士。来自东欧的犹太人多为从德国党卫军魔掌中侥幸逃脱的熟练工人的子女。共同建设美好家园的目标使他们紧紧团结起来。

过去，分散在世界各地的犹太人无法抵抗纳粹的迫害。现在，他们有了自己坚强的国家，绝不允许任人宰割的历史重演。

早在1917年，巴尔弗声明就已承诺犹太人可以在巴勒斯坦建立自己的家园。但对后来担任以色列首任总理的本古里安来说，这仅仅是迈向独立的以色列国家的第一步。

随后的几年里，本古里安努力争取更多的犹太人移民到巴勒斯坦。1942年5月12日，他在纽约的犹太复国主义者大会上指出，犹太国家应该在第二次世界大战结束后在巴勒斯坦建立。此后，本古里安一直领导着抵抗英国对巴勒斯坦殖民统治的斗争。在美国和苏联的支持下，他们的愿望得到联合国全体大会的确认。犹太人终于在1948年建立了自己的以色列国。

▼ 以色列首任总理大卫·本古里安宣读以色列独立声明。

柏林大空运

6月24日是个历史性的重要日子。苏联对美、英、法三国擅自将其德国占领区合并的做法作出严厉反应，宣布立即停止执行有关四国共管柏林的所有协议，并宣称西方三国不再拥有管辖柏林的权力。（此前，苏联已退出同盟国为管理战后德国而设立的柏林联合管理委员会。）

随着新的德意志标志出现在柏林西部（这在苏联看来是对东欧现状的威胁），苏联开始封锁西柏林。6月26日，美国和英国开始对被封锁地区空运食品和其他生活必需品，并因此而引发了一场国际关系危机。

苏联开始增强它在东德的驻军。到7月中旬，那里的部队已增加到40个师，是西方三国驻军的五倍。

7月底，美国调遣三个战略轰炸机大队进驻英国空军基地，对苏联构成严重威胁。然而，尽管双方剑拔弩张，但这种冲突并没有演变成大规模战争。

尽管英国和美国都面临着燃料和电力紧缺，但它们仍全力维持着长达11个月的西柏林食品空运，直到1949年5月12日苏联在西方实施禁止对东德出口的反措施的强大压力下同意解除对西柏林的封锁。

然而，直到9月底，西方的大规模空运才停止。这次长达一年多的空运行动共向柏林运送了200多万吨货物，总值超过2亿美元。

▲ 由英美空军实施的"柏林大空运"，粉碎了苏联封锁西柏林的企图。

北朝鲜宣布独立

▲ 朝鲜人民民主共和国首任主席金日成。他一直独掌国家大权，直到1994年逝世。

9月3日，北朝鲜人民宣布独立，成立以金日成为首的朝鲜人民民主共和国。这是朝鲜民族历史的最新发展。（1912年4月15日，金日成诞生在平壤市万景台的一个贫农家庭。1932年4月，他创建了朝鲜人民革命军；1936年创建反日民族统一战线组织——祖国光复会。经过多年的武装斗争，于1945年取得了抗日革命的胜利。——译者注）从19世纪末期起，这个国家一直由日本统治，直到日本在第二次世界大战中战败，由盟军接管。

盟军为了维护各自的最大利益同时避免冲突，将朝鲜分为北南两部分。北方由苏联控制，南方由美国控制。

朝鲜战争爆发后，南北双方进行了无数次交战，西方国家，尤其是以美国为主的联合国军也加入了战争。直到1953年7月25日，南北双方停战。此时，这个国家已化为一片焦土。

北朝鲜在苏联和中国的大力支援下迅速重建，并始终坚持其统一全朝鲜的原则目标。

8月
·阿帕德·斯扎卡斯特成为匈牙利总统。
·比利时组成以加斯通·艾斯肯为首的新政府。
·南朝鲜宣布成立大韩民国。
·苏联中断与美国的外交关系。

9月
·荷兰女王惠勒米娜因病退位，其女朱丽安娜继位。
·法国组成以亨利·科尔勒为首的新政府。
·尼赫鲁派军队进入海德拉巴。
·联合国调停员考特·巴纳德特在以色列被犹太恐怖分子暗杀。
·印度尼西亚共产党试图在爪哇组建政府未获成功。

10月
·日本组成新政府。
·秘鲁发生军事政变，推翻约瑟·布斯塔曼政府。

11月
·中国共产党完全控制中国东北。
·民主党人哈里·杜鲁门再次当选美国总统。
·民主党在美国国会大选中赢得多数票。
·日本战犯审判结束，东条英机被判死刑。
·加拿大总理迈克肯兹退休；路易斯·劳伦特继任。

12月
·阿拉伯会议宣布阿卜杜拉·本·侯赛因为巴勒斯坦国王。
·联合国承认韩国政府。
·荷兰军队在印度尼西亚发动新进攻。
·埃及首相诺卡拉什·巴沙被暗杀。

中国共产党占领北平

1月，毛泽东领导的中国共产党在一次决定性的战役中占领北平，标志着中国长期内战即将结束。这次战役是自1947年底共产党开始向蒋介石国民党发动战略反攻以来，取得的重大胜利。

具有讽刺意味的是，美国的亲国民党政策对这种转折起了某些作用。美国自1947年以来一直向国民党提供大量军事援助。当年3月，国民党军队大举进攻陕北，曾占领共产党首府延安。

▲1949年10月1日，毛泽东宣布中华人民共和国成立。

暂时的胜利和源源不断的美式武器使国民党气焰器张，迅速向华北和东北扩展，使战线拉得过长。同时，国民党腐败风气日见深重，一些军官甚至向共产党出卖美国武器，而美国援助的20亿美元却落入贪官污吏的口袋。

当共产党于1947年底开始反攻时，国民党很快就节节败退。在占领北平不到一年的时间内，在毛泽东领导下的人民解放军迅速南下，彻底击垮了国民党政权。

8月5日，美国正式停止对国民党的援助。此时，蒋介石的大部分剩余军队已经撤退到台湾。

1949年10月1日，中国共产党在北平宣布中华人民共和国成立。毛泽东主席领导的新政权立即得到了苏联的承认。

▲持强硬姿态的蒋介石。美国的援助并没有使国民党维持在中国大陆的统治。

新闻摘要
· · · · · · · · · ·

· 苏联试验原子弹。
· 英国议院通过法律援助提案。
· 美国汽车制造业试图挤垮有轨公共交通系统。
· 阿富汗与巴基斯坦发生边境冲突。
· 格蒂石油公司在沙特阿拉伯获得60年石油开采权。
· 南非实施种族隔离。
· 墨西哥帕伦克玛雅遗址开始发掘。
· 理查德·费曼发表量子电子动力学理论。
· 美国试验多级火箭。
· 每分钟45转的唱片开始发行。
· 当年公演的著名影片包括：约翰·福特的《佩带黄丝带的女人》、罗伯特·哈默的《善良心与小宝冠》（演员阿莱克·吉尼斯在其中扮演8个角色）、斯坦利·戴恩和金·凯利的《在城里》、卡罗·里德的《第三者》、亨利·柯耐尔利斯的《皮姆里科通行证》和雷奥尔·威尔士的《白热》。
· 罗杰斯和哈默斯坦的音乐剧《南太平洋》在纽约公演。
· 亚瑟·米勒的话剧《推销员之死》首次公演。
· 《巴黎竞赛》杂志首次发行。

北约的诞生

为了对抗苏联的威胁，西方各国正式组成联盟，并于4月4日签署《北大西洋条约》。

第二次世界大战结束后，美国和西欧各国开始裁减军队。但与此同时，苏联却在不断加强在东欧各国的驻军。

在人们企盼已久的反法西斯战争胜利到来之后，又出现了一道横贯欧洲的"铁幕"。在这道铁幕后面，过去的同盟者变成了潜在的威胁。苏联与西方各国为共同抵抗希特勒德国的疯狂进攻而建立的密切关系，现在却由于对和平时期世界事务的对立观点而分裂。

这种情况集中表现在战后德国。东西方关系的紧张迅速导致它分裂为两个国家。

1948年3月，英国、法国以及比利时、荷兰和卢森堡等国签订了《布鲁塞尔条约》。这个条约后来成为西方国家集体防御日益增长的苏联军事威胁和政治影响的战略蓝本。但实际上,《布鲁塞尔条约》的签字国并没有多少力量可以抵御可能发生的苏联军事扩张。

痛苦地意识到这一点,这些国家希望美国和加拿大加入这个联盟,以扩大和增强其实力。这就是北大西洋公约组织的起因。

8月24日,为实施北大西洋公约而组建的北约组织正式开始运作。这个组织的主要宗旨正如该条约第5款所明确表述的:"……对它们(签字国)中一个或多个国家的武装进攻即被视为对所有签字国的进攻……如果发生此类武装进攻,每个签字国都应帮助受到进攻的当事国……并采取必要的行动,包括使用武力,恢复和维持北大西洋地区的安全。"

该条约是明确表述二战结束后资本主义西方与共产主义东方关系和主导世界政治几十年的"冷战"状态的基本文件。

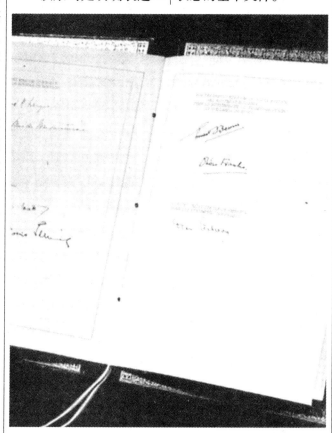

▲ 北约12个创始国的外交部长和全权大使的签字。

无敌拳手乔·路易斯退休

▲ 号称"棕色轰炸机"的世界拳击史上最伟大的拳击手乔·路易斯。

号称"棕色轰炸机"的世界拳坛巨人乔·路易斯在保持世界重量级拳击冠军长达12年(这个纪录至今无人超过)之后,于3月1日退休。

路易斯1914年出生于美国阿拉巴马州的列克星顿,20岁夺得"金拳套"业余拳击赛冠军。在他的职业生涯中,曾六次获得重量级冠军。1937年6月22日,路易斯与当时的世界冠军詹姆斯·巴德克在决赛中相遇。

经过惨烈的搏斗,巴德克在第八回合被击倒在地,失去知觉。路易斯令人信服地成为重量级拳击之王。

此后,路易斯至少赢得了25次拳王卫冕战,其中有21次将对手击倒出局。

由于无法安于平静的退休生活,路易斯于1950年重返拳坛,但未能再现往日的辉煌。他在拉斯维加斯的恺撒宫,向前来问候他的朋友和宾客们宣告彻底退出职业拳击比赛。

德国分裂

新闻摘要
. . . .

6月
·英国正式承认爱尔兰共和国。
·匈牙利共产党开展清洗运动。
·路易斯·劳伦特领导的自由党在加拿大大选中获胜。
·澳大利亚煤矿工人开始罢工。
·英国码头工人开始罢工。
·美军撤出南朝鲜。

7月
·保大皇帝回到越南。
·中国国民党军队开始撤往台湾。
·叙利亚与以色列停战。
·"彗星"号喷气式客机首次飞行。
·英国政府执行1920年颁布的《紧急权力法》，制止码头工人罢工。

8月
·匈牙利采用苏式宪法。
·比利时组成新联合政府。
·联邦德国举行大选。
·叙利亚发生第二次政变。
·澳大利亚政府制止煤矿工人罢工。
·《飘》的作者玛格丽特·米歇尔逝世。

1949年，新的德国（准确地说，应该是两个德国）在战争的废墟中站立起来。战后德国的美英法占领区按照联邦制重新组合在一起。英占区的德国基督教民主同盟领导人康纳德·阿登纳担任议会主席；这个议会的任务是为拟议建立的德意志联邦共和国制定一部宪法。苏联占领的东部地区成为共产党统治的民主德国。

阿登纳在30年代就成为德国政治家，但自1933年希特勒建立独裁统治后，他就被剥夺了政治权力。

1944年，在多次与纳粹发生冲突之后，阿登纳被送入集中营。战后，他被任命为科隆市长。

1949年，阿登纳成为整个西方占领区的基督教民主同盟领导人。在决定未来的德意志联邦共和国政府领导人的首次选举中，基民盟和它的伙伴基督教社会同盟赢得了联邦议会402个席位中的139个。9月15日，73岁的阿登纳以一票优势被任命为联邦德国首任总理。当时谁也没有想到，他在这个位置上工作了14年。这个新共和国的第一任总统是齐奥多·赫斯，他一直致力于新宪法的起草工作。

阿登纳的新内阁中最有效率的政治家是鲁德维格·埃尔哈德。作为德国经济恢复的总设计师，埃尔哈德将新德国逐步引导向福利资本主义道路。这种体制主张将工业控制权交给私人企业家，并由市场决定价格和员工工资。政府通过法律和税赋确保这个体制下产生的利润的合理分配。

从多数情况看，这个政策集中体现了两方面的

▲ 战后德国首任总理康纳德·阿登纳赢得了3000万选票中的80%。

优点：它允许企业界不断产生利润而无须政府干预；同时又能确保这些利润公平合理地由创造它们的人们分享。

通过这种发展模式，德意志联邦共和国迅速治愈了战争的创伤，结束了长期实行的配给制，工业产量大幅提高，创造了世人瞩目的经济奇迹。经过25年的努力，联邦德国的生活水平成为欧洲第一。

而苏联占领的德国东部地区于1949年5月30日召开第3次人民代表大会，批准宪法，并于10月7日正式成立德意志民主共和国，简称民主德国。10月10日苏联占领当局将行政职权移交给东德临时政府。

◀ 悬挂在东西德国边界的一条共产党宣传横幅称他们的地区为"自由的地区"。

军备竞赛开始

9月23日上午,美国总统杜鲁门召集内阁成员开会,宣布一个非常令人不安的消息。他说:"先生们,我们已经得到确实证据,苏联将在最近几周内试验爆炸原子弹。"这个消息震动了内阁,并很快在美国人民中引起了恐慌。

自从向全世界展示了原子弹的大规模杀伤力之后,美国政府一直试图独自拥有这种武器。尽管美苏在第二次世界大战期间曾经是盟友,但日益加剧的观念分歧和利益冲突使它们迅速进入"冷战"状态。

尽管苏联保持着强大的军队,但美国单独拥有原子弹,则意味着拥有决定性的军事力量。虽然人们相信苏联总有一天会从美国人手中获得原子弹秘密或者独立研制出这种武器,但谁也没有想到会来得这么快。

苏联早在战争结束前就试图通过间谍获取美国研制原子弹的秘密。丹麦科学家尼尔斯·勃哈就曾警告罗斯福总统,苏联一定会自行研制自己的原子弹。他还劝说这位美国总统与苏联共享原子弹秘密,以便携手防止核技术的扩散并维持世界军事力量的均衡。

罗斯福总统当然不愿放弃拥有的技术优势。而且当苏联试验第一颗原子弹时,美苏关系已经降至几乎无法合作的地步。(美国起初有一个试图让苏联参与研制原子弹的"巴鲁"计划,但苏联认为它只对美国有利而被断然拒绝。)

美苏两国都拥有原子武器以后,这场竞赛就上升到新的技术优势方面。冷战的双方都在努力争取率先掌握威力更大的武器。对日本实施的原子弹爆炸显示了核裂变武器的巨大威力,美国便加紧研制基于裂变的炸弹。如果成功,这种炸弹的摧毁力将超过最初的原子弹一千多倍。

1950年,杜鲁门总统批准了这种超大规模杀伤力炸弹——氢弹的研制。1952年11月,美国科学家在太平洋上的一个珊瑚岛成功爆炸了世界第一颗氢弹。一年后,苏联也爆炸了它的第一颗氢弹。这两个国家就这样进行着无休止的大规模杀伤性武器的研制竞赛。

▼ 苏联宣布拥有核武器后,联合国立即在纽约召开全体大会紧急会议。

9月
· 南斯拉夫与苏联集团的紧张关系加剧。
· 英国英镑贬值。
· 作曲家理查德·施特劳斯逝世。

10月
· 南北朝鲜边界发生军事冲突。
· 德意志民主共和国(东德)成立。
· 中国共产党军队占领广东。
· 希腊内战结束。
· 法国组成以乔治·贝道尔特为总理的联合政府。

11月
· 印度实行新宪法。

12月
· 保加利亚共产党人特拉乔·克斯托夫在斯大林式的大清洗中被处决。
· 中国国民党军队全部撤到台湾。
· 阿哈默德·苏加诺当选印度尼西亚总统。
· 澳大利亚组成以罗伯特·曼茨为总理的新联合政府。
· 叙利亚发生第三次政变。

1950-59

共产主义东方与"自由"西方在意识形态上的尖锐对立是20世纪50年代最主要的特征之一。美国和苏联这两个"超级大国"之间的冷战渗透到国际事务的各个领域。而50年代初期由美国初级检察官约瑟夫·麦卡锡挑起的所谓"共产党渗透美国公众生活"案，则集中反映了这种政治斗争对普通人的巨大影响。尽管麦卡锡对他的判断没有任何真实的证据，却以捕风捉影的手段，诬陷和迫害共产主义同情者和其他一些善良正直的人们。虽然后来麦卡锡在试图将怀疑的目光转向美国军队时碰了壁，但他掀起的反共狂潮却使一些普通美国人感到，共产主义不再是一种可以选择的社会制度，而是一股邪恶的势力。

这种现象渗透着冷战时期前20年的美国外交政策。50年代初爆发的朝鲜战争使美国相信不仅苏联，而且整个共产主义世界都是它的新敌人。当朝鲜半岛战争爆发时，美国（以联合国的名义）派兵投入战斗，并很快将战线推进到北朝鲜境内。但就在胜利快要到手时，新生的中华人民共和国派遣志愿军进入北朝鲜。此后，朝鲜战争进入相持阶段，双方胶着在三八线一带。尽管美国没有在朝鲜战争中取胜，但它向世界表明绝不在"共产主义威胁下"放弃任何利益——哪怕是在一个不很重要的国家。

在50年代，宣传成为双方意识形态斗争中至关重要的手段。1951年，当威力超过广岛原子弹数百倍的氢弹在美国试验成功时，公众对核战争的恐惧急遽膨胀。由此也引发了新一轮军备竞赛。实际上，到50年代末，美国和苏联储备的核武器已经足够相互毁灭多次。那些支持这种无休止军备竞争的人们认为，这种"核威慑"正是避免在武装冲突中使用核武器的必要手段。

现在看来，美国在冷战的大多数领域都是最大的受益国，因为它最终拥有了支配力量。然而回顾50年代后期，苏联曾在一个重要的竞争领域领先美国数年，这就是"太空竞赛"。从1957年发射第一颗人造地球卫星到四年后宇航员优里·加加林的人类首次太空遨游，苏联都走在美国前面。

50年代，从美国到欧洲都出现了社会生活的重大变化。在第二次世界大战中，许多妇女走上了过去由男性占据的工作岗位。尽管这普遍被认为是一种临时的权宜之计，但战后的一个不可逆转的事实是，许多妇女在新生活中发现了自我而不愿再回到传统的角色中去了。妇女劳动者在西方经济发展中的作用越来越大。

这个时代的另一重大特征是大众青年文化的兴起。到50年代中期，美国迅速增长的财富开始渗透到大学和高中学生中，他们拥有了比过去更多的金钱、自由和独立精神。这一代年轻人寻求和塑造新的自我：他们不再是孩子，但也不愿像他们的父母那样生活。随着像埃维斯·普雷斯利（猫王）这样的年轻摇滚歌手的流行，新的代沟不断扩大。这些粗野、性感、狂放不羁的年轻人的自我宣泄让老一代人震惊和不解。在随后的60年代里，摇滚和流行音乐进一步扩大了这种两代人之间的观念差异。

乔治·奥韦尔逝世

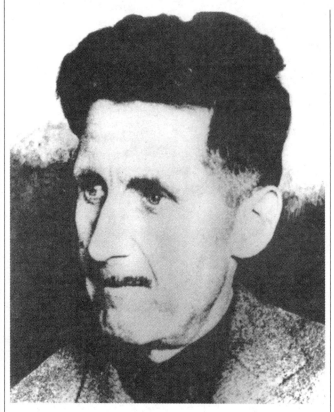

▲埃瑞克·亚瑟·布莱尔以笔名乔治·奥韦尔成为20世纪最受欢迎的英国作家。

19 50年1月21日,英国小说家、评论家乔治·奥韦尔逝世。此时距他最著名的小说《1984年》出版仅一年。

奥韦尔原名埃瑞克·亚瑟·布莱尔,1903年生于孟加拉。他的父亲曾任英国印度殖民地政府官员。他在欧洲殖民者的特权环境下长大。后来他在自己的小说中称这些自以为高人一等的欧洲移民为"没有领地的贵族"。

奥韦尔在英国接受教育,后来获得了研究有关印度对缅甸政策的奖学金。在研究中,他对缅甸人民遭受殖民统治的悲惨命运有了深刻的认识。

作为殖民者的后代,他常常为自己无法改变现状而内疚。他辞去自己的工作回到英国,置身于伦敦东区的贫民窟。1933年,乔治·奥韦尔出版半虚构的作品《来往于巴黎和伦敦之间》。奥韦尔早期的许多作品都以犀利的笔锋剖析和讽刺中产阶级虚伪而疯狂的物质欲望。

奥韦尔视自己为社会主义者,他的许多观点都反映在他的自传体政治小说《通向维根码头的路》(1937)中,但这本书并没有体现他逐渐增长的对社会主义组织形态的怀疑。同年,奥韦尔来到西班牙的巴塞罗那报道西班牙内战,与共和派并肩战斗并光荣负伤。1938年出版的《向加泰罗尼亚致敬》反映了他在西班牙的经历。

1945年,奥韦尔因创作政治寓言小说《动物农场》而名利双收。作者讲述了一个农场的动物们推翻残酷剥削和压迫它们的主人的故事。该故事取材于斯大林对俄国革命的背叛。

1949年出版的《1984年》是奥韦尔最后一部政治小说,也是最值得纪念的作品。奥韦尔在书中再次提醒人们关注独裁专制主义的危险,无论它来自社会的左翼还是右翼。这部小说用虚拟的手法描述某个国家的政府以各种手段歪曲事实,欺骗人民。老百姓无法保护隐私,不能独立思考,一切服从于终身统治者"大哥"的意志。深刻揭露和讽刺了世界上一些国家滥用政府职权的现象。

▲"大哥在盯着你"。乔治·奥韦尔最著名的作品《1984年》警告人们注意独裁统治的危险。

麦卡锡掀起反共狂潮

1950年，美国上层社会仿佛患了"恐共"高烧症。起因来自一个心理阴暗的反共偏执狂，威斯康星州检察官约瑟夫·麦卡锡。

1950年2月9日，这位检察官在西弗吉尼亚州共和党妇女俱乐部发表演讲。他在演讲中耸人听闻地宣称，他掌握了205个在"国务院要害部门工作"的共产党人的名字。他的发言立即登上各大媒体头条新闻，他本人也成为公众关注的焦点。尽管麦卡锡拿不出任何可靠的证据，但他却因一手掀起全国性的揭露"共产党同情者"运动，而博得了许多美国人的赞扬。

麦卡锡运动迅速渗透到美国社会的各个领域。在第一批受害者中有著名演员琼·摩尔。由于麦卡锡的指控，她被赶出长篇连续剧《阿德里奇家族》剧组。但与绝大多数案例一样，这些指控并没有得到证实。1950年9月，美国国会不顾杜鲁门总统的反对，通过了"麦卡锡法"，以法律形式要求美国共产党组织将其党员姓名在政府登记。紧接着又下令禁止给来自"独裁国家"的旅游者发放入境签证。一些州还制定了要求求职者签署反共誓词的规定。

到1952年初，麦卡锡捕风捉影的调查方法和缺乏真实证据的卑鄙指控受

▲威斯康星州检察官约瑟夫·麦卡锡因虚构共产党渗透案而一夜成名。

到严厉谴责。检察官威廉·博顿将麦卡锡比作希特勒，是个靠造谣和诽谤博取名声的伪君子。民主党人士也纷纷指责麦卡锡领导的检察官委员会的做法就像中世纪欧洲的"抓巫婆"运动，其实质是要控制人们的自由思考。

然而，当麦卡锡声称军队各级组织都有苏联的同情者，试图将手伸向美国军队时，他的末日也就快到了。许多人对他将"红色间谍就藏在我们床底下"的危言耸听的说法强加于军队非常反感。从

▲在麦卡锡美军问题听证会上，检察官委员会的桌子上摆着他们提交的36册证词。

1954年5月开始，有关他指控美国军队的听证会连续进行了36天的全国电视转播。对于大多数普通美国人来说，这是他们第一次目睹麦卡锡卑劣的调查和质询方式。他在美国公众心中的形象开始变得阴暗而丑恶。

1954年11月，共和党在美国中期选举中惨败。人们普遍认为这与麦卡锡的行为有直接关系。接着，麦卡锡被解除调查委员会主席职务。美国总统艾森豪威尔在巨大压力下同意一项谴责检察官麦卡锡行为的动议。尽管艾森豪威尔总统一直反对麦卡锡主义，但谴责一个同为共和党的同事，毕竟是相当严重的事情。在几个月后联邦检察院就此事进行的投票表决中，以67票对22票通过了对麦卡锡的指责，称他的行为"背离了检察官的传统"。

此后，虽然麦卡锡仍宣称要继续在美国与共产主义斗争到底，但他对政府的影响越来越小，仅限于那些带有极端右翼观点的人们，直到1957年在无声无息中死去。

麦卡锡的许多观点都是虚构或不准确的，却给数千无辜的美国人——包括一些知名人士和普通百姓的命运造成可怕的影响。这一事件是美国历史上最不光彩的侵犯人权的记录之一。

- 印度宣布成立共和国。
- 意大利组成以加斯波里为总理的新联合政府。
- 南非发生种族骚乱。
- 美国总统杜鲁门下令生产氢弹。
- 苏联正式承认越南人民政府。
- 英国小说家、评论家乔治·奥韦尔逝世。

2月
- 察尔温科夫（"小斯大林"）成为保加利亚领导人。
- 苏联和新中国签订互助友好条约。
- 美国断绝与保加利亚的外交关系。
- 美国和英国承认保大皇帝为南越统治者。
- 英国工党在大选中获胜。

3月
- 科尔斯·福茨因向苏联提供原子能开发秘密被英国判刑。
- 苏联宣布拥有核武器。
- 德国总理阿登纳推动与法国建立经济联盟。
- 作家艾德加·布鲁兹逝世。

4月
- 意大利萨玛兰德地区成为联合国托管区。
- 英国码头工人罢工（5月1日结束）。
- 英国正式承认以色列国。
- 约旦王国成立。
- 俄罗斯芭蕾舞演员涅金斯基和德国作曲家库特·威尔逝世。

5月
- 旨在加强德国和法国重工业的舒曼计划开始实施。
- 阿尔巴尼亚与南斯拉夫断绝外交关系。

朝鲜战争

'50

19^{50} 年 6 月 25 日，历时三年涉及 20 个国家的朝鲜战争爆发。许多刚刚经历了第二次世界大战的人们担心这场战争会升级为另一次全球冲突。

像 50 年代发生的其他局部战争一样，朝鲜战争的根源在于第二次世界大战造成的遗留问题。日本在 1945 年投降之前曾占领亚洲各国大片领土，包括整个朝鲜。战争结束时，在作为战胜者的美苏之间产生了由谁来接受在朝日军投降的问题。双方最后同意以北纬 38 度线为界，由苏军处理北部的日军，美军控制南部。

1947 年，为了使朝鲜民族业已存在的两个独立政治实体实现统一，联合国建议在整个朝鲜半岛举

▲美军远程大炮在"朝鲜某地"采取行动。美国自封为"世界警察"，在整个 20 世纪不断重复着它的角色。

行大选，但遭到苏联的反对。经过两年毫无成效的谈判之后，北方成立了由共产党领导的人民民主共和国，而南方则建立了亲西方的政权。到 40 年代末，美苏根据已达成的协议，从上述地区撤出各自的大部分军队。

当 1950 年朝鲜战争爆发时，南方的军事力量相当弱小。北朝鲜人民军向南推进几乎没有遭遇有效的抵抗，很快便占领了首都汉城。联合国安理会召开紧急会议，通过了制止侵略的决议。美国将军道格拉斯·麦克阿瑟受命指挥在朝鲜的联合国军。7 月初，当第一批美军登陆时，北朝鲜军队已经有效控制了南朝鲜大部分地区，迫使李承晚总统及其政府向南逃窜。

几个月后，随着大批美军增援部队的到达，形势出现重大转折。9 月 15 日，麦克阿瑟将军指挥美军发动突然袭击，在三八线以北 160 公里（100 英里）的仁川登陆。在 B-52 重型轰炸机的支援下，登

陆美军获得了巨大战果。他们迅速切入北朝鲜中段，然后挥师南下，一举夺回汉城。10 天后，李承晚政府回到汉城。在这次战役中，北朝鲜军队严重受挫，125000 人被俘。

随着联合国军越过三八线不断北进，一个新的危险出现了。此前中国总理周恩来曾警告说，如果美军越过三八线，将被视为对中华人民共和国的威胁，中国人民绝不会袖手旁观。但联合国军忽视了中国的警告而继续深入北朝鲜，试图立即实现朝鲜统一。11 月 24 日，麦克阿瑟将军宣布他的部队将一直打到朝中边界，然后结束这场武装冲突。然而，几天后中国派遣 20 万志

▲在韩国政府看来，美国的强大军事存在是完全必要的。

愿军进入朝鲜。年底，麦克阿瑟的部队被迫退回三八线以南。

1951年初，中国入朝部队达到50万人。但美军的狂轰滥炸使他们无法获得长期稳定的供应，双方在三八线附近展开拉锯战，并形成相对稳定的战场。激烈而残酷的战斗在1951年上半年持续不断。这是世界两大意识形态、两大敌对势力面对面的决斗。

由于中国不断增强在朝鲜战争中的实力，麦克阿瑟认为惟一能使美军转败为胜的办法是封锁和轰炸中国东北地区。这将是个极大的冒险，因为苏联尽管在战争初期一直保持低调，但如果把战争扩大到它的盟友中国，则可能造成全球冲突的巨大危险。因此，美国总统杜鲁门拒绝批准麦克阿瑟的计

▲战争造成难民危机。

划。而麦克阿瑟则公开批评杜鲁门总统，试图直接获得美国人民的支持。但他错误估计了形势，大多数美国人都对朝鲜战争的意义持怀疑态度。杜鲁门对麦克阿瑟的做法非常不满，于当年4月将他调回国内，并任命马修·李奇威将军取代他的职务。杜鲁门在对全国人民的讲话中说："军队司令官的基本准则是必须服从政府的政策和指令。"被罢免的麦克阿瑟回到纽约。

此后，战争变得相持不下。1951年6月，苏联突然提出双方停战的建议。在7月举行的停战会议上，双方就在三八线附近建立非军事区的问题进行谈判。这些会谈大都没有什么成效。零星的战斗和美军的空袭仍在继续。

到1952年11月，德怀特·艾森豪威尔当选美国总统时，情况才发生变化。这位前欧洲盟军总司令一直公开批评这场战争，并曾表示如果他当选美国总统将尽快结束这场战争。

1953年7月27日，在经过进一步谈判之后，双方终于达成停战协议，确定以三八线为南北朝鲜的永久正式分界线。统一不再成为联合国的议事日程。

朝鲜战争造成一百多万南朝鲜人、近百万中国人和五十多万北朝鲜人的死亡。以美军为主的联合国军死亡五万多人。朝鲜双方的工业基地基本上都在轰炸中化为废墟。这次战争还表明美国的外交政策是要充当世界警察，随时准备遏制"共产主义威胁"。这也是它几十年来为之付出沉重代价的政策。

▲朝鲜战争造成大量平民死亡，包括一百多万男人、妇女和儿童。这些妇女在查找自己村庄里被杀害的男人。

'50

新闻摘要

· · · · · · · · · · ·

6月

· 法国总理比道尔特辞职。

· 朝鲜战争爆发。

· 埃及与叙利亚、黎巴嫩、也门及沙特阿拉伯签订安全条约。

· 联邦德国加入欧洲委员会。

· 西印度群岛板球队首次在英国战胜英格兰队。

· 世界杯足球赛英格兰队负于美国队。

7月

· 第一批"联合国军"抵达南朝鲜。麦克阿瑟将军任总司令。

· 法国组成以雷恩·皮尔温为总理的新政府。

· 乌拉圭战胜巴西夺得第四届世界杯足球赛冠军。

· 利奥波德三世结束流亡回到比利时；后在群众抗议中退位。

8月

· 南朝鲜"联合国军"撤退。

· 鲍德因亲王成为比利时摄政王。

· 苏联停止抵制联合国。

· 比利时组成以冯·兹兰德为总理的新政府。

新式歌剧

1950年4月3日,作曲家科特·威尔在纽约逝世。科特·威尔曾创造一种将歌剧与社会讽刺相结合的新式音乐剧。特别值得人们记住的是他与德国作家勃图尔特·布雷克的合作。

威尔1900年生于德国的德绍,早年曾作过抽象音乐作曲家。他的两部早期作品《主角》(1926)和《皇家宫殿》(1927)使他成为德国最有前途的年轻歌剧作曲家。

在此后的几年里,威尔获得了更多的成就。他与诗人、剧作家勃图尔特·布雷克合作,创作了短歌剧《三分钱歌剧》(1928)。这个歌剧从约翰·盖的18世纪戏剧《乞丐之歌》中提取人物素材,加以重新塑造,以反映20世纪20年代柏林的下层社会生活。这个歌剧中的一首歌曲《拿起餐刀》至今仍在流传。威尔与布雷克合作的另一个作品《玛哈格尼城的兴衰》以一个虚拟

▲科特·威尔,最伟大的现代歌剧作曲家之一。最值得人们记忆的是他与勃图尔特·布雷克的合作。

的美国城市讽刺当时德国的社会现象。迄今为止,威尔是惟一将现代经典歌曲与美国拉格泰姆爵士音乐相结合的作曲家。

30年代初期,身为犹太人的威尔对德国纳粹的崛起深感不安,与他的妻子歌唱家劳蒂·林雅一起逃出德国,最后在纽约定居。他在美国创作的许多作品深受奥登·纳什和马克斯韦尔·安德森等自由主义者的赞扬。后者还曾为他著名的《九月之歌》撰写歌词。但这些作品都缺乏他与布雷克合作的辛辣讽刺意味。

科特·威尔的音乐仍在流行。他的妻子劳蒂·林雅为人们提供了威尔的许多精彩作品的录音,直到她于1981年逝世。

英格兰蒙羞

▲英国球星前锋汤姆·芬尼的一记劲射被美国队守门员的精彩表现所化解。

1950年6月29日是英国体育史上最黑暗的一天,被世人普遍视为世界最好球队之一的英格兰足球队在世界杯赛中竟然负于默默无闻的美国队。

这是第二次世界大战以来的首次世界杯赛,举办国巴西的天气似乎一直在与欧洲队作对。拥有马修斯、芬尼和摩廷森等著名球星的英格兰队在以2:0战胜智利队之后,却无法突破美国队的顽强防守,最后以0比1失利。接着他们又以一球负于西班牙队,彻底失去夺冠机会。

当时,世界杯决赛阶段还没有采用今天的淘汰制,而是采用循环制。比赛成绩取决于决赛阶段的总积分。最后乌拉圭队战胜巴西队,第二次捧走世界杯。

"斯昆之石"的回归

1950 年圣诞节当天，一群苏格兰民族主义者闯入伦敦威斯敏斯特大教堂，盗走"斯昆之石"，演出了一场争取"独立"的闹剧。

几个世纪前，"斯昆之石"曾经是苏格兰国王加冕时使用的宝物。1296 年，爱德华一世派兵入侵苏格兰，将它带到英格兰。这块石头是刻有一个拉丁十字的石英石板。根据传说，它是圣徒雅各在贝瑟尔休息时头枕的那块石头，当时雅各看到了天使的形象。公元前 700 年，这块石头被人带到爱尔兰，存放在爱

▲苏格兰的"斯昆之石"放置在伦敦威斯敏斯特大教堂国王加冕椅下。

尔兰国王加冕之地塔拉山。当凯尔特苏格兰人入侵爱尔兰时，又将它带到苏格兰，嵌入在国王宝座的底座。

后来这块石头落入英格兰人手中，被放置在威斯敏斯特大教堂国王加冕椅的底座下，以表示在这里加冕成为英格兰国王的人同时也是苏格兰的统治者。

被盗后几个月，"斯昆之石"在阿布罗茨大教堂被发现，并被送回威斯敏斯特大教堂。但盗窃者始终没有找到。1997 年，苏格兰经过投票表决建立了自己的议会，"斯昆之石"重新回到苏格兰。

两个越南

50年代世界事务中最引人注目的现象是战后出现的东西方对抗形势渗透到众多国家或地区。从 50 年代初期开始，越南成为这种对抗的焦点。

越南位于印度支那半岛东部海岸，北靠中国，西接老挝和柬埔寨。19 世纪越南被法国占领，并于 1883 年成为法国殖民地。1945 年，越南共产党领袖胡志明在几个民族主义团体的支持下，宣布越南独立，摆脱法国的殖民统治。但法国拒不承认越南共产党在河内建立的人民政府，并派遣军舰炮轰海防市，造成数千人死亡。后来双方进行了几个月的谈判，于

1946 年 11 月实现停战。1949 年，当法国政府扶植腐败的前越南王国保大皇帝组建亲法傀儡政权时，第一次印度支那战争爆发。

越南人民不可能接受法国强加给他们的"政府"。越南共产党领导广大群众运用游击战打击法军，同时努力争取国际支持。1950 年 1 月底，苏联和东欧各国正式承认越共领导的人民政府。一周后，美国担心共产主义在该地区扩散，开始对法国和保大皇帝提供援助，帮助他们镇压人民起义。

战争双方的胶着状态一直持续到 1954 年 5 月 7 日。这一天法国军队在奠

边府遭到毁灭性打击。7 月 21 日，双方在日内瓦签订和平协议，决定以北纬 17 度线为界，将越南"暂时"分割为两部分。由胡志明领导的共产党政府管理越南北方，保大皇帝统治南方，直到 1956 年举行全国大选，来确定由谁掌握整个越南。但这种分裂导致的战争直到 70 年代中期才结束。

▲越南共产党领袖、杰出的军事家胡志明。

9月
· 美军在仁川登陆，收复汉城。

10月
· 联邦德国成立基督教民主党。
· "联合国"军向北推进，占领平壤。
· 共产党赢得民主德国大选。
· 丹麦组成以埃瑞克·艾里克森为总理的联合政府。
· 波多黎各国民党起义。
· 法国军队在越南受重创。
· 瑞典国王古斯塔夫五世逝世，古斯塔夫六世继位。

11月
· 波多黎各国民党试图刺杀美国总统杜鲁门。
· 法军从印度支那北部撤退。
· 欧洲委员会批准《欧洲人权保护协议》。
· 共和党赢得美国大选。
· 中国志愿军跨过鸭绿江，"联合国"军仓皇败退。
· 波兰与民主德国边界确定。
· 著名作家萧伯纳逝世。

12月
· 美国对中国实施贸易封锁。
· 中国人民志愿军跨过朝鲜三八线。
· "斯昆之石"被苏格兰民族党人盗走。
· 中国增派志愿军进入朝鲜。

新闻摘要

· 澳大利亚大旱。
· 美国堪萨斯州和密苏里州洪水泛滥。
· 联合国难民问题高级专署成立。
· 英国谢菲尔德核发电站开始运行。
· 法国军队在越南红河地区阻止了武元甲领导的越共部队的进攻。
· 英国重申 1735 年颁布的反巫术法。
· 英国实行"O"级和"A"级普通教育证书考试。
· 《我爱运气》和《罗伊兄弟》在美国电视台首播。
· 当年公演的著名影片包括：文森特·明纳利的《一个美国人在巴黎》、由艾利亚·卡赞导演，马龙·白兰度主演的《欲望号电车》、伊林的喜剧片《情人山》和《白衣绅士》、希区柯克的《列车上的陌生人》以及约翰·休斯顿的《非洲女王》。
· 当年首次公演的音乐剧包括：本杰明·布雷顿的歌剧《比利巴德》、查尔斯·拉维斯的《第二交响曲》（50 年前写的）和埃戈尔·斯特拉文斯基的《浪子回头》。
· 罗杰斯和哈默斯坦的《国王与我》、勒纳和楼维的《粉刷马车》在百老汇公演。

杰出的演说家贝文

▲作为 20 世纪最杰出的政治演说家之一，安鲁恩·贝文从不畏惧唇枪舌剑。

19 51 年 4 月，由于劳工大臣安鲁恩·贝文的辞职，引发了以艾德礼为首的英国工党政府的内部冲突。贝文是战后英国政坛最具色彩的人物之一，也是人们公认的口才最好的国会议员，曾于 1945 年主持建立了英国的国民健康服务系统。他的辞职是为了抗议艾德礼以削减社会福利开支来增加军备的计划，特别是反对推出政府一系列国民医疗收费办法。

贝文生长在芒矛斯郡的一个矿工家庭，13 岁便离开学校到一个煤矿去工作，后来因患慢性眼病而被迫离开矿井。这时，贝文开始投身于当地的政治活动。二十多岁时，贝文来到伦敦进入中央劳工学院。1929 年，他作为工党成员被南威尔士选民推选为国会下院议员。

在后来的十几年里，贝文以其雄辩的口才和娴熟的演讲技巧闻名于英国政坛。他从容应对反对者质询的能力也同样令人惊讶。第二次世界大战期间，他常常对丘吉尔首相提出苛刻的批评。而同样能言善辩的丘吉尔则称这个威尔士人为"粗鲁的商人"。

随着丘吉尔在 1945 年的大选中意外失败，贝文在艾德礼的工党政府中担任了卫生大臣。他的两个重大成就是建立国民健康服务系统和制定住房计划。

贝文往往被视为工党内部的一根刺，因为他时常对工党政府的政策提出严厉的批评。1951 年 1 月，贝文出任劳工大臣，但由于工党在随后举行的大选中失败，他只在这个岗位上工作了三个月。1955 年，贝文参加党内竞选，希望成为工党领袖，但负于雨果·盖茨克尔，只好屈就影子内阁外交大臣的职务。贝文病逝于 1960 年。

氢弹时代的来临

19 51 年 5 月 12 日，一团巨大耀眼的火球在荒僻的太平洋小岛埃尼威托克上空升起。美国研制的世界上威力最大的大规模杀伤性武器——氢弹爆炸成功。1945 年美国向日本广岛和长崎投掷两颗原子弹，曾令全世界感到震惊。而这次爆炸的摧毁

▲ 氢弹的蘑菇云在埃尼威托克上空升起。

力更是大多数人难以想象的。这种基于氢原子反应的热核炸弹威力是1945年投掷的原子弹的数百倍。

美国的核工程开始于1943年。罗伯特·奥本海默在新墨西哥州建立了高度机密的拉斯阿拉莫斯科学实验室。他聘请的科学家中有一位生于匈牙利的杰出核物理学家爱德华·特勒。在拉斯阿拉莫斯实验室从事原子弹研制工作期间，特勒开始探寻利用重氢核子反应原理制造威力更大的氢弹的可能性。

广岛核爆炸造成的巨大灾难使参与该工程的许多人深感不安。其中，奥本海默已选择不再从事核武器的研究。1954年，他受到一个委员会的调查。调查结论是他对于国家安全是个严重的威胁。而特勒作为坚定的反共分子则极力主张美国开发氢弹，特别是在苏联已于1949年爆炸了原子弹之后。1950年1月31日，杜鲁门总统下令由特勒主持氢弹开发计划。

美国于1951年成功爆炸氢弹之后，美苏之间的军备竞赛开始升级。两国都利用巨大的资源发展新技术和新武器，试图超越对方。到1952年，它们拥有的核武器已经足以消灭地球上的所有生命。

特勒是一直参与核武器竞赛的重要科学家，并且是1984年罗纳德·里根总统备受争议的"星球大战"计划的主要支持者。

《旧金山对日和约》

19 51年9月8日，出席旧金山和会的49个国家在美国旧金山签署了对日和约——《旧金山对日和约》，苏联、波兰和捷克斯洛伐克则拒绝在和约上签字。

9月4日，美国不顾中国政府的强烈反对，在旧金山召开了对日和会。包括日本在内共52个国家出席了本次会议。南斯拉夫和缅甸拒绝参加。由于美国的干预，新生的中华人民共和国被拒之和会门外。苏联出席了和会，并对议事规程及和约提出了修正动议和修正案，但均被美国主导下的大会否决。

《旧金山对日和约》规定：

一、"日本承认朝鲜之独立"；

二、日本放弃对台湾、澎湖列岛、南威岛及西沙群岛的"一切权利、权利根据与要求"，但未提其归属问题；

三、放弃对千岛群岛及南库页岛的一切权利和要求；

四、日本同意经由联合国把琉球群岛、小笠原群岛交给美国"托管"；

五、日本具有"单独或集体自卫之自然权利，并得自愿加入集体安全协定"，盟国可同日本缔结双边或多边协定，在日本驻军；

六、各盟国对日本"放弃其一切赔偿要求"，日本愿尽速与曾遭受日军占领和损害的盟国进行谈判，以求在制造上、打捞上以及其他工作上提供服务，"作为协助赔偿各该国修复其所受损害的费用"，但制造所需原料，"应由各该盟国供给"。

中国政府强烈反对《旧金山对日和约》。9月18日，周恩来外长代表中国政府做出严正声明："美国政府在旧金山会议中强制签订的没有中华人民共和国参加的对日单独和约，不仅不是全面和约，而且完全不是真正和约"，"中央人民政府认为是非法的，无效的，因而是绝对不能承认的。"朝鲜、蒙古、越南也均发表了不承认《旧金山对日和约》的声明。

· 当年出版的名著包括：卡森·麦克卡尔斯的《小酒馆的悲歌》、J. D. 塞林格的《麦田守望者》、阿贝托·默拉维亚的《同流者》、赫尔曼·伍克的《凯恩舰叛变》、约翰·温迪海曼的《绿林一日》以及埃斯卡·阿斯穆夫的《基础三部曲》第一部。

1月

· 中国人民志愿军和北朝鲜人民军发动春季攻势，占领汉城；美军随后发起反击。

· 诺贝尔奖金获得者美国作家辛德勒·拉维斯、芬兰政治家卡尔·曼尼尔海曼将军和德国大众汽车设计师弗尔丹尼德·波尔舍逝世。

2月

· 世界和平大会在东柏林召开。

· 美国修改宪法，限制总统任期不得超过两届。

· 法国联合政府分裂。

· 诺贝尔奖金获得者法国作家安德尔·基德逝世。

新闻摘要

3月

- 捷克斯洛伐克共产党开始清洗运动。
- 欧洲煤钢联盟成立。
- 伊朗首相雷兹玛拉将军被暗杀。
- 法国组成以亨利·库尔勒为首的新政府。
- 伊恩·巴斯利在北爱尔兰成立长老教会。
- 由议员柯菲尔领导的美国参议院委员会开始进行有关有组织犯罪的调查。
- 加库巴·古兹曼任危地马拉总统。
- 伊朗对石油工业实行国有化。
- 美国罗森勃格夫妇承认犯有叛国罪。
- 美军在朝鲜发动进攻，麦克阿瑟建议将战争扩大到中国。
- 英国著名作曲家埃沃·诺威罗逝世。

国王还是妥协者？

1951年7月16日，比利时国王博杜安一世举行加冕礼。这位年仅20岁的年轻人在其父利奥波德三世退位之后继承了王位，顺利解决了自二战以来一直困扰比利时的"王室问题"。

二战爆发时，利奥波德三世被任命为比利时军队最高司令，但他在德军入侵开始后仅18天便宣布比军投降，引起民众强烈不满。在被占领期间，比利时政府流亡伦敦，谴责国王的迅速妥协并自愿作为"战俘"而留在国内。整个战争期间他一直被软禁在布鲁塞尔附近的察特奥宫。

随着盟军的胜利，比利时政府回到布鲁塞尔。在此后的五年里，政府与国王一直没有来往，即使有，也是反对这位君主的行动。后来人们发现了国王于1942年写给希特勒的一封信，使这个问题变得更加复杂。这封信说服希特勒放弃了征调50万名比利时妇女到德国军需工厂工作的企图。

政府与国王的矛盾造成比利时政治、宗教和地区等方面的严重分歧。当政府决定就利奥波德的王位去留问题举行全民公决时，58%的人支持他；其中大部分是住在北部讲佛莱芒语的天主教徒。但南部的社会主义者、自由主义者和瓦龙人却普遍反对他留在王位上。1950年7月的煤矿工人大罢工使比利时政府陷入僵局。利奥波德在与政府讨论之后，决定自己退位而让19岁的儿子博杜安继位。

1951年7月16日，在感人的王室仪式上，利奥波德告诉比利时人民，他的退位是在饱受纳粹占领苦难之后，国家保持统一和恢复重建的惟一选择。

▲ 年轻的比利时国王博杜安一世。他的继位解决了困扰国家的"国王问题"。

英国科技节

1951年5月4日，英国科学与技术博览会开幕。这个博览会在整个夏季吸引了八百多万名参观者。

这次博览会的筹备始于1947年12月，英国劳工大臣赫伯特·莫里森在议会下院宣布政府准备举办纪念1851年大博览会100周年庆祝活动。原计划搞一个"世界博览会"，但由于经济不景气，只好将它压缩为全国性的活动。政府为这个项目提供了1130万英镑的巨额资金。作为全国性的庆祝活动，这个科技节的主题是"展示英国人民在传播文明、促进贸易和鼓励创新等方面的贡献"。英国各地都举办了各种展览，其中最吸引人的是伦敦泰晤士河南岸的大型展区。

这个展区的标志是带有巨大拱形屋顶的"天文馆"和高耸蓝天的"凌霄塔"。这两个临时展厅显示了英国在科学、技术、建筑和设计领域的重要地位。同时揭幕的还有至今仍在使用的"节日"剧场，它是伦敦主要文艺演出场所之一。

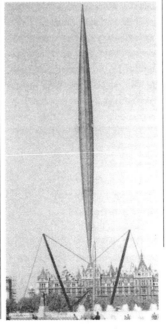

◄ 与大部分展品一样，这座"凌霄塔"后来被丘吉尔政府销毁。因为他认为这些都是工党"社会主义"政策的产物。

犯罪同伙

19 51年5月25日，一个在英国要害部门隐蔽活动了近30年的国际间谍组织开始被揭露。整个故事要从两名英国外交官盖伊·勃格斯和唐纳德·麦克林的"失踪"说起。他们五年后在莫斯科露面，并在那里宣布背叛自己的国家，永远效忠于苏联。

勃格斯与麦克林于30年代在剑桥大学读书时相识。"特殊"的背景使他们成为共产党的同情者，并很快成为苏联情报机构的间谍。毕业后，他们的事业都很顺利。勃格斯先在英

▲盖伊·勃格斯曾在英国军情六处工作，这使他能够为苏联提供许多重要情报。

▲外交部高级官员唐纳德·麦克林——冷战时期最著名的间谍之一。

国军情六处，后来到驻美使馆与麦克林一起工作。麦克林向苏联传递的情报非常重要，从原子能开发政策委员会的秘密文件到有关北约组织的绝密信息。1950年，随着职务的

提升，他在朝鲜战争爆发时便可以接触英美高级外交文件。

1951年5月初，麦克林接到苏联方面的警告，英美双方的反间谍机构都已注意到至少有一名间谍在高层活动。当月底，勃格斯和麦克林一起"失踪"。

他们的突然消失表明一定有其他人参与。最值得怀疑的是军情六处反间谍负责人凯姆·费尔伯。1949年他被派往华盛顿担任英美情报机构之间的首席联络官。这在"冷战"初期是一个非常重要而敏感的职务。勃格斯和麦克林"失踪"之后，费尔伯意识到自己的危险境况，辞去了现有职务，重新干起新闻记者的老本行。1963年，他的行动再次受到审查，于是他也跑到了苏联。后

来得知，费尔伯早已在剑桥被勃格斯招募为间谍。但与其同伙有所不同，费尔伯是充满激情的共产主义者，并在莫斯科加入克格勃，军衔升至上校。他作为克格勃的两面间谍，帮助苏联侦破和铲除了英美派到东欧的许多间谍。

勃格斯与麦克林叛逃之后，一个值得重视的线索是，这个间谍圈中一直有个所谓的"第四者"，负责安排暴露的同伙逃往苏联。直到1979年，人们才发现这个长期潜伏的神秘人物竟然是安东尼·勃兰特爵士，一位杰出的艺术史学家兼女王藏画保管者。勃兰特被剥夺贵族头衔后，死于1983年，成为民族的耻辱。

4月

· 伊朗发生暴乱。

· 美军发动反击，越过三八线；麦克阿瑟将军被杜鲁门总统撤职。

· 罗森勃格夫妇因间谍罪被处死刑。

· 英国政府批准从苏伊士运河区撤回英国军队。

· 西班牙百万工人罢工，抗议生活费用上涨。

· 哲学家维特根斯坦和英国工会领袖、政治家恩斯特·倍文逝世。

5月

· 巴拿马发生骚乱，阿利斯总统中止宪法；一天后，阿利斯被弹劾下台，副总统奥斯米亚继任。

· 英国科技节开幕。

· 美国在太平洋试验热核武器。

· 南非议会投票决定剥夺"有色"人种公民权。

· 中朝军队发动在朝鲜的进攻。

· 军人集团控制玻利维亚。

· 伊朗—英国石油开采权争端提交国际法庭仲裁。

· 爱尔兰大选；埃蒙·维拉亚组成新的联合政府。

6月

· 英国外交官勃格斯和麦克林在暴露充当苏联间谍的身份后"失踪"。

· 朝鲜停战谈判中止。

· 印度爆发大规模反政府示威。

媒体第一大亨

1951 年 8 月 14 日，美国报业大王威廉·赫尔斯特在平静中离开人世。赫尔斯特在其事业处于巅峰的 1935 年共拥有 28 家报纸、12 家杂志社、广播电台和电影制片厂，他的影响遍及全美国。

威廉·赫尔斯特生于 1863 年，是一个富有的美国参议员惟一的儿子。从哈佛大学毕业两年后，赫尔斯特接管了陷入困境的《旧金山检查官》报，这是他父亲于 1880 年收购的报纸，作为政治宣传工具。经过两年大刀阔斧的改革并增加敏锐切实的新闻，这份报纸终于扭亏为盈。

接着，赫尔斯特将目光转向东海岸，用同样的手段改变了《纽约晨报》的命运，使它成为当时最有影响力的报纸之一。尽管他公开支持反托拉斯法和增加工会等不受欢迎的政府改革措施，但并没有影响他实现自己的目标。实际上，当 1898 年西班牙—美国战争爆发，大量媒体以不准确的报道煽动美国人民的反西情绪时，赫尔斯特仍能保持冷静的头脑。他始终怀抱远大而坚定的理想，雄心勃勃地要创建世界最大的媒体王国。尽管在世界政治事务中默默无闻，但他不断增强的右翼倾向对 20 世纪前 30 年的美国政治产生了重大影响。

30 年代的经济"大萧条"使赫尔斯特的财富大为减少。到 1940 年，他的企业王国已经缩小。但他的个人财富仍名列全美国前茅。

尽管赫尔斯特已于 1903 年结婚。但在后来的 30 年里，他一直公开与一个不出名的女演员玛里恩·戴维斯出双入对。他花了许多钱，试图使她成为好莱坞明星。晚年的赫尔斯特孤独闭塞地住在位于加利福尼亚州的豪华城堡里。

奥尔森·威尔斯于 1941 年导演的不朽影片《公民凯恩》的许多素材来自赫尔斯特的传奇生活。

◀ 威廉·赫尔斯特毫不掩饰他与女演员玛里恩·戴维斯的长期暧昧关系。

利比亚独立

1951 年 12 月 24 日，在美国的全面支持下，前意大利殖民地利比亚获得彻底独立。这个新国家的首任统治者是埃德里斯一世国王。他原名萨迪·穆罕默德·埃德里斯，是当地苏菲派穆斯林的首领。这个派别主张回归早期伊斯兰教的价值观。他的家族从 1911 年起一直领导当地各部落反对意大利的统治，到 20 世纪中期，已成为北非最强大的本土政治势力。1922 年，埃德里斯被意大利统治者驱逐到埃及，直到二战期间英军击败意大利。此后，利比亚的三个省——

新闻摘要

7月
- 因克什米尔归属问题，印度与巴基斯坦关系紧张。
- 伊朗拒绝国际法庭有关伊英石油争端的裁定。
- 朝鲜举行新的停战谈判。
- 比利时国王利奥波德三世退位，博杜安继位。
- 约旦国王阿卜杜拉被暗杀。
- 对 20 世纪经典音乐有重大影响的奥地利作曲家舒恩博格逝世。

8月
- 朝鲜停战谈判破裂。
- 秘鲁与厄瓜多尔领土争端导致冲突。
- 英国和伊朗就石油争端进行对话。
- 美国报业大亨威廉·赫尔斯特和英国作曲家康斯滕·兰姆伯特逝世。

9月
- 澳大利亚、新西兰和美国签订《太平洋安全协定》。
- 约旦新国王塔拉尔加冕。
- 日本与美国签署和平条约。
- 联合国协调阿拉伯与以色列和平对话开始。
- 伊朗军队占领阿巴丹油田。
- 埃及废除 1936 年签订的与英国结盟条约；随后发生骚乱。

昔兰尼加、费赞和的黎波里塔尼亚一直由英国控制，直到1949年联合国大会裁定由这三个省的领导者决定重新统一的利比亚的国家体制。

最后的决定是采取君主立宪制，并由商业著名人士和部落首领组成政府。同时规定埃德里斯国王对议会的工作拥有较大的权力并掌握军权。

曾经贫穷荒僻的利比亚，由于在50年代发现大量石油储藏而发生巨大变化。但这一时期，利比亚国内反对君主制，特别是反对国王亲西方立场的活动此起彼伏，周围阿拉伯世界的民族主义浪潮也不断高涨。这些因素对利比亚中产阶级和部队军官都产生了重大影响。

1969年，由年轻的穆阿玛·阿里·卡扎菲少校领导的军事政变推翻了埃德里斯国王，将利比亚变成一个"社会主义共和国"。

▲利比亚首任统治者埃德里斯国王。他在1969年的军事政变中被赶下台。

杰出领导者的回归

▲"'V'代表胜利"。1945年，丘吉尔领导英国战胜德国；六年后，他赢得大选。

1951年10月26日，77岁的丘吉尔在大选中战胜执政的工党领袖艾德礼，重返英国政治舞台，再次担任政府首相。丘吉尔曾在1940年至1945年间担任战时内阁首相，带领英国人民度过艰难困苦的战争岁月。但在随后举行的大选中，丘吉尔却令人惊讶地负于工党领袖艾德礼。丘吉尔曾希望继续领导临时政府直到战胜日本，但艾德礼的社会改革主张似乎比胜利的喜悦更能赢得人心。

上次竞选失败后，丘吉尔继续担任作为反对党的保守党领袖，同时开始撰写他的六卷集回忆录《第二次世界大战》。这部著作取得了极高的文学成就，并于1953年获得诺贝尔文学奖。

再次担任首相，丘吉尔的主要目标是恢复英国与美国的传统关系，因为他认为这种关系在战后工党执政时期受到了损害。他坚决支持美国总统杜鲁门在朝鲜战争上的立场。在贸易危机的沉重压力下，他的政府在财政大臣巴特勒的努力下恢复了国际经济对英镑的信任。

1953年，丘吉尔荣获女王颁发的嘉德勋章。同年，丘吉尔不幸中风，身体变得非常虚弱。1955年4月，81岁的丘吉尔辞职，由他选择的接班人外交大臣安东尼·艾登爵士继任。辞职后，他仍留在议会下院，并抽时间撰写他的另一部巨著——四卷集的《英语民族史》。

1965年1月，丘吉尔逝世。英国为他举行了国葬。

· 阿根廷平息由本杰明·曼尼德兹将军领导的军事政变。

· 希腊大选后发生政治危机；国王任命尼古拉·帕拉斯特尔斯为联合政府总理后，政治危机结束。

10月

· 英国驻马来亚高级专员遇刺。

· 以色列成立以大卫·本古里森为首的新政府。

· 委内瑞拉政府镇压卡拉柯斯暴乱。

· 美洲国家组织成立。

· 巴基斯坦总理阿里·汗遇刺，导致平民骚乱。

· 美国总统杜鲁门签署联合解决方案，正式结束与德国的战争状态。

· 英国军队控制苏伊士运河。

· 保守党赢得英国大选；丘吉尔再次担任首相。

· 美国企业家、慈善家W.K.克劳格逝世。

11月

· 泰国发生军事政变。

· 美国在内华达州实验核武器。

· 胡安·庇隆再次当选阿根廷总统。

· 美国同意对南斯拉夫提供援助。

· 朝鲜按照"一个原则"确定停战界线。

· 叙利亚发生军事政变。

12月

· 法国批准舒曼计划。

· 利比亚独立，埃德里斯一世为国王。

'52

新闻摘要

· · · · · · · · · · ·

- 苏联与西方三国就德国的未来继续谈判。
- 英军在马来亚围剿共产党。
- 南非加紧实施种族隔离法。
- 流行性脑炎肆虐美国。
- 干旱造成美国歉收。
- 罗得西亚煤矿工人罢工。
- 加拿大查克河核电站核燃料芯爆炸。
- 阿兰·弗雷德曼的摇滚音乐在美国兴起。
- 英国第一个信号图出版。
- 美国通过有关朝鲜战争退伍士兵的提案。
- 古希腊克里特手稿被破译。
- 麦克鲁姆因武装抢劫而在美国服刑6年后出狱。
- 第一台袖珍晶体管收音机上市。
- 苏联维拉至德昂通航运河开通。
- 首次用冷冻卵子繁殖的小牛出生。
- 化学元素锿被发现。
- 阿尔弗雷德·金斯利发表有关女性性问题的报告。
- 第一个传感助听器研制成功。
- 羊水诊断法发明。

英国国王逝世

1952年2月6日，乔治六世这位从未想过登上国王宝座的英国国王阖然逝世。

▲去世国王的母亲玛丽王后由她的儿媳和孙女伊丽莎白搀扶着，参加乔治六世的葬礼。

阿尔伯特·弗雷德里克·亚瑟·乔治生于1895年12月14日，是乔治五世国王（1920年登基）的第二个儿子。年轻的阿尔伯特王子曾在皇家海军服役并在剑桥大学圣三一学院学习，后来被封为约克公爵。1923年4月，他与斯特拉斯摩尔伯爵最小的女儿伊丽莎白·安吉拉·玛格丽特女士（现在的女王母亲）结婚。这对夫妇育有两个女儿——伊丽莎白公主和玛格丽特公主。前者即现在的伊丽莎白二世女王。1936年12月12日，约克公爵在他那位"不爱江山爱美人的"兄长爱德华八世退位之后被宣布为新国王，即乔治六世，并于1937年5月正式加冕。

在第二次世界大战爆发之前，这位国王曾赞成张伯伦首相对德意法西斯的扩张行动妥协忍让以求和平的政策；但在整个战争期间，他坚决支持丘吉尔政府的抗击纳粹的斗争，尽管他曾建议由哈里福克斯爵士领导战时内阁。

1948年以后，乔治国王因患肺癌，身体每况愈下，最终不治。数千名吊唁者参加了2月15日举行的葬礼。人们不会忘记他的功绩——在战火纷飞的年月他和人民并肩抗击敌人的侵略，始终没有离开伦敦。

▲乔治六世的遗体安卧在庄严的威斯敏斯特大厅，皇家卫兵守卫在他的身旁。

美国结束对日本的占领

1952年4月15日，美国总统杜鲁门签署对日和平条约，正式结束战争状态。日本从美国占领下获得全面的主权。

1945年至1952年，战败的日本处于同盟国占领状态，最初的最高行政长官是麦克阿瑟将军。尽管在原则上占领日本是一种国际行动，但实际上美国占有绝对的支配地位。

在被占领期间，日本社会和宪法发生了巨大的变化。1945年8月发表的《波茨坦公告》已经指明了日本重建的总原则，其宗旨是实现这个国家的非军事化和民主化。麦克阿瑟将军的任务是在日本建立一种保障人权的政治制度。盟国接受了第一次世界大战后《凡尔赛条约》规定的战败国赔偿过重的教训，因此波茨坦公告强调要保留日本合理的经济能力，以支持建设和平民主的新国家。

在美国占领期间，旧的帝国体制瓦解，军队被解散，数百万海外日本人被遣返。同时，极端民族主义组织和一些传统价值观也受到极大冲击。最令一些日本人难以接受的变化是新宪法规定天皇不再具有神权，而只是全体国民的象征。

普遍实行的教育和土地所有权制度改革逐渐使日本社会发生了根本变化。战前，大多数农民由于地主的高利盘剥而生活贫困。农村是日本的基础，很明显，如果封建土地制度不改革，必将阻碍民主社会的发展。因此，当局迫使大地主将大部分土地交给政府，然后由政府以优惠的价格卖给过去的佃

◀ 正式宣告和平。杜鲁门总统签字批准结束对日本的占领。

1952年4月由49个国家的代表签署的对日和平条约，其宗旨正如杜鲁门总统所说，是要"恢复日本在国际社会中的独立、尊严和平等地位"。到当月底，盟军已经开始全面撤离日本。

农。这种土地的再分配在很大程度上帮助了自由民主党在农村地区的发展。

儿童教育家

1952年5月6日，意大利儿童教育家、革命性的蒙台梭利儿童教育法的创造者玛利亚·蒙台梭利逝世。

1894年，蒙台梭利从罗马大学医学系毕业，成为意大利的第一位女医生。起初，她致力于大脑损伤儿童的治疗。后来在担任罗马奥兹欧芬尼学校校长期间，她逐渐形成了自己独特的教育方法。这种方法主张细心培养儿童的创造潜力，尽量减少限制，努力开发他们的兴趣和自学能力。

1907年，蒙台梭利在罗马贫民区创办了她的第一所"儿童之家"，首次将她的方法应用于智力平平的孩子。在此后的40年里，蒙台梭利的学校遍及世界各地，特别是在欧洲、亚洲

▲ 意大利的第一位女医生玛利亚·蒙台梭利。她创造了革命性的儿童教育法。

和美国。

1934年，意大利政府向所有学校派出了检查官。随着法西斯势力的日益猖獗，蒙台梭利被迫离开祖国，在世界各地旅行

和讲学，最后定居荷兰。蒙台梭利教育法至今兴盛不衰，深受孩子们的喜爱。

- 第一例变性手术成功。
- 查尔斯·卓别林因其"左"倾观念被迫离开美国。
- 民主德国开始生产拉班特轿车。
- 第一个假日酒店在美国建成。
- 吉本斯公司开始生产莱斯保罗式电吉他。
- 莱奥·方达公司开始生产方达式电吉他。
- 英国设计的彗星号喷气客机开始商业运营。
- 美国电视台首次播出电视剧《这是你的生活》。
- 英国广播公司开始播放《笨拙表演》。
- 英国电视台开始播出儿童电视节目《比尔和本》和《花盆人》。
- 当年公演的著名影片包括：弗雷德·兹尼曼的《正午》、约翰·休斯顿的《沉默的人》和《地球上最伟大的表演》、亚瑟·弗里德的《雨中曲》、文森特·米奈尔的《恶人与美女》和三维立体影片《魔鬼鲍纳》。
- 当年首次公演的音乐剧包括约翰·盖奇的《4分33秒》和沃甘·威廉斯的《索菲亚·安塔里奇卡》。
- 当年出版的名著包括：约翰·斯坦贝克的《东方伊甸园》、海明威的《老人与海》、勃纳德·马韦德的《自然》、修订版《圣经》和《安妮·弗兰克的日记》。

新闻摘要

1月

· 埃及发生反英骚乱。

· 法国联合政府垮台，艾德加·富尔组建新联合政府。

· 埃及法洛克国王罢免政府总理。

· 欧洲防务结构在巴黎会议上确定。

2月

· 印度板球队第一次夺冠。

· 北约批准欧洲防务协会活动。

· 英国宣布拥有核武器。

· 法国艾德加·富尔联合政府垮台；安东尼·皮纳组建新政府。

· 英国乔治六世国王逝世；其女伊丽莎白二世继位。

3月

· 由尼赫鲁领导的国大党赢得印度国民议会选举多数席位。

· 埃及政府总理阿里·马赫尔辞职；纳吉波·海拉里继任。

· 古巴军事政变，巴蒂斯塔掌握大权。

· 南非最高法院裁决种族隔离法违反宪法。

· 克瓦姆·恩克鲁玛当选加纳总理，成为该国第一位非洲人总理。

· 锡兰总理斯蒂芬·希纳雅克逝世；杜德利·希纳雅克继任。

贝隆夫人逝世

▲艾薇塔·贝隆夫人深受阿根廷下层民众的爱戴和富裕阶层的憎恨。

1952年7月26日，阿根廷的艾薇塔·贝隆夫人因患子宫癌而逝世。艾薇塔的性格鲜明，极富特色。她虽然从未在政府担任要职，却是战后南美政坛上最有影响力的人物之一，深受阿根廷穷苦民众的爱戴。她的逝世引起全国人民的深切哀悼。

艾薇塔1919年5月出生，是一位厨师的私生女。长大后成为一名歌手和演员。她在豆蔻年华之际成为胡安·贝隆上校的情妇。1943年，贝隆上校的军官集团推翻了阿根廷的民选政府。在军队和社会下层民众的支持下，贝隆上校成为阿根廷的实际领导人，直到1945年10月被又一次国内政变赶下台并投入监狱。艾薇塔向工会寻求帮助，使贝隆在两周后获释。获释后的贝隆在总统府向30万欢呼的民众声明，他将作为总统领导阿根廷走向光明。不久，贝隆与艾薇塔正式结婚。她在随后举行的大选中帮助贝隆赢得了56%的选票，其中大部分来自阿根廷的贫苦百姓。

最令阿根廷中产阶级反感和诋毁的是艾薇塔对她丈夫贝隆总统的巨大影响。尽管她在政府内没有正式职务，但实际上掌管着健康与劳工事务。在此期间，她改善了工人的状况，并专门为学校、医院和孤儿院设立了政府基金。同时她还为保障妇女权益做了许多艰苦的工作。但在"贝隆主义"时期，公民的自由权也普遍受到压制，一些反对派人士莫名其妙地"消失"了。

1951年，尽管身患绝症，贝隆夫人仍宣布她将参加副总统竞选。但由于军方表示如果她不撤出竞选将不再支持贝隆总统，她不得不放弃这个意图。

甚至艾薇塔死后也在全国引起尖锐的对立，阿根廷的工人阶级将她奉为"圣女"。而在1955年贝隆被推翻后，新政权的支持者们却将她的遗体偷出，"流放"到国外。这个举动似乎象征着那个令许多阿根廷富人不愉快的时代的结束。

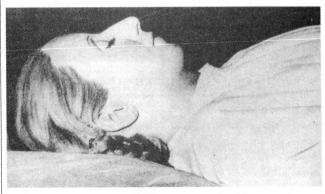

▲经过防腐处理的艾薇塔·贝隆遗体一直受公众瞻仰，直到1955年反贝隆分子将她"流放"。

扎图帕克夫妇名扬奥运

19 52年赫尔辛基奥运会是"冷战"开始以来的第一届奥运会。东西方的竞争主宰着本届盛会的准备阶段。美国奥委会以对抗苏联为由，要求政府追加训练经费。苏联起初拒绝使用东道国芬兰为运动员提供的宿舍，而宁愿每天派飞机将运动员从列宁格勒送到比赛场地。直到后来芬兰同意为苏联东欧国家建造单独的奥运村，苏联才放弃这个打算。在整个比赛期间，东西方运动员之间都保持着距离。

在本届奥运会上，一

▲埃米尔·扎图帕克在1952年赫尔辛基奥运会5000米长跑决赛中超越对手，勇夺桂冠。

位来自捷克军队的运动员扎图帕克成为众人瞩目的明星。29岁的埃米尔·扎图帕克勇夺5000米和10000米长跑冠军，并打破奥运会纪录，成为迄今为止最优秀的长跑运动员。

不仅如此，更辉煌的成就来自26英里的马拉松比赛，他以领先第二名1分30秒的优势干净利索地获得金牌，创造了这项长跑赛事的最快纪录。扎图帕克的胜利很快又锦上添花，他年轻的妻子丹娜在女子标枪项目中荣获金牌并打破奥运会纪录。

扎图帕克夫妇成为东欧集团的明星。埃米尔·扎图帕克的军衔升至上校。但后来由于在1969年发表声明反对苏联于一年前占领捷克斯洛伐克，他受到了严厉的惩罚，被剥夺军衔和党籍。

两个年轻的国王

在 1952年7月至8月的两个星期内，埃及和约旦这两个多灾多难的阿拉伯国家接连发生领导层交替。

1952年7月23日，埃及国王法洛克——臭名远扬的花花公子被陆军总司令穆罕默德·纳吉布领导的秘密军官团推翻。国王被控犯有腐败和渎职等罪名，并应对1948年埃以战争惨败负责。法洛克被迫退位，由他幼小的儿子法奥德二世继位。

在埃及的邻国约旦，议会于8月11日宣布国王塔拉尔不适合管理这个国家。这位一年前因其父埃米尔·阿卜杜拉遇刺身亡

而继位的国王，已身患无法治愈的精神疾病。议会决定由他的长子，此时正在英国哈罗公学读书的侯赛因继承王位。1953年5月2日，侯赛因加冕成为约旦国王。这一天正是他18周岁生日。

侯赛因早期的统治生涯充满了因巴勒斯坦问题造成的危险。这位年轻的国王很快显露出超人的政治才华。他巧妙地周旋于中东的各种敌对势力之中，同时保持着与西方国家的密切关系。1957年，一伙前巴勒斯坦国民卫队成员试图发动政变。侯赛因国王在忠诚的贝都因部落支持下，化解了这场国

内危机。他清除政府中的激进分子和极端民族主义者，禁止党派活动，逐渐形成王室独裁统治。

▲约旦侯赛因国王一直是中东政坛的中心人物之一，直到他于1999年逝世。

4月
· 罢工迫使美国政府接管钢铁工业。
· 南非总理M.D.F.马兰提出立法程序迫使最高法院批准种族隔离法。
· 美国正式结束对日本的占领；日本恢复主权。
· 李奇微将军接替艾森豪威尔担任欧洲盟军总司令。

5月
· 美国钢铁工人罢工结束。
· 欧洲防务协会成立。
· 法国共产党举行示威。
· 泛美航空公司推出"旅行舱"，其他航空公司纷纷仿效。
· 教育改革家玛利亚·蒙台梭利逝世。

6月
· 锡兰举行大选。
· 美国最高法院裁决杜鲁门总统接管钢铁行业违反宪法。
· 柬埔寨国王西哈努克解散议会，直接管理国家。

7月
· 伊朗发生骚乱。
· 美国海军"美国"号运输舰创造大西洋航线新纪录。
· 阿斯格·阿斯格森成为冰岛总统。
· 阿道夫·库提兹成为墨西哥总统。
· 伦敦最后一辆有轨电车停驶。
· 第十五届奥林匹克运动会在芬兰赫尔辛基开幕。
· 穆萨德克博士被任命为伊朗总理。
· 埃及发生由纳吉布将军领导的军事政变。
· 波多黎各采用新宪法，成为美国的第一个联邦国家。

'52

新闻摘要

· · · · · · · · · · · ·

- 埃及国王法洛克退位。
- 阿根廷艾薇塔·贝隆夫人逝世。

8月

- 太平洋理事会会议开始。
- 约旦塔拉尔国王退位，侯赛因继位。
- 匈牙利总理伊斯特凡·杜比辞职；玛塔耶斯·雷库茨继任。

9月

- 罗马尼亚实施新宪法。
- 荷兰组成新的联合政府。
- 伊巴纳兹将军成为智利总统。
- 海尔塞拉西批准成立厄立特里亚与埃塞俄比亚联邦。
- 洛克基·马其奥击败杰西·乔伊·瓦尔科特，夺得世界重量级拳击冠军。
- 美国副总统候选人理查德·尼克松在电视演说中否认腐败指控。
- 欧洲委员会接受艾登计划。

10月

- 苏联要求美国撤回驻苏大使。
- 英国首次核试验。
- 苏联共产党举行全国代表大会；开始实施第五个五年计划。
- 肯尼亚进入紧急状态，应对茅茅民族主义者制造的骚乱。

"茅茅"运动

19 52年，英国对肯尼亚的统治日益受到"茅茅"运动的威胁。"茅茅"运动是由肯尼亚最大的基库尤部落中的反白人组织发起和领导的，主张以暴力反抗英国殖民统治，实现肯尼亚各部族的统一，直至赢得国家独立。

1952年10月20日，在发生了一系列破坏和暗杀活动后，肯尼亚政府宣布进入紧急状态。随后，一支由800名士兵组成的英国"兰开夏郡火枪手"营被派往肯尼亚各地镇压民众起义。在此后的四年中，肯尼亚人民用极其简陋的土制武器与装备精良的英国

▲两万多名"茅茅"恐怖主义者被警察关押在囚禁中心。

军队展开了艰苦的游击战，导致11000多名土著抵抗者，2000多名肯尼亚政府军士兵和100多名英军官兵死亡。

大批基库尤人在冲突中被捕，2万多人被关押在囚禁中心，其中许多人受到严刑拷打。1953年4月，肯尼亚殖民政府以"茅茅恐怖活动领导人"的罪名，起诉被基库尤民众称为"燃烧的矛"的肯尼亚非洲联盟主席乔姆·肯雅塔。尽管殖民政府试图将这次审判作为简单的刑事案件，但全世界都将它视为政治压迫。尽管肯雅塔否认参与"茅茅"运动，但仍被判七年监禁。

1956年之后，"茅茅"运动逐渐平息。但基库尤部落仍坚持反对英国的统治。肯尼亚终于在1963年获得独立。乔姆·肯雅塔成为这个新国家的首任总理。

哈罗火车大灾难

19 52年10月8日，英国伦敦北部发生了三列火车相撞的惨剧，造成112人死亡，200多人受伤。这是英国历史上第二大铁路事故。

事故是从早晨8点19分开始的，当时前往伦敦市区的通勤列车正停在哈罗车站等候乘客上车。就在

▲重大事故悲剧发生后，撞毁的"苏格兰之夜"号列车残骸在冒烟。

这趟列车刚要启动时，一列泊斯至伦敦的快车突然从它的后面冲过来，撞毁了四节车厢。散落的碎片飞溅到路轨四周。不到一分钟后，另一列从尤斯顿车站疾驰而来的特快列车闯入这场灾难。这三列火车猛烈相撞，在空中形成高达15米（50英尺）的蘑菇烟云。

北伦敦的应急部门调集全部人员迅速赶到出事地点，只见扭曲的车厢倾倒在铁路两旁。附近的美国空军基地也派出了救助人员。他们的迅速行动和专业技能使伤者的死亡率大为降低。事故发生12小时后，工人们仍在切割扭曲的车厢以救出压在里面的幸存者。

尽管政府立即对这场悲剧进行了调查，但一直没有作出最后的结论，只说一名在事故中死亡的司机应对此负责。这使受难者的家属非常不满，他们怀疑有关方面掩盖事实，推脱责任。

艾森豪威尔的压倒性胜利

在1952年7月美国共和党举行的总统候选人提名大会上，前欧洲盟军总司令德怀特·艾森豪威尔将军许诺，他将"发起一个全面战胜民主党的伟大征程"。事实验证了他的讲话。在11月5日举行的大选中，艾森豪威尔和他的搭档，一个名叫理查德·尼克松的年轻律师赢得了对民主党候选人阿德莱·斯蒂文森德压倒性胜利。他们拿下了39个州，获得442张选举人票，而对方仅有89张，这意味着多得了3300万张普通选票。

自从第二次世界大战结束以来，艾森豪威尔一直是美国最受尊敬和爱戴的军人。他的事业开始于西点军校。1915年，他以优异成绩从该校特等班毕业。这个班的164名毕业生中涌现了59名将军。但艾森豪威尔一直没有多少名气，直到在1942年被任命为二战期间欧洲盟军总司令时，他的军事生涯才变得格外辉煌。

1952年，已经是五星上将的艾森豪威尔从北约总司令的职位上退役。尽管一些评论家猜测他可能会从政，但他还是选择了哥伦比亚大学校长的职务。这对于一个从未涉足学术领域和知识分子圈子的人来说，不是个轻松的工作。但他利用这段时间撰写他的回忆录《远征欧陆》，这使他感到自己的特殊价值。

作为一个声望极高的名人，艾森豪威尔很快成为两大政党极力争取的对象。但他的保守观念使他很自然地选择了共和党。在俄亥俄州共和党总统候选人提名大会上，艾森豪威尔在战胜了参议员罗伯特·塔夫特之后，又在一系列竞选活动中成功地弥补了年龄偏高（62岁）和进入政坛晚的缺点。他抨击民主党和杜鲁门总统腐败，猛烈谴责朝鲜战争，并公开宣布如果当选，他将以个人身份前往朝鲜，设法实现停战。1953年，他实现了这个诺言。

艾森豪威尔连任了两届总统，1960年离开白宫。艾森豪威尔时代是东西方"冷战"敌意加剧的时代。在美国国内，尽管麦卡锡主义走到了尽头，但种族冲突却愈演愈烈。然而这一时期也是美国繁荣发展的时期，民众的生活水平普遍提高。尽管艾森豪威尔对此并没有作出重大贡献，但他仍是美国历史上最受欢迎的总统之一。退休后，他的军衔一直保留。他在位于宾夕法尼亚的盖特堡农场过着平静的晚年生活，并在那里完成了他的七卷集回忆录。艾森豪威尔于1969年逝世。

▲早在步入政坛之前，二战英雄艾森豪威尔将军就已成为美国最受欢迎的人之一。

- 石油争端造成伊朗与英国断交。
- 法国隆河大坝正式建成。
- 波兰第一次按照新宪法举行大选。

11月
- 捷克斯洛伐克审判前共产党官员。
- 共和党候选人德怀特·艾森豪威尔赢得美国大选。
- 美国试验氢弹爆炸。
- 以色列总统克雷姆·魏茨曼逝世。
- 联合国秘书长特拉格夫·赖伊辞职。
- 希腊组成以马修·帕帕格斯为首的新政府。
- 共产党人鲍尔斯劳·贝鲁特被任命为波兰总理。
- 阿加西亚·克里斯廷的话剧《捕鼠器》在伦敦西区公演。

12月
- 伦敦发生严重空气污染，导致多人死亡。
- 艾森豪威尔总统访问朝鲜。
- 一些捷克斯洛伐克共产党人在清洗运动中被处决。
- 法属摩洛哥发生骚乱。
- 伊扎克·本茨成为以色列总统。
- 英国判决有争议的德克·本特里杀死警察案；本特里实际上并未开枪杀死该警察，但仍被判处死刑。
- 南斯拉夫断绝与梵蒂冈的外交关系。
- 法国总理皮纳辞职。
- 中国开始执行第一个五年计划。
- "雷灵顿小巷谋杀案"凶手约翰·克里斯蒂在英国被处决。

'53

新闻摘要

· 克里克和沃森宣布发现DNA的双螺旋结构。
· 第一例成功的心脏切开手术。
· 英国电视台首次播出电视剧《跨特马斯实验》。
· 当年公演的著名影片包括：弗雷德·兹尼曼的《乱世忠魂》、亨利·康利斯的《吉纳维芙》、乔治·斯蒂文的《谢恩》、亨利·乔治·克劳茨的《畏惧之潮》、杰西卡·塔提的《胡勒特先生的假日》、小曾安尔的《东京故事》和第一部立体声宽银幕电影《长袍》。
· 肖洛霍夫斯基第十交响曲公演。
· 萨莫尔·贝克特的话剧《等待戈多》在巴黎公演；阿瑟·米勒的话剧《大马戏团》在纽约公演。
· 《花花公子》杂志首次出版。
· 当年出版的名著包括：伊恩·弗莱明的《詹姆斯·邦德》系列小说、雷伊·布莱德雷的《华氏541度》、詹姆斯·白德恩的《到山上去告诉它》和鲁德维格·维特金斯坦的《心理调查》。

1月
· 南北罗得西亚、亚萨兰地和英国开会，讨论重建中非联邦问题。

斯大林逝世

1953年3月5日，领导苏联近三十年的约瑟夫·斯大林因患脑溢血而逝世。

斯大林1879年生于格鲁吉亚，是个鞋匠的儿子。他的早年生活已无从查考，因为许多事实都被苏联的神化宣传搞得面目全非。现在人们知道他出身贫寒，缺乏正规的学校教育，在知识方面无法与列宁和托洛茨基等俄国革命的领导者相比，但他比他的对手们更懂得如何利用官僚政党"机器"将权力集于一身。

斯大林统治时期，苏联从一个落后的农业国变成一个强大的核超级大国，但苏联也为此付出了高昂的代价。大批持不同政见者（可能有数百万）死于秘密警察之手。工业化和农业集体化运动给农村经济造成严重影响，政府的强行征购使数百万农村人口死于饥饿。

斯大林是个成功的战争领导者，特别是在战后

▲ 苏联领袖约瑟夫·斯大林安卧在鲜花丛中。

的谈判中，他使苏联的影响扩大到整个东欧。

从第二次世界大战结束到他逝世，斯大林变得格外猜忌而多疑，认为自己随时处于危险之中。1953年1月，他宣布揭露"医生谋杀"案，称已有九位著名医生"承认"试图通过医疗手段谋杀苏联领导人。虽然斯大林在对他们的审判之前死去，但人们普遍相信他企图利用这个"案件"再次对共产党内部进行"大清洗"。一个月后，苏联《真理报》宣布这些医生都是清白的，他们的"认罪"完全是被迫的。

斯大林死后的几年，苏联一直进行着权力争夺。斯大林的"钦定"接班人盖尔基·马林科夫最终败于尼基塔·赫鲁晓夫。1956年，随着赫鲁晓夫在共产党全国代表大会上公开谴责斯大林"滥用权力"，苏联开始了修正斯大林主义的时代。

一个共和国的诞生

1953年6月18日，为了给躁动不安的政治舞台带来稳定的形势，埃及的新统治者宣布实行共和体制，结束1848年的君主统治。这个王朝由奥特曼·穆罕默德·阿里于1805年创建，到1951年他的第十代后裔法奥克国王退位时已经名存实亡。

埃及共和国的第一任总统兼政府总理是穆罕默德·纳吉布。但他实际上只是一个过渡人物。而通过不流血政变推翻法奥克国王的革命秘密组织领导权一直掌握在加迈尔·纳赛尔手中。纳赛尔进行了充分的准备，于1954年迅速推翻了纳吉布，自己担任政府总理。他用了两年时间巩固自己的政治地位，然后宣布埃及为一党执政的阿拉伯社会主义共和国。他举行了只有他自己作为候选人的总统大选，并以99.95%的得票率当选。

埃及实际上成为一个警察国家。但在纳赛尔的统治下，埃及发生了重大的变化，其中最引人瞩目的是建成了尼罗河上游的阿斯旺大坝。

▶ 埃及总统兼政府总理纳吉布将军带领开罗民众游行，庆祝埃及成为共和国。

罗森堡夫妇之死

1953年6月19日，共产党情报人员朱利斯·罗森堡和他的妻子埃塞尔被送上电椅执行死刑。他们成为因间谍罪而被执行死刑的第一对美国公民。

罗森堡夫妇供认于1951年3月将美国核秘密传送给苏联。朱利斯·罗森堡曾经是美国共产党党员，1940年加入美国陆军通讯兵团，担任工程师。从那时起，他和妻子埃塞尔便利用这个职务为苏联提供军事情报。埃塞尔·罗森堡的哥哥曾参与美国的原子弹工程，这使他能够为他的妹妹提供有关美国核武器开发的资料。这些情报通过一个名叫亨利·高德的瑞士人传递给苏联驻纽约领事馆副领事安图利·雅可夫列夫。

1950年5月，高德因涉及英国间谍克劳斯·弗克斯案件而引起当局注意。很快，罗森堡夫妇和格林葛拉斯也受到监视。格林葛拉斯因揭发罗森堡夫妇的间谍行为而被从轻判处15年监禁。1951年3月，罗森堡夫妇在纽约接受审判。法庭依照1917年通过的反间谍法，宣判他们有罪。该法律规定，战争期间对间谍罪犯可判处死刑。然而，尽管这次审判发生在和平时期，却仍按战时情况判处他们死刑。

1953年2月，一些人呼吁对罗森堡夫妇减刑，但未获成功。艾森豪威尔总统认为他们的罪行"重于谋杀"，因为它"可能使数百万无辜百姓死于非命"。罗森堡夫妇的律师再次进行上诉，企图使他们获得一线生机，但仍是徒劳无功。

罗森堡夫妇的死刑在"星星"监狱电椅室执行。当天上午，5000名抗议者在纽约时代广场集会示威。

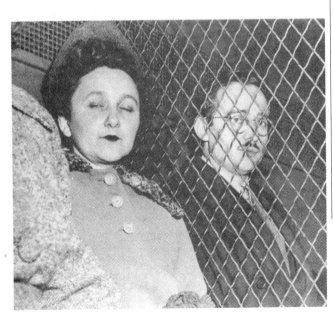

◀ 美国不顾来自世界各地的抗议，对核间谍罗森堡夫妇执行死刑。这是他们临刑前的情形。

- 马尔代夫群岛脱离英国统治而独立。
- 巴基斯坦发生反政府骚乱。
- 法国组成以雷恩·梅耶为首的新政府。
- 南斯拉夫采用新宪法；铁托当选南斯拉夫总统。
- 埃及独裁者纳吉布将军解散所有政党。
- 意大利通过选举改革法。

2月
- 英国和埃及达成有关苏丹未来的协议。
- 荷兰洪水泛滥，造成1000多人死亡。
- 波兰共产党开始控制天主教任命程序。
- 欧洲煤钢联盟开始运作。
- 苏联中止与以色列的外交关系。

3月
- 丹麦采用新宪法。
- 道格·哈马斯基沃德当选联合国秘书长。
- 苏联领袖斯大林逝世；马林科夫成为苏共第一书记。
- 英国玛丽王太后逝世；苏联作曲家谢尔盖·普罗科夫逝世。

4月
- 奥地利组成以朱利斯·拉波为首的新的联合政府。
- 乔姆·肯雅塔被控在肯尼亚进行恐怖袭击。
- 越南共产党对在老挝的法军发动进攻。
- D.F.莫兰领导的国民党赢得南非大选。
- 巴基斯坦政府解散，另组由穆罕默德·阿里领导的新政府。
- 丹麦社会民主党赢得大选。
- 英属圭亚那根据新宪法进行大选。

伊丽莎白二世女王加冕

新闻摘要

5月

· "彗星"号喷气客机在印度坠毁，机上人员全部死亡。

· 阿尔弗雷德将军接替李奇微将军担任欧洲盟军总司令。

· 雷恩·梅耶领导的法国政府倒台。

· 埃德蒙·海尔莱和坦辛·诺盖登上珠穆朗玛峰。

· 法国爵士吉他手德吉戈·雷恩哈德逝世。

6月

· 英国伊丽莎白二世女王在伦敦加冕。

· 意大利基督教民主党赢得大选。

· 民主德国发生罢工。

· 民主德国反共暴乱被苏联军队镇压。

· 纳吉布将军宣布埃及为共和国。

· 法国组成以约瑟夫·莱纳尔为总理的新政府。

7月

· 爱尔兰艾曼·德尔瓦拉在不信任投票中获胜。

· 匈牙利政府总理玛特耶斯·拉克斯辞职，恩戈·纳吉接任。

· 苏联秘密警察(内务部)首脑拉夫连季·贝利雅被捕。

· 布里加德尔·奇柯里成为叙利亚总统。

▲电视转播使欧洲各地都能看到伊丽莎白女王加冕盛况。

19 53年6月2日是英国自第二次世界大战胜利以来最壮观的一天。去年逝世的乔治六世国王的大女儿伊丽莎白在这一天正式加冕，成为伊丽莎白二世女王。

长期患病的乔治国王于1952年2月死于肺癌。在此之前，25岁的伊丽莎白公主曾多次代表国王出席国内外的各种重要仪式。1952年1月，伊丽莎白和她的丈夫爱丁堡公爵菲利普王子对澳大利亚和新西兰进行正式访问。在途经肯尼亚时，她得到父亲逝世的消息，便立即返回英国。2月8日，国会宣布她为英国女王。当年夏天，女王夫妇和他们两岁的女儿安妮公主离开原来的家，搬入伦敦的正式王宫——白金汉宫。

英国人民已经非常熟悉年轻的伊丽莎白。在第二次世界大战的艰苦岁月里，她曾作为"女子爱国卫队"的一名中尉与民众一起抗击德军的狂轰滥炸。白金汉宫遭受轰炸后，她和妹妹玛格丽特被送到温萨城堡，而乔治国王和王后则一直坚守在伦敦。

加冕仪式在传统的国王登基场所威斯敏斯特大教堂举行。衣着华丽的王室成员在威武的仪仗队护卫下缓慢穿过伦敦的主要大街。成千上万的市民兴高采烈地目睹了这一世纪盛况。仪式结束后，女王夫妇回到白金汉宫，站在阳台上向欢庆的人们挥手致意。

儿时的伊丽莎白公主从未想到后来会成为女王。后来由于她的父亲

▲伊丽莎白女王在王宫女仆的护卫下步入威斯敏斯特大教堂中央大厅。

（当时的约克公爵）在爱德华八世退位后继承了王位，她才成为王位的第一继承人。

▼爱丁堡公爵菲利普亲王向他的妻子，新加冕的伊丽莎白二世女王宣誓效忠。

征服珠穆朗玛峰

19 53年5月29日，新西兰人埃德蒙·海尔莱和尼伯尔山民坦辛·诺盖成为世界首次成功登上珠穆朗玛峰的人。珠穆朗玛峰位于中国西藏与尼泊尔交界处，海拔8848米（29028英尺），是全球最高的山峰，当地居民尊敬地称之为"世界女神"。征服这座山峰一直是许多登山爱好者的梦想和挑战。

在自1920年以来三十多年里，人们进行了十次试图攀登珠穆朗玛峰的努力，但都因极端恶劣的气候条件而失败。这次登顶行动是由约翰·亨特上校在英国皇家地理协会的赞助下完成的。海尔莱是一位专

▲征服珠峰第一人——埃德蒙·海尔莱和坦辛·诺盖。

业养蜂人，曾于1951年作为新西兰登山队成员尝试攀登珠穆朗玛峰，但未获成功。坦辛来自特别善于攀登的尼泊尔夏尔帕部族，是当地最有经验的登山者之一。自1935年协助埃瑞克·斯皮顿爵士尝试登顶以来，他曾多次受雇于不同的登山队，虽均遭失败，但积累了丰富的经验。

这次登顶行动的准备像军事行动一样周密而细致。他们配备了紧急供氧系统、特制防寒隔离服和便携式无线电设备，并在沿途设置了八个中转站。5月29日上午11点30分，

他们终于到达顶峰。坦辛在珠穆朗玛峰顶上插上了英国、尼泊尔、印度和联合国国旗。他们在这世界最高峰上逗留了15分钟，然后开始撤离。

这个巨大成功为他们带来了难以想象的荣誉和名声。1953年7月，海尔莱被英国王室封为骑士；坦辛荣获乔治十字勋章。50年代后期，海尔莱重返珠峰脚下的尼泊尔地区，帮助当地的夏尔帕人建立学校和医院。尽管后来海尔莱和坦辛继续进行各种探险活动，包括成功穿越南极，但他们最为人称道的成就仍然是首次征服珠穆朗玛峰。

雷灵顿小巷谋杀案

法 庭对伦敦雷灵顿小巷10号系列谋杀案嫌疑犯约翰·雷奇诺德·哈里代·克里斯蒂的审判于1953年6月开始。这次审判历时一个月，引起人们的普遍关注。

这个案件要从1949年说起。一个住在雷灵顿小巷10号顶层，名叫泰默茨·埃文斯的没有文化的货车司机向当地警察所报告，称他发现了自己妻子和孩子的尸体，并将她们藏匿在一处排水道内。在警察的盘问下，他承认谋杀了她们；但在送交审判之前，他又指控一个叫"雷奇"·克里斯蒂的住在同一所住宅地下室的房客是真正的谋

杀者。克里斯蒂被带到法庭作证。后来埃文斯被判有罪，并处以绞刑。

1953年3月，克里斯蒂突然消失。有人看到他搬走了屋内的所有物品，房东将房间租给了另一个房客贝尔斯福德·布朗。3月23日，布朗在搬动一个书架时发现墙壁内部藏着一具女尸。经过闻讯赶到的警察仔细搜查，又在这所住宅内发现了三具尸体，其中一个是克里斯蒂的妻子。警察立即开始通缉克里斯蒂，并在一周后将其逮捕。

克里斯蒂供认了杀人事实。这三个女人都是当

地的妓女。他分别将这些受害者骗到自己的房间，用麻醉气体熏倒，然后进行强奸和杀害。

1953年6月25日，法庭裁定克里斯蒂谋杀罪成立，并于7月15日在帕腾维尔监狱执行绞刑。虽然他始终否认杀害埃文斯太

太和孩子，但人们普遍认为同一住宅内发生的两起系列谋杀案不可能只是毫不相关的巧合。于是，尽管埃文斯早已被处决，政府迫于舆论压力还是对此案重新进行了调查。但据7月公布的调查结果，埃文斯的确是凶手。

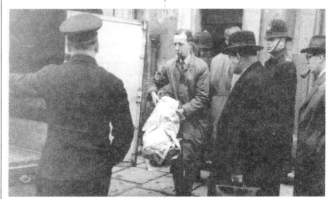

▲警察从雷灵顿小巷10号提取物证。

柏林骚乱

新闻摘要

· 乔姆·肯雅塔被肯尼亚最高法院宣判有罪。
· 苏联和以色列恢复外交关系。
· 古巴菲德尔·卡斯特罗因试图推翻巴蒂斯塔独裁统治而被捕。
· 朝鲜停战。

8月

· 伊朗国王与首相穆萨德克发生权力斗争;军队占领德黑兰,逮捕穆萨德克;伊朗国王任命扎赫德将军为首相。
· 法国工人为争取退休福利而罢工。
· 希腊爱奥尼亚岛地震,导致100人死亡,10万人无家可归。
· 加拿大自由党赢得大选。
· 意大利组成以加斯波·波尔拉为首的新政府。
· 摩洛哥国王被废。
· 纳吉领导的匈牙利共产党政权继续与南斯拉夫保持外交关系。

9月

· 基督教民主党赢得西德大选。
· 尼基塔·赫鲁晓夫担任苏共第一书记。

1953年6月16日,苏联以铁腕手段向全世界表明,它绝不能容忍东欧共产党集团领域出现骚乱。这一天,苏军坦克开进东柏林街头无情地镇压了一群德国工人制造的骚乱,造成20人死亡,200多人负伤。

骚乱的起因是前一天德意志民主共和国(东德)政府宣布建筑工人必须增加生产定额。这项规定立即引起建筑工人罢工,并有5000人走上街头抗议。由于政府没有作出答复,抗议者增加到五万多人。政府总理奥托·乔特沃豪被迫宣布撤消新定额。但这时群众抗议已经转变为反苏骚乱。苏联大使馆遭到围攻,东西柏林分界线标志被捣毁。

由于抗议浪潮已迅速扩大到矿山、工厂和铁路,东德当局无法控制局面,苏军开始进行干预。他们迅速封闭了东西边境,切断了连接柏林与西德的高速公路,并在东柏林实行军事管制和宵禁。

▲苏联坦克在柏林大街上横冲直撞,驱赶暴动的工人。

三天之后事态才得以平息,城市恢复了秩序和平静。苏联当局宣布抗议者是受了西方的煽动。

7月10日,美国政府批准向东柏林提供1500万美元的援助,包括在柏林西部建立食品供应站。苏联要求停止执行这一计划,但食品分配仍在进行。在一周内,共有一万多人跨越边界进入西柏林,其中许多人选择留在那里。

1953年事件只是这个被分裂的城市发生的许多悲剧之一。五年后,类似的危机又造成大批人员逃往西方。这种现象直到1961年东德政府修建"柏林墙"后才得到遏止。据估计,从第二次世界大战结束到"柏林墙"建立,大约有250万东德人逃往西德。这道高墙围绕着西柏林,使它成为东德境内的西方"自由世界"的象征。

▼苏军镇压反共抗议后,宣布实行军事管制。

威尔士诗人戴兰·托马斯逝世

19 53年11月9日，英国最著名的散文和诗歌创作者戴兰·托马斯在纽约逝世，终年仅39岁。这位威尔士人以其幽默而伤感的性格而著称。人们可以通过他最著名的诗歌《白色树林》理解他的这种性格。

托马斯从很小的时候起开始写作，为他担任编辑的学校文学刊物撰写文稿。但托马斯的学习成绩却不好，所有他不喜欢的课程都不及格。16岁时，他离开学校，当了本地的新闻记者。

1934年，他的第一本书《18岁诗篇》出版。这本书的许多素材来自他自己的青少年时代，立即受到文学界的好评。尽管托马斯在后来的十年里又出版了不少深受读者喜爱的作品，但他一生都没有赚到多少钱。这固然与他的诗歌缺乏更广泛的读者群有关，但不善理财和嗜酒如命也是重要原因之一。

到第二次世界大战爆发时，托马斯已经成了家。由于肺病未愈，他不能参加军队。为谋生计，他只好改行做编剧。整个40年代他一直为英国广播公司工作。即使如此，仍然穷困潦倒。

1950年，托马斯带着自己的作品开始了他的第一次美国之旅，受到热烈欢迎。1952年，他的《诗歌选集》出版，受到大西洋两岸的同声喝彩。这是他平生第一次看到自己的作品大量印刷和销售。但他并没有从中获得多少收益，稿费的很大一部分流入英国税务局。

1953年，他第三次访问美国，主持他的第一部作品《白色树林》的再版和发行。劳累的旅途和无节制的酗酒使他旧病复发。在纽约逗留期间，他再次饮酒过量，陷入昏迷，很快便离开人世。

▲ 戴兰·托马斯在他生命的最后三年仍过着贫困的生活。

"皮尔丹人"的神秘骗局

19 53年11月21日，一个流传41年的"科学秘密"终于被揭开谜底：曾在国际学术界引起轰动的所谓史前古人类化石——"皮尔丹人"被证实纯系伪造。

这个故事要追溯到1912年，英国南部的皮尔丹郡发现了类似人类头盖骨和下颚骨的化石。这一发现令一些科学家激动不已，他们认为发现了迄今未知的现代人类的祖先。当时并没有人提出异议，然而当20年代考古学家在非洲开始发掘早期猿人化石时，却发现了一些值得重视的线索。主要问题在于"皮尔丹人"似乎无法进入人类的进化序列。

许多科学家开始从上述观点提出质疑，但直到1953年，才通过科学实验提供了确凿无误的证据，这是一个精心策划的巧妙的骗局：所谓的"皮尔丹人"是用一个五万年前的人类头盖骨和一副非洲黑猩猩的牙齿组成的。

但人们始终没有发现这个骗局的始作俑者，因为到骗局被揭穿时，大部分参与者都已亡故。最值得怀疑的人是查尔斯·道森。他在1912年建议发掘皮尔丹郡的"史前人类遗迹"。

▲ 皮尔丹头骨。自1912年被"发现"以来，它一直是科学界争论的焦点。

- 波兰天主教卡迪纳·威兹尼斯基大主教在家中被捕。
- 丹麦按照新宪法举行大选；汉斯·海德福特组成新政府。

10月
- 由于担心共产党接管政权，英国向英属圭亚那派遣军队，暂停宪法，宣布进入紧急状态并逮捕政党成员。
- 锡兰总理塞纳雅柯辞职；库塔拉瓦拉组成新政府。
- 中非联盟开始运作。
- 奥地利爆发总罢工反对苏联占领。

11月
- 芬兰组成新政府，芬兰银行行长任总理。
- 法国军队在越南占领奠边府。
- 乌干达的布甘达地区首领卡巴卡·穆萨二世被政府驱逐出境。
- 美国剧作家埃格温·奥尼尔逝世。

12月
- 随着伊朗内部权力斗争的结束，伊朗与英国恢复外交关系。
- 以色列总理大卫·本格斯辞职；穆萨·萨洛特组成新的联合政府。
- 中非联邦组成以高德弗里·哈基斯为首的新政府。
- 保加利亚举行大选，惟一的政党祖国阵线获胜。
- 雷恩·科蒂当选法国总统。
- 苏联前内务部长贝利亚被判处死刑。

新闻摘要

- 尼日利亚联邦成立。
- "欧卡"恐怖组织成立，其目标是实现塞浦路斯与希腊统一。
- 吸烟与肺癌的关系首次得到确定。
- 小儿麻痹疫苗开始试验接种。
- 美国开始试验口服避孕药。
- 雷伊·克劳柯买下麦当劳快餐公司；开始实施雄心勃勃的扩张计划。
- 波音707喷气式客机首次飞行。
- 当年公演的著名影片包括：埃利雅·卡赞的《在水一方》、黑泽明的《七武士》、弗德里库·弗里尼的《大路》、乔治·库克的《一个明星的诞生》、阿尔弗雷德·希区柯克的《后窗》和亨利·克劳兹奥特的《外交官》。
- 英国成立独立的电视管理机构。
- 田尼西·威廉的《屋顶上的猫》公演。
- 罗伯特·冯·卡拉扬成为柏林交响乐团首席指挥。
- 阿姆·卡特拉奇安的芭蕾舞剧《斯巴达克斯》首次公演。
- 阿诺德·舒恩勃格的歌剧《摩西与亚伦》公演。
- 比尔·海利发布单曲

征服小儿麻痹症

1954年2月，一种预防小儿麻痹症的疫苗开始在美国匹兹堡大学对儿童进行第一次临床试验。这种疫苗是乔纳斯·索克博士七年研究的成果。

索克早年曾与托马斯·弗朗西斯合作进行预防感冒病毒疫苗的基础研究。1947年，索克开始独立研究小儿麻痹。这是一种感染和破坏人类脊椎神经细胞，最终可能导致肌肉瘫痪的恶性疾病。对付这种几乎无法治愈的疾病的最佳办法就是设法让人体产生对这种病毒的免疫力。

索克的研究室分离出三种不同的小儿麻痹病毒。他首先在猴子身上进行试验，结果表明通过注射"灭活"的每种病毒，猴子体内就会产生抵抗这种病毒的抗体。尽管有关这种"抗体"的理论在40年代就已经确立，但注射灭活的小儿麻痹疫苗仍有一定风险，因为人们怀疑可能造成小儿麻痹症感染。

◀ 乔纳斯·索克博士。他研究的小儿麻痹疫苗拯救了全世界数百万人的生命。

索克在猴子身上进行的实验使他确信不会发生这种情况。

1952年，这种疫苗开始在已经患有小儿麻痹症的儿童身上进行试验，然后又对特选的健康儿童进行试验。1954年2月进行的临床试验非常成功。1955年4月，美国食品药品监督局批准这种疫苗投入使用。

毫无疑问，小儿麻痹疫苗挽救了数百万人的生命。1952年，美国报告了58000例小儿麻痹症；10年后，这个数字降至不足1000。1960年，病毒学家阿尔伯特·萨贝恩将索克的成果进一步提高，生产出口服小儿麻痹疫苗。

一英里长跑突破4 分钟大关

1954年5月6日，一个最著名的体育项目纪录被英国牛津大学医学院学生罗杰·本尼斯特打破。他不可思议地在4分钟内跑完一英里（1609.3米）的赛程。

二十多年来，专家们一直在争论以人类的生理条件是否能达到这样完美的成就。40年代，瑞典中长跑运动员甘德·哈格在其显赫的运动生涯中曾15次刷新世界纪录，并在1945年将一英里纪录锁定在4分零1秒3。九年来，

▲ 罗杰·本尼斯特在创纪录的比赛中冲过终点线。

没有任何运动员超过这个纪录。

这次在牛津举行的田径运动会上，已经夺得英国和欧洲1500米长跑冠军的本尼斯特再显神威，在赛场有时速24公里侧风的不利条件下，创造了一英

里长跑 3 分 59 秒 4 的新纪录。

本尼斯特的成就使他一夜成为国际名人。但他只写了一篇有关这个成就的文章——《四分钟一英里》，然后又投入紧张的学习。

1963 年，本尼斯特获得医学学位，后来成为著名的神经医学专家。1979 年，他被封为骑士。

令人惊奇的是，本尼斯特的纪录仅保持了六个星期，就被澳大利亚运动员约翰·兰迪以 3 分 58 秒的成绩打破。尽管如此，"4 分钟之内" 仍是这个距离的长跑运动员难以企及的成绩。1993 年 9 月，阿根廷运动员尼奥尔雷金·莫塞奇创造了 3 分 44 秒 39 的最新纪录，至今无人超过。

电脑时代的曙光

19 54 年 5 月，随着美国国际商用机器公司（IBM）宣布开始向商业用户销售电子计算机，电脑第一次真正进入商业应用领域。此前，电子计算机的庞大体积和昂贵费用使它们只能用于大学和实验室，而且需要特殊专业人员进行操作和编写程序。

IBM 制造的这种电脑每小时可以进行 1000 万次运算，主要用于日常需要大量人力进行各种数字计算的银行和保险公司。

操作员将原始数据通过磁带输入电脑的电子管逻辑单元。经过处理获得的结果被输出和储存到磁带上，然后打印出来。

推出商用电脑时，IBM 总裁托马斯·沃森感到它的整体成本（包括创建电脑专业人才行业）过高，令人难以承受。因此第一台机器是被租赁出去的。尽管 IBM 每年要从此项服务中收取 25 万美元，但它为用户节省的人员支出和创造的更快更精确的结果，仍使它大获成功。

电脑技术在过去十年间的迅速进步，使人们看到即使最普通的现代家用电脑的性能也超过了 IBM 的第一台电子计算机。那台机器实际上只是一台豪华的加法机。但直到 60 年代初期，随着第一次普遍使用的编程语言 COBOL（通用商务语言）的出现，更为复杂的计算功能才成为可能。这使各个行业得以聘用自己的专业电脑程序员和分析师，创建专用电脑系统。

随着硅芯片技术的迅猛发展，电脑的体积也发生巨大变化。第一台 IBM 商用电脑大约要占用一套小公寓。

▼现在最普通的个人电脑的功能也要比 50 年代的这个庞然大物更加强大。

《随着时钟摇摆》。
· 当年出版的图书包括：威廉·高德林的《苍蝇王》、艾利斯·默多克的《网下》、金斯利·阿米斯的《幸运的杰姆》、托马斯·曼的《弗里克斯的自白》、弗朗西斯科·萨甘的《忧伤，你好》和 J.R.R.陶肯的《指环王》三部的第一部。
· 西德队在第五届足球世界杯赛中夺冠。

1 月
· 马尔代夫总统阿明·蒂迪逝世。
· 美国电影明显玛丽莲·梦露与棒球明星乔伊·迭戈结婚。
· 意大利组成以艾米特尔·范范尼为首的新政府；到月底又辞职。
· 美国第一艘核动力潜艇 "鹦鹉螺" 号下水。
· 以色列组成以穆萨·夏洛特为首的新政府。

2 月
· 意大利组成以马里奥·塞柯巴为首的新政府。
· 叙利亚军事政变推翻总统；组成以萨伯里·阿萨里为首的新的联合政府。

3 月
· 肯尼亚逮捕 700 名 "茅茅" 运动分子。
· 美国在比基尼珊瑚岛试验氢弹。
· 巴拉圭总统劳帕兹逝世，阿尔弗雷德继任，实行独裁统治。
· 马尔代夫实行君主制，穆罕默德·蒂迪成为国王。
· 以色列退出联合国停战委员会。
· 法军在越南奠边府被包围。

新闻摘要

4月

- "彗星"号喷气客机第三次发生坠毁,该型号所有飞机停航。
- 比利时组成以阿奇尔·阿克尔为首的联合政府。
- 苏联外交官伏拉米尔·帕罗伏叛逃到澳大利亚。
- 纳赛尔将军成为埃及总理。
- 美国空军支援在越南的法军。
- 扎赫德将军被重新任命为伊朗首相。
- 参议员麦卡锡出席有关共产党活动的美国联邦机构听证会。
- 洪都拉斯举行第一次大选。

5月

- 莫边府战役结束,法军向越南人民军投降。
- 美国最高法院宣布在学校实行种族隔离违法。
- 现任政府在澳大利亚大选中再次当选。
- 乌干达的布甘达省宣布进入紧急状态。
- 美国作曲家查尔斯·艾维斯逝世。

6月

- 爱尔兰组成以约翰·考斯迪罗为首的联合政府。
- 法军在莫边府失败后,法国政府倒台;皮埃尔·蒙迪斯组成新政府。

新堡音乐节

19 54年7月18日,向来宁静淡泊的美国罗德岛小镇新堡突然变得喧闹起来,因为7000多名音乐爱好者来到这里举办世界第一届爵士乐音乐节。

登台献艺的明星是歌手埃拉·弗兹戈尔德。在许多人看来,他是流行音乐史上最杰出的声乐大师。现代爵士乐坛同样非常推崇小号手迪泽·吉尔斯帕的高超演奏。另外值得重视的是著名的威尔特·杰克森的现代爵士乐四重奏。

60年代期间,新堡成为爵士乐发展史上最重要的地点,目睹了爵士乐发展的每个阶段和重大变化。每个响亮的名字,从麦尔斯·戴维斯到杜克·艾灵顿都与新堡小镇息息相关。可惜新堡好景不长,1972年,随着规模的不断扩大,爵士音乐节改在纽约举行。

美国人插手越南

19 54年7月21日,苏联支持的越南北方人民政府与西方各国支持的南方政权之间的冲突正式结束,双方以北纬17度线为界将越南一分为二。但双方的敌对状态并未消失,在美国的默许和鼓励下,50多万北方"难民"穿越17度线来到南方定居。

越南曾是法国殖民地。随着越南共产党领导的抗法独立运动的日益高涨,法国政府已无力维持其统治,而美国却想取而代之,扩大它在印度支那

▲50多万难民逃离战火纷飞的越南北方,来到相对比较安全的南方。

地区的影响。1954年9月10日,美国总统艾森豪威尔未经与法国协商,便批准调拨1000万美元帮助安置那些住在越南南方美军兵营里的"难民"。11月,他又宣布美国政府准备出钱培训疲惫不堪的南越军队。

在越南北方,共产党组建了由胡志明任总理的人民政府,并迅速解放了河内。随着最后一批法国军队撤出,共产党在越南北方获得了独立战争的胜利。然而,全球东西方紧张局面仍在这一地区持续。

利诺斯·鲍林获得诺贝尔奖

战 后最著名的科学家之一,利诺斯·鲍林获得1954年诺贝尔化学奖。这份奖励是表彰他将量子力学应用于分子连接的杰出成就。这是这位颇受争议的科学家一生两次荣获诺贝尔奖中的第一次。

1958年,作为化学家和物理学家的鲍林由于出版自己的著作《再也不要战争!》而置身于反核运动的前线。同年,他在联合国大会上宣读请愿书,呼吁停止核试验。这份请愿书征得了全世界11000多

▶持不同政见的教授,诺贝尔化学、医学和和平奖获得者莱纳斯·鲍林。

名科学家的签名。鲍林的行动使他在1962年获得诺贝尔和平奖，然而却受到美国右翼的严厉指责。

鲍林晚年对医学事物很感兴趣。他的一些理论，如大剂量维生素C的好处等，被科学界的一些人视为异端邪说。

色彩大师逝世

1954年11月3日，20世纪最伟大的艺术家之一，亨利·马提斯在他位于法国尼斯的家中逝世，享年84岁。马提斯是1905年出现在美术界的强调色彩效果的"野兽"派泰斗。他的作品以创造性的色彩表现为特征。

马提斯1869年生于法国皮卡迪，早年对艺术并不真正感兴趣。他曾在巴黎攻读法律，然后回到家乡当了一名法律文员。在利用业余时间上过几次休闲绘画课程之后，他开始迷上了油画艺术。他创作了自己的第一幅作品并很快意识到这才是他真正的追求。从此，他放弃法律工作，踏上了艺术探索之路。

1891年他再次来到巴黎，参加艺术学院入学考试私人补习班。他的进步非常快，第二年便被一所著名的艺术学院接纳。1896年，马提斯第一次获得重大成功，他的作品《正在读书的女人》被法国政府收购。

马提斯经过对梵·高和高更的长期研究，创造了"野兽"派风格（这个名称来源于艺术评论家路易斯·沃克斯莱斯的提法）。然而，与这些后印象派画家的作品不同，马提斯的硬朗笔触体现出近乎狂暴的表现力。"野兽"派风格为马提斯带来了名气和财富。到1908年，他已分别在纽约、莫斯科和柏林成功举办了画展。

对于他的一些同伴，如雷奥尔·杜斐和乔治·巴洛克来说，"野兽"派只是向表现派和立体派风格过渡的基石，但马提斯的创作生涯始终坚持他强烈的色彩表现方式。

作为高产画家，马提斯使用过多种绘画介质，创作了60件雕塑，并曾试验蚀刻版画、铜版画、平版印刷和版画复制。在生命的最后10年里，尽管经常身患疾病，卧床不起，但他仍坚持艺术探索和创作。1947年，出版了自己的著作《爵士乐》。这本书展示了他的新创作风格，利用一种他自称为"剪刀绘画"的方法，将图形从彩色纸张上刻下来，然后再粘贴在一起。马提斯的最后作品是用这种方法创作的大幅绘画。尽管这些作品的风格与他最著名的作品大相径庭，但仍保留着强烈的色彩对比这一主要特征。

▲尽管马提斯选择的创作方法多种多样，但他的作品都带有强烈色彩感染力的特征。

· 非洲黄金海岸举行大选；卡瓦恩·恩克鲁玛博士组成新政府。

7月
· 法军退出越南北部。
· 英国停止实行配给制。
· 越南分为北越和南越。

8月
· 欧洲防务共同体因法国议会拒绝批准而破裂。
· 巴西总统瓦加斯自杀。

9月
· 东南亚条约组织成立。
· 中国全国人民代表大会通过新宪法。
· 法国画家安德里·德安逝世。

10月
· 越南人民军占领河内。
· 英国和埃及签署苏伊士运河协议；英国军队将在两年内离开该地区。
· 巴基斯坦宣布进入紧急状态。
· 阿尔及利亚发生反对法国统治的骚乱。

11月
· 埃及总统纳吉布被罢免，纳赛尔将军成为国家元首。
· 法国艺术家亨利·马提斯、美国演员莱尼尔·巴里摩尔逝世。

12月
· 法国向阿尔及利亚增派兵力。
· 英国—伊朗石油公司更名为英国石油公司。
· 美国参议院谴责参议员麦卡锡行为不适当。
· 南非总理马兰辞职；特里德姆继任。
· 希腊雅典发生支持希族塞浦路斯人的骚乱。

北约与华约

▲东欧国家针对北约的建立,共同签署华沙条约。

北大西洋公约组织(简称北约)成立于1949年,是第二次世界大战后西方各国为了对抗苏联在东欧的军事存在而组成的军事合作组织。

北约的军事力量由美国驻欧部队和参加1948年布鲁塞尔北约筹备会议的非中立国家的军队组成。西方集团面临的最大难题是如何将联邦德国(西德)纳入北约的防御体系。30年代的惨痛经历使各国特别警惕德国再次组建强大的武装。另一方面,这个国家的面积和在中欧的重要位置,又使它必须参与必要的防御战略。人们普遍认为,一旦苏联对西欧发动地面进攻,西德边界必将首当其冲。

在获得同盟国的同意之后,这个问题成为1954年10月在伦敦召开的西方九国会议讨论的中心。在确定了有关结束盟军对德占领的条件和有关德国重新武装的若干规定后,会议批准西德加入北约。

1955年5月5日,西德获得主权独立。设在波恩的西德国会和政府可以独立管理国家而不受西方国家干涉。

北约的这些行动主要是针对苏联,迫使它面对西方世界统一而强大的军事力量。苏联对此作出迅速反应。5月14日,苏联总理布尔加宁元帅在捷克首都布拉格与东欧各国领导人共同签署了华沙友好合作互助条约(简称华约)。

华沙条约规定,苏联和其他东欧国家将组建与北约类似的统一军事指挥机构;特别重要的是苏联军队可以驻扎在所有成员国。苏联元帅伊凡·科涅夫被任命为华约军事集团总司令。担任华约领导职务的还有苏联外交部长莫

▼北约会议是50年代的重要事件。这次各国政治和军事领导人的会议于1957年在巴黎召开。

洛托夫和陆军总司令朱可夫元帅。

华约的创始签字国有苏联、阿尔巴尼亚、保加利亚、捷克斯洛伐克、东德、匈牙利、波兰和罗马尼亚。尽管从表明上看，华约组织是为了对抗北约的军事力量，但它后来实际上成为苏联在东欧集团内部实施强权政治的工具。华约成立后，像波兰和匈牙利这样曾经"不太听话"的国家，逐渐变得俯首帖耳，成为苏联的"卫星国"。在此后的许多年里，苏联军事基地曾多次被用作镇压所在国民族反抗运动的力量。1956年苏军平息匈牙利和波兰事件就是鲜明的例证。

后来，华约参与东欧各国内部事务愈演愈烈，最为臭名昭著的事件发生在1968年春，苏联命令联合部队大举入侵捷克斯洛伐克，扼杀了该国正在实施的政治改革。这些行动都直接受命于莫斯科。

1985年，除了曾拒绝参与入侵捷克斯洛伐克的阿尔巴尼亚外，其他所有成员国都同意续签华沙条约。然而，随着1989年的东欧剧变和苏联解体，华约变得名存实亡。1991年7月1日，东欧国家举行最后一次领导人会议，正式结束了这个条约。

科学巨星陨落

19**55年4月18日，身患心脏病多年的世界最著名的科学家阿尔贝特·爱因斯坦在睡梦中安然逝世于他位于美国新泽西州的家中，享年76岁。

爱因斯坦1879年生于德国的乌尔姆市。他早年的学习情况并不理想。实际上，他就读的一所学校对他的评价是将来"不大可能有所作为"。但爱因斯坦从孩提时就表现出对数学的极大兴趣，后来进入苏黎世的瑞士联邦技术学院深造。1900年，他以一

▲在取得了辉煌的科学成就之后，爱因斯坦在晚年积极参与争取世界和平的运动。

般的成绩毕业。

毕业后，爱因斯坦先当了一名数学教师，很快又改行进入行政管理部门，负责审查专利。正是在这一时期，他开始表述他的一些最重要的科学理论。1905年，爱因斯坦向苏黎世大学提交了他的博士论文。同年，他还发表了其他一些有关理论物理的文章，阐述了他著名的狭义相对论的原理。他用一个公式来表示这个原理：$E=mc^2$。1916年，他又在狭义相对论的基础上提出了广义相对论。1921年，爱因斯坦荣获诺贝尔物理学奖。

1933年，随着纳粹势力在德国的崛起，作为犹太人的爱因斯坦被剥夺了柏林凯瑟海尔姆学院院长的职位。同年，他来到美国。爱因斯坦的部分研究成为开发原子弹的理论基础。他曾积极支持研制这种大规模杀伤性武器，因为担心希特勒也在进行类似的工作。但广岛的遭遇改变了他的观点。

战后，爱因斯坦以大部分精力投入国际和平运动。他的最重要的活动之一是签署了世界诺贝尔奖金获得者呼吁彻底裁军的请愿书。

- 阿瑟·米尔的话剧《桥边风景》在美国公演；巴克特的《等待戈多》在英国公演。
- 当年出版的图书包括：瓦德米尔·纳波夫的《洛丽塔》、帕特里克·丹尼斯的《玛咪姑妈》和格莱姆·格林的《沉默的美国人》。
- 罗恩·哈巴德创建科技教堂。
- 第一届欧洲杯足球锦标赛举行。

1月
- 中国台湾海峡局势紧张。
- 苏联与德国正式结束战争状态。
- 哥斯达黎加发生由尼加拉瓜支持的暴乱，夺取维拉昆萨达市。
- 巴拿马国民大会罢免涉嫌参与暗杀前总统雷曼的古扎都总统；埃斯帕诺萨被任命为总统。
- 肯尼亚最高行政长官宣布特赦"茅茅"分子。
- 挪威总理奥斯卡·特欧波退休；伊纳·吉尔哈德森继任。
- 法国任命新的阿尔及利亚总督，要求他恢复当地秩序。
- 丹麦总理赫德罗福特逝世；汉斯·克里斯蒂安·汉森继任。

'55

新闻摘要

· · · · · · · · · · · ·

2月

· 法国总理门德斯·法朗士辞职；埃德加·富尔组成新政府。

· 柬埔寨公民投票批准诺罗敦·西哈努克国王的统治。

· 苏联总理马林科夫辞职；布尔加宁继任。

· 东南亚条约组织在曼谷举行第一次会议。

· 巴蒂斯塔在无竞争者的情况下当选古巴总统。

· 伊拉克与土耳其签署共同防御的巴格达条约。

3月

· 柬埔寨诺罗敦·西哈努克国王退位，诺罗敦·苏拉马特继位。

· 马耳他举行大选。

· 埃及和叙利亚签署共同防御条约。

· 艾森豪威尔总统说，美国将不会在"警察"行动中使用核武器。

· 美国爵士萨克斯演奏家、20世纪最有影响力的音乐家之一查尔斯·帕克逝世；英国科学家、青霉素的发现者亚历山大·弗莱明逝世。

电视的新纪元

1955年9月22日，英国的18.8万台电视机同时调到当晚首次播出的ITV频道——英国第一个独立电视网。ITV的播出，历史性地改变了英国广播体制的面貌。

尽管早在1936年英国就已经有了电视广播，但只是到10年后战时灯火管制结束时才得到发展。1954年，英国广播公司（BBC）获得政府批准的独家电视广播特许权。50年代初期，是否应该在电视广播方面实行商业竞争一直是议院辩论的主题之一。1954年，尽管存在着相当大的反对意见，议院仍通过了建立独立电视管理机构的《电视法》。这个政府机构负责管理一个通过广告筹集资金的新电视频道。这个取名"ITV"的独立频道将成为铺盖英国各个地区的电视广播网。

1954年8月25日，ITV在英国各大报纸刊登广告，请有意承包电视广告的各界组织提出书面计划和申请。在提出申请的25个组织中，最初只有雷德弗森、格兰纳达、ATV和ABC等四家公司符合条件，因为它们的顾客群体遍布英国主要地区。

在ITV首次播出的夜晚，观众兴致勃勃地观看了一年一度的市政厅晚会和英国首次有奖智力竞赛实况。尽管BBC表面上似乎并不在意ITV的活动，实际上却在当天晚上加播他们广受欢迎的连续剧《射手》的重头戏，与竞争对手争夺观众。

尽管创建伊始就面临激烈竞争，但由于ITV将节目重点放在娱乐上，很快便获得巨大成功，使英国电视广播面貌一新。随着《周末夜晚的伦敦帕拉姆剧院》和《加冕街》等一批脍炙人口的电视剧的播出，ITV很快在娱乐影视方面占据了主导地位。

到50年代末，ITV的广告收入从最初的200万英镑增加到1亿英镑。

迪斯尼的主题公园

1955年7月18日，世界最著名的动画电影公司迪斯尼公司的第一个主题公园在美国加利福尼亚州安纳汉开放。这座占地160英亩的迪斯尼乐园以该公司创作的动画影片为主要场景和娱乐项目。

1919年，一位颇有才华的商业艺术家沃尔特·迪斯尼创建了迪斯尼创作室，开始制作简单的动画广告影片。1927年，迪斯尼和他的伙伴伊沃克斯创造了深受人们喜爱的卡通形象米奇老鼠和明妮老鼠。米奇在1928年首次公演的《汽船威利号》中大获成功，从而奠定了迪斯尼的未来。30年代初期，迪斯尼创造了更多的卡通人

◀迪斯尼乐园成功的秘诀在于无论他们的年龄有多大，每个人始终都会有一颗童心。

物，如唐老鸭一家、小狗帕鲁特和高菲。

1937年，迪斯尼出版了他的卡通杰作《白雪公主和七个小矮人》，这是世界上第一部全长的动画影片。影片获得了巨大成功，并获得奥斯卡"重大创新影片"奖。其他一些深受孩子们喜爱的动画片包括：《木偶历险记》《小飞象》和较为复杂的《幻想曲》。《幻想曲》中的卡通人物甚至会演奏柴科夫斯基和斯特拉文斯基的乐曲。

沃尔特·迪斯尼不仅具有杰出的绘画技巧，更拥有精明的商业头脑。尽管有人批评他的创作带有乡土意识和伤感情调，但他从来不脱离"为所有不同年龄的儿童"创造娱乐产品的最终目标，因为他深知不会有比这更大的市场。

正是这个目标推动他实施雄心勃勃的计划——创建"迪斯尼乐园"。第一个计划在1950年实施。迪斯尼以他大获成功的动画影片为背景，为孩子们创造一个奇幻的"王国"。在那里，他们可以在"中世纪"的城堡里"探险"，乘坐汽艇在"密西西比河"中"激流勇进"，或者在"西部的荒野"上"驰骋"。无论在什么地方，孩子们都会遇到由工作人员装扮的著名的迪斯尼卡通形象。

实现这个庞大的计划的成本是1700万美元，而每年吸引的参观者却高达500万。迪斯尼乐园很快就成为世界上最受欢迎的旅游景点之一。开放近50年来，一直长盛不衰。

结束军备竞赛

二战结束以后，世界和平的最大威胁来自日益加剧的军备竞赛。美国于1945年对日本使用原子弹显示了未来世界冲突可能出现的结果。十年后，美国和苏联都拥有了足以毁灭地球上所有生命的核武器。

自从成立以来，联合国大会制定了不同的削减核武器计划，但由于美苏互不相让的强硬态度，这些计划都毫无作用。

1952年，联合国成立了裁军委员会，旨在敦促各国实行均衡有效的裁军，全面销毁大规模杀伤性武器，并将核能的使用掌握在一个国际组织手中。但这个委员会至今未有任何有效的结果，变成了又一个不同意识形态国家辩论的场所。

战争结束以来，丘吉尔曾多次呼吁召开各国领导人最高会议，讨论这个问题。1953年斯大林的逝世使一些西方领导人相信可以与东方进行更有意义的对话。1955年7月12日，美、英、法、苏"四大国"领导人在中立国瑞士的日内瓦举行会谈。

讨论的主要问题是德

▲美、英、法、苏的代表讨论迅速增长的核武器储备问题。

国的重新统一。苏联要求德国成为中立国并撤除美军基地；而西方领导人则认为在德国全境实行自由选举是惟一可接受的前景。双方未能达成任何协议。

在这次最高会议即将结束时，出现了令人惊讶的进展。美国总统艾森豪威尔提出"开放天空"的建议。美国的想法是各大国应该相互交换武器部署图，让对方可以不受阻碍地从空中进行检查。但苏联总理赫鲁晓夫谴责这项提议不过是美国试图进行间谍侦察的方案。

尽管这次峰会没有取得任何实质性成果，却暂时缓和了双方的紧张状态。实际上，一个月后苏联新闻机构塔斯社宣布，当前的缓和形势意味着苏联红军总兵力可以减少65万人。

4月
· 英国首相温斯顿·丘吉尔辞职；安东尼·艾登继任。
· 匈牙利总理纳吉被共产党视为"异端"；被安德拉斯取代。
· 不结盟亚非国家会议在印尼举行。
· 南越发生内战。
· 乔万尼·乔尼奇当选意大利总统。
· 诺贝尔奖获得者爱因斯坦逝世。

5月
· 吴庭艳在南越的权力斗争中获胜，兼须言叛军撤出西贡。
· 西德成为主权国家并加入北约。
· 协调西欧安全和防务的组织——西欧联盟成立。
· 南越政府要求法军北进，对抗北越威胁。
· 八个东欧国家签署华沙条约。
· 苏联赫鲁晓夫和布尔加宁访问南斯拉夫，修补两国关系。
· 阿根廷政府的反天主教法导致国内骚乱。
· 英国码头工人罢工。
· 安东尼·艾登领导的保守党在英国大选中获胜。
· 英国铁路工人罢工。

6月
· 英国铁路罢工结束。
· 罗马教皇将实行独裁统治的阿根廷总统贝隆逐出教会；阿政府正式辞职。
· 马利奥·斯尔巴领导的意大利联合政府倒台；安东尼奥·塞格尼组成新的联合政府。
· 美英签署核能交易。
· 塞浦路斯逮捕"埃奥卡"恐怖分子。

'55

新闻摘要

7月

· 美国第一座原子反应堆开始并网发电。

· 英国码头工人停止罢工。

· 谋杀犯鲁茨·爱丽斯被处以绞刑。她是英国最后一名被判死刑的女犯。

· 阿根廷总统贝隆同意放弃独裁权力。

· 东西方峰会在日内瓦举行。

· 苏联领导人赫鲁晓夫访问东德。

8月

· 苏丹南部起义，要求英国和埃及军队撤出。

· "和平利用原子能"会议在日内瓦召开。

· 苏联宣布裁减武装部队。

· 葡萄牙警察在印度果阿地区枪杀 24 名要求果阿回归印度的示威者；印度断绝与葡萄牙的外交关系。

· 摩洛哥发生反法骚乱。

· 阿尔及利亚发生反法骚乱，导致许多欧洲人被屠杀。

· 希腊、土耳其和英国领导人在伦敦开会，解决塞浦路斯问题。

· 德国作家、诺贝尔奖获得者托马斯·曼，法国艺术家弗兰德·莱格逝世。

科学家的严重警告

19⁵⁵年7月9日，一些最著名的科学家就核战争的可怕后果向各国政府发出警告。

这个以英国政治哲学家伯特兰·罗素为首的科学家团体包括九名不同学科的重要学者，其中七人是诺贝尔奖获得者。他们呼吁全面裁军，以免人类遭受"巨大的、不可恢复的灾难"。

在伦敦的一次记者招待会上，罗素强调反对一切战争而不仅仅是核战争的立场。他还呼吁"铁幕"两侧带有不同政治见解的科学家共同参与保卫世界和平的行动。

在刊登于世界各主要

▲伯特兰·罗素代表科学界向世界各国发出停止核军备竞赛的呼吁。

报纸上的一份长长的声明中，罗素明确指出："实际上，在未来的战争中人们肯定会使用核武器，此类武器威胁着人类的生存。我们呼吁各国政府认清这种危险并公开承诺决不试图通过战争达到目的。"

著名科学家爱因斯坦

的签字更增加了这份请愿书的分量。这些科学家早期的研究工作开启了核时代的大门，也奠定了核武器的基础。尽管爱因斯坦已在三个月前逝世，但他晚年为反对战争、争取和平所作的努力同样是对人类的巨大贡献。

罗素希望六个拥有核能力的国家——美国、苏联、英国、法国、加拿大和中国对他创建高级国际科学论坛的建议作出积极的响应。然而，随着冷战形势的不断恶化，罗素和其他科学家的真诚呼吁受到冷落，而世界军备竞赛仍在继续。

阿尔及利亚独立战争

19⁵⁵年8月20日，法国北非殖民地阿尔及利亚的25个城市同时爆发争取独立的武装起义。

阿尔及利亚民族主义者的第一次暴动，发生在1945年5月，当时有84个法国殖民者被杀死。法国

▲装备精良、组织有序的阿尔及利亚起义者准备通过长期艰苦的斗争赢得国家独立。

殖民当局立即实施残酷镇压，处死1800多人，其中有许多无辜者。在后来的10年里，独立运动处于低潮。其部分原因是由于大规模的迁徙。实际上，当时这一地区的财富大多来自35万拥有法国公民权的阿尔及利亚人。他们生活、工作在法国，并时常寄钱供养家庭。

1954年11月发生了新的暴动。大批穆斯林拿起武器组成民族解放阵线。起初，他们只是针对殖民者开展有限的游击战，同时在国外进行外交努力。

1955年8月20日,在前参议员佐奥特·尤素福的精心策划下,民族解放阵线在25个城市同时向法军和警察局及其他权力机构发动袭击,目的是最大程度地摧毁法国的统治力量。与此同时,成千上万的穆斯林农民聚集起来袭击欧洲移民的住宅。在菲利普韦尔镇,60个欧洲人死于暴力袭击。法国殖民当局像过去一样,立即采取无情的镇压手段。所有被怀疑隐藏暴动者的村庄都被夷为平地。

整个1957年,双方的战斗非常激烈。由于注意到新近独立的摩洛哥和突尼斯在帮助阿尔及利亚起义者,法军在边界设置了高大的铁丝网。当三万名起义军战士从突尼斯越境进入阿尔及利亚时,这里成为战斗的焦点。为此,法军对突尼斯发动报复性进攻。随后,联合国派遣一个小组前来调停。

1958年5月18日,数千欧洲移民由于担心法国屈服于"民阵"的压力而走上阿尔及尔街头,使本来已经陷入混乱的巴黎政府更加焦头烂额。在法军的支持下,他们也组织起来与起义者作战。他们要求立即实现阿尔及利亚与法国合并。由于对现任法国政府缺乏信心,他们要求让他们认为能够解决困难局面的政治家——戴高乐将军重返政坛。这也是整个法国的呼声。

"活得潇洒,死得年轻"

19 55年9月30日,好莱坞的第一个青少年偶像詹姆斯·迪恩死于车祸,终年仅24岁。他的遗体在洛杉矶至塞莱纳公路上的一辆严重撞毁的保时捷轿车中被发现。

迪恩在影片《天伦梦觉》中一举成名。尽管人们普遍认为这是他第一次出镜,但实际上此前他曾在多部好莱坞影片中扮演次要角色。

他在逝世当年出演的两部影片奠定了他作为最杰出青年偶像的地位。在《无因的反抗》中,迪恩塑造了未来一代不被理解的年轻人的形象。他"喜怒无常"的表演风格深刻地体现出当代青年的反叛性格和狂妄态度。这也是第一部明确提出暴力倾向不一定产生于贫困的影片——迪恩扮演的角色是"来自良好家庭的坏孩子"。迪恩表现的美国青年问题引起西方世界一代年轻人的共鸣。迪恩在另一部影片《巨人》中扮演得克萨斯石油工人,他的成熟演技受到普遍好评。这部影片也是50年代最佳影片之一。

与他的同代人马龙·白兰度一样,迪恩擅长表现青少年与成年人之间的代沟。可惜迪恩死于青年时代,无法像白兰度那样创造几十年的辉煌。

▲詹姆斯·迪恩在他最好的影片《巨人》中扮演杰基·兰克。

▼詹姆斯·迪恩死于这辆被撞毁的保时捷跑车中。他的两部最好的影片在他死后才公演。

55

新闻摘要
. . . .

9月
· 土耳其爆发反希腊示威。
· 苏联与西德建交。
· 昂纳迪将军在阿根廷反政府运动中控制科多巴市；贝隆总统被迫辞职并流亡国外；罗纳迪将军控制阿根廷全国。
· 苏联和芬兰签订条约；芬兰收回波卡萨拉海军基地；苏联释放芬兰战俘。
· 英国开始商业电视广播。
· 法国抵制联合国试图就阿尔及利亚冲突进行的辩论。
· 美国电影演员詹姆斯·迪恩因车祸逝世。

10月
· 联合国大会谴责南非实施种族隔离；南非退出联大。
· 南越公民投票通过实行共和制。
· 希腊领导人帕帕格斯元帅逝世。

贝隆流亡

▲胡安·贝隆通过军事政变获得政权，又以同样方式被推翻。

19 55年9月19日，阿根廷发生军事政变，推翻了胡安·贝隆长达九年的独裁统治。

作为一个铁腕统治者，贝隆曾经是一名高级军官，并在军队的帮助下获得最高权力。自从他那深受阿根廷下层民众爱戴的妻子艾薇塔逝世以后，他的声望急剧下降。

对贝隆政权的最大威胁来自在阿根廷具有重大影响的罗马天主教会。贝隆试图约束教会对国内事务的控制，但这项政策引起许多军官的不满和反对。在执政的最后一年，贝隆因逮捕85位牧师并驱逐布宜诺斯艾利斯的大主教而引起普遍抗议。梵蒂冈的反应十分强硬，教皇庇护十二世下令将贝隆逐出教门。这在罗马天主教是不可想象的严厉惩罚。

1955年6月18日，阿根廷海军和空军部分军官发动兵变，准备轰炸位于德马约广场的政府大厦。叛军的袭击造成300多名市民死亡，贝隆宣布在全国实行军事管制。

7月和8月大批天主教徒和学生走上街头示威，要求总统辞职。抗议行动遭到政府镇压，大批人员被捕。

9月16日，埃德瓦多·罗纳迪将军发动大规模军事政变，形势突然发生急剧变化。三天后，贝隆飞往巴拉圭寻求避难。罗纳迪成为阿根廷临时领导人，但一个月后他又被塞德罗·阿姆布鲁将军取代。

尽管流亡在外，贝隆对阿根廷国内政治仍保持着相当大的影响力。1973年，当国内的贝隆主义者赢得总统大选时，他回到国内并受到英雄般的热烈欢迎。贝隆继续执政，直到第二年逝世。

玛格丽特公主结束浪漫史

19 55年10月31日，英国伊丽莎白女王的妹妹玛格丽特公主宣布，她与彼得·汤森上校的颇受争议的两年浪漫史已经结束，原订的皇家婚礼将不再举行。这个消息立即引起各国媒体的种种猜测和格外关注。

这位24岁的活泼、漂亮的公主与40岁的英俊的战争英雄之间的浪漫史一直是英国公众的热门话题。这对情侣面对的惟一问题是汤森曾经结过婚，而他的离婚又没有通过英国教会的批准。但这并不是英国王室第一次面临这种难题。不到20年前，玛格丽特公主的伯父爱德华八世就曾为了与一位美国离婚妇女沃利斯·辛普森结婚而放弃王位。虽然玛格丽特在英国王室中的地位相对较低，但她的行为仍需符合"王室责任"，因此只得结束这段爱情。

1960年，玛格丽特公主嫁给了一位平民——摄影师安东尼·阿姆斯特朗·琼斯。这也体现了她对上流社会剥夺她真诚的爱情的不满。尽管这对夫妇养育了两个孩子，但曾经生气勃勃的公主在履行"王室义务"的公众活动中却日益显得沉默和疏远。

1978年，玛格丽特和安东尼在长期分居后宣布离婚，这是当代英国王室重要成员的第一桩离婚案。此后，玛格丽特公主似乎成为令王室家族难堪的角色。她抽烟、酗酒、放纵享乐，并屡次因与花花公子罗迪·利威尔林的暧昧关系而被娱乐小报热炒。80年代后期，在经历几次健康危机之后，玛格丽特终于改变了生活方式，选择保持低调的公众形象。

▲年轻的玛格丽特光彩照人，她的身后是汤森上校。

艾德礼告别政坛

▲20世纪英国政坛关键人物之一克莱门特·艾德礼，尽管久居高位，却也不失平民本色，时常乘坐地铁出行。

19 55年12月7日，克莱门特·艾德礼辞去担任20年之久的工党领袖职务。在此期间，他一直是英国政坛上最活跃的风云人物之一。

艾德礼曾经当过律师，在1945年大选中，他代表工党击败执政的保守党领袖温斯顿·丘吉尔，成为内阁首相。在担任首相期间，他主持建立了国民健康保障制度，并对几个重要的行业实行了国有化。在对外关系方面，他积极支持和推动前大英帝国和英联邦殖民地的独立。

尽管艾德礼在1951年的大选中仍能保住首相宝座，但工党在议会的席位仅比反对党多六个，严重削弱了他的执政地位。而两位重要的部长诺伊·比文和哈罗德·威尔森，在政府推出国民健康保障制度后辞职，更使艾德礼内阁摇摇欲坠。在一年后的

又一次大选中，保守党取得了胜利。

50年代初期，工党内部产生了严重的意识形态分歧。主要的问题在于如何使社会主义适应富裕的英国社会。由能言善辩的威尔士人诺伊·比文领导的"比文"派坚持社会主义者立场，主张英国摆脱美国的影响；而雨果·盖茨克尔领导的"修正派"则反对进一步推行国有化。

1955年，72岁的艾德礼已经在很大程度上变成工党的象征性领袖而不是有效的决策者，因此决定从领导岗位上退下来，让工党选择新领袖。盖茨克尔在这次党内选举中轻松获胜，但九年后工党才在哈罗德·威尔森（盖茨克尔于1963年逝世）的领导下重掌政府大权。晋封为伯爵的艾德礼在议会上院继续他低调的政治生涯，直到1969年逝世。

11月

· 以色列组成以大卫·本格森为首的新联合政府。

· 阿根廷政变推翻罗纳迪，塞德罗·阿姆布鲁成为总统。

· 摩洛哥国王结束流亡回国。

· 英国在威尔士安吉尔斯莱地区的自来水中加氟，以预防龋齿。

· 美国联邦商务委员会命令结束公共交通中的种族隔离制度。

· 塞浦路斯宣布进入紧急状态。

· 法国作曲家亚瑟·洪格尔、艺术家马奥利斯·乌特拉奥逝世。

12月

· 美国阿拉巴马州的罗萨·帕克斯因违反种族隔离的公共汽车座位法而被捕；阿拉巴马州的黑人开始抵制公共汽车。

· 土耳其组成新政府。

· 英国和埃及同意苏丹独立。

· 美国从越南河内撤出领事馆。

· 雨果·盖茨克尔成为英国工党领导人。

新闻摘要

- 摩洛哥脱离法国殖民统治,获得独立。
- "埃奥卡"恐怖分子要求塞浦路斯与希腊合并。
- 美国国会通过采用"我们信仰上帝"的誓词。
- 流行艺术成为时尚。
- 当年公演的著名影片包括:麦克·图德的《80天环球历险记》、约翰·福特的《搜索者》、罗杰·威迪姆的《上帝创造女人》、阿莱恩·雷斯坦的《夜与雾》和萨特亚基特的《大地之歌》。
- 美国电视剧《硝烟》首次播出。
- 约翰·奥斯本的话剧《愤怒的回顾》首次在英国公演。
- 罗纳德·伯恩斯坦的歌剧《勘迪蒂》首次公演。
- 歌剧演员玛利亚·卡莱斯首次在纽约演出。
- 罗纳德和劳伊威的音乐剧《窈窕淑女》在纽约公演。
- 首届欧洲歌唱音乐会举行。
- 当年的流行歌曲包括埃维斯·普雷斯利(猫王)的《心碎旅馆》和《灰狗》,德拉斯·德伊的《世事不可强求》。
- 著名诗人艾伦·金斯勃格出版诗集《怒吼》。
- 当年出版的图书包括:劳拉里·李的《罗西与

重新评价斯大林

1956年2月24日,苏共中央第一书记赫鲁晓夫在第20次全国代表大会的"秘密"报告中对他的前任约瑟夫·斯大林进行了猛烈的攻击。他指责斯大林的偏执和妄想,在长期恐怖统治中用无情的手段清除政治反对派。他说,在那些黑暗的日子里"我们没有看到智慧,只有野蛮的暴力"。

这种来自党内最高官员的公开批评是史无前例的。赫鲁晓夫还抨击了斯大林的许多军事战略错误,包括二战期间的哈尔科夫战役。那次战役导致数十万红军战士不必要的牺牲。

虽然这份报告是从某个未知的东欧国家透露的,但美国艾森豪威尔政府却深感怀疑,认为这不过是苏联的一种宣传手段,试图创造苏联新领导层准备给予更多个人自由的印象。

◀苏联领导人赫鲁晓夫塑造苏联共产党的新形象。背景远处是卡尔·马克思的雕像。

塞浦路斯局势紧张

1956年1月10日,英国政府命令一支由1600名伞兵组成的部队进入地中海岛国塞浦路斯,镇压那里日益增多的针对英军哨所和警察的袭击。这些冲突的起因是当地民众强烈要求结束英国对该岛的统治。

1878年,英国通过与该岛前统治者土耳其的艰苦谈判,开始占领塞浦路斯。第一次世界大战后,土耳其作为战败国,使塞浦路斯正式沦为英国殖民地。

塞浦路斯的大部分政治问题都来自居住在该岛上的希腊族和土耳其族之间的敌意和冲突。30年代以来,希族塞浦路斯人中不断兴起要求与希腊合并的运动,即"伊诺思"运动;而土族人则坚决反对这个主张。为此,双方时常发生骚乱和战斗,特别是在首都西科尼亚。

1947年,英国新当选的工党政府声明,将给予所有英国殖民地更大的自主权。当这个消息在塞浦路斯公布时,却遭到希族人强烈反对。1955年,在希腊军队担任高级军官的塞浦路斯人乔治·乔拉维斯,在塞岛成立了一个民族组织——塞浦路斯斗争党("埃奥卡"),主张通过暴力手段推翻英国殖民统治。"埃奥卡"对支持塞希合并的人们(包括英国人和塞族人)发动了一系列爆炸袭击和暗杀。

▲英国海军陆战队进驻塞浦路斯山区,搜查"埃奥卡"恐怖分子。

随着英军抵达该岛，"埃奥卡"的游击战也愈演愈烈。当英军逮捕和驱逐塞浦路斯的希腊奥兹多克斯教堂首领马卡里奥大主教时，这种反抗达到最高峰。抗议浪潮传到希腊，首都雅典的英国大使馆外发生骚乱。鉴于事态严重，英国召回驻希腊大使。

"埃奥卡"的行动使人口占少数的土族人感到恐慌，他们在法兹利·库佐克的领导下，要求在该岛实行分治。这种情况导致原本很少参与塞岛纷争的希腊和土耳其两国关系紧张。1959年，由于联合国的调停未能使双方达成任何妥协，希腊、土耳其和英国同意塞浦路斯成为独立的共和国，希腊和土耳其都不得主张对该岛的主权。1959年，塞岛举行第一次选举，马卡里奥大主教当选塞浦路斯总统，而他的土族竞争者库佐克为副总统。

摩洛哥和突尼斯独立

英国并不是惟一采取积极步骤解决殖民地问题的国家。1956年3月2日，法国同意摩洛哥独立。三个星期后，突尼斯也获得独立。法国在北非的属地已经变得非常难以控制，特别是在民族主义浪潮高涨、武装暴动频繁的阿尔及利亚及其附近地区。

▲独立后的摩洛哥首任统治者穆罕默德五世国王。

自1830年入侵阿尔及利亚以来，法国在该地区一直拥有支配性的影响。摩洛哥曾经受西班牙统治，1912年成为法国的保护国。摩洛哥战略位置十分重要，不仅拥有地中海南部海岸线，还有扼守大西洋入口的海港丹吉尔。法国保留了传统的摩洛哥"马克哈赞"政府，而实际上则通过一位"苏丹"实现独裁统治。1927年，法国政府批准穆罕默德五世继承其逝世的父亲就任新苏丹。虽然穆罕默德生性谦和恭俭，实际上却是争取独立的关键人物。1953年8月，法国殖民当局将他驱逐出境，导致民族主义者

的抗议和骚乱。两年后，穆罕默德五世被允许回国。他立即开始就摩洛哥独立与法国谈判。1957年，他成为独立的摩洛哥王国国王。

1881年，突尼斯一个部落进入法属阿尔及利亚；法国以此为借口入侵突尼斯。野蛮的侵略引起突尼斯人民的坚决反抗，直到1883年法军才控制全国局面。同年，法突两国签订阿尔玛萨条约，规定突尼斯统治者只能按照法国政府的意志行使权力。

突尼斯独立运动的核心人物是一位年轻的律师哈贝·布尔吉巴。他在1934年成立了针对执政的宪法党的反对派组织。在他的带领下，民众抵抗运动不断高涨。1939年，法国殖民当局将他驱逐到巴黎。纳粹占领法国期间，他被释放。二战期间，作为战略要地的突尼斯曾在意大利的支持下获得自治。法国恢复对突尼斯的殖民统治后，布尔吉巴再次被当局驱逐，直到1951年才被允许回国。

摩洛哥于1956年3月获得独立。三个星期后，突尼斯也摆脱了法国的殖民统治，布尔吉巴成为总理。1957年7月，突尼斯宣布实行共和制，结束了传统的部族酋长制。布尔吉巴当选该国总统。

苹果酒》、基雷德·杜拉尔的《我的一家人和其他动物》以及阿尔伯特·卡缪斯的《沉沦》。

1月
- 英国和埃及承认苏丹独立。
- 法国共产党在大选中获胜。
- 南斯拉夫领导人铁托与埃及领导人纳赛尔在开罗会谈，讨论既不与苏联也不与美国结盟的国家之间的合作问题。
- 苏丹加入阿拉伯联盟。
- 匈牙利出生的英国电影制片商亚历山大·卡达爵士和《小熊维尼》的作者 A.米尔尼逝世。

2月
- 苏联实施第六个五年计划。
- 法国组成以盖伊·米莱特为首的社会民主党政府。
- 加勒比联邦会议在伦敦举行。
- 马耳他公民投票赞成与英国结盟。

3月
- 西德实行征兵制。
- 塞浦路斯主权问题提交联合国大会。

4月
- 西班牙承认摩洛哥独立。
- 锡兰举行大选，所罗门·班达拉奈克任总理。
- 巴基斯坦宣布成立伊斯兰共和国。
- 苏联解散国际共产党工人党情报局。
- 苏联领导人赫鲁晓夫和布尔加宁正式访问英国。

5月
- 阿根廷恢复宪法。
- 非洲图勾兰与黄金海岸合并。
- 法国将印度领土移交印度。

摇滚乐的诞生

▲1956年，埃维斯·普雷斯利轰动全美。直到他死后20年，许多人仍把他当作流行音乐之王。

1956年，美国流行音乐界升起一颗耀眼的明星——埃维斯·普雷斯利(猫王)，这位来自密西西比州图帕洛的前卡车司机成为美国文化永恒的传奇和象征。此前，年轻的普雷斯利作为山姆·菲利普唱片公司的签约歌手，在当地已小有名气。自从1956年3月，一曲荡气回肠的《当心上人离我而去》赢得整个美国同声喝彩之后，他往日的平静生活被彻底改变。从这时起，摇滚乐才发出它震撼人心的声音。毫无疑问，摇滚乐产生于伟大的黑人歌手，但在种族歧视深重的年代，它几乎不可能通过黑人明星登上主流社会的大雅之堂。当然，著名的比尔·哈利曾率先推广这种音乐风格，但他毕竟年龄过老，不足以吸引年轻一代。美国白人青年所期待的是来自同代人的英雄。精明的山姆·菲利普知道，如果他能发现一个嗓音像黑人歌手那样激扬浑厚的白人青年，就一定会财运亨通。很快，埃维斯·普雷斯利在1956年的一夜成名验证了菲利普的想法。

那是一个流金溢彩的夜晚，普雷斯利的电视演出令千万观众如醉如痴。几个月后他迅速成为美国最成功的录音演员。据统计，当年4月观看普雷斯利电视演出节目的美国观众多达4000多万。普雷斯利特有的启发式动作和体态令保守的美国社会风气为之震惊。美国富有影响力的埃德·沙利文宣称，他绝不能让这种表演出现在他的演唱会上，但随着普雷斯利的名气越来越大，沙利文也不得不对这种颇具诱惑的演唱风格表示宽容。在9月举行的两场沙利文演唱会上，普雷斯利(此时他已被称为"猫王")为数千名青年观众进行了现场表演。然而仍有新的批评接踵而来。尽管如此，人们不得不承认，从来没有谁能像普雷斯利这样调动观众的情绪。沙利文又邀请普雷斯利进行第三次演出，但这次为了平息保守主义者的不满，他要求转播摄像师只拍摄"猫王"腰部以上动作。尽管如此，演出仍然产生了轰动效应。

▲摇滚乐的诞生扩大了青少年与老一代人之间的代沟。

这种广泛传播的效应立即体现为录音产品的销量猛增。《心碎旅店》很快与《我想你，我爱你》、《灰狗》、《不要这么残酷》、《温柔地爱我》和《爱我》等歌曲一起跻身全美畅销金曲前10名。"猫王"成为美国歌坛的绝对霸主，他的18首单曲交替占据最佳歌曲榜首长达6个月。1956年，他的产品销量估计达到2000万美元。

在"猫王"的《心碎旅店》荣登榜首的当月，另一位歌手卡尔·帕金斯的《蓝色羊皮鞋》也获得了类似的成功。这真是摇滚乐大行其道的年月。一些人甚至认为帕金斯更具才华，但尽管他写过几首经典歌曲，却无法充分调动青少年观众的激情和狂热。或许是运气太坏，他在前往参加皮尔·科摩演唱会途中发生车祸，不得不在家休养数月，使他失去宝贵的时机。等到帕金斯重返歌坛时，发现"猫王"的地位已经可望而不可即。

尽管帕莱特兄弟的谐调组合曾有两支单曲进入畅销金曲榜，但当时黑人文化尚未获得美国音乐界的认可，他们的成功很快便消失了。然而，1956年人们却听到了黑人音乐史

上最伟大的名字——詹姆斯·布朗。这位23岁的青年歌手出版了他的一张唱片《请、请、请》。风头十足的布朗在著名的"火焰"乐队的密切配合下，迅速走红。虽然受主流社会对黑人音乐发展和社会认同的影响，《请、请、请》从未登上排行榜，但几乎传唱了十年。直到那时，布朗的歌曲才第一次进入排行榜前10名。又过了10年，他与他的乐队创造了"说唱"音乐风格。

多种形式的黑人音乐本身也在进行着变革。例如，历史悠久的爵士乐令一般听众感觉过于复杂。著名的小号手麦尔斯·戴维斯经过长期艰苦戒毒之后，

以焕然一新的面貌出现在爵士乐坛，并带来了他在探索发展方向上的新体验。他与男高音歌手约翰·考尔特恩合作，在一年时间里制作了六张专辑。其中《创造》和《热气蒸腾》被评论家赞为各方面都很"酷"。

好莱坞开始关注摇滚乐。尽管大多数制片商将其视为来去匆匆的流行时尚，但同时也不愿放过这短暂而快捷的赚钱机会。最能体现摇滚乐这种后现代派表演风格的电影是弗兰克·塔什林的《情不自禁的少女》。作为对现实社会公共关系的讽刺影片，它得益于一些传奇人物的杰出表演，如"胖子"德米诺、帕莱特兄弟、吉恩·文

森特和极具特色的埃迪·考科兰。后者因在《20个飞行摇滚》中的杰出表现而名声大噪。

尽管这一年的奥斯卡最佳影片奖颁给了迈克尔·安德森导演的《80天全球旅行记》，但当年公演的最知名影片或许应该是乔治·斯蒂文的《巨人》。这部长达三个小时的得克萨斯史诗影片，展示了不久前因车祸逝世的青年明星——詹姆斯·迪恩的风采。迪恩和"猫王"一样，都是50年代美国青年最崇拜的偶像。

▶ 50年代崛起了新一代的青年偶像之王。在一些人眼中，迪恩和普雷斯利等偶像人物具有危险的影响力。

'56

新闻摘要
. . . .

6月

· 波兰发生群众示威,遭
到野蛮镇压。
· 苏斯洛夫接替莫洛托夫
担任苏联外交部长。
· 南斯拉夫领导人铁托访
问苏联。
· 最后一支英国军队离开
苏伊士运河区。
· 奥地利组成以朱利斯·
雷勃为首的新政府。
· 纳赛尔总统赢得埃及大
选。
· 英国议会下院通过废除
资本惩处法;但被上院
否决。

7月

· 匈牙利领导人拉科西下
台;埃诺·乔洛任总理。
· 黄金海岸土著领导人瓦
姆·恩克鲁玛赢得大选。
· 埃及纳赛尔总统对苏伊
士运河实行国有化。美、
英、法对埃及实行经济
制裁。

8月

· 美国提出国际共管苏伊
士运河的杜勒斯计划。
· 美国艺术家杰克逊·波
洛克和德国剧作家勃特
卢克·波尔科逝世。

9月

· 黄金海岸独立,改国名
为加纳。

匈牙利起义

▲象征着苏联暴政的斯大林塑像被匈牙利人捣毁。

　　第二次世界大战结束后,匈牙利与其他东欧国家一样,处于苏联的全面控制之下。随着共产主义势力的逐渐增强,匈牙利成立了以工人党领袖姆特亚斯·拉西科为总理的新政府。从 1948 年起,匈牙利开始实施大规模的国有化运动,并执行苏式的三年和五年计划。然而,在许多人看来,这些行动似乎只是为了苏联的利益而未能造福于匈牙利。这个国家丰富的铀和其他矿产大部分被运往莫斯科。这些财富很少用于改善普通匈牙利人的生活水平。再加上政府对私人土地的掠夺和对公民权力的压制,以及人民对国家处于苏联"傀儡"状态的不满,都导致了民众对立情绪日益高涨。

　　随着斯大林于 1953 年逝世,拉西科被较为温和的艾瑞姆·纳吉取代。纳吉主张实施某些改革,例如停止农村的集体化,生产更多的日用消费品和释放政治犯。尽管纳吉也是共产党人,但他的主张让苏联无法接受。1955 年 4月,他被撤职,拉西科重新上台。但为了与南斯拉夫领导人铁托修复关系,很快又以赫尔舒科夫取代了与铁托个人关系恶化的拉西科。接着赫尔舒科夫又被他的副手,不大出名的埃诺·乔洛所取代。埃诺·乔洛继续执行其前任的强硬亲苏路线。

　　纳吉提出的改革意见成为匈牙利群众抗议活动的催化剂。1956 年 10月 23 日,布达佩斯的学生向政府提交请愿书,要求解决国家的苦难。乔洛不愿意作出承诺并下令警察镇压示威群众。随着匈牙利军队的介入并向示威者发放武器,和平的示威活动变成了公开的暴乱。一周后,苏联支持的官僚政府垮台。随后,农民重新占有了他们的土地,被关押的

▲匈牙利人拿起武器试图从苏军手中夺取自由。

政治犯走出了集中营,纳吉重掌政府大权。

　　11 月初,纳吉要求所有苏联军队撤出匈牙利领土。他还进一步宣布匈牙利退出华沙条约并要求联合国承认匈牙利为中立国。这使苏联感到无法容忍。11 月 4 日凌晨,一千多辆红军坦克从位于苏联、罗马尼亚和捷克斯洛伐克的军事基地进入布达佩斯。上午 9 时,苏军占领国会大厦,逮捕纳吉和其他政府要员。匈牙利军队寡不敌众,很快被缴械。一个新政府宣布成立。这个完全由共产党人组成的政府由几周前还与纳吉合作的乔诺斯·卡达尔任总理。此时的卡达尔被匈牙利人普遍视为叛徒。

　　卡达尔向苏联保证,在他的领导下,这场"反革命"暴乱将被彻底镇压。在后来的几周内,布达佩斯街头的零星战斗仍在继续,工人实行了总罢工。但起义者几乎没有任何物质支持,因此很快就失败了。在恢复

苏联统治的过程中，共有一万多人死亡，三万多人受伤。尽管卡达尔承诺实行某些改革，但政府很快对起义领导者进行了整肃。纳吉和匈牙利武装部队司令莫勒特将军受到审判并被秘密处死。许多公开支持起义者的知识分子遭到苏联秘密警察的绑架并被送往苏联的劳改营。还有近25万匈牙利难民逃往西方国家。

卡达尔作为匈牙利政坛铁腕人物，直到1989年逝世。在此期间，匈牙利共产党的统治尽管仍不受欢迎，却也没有受到重大挑战，直到80年代末的东欧剧变。

名人的婚礼

▲ 天作之合？性感女神玛丽莲·梦露和她的剧作家丈夫亚瑟·米勒与公众见面。

19 56年4月19日，好莱坞电影明星格蕾丝·凯丽与摩纳哥王子雷尼尔二世结婚。六周后，6月26日，热情的"性感女神"玛丽莲·梦露嫁给纽约的剧作家亚瑟·米勒。这两对名人的婚礼一时传为佳话。

格蕾丝·凯丽生于美国费城的一个富裕家庭，六年前成为好莱坞著名影星，曾在音乐剧《上流社会》和希区柯克的恐怖片《后窗》和《捉贼》中担任主角，并深受这位传奇导演的赞赏。凯丽在法国南部拍摄她的最后一部影片时，与她未来的夫君雷尼尔二世坠入情网。

结婚后的凯丽成为摩纳哥格蕾丝王妃，再也没有重返银幕。她一直与丈夫相亲相爱，直到1982年死于车祸。

与凯丽不同，梦露与米勒的婚姻很快就走到了尽头。她很快又与著名棒球明星乔伊·迪迈戈结婚。此时梦露以窈窕多姿的体态和金发碧眼的面容在影坛大获成功，但她的表演天赋却被人们忽视。而剧作家米勒完成了他的成名之作《推销员之死》和《煎熬》。这些作品使他成为20世纪美国文学界最重要的人物之一。一些人尖刻地评论梦露和米勒的婚姻是"权宜之计"——一个呆板的"书虫"赢得了"世界最性感的女人"，或者是小明星靠上了大才子。尽管他们的关系很短暂，但他们的婚姻直到1961年才正式终结。这一年，梦露主演了米勒的剧本《乱点鸳鸯谱》。这也是她完整出演的最后一部影片。第二年，梦露死于自杀。

▼ 格蕾丝·凯丽与摩纳哥王子雷尼尔二世的盛大婚礼。

- 法国和英国向联合国安理会提交有关苏伊士运河危机问题；法国和以色列讨论军事干涉埃及。

10月
- 苏联否决英法提出的有关苏伊士运河的联合国决议案。英法和以色列协调对埃及行动。
- 波兰哥姆尔卡恢复权力。
- 匈牙利爆发要求民主、反对苏联的示威；苏军进入匈牙利。
- 埃及、叙利亚和约旦实行联合军事指挥。
- 以色列军队入侵埃及；英法向埃及发出最后通牒。
- 英法轰炸埃及。
- 罗伊·威尔姆斯基任中非联邦总理。

11月
- 以艾瑞姆·纳吉为首的匈牙利联合政府宣布退出华沙条约；苏军坦克进入布达佩斯；纳吉逃入南斯拉夫大使馆避难；杰诺斯·卡达尔组成亲苏政府；联合国大会要求苏军撤出匈牙利。
- 艾森豪威尔再次当选美国总统。
- 苏伊士冲突停火。
- 联合国军队到达埃及。
- 美国将军劳雷斯·诺思塔德被任命为欧洲驻军总司令。

12月
- 匈牙利实行军事管制。
- 菲德尔·卡斯特罗领导古巴起义。
- 英法军队撤出埃及。

苏伊士运河危机

19 56年7月26日，埃及总统纳赛尔宣布对当时归英法苏伊士运河公司拥有和经营的苏伊士运河实行国有化，从而引发一场重大的国际危机。这一事件直接导致美国和英国撤销对埃及兴建阿斯旺大坝的财政支持。西方各国担心埃及会不断加强与东欧和苏联的关系。纳赛尔估计，从通过苏伊士运河的船只（高峰时每天可达50艘）征收的税费可以在五年内支付修建大坝的成本。

经过11年的开凿和施工，长达160公里（100英里）的苏伊士运河于

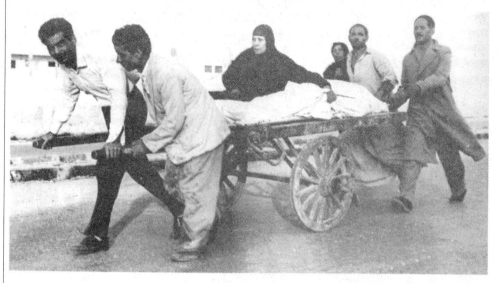

▲纳赛尔总统宣布对苏伊士运河实行国有化之后，数以千计的萨德港市民在英法联军的轰炸中死伤。

1869年建成。它使来自地中海的船只可以直接进入印度洋而不必绕行非洲南端风急浪高的好望角，对于西欧与波斯湾产油国之间的石油运输航线具有至关重要的战略意义。

纳赛尔总统的声明发布以后，埃及组建了一个公司负责运河的经营管理，并对运河地区实行军事管制。纳赛尔的行动给英国和法国制造了一个难题。他们担心埃及可能阻止他们使用苏伊士运河并切断重要的石油供应。

英国的反应是冻结埃及在英国的资产。1956年9月1日，英、法、美三国进行了紧急磋商。尽管美国主张采取较为温和的办法，但英法仍进一步与纳赛尔的死对头以色列政府秘密商议对策。同时，英国开始向运河区调动军队，法国军队也进驻爱琴海上的塞浦路斯岛。

整个8月，英、法、美三国一直试图说服纳赛尔通过谈判解决争端，并警告他如果拒绝谈判将导致军事入侵。一些与苏伊士运河有切身利益的国家在伦敦开会，组成"苏伊士运河使用者协会"，并决定将运河通行费交给该协会而不是埃及政府。

10月29日，由于事态没有任何进展，10个旅的以色列军队进入运河区，轻松击溃了纳赛尔的守备部队。第二天，英法不顾美国和苏联要求埃以停火的

◄一艘打捞船正在拖动堵塞苏伊士运河的沉船，清理这条西方与印度洋之间的重要通道。

建议，悍然出动空军轰炸埃及境内的军事目标，摧毁一百多架苏制战斗机。这个行动在英国和全世界激起轩然大波。英国和法国受到联合国大会紧急会议的强烈谴责。由于苏联威胁要代表埃及进行干涉，人们担心这次武装冲突会升级。英国安东尼·艾登首相受到反对党领导人雨果·盖茨克尔的严厉批评。他称这次行动是"愚蠢的行为"。接着伦敦特拉法格广场爆发大规模群众示威，要求艾登辞职。

1956 年 11 月，英国、法国和以色列陷入国际社会的一致谴责。随后联合国提出一项和平解决方案，派联合国维和部队进入运河区。11 月 3 日，以色列侵入并宣布占领加沙地带。两天后，英国和法国对萨德港和法奥德港发动空袭，随后占领了运河区。

由于面对联合国的压力和缺乏国内民众的支持，英国和法国最后不得不中止他们的行动。11 月 6 日，交战双方实现停火。但尽管联合国要求入侵者尽快撤离，但英法撤军行动缓慢。到 12 月 22 日，最后一支英法部队才在联合国实行运河免费通行的条件下撤离运河区。

以色列政府不愿放弃经过艰苦战斗获得的新领地。据估计，在 11 月的战斗中埃及有 1.8 万人死亡，1.2 万人被俘。以色列的不妥协态度，使这一地区的混乱局面又持续了 6 个月，直到以军撤出，加沙地带重新回归埃及管辖。无论如何，这是这块 225 平方公里（140 平方英里）的土地最后一次成为阿以冲突中心。

尽管埃及在这场危机中遭受重大损失，它的空军被完全消灭，萨德港也被炸毁，但纳赛尔却因敢于对抗西方大国而成为埃

▲激烈的战斗结束后，一支英国海军陆战队在萨德港升起英国海军旗。

及人民心中的胜利者和阿拉伯世界的领袖人物。这场冲突也使埃及和苏联的关系更加密切，后来赫鲁晓夫同意对埃及的阿斯旺大坝贷款。对于英国和法国来说，在苏伊士运河的冒险损失惨重。此前，它们在中东地区拥有支配性的影响力，但到 1957 年初时，这种影响力已经化为泡影。这次事件还导致英国首相安东尼·艾登个人政治生涯的终结。1957 年 1 月，他提出辞职。尽管辞职的理由是健康原因，但人们都很清楚他是被迫下台的。他的继任者是哈罗德·麦克米伦。他的任务是修复因苏伊士运河危机而遭受损害的英美密切关系。

◀英国首相安东尼·艾登告诉英国人民，苏伊士事件是"对我们所有人生死攸关的大事"。

美国种族关系紧张

▲反对种族隔离。黑人雷沃兰德·萨特沃茨夫妇（中、右）坐在为白人保留的座位上以示抗议。

19 57年8月29日，在美国南方种族关系日趋紧张的情况下，美国自南北战争后南方重建以来的第一部公民权力法案开始生效。尽管建立了民权委员会，但南方的白人民众中仍普遍存在着种族隔离的观念。

当时提交国会讨论的种族问题的起因是，1955年12月，阿拉巴马州蒙格马利市的一位名叫罗莎·帕克斯的年轻黑人妇女，因在公共汽车上拒绝离开为白人乘客保留的座位而被捕。在法庭上，她又因拒绝交纳罚款而被判入狱。此事在当地引起了由黑人牧师马丁·路德·金领导的抗议活动。在此后的两个月，阿拉巴马州黑人群众抵制公共汽车。而州政府则以涉嫌违法组织抵制活动蛮横地逮捕了马丁·路德·金和另外114名抗议者。阿拉巴马州当局的无理行径震动了美国许多

地区，表明美国传统的南北分歧依然根深蒂固。

当月，位于图斯卡卢撒的阿拉巴马大学出现同样的争端：这所大学的黑人女学生亚瑟琳·露西在校门口受到白人学生抗议者的暴力阻挠。而阿拉巴马州当局则宣称正在采取行动保护她的安全。1956年2月，联邦法院裁决，在公共教育领域实行种族隔离是对公民权力的侵犯，

必须恢复露西上大学的权利。两个月后，最高法院裁决，在公共汽车上实行种族隔离同样违法。

虽然这些都是马丁·路德·金及其同伴的重要胜利，但他们仍然面临着普遍的种族歧视现象。在南方许多被迫解除种族隔离的中学，白人极端分子的暴力活动仍随处可见。在得克萨斯州的曼菲尔德市和田纳西州的克林顿市，当局不得不调动国民警卫队平息骚乱，维持秩序。

1957年6月，马丁·路德·金和他领导的"南方基督教领导大会"在争取民权斗争中的作用得到美国政府的肯定。路德·金被召到华盛顿，与副总统尼克松一起讨论有关公民权力的立法问题。当这个提案送交国会讨论时，南卡罗来纳州参议员特拉蒙德故意采取拖延战术，站在讲台上"发言"长达24小时之

▲一辆空公共汽车驶入 A&M 黑人学院校园，受到黑人学生的抵制。

久，企图阻止通过这个法案。尽管该法案最终仍获得通过，但由于南方议员的强硬立场，其精华部分在讨论修改期间被大大削弱。

这个新法案在南方各州普遍遭受冷遇，阿肯色州小石城的反对情绪尤为激烈。1957年9月2日，州长奥维拉·佛巴斯下令调动州国民警卫队阻止黑人学生进入解除种族隔离的中学，引起全国大哗。他

的行为也震动了美国最高当局，9月14日，艾森豪威尔总统采取直接行动，要求阿肯色州服从最高法院的裁决，否则联邦政府将实施军事行动。佛巴斯这才被迫同意服从法律。两周后，在1000名荷枪实弹的宪兵部队的护卫下，第一批黑人学生进入这些学校。这一行动导致数千白人抗议者的骚乱，其中七人被捕。

这些看似孤立的事件

构成了美国民权斗争的重要部分。然而，在马丁·路德·金和他的战友们赢得法律支持的时候，他们仍面临许多其他形式的种族歧视，他们还需要进行更加艰苦卓绝的斗争。路德·金手中的"武器"与印度圣雄甘地一样，是"和平的反抗"。尽管他的跟随者并不完全赞同他的这种做法，但他始终坚持自己的信念，直到1968年遇刺身亡。

好莱坞明星博加特死于癌症

19 57年1月14日，好莱坞最顽强的明星哈姆费雷·博加特因患喉癌不幸逝世。

尽管博加特在银幕上经常扮演贫困潦倒的小人物，但他本人却生长在富裕的中产阶级家庭，受过良好的教育。他父亲是杰出的外科医生，母亲是著名的插图画家。博加特1899年生于纽约，第一次世界大战中曾在美国海军服役。在这期间，他的嘴唇被一块开裂的木片刺破，留下的伤痕成为后来在银幕上令人印象深刻的标记。1930年，在百老汇的演出中获得初步成功后，博加特进入好莱坞寻求发展，在几部警匪片中扮演了次要角色。后来，他又回到百老汇，在话剧《化石森林》中扮演冷血杀手杜克·曼迪，他的表演才能受到普遍赞扬。1936年，他重返好莱坞，成为这部

▲哈姆费雷·博加特和他的妻子劳伦·巴考及儿子斯蒂夫在《非洲女王》拍摄现场。

话剧电影版的主角。

对于博加特来说，成为电影明星似乎晚了一些。1941年，他因在雷蒙德·钱德勒执导的《马耳他之鹰》中成功扮演主角萨姆·斯帕德而成为好莱坞最具票房吸引力的演员之一。一年后，他在影片《北非谍影》中扮演潜伏海外的美国夜总会老板雷克，奠定了他在电影史上不朽的风采。

与女演员劳伦·巴考

结婚之后，博加特仍活跃在影坛，直到他的最后一部影片《沙场英烈》。不可否认，在他拍摄的70部影片中，难免有些滥竽充数之作；他自己也曾说过，他扮演的拙劣角色比历史上任何一位演员都多。但他同样是一位极具表演才能的明星，并曾因在巨片《非洲女王》（1951年公演）中出色地扮演凶狠狡诈的商人查理·奥伦特而荣获奥斯卡金像奖。

4月
· 侯赛因国王宣布在约旦实行军事管制。
· 新加坡成为自治国。

5月
· 英国氢弹爆炸。
· 美国前参议员约瑟夫·麦卡锡、出生在德国的电影演员和导演艾利克·冯·斯托艾姆逝世。

6月
· 加拿大组成新保守党政府。
· 法国组成以马里斯·伯齐斯曼奥里为首的新政府。

7月
· 也门爆发反抗苏丹的起义，英国派兵帮助也门苏丹。
· 赫鲁晓夫罢免党内反对派人士。

8月
· 叙利亚发生亲共清洗运动。
· 英属圭亚那举行选举，为实行自治作准备。
· 苏联成功地试验了洲际导弹。

9月
· 联合国大会谴责苏联入侵匈牙利。
· 柯纳德·艾登奥尔领导的基督教民主党赢得西德大选。
· 海玛斯基罗德再次当选联合国秘书长。
· 挪威哈根七世国王逝世；奥拉发五世继位。

10月
· 英国温德斯卡尔核电站发生事故。
· 芬兰作曲家西贝柳斯逝世。

11月
· 瓦尔特·纳什领导的新西兰工党赢得大选。

12月
· 欧洲核能机构成立。

'57

19 57年3月25日，六个欧洲国家的领导人签署《罗马协议》，使欧洲各国朝着建立正式的欧洲经济共同体迈出了试探性的第一步。这是90年代后期欧洲货币统一并形成单一货币——欧元的起点。

早在1919年，国际联盟的设计者之一，法国政治家阿里斯蒂德·白里安就提出了"欧洲共同体"的概念。第二次世界大战以后，根据美国的马歇尔计划，欧洲成立了一个监管战争赔偿的委员会。

签订《罗马协议》和创建欧洲经济共同体的主要驱动因素是对于历史上德、法两国冲突造成欧洲灾难的深刻认识。近百年来，这两个国家之间发生了三次战争（1870—1871年的普法战争和两次世界大战）。欧共体的建立就是为了推动德、法两国的持续和解与信任。实际上，人们的更大愿望是通过让各国成为一个统一的联盟的组成部分，使欧洲人民永远摆脱战争威胁。

有关这个设想的第一次讨论于1955年在意大利西西里岛的墨西拿举行，

▲由阿登纳总理（中）率领的德国代表团在建立欧共体的协议上签字。

为两年后的《罗马协议》奠定了基础。由法国、比利时、卢森堡、荷兰、意大利和西德共同签署的这个协议，成为创建欧洲共同体的基本纲领。各国还签订了有关建立欧洲原子能委员会的协议。

《罗马协议》于1958年1月1日生效。它的直接目的是拆除签字国之间的贸易壁垒。这意味着取消成员国之间相互征收的关税和设定的配额。这个变化为建立欧共体统一的对外商务政策铺平了道路。进口商品关税有了统一的标准，从而避免了欧共体各国之间的"不公平"竞争。

人们的设想是各成员国继续采取措施，逐步实现统一的发展标准化的政令、交通系统、农业政策和总体经济政策。同时鼓励欧共体内部的自由流动，放宽边界管制，以利于各成员国之间人员、资本和企业的自由往来。

第一个标准化内部税率于1959年1月开始执行，取得了巨大的成功。60年代前五年，各成员国之间的贸易增加了四倍。

欧共体最受争议的一次行动是执行共同的农业政策。尽管这是《罗马协议》的一部分，但由于各国意见不一致，因此直到1962年才得以执行。该政策规定对某些农产品实施保证价格，以防止来自第

三世界的便宜农产品的冲击。但实际上，它已变成对低效生产技术的补贴。农民由于可以获得高于市场价格的报酬，因而继续生产那些不符合需求的产品，导致某些农产品堆积如山却卖不出去的尴尬情况。这种浪费资源的现象使欧共体名誉受损。

欧共体的宗旨是不断扩大其成员。《罗马协议》规定任何欧洲国家都可以申请加入这个组织，但接受申请必须经过现有成员根据"加入条件"作出一致决定。

由于认识到欧洲内部自由贸易的好处，那些没有在第一批加入欧共体的国家——奥地利、丹麦、挪

威、葡萄牙、瑞典、瑞士和英国（所谓"外七国"）组成了另一个与欧共体相辅相成的经济同盟——欧洲自由贸易协会。

英国在任何它所参加的欧洲组织中的角色一直都不很明朗。战后的几年间，欧洲朝着联合统一的方向迈出了坚实的步伐。但在1953年，当时的英国外交大臣安东尼·艾登在谈到加入联合的欧洲时，却含糊其词地说："有些事可能对我们有益，却不能做。"英国持这种态度的部分原因是始终不能忘记19世纪大英帝国的辉煌。与欧洲各国实现经济联合，势必会影响它与英联邦国家，特别是澳大利亚和新西兰的贸易。而且，英国也不愿因此而削弱与美国的"特殊关系"。

随着欧共体成员国经济利益在50年代后期逐渐显现，英国对欧洲经济联合的态度终于有所转变，并在1961年申请加入欧共体。但由于法国总统戴高乐担心英国的农业补贴会影响欧共体的农业稳定，

▲当时的英国外交大臣（1955年任首相）安东尼·艾登对英国深入参与欧洲事务持保留态度。

▲建立欧共体的《罗马协议》于1957年3月25日在意大利首都罗马签字。

英国的申请未能通过。直到1973年英国才与丹麦和爱尔兰一起加入欧共体。后来，希腊于1981年加入，葡萄牙和西班牙于1986年加入，奥地利、芬兰和瑞典于1995年加入。

欧共体，现在称为欧盟，一直对英国的贸易存有戒心。80年代，英国首相撒切尔夫人的强硬姿态，使英国在欧洲各国眼中成为特立独行的角色。随着欧洲一体化的进一步推进，英国的做法显得更加不合时宜。在后来的10年中，欧洲问题似乎导致执政的保守党内的严重分歧，并成为1997年保守党大选失败的主要原因之一，或许还将成为保守党东山再起的契机。

尽管欧洲单一货币已于1999年开始生效，但英国对此仍持犹豫观望态度，至今没有确定明确的加入统一货币的时间表。

'57

太空竞赛

19 57 年 10 月 5 日，苏联宣布于前一天成功发射了世界上第一颗人造地球卫星并进入预定轨道，令西方各国震惊。从此，人类进入太空时代，东西方的冷战也进入了新的领域，因为，美国无法容忍苏联走在前面。

这颗名叫"卫星 1 号"的卫星直径 56 厘米，重 84 公斤。它的运行轨道远地点（距地球表面最远点）为 940 公里。绕行地球一周的时间为 96 分钟。"卫星 1 号"上天后立即成为世界各地最热门的新闻。一些好奇的人甚至开始探讨在未来几十年实现星际航行的可能性。这种热情对现代生活的许多领域，从轿车和家居设计到艺术和娱乐世界产生了重大的影响。

就在大多数美国人还在谈论"卫星 1 号"的成功时，苏联又于 1957 年 11 月 3 日发射了"卫星 2 号"。它不仅比"卫星 1 号"重六倍，而且还搭载了一只名叫"莱卡"的小狗。它在太空里存活了几天，但在返回地面时死亡。这次发射的卫星送回有关宇宙射线的一些数据。

直到 1958 年，美国才开始由国家航天局组织进行太空研究。他们的最初努力并不成功。苏联成功发射卫星 10 天后，美国的三次太空火箭试射都遭到失败。"莱卡"登上地球轨道一个月后，美国才确定采用"先驱"号火箭发射第一颗细小的卫星。

▲1958 年 1 月 31 日，美军"朱庇特"C 型火箭将美国第一颗卫星"探索者"号送上太空。

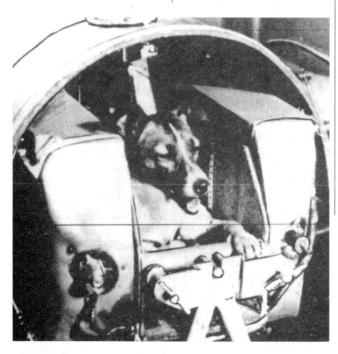

◀苏联的"卫星狗"——"莱卡"被捆缚在"卫星 2 号"座舱内。尽管它在飞行中死亡，但这次航天行动却向地面送回了有关宇宙射线的重要信息。

尽管艾森豪威尔总统宣称并不在意苏联"小小"的卫星，但苏联在太空领域的领先却引起美国政府的一片恐慌。他们为新成立的航天局调拨了大量经费。同时，尽管苏联总理赫鲁晓夫在早些时候提出了将各国所有卫星和导弹置于一个国际机构监督之下的新建议，但人们普遍认为太空将成为未来的新战场。苏联不仅发动了新的强大宣传攻势，而且展示了他们在这一领域的世界领先地位。

1958 年 2 月，美国航天局终于成功发射了他们的第一颗卫星"探索者"号。物理学家詹姆斯·冯·艾伦通过对卫星发回的数据分析，确定了有关宇宙探

▲1957年10月4日，随着"卫星1号"的成功发射，人类进入太空时代。

测的第一个重大发现。他注意到地球外大气层存在着由放射性粒子组成的环状物质，后来被称为"冯·艾伦带"。同月，美国飞行员汤纳德·法里尔进行了为期一周的模拟太空训练。尽管如此，领导发射"探索者1号"的火箭科学家冯·布劳恩仍宣布美国的太空研究落后苏联两年，使美国民众感到沮丧。

1958年中期，美国航天局宣布将发射一颗月球卫星。因为这个距地球最近的天体，最可能成为人类迈向外太空的第一个落脚点。10月12日，美国向月球发射了火箭。尽管这枚火箭在地球大气层中起火，但它仍到达创纪录的高度，距地球109432公里。

在以后的几个月里，苏联发射了"卢尼克"系列探月火箭。第一枚火箭便轻松打破了美国"先锋1号"的纪录。1959年9月

17日，苏联又发射了它的继任者"卢尼克2号"，为正在美国访问的赫鲁晓夫提供了绝好的宣传资本。苏联的另一个宣传攻势是登月飞船首次在月球表面硬着陆。

1959年5月，美国终于可以向公众夸耀它的第一项领先的太空成就。它发射的"朱庇特"号太空火箭搭载了一只名叫"阿拜尔"的恒河猴和一只名叫"巴克尔"的松鼠猴，为载人太空航行提供了重要数据。与苏联的"莱卡"不同，这两只猴子在经过距地面2734公里的太空之旅后，安全健康地返回地面。这次实验表明，实现有人驾驶的航天飞行是完全可能的。当年年初，美国航天局已经挑选了110人作为未来的宇航员进行培训。到5月，这些候选者已经被筛选到仅剩7人。

美国完全不知道，此

时苏联一位名叫尤里·加加林的年轻的空军少校已经在进行类似的训练。实际上，50年代后期西方对

苏联许多太空计划都一无所知。由苏联新闻机构塔斯社发出的信息通常并不比官方声明多些内容。塔斯社发布的消息往往带有强烈的宣传色彩，大肆宣扬共产主义对资本主义的胜利，同时极力掩饰错误和失败。因此，美国航天局只能猜测苏联的进展情况。

50年代末，太空竞赛的双方都把目光集中在宇宙探索的下一个里程碑——载人太空飞行。率先实现这个目标将被视为科技领先的重要标志，关系到两种敌对的意识形态的激烈斗争，因而成为双方都不惜一切成本争取获胜的竞赛。

▲1959年，年轻的苏联空军少校尤里·加加林开始进行宇航训练。后来他以第一个进入太空而名扬全球。

飞机失事重创曼联

▲出事的英国欧洲航空公司"伊丽莎白"号班机从慕尼黑起飞后不久即坠毁。

1958 年 2 月 6 日是英国体育史上最悲惨的日子之一。强大的曼彻斯特联合俱乐部足球队在当天发生的飞机事故中蒙受重大损失。这次事故夺去了 23 人的生命，其中包括八名曼联队一线球员。

在南斯拉夫参加欧洲杯赛的英国足总杯冠军曼联队，在战胜南斯拉夫的贝尔格莱德红星队后，进入半决赛。回国途中，他们在德国南部的慕尼黑换乘前往曼彻斯特的航班。在风雪中起飞的飞机由于视线不良而撞上了跑道尽头以外的一所房屋。罗杰·拜恩、大卫·派奇、托米·泰勒、艾德伊·考尔曼、马

▲曼联队的八名一线球员在慕尼黑空难中死亡。

克·琼斯、比利·威伦和乔夫·班特等七名年轻的一流球员当即死亡。两周后，人们公认的英国最伟大的球员之一邓肯·爱德沃兹也因伤重不治而亡。

尽管受此严重挫折，曼联队仍于当年 5 月进入欧洲杯决赛。但他们未能在伦敦温布利体育场进行的决赛中阻挡波尔通"流浪者"队的汹涌攻势，以 0：2 败北。

在经历了一场生死考验之后，曼联队变得更加坚强，在经理兼教练马特·布斯比的带领下，球队逐渐恢复了实力，并终于在 1968 年战胜葡萄牙的本菲卡队夺得欧洲杯。这场比赛的得分手鲍比·查尔顿是慕尼黑空难的幸存者。

至今，在曼联队的"老家"——老特拉福德，球迷们每年还要纪念这个悲惨的日子。他们中的大多数那时甚至还没有出生。那些为足球而献身的"布斯比的小子们"，他们的风采和光荣将永远留在一代又一代足球爱好者的心中。

反核运动

在美国，军备竞赛对国民来说是个涉及爱国主义的问题。一般民众对它感到恐慌，但又是一种需要。而英国人由于自己国家只拥有较小的核力量则更倾向于反对核竞赛。50 年代，英国不同的政治派别，如英国教会、其他宗教和平主义者、社会主义者和共产党人都逐渐在这个问题上联合起来。

1958 年初成立的"争取核裁军运动"组织的第一任主席由英国著名的和平人士伯特兰·罗素担任。该组织在当年的复活节周末发起了第一次行动，引起新闻界的关注。5000 多名抗议者走上街头，在伦敦市中心的特拉法格广场举行反核示威集会。会后，部分示威者开始向 80 公里（50 英里）以外的阿尔德马斯顿核武器

研究所进军。进军的队伍在途中不断扩大，从最初的700多人发展到最后有1.2万人聚集在阿尔德马斯顿大门口。

三天的进军中，示威群众显得轻松愉快。队伍中传来人们雄壮的歌声，随行的乐队不时奏出激昂的进行曲。这只奇特而庞大的游行队伍受到沿途观众的欢呼和喝彩，尽管也曾遇到右翼"爱国者"组织制造的小麻烦。

4月4日，示威者顺利到达目的地。他们通过这次行动第一次将核裁军问题摆上政府高层的议事日程。然而，两年后，罗素却放弃了他的核裁军立场，转而支持好战的"百人委员会"。1961年，近90高龄的罗素因涉嫌鼓动大规模骚乱而受到法律起诉。

"争取核裁军运动"一直保持着低调形象，直到70年代后期，随着绿色和平运动的崛起，它开始在英国政治生活中扮演重要角色，比过去更加积极关注生态问题。

▲核裁军运动支持者从伦敦特拉法格广场向位于阿尔德马斯顿皇家空军基地的核武器研究所进军。

反美的拉美国家

人们普通认为美国与拉丁美洲的关系正在得到改善。然而，当美国副总统理查德·尼克松于1958年5月对这一地区进行访问时却遭遇了广泛而强烈的抗议。

50年代的美国不遗余力地防止"红色威胁"的扩散。然而，巨大的贫富差距使许多拉美国家成为培育共产主义萌芽的沃土。这种情况反过来又导致美国当局向该地区的极右独裁政权提供财政和军事援助。这使美国很难获得普通拉美民众的喜爱，他们认为美国的干涉是企图间接统治拉美大陆。

5月7日，尼克松刚刚抵达秘鲁首都利马，立即受到数千抗议者的"欢迎"，要求他马上离开。六天后，在委内瑞拉首都加拉加斯，尼克松的访问引起群众骚乱，导致美国使馆不得不派使馆卫兵保护尼克松夫妇。这些灾难性的后果迫使尼克松取消随后的访问日程，立即飞回美国。

回国后，尼克松在国会上受到民主党参议员的强烈批评，指摘他的拉美之行激起了当地人民的反美情绪。尽管这些抗议行动大部分都是由共产党组织的，但大多数拉美政治家都认为美国对拉美各国出口产品实行的不平等贸易政策是引起人民不满的重要因素，而尼克松的不合时宜的访问，恰好给共产党等"左"派政党一个显示自己力量的机会。

▲反美浪潮席卷拉美，迫使美国副总统尼克松缩短访问该地区的日程。

唱片专辑《伯吉与白丝》。

·奥尼特·考尔曼录制他的第一张唱片。

·当年首次公演的歌剧包括萨缪尔·巴伯的《万尼莎》和本杰明·布莱顿的《诺亚方舟》。

·当年出版的图书包括艾伦·斯利托伊的《星期六夜晚和星期日早晨》、特鲁曼·卡博特的《蒂芬尼早餐》、亚什卡·克米尔的《我的鹰》、布伦丹·比汉的《少年犯》、齐连奈·阿比柯的《分离事件》和约翰·本塔奇曼的《诗选》以及约翰·肯尼斯·高莱斯的《富足的社会》。

·美国成立联合清教徒教会。

·妇女开始在几个基督教堂任职。

·呼啦圈风靡美国。

1月

·突尼斯废除一夫多妻制。

·西印度联邦成立。

·苏联用经济手段威胁希腊，阻止美国在希腊部署导弹。

·美国发射"探索者1号"卫星。

2月

·苏丹举行大选。

·埃及和叙利亚联合，组成阿拉伯联盟共和国。

·比、荷、卢经济共同体成立。

·法国轰炸突尼斯边境村庄，以报复"民阵"袭击。突尼斯不允许法国海军使用比兹塔港。

·伊拉克与约旦同意两国合并。

·南罗得西亚组成新政府。

·美英调停法国–突尼斯争端。

'58

3月

· 叙利亚谴责沙特阿拉伯支持推翻叙政府的阴谋活动;叙沙关系紧张。

· 英国探险队首次穿越南极。

· 美国著名摇滚歌星"猫王"入伍服役两年。

· 赫鲁晓夫接替布尔加宁担任苏联总理,成为身兼两职的苏联最高领导人。

· 加拿大保守党再次赢得大选。

· 英国著名女权主义者戴姆·潘柯赫斯特逝世。

4月

· 美国总统艾森豪威尔建议禁止核试验。

· 南非国民党赢得大选。

· 因突尼斯事件,法国议会迫使政府辞职。

· 因与英国联合的条件问题,马耳他总理辞职。

· 联合罗得西亚党在南罗得西亚成立。

5月

· 阿尔及利亚的法国居民反对向民族阵线让步,造成政治危机。

· 也门宣布进入紧急状态。

布鲁塞尔世博会

19 58年夏天,盛大的"世界博览会1958"在比利时首都布鲁塞尔举行。设在郊区的巨大展场汇集了来自世界各国的精美展品,其中最引人瞩目的是专门为本届博览会设计建造的"原子"大厦。它的造型像一个分子结构,包含九个通过管道相连的巨大球体,每个球体内部都装有自动扶梯,最高的球体内部有一间餐厅,参观者可以在这里俯瞰布鲁塞尔及周围地区的美丽风光。直到今天"原子"大厦仍是全球最奇特的建筑之一。

到10月19日闭幕为止,本届世博会共接待了

▲作为科技新时代的标志,"原子"大厦成为战后世界最奇特的建筑之一。

来自世界各地的4000多万参观者。

戴高乐重返政坛

19 58年6月1日,在远离政务、闲居乡野12年之后,二战时期法国最伟大的领导者查尔斯·戴高乐将军再次步入这个国家的权力中心,担任政府总理。由于他的前任无法应对日益严重的阿尔及利亚危机而辞职,才使戴高乐得以临危受命,重返政坛。

◀二战胜利以来一直蛰伏乡间的查尔斯·戴高乐重返法国政治前沿。

但戴高乐的复出并未获得普遍拥护。他决定派他的得力助手米歇尔·迪博主持修改宪法。新宪法将削减议会的权力而扩大和增强总统的权力——特别是确定政府总理的权力。长期以来,戴高乐一直远离政党政治,这使一些社会民主党人担心他的宪法改革可能导致实行总统独裁制。

戴高乐的改革计划最终获得议会的批准。新宪法于1959年1月生效,标志着法国第五共和国的诞生,戴高乐成为首任总统。

几个月后,他开始对世界各地的法国殖民地进行访问,宣扬通过合作而不是暴力来实现独立。

但戴高乐未能立即解决阿尔及利亚危机,虽然他很快便认识到,对于惊慌失措的欧洲裔阿尔及利亚人来说,一个与阿尔及利亚"民阵"联合的妥协方案或许是最好的结果。他的这种态度精明地体现在对待殖民地的外交政策上。到1963年,在法国的军事和经济援助下,大多数法国殖民地都获得了独立。而且,这些新兴非洲国家作为独立的法语地区都与法国保持着密切的同盟关系。

一个足球明星的诞生

在瑞典举行 1958 年足球世界杯赛中，一个名叫"贝利"的 18 岁巴西青年以其精湛的技艺征服了所有观众。在此后 20 年的足球生涯里，他无可争辩地成为这项全世界最普及运动项目的最伟大的球星。

贝利本名艾迪逊·阿兰蒂斯·德纳西曼托，生于 1940 年。他的足球生涯并非一帆风顺，早年曾被巴西一支著名球队拒之门外。16 岁时，他进入桑托斯队，踢左边锋。贝利的加盟很快使桑托斯成为世界最成功的俱乐部球队之一。1958 年，贝利入选国家队，参加世界杯决赛。在半决赛中，贝利以决定性的一球淘汰法国队；接着巴西队又在斯德格尔摩的决赛中以 5：2 战胜东道主瑞典队，其中贝利一人独得两分。

此后，被巴西民众亲切地称为"黑珍珠"的贝利又带领巴西队夺得了 1962 年和 1970 年世界杯。在 1970 年世界杯决赛中，巴西队在墨西哥城以 4：2 战胜老牌劲旅意大利队，成为全球第一支三次夺得雷米特杯的杰出球队。因而使巴西得以永久拥有这座雷米特杯。

贝利的不朽功绩使他成为巴西的象征和完美的足球大使。1977 年，他以对发展体育事业的卓越贡献而荣获国际和平奖。贝利不仅是 20 世纪体育史上著名的传奇人物，而且在写作、表演和音乐方面颇有成就。他的声望或许只有美国著名黑人拳击手穆哈默德·阿里能够与之媲美。

▶迄今为止，艾迪逊·阿兰蒂斯·德纳西曼托（右）——人们熟悉的"球王贝利"仍被视为全球最伟大的球星。

杜瓦利尔的暴政

1958 年 7 月 31 日，由流亡政治家组织的一支军队开进加勒比海岛国海地的首都太子港，试图推翻总统弗朗西斯·杜瓦利尔的独裁统治。

杜瓦利尔曾经是一家医院的内科医生，曾被当地人称为"爸爸医生"，1957 年 9 月当选总统。他的竞选纲领是结束混血的穆拉图斯人的统治，让占海地人口大多数的贫穷黑人过上好日子。杜瓦利尔还是一个由知识分子组成的支持黑人民族主义的神秘宗教集团的成员。这种原始宗教组织在愚昧落后的海地有着重大影响。

在杜瓦利尔当选前，海地的政治舞台极不稳定，仅 1956 年就有十届政府先后倒台。大选结束后，被"医生爸爸"击败的反对派领导人路易斯·德乔伊和前总统保罗·迈格劳雷尔逃到美国寻求庇护。他们在那里组织了一支 100 人的反叛军队，由两个前军官率领。这支小小的叛军在圣马克登陆，然后向太子港进军并占领了那里的军营。随后赶到的忠于杜瓦利尔的政府军经过短暂的战斗，最终控制了局面。

杜瓦利尔利用这次叛乱事件，要求海地国民大会赋予他为期六个月的独裁专断的权力。国民大会同意了他的要求。但直到他于 1969 年病逝，海地才摆脱了他的独裁暴政。

杜瓦利尔通过缩减国家军队而扩大自己的私人武装来巩固自己的权力。他的私人武装成为他实施独裁暴政的主要工具。在他统治下的海地，即使最小的不同政见也会受到无情的镇压。1964 年，杜瓦利尔自封为海地终身总统，正式确立了他的独裁统治。

▲20 世纪最无情的独裁者之一，"医生爸爸"杜瓦利尔统治着世界上最贫穷的国家之一——海地。

- 美国总统艾森豪威尔建议冻结各国对南极的归属要求。
- 美国成立北美防空司令部。
- 法国组成以皮雷尔·帕尔米林为首的新政府；戴高乐将军发表有关时局的系列讲话。
- 由于民族冲突和骚乱，锡兰宣布进入紧急状态。
- 西班牙诺贝尔奖获得者诗人朱安·雷曼·矶曼兹和英国电影明星罗纳德·柯曼逝世。

6 月
- 联合教会在美国成立。
- 法国实施紧急状态法，戴高乐将军组成新政府。
- 冰岛将领海扩大到 19 公里（12 英里）。
- 匈牙利前领导人纳吉被处决。
- 英国宣布解决塞浦路斯问题的新方案。
- 印度尼西亚禁止壳牌石油公司开采石油。
- 意大利组成以阿米特多·范范尼为首的新的联合政府。

7 月
- 苏温纳亲王成为老挝政府领导人。
- 美国组建国家宇航局。
- 美国和英国就合作发展核武器达成协议。
- 伊拉克发生由克里布·卡斯木领导的军事政变，国王、总理及王储被杀。
- 伊拉克政变导致黎巴嫩总统要求美国派兵进入黎巴嫩；美国同意。

'58

新闻摘要
. . . .

- 约旦国王侯赛因要求英国在约旦驻军；英国空降部队进入该国。
- 阿拉伯联合共和国与伊拉克新领导人签订共同防御条约，并断绝与约旦的外交关系。
- 老挝总理苏万纳辞职；萨纳尼克恩继任。
- 赫鲁晓夫访问中国，会见毛泽东。

8月

- 约旦国王侯赛因解除与伊拉克的联邦关系。
- 北约国家与苏联东欧国家解除贸易禁运。
- 中共军队炮轰国民党占领的金门岛。
- 南非总理J.G.斯特奇德姆死于办公室。
- 英国作曲家拉斐尔·威廉姆斯逝世。

9月

- 海恩里克·沃尔伍德成为南非总理。
- 西德总理阿登纳与法国总理戴高乐会谈。
- 法国议会批准修改宪法，给予总统更多权力。
- 阿尔及利亚起义者在开罗成立阿尔及利亚临时独立政府。

冰下航行

19 58年7月23日，世界第一艘核潜艇——美国海军的"鹦鹉螺"号核潜艇离开珍珠港，开始具有历史意义的航行——人类第一次从水下穿越北极。

以"鹦鹉螺"命名这艘具有开拓意义的潜艇并不是偶然的。这个名字曾用于19世纪美国工程师罗伯特·福尔顿设计的第一艘潜艇。它还是儒勒·凡尔纳的著名科幻小说《海底两万里》中尼摩船长的巨型潜艇的名字。

"鹦鹉螺"于1954年1月下水，它由一座核反应堆产生的蒸气驱动大功率引擎，提供强大动力，是世界上第一艘能够长期持续在水下航行的潜艇。"鹦鹉螺"号长97.2米（319英尺），排水量超过3000吨，潜航速度为每小时20节，均为当时潜艇设计之最。

在舰长威廉·安德森的指挥下，"鹦鹉螺"号向北穿过白令海峡，并于8月1日在阿拉斯加州巴罗附近海域离开水面。8月3日上午11时45分穿过北极冰层覆盖之下的深海水域。两天后，它出现在格陵兰海。安德森舰长和116名官兵都获得军功章，以表彰他们创造的水下航行新纪录。

这艘潜艇于1980年退役，并作为浮动博物馆开始了它的新生活。

▶ 创造历史——美国海军潜艇"鹦鹉螺"号正在准备进行水下穿越北极的壮举。

种族骚乱袭击英国

尽 管昔日的大英帝国曾统治过不同种族的许多国家的人民，但在英国本土来自其他种族的人口却相对较少，因此从未出现过美国那样的种族关系紧张。然而这一切却在1958年发生了变化，伦敦和诺丁汉都发生了一系列因种族关系引发的骚乱。

50年代中期大批黑人进入英国，他们主要来自牙买加和其他加勒比海岛国。人们希望他们能够融入英国社会，并解决劳动力缺乏的问题。但这些西印度群岛人却在英国城镇建立了自己的社区。

起初，这些黑人只是引起一些好奇和猜疑，但随后而来的是歧视。1958年，这种情况发展为暴力冲突。8月下旬，外来移民

▲1958年夏，伦敦诺丁山发生种族骚乱，警察逮捕一名示威者。

聚居的伦敦诺丁山连续几个夜晚发生严重骚乱。中部城市诺丁汉也出现暴力冲突。9月，一群白人青年因在诺丁山实施种族暴力活动而被判入狱。

这些暴力骚乱震动了政府和民众。一些重要人物公开宣称英国不可能成为多种族并存的社会，必须立即停止外来移民进入英国。麦克米伦首相看望了由他的私人秘书罗伦·布特勒照料的一名伤者。后来发表的报告显示了当时人们对这些事件的态度。布特勒在他的报告中将骚乱归咎于白人青年和黑人青年为追求漂亮的白人姑娘而引起的忌妒和争斗，以及黑人工人以较低的工资和较低的生活水平夺走了部分白人的工作。他还进一步提到，白人家庭普遍不愿与黑人为邻。例如一群过去被视为"街头捣蛋鬼"的白人少年，因在这次骚乱中与黑人青年"勇敢作战"而变成了当地的"英雄"。

但政府绝不允许存在对移民的任何歧视。实际上，这一时期出现在英国黑人社区的情况仅涉及公共秩序问题。尽管法律明令禁止种族歧视，但实际上这种丑恶现象在五六十年代的英国却层出不穷，引起正直的人们的深切关注和担忧。

尼罗河上的新大坝

▲建设中的埃及尼罗河上的阿斯旺大坝。

按照埃及总统纳赛尔的设想，在尼罗河上建造新的阿斯旺水坝，关系到国家未来的繁荣兴旺。在搁置了两年之后，这个巨大工程终于在1958年10月23日开工。

建造阿斯旺水坝曾经是导致1956年苏伊士运河危机的直接原因。起初美国和英国政府承诺提供贷款，随后又因纳赛尔的亲共倾向而撤销承诺。为了解决修建大坝的财政问题，纳赛尔不明智地宣布对苏伊士运河实行"国有化"导致1956年的运河危机。1958年，苏联决定为埃及提供4亿卢布贷款，并进一步承诺提供原材料和建坝专家。这是苏联试图扩大对石油资源丰富的中东地区的影响的显著标志。

这个预期于1970年完成的宏伟计划，包括在尼罗河上游形成一个长达321公里（200英里）的以纳赛尔湖为名称的水库。高达111米（364英尺）的阿斯旺水坝，可以控制每年一度的尼罗河河水泛滥，拦蓄的河水可以灌溉100多万英亩的土地。

这座大坝的另一个经济利益是发电。它的庞大的水力发电机组发出的电力可以满足埃及一半的电力需求。而且，纳赛尔湖还可以成为良好的水产养殖场。

到1971年1月阿斯旺水坝正式落成时，它的建造总成本达到10亿美元，是当今世界最杰出的工程项目之一。

10月

· 法国批准新宪法，标志着第五共和国的诞生。

· 英国海外航空公司成立，第一批跨大西洋喷气客机投入运营。

· 巴基斯坦发生内乱，导致总统米尔扎和总理阿尤布汉实行军事管制。

· 教皇庇护十二世逝世；卡迪纳·罗克利当选新教皇，为约翰二十三世。

· 泰国发生军事政变。

· 美国军队离开黎巴嫩。

· 中国志愿军全部撤离朝鲜。

· 计划生育先驱者玛利亚·斯陶勃和法国画家毛瑟·威拉米克逝世。

11月

· 英军离开约旦。

· 民主党赢得美国中期选举。

· 中非联邦举行大选。

· 苏丹发生军事政变。

· 法国大选开始。

· 美国电影明星泰罗尼·鲍尔逝世。

12月

· 印度尼西亚对该国境内的荷兰资产实行国有化。

· 英国第一条高速公路开通。

· 荷兰联合政府倒台；J.M.比尔组成新政府。

· 戴高乐当选法国第五共和国总统。

古巴革命

▲菲德尔·卡斯特罗(中)领导的革命军夺取古巴政权。他的左侧是著名理想主义革命家切·格瓦拉。

新闻摘要

· 越南南北方关系紧张。
· 限制开发南极洲的南极洲条约签订。
· 苏美太空竞赛继续；两国竞相发射卫星和月球探测器。
· 中国农作物歉收。
· 中非联邦爆发内乱，几个政党被禁。
· 英国通过色情出版物法案。
· 古巴开始审讯前巴蒂斯塔政府成员。
· 路易斯·理凯在非洲坦葛尼克发现史前遗迹。
· 北极发现海底高原。
· 当年公演的著名影片包括：弗朗西斯·特弗劳特的《400次打击》，托尼·理查德逊的《愤怒的回顾》，比利·威德尔的《热情如火》，阿理安·雷森纳的《广岛》、《思慕巴黎》和奥托·普雷明格的《桃色血案》。
· 罗德格斯和哈摩斯坦的《音乐之声》在纽约首次公演。
· 巴利·高迪创建 Motown 唱片公司。
· 当年的流行歌曲包括克里弗·理查德的《可爱娃娃》、鲍比·达恩的《马克小刀》和埃迪·考可伦的《人人都唱起来》。
· 罗恩尼·斯克特的爵士乐俱乐部在伦敦开张。

19 59年1月1日,古巴革命领导者菲德尔·卡斯特罗夺取古巴政权。他领导800名坚强的革命战士，经过几年艰苦的游击战争，终于战胜了由3万多人组成的士气低落的政府军。卡斯特罗在人民大众支持下取得的胜利，使古巴成为西半球第一个共产党国家。这个国家的前独裁者巴蒂斯塔将军逃往多米尼加。

卡斯特罗1950年毕业于哈瓦那大学法律系。他在学生时代就热心政治活动，特别擅长演说。后来，这位年轻的律师加入了旨在推翻巴蒂斯塔独裁统治的古巴人民党。卡斯特罗曾被确定为1952年大选的候选人，但那次大选未能举行，而是被通过军事政变从国外重返古巴政坛的巴蒂斯塔取消了。巴蒂斯塔的回归起初受到人民的欢迎。他通过控制政府和压制反对派来巩固自己的地位，稳定了一直混乱不堪的古巴政局。但同时他还大量贪污政府资金，过着豪华的生活。

卡斯特罗认识到只有通过广泛深入的革命才能打倒独裁腐败的巴蒂斯塔。他的第一个行动是在1953年组织起义者对政府军军营发动袭击。这时他们只有160人，袭击很快就失败了。但它却成为点燃人民革命烈火的火种。大部分起义者牺牲，卡斯特罗被捕并被判处15年监禁。

1955年卡斯特罗被提前释放，他离开古巴来到墨西哥，并与那里一些古巴流亡者组建了革命组织"7·26运动"。1956年12月，他的弟弟劳尔·卡斯特罗和切·格瓦拉带着武装人员在古巴东南沿海的东方省登陆。尽管这次行动很快又失败了，但他们却在古巴国内建立了一支800人的游击队。在赢得几次对政府军的小规模战斗的胜利之后，卡斯特罗开始向民众进行宣传，争取得到他们的支持。1958年，他们连续获得重大胜利，最后终于彻底打败了巴蒂斯塔的反动军队。

尽管卡斯特罗是众望所归的革命领袖，但他还是安排温和的自由主义者曼纽尔·乌里塔亚担任古巴革命政权的首任总统。后来大权才逐渐集中在卡斯特罗手中。7月，乌里塔亚辞职，由身为政府总理的卡斯特罗接任总统。12月，卡斯特罗改组政府，任命切·格瓦拉为国家银行行长。

起初，美国已经接受了古巴新政权，特别是当它宣布尊重现有国际协议时。实际上，卡斯特罗在1959年3月22日的一次讲话中也曾表示他将在冷战中支持美国。但第二年，卡斯特罗的政策变得越来越激进，不允许外国企业（其中大部分是美国公司）继续在古巴经营，导致两国关系急转直下。而卡斯特罗措词严厉的反美言论，又使事情变得更加难以挽回。1961年初，美国断绝了与古巴的贸易和外交关系。此后，美国成为试图推翻卡斯特罗的古巴流亡者的天然基地。然而，四十多年来，深受当地大多数人民拥护的卡斯特罗仍牢牢控制着古巴。

"史诗之父"逝世

19 59年1月21日，制作过多部史诗性巨片的美国电影制片人兼导演塞斯利·德米勒在他位于好莱坞的豪宅中逝世，终年78岁。

尽管德米勒早年当过演员，并经历了好莱坞的初创时期，但他很快就意识到他的才能更适合向电影的其他方面发展。作为制片人和导演，他的独特性格得到淋漓尽致的发挥。

▲不惜工本，场面宏伟是德米勒史诗大片的特点。

他制作的史诗电影以规模宏大、成本高昂著称。1923年他完成了他的第一部无声电影《十大戒律》。

1956年，这部影片被重新加工为有声彩色电影。德米勒曾经说过，"上帝给我灵感，而我给观众影片"。

摇滚悲剧

19 59年2月3日，一架轻型飞机撞毁在美国爱荷华州马森市郊外的农田，飞行员和三名乘客不幸身亡。这三名乘客是50年代后期深受青少年喜爱的摇滚歌手巴蒂·赫利、瑞奇·瓦伦斯和J.P.理查德森。

这架飞机载着三位歌星（其中巴蒂·赫利原本不该搭乘此机）从北达科他州的发高市起飞前往另一城市进行演出。起飞后不久飞机便从空中坠落。

尽管瓦伦斯和理查德森都是著名歌手，他们的歌曲《拉巴姆巴》和《尚蒂伊缎带》都曾创造畅销纪录，但巴蒂·赫利的死最令歌迷惋惜。赫利只有22岁，是一位年轻而极具才华的歌手，不仅歌唱得好而且会作曲。他的《美好的一天》和《可笑的苏珊》成为久唱不衰的摇滚经典。更加神秘的巧合是他遇难时，正值他的唱片《从此万事皆空》发行。赫利的天赋仍然是歌迷们津津乐道的话题。他对约翰·列农和保罗·麦卡特尼等新一代流

▲单引擎"勃纳兹亚"飞机撞毁在冰雪覆盖的爱荷华田野。旁边是三名死去的摇滚歌手之一的遗体。

▲深受歌迷喜爱的巴蒂·赫利是第一位能够自创自演的摇滚歌手。

行歌星产生了巨大的影响。70年代美国歌星堂·麦克林在谈到1959年2月3日空难对他的影响时说："那一天，仿佛音乐也死了。"

- 梅尔斯·戴维斯录制唱片《蓝调之王》，约翰·考特拉恩录制唱片《巨人的步伐》。
- 舒尔赫·德兰尼德话剧《蜂蜜的味道》首次在伦敦公演。
- 当年出版的图书包括：穆雷尔·斯巴克的《回忆莫里》、甘特·格拉斯的《锡鼓》、菲利普·罗斯的《再见，哥伦比亚》和威廉·布鲁斯的《赤裸的午餐》。

1月

- 比属刚果发生内乱；比利时实施改革。
- 古巴革命军迫使前总统巴蒂斯塔流亡多米尼加；"7·26运动"任命曼纽尔·乌里塔亚为总统，卡斯特罗为政府总理。
- 戴高乐将军宣誓就任法国总统。
- 苏联发射探月火箭，人类首次摆脱地球引力。
- 美国电影制片人塞斯利·德米勒和英国赛车手马克·豪楚恩逝世。

2月

- 英属尼亚撒兰发生民族起义。
- 瑞士举行公民投票，否决给予妇女投票权。
- 希腊、土耳其和英国达成有关塞浦路斯的协议。塞浦路斯获得独立。
- 英国首相哈罗德·麦克米伦访问苏联。
- 南罗得西亚宣布进入紧急状态。

新闻摘要
∙∙∙∙∙∙∙∙∙∙∙∙

3月
· 伊拉克发生未遂兵变；伊政府退出巴格达条约。
· 亚沙兰国民党领导人黑斯廷·班达被捕。
· 肯尼亚发生"赫拉营地"事件，11名"茅茅"囚犯死亡。
· 达赖喇嘛逃往印度。
· 美国作家雷蒙德·钱德勒和电影演员楼·考斯罗逝世。

4月
· 美国国务卿约翰·杜勒斯因病辞职。
· 刘少奇成为中华人民共和国主席；毛泽东继续担任党的领导人。
· 美国著名建筑大师弗兰克·怀特逝世。

5月
· 英国抗议冰岛在"鳕鱼战"中使用暴力。
· 美国国务卿约翰·杜勒斯死于癌症。

6月
· 英国印刷工人罢工。
· 新加坡独立。
· 古巴对糖业实行国有化。
· 圣劳伦斯海道开通。
· 爱尔兰总理亚蒙·德维拉辞职后成为总统；赛恩·莱玛斯被任命为总理。

钱德勒与世长辞

19 59年3月26日，美国著名的侦探小说作家雷蒙德·钱德勒逝世。

钱德勒1888年生于芝加哥，他的童年与母亲在英国度过，后来进入伦敦南部的杜威奇学院深造。第一次世界大战期间他曾

▲ 杰出的侦探小说作家雷蒙德·钱德勒（中）被人们视为重要的文学人物。

在加拿大陆军和英国空军服役。

一战结束后，钱德勒曾担任一家经营良好的石油公司执行官。40岁时因美国经济大萧条而失去工作，才改行从事写作。他的第一批短篇小说刊登在侦探文学杂志上。1939年，他在小说《长眠》中塑造的洛杉矶私人侦探菲利普·马洛大获成功。钱德勒小说的特点贯穿了他的主要作品：所有事件都发生在当前，情节复杂而扣人心弦；主人公"马洛"正直刚毅，办事果断，为了破案甚至不顾触犯法律；而女主人公则漂亮动人，善解人意——所有这些因素都通

过作者炉火纯青的文字功夫巧妙地结合在一起，构成令人爱不释手的佳作。

在钱德勒创作的"马洛"系列小说中，有不少被搬上好莱坞银幕。由著名演员汉姆菲利·鲍加特主演的《告别》《我心爱的人》和《湖中的女人》等都曾轰动一时。从1943年起，钱德勒用很大一部分时间为好莱坞撰写电影脚本，创作了《双倍赔偿》（1944）、《蓝色大丽花》（1946）等恐怖片和希区柯克执导的经典影片《列车上的陌生人》（1951）。

作为杰出的侦探小说作家，钱德勒在20世纪文学史上占有重要位置。

王子与平民的婚姻

19 59年4月10日，日本皇太子明仁打破1500年来皇室不与非贵族家庭联姻的传统，与平民的女儿胜田美智子结婚。这反映了战后日本社会观念的巨大变化。

明仁1933年生于这个世界上最古老的帝王之家。按照日本传统，他是第一代天皇神武的第125世嫡传后裔。作为现任天皇裕仁的长子，明仁从小受到严格的皇族传统教育。然而，随着日本在第二次

世界大战中的失败，他的后期教育变得相对开放，包括学习英语和接触西方文化。后来，他以优异成绩获得海洋生物学学位。

胜田美智子是一位富有的企业家的女儿。明仁决定与这位平民姑娘结婚的消息震动了日本朝野，

他们中许多人还拒绝接受天皇在投降书中宣布的天皇是人而不是神的声明。

1989年1月7日，明仁继承逝世的父亲成为日本天皇。他的年号是"平成"，意思是实现和平。

▶ 明仁太子与他的新娘美智子在皇宫举行传统的宫廷婚礼。

捕鱼权之争

二战结束后，以海洋渔业为经济支柱的冰岛决定限制在它的三海里领海内的鳕鱼捕捞活动。1950年，冰岛政府内的一些政治家宣布该国的渔船可以在半径321公里（200英里）以内的海域自由捕捞。这意味着冰岛渔船可以进入传统的英国和德国水域。这项声明激起了英国渔业界的愤怒，并导致一场持续到70年代中期才结束的长期争端。

第一次危险的冲突发生在1959年5月，两艘冰岛渔船的水手与英国渔船水手发生打斗，继而向英国渔船放火。尽管没有人在这次冲突中受伤，但英国政府仍向冰岛总理正式提出抗议。在随后的几个月内，英国海军经常派遣快艇保护英国渔船。冰岛政府由于担心破坏与英国的伙伴关系（它们都是北约成员），要求本国渔民保持克制。但十年后，英国仍拒绝承认冰岛的捕鱼权。两国间因捕鱼问题引起的争端，被人们称为70年代的"鳕鱼之战"。

▲ 英国军舰在北大西洋游弋，保护英国的捕鱼船队。类似行动在70年代曾多次出现。

东方与西方的会面

为了有效缓和"冷战"造成的紧张关系，美国和苏联领导人在1959年进行了互访。

7月，美国副总统理查德·尼克松代表因突发心脏病而不能出行的艾森豪威尔总统访问莫斯科。尼克松首先为在莫斯科举办的美国展览开幕式剪彩，拉开了这次具有历史意义的访问的序幕。在展览会的一间典型的美国厨房模型旁边，尼克松副总统与苏联总理赫鲁晓夫就共产主义与资本主义的孰优孰劣的问题，进行了一场"轻松"的公开对话。虽然看起来他们谈笑风生，气氛和谐，但实际上却唇枪舌剑，谁也不愿甘拜下风。他们的交谈立即被传播到世界各地，这就是著名的"厨房辩论"。

访苏期间，尼克松还在电视台发表了美国希望缓和"冷战"紧张状态的意愿，但他又强调实现缓和取决于苏联领导人。最后，

▲尼克松副总统在欢乐的人群中为美国展览剪彩。赫鲁晓夫微笑着站在他的身后。

纽约爱乐交响乐团在列宁格勒的精彩演出将这次访问推向高潮。

9月15日，赫鲁晓夫开始访问美国。尽管没有受到美国民众的热烈欢迎，但仍不失为一次成功的访问。他走访了美国的城市和乡村，以其热情洋溢的面貌给美国人民留下了深刻的印象。这次访问的重点是他与艾森豪威尔总统在戴维营的会谈。

通过互访，双方在改善公共关系方面取得重大成果，签订了在教育、科学、文化和体育等领域的合作协议。总之，这次互访使两国关系达到新的高度，尽管是暂时的。

美国的两个新州

19 59年1月，阿拉斯加正式加入美国联邦；8月，太平洋上的夏威夷群岛归属美国，它们分别成为美国的第49和第50个州。这两个州的共同特点是它们在地理上都不与美国大陆的其他48个州相连。阿拉斯加位于北美大陆的西北角，北临北冰洋，西接太平洋和白令海峡。它与美国本土之间隔着加拿大的不列颠哥伦比亚省，距华盛顿州965公里（600英里），面积占美国领土的20%，其中很大一部分尚未标记在地图上。

过去这里是爱斯基摩人、特里吉特人和阿留申人的家乡。18世纪初期，欧洲人发现了阿拉斯加。在晴朗的日子，人们偶尔能从西伯利亚海岸看到海峡对岸80公里以外的群山。1728年，俄国沙皇派丹麦探险家威塔斯·白令前去察看。白令发现那里是一块由一条85公里宽的海峡与俄罗斯隔开的土地。这条海峡从此被命名为白令海峡。

1784年，第一批俄罗斯皮毛商人在这里定居。后来沙皇保罗一世任命俄美贸易公司管理这块领土。到19世纪初期，这里的天然野兽动物在人们的疯狂狩猎下数量锐减，毛皮贸易也日益衰落。1867年，美国国务卿威廉·斯沃德代表美国从俄罗斯手中购买了这块土地，他本人也因此名留青史。但在当时许多人看来，这是一笔愚蠢的交易。多年后，人们提到阿拉斯加还将它称为"斯沃德的蠢事"。这一地区一直由美国军队控制。

1912年，美国国会正式在阿拉斯加地区建立立法机构。1946年，大多数阿拉斯加居民投票同意加入美国联邦。

▲一个爱斯基摩人手举象征美国国旗第49颗星的标志，表示阿拉斯加正式成为美国联邦成员。

夏威夷由一群火山岛组成，位于太平洋中部，距美国大陆西海岸约3860公里（2400英里），是离本土最远的美国领地。这里的土著居民的祖先是公元400年前后航行到这里的波西米亚人。1778年，英国探险家库克船长"发现"了夏威夷。19世纪，欧洲文化的影响随着传教士的到来而迅速扩大，并逐渐替代本土文化。此后的夏威夷尽管由英国、法国和美国共管，但直到19世纪末，它仍有独立的自治机构。1900年，随着美国势力在这里占据支配地位，美国国会正式宣布夏威夷为美国领地。

夏威夷以绮丽的风景和宜人的气候而闻名全球。著名作家马克·吐温将它描述为"镶嵌在太平洋上的最美丽的群岛"。1941年12月7日，日军偷袭美国珍珠港海军基地，美国随即宣布加入第二次世界大战。夏威夷因此成为国际瞩目的焦点。

怀特的传奇

19 59年10月21日，陈列美国最精美的现代艺术品的古根海姆博物馆在纽约开幕。这座建筑是20世纪美国最伟大和最受争议的建筑大师弗兰克·劳埃德·怀特的杰作。可惜怀特未能活着看到他的最后作品的完成。他于半年前死于肠梗阻手术。

怀特的辉煌事业开始于1887年，他从威斯康辛大学退学来到芝加哥，成为一名建筑设计绘图员。在著名的路易斯·苏利文建

◀尽管没有念完大学，但弗兰克·怀特依然是20世纪最著名的建筑设计师之一。

筑设计室工作了一段时间后，怀特于1893年开始独立创业。尽管没有正式接受过建筑设计方面的教育和培训，但凭着几年工作经验和敏锐的思维能力，他很快就在由一些青年设计师组成的"帕莱里建筑学派"中脱颖而出。这个学派以设计两层带倾斜屋顶的民用住宅而闻名，堪称20世纪美国普通民宅的典范。

20年代，正值美国经济大萧条时期，也是怀特职业生涯最艰难的时期。他的设计几乎都没有变成真实的建筑，只好将大量时间用于写作和讲课。当经济逐渐复苏时，怀特的命运发生变化。他的两个建筑设计受到国际同行的高度赞扬：一个是宾夕法尼亚州匹兹堡市附近的"落水山庄"——高雅幽静，流水潺潺的度假

▲用设计师怀特的话来说，纽约古根海姆博物馆的设计宗旨是让"绘画成为建筑的一部分"。

别墅；另一个是位于威斯康辛州的约翰逊·沃克斯公司总部大厦，它独特的"蘑菇"廊柱格外引人瞩目。

古根海姆博物馆早在1943年就开始设计。虽然它的外表像一个巨大的多层汽缸，但内部却没有分离的楼层，取而代之的是一个沿着内墙盘曲而上的螺旋状坡道，在连续的空间中形成六个不同的"层面"。这个螺旋的中心是开放的，并通过顶部巨大的玻璃穹顶提供足够的自然光线。

有奖问答节目的丑闻

▲查尔斯·凡杜伦(右)通过在《二十一点》的演出迅速成为全国的名人。

19 59年11月，美国联邦贸易委员会对一桩震惊全国并使电视媒体名声扫地的丑闻进行了调查，结果表明在电视台播出的一个有奖问答节目中存在着严重人为干预评选结果的舞弊现象。50年代，像《说出这个曲调》和《64000美元

问题》等有奖竞猜节目都是人们最喜爱的电视节目。

最著名的此类节目的"枪手"是哥伦比亚大学教授查尔斯·凡杜伦。他的父亲是普利策奖获得者诗人马克·凡杜伦，母亲是作家德洛希·格拉斐。电视问答节目《二十一点》的制

作人唐·安奈特认为让这样一位具有才能的人作为节目竞猜嘉宾，一定会吸引大量观众。事实果真如此，睿智机敏、英俊潇洒的凡杜伦很快名扬全国。但观众并不知道他事先已经得到问题的答案，现场转播时只需稍作准备便可赢得满堂喝彩。在他的创纪录的演出中，共获得现金12.9万美元。

节目制作人安奈特受到联邦贸易委员会的严厉谴责，并丢掉了工作，尽管人们普遍认为他的做法得到了上级主管和电视网管理层的默许。凡杜伦被迫退回所得的不义之财，灰溜溜地回到学校当了一名低职位的教师。

10月
· 麦克米伦领导的保守党赢得英国大选。
· 联合国大会讨论西藏问题。
· 巴基斯坦改革政府结构。
· 美国影星伊洛尔·弗来恩和马里奥·兰扎逝世。
· 美国将军乔治·马歇尔逝世。

11月
· 英国开通 M1 高速公路。
· 突尼斯举行大选。
· 联合国大会谴责南非种族隔离。
· 欧洲自由贸易协会成立。
· 肯尼亚紧急状态结束。

12月
· 英国与埃及和叙利亚阿拉伯联合共和国恢复外交关系。
· 马卡里奥大主教当选塞浦路斯总统。
· 法国德瓦斯塔斯河大坝坍塌，造成 300 人死亡。
· 英国艺术家斯坦利·斯潘舍爵士逝世。

1960-69

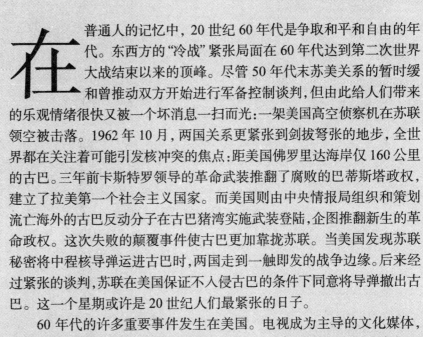

在普通人的记忆中，20 世纪 60 年代是争取和平和自由的年代。东西方的"冷战"紧张局面在 60 年代达到第二次世界大战结束以来的顶峰。尽管 50 年代末苏美关系的暂时缓和曾推动双方开始进行军备控制谈判，但由此给人们带来的乐观情绪很快又被一个坏消息一扫而光：一架美国高空侦察机在苏联领空被击落。1962 年 10 月，两国关系更紧张到剑拔弩张的地步，全世界都在关注着可能引发核冲突的焦点：距美国佛罗里达海岸仅 160 公里的古巴。三年前卡斯特罗领导的革命武装推翻了腐败的巴蒂斯塔政权，建立了拉美第一个社会主义国家。而美国则由中央情报局组织和策划流亡海外的古巴反动分子在古巴猪湾实施武装登陆，企图推翻新生的革命政权。这次失败的颠覆事件使古巴更加靠拢苏联。当美国发现苏联秘密将中程核导弹运进古巴时，两国走到一触即发的战争边缘。后来经过紧张的谈判，苏联在美国保证不入侵古巴的条件下同意将导弹撤出古巴。这一个星期或许是 20 世纪人们最紧张的日子。

60 年代的许多重要事件发生在美国。电视成为主导的文化媒体，成为美国意识形态对外传播的主要渠道。这个时代的特点是追求新观念和新时尚，年轻人成为推陈出新的先锋。在 1960 年的大选中，43 岁的约翰·肯尼迪成为美国历史上最年轻的总统，这也是那个时代风气的象征。用他的一句名言来表述："历史已将火炬传给新一代美国人。"然而三年后，这种乐观的精神受到双重打击：肯尼迪总统遇刺身亡和美国陷入不可自拔的战争泥潭——越南。

与导致美国参与朝鲜战争的外交政策如出一辙，越南战争的阴影也是从美国向当地政府提供军事援助开始的。肯尼迪执政后开始向受到共产党威胁的越南南方和老挝政府提供军事援助。到 1965 年，共有 15 万美国军人进入南越与越共游击队作战。尽管美军和政府军占有兵力和武器的绝对优势，但仍无法取胜。60 年代末，随着国内反战呼声的日益高涨，美国政府准备撤出这一地区。美国人民的普遍抗议是美国军队被迫撤离越南的重要原因之一。而美国黑人争取同等权利的斗争则构成 60 年代美国社会的另一道亮丽的风景。尽管 19 世纪的美国南北战争废除了丑恶的奴隶制度，但美国黑人的社会地位并未得到彻底改善。虽然法律上的种族隔离在 60 年代已经消失，但歧视现象仍普遍存在。黑人民权运动领袖马丁·路德·金在他著名的"我有一个梦想"的演说中，表达了争取自由平等的美好愿望。但这位和平主义者却死于暴力暗杀。

英国同样以乐观的精神进入 60 年代。与美国不同，上个年代对大多数英国人来说都相当严峻，战争的创伤仍有待治愈。而现在人们似乎已经看到战争真的结束了。新的工党政府以新的姿态拥抱现代社会，正如哈罗德·威尔逊首相所说："这是个积极进取的时代。"变化的伦敦正在成为世界文化的中心，不朽的"披头士"开创了世界流行音乐的新纪元。

然而，60 年代的世界伴随着科学的重大进步和不断增多的国际冲突。1961 年当苏联的尤里·加加林成为太空第一人以后，美国立即投入巨资与"敌人"竞争。1969 年，美国的尼尔·阿姆斯特朗乘坐"阿波罗 11 号"宇宙飞船成功登月，将一面美国国旗插上月球表面，被视为当时人类最伟大的科学成就。

新闻摘要

· 越南北方组建越共军队。
· 以色列特工从阿根廷绑架前纳粹分子阿道夫·海曼并送往以色列审判。
· 法国在非洲的殖民地尼日尔、乍得、达荷美、上沃尔特、象牙海岸、喀麦隆、多哥兰、马达加斯加和毛里塔尼亚独立。
· 西德禁止新纳粹党。
· 劳伦斯的小说《查泰莱夫人的情人》在英国被查禁。
· 南罗得西亚发生骚乱，议会通过镇压议案。
· 锡兰领导人班达拉奈克夫人成为英联邦内第一位女总理。
· 美国爆发反种族歧视大示威。
· 巴西利亚成为巴西新首都。
· 激光技术被发明。
· 核潜艇完成水下周游世界。
· 人工合成叶绿素。
· 更多"死海卷轴"被发现。
· 英国成立皇家莎士比亚公司。
· 美国足球协会成立。
· 卡萨斯·加莱获得罗马奥运会拳击金牌。

深渊之旅

1960年1月，瑞士科学家杰克斯·帕克德和美国海军上尉堂纳德·威尔士驾驶"里雅斯特"号深潜器，在关岛附近的太平洋水域，下潜到10920米深处的海沟底部。这是人类第一次接触地球表面最深处。

杰克斯·帕克德是发明深潜器的瑞士教授奥格斯特·帕克德的儿子。奥格斯特最初从事高海拔地区的热气球升空试验，后来根据类似的原理提出利用一种球形潜水器探索大洋深处的概念。

1953年，"里雅斯特"号深潜器在意大利造成。它是一个钢制的球体，可以容纳两名乘员。深潜器连接着一个装满汽油的大型浮动油箱，并采用铁球作为压舱物：装入铁球，深潜器就会下降；抛出铁球，就会浮出水面。

1957年，帕克德的深潜器引起美国海军海洋研究所的注意。他们愿意资助"里雅斯特"号潜入世界最深处——马里亚纳斯海沟。

1960年1月23日，杰克斯·帕克德和威尔士上尉进入狭窄的球形深潜器。经过5个小时的缓慢下潜，终于抵达深不可测的太平洋海底。令人惊讶的是，他们看到这里也有鱼儿游来游去，足以证明在这地球最深处也存在着生命。在海沟深处逗留20分钟后，他们放出铁球，逐渐回到海面，受到守候在那里的人们的热烈欢迎和祝贺。

▼ 第二代开拓者，杰克斯·帕克德乘坐父亲发明的深潜器到达地球表面最深的海底。

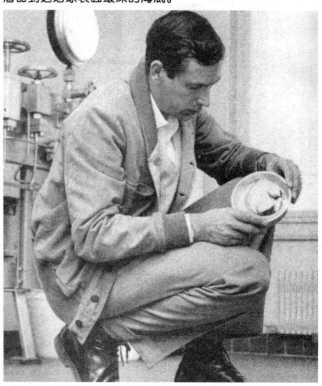

沙佩维尔大屠杀

1960年2月3日，英国首相哈罗德·麦克米伦在南非议会上发表讲演，说"变革之风正在席卷非洲"，英国和法国均已决定允许它们在非洲的殖民地独立并组成黑人政府。

仅在1960年就有14个法国殖民地和2个英国殖民地获得独立，包括非洲大陆人口最多的国家尼日利亚。麦克米伦讲话的含义十分明确：南非应该顺应国际潮流，放弃白人至上的种族主义，至少在外交方面有所表示。

但以汉德里克·沃尔伍德为首的南非政府不想听取这样的忠告。1948年以来，南非一直通过种族隔离制度维护白人统治。每个南非人都被归属于某个种族等级，社会生活的每个领域都禁止种族混合。尽管这个制度主张各个种族"独立发展"，但实际上却是为了确保少数白人控制最好的土地、最好的工作和全部政治权力。

麦克米伦发表演说后仅仅6个星期，南非政府就以最野蛮的方式表达了它顽固对抗变革潮流的态度，残酷镇压由两大政治集团——著名的"非洲人国民大会"（ANC）和激进的"泛非议会"（PAC）领导的反对种族隔离制度的运动。

3月21日，他们发动了声势浩大的国民抵制运动，抗议政府颁布用于控制黑人寻找工作和自由移动的"通行法"。在德兰士瓦省沙佩维尔市区，大批手无寸铁的示威者，包括许多妇女和儿童，来到当地警察局门口。警察开枪打死69人，打伤178人。

沙佩维尔大屠杀成为南非内部政治和对外关系的转折点。事件平息后，ANC和PAC被南非政府查禁。这两大组织不得不以暴力作为反对种族隔离制度的惟一方式。第二年，南非退出英联邦，宣布自己为独立的共和国，表明它坚持种族隔离对抗"变革之风"的顽固立场。

▼ 沙佩维尔大屠杀成为南非人民通过30年暴力斗争结束种族隔离制度的起点。

美国南方种族骚乱

19 60年，美国兴起的反对种族隔离的斗争浪潮引起美国南方白人的激烈反应。4月25日，密西西比州比洛克西市发生白人种族主义者制造的骚乱，导致10人死亡。

这一年，民权运动首先从黑人学生在公共场所抵制种族隔离的直接行动开始。2月1日，北卡罗来纳州格林斯堡的4名黑人大学生来到当地的沃尔沃茨商店专门接待白人的柜台，由于店员拒绝服务，他们便天天在那里静坐以示抗议。他们的行动很快吸引了数百名黑人学生的支持。媒体的传播对"静坐"运动更起到推波助澜的作用。著名民权斗士马丁·路德·金也表示坚决支持他们的正义行动。他说："你们正站在为自由而战的光荣阵地。"

4月17日，北卡罗来纳州肖赫大学成立了旨在统一指导和协调反对白人种族主义运动的"大学生非暴力协调委员会"。

一个星期后发生的表明争取民权的运动变成了危险的冲突。这次事件的起因是一群黑人聚集在传统上属于白人专用的海滩。愤怒的白人决心夺回他们的海滩"专用权"，与那里的黑人发生冲突。在混乱厮打中，有人开枪击伤了对方，使这场肉搏变成了枪战，导致8个黑人和2个白人死亡。这是美国历史上死人最多的一次种族骚乱。

▲比洛克西种族骚乱惨案发生后，一位黑人抗议者接受调查询问。

· 当年公演的著名影片包括简·高达德的《筋疲力尽》、希区柯克的《心理学》、弗雷德里克·弗尔尼的《薇塔夫人》和斯蒂夫·麦昆主演的《七个奇迹》。
· 英国电视台开始播出连续剧《加冕街》。
· 彼得·库克主演的《超越边缘》在伦敦公演。
· 罗伯特·勃尔特的话剧《一个人的四季》首次公演。
· 当年首次公演的音乐剧包括吕西诺·勃里奥的《大马戏团》、奥里沃·曼西恩的《编年史》。
· 莱恩诺·巴特的音乐剧《雾都孤儿》首次在伦敦公演。莱纳和洛维的音乐剧《亚瑟王宫》在百老汇公演。
· 当年的流行歌曲包括埃迪茨·皮法的《绝不宽恕》和"猫王"的《今夜不再孤独》。

1月

· 阿尔及利亚内战。
· 英国领导人哈罗德·麦克米伦访问非洲。
· 罗得西亚民族主义领袖肯罗德考恩达被捕入狱。
· 美国和日本签订互助条约。
· 肯尼亚结束紧急状态。
· 诺贝尔奖获得者、法国存在主义者作家阿尔伯特·卡缪斯死于车祸。

新闻摘要

2月
- 肯尼亚新宪法在伦敦会议上通过。
- 法国在非洲撒哈拉沙漠试验原子弹。
- 阿尤布汗当选巴基斯坦总统。
- 拉美自由贸易协会成立。
- 意大利总理安东尼奥·塞格尼辞职；意大利政府陷入危机。
- 摩洛哥大地震，造成一万多人死亡。

3月
- 印尼总统苏加诺解散议会。
- 李承晚在韩国的舞弊大选中获胜；引起民众骚乱。
- 锡兰组成以辛马纳雅克为首的新政府。
- 南非发生沙佩维尔大屠杀；警察开枪射杀69名示威者；全国进入紧急状态。

4月
- 尼亚萨兰民族领袖获释出狱。
- 南非查禁"非洲人国民大会"。
- 南非总理被一名愤怒的商人击伤。
- 尼亚萨兰结束紧急状态。
- 韩国总统李承晚被迫辞职。
- 土耳其学生示威。

苏联击落美国 U2 侦察机

1960年5月，美、苏、英、法在巴黎举行四国首脑会议。人们期待这次峰会能缓和"冷战"造成的紧张局面，不料却开成了苏美就间谍飞行问题的宣传大战。

自1956年以来，美国就定期派遣U2型高空侦察机飞越苏联领空，拍摄秘密军事设施。这种飞机可以在25900公尺的高度飞行。美国人认为在这种高度上，苏联飞机或导弹无法拦截它。

然而，1960年5月1日，一架由加里·鲍尔斯驾驶的U2飞机被苏联的"萨姆"2型导弹击中，并坠落在斯维尔德洛夫斯克附近。鲍尔斯跳伞降落后被俘，却没有吞服中央情报局为他准备的氰化物毒药。苏联故意隐瞒了这一事实。

美国以为鲍尔斯已死，便一再否认被击落的飞机从事间谍活动，声称这架U2是在进行气象研究的飞行过程中偏离了航线。就在美国公开撒谎的表演之后，苏联突然将鲍尔斯带到一个新闻发布会上，向全世界展示美国实施间谍飞行的确凿证据。

在5月16日召开的巴黎峰会上，苏联总理赫鲁晓夫要求美国总统艾森豪威尔公开道歉，并保证不再派遣间谍飞机飞越苏联领空。但遭到艾森豪威尔的拒绝。四国峰会变成了一场谴责和反谴责的争吵。

后来，鲍尔斯被苏联判处10年监禁，但他仅服

▲加里·鲍尔斯手持执行军事间谍任务的U2飞机模型。

刑一年半便回到美国。因为苏联用他与美国交换了被捕的苏联间谍鲁道夫·阿贝尔。这个行动开创了苏美之间"间谍交换"的先河。

刚果陷入"黑暗之心"

▲两支加纳部队进入刚果，加入联合国的万人维和大军。

到1960年，英国和法国这两个在非洲拥有大量殖民地的国家，都已谨慎地制定了向独立的非洲各国政府移交权力的计划。

然而，作为地域辽阔、矿产丰富、人口稀少的刚果的宗主国比利时，却并不打算让它的殖民地独立。在这个国家的政府机构高层职位或军队的军官中几乎看不到黑人。

面对帕特利斯·卢蒙巴领导的刚果民族主义运

动的强大压力，比利时被迫于1960年6月30日宣布同意刚果独立。

卢蒙巴成为独立后的刚果共和国总理。但这个新兴国家很快就陷入分裂。军队赶走了白人军官，士兵们发动了兵变。比利时借口"维持秩序"，再次派兵进入刚果。大多数欧洲人乘坐比利时军用飞机逃离刚果，使这个国家的工业和行政管理陷入一片混乱。同时，蕴藏着该国大部分矿产的南方卡塔伽省也在当地政治家摩赛·塔什莫比的领导下宣布独立。塔什莫比的行动得到了欧洲矿产主的财政支持和比利时军队的保护。

面对挑战，卢蒙巴呼吁联合国提供帮助。7月底，联合国秘书长达格·哈马舍尔德派去了一支一万多人的维和部队。苏联也开始向卢蒙巴的支持者提供支援。而美国中央情报局则多次策划对他的刺杀行动。

联合国维和部队对卢蒙巴进行了最大程度的保护，但他还是在11月落入约瑟夫·蒙博托上校领导的叛军手中，并于1961年在卡塔伽被杀害。整个60年代，野蛮的战争和杀戮一直在刚果蔓延。

塞浦路斯独立

19 60年8月16日，地中海上的塞浦路斯岛在经历了82年的英国殖民统治后，成为独立的共和国。而六年前英国政府还郑重宣布"英国绝不放弃对这个岛屿的主权"。但岛上风起云涌的抵抗运动使英国政府改变了态度，认识到继续占领塞浦路斯将使他们付出无法接受的高昂代价。

然而塞浦路斯的情况并不像其他争取独立的殖民地那样简单。这里78%的人口是希腊族，其中许多人希望的不是独立，而是与希腊统一。

希腊政府也支持他们的愿望，但遭到土耳其政府的断然反对，因为这个岛上还有22%的人口属于土耳其族。这种情况使同属北约盟友的希腊、土耳其和英国感到十分棘手。

1955年4月，塞浦路斯出现了以推翻英国统治，实现与希腊统一为宗旨的"塞浦路斯全国斗争"组织（埃奥卡）。在希腊将军乔治·格利瓦斯领导下，"埃奥卡"发动了一系列袭击行动，但不久就被大批英军的清剿行动镇压下去。

与此同时，希族宗教领导人马卡里奥大主教不断对英国殖民当局施加政治压力，要求改变现状。1956年，马卡里奥被驱逐出境，但希族民众的反抗并未停止。

1958年，各方终于达成妥协。希族同意塞岛不与希腊统一，而是在分享权力的原则下实现独立。由马卡里奥大主教担任总统，由土族代表担任副总统。

英国同意在保留德克利亚和阿卡奥特里军事基地的前提下撤离塞岛。就这样，大英帝国的旗帜从这里徐徐降落。

从此，塞浦路斯掀开历史的新篇章，走上独立自主建设国家的道路。

▼ 随着英国统治的结束，马卡里奥大主教成为独立的塞浦路斯共和国第一任总统。

5月
· 美国U2侦察机被苏联击落，飞行员被捕，导致苏美关系紧张。
· 欧洲自由贸易协定（EFTA）正式生效。
· 莱奥尼德·勃列日涅夫进入苏联领导层。
· 美国联邦药品管理局批准口服避孕药。
· 罗得西亚建成卡里巴大坝。
· 智利发生大地震。
· 土耳其发生军事政变，罢免总统曼德雷斯；古塞尔将军掌权。
· 俄国诺贝尔文学奖获得者鲍里斯·帕斯特纳克逝世。

6月
· 日本爆发反美学生示威。
· 戴高乐将军与法国临时政府谈判。
· 英属索马里兰独立。
· 前比利时殖民地刚果独立；帕特利斯·卢蒙巴任总理。

7月
· 摩加的沙政府独立，组成索马里。
· 塞浦路斯与英国达成协议，塞浦路斯获得独立。
· 新独立的刚果发生兵变，比利时派兵进入刚果。

新闻摘要

· 反叛的刚果卡塔伽省在摩赛·塔什莫比领导下宣布独立,并与比利时建立外交关系。
· 联合国维和部队进入刚果。
· 日本首相岸信介辞职;池田勇人继任。
· 锡兰大选,兰卡自由党获胜;班达拉奈克夫人任总理。
· 阿米特摩尔·范范尼组成意大利新政府。
· 马来亚结束紧急状态。
· 英国国民健康服务体系的创建者安鲁恩·贝文逝世。

8月
· 联合国要求比利时军队撤出刚果。
· 老挝发生军事政变。
· 塞浦路斯宣布独立;马卡里奥大主教任总统。
· 富米苏发旺组成老挝新政府。
· 第17届奥运会在罗马举行。
· 约旦总理遇刺;叙利亚参与。
· 南非结束紧急状态。
· 诗人、歌剧制作人奥斯卡·哈默斯坦二世逝世。

卡斯特罗挑战美国

1960年8月,古巴领导人菲德尔·卡斯特罗宣布对价值数亿美元的美国资产实行国有化,以强硬的姿态向他的超级大国邻居发起挑战。卡斯特罗很清楚美国中央情报局正在策划推翻他的阴谋,他的政治生命面临着严重的威胁。

当卡斯特罗经过艰苦的游击战争最终于1959年1月夺取古巴政权时,他的胜利曾受到美国民众的普遍欢迎。然而,卡斯特罗的激进革命很快就超出了美国能够容忍的程度。

虽然卡斯特罗最初并不是共产主义者,但他公开推动反对美国支持的中美洲各国政府的革命运动。他还利用手中的权力大肆发表攻击和羞辱美国的言论。

艾森豪威尔政府开始感到这个距美国南部海岸仅145公里的岛国是对美国的一个威胁。美国中央情报局曾在黑手党的帮助下多次秘密策划暗杀卡斯特罗,但均未得逞。美国黑手党因卡斯特罗关闭哈瓦那的夜总会而蒙受巨大损

失。此外,美国政府还对古巴发动了经济战。长期以来,这个国家的经济几乎完全依赖对美国的出口,特别是蔗糖。美国企图通过禁止进口古巴蔗糖,迫使卡斯特罗屈服。

对美国企业实行国有化只是卡斯特罗回应美国贸易封锁行动的一部分,另一个行动是建立与苏联的特殊关系。苏联不仅承诺购买古巴蔗糖,而且大力支持古巴输出革命。于是,"冷战"来到了加勒比地区。

◀ 美国对古巴实施贸易禁运,引起古巴人民的普遍抗议,导致古巴与苏联的关系更加密切。

肯尼迪与尼克松竞选大辩论

1960年11月8日,民主党候选人约翰·肯尼迪击败共和党候选人理查德·尼克松,当选美国总统。43岁的肯尼迪是美国历史上入主白宫最年轻的人。他还是第一个担任美国国家元首的罗马天主教徒。这次大选竞争异常激烈:肯尼迪得票34227096张,仅略多于尼克松的34108546张。

这次大选是民主党与共和党候选人之间势均力敌的竞争。尼克松作为艾森豪威尔的副总统,要维护现有的执政方略,而肯尼迪则持相反态度。他特别攻击艾森豪威尔的政策使古巴成为国际共产主义集团插在美国身边的一根刺,并且使美国在核导弹部署数量上落后于苏联——即所谓的"导弹差距"。

◀ 肯尼迪的胜利在很大程度上应归功于他在电视辩论会上的表现比尼克松略胜一筹。

然而，更重要的是两位候选人形象和表现的反差对选民产生的影响。肯尼迪的支持者、作家诺曼·梅勒将这次大选表述为"平庸的稳定"与"浪漫的美国梦"之间的抉择。梅勒认为，美国人民的投票将决定这个国家的"光荣或是丑陋"。

梅勒的评论或许有失偏颇，因为这是美国历史上第一次电视竞选辩论。当时美国只有4000万人拥有电视机，另外1.2亿人只能看到大选期间四场辩论中的一场。

其实，公众并没有从这种电视辩论中获得有关候选人国内外政策的信息，倒是对他们的外观和自我表现有了较深的印象。肯尼迪英俊潇洒、镇静自如，而尼克松却显得拘谨而紧张，有时甚至出现不自觉的抖动和眨眼。两人在电视辩论中的表现对肯尼迪的胜利起了很大作用。

无论肯尼迪以微弱优势取胜的原因是什么，它都意味着白宫形象的重大变化。新政府希望给国人和世界一个年轻的、充满活力和理想的面貌。这一切都包含在肯尼迪的一句名言中："不要问国家能为你做什么，而要问你自己能为国家做什么。"这表明青年的理想主义可能过于浪漫，但的确是这个时代的共鸣。

《查泰莱夫人的情人》解禁

▲被禁32年后，英国终于可以自由阅读《查泰莱夫人的情人》。

审查色情读物是60年代英国民众议论的重要话题之一。1960年秋，英国有关机构开始重新审查D.H.劳伦斯的小说《查泰莱夫人的情人》。这部敏感的小说自1928年问世以来就被查禁，因为该书用了许多粗陋低俗的字眼，并对一些人物的性活动进行了细致入微的描写，被认为属于色情读物。

这次重新审查，官方特意从两方面进行了试验。早在1959年，英国有关色情的法律就已经进行了某种修改，只要作品具有某种艺术和文学价值，便可不以色情论处。不久后，"企鹅"图书公司宣布有意出版未经删节的这部被禁的劳伦斯经典小说简装版。结果导致公共检察机构将"企鹅"公司告上法庭。

在法庭上，检察官摩尔温·格里菲茨金首先提出质疑，他提出一个滑稽的问题请法官考虑："这种书您会愿意让您的太太和仆人读吗？"格里菲茨金认为英国民众向来崇尚高雅，绝不能容忍这种赤裸裸描写性活动的色情读物，因此他一定能打赢这场官司。

然而，出乎这位检察官的预料，许多人提出证据表明这部小说具有一定的文学价值，而法官也表示赞同。

11月2日，"企鹅"被判无罪。一周后，"企鹅"出版的《查泰莱夫人的情人》出现在各个书店。首批印刷的20万册在一天内即告售罄。

9月

· 苏联对刚果提供军事援助。

· 刚果总统罢免总理卢蒙巴；约瑟夫·莱奥继任。

· 老挝实行军事管制。

· 赫鲁晓夫在联合国大会演讲。

10月

· 尼日利亚联邦脱离英国而独立。

· 英国工党采取单方面核裁军政策。

· 英国发表蒙克顿报告，建议中非共和国实行宪法改革。

· 日本政治家、日美共同防御条约支持者浅沼稻次郎被日本右翼极端分子刺死。

· 美国对古巴实行贸易禁运。

11月

· 民主党候选人约翰·肯尼迪赢得美国大选。

· 美国第一艘装备北极星导弹的潜艇投入服役。

· 美国电影导演马克·萨纳特逝世。

12月

· 新西兰组成以凯茨·豪利沃克为首的新政府。

· 老挝民众起义，推翻8月政变政府。

· 波恩奥姆亲王任老挝总理。

· 经济合作与发展组织（OECD）成立。

· 萨奥德国王控制沙特阿拉伯政府。

'61

隐藏在郊区的苏联间谍

新闻摘要

· 老挝左翼和右翼集团之间的冲突继续。
· 英国开始就加入欧共体进行谈判。
· 美国组建和平部队。
· 世界保护野生动物协会成立。
· 当年公演的著名影片包括弗朗西丝·特弗伦特的《朱尔与吉姆》、约翰·休斯顿的《错位》和加东大介的《用心棒》。
· 萨里斯特·杰克林的《杜普蕾》在伦敦首次公演。
· 查杜比·扎克尔的音乐剧《再次拥抱》首次公演。
· 当年出版的图书包括摩莱尔·斯帕克的《简·鲍蒂小姐》、埃尔温·斯通的《苦恼与沉沦》和约瑟夫·海勒的《第22条军规》。

1月

· 美国断绝与古巴的外交关系。
· 戴高乐批准在法国和阿尔及利亚就阿尔及利亚的未来举行公民投票。
· 刚果前领导人卢蒙巴被暗杀。
· 英国与埃及—叙利亚阿拉伯联合共和国恢复外交关系。
· 卢旺达临时政府宣布建立共和国。

1961年1月,英国警方在伦敦北部郊区克兰雷夫街一幢普通住宅里发现了一个复杂的苏联间谍网中心,逮捕了几个所谓"波特兰"间谍。此事立即引起媒体的极大关注,人们纷纷议论"冷战"形势下国家安全的话题。

对这个间谍网的侦察和破获,开始于叛逃的波兰军事情报高级官员迈克尔·高登尼奥斯基提供的信息。高登尼奥斯基告诉美国中央情报局,一个50年代在华沙被苏联招募的英国人正在搜集英国海军情报。这个信息被传递到英国军情五处。他们发现这个人就是绝密的波特兰水下武器试验基地雇员哈里·霍顿。

霍顿和他的情妇埃茨·盖丽开始受到严密监视。不久,他们的苏联联系人也被发现。警方注意到他们在一次伦敦之行中将一包东西交给一个名叫高登·伦斯戴尔的加拿大商人。伦斯戴尔住在摄政公园附近的豪华公寓,过着奢侈的生活。但后来证实他的真实身份是苏联克格勃特工科隆·特洛姆威奇·摩洛迪。

1960年10月,在经过一段时间的国外旅行之后,"伦斯戴尔"改变了住址,搬进伦敦北部克兰雷夫街的一所住宅,与伪装成古董书

▲ 这名自称高登·伦斯戴尔的"加拿大商人"实际上是苏联克格勃间谍科隆·特洛姆威奇·摩洛迪。

商的一对新西兰夫妇彼得·库格和海伦·库格同住。后来经美国联邦调查局确认,这对夫妇是美国人莫里斯·柯汉和罗娜·柯汉,是从40年代起潜伏在美国的苏联间谍。

1月7日,警方在老维克剧院门外逮捕了"伦斯戴尔"、霍顿和盖丽,并很快从他们携带的手提包内翻出准备送交苏联的秘密文件。同时,另一批警察闯入克兰雷夫街的住宅,逮捕了"柯汉"夫妇,并搜出一些间谍工具,包括微型设备、一台藏在厨房楼板下面的无线电发报机和用于密写的材料。

从事实上看,破获这个间谍网是英国情报机构的一个胜利。但随着后来双面间谍乔治·布莱克和约翰·威萨尔的被捕,这些行动也使一些人患上"冷战"妄想症,加深了人们对苏联间谍无孔不入的恐惧感,以为他们已经渗透到英国所有的重要军事机构。

美国关注老挝问题

1961年3月1日,肯尼迪总统提醒美国人民密切关注老挝的命运。那里正在进行着一场原因复杂的内战。老挝这个东南亚小国曾与柬埔寨、越南(北越和南越)同为法属印度支那的一部分。

当离任总统艾森豪威尔在移交权力前向肯尼迪介绍外交事务时,曾对他说:"老挝是你的大问题。"这同样也是摆在中央情报局面前的大问题。他们曾帮助老挝右翼将军富米诺萨万组建他的军队,希望他能夺得政权并对抗老挝共产党领导的民众起义部队。

3月21日,肯尼迪公开表示美国将直接干预老挝内战。在简短的电视新闻发布会上,他宣布将派往老挝政府军的美国军事顾问数量增加一倍。为了解释为什么一个如此遥远偏僻的小国对美国却如此重要,肯尼迪提出"多米诺

◀肯尼迪总统提出"老挝问题"。此前，大多数美国人甚至没有听说过这个东南亚国家。

效应"理论——如果这些东南亚国家中有任何一个落入共产党手中，将导致其他地区也无法自保，甚至包括泰国和菲律宾。

尽管媒体忠实表达了政府的信息，但一些亚洲问题专家仍然怀疑，一个蕞尔小国内部分别由王室两兄弟——富米诺萨万亲王和苏发努冯亲王领导争权夺利的内战，其重要性真的能与全球性的"冷战"相比吗？

太空第一人

19 61年4月12日，巨大的"威斯托克"火箭从位于哈萨克斯坦的贝克努尔发射基地腾空而起，将年仅27岁的宇航员尤里·加加林送入地球轨道。苏联再次向世界展示其强大的太空竞赛实力，率先实现载人宇宙航行。

捆缚在狭窄的太空舱（直径2.6公尺）里的加加林显然没有控制飞行过程。他的作用只是被各种仪器监测，以研究火箭发射和太空运行对人体的影响。这艘载人飞船的最大运行高度为300公里。绕行地球一圈后，飞船开始返回地面，巨大的降落伞徐徐张开，使加加林在斯塔夫市附近安全着陆。

这一人类进步的划时代成就立即得到全世界人民的赞扬，但在美国却引起一阵恐慌。因为这不仅表明苏联火箭技术的发展已经对他们的军事安全构成直接的威胁，而且展示

了苏联在太空竞赛中的领先优势。美国航天局的最好成绩只是在两个月以前将一只猴子送上太空。

肯尼迪总统对此反应相当镇静。5月，他在国会发言："我们国家应该承诺实现这个目标：在本年代将人送上月球并安全返回地面。"美国在太空竞赛中输了这一步，但下一步一定能赢回来。

▲加加林在高度保密的环境下进行训练，准备成为遨游太空第一人。

2月
· 葡萄牙殖民地安哥拉民众起义。
· 刚果共和国成立新政府。
· 联合国通过有关刚果的决议，并派遣维和部队制止刚果内战。
· 英国与冰岛解决有关捕鱼权的争端。

3月
· 刚果各派政治领导人在马达加斯加会谈。
· 安哥拉民族分子发动起义。
· 法国大选后，组成新的联合政府。
· 英国电影制片人托马斯·比查姆逝世。

4月
· 尼日利亚对南非实施贸易禁运。
· 苏联宇航员加加林成为太空第一人。
· 联合国大会谴责南非种族隔离制度。
· 古巴反共流亡分子发动"猪湾事件"，被古巴军队消灭。
· 雷摩·萨兰领导的"安格拉解放阵线"发动起义。
· 戴高乐总统宣布法国和阿尔及利亚进入紧急状态。
· "安格拉解放阵线"的起义被镇压，罗奥尔·萨兰继续领导抵抗运动。
· 塞拉利昂独立。

5月
· 老挝内战停火。
· 苏联克格勃间谍乔治·布莱克在英国被判入狱。
· 多米尼加独裁者雷法尔·特尼罗遇刺身亡。
· 南非退出英联邦。

猪湾事件

新闻摘要

· · · · · · · · · ·

6月

· 科威特独立。

· 苏联芭蕾舞演员鲁道夫·努里耶夫叛逃西方。

· 伊拉克对科威特提出主权要求；英国派兵进入科威特对抗伊拉克威胁。

· 瑞士著名心理分析学家卡尔·奥斯塔夫·琼逝世。

7月

· 秘密军事组织(OAS)领导人在法国受审。

· 阿拉伯联盟承认科威特独立。

· 美国著名作家、诺贝尔奖获得者海明威自杀。

8月

· 刚果共和国成立以塞莱尔·安杜达为首的国民政府。

· 英国申请加入欧共体。

· 东德关闭西柏林边界，开始建造柏林墙。

· 马拉维大会党赢得尼萨兰德大选。

· 英属圭亚那举行大选。

1960年11月，约翰·肯尼迪在当选总统后的第一行动就是听取中央情报局局长艾伦·杜勒斯及其副手理查德·毕索的情况介绍。他们告诉肯尼迪，已制定了一个推翻卡斯特罗的古巴革命政权的秘密计划。一支由古巴流亡者组成的军队已经开始在美军关塔那摩基地进行训练，准备对古巴岛进行登陆攻击。这个计划的预算为1300万美元，已经获得了艾森豪威尔总统的批准。

肯尼迪似乎对这个计划有些怀疑，但此前白宫已经批准执行该计划。然而，肯尼迪仍希望保持某种"不知情"的状态——一旦计划失败，他本人可以有推诿责任的回旋余地。因此他决定降低计划中美军对入侵行动提供空中和海上支援的程度。

入侵登陆地点被改为猪湾——位于古巴南部海岸的一片沼泽地带。入侵的古巴流亡者可以在那里建立滩头阵地，而不必过于依赖空中支援。

这个代号为"JM/WAVE"的计划的行动总部设在佛罗里达州的迈阿密，那里已经成为中情局秘密活动的基地。古巴流亡者和黑手党联手共谋推翻卡斯特罗政权。人们无法确认，肯尼迪总统是否知道他们的这些刺杀或绑架卡斯特罗的离奇计划，其中包括使用炸弹雪茄或致幻剂。但指望1300多人的乌合之众在美国有限的支持下与古巴20万训练有素的军队作战，显然是拿着鸡蛋碰石头。

4月17日凌晨，这支登陆部队由一支小小的美国船队运送到猪湾。6架由古巴流亡者驾驶的美国B26轰炸机试图对古巴的空军基地进行攻击，但不仅并未使古巴空军遭受损失，反而全部被击落。当海滩上的入侵开始时，孤立无援的古巴流亡者并没有等到他们想象中的古巴民众"起义"，自己却很快陷入绝境，而肯尼迪又拒绝派遣美国空军运输机将他们撤离古巴。4月20日，绝大部分入侵者被击毙或被俘。

入侵的失败使美国和它的总统蒙受耻辱，而使古巴卡斯特罗革命政权更加稳定并受到国际社会的尊重。

那些参与入侵事件的人，包括美国中情局和古巴流亡者都对肯尼迪心生怨气，认为他破坏了他们的事业。而肯尼迪也对中情局深为不满，在当年的晚些时候，他撤掉了杜勒斯和毕索。

▼"唯利是图"的审判。被俘的参加猪湾入侵行动的古巴流亡者出现在哈瓦那的审判庭上。他们每人被判处30年监禁或缴纳2200万美元保释金。

心理分析学家容格逝世

1961年6月6日,瑞士心理分析学家卡尔·奥斯塔夫·容格逝世,享年85岁。在20世纪初期,容格密切配合他的导师赛格蒙德·弗洛伊德,创建了心理分析学。他

的工作是开发一种名为"自由联想"的方法。用这种方法可以通过对病人在某种提示下想到的第一个词的分析来了解病人潜意识中的秘密。

1913年,容格由于拒绝接受弗洛伊德关于性在人类性格发展中的主导作用的论点而与他分道扬镳。他开始潜心研究神话、传说、民间故事和东方宗教。经过多年钻研,他逐渐形成了所

◀ 卡尔·奥斯塔夫·容格是继赛格蒙德·弗洛伊德之后最著名的心理分析学家。

谓"集体的下意识"的理论,认为梦境和神话中的"原型"是引导人们精神发展的航标。容格开始痴迷于象征宇宙万物的印度教图腾曼陀罗。经过多年的探索,他认为人类某些形态的心理活动起因可能与外部世界同时发生的事件有关。奇怪的是,容格逝世的年龄恰好与他根据自己的古怪观点作出的判断相吻合。

卡尔·奥斯塔夫·容格的精神发展和心理分析理论是当代西方心理学的重要基础。

联合国秘书长死于刚果空难

1961年9月17日,联合国秘书长达格·哈马舍尔德乘坐的飞机在北罗得西亚(现在的津巴布韦)的纳杜拉附近失事,他和另外12名乘客无一生还。由于哈马舍尔德的显赫地位,一些人怀疑这次坠机事件的起因不是意外事故。

作为瑞典资深外交家,哈马舍尔德于1953年当选联合国秘书长。他使联合国成为世界上大多数国家(包括许多新独立国家)利益的集中代表,而不是少数大国手中的工具。他坚决反对殖民主义,对美国的一些做法深感不满。

1960年,当刚果危机发生时,哈马舍尔德抓住机会进行干预。他建立了一支由中立国士兵组成的联合国部队,而将北约和苏联集团撤在一边。他利用这支部队与在刚果实施新殖民主义和种族主义、支持叛乱的加丹加省的比利时军队进行战斗。

1961年9月,联合国部队已经打到加丹加省首府伊丽莎贝尔,迫使加丹加叛军领导人穆伊斯·苏姆比逃往北罗得西亚寻求庇护。哈马舍尔德决定亲自前往那里与苏姆比谈判以求和平解决刚果统一问题,却遭遇致命的空难。

哈马舍尔德受到各国人民的尊敬和哀悼,并被追授予1961年度诺贝尔和平奖。但美国却暗自庆幸因此而空出联合国最高职

▲作为联合国秘书长,达格·哈马舍尔德提高了联合国的地位,特别是发挥了维护世界和平的作用。

位。哈马舍尔德的继任者缅甸政治家吴丹未能保持联合国在"冷战"时期制约两个超级大国的作用。

9月

· 联合国中断与分离的刚果加丹加省政府的谈判;联合国军队与忠于加丹加省政府的部队发生冲突。

· 不结盟国家会议在南斯拉夫举行。

· 基督教民主党在西德大选中失利。

· 叙利亚发生军事政变,导致退出阿拉伯联合共和国。

· 联合国秘书长达格·哈马舍尔德死于刚果空难。

· 英国画家奥格斯图·约翰逝世。

10月

· 英国工党放弃单方面核裁军政策。

· 英属南大西洋岛屿特里斯坦火山爆发,人员被迫撤离。

· 希腊成立以考恩斯坦·卡拉曼利斯为首的新政府。

· 苏联试验氢弹。

11月

· 以色列组成以大卫·本格森为首的新政府。

· 吴丹成为联合国秘书长。

12月

· 忠于刚果加丹加省政府的部队与联合国军队继续激战。

· 坦葛尼喀独立,朱利斯·尼雷尔任总理。

· 印度入侵葡萄牙殖民地果阿。

· 刚果加丹加省政府部队与联合国军队停火,加丹加同意重新归属刚果共和国。

· 黎巴嫩发生未遂政变。

'61

▲成队的难民从柏林苏占区进入相对自由的西方占领区。

$19$61年8月12日深夜，轰鸣的机械和嘈杂的人声划破夏日周末夜晚的寂静。大批东德士兵、警察和建筑工人开始沿着柏林城中心分界线竖起隔离障碍，优雅的鹅卵石马路上铺上了密实的铁丝网和高大的固定桩。这些构成最著名的"冷战纪念碑"——柏林墙的雏形。

自1945年第二次世界大战结束以来，柏林一直处于美、英、法、苏四个战胜国的占领之下。西柏林——西方三国控制的柏林西部地区，是处于共产党控制的东德地区的包围之中的一个"资本主义孤岛"。自40年代后期苏联企图通过封锁手段迫使西方退却而遭到失败以来，这个城市成为"铁幕"两侧的人们惟一可以自由往来的地方——"冷战"前期一个奇特而反常的现象。它既是各国间谍活动的天堂，又是可能引发苏美核战争的潜在热点。

到1961年，边界开放的柏林已成为危及东德生存的致命威胁。这个由老练的共产党人沃尔特·乌布利希控制的贫困而单调的警察国家无法获得很大一部分人民的拥护和忠诚，而西德却张开臂膀欢迎他们。每个月都有数以千计的东德人从东柏林进入西柏林，并在那里的接待处登记。然后，他们被送到西德。西德政府给予他们政治难民待遇并安排食宿和工作。离开东德的这些人大多是青年和熟练工人。到1961年7月，出走的东德人达到每月3万人。这时人们发现要想在这里找到一个合格的管道工或电工都很困难。

面对人口大量流失，有人向乌布利希建议消灭西柏林。乌布利希向苏联请求支持，设法制止东德的移民潮。

雄辩机智的苏联领导人赫鲁晓夫认为这是苏联与美国的竞争中再次得分的机会。由于受2个月前率先将人类送入太空的鼓舞，他天真地相信社会主义很快将战胜"腐朽的"资本主义，并将初出茅庐的美国总统肯尼迪看作软弱可欺的对手。他认为柏林是个不可多得的宣传阵地。有一次，赫鲁晓夫以他特有的幽默称这个城市为"西方的'睾丸'——如果我要击倒西方，首先就要抓住柏林"。

1961年6月，赫鲁晓夫与肯尼迪在维也纳峰会上第一次会面。这位老谋深算的苏联领导人摆出一副咄咄逼人的架势，以战争相威胁要求西方大国在6个月内从西柏林撤军。肯尼

◀一个18岁的青年在试图越境逃往西方时被击毙。东德警察正抱着他的尸体离去。

迪深感震惊，他相信赫鲁晓夫已经疯狂到随时可以按动核按钮。

回到美国后，肯尼迪开始动员预备役军人，制定全民修筑核掩体的防御计划，并告诉美国人民，"柏林是考验西方勇气和意志的巨大实验场"。北约军事司令官也制定了应对苏联进攻西柏林或重新封锁该城市的计划。然而，西方谁也没有料到，那里会出现一道高墙。

8月13日午夜1点，东德新闻机构宣布，由于"一些不坚定分子受到谎言、贿赂和非法交易的影响"而逃亡西德，政府决定"对整个西柏林地区进行有效的控制"。他们用了两天时间在东西柏林分界线上竖起铁丝网栅栏，完成后又开始建造一道高2.4米的矿渣水泥墙，墙的顶部也装有铁丝网。尽管最初这道墙的结构没有像后来那么坚固，但也足以阻挡试图逃往西方的人。

被高墙分割的柏林令人痛惜。那些第一次目睹柏林墙的人们无不为它的蛮横和丑陋而震惊。在这高墙即将合拢之前，又有一千多人设法穿越分界线。在贝恩奥萨大街，这条分界线恰好紧贴着几所住宅的后墙。大批东德人就从这后墙的高窗上跳到西柏林街区。

高墙隔断了许多柏林人的家庭和亲友。有些人抱着新生的婴儿来到严格盘查的出入口，为的是让对面的爷爷奶奶看看自己的孙儿。昔日的情侣们也只能隔墙互诉衷情。

8月24日，一个名叫甘特·莱弗顿的人在试图翻墙逃往西柏林时被击毙。他是第一个，但绝不是最后一个死于柏林墙下的生命。

尽管西方各国领导人对此进行了公开谴责，但他们并未对柏林墙的修建进行干预。他们暗自庆幸，毕竟这场危机没有演变成武装冲突。

肯尼迪评论这一事件时说："这是一场比战争好得多的灾难。"随着柏林墙的建立，东德形势逐渐稳定并持续了25年。柏林也因此而避免了成为"冷战"的火药桶。柏林墙是柏林人民为世界和平付出的代价。

▲柏林墙竖立期间，柏林最美的景点之一——勃兰登堡门对西方关闭。

美国陷入越南深渊

1962年,越南南方成为美国全球反共斗争的中心,美国支持的吴庭艳政府遇到严重困难。面对共产党在全国发动的巧妙的游击战,腐败的吴庭艳集团无论在军事或政治上都无能为力。

美国提出了一个试图

▲ 一艘满载军用物资的美国供应船在西贡靠岸,以帮助南越抵抗北越共产党军队。

控制南越农村的"战略村"计划。这是典型的防范农民起义的手段,50年代英国曾成功地用于治理马来亚乡村。这个计划的主要概念是将农民迁入由政府军守卫的村庄,以防止游击队的袭扰;同时提高他们的生活水平,以赢得他们的支持和拥护。然而,在吴庭艳的将军们的手中,"战略村"几乎变成了集中营。

事实越来越明显,或许只有美国直接干预才能挽救吴庭艳政权。少量美军特种部队——"绿色贝雷帽"部队被派遣进入南越遥远荒僻的深山,试图与强悍的蒙塔纳德山民联系。

这些美军通过一系列"亲善"活动赢得了蒙塔纳德山民对反共行动的支持。山民们开始袭击共产党游击队的供应线。但这并不足以改变南越的整个局面。

1962年1月,三百多名美军直升机驾驶员开始与南越政府军一起执行飞行轰炸任务。还有一些飞行员则在越共控制区喷洒化学落叶剂。这一年,帮助南越政府军作战的美军顾问达到1.2万多人,其中有31人死在南越。

迫于美军将领要求增派部队的压力,肯尼迪总统使战争逐步升级。或许他应该听取法国总统戴高乐的忠告:"你将一步步走进无底的战争和政治深渊。"这位法国领导人的话不幸而言中。

美为阿尔及利亚而战

1962年7月3日,经过多年艰苦卓绝的斗争,阿尔及利亚终于摆脱法国的殖民统治获得独立。据估计,近百万人为此付出了宝贵的生命。

谁也没有想到戴高乐将军会成为阿尔及利亚独立协议的缔造者。当他在1958年成为法国总统时,拥戴他的军人们相信他能够保住"法国的阿尔及利亚"。

1959年9月,戴高乐提出了让阿尔及利亚人管理自己事务的主张。从这以后,

▲ 阿尔及利亚的穆斯林民众上街示威,支持艾哈迈德·本贝拉领导的临时政府。

他就变成了在阿尔及利亚的欧洲移民以及他们在法国海外军团内部的支持者最痛恨的人。

这些人组织了秘密军人组织(OAS),试图以恐怖暴力活动维护他们的既得利益。于是形成了忠于戴高乐的法国军队、秘密军人组织和自1954年以来一直为自由而斗争的阿尔及利亚民族解放阵线(以下简称"民阵")三方混战的复杂局面。

1960年6月,戴高乐开

始就独立问题与阿"民阵"谈判。而失望的阿尔及利亚法国移民则决心对抗到底。1961年4月，在阿尔及利亚的一些法国将军发动兵变，控制了几个重要城市。但大部分军队仍然忠于戴高乐，兵变很快就被平息了。

而OAS仍不断进行爆炸和暗杀，并将这种恐怖活动从阿尔及利亚扩大到法国本土。1961年9月，一个OAS分子小组企图在塞纳河畔刺杀戴高乐，但未获成功。他们还在巴黎制造了一系列爆炸事件，造成许多无辜民众死伤。OAS在法国军队和警察中有不少同情者和支持者。

1962年2月，当大批巴黎市民走上街头抗议OAS的疯狂罪行时，巴黎警察竟以暴力手段镇压手无寸铁的示威者，造成9人死亡，

◀ 为了停止这场不受大多数法国人欢迎的战争，政府张贴的海报上说："为了我们的后代……给阿尔及利亚以和平。"

200多人受伤。

1962年3月18日，戴高乐总统宣布与阿"民阵"签署《埃旺协定》，为实现阿尔及利亚的完全独立铺平了道路。一个月后，OAS领导人萨兰将军被捕。阿尔及利亚新政府由"民阵"领导人艾哈迈德·本贝拉任总理。面对"民阵"的胜利，数十万欧洲移民逃离阿尔及利亚，定居在科西嘉岛或法国南部。

气垫船飞渡海峡

气垫船的研制成功，显示了英国在尖端科技领域的创新能力。气垫船的构想是英国科学家克里斯托弗·库克里尔于1953年提出的，并在国家开发公司的支持下成为现实。1959年7月，第一艘原型船飞渡英吉利海峡。

然而，虽然是高科技创新产品，但要实现气垫船的商业运营却很困难。1962年7月20日，第一次客运气垫船服务开始在维拉斯利与雷耶尔之间的航线投入运营。"威柯尔3号"气垫船载着24名乘客完成了这次30分钟的航行。

8月，另一家公司采用更大的"维斯兰"SR-N2型气垫船，开始在索兰特与怀特岛之间的海上航线运营。

这些试验性运营的目的是要看看乘坐气垫船旅行所需的成本。尽管人们对于这种高速运输方式寄予很大希望，但由于无法进入深海水域而且载客数量较少，使它的商业潜力受到了限制。

◀ "威柯尔·阿姆斯特朗"号从雷耶尔海滩出发，进行世界上第一次气垫船客运服务。

1月
· 西萨摩亚独立。
· 欧共体制定共同农业政策。
· 坦葛尼喀总统尼雷尔退休，拉什迪·卡瓦瓦继任。

2月
· 英属圭亚那经济紧缩造成骚乱。
· 马耳他举行大选。
· 约翰·葛伦成为美国太空第一人。

3月
· 乌干达实现自治。
· 缅甸军事政变，奈温夺取政权。
· 马耳他组成以勃格·奥利弗为首的新政府。
· 法国与阿尔及利亚临时政府签订协议，阿尔及利亚独立。

4月
· 老挝内战，冲突再起。
· 牙买加组建以阿莱克斯·布里斯坦纳为首的新政府。
· 法国总理迪贝尔辞职；乔治·帕姆波迪欧继任。
· 西印度联邦解散。
· OAS领导人罗奥尔·萨兰被捕。
· 中非联邦反对党抵制大选。

5月
· 安东尼奥·赛格尼当选意大利总统。
· 老挝内战双方达成停火协议。
· 阿道夫·伊克尔曼因战争罪被以色列处死。
· 南越军队在美军帮助下，发动反击越共游击队的"日出行动"。
· 老挝组成临时政府。
· 加拿大举行大选。

新闻摘要

6月
· 巴基斯坦实行新宪法。

7月
· 卢旺达和布隆迪独立。
· 英国首相麦克米伦大规模改组内阁。
· 美国作家、诺贝尔奖获得者威廉·弗柯纳逝世。

8月
· 南非逮捕纳尔逊·曼德拉。
· 牙买加及特立尼达和多巴哥独立。
· 印尼与荷兰解决西新几内亚岛争端。
· 阿尔及利亚加入阿拉伯联盟。
· 美国电影明星玛丽莲·梦露逝世。
· 瑞士作家诺贝尔奖获得者赫尔曼·海茨逝世。

9月
· 法国断绝与叙利亚、约旦和沙特阿拉伯的外交关系。
· 美国诗人、画家康宁斯逝世。
· 南罗得西亚查禁ZAPU政党。
· 本贝拉当选阿尔及利亚领导人。
· 北也门发生军事政变。

"电信之星"闪烁在大西洋上空

60年代最重要的通信革命是1962年7月10日从美国佛罗里达州肯尼迪角发射的通信卫星——"电信之星"。它可以实行欧洲和美国之间的电视实况转播。

"电信之星"是第一颗由一个商业公司——美国电报电话公司（AT&T）拥有和运营的卫星。在它运行期间，位于法国布列塔尼地区的一个地面站获得了从美国缅因州安都沃发射的清晰画面，而英国康沃地区的地面站则由于技术故障导致图像模糊。第二天，法国和英国向美国发射电视画面。法国传送了歌星蒙特安德的演唱会，英国只发射了测试信号。

经过这些初步实验之后，大西洋两岸国际电视网的第一次电视节目实况转播于7月23日正式开始。

欧洲发送了由著名主持人理查德·蒂姆贝迪解说的20分钟旅游节目，画面上展示气垫船在索兰特至西斯庭航线上飞驰的雄姿。而美国则传送了一场棒球比赛和肯尼迪总统的讲话以及尼亚加拉大瀑布的画面。

尽管这些早期节目的内容令人乏味，但它代表

▲通讯的未来——"电信之星"卫星由能够将光能转换为电能的太阳能板提供动力。

的技术进步使人们实现了加拿大著名学者马歇尔·迈克卢汉所预言的"地球村"的美好愿望。"电信之星"当之无愧地成为1962年人类最重要的发明。

告别梦露

▲克拉克·盖堡和玛丽莲·梦露在由亚瑟·米勒撰写的《错点鸳鸯谱》中演对手戏。这是他们完成的最后一部影片。

1962年8月5日，美国著名影星玛丽莲·梦露在她位于洛杉矶的家中逝世。法医的尸检表明她死于服用超剂量的巴比妥镇静剂。

梦露的一生充满传奇色彩，她在演艺界迅速走红成为令人难忘的一个好莱坞童话。梦露生长在孤儿院，后来被人收养，本名诺玛·吉恩。50年代，她凭借窈窕的身材和迷人的外表在电影界崭露头角。她在《绅士爱美女》和《热情如火》等影片中做到了优雅的体态、迷人的性感与杰出的表演才能完美的结合。

不幸的是名气并未给梦露带来安全和幸福。在与第三任丈夫、著名剧作家亚瑟·米勒的婚姻破裂后，她开始频繁出入精神病诊所。她经常失眠而且缺乏自信。她试图重返银幕，但在扮演《爱是妥协》中的一个角色时，却因多次出现同样的错误而被解聘。为此，制片商20世纪福克斯公司还向法庭起诉

她违反合同。

她的最后一次公开露面是在1962年5月肯尼迪总统在豪华的纽约花园广场大厦举行的盛大生日聚会。她的一曲《生日快乐，我的总统》令人回味无穷。无论她是否真的像一个重复多次而成为事实的谣言说得那样与肯尼迪有染，人们普遍怀疑她的死是有人要阻止她损害肯尼迪家族的声誉。

其实，梦露的死或许更是源于电影圈尔虞我诈

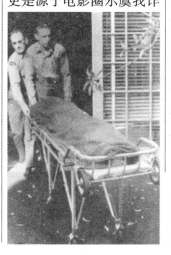

◀ "银幕女王" 梦露的遗体被从家中推出。她的死因至今还是一个人们争论不休的谜。

和残酷竞争的本质。她曾痛苦地谈到："这个行业应该像母亲对待在车水马龙的街头奔跑的孩子一样呵护自己的演员；然而他们不但没有呵护这孩子，而且还驱使他。"这个孩子就是梦露。

密西西比种族骚乱

自从1954年最高法院裁决在教育领域实施种族隔离违反宪法以来，美国南部的黑人仍在为进入那些只招收白人学生的学校和大学而斗争。

▼ 白人种族主义者试图阻止黑人学生詹姆斯·哈沃德·摩尔德茨入读密西西比大学，由此引发美国南部的种族暴力冲突。

面对不愿执行法律裁决的州政府，一些黑人学生勇敢地站出来，坚决反对白人种族偏见，捍卫自己平等受教育的权利。詹姆斯·哈沃德·摩尔德茨就是其中之一。

摩尔德茨申请进入过去一直只招收白人学生的密西西比大学，遭到校方拒绝。这个问题被提交到各级法庭，直到最高法庭

法官雨果·布莱克裁决该校董事会必须批准接受摩尔德茨。

1962年9月，密西西比大学董事会勉强宣布服从裁决。但密西西比州州长罗斯·巴奈特仍阻止黑人学生注册。他声称这是保障地方权利的问题，不容华盛顿的联邦政府插手。每当摩尔德茨要进入大学校门时，都被巴奈特派遣的州属治安部队阻挡。

最后，肯尼迪总统不得不亲自干预。正如他的弟弟、司法部长罗伯特·肯尼迪所说："总统需要鼓舞士气，伸张正义。"

9月30日，摩尔德茨在170多名联邦警卫队的护送下进入密西西比大学。一些疯狂的白人学生围上来，投掷砖头和石块，并点燃了汽车和建筑。50多人在混乱中受伤，其中包括一名法国记者。

直到第二天才恢复秩序。摩尔德茨在联邦警卫队的保护下，进入教室，开始他的课程。他的勇敢成为当地黑人的楷模。四年后的1966年6月，他回到密西西比参加争取民权的示威游行，被埋伏在警戒线后面的一个白人开枪击中后背。但伤愈后的摩尔德茨仍勇敢战斗在争取民权的行列中。

▼ 坚强不屈：詹姆斯·哈沃德·摩尔德茨第一个进入"全白人"的密西西比大学的黑人学生。

10月
· 乌干达独立。
· 刚果加丹加省叛军与政府军停火。
· 古巴导弹危机开始。美国海军封锁古巴。

11月
· 朱利斯·尼雷尔当选坦葛尼喀总统。
· 美国大选，民主党在参众两院占多数。
· 沙特阿拉伯断绝与埃及的外交关系。
· 美国海军结束对古巴的封锁。
· 英法同意联合开发"协和"号超音速客机。
· 丹麦量子物理学家尼尔斯·勃尔逝世。

12月
· 坦葛尼喀成为共和国，尼雷尔为国家元首。
· 西德组成联合政府。
· 南罗得西亚大选，右翼获胜；北罗得西亚组成以克尼兹·考恩达为首的新政府。
· 刚果爆发内战。

古巴导弹危机

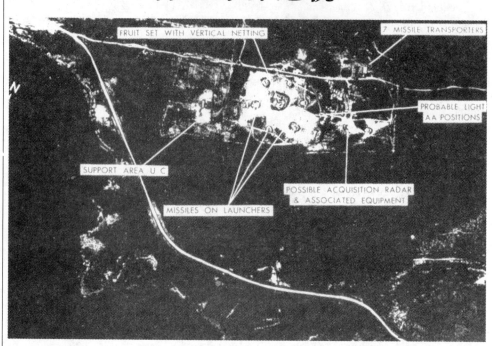

▲美国拍摄的一个古巴地对空导弹基地照片。美国政府的反应将世界推向核战争的边缘。

1962年10月,世界面临着比以往任何时候都更加紧迫的大规模核战争的威胁。苏联试图在古巴部署核导弹,导致随时可能与美国发生全球冲突。

这场危机的背景是美国不断对新生的古巴卡斯特罗革命政权实施破坏和颠覆。在粉碎了美国制造的猪湾入侵事件后,卡斯特罗认为美国绝不会善罢甘休,因此向苏联请求军事援助。

苏联的战斗机、坦克、大炮和防空导弹很快被运进古巴。1962年夏末,美国获得的一些情报表明事态发展正在恶化:古巴正在修建能够对美国发动核攻击的苏联弹道导弹基地。

10月14日,一架由鲁道夫·安德森少校驾驶的U2侦察机飞临哈瓦那西边的圣克里斯图堡地区,用高清晰照相机拍摄到那里似乎正在建造核导弹基地。这些照片于10月16日被送交肯尼迪总统。这些照片的重要性不仅在于它们显示了有人正在建造什么,而且在于它们可以用来向全世界表明美国立场的真实性。

肯尼迪并不想在古巴问题上与苏联发生冲突,但他不能在两国的核均势可能出现重大变化时无所作为,更不能在美国力量和尊严面临直接挑战前示弱。他立即召开国家安全会议,决定必须迫使苏联停止部署这些导弹;否则美国将入侵古巴,摧毁它们。

美国成立了一个由14名资深政治家和军事家组成的顾问委员会,帮助肯尼迪总统处理这个危机。一些高级将领,如空军参谋长柯蒂斯·里威等人极力主张对古巴立即实施空袭或全面入侵。他们希望利用这个机会与苏联较量一下。

◀苏联总理赫鲁晓夫在缓和东西方紧张关系的维也纳峰会上会见美国总统肯尼迪。

▲装载着伊尔 28 型轰炸机机身的苏联货船"卡斯莫夫"号停靠在古巴码头。

然而，这与肯尼迪的想法不同。他希望导弹从古巴撤出，而且意识到对苏联的胜利能成为赢得即将来临的美国中期选举的一张王牌。但同时他也希望尽一切可能避免战争，特别是核战争。

10 月 22 日，肯尼迪总统就导弹危机发表公开演说。他在黄金电视广播时段向美国人民宣告，如果苏联未能在 10 月 24 日上午 10 时之前开始拆除这些导弹基地，美国将在古巴周围部署海军舰船"检查线"，制止和搜查任何被怀疑携带军事装备的船只。但没人知道，如果苏联船只遭到拦截，赫鲁晓夫会作何反应。

24 日上午，这项计划开始实施。两艘苏联船只，"加加林"号和"柯米尔"号在一艘苏联潜艇的掩护下靠近美国海军的"检查线"。美国军舰准备投放深水炸弹迫使潜艇浮上海面，但

▶卡斯特罗的训练有素、装备精良的游击队于 1959 年推翻了巴蒂斯塔独裁政权。

由于苏联船只很快撤离了"检查线"，避免了这一可能导致战争的行动。

美国国务卿迪恩·腊斯克评论这一事件时说："就好比两个人比赛瞪眼珠子，结果那个家伙先眨了眼。"事实表明，尽管赫鲁晓夫来势汹汹，气壮如牛，试图在苏美战略对峙中取得优势，但实际上他像肯尼迪一样希望避免战争，或许还更有过之。

苏联提出了解决危机的条件：只要美国承诺决不入侵古巴，它就可以拆除导弹。但后来又增加了一项：美国必须撤回部署在土耳其的导弹，因为那里距离苏联与古巴距离美国一样近。

其实，美国当时正计划撤回部署在土耳其的导弹，因为它们过于陈旧。但肯尼迪不愿让这种"互撤导弹"的结果被赫鲁晓夫用来当作苏联从这场冲突中获得的胜利。

10 月 27 日，肯尼迪拒绝了苏联的附加条件。第二天，一架仍由安德森少校驾驶的 U2 侦察机在古巴上空被击落。

美国核导弹部队的红色预警灯亮了起来，90 架 B52 型核轰炸机腾空而起，随时准备接受命令，轰炸苏联。

在这千钧一发的时刻，对峙的双方以一个简单的方式理智而及时地松了手：不再提起有关撤回土耳其导弹的问题。

根据赫鲁晓夫的最初条件，肯尼迪承诺决不入侵古巴；苏联同意不在古巴安装导弹。10 月 28 日，危机结束。

古巴导弹危机的顺利解决成为苏美缓和的开端。在随后的两年中，克里姆林宫与白宫之间的"热线"开通，两国还签订了禁止大气层核试验条约。

这场危机还减轻了人们对核战争的关注。20 世纪 60 年代初声势浩大的核裁军运动突然变得沉寂下来，直到 80 年代才又重新兴起。

神秘的潜艇灾难

▲不幸的"长尾鲨"号核潜艇,它与全体船员一起神秘地葬身海底。

新闻摘要

· · · · · · · ·

· 苏联间谍凯姆·菲尔比从英国逃往苏联。

· 美国南方发生种族骚乱,一些黑人和民权人士被杀害。

· 塞浦路斯土族与希腊族关系紧张。

· 美国旧金山附近的监狱岛被关闭。

· 英国成立大伦敦区委员会。

· 盒式录音带首次上市。

· 第一颗地球同步轨道卫星发射成功。

· 冰河时期的人类骨骼在意大利被发现。

· 苏联将第一个女宇航员送入太空。

· 当年公演的著名影片包括托尼·理查德森的《汤姆·琼斯》、吕奇诺·威斯康提的《美洲虎》和理查德·勃顿和伊丽莎白·泰勒主演的史诗巨片《埃及艳后》。

· 音乐剧《哦,多么可爱的战争》在伦敦公演。

· 特纳·帕瓦罗蒂首次在伦敦演唱。

· "甲壳虫"乐队发表《扭曲与呼喊》和《她爱你》。

· 当年出版的图书包括约翰·阿勃迪克的《半人马星座》和莎利瓦·帕拉茨的《瓶钟》。

1963年4月9日,刚刚在新安普州朴次茅斯海军码头进行改装的美国海军"长尾鲨"号核潜艇,在进行深潜试验时发生事故,艇上17位船厂技术人员和112名官兵全部遇难。这是美国和平时期遭遇的最严重的潜艇灾难。

"长尾鲨"号核潜艇的设计潜水深度超过455米。它从距离马萨诸塞州的科德半岛320公里处开始下潜。这次试验由"云雀"号救生船进行监测,但它很快与"长尾鲨"失去联络。这艘潜艇再也没有发出声响。

第二天,美国海军宣布"长尾鲨"必然已沉入大约2560米深的海底。乔治·安德森海军上将说,从这个深度来说,"实施打捞应该不成问题"。

尽管没有更全面的解释,但人们可以相信事故的主要原因是核反应堆意外关闭,导致潜艇迅速下沉,大洋深处的巨大压力将潜艇外壳压裂。1964年9月,"德里亚斯特二号"深潜器在出事的海底找到"长尾鲨"扭曲破裂的残骸和129名船员的遗骨。

国防大臣的性丑闻

1963年,一桩丑闻牵连了英国社会生活的两大禁忌——性和秘密服务,使保守党政府在政治和道德方面受到沉重打击。这桩丑闻始于1961年

▲国防大臣约翰·波福默的丑恶私生活断送了保守党继续执政的前程。

6月,国防大臣约翰·波福默在阿斯特爵士家中的游泳池遇到19岁的克里斯蒂·凯勒。

凯勒寄养在一个颇有名气的自由开业骨科医生斯蒂芬·沃德家中。沃德经常带她出入豪华腐朽的上流社会。她的迷人外表很快受到一些性俱乐部和寻欢作乐的花花公子们的青睐。她和许多男人上过床,波福默就是其中之一。

对于波福默来说,不幸的是在凯勒的另一些"床友"中有一位埃乌金·伊万诺夫,是苏联使馆的海军副官。凯勒在英国军情五处的指令下,一直保持与伊万诺夫的密切关系。军情五处希望通过凯勒的性服务从这位副官身上获取秘密。然而,伊万诺夫很快知道了凯勒与波福默的关系,他追问她与波福默都谈了哪些枕边话。军情五处的计划就这样败露了。

1963年3月22日,当有关这个丑闻的传言开始见诸报端时,波福默对议会说:"我与凯勒小姐只是相互认识,没有任何不正常的关系。"

但这个谎言未能持久。有关凯勒和她的朋友曼蒂·雷斯戴维斯与她们的众多男性伴侣之间的风流韵事不断出现在媒体。6月5日,

波福默从政府辞职，被迫承认他与这桩泄露英国重要机密的性丑闻有关。

英国当局决定立即采取措施，以"非法操纵卖淫"的罪名逮捕了斯蒂芬·沃德。对他的审讯吸引了更多媒体争相报道。曼蒂·雷斯戴维斯也被传到法庭作证，当她谈到一个曾经断然否认与她有不正当性关系的人时，引起记者们的极大关注。法庭判处沃德监禁，但他无法面对牢狱之苦，只好选择了自杀。

"波福默事件"之所以能产生巨大影响，在很大程度上是由于它暴露了道貌岸然的上流社会的虚伪、腐败和堕落，展示了锋芒毕露的媒体对政府机构的舆论

监督作用。例如，杂志《民众之眼》和电视系列节目《每周时事跟踪》成为调查和报道该事件的急先锋。

10月，首相哈罗德·麦克米伦辞职，阿尔克·道格拉斯霍姆爵士继任。一年后，工党在大选中获胜，取代执政13年的保守党政府。这个胜利至少有一部分应"归功"于妩媚的克里斯蒂·凯勒小姐。

◀ 19岁的克里斯蒂·凯勒让国防大臣波福默成为媒体曝光的丑闻主角。

肯尼迪的西柏林之行

柏林人一直对美国在东德于1961年8月修建柏林墙时的无所作为感到不满。许多人认为如果当时美国态度强硬一些，或许会迫使苏联东欧集团退却。1963年6月26日，肯尼迪总统访问西柏林。他重申了美国对保卫西柏林自由的承诺，并利用柏林墙对共产主义进行了猛烈抨击。

尽管东德政权为达到其宣传目的而称这道墙为"反法西斯防御墙"，但任何一个不带偏见的人都知道，如果一个国家要用机枪和铁丝来控制它的人民，那么一定是在某些方面发生了问题。

肯尼迪在热情欢呼的西柏林民众簇拥下，参观了位于美军占领区查利尔检查点和著名的勃兰登堡大门附近的柏林墙，对面

东柏林的巨大红色标语历历在目。

随后，肯尼迪在西柏林市政厅所在的舒尼勃格大厦阳台上对15万民众发表演说："这个世界上有许多人完全不理解，或者根本不想理解，什么是自由世界与共产党世界之间的重要分歧。请他们到柏林来吧。还有些人说，共产主

义是未来的潮流。请他们到柏林来吧。……所有热爱自由的人们，无论他们生活在哪里，都是自由柏林的公民。因此我要自豪地说，我是柏林人！"

幽默的柏林人说肯尼迪把自己当成了"果酱面包圈"，因为"柏林人"是一种德国甜点的品牌。

▼ 15万西柏林居民聚集市政厅广场，听肯尼迪称自己为"柏林人"。

1月
· 法国阻止英国加入欧共体。
· 美国将军莱曼·莱姆尼泽担任欧洲盟军总司令。
· 英国工党领导人雨果·盖特斯克逝世。
· 美国诗人罗伯特·福斯特逝世。

2月
· 尼斯兰德实现自治。
· 伊拉克政变；总理卡里木·卡斯曼被杀；萨拉姆·阿里夫掌权。
· 哈罗德·威尔逊当选英国工党领袖。
· 美国诗人、作家莎利瓦·帕拉茨自杀。

3月
· 瑞士发生强烈地震。

4月
· 核裁军组织在伦敦示威游行。
· 英属几内亚发生内战。
· 印尼军队袭击马来西亚。
· 埃及、叙利亚和伊拉克同意组成新联邦。
· 加拿大组成以莱斯特·皮尔森为首的新政府。
· 古巴领导人卡斯特罗访问苏联。

5月
· 非洲统一组织成立。
· 英属几内亚实行紧急状态。
· 奥里格·潘克诺夫因为充当西方间谍被苏联判处死刑。
· 巴基斯坦与印度就克什米尔问题举行谈判。
· 有关降低各国进口关税的关税同盟总协议谈判开始。

'63

新闻摘要
· · · · · · · · · · · · · · ·

6月

· 英国国防大臣约翰·波福默辞职。

· 希腊总理康斯坦丁·卡拉曼提斯辞职。

· 刚果加丹加省叛军领导人约瑟夫·苏姆比辞职。

· 南越西贡—佛教徒自焚，以抗议内战。

· 教皇约翰二十三世逝世，保罗六世当选新教皇。

7月

· 凯姆·菲尔比被揭露为苏联间谍。

· 南非英卡塔自由党领导人瓦尔特·苏苏鲁被捕。

· 南斯拉夫地震摧毁苏克比市。

8月

· 美、英、苏三国签署禁止核试验条约。

· 南越实行军事管制。

· 马丁·路德·金领导争取民权的华盛顿大游行。

· 苏联克里姆林宫与美国白宫安装"热线"电话。

· 英国发生武装匪徒抢劫列车大案。

· 法国画家乔治·布拉克逝世。

佛教徒自焚

19^{63年6月11日，南}越一位名叫陈清度的佛教徒当着众多报社和电视台记者的照相机和摄像机的面，坐在西贡街头，点燃身上的汽油，从容自焚。这些图像在全世界不断播放，使南越独裁统治者吴庭艳的形象受到沉重打击。

1955年，吴庭艳在美国的支持下掌握了南越军政大权。他是个坚定的天主教徒，在这个佛教盛行的国家属于少数宗教派别。上台之后，他重用天主教官员，让他们控制政府的重要机构和要害部门。

60年代，他的政策使广大佛教徒处于更加不利的地位。1963年夏，由于政府不允许在"佛诞节"升起佛教旗帜，大量佛教徒走上街头抗议，导致四十

▲20世纪最令人震撼的照片之一，一名佛教徒在西贡街头自焚，抗议吴庭艳的独裁统治。

多名佛教徒抗议者被杀害，数千人被捕。大量佛教徒进入在越共游击队控制的乡村，成为南越抵抗力量的中心。

南越统治集团对陈清度的自焚嗤之以鼻，吴庭艳的弟媳甚至残忍地将他烧焦的尸体比作一堆"烤肉"。

但美国肯尼迪政府对此却深感震惊，考虑是否还继续支持惨无人道的吴庭艳。他们警告他必须尊重佛教徒的权利，否则将失去美国的支持。

到1963年8月底，南越已有6位佛教高僧自焚。美国新任大使亨利·洛奇来到西贡，不久他得到授权与一些将军共同策划干掉吴庭艳。

11月1日，杨文明将军发动推翻政府的军事政变。吴庭艳和他的弟弟吴庭儒被杀。

列车大劫案

19^{63年8月8日凌晨3}时，一群武装匪徒在白金汉郡撒丁顿附近截住了格拉斯哥至伦敦的邮政列车。抢劫者盗走了装有250万英镑纸币的120个邮袋。这个胆大包天的"列车大劫案"立即被传得沸沸扬扬。

尽管这伙劫匪作案时间很短，但他们的行动显然经过精心策划和有效的实施。他们利用伪造的红色停车信号灯，迫使列车停下，然后爬上机车，用棍棒将司机杰克·米尔斯击倒。一名会开火车的劫匪将列车开到不远的一个地方，那里有一辆卡车接应

▲"列车大劫案"犯罪现场。其中一名罪犯罗恩·比格斯后来成了小有名气的"民间英雄"。

他们。

与此同时，其他劫匪冲进邮件分拣车厢，搜集邮袋。当警报响起时，他们都已消失在夜色中。然而，天网恢恢，疏而不漏，他们大都很快就被捕了。

但正如记者伯纳德·莱温所述，当局惊讶地发现，部分英国公众"将这帮盗贼视为草莽英雄，把他们的犯罪行径当作某种娱乐；甚至羡慕他们的'事业'，同情他们的'倒霉运气'"。

南安普顿大学的学生们走得更远，他们竟然将这个罪案的策划者布鲁斯·雷诺德选为学生会的"名誉会员"。

法庭对参与劫案的大多数成员判处30年监禁。

第一个接受审判和判刑的查理·威尔森于1964年越狱逃跑，但后来又在加拿大被捕。

参与犯罪的一名小喽啰罗恩·比格斯于1965年越狱逃到巴西。20世纪70年代，他还参加了当地的反对引渡罪犯的运动。

马丁·路德·金领导华盛顿游行

1963年8月23日，25万美国民众在马丁·路德·金的带领下在位于首都华盛顿的林肯纪念堂举行声势浩大的游行，以表示对黑人民权斗争的支持。

这次游行是对美国南方当时发生的一系列种族暴力冲突的抗议行动的组成部分。特别是抗议伯明翰州和阿拉巴马州警察用棍棒和警犬袭击参加反种族隔离和平示威的群众，烧毁黑人教堂和杀害民权运动积极分子麦德格·埃沃斯。

这次行动也是对肯尼迪政府提交国会批准生效的民权法令的坚决支持；尽管肯尼迪最初试图制止游行，认为游行可能导致争端和刺激反对势力。

这次大游行本身显示了马丁·路德·金的巨大号召力。示威者中有四分之一以上是白人，还有许多白人演说家。著名歌唱家哈马丽亚·杰克逊的

▲ 马丁·路德·金在华盛顿林肯纪念堂发表他的著名演讲"我有一个梦想"。

《我们坚不可摧》成为这次争取民权活动的主题曲。

媒体名人鲍勃·戴兰、卓安·贝兹和马龙·白兰度成为游行队伍中最耀眼的明星。

活动的最高潮是马丁·路德·金那感人肺腑的演讲。他阐述了美国独立宣言的伟大原则，并说："我梦想有一天，这个国家将会奋起，实现其立国信条的真谛：'我们认为这些真理不言而喻：人人生而平等'。"他深切盼望着那一天，"上帝的所有孩子，黑人和白人，犹太教徒和非犹太教徒，耶稣教徒和天主教徒，将能携手同唱那首古老的黑人灵歌：'终于自由了！终于自由了……'"

这篇著名的讲话奠定了马丁·路德·金作为世界政治家的地位。第二年，他荣获诺贝尔和平奖。

然而，和平争取民权的运动并未赢得所有黑人的赞同。黑人穆斯林分离主义者马尔克莱姆在暗地里说："等着瞧好戏吧。"而美国"全国学生统一运动"的一些激进黑人学生则始终认为必须以暴力行动反击白人种族主义。

9月
- 阿尔及利亚实行新宪法，艾哈迈德·本贝拉当选总统。
- 马来西亚联邦成立。

10月
- 南非公开审判纳尔逊·曼德拉和瓦尔特·苏苏鲁。
- 尼日利亚成为共和国。
- 洪都拉斯军事政变。
- 飓风造成加勒比地区重大灾难。
- 乌干达成为共和国；姆特萨二世任总统。
- 西德总理科纳德·阿登纳辞职；鲁德威格·埃尔哈德继任。
- 英国首相麦克米伦因病辞职；阿尔克·道格拉斯霍姆爵士继任。
- 英国中止对印尼的援助。
- 法国歌星艾德茨·皮弗和艺术家简·库克提奥逝世。

11月
- 南越发生军事政变，吴庭艳被杀，杨文明掌权。
- 美国总统肯尼迪遇刺；副总统林登·约翰逊继任。
- 英国作家阿尔德卢斯·赫续利逝世。

12月
- 赞比亚从英国统治下独立。
- 肯尼亚独立，杰莫·肯雅塔任总统。
- "拉卡尼亚"号渡轮起火沉没，造成150人死亡。
- 中非联邦解散。
- 德国作曲家保罗·海恩德默茨逝世。

肯尼迪遇刺

'63

1963 年 11 月 22 日上午 11 时 25 分，美国总统约翰·肯尼迪和夫人杰奎琳飞往得克萨斯州首府达拉斯附近的拉芙菲尔德，准备对得州进行短暂访问。肯尼迪正在进行蝉联下届总统的竞选，需要从这个不大喜欢他的州获得更多的支持。

达拉斯向来是个制造麻烦的城市，号称"南方的仇恨之都"。参议员威廉·福布里特劝告肯尼迪："达拉斯是个充满危险的地方，我不会去那里。你最好也别去。"

总统访问的前一天，这个城市的右翼分子到处散发写着"通缉叛国贼"的肯尼迪画像。达拉斯大多数学校不允许孩子们上街欢迎肯尼迪。

肯尼迪的车队在正午

▲经过宗教告别仪式之后，肯尼迪的遗体离开华盛顿圣马丁大教堂。他的遗孀杰西卡·肯尼迪和两个孩子为灵柩送行。

◀悲伤的肯尼迪一家。杰西卡·肯尼迪的两侧是肯尼迪总统的弟弟参议员爱德华·肯尼迪和大法官罗伯特·肯尼迪。

时分进入达拉斯市中心。特制的林肯牌轿车载着肯尼迪夫妇以及得克萨斯州长约翰·康纳利和夫人，在微笑欢呼的人群中缓慢行驶。这辆车是敞篷的，为的是让公众目睹风度翩翩的总统和他仪态万方的夫人。

当车队进入迪尔利广场时，康纳利夫人转身对肯尼迪说："你真的不能说达拉斯不喜欢你，总统先生。"这时是 12 点 30 分。刺杀发生了。

刺杀只持续了 5 秒钟，肯尼迪身中两弹。第一颗子弹穿透他的脖子和后背，第二颗击中他的前额。州长康纳利的背部和手腕也受了伤。坐在敞篷车后排的肯尼迪夫人杰奎琳声嘶力竭地叫起来："他们杀死了杰克，他们杀死了我丈夫！"这个恐怖的过程

恰好被一位服装制造商阿波·扎普鲁德用家庭摄影机拍摄下来。他专为拍摄肯尼迪访问盛况而购买了这部摄影机。

总统的林肯轿车飞速开到帕克兰德医院。可惜总统已经死亡。当天下午 1 点 35 分，美国人民从哥伦比亚广播公司电视广播员沃尔特·考恩凯特口中听到这个消息。考恩凯特是当时该播音室惟一没有去吃午餐的人。

华盛顿担心苏联可能

利用美国出现权力真空的时刻发动核攻击，因此副总统林登·约翰逊立即在返回白宫的"空军一号"总统专机上宣誓就任总统。此时距暗杀发生仅2个小时。杰奎琳·肯尼迪站在他的身旁，依旧穿着刚才那件粉红色外套，上面的血迹还依稀可辨。她丈夫的遗体也由特工人员从医院护送到飞机上。

与此同时，达拉斯警察在迪尔利广场附近的得克萨斯学校书库五层发现了一支狙击步枪和三个子弹壳。

有人看到该书库一个名叫李·哈维·奥斯瓦尔德的雇员在枪击发生后迅速离开大楼。后来的调查表明，他回到家里取出一把左轮手枪，并在大街上杀死了警官D.J.提波迪。当天下午晚些时候，奥斯瓦尔德在得克萨斯大剧院电影厅被捕。他先是被控杀害提波迪警官；然后在第

▲摩托护卫下的总统车队缓慢行驶在达拉斯市中心，这时两颗致命的子弹击中约翰·肯尼迪总统。

二天，即11月23日上午，被控暗杀肯尼迪。

当天深夜，达拉斯警方召开了一个记者招待会，在会上奥斯瓦尔德否认参与暗杀事件，并称："我只是上了别人的当。"

奥斯瓦尔德的身世颇为离奇。他当过美国水兵，曾叛逃到苏联，后来又带着俄罗斯妻子回到美国。

他似乎是个左翼分子，组织了一个名叫"公平对待古巴"的组织并到处散发支持卡斯特罗的传单，但又与那些策划暗杀古巴领导人的特工人员和黑手党保持着联系。在书库被发现的步枪显然是奥斯瓦尔德用一个假名购买的——警方发现了一张他挥舞着这支枪的照片。

11月24日上午，警察将奥斯瓦尔德从市立监狱转移到州立监狱。得知消息的媒体立即赶来采访。当奥斯瓦尔德在两名狱警押送下，用手绢遮挡着前额走近电视摄像机镜头时，突然有一个名叫杰克·鲁比的人窜出来对着他的肚子连开数枪。奥斯瓦尔德死在帕克兰德医院，距肯尼迪遇刺不到两天。

鲁比是一个与黑手党有密切关系的夜总会老板。他的这个行为动机似乎没有令人满意的解释。他声称受肯尼迪遇刺的影响而"一时冲动"杀死凶手。这一"意外"事件终止了对奥斯瓦尔德的司法审讯，使肯尼迪之死成为未解之谜。

肯尼迪遇刺身亡的噩耗传来，美国举国悲痛，世界各国也深表震惊和哀悼。人们深切怀念这位年轻有为的总统，对他的妻子和年幼的孩子遭受的灾难深表同情。然而，人们对他的悼念也反映了对那个充满危险的时代的愤怒。

毋庸置疑，美国人民至今仍把肯尼迪当作曾经带领他们渡过艰难和危机时刻的英雄。人们惋惜他的英年早逝，怀念他为美国人民所做的一切。

▲杀手还是替罪羊？李·哈维·奥斯瓦尔德之谜已经尘封四十年。

'64

反种族歧视浪潮席卷全美

▲1964年在纽约举行的世界博览会意外地成为民权分子的抗议场所。

新闻摘要

· 刚果农村起义，但未能控制政权；欧洲移民帮助政府镇压农民起义。

· 老挝再次爆发内战。

· 巴勒斯坦解放组织（PLO）成立。

· 纽约发生种族骚乱。

· 英属圭亚那糖业工人罢工；城市发生骚乱和暴力活动。

· 美国通过反种族歧视的《民权法案》。

· 英国两大黑帮冲突。

· 家庭肾脏透析机推出。

· 美国发射"水手4号"火星探测器。

· 英国《太阳》报开始出版。

· "甲壳虫"和"滚石"乐队首次出访美国。

· 美国黑人拳王卡萨斯·克莱皈依伊斯兰教，改名穆罕默德·阿里。

· 当年公演的著名影片包括瑟吉欧·里昂的《荒野大镖客》、斯坦利·库布里克的《奇爱博士》和皮耶尔·保罗的《马太福音》。

· 音乐剧《屋顶上的小提琴手》在纽约公演。

· 流行歌曲包括"甲壳虫"的《我想握住你的手》和《金钱买不来我的爱》；"海滩男孩"的《快乐、快乐、快乐》和杜斯蒂·斯普灵菲尔德的《我只愿和你在一起》。

· 当年出版的图书包括索尔·拜洛的《赫尔佐格》。

1964年4月23日，美国总统林登·约翰逊在纽约世界博览会开幕式上致词。通常，这样的场合都会充满着爱国精神、友好亲善和乐观主义的气氛。

然而，约翰逊却受到争取民权的抗议者的猛烈冲击，其中300多人被警方逮捕。在整个总统任期内，约翰逊一直面临着激烈的抗议浪潮。

实际上，1964年是民权运动战果丰硕的一年。约翰逊在种族平等方面作出了比他的前任肯尼迪更大的承诺，并在7月迫使国会通过有关保障民权的一系列措施。其中一项是禁止在就业和所有联邦投资项目招聘中的种族歧视。然而，这些立法措施通过仅仅几天之后，纽约哈莱姆黑人区就爆发了骚乱，并很快蔓延到纽约和新泽西的其他黑人区。

贫困的生活和残酷的压迫使北方城市里的黑人青年变得麻木。对他们而言，民权法律一文不值。

青年学生中的激进分子也对这种温和的法律变革失去了耐心。1964年夏天，1000多名学生勇敢地进入种族主义顽固堡垒密西西比州，鼓动当地的黑人民众参加选民登记。这个行动被誉为"自由之夏"。

当地的白人种族主义者以极端的暴力回应民权斗争。最血腥的一个案例是三个年轻的民权活动分子被谋杀，其中有两名白人和一名黑人。他们的尸体被扔进沼泽。

联邦调查局和联邦政府都没有采取措施防范和惩罚白人种族主义者的系统的犯罪活动。一个参与"自由之夏"的激进学生阿迪伊·霍夫曼后来写道："经历了密西西比事件之后，我对自己一生的奋斗目标再也没有任何怀疑。"

美国学生激进分子开始认识到南方的种族主义和暴力倾向并不是某种社会反常现象，而是有其深刻的社会根源。这个观点在人们经历了越南战争的痛苦之后，变得更加清晰。

足球骚乱造成数百人死亡

1964年5月24日，秘鲁首都利马国家体育场发生了世界体育史上最悲惨的一场足球灾难。

这场球赛是秘鲁与阿根廷争夺进军东京奥运会资格的一场关键比赛。当阿根廷队以1：0领先后，主队射进一个有争议的球，但被乌拉圭裁判判定无效。

这个裁决使主队的4.5万多个疯狂球迷实在无法接受。当他们冲入赛场时，裁判宣布停止比赛，并在警察的保护下撤离。

球迷们通过破坏体育场来发泄心中的愤怒，他们砸碎玻璃，毁坏座椅。警察冲进来试图恢复秩序。他们向混乱的人群投掷催泪瓦斯，数千惊恐万状的球迷纷纷涌向各个出口。不幸的是，大多数出口大门都被锁住。很快，一些人在拥挤和践踏中倒下，他们的躯体叠加在一起，甚至多达六层。其中许多人因挤压和窒息而死。

体育场外的暴力冲突也持续了数个小时。一些轿车和公共汽车被烧毁，商店遭到抢劫。到事态平息时，已有318人死亡，五百多人受重伤。

"医生爸爸"的独裁统治

1964年6月14日，加勒比海岛国海地共和国总统弗朗西斯·杜瓦利尔颁布新宪法，使自己成为这个国家的终身总统。绰号为"医生爸爸"的杜瓦利尔于1957年成为海地统治者，当时他提出了"重新分配财富，帮助贫苦农民"的主张。但实际上，他却把国家的财富"重新分配"进自己家庭和重要支持者的腰包。5亿美元的国家资产就这样"消失"了。

1963年，"医生爸爸"建立了一支恐怖的私人武装，专门从事绑架、拷打和暗杀活动，镇压政治反对派。侥幸逃脱暗杀的反对派人士被迫流亡海外。其中有些人拿起武器从邻近

的多米尼加潜入海地，试图推翻杜瓦利尔的独裁统治。但美国把海地视为反共壁垒，一直给杜瓦利尔提供财政支持。

尽管杜瓦利尔的独裁统治受到普遍抨击，但1964年新宪法仍获执行。"医生爸爸"于1971年死后，他的儿子吉恩·克劳德·杜瓦利尔继承了他的职位。

◀"终身总统"杜瓦利尔将国家财富装进自己家庭和重要支持者的腰包。

曼德拉被判处终身监禁

1964年6月14日，南非一个法庭以"破坏"和"叛国"罪判处反对种族隔离的"南非国民大会"（非国大）领袖纳尔逊·曼德拉终身监禁。

在1960年以前，非国大一直采用和平手段反对种族隔离。但南非政府残酷镇压手无寸铁的抗议群众并取缔非国大组织，迫使非国大领导人转向暴力斗争。随后，南非发生一系列爆炸政府机构等恐怖袭击事件。南非治安当局对非国大采取严厉镇压措

施，并于1962年逮捕了曼德拉。

审判期间，曼德拉为自己进行了长达4个小时的辩护发言，阐述了他关于建立多种族和睦相处的社会的信念：

"我一直憧憬着一个民主自由的社会，在这个社会中，所有的人都能和睦相处，都有同等的机会。它是我一生孜孜以求的理想。然而如果需要，我也情愿为它献出生命。"

曼德拉被囚禁在罗宾岛监狱。那里戒备森严，不

可能逃脱。只有非凡的命运能够使他恢复自由。

▲青年时期的曼德拉在伦敦。后来他因反对种族隔离而被南非政府监禁。

1月
· 巴拿马断绝与美国的外交关系。
· 非洲桑给巴尔爆发革命；成立共和国。
· 坦葛尼喀、乌干达和肯尼亚发生军事政变。
· 科尼兹·库尼达成为北罗得西亚总理。
· 南罗得西亚发生骚乱。
· 南越发生军事政变。

2月
· 塞浦路斯希族和土族发生争端。
· 英国正式承认赞比亚新政权。

3月
· 联合国维和部队抵达塞浦路斯。
· 印度爆发反穆斯林骚乱。
· 巴西发生军事政变，总统贝尔奇奥下台。
· 希腊国王保罗一世逝世，康斯坦丁二世继位。

4月
· 塞浦路斯希族与土族居民冲突继续。
· 哈默波托·卡萨泰罗成为巴西总统。
· 南罗得西亚总理温斯顿·菲尔德辞职；莱恩·史密斯组建新政府。
· 桑给巴尔与坦葛尼喀合并。

'64

"甲壳虫"征服世界

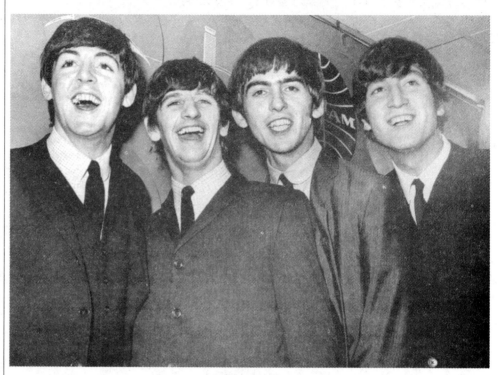

▲"甲壳虫"征服了美国。他们的 5 个单曲包揽了 1964 年 4 月排行榜的前五名，从未有过任何一个艺术家可与之媲美。

英国"甲壳虫"乐队1964 年首次出访美国是流行音乐史上的重要事件。从 2 月 7 日他们走出纽约肯尼迪机场那一刻起，就开始风靡美国。用约翰·列农的话来说，这四个年轻人成了比"基督耶稣还要受欢迎的人"。

任何成功的出访都离不开精心的策划。1963 年 12 月，美国凯皮图唱片公司隆重推出"甲壳虫"的单曲《我想握住你的手》，为这次访问大造声势。

到"甲壳虫"抵达纽约，参加著名的"艾德萨尔文"电视演出时，这首歌已经稳居畅销金曲排行榜首位。

电视台在机场转播了"甲壳虫"抵达的盛况：疯狂的青少年围堵在机场出口，现场新闻发布会挤满了热情洋溢的媒体记者。

他们的第一场演出安排在 2 月 9 日，收看电视转播的观众达到创纪录的7300 万人。到 4 月，"甲壳虫"的 5 个单曲包揽了"金曲 100"排行榜前五名。

尽管高明的商业推广策略帮助"甲壳虫"乐队在全球获得了巨大成功，但他们并不是由市场策划人员创造的。他们是在 60 年代初期英国青年反抗沉闷压抑的社会生活的斗争中诞生的音乐天才。俱乐部和艺术院校成为培育流行音乐和前卫时尚的沃土。英国乐队创造性地重新诠释了美国音乐，用来表达自己的心声和渴望。

"甲壳虫"乐队诞生于躁动不安的海港城市利物浦，尽管其成员都是从德国汉堡获得音乐专业学位。他们留着著名的"披头士"发型。到 1962 年，他们已经成为英国默西塞德郡最受欢迎的乐队。在本地一位商人布里恩·艾伯斯坦的安排下，他们与帕尔芬唱片公司签订了合同。

1963 年 4 月，他们首次获得单曲排行榜第一名。到当年夏末，"甲壳虫"已经名震英伦三岛。他们的音乐会场场爆满，狂热的歌迷几乎酿成骚乱，少女们情不自禁的高声尖叫甚至掩盖了音乐。整个国家沉浸在"甲壳虫"的狂潮中，图书、杂志、小册子、海报、T 恤衫，到处都是他们的形象。

歌迷的热情不断高涨，赞美之声不绝于耳。《星期日泰晤士》报的音乐评论甚至称"甲壳虫"乐队的列农和麦克卡特尼是"自贝多芬以来最伟大的作曲家"。10 月，他们的演出雄踞英国主流电视节目——伦敦帕拉德姆剧场"星期

▲商业宣传与娱乐并行。保罗·麦克卡特尼与两个激动的歌迷在海滩嬉戏。

◀ 无论"披头士"们走到哪里,总会引来成千上万歌迷激动的欢呼和尖叫。

理查德·莱斯特执导的"甲壳虫"乐队第一部影片《一夜狂欢》公演。这是一部关于流行音乐的影片,同时又完美地融合了电影艺术技巧。它让全世界看到了"猫王"或克里夫·理查德一生追求的艺术境界。

从60年代中期到后期,"甲壳虫"一直处于新青年文化革命的中心。而这场革命又不同程度地与前卫艺术、政治斗争甚至滥用毒品相关联。

虽然英国在1964年主宰国际流行音乐舞台是个暂时和局部的现象,但它引发了世界对英国看法的重大改变:这块曾经诞生过维多利亚女王和圆顶礼帽的土地同样能创造超短裙和电吉他;一个有着保守传统的国家也会引领时尚潮流。

日之夜"榜首,后来又为王室成员举行了盛大的专场演出。列农在那次演出中感慨地说:"那些坐在便宜座位里的人们为你鼓掌,而王公贵族的珠宝首饰在你耳边叮当作响。"

他们的专辑《与披头士在一起》在肯尼迪遇刺的当天开始发行,25万张唱片被预订一空。

现在的人们很难评估"甲壳虫"现象产生的影响,因为随着时间的流逝,它的许多方面已经变得习以为常。例如,人们很难相信,在"甲壳虫"出现之前,"严肃"的媒体甚至不把流行音乐视为艺术。

"甲壳虫"的崛起引起音乐界人士的极大兴趣和高度重视,他们撰写的分析文章数量之多是史无前例的。他们惊叹约翰·列农在采访中表现的深刻而超越时代的智慧,赞扬歌手们自编自唱的独创风格。要知道,过去的流行歌手一直是小心翼翼地伺候在"正统"音乐大师们的身旁。

1964年,随着乐队的成功访问,"甲壳虫"现象迅速传遍大西洋彼岸,带动了流行音乐的整体发展。而在此之前,"甲壳虫"只能像其他乐队一样徘徊在狭窄的英伦三岛,出入本地的剧场和音乐厅。尽管这个乐队的成员不是名人巨富,但当他们于1964年秋再度访美时,却受到贵宾般的接待。他们的演出被安排在豪华的好莱坞剧场和芝加哥国际大剧院。当他们前往俄亥俄州克利夫兰演出时,一位警官善意地告诫他们:过分热情的观众可能发生有害他们健康的行动。

其他英国乐队——"动物"、"戴夫五人组"和"滚石"也凭借"甲壳虫"创建的桥头堡,蜂拥进入美国。"滚石"乐队按照经理安德鲁·隆格·奥德姆的策略,采取与"甲壳虫"的粗犷、豪放而含混的表演截然不同的风格,给观众以更为愉悦的印象。他们与"甲壳虫"一样也都是那个时代的流行音乐天才。

更令人惊奇的是,他们能够成功地以智慧和创新的方式不断拓展他们的音乐和风格。1964年,由

▲ "甲壳虫"在美国创纪录的成功,为"滚石"等其他英国乐队开辟了道路。

'64

新闻摘要

· · · · · · · · · · · · · ·

5月

· 埃及的阿斯旺大坝正式开放。

· 英属几内亚宣布紧急状态。

· 秘鲁与阿根廷足球赛发生骚乱,35人死亡。

· 印度总理尼赫鲁逝世。

6月

· 巴哈德·夏斯特里成为印度总理。

· 南非纳尔逊·曼德拉被判处终身监禁。

· 马来西亚与印尼就印尼入侵举行谈判。

7月

· 尼萨兰德独立,改国名马拉维。

· 穆萨·苏姆巴成为刚果共和国总理。

8月

· 美国海军"马杜克斯"号军舰在东京湾遭到北越军队攻击;美国空军对越南北方实施报复性袭击。

· 土耳其空军袭击塞浦路斯北方。

· 格利瓦斯任塞浦路斯希族国民卫队司令。

· 政府雇佣的商人到达刚果共和国。

· 南越总统杨文明辞职。

· 罗得西亚取缔津巴布韦非洲民族联盟。

东京湾事件

1964年春,访问南越回国的美国国防部长罗伯特·麦克纳马拉认为,如果美国不立即实施军事干涉,那么越共领导的游击队将不可避免地获得胜利。

美国的一个选择是空袭越南北方,迫使它停止对南方游击战的支持。但美国政府这样做必须有足够的借口。这首先是为了让全世界相信他们是为了"制止侵略"而不得不插手;其次也是为了避免刺激中国或苏联直接参与河内的军事行动。

美国海军一直暗中帮助南越的水面突击队在东京湾海面袭击北越海岸线。美国军舰定期在这一带海面巡逻,并经常闯入北越水域。

1964年8月2日,美国海军"马杜克斯"号驱逐舰驶入两天前曾遭遇南越突击队袭击的距北越海岸16公里的水域。北越三艘鱼雷快艇突然出现,并向"马杜克斯"号发动攻击。"马杜克斯"立即向附近的美国海军"泰康德柔格"号航空母舰请求空中支援。经过激战,北越一艘鱼雷艇被击沉,另一艘被击伤。"马杜克斯"号没有损失。

美国政府立即抓住这个难得的机会。约翰逊总统宣布,今后任何"无故挑衅的军事行动"都将导致"严重的后果"。"马杜克斯"号在另一艘驱逐舰的伴随下,继续沿北越海岸水域巡逻。8月4日午夜至5日凌晨,在风暴中航行

▲"马杜克斯"号驱逐舰遭受攻击成为美国直接干涉越南战争的借口。

的这两艘驱逐舰通过雷达发现有5艘敌方舰艇正以攻击队形驶来。现在,绝大部分人都相信这些"舰艇"并不存在。或许是雷达数据有错误,或许这所谓的"第二次攻击"根本就是美军为实施军事干涉而制造的假象。

无论如何,这总是约翰逊想要的。他立即下令对北越实施报复性空袭。64架飞机从"泰康德柔格"号和"星座"号航空母舰起飞,轰炸越南北方港口。

8月7日,美国国会通过了有关"东京湾"事件的决议,授权总统可以采取"任何必要的措施"反击对美军的进攻,并支持包括南越在内的美国东南亚盟友。该决议为美国政府直接参与越南战争开启了绿灯。在此后的几年间,美国不断增加在南越的战斗部队并对北越实施全面、系统的轰炸。

沃伦报告

肯尼迪总统于1963年11月遇刺身亡后,继任总统约翰逊立即成立了一个委员会调查这个重大的暗杀事件。这个委员会由德高望重的最高法院大法官伊尔·沃伦任主席,其他成员包括共和党领袖杰拉尔德·福特(后来曾任总统)和中央情报局前局长艾伦·杜勒斯。

1964年2月至6月,沃伦委员会共听取了552份证词。然后起草了一份长达888页的报告,并于9月24日送交总统。这份报告的结论是肯尼迪死于一个疯狂的单独刺客李·哈维·奥斯瓦尔德。而他又被另一个疯狂

的单独刺客杰克·鲁比杀死。

这无疑是约翰逊希望从他设立的这个委员会得到的结果。这位继任总统还特别关注是否有迹象表明苏联或古巴策划这一暗杀事件——因为这将迫使美国政府采取某种严厉的、可能导致战争的报复措施。

然而沃伦报告发表后进行的一项民意调查显示，只有三分之一的美国民众相信这个"单独暗杀"的说法。而三分之二的人认为肯尼迪总统死于一个合谋的暗杀行动。

60年代中后期，人们越来越相信美国存在着一个军火集团与政界相勾结的"军事产业复合体"，各种有关合谋暗杀的说法纷纷出笼。这些说法大都排除了共产党参与的可能性，而认为是黑手党和中情局分子参与策划的阴谋，甚至涉及美国政治集团的最高层。

1978年，一个由美国国会建立的肯尼迪遇刺调查委员会推翻了沃伦报告的结论。它的结论是有第二个枪手参与暗杀，因此这个案件"很可能是合谋"。

至今人们仍未发现破解美国这桩影响最恶劣的谋杀案的决定性证据。

◀ 伊尔·沃伦的长达888页的报告认为肯尼迪遇刺案件为一个枪手的孤立行为。

"印度之星"被盗

19 64年10月30日，位于纽约的美国自然历史博物馆被盗，放在三层矿石与珍宝大厅的世界最大的切割蓝宝石"印度之星"和其他23颗价值连城的宝石不翼而飞。令人困惑不解的是，这所博物馆的防盗系统有时竟然不起作用。

入室行窃的是来自迈阿密海滩的两个流浪汉，杰克·墨菲和艾伦·库恩。他们从一部描写伊斯坦布尔博物馆珠宝盗窃案的电影《托普卡匹宫》受到启发。佛罗里达警方监视这两个人已经有些日子。自盗窃案发生之后，他们即被列为重点嫌疑人。

相貌英俊、体格健壮的墨菲和库恩很快成为媒体名人，但这也使他们走向了末路。女演员埃娃·盖勃从报纸上看到他们的照片后，认出他们就是几年前抢劫和盗窃她珠宝的人。走投无路的库恩只好与警方合作。他带领警察取出藏在公共汽车站存物箱里的"印度之星"。为此，墨菲和库恩仅被控简单盗窃罪，并判处较短时间的监禁。

▼ "印度之星"的防护罩被窃贼击破。这颗价值连城的宝石被藏在公共汽车站存物箱内。

9月
· 印尼军队在马来西亚登陆。
· 马耳他脱离英国获得独立。

10月
· 第18届奥运会在日本东京举行。
· 赫鲁晓夫退休；勃列日涅夫成为苏共总书记。
· 中国爆炸原子弹。
· 英国组成以哈罗德·威尔逊为首的工党政府。
· 南越组成以陈文香为首的文官政府。
· 北罗得西亚独立，改国名为赞比亚，肯尼思·卡翁达任总统。
· 坦葛尼喀和桑给巴尔合并为坦桑尼亚共和国；朱利斯·尼雷尔任总统。
· 英联邦迫使印尼停止侵略马来西亚。
· 美国歌曲作家科尔·伯特逝世。

11月
· 沙特阿拉伯国王被罢免；费萨尔掌权。
· 民主党候选人林登·约翰逊赢得美国大选。
· 佐藤荣作任日本首相。
· 肯尼亚实行一党制。
· 刚果政府军重新控制叛军占据的斯坦利威尔，救出被叛军扣押的人质。

12月
· 古斯塔夫·奥德兹成为墨西哥总统。
· 意大利总理安东尼奥·塞格尼辞职；吉斯皮·萨拉盖提继任。
· 英属圭亚那新政府成立。

丘吉尔逝世

1965年1月24日，第二次世界大战英雄、英国著名政治家温斯顿·丘吉尔爵士在他位于伦敦海德公园大街26号的家中逝世，享年90岁。

丘吉尔出身于英国名门贵族。他的父亲是伦道夫·丘吉尔伯爵，母亲是美国富豪之女詹尼·杰罗姆。年轻时，丘吉尔曾参加过英国与苏丹、印度和南非的战争，并从1900年起开始从政。

丘吉尔曾经是改组的自由党政府成员，但在1914年之后转向他父亲所在的保守党。他在战争时期最艰苦的1940年成为英国首相。他以大无畏的英雄气概和雄辩的口才抨击国内的失败主义情绪，鼓舞人民与希特勒德国血战到底。丘吉尔还是一个优秀的作家，曾于1953年荣获诺贝尔文学奖。

丘吉尔逝世后，英国女王表示希望给予丘吉尔国葬的崇高礼遇——这是自1852年惠灵顿公爵逝世以来的第一次。丘吉尔的遗体在威斯敏斯特大教堂摆放三天供各界人士瞻仰，三十多万民众前来向这位伟人表示他们的崇敬和哀悼。下葬仪式在1月

▲三十多万民众排队瞻仰英国二战时期最伟大的领导人丘吉尔的遗容。

30日举行。传统的炮车载着丘吉尔的棺木在数千市民的目送下缓缓走向圣保罗大教堂。数百万家庭在电视上观看了这一感人的情景。葬礼结束后，棺木被一艘游艇沿着泰晤士河送到滑铁卢火车站，并在那里由火车送往丘吉尔的故乡牛津郡。丘吉尔生前曾要求死后葬在父母的墓地旁边。这块墓地位于他出生的布伦海姆宫附近。

一些人认为丘吉尔逝世引起举国悲痛是因为人们伤感于大英帝国的衰落。但大多数人都承认他是个杰出的人物。

丘吉尔在75岁生日时曾谈到对死亡的看法，他以其特有的幽默和豪爽说："我已经准备好去见我的上帝。至于我的上帝是否有足够勇气面对我，那就是另一回事了。"

美国军队涌进越南

到1965年初，南越已有五分之四的国土处于越共游击队控制之下。他们的势力范围甚至扩展

到距南越首都西贡仅32公里的地方。而腐败无能的越南军人政权却只会走马灯似的更换政府班子，无法改变失败的命运。

美国政府感到别无选择，只有将它的武装干涉继续升级；否则，南越在年底之前就将落入共产党手中。

◀1965年8月，美军在"泰特"攻势中对"红海滩一号"成功实施两栖攻击。

华盛顿最常用的战略是依靠空中力量，这样可以尽量减少美军人员伤亡。2月7日，越共武装袭击顺化美军基地打死9名美军士兵后，美国空军对越南北方实施了报复性轰炸，拉开了持续轰炸北方的序幕。

从3月2日起，美军开始实施所谓的"滚雷"行动——派遣大批飞机从航空

▲美军面临的最大难题之一是如何区别普通百姓和越共游击队。

母舰和陆上基地起飞，对北方进行连续的轰炸，企图摧毁北越的战斗意志。美军对南方越共控制区的空袭更为严重。这些地区遭到美国空军 B52 高空轰炸机投掷的凝固汽油弹和化学落叶剂的毁灭性打击。

然而空中力量远不足以解决问题。3 月 8 日，第一批美军战斗部队进入南越——越共称之为"军事入侵"。美国海军陆战队乘坐登陆艇在大宁海滩登陆。人们从电视转播镜头中可以看到，全副武装的美军士兵在海滩上受到漂亮的越南姑娘的欢迎。她们在他们的脖子上挂上花环。

这种"海滩做秀"很快就结束了。这些士兵最初只承担防御任务，但到了夏天，美军开始接替士气低落、作战无力的南越政府军执行进攻性战斗任务。美军在威廉·威斯特摩兰将军指挥下，开始实施一系列大规模的"搜索和摧毁"行动。他们试图利用直升机编队提供的高度机动性，迅速发现和接近越共部队的藏身之地，然后凭借飞机、大炮和舰艇的强大火力消灭他们。但这种战略会造成严重的"间接伤害"——杀死无辜的农民，摧毁他们的村庄。

这种战略似乎颇见成效，越共游击队伤亡惨重。但美军阵亡者也与日俱增，引起媒体极大关注。1965年有 1350 多名美国军事人员死于各种战斗行动。到当年年底，美军在南越驻军人数已超过 18.4 万人。

太空行走

1965 年 3 月 18 日，苏联宇航员阿列克谢·莱奥诺夫走出运行轨道上的飞船，成为第一个在太空行走的人。这个成就证明苏联宇航科技仍领先于美国。莱奥诺夫乘坐"上升 2 号"飞船到达距地面 485 公里的太空。这时他从舱口钻出来，在飞船外面逗留了大约 10 分钟，给地面的电视观众留下极为深刻的印象。

美国直到 6 月 3 日才作出反应。他们的宇航员艾德·怀特少校成为第二个太空行者。怀特在运行于太空轨道上的"双子座 4 号"飞船外面停留了 14 分钟。

美国勇敢面对苏联的挑战，但这次他们是第二，而不是第一。然而，美国从不甘居人后。他们加倍努力，以确保美国人成为登月第一人。

▶苏联宇航员阿列克谢·莱奥诺夫离开"上升 2 号"飞船，迈出太空第一步。

- 当年公演的著名影片包括路易斯·巴福勒尔的《女仆日记》、罗伯特·怀斯的《音乐之声》、诺曼·杰维森的《辛辛纳提的孩子们》、吉罗·旁蒂洛夫的《阿尔及尔之战》、诺曼·波兰斯基的《排斥》和洛克·高达德的《阿尔发维尔》。
- 乔伊·奥顿的话剧《掠夺》在伦敦公演。
- 尼尔·西蒙的话剧《奇特夫妇》在纽约公演。

1月
- 阿尤布汗赢得巴基斯坦大选。
- 印尼退出联合国，并对马来西亚实施新的登陆入侵。
- 林登·约翰逊宣誓就职美国总统。
- 英国著名政治家丘吉尔逝世。

2月
- 越共袭击位于南越顺化和定边的美军基地；美国空军对北越实施报复性轰炸。
- 英国殖民地冈比亚独立。
- 激进的美国黑人民权领袖马尔克姆被暗杀。
- 印地语成为印度官方语言。
- 英国艺术家亚瑟·斯坦利逝世。
- 美国歌唱家、画家纳特·金克尔逝世。

'65

3月
- 尼古拉·齐奥塞斯库成为罗马尼亚领导人。
- 美国阿拉巴马州黑人民权运动暴力行为增加。
- 美国海军陆战队两个营在南越大宁登陆。
- 美国阿拉巴马州蒙特格摩尼市警察暴力袭击黑人民权运动；马丁·路德·金领导示威。
- 锡兰成立以杜德利·森纳马亚克为首的新政府。
- 智利大地震，造成四百多人死亡。

4月
- 越南北方击落美国空军飞机。
- 印度和巴基斯坦发生边界军事冲突。
- 美国华盛顿爆发反战示威。
- 美国海军陆战队在多米尼加登陆，阻止可能发生的共产党掌权。

美国干涉多米尼加

▲多米尼加危机表明美国政府随时准备干涉中美洲政治事务。

古巴卡斯特罗革命政权造成的麻烦，使美国对加勒比海各国极为关注，力求避免再出现左翼政府。这种心态导致美国于1965年春对多米尼加的大规模军事干涉。

多米尼加共和国领土占伊斯帕尼奥拉岛的三分之二（另外三分之一是海地）。自1961年长期独裁统治者拉费尔·特里吉罗被暗杀以来，这个国家的政局一直极不稳定。1962年，温和的左派人士居安·鲍斯克在大选中获胜，但他的政府不久就被一场军事政变所推翻。

1965年4月，取代鲍斯克的右翼集团被弗朗西斯科·卡马上校领导的起义推翻。起义者邀请流亡海外的鲍斯克重返国内，带领国家走向民主。

美国对此非常不满。4月28日，它以保护美国侨民为借口，派遣海军陆战队在多米尼加登陆并占领首都圣多明戈。而在这个城市的另一部分，右翼军人集团仍控制着圣艾塞迪奥空军基地。

随后几天，来自美军第82和第100空降师的数千士兵进入圣艾塞迪奥空军基地，并迅速包围了圣多明戈的起义者住房所在地。

尽管当地爆发了大规模的反美群众示威，但此时多米尼加人已无法掌握自己国家的命运。后来政局开始逐渐稳定，美国占领军也逐步被巴西领导的美洲多国部队所取代。1966年多米尼加举行自由选举，成立了由乔昆·巴拉盖尔总统领导的稳定的合法政府。

英国的制式改革

1965年5月，英国政府发表声明，决定将度量衡制式改为公制。然而，由于民众传统的保守习惯，政府不得不作出妥协，允许逐步实施这种改变并在若干年内保持英制与公制并存。

采用公制是1964年当选的工党政府的一项承诺，旨在实现国际标准化和技术进步。

工党首相哈罗德·威尔逊认为"英国正在进入新技术革命的白热化阶段"，政府应推行"计划指导的经济"。相对于保守党陈旧的自由经济政策，这是一种科学的进步。政府还决定积极推动与法国联合研制"协和号"超音速客机。

采用公制还表明政府已经认识到，英国的未来取决于与欧洲的密切联系，尽管英国加入欧共体的申请被法国总统戴高乐否决。

▲英国首相哈罗德·威尔逊决心大力推动英国的科技进步。

迪伦开创演唱新风格

60年代初期，美国歌手鲍勃·迪伦（原名罗伯特·扎摩曼）成为激进的反战抗议运动中的著名人物。他手持原声吉他，以激昂亢奋的嗓音、节奏明快的韵律和强烈的感染力吸引了大批歌迷，其中大部分是青年学生。人们认为他的歌与那些缺乏内涵的商业化流行歌曲截然不同。

但是到了1965年，迪伦开始感到由"动物"和伯德等流行乐队演唱的他创作的《旭日之屋》和《鼓手先生》等新歌，听起来远比原声更激动人心。在出版了一张"半摇滚"唱片《把它全部带回家》之后，他开始完全采用电声伴奏方式演唱他的单曲《像一颗滚动的石头》并重新录制专集《61号高速公路》。

但传统的民间音乐歌迷无法接受迪伦创造的"民间—摇滚"混合唱法，认为他背叛了他们。1965年7月，当这位歌手出现在新堡民间音乐节时，他在电声乐队伴奏下的演唱受到观众的一片嘘声。第二年，这种现象又在多种场合反复出现，包括1966年5月在伦敦阿尔伯特音乐厅的重要演出。那时只要电吉他一出现大部分观众就退出场外。然而尽管民间音乐迷公开谴责迪伦是"犹大"，但更多的年轻人喜欢上了他的音乐。迪伦的《像一颗滚动的石头》成为美国金曲排行榜亚军，远比他的原声歌曲更受欢迎。迪伦独创的抒情唱法与富于冲击力的摇滚音乐相结合的演唱风格成为摇滚音乐发展史上的重要转折点。

▲ 鲍勃·迪伦使用电吉他伴奏演唱使他的传统歌迷大为反感，却改变了摇滚音乐的面貌。

瓦兹骚乱

1965年8月11日，在以黑人居民为主的洛杉矶市瓦兹区，一个名叫马克特·弗莱的居民因酒后驾车被几名白人警官逮捕并遭毒打。一些人路见不平，开始聚集起来与警察打斗。瓦兹区是个经常遭受种族主义治安人员管理欺侮的贫穷地区，一个偶然事件的火花就足以引燃暴力骚乱的烈火。

在此后的两个夜晚，骚乱迅速蔓延到130平方公里的大片街区。许多汽车和建筑被烧毁，一些杂货店和酒类商店被抢劫。

曾经参与这次骚乱的杰夫里·福伯后来写道："人们为自己的疯狂而自豪，为发泄长期的怨气而兴奋，把抢劫当成儿戏。"当地一家迪斯科舞厅的服务员喊出了骚乱者的心声："烧吧，孩子们，烧吧！"事后的调查显示，该区七分之一的黑人居民参加了骚乱。8月13日夜，当局调集了两千多名国民警卫队支援那里的武装警察。晚上8点，骚乱被平息后，当局宣布连续三天实行宵禁。这次骚乱最终造成34人死亡，其中大部分是被国民警卫队和警察击毙的黑人。

▲洛杉矶市瓦兹区主街——黑人居民与白人警察发生暴力冲突的起点。

5月
· 以色列对约旦克拉利亚村发动大规模袭击。
· 美国发射"早鸟"号商用通讯卫星。
· 伊安·史密斯领导的罗得西亚阵线党赢得大选。
· 西德与以色列建立外交关系；阿拉伯国家断绝与西德的外交关系。
· 英国飞机设计师杰弗里·哈沃兰德逝世。

6月
· 驻南越美军开始对越共举行大规模进攻。
· 英联邦秘书处在伦敦成立。
· 阿尔及利亚发生军事政变；哈马里·布迈丁掌权。
· 印巴边界冲突停火。

7月
· 法国开始抵制欧共体会议。
· 希腊国王康斯坦丁二世罢免总理乔治·帕潘德里欧。
· 英国保守党领袖道格拉斯霍姆辞职；爱德华·希斯继任。
· 超过12.5万名美军登陆越南南方。

8月
· 英国电视台禁止香烟广告。
· 印度指责巴基斯坦军队进入克什米尔地区，造成克什米尔危机。
· 新加坡退出马来西亚联邦。

现代主义建筑创始人逝世

19 65年8月27日，瑞士出生的法国建筑师查尔斯·艾德蒙·吉安纳特（笔名柯布西耶）逝世，享年77岁。他在晚年终于看到他一生追求的现代主义建筑风格在全球盛行。

从20年代起，柯布西耶便大力提倡纯朴而无装饰的建筑风格，以适应机器时代的要求。

第二次世界大战后，他创造了一种与按照平均人体状况制定的标准规格不同的建筑单元"模块"。他梦想着一种乌托邦式的"辉煌城镇"，多座高层建筑排列其中，周围环绕着大自然的绿色空间。

柯布西耶和路德威格·梅斯等欧洲现代主义

▲本世纪最有影响的建筑大师柯布西耶设计的法国廊香教堂。

建筑师的理念成为50年代和60年代的主导建筑思潮。盒子状的摩天大楼如雨后春笋般出现在香港和法兰克福等国际金融中心。世界每个城市都建造了相对便宜的高层住宅区。

直到60年代后期柯布西耶逝世之后，建筑界才出现反对这种无装饰的高层建筑的动向。

罗得西亚单方面宣布独立

50 年代后期到60年代初期，英国开始从它的非洲殖民地撤离。从整体上看，这是一个平稳顺利的过程，包括向友好的黑非洲政府移交政治权力，并通过英联邦组织与之保持特殊关系。1963年，英国控制的由南北罗得西亚和尼亚萨兰组成的中非联邦解散，分裂为各个独立区域。第二年，北罗得西亚独立，成为赞比亚共和国；尼亚萨兰成为马拉维共和国。但在南罗得西亚，平稳过渡的过程却被当地的白人居民所阻断。

南罗得西亚约有22万白人；而祖祖辈辈生存在这里的黑人却有四百多万，这里是他们的根基和家园。然而在英国的长期殖民统治下，白人占有了所有最好的土地并单独把持着政治权力。

许多白人精明地意识到，如果英国按照制定的民主宪法实现独立，那么未来的南罗得西亚将由黑人政府统治。

1961年，一位在罗得西亚出生和成长的前英国空军飞行员伊安·史密斯成立了"罗得西亚阵线"组织，其纲领是反对黑人多数的统治。令罗得西亚温和派政治团体惊讶的是，史密斯的极端组织竟然赢得了1963年的大选（当时黑人没有选举权）。

在漫长的谈判中，英国坚持以实行大范围的民主作为批准独立的先决条件。4月1日史密斯成为南罗得西亚总理。他决定如果英国不退让，就自行宣布独立。在11月举行的罗得西亚"公民投票"中，白人完全支持史密斯的立场。

英国工党政府当选后，比它的前任保守党政府更加坚决支持"一人一票"的民主原则，最终导致谈判破裂。

1965年11月11日，史密斯宣布南罗得西亚单方面独立。英国政府则公开谴责史密斯及其同伙是叛逆者，但决定不派兵重新控制这块殖民地，而是采取经济制裁方式。英国首相哈罗德·威尔逊天真地预言史密斯政府支撑不了几个星期。然而由于罗得西亚的邻居——白人统治的南非以及葡萄牙殖民地莫桑比克和安哥拉支持罗得西亚的单方面独立，英国的制裁没有什么效果。它们通过大型跨国公司，包括石油公司与罗得西亚进行私下交易。由于经济制裁没有使罗得西亚政府垮台，英国只好想方设法劝说史密斯放弃单方面独立。

1966年12月，威尔逊首相在英国"老虎"号军舰上会见史密斯。两人又于1968年再次会谈。尽管英国此时已准备接受以允许黑人参与组阁方式作为对多数人统治原则的让步，但罗得西亚方面仍不肯妥协。

史密斯采用严厉的紧急状态权力镇压占人口大多数的黑人反对派。在以后的数年中，罗得西亚的白人一直过着安全舒适的日子。

▲罗得西亚领导人伊安·史密斯在与英国首相哈罗德·威尔逊的谈判中拒绝妥协。

但是到1975年，随着葡萄牙对莫桑比克和安哥拉的殖民统治的崩溃，黑人游击队开始活跃在罗得西亚白人统治地区。

太空集合

1965年12月15日，美国宇航员成功实现人类第一次飞船太空集合。

这两艘集合的飞船是由沃尔特·谢尔拉与托马斯·斯塔福德驾驶的"双子星6号"和弗兰克·鲍曼与詹姆斯·洛威尔驾驶的"双子星7号"。

从卡纳维拉尔角发射的"双子星6号"在太空轨道上与11天前入轨的"双子星7号"汇合。

谢尔拉操纵着"双子星6号"逐步靠近轨道，当飞行到第四圈时，飞船来到"双子星7号"身边。此时它们位于太平洋上空315公里。接着它们开始排成前后队列绕行地球两圈。两艘飞船的间距仅3米。

这次太空集合是美国宇航员登月计划的重要步骤。这个计划设计将一个登月舱从指令飞船分离，然后到达月球表面，完成任务后再与指令飞船汇合，返回地球。

▲美国太空技术的一项成就，"双子星6号"与"双子星7号"实现历史性的太空汇合。

· 阿富汗举行第一次议会选举。
· 英国和美国爆发反对越南战争的群众示威。
· 英国领导人哈罗德·威尔逊开始访问罗得西亚。
· 被流放的摩洛哥革命领导人迈迪·本巴卡在法国被绑架和暗杀。

11月
· 美国7个州和加拿大安大略地区发生严重电力故障。
· 罗得西亚单方面宣布独立；英国对其实施经济制裁。
· 几内亚破获暗杀总统和推翻政府的阴谋，随后断绝与法国的外交关系。
· 刚果发生军事政变，塞克·蒙博托掌权。

12月
· 戴高乐未能赢得第一轮法国总统大选，但却取得了第二轮选举的胜利。

美国在越南战争中走投无路

新闻摘要

· 叙利亚与以色列边界冲突，导致关系紧张。
· 美军开始在越南使用化学落叶剂。
· 美国通过重建内地城镇的法律。
· 黑人军事组织"黑豹"在美国成立。
· 南非将种族隔离法扩大到西南非洲。
· 雷克航空公司成立。
· 英国钢铁国有化。
· 美国和苏联分别发射月球探测器。
· 英国发明汽车燃料喷射系统。
· 马斯特斯和詹森发表人类性反应报告。
· 人类发明麻疹疫苗。
· 当年公演的电影包括路易斯·吉尔伯特的《阿尔福特》、詹姆斯·赫尔的《生来自由》和弗雷德·兹尼曼的《乱世忠魂》。
· 吉恩·罗登勃里创作美国电视剧《星际航行》。
· 英国著名电视节目《雷鸟》首次播出。
· 塞缪尔·巴勃的《安东尼与克里奥帕特拉》成为纽约新大都会歌剧院首演剧目。
· 当年发表的流行歌曲包括苏曼和卡夫兰柯尔的《沉寂之声》、弗兰克·塞纳特拉的《夜晚的陌生人》和"海滩男孩"的

到 1966年底，已有大约38.5万美国士兵卷入越南战争。同时，越南北方也派遣大量部队支援南方的越共游击队。在与共产党武装的战斗中，美军已经在很大程度上取代了南越政府军。这场由军事和科技最先进的国家与手持轻型武器、身穿破衣草鞋的农民武装之间的战争，构成了人类战争史上的壮丽奇观。

越南美军司令官威廉·威斯特摩兰将军感到，国内政治家设定的战略限制使他很难取得决定性的胜利。他既不能使用核武器，也不能率军进攻共产党控制的越南北方。政府还不允许派遣地面部队进入附近的老挝，以切断越南北方向南方越共运送武器和人员的"胡志明小道"。尽管北越和老挝都处于美军大规模空袭范围，而且美军还不断派遣

▲直升机是美军渗透越共控制区的重要工具。

特种部队秘密潜入老挝袭击越共这条至关重要的供应线，但越共的补给和增援从未停止。

美军曾多次发动大规模的"搜索与摧毁"行动。例如1966年初，他们出动2万多人的部队对西贡附近越共控制的"铁三角"地区实施猛烈攻击，造成越

▲美军不适应游击战，人员伤亡越来越大，导致美国公众舆论开始转向。

共大量人员伤亡，并被迫暂时撤出根据地。但由于越共游击队很少纠缠于大规模正面战斗，美军这些战略行动的效果并不能持久。越共很快又重新渗透到美军扫荡过的地区。

平息"反叛"的根本手段应该是赢得当地民众的人心，使游击队失去赖以生存的支持和掩护。但美国士兵却流传着这样的口号："让枪口对着他们，他们的心也会随之而来。"

用威斯特摩兰将军的话来说，赢得越共控制区人心的最好办法就是"将村民赶走，并摧毁村庄"。他们用这种残酷的手段创造了所谓的"任意开火区"，其中任何活动的物体都可能被立即射杀。这些行动还产生了严重的难民问题：1967年，拥挤不堪的难民营里聚集了150多万无

家可归的农民。

电视媒体将南越农民的苦难传送到美国人民的眼中。其中有一个镜头显示美国士兵当着村民的面，用打火机点燃他的草屋。这个镜头令人震撼。

但此时美国国内的反战运动仍局限于少数激进分子。1966年3月，巴里·萨德尔演唱的歌颂士兵的歌曲《绿色贝雷帽之歌》卖出了100万多张唱片。而黑人领袖马丁·路德·金的反战言论使他失去了许多美国黑人的支持。因为他们认为黑人士兵能在废除种族隔离的军队，特别是在精锐的空军部队中为祖国而战是他们的骄傲。

美军在越南并非孤军作战。1966年，南朝鲜、菲律宾和泰国提供了支援，澳大利亚和新西兰甚至还派遣了少量军事人员。但美国的欧洲盟友，包括英国都置身局外，仅提供政治外交上的支持。而法国更是公开批评美国的战争政策并从北约撤出其军事力量。

1966年，共有五千多名美军官兵死于越南，而他们的司令官则看不到任何胜利的前景。随着大批阵亡者的裹尸袋运回国内安葬，美国民众开始怀疑这场战争究竟是否值得。

▶ 英国足球队队长博比·摩尔欢呼英国足球史上最伟大的一天。

英格兰夺得世界杯

▲ "进没进？"杰夫·赫斯特一脚劲射令德国队守门员猝不及防。但一些人认为这个球并没有完全跃过球门线。

19 66年7月，足球世界杯决赛首次在英国举行，也是迄今为止惟一的一次。然而好事多磨，这场盛大赛事还没开始，就出现了"不祥之兆"：陈列在威斯敏斯特大厅的雷米特杯（即世界杯）突然不翼而飞。后来幸亏被一只名叫"皮克尔"的聪明小狗在伦敦一个公园里发现。

而这次大赛本身也充满了火药味和各种劣的犯规动作。世界最著名的球星贝利被罚出场；而英格兰在紧张激烈的四分之一决赛中战胜阿根廷后，教练阿尔福·雷姆塞尖刻地评论阿根廷队像"野兽"。

另一场四分之一决赛在葡萄牙和北朝鲜之间进行。由球星尤斯比奥率领的葡萄牙队是进入决赛的最好球队之一；然而更令人惊讶的是淘汰意大利队

的北朝鲜队，他们先以3：0的绝对优势领先，但最终以3：5负于葡萄牙队。在接下来的半决赛中，英格兰队愈战愈勇，以2：1击败葡萄牙队。英格兰队的鲍比·查尔顿、杰夫·赫斯特、艾伦·鲍尔、马丁·彼得斯和队长博比·摩尔都是世界级球员。

7月30日，决赛在伦敦温布利体育场进行。英格兰的对手是西德，他们是一支拥有弗兰茨·贝肯鲍尔这样的超级球星的强大球队。比赛开始后，德国队首先得分，但随后英格兰队的赫斯特和彼得斯各得一分，使胜利近在咫尺。然而，毫不气馁的德国人在终场前又将比分扳平。

加时赛上半场，赫斯特一脚射中门楣，皮球反弹出球门，但俄罗斯裁判判定这一球已经超过球门线，英格兰队领先。当加时赛就要结束，观众们开始涌向球场，BBC的解说员肯尼斯正在说"他们以为比赛已经结束……"的时候，赫斯特再次上演帽子戏法，使英格兰以4：2获胜。

《震动》。

· 当年出版的图书包括吉恩·雷耶斯的《广阔的马尾藻海》、图曼·卡波提的《冷血》、托马斯·品钦的《49号的哭喊》和约翰·弗劳尔斯的《魔术师》。

· 英格兰队夺得足球世界杯冠军。

1月

· 罗马教皇呼吁在越南实现和平。

· 中非共和国发生军事政变；吉恩·博萨卡掌权。

· 美军在越南发动攻势。

· 印度和巴基斯坦签署和平协定。

· 尼日利亚发生军事政变，总理阿布巴卡·巴尔瓦遇难；约翰逊·伊尔尼赛掌权。

· 澳大利亚总理罗伯特·曼扎斯退休；哈罗德·赫尔特继任。

· 法国结束抵制欧共体。

· 英国对罗得西亚实行贸易封锁。

· 印度总理夏思特里逝世；英迪拉·甘地继任。

· 瑞士雕塑家阿尔伯特·贾戈梅地逝世。

2月

· 法国总统戴高乐要求退出北约。

· 米尔顿·奥博图在乌干达实施独裁统治。

· 叙利亚军事政变。

· 加纳军事政变；恩克鲁玛总理被免职。

· 美国著名演员兼导演巴斯特·凯顿逝世。

3月

· 印度食品短缺，导致骚乱。

· 印度阿萨姆邦民众起义。

· 澳大利亚向越南派遣更多军队。

毛泽东领导"文化大革命"

19 66年中国大陆发生的无产阶级"文化大革命"是历史上最令人惊异的大规模群众运动。早在1965年9月，毛泽东主席就号召人们对中国文学、艺术和音乐领域内的"反革命资产阶级意识形态"发起进攻。在毛的妻子江青的支持下，一些获得特殊待遇的知识分子被描绘成中国文化界的"反社会主义毒草"，必须连根铲除。

1966年，文化领域中的铲除"毒草"运动迅速演变成一场涉及中国生活所有领域的革命。长期以来，毛一直指责苏联共产党背弃革命精神而蜕变为安于现状的官僚"修正主义者"。现在，他看到了将中国的共产主义革命推向新阶段的机会，要利用青年作为突击队。

无数学生戴上红袖章，组成了自己的"红卫兵"组织。1966年8月，北京数十万红卫兵手持"小红书"——毛主席语录，高呼着革命口号，接受毛泽东的检阅。

毛泽东被正式宣布为"伟大导师、伟大领袖、伟大统帅、伟大舵手"。7月，他在长江游泳，以证实他的健康。中国媒体将这一事件宣传为革命的胜利，体现了毛泽东藐视一切权威的气魄。

8月召开的中央委员会正式确认"文化大革命"。

▲红卫兵在集会中齐声背诵伟大领袖毛泽东的语录。

中小学和大学都停了课。学生们组成各种红卫兵组织，走上街头扫除"旧风俗、旧习惯、旧文化和旧思想"。

"资产阶级"文化的各个方面都受到冲击。庙宇和文化艺术品被损毁。所有"奢侈娱乐品"，从爵士乐唱片到象棋、扑克牌和丝绸服装都被没收，并付之一炬。图书馆也被关闭或查抄。

权威人士，如教授、党的官员和干部以及所有受过良好教育的人都受到公开的污辱。红卫兵将这些受害者戴上高帽子，脖子挂上标语牌，游街示众。他们被迫当众承认那些虚构的罪名和荒谬的"反革命"行动。

◀ 忠于毛泽东的中国学生示威游行，反对苏联"修正主义"。

新闻摘要

- 法国要求北约撤出在法国的基地。
- 印尼总统苏加诺被迫向苏哈托将军移交权力。
- 美国"双子星8号"飞船实现与"阿吉纳"火箭对接。
- 右翼国民党赢得南非"大选"。
- 英国工党在大选中获胜。

4月
- 西贡示威者要求结束南越的军事统治。
- 印尼发生种族骚乱。
- 阿普杜勒·阿里夫成为伊拉克总统。
- 奥地利组成新政府。
- 西班牙学生示威。
- 英国讽刺作家伊夫琳·沃福逝世。

5月
- 南越佛教徒起义。
- 英国儿童杀手安·布雷利和玛拉·汉德利被判谋杀罪。
- 英国海员罢工开始。
- 英国政府接管港口。
- 乌干达罢免布甘达统治者。
- 英属圭亚那独立。

6月
- 南越镇压佛教徒起义。
- 埃蒙·德维尔拉当选爱尔兰总统。
- 法国总统戴高乐访问苏联。

孩子们被鼓励，指责和攻击他们的父母师长。肆无忌惮的攻击甚至可能危及任何戴眼镜的人或老年人。数千人死于这种默许的暴力活动中，数百万人被关押或送往农村，在艰苦的劳动中接受"再教育"。

尽管"文化大革命"是由毛泽东和他的助手们操纵的，但它释放了在这个压抑的社会中成长起来的年轻人的愤怒，表达了他们内心的渴望。

许多工人还利用它争取提高工资和改善劳动条件。随着中国逐渐进入混乱的无政府状态，这场革命面临着脱离毛泽东控制的危险。1967年2月，军队开始介入，以控制社会秩序。

人们很难想象这场革命给人民带来的苦难。据

▲在一家大型百货商场的门窗上，贴满了各种标语和"大字报"。

估计，至少有数十万人直接死于各种野蛮的暴力活动。此后经过多年的努力，中国才从"文化大革命"对

国民经济和知识分子造成的巨大损失中完全恢复过来。

种族隔离的制造者被暗杀

19 66年9月6日，南非总理亨德里克·沃尔沃德在议会被一个名叫德摩特里奥·萨芬达斯的议会信使开枪暗杀。

令人吃惊的是，萨芬达斯行刺的原因竟然是认为沃尔沃德对黑人和有色人种太"仁慈"，而对像他这样的贫穷白人却无动于衷。

作为南非白人极端民族主义者，沃尔沃德在二战期间采取亲纳粹的立场。自1950年担任民族事务部长起，他就一直参与

▲亲纳粹的亨德里克·沃尔沃德（右），由于被认为对非白人过于"温和"而被暗杀。

制定实施种族隔离、维护白人统治的政策。1958年担任政府总理，他加强了对反种族隔离制度的人们的镇压，并带领南非退出英联邦。沃尔沃德曾在1960年遭遇一次暗杀，但他幸免于难。

沃尔沃德的总理职位继任者是前司法部长巴尔茨扎·沃尔斯特。他也是一个强硬的种族主义者。他坚决实施种族隔离制度，丝毫没有放松的迹象。

- 美国密苏里州爆发民权示威。
- 美国轰炸越南海防市和河内市。
- 法国前卫艺术家吉恩·阿波逝世。

7月
- 美国爆发种族骚乱。
- 刚果共和国城市斯坦利维尔改名为金斯加尼，利奥波德维尔改名为金沙萨。
- 英国海员罢工结束。
- 法国退出北约。
- 以色列对叙利亚进行报复性空袭。
- 欧共体实施共同农业政策。
- 尼日利亚统治者约翰逊·伊尔尼赛被暗杀；尤库巴·古旺上校掌权。
- 英国殖民地办公室关闭。
- 美国爵士乐钢琴家布德·鲍威尔逝世。

8月
- 马来西亚与印尼冲突结束。
- 以色列与叙利亚军队开战。
- 土耳其大地震，数千人死亡。
- 美国喜剧演员布鲁斯逝世。

9月
- 尼日利亚发生豪萨族与伊博族之间部族大屠杀。
- 南非总理韦尔沃德被暗杀。
- 罗得西亚最高法院判定史密斯政府非法。
- 美国旧金山发生种族骚乱。
- 博茨瓦纳独立。

'66

新闻摘要
. . . .

10月

· 尼日利亚发生部族冲突和屠杀。

· 前英国殖民地巴苏陀兰独立，改国名为莱索托。

· 西班牙关闭与直布罗陀的边界。

· 英国威尔士阿伯汉地区雨水浸泡导致矿渣山崩塌，造成144人死亡，其中116人为儿童。

· 苏联间谍乔治·布莱克从英国监狱逃跑。

11月

· 阿尔巴尼亚在中苏争议中站在中国一边。

· 印度发生骚乱。

· 美国民主党在中期选举中失败。

· 以色列袭击约旦，报复巴勒斯坦解放组织的袭击。

· 联合国大会结束南非对西南非洲的托管。南非拒绝执行。

· 前英国殖民地巴巴多斯独立。

阿伯汉灾难

▲抢险队员在被矿渣埋没的山村学校废墟中寻找幸存者。

1966年10月21日，威尔士矿区阿伯汉村发生了英国和平时期最严重的灾难。当天上午9点15分，孩子们正在村里的珀特·格拉斯小学上课（当时他们正在唱着"一切都那么明亮和美好"），这时他们突然听到闷雷一样的声音，感到大地开始震动。

像许多威尔士矿区村庄一样，阿伯汉周围堆满了附近矿山产生的矿渣。连日的暴雨使矿渣山变得松动。当天上午，矿渣山突然像雪崩一样坍塌下来。

而这所学校正处于它的必经之路，顷刻间学校就被埋没在黑色的泥浆中。

当地居民，包括来自附近的梅尔茨耶煤矿的矿工，立即冲入现场。在那场灾难中失去了儿子的牧师肯尼斯·海耶斯后来回忆那可怕的情景说："我冲上小路，转过一个弯，眼前什么都消失了，只见到一座黑色的矿渣山。"

紧急抢险队也赶来了。人们像疯了一样拼命挖掘矿渣，试图将孩子们救出来，但最终只有五个孩子生还。共有116个孩子和28个成人遇难。

这场灾难给这相对封闭的山村带来极为严重的影响，对几个生还的孩子造成不可弥补的心理伤害，以致他们甚至无法再与其他孩子们一起踢足球。

当地人们对国家煤炭管理委员会充满怨气，因为它坚决否认自己对这场灾难负有责任——将这座矿渣山设置在一处天然泉水上方。

这场灾难是60年代英国传统工业衰落地区真实生活的悲惨写照，它与"绚丽多姿的伦敦"的浮华外表形成鲜明的对比。在阿伯汉，英国陈旧工业积累的废墟埋葬了一代人的未来。

▲人们为阿伯汉灾难遇害者举行国葬。这场灾难毁灭了阿伯汉山村的一代人。

佛罗伦萨洪水泛滥

1966年11月4日，一场史无前例的洪灾袭击了意大利古城佛罗伦萨。决堤而出的亚诺河水使这座文艺复兴时期的古城三分之二街道淹没在深达1.8米的水中，使这里收藏的大量艺术珍宝受到严重威胁。

1452年由雕塑家洛伦佐·吉贝尔迪用青铜铸造的著名的洗礼池东门，曾被米开朗基罗誉为"天堂之门"。现在，它的铰链被洪水冲断，大门也被冲得不知去向。

坐落在佛罗伦萨市中心的具有600年历史的旁提维齐奥大桥在狂风暴雨中安然无恙，但一些比较脆弱的珍贵建筑，如国家

▲咆哮的亚诺河水决堤而出，涌入著名的文艺复兴古城佛罗伦萨的宫殿和博物馆。

的古旧书库则难逃厄运。

洪水还造成 180 多人死亡。然而全世界对佛罗伦萨艺术珍品的强烈关注显然超过了对那里人的生命的关心，导致后来发生有关文化遗产与人的生命孰轻孰重的讨论。

黑人开始进入美国政界

19 66 年 11 月美国中期选举的一个重要成果是一位名叫爱德华·布鲁克的美国黑人作为马萨诸塞州代表当选为参议员。作为共和党人，布鲁克轻松击败了民主党候选人、前马萨诸塞州州长安迪考特·皮巴蒂。

布鲁克成为 19 世纪以来（美国南北战争刚刚结束时，曾有一些黑人进入政界）第一位黑人参议员。他以压倒性优势战胜白人竞选对手，而且马萨诸塞还是黑人投票比例最低的州之一。布鲁克的胜利象征着美国黑人进入权力最高层的机会。

同年，罗伯特·维沃尔成为第一个进入美国内阁的黑人。1967 年，黑人民权律师楚古德·玛谢尔被任命为最高法院法官。

但这些黑人精英分子和中产阶层的成就，对于美国黑人的主体而言仍显得微不足道。人们注意到，像斯陶克里·卡米歇尔和莱博·布朗这样的年轻黑人激进分子仍在积极鼓吹"黑人权力"，以表达他们对现状的失望和愤怒。

▲共和党人爱德华·布鲁克成为美国第一个黑人参议员。

"卡通之王"逝世

美 国家庭娱乐业巨子瓦特·迪斯尼因患肺癌，经手术治疗无效，于 1966 年 12 月 15 日逝世，享年 65 岁。

迪斯尼的成功始于 1928 年，他在乌比·埃维克斯的协助下创作了广受欢迎的卡通形象"米奇老鼠"。此后，他又在 30 年代成功推出了迪斯尼卡通动物系列动画片，其中包括唐老鸭、小狗高飞和布拉图。

通过一系列成功的商业化运作，这些动画短片很快为迪斯尼创造了大笔财富，足够他制作一部全长的电影。1938 年《白雪公主和七个小矮人》诞生了，它创纪录的票房收入改变了动画片的地位。

1941 年，迪斯尼卡通

▲"动画之王"瓦特·迪斯尼创造的企业帝国在他逝世后 30 年依旧繁荣兴旺。

制片厂的大批动画制作者因不满他的管理方法而辞职。

大多数批评者感到后来的迪斯尼影片质量没有最初时那么好，至少在迪斯尼健在时期。但迪斯尼公司仍然兴旺发达。

1955 年，第一座迪斯尼乐园在加利福尼亚州阿纳海姆市开放，并很快成为全球最吸引人的旅游景点。

迪斯尼逝世时正值公司于 1964 年成功推出《欢乐满人间》和《丛林日记》之后的鼎盛时期。这两部影片恢复了经典迪斯尼时代的风采。

12 月

·科特·凯辛戈尔成为西德总理。

·吴丹当选联合国秘书长。

·英国首相威尔逊与罗得西亚总理史密斯会谈解决罗得西亚危机；罗得西亚拒绝英国提出的罗得西亚独立计划；史密斯宣布罗得西亚为共和国。

·西班牙公民投票批准新宪法。

·欧洲自由贸易协会成员实现统一关税。

·南斯拉夫持不同政见者米洛文·迪吉拉斯出狱。

·美国著名动画电影制片人、米奇老鼠的创造者迪斯尼逝世。

新闻摘要
. . . .

· 也门发生埃及支持的也门自由阵线与国民解放阵线之间的权力斗争。
· 美国威斯特摩兰将军在南越发动"搜索与摧毁"行动;美军宣布"……战争即将获胜……"
· 世界最大的水电工程克拉诺雅斯克大坝在苏联西伯利亚建成。
· 英国发生饲养动物口蹄疫。
· "爱之夏"掀起西方嬉皮士社会革命高潮。
· 科罗拉多成为美国第一个法律允许堕胎的州。
· 英国银行利率上升;获得国际货币基金组织贷款以应对经济危机。
· 英国重新申请加入欧共体。
· 美国最高法院任命第一位黑人法官。
· 东南亚联盟成立。
· 英国通过刑事审判法。
· 英国采用呼吸测量法检测酒后驾车者。
· 冠状动脉搭桥手术研究成功。
· 电子石英手表研制成功。
· 第一颗脉冲星被发现。
· 弗朗西斯·车彻斯特完成首次单人驾艇环球探险。
· 美国拳王阿里拒绝应征入伍。

美国宇航员命丧火球

19 67年1月27日,三名美国宇航员,维吉尼尔·格利斯摩、罗杰·卡夫伊和爱德华·怀特在卡纳维拉尔角(当时称肯尼迪角)宇航中心遭遇飞船起火而遇难,成为美国太空开发计划的第一批牺牲者。事故发生时,这些宇航员正在进行原定于2月21日发射的练习。当时他们正坐在位于"土星"号火箭顶部的飞船驾驶舱内,一个电气故障产生的火花点燃了舱内的纯氧设备。

烈火瞬间腾起,宇航员们无法从舱内逃出,因为一个拱架卡住了逃逸系统。营救队员试图将他们抢救出来,但因浓烟烈火来势凶猛而无法靠近。

这些宇航员是在执行人类登月的"阿波罗"计划。这个灾难对于希望在60年代末实现登月的美国宇航局来说是个重大的挫折。

然而,1967年美国在无人驾驶的月球航行方面却取得了重大进步。三艘美国航天器成功降落月球表面,送回月球的电视画面。人类登月的日期不远了。

▲ "阿波罗"太空计划遭受重大挫折:宇航员维吉尼尔·格利斯摩、罗杰·卡夫伊和爱德华·怀特死于飞船火灾。

"托里峡谷"号失事

19 67年复活节,英国康沃尔附近海面发生世界第一桩巨型油轮灾难。

3月19日,"托里峡谷"号油轮满载12万吨原油试图穿过"陆地之尾"与塞利岛之间的艰难水道,前往位于南威尔士米尔福德的炼油厂。

不料,这艘油轮在航行中撞上了七石礁,船体被撞开一个大洞,并迅速下沉。原油开始外泄,并被潮水和狂风推向康沃尔海岸,污染当地的旅游沙滩,破坏水产养殖。

政府的第一反应是派遣海军舰艇携带数千加仑清洁剂去围堵和清理原油污染。然而在事故发生的五天里,泄漏的原油已经覆盖了大约1800平方公里的海面并开始渗透海岸。更糟糕的是倾覆的油轮开始逐渐断裂,涌出更多的原油。

英国政府决定采取果断措施,向断裂的油轮投掷燃烧弹和凝固汽油弹。目的是烧掉油轮中剩余的原油,以防止污染继续扩大。然而,在聚集于康沃尔海边山崖上的大批复活节度假者(其中也包括首相哈罗德·威尔士)的面前,皇家空军轰炸机的第一次投弹竟然没有击中这个庞大的静止目标。好在后来的轰炸获得成功,但康沃尔的160公里海岸还是受到了污染,需要采取大规模清污行动。

"托里峡谷"号灾难进一步引起人们对60年代一直在谈论的环境问题的关注,并直接导致1970年"地球之友"和第二年"绿色和平"等环保组织的创建。

▲ "托里峡谷"号在"陆地之尾"海岸附近撞上七石礁。

拳王阿里因反对越战而受罚

1967年4月30日，最著名的拳击手穆罕默德·阿里由于拒绝应征入伍参加越南战争，而被美国拳击协会剥夺了世界最重量级拳王称号。

阿里原名卡修斯·克莱，曾经是一名业余拳击手，因1960年在罗马奥运会上夺得金牌而一举成名。

转为职业运动员后，他于1964年2月击败强大的对手索尼·利斯顿，成为世界最重量级拳击冠军。从那时起，他就成为令拳击界头疼的人物。他似乎有强烈的表现欲望，喜欢自我吹嘘，一句"我是最棒的"总是挂在嘴边。于是人们送他一个绰号——"路易斯维尔的嘴巴"。

但阿里的确是一位史无前例的优秀拳击手。他头脑灵活、目光机敏、步伐轻盈、动作凶狠，在拳击界无人可比。此外，他还深知如何通过诡秘多变的躲闪和出其不意的进攻让对手失去平衡。

在夺得最重量级桂冠的那一年，他加入了"黑人穆斯林"，并改名为穆罕默德·阿里，拒绝再使用"卡修斯·克莱"这个"奴隶的姓名"。但美国拳击管理当局担心这个已经加入被普遍视为危险的反美政治组织的聪明而桀骜不驯的黑人冠军会惹是生非，因此拒绝使用他的新名而坚持用克莱作为这位拳击手的注册姓名，以便能够像对待利斯顿那样，保留他的"犯罪"记录。

1966年2月，当局将阿里列入开赴越南的应征入伍名单，要求他到指定部队报到。阿里多次试图通过律师改变这个决定，但遭到失败。

到1967年4月，阿里面临一个选择：如果不接受服役命令，就得接受起诉。"黑人穆斯林"组织的宗旨是坚决反对参加任何形式的"白人的战争"。而阿里本人的名言"越共从来没有骂我'黑鬼'"也体现了他的决心。他拒绝应征入伍。

1967年6月，阿里因拒绝服役而被判处五年监禁和10000美元罚款。他的律师再次出面打官司，一直申诉到最高法院。后者最终于1970年取消了这个判决。

阿里回到拳击场，用两次夺回最重量级冠军的优异成绩证明他依旧是世界上最好的拳击手。

阿里曾经同时拥有世界三大拳击组织的金腰带，但他成为世界上最伟大的拳击手不仅仅靠这3条金腰带。如果他只是个拳手，哪怕是最令对手畏惧的拳击天才，也不会像他这样成为活着的传奇。他的头脑和他的身手一样敏捷，判断力和个性更令人难忘。阿里曾说："我要做我自己要做的人。我要像我愿意的那样自由思考。"他的勇敢行为，他对黑人解放运动的参与和推动，表现出他的信念。他的人生和心灵充满了生命力和责任感、个性和思考力。

1974年，这个32岁的勇士重新赢回了世界重量级拳王的头衔。他还被联合国命名为"和平使者"。

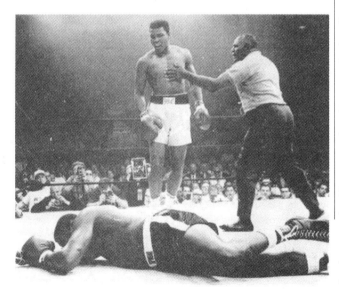

◀穆罕默德·阿里总爱说"我是最棒的"——我们许多人也同意。

· 当年公演的著名影片包括约翰·布鲁曼的《盲点》、《冷血杀手卢克》，路易斯·布鲁纳尔的《睡美人》和梅尔·布鲁克斯的《生产者》。

· 汤姆·斯陶帕德的话剧《福特克纳兹和吉尤德斯特姆已经死亡》和彼得·尼古拉斯的《乔伊·埃格死亡的日子》公演。

· 音乐剧《毛发》在纽约公演。

· 英国以《线上的木偶》赢得欧洲电视歌曲竞赛冠军。当年其他著名流行歌曲包括迈卡基的《我是一个信徒》、弗兰克·南希的《一些蠢事》、"大门"乐队的《点燃我的火》和阿兹纳·富兰克林的《尊敬》。

· "甲壳虫"发表专辑《孤独的心》。

· 《滚石》杂志出版。

· 当年出版的图书包括加百利·马奎兹的《百年孤独》。

1月

· 美军在南越湄公河三角洲发动大规模攻势。

· 美国"阿波罗"火箭在试验发射时起火，导致三名宇航员身亡。

· 国际禁止外太空核武器条约签字。

· 试图打破水上速度纪录的英国运动员堂纳德·坎贝尔意外身亡。

2月
· 安纳斯图索·德比尔在舞弊的大选中获胜，成为尼加拉瓜总统。
· 亚丁发生民众骚乱。
· 南美国家签订反核条约。
· 国大党在印度大选中失利。

3月
· 美军轰炸造成南越80名无辜居民死亡。
· 斯大林的女儿苏维特琳娜在访问印度途中逃往西方。
· 戴高乐政府以微弱多数赢得法国大选。
· 伦敦经济学院学生开始静坐示威。
· "托里峡谷"号油轮在英国沿海触礁造成严重环境污染。
· 法属索马里兰就独立问题举行公民投票。
· 联合国秘书长吴丹提出越南战争和平计划；美国接受，但北越拒绝。

六日战争

自 1956年苏伊士危机以来，以色列与它的阿拉伯邻国保持了十余年的和平。但双方对这种状况都不满意。阿拉伯人拒绝接受以色列国在巴勒斯坦土地上永久存在，而以色列人则希望扩大到更安全的边界。最愤怒的是生活在以色列边界附近的巴勒斯坦难民，他们要求回到属于自己的祖国。

1964年，阿拉伯国家成立了代表巴勒斯坦阿拉伯人的巴勒斯坦解放组织（巴解）。埃及为这支专门从事袭击以色列活动的部队提供武器。叙利亚则支持由亚希尔·阿拉法特领导的另一支巴勒斯坦游击队"法塔赫"。到1967年，巴勒斯坦游击队的袭击已经对以色列构成严重威胁。以色列决定对约旦和叙利亚进行报复性军事打击。

以色列军队与埃及

▲经过激烈的战斗，以色列军队在西奈沙漠俘获大批埃及士兵。

军队之间隔着由联合国维和部队驻守的西奈沙漠。因此，双方不易发生武装冲突。

1967年5月16日，埃及总统纳赛尔派军队进入西奈并要求联合国维和部队撤离。六天后，他宣布将关闭通往以色列的蒂朗海峡。纳赛尔的行动受到阿拉伯世界的热烈欢迎。约旦、叙利亚和伊拉克都迫不及待地与埃及建立了军事同盟。

以色列也在进行战争准备。骁勇善战的莫萨·达扬将军被任命为国防部长。以色列武装部队进行了紧急动员。尽管有关战争的传言沸沸扬扬，但谁也不清楚阿拉伯国家是否准备对以色列发动全面进攻。以色列也不愿坐等挨打。

6月5日黎明，以色列空军对埃及空军实施先发制人的袭击，摧毁了两百多架飞机，几乎是停放在地面的飞机的全部。没有空中掩护，埃及在加沙和西奈的地面部队很快受到致命的打击。经过四天的艰苦战斗，以军坦克抵达苏伊士运河东岸，消灭了埃及大量部队。

以色列东部战线也出现类似情况。战争开始的

▲"六日战争"期间，达扬将军指挥以色列部队摧毁了埃及的军事力量。

第一天,约旦和叙利亚的空军就被完全摧毁。约旦军队奋勇抵抗,但还是被逐出东耶路撒冷和约旦河西岸。到6月7日,双方达成停火协议。由于埃及和约旦已经被击败,以色列于6月9日将主要攻击目标转向叙利亚,以坦克和步兵的联合攻击夺取了至关重要的战略要塞戈兰高地。

到6月10日晚,战争结束。在短短六天里,只有250万人口、27.5万军队的以色列战胜了合计拥有4000多万人口、39.5万军队的阿拉伯各国。在这场战争中,以色列仅阵亡689人,而阿拉伯方面则牺牲大约13500人。

然而,以色列不可能将它辉煌的军事胜利转变为持久的政治胜利。纳赛尔总统依然是埃及的统治者,并且很快就从苏联接受大批军事援助,叙利亚和伊拉克也是如此。

以色列被迫向美国请求援助,以保持军事力量的平衡。"六日战争"结束后的两年内,中东地区一直在两个超级大国对峙的阴影下进行着军备竞赛。

从长远角度看,更重要的是以色列未能使它对拥有大量阿拉伯人口的约旦河西岸地区、东耶路撒冷和加沙的占领合法化。1969年,法塔赫领导人阿拉法特成为巴解领导人。以色列不仅面临着恢复巴勒斯坦人家园的政治压力,而且很快又成为国际恐怖行动的目标。

比夫拉分裂

比夫拉人的悲剧根源在于尼日利亚的民族多样性。尼日利亚是一个人口众多的非洲国家,在20世纪60年代就有5000多万人口。它的主要民族是分布在北部的信奉伊斯兰教的豪萨族和富拉尼族;东部的信奉天主教的伊博族以及西部的清教徒和穆斯林约鲁巴人。然而还有一半人口属于其他较小的民族。北方的穆斯林部落与伊博人之间有根深蒂固的仇恨。

尼日利亚于1960年独立后建立的文官政府没有持续多长时间。1966年1月伊博族将军约翰逊·伊尔尼赛发动军事政变,掌握了政权。由于担心伊博人的统治,北方发生了民族暴乱,数以千计的无辜伊博人惨遭屠杀。

7月底,尼日利亚又发生了第二次军事政变。这次是北方军官夺取了政权。伊尔尼赛将军受到酷刑审讯并被杀害。

这次政变后,来自少数民族基督教部落的尤库巴·古旺将军掌握了政权。他试图结束北方的部族屠杀,并安抚伊博人,但没有效果。几十万伊博族平民和士兵逃离东部的家园,以躲避战乱。

尼日利亚东部地区的军事长官楚库米喀·奥苏库上校出身于伊博族的富裕家庭,曾经在英国牛津大学接受教育。

奥苏库拒绝接受古旺提出的将尼日利亚建成由12个州组成的联邦国家的计划。在经过长期艰难而毫无效果的谈判后,奥苏库于1967年5月30日宣布东部地区独立,国名为"比夫拉"。

奥苏库希望得到跨国石油公司的支持,因为尼日利亚的主要油田都在比夫拉。但尼日利亚联邦政府很快就占领了产油区和比夫拉首府埃努古。

1967年底,古旺将军宣布他将迅速获得胜利,然而世界却看到了比夫拉在漫长的围困中大量人员饿死的惨剧。

▲在平息了比夫拉与尼日利亚联邦政府的流血冲突之后,全副武装的士兵在比夫拉巡逻。

4月
· 也门民族主义者发动暴力骚乱。
· 叙利亚与以色列发生边界冲突。
· 南越政府颁布新宪法。
· 塞浦路斯希族与土族再次爆发冲突。
· 希腊发生帕帕多拉斯领导的军事政变;民选政府被推翻。

5月
· 英国、爱尔兰和丹麦申请加入欧共体。
· 戴高乐声明反对英国加入欧共体。
· 联合国从西奈撤出维和部队。
· 埃及关闭亚喀拉湾通向以色列的水路通道;以色列和阿拉伯各国开始进行战争动员。
· 以伊博人为主的尼日利亚东部地区宣布独立,尼日利亚政府拒绝承认。
· 英国诗人约翰·梅斯菲尔德逝世。

6月
· 阿拉伯国家与以色列爆发"六日战争"。
· 埃及关闭苏伊士运河。阿拉伯国家停止对英美的石油供应。
· 苏联断绝与以色列的外交关系。
· 在亚丁的英国士兵被阿拉伯人杀害。
· 美国总统与苏联总理柯西金举行最高会议。

'67

爱之夏

▲数千年轻的嬉皮士聚集在伦敦海德公园的"演说者之角"，参加"争取吸毒合法化"集会。

60年代中期，美国旧金山市海阿什伯里区逐渐出现了一批玩世不恭的年轻人，号称"嬉皮士"。1967年，媒体开始深入了解这些嬉皮士的生活方式和他们含糊混乱的意识形态——拒绝个人主义和私有财产，信仰"和平与爱"，服用迷幻剂，相信东方神秘的智慧。这些都已形成不可低估的青年思潮。

当年1月在旧金山金门公园举行的青年集会为嬉皮士运动确定了主旋律。这个充满混乱的爱欲的大规模狂欢庆典被称为"原始部落的聚会"。而另

▲美国摇滚音乐剧《毛发》以修饰和夸张的风格反映了嬉皮士文化。

一位略带偏见的观察家埃米特·乔甘则认为它"实际上更像一次郊游活动"。成千上万中产阶级家庭的孩子们坐在草地上吸着毒品，听着杰弗森·埃尔普兰的歌曲，唱着宗教圣歌，许多人手里举着带有反战标语的气球。

媒体的大量报道使这类活动迅速传播。6月，加拿大蒙特利尔第一次举行了大规模的露天时尚狂欢节。8月，英国也不甘落后，分别在伦敦的海德公园和沃本举行了类似的青年狂欢活动。

那年夏天，伦敦到处可以听见清脆悦耳的铃铛声；印度教克里须纳神殿的颂歌第一次回荡在著名的牛津街上空；还有各种神秘宗教的怪异的朝拜和祭祀仪式。

《IT》和《OZ》等非法出版的地下杂志也都出现在街头。数以千计的年轻人乘坐火车前往印度探索神秘的东方宗教，并在尼泊尔、果阿和阿富汗山区

建立"嬉皮士"村寨。而那些富有商业头脑的人们则通过倒卖印度织物或阿富汗外套发了大财——这种企业家的精神同样也渗透了这个"爱的夏天"。

但是，30岁以下的英国青年绝大多数都没有吸大麻，只有少数人尝试过迷幻剂。大多数参加"爱之夏"活动的人都是受到媒体形象特别是时尚明星的影响。

乔治·迈尔莱嘲笑这个追随时尚的群体是"穿着像痴迷的圣徒，谈的却是爱情、摇滚和飞碟"。他们长发垂肩，蓄着小胡子，戴着奇形怪状的眼镜，还吸食毒品。

"甲壳虫"乐队成为这种生活方式和文化的最强大的广告。6月，为了推广他们的单曲《你需要的

只有爱》，他们组织了一场国际电视联播，希望通过这个手段传播他们的精神领袖马哈里什仁慈的哲学理念。

在美国，嬉皮士们针对越南问题提出的口号"要做爱而不要作战"变成了真实的行动。许多年轻人既有激进的政治主张又采取嬉皮士的生活方式。他们将某种奇幻的新色彩带入1967年的反战运动。

在当年10月最大的反战示威——"向五角大楼进军"爆发之前，嬉皮士运动的创始者杰瑞·罗宾和阿比·霍夫曼告诉媒体，他们要用神秘的力量让五角大楼漂浮在离地面90米高的空中。

号称世界上最好的迷幻剂供应商奥斯利宣布他发明了一种名叫"莱斯"的药剂，可以替代警察的防爆武器——催泪瓦斯；催泪瓦斯可以令人暂时失明，而"莱斯"可以使人"想要脱掉衣服，与人们接吻

并做爱"。

很难说谁对年轻人的这种玩世不恭的态度最反感——当局还是严肃的反战运动领导人。但在五角大楼前的示威活动中，确实出现了嬉皮士风潮与传统美国价值观这两种生活方式的对峙。各国记者们拍下年轻姑娘将鲜花插进士兵的枪管的镜头。但当他们转过身来又会看到这些姑娘被挥舞警棍的美军宪兵驱赶。严酷的现实是，五角大楼并没有"腾空而起"，越南战争也仍在进行。

"爱之夏"的广泛传播不可避免地使它的原始信息逐渐走向消亡。世界大多数人认可的代表美国西海岸嬉皮士典型风格的唱片，并不是"感恩之死"乐队的第一张专辑，而是斯科特·马克尼兹的梦幻曲《如果你要去旧金山》。

10月在美国百老汇公演的音乐剧《毛发》，再次展现了嬉皮士们惊世骇俗的意识形态和生活方式。

▲这个时代的一个时髦口号是"绝不信任何30岁以上的人"，但嬉皮士"革命"的确也吸引了一些旧时代的人。

▲约翰·列农、保罗·麦克卡特尼和乔治·哈里森与马哈里什大师在一起，后者的右侧是米亚·法里奥。

"爱之夏"运动创造了相当大的艺术成就，例如勃科尔·巴摩的《栅栏的灰色阴影》、杰姆·莫里森和"大门"乐队的作品以及品克·佛罗伊德迷幻乐队的第一乐章。而"甲壳虫"乐队则一如既往地为人们奉献他们的精品。他们的单曲《草莓地》和第一张谐音专辑备受好评。萨金特·帕波的《孤独之心》也大受欢迎，其唱片封面由著名流行艺术家彼得·布莱克夫妇设计。

然而，随着"甲壳虫"乐队的传奇组合出现裂痕，"爱之夏"也走到了尽头。8月，当"甲壳虫"乐队

在威尔士与神秘的宗教大师马哈里什一起作冥思时，乐队经理布里恩·伊斯坦开枪自杀。当年年底，他们的圣诞节电视影片《神奇之旅》受挫。

同时，旧金山的海阿什伯里区已经变成一个各种犯罪活动猖獗的旅游景点。一些试图逃避现实的年轻人离开喧嚣烦躁的城市进入淡泊宁静的乡村社区，尝试简单的生活方式。"迷幻灵感"大师查尔斯·曼森和他的"家庭"曾创建过这样的社区。不幸的是，曼森于1969年被谋杀，给人们留下对这位"和平与爱"运动创作者的辛酸回忆。

新闻摘要
· · · · · · · · ·

7月

· 美国种族骚乱造成主要城市大规模破坏。

· 刚果白人商会与政府军冲突。

· 尼日利亚比夫拉军队与政府军交战。

· 同性恋在英国不再违法。

· 美国著名萨克斯演奏家约翰·卡尔特拉尼逝世。

8月

· 马丁·路德·金发动黑人全民抵制运动。

· 英国军队撤出亚丁。

· 比利时暂停援助刚果共和国。

· 英国剧作家乔伊·奥顿被他的情人赫丽维尔杀害,后者也自杀。

9月

· 阿拉伯国家恢复对美英的石油供应。

· 直布罗陀公民投票以压倒性多数赞成继续与英国结盟。

· "伊丽莎白二世"号豪华客轮下水。

· 英国诺贝尔物理学奖获得者约翰·道格拉斯·库克洛夫德逝世。

英镑贬值

19 67年11月18日,英镑正式贬值14.3%,汇率从1英镑兑换2.80美元降至2.40美元。这是对自1964年10月上台以来一直为维持英镑币值而艰苦努力的威尔逊工党政府的沉重打击。

为了安抚英国公众,威尔逊在电视广播中说:"当然,这并不意味着英国国内的英镑,你们口袋里或存在银行的英镑已经贬值。"

工党政府从它的前任保守党政府继承了巨额财政赤字,而英国的出口也一直比不上进口,形成越来越大的贸易逆差。这种逆差反过来又对第二次世界大战结束以来官方确定的英镑币值产生下拉的压力。

▲在威尔逊向英国人民发表电视讲话以前,很少有人听说过"贬值"这个词。

1966年,面对5%的通货膨胀率和近50万人失业(这在当时被视为达到危机的程度),政府试图冻结工资、价格和利润。这项政策的意图是通过降低消费能力减少进口和通过降低成本扩大出口,但它仅起到了很有限的作用。工会领袖赞同这个政策,普通员工却反对任何阻止涨工资的企图,非正式的罢工时有发生。

英镑贬值一直是某些工党政治家鼓吹的一项替代政策,认为它可以较低的代价迅速提高英国产品在国际市场的竞争力。然而,不容争辩的事实是,贬值是英镑在国际市场巨大压力下产生的必然结果。

英国撤出亚丁

到 60年代中期,除少数地区外,大英帝国的殖民地大都已获得独立。自1964年工党执政以来,英国政府一直力求尽可能缩减军费开支,并很快决定从苏伊士以东地区撤回所有海外驻军。其中包括港口城市亚丁和它的外围地区——南阿拉伯联盟。

1966年,英国政府宣布将在1968年撤离亚丁。

自1963年12月以来,英国在亚丁的驻军一直受到零星的恐怖袭击。英国政府即将撤军的声明使南也门解放阵线(南解阵)和民族解放阵线(民解阵)这两大解放组织重新活跃起来。1966年全年一共发生了五百多起恐怖袭击,而到1967年,一个月就发生三百多起。随着人员身亡的增加,英国政府决定尽快离开,将撤军日期提前到1967年11月。

即便如此,也很难实现从容而体面地撤军。到了夏天,在亚丁的一些地区,特别是该市的克拉特区,英军已经无法控制。7月,地方警察发动的一次兵变表明英国的殖民统治已经土崩瓦解。后来幸亏果敢刚毅的柯林·米切尔上校带领"阿盖尔郡"步兵营和"苏格兰高地人"步兵营平息了这场兵变,总算挽回了大英帝国的一点面子。

7月初,克拉特区爆发声势浩大的示威,被"阿盖尔郡"步兵营以巧妙的手段化解,没有发生人员伤亡。

秋天，"南解阵"与"民解阵"为了争夺对未来南也门的控制权而大打出手，放松了对英军的袭击。11月29日，最后一批英军整装列队，撤离了这块前殖民地。

记者伯纳德·列文生动地描述了那一刻："在苍劲悲凉的风笛声和瑟瑟的沙尘中，英国军队离开了中东，那里曾掩埋了她多少优秀儿女的尸骨。"

▶1967年，英军"阿盖尔郡"步兵营和"苏格兰高地人"步兵营平息亚丁骚乱。

第一例心脏移植

1967年12月3日，在南非开普敦的古特舒尔医院，克里斯廷·巴纳德博士实施了世界第一例成功的心脏移植。接受手术后，病人路易斯·沃斯坎斯基存活了18天。

53岁的杂货商沃斯坎斯基得了严重的心脏病，危在旦夕。巴纳德和他的五人手术小组建议他进行心脏移植。

这颗心脏来自一位死于车祸的25岁妇女。移植手术应该是成功的，因为植入的心脏已经发挥了功能，尽管时间比较短。

手术后不久，沃斯坎斯基的状况开始恶化。这显然是由于大量服用防止他的身体排斥新心脏的抗排异药物使他变得易受感染。手术后18天，他死于肺部并发症。

1968年1月2日，巴纳德博士完成了他的第二例成功的心脏移植手术。这次手术的病人菲利浦·巴莱勃格存活了一年半。

心脏移植手术的发展是60年代以来治疗心脏病的重大成果之一。在60年代初，英国医生发明了心脏起搏器。1966年，迈克尔·巴克莱医生将一颗人造心脏泵装入一个死亡5天的病人体内。

1967年，美国俄亥俄州克利弗兰市医生雷内·法瓦洛欧创造了心脏血管搭桥技术。1969年4月，美国得克萨斯州休斯敦市圣卢克医院将第一颗全人造塑料—金属心脏植入病人体内，以帮助他在等待心脏移植期间维持生命，可惜未能成功。

▲ 心脏移植手术的先驱——南非医生克里斯廷·巴纳德博士。现在心脏手术已经成为相对常规的医疗手段。

10月
· 古巴革命家切·格瓦拉在玻利维亚被捕并处死。
· 英国驻亚丁总督被当地民族主义者杀害。
· 以色列驱逐舰被埃及海军击沉；以色列摧毁埃及石油设施作为报复。
· 肯尼亚与索马里发生边界争端。

11月
· 刚果白人雇佣军被迫退出刚果，进入卢旺达。
· 英镑贬值。
· 亚丁独立，国名为南也门，由国民解放阵线控制；最后一批英军撤离亚丁。

12月
· 人类首例心脏移植手术完成。
· 希腊国王康斯坦丁试图罢免军政府失败后流亡。
· 法国同意英国加入欧共体。
· 澳大利亚总理哈罗德·赫尔特逝世（游泳事故）。
· 美国乐队指挥保罗·怀特曼逝世。

一个崇尚和平的人死于暴力

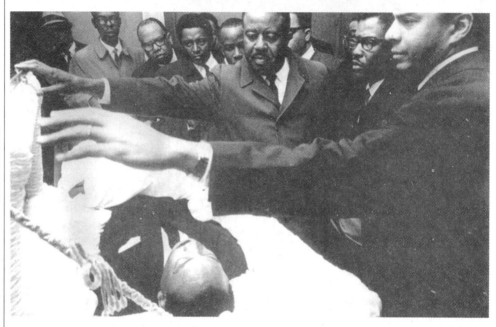

▲一些著名的民权领袖站在被谋杀的马丁·路德·金遗体旁。作为和平的忠实信徒，他的理念已经很难为新一代激进好斗的黑人民族主义者所接受。

新闻摘要

· 以色列与以约旦为基地的阿拉伯恐怖分子发生战斗；以色列袭击阿拉伯目标。

· 西德恐怖组织"红色旅"成立。

· 黄金市场投机活动造成国际货币体制不稳定。

· 尼日利亚政府军占领港口城市比夫拉，造成比夫拉供应紧张，导致数千人饿死。

· 美国推出帮助黑人的积极行动计划。

· 英国宣布种族歧视为非法。

· 英国实行十进制货币。

· 美国农场工人协会罢工。

· 阿拉斯加发现石油。

· 英国雷兰汽车制造公司成立。

· 超级油轮下水。

· "阿波罗8号"率先将宇航员送入月球轨道。

· 脑膜炎疫苗研制成功。

· 脑麻醉剂研制成功。

· 英特尔微芯片公司成立。

· 英国推出跨海峡气垫船定期航班。

· 当年公演的电影包括麦克·尼古拉的《毕业生》、《人猿星球》，乔治·罗穆洛的恐怖影片《活死人之夜》，斯坦利·库布里克的《2001年》和布奇·凯塞迪的《虎豹小霸王》。

1968年4月4日早晨，美国民权运动领袖马丁·路德·金牧师在位于田纳西州孟菲斯市的罗林汽车旅馆阳台上进行早餐前的呼吸运动。当他从阳台栏杆弯下腰对站在楼下的助手杰西·杰克逊说话时，突然被一颗大口径步枪子弹击中。金被立即送到附近的圣约瑟夫医院，但他再也没有恢复知觉便与世长辞。

马丁·路德·金生于1929年，当他投身于反对种族隔离的民权运动时，是阿拉巴马州蒙格马利市的一名洗礼牧师。1957年，作为"南方基督教领导会议"的负责人，他勇敢地领导了非暴力的黑人公民不合作运动，引起世界对美国白人种族主义残暴行径的注意。毋庸置疑，他对60年代上半期美国人权状况改善的贡献比其他任何人都大。

然而在1968年，金遇到了新的挑战。一些年轻而更加激进的黑人民权斗士引起了公众的关注，特别是他们的绝望情绪和暴力斗争方式。这种情况导致1964年以来每个夏天都会在美国各大城市的犹太人居住区发生骚乱。

金希望他的非暴力运动重新成为政治斗争的主导力量。他认识到许多人感到民权没有给他们的生活带来什么变化，因为他们的实际问题是收入太低、住房太差和缺乏基本设施。

金的对策是发动"穷人的运动"。这个运动代表所有经济困难者的利益，不仅包括黑人也包括贫困的白人、西班牙裔和土著美洲人。金计划在1968年4月发动一次"穷人的华盛顿游行军"。游行者将在首都建立一个名叫"复兴城"的露天营地，他们将一直住在那里直到联邦政府制定出一个符合他们要求的解决贫困问题的方案。

金来到孟菲斯为他的新运动进行广泛的宣传。这个城市的垃圾处理工人——几乎都是黑人——已经罢工两个月。金对他们争取提高工资和改善工作条件的要求表示支持，并向他们介绍他为解决贫困问题发起的新运动。

4月3日，暗杀发生的前一天夜晚，金在孟菲斯共济会教堂的讲话似乎暗示他将不久于人世："像任何人一样，我也可能活不了多久。生命总有尽头。但我现在并不在乎它。我只希望执行上帝的意志。如果他允许我走入那冥冥的山中，或许我已经看到我的归宿。"

这位非暴力的忠实信徒的死激起了美国历史上最严重的骚乱。随着噩耗的传播，大批黑人走上街头，抢劫商店，焚烧汽车和建筑。一百多个城市受到影响，包括巴尔的摩、纽约、波士顿、芝加哥、底特律和华盛顿。

当骚乱者占据首都市中心并开始焚烧周围的建筑时，政府立即调动军队保护白宫。共动用了21000名联邦部队和34000名国民警卫队来恢复秩序。共

有46人在骚乱中死亡，3000多人受伤。

人们认为这起暗杀是一个名叫詹姆斯·厄尔·雷伊的枪手干的。他一直呆在附近一间可以看见罗林汽车旅馆的寄宿房间里。6月，雷伊在伦敦希斯罗机场被捕，并被引渡到美国。法庭以谋杀罪判处他终身监禁。后来雷伊上诉称自己无罪。1998年，他在病死前的一次电视采访中说："我不是那个开枪的人。我对那次暗杀什么都不知道。"

金的遗孀柯洛塔·斯

克特·金继续寻找着杀害她丈夫的真正凶手。

▲这是她一直担心的一天——马丁·路德·金夫人为丈夫的悲惨结局感到悲伤。

口出妄言，高官下野

19 68年，种族冲突和移民问题成为英国政治议程的关键问题。工党政府推出种族关系法，以禁止就业和邻里关系方面的种族歧视。另一方面，内务大臣詹姆斯·查林汉于1968年2月向议会提交一项新移民法案，取消持有英国护照的英联邦国家公民自由进入英国的权利。

这是针对近期大批被执行种族主义政策的肯尼亚政府驱逐出境的亚裔肯尼亚人纷纷涌入英国而采取的措施。

除新成立的小党"国民阵线"外，英国所有政党都正式表态支持种族和睦相处。然而在1968年4月20日，保守党影子内阁成员安寇·鲍威尔却向在

英国实现多种族和睦相处的理念发起极端偏见的攻击。

他是在中部城市伯明翰发表这番言论的。他以自己超乎寻常的"想象力"描述了未来种族冲突的"可怕情景"："当我遥望未来，我感到某种不祥之兆。我仿佛看到古罗马人记述的情景：'台伯河泛起血的浪花'。"

他的讲话被专栏记者以《血流成河》为题刊登在报纸头版，引起轩然大波。鲍威尔被保守党领袖爱德华·希思开除出影子内阁。然而一些工人团体，包括码头工人和史密斯菲尔德搬运工人都支持他的观点。更糟糕的是，一项民意调查显示，75%的公众支持他的观点。

▲安寇·鲍威尔臭名昭著的"血流成河"言论使他被迫离开英国政坛。

· 皮耶尔·布尔兹的话剧《生活》首次公演。
· 当年的流行歌曲包括马文·盖伊的《我的心穿过葡萄藤》、赫伯特·阿尔珀特的《这个男孩爱上你》、"甲壳虫"的《嘿！犹大》和玛丽·霍普金的《这些日子》。

1月
· 安东尼·诺夫蒂尼被迫辞去捷克斯洛伐克共产党第一书记职务，亚历山大·杜布切克继任。
· 以色列与约旦军队冲突。
· 约翰·格里成为澳大利亚总理。
· 美国"普韦布洛"号间谍船被北朝鲜海军俘获，船员被监禁。
· 北越军队对美军发动春节攻势；越共占领南越城市顺化；后又被美军和南越政府军夺回。
· 英国、澳大利亚、新西兰三国共管的太平洋岛国瑙鲁独立。

2月
· 比利时法语区和荷兰语区发生冲突，导致比利时政府垮台。
· 美国一个反种族隔离集会发生种族冲突，三名黑人被杀。
· 驻美国华盛顿的苏联大使馆发生炸弹爆炸。
· 马卡里奥再次当选塞浦路斯总统。

学生运动

新闻摘要

3月

· 驻南越美军在"梅莱"攻势中屠杀无辜平民。

· 罗得西亚民族阵线与政府军交火。

· 捷克总统诺夫蒂尼辞职;卢德维克·苏沃巴德任总统。

· 美国总统约翰逊限制对越南的轰炸。

4月

· 英国殖民地毛里求斯独立。

· 美国黑人领袖马丁·路德·金遇刺。

· 东德实行新宪法。

· 杜布切克在捷克斯洛伐克实行改革——"捷克斯洛伐克的社会主义道路",招致苏联猜忌。

· 英国政治家安寇·鲍威尔发表"血流成河"反移民讲话。

· 马丁·路德·金的死引起美国大规模骚乱。

· 皮埃尔·特鲁多成为加拿大总理。

· 学生抗议者占领纽约哥伦比亚大学;警察与抗议者发生暴力冲突。

· 英国堕胎合法化。

1968年,世界学生运动风起云涌。在法国、西德、意大利、荷兰、波兰、捷克斯洛伐克、美国、墨西哥和日本都发生了学生静坐、示威、抗议运动甚至大规模的骚乱。这些运动展示了60年代青年强烈的反权力主义和纯真的理想主义。

由于60年代各国大学迅速扩大,大学生早已不再是过去那样的特殊利益集团。尽管只有极少数学生带有浓厚的政治兴趣,倾向于世界革命——托洛茨基主义或"新左派",但很大一部分人至少对西方社会持某种批评态度,认为它是压迫的、种族主义的或军国主义的社会。思想家赫伯特·马尔库赛和威尔海姆·莱西的观点以及他们对消费社会压抑人类情感的尖锐批评,对广大青年产生了重要的影响。而反对越南战争的抗议运动也进一步动员了大量原本对社会问题无动于衷的学生。

最轰动的事件发生在法国。1968年5月10日夜至11日凌晨,法国防暴警察在巴黎拉丁区与学生示威者发生冲突,学生们在狭窄的街道上竖起了临时搭建的路障。

警察的野蛮行径使学生获得普遍的同情和支持。5月13日,100万巴黎市民上街示威,支持学生。第二天,巴黎索邦大学被学生占领。

在后来的几天里,自发的反抗运动席卷法国。不仅几乎所有的大学和高中都被学生占领,而且工人也开始占领他们的工作场所。工人接管工厂,银行职员接管银行,甚至图书馆也被图书管理员接管。5月22日,1000万工人大罢工。食品和燃料供应中断。

戴高乐政府似乎已经无能为力,但学生和工人

▲在1968年5月的大示威中,学生与警察在巴黎街头搏斗。

也没有任何认真的计划可以控制法国的局面。"一切权力在于想象"和"让不可能的事成为现实"之类激动人心的口号只能是乌托邦式的幻想。但在现实世界里,它们毫无用处。戴高乐与法国共产党领导的工会谈判,以大幅度提高工资的承诺使工人退出骚乱,然后迅速举行大选。他的政党在大选中轻易获胜。到6月中旬,学生们陆续开始散去过暑假。

世界其他地方的学生运动都没有造成如此巨大的影响。4月12日,西德一个右翼极端分子企图暗杀学生领袖卢迪·道斯克引起大范围骚乱,导致两人死亡。法兰克福大学被占领并被暂时改名为"卡尔·马克思大学"。但西德大学生缺乏民众支持。

10月,墨西哥在举办奥运会期间发生学生骚乱。

4月,美国学生对哥伦比亚大学的占领遭到警察极其野蛮的镇压。但大部分学生仍积极参加反对越南战争的运动。

而英国对这些重大事件的反应不够热烈。1968年,只有埃塞克斯大学和洪赛艺术学院被学生短时间占领,但没有对社会产生重大影响。60年代大多数英国青年像他们的维多利亚祖先们一样,认为只有外国才会发生这种无法无天的反抗事件。

肯尼迪家族的第二个悲剧

19 68年3月，美国总统林登·约翰逊宣布他将不再寻求提名作为11月大选的民主党总统候选人。约翰逊退出竞选后，纽约州参议员、被暗杀的约翰·肯尼迪总统的弟弟罗伯特·肯尼迪决定争取成为民主党候选人。他宣布，他的意图是迅速结束越南战争。

罗伯特·肯尼迪参加竞选惹恼了参议员尤金·

▲ 肯尼迪总统死后四周年，悲剧再次降临这个美国最显赫的家族。

麦卡锡的支持者。此时麦卡锡已转变为反对约翰逊的战争政策的候选人。但肯尼迪得到许多民主党人的支持，他们希望有一个真诚追求和平和为下层民众服务的领袖。

6月5日，肯尼迪赢得了重要的加利福尼亚州民主党多数票，轻松击败麦卡锡。当天夜晚，他在洛杉矶"大使"饭店对竞选班子的工作人员发表庆祝演讲，然后去参加新闻发布会。当他抄近道穿过一间厨房时，一个名叫谢尔汉的巴勒斯坦移民用手枪向他连射五枪。6月6日凌晨，肯尼迪死在医院。

罗伯特·肯尼迪的遇刺与马丁·路德·金被暗杀相隔不久，距他的兄长遇难仅四年。这很难不令人

▲ 罗伯特·肯尼迪以鲜明的反战立场受到民众欢迎。但并非所有民主党人都支持他。

怀疑是一次合谋的犯罪。

然而，谢尔汉的动机似乎很明确。他一直痛恨肯尼迪直言坦率地在中东冲突中支持以色列并选择在"六日战争"一周年纪念日刺杀他。

354天周游世界

19 68年7月4日，英国朴茨茅斯的59岁的蔬菜商阿尔克·罗斯，用他的"活跃女士"号小游艇完成了全程45860公里的单人环游世界的壮举。当他返回354天前出发的港口时，受到25万家乡人民的热烈欢迎。

在罗斯之前，另一位英国游艇驾驶者65岁的弗朗西斯·车彻斯特曾于1967年完成类似的环球航行。车彻斯特驾驶他的"流浪者4号"单人游艇从普里

茅斯出发经澳大利亚的悉尼周游各国后返回。

车彻斯特成功返回后曾在格林尼治的一个公开仪式上被授予爵位。这次，阿尔克·罗斯也获得骑士爵位。

这两个人都体现了伟大的爱国主义，向全世界表明英国人仍具有艰苦奋斗精神和创造能力。

◀ 在完成史诗性的航行后，阿尔克·罗斯在朴茨茅斯受到英雄般的欢迎。

5月

· 法国巴黎索邦大学校长要求警察帮助结束学生在校园的示威；学生与警察对峙升级为大规模民众骚乱和罢工。

· 捷克斯洛伐克政府宣布自由改革；苏联领导人访问捷克表示对改革的关注。

· 法国民众骚乱迫使戴高乐总统提前举行大选。

· 分离的比夫拉国与尼日利亚政府谈判破裂。

6月

· 美国总统候选人罗伯特·肯尼迪遇刺。

· 暗杀马丁·路德·金的嫌疑犯在英国希斯罗机场被捕。

· 威斯特摩兰辞去驻南越美军总司令职务；克莱顿·艾布拉姆斯继任。

· 法国政府禁止示威，并解散学生组织。

· 捷克斯洛伐克取消审查制度。

· 戴高乐主义者赢得法国大选。

· 美国著名爵士乐吉他手维斯·蒙格马利逝世。

· 英国戏剧作家托尼·汉库克逝世。

越南战争的转折

到 1968年初,已有近50万美国军事人员驻扎在越南南方。约有16000名美军官兵死于与共产党的战斗中。而美国军方和政治领导人仍无法看到战争胜利的希望。这场战争已经损害了美国的财政和它的国际威信。

国防部长麦克纳马拉在1967年秋辞职之前,向约翰逊总统承认:"一个世界上最强大的超级大国企图以武力迫使一个弱小而落后的国家屈服,这不仅在道义上存在着激烈的争议,而且也不会有好结果。"越来越多的美国人开始参与针对这场战争的争论。

北越共产党领导层总能敏锐地意识到战争的心理和政治因素,他们感到发动粉碎美国人战斗意志

▲驻越美军部队的平均年龄只有19岁——甚至强硬的共和党人也提出要"把我们的孩子们带回家"。

的决定性打击的时机已经成熟。

1968年1月21日,北越军队大举渗透南方并包围了美军荷山基地,令美

军惊恐不安,担心可能出现1954年奠边府战役那样的灾难。但对越共来说,包围荷山的主要意图在于牵制美军的注意力。而他们则调动主力攻陷南越的乡镇和城市。

大规模攻势在1月31日午夜发起,此时正逢传统的春节,大部分越南人都忙着过节而暂时放松了战斗警惕。

越共游击队和北越正规军同时对南越的一百多个城市发起进攻。但从军事上看,共产党的"春节攻势"是个重大的失败。他们

▲随着越共的进攻,战争已扩大到南越的城镇。

未能守住任何被他们占领的城镇。在春节过后的三个星期里,美军重新收复了所有失地。越共在城镇战斗中损失惨重,死亡多达3万人。

然而,"春节攻势"在政治上却是个大胜利,沉重打击了美军的士气。在西贡,游击队曾一度占领美国大使馆。美国记者问道,为什么经过三年的大规模军事干预,美军还不得不在自己的使馆院内作战。失而复得的城镇是以大量当地人民生命财产损失为代价换来的。正如一个美国军官在收复湄公河三角洲一座城市时所说:"我们不得不通过摧毁它来拯救它。"

记者们质问,当美军用大部分时间轰炸和焚烧南越村庄,屠杀那里的人民时,还能声称是在"保护"他们吗?

美国官方一直指责媒体对1968年的越南形势作出过分悲观的描述,"将胜利的局面描绘成失败"。但这种记者与军方之间的"可信度差距"已经变得不可逾越,因为来自军方新闻官员的大批乐观简报根本就不符合真实情况。

约翰逊政府也对它的军队司令官失去了信心。当荷山战斗还在进行时(该基地在4月初解围),南越美军总司令威斯特摩兰将军曾要求增派20万军队并将战争扩大到柬埔寨和

老挝。

约翰逊要求新任国防部长克拉克·克利福德审查这一战争升级行动成功的可能性。克利福德的报告称，将军们没有可以赢得这场战争的可信的计划："惟一有把握的是，增派军队可以杀死更多的敌人……"威斯特摩兰没有得到增派的军队。

3月31日，约翰逊宣布将扩大对北越的轰炸，以迫使共产党参加和平谈判。而实际上，这是他在公开接受美国无法取胜这个事实。

7月，克莱顿·艾布拉姆将军取代威斯特摩兰，成为驻南越美军司令。这位新任司令的目标是实现战争"越南化"。南越政府军将成为保卫自己国家的有效战斗部队，而美军将不再参与。然而这是个长

▲到1968年，美国政府开始认识到他们不可能赢得越南战争。

远的目标。

整个1968年，美军继续承担艰苦的战斗任务。从人员伤亡情况看，这是美军在整个越南战争期间伤亡最严重的一年，共有14592人死亡，8万多人受伤。

这样的损失是美国公众完全无法接受的。他们要求停止美国军人的牺牲。甚至1968年总统大选候选人，长期反共的强硬分子理查德·尼克松也承诺"把我们的孩子们带回家"。但在其他许多方面，美国人民对这场战争仍存在着严重分歧。

学生激进分子支持越共的反对"美帝国主义"的斗争，而极右的"冷战"斗士则主张对北越实施核攻击。

8月，民主党全国大会在芝加哥召开期间，反战示威者与当局发生了最激烈的冲突。大约1万名反战示威者从外面冲入会场，支持反战的候选人麦卡锡参议员。而芝加哥市长理查德·戴莱却派出大批警察驱赶示威人群。8月25日，在一次所谓"治安事件"中，防爆警察用橡皮警棍殴打示威者和旁观者。这一野蛮行径引起公众的愤怒。

在这次民主党全国代表大会上，约翰逊的副总统休伯特·汉弗莱被选为总统候选人。他在11月的大选中负于共和党候选人尼克松。到大选举行时，美国对北越的轰炸已完全停止。1969年1月，美国、南越政府、越南北方和南方共产党代表在巴黎开始和平对话。然而，和平还需要几年才能实现。

▲陌生土地上的牛仔——世界最强大的军事力量无法有效地对付越共的游击战术。

'68

新闻摘要
· · · · · · · · · · · ·

7月

· 61个国家签署防止核扩散条约。

· 比夫拉拒绝英国的食品援助,因为英国向尼日利亚出售武器。

· 考夫·德莫威尔任法国总理。

· 华沙条约国家宣布捷克斯洛伐克的政治改革不可接受;捷克领导人杜布切克拒绝妥协。

8月

· 以色列空军轰炸位于约旦的巴解基地。

· 巴斯克分裂主义者在西班牙杀害警察首脑。

· 尼日利亚拒绝国际红十字组织进入比夫拉。

· 法国爆炸氢弹。

· 美国民主党全国大会期间爆发反战示威。休斯特·汉弗莱当选民主党总统候选人。

· 伊朗地震造成数千人死亡。

"布拉格之春"遭遇严冬

19**68年3月**,捷克斯洛伐克共产党第一书记亚历山大·杜布切克宣布一项旨在建立"富于人情味的社会主义"的全面改革计划。捷克斯洛伐克自1948年以来一直是个强硬的共产党国家。杜布切克废止了审查制度,释放了政治犯并使非共产党团体合法化。他的改革被西方称为"布拉格之春"——一个充满紧张的政治辩论、公众热情和文化创造力的时期。青年学生在其中扮演了重要角色。

杜布切克呼吁苏联接受这些并未对共产党领导和华约组织团结构成威胁的变化。然而保守的克里姆林宫官僚并不感兴趣。8月的第一周,杜布切克在捷克城市布拉迪斯拉发与苏联领导人勃列日涅夫进行了紧张的会谈。会谈结

▲无法接受"布拉格之春"的改革,苏联军队粉碎了杜布切克政府。

果似乎对捷克的自由化设定了一些限制,但也接受了改革的大部分成果。勃列日涅夫与杜布切克握手言和,引起世界媒体的极大关注。

不到三周后,8月20日深夜至21日凌晨,苏联和其他华约国家的军队侵入捷克斯洛伐克。捷克军队按照政府命令没有抵抗,但愤怒的民众涌上布拉格街头,骚扰苏军坦克,抗议苏联侵略。杜布切克被秘密押到莫斯科。在那里他被迫同意取消所有改革并接受苏联军队的占领。

从那时直到80年代末苏联解体,捷克斯洛伐克一直是苏联东欧集团中最受压迫的国家。

毒品泛滥

19**68年**,毒品已成为西方世界最严重的政治和社会问题。60年代初期,一般的"消遣"毒品大都来自医药行业。巴比妥和安非他命之类的兴奋剂在西方社会泛滥成灾。这些毒品是英国布莱顿海滩上狂欢的年轻人或纽约街头时髦青年的首选。

60年代中期,瘾君子们的"时尚"转向大麻和各种迷幻剂,包括酶斯卡灵和麦角酸类致幻剂(LSD)。这些都不是什么新东西,甚至LSD也早在第二次世界大战之前就已经被发明出来。但在60年代,少数知识分子将这些毒品称为推行精神或社会革命的"灵丹妙药"。

体验致幻剂类毒品的两个截然不同的先驱者是美国哈佛大学心理学教授迪摩西·里雷和文学家凯恩·凯斯基。里雷在1963年发表的一篇文章中说,大规模生产的致幻剂将开扩西方社会对生活的精神实质和毫无意义的唯物主义的认识。被哈佛大学解聘后,里雷开始在公众中鼓吹致幻剂体验,组织了"精神发现协会"并在纽约成立了一个致幻剂公司。

而小说《大水冲走了布谷鸟巢》的作者凯恩·凯斯基则有着更为激进的观点。1964年,他驾驶一

辆印着"魔幻巴士"标记的旅行车横穿美国，宣传迷幻药体验。他还在"感恩之死"乐队和著名化学家奥威斯迪的帮助下在加利福尼亚组织了"狂欢之旅"。凯斯基诙谐幽默的风格，再加上喧嚣的音乐和疯狂的舞蹈，使他的致幻剂体验活动显得格外热闹。

整个60年代后半期，服用大麻和致幻剂从少数"嬉皮士"和另类艺术家以及"愤怒青年"迅速扩大到更广泛的青年群体，特别是在北美。

毒品在很长时间里与"和平与爱"运动保持着某种关系，尽管也有人认为吸毒也是最便宜和最有效的利用时间的方法。

60年代中期以前，法律还没有要求对大麻实施严格的管理，服用致幻剂也不算违法。但日益严重的吸毒现象，已经成为破坏社会稳定和公共道德的根源之一，引起官方的高度重视。

1967年，英国保守党政治家（后来曾任内阁大臣）约翰·斯蒂文斯和著名电视主持人大卫·迪姆拜尔比公开支持大麻合法化。同年，法庭对"滚石"乐队的麦克·查格和凯茨·理查德吸毒案的判决受到以保守著称的《泰晤士》报的批评。但有关反毒品的法律和警方对毒品贩子的打击变得更加严厉。

1970年，里雷在与警方周旋多年之后，终因一项与大麻相关的罪行被判10年监禁。

▲60年代以来，一些人一直在向政府呼吁大麻合法化。但直到现在服用大麻仍属于程度较轻的犯罪。

"虚假的"当选

1968年11月，共和党候选人理查德·尼克松以微弱多数战胜民主党候选人、副总统休伯特·汉弗莱，当选美国总统。

对于尼克松来说，这是最重要的一次政治复出。作为1952年杜鲁门政府的副总统，他在1960年的总统竞选中负于约翰·肯尼迪。两年后，他又在竞选加利福尼亚州长时落败，政治前景似乎很暗淡。当时，他心酸地告诉记者："你们不会再见到尼克松了。"

这次尼克松的胜利在很大程度上应该归功于民主党的内部分歧和遭遇的困难。约翰逊总统宣布不谋求连任后，民主党的内部斗争变得公开化，特别是在越南战争问题上出现严重分歧。

罗伯特·肯尼迪的6月遇刺，使该党失去了最有威望的反战领袖。而另一位反战候选人尤金·麦卡锡参议员在8月举行的民主党大会上表现不佳，使民主党的许多活动分子深感不满。

尼克松的当选是美国政治向右偏移的明显标志。学生抗议、毒品泛滥以及黑人区骚乱都使美国中产阶级感到需要恢复秩序。

但美国仍面临着严重的分歧。在尼克松任总统期间，主张改变的人们与旧秩序的维护者之间的矛盾发展到了新的高度。

▲民主党的分裂将尼克松送入白宫。他的任期成为美国历史上值得记忆的时期。

9月
· 葡萄牙总理安东尼奥·萨拉扎中风瘫痪；马赛奥·卡迪诺继任。
· 英国殖民地斯威士兰独立。
· 阿尔巴尼亚退出华约。
· 菲律宾与马来西亚发生领土争端。

10月
· 捷克斯洛伐克在苏联的压力下被迫放弃改革。
· 英国首相威尔逊与罗得西亚总理史密斯对话解决罗得西亚争端。
· 西班牙殖民地赤道几内亚独立。
· "阿波罗7号"搭载3名宇航员绕地球轨道163圈。
· 第19届奥运会在墨西哥举行。
· 美国停止轰炸北越。
· 法国艺术家马赛·杜查姆逝世。

11月
· 共和党候选人尼克松赢得美国大选。
· 北爱尔兰举行民权示威。
· 北爱尔兰发生天主教徒与新教徒冲突。

12月
· 巴西发生未遂政变。
· 被朝鲜扣押的美国船员被释放。
· 苏联超音速客机投入运营。
· 诺贝尔奖获得者、作家约翰·斯坦贝克逝世。

'69

比夫拉饥荒

比夫拉悲剧始于 1967 年 5 月尼日利亚东部地区的伊博族叛乱。该地区军事长官楚库米喀·奥苏库上校宣布这个石油储量丰富的地区脱离尼日利亚独立,成为比夫拉国。不久,尼日利亚政府军击退奥苏库军队的进攻。1968 年 5 月,独立的比夫拉被政府军团团包围。

如果政府军能够迅速取胜,那么当地人民遭受的苦难就会大为减少。但他们没有能力实施决定性的打击。尽管政府军对比夫拉地区进行多次轰炸,并调遣大量部队作战,但在比夫拉人的成功防守面前却毫无效果。

奥苏库上校很善于宣传,他建立了一个名为"日内瓦标志新闻"的公共关系公司,向全世界表述比夫拉的主张。"标志新闻"先打出宗教牌,声称比夫拉人是受穆斯林欺压的善良的天主教徒。这个策略对美国很有效。但尼日利亚联邦政府很快向全世界表明,在他们这一方也有许多基督徒,其中包括政府领导人雅库布·古旺将军。这使比夫拉的宣传效果大打折扣。

接着"标志新闻"又打出人道主义旗号,呼吁人们反对"利用饥荒进行有计划的种族灭绝"。充满难民而与外界隔绝的比夫拉受到饥饿的威胁。这家公共关系公司将骨瘦如柴的儿童的照片传播到世界各地,激起人们对尼日利亚政府的愤怒。

1968 年 8 月,外国援助机构开始向比夫拉紧急空投食品。同时,法国政府决定支持比夫拉,并从附近的法属加蓬和象牙海岸空运军队进入该地区。

由于欧洲雇佣军(其中大部分由罗尔夫·斯坦纳指挥)的到达,比夫拉对政府军的军事抵抗变得更

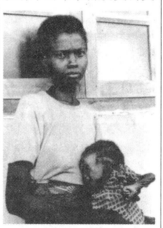

▲可怜的战争受害者。数万比夫拉人饥饿而死,而他们的领导者却只顾打仗。

加顽强。

尼日利亚政府的主要支持者是英国和苏联。英国政府貌似公允地拒绝谴责尼政府制造的比夫拉饥荒,暗中希望联邦政府能尽快攻克比夫拉以解决这场危机。但到了 1968 年 9 月,当比夫拉控制区缩小到长约 100 公里,宽 30 公里时,斯坦纳的雇佣军发动反击,使联邦政府军溃不成军。

由于无法占领比夫拉,尼日利亚政府决定进行轰炸和封锁。双方的冲突一直持续到 1969 年,野蛮轰炸和封锁引起国际社会的强烈批评。最令人愤怒的是对紧急食品的封锁。

古旺将军担心这些食品会被用来掩护空运武器。当联邦政府与比夫拉之间就紧急食品供应达成协议的努力失败时,双方都指责对方不守信用。这一年,每个星期都有数千比夫拉人死亡。这是内战、饥荒和双方冷酷的政治家造成的可怕后果。这种现象在后来的几十年里又曾在非洲的苏丹、埃塞俄比亚和索马里出现。

新闻摘要

· · · · · · ·

- 美国 B52 轰炸机轰炸柬埔寨。
- 美国学生组织"争取社会民主"分裂;"气象员"派别开始在美国进行恐怖活动。
- 飓风造成密西西比湾海岸灾难;248 人死亡。
- 美国股票道·琼斯指数超过 1000。
- 美国开始关注 DDT 杀虫剂的安全问题。
- 英国选举权年龄降至 18 岁。
- 美国政府对 IBM 实施反垄断起诉。
- 英国废止死刑。
- 澳大利亚媒体大亨鲁伯特·默多克收购英国《太阳》报。
- 第一次人类卵子体外受精。
- 德尔·海雅德里乘皮筏横渡大西洋。
- 美国军方开发互联网通讯方式。
- 波音 747 客机首次飞行。
- 当年公演的电影包括凯恩·罗素的《恋爱中的女人》、丹尼斯·侯波的《驾轻就熟》、山姆·帕克金斯的《野丛》和约翰·舒勒辛格的《午夜牛仔》。
- 美国电视系列剧《芝麻街》开播。

"协和"号翱翔蓝天

1969 年 3 月 2 日,英法联合研制的"协和"号超音速客机在法国的图卢兹进行了首次试飞。

一个月之后,英国制造的原型机"协和"002 号也进行了它的处女航。这种超音速客机的概念

最先出现在 1960 年。1962 年 11 月,英国和法国就分担研制成本达成协议。到 1969 年,最初

估计为 2 亿英镑的成本增长了四倍。

当"协和"号客机于 1974 年投入运营时，英国和法国政府声称他们希望能以每架 1000 万英镑的价格售出 400 架。但即使试航已经成功，严重的债务也使这种客机的商业生存能力产生严重问题。

此外，"协和"号的噪音太大，不符合美国的环境规定，而且过小的有效负荷也使它无法产生经济效益。

1969 年 2 月，美国波音公司推出 747 大型喷气客机。英法联合研制的"协和"号尽管展示了辉煌的科技成就，但美国人精明的商业头脑再次占了上风。

▲象征着英国辉煌的两大标志：竖立在伦敦市中心的纳尔逊纪念柱和从它上空飞过的"协和"号客机。

一个"滚石"队员之死

19 69 年 7 月 2 日深夜，前"滚石"乐队成员布赖恩·琼斯在位于英国哈特菲尔德郡考特福德农场的家庭游泳池里游泳。凌晨，有人发现他的尸体浮在水面。3 点，一名医生宣布他已死亡。随后赶来的一名法医证实他死于酒精和毒品。

琼斯在 6 月退出"滚石"，声称"我无法再与其他人默契合作演出"。"滚石"乐队匆忙找了一个替代者麦克·泰勒，以免影响预定于 7 月 5 日在伦敦海德公园举行的露天音乐会。为了避免琼斯的死导致取消这场音乐会，"滚石"主唱歌手麦克·杰格决定将它变成对琼斯的悼念活动。

大约有 25 万歌迷参加了这个活动。杰格首先在悲哀肃穆的气氛中朗读了谢丽·阿多尼斯的悼词。然后乐队演奏了一些摇滚音乐经典，其中大部分都被格林纳达电视台拍成纪录影片。

整个悼念活动展示了人们对死者的怀念和对和平与爱的向往。尽管"滚石"的表演依旧那么活力四射、歌声感人，然而，歌迷们最喜欢的还是当初原班人马演唱的《魔鬼的同情》和《街头顽童》。

▲"滚石"乐队最初的领导者布赖恩·琼斯已经被后起之秀麦克·杰格和吉他手凯茨·理查德的风采所掩盖。

- 蒙迪·帕通的《飞行马戏团》在伦敦电视台演播。
- 肖斯塔科维奇的第 14 交响曲首次公演。
- 盖里·杜德奥的卡通连环画首次出版。
- 当年出版的图书包括马里奥·普佐的《教父》、科特·万诺特的《第 5 号屠宰场》和约翰·弗劳尔的《弗朗斯·劳伦特的女人》。
- 英国首次推出布克文学奖。
- 鲍里斯·斯巴斯基成为国际象棋世界冠军。
- 当年的流行歌曲包括帕迪·保罗的《乘着飞机离去》、格林·坎贝尔的《维奇塔的巡道员》和弗里伍德·马克的《信天翁》。

1 月
- 学生运动迫使伦敦经济学院临时关闭。
- 捷克斯洛伐克成为捷克与斯洛伐克共和国联邦。
- 北爱尔兰发生宗教暴力。
- 瑞典正式承认北越。
- 捷克学生居安·帕拉奇自杀，抗议苏联占领。
- 西班牙实行军事管制。
- 伊拉克处死以色列间谍。

2 月
- 阿拉法特成为巴解领导人。
- 阿拉伯恐怖分子在苏黎世劫持以色列航班。
- 美国艺术家鲍里斯·卡里夫逝世。
- 德国表现主义画家卡尔·杰斯帕斯逝世。

'69

人类登月

美国宇航员尼尔·阿姆斯特朗在月球表面迈出第一步是人类历史上的重要事件。然而这一时刻的日期却很难确定。对于美国东部的人们来说，它发生在1969年7月20日夜晚，而对于英国人来说，那是7月21日清晨。那么在月球上，应该是什么日期？

当地时间7月16日上午9点37分，"阿波罗11号"飞船从位于佛罗里达州肯尼迪角的美国宇航中心39A发射塔腾空而起。飞船搭载着这次任务的指令长阿姆斯特朗、登月舱驾驶员埃德温·阿尔德恩和指令舱驾驶员迈克尔·柯林斯。经过3天的飞行，飞船顺利进入月球轨道。

为了在月球登陆，阿姆斯特朗和阿尔德恩进入"小鹰"号登月舱，然后脱离指令舱，在电脑控制下缓缓降落在高出月球表面90米高的"宁静海"。阿姆斯特朗他们意识到登月舱正在朝着一片布满石块的陨石坑撞去，于是从电脑手中接过控制权，引导登月舱落向一块平坦的地面。阿姆斯特朗描述他们在着陆的最后一秒遇到的麻烦，月球舱卷起的灰尘使他看不清地面的情况。他后来说："重要的是不要在登月的最后阶段崴伤了脚。"

他们到达月球表面后说出的第一个单词是"休

▲1969年7月16日，巨大的"土星"5型火箭在肯尼迪角39A发射塔等候登月升空。

斯敦"。阿姆斯特朗向位于得克萨斯州休斯顿市的控制中心报告成功着陆的消息："休斯敦，这里是'宁静海'基地。'小鹰'已经着陆。"

阿姆斯特朗用了6个小时进行休息和准备，然后爬出登月舱。他们知道此时美国人民正在电视机旁注视着这历史性时刻，于是用一台摄像机拍摄了阿姆斯特朗踏上月球表面的情景。他本来想说："这是一个人的一小步，却是人类的一大步。"然而，激动的心情使他出错，在"人"字前面漏掉了冠词"一个"。

好在这无关宏旨，而且似乎也没有人注意到。

随后阿尔德恩也爬出登月舱。他们在布满灰尘的月球表面走动了两个半小时，看起来就像两个蹒跚而行的娃娃在沙坑里嬉戏。他们搜集岩石样品并进行了试验，还安装了一台测量"月震"的测震仪和一台精确测量地球与月球距离的激光反射镜。

阿姆斯特朗给阿尔德恩拍摄了一些照片，就像任何来到神奇地方的旅游者一样。这期间他们还收到尼克松总统从白宫打来的电话。为了标记

▲"阿波罗11号"指令长尼尔·阿姆斯特朗踏上月球松软的表面。

登月地点，这两位宇航员在月球上留下一块刻着人类美好愿望的金属板"我们为全人类的和平而来"。当然，人们不会忘记这两位为和平而来的宇航英雄。接着，他们还竖起了美国的星条旗。

在月球表面逗留22小时后，登月舱重新起飞与仍在月球轨道上绕行的指令舱汇合。然后平安返回地球，溅落在夏威夷附近的太平洋海面。整个过程持续了8天3小时18分，而返回溅落时间仅比预定时间表晚了10秒钟。由于

担心可能在不经意间带回可能大规模伤害地球人类的月球细菌或病毒，宇航员们按照预防措施被直接送往一台移动隔离检疫设备——一个大型密封舱内，然后被送往休斯敦。他们在密封舱内一直待到8月10日。经过详细彻底的检测之后，没有发现任何外星有机体。在以后的35天里，3位宇航英雄在纽约接受了传统的夹道欢迎并在25个州进行了短暂的巡回访问。

在"阿波罗11号"起飞前，尼克松总统曾说过，

▲尼克松总统向返回地面正在接受隔离检查的"阿波罗11号"的3位宇航员表示祝贺。

这次任务"将对未来一代产生深远的影响"。但人们还不清楚究竟会有哪些影响。

1969年9月，"阿波罗11号"宇航员带回的月球岩石在华盛顿史密森学院展出，引起公众极大兴趣。数千人排队目睹这来自月球的礼物。

但公平地说，许多人看过以后感到有点失望。没有人否认实现人类登月是个巨大的技术成功，但它的实际收获只是采集了一些石头和灰尘。

估计全球有6亿多观众目睹了宇航员月球行走的过程，这无疑是当时世界上最重大的电视转播活动。这体现了太空直接图像传输技术的显著进步，而这距离人类首次实现跨

大西洋电视实况转播仅有7年。

当美国于同年11月进行第二次登月时，携带的电视摄像机被摔坏。倒霉的宇航员查尔斯·康拉德和艾伦·比恩成为"无形"的登月人，很快被公众和历史忘记。

实际上，从发射时间看，第一次载人登月是个小小的时代错误。它混合着浓厚的理想主义、强烈的国家精神、顽强的拼搏精神和技术至上主义。它属于肯尼迪时代，而不太适合备受煎熬的60年代后期。因此毫不奇怪，美国政府会在3年后放弃"阿波罗"计划。

尽管看起来耗资巨大而又缺乏实际意义，但人类登月毕竟是令世界瞩目的辉煌的科技成就。

◀ "这是一个人的一小步，却是人类的一大步。"阿尔德恩跟随阿姆斯特朗踏上月球表面。

'69

新闻摘要
. . . .

3月

- 英国凯利兄弟匪帮被判处终身监禁。
- 英国军队在英属安瓜拉岛重建合法政府。
- 巴基斯坦发生军事政变；叶海亚汉将军掌权。
- 布拉格举行反苏示威。

4月

- 中东和平峰会在纽约举行。
- 阿拉伯恐怖分子袭击以色列；以色列对约旦进行报复性空袭。
- 杜布切克被撤销捷共第一书记和捷克斯洛伐克联邦总统职务。
- 爱尔兰共和军恐怖分子制造邮局爆炸。
- 尼日利亚政府军占领分离的比夫拉国首都。
- 法国总统戴高乐辞职；埃兰·波尔继任。
- 玻利维亚总统雷恩·巴拉恩图死于直升机事故。

5月

- 马来西亚发生马来人与华人种族冲突。
- 北越发动大规模攻势。
- 直布罗陀实行新宪法。
- 美国爵士乐萨克斯演奏家科尔曼·霍金斯逝世。

曼森杀人案

60年代后期，美国数以千计辍学的嬉皮士散布在像旧金山市海阿什伯里区这样的地区，寻找开放社会中的"自然"生活。他们建立了原始部落式的"田园公社"。在那里，裸体、纵欲、吸毒和狂歌醉舞是很寻常的事。

查尔斯·曼森和他的"家庭"在洛杉矶远郊荒漠设立的一个"公社"就是其中之一。

曼森是个不断惹是生非的家伙，他的一生大部分时间是在各种管教机构度过的。1967年，他流浪到海阿什伯里区，并在身边聚集了一些来自中产阶级家庭的年轻的辍学学生，其中大部分是女孩。在毒品的作用下，她们从曼森身上发现与她们所处的社会背景截然不同的不可抗拒的"魅力"。在这种类似催眠的"魅力"的驱使下，她们跟随他来到荒漠地带，追求原始野蛮人的狂欢纵欲的生活方式。

基于对"甲壳虫"的著名歌曲《慌慌张张》和一些鼓吹革命的小册子的病态理解，曼森相信人类的种族战争将不可避免。他认为黑人和白人必将相互毁灭，最终使美国社会成为一片废墟。曼森认为他得到了上天的启示，要他带领他的"家庭"杀害那些拥有特权的白人。

1969年8月9日，他带领4个伙伴进入好莱坞附近的贝弗利山庄，并给他们分配了任务。在两天的犯罪活动中，他们共杀害了8个人。他们首先砍死了著名导演罗曼·波兰斯基的妻子、已怀孕8个月的女演员莎伦·泰特。他们还杀害了她家中的3个

▲曼森的疯狂屠杀，不仅导致女演员莎伦·泰特无端被害还殃及3名客人。

▲这位"魅力超凡"的查尔斯·曼森声称"甲壳虫"的歌曲使他产生杀人欲望。

客人和一个路过的人。离开现场时，他们还用死者的鲜血在墙上胡乱写下了："猪猡"。

第二天夜晚，这伙匪帮杀害了住在附近的富有的超市老板莱诺·比安卡和他的妻子罗斯玛丽·比安卡。

12月，曼森和他的3个"家庭成员"：苏珊·阿塔金斯、莱斯丽·霍顿和帕特莱斯卡·科诺温斯柯被捕，并以谋杀罪起诉。对他们的审判引起社会高度关注。1971年，所有被告都被判有罪。

社会保守势力抓住审判这个杀人案的机会，猛烈攻击嬉皮士、摇滚、吸毒、神秘主义和混乱的革命欲望。

伍德斯托克音乐节

1969年8月中旬，大约40万人，其中大部分是青年和白人，聚集在美国纽约州的巴瑟尔举行伍德斯托克音乐艺术节。

杰米·汉德拉克斯、坚尼斯·乔波林、乔安·贝兹、乔伊·库克、杰克逊·埃尔普莱恩和其他许多著名歌手和演员为观众奉献了精彩的节目。尽管天降大雨，场地设施简陋，但大多数人都感到非常愉快。

这个欢乐的情景立即被《时代》杂志渲染成"这个时代最重要的政治和社会事件之一"。这显然是夸大其词，因为它只是音乐界的一次聚会。伍德斯托克音乐节的参与者名单中缺少"甲壳虫"、"滚石"、鲍比·迪伦、舒曼与卡芬科尔、"大门"、斯蒂夫·万德和莱德·扎波林等著名乐

队和歌手。其实伍德斯托克音乐节的最大特点就是没有给当局惹麻烦。

在这个躁动不安的年代，面对愤世嫉俗的美国青年，伍德斯托克音乐节的确创造了一个奇迹。上半年，校园里充满着警察与学生的暴力对抗，在丹佛的棕榈温泉和洛杉矶举办的摇滚音乐节也曾发生骚乱。而12月在加州阿尔塔芒特高速公路附近举行的"滚石"音乐会甚至出现严重伤亡。

然而在伍德斯托克音乐节，和平和善意成为主流。警察不再严格搜查毒

▲ "和平与爱"的时代在伍德斯托克音乐节达到顶峰，但嬉皮士的梦想很快将要破灭。

品，尽管一些人就在他们眼皮底下吸食大麻和其他迷幻剂。这使得美国中产

阶级家庭感到宽慰，至少孩子们聚集在一起不再会受到暴力伤害。

英国军队进入北爱尔兰

19 69年8月14日至15日，英国军队开始部署在北爱尔兰城市伦敦德里和贝尔法斯特的大街上，以平息那里发生的宗教暴力冲突和恢复秩序。他们预计将在那里驻扎几个月。

这场暴力冲突是由于当地的天主教徒，特别是学生为争取平等权力而进行的勇敢斗争引发的。北爱尔兰地区居民以新教徒为主，而长期以来，那里的天主教徒在住房和就业等方

面受到普遍歧视。当他们争取民权的游行遭到新教徒打手野蛮袭击时，却得不到以新教徒为主的皇家北爱尔兰警署的保护。随着天主教徒要求改革的压力越来越大，他们与新教徒的冲突也越来越激烈。

8月12日，新教徒一年一度的男孩节游行在伦敦德里引起骚乱。游行的青年们来到天主教徒居住的勃格塞德区，将警察设置的路障掀翻，用石块和汽油燃烧瓶与警察搏斗。而勃格

塞德居民则宣布该区为"自由德里"，并和警察一起与新教徒骚乱者作战。

8月14日，第一批英军开始在伦敦德里部署，试图平息骚乱。不料当天深夜，骚乱蔓延到贝尔法斯特。来自贝尔法斯特山克尔区的新教徒极端分子在天主教徒的富斯大街疯狂破坏，焚烧房屋和袭击居民。警察驾驶装甲车前来镇压，并用机枪扫射，造成8人死亡。

第二天，英军赶到。他们的任务是恢复秩序和保护天主教徒。他们在天主教居民区受到普遍欢迎，一些天主教主妇为英军士兵送来茶水。英国政府承诺在北爱尔兰实行改革。这场危机似乎即将过去。但实际上，一场战争才刚刚开始。

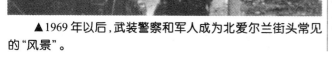

▲1969年以后，武装警察和军人成为北爱尔兰街头常见的"风景"。

6月
· 美国开始减少驻越南的军队。
· 世界共产党大会在莫斯科召开。
· 西班牙关闭与直布罗陀的边界。
· 乔治·蓬皮杜成为法国总统。
· 罗得西亚成为共和国；英国断绝与它的外交关系。
· 英国威尔士钢铁工人开始罢工。
· 纽约警察突袭"石墙"旅馆，镇压同性恋骚乱。
· 美国演员朱迪·加兰德逝世。

7月
· 西班牙向直布罗陀所有居民提供公民权。
· 肯尼亚政治家汤姆·默伯雅被暗杀。
· 洪都拉斯与圣瓦尔多发生边界冲突；圣瓦尔多入侵洪都拉斯。
· 美国发生离奇交通事故，参议员爱德华·肯尼迪驾车闯入河中，乘车人玛丽·库伯奇恩死亡。
· 尼尔·阿姆斯特朗成为登月第一人。
· 埃及和以色列发生军事冲突。
· 德国建筑大师瓦尔特·古帕斯逝世。

8月
· 法国法郎贬值。
· 赞比亚对铜矿实行国有化。
· 北爱尔兰宗教暴力冲突再起。

黑人权力的曙光

"黑豹"运动是60年代后期美国黑人激进分子争取权力斗争的组成部分。一批黑人青年对马丁·路德·金的非暴力的、追求种族和解的民权运动观念感到不满。他们主张独立的黑人权力，并通过战斗来捍卫它。

1967年5月，由两个业余大学生鲍比·塞尔勒和胡莱·牛顿创建的"黑豹"组织，因奥克兰事件而在美国崭露头角。为了显示自己合法佩戴武器的权力，"黑豹"们带着自动武器闯入位于奥克兰的加州议会大厦。他们身穿皮夹克、头戴贝雷帽、手持步枪的男子汉形象和蔑视白人权力的威武气概深深吸引着许多黑人青年。模仿"黑豹"的团体在全国涌现。"黑豹"在少数民族聚集区赢得的支持是民权运动所从未有过的。

不久，新闻记者、《冰魂》的作者埃尔布里奇·柯利沃加入了牛顿和塞尔勒的组织，成为他们的"信息部长"。后来，西印度群岛出生的黑人学生领袖斯托克里·卡迈克也一度成为他们的重要成员。这时他们的组织已更名为"黑豹党"。

对于白人当局来说，黑豹党是他们最可怕的梦魔。联邦调查局开始对他们进行残酷的迫害和镇压。他们的惯用伎俩是先挑起持械对峙，然后以"自卫"的名义击毙他们或逮捕后从背后射杀他们。

1968年4月，柯利沃在警察袭击中被捕，黑豹党会计鲍比·霍顿被杀害。10月，牛顿因被控谋杀警察而被捕。1969年全国又有350名黑豹党成员被捕，其中包括鲍比·塞尔勒。

这时，黑豹组织内部发生分歧。塞尔勒带领部分成员与主张暴力革命的白人马克思主义学生激进分子联合，其中一些人不久后组织了恐怖团体。而卡迈克和其他许多人则认为这是对黑人独立权力理想的背叛。

到1969年底，柯利沃和卡迈克流亡非洲。在那里，他们似乎找到了更好的革命观念。其他领导者几乎都被关进监狱，"黑豹"运动基本上消亡。正如马丁·路德·金所指出的，当黑人试图诉诸暴力的时候，白人早已准备好更多的枪支，随时可以使用它们。

这位美国黑人领袖认为，美国黑人要想获得平等权力，只能通过非暴力的争取民权斗争。

▼被白人当局视为主要威胁，"黑豹"很快就引起联邦调查局的愤怒。

新闻摘要

· 英军进入北爱尔兰平息骚乱。
· 爱尔兰开始进行军事动员。
· 在苏军入侵一周年之际，布拉格进行大规模反苏游行。
· 伍德斯托克音乐节在美国举行。
· 宗教狂热分子在耶路撒冷旧城阿卡萨清真寺纵火。
· 巴西发生军事政变。
· 德国著名建筑师米耶斯·卢赫逝世。
· 世界重量级拳击冠军罗柯斯基·马萨里奥死于空难。

9月
· 印度教徒与穆斯林发生暴力冲突。
· 利比亚发生军事政变；默纳马尔·卡扎菲掌权。
· 老挝军队与北越军队开火。
· 以色列袭击埃及苏伊士运河附近地区。
· 捷克斯洛伐克开始清洗主张改革的共产党员。
· 西德举行大选。
· 北越领导人胡志明逝世。

'69

反战运动不断扩大

1969年,反对越南战争的抗议成为美国政治运动的主流。从战争开始就出现的反对浪潮现在已经席卷全国,许多高层人士和社会名流也加入这个行列。一些人甚至不惜放弃自由——先后因反战而被捕的包括著名儿科专家本杰明·斯波克教授、作家诺曼·梅勒、民间歌手简·巴兹和世界拳击冠军穆罕默德·阿里。

但美国民众的主体对这些抗议者并不完全认同,在他们眼中那些高举越共旗帜的示威学生不是爱国者;他们对与抗议运动相关的混乱也深感不满,即使这种混乱实际上是警察的镇压造成的。

在这种情况下,1969年10月至11月由温和的和平组织发起的"全国和解日"活动取得了巨大成功。数十万民众以尊严和非暴力的形式举行了声势浩大的争取和平的示威,赢得那些不赞成极端主义分子和激进学生的人们的欢迎。

◀ 日本留学生小野洋子和"甲壳虫"乐队的约翰·列农创作了这一时期最著名的和平颂歌。

梅莱大屠杀

1969年11月,一项军事调查表明,美军在越南一个名叫"梅莱"的村庄对越南平民实施了大屠杀。如果没有美军战地记者罗纳德·雷德纳尔的努力,或许这桩惨案将永远不见天日。雷德纳尔在看到一张带有一些尸体的照片后,经过艰苦的调查终于揭露了这个残酷的罪行。

这场大屠杀发生在1968年3月16日。第20步兵团1营C连奉命进攻并摧毁梅莱村。因为美军经常在那里遭受攻击,伤亡惨重。据说,连长恩斯特·米德纳被告知那个村庄里有250多名越共游击队,而老百姓在美军到来之前都去赶集了。

当太阳升起时,美军直升机将这个连队送到梅莱附近。威廉·克莱中尉带领一个30人的突击排,进入这个由竹棚草屋构成的村庄,向敞开的窗户投掷手榴弹。当人们纷纷逃出时,他们又用机枪疯狂扫射。这时他们才注意到这些人都是妇女、孩子和老人,村庄里也没有反抗的战斗。但正如一个目击者所述,这个突击排仍像着了"屠杀魔症"一样疯狂。老人被他们用刺刀扎死;年轻姑娘遭到强奸后又被手榴弹炸死;一些平民被推到水沟里成批枪杀。

估计有两百多个平民在梅莱被屠杀,也有人估计死者多达700人。尽管美军高级指挥官肯定知道这个事件,但他们并没有进行调查或处理。甚至当大屠杀的大量证据已经被公开后,军方还不愿采取行动。

最后,只有五个人受到军事法庭审判,只有克莱中尉一人被判有罪,处以终身监禁。而他仅服刑三年半便获得假释。

▲ 威廉·克莱中尉在审判他的军事法庭上。

10月
- 希腊政府废除高压法律。
- 北爱尔兰贝尔法斯特发生骚乱。
- 索马里总统遇刺;穆罕默德·萨迪巴尔掌权。
- 美国爆发大规模反战示威。
- 威利·勃兰特成为西德总理。
- 美国作家杰克·克卢科逝世。

11月
- 印度国大党分裂。
- 美国再次从越南撤军。
- 埃及与以色列在西奈地区发生冲突。
- 美苏举行裁军会谈。
- 加纳驱逐外国居民。
- 美苏达成核不扩散条约。
- 新西兰现任政府赢得大选。

12月
- 美国警察在拘捕行动中使用过分暴力杀害两名"黑豹"成员。
- 以色列对埃及苏伊士地区发动袭击。

1970-79

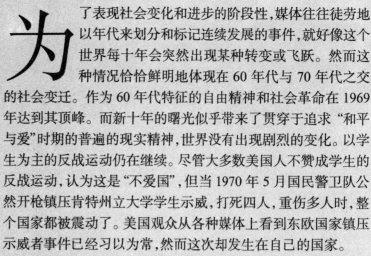

为了表现社会变化和进步的阶段性，媒体往往徒劳地以年代来划分和标记连续发展的事件，就好像这个世界每十年会突然出现某种转变或飞跃。然而这种情况恰恰鲜明地体现在 60 年代与 70 年代之交的社会变迁。作为 60 年代特征的自由精神和社会革命在 1969 年达到其顶峰。而新十年的曙光似乎带来了贯穿于追求"和平与爱"时期的普遍的现实精神，世界没有出现剧烈的变化。以学生为主的反战运动仍在继续。尽管大多数美国人不赞成学生的反战运动，认为这是"不爱国"，但当 1970 年 5 月国民警卫队公然开枪镇压肯特州立大学学生示威，打死四人，重伤多人时，整个国家都被震动了。美国观众从各种媒体上看到东欧国家镇压示威者事件已经习以为常，然而这次却发生在自己的国家。

虽然美国继续逐步从越南撤出军队，但战争仍在给双方带来重大伤亡。直到 1975 年越共占领南越首都西贡，美军才被迫全部撤离。类似的内战也在越南邻国柬埔寨展开。尽管有美国的支持，柬埔寨政府军仍未能阻止波尔布特领导的"红色高棉"掌握政权。在后来的四年期间，波尔布特的"红色高棉"实施极其残酷的统治，数百万人民遭到野蛮屠杀。70 年代初期，白宫也发生了一些引人注目的事件。1972 年，尼克松以压倒性多数再次当选美国总统——进一步证明了美国人根深蒂固的保守主义。然而当《华盛顿邮报》揭露了总统竞选期间民主党总部被安置窃听器的事件后，尼克松的胜利迅速变成丑闻。这个阴谋涉及尼克松本人，两年后他遭到国会弹劾。尼克松成为美国历史上第一个辞职的总统。

70 年代是世界恐怖主义崛起的时期。这些暴力行动主要与自 1948 年以色列建国以来中东日益加剧的冲突相关。埃及和约旦频繁发动针对以色列的战争。以建立巴勒斯坦国为目标的巴勒斯坦解放组织的游击活动进一步加剧了该地区的不稳定。巴解被强行赶出约旦后，在黎巴嫩的贝鲁特设立自己的基地，但其内部已经开始分裂，出现相互冲突的派别。在后来的十年里，这个城市不断发生流血战斗。

英国在 70 年代也未能避免国内冲突。随着要求与爱尔兰统一的天主教徒和亲英的新教徒之间的矛盾日益加深，北爱尔兰的宗教暴力活动越来越猖獗。1971 年，英国保守党政府决定派军队进驻北爱尔兰，使当地的天主教少数民族备尝心酸，许多人开始倾向恐怖组织"爱尔兰共和军"。第二年，由于不满英国政府直接管辖该地区，许多新教徒也采取反抗行动。此后，北爱尔兰成为恐怖活动的多发地。如何解决这个似乎无法解决的北爱尔兰问题成为此后历届英国政府最重要的任务之一。

70 年代，"冷战"仍在继续。尽管在限制军备竞赛方面有所进步——由于双方面临的财政枯竭问题——但双方在其他方面的接触却很少。70 年代后期，苏联以帮助被包围的卡尔迈勒总统抵抗反叛军队为名入侵阿富汗。尽管遭到世界各国的抗议，但苏联军队仍在那里困守了 8 年。阿富汗成了苏联的"越南"。

'70

新闻摘要

· 世界人口达 36 亿。
· 巴解组织与约旦侯赛因国王关系紧张。
· 卡罗斯·奥斯里奥当选危地马拉总统；开始组建"行刑队"，消除政治反对派。
· 西哈努克亲王离境后，柬埔寨爆发内战。
· 美国成立环境保护署。
· 英国通过平等报酬法。
· 墨西哥地铁系统开通。
· 英国成立开放大学。
· IBM 公司研制成功电脑软盘。
· 苏联登月飞船"月球 17 号"在月球登陆并带回月球土壤标本。
· 美国邮政工人罢工，导致美国制定邮政重组法，实施邮政系统改革。
· 巴西足球队第三次赢得世界杯。
· 当年公演的著名电影包括罗伯特·阿尔塔尼安的《M*A*S*H》、鲍勃·雷福尔森的《天涯浪子》、富兰克林·舒弗纳尔的《野战排》和马赛尔·奥法斯的《悲哀和怜悯》。
· 《玛丽·摩尔》首次在美国电视台播出。
· 斯蒂芬·桑德海姆的音乐公司在纽约开张。

"芝加哥七人"案审判

1968年8月，美国民主党在芝加哥举行全国代表大会期间，发生了反战示威者与警察之间的严重冲突。尽管官方报告将这个暴力事件归咎于 7 个因涉嫌煽动骚乱而被捕的领头的白人激进分子，但法庭于 1970 年 2 月对他们的审判却变成了美国反传统潮流与保守的行政当局之间有趣的对峙。

这些被告包括和平主义者大卫·迪灵格、学生无政府主义者埃迪·霍夫曼和杰瑞·罗宾以及著名的学生激进分子汤姆·海登。被另行审判和定罪的是黑豹党主席鲍比·塞尔勒。他们都决心搅乱这次审判，并

▲埃迪·霍夫曼(左)和杰瑞·罗宾(中)是所谓"芝加哥七人"的两个首领。

将它变成自己的宣传阵地。他们将越共的旗帜插在被告席，不断指责美国搞"法西斯主义"并大骂警察是"臭猪"。

刚愎自用、举止古怪的法官朱丽叶斯·霍夫曼故意偏袒政府方面，不断以"蔑视法庭"的罪名斥责被告和他们的律师，甚至堵住鲍比·塞尔勒的嘴并给他戴上手铐以阻止他讲话。

尽管"芝加哥七人"犯罪证据明显不足，但当局还是以制造骚乱为由，对其中包括鲍比·塞尔勒在内的五人判刑。

"甲壳虫"分裂

1970年4月，保罗·迈克卡特尼推出他的第一张个人专集，同时宣布退出"甲壳虫"乐队，使这个乐队两年半以前出现的缓慢的分裂过程达到公开化的顶点。

自从他们的经理布赖恩·埃波斯坦于 1967 年 8 月逝世以后，这个团体一直没有恢复元气。从那时起他们开始逐渐分离，尽管在 1969 年之前这四个歌手仍在一起录制唱片，生产了像《白色》、《教堂之路》和《随它去》这样脍炙人口的专辑。

许多人认为是保罗·迈克卡特尼与约翰·列农的个人事务导致他们的分裂。迈克卡特尼与纽约的摄影师琳达·伊斯曼一见钟情；而列农则爱上了住在纽约的日本表演艺术家小野洋子。

◄保罗·迈克卡特尼和他的妻子琳达。离开"甲壳虫"后，他成为 70 年代最受欢迎的独唱歌手之一。

同时，"甲壳虫"为保护自己的音乐作品权益而创办的"苹果"唱片公司也因管理不善而陷于困境。这四个歌手知道他们需要一个新的业务管理者，却无法就确定合适的人选达成一致。约翰、乔治和莱恩格挑选了纽约的会计师艾伦·克莱恩，而保罗则希望依靠琳达父亲管理的纽约的一家法律公司。这项业务分歧导致他们相互指责和讽刺，并最终导致法律诉讼。

这支作为 60 年代年轻人乐观精神永恒象征的乐队的结局的确令人伤感。想念他们的人们一直盼望着"甲壳虫"团圆复出的消息，直到 1980 年约翰·列农死于暴力袭击，"甲壳虫"的时代才彻底关闭了它的大门。

阿波罗13号：胜利大逃亡

美国第三艘登月飞船"阿波罗13号"于1970年4月11日发射升空。宇航员是詹姆斯·拉沃尔、弗雷德·海斯和杰克·斯威格特。后者替换了患皮炎的原定宇航员凯恩·马廷利。

这次航行的前两天很顺利。但到了美国东部时间4月13日晚9时零8分，宇航员们听见一声巨响。斯威格特告诉地面控制中心："休斯顿，我们遇到了麻烦。"

一个服务舱的两个氧气罐发生爆炸，并导致另一个氧气罐严重受损。氧气不断向外泄漏。一旦氧气全部漏完，指令舱就会

▲这次航行差一点就变成悲剧——"阿波罗13号"的宇航员们成功溅落在太平洋后浮出水面。

失去功能。

在离地面32.2万公里的太空，宇航员们的惟一选择是从指令舱转移到登月舱。这里有供登月期间使用的电源、水和氧气。但这些供应只能维持45小时，而返回地球需要90小时。宇航员们决定通过充分利用所有可利用的氧气资源，包括用于月球行走的便携式氧气瓶和把能源使用降至最低，争取活着返回人间。

"阿波罗13号"先进入月球轨道，然后调整到返回地球的位置。返回的旅程非常艰难：水的消耗被减少到正常用量的五分之一；宇航员们几乎无法睡觉，因为舱内的温度已经降到接近零度。

经过高度紧张的四天，返回舱终于在4月17日溅落在萨摩亚附近的太平洋水域。这次登月航行成为经典的"最成功的失败"，因为人们获得了宇航员从太空逃生的经验。

从柬埔寨到肯特州立大学

1970年4月30日，美军地面部队穿过南越边境进入柬埔寨。长期以来，越共游击队一直利用设在中立的柬埔寨境内的基地发动进攻。早在1969年美国总统尼克松已秘密授权大规模轰炸柬埔寨目标。但这次是美国公众第一次知道美军入侵柬埔寨领土。

战争的扩大立即在美国引起强大的反战抗议浪潮，当局则采取了强硬的姿态。例如加州州长罗纳德·里根支持动用武力对付校园的反战抗议。他甚至说："哪怕血流成河，我们也要镇压。"1970年5月4日，曾经对反战运动不感兴趣的肯特州立大学学生组织了反对入侵柬埔寨的大规模游行。当局调集俄亥俄州国民警卫队，并下令如果发生骚乱可开枪镇压。

但国民警卫队在没有受到任何威胁的情况下，突然朝手无寸铁的学生开枪，打死4人，其中有两个年轻妇女。10天后，又有两名学生抗议者在密西西比州杰克逊州立大学被枪杀。

这些事件震动了美国青年，促使学生的激进观念进一步发展。他们决心更加频繁地发动更大规模的反战示威活动。

▲肯特州立大学一个手无寸铁的反战抗议者倒在国民警卫队枪口之下。

· 当年发表的音乐专集包括西蒙和卡芬科尔的《烦恼河之桥》和爱瑞克·克莱顿的《爱瑞克·克莱顿》。流行歌曲包括：《随它去》《小丑的眼泪》。

· 当年出版的图书包括，迈克尔·特纳尔的《埃尔王》、玛雅·安格卢的《我知道笼中鸟要歌唱》、杰梅尼·格尔的《女太监》、科特·万诺特的《第5号屠宰场》以及新英语圣经。

比夫拉的结局

1967年,比夫拉宣布从尼日利亚独立,导致这两个地区发生冲突。经过3年的内战,到1970年

▲无穷无尽的循环——比夫拉战争的惨状后来又出现在埃塞俄比亚和索马里。

初,比夫拉军队控制的一小块地区已被尼日利亚联邦政府军团团包围。比夫拉军队士气非常低落,一些士兵丢下武器和制服,装扮成难民。

1月10日,在比夫拉最后一次内阁会议上,该地区领导人楚库米喀·奥苏库同意向他的参谋长埃菲翁将军交出权力,然后逃往象牙海岸。1月12日,埃菲翁将军通过广播宣布投降。

比夫拉用了整整一年的时间才从战争和人道主义灾难中恢复过来。

造成比夫拉分离的一个重要原因是,伊博族民众担心控制联邦政府的来自尼日利亚北方的军队领导人会对他们实施大屠杀。尼日利亚领导人雅库布·古旺将军正式宣布这些伊博人是"受到奥苏库及其同伙的强权压迫和欺骗"而误入歧途。这虽然不真实,却体现了民族和解的政策。从整体上看,停止战斗后,比夫拉人受到政府军的善意对待。

然而,这场使一百多万人丧失生命(其中大部分死于饥饿和营养不良)的战争将不可避免地给这个民族留下深深的伤痕。

纳赛尔的梦想成为现实

1970年7月,埃及南部尼罗河上的阿斯旺水坝竣工。这座宽约4公里(2.5英里),高115米的大坝可以拦蓄河水,使埃及的耕地面积增加三分之一,发电量提高一倍。

修建这条大坝一直是埃及领导人卡麦尔·阿卜杜拉·纳赛尔的梦想。1956年,由于西方国家拒绝为修建大坝提供贷款,纳赛尔就将苏伊士运河收归国有,以便为大坝筹集资金。这一行动导致英法联合干涉。从1960年起,苏联开始提供贷款和技术专家,而埃及因此则成为苏联盟友。

这座大坝形成了世界最大的人工湖——纳赛尔湖。长约500公里的湖面经过努比亚一直延伸到苏丹境内。数千努比亚人被迫离开湖水淹没的村庄远走他乡。巨大的阿布萨姆贝尔神庙也不得不迁移到较高的地方。

1970年9月,纳赛尔逝世,未能看到大坝全部建成。尽管大坝本身建造得非常好,但尼罗河周围的生态环境遭到严重破坏,特别是消除了一年一度的尼罗河水泛滥给农田带来的天然肥料。

▲纳赛尔总统的梦想——阿斯旺大坝和世界最大的人工湖。

道森斯菲尔德劫机案

1970年9月,三架飞机同时在约旦的道森斯菲尔德机场被劫持,这些巴勒斯坦人的恐怖行动立刻成为世界媒体的头条新闻。恐怖分子试图通过一系列袭击行动来引起国际社会对长期以来忽视的巴勒斯坦人民命运的关注。

这些劫机行动是由极端分子乔治·哈巴什领导的巴勒斯坦人民解放阵线(人阵)策划和实施的。"人阵"从1968年开始实施国际恐怖行动,以飞机航班为目标。那时机场安检普遍不严,很少设立检查人员制止携带武器或爆炸物登机。在几次得手之后,"人阵"在1970年开始策划更大规模的恐怖行动。

1970年9月6日,"人阵"突击队员同时劫持三架从欧洲城市飞往纽约的飞机:一架是瑞士航空公司的DC-8,一架是环球航空公司的波音707,还有一架是泛美航空公司的波音747。另有两个劫机者试图劫持从阿姆斯特丹起飞的伊尔-Al型喷气客机,但未得逞。其中一个劫机者被击毙,另一个名叫莱达·海勒德的劫机者被捉住并交给伦敦希斯罗机场的英国警方。

泛美航空公司的 747 被劫持飞到开罗,并在释放了乘客和机组人员后被炸毁。另外两架飞机飞到约旦的道森斯菲尔德机场。恐怖分子将三百多名乘客扣作人质,开始要求谈判释放被捕的巴勒斯坦人员。9月9日,他们又劫持了一架英国海外航空公司从伦敦飞往巴林的VC-10型飞机,机上有115名乘客和机组人员。

对巴勒斯坦恐怖组织怀有深刻敌意的约旦国王侯赛因,命令用坦克堵塞机场跑道。然而,一旦发动进攻就可能导致人质伤亡。到9月12日,大多数人质通过谈判被释放,但仍有54名乘客和机组人员在劫机者手中。他们被从飞机上带到一辆大轿车里。然后劫机者将三架飞机炸毁。世界各地的电视观众都看到了剧烈的爆炸在沙漠上空形成壮观的烟云。在最后关头,瑞士、英国、西德和以色列释放了所有巴勒斯坦囚犯(包括刚刚被捕的劫机者莱达·海勒德),"人阵"劫机者也释放了所有人质。

从那时起,侯赛因国王开始实施报复,对巴勒斯坦游击队在约旦的基地发动进攻和摧毁。阿拉法特领导的巴勒斯坦战士被迫转移到黎巴嫩。还有三千多人战死在约旦的战斗中,从而大大削弱了巴勒斯坦人对以色列发动袭击的能力。但从长期看,道森斯菲尔德劫机事件的确增强了国际社会对巴勒斯坦问题的重视。作为一种宣传手段,恐怖主义有时也会起作用。

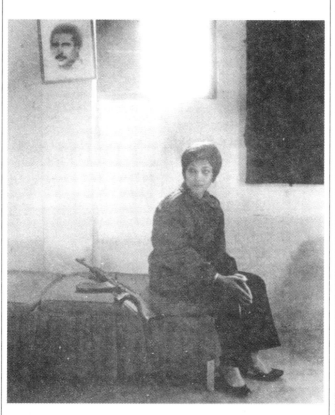

▲劫机者莱达·海勒德希望巴勒斯坦问题能引起国际政治家的重视。

- 柬埔寨发生美国支持的军事政变;西哈努克亲王被废黜。
- 北爱尔兰伦敦德里警察署遭爱尔兰共和军袭击。
- 西德驻危地马拉大使被左翼游击队绑架。

4月
- 越共对南越政府军发动新攻势。
- 更多英军被派到北爱尔兰。
- 以色列空袭埃及,造成30名儿童死亡。
- 美国"阿波罗13号"飞船登月航行因舱内故障而失败。
- 克里弗·邓路普成为罗得西亚总统。
- 冈比亚成立共和国。
- 中国发射卫星。
- 美军和南越政府军入侵柬埔寨攻击越共基地。

5月
- 美国空袭北越。
- 美国爆发大规模示威游行,反对入侵柬埔寨。
- 美国警察在杰克逊州立大学枪杀两名黑人学生。
- 罗马尼亚发生洪灾。
- 巴勒斯坦恐怖分子杀死12名以色列儿童。
- 葡萄牙军队在安哥拉进攻民族主义游击队。
- 现任政府在锡兰大选中获胜;班达拉奈克任总理。
- 秘鲁大地震造成7万人死亡。

6月
- 英国殖民地汤加独立。
- 在约旦境内的巴解组织与约旦军队开火。
- 保守党赢得英国大选;爱德华·希思任首相。

吉他明星之死

1970年9月18日，27岁的超级明星，吉他手吉米·汉德克斯被人发现死在他的女朋友莫尼卡·丹尼曼家中。调查发现他的死因是饮酒和吸毒后"吸入呕吐物导致窒息"。

汉德克斯1942年生于西雅图一个贫困的黑人家庭。他曾于1961年应征入伍，当了一名伞兵，但不久就因病退役。1966年，汉德克斯来到伦敦。这时，他已经是个小有名气的吉他手并组建了一个名叫"吉米·汉德克斯体验"的三人小乐队。第二年，他发表了第一个单曲《嗨！乔伊》，并在蒙特利尔摇滚音乐节上大出风头。

作为吉他手，汉德克斯具有杰出的才能和超凡的音乐表现天赋。他的才能足以确保辉煌的演艺生涯，但为了吸引更多的关注，他也刻意追求"野蛮人"的形

▲摇滚吉他明星吉米·汉德克斯在他最后的一次演出——1970年怀特音乐节上。

象，使几乎被白人独占的摇滚舞台上凸显出狂放不羁的黑人风格。他的舞台动作包括许多不堪入目的性姿势，偶尔还会砸烂手中吉他。这些都被媒体渲染为对观众的疯狂挑衅。

1969年，连续的紧张演出使汉德克斯疲惫不堪，而且过量吸毒和纵欲带来的问题也开始显现出来。社会上普遍将他视为60年代风靡美国的黑人激进主义分子之一。他曾建立了一个名为"吉普赛乐队"的黑人团体，但不久就解散了。他最后的著名演出是在1970年8月的怀特摇滚音乐节上。他的死以及两周后著名歌手詹尼斯·乔普林的死，似乎标志着60年代摇滚音乐的最后命运。

新闻摘要

· 杜布切克被捷克斯洛伐克共产党开除。

· 美军撤出柬埔寨。

· 有关爱尔兰、挪威、丹麦和英国加入欧共体的谈判开始举行。

7月

· 英国客机在西班牙坠毁，死亡112人。

· 埃及接受有关中东和平的罗杰斯计划。

· 示威者向英国议会大厦投掷催泪瓦斯罐；迫使议会会议中断。

· 葡萄牙独裁者安东尼奥·萨拉扎逝世。

8月

· 以色列接受有关中东和平的罗杰斯计划。

· 以色列、埃及和约旦签署第一个90天停战协议。

· 以色列、埃及和约旦代表会见联合国调停者。

9月

· 萨尔瓦多·阿连德赢得智利总统大选。

· 巴勒斯坦恐怖分子劫持三架客机，并在约旦炸毁；约旦侯赛因国王宣布实行戒严。

· 埃及总统纳赛尔逝世；安瓦尔·萨达特继任。

戴高乐走了，但他的共和国永存

1970年11月12日，刚刚去世的法国第五共和国的缔造者查尔斯·戴高乐的俭朴葬礼在他的家乡科隆贝的教堂举行。这是一个伟大人物的平凡归宿。

鉴于戴高乐在国际舞台上的崇高地位和对世界进步的巨大贡献，巴黎圣母院大教堂也在同一天举行了隆重的追悼仪式。八十多个国家的领导人前来吊唁，其中包括美国和苏联总统，以及伊朗国王和埃塞俄比亚皇帝。

戴高乐生于1890年，早年曾参加第一次世界大战。那场战争锻炼了他坚定不移的爱国精神，并使他认识到坦克和飞机在现代战争中的重要作用。尽管法军在1940年的全面崩溃不能完全归咎于法国将军们没有及早接受戴高乐的革命性军事观念，然而先进的军事思想却帮助他在二战中成为"自由法国"的杰出创始人和领导者。1944年8月，他带领

"自由法国"军队解放了巴黎，却没有成为战后法国的领导人。

他的机会出现在1958年，当时派系纷争的第四共和国政府在阿尔及利亚危机的重压下垮台。戴高乐利用这个机会重新掌握了政权。他主持制定的新宪法增强了总统的权力，他本人也顺理成章地当选为总统。

起初，人们普遍认为戴高乐属于右翼军人集团强硬派，但事实证明，他更

是一个精明的政治家。他迅速批准包括阿尔及利亚在内的法国殖民地独立，并与德国建立紧密关系，使之成为"新欧洲"的核心。

戴高乐把美国视为法国独立的主要威胁。他使法国退出与北约的军事同盟并建立自己独立的核军事力量。他在1963年拒绝英国加入欧共体的申请，其主要原因就是英国与美国的关系过于密切。

1965年，戴高乐再次当选任期7年的法国总统。

他以娴熟的政治手腕度过了1968年5月学生风潮和全国大罢工的危机，但第二年因在有关地方政府改革问题的全民投票中失利而辞去总统职务。

戴高乐一直对法国的难以治理深感失望，正如他的一句名言："没有人能把一个拥有265种奶酪的国家捏在一起。"但他的共和国依旧存在。经过不断改进，法国政府已经成为20世纪最有效的行政系统之一。

▲戴高乐的逝世引起人民的深切哀悼，就像英国的丘吉尔一样。

波兰骚乱震动东欧

波兰是苏联的东欧卫星国中最不稳定的国家。强烈的民族主义和强大的天主教势力使这个国家的共产党政府面临难以控制的各种挑战。

1970年波兰政府领导人是沃尔迪斯劳·哥穆尔卡。1956年，他作为一名主张自由化的共产党人进入领导层，承诺要将波兰从斯大林主义的压迫下解放出来。然而随着时间的流逝，他逐渐变成一个僵化的党政官僚。

1970年12月，港口城市格但斯克发生抗议食品涨价的民众骚乱。这场骚乱很快带上了更多的政治色彩，人们开始进攻党政机关大楼。政府被迫派遣军队镇压，导致多人死亡。

为了安抚民众，哥穆尔卡于12月20日宣布"辞职"，由爱德华·吉尔里科接替。吉尔里科像1956年的哥穆尔卡一样，是党内的改革者，但他的这个形象也没有维持多久。

◀哥穆尔卡——老谋深算的波兰共产党"自由"派领导人。

- 美国作家约翰·道斯帕索、德国作家埃里奇·雷马克和法国诺贝尔奖获得者作家弗朗西斯·马奥里克逝世。

10月
- 英国驻加拿大贸易专员被魁北克分离主义者绑架，两个月后被释放。
- 斐济独立。
- 魁北克分离主义者绑架并杀害加拿大劳工部长皮埃尔·拉波特。
- 英国石油公司在北海发现大油田。

11月
- 美国通用汽车公司工人罢工。
- 美国国会选举。
- 智利总统阿连德就职。
- 以色列、埃及和约旦再次签署停战协议。
- 台风和大潮造成东巴基斯坦15万人死亡。
- 叙利亚军事政变。
- 陆军中尉阿萨德控制叙利亚。
- 日本小说家三岛由纪夫剖腹自杀。

12月
- 西班牙审判三名巴斯克分离主义者，引发巴斯克地区骚乱。
- 葡萄牙殖民地莫桑比克和安哥拉独立。
- 孟加拉安瓦米联盟赢得巴基斯坦大选。
- 波兰格但斯克因食品短缺和物价上涨引发骚乱。

新闻摘要

· 美国"水手9号"探测器抵达火星轨道并发回照片。

· 苏联"火星2号"探测器抵达火星轨道;"火星3号"登陆火星表面。

· "绿色和平"环保组织成立。

· 英特尔公司开发芯片。

· 内馈镜发明成功。

· 当年公演的影片包括威廉·富兰克林的《法国亲戚》、彼得·勃格迪诺维奇的《最后的图片展览》、斯坦利·库伯科的《发条橙子》、卢奇诺·维斯康提的《威尼斯之死》、罗伯特·阿尔特曼的《麦克卡波与米勒太太》、蒙迪·海尔曼的《双道马路》、伯纳德·贝尔图卢塞的《墨守成规的人》和丹昂·塞戈尔的《肮脏的哈利》。

· 彼得·福尔科主演的《哥伦布》在美国电视台首播。

· 尼尔·西蒙的《第二大街的囚犯》在纽约公演。

· 斯蒂芬·舒兹瓦特和约瑟·克里斯特的音乐剧《上帝意志》在纽约公演。

· 当年出版的图书包括:伯纳德·麦尔劳蒙德的《房客》、约翰·阿迪克斯的《罗伯特·雷杜克斯》、E.M.弗斯特的《莫里斯》、弗雷德里克

时装设计大师逝世

▲引领时装潮流50年,夏奈尔为这个世界奉献了著名的"夏奈尔5号"香水和"小黑裙"。

19 71年1月10日,20世纪最具影响力的时装设计大师之一,加布里埃尔·夏奈尔因多器官衰竭而在她位于巴黎里兹大饭店的套房里逝世。

夏奈尔生于1883年,幼年时父母双亡,只能靠给一个鞋帽商人干活维持生活。1914年,她在迪奥威尔开设了自己的服装店。20年代,她在巴黎开设自己的品牌专营店,其设计才华开始充分显露,不久就成为时装革命的旗帜。

为了适应二战后自由妇女的需要,夏奈尔设计了多种实用而又时尚的服装。她设计的直筒式宽松连衣裙和无领夹克帮助女性摆脱了传统胸衣的束缚,受到普遍欢迎。夏奈尔十分重视并广泛吸收富有生命力的时尚要素,从"小黑裙"的流行到各种服饰、发型的搭配和卡其布便装的时髦。除了时装,她还曾在1921年首次推出著名的夏奈尔5号香水——"5"是她的幸运数字。

夏奈尔于1938年退休,把大部分精力用于富有的巴黎人的奢华的社会生活。这种生活在德国占领期间并未受到干扰。50年代,她又回到时装设计界,成功创造了一系列体现巴黎风格的作品。她逝世后,她的时装店仍在经营,1983年起由卡尔·拉格菲尔德控股。

英国货币采用十进制

19 71年2月,陈旧繁琐的英国币制结构终于走到尽头:"先令"、"福林"、"六便士"和"半克郎"等币值单位都被扔进历史的垃圾堆。取而代之的是全新的十进制货币。外国人不再会为12便士等于1先令,20先令等于1英镑的复杂算法而挠头;也不再会为英镑、先令、便士分别简写为"L"、"s"和"d"而困惑不解。政府规定保持英镑的原有价值,而一个新便士的价值则设定为一英镑的百分之一,等于旧便士的两倍半。

由于找不到一种令人满意的方式来表述"10便士",新币制没有在便士与镑之间增设一个等级。因为"十便士"曾经用于旧币制,为避免混淆概念,人们索性取消这一等级。

▶十进制与"旧币值"之间的转换往往使英国人感到困惑。

孟加拉国浴血诞生

1947年,英国殖民地印度独立时实施印巴分治,穆斯林建立了自己的独立国家巴基斯坦。它的领土由两块相隔1600多公里的地区组成,两地人民的民族和语言也不同。这种情况给巴基斯坦带来先天的不稳定性。

在这两块领土中,西巴基斯坦占据主导地位。这在很大程度上是由于那里的旁遮普族人掌握着全国的武装力量。东巴基斯坦人口比西部多,但那里的孟加拉族人一直受到体制上的歧视,被排除在政治权力之外。

从1958年到1969年,巴基斯坦处于阿尤布汗的军事管制之下。这期间,谢赫·穆吉布·拉赫曼成为东巴基斯坦的著名政治人物。巴基斯坦军政当局对拉赫曼要求给予东巴较大自主权的主张非常愤怒,并于1968年将他关押。但在第二年阿尤布汗被推翻。他的继任者叶海亚汗将军释放了拉赫曼,并举行了民主选举。

然而,叶海亚汗严重低估了东巴的孟加拉人民对西巴统治的怨恨。1970年11月,一场罕见的台风和海潮袭击东巴,造成15万人死亡。而政府对这场灾难却反应迟缓,使东巴人的怨恨更加深重。

在灾难过后一个月举行的大选中,拉赫曼的人民民主党获胜。不仅在东巴赢得绝对多数,而且获得巴基斯坦国民议会多数席位,从而获得了组织全国政府的民主权力。这是巴基斯坦军人统治集团所无法接受的。

1971年3月初,叶海亚汗宣布不定期推迟国民议会的召开。拉赫曼立即在东巴组织总罢工,实际上成为全面的地方起义的开端。3月25日,叶海亚汗宣布开展"恢复法律和秩序"运动,并开始大规模逮捕人民民主党成员。第二天拉赫曼宣布东巴独立为孟加拉国。

在以后的日子里,这里目睹了20世纪最血腥的种族大屠杀。4月底,巴基斯坦军队很快击溃了孟加拉军队的抵抗,控制了全国。在穆斯林原教旨主义民兵的协助下,军队开始对那些他们认为最倾向于独立的群体实施大规模的恐怖清除。其中包括人民民主党全体成员,所有的孟加拉知识分子,如医生、教师和学生以及所有信奉印度教的孟加拉人。这些人占总人口的10%。

通过大规模的屠杀、强奸和焚烧村庄,巴基斯坦军队和民兵使这个国家成为一片废墟。至少有100万人被杀死。而据一些人估计这个数字很可能高达200万至300万。大约1000万难民越过边界进入印度临时搭建的简陋帐篷区。在那里又有许多人死于生活艰难和疾病。

到1971年夏,孟加拉惟一的希望寄托在印度的军事干涉;而这种干涉即将发生。

▲据估计,有近十分之一的东巴基斯坦人死于争取独立的斗争中。

的《豺狼的日子》和亚历山大·索兹涅维奇的《8月14日》。

· 当年的流行歌曲包括乔治·哈里森的《我的心上人》、马尔文·盖伊的《新鲜事》和罗德·斯沃特的《马吉·梅》。

· 当年出版的音乐专辑包括卡罗·金的《织锦挂毯》。

1月

· 苏格兰埃伯克斯足球场发生人群挤压,造成66人死亡。

· 乌拉圭左翼游击队绑架英国驻乌大使。

· 乌干达军事政变;伊迪·阿明掌权。

· 美国发射的"阿波罗14号"飞船在月球登陆。

· 法国服装设计师夏奈尔逝世。

2月

· 英国劳斯莱斯公司宣布破产;英国政府随即提供财政支持。

· 英军士兵击毙北爱尔兰共和军游击队员。

· 美国北卡罗来纳州警察未能制止种族袭击;黑人民权分子设置"人墙"。

· 瑞士公民投票同意给予妇女投票权。

· 南越政府军入侵老挝,攻击北越基地;美军提供空中和地面火力支援。

· 洛杉矶地震,5人死亡。

· 苏联执行第5个五年计划。

· 英国货币采用十进制。

· 美国企业家J.C.潘尼逝世。

3月

· 乔伊·弗雷泽击败穆罕默德·阿里,赢得世界重量级拳击冠军。

爵士乐传奇人物逝世

▲路易斯·阿姆斯特朗，爵士乐改良的先锋。

新闻摘要

· · · · · · · · ·

· 甘地夫人领导的国大党赢得印度大选。
· 威廉·麦克马洪成为澳大利亚总理。
· 查尔斯·曼森和他的三个"家庭成员"因莎伦·泰特谋杀案被判处死刑。
· 美国参议院投票制止政府为开发超音速运输机提供资金；波音公司裁减 62000 名工人。
· 经过激战，南越政府军被迫撤出老挝。
· 巴解与约旦军队战火再起。
· 美军威廉·克莱中尉承认在南越梅莱村杀害平民。
· 英国诗人斯蒂夫·史密斯、美国电影演员哈罗德·劳埃德和丹麦建筑设计师阿尼·杰克森逝世。

4 月

· 锡兰发生民众骚乱。
· 利比亚、埃及和叙利亚组成阿拉伯共和国联盟。
· 塞拉利昂独立。
· 苏联发射"礼炮 1 号"空间站。
· 海地独裁者杜瓦利尔逝世。其子克劳德·杜瓦利尔继任。
· 俄国出生的作曲家埃格尔·斯特拉文斯基逝世。

19 71 年 6 月 6 日，爵士乐史上最伟大的人物路易斯·阿姆斯特朗逝世。阿姆斯特朗的一生充满了"从乞丐到富翁"的传奇色彩。

阿姆斯特朗 1900 年生于美国的新奥尔良，在非常贫困的环境下长大。他在这个城市的"流浪儿童之家"学会了吹奏小号。

1923 年，阿姆斯特朗在芝加哥与"奥利沃国王"爵士乐队一起录制了第一张唱片。这时他已成为领衔号手，在大胆的技巧和灵敏的反应方面超过其他任何演员。1925 至 1928 年间，他与小型合唱组"火热五人组"和"火热七人组"一起表演和录音。其中一些至今仍被人们称为最好的爵士乐作品。

到 20 世纪 30 年代，阿姆斯特朗已经成为世界著名的表演艺术家，一些大乐队争相聘请他加盟，使爵士乐成为大众娱乐项目。尽管他的技巧未能突破早期到达的巅峰，但直到 60 年代他还能演奏高质量的音乐，其中大部分是与他的"路易斯·阿姆斯特朗全明星"小组一起演出。

虽然他已与世长辞，但人们始终记得他感人的乐曲《你好，杜蒂》和《多么美好的世界》。

莫里森的神秘结局

19 71 年 7 月 3 日，继他手吉米·汉德克斯和歌手詹尼斯·乔普林逝世之后，摇滚音乐界又失去了另一位传奇人物。"大门"乐队的领衔歌手吉姆·莫里森被人发现死于他在巴黎的公寓浴室内，年仅 27 岁。

莫里森是富于幻想的诗人。他是在 60 年代中期的躁动不安的青年风潮中偶然进入摇滚音乐圈的。"大门"乐队的名称出自英国神秘诗人威廉·布莱克的一首诗，著名的迷幻剂体验者阿尔德斯·赫克斯莱使它变得通俗易懂："如果感觉的大门是纯净的，任何事物都将呈现其本来面目。"

"大门"有一首流传很广的色情歌曲《点燃我的欲火》，但其他大多是充满神秘主题的歌曲，例如《突破到另一面》。

莫里森宣扬色情和鼓吹革命的舞台表演令官方反感。1969 年，他在迈阿密被捕。成功的光环开始褪色。

死前，他正在巴黎整理诗稿。莫里森被埋葬在巴黎的拉雪兹神父墓地。尽管有谣传说他的死与吸毒有关，但真相至今未明。

▶ 60 年代后期最著名的摇滚乐队之一"大门"乐队的主唱歌手吉姆·莫里森(中)。

北爱尔兰实行拘禁措施

19 71年8月9日黎明，一些英军部队进入北爱尔兰天主教居民区。他们奉命逮捕450名涉嫌支持武装叛乱的人。这些人未经起诉或审判便被关押在特别营地。

面对日益恶化的安全状况，英国政府被迫推出拘禁措施。但在这种情况下，它只能使事情变得更坏。

两年前，当英军士兵第一次出现在北爱尔兰街头时，他们在这个以新教徒为主的地区受到大多数天主教居民的欢迎。1969年10月发生的第一起对英军士兵射击的事件是新教徒枪手所为，因为他们仇恨英国政府对新教徒把持的北爱尔兰警察机构实施的大力改革。然而随着时间的流逝，英军士兵不可避免地与北爱尔兰的新教徒当局建立起密切合作关系，因而与天主教徒由疏远发展到冲突。

再者，北爱尔兰共和军（IRA）不断挑拨天主教徒与英军的关系。IRA是最近从历史长久的秘密组织爱尔兰共和军中分离出来的恐怖暴力组织。其宗旨是通过反对英国"占领者"及其新教徒同盟的武装斗争实现爱尔兰的统一。在1970年间，IRA通过大量招募志愿者而迅速膨胀起来。他们从美国同情者那里获得大量资金购买武器，不断袭击英国军队。

1971年2月6日，英军士兵罗伯特·库提斯在贝尔法斯特被IRA狙击手击毙。北爱尔兰政府立即宣布北爱"处于与IRA战争状态"。许多天主教地区实际上变成英军"不得进入"的地区，因为只要英军士兵一出现，至少会招致砖头或汽油弹的袭击，甚

乱和对英军的战斗变得更加普遍和激烈。在后来的两天里，有23人死亡，数百间房屋被焚毁。许多被拘留者在审讯时受到折磨。14名囚犯在英军的超强度审讯中视力受到严重损害。这些后来被欧洲人权法庭谴责为"野蛮的和丑恶的"行径。

▲英军士兵在搜索贝尔法斯特一个居民区。拘禁措施是英国政府在北爱尔兰实施的最受争议的政策之一。

至狙击手的射击。

IRA利用这些地方作掩护，在整个北爱尔兰的商业场所制造爆炸。到7月份，这类爆炸案已经达到每月100起。

由于无法遏制迅速恶化的形势，英国政府根据北爱地方政府的请求，开始实施拘禁措施。

从8月9日开始实施的这项措施是一个政治灾难。天主教地区的公开骚

实际上，英国当局也因随意逮捕和折磨而使自己的名誉受损。其直接结果只能是促使暴力活动更加猖獗。实行拘禁之前7个月，北爱有30人死于骚乱。而在此后的五个月中就有143人死于爆炸和枪击。

5月
- 美国铁路公司控制全美铁路网。
- 东德共产党领导人瓦尔特·乌布里奇辞职；耶利奇·昂纳克继任。
- 埃及发生未遂军事政变。

6月
- 美国结束对中国的贸易禁运。
- 美国《纽约时代》报开始出版《五角大楼报告》，这是一种厚达3000页的与美国干涉越南相关的美国军事报告。
- 南斯拉夫修改宪法。
- 三名苏联宇航员在从"礼炮1号"返回地面期间死亡。

7月
- 巴解游击队最终撤出约旦。
- 美国批准对宪法进行26处修改；投票权年龄限制降至18岁。
- 现任政府赢得印尼16年来第一次大选。
- 摩洛哥发生兵变，90人死亡。
- 伊拉克和叙利亚关闭与约旦的边界。
- 美国爵士乐喇叭手路易斯·阿姆斯特朗、诺贝尔奖获得者物理学家威廉·博格和"大门"乐队歌手吉姆·莫里森逝世。
- 巴林宣布独立。
- 英国开始出售北海天然气和石油。
- 乔治·哈里森在纽约举行支援孟加拉的摇滚音乐会。

中国重返联合国

▲中国代表第一次出席联合国大会,标志着世界对中华人民共和国的承认。

1971年11月,中华人民共和国获得了在联合国的席位,从而结束了二十多年来占世界人口五分之一的大国在这个"世界议会"没有代表的荒谬局面。当毛泽东领导的中国共产党在内战中凯旋,并于1949年10月在北京宣布成立人民共和国时,蒋介石领导的国民党败退到台湾岛。

国民党拒绝承认共产党的胜利,继续声称自己是整个中国的合法政府。他们的立场得到美国的支持。

国民党政府是联合国的创始成员,并与苏联、美国、英国和法国同为安理会五个常任理事国之一。尽管事实上绝大多数中国人在北京的共产党政府统治之下,但蒋介石的孤岛政权仍占据着联合国的崇高地位。

然而到了70年代,在尼克松总统外交顾问基辛格的指导下,美国开始实行与大陆中国及苏联缓和的政策。这不可避免地涉及承认共产党为中国合法政府。美国希望在接纳共产党中国进入联合国的同时允许国民党保留他们的席位,但这种策略在联合国全体大会上遭到惨败。1971年10月,台湾的国民党政府被驱逐出联合国。

日本追求繁荣

到20世纪70年代初期,日本已经成为世界第二大工业国。在许多消费品的制造方面,包括汽车、收音机和电视机,已经赶上或超过美国。

但日本从第二次世界大战的废墟中的迅速恢复并没有伴随着与世界其他国家的全面关系正常化。东亚和欧洲仍普遍保留着对日本战争罪行的痛苦记忆。各国人民对日本右翼势力企图借经济繁荣的时机复活军国主义深感忧虑。同时,也有许多日本人抱怨自己国家依附于美国的状态。

战后日本天皇制的存在一直是许多外国人怨恨的焦点。1971年10月,日本天皇对英国进行国事访问,在白金汉宫受到伊丽莎白二世女王的款待。但民众却反应冷淡甚至带有仇视和敌意。

◀ 战争时期的敌人——日本天皇首次访问英国。

几个月后，日本发生了反对美军在日本恢复主权后继续占领冲绳岛的大规模示威，导致数千人被捕。

一些学生激进分子反对帝国主义的言论也浸透着普遍的反美情绪。但深深植根于一些日本人心底的是昔日军国主义的辉煌。

1970年11月，日本小说家三岛由纪夫剖腹自杀，试图以这种绝望的疯狂再度"唤醒"传统的武士道精神。他的死深深震动了战后的日本统治集团。

面对这种情况，日本统治者不可能对它过去所犯的战争罪行进行公开道歉或认罪——但这是惟一能平息东亚和世界人民对它的仇恨的方式。

当时正值日本经济高速发展，国民生产总值高居世界前列，日本社会由此产生了目空一切的狂妄思潮，日本右翼势力借机企图为侵略战争的罪责翻案。一些日本右翼政客甚至叫嚣要对二战以来的历史进行"总清算"。导致日本右翼势力猖獗的一个重要因素，是日本封建神道天皇制的影响，它为军国主义和右翼势力留下了精神支柱和"东山再起"的希望，并使以天皇制为基础的"皇国史观"同与之关系密切的日本军国主义思想在意识形态领域延续下来，影响后世一代一代的日本人，制约了日本国民对历史问题的认识。

孟加拉独立

▲印度反击巴基斯坦侵略的胜利导致孟加拉独立。

1971年3月，东巴基斯坦宣布独立为孟加拉国之后，巴基斯坦军队开始对该地区进行血腥的镇压，试图一举粉碎孟加拉独立政府。孟加拉领导人谢赫·穆吉布·拉赫曼被关进西巴基斯坦的监狱。

这时，印度的态度成为解决冲突的关键。印度与巴基斯坦之间长期存在着敌意，双方的最近一次战争发生在1965年。印度显然愿意看到孟加拉独立，因为这将从根本上削弱巴基斯坦，使它减少超过一半的人口和资源。印度总理英迪拉·甘地允许孟加拉人在印度建立流亡政府，并为孟加拉游击队提供支持，但对公开参战犹豫不决。

从1971年夏天到秋天，巴基斯坦和印度都在争取国际外交支持和进行军事准备。巴基斯坦领导人叶海亚汗知道自己无法在孟加拉抵抗印度的进攻。他决定从西巴基斯坦主动出击，希望在西边快速取胜，以迫使印度接受巴基斯坦有关东部的条件。

1971年12月3日，巴基斯坦空军对印度西部的机场发起突然袭击。印度军队在孟加拉人民军的帮助下，大举进入孟加拉，对深深陷入民众仇恨之中的士气低落的巴基斯坦军队发动猛攻。印军第50伞兵旅首先在距达卡70公里的西北部重镇坦盖尔和距达卡30公里的东北要塞纳西格迪实施空降作战，一举切断了巴军退路，向南直逼达卡。12月15日，印军完成从东、西、北三个方向对达卡的合围，海、空军则从海上和空中实施严密封锁，完全切断了东巴与西巴以及外部的任何联系。在这种情况下，东巴守军于12月16日向印军投降。印军控制了全国，包括首都达卡。同时，巴基斯坦在西部的进攻也被击退。

1972年1月，拉赫曼出狱，成为独立的孟加拉国第一任领导人。在巴基斯坦，叶海亚汗被迫向民选的布托政府交出权力。然而，事情至此还没有结束。1975年，拉赫曼和他的一家死于一次军事政变，而布托则在1978年被接管巴基斯坦政权的军人集团处死。

11月
· 卡斯特罗访问智利。
· 泰国政变。
· 英国和罗得西亚同意在罗得西亚实施新宪法。
· 巴解组织谋杀约旦首相。
· 伊朗占领波斯湾的特恩斯岛；伊拉克强烈抗议。
· 英国作家、政治家艾伦·帕特里克逝世。

12月
· 阿拉伯联合酋长国成立。
· 北爱尔兰发生酒吧爆炸，造成15人死亡。
· 阿里·布托成为巴基斯坦总统。
· 美国通过癌症防治法；促进癌症研究。
· 科特·瓦尔德海姆成为联合国秘书长。
· 美国高尔夫球手鲍比·琼斯逝世。

从流血的星期天到血腥的星期五

新闻摘要
· · · · · · · · · · ·

· 美国遭遇严重干旱,谷物歉收。

· 费尔南德·马科斯在菲律宾实行军事管制和独裁统治。

· 南北也门边界冲突。

· 捷克审判不同政见者。

· 罗纳德·里凯和格林·埃萨克在肯尼亚北部发现250万年前的人类头骨化石。

· 中国发现汉代古墓。

· 日本建造的一艘47万吨超级油轮下水。

· 美国联邦快递公司成立。

· 美国耐克公司成立。

· 拍立得摄影系统推出。

· 家用录像机上市。

· 纽约世贸中心建成。

· 伦敦泰德博物馆收购卡勒·安德尔的《8号等式》砖雕。

· 鲍比·费舍尔击败鲍里斯·斯巴斯基,成为世界拳击冠军。

· 美国游泳运动员马克·斯帕奇在慕尼黑奥运会上赢得7枚金牌。

· 当年公演的影片包括约翰·布鲁曼的《裁决》、路易斯·布鲁诺的《中产阶级的谨慎魅力》、彼得·莫德克德的《乔伊·埃格的死期》、弗朗西斯·卡波拉的《教父》、山姆·帕金法的《稻草狗》和鲍勃·法奥斯的《灯红酒绿》。

▲英军士兵站在被 IRA 炸坏的贝尔法斯特新教徒居民住宅旁。

1972 年是北爱尔兰冲突历史上最痛苦的一年。在这一年里,共有 467 个人,其中包括 103 名英军士兵在这个地区的暴力活动中丧生。

1972 年 1 月的一个星期天发生了被称为"流血的星期天"的悲剧。北爱尔兰天主教民权协会预定在这天发动反对政府实施拘禁措施的抗议示威。

1 月 30 日,声势浩大的示威游行队伍从伦敦德里市的格里甘区出发。当游行队伍按原定路线在一处军营返回时,少数骚乱分子开始向军营投掷石头。英军士兵追赶骚乱者,并在罗斯威尔附近开枪。3 名天主教徒被击毙,另有 12 人受伤。但负责调查此事的韦德雷奇法官承认"没有证据表明死者或伤者持有枪支或炸弹"。

由于媒体的全面曝光,这场流血事件震动了世界。在都柏林,人们焚烧了英国大使馆。而爱尔兰共和军(IRA)则在阿德硕特英军伞兵团兵营安放了汽车炸弹,炸死五个女清洁工、一个花匠和一个天主教牧师。

在北爱尔兰,当地的 IRA 发动了新一轮恐怖行动。整个 1972 年春季,几乎每天都发生爆炸。在 4 月中旬的两天里,北爱尔兰发现了 40 个爆炸装置。这些爆炸虽然都针对"经济目标",但仍不可避免地会造成平民伤亡和心理恐慌。治安部队也蒙受人员损失,主要是来自狙击手的暗杀。而新教民兵组织也没有退却,他们展开自己的行动,制造一系列以天主教徒为目标的宗教仇杀。

3 月 24 日,英国首相爱德华·希思宣布暂时停止北爱尔兰地方政府权力,由中央政府直接管辖该地区。但新任命的北爱事务大臣威廉·怀特劳和他的军事顾问未能在近期内减少该地区的暴力活动。牢牢控制着贝尔法斯特和伦敦德里天主教居民区的 IRA 集团相信自己可以迫使英国人放弃北爱尔兰,滚回老家去。

6 月,IRA 试探性地提出与英国政府举行和平谈判。英国政府公开声明绝

▲数千人在贝尔法斯特的格里甘山参加"流血星期天"的 13 个死难者的葬礼。

不与恐怖分子谈判，但私下却同意先看看条件。

6月26日，IRA宣布停火，并在7月的第一个星期派遣一个代表团，其中包括刚从拘禁中释放的格里·艾德姆斯和马丁·麦克吉尼斯，与英政府北爱大臣怀特劳在伦敦秘密会谈。会谈进行得不错，但7月9日停火期被天主教徒与英军在贝尔法斯特街头的冲突打破。

在以后的8天里，15名英军士兵被IRA杀死。爆炸活动比以前更加猛烈和残酷，7月21日（后来被称为"血腥的星期五"）达到顶点。这一天共有9人死亡，130多人受伤。电视镜头记录的血淋淋伤者和被装进塑料袋的尸体的画面，令观众目不忍睹。

IRA制造的"血腥的星期五"使他们在北爱尔兰失去了许多天主教徒的支持，也使英国政府夺回了主动权。7月31日，军队开进过去未能进驻的天主教居民区，用装甲推土机摧毁路障。他们的行动没有遭到多少抵抗。

英军永久性驻扎在天主教居民区的战略要地，使IRA失去了至关重要的庇护所。在后来的几个月里，爆炸和枪击几乎被完全制止。IRA迫使英军撤离的企图终于破产。

美军在越南的最后疯狂

▲南越士兵押送一名被蒙上双眼的越共分子去审讯。

1969年以来，美国一直急于从越南战争中解脱出来，但也绝不愿看到越南共产党取得胜利。尽管巴黎的和平谈判已经停止，尼克松总统仍继续从南越逐渐撤出美国军队。但同时他又分别于1970年和1971年将战争扩大到柬埔寨和老挝。到1972年春，尼克松取得了相当可观的成绩。南越政府军已经接替了美军的地面战斗任务，南越的大部分地方控制在政府军手中。

然而，1972年3月30日，战争进入一个新阶段。北越军队放弃常用的游击战术，动用坦克和大炮对南方发动了大规模正规战。5月1日，他们占领了南越北部城市清化。一些人担心南越会土崩瓦解。但这时美军部署的空中力量对打击北越地面目标和入侵南方的部队发挥了重大作用。新研制的"灵巧"炸弹使轰炸变得比以前更加有效。

随着军事进攻的失利，北越在10月提出一项以停火为基础的和平建议。在国内要求结束战争的压力下，尼克松很难拒绝这项建议，但仍希望在此之前给予北越沉重打击。从12月18日到30日，大批B52型轰炸机对北越两个主要城市——海防和河内进行狂轰滥炸。1973年1月23日，一项和平协议在巴黎签字。美国在越南的战争结束。

▲两名南越儿童在目睹美军燃烧弹袭击后，狂奔逃命。

· 音乐剧《油脂》在纽约公演。
· 当年出版的图书包括埃特罗·卡尔维诺的《隐形城市》、理查德·艾德姆斯的《战舰沉没》和埃利克斯·康夫德的《享受性爱》。
· 当年的流行歌曲包括阿尔·格林的《让我们呆在一起》和杰米·奥斯蒙德的《来自利物浦的长发爱人》。

1月
· 英国失业人口达到100万。
· 美国总统批准航天飞机计划。
· 英国煤矿工人罢工。
· 孟加拉总统拉赫曼辞职后担任总理。
· 巴基斯坦脱离英联邦。
· 350名苏联犹太人移居以色列。
· 丹麦国王弗拉德里克九世逝世；其女继位成为玛格丽特二世。
· 美国诗人约翰·布里曼逝世。
· 法国歌手、演员马奥利斯·奇维利尔逝世。

2月
· 英国承认孟加拉。
· 新西兰总理约翰·霍利奥德辞职；约翰·马肖继任。
· 世界第三大钻石"塞拉利昂之星"被发现。
· 美国总统尼克松访华。

'72

新闻摘要
· · · · · · · · · · · ·

3月
· 伊拉克巴哈党与共产党协商组成国民进步阵线政府。
· 美国发射"先驱者10号"木星探测器。
· 朗诺在柬埔寨实施独裁。
· 印度和孟加拉签署共同防卫协定。
· 北越对南越清化省发动进攻。

4月
· 英国铁路工人罢工。
· 伊拉克与苏联确定互助条约。
· 伊朗地震,造成5000人死亡。
· 飓风袭击美国东海岸造成134人死亡和重大财产损失。
· 苏、美、英签订停止生化武器研制的协议。
· 美国发射"阿波罗16号"登月飞船。
· 美国B52轰炸机轰炸北越海防市和河内市。
· 北越战斗机攻击美国海军舰船。
· 加纳前总统恩克鲁玛逝世。

英国加入欧共体

▲尽管已经通过全民公决,但英国许多人仍坚决反对加入欧共体。

1972年1月22日,英国、爱尔兰、丹麦和挪威签署布鲁塞尔条约,并将于1973年1月1日正式加入欧洲经济共同体,使欧共体成员从最初的6个扩大到10个。但挪威在进行全国公民投票时拒绝加入欧共体,使这个数字只有9个。

许多英国人认为他们也应该就这个问题进行全民公决。因为所有民意调查都表明,大多数人反对加入欧共体。人们对欧洲领导人大力推行的促进欧洲联合的政策一直争论不休。

英国加入欧共体是英国首相爱德华·希思的个人成功。作为一个执着的"亲欧派",他从1963年英国第一次试图加入欧共体时就是首席谈判代表。但法国总统戴高乐否决了英国的申请。1967年,戴高乐再次否决了哈罗德·威尔逊的工党政府的申请。只是到了1969年法国领导人变更,才使欧共体的大门对英国敞开。

英国在谈判中一直试图保留与英联邦国家的某些特殊贸易联系。但保守党和工党在是否加入欧共体方面存在分歧:保守党往往比工党更倾向加入欧共体;而工党左翼则反对加入。工党在1974年大选获胜后,要求哈罗德·威尔逊就英国的欧共体成员问题举行全民公决。投票在1975年举行,结果三分之二的民众主张英国留在欧共体。这主要是由于人们对既成事实的承认,而"亲欧派"的宣传也功不可没。

尼克松访问中国

1972年2月21日,理查德·尼克松抵达北京机场,成为第一个访问中华人民共和国的美国总统。这一事件在国际外交界引起了巨大的轰动。美国直到1971年一直没有正式承认共产党中国,两国只是通过各自驻荷兰大使保持外交接触。美中之间所有贸易和旅游都被禁止。但此时双方都开始感到这种状况不能继续下去。1969年,中国与苏联的关系已恶化到在边境地区发生战斗。苏联曾经是中国至关重要的先进技术提供者,而这种关系的破裂使中国感到孤立无助。

尽管仇视西方帝国主义,但中国领导人认识到需要在西方寻找朋友和重要的技术。而美国方面,特别是尼克松的顾问亨利·基辛格则希望实施遏制苏联共产主义势力的全球战略。而尼克松著名的反共立场,使他不会因接近中国而被戴上"红帽子"。

在访问中国的第一天,尼克松在中南海会见了毛泽东主席。他们谈笑风生的电视图像和报纸照片印证了这个世界发生的深刻变化。接着,尼克松和他的随从进行了为期一周的参观游览，同时与中方进行秘密的外交谈判。

会谈结果似乎没有多少新意：双方在大多数领域存在分歧，其中特别是台湾问题。美国仍坚持承认台湾国民党政府为中国的合法政府。但尼克松访华已经朝着中美之间建立新型关系迈出了巨大的一步。这不久就体现在中国从美国进口大批重要的先进技术产品的交易上。

几天后，美国总统尼克松与苏联领导人勃列日涅夫在莫斯科会谈，继续推动东西方之间缓和——

这也是美国总统第一次访问苏联。莫斯科会谈对于世界和平的重要意义在于，它是美苏之间为减少核军备和防止核战争而进行的长期谈判的开端。一年后，这两个超级大国领导人签署了第一个战略武器限制条约。

▲尼克松在对中国进行的历史性访问期间游览长城。

太空新时代

19 72年3月2日，美国发射"先驱者10号"木星探测器，展示了70年代太空探索的方向。

60年代的"太空竞赛"壮举已经结束；一个崭新的超级大国太空合作的新时代即将到来。1975年美国和苏联航天器在太空对接将这种合作推向顶峰。

随着两国都不再将国家威望作为惟一的目标，太空预算也大为缩减。美国在1972年12月进行了最后一次载人登月行动。

美国和苏联都把注意力转到以成本效益较高的无人飞船探索太阳系。"先驱者10号"就是成功的范例之一。

就科学进步而言，这些成就要远远超过"阿波罗"计划。苏联1975年发射的金星探测飞船和美国发射的火星器，发回的数据都改变了我们对这些星球的认识。

1977年，美国航天局发射"旅行者1号"和"旅行者2号"太空探测器甚至到达和超出太阳系的尽头。

"旅行者2号"上携带着一些录像盘（其中有查克·贝里演唱的《男子汉》），希望有朝一日能与外星智能生物交流，以实现人类对遥远宇宙的幻想。

然而，只有到了80年代航天飞机出现时，更大规模的太空探险任务才有可能实现。

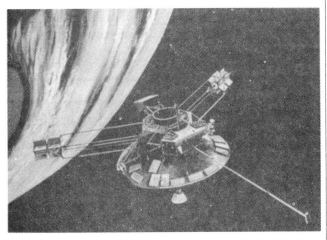
▲一位艺术家对"先驱者10号"接近木星时的想象。

5月
· 墨西哥发现大油田。
· 北越军队占领清化。
· 美国封锁北越港口。
· 美国阿拉巴马州州长、民主党总统提名候选人乔治·沃莱斯遇刺瘫痪。
· 美国尼克松总统访问莫斯科，与苏联领导人勃列日涅夫会谈。
· 锡兰改国名为斯里兰卡。
· 美苏签订限制反弹道导弹协议。
· 英国温莎公爵、前国王爱德华八世逝世。
· 英国诗人塞希尔·路易斯逝世。
· 美国前联邦调查局局长艾德格·胡佛逝世。
· 英国演员戴姆·玛格丽特逝世。

6月
· 西德逮捕恐怖组织"红色旅"领导人。
· 伊拉克对英国控股的基尔库克油田伊拉克石油公司实行国有化。
· 美国警察在华盛顿逮捕五名闯入民主党总部大楼的嫌疑人。
· 美国苏斯克汉纳河水泛滥，冲毁村庄。
· 美国最高法院裁定死刑是"残酷而不寻常的"，因此也是违反宪法的。

'72

新闻摘要

. . . .

7月

· 皮埃尔·密斯迈尔成为法国政府总理。

· 田中角荣成为日本首相。

· 英国议院批准加入欧共体的布鲁塞尔条约。

· 埃及驱逐2万名苏联"顾问"。

· 苏联探测器"金星8号"在金星软着陆。

· 英国码头工人开始罢工。

8月

· 《华盛顿邮报》将"水门"事件与"总统再次竞选委员会"联系起来。

· 英国码头工人结束罢工。

· 最后一批美军撤出越南。

· 摩洛哥空军试图击落国王哈桑乘坐的客机；摩洛哥国防大臣畏罪自杀。

· 第20届奥运会在西德慕尼黑举行。

· 英国帆船驾驶者弗朗西斯·车彻斯特逝世。

安吉拉·戴维斯受审

▲70年代,黑人政治活动家安吉拉·戴维斯是美国白人当局眼中的一根刺。

1972年5月,一个年轻的黑人共产主义者安吉拉·戴维斯在美国加利福尼亚州圣何塞市法庭受审,她的罪名是"谋杀"、"绑架"和"合谋犯罪"。戴维斯在20世纪60年代上大学时在左翼知识分子赫伯特·马尔库塞的影响下成为共产主义者。1969年,当她因政治倾向而被加州大学洛杉矶分校解除教师职务时,第一次受到公众关注。

离开学校后,戴维斯开始投入为黑人囚犯争取权益的运动,特别是参与乔治·杰克逊的案子。1960年,18岁的杰克逊因参加了一起轻微的抢劫活动而被捕,直到1970年仍被关押在索尔达监狱。这一年,他和另外两个囚犯被控谋杀一个狱警。为这三个"索尔达兄弟"辩护成为当务之急。

1970年8月7日,乔治的哥哥乔纳森·杰克逊在圣拉法尔法庭上绑架了一名法官,希望以此要求释放"索尔达兄弟"。在与警察的激烈枪战中,乔纳森和他的两个助手以及被绑架的法官死亡。两周后,乔治·杰克逊死在圣昆廷监狱,据说是在"企图越狱"的过程中被击毙。

安吉拉·戴维斯在法庭劫持案发生后被捕,因为警方发现作案枪支是以她的名义注册的。警方以这个微不足道的证据起诉戴维斯,引起社会的普遍不满。一些激进分子认为美国是个种族主义国家,带有偏见的陪审团不可能对这个案子做出公正的裁决。但正式开庭时,全部由白人组成的陪审团却一致认为证据不足。6月4日,法庭宣判戴维斯无罪。她获得自由后,仍作为美国社会的激进的批评者而生活。

劳德机场血案

20世纪70年代初期,巴勒斯坦游击队对以色列发动的恐怖袭击,促进了世界各地恐怖组织之间的密切联系。1972年5月30日,在以色列首都特拉维夫劳德机场发生的屠杀事件就是国际恐怖组织密切配合制造的最残酷的血案之一。

上午10点前后,116名刚刚乘坐法国航空公司航班抵达的乘客通过护照检查后进入行李厅。谁也没有注意人群中有3个属于日本"赤军"恐怖组织的恐怖分子。"赤军"与解放巴勒斯坦人民阵线（巴人阵）有密切联系。传送带将这3个人的行李送过来,里面装有微型冲锋枪、子弹和手榴弹。他们镇静地拉开提包拉锁,取出武器向人群开火。

当猝不及防的安全人员开始还击时,恐怖分子已经在疯狂扫射中打完了弹夹里的子弹。他们向在慌乱逃生中挤作一团的人群投掷手榴弹。

这次袭击持续了4分钟。两名恐怖分子死在行李厅,其中一个引爆手榴弹自杀。另一个跑到机场跑道上,扔下手中的武器,随后被以色列航空公司一名机械师捉住。这场恐怖袭击造成26人死亡,数百人重伤。

▶ 国际恐怖组织在以色列首都特拉维夫劳德机场制造的流血惨案。

普尔森案件

1972年7月，英国保守党政府内务大臣雷金纳德·莫德灵因被证实与涉嫌行贿的利兹房地产开发商约翰·普尔森有牵连而被迫辞职。

普尔森案件暴露了在60年代城市建设迅猛发展时期产生的严重的行贿和贪污罪行。

作为白手起家的百万富翁，普尔森创建了欧洲最大的国际建筑工程公司。同时，也营造了一个庞大的行贿腐败网。苏格兰市政工程管理人乔治·普廷格、纽卡斯尔市工党议员唐·史密斯和安迪·坎宁安等官员都曾接受普尔森的"实惠"，从山珍海味到高级服装或地中海豪华旅游。

当普尔森于1972年破产时，这些丑闻都被曝光。在1973年和1974年的两次审判中，他分别被判处5年和7年监禁，合并执行。

◀著名政治家雷金纳德·莫德灵因与约翰·普尔森的关系而名誉扫地。

阿明驱逐亚裔

1972年8月，乌干达统治者埃迪·阿明将军宣布驱逐该国总数近8万的所有亚裔人口。由于他们大多持有英国护照，他们希望像60年代被肯尼亚驱逐的亚裔一样前往英国避难。

作为没有受过多少教育的穆斯林，阿明从这个殖民地的国王卫队一名士兵开始，逐渐成为独立后的乌干达军队总司令。1971年1月，他推翻米尔顿·奥伯托领导的文官政府，宣布自己为总统。他的以落后的部落制度为基础的统治很快就显出腐败和残酷。他还与利比亚领导人卡扎菲及巴勒斯坦恐怖组织保持着密切关系。

阿明以残酷的手段驱逐亚裔人口，却得到非洲各国政府的普遍认可。这些亚洲人是19世纪由英国人引进非洲的。他们在那里形成了生活水平较高的商人阶层，因而受到非洲黑人的嫉恨。其实，阿明此举的动机很简单，就是为了掠夺亚裔人的财富。但随着亚洲人的离去，乌干达的经济不可避免地陷入衰退。

▲亚裔社区对乌干达经济至关重要。他们被驱逐后，乌干达经济一蹶不振。

9月

· 冰岛扩大领海。

· 美国旧金山快速运输系统投入使用。

· 南越军队夺回清化。

· 《华盛顿邮报》报道尼克松竞选财务主席有秘密基金。

· 乌干达独裁者阿明限令八千名亚裔乌干达人48小时离境。

· 英国前任坎特伯雷大主教逝世。

10月

· 美苏签署裁减战略导弹协议。

· 欧共体峰会就1980年实现货币统一达成协议。

· 皮埃尔·特鲁多领导的自由党赢得加拿大大选。

· 英国人类学家路易斯·里凯逝世。

奥运会中的恐怖事件

▲英国在本届奥运会上最引人瞩目的成就是33岁的女运动员玛丽·彼得斯夺得女子五项全能金牌。

新闻摘要

11月

· 英国开始实施反通货膨胀计划。

· 英国种族关系法生效。

· 朱安·庇隆在流亡17年后回到阿根廷。

· 萨尔瓦多·阿连德组成智利新人民阵线政府。

· 尼克松再次当选美国总统。

· 美国华尔街道·琼斯指数首次突破1000点大关。

· 社会民主党在西德大选中获胜。

· 叙利亚与以色列军队在戈兰高地交战。

· 诺曼·克尔克领导的工党在新西兰大选中获胜。

· 冰岛和英国就捕鱼权问题进行谈判。

· 美国诗人埃兹拉·旁德和英国作家卡普顿·马克坎茨逝世。

12月

· 高赫·威廉姆领导的工党赢得澳大利亚大选。

· 1936年开始发行的《生活》杂志停刊。

· 美国发射"阿波罗17号"飞船,进行最后一次载人登月。

· 美国前总统杜鲁门逝世。

· 苏联航空事业先驱者阿德列·图波夫逝世。

1972年8月至9月,第20届奥运会在德国的慕尼黑举行。本届奥运会有一些值得记住的运动成绩:22岁的美国游泳运动员马克·斯帕兹获得创纪录的7枚金牌——4枚个人金牌和3块集体接力赛金牌;体操第一次成为最受欢迎的奥林匹克项目之一,这在很大程度上要归功于16岁的苏联运动员奥尔加·库尔布特的精彩表演和个人魅力,她赢得3枚金牌和1枚银牌;而英国人则为本国33岁的女运动员玛丽·彼得斯夺得女子五项全能金牌而欢欣鼓舞。

但所有这些骄人的体育成就都被中东恐怖分子在奥运会期间制造的恐怖罪行掩盖得黯淡无光。

9月5日清晨,8个属于"黑九月"恐怖组织的巴勒斯坦人翻越奥林匹克村栅栏,进入以色列奥运会代表团所在的大楼。这些携带着卡拉什尼克夫冲锋枪和手榴弹的恐怖分子闯入以色列人的房间后,便开始疯狂开火,当场杀死举重运动员约瑟夫·罗曼诺和摔跤教练莫萨·温勃格威尔。一些以色列人从窗口或后门逃跑,但有9名运动员和官员被扣作人质。这些恐怖分子要求释放关押在以色列监狱的两百多名巴勒斯坦战俘并允许他们自由离开西德。

大楼很快就被三百多名德国警察包围。以色列政府向西德总理威利·勃兰特明确表示他们绝不屈服于恐怖分子的任何要求。

警察已经获悉营救人质的计划。他们决定假装接受恐怖分子的要求,提供一架运送他们和人质出境的飞机,然后警察将在机场采取行动控制飞机。

然而,这个计划在执行中出了差错。当天晚上,恐怖分子和被捆绑的人质乘直升机来到法兰克福军用机场,那里有一架汉莎航空公司的班机在等候他们。同时有五名便衣警察藏在机场塔台里。当四名恐怖分子走出直升机时,便衣警察突然开火,击毙其中三人。然而,直升机内还有看押人质的另外五个恐怖分子。

一阵猛烈的枪战开始了,一名警察被打死。午夜过后,绝望的恐怖分子向直升机内投掷手榴弹,使它在一片火海中爆炸。两个恐怖分子在试图逃跑时被击毙,另外三人被活捉。所有人质都在混战中死亡。

西德安全部队的这次重大失误,令各国政府痛定思痛,纷纷组建反恐特种部队。

▲慕尼黑恐怖事件——一名蒙面的巴勒斯坦枪手站在以色列运动队住所外侧。

尼加拉瓜大地震

1972年圣诞节当天,一场地震袭击了中美洲国家尼加拉瓜的首都马那瓜。长达两个小时的连续震动摧毁或损坏了这个城市四分之三的建筑,造成约1万人死亡。

这场地震是一次重大自然灾害,也是尼加拉瓜混乱不堪的政治历史的一个转折点。当时,这个国家由美国支持的独裁者安纳斯塔索·索默扎·迪贝尔统治,他手下有一支令人生畏的"国民卫队"。索默扎家族自1935年以来一直控制着尼加拉瓜,聚敛了巨大的财富。60年代成立的桑迪尼斯塔游击组织一直进行着反对索默扎独裁统治的斗争,但没有取得

▲地震严重破坏了尼加拉瓜的城市,也沉重打击了索默扎的独裁统治。

多少成果,而且缺乏民众支持。

这次地震严重打击了索默扎的统治。由于担心再次发生地震,马那瓜35万人口中大部分都逃离了这片废墟,"国民卫队"则趁乱打劫,大肆掠夺民间财物。不久,美国为了保护自己在这个国家的侨民和利益(地震时有三千多美国人在马那瓜,其中包括百万富翁霍华德·赫格斯),派兵前来恢复秩序。

"国民卫队"的公开抢掠,加上政府对国际援助物资的贪污,许多用于救灾和恢复建设的资金直接或间接落入索默扎及其同伙的口袋。例如,城市重建合同基本上都交给了这位独裁者控制的承包商。

愤怒的尼加拉瓜社会各阶层都起来反对索默扎的独裁统治,使桑迪尼斯塔从一个长期坚持斗争的小团体迅速成为拥有广泛支持的强大力量。

象棋"冷战"

人们总说,美国人不会认真对待任何一项体育运动,除非他们能在该项目中获胜。国际象棋就是个例证。西方媒体一直很少关注苏联称霸的国际象棋赛事,直到1972年,美国棋手鲍比·费舍在冰岛首都雷克雅未克战胜国际棋坛霸主、苏联国际象棋大师鲍里斯·斯帕斯基。

费舍是个行为古怪的人,一点也不像一般的美国男孩。但媒体却很乐意看到冷战中对峙的两个超级大国如何在文化和体育舞台上较量。在他们的笔下,费舍是代表着"自由"世界的富于创造性和充满爱心的青年典范,而斯帕斯基则被丑化成深沉不露、老谋深算的"俄国佬"。在这种形势下,这场冠军争夺战,吸引了数百万原本对深奥微妙的国际象棋一窍不通的人们的极大兴趣。

费舍的胜利使他成了国家英雄,但也预示着后来的灾难。1975年,由于在卫冕战中不同意与苏联的安纳托里·卡波夫的交战条件,他被剥夺了世界冠军称号。从此他再也没有出现在国际象棋赛场上。

▲美国的鲍比·费舍(左)经过艰苦拼搏战胜苏联的世界冠军鲍里斯·斯帕斯基。

新闻摘要

·石油危机和谷物价格猛涨，导致世界性经济危机。

·英国、爱尔兰和丹麦加入欧共体。

·北爱尔兰骚乱和恐怖活动继续。

·由于苏联在前一年大量购买美国小麦和大豆，导致世界粮食价格迅速上涨。

·美国联邦航空管理局开始系统检查民航班机乘客和行李，作为反恐怖措施；其他许多国家开始效仿。

·苏联同意遵守国际版权协议。

·美国通过濒危物种保护法。

·当年公演的影片包括马丁·斯克尔塞的《穷街陋巷》、英格玛·勃格曼的《婚姻印象》、威廉·弗雷柯林的《招魂者》和伯纳德·波图卢西的《巴黎的最后一个探戈》。

·彼得·谢费尔的话剧《野马》在伦敦公演。

·斯蒂芬·桑德海姆的音乐剧《小夜曲》在纽约公演。

·当年出版的图书包括托马斯·佩奇昂的《格里夫迪的彩虹》、埃里卡·居昂的《害怕飞翔》、埃里斯·默多克的《黑王子》、格莱姆·格林的

伤膝谷

60 年代，当美国黑人争取民权的运动风起云涌时，美国其他少数民族也开始争取权力的斗争。其中包括被称为"印第安人"（第一批到达美洲的欧洲白人误以为这里是印度）的土著美洲人。1970 年，迪伊·布朗撰写的畅销小说《将我的心埋在伤膝谷》，引起美国社会对他们的普遍关注。小说描写了白人占领北美大陆之后对土著人犯下的各种罪恶。

70 年代初期出现的"红色权力"运动中最激进的组织是"美洲印第安人运动"（AIM）。1973 年 2 月 27 日，大约 300 名 AIM 武装分子占领了南达科塔州伤膝谷印第安人保留区的建筑。这里是 1890 年美国骑兵大规模屠杀印第安人的地方。而以该地为书名的迪伊·布朗的畅销小说

◀两名"美洲印第安人运动"武装分子守卫在伤膝谷印第安人保留区。

使它更加出名。当联邦调查局调集人马将这些武装分子包围时，各地媒体也纷纷赶到现场向他们表示同情和声援。马龙·白兰度和简·方达等名人都宣布支持这些印第安武装分子。

警方的围困持续了两个月。在此期间双方发生零星的枪战，两名印第安人死亡，一个联邦调查局警官重伤。5 月 8 日，武装分子结束对大楼的占领。因为实际上大多数印第安人并不支持极端的激进行动。但他们的行动毫无疑问收到了极大的宣传效果。

毕加索逝世

19 73 年 4 月 8 日，20 世纪最有影响的画家帕博罗·毕加索在他位于法国普罗旺斯的家中逝世，享年 91 岁。毕加索在它涉足的领域里是个多才多艺的天才，从绘画、篆刻到雕塑和陶艺，无一不精。而且他的作品还体现了多种不同的风格。无穷无尽的精力和超乎寻常的想象力使他成为历史上最多产的艺术家。

毕加索 1881 年生于西班牙的马拉加。1906 年移居巴黎后他开始尝试突破性的"立体主义"绘画创作。这种风格几乎违反了西方艺术的每个原则。第一次世界大战以后，他的风格出现了令人眼花缭乱的变化，从新古典主义到超现实主义。1937 年展出的他最著名的作品《格尔尼卡》，表现了他对西班牙内战中的共和派的支持和对法西斯战争的抗议。

毕加索一生都在追求艺术的新潮。他晚年的作品中，有许多蕴含着躁动不安的性行为描述，使评论家和公众感到困惑和挑战。

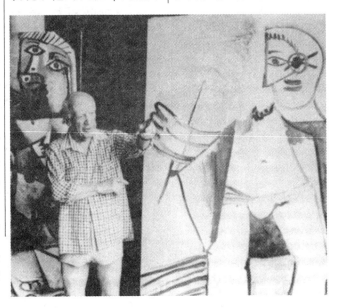

▶"立体主义"风格之父帕博罗·毕加索是 20 世纪最有影响的艺术家。

智利政变

1973年9月11日，由陆军总司令奥格斯图·皮诺切特将军领导的智利武装部队发动血腥的军事政变，推翻了民主选举产生的萨尔瓦多·阿连德政府。阿连德试图在叛军炮火轰炸和飞机扫射总统府时组织抵抗，不幸以身殉职。他的遗体后来在大楼的废墟中找到。

阿连德是信仰马克思主义的社会主义者，但不是像反对派和西方媒体所说的共产党人。1970年，他经过紧张的竞争当选总统，并组建了一个由社会党人、共产党人和激进分子组成的左翼联合政府。联合政府实行雄心勃勃的社会改革计划，包括在农村重新分配大地主的土地，对银行、铜矿和国民生计的其他大行业实行国有化，其中包括一些美国拥有全部或部分资本的企业。

这时大多数南美国家都处于右翼军人独裁统治之下，在美国的支持下形成反马克思主义革命的堡垒。智利之所以能成为该地区的例外，是因为它具有长期的民主传统。但美国的军方和企业界却担心这可能给"共产主义颠覆"敞开大门。1970年，美国中央情报局通过通讯行业巨人ITT集团出资，发动所谓"肮脏诡计"运动，试图阻止阿连德当选。他当选后，美国又在暗地里继续进行干涉活动，试图搞垮新政府。

但这并不是阿连德上台后很快面临严重困难的惟一原因。左翼集团认为新政府过于温和，开始非法夺取土地和占领工厂。而这些过激的革命行动又未能得到及时制止，使中产阶级和上层社会惶惶不安，因而反对可能威胁他们舒适生活的改革。随着经济的下滑，通货膨胀开始失控，年通胀率达到150%。智利军队领导人认为他们必须站出来，从混乱中拯救这个国家。他们的想法得到了一直在暗中策动政变的美国中央情报局的支持。

政变之后是一段长期的恐怖统治。至少有5000人被杀，一万多人受到酷刑折磨，25万人作为政治犯被投入集中营。受害者包括左翼政治家、工会领导人、学者、记者、社会工作者；一些零散的案例还涉及自由主义者和人道主义者。一个典型案例就是民歌手维克多·加拉的悲惨遭遇：由于人所共知的左倾观念，他于政变当天被捕。在四天的酷刑折磨中，

▲"阿连德总统的最后一天"——这位智利领导人在死于皮诺切特的政变之前的短暂露面。

他的手臂和手腕都被打断，最后被机枪射死，尸体被扔在大街上。

皮诺切特建立了军人政权，解散了国会，取缔了反对党并对新闻媒体实行严格的控制。而美国和英国一些保守势力却赞扬他"拯救了自由"。他们认为他实行了自由市场改革，结束了价格控制并停止了国有化。军人统治智利一直延续了17年。

《荣誉顾问》和亚历山大·索尔仁尼琴的《古拉格群岛》。
- 当年的流行歌曲包括卡里·西蒙的《你如此虚荣》和罗伯特·弗雷克的《温柔地杀我》。

1月
- 乔治·福尔曼击败乔伊·弗雷泽，成为世界重量级拳击冠军。
- 葡萄牙发生恐怖爆炸。
- 美国停止对北越的军事行动；美国结束直接参与越南战争。
- 美国最高法院认定堕胎合法。
- 菲律宾马科斯总统不定期延长自己的任期。
- 美国前总统林登·约翰逊、美国电影演员爱德华·罗宾逊逝世。

2月
- 北越开始释放美军战俘。
- 老挝内战停火。

3月
- 金融危机导致欧洲外汇市场关闭。
- 芬尼·盖尔赢得爱尔兰大选。
- 巴勒斯坦恐怖分子杀害美国驻苏丹大使。
- 北爱尔兰公民投票赞成保持与大不列颠的联合。
- 贝隆主义者海格特·坎帕拉赢得阿根廷大选。
- 莱姆·考斯格拉夫成为爱尔兰政府总理。
- 英国剧作家、作曲家尼尔·考沃德和美国作家皮尔·波克逝世。

4月
- 巴勒斯坦恐怖分子袭击以色列驻塞浦路斯大使。
- 以色列突击队在黎巴嫩杀死三名巴勒斯坦领导人。
- 印度吞并喜马拉雅山脉小国锡金。
- 西班牙画家毕加索逝世。

'73

"赎罪日"战争

▲尽管在军事上失败，但埃及政府将"赎罪日"战争视为精神和道义上的胜利。

新闻摘要

5月
- 美国发射"太空实验室"空间站。
- 希腊海军兵变被政府镇压。
- 冰岛巡逻艇向英国渔船开火，挑起所谓"鳕鱼之战"。
- 雕塑家杰克斯·里奇兹逝世。

6月
- 英属洪都拉斯独立成为伯利兹。
- 冰岛海岸警卫船与英国海军冲突。
- 希腊废黜君主制，宣布成为共和国。
- 尼克松总统下令冻结美国食品价格。
- 爱尔兰总统伊曼·维拉雅以90岁高龄辞职。
- 美国作家威廉·恩格逝世。

7月
- 罗得西亚恐怖分子大规模绑架学校儿童。
- 英国殖民地巴哈马群岛独立。
- 阿根廷总统赫克特·坎帕拉辞职；朱安·贝隆继任。
- 阿富汗政变，国王穆罕默德·扎伊尔汗被废黜。
- 英国作家南希·梅特福德、美国电影明星白蒂·嘉宝、布鲁斯·李和德国著名作曲家奥托·克利波尔逝世。

以色列在1967年的"六日战争"中对它的阿拉伯邻国的胜利并未在中东创造一个稳定和平的基础。埃及和叙利亚决心收回它们失去的领土西奈和戈兰高地。由于美国不断向以色列提供先进武器，而苏联则支持埃及和叙利亚，又使中东冲突蒙上"冷战"的色彩。

1970年，埃及激进的领导人纳赛尔逝世，安瓦尔·萨达特接替了他的职位。他现实地估计了埃及的实力，认为能将以色列人赶出西奈的惟一办法是说服美国强迫以色列让步。1972年，他驱逐了苏联军事顾问，但美国没有对他的这个举措作出积极的响应。萨达特决定只有发动一次有限的进攻才能打破僵局，迫使美国出面调停。

1973年10月6日是犹太人的"赎罪日"。埃及军队越过苏伊士运河对以色列发起突然进攻，突破以军巴列夫防线。埃及坦克和步兵通过浮桥进入西奈。曾经在1956年和1967年两次轻松战胜阿拉伯邻国的以色列，对自己军队的战斗力过分自信。而埃军此时已装备了苏联的防空导弹和反坦克导弹，使以军发动的地面和空中反击遭受严重损失。同时，叙利亚军队也在戈兰高地与以军展开坦克大战。

以军从最初的挫败中恢复过来，并再次显示出高超的战术水平。10月15日，以军穿过苏伊士运河进入西岸，切断了位于西奈的埃军的补给线，使埃及面临全面的军事崩溃。这时两个超级大国开始呼吁停火。10月22日，联合国通过美国和苏联提出的立即停火框架协议。第二天，以军仍继续进攻，苏联威胁要派自己的军队去保卫埃及。而美国则以准备发动核打击作为对苏联的反应，但同时也劝说以色列停火。

以色列人对他们在这次战争中的损失深感震惊——1854人阵亡，还有大约相同数量的人受伤。埃及人则庆贺他们在精神和道义上的胜利，尽管最后在军事上失败了。正如萨达特所期待的，美国从此以后开始变成中东对等和平的调停人。

英国的"三日工作周"

1973年12月中旬，英国首相爱德华·希思宣布从新年开始，将只允许工厂和企业每周三天使用电力。其他日期将不得不关闭，以应对电力紧缺。另一项节约能源的措施是，每天夜晚10点半停止电视广播。

宣布"三日工作周"是政府与国有行业工人持续对峙的结果。自1970年以来，希思政府一直遭受全国性罢工的困扰。1972年罢工行动导致全国共损失2400万个工作日。最强大的工会组织是全国矿工工会。1972年2月，矿工们经过罢工争取到较大幅度的工资提升。那次罢工导致电力短缺和各行业缩短工作时间。

1973年后期，当矿工工会要求政府明令禁止延长工作时间时，政府认为到了该向工会摊牌的时候。宣布"三天工作周"是一个先发制人的战略，试图在煤炭储备尚可满足需求的情况下，动员民众舆论反对矿工的要求。但这个策略后来被证明是失败的。1974年2月，矿工举行大罢工，并得到铁路和电力工会的支持。希思要求立即就"由谁来管理国家？"举行全民投票。结果他以微弱劣势失败，由工党领袖哈罗德·威尔逊组成一个承诺与工会合作的新政府。

◀ 在台灯下工作成为英国人在1973年至1974年那个"不满的冬天"的普遍经历。

产油国震撼世界

"赎罪日"战争蕴含着震撼世界经济的能源供应危机。西欧、日本和美国都在不同程度上依赖着中东阿拉伯国家的石油供应。以沙特阿拉伯为首的这些国家联合起来，利用"石油武器"反对西方。在"赎罪日"战争激烈进行期间，他们宣布大幅度削减石油出口，并完全停止向美国和荷兰这两个最偏袒以色列的国家供应石油。1973年12月，石油输出国组织的阿拉伯成员国宣布收回原油标价权，并将其基准原油价格从每桶3.011美元提高到10.651美元，国际市场上的石油价格从每桶3美元涨到12美元，上涨了4倍，从而触发了第二次世界大战之后最严重的全球经济危机。

这些措施在许多国家造成恐慌和暂时的燃油短缺，但很快就过去了。到1974年3月，石油供应恢复正常。但原油价格在危机期间上涨了四倍。产油国通过石油输出国组织（欧佩克）规定的产量控制石油价格。

石油价格飞涨使科威特、巴林和沙特阿拉伯等一些阿拉伯国家突然变得暴富起来。而石油进口国的通货膨胀和失业率则随着经济衰退而迅速上升。各国纷纷加紧研究和开发替代能源，例如，实施大规模核电计划。其他地区的新油田，如英国正在开发的北海油田，也突然变得前景美好。

▲沙特阿拉伯酋长雅玛尼是70年代用"石油武器"对付西方的创始人之一。

8月
· 罗得西亚种族骚乱。
· 巴勒斯坦恐怖分子袭击希腊机场，造成4人死亡。
· 乔治·帕帕德波罗斯成为希腊总统。
· 肯尼亚禁止象牙交易。
· 美国电影导演约翰·福特逝世。

9月
· 以色列与叙利亚爆发大规模空战。
· 朱安·贝隆当选阿根廷总统；他的妻子伊莎贝拉为副总统。
· 瑞典国王古斯塔夫六世逝世；其孙卡尔·古斯塔维斯十六世继位。
· 诺贝尔奖获得者智利诗人帕波罗·尼尔达、英国作家陶金斯和诗人奥丹逝世。

10月
· 英国与冰岛就"鳕鱼之战"达成协议。
· 西班牙大提琴家帕博罗·卡萨尔斯逝世。

11月
· 英国电力和煤矿工人罢工，政府宣布进入紧急状态，并实行汽油配给制。
· 北爱尔兰权力分享协定被打破。
· 希腊发生军事政变，乔治·帕帕德波罗斯总统下台，费登·雷克斯将军掌权。

12月
· 阿拉伯恐怖分子袭击罗马机场造成32人死亡。
· 西班牙总理路易斯·布兰科被暗杀。
· 英国物理学家罗伯特·维斯沃特、以色列政治家大卫·本格森逝世。

水门事件

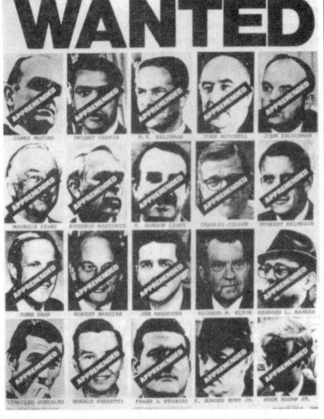

▲一张海报显示了水门事件后人们对此案的普遍看法：惟一逃脱起诉的是尼克松总统。

1972年6月17日凌晨2点30分，五个携带照相机和窃听设备的人在偷偷闯入位于华盛顿水门大厦的民主党全国总部之后被警方逮捕。此时，共和党和民主党为赢得11月总统大选而开展的竞选活动正在紧锣密鼓地进行着，现任总统理查德·尼克松期待着白宫的另一个四年任期。尼克松的对手民主党抓住水门大厦闯入事件给他出了难题。但尽管这些"夜贼"显然与尼克松的"总统竞选委员会"有关系（其中一人，詹姆斯·迈克劳德是总统竞选委员会的安全主管），但这个案子当时并未引起"大祸"。尼克松否认与这些"三流窃贼"有任何关联，并在后来的大选中获得压倒性胜利。然

而，他的胜利并没有持续多久。

对水门"窃贼"审讯在大选期间就已经开始。被控告的这五个人中有前中央情报局特工人员霍华德·亨特和前联邦调查局侦探高登·里迪。这两个人策划和组织了这次闯入行动。后来的调查表明他们是一个叫"管子工"的白宫秘密行动队成员。"管子工"是在1971年防务专家丹尼尔·埃斯勃格向媒体泄露了五角大楼一份有关越南战争的报告之后成立的，目的在于防范此类泄密事件。亨特和里迪对埃斯勃格的办公室组织了一次秘密搜查，最终发现了使他名誉扫地的证据。竞选期间，他们开始按照以

前任大律师约翰·迈克尔为首的"总统竞选委员会"的命令对民主党实施监视和"肮脏的诡计"。

这桩由约翰·斯里卡法官审理的案件于1973年1月结案，所有被告都被判处拘禁。斯里卡对法庭没能获得真相深感不满，并决定此案将继续调查。同样热心的还有《华盛顿邮报》的两位青年记者鲍勃·伍德沃德和卡尔·伯恩斯坦，他们收到了一个匿名者用哑嗓音提供的信息。

到1973年4月，总统的秘密保护墙终于被攻破。白宫法律顾问约翰·迪恩同意在有限范围内详细说明总统助手和总统本人与该案的牵连。月底，尼克松总统办公室的高级官员鲍勃·海尔德曼和约翰·伊尔奇曼辞职。伊尔奇曼一直负责"管子工"的行动，而海尔德曼则负责水门事件的善后工作。两周后，参议院水门事件委员会开始在电视台转播听证会。此时，尼克松仍坚持自己是清白的。他任命前总检察长阿奇波尔德·考克斯为特别检察官调查此案。

在后来的15个月里，随着水门阴谋的逐渐揭露，走投无路的总统开始为自己的政治生命而战斗。迪恩证实，尼克松、海尔德曼和伊尔奇曼在"闯入水门大楼"失败后合谋

◀水门事件败露后，被人称作"狡猾的骗子"的理查德·尼克松在电视直播中宣布辞职。

策划掩盖真相。但仅有他的证词还不够。1973年7月，一个前白宫助手透露了总统办公室内有秘密录制的一次谈话的录音带。这些录音带清晰地构成了至关重要的证据，检察官要求尼克松交出这些录音带。10月20日，气急败坏的尼克松称这一行动是"星期六夜晚的屠杀"。他撤掉了考克斯并停止了特别检察官的工作。他还炒了他的司法部长埃里奥特·理查德森和副部长威廉·洛克特豪斯，因为他们拒绝执行他的撤换特别检察官的命令。

媒体对此反应激烈，称之为"政变"。10月20日的闹剧只能使这位总统更加名誉扫地。新检察官任命后，有关录音带的争执仍在继续，白宫陆续交出了越来越多的材料。但人们发现录音带中尼克松与海尔德曼之间的对话有许多被"意外"删除的内容，进一步增加了人们对尼克松蓄意欺骗的怀疑。同时，尼克松的副总统斯皮奥·阿格纽也由于与本案毫不相干的逃税事件而被迫辞职；而伊尔奇曼因参与埃斯勃格泄密案而被起诉。

▲《华盛顿邮报》记者鲍勃·伍德沃德（左）和卡尔·伯恩斯坦（右）参与揭露水门事件。

11月，为了恢复自己的公众形象，尼克松举行了一个大型的电视新闻发布会。他告诉民众："人民需要知道他们的总统是不是个骗子。好吧，我不是骗子。我对自己做过的每件事负责。"但此时已经没有几个美国人会相信他。随着总统办公室对话内容的公开，人民对录音带暴露的政客们的狡诈和粗鲁感到震惊——许多关键的话语被"粗暴地删除"。尼克松后来声称只是删除了一些难听的"骂人"的词，但人们普遍认为他隐藏了更为重要的东西。

这场"游戏"终于到了该收场的时候。1974年3月，联邦大陪审团指控尼克松与他人合谋掩盖水门事件。他仍赖在总统宝座上不肯认输。7月底，最高法院裁决，总统必须交出他以"行政特权"为名掌握的64盘录音带；而众议院司法委员会则建议以妨碍司法弹劾总统。

1974年8月，尼克松宣布辞职。副总统吉拉德·福特在第二天宣誓继任总统。他满怀希望地宣布："长期以来压在这个国家心头的噩梦已经结束。"但水门事件对总统权力和威信造成的严重损害，直到80年代才开始恢复。

最后，尼克松白宫班子和竞选委员会里的19名官员都被判入狱，其中包括米切尔、海尔德曼、伊尔奇曼和迪恩。但尼克松本人却被福特总统给予"全面的、自由的和绝对的宽恕"。

▲尼克松宣布辞职后，与女儿朱丽叶·艾森豪威尔紧紧拥抱。

新闻摘要

· 世界经济衰退,通货膨胀严重。
· 孟加拉饥荒,数十万人饿死。
· 伊拉克政府与库尔德人谈判破裂;库尔德领导人开始执行自治计划。
· 埃塞俄比亚饥荒,数十万人饿死。
· 法国戴高乐机场开放。
· 葡萄牙地铁系统建成。
· 英国航空公司成立。
· 伦敦考文花园市场搬迁到九榆地区。
· 电脑轴向断层扫描器研制成功。
· 可编程袖珍计算器研制成功。
· 中国发掘兵马俑。
· 当年公演的影片包括罗曼·波兰斯基的《唐人街》、弗朗西斯·福特的《教父》第二部和《对话》、梅尔·布鲁克斯的《炽热的马鞍》、马丁·斯考塞斯的《爱丽斯不再住在这里》。
· 《洛克福特档案》首次在美国电视台播出。

索尔仁尼琴科被迫流亡

1974年2月13日,小说家亚历山大·索尔仁尼琴科被从苏联驱逐到西德。苏联政府的驱逐令是在他的反映斯大林时期监狱—集中营现实的纪实小说《古格拉群岛》第一卷在西方出版后不久下达的。

索尔仁尼琴科本人就是集中营的幸存者。他曾于1945年至1953年被关入监狱。在赫鲁晓夫的苏联文化解冻时期,他出版了反映集中营生活的小说《伊万·德尼苏维奇的一天》受到苏联和国际社会的普遍好评。但他对苏联制度直言不讳的批评很快又使他再次与当局发生冲突。他最后几部小说,如《第一次循环》被查禁。1968年,他被苏联作家协

▲流亡西方的亚历山大·索尔仁尼琴科成为苏联最著名的持不同政见者。

会开除。1970年,索尔仁尼琴科荣获诺贝尔文学奖,令苏联当局感到难堪和愤怒。事实很明显,如果他前往瑞典去领奖当局就不会允许他返回。

到被迫流亡时,索尔仁尼琴科已成为苏联最著名的持不同政见者和西方许多人眼中的英雄。他受到圣徒般的尊敬和礼遇,

记者们则像追星族一样包围着他。然而,西方对他反对苏联极权制度和非正义性的支持,并不能掩盖他的许多古怪的,甚至是右翼的观点。例如,他曾表示支持智利独裁将军皮诺切特;还认为宗教是俄罗斯复兴的关键。不久,他失去了公众的好感,在美国过着与世隔绝的生活。

DC—10 空难

1974年3月3日,一架巴黎飞往伦敦的土耳其航空公司 DC—10型客机,从巴黎奥利机场起飞后仅几分钟便坠毁。机

上346人全部死亡,成为当时最严重的空难。

这架飞机上升到3000米高度后,突然一头栽入珊莱斯城外的伊尔蒙威尔

森林。飞机残骸和碎片散布在长约11公里的区域内。人们起初怀疑这场空难是恐怖分子所为,但很快被否认。牺牲者中包括一批从巴黎观看橄榄球比赛回国的英国球迷。

这起空难引起人们对随着近年来飞机数量和规模不断增加(70年代初波音747大型客机开始投入运营)而带来的安全问题的思考。三年后,又有583人丧生于特内里费空难。

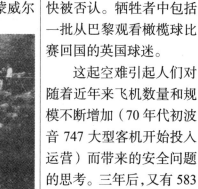

▲土耳其航空公司遇难的DC—10型飞机在从巴黎奥利机场起飞后不久,一只引擎便掉了下来。

帕蒂·赫尔斯特绑架案

帕蒂·赫尔斯特的传奇故事发生在 1974 年 2 月 4 日。当时，这位赫尔斯特媒体王国董事长的 19 岁女儿正和她的男朋友斯蒂芬·韦德一起住在美国加州伯克莱市。上午 9 点，全副武装的两个男人和一个女人突然闯进她的公寓。他们将韦德击倒在地，将帕蒂拖到一辆等候在附近的轿车旁并将她塞进后备箱，然后向试图干预的邻居们胡乱开了几枪，便驾车离去。

这些绑架者属于一个叫"共生解放军"（SLA）的较小的革命团体。其头领是前犯罪分子唐纳德·迪弗雷泽。60 年代后期以来，随着学生激进主义和黑人权力运动越来越趋向暴力，美国涌现出许多这样的团体。此前有两名 SLA 成员因谋杀奥克兰学校校长而被捕。这次他们绑架帕蒂是想以她为人质迫使官方释放这两名被捕的成员。然而，这位赫尔斯特家族女继承人的被绑架在媒体引起的巨大反响，却是 SLA 始料不及的。他们希望好好利用这个机会。

在后来的 57 天里，帕蒂一直被捆绑着，眼睛也被蒙着，关在一间小屋里，只被允许出来使用卫生间。在辱骂、恐吓和死亡的威胁下，她被迫同意录下一段话，说她目前状况良好并要求她的父亲答应 SLA 的要求，给加州的每个穷人价值 70 美元的食品。随着时间的推移，她开始逐渐接受他们的观点：她父亲是个把钱看得比女儿更重要的"资产阶级臭猪"。

4 月 3 日，帕蒂发表了一篇令人震惊的录音声明："我正面临着一个选择：被释放到一个安全的地方或者加入共生解放军的队伍，为我的自由和所有被压迫人们的自由而战斗。而我选择了留下和战斗……"12 天后，当她和其他的 SLA 同伙抢劫旧金山一家银行时，银行的保安摄像机留下了她手持自动步枪的图像。

帕蒂改名为"塔尼亚"，据说这是职业革命家切·格瓦拉在玻利维亚的一个战友的名字。她成为 SLA 的一个三人游击小组的骨干分子。当联邦调查局在洛杉矶瓦特区发现 SLA 的庇护所时，她正好在外执行一项任务。5 月 18 日，警方对这座建筑发起全面进攻，并纵火烧死了里面所有人，包括 SLA 头目唐纳德·迪弗雷泽。这是一次极端野蛮残酷和蔑视生命的行动，完全验证了 SLA 所表述的美国是个"法西斯"国家的观点。

帕蒂·赫尔斯特和另外两名 SLA 一起转入"地下"，继续进行他们的"事业"。在参加了几次城市游击活动之后，她终于在 1975 年 9 月被捕。经过激烈争论的审判，法庭以武装抢劫罪判处她 7 年监禁。

▲从亿万富翁之女到恐怖分子，帕蒂令人惊讶地从共生解放军的人质变成其骨干成员。

· 当年出版的图书包括鲍勃·伍德沃德和卡尔·伯恩斯坦的《总统周围的人》、罗伯特·皮尔斯格的《禅宗与摩托车维修的艺术》。埃拉森·卢瑞尔的《塔特人的战争》、约翰·卡里尔的《锅匠、裁缝、士兵和间谍》和彼得·本奇利的《关隘》。

· 当年的流行歌曲包括芭芭拉·史翠珊的《我们的方式》、埃巴的《滑铁卢》。当年发表的音乐专辑有麦克·奥德福德的《管钟》。

1 月

· 美国采用 55 英里国家时速限制。

· 以色列与埃及签署互不侵犯条约。

· 电影制片人山姆·高德恩、英国作家詹姆斯·海恩斯尼和塞浦路斯希族领导人乔治·格里瓦萨逝世。

2 月

· "水手 10 号"探测器抵达金星。

· 英国殖民地格林纳达独立。

· 英国煤矿工人罢工。

· 巴基斯坦承认孟加拉国。

· 瑞典实行新宪法。

· 美国和埃及恢复外交关系。

· 工党赢得英国大选。

弗里克斯堡化工厂大爆炸

1974年6月10日下午4时53分，位于英国亨伯赛特郡斯坎楚勃市郊外的弗里克斯堡化工厂发生大爆炸。距现场6.5公里以外的人们都感到了爆炸的震动。爆炸摧毁了一百多所房屋，工厂本身也只剩下扭曲变黑的骨架。这座化工厂主要生产氧化环己胺，它是制造尼龙的原料。当天，一个反应罐的输送管道发生泄漏，工人们用一根临时管道代替

它。这时已经有40吨环己胺气体泄漏出来，遇到高位蒸气后引起强烈爆炸。弗里克斯堡化工厂大爆炸给人们带来的教训是居民住房应远离化工厂和其他危险的工业区。

◀弗里克斯堡化工厂氧化环己胺大爆炸摧毁了一百多座房屋，这是其中之一。

苏联舞蹈演员巴拉时尼科夫叛逃

1974年6月29日，苏联著名的芭蕾舞男明星，米克海尔·巴拉时尼科夫叛逃到西方。当时他正随苏联大剧院芭蕾舞团在加拿大的多伦多作巡回演出。

自从1961年，苏联上一代最优秀的芭蕾舞演员卢道夫·涅尔耶夫叛逃以后，苏联当局一直设法防范叛逃的企图。克格勃定期派人监视出国访问的团体，特别是巴拉时尼科夫

◀米克海尔·巴拉时尼科夫在著名的《堂·吉诃德》中与舞伴纳塔丽雅·马卡洛娃合作。

所在的芭蕾舞团。但由于他的精心策划，使克格勃的监视出现漏洞。当演出结束后，团员们向接他们回旅店的大客车走去时，巴拉时尼科夫突然钻进等在路边的一辆小轿车，扬长而去。

叛逃后，巴拉时尼科夫先在美国芭蕾舞剧院演出，然后转到乔治·巴伦奇恩领导的纽约城市芭蕾舞团。他还出演过好莱坞的几部影片，包括《转折点》（1977年）和《白夜》（1985年）。

朱安·贝隆逝世

1974年7月1日，阿根廷领导人朱安·贝隆逝世。他的艰难曲折而丰富多彩的一生使他成为20世纪南美最著名的政治人物。

1895年贝隆出生于一个军人家庭，后来成为一名出色的军官。他仿效墨索里尼的"黑衫"党组织了自己的军官团体，并于1943年发动了军事政变。他通过铁腕手段和巧妙的宣传获得了民众的支持，特别是在1945年与演员艾薇塔的结婚之后。第二年，

他当选阿根廷总统，开始实行独裁统治。

到1955年，随着艾薇塔的逝世和经济的衰退，阿根廷军队和特权阶层开始向这位颇受人民支持的独裁者复仇。在一次军事政变之后，他被迫流亡西班

新闻摘要

3月

· 危地马拉总统竞选期间暗杀、暴力和欺诈频繁发生；科基尔·卡萨加将军成为总统。

· 英国哈罗德·威尔逊组成少数派政府。

· 英国煤矿工人结束罢工，国家恢复五天工作周。

· 伊拉克巴茨政府单方面实行库尔德人自治计划。

· 印度宣布原子弹试验成功。

· 美国"水手号"探测器拍摄水星照片。

· 库尔德领导人姆斯塔法·巴兹尼开始帮助伊朗与伊拉克作战。

· 英国发生试图绑架安妮公主未遂事件。

4月

· 阿拉伯恐怖分子杀死18个以色列人。

· 以色列总理格尔塔·梅厄辞职。

· 日本发生大罢工。

· 葡萄牙发生军事政变；雷维罗·德斯潘奥拉掌权。

· 布尔玛石油公司宣布在北海发现特大油田。

· 法国总统乔治·蓬皮杜逝世。

牙。但贝隆主义运动一直是阿根廷群众基础最广泛的政治力量。1973年，他们赢得了自由选举，贝隆回到国内继续担任总统。

他的逝世结束了贝隆主义复兴的机会。他的继任者是他的第二个妻子、副总统玛利亚·伊莎贝拉·贝隆。但她又在1976年的军事政变后被罢免，并因腐败罪被判处5年监禁。阿根廷再次回到军事管制之下，进入政治反对派"消失"的时期，并最终导致福克兰（马尔维纳斯）群岛之战。

▶ 在流亡近20年之后，贝隆于1973年胜利回到祖国，不久便去世。

勃兰特身边的间谍

19 74年5月，由于身边一位工作人员被揭露为东德间谍，西德总理威利·勃兰特被迫辞职。这桩丑闻对于积极推行改善与苏联及东欧国家集团关系的政策的勃兰特来说实在是个莫大的讽刺。

作为社会民主党人，勃兰特第一次引起国际关注是在1957年至1966年担任西柏林市长期间。这一时期出现了柏林墙和美国总统约翰·肯尼迪访问该市等重大事件。他领导西柏林人民顶住了苏联集团的压力，赢得了国内外的尊重。1969年当选西德总理后，他开始实行一系列被称作"东方政策"的积极的外交方针。其基本点是承认第二次世界大战以后形成的政治格局，包括德国的分裂和德国东部部分领土割让给波兰。

1970年3月，勃兰特以前瞻性的姿态在伊尔福德与东德部长委员会的领导人维利·斯托夫会谈，为双方相互承认开辟了道路。这个谋求缓和的政策受到力主德国统一和摧毁共产主义的西德右翼势力的激烈反对，但它却能带来许多实际的好处，特别是对处于柏林墙包围中的西柏林人。它还有助于大大缓解国际紧张局势。为此，勃兰特于1971年荣获诺贝尔和平奖。

勃兰特的灾难来自甘特·纪尧姆。由间谍头子马克乌斯·沃尔夫领导的东德间谍机构在50年代派纪尧姆假扮政治难民进入西德。他加入了社会民主党，并谨慎勤勉地爬上高位。他赢得了勃兰特的信任，而且尽管西德反情报机构表示怀疑，他还是在总理办公室获得一个职位。他可以接触许多最高等级的机密文件，包括北约的重要文件。

纪尧姆假面具的揭开，显然使勃兰特的反对者暗自高兴。他们甚至希望查出勃兰特与东德共产党的"软"关系。勃兰特迅速而体面的辞职保住了他的政治声誉，但他仍在一些重要的委员会担任角色。勃兰特的继任者海尔姆特·施密特继续执行他的"东方政策"，直到1982年社会民主党执政结束。

▲由于身边一位工作人员被揭露为东德间谍，西德总理威利·勃兰特被迫辞职。

5月

· 葡萄牙新政府停止审查制度并释放所有政治犯。

· 以色列特种部队试图逮捕占据马阿罗克学校的巴勒斯坦恐怖分子，导致20名学生被杀死。以色列对巴勒斯坦难民营实施报复。

· 爱尔兰首都都柏林发生恐怖爆炸，造成32人死亡。

· 瓦尔利·加斯卡·德斯坦当选法国总统；杰克斯·查里克任总理。

· 美国爵士乐作曲家杜克·埃灵顿逝世。

6月

· 伊扎·拉宾成为以色列总理。

· 英国女王的叔父格劳斯特公爵逝世。

· 苏联元帅朱可夫逝世。

7月

· 葡萄牙组成以维斯柯·高卡维萨为首的新政府。

· 皮埃尔·特鲁多连任加拿大总理。

· 希腊军政府辞职；康斯坦丁·卡曼利斯结束流亡，回国领导文官政府。

· 阿根廷总统朱安·贝隆逝世。

· 英国小说家乔治特·海耶尔、美国首席大法官伊尔·沃伦以及德国作家艾里奇·卡斯特纳逝世。

土耳其入侵塞浦路斯

▲土耳其担心塞浦路斯与希腊合并，对该岛发动军事入侵。

新闻摘要
. . . .

8月

· 美国国会通过选举法。

· 美国总统尼克松辞职；吉拉德·福特继任。

· 台风袭击孟加拉，造成数千人死亡，数百万人无家可归。

· 美国飞行先驱查尔斯·林德勃格逝世。

· 新西兰总理诺曼·克尔克及英国生物学家加格布·布鲁诺斯基逝世。

9月

· 沃伦斯·埃尔温成为新西兰总理。

· 美国总统福特赦免尼克松。

· 葡属几内亚独立成为几内亚比绍。

· 莫桑比克成立以杰克斯·奇塞诺为首的新民族政府。

· 弗朗西斯科·考斯塔成为葡萄牙总统。

10月

· 工党在英国大选中获胜。

· 穆罕默德·阿里击败乔治·福尔曼，获得世界重量级拳击冠军。

塞浦路斯于1959年独立后不久，占人口多数的希腊族与少数的土耳其族之间就爆发了战斗，导致1964年联合国维和部队进行干预，并用隔离线将双方分开。但土族被分散封闭在这个岛屿的几个地方。许多希族人仍希望塞浦路斯与希腊合并。他们成立了1.8万人的国民警卫队，由希腊军官指挥，并且反对相对温和的塞浦路斯总统马卡里奥大主教。

1974年7月15日，国民警卫队推翻了马卡里奥，占领了总统府，让前恐怖分子尼克斯·辛普森当了总统。这次政变得到了1967年上台执政的希腊军人政府的全面支持。马卡里奥逃到英国军事基地，然后飞往伦敦。

这次政府明显违反了土耳其和英国政府承诺遵守的独立协议。7月20日，土耳其对塞浦路斯发动海上和空中入侵，表面上为了保护土族，更重要的是防止塞岛成为希腊的一部分。两天后，尽管遇到顽强抵抗，土耳其入侵部队还是控制了塞岛的主要部分。辛普森在夺权仅一周后便下了台。雅典的军人政府也因为未能预见或抵抗土耳其的入侵而被推翻。

在随后的一个月里，土耳其军队谨慎地扩大他们的控制区，直到掌握了从法玛格斯塔到莱夫卡的塞岛整个北部。希族人被土耳其军队赶到南部。到8月中旬，塞浦路斯被一条所谓的"阿迪拉线"分割为希族占据的南部和土族占据的北部。

海尔塞拉西的末日

1974年9月12日，埃塞俄比亚军队的一名军官闯入位于首都亚的斯亚贝巴的皇宫。那里是虚弱而孤独的老皇帝海尔塞拉西居住的地方。这个军官对他念了一份废黜命令，这位昔日的"犹太之狮"被送进监狱，第二年便死在那里。这是一个其历史可以追溯到所罗门王和沙巴女王的王朝的可耻结局。

60年代初以来，这个古老的帝国就面临着各种危机。厄立特里亚和欧加登的起义迫使老皇帝在美国的帮助下不断扩大和加强他的军队。在不断与外部交流的军官们看来，埃塞俄比亚政府和社会的世袭制结构已经变得陈旧过时。1972年开始的可怕的饥荒夺去了二十多万人的

▶"犹太之狮"海尔塞拉西皇帝在一场不流血的军事政变中被废黜。

生命,而政府却束手无策。再加上上层的腐败,更深化了社会矛盾。

到1974年初,军队兵变事件层出不穷,学生的反政府示威、工人罢工和农民骚乱此起彼伏。6月,一个由一些低级军官组成的革命委员会成立。这个组织后来成为推翻皇帝、夺取政权的主要力量。然而,更大的悲剧在于,这个由曼吉斯图·马里阿姆领导的组织比海尔塞拉西更加残暴。它将埃塞俄比亚带入恐怖、战争、饥饿的深渊。

北爱尔兰共和军在英国制造爆炸

1973年以来,北爱尔兰共和军(IRA)开始将爆炸和枪击活动从当地扩大到英国本土。他们建立了由富有恐怖活动经验的人组成的“行动小组”进入英国本土。袭击的主要目标是重要的社会人士或休假的士兵。

整个1974年,爆炸的数量和破坏程度迅速提高。2月4日,一颗炸弹将一辆行驶在62号高速公路上的军用大客车炸毁,造成9名军人和3名平民死亡。6月,议院大厦的组成部分维斯敏斯特宫被炸。7月,伦敦旅游名胜伦敦塔被炸。10月,一颗炸弹被放入一家士兵们经常光顾的酒吧,5人被炸死,其中有4名军人。11月初,乌尔维奇一家军人酒吧爆炸,造成两人死亡。这还只是这一时期众多爆炸案中最著名的几起。

11月中旬,这种血腥爆炸的高峰出现在中部地区。11月14日,IRA爆炸分子詹姆斯·麦克达德被自制的炸弹炸成碎片。他原计划用它来炸毁考文垂电话局。当IRA的同情者赶来为麦克达德送葬时,

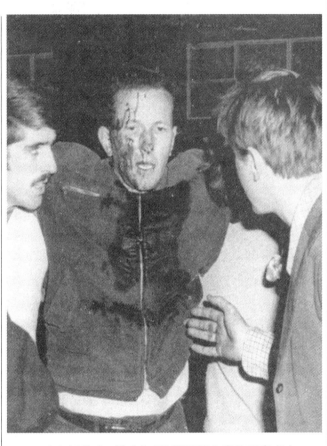

▲吉尔福德市“马夫与马”酒吧爆炸案的受害者之一。这间酒吧是士兵们常去的地方。

当局宣布禁止在他的葬礼上进行示威。11月21日夜晚,恐怖分子将炸弹藏在伯明翰市中心两个拥挤的酒吧。当有人用电话发出迟到的警告时,警方已经来不及组织人们撤离。剧烈的爆炸造成21人死亡,180人受伤,其中许多人是重伤。

伯明翰爆炸案推动议院通过了防止恐怖主义法,赋予警察更多的权力。但不幸的是,警察对爆炸行动的反应已经扩大到可以逮捕任何他们认为可能与爆炸相关的人,这往往造成误判。而恐怖活动一直延续到1975年才逐渐衰减。

11月
· 民主党赢得美国中期选举。
· 英国贵族卢坎爵士在谋杀自己孩子的保姆后失踪。
· 凯恩·塞尔伍德在美国神秘死亡;他原打算透露有关凯尔麦克基核工厂钚丢失的情况和存在的安全问题。
· 美国国会批准信息自由法,但被福特总统否决。
· 日本首相田中角荣因金融和腐败问题而辞职。
· 英国议院通过防恐怖主义法。
· 苏格兰作家埃瑞克·林柯卡塔、意大利电影导演维托里奥·斯卡、联合国秘书长吴丹逝世。

12月
· 美国太空探测器“水手2号”抵达木星。
· 马卡里奥总统回到塞浦路斯。
· 美国道·琼斯指数降至570。
· 埃塞俄比亚实行一党制。
· 飓风破坏澳大利亚北部城市达尔文。
· 三木武夫成为日本首相。
· 巴基斯坦地震造成五千多人死亡。
· 时隔4年之后,索尔仁尼琴科在斯德哥尔摩领取诺贝尔文学奖。

1975年美国在越南彻底失败

▲南越政府军和村民阅读6月14日在巴黎签署的结束越南战争的停战协议。

19 73年，美国国务卿亨利·基辛格和越南共产党中央政治局委员黎笋，因通过谈判结束越南战争而共同获得诺贝尔和平奖。但谁都知道战争并没有真正结束。美军一直在撤退，最后一批军事人员于1973年3月29日离开。但南越政府军与北方共产党军队之间在停火线附近的零星战斗仍在继续。

1967年上台的南越总统阮文绍已经建立了一个可以维持生计的政府，但他的国家仍完全依赖美国。美国人按照自己的方式塑造了南越，留下了一个表面光鲜的消费社会的雏形，臃肿的城市要靠大量进口燃料和消费品才能维持生存。配备了许多高科技装备的南越军队也需要昂贵的燃料、消耗品和维护人员。只有美国才能保持南越政府和军队的正常运转。

这时，有两大事件动摇了越南的生存基础。一个是世界石油价格在"赎罪日"战争期间上涨了四倍，大大增加了这个国家用于石油进口的费用；另一个是美国总统尼克松因"水门事件"而被迫辞职。

美国国会将重新收回对美国外交政策的控制。通过1973年11月的"战争权力决议"，国会已经收回了总统不必事先经过国会批准而进行战争的权力。这样即使共产党再次威胁夺取南方，总统也无权直接将美国军队派往越南。第二年，国会还大幅度削减了对南越政府的军事援助，切断了它的财政生命线。

美国在越南两个邻国的代理人的处境同样也很危险。在柬埔寨，美国的干预破坏了这个基本稳定的国家。1969年至1973年美军B-52轰炸机对该国农村地区实施大规模轰炸，并于1970年策划军人集团推翻西哈努克亲王的中立政府。而轰炸和政治颠覆的后果是使原本弱小的共产党波尔布特集团在西哈努克的支持下发展成强大的游击队组织。到1974年，美国扶植的朗诺将军只能控制柬埔寨三分之一的地方。

在老挝，美国的干涉始终未能切断北越与南方越共之间的供应线——位于老挝边境内侧的"胡志明小道"。多年的大规模轰炸和地面袭击不但没有切断这条供应线，反而使老挝共产党的势力逐渐增强。

1974年，北越悄悄地在南越边境地区增强军事力量。12月，他们发动了一次试探性进攻，以探测南越的抵抗能力和美国的反应。这个策略获得巨大成功。1975年1月7日，他们占领了浦隆省，而没有引起美国任何反应。这使他们信心大增。北越军队总司令下令发动大规模的春季攻势。

1975年3月10日，北越军队开始进攻具有战略意义的中央高地班梅岭。战斗持续了四天，南越军决定放弃这个高地，以便集中兵力防守西贡。结果，预想的战略撤退变成了一场混乱不堪的大溃退。几十万惶恐不安的士兵和难民在北越军队的冲击下，

▲数十万人聚集在纽约中央公园庆祝越南战争结束。

将撤退的道路挤得水泄不通。到4月初，南越一半国土已经落入共产党手中，而南越军队开始土崩瓦解。

美国国会不打算对南越提供进一步的军事援助。4月23日，北越军队完全包围了西贡。美国总统福特宣布，美国将不再卷入"一场对美国而言已经结束的战争"。但美国政府也下令全面撤退在越的美国人。沮丧的南越人只好将最后的希望寄托于说服北越停止大规模进攻而在西贡建立一个联合政府的主张。

4月28日，南越总统阮文绍辞职，由中立的杨文明将军接替。但这时北越的坦克和大炮已经进入西贡郊区，任何妥协的机会已不存在了。最后时刻的恐慌使美国人抛弃往日的尊严。美军直升机在西贡高大建筑物的楼顶与海上的航空母舰之间往返不停，将美国公民和少数越南人送到安全的地方。数万名曾经忠实支持美国人的越南人在最后关头被抛弃——甚至他们为美国人提供情报的记录都没有被及时销毁。

4月30日，一辆北越坦克撞开西贡总统府大门，一个士兵升起了越南南方革命政府的旗帜。接着，这个过程又重复了几次，让记者的电视摄像机拍下这珍贵的时刻。经过30年艰苦卓绝的斗争，共产党终于实现了越南的统一。

与此同时，柬埔寨波尔布特集团的年轻战士也进入了首都金边，并开始清理城市人口，将数十万人赶到偏僻的农村。6月，老挝共产党军队进入首都万象。对美国而言，这是历史上第一次遭到的彻底失败。

▲一架美军直升机停靠在西贡一座大楼屋顶，帮助外国人从南越撤退到停泊在海岸的军舰上。

巴德尔——曼尼霍芙匪帮

60年代末期,一些参加学生运动的激进青年开始转向恐怖主义,组成反对"国际资本主义"和"帝国主义"的城市游击队。1968年4月,西德一个名叫安德里亚·巴德尔的辍学学生和他的女朋友古德安·恩斯林在法兰克福两家百货商店制造爆炸。不久,一个著名的左翼女记者乌尔科·曼尼霍芙被他们的直接行动所感动,离开自己的丈夫和舒适的生活方式,参加了他们的地下革命组织,并成为巴德尔的情人。

不久,巴德尔被捕,但被允许在警察看押下在监狱外继续上学。1970年5月,曼尼霍芙带领一伙武装人员袭击了巴德尔正在学习的图书馆,将巴德尔救出,并乘坐一辆银灰色的"阿尔发·罗米欧"牌高级轿车逃走。

自称"红色旅"的巴德尔——曼尼霍芙匪帮不久便成为国际恐怖组织网的一部分,他们与巴勒斯坦恐怖组织保持密切联系并接受他们的武器和培训。1972年,他们在德国展开大规模的城市游击行动,在对美国军事基地的炸弹袭击中杀死四人,并摧毁了施普灵格媒体集团在汉堡的办公大楼。不久,巴德尔和曼尼霍芙与他们的许多同伙一起被捕。为囚禁和审判他们,当局在斯图加特的斯坦海姆区专门建造了一所戒备森严的监狱和法庭。

剩下的"红色旅"成员为了将监狱中的同伴解救出来,展开了新的血腥的暴力活动。1975年2月,西德著名政治家彼得·劳伦茨被绑架。恐怖分子试图用他的安全,换取当局释放被捕的"红色旅"成员并允许他们到中东去与他们的巴勒斯坦朋友们会合。然而,当年4月西德驻瑞典大使馆被"红色旅"突击队占领时,政府采取了强硬立场,不再释放任何囚犯。于是恐怖分子炸毁了使馆大楼,杀死了四个人。

这时的"红色旅"已全面参与国际恐怖活动。1975年12月,它的成员在维也纳参加了绑架欧佩克石油部长的行动。这是委内瑞拉一个名叫"卡洛斯"的恐怖组织策划的宣传活动。但就在恐怖袭击加快节奏的同时,一个缓慢的悲剧正在斯坦海姆监狱上演。1974年,"红色旅"领导人之一赫格尔·梅恩斯

▲"红色旅"的创始人安德里亚·巴德尔与世界各地的恐怖组织建立了广泛的联系。

▲前左翼记者乌尔科·曼尼霍芙被安德里亚·巴德尔的魅力所吸引,参加了他的城市游击队。

死于绝食。1976年6月,乌尔科·曼尼霍芙被发现在囚室里上吊身亡。按照官方的说法她是自杀,但她的律师坚持认为她是被谋杀的。后来又有更多的人死在狱中。

1977年10月,"红色旅"恐怖分子绑架了著名企业家汉斯马丁·舒勒耶尔,并在巴勒斯坦恐怖分子的帮助下劫持了一架飞往索马里首都摩加迪沙的德国汉莎航空公司班机。但德国一支反恐特种部队在英国空军的帮助下,对被劫飞机进行突袭,打死三名恐怖分子,解救了所有人质。恐怖分子为了报复,将舒勒耶尔杀害。

在斯坦海姆监狱,摩加迪沙行动的失败令狱中的恐怖分子深感绝望。巴德尔和"红色旅"另一个领导人简卡尔·雷斯波开枪自杀,古德安·恩斯林则上吊自尽。人们普遍怀疑他们都是被当局谋杀的,但至今没有发现有力的证据。

葡萄牙的"粉红色革命"

直到20世纪70年代，欧洲伊比利亚半岛的政治仍处于30年代右翼统治者确立的僵化模式。在葡萄牙，垂老的独裁者安东尼奥·萨拉查在1968年得了中风，不能理事。但继任者马塞罗·凯塔诺仍继续他的政治体制。但民众的不满情绪也在增长：国家经济落后，在非洲殖民地的战争耗资糜费，葡属几内亚、安哥拉和莫桑比克争取独立的游击战争令葡萄牙殖民当局焦头烂额。

1974年4月25日，凯塔诺政府被左翼下层军官组织MFA领导的军事政变推翻。这场不流血的政变受到首都里斯本民众的普遍欢迎，他们用粉红色来象征这次"和平的革命"。

这个国家的新领导人是一位赞成这次政变的高级军官安东尼奥·德斯皮诺拉将军。然而，MFA的许多成员是马克思主义革

▲温和的社会主义者马里奥·苏亚雷斯在葡萄牙的不流血革命中崭露头角。

命者，过去一直被禁止的共产党迅速成为葡萄牙工业区的强大政治力量。德斯皮诺拉将军无法阻止国家的"左"倾化，只好于1974年9月辞职。

此时，葡萄牙面临分裂的危机。在南方，工人占领了工厂，农民夺取了地主的土地；而在天主教传统势力强大的北方，则出现了民众袭击共产党办公室的暴力事件。1975年3月，德斯皮诺拉试图发动

一场反政变，遭到失败。在4月举行的大选中，以马里奥·苏亚雷斯为首的温和的社会党获得多数，但大权仍掌握在以海军上校奥提罗·德卡沃尔为领袖的、由马克思主义军官组成的最高革命委员会手中。

在一段时间里，葡萄牙似乎会变成马克思主义国家，就像卡斯特罗的古巴一样。在随后的几个月里，葡萄牙的几个殖民地相继独立，包括莫桑比克和安哥拉。但是到了1975年11月，MFA的一些"温和派"成员在雷迈罗·伊恩斯的领导下逮捕了德卡沃尔和一百多名左翼军官。这个行动没有遇到多少抵抗。伊恩斯成为军队总参谋长，并于1976年当选总统。他任命马里奥·苏亚雷斯为政府总理，使葡萄牙终于走上自由民主的道路。

▲共产党和左翼人士在里斯本市中心庆祝推翻凯塔诺独裁政权。

1月

· 美国前总统尼克松的三名助手因水门事件被判有罪。

2月

· 玛格丽特·撒切尔成为英国保守党领袖。

· 塞浦路斯北部宣布自治，作为土耳其联邦的塞浦路斯州。

· 孟加拉实行一党制。

· 伦敦地铁火车相撞，30人死亡。

· 英国作家P. G. 伍德豪斯、科学家朱丽安·赫尔斯里和苏联政治家尼古拉·布尔加宁逝世。

3月

· 伊朗国王和伊拉克领导人萨达姆·侯赛因会谈解决阿拉伯河水道问题。萨达姆同意伊朗的要求，以换取伊朗停止对伊拉克库尔德人的支持。

· 沙特阿拉伯国王费舍尔遇刺；卡利德继任。

· 英国作曲家亚瑟·比利斯、美国电影演员苏珊·哈沃德和希腊海运大亨马格纳特·奥纳塞斯逝世。

4月

· 柬埔寨统治者朗诺流亡美国。

· 黎巴嫩内战开始。

5月

· 柬埔寨扣留美国货船"马拉格兹号"；福特总统声称这是海盗行径，并派遣海军重新夺回该船。

· 英国雕塑家芭芭拉·霍普维尔茨、匈牙利红衣主教约瑟夫·曼德兹提逝世。

英国遭遇经济危机

1975年7月,英国通货膨胀率达到26%。这种显然失控的通货膨胀率是由于1973年至1974年间石油价格猛涨、迫于工会强大压力而大幅提高工资和过快政府支出增长所造成的。公共开支占国民生产总值的比例从60年代初期的40%猛升到1975年的近60%。尽管按后来的标准看,失业率还不算高,但增长速度较快:完全失业者占劳动力的比例从1970年的2.6%增长到1977年的6.2%。

哈罗德·威尔逊的工党政府试图控制这种困难情况。1974年,政府尝试与工会合作通过某种"社会契约"自愿限制工资增长,并以改进社会服务和控制物价来补偿较低的工资增长。但直到1975年7月,这种努力并没有明显效果。财政大臣丹尼斯·黑利实施强制工资控制,将工资增长幅度限制为每周最多6英镑,并冻结年总收入在8500英镑以上者的工资。同时严格实施价格控制并限制政府支出。

尽管实施了这些措施,英国政府还是在第二年向国际货币基金组织借款20亿英镑。作为借款条件之一,政府不得不大幅度削减卫生、教育和其他社会服务方面的支出。而人们寄予厚望的、可能拯救英国经济的北海油田已经在1975年初见规模,但它直到70年代末才实现稳定的产量。

▲"什么危机?"——财政大臣丹尼斯·黑利(左)声称英国的经济问题已经得到控制。

新闻摘要

6月

· 苏伊士运河重新开放。

· 伊朗和伊拉克就阿拉伯河水道问题达成协议,结束伊拉克的库尔德战争。

· 葡萄牙殖民地莫桑比克独立。

· 印度总理英迪拉·甘地宣布印度进入紧急状态,实施新闻检查并关押政治反对派。

7月

· 葡萄牙殖民地佛得角群岛和圣普林西比独立。

· 科罗摩单方面宣布独立。

· 美国"阿波罗18号"飞船与苏联"联盟19号"飞船对接。

· 尼日利亚军事政变推翻古旺将军;莫塔拉·穆罕默德准将掌权。

· 英国全民公决同意留在欧共体内。

8月

· 英国通货膨胀达到历史最高点。

· "伯明翰六人"因在英国伯明翰制造爆炸被判有罪。

· 孟加拉总统拉赫曼被暗杀;坎达卡·穆斯塔法继任。

· 前埃塞俄比亚皇帝海尔·塞拉西、爱尔兰政治家埃曼·维尔拉和苏联作曲家迪米特里·肖斯塔科维奇逝世。

安哥拉内战

1974年4月的葡萄牙革命对它在非洲的殖民地,包括矿产丰富的安哥拉产生了直接的后果。新诞生的左翼葡萄牙政府有意结束自60年代以来的非洲殖民地游击战争,尽快将权力移交给当地人民。

在安哥拉有三支互不相容的游击队组织:由阿格斯特尼奥·奈图领导的马克思主义的"安哥拉人民解放阵线"(人阵)、赫尔顿·罗勃图领导的"安哥拉民族解放阵线"(民阵)和乔纳斯·萨乌姆比领导的"安哥拉统一联盟"(安盟)。葡萄牙人同意将政权交给三方组成的联合政府,但这个联合政府很快就分裂了。经过激战,马克思主义的"人阵"将另外两派驱逐出首都罗安达。后者转向南非、美国和扎伊尔寻求支援,而"人阵"则邀请古巴顾问帮助它的军队。

安哥拉独立定于1975年11月11日。但这时安哥拉在外国势力的严重干预下已经陷入全面内战。10月,支持"安盟"的一支南非军队从西南非洲(如今的纳米比亚)进入安哥拉。扎伊尔和英国雇佣军支持的"民阵"从北边进攻罗安达。11月7日,古巴战斗部队开始在罗安达大量部署,保卫"人阵"的权力中心。

在苏联的武器装备支持下,古巴军队很快击溃了"民阵"的进攻,并迫使南非撤退。到 1976 年，在 1.3 万名古巴军队的支持下，"人阵"已成为有效控制安哥拉的政府。但它的胜利并没有持久。"安盟"在安哥拉南部的乌姆邦都人以及美国和南非的支持下，一直进行着顽强的游击战争。90 年代，持续的内战使安哥拉的经济几乎完全崩溃，人口大量死亡。

▲在美国和南非的支持下，乔纳斯·萨乌姆比领导的"安盟"对"人阵"政府发动游击战。

佛朗哥时代的终结

19 75 年 11 月 20 日，西班牙独裁者弗朗西斯科·佛朗哥将军因长期患病而逝世。多年来，佛朗哥一直梦想自他 1939 年上台以来形成的政治体制能够在死后延续下去。早在 1949 年他就正式宣布西班牙为君主制国家，尽管当时并没有君主。50 年代，他秘密选择西班牙最后一位国王阿方索十三世的孙子，年轻的胡安·卡洛斯为他的正式接班人，并通过各种方式培养他，要求他在未来实行没有佛朗哥的佛朗哥主义。1969 年，胡安·卡洛斯的继承人地位被正式确定。他将在独裁者死后继承西班牙王位。

几乎没人能预见到 1975 年新国王的登基会导致西班牙走向自由民主。佛朗哥曾强迫卡洛斯公开宣誓赞成佛朗哥主义的政治原则，而且他还长期受到佛朗哥主义军事和政治环境的熏陶。然而，西班牙民众要求变革的呼声日益高涨。一些悲观主义者担心普遍的抗议运动会导致暴力的蔓延，给佛朗哥军人集团实施野蛮镇压造成借口。

但胡安·卡洛斯的观点实际上与佛朗哥所希望的完全不同。他相信有秩序地在西班牙实现民主不仅是必要的而且是可能的。他不接受佛朗哥的社会主义者或共产党人都是"西班牙的敌人"的观点。

1976 年 7 月，卡洛斯国王任命 43 岁的阿道夫·苏亚雷兹为首相。作为一个曾经效忠于佛朗哥的政治家，苏亚雷兹的任命没有让西班牙军事领导者感到恐慌。但他却向民主政治迈出了决定性的一步。11 月，他提议对佛朗哥主义者把持的国会实行普遍选举；这个建议在 12 月选举的全民公决中获得 90% 的西班牙民众的赞成。自内战以来一直被禁止的社会民主党和共产党都恢复了合法地位。令人惊讶的奇迹出现了，西班牙在君主立宪制下实现了从独裁向自由民主的和平过渡。

▲35 年来佛朗哥将军一直掌握着西班牙的绝对权力。他的逝世为新的民主制度的诞生铺平了道路。

9 月

· 美国肯塔基州因废除种族隔离学校而发生种族骚乱。

· 美国当月发生两次试图刺杀福特总统未遂事件。

· 英国殖民地巴布亚—新几内亚独立。

· 美国联邦调查局逮捕帕特里卡·赫尔斯特和"共生解放军"成员。

· 北爱尔兰发生恐怖爆炸，15 人丧生。

· 穆罕默德·阿里击败乔伊·弗雷泽，卫冕世界重量级拳击冠军成功。

10 月

· 以色列将西奈交还埃及。

· 冰岛将领海扩大到 200 海里；导致"鳕鱼之战"再起。

· 持不同政见的苏联科学家安德列·萨哈洛夫荣获诺贝尔和平奖。

· 英国"吉尤福德四人"因安放 IRA 炸弹被判刑。

11 月

· 荷兰殖民地苏里南独立。

· IRA 恐怖分子暗杀记者兼政治活动家罗斯·迈克怀特。

· 葡萄牙殖民地东帝汶宣布独立。

· 罗伯特·伍德温领导的国民党赢得新西兰大选。

· 英国赛车选手、前世界冠军格拉姆·希尔逝世。

12 月

· 印尼入侵东帝汶，犯下许多暴行。

· 美国中央情报局策划希腊行动的负责人在雅典被暗杀。

新闻摘要

············

- 伊拉克共产党与伊拉克复兴社会党政府关系恶化。
- 黎巴嫩天主教徒与穆斯林内战迫在眉睫；以色列和叙利亚试图干预；黎巴嫩两派设置"绿线"分隔，但内战仍在继续。
- 美国爆发退伍军人症。
- 反常夏季高温，造成英国干旱。
- 北爱尔兰继续发生爆炸、谋杀和其他暴力犯罪；夏天由马里德·柯里甘和百蒂·威廉姆斯领导的和平运动在北爱展开。
- 英国通过种族关系法。
- 美国洛克希德公司行贿和腐败丑闻被揭露。
- 法国标致汽车公司收购雪铁龙公司组成标致—雪铁龙公司。
- 利比亚购买意大利菲亚特公司10%股份。
- "协和号"客机开始商业运营。
- 斯蒂夫·乔布斯和斯蒂芬·沃兹尼克成立苹果电脑公司。
- 澳大利亚媒体大亨罗伯特·默多克收购《纽约邮报》。
- 美国麻省理工学院创造人工合成细菌基因。
- 技术改进使传真机迅速普及。

非洲撒哈拉冲突

北非撒哈拉地区是人烟稀少的沙漠地带，它的西面是大西洋，内陆由东向西依次是摩洛哥、毛里塔尼亚和阿尔及利亚。这块自19世纪以来一直是西班牙殖民地的不毛之地，却蕴藏着世界最大的磷酸盐储量和相当可观的铁矿石。

70年代，西班牙迫于该地区周边国家独立运动以及由萨吉特·哈默拉和雷奥·普里塞奥领导的本地民族解放阵线的压力，决定将权力移交给当地民众普遍支持的普里塞奥。但摩洛哥国王哈桑一直觊觎着该地区的矿产资源。1975年11月，他组织了一次不寻常的示威活动——

▲ "绿色进军"。35万摩洛哥人在绿色的伊斯兰旗帜指引下进入撒哈拉地区。

"绿色进军"。由35万非武装的摩洛哥人手持伊斯兰教的绿色旗帜穿越边界进入撒哈拉地区。为了用最简单的办法解决问题，西班牙政府决定转向与摩洛哥和毛里塔尼亚谈判。当西班牙于1976年2月26日撤出撒哈拉时摩洛哥和毛里塔尼亚立即进入并分割了该地区。普里塞奥在阿尔及利亚的支持下，建立了流亡政府，并开始对新占领者展开游击战争，争取解放自己的国家。这样，独立的非洲大陆版图上又增加了一个持续战争的热点地区。

英国首相威尔逊辞职

1976年3月16日，英国工党政府首相哈罗德·威尔逊宣布他将辞去所担任的职务。这个消息让工党内部和广大民众感到非常惊讶。尽管面临许多难以解决的政治经济问题，从居高不下的通货膨胀和失业率到此起彼伏的工会罢工和IRA恐怖袭击；但威尔逊的引退似乎没有明显的原因。他在1974年赢得两次大选，应该继续管理这个国家至少三年。

很快就有谣言传出，威尔逊是由于有人威胁要揭露他过去的丑闻或秘密而被迫辞职。后来的情况表明，的确有几个心怀不满的军情五处的官员策划要搞掉他。据1986年出版的前军情五处官员彼得·怀特回忆录《捉间谍的人》所述，这个计划是向媒体透露含有对威尔逊及其同事不利内容的秘密档案。情报人员圈子中流传着来自美国反间谍机构头子詹姆斯·安格尔顿的疯狂想

▲哈罗德·威尔逊的辞职震动了英国，许多人以为他是情报机构阴谋的牺牲品。

法——威尔逊是个隐藏很深的苏联间谍。安格尔顿认为，苏联克格勃于1963年暗杀了威尔逊的前任工党领袖雨果·盖茨克尔，以便让他们的人上台。

但这些阴谋家没有掌握足以攻击威尔逊的任何真实可靠的证据，而且人们也没有发现军情五处的这个计划与威尔逊的辞职有什么联系。实际上，军情五处并没有执行他们的计划，它也被更多的高级官员制止。

后来人们知道，威尔逊辞职是由于患了阿尔茨海默氏病，这种疾病在当时已经开始影响他的身体机能。威尔逊小心翼翼地保守着这个秘密，辞去首相职务后又在议院短期工作了一段时间，然后才退休回家。他的首相职务由詹姆斯·卡拉汉接替，直到1979年工党在大选中失败。

霍华德·休斯逝世

19 76年4月5日，世界上最富有和最奇特的人之一霍华德·休斯在一架从墨西哥飞往美国得克萨斯的飞机上因心脏病突发而逝世，享年70岁。

休斯生于1905年，18岁时继承了他父亲通过发明和制造石油钻井设备积累的财富。他以这些钱财为起点，创造了一个庞大的企业王国，并用来满足他怪异的兴趣。

作为一个制片商，他在有声电影刚刚诞生的年代是好莱坞的重要人物。他在30年代的著名产品包括经典的《地狱之鹰》、《扉页》和《伤痕》。1943年，他投资并亲自导演了《无法无天》，主要演员简·罗素是他挑选的。休斯甚至还亲自设计了她在影片中穿戴的乳罩。

然而，从1932年到40年代后期，他的热情转向了航空。他建立了休斯飞机公司，并为自己设计了H—1型"竞赛者"飞机。作为飞行员，休斯实际上打破了30年代的每一项飞行

速度纪录，包括91小时17分的环球飞行和在1938年赢得国会大奖。他的创造性的飞机设计方法使他在二战期间忙碌不堪，政府为他提供了数百万美元用以开发一种庞大的木制水上飞机。这种绰号为"漂亮大鹅"的水上飞机是当时世界上最大的飞行器，但也是最无用的东西。1947年11月，休斯亲自驾驶这种装有8台发动机的空中"巨无霸"进行短距离飞行，只是为了证明这个庞大而笨拙的家伙能飞起来。然

而这也难免人们批评他浪费国家资金。

这时，他开始出现严重的心理问题，其部分原因是由于一次严重的撞机事故。后来，尽管在名义上控制着这个涉及航天、航空和电子行业的巨型公司，但他越来越痴迷于某些暧昧的人际关系。他在许多地方拥有秘密公寓，并经常乘坐自己的私人飞机往返其间。他的死结束了一个极富特色的美国人的传奇故事。

▲富有的企业王国创始人霍华德·休斯热衷于他最大的兴趣——飞行和电影。

· IBM开发喷墨打印机。
· 激光照排技术在出版行业推出。
· 英国国家大剧院在伦敦泰晤士河南岸建成。
· 当年公演的影片包括艾伦·帕古拉斯的《总统班子》、希德尼·鲁米特的《网》、尼古拉斯·罗格的《天降财神》、马丁·斯柯尔斯的《出租车司机》和塞维斯特·斯塔尔隆的《艰难》。
· 随着《混乱在英国》和《新玫瑰》的发表，"朋克"音乐和时尚革命开始在英国出现。当年发表的其他歌曲包括"女王"乐队的《吉卜赛狂想曲》、奥拉·萨莫尔的《喜欢爱你》和阿巴乐队的《舞蹈女王》。当年发表的专辑包括彼得·弗里姆顿的《弗里姆顿的复活》和斯蒂夫·旺德尔的《生命之歌》。
· 当年出版的图书包括希尔·海特的《海特关于女性的报告》、阿莱克斯·黑莱的《根》和曼纽尔·帕格的《蜘蛛人之吻》。

1月
· 委内瑞拉实行石油工业国有化。
· 北爱尔兰宗教冲突造成15人死亡。
· 意大利联合政府垮台。
· 苏格兰工党成立。
· "协和号"开始第一次伦敦与巴黎之间的商业飞行。
· 中国总理周恩来逝世。
· 英国科幻作家阿格塔·克里斯蒂和美国作家、黑人社会活动家保罗·罗宾逊逝世。

'76

"鳕鱼之战"危机

1976年6月,英国和冰岛就结束可能导致这两个友好国家武装冲突的第三次"鳕鱼之战"达成协议。"鳕鱼之战"的出现是世界范围的现象:过度捕捞使渔业资源逐渐衰竭。1950年至1970年,世界捕鱼量从2000万吨上升到7000万吨。对于像冰岛这样严重依赖离岸捕捞的国家,对这种影响国民生计的威胁格外敏感。

冰岛对渔业资源危机的反应是单方面扩大其专属捕鱼区——只允许本国渔船作业的海域。1958年,他们将捕鱼区从距海岸4海里扩大到12海里;1972年又扩大到30海里;最后于1975年扩大到200海里。每次扩大都遭到英国的拒绝承认,因为这已经深入到英国渔船传统的作业区域。

发生在1958—1961年、1972—1973年和1975—1976年的三次"鳕鱼之战"

的类型都是同样的。拒不承认冰岛新捕鱼区的英国渔船受到冰岛炮艇的威胁和骚扰,渔网被割断,船上设备被破坏。英国对此的反应是派遣军舰来保护本国渔船。海上的"战斗"大都是英国护卫舰或护渔快艇在渔船附近与冰岛炮艇周旋。但这样有时会导致碰撞。第三次"鳕鱼之战"中,英国部署在冰岛捕鱼区的20艘护卫艇在9个月内全部损坏。

1975—1976年的冲突是三次冲突中最严重的,甚至导致英国与冰岛断绝外交关系。有一次,冰岛的一艘"雷神号"炮艇实际上已向英国船只开火。6月达成的解决争端的协议对冰岛较为有利。现在,英国渔民已经无法避免渔业资源衰减和国家竞争给他们带来的困难。

▲一队英国渔船准备进入冰岛最新扩大的专属捕鱼区。

楚波案件丑闻

1976年5月,英国自由党领袖杰里米·楚波因涉嫌"参与政治迫害和诋毁他人名誉"而被迫辞职。"政治迫害"事件涉及他与一个名叫诺曼·斯格特的失业男模特的关系。斯格特声称楚波曾引诱他发生同性恋关系。但楚波断然否认他的指控。

楚波辞职后,人们以为公众对这个问题的关

注将会逐渐淡化。替代他担任自由党领袖的是名声清白的戴维·斯蒂尔。但没想到随后又出现了更多的故事。警察开始调查斯格特声称的楚波曾策划谋杀他的说法。令人惊讶的是,有足够的证据表明斯格特的说法应该被认真对待。1978年12月,德文郡地方法院以合谋杀人罪对楚波和他的三个助手进行了审判。

这次审判于1979年5月开庭。主检察官在法庭上声称,一个名叫安德鲁·牛顿的航空公司飞行员接受了楚波和他的三名助手的5000英镑,去杀害斯格特。杀人的动机是斯格特作为楚波的同性情人,可能危及楚波的政治前途。检察官还声称牛顿已经实施了谋杀,但只射杀了斯格特的狗——一只名叫"云卡"的丹麦大猎犬。

新闻摘要

2月

- 美国参院委员会揭露洛克希德飞机公司向一个与日本有暗中关系的右翼人物支付了700万美元。
- 意大利组成以阿尔杜·莫罗为首的新政府。
- 尼日利亚领导人莫塔拉·穆罕默德将军逝世;奥尔斯甘·奥巴斯乔继任。
- 安哥拉人民解放阵线(人阵)控制安哥拉大部分地区。
- 普里塞奥宣布西撒哈拉从西班牙独立。
- 冬季奥运会在奥地利因斯布鲁克举行。
- 德国量子物理学家沃纳·海森博格和英国艺术家L.S.劳里逝世。

3月

- 莫桑比克关闭与罗得西亚的边界。
- 帕蒂·赫尔斯特因在美国武装抢劫被判刑。
- 阿根廷发生军事政变;伊莎贝拉·贝隆被推翻;政党活动被禁止。
- 美国华盛顿地铁系统开放。
- 美国艺术家约瑟夫·阿尔布尔、电影明星巴斯比·伯克莱、意大利电影导演卢奇奥·威森提和英国财政大臣阿尔姆恩逝世。

审判法官康特莱先生基本上倾向于楚波。用他的话来说，他很尊重被告"作为一个私人律师、自由党的前任领袖和拥有非常重要的公众影响的国家人物"的身份。6月22日，经过三天的审议，法庭判处所有被告无罪。楚波当然完全拥护这个裁决，但他后来却承认与一些阴暗的人一起参与了某种不光彩的交易。他在后来的议员选举中落选，他的名声和政治事业也随之破灭。

▶法庭可以裁决他无罪，但杰里米·楚波的显赫的政治生涯却从此结束。

世界最富有的人逝世

19 76年6月6日，美国石油大亨吉恩·保罗·盖迪在他位于伦敦郊外萨顿区的家中逝世，享年83岁。据估计，他的个人财富大约有40亿美元，在当时或许是世界上最富有的人。

从某种程度看，盖迪应该算是独立奋斗的成功人士。尽管他在1930年从父亲手中继承了大约1500万美元，但那时他已经靠自己的努力成为百万富翁。他似乎本能地擅长发现和把握机会，以最好的价格收购企业和公司。他的吝啬也是尽人皆知。一个著名的例子是，他在家中安装了一部收费电话供客人使用。他曾五次结婚和离婚，有三个儿子和几个孙子孙女。

盖迪收藏了许多价值连城的艺术作品，其中许多都陈列在位于美国加州马利布市的保罗·盖迪博物馆，但他本人从未参观过那里。盖迪的逝世使该博物馆成为世界上最富有的捐赠艺术品博物馆。在盖迪几乎无限的财力的支持下，这所博物馆的雄心勃勃的收购政策，成为70年代以后影响艺术品拍卖价格的主要角色。

◀自我奋斗的大亨，保罗·盖迪以1500万美元起家，以世界第一富翁告别人间。

4月
· 葡萄牙实行新宪法。
· 詹姆斯·卡拉汉当选英国工党领袖，并成为英国首相。
· 泰国政府在大选中失败。
· 波尔布特成为柬埔寨总理。
· 美国总统福特扩大美国200海里捕鱼区。
· 西班牙从撒哈拉撤军。
· 西撒哈拉被毛里塔尼亚和摩洛哥分割。
· 巴基斯坦与印度恢复全面外交关系。
· 泰国组成新联合政府。
· 印度最高法院裁决政府可以未经审判而关押政治反对派。
· 意大利联合政府垮台。
· 法国艺术家马科斯·恩斯特、诺贝尔奖金获得者丹麦生物学家汉里克·达姆、美国企业家霍华德·休斯、英国电影导演卡洛·里德和南非演员萨德·詹姆斯逝世。

5月
· 艾里叶斯·萨克斯当选黎巴嫩总统。
· "红色旅"领导人乌尔科·曼尼霍芙在狱中自杀。
· 芬兰建筑师阿尔瓦·阿尔图和德国存在主义哲学家马丁·海德格尔逝世。

地震之年

1976 年是大地震多发之年。2 月的马尼拉地震,5 月的意大利北部地震和 11 月的土耳其地震都造成数千人死亡。但所有这些灾难都无法与 7 月 28 日中国河北省唐山市的毁灭性大地震相比。据官方统计,在这次 20 世纪最大的地震中共有 24.2 万人死亡,16.4 万人受重伤。

作为重要的煤矿和工业中心,唐山处于这次大地震的震源。实际上,它几乎在顷刻间就被摧毁了。地震波如此强大,以致 160 公里之外的北京也遭受部分程度的损坏。面

对如此巨大的灾难,中国政府坚持自力更生的政治原则,发扬"一方有难,八方支援"的精神,立即从各地调遣大批医疗队和救援人员赶往灾区。人民解放军成为抗震救灾和恢复建设的主要力量。9 月,政府宣布大部分煤矿已恢复生产,重要桥梁已经重建,钢铁厂炼出了震后的第一炉铁水。

唐山大地震过后仅 6 个星期,中国领袖毛泽东便与世长辞。中国人民再次沉浸在无比的悲痛之中。

◄唐山,这个坐落在蜂窝般的矿井巷道之上的城市,在 20 世纪最大的地震中几乎被完全毁灭。

新闻摘要

6月

· 南非城市发生骚乱和示威;警察镇压造成 170 人死亡。

· 美国记者堂·鲍尔斯死于被他调查的亚利桑那州土地诈骗案犯罪分子制造的汽车炸弹袭击。

· 美国驻黎巴嫩大使被绑架和杀害。

· 共产党赢得意大利大选。

· 波兰因食品价格上涨引起骚乱。

· 地震和山崩导致印尼三千多人死亡。

· 英国殖民地塞舌尔独立。

· 英国女演员戴姆·塞勒尔和美国歌手琼尼·摩塞尔逝世。

7月

· 意大利化工厂戴奥辛气体泄漏,破坏动物生存环境。

· 阿尔道夫·苏亚雷斯成为西班牙首相。

· 美国最高法庭裁决死刑违反宪法。

· 罗帕兹·勃迪洛当选墨西哥总统。

· 西班牙恢复政党。

· 加拿大废除死刑。

· 美国"维京号"飞船在火星软着陆。

· 英国驻爱尔兰大使被 IRA 暗杀。

奇袭恩德培

1976 年 6 月 27 日,一架从以色列首都特拉维夫飞往巴黎的法国航空公司 A-300 型飞机被四名恐怖分子劫持。其中两人,威尔弗里德·鲍斯和盖布利尔·克洛科尔是德国的"红色旅"成员,另外两人属于巴勒斯坦人民解放阵线(巴人阵)。这架载着 12 名机组人员和 256 名乘客的飞机在枪口下被迫飞向利比亚。在那里加油后,又飞到恐怖分子预先选定的乌干达恩德培国际机

场。因为乌干达独裁统治者埃迪·阿明是以色列的死对头和巴勒斯坦事业的朋友。当飞机在恩德培降落时,受到巴勒斯坦人和乌干达军方人士的欢迎。机组人员和乘客被领下飞机,并被安排在一间废弃不用的候机大厅。

劫机者要求释放 53 名恐怖分子,其中大部分被关押在以色列,还有一些在西德、肯尼亚、瑞士和法国的监狱。作为一个"善意"的姿态,他们释放了所

有非犹太乘客,只将 105 名犹太人质扣留在机场。恐怖分子感到这里很安全,处于距以色列 4800 公里之外的非洲心脏地带,又有乌干达陆军和空军的保护,足以防范以色列的袭击。

然而,这次他们低估了以色列的绝不与恐怖分子妥协的决心和能力。尽管面临极大风险,但以色列仍决定采取救援行动。7 月 3 日,一支反恐特种部队乘四架"大力神"运输机

▲人质们从被关押的恩德培机场平安返回特拉维夫后，受到热烈欢迎。

从以色列南部起飞直奔恩德培。另有两架波音707飞机分别作为空中通讯和医疗中心。

以色列的计划是让一架"大力神"在夜幕的掩护下尾随一架定期航班的英国货机，骗过乌干达空中管制机构，在恩德培机场着陆。这个冒险令人惊讶地成功了，"大力神"没有惊动任何人，安全降落在停机坪上。机上的以色列特种部队和车辆迅速冲出来。

袭击关押人质的候机大厅的战斗进行得非常干脆利索。大厅里共有13个恐怖分子和100个乌干达士兵，但大部分都在睡觉，其他人也毫无准备。以色列特种部队按照命令杀死了所有恐怖分子，其中一半人还在睡梦中。另外还有三十多名乌干达士兵被击毙。混战中还有3名人质死在以色列士兵的枪口下。但以色列突击队只牺牲了一名士兵。

其他三架"大力神"也陆续着陆，载着所有获得自由的人质胜利返航。7月4日凌晨1时，这些以色列人平安回到祖国。他们在本古里森机场受到满怀欣喜的人们的热烈欢迎。但这次行动对75岁的英国乘客杜拉·巴洛克却是个意外的悲剧。她在解救行动开始时，正在医院治疗。人们再也没有见到她出院，估计是被恼羞成怒的阿明杀害了。

美国独立200周年庆典

19 76年7月4日是美国独立200周年纪念日。此时的美国正处于"水门"丑闻、经济衰退、越南战争失败等各种挫折之中。美国副总统尼尔森·洛克菲勒称这个时期美国面临着"不可克服的问题"。但大多数美国人民却认为这是个庆贺成就和祝福未来的机会。

在纽约，数十万人在哈德逊河沿岸观看各种彩船千帆竞发。在华盛顿，激光灯柱在烟花绽放的夜空中写下"美国生日欢乐"。在波士顿，人们用一个直径190厘米的巨型蛋糕庆贺祖国的生日。而在威斯康星州，欢乐的人群将1776个象征美国独立自由的飞盘扔向空中。

▶美国人民满怀喜悦的心情庆祝美国独立200周年——这巨型蛋糕是喜庆的象征。

- 日本前首相田中角荣被控接受美国洛克希德飞机公司贿赂。
- 由于被绑架人质失踪，英国断绝与乌干达的外交关系。
- 意大利组成以吉奥·安德里奥提为首的新联合政府。
- 第21届奥运会在加拿大蒙特利尔举行；非洲国家抵制。

8月
- 南非城市骚乱。
- 英国殖民地特里尼达和多巴哥独立。
- 日本前首相田中角荣被控腐败。
- 地震和海啸造成印尼七千多人死亡。
- 法国总理杰克斯·查里克辞职。
- 英国诺丁山狂欢节发生暴力事件。
- 墨西哥比索贬值，造成物价猛涨。
- 德国电影导演弗雷泽·龙和英国演员艾萨斯特·萨姆逝世。

9月
- 美国飞船"维京2号"在火星软着陆。
- 中国领袖毛泽东逝世。
- 英国一架三叉戟飞机与南斯拉夫一架DC9飞机在南斯拉夫相撞，造成179人死亡。
- 楚伯杰恩·费丁赢得瑞典大选，结束了社会民主党40年的执政。
- 艾莱斯·萨克斯当选黎巴嫩总统。
- 墨西哥工会赢得大幅度增加工资，以减轻通货膨胀对生活的压力。
- 伊安·史密斯接受罗得西亚由多数民族管理的计划。

'76

蒙特利尔奥运会

1976年在加拿大蒙特利尔举行的奥运会是体育政治化趋势的又一个阶段。尽管南非因实行种族隔离制度而被禁止参加奥林匹克竞赛项目，但仍有22个黑非洲国家抵制蒙特利尔奥运会，以表示对南非的抗议。他们抵制的原因是新西兰被允许参加比赛，而该国最近曾有一支橄榄球队访问南非。美国对1980年莫斯科奥运会模仿了这种大规模抵制的行动，接着苏联又用同样手段回敬1984年美国洛杉矶奥运会。

蒙特利尔奥运之星是14岁的罗马尼亚体操运动员娜迪亚·科马内奇。她赢得三枚金牌和奥运会历史上第一个体操满分10分。本届奥运会其他最引人瞩目的事件是东德的女子田径运动员和游泳运动员的杰出成绩。后来人们知道这些成绩至少有一部分是靠服用违禁药物取得的。

▲ 圆满的10分——14岁的罗马尼亚体操运动员娜迪亚·科马内奇成为蒙特利尔奥运之星。

毛泽东逝世与"四人帮"垮台

1976年9月9日零点10分，新中国领袖毛泽东因长期患病而逝世。三十多万人参加了在北京人民大会堂举行的遗体告别仪式。根据中共中央的指示，每个中国公民都必须通过电视或广播收看收听9月18日举行的追悼大会实况。

但这种举国一致的团结和忠诚并不能掩饰高层内部的激烈斗争。在悼念期间最引人注目的人物是不久前被毛泽东任命为中共中央副主席，后来又被指定为接班人的华国锋。然而，同样显赫的还有毛的遗孀江青和她的三个亲密助手——王洪文、张春桥和姚文元。这四个人被视为中共领导层内的激进派，受到毛泽东的特别赏识和保护。他们在极端的"文化大革命"期间一直处于领导地位，积极推进绝对平等主义政策，反对自由经济和外国影响。

毛泽东逝世四个星期之后，西方政治评论家还在谈论着中共内部的权力斗争可能会长期持续。然而，出乎人们意料，华国锋宣布逮捕这四个激进领导人并将他们拘禁在一个秘密地点。此后，这个被称作

▲ 西方预见到中国共产主义之父毛泽东逝世后，中国将出现残酷的权力斗争。

"四人帮"的集团的各种政治罪行和丑恶行为——从破坏经济生产到利用假马克思主义蒙蔽青年——都受到了严厉的清算。

激进的毛主义分子的全面彻底失败，使中国的政治面貌焕然一新。中共老一代领导人之一邓小平，发挥了决定性的作用和影响。在"文化大革命"期间，他曾经被送到一个拖拉机制造厂接受"再教育"。1976年，当他最亲密的同事周恩来总理逝世后，曾再度遭到贬斥。但1977年，他再次回到党的领导核心。不久，他以卓越的才能取代华国锋，直接领导中国走上改革开放的道路。

新闻摘要

10月

· 德国社会民主党政府以微弱多数赢得大选。
· 古巴一架DC—8型飞机发生炸弹爆炸，机上73人死亡。
· 泰国军事政变。
· 华国锋任中共中央主席。
· 中国"四人帮"被捕。
· 布鲁塞尔地铁系统开放。
· 阿拉伯联盟派遣维和部队进入黎巴嫩；黎巴嫩内战局势缓和。
· 英国哲学家吉尔波特·莱尔、英国艺术家爱德华·布里亚和戴姆·埃文斯逝世。
· 南非允许特兰斯凯省独立；剥夺100万南非黑人公民权。

卡特当选美国总统

1976年11月，民主党候选人，52岁的乔治亚州的花生农场主吉米·卡特以微弱优势战胜现任总统福特，当选下届美国总统。

卡特的当选在很大程度上依靠南方的支持——他是一个世纪以来第一个入主白宫的南方人；但同样也应归功于他表现出来的基于宗教信仰的诚实和正直，这是"水门事件"之后，美国公众政治人物的迫切要求。有人说美国投票人选择的是最不像尼克松的人。

卡特提出了一个体现许多人对定期自由选举关注的计划——全面的公民权力、更好的健康服务、能源保护、基于尊重人权的外交政策、缩减核武器和建立沟通人民与政府的桥梁。但命运似乎不太喜欢卡特，使他面临国内经济衰退，国际威望降低的困境。

▲总统吉米·卡特(左)和副总统沃尔特·曼德尔(右)赢得竞选胜利。

本杰明·布赖恩逝世

1976年12月4日，英国著名作曲家本杰明·布赖恩逝世，享年65岁。布赖恩在30年代崭露头角，当时他经常与诗人奥登合作。1936年，他们为著名文献纪录片《夜邮》创作的歌词和配乐使他们在音乐界一举成名。与奥登一样，布赖恩是个和平主义者，在第二次世界大战开始时去了美国。

第二次世界大战结束后，他回到英国，成为歌剧《彼得·格莱姆斯》的主要作曲家。他还创造了其他一些音乐剧，包括《比利·布德》和《旋转的螺丝钉》。他几乎是单枪匹马地创造了英国歌剧的传统。1962年，他根据威尔弗雷泽·欧文的诗歌创作的大型合唱曲《战争安魂曲》，在第二次世界大战中被炸毁后重建的坎特伯雷大教堂首次公演。这个作品体现了当时人们的反战情绪，因而大获成功，受到评论家的极高评价。布赖恩的晚年对阿德堡音乐节格外重视，为它创作了不少作品，并亲自担任乐队指挥。

布赖恩的作品不仅反映了他的和平主义观念，还有他的同性恋倾向，尽管表现形式比较隐讳。他的终生伴侣是歌手彼得·皮尔斯，比他早逝世半年。皮尔斯的死，令他备感孤独。

◀英国最伟大的作曲家本杰明·布赖恩(右)与他的伴侣歌手彼得·皮尔斯在一起。

11月

· 民主党候选人吉米·卡特当选美国总统。

· 埃及解除党禁。

· 超现实主义画家及摄影家曼瑞、美国雕塑家亚历山大·卡尔德、法国作家安德尔·马尔雷克斯和英国建筑师贝塞尔·斯潘塞逝世。

12月

· 日本自由民主党以微弱多数赢得大选。

· 乌克兰油轮在美国南特科特附近搁浅，造成大规模原油泄漏。

· 以色列伊扎克·拉宾政府垮台。

· 福田纠夫成为日本首相。

'77

新闻摘要

- 安哥拉"人阵"内部发生未遂政变;"人阵"开始进行组织大清洗。
- 斯里兰卡泰米尔分离运动兴起。
- 阿拉伯国家流行霍乱。
- 美国和苏联将领海扩大到 200 海里。
- 印度生育控制计划因强迫绝育丑闻而停止。
- 美国停止建立国家选举基金。
- 1 月和 2 月美国罕见低温天气导致主要河流结冰。
- 苏联在万年冰层中发现猛犸幼仔。
- 英国向国际货币基金组织借款。
- 美国禁止使用氟氯化碳。
- 光纤通讯系统研制成功。
- 经过政府多年反对之后,南非终于开通电视广播。
- 美国西弗吉尼亚州新乔治河大桥成为世界上最长的钢铁大桥。
- 北爱尔兰和英国本土持续发生爆炸和暗杀事件。
- 蓬皮杜文化中心在法国巴黎开放。
- 美国建成 7 座新核电站。
- 日本一座新核电站开始发电。
- 苹果二型个人电脑上市。
- 荷兰科学家在垃圾焚烧炉中发现沼气。

加里·基尔摩的死刑

▲拒绝就被判死刑提出上述,杀人犯基尔摩要求由火枪行刑队执行他的死刑。

1977 年 1 月 17 日,当地时间上午 8 时,已判死刑的杀人犯加里·基尔摩在犹他州一座废弃的罐头工厂被行刑队执行枪决。他是美国最高法院冻结死刑 10 年来第一个被执行死刑的犯人。

1976 年 7 月,基尔摩因涉嫌谋杀两名大学生在犹他州普洛沃市被捕。这时他已经因武装抢劫被判 12 年徒刑,正处于假释期间。在 10 月举行的法庭审判中,基尔摩被确认谋杀罪名成立。他拒绝就被判死刑提出上诉,并要求由火枪行刑队执行他的死刑。

刑期最初定在 11 月,后来根据美国公民自由协会(ACLU)的要求推迟。他们坚持此案必须上诉,尽管基尔摩自己要求执行死刑。ACLU 知道这个案子可能为恢复死刑敞开大门。在几个法庭的上诉一直持续到 1 月 17 日,最高法院拒绝了该协会停止执行死刑的最后要求。

当最后的日子来临时,基尔摩踏上他的不归之路。他在狱中曾两次试图自杀,均未成功。他面向行刑队,留下的最后一句话是:"开枪吧。"

加纳利群岛大空难

70 年代初,当美国波音公司推出能搭载三百多名乘客的 747 大型喷气客机时,一些人担心可能会发生更大规模的空难。但谁也不会想到会发生 1977 年 3 月的这种灾难——两架 747 喷气式客机在地面相撞。

这场大灾难发生于 3 月 27 日加纳利群岛的洛斯罗得斯机场。当时天气情况很差,能见度极低。由于附近的拉斯帕马斯机场临时关闭,使这里格外繁忙。从拉斯帕马斯机场转移到洛斯罗得斯机场的飞机中有两架波音 747:一架是从洛杉矶飞来的泛美航空公司的包机,另一架属于荷兰 KLM 航空公司。这时 KLM 飞机正在跑道上加速起飞,与正在同一跑道着陆滑行的泛美飞机迎头相撞。

两架飞机立即燃起熊熊大火。KLM 飞机上的所有 241 名乘客和机组人员全部死亡,泛美飞机上的 380 名乘客和机组人员中有 342 人死亡,其他人则严重烧伤。这次航空史上最大的灾难共造成 583 人死亡。造成撞机的原因应归咎于空中指挥塔的错误指令和空中交通控制雷达系统未能显示地面飞机。

▲洛斯罗得斯机场跑道上化为灰烬和残骸的泛美航空公司 747 飞机。

北海油田的生态灾难

1977年4月,北海油田地下储油层喷发,造成第一次生态灾难。当时,位于挪威埃克福斯科勘探区的布拉沃钻井平台正在更换一个阀门,突然发生井喷。巨大的压力将原油喷到数百米高空,钻井平台上的工人们急忙撤退。在后来的八天里,共有3400万升原油涌入海洋,形成长72.5公里、宽48公里的油带。井喷最终被抢险队用高压泥浆封闭。

然而,在自1973年以来世界能源短缺的刺激下,这次石油泄漏事故并未减缓北海油田的开发速度。1975年6月,英国海岸附近的油田开始第一次出油。到1977年,每天产油77.6万桶。这个数字与美国和沙特阿拉伯的每天900万桶相比的确不大,但也绝不是无足轻重。

▶ 北海油田的大规模开发并非一帆风顺。

黎巴嫩陷于分裂

直到70年代,黎巴嫩一直是中东地区不寻常的成功典范。这个国家主要包括基督教马龙派和德鲁兹穆斯林,民族和宗教分歧严重,历来难以管理。但自第二次世界大战结束后独立以来,已经成为该地区最繁荣的商务中心。然而好景不长,黎巴嫩很快又陷入分裂。

分裂的一个重要因素是许多黎巴嫩穆斯林不断增长的激进主义。他们不愿与占人口少数的基督教徒平等分享权利。另一个原因是巴勒斯坦人的存在。尽管自1948年以色列建国以来,黎巴嫩一直存在着巴勒斯坦难民营。但1971年以来,这里已经成为阿拉法特巴解组织的主要基地。

1975年,黎巴嫩爆发内战,由卡迈尔·朱姆布莱特领导的激进的什叶派和德鲁兹穆斯林对马龙派基督教徒发起进攻,而马龙派则不断袭击巴勒斯坦难民营,导致巴解组织与黎巴嫩穆斯林一起参与内战。首都贝鲁特成为激烈的战场,各派武装战士占据着昔日兴旺的国际酒店和繁华的商业街区。

1977年,叙利亚派遣一支维和部队进入黎巴嫩试图促使各方达成停火协议,但每次协议签字后都很快就被破坏。3月,德鲁兹领导人朱姆布莱特在楚夫山区要塞被暗杀。愤怒的德鲁兹穆斯林开始不分青红皂白地屠杀当地基督教村民。黎巴嫩再次变成血腥的屠场,并成为90年代世界最持久的战争焦点之一。

▲混乱的黎巴嫩内战中,右翼基督教长枪党的年轻姑娘在街垒的掩护下进行战斗。

- 血管重造手术成功。
- 当年公演的影片包括乔治·卢卡斯的《星球大战》、伍迪·艾伦的《安妮·霍尔》、斯蒂芬·斯皮尔勃格的《第三类接触》、约翰·巴德姆的《周末狂热》和安泽·瓦大的《大理石人》。
- 电视剧《热爱巴姆》在美国电视台首播。
- 电视剧《阿比吉尔的派对》开创英国电视剧创作新风。
- 米汉、斯特劳斯和查宁的音乐剧《安妮》和斯蒂芬·桑德凯姆的《肩并肩》在纽约公演。
- 弗里伍德·马克的《谣言》成为最畅销的流行歌曲专辑。
- 当年的流行歌曲包括芭芭拉·史翠珊的《常青树》、朱丽叶·考文顿的《阿根廷,别为我哭泣》和比伊·奇伊的《你的爱有多深》。
- 当年出版的图书包括托尼·马里森的《所罗门之歌》、卡布里尔·卡奇亚的《族长的暮年》、马里奥·利萨的《朱丽叶姨妈和手稿》和玛格丽特·德拉贝尔的《冰河时代》。
- 雷德·芮姆第三次获得英国格兰特大奖。
- 美国队战胜澳大利亚队获得美洲杯帆船赛冠军。

'77

新闻摘要

1月

· 捷克持不同政见者发表"七七宪章";捷克政府开始整肃签字者。
· 澳大利亚火车出轨,桥梁坍塌造成 82 人死亡。
· 印度英迪拉·甘地呼吁举行大选和释放政治犯。
· 吉米·卡特宣誓就任第 39 届美国总统。
· 美国总统卡特赦免逃避越南战争服役者。
· 罗得西亚领导人伊安·施密特拒绝英国有关罗得西亚独立的提议。
· 英国政治家艾德礼·艾登逝世。
· 澳大利亚电影演员彼得·芬奇、美国作家安亚斯·尼恩和美国艺术家威廉·格鲁波逝世。

2月

· 泰国与柬埔寨发生边界冲突。
· 美国芝加哥列车事故造成 11 人死亡。
· 乌干达人权活动家杰尼·卢乌姆被暗杀。
· 英国外交大臣和社会理论家安东尼·考斯兰逝世。

3月

· 美国总统卡特在白宫接见流亡的持不同政见者乌拉德米尔·布科夫斯基。

巴基斯坦政局混乱

1977 年 7 月,巴基斯坦发生的一次军事政变推翻了阿里·布托领导的政府,结束了自孟加拉独立以来六年的文官统治。

布托 1928 年生于一个贵族家庭,曾经在英国牛津大学接受教育(70 年代,他的女儿也在那里上学)。1967 年,他组建了巴基斯坦人民党,并在 1970 年由叶海亚汗将军举行的大选中赢得西巴基斯坦多数票。当巴基斯坦军队被印度军队击败,导致东巴基斯坦独立为孟加拉国之后,叶海亚汗将军向布托交出权力。

这个民主选举的政府受到人民的普遍欢迎。布托提出了雄心勃勃的宪法和社会改革计划。但他的争取实现现代化的计划与该国的伊斯兰原教旨主义者发生了冲突。此时原教旨主义正风靡从阿富汗到伊朗,从阿尔及利亚到埃及的整个伊斯兰世界。

布托在 1977 年春天的选举中继续以较大优势取胜。但这个结果却引起伊斯兰原教旨主义政党的强烈不满,他们发动了大规模的抗议运动,导致全国混乱。

7 月 5 日,军队开始干预。巴基斯坦陆军总参谋长齐亚·哈克将军夺取了国家权力,并将布托投入监狱。他最终以密谋暗杀一位政治反对派的罪名被判处死刑。尽管世界各国反对这一死刑判决,但布托仍于 1979 年 4 月 4 日被执行绞刑。

▲巴基斯坦陆军参谋长齐亚·哈克将军领导的政变结束了布托的文官政府。

英国女王登基银喜纪念

1977 年是英国女王伊丽莎白二世登基 25 周年。在保守派媒体的支持下,政府决定搞一次盛大的庆祝活动,让这个银喜纪念庆典成为人人兴高采烈的大型聚会。

庆典于 6 月 6 日凌晨开始,从不列颠群岛最南端的兰茨安德到北部的舍德兰,一座座巨大的篝火组成绚烂的烟火的链条,象征着自 1588 年英国在伊丽莎白一世女王领导下战胜西班牙舰队以来的繁荣昌盛。在伦敦的圣保罗大教堂,人们举行了庄重的感恩祈祷和盛大的宴会。而最令人感动的是各地的民间庆祝活动。许多居民社区都组织了街道聚会。会场上摆满了食品、饮料,欢乐的人们相互表达着美好的问候和祝愿。尽管没有统一的王室活动和传统的纪念仪式,但喜庆的节日气氛洋溢在每个角落。就连离经叛道的流行歌手也唱起被他们改变了腔调的《上帝保佑女王》。这些民间庆祝活动唤起人们对正在逐渐消失的英国精神的回忆。

▲伊丽莎白女王的登基银喜纪念显示英国人民仍然拥有传统的爱国精神。

流行文化思潮在英国

到70年代中期,60年代兴起的以吸毒和寻求东方神秘主义为特征,以摇滚明星为代表的"嬉皮士"流行文化已经逐渐衰落。英国青年和英国音乐与时尚开始从"朋克"中发现某些新特征。

"朋克"的真正鼻祖在纽约。那里的地铁乐队受到依基·波普乐队的启发,创作了一些原始、生硬的音乐并采用粗野疯狂的外形,包括磨破的、用惹眼的大别针连缀的衣服。英国企业家马尔克姆·迈克劳伦和维维尼·威斯伍德夫妇以敏锐的目光抓住这一时尚潮流,将它从纽约带回伦敦,并加以创新。他们在伦敦的国王大街开设了面向新潮青年的"性感"时装店,并结识了后来组成著名的"性感手枪"乐队的一群年轻人。

1976年,"朋克"文化由于"性感手枪"、"厌恶"和"撞击"之类的乐队的传播而在英国大行其道。这些快节奏的、粗犷原始的音乐受到追求感观刺激的青少年的热烈欢迎,就像当年充满反叛精神的摇滚乐一样。政治评论家们的抗议在震耳欲聋的"朋克"音乐所代表的青年一代对未来的呼唤面前显得如此苍白软弱。与"朋克"同时出现在街头的是"基吉斯"现象——一种狂躁的、反传统的行为方式。

1975年12月,著名主

▲"不知道我在想什么,但我知道怎样得到它……""性感手枪"乐队成为"朋克"运动的代表。

持人比尔·格兰迪针对"性感手枪"的反保守形象在晚间电视节目中安排了一次辩论。麦克劳伦抓住这次机会进行了成功的商业宣传。他们赢得了公众的普遍关注,使"朋克"成为1977年的流行文化时尚。

整个英国,一群群既无音乐才能又无兴趣的年轻人纷纷爬上舞台,组成自己的乐队。其中最好的一个是"留意"乐队,他们演唱的《奇妙的和弦》大受欢迎。还有一些如"聚乙烯"、"萨奥克塞"和"乙醚发生器"等名称怪异的乐队。人们可以通过他们五颜六色的奇特发型,在大街上发现这些最极端的青年时尚追求者。他们脚登"道克·马丁牌"大头皮鞋,身穿破烂的黑色外套,佩戴着不同艺术流派的粗陋饰品,有的甚至将大号别针别在皮肤上。"朋克"

在原则上反对现有的音乐行业,但像"X光"和"压制者"这样的乐队很快就出现在流行音乐排行榜。实际上最新流行的东西总是会取代过时的风格。按照麦克劳伦的说法,"性感手枪"是不容易被模仿或复制的。他们在女王登基25周年纪念期间推出的单曲《上帝保佑女王》虽然被禁止在广播和电视台播放,却成为畅销金榜第一名。

1978年1月,随着"性感手枪"乐队的分裂,"朋克"文化开始从顶峰走向衰落,尽管后起的埃尔维斯·考斯特洛、布隆德里和淘金·海兹等著名乐队仍受它的影响。一些极端的"朋克"风格作为吸引旅游者的独特风景而依然存在,就像伦敦塔旁边的古装卫兵和街头的红色电话亭一样。

- 罗马尼亚发生地震,1500多人死亡。
- 智利禁止政党活动。
- 英国对航空和造船工业实行国有化。
- 印度执政的国大党在大选中失败。
- 英国自由党与工党达成两党合并协议。
- 吉兰霍基·德塞取代英迪拉·甘地任印度总理。
- 苏联人权活动家安纳托里·苏雷安斯基被苏联警察逮捕。
- 黎巴嫩穆斯林领袖朱姆布雷特被暗杀。

4月
- "红色旅"恐怖组织谋杀负责起诉巴德尔一曼尼霍芙案的西德司法部长。
- 西德考夫勃格投资银行破产。
- 西班牙共产党合法化。
- 阿根廷报纸出版商杰库勃·泰摩曼因发表批评政府的言论而被逮捕并受酷刑。
- 扎乌尔·拉赫曼成为孟加拉总理。
- 美国总统卡特实行国家能源计划,提高能源储备。

5月
- 英国地方选举向右翼倾斜。
- 哈纳菲穆斯林游击队占领美国华盛顿三座大楼。
- 南摩鲁加恐怖分子在荷兰亚森劫持一列火车,扣押51名人质。
- 英国六名警察因腐败罪被判刑。

'77

新闻摘要

- 利库德集团赢得以色列大选；梅纳赫姆·贝京成为总理。
- "东方快车"列车进行最后一次巴黎至伊斯坦布尔的旅行。
- 荷兰举行大选。
- 美国电影明星琼·克劳福德逝世。

6月

- 埃塞俄比亚总统特弗里·本迪死于亚迪斯亚贝巴的枪战；曼吉斯图·海尔将军掌权。
- 塞舌尔政变；阿尔伯特·雷恩掌权。
- 荷兰特种部队袭击被劫持的火车；6名恐怖分子和2名人质死亡。
- 西班牙举行41年来第一次大选。
- 爱尔兰现任政府在大选中失败。
- 吉布提独立。
- 东南亚条约组织解散。
- 德裔美国火箭科学家冯·布劳恩、意大利电影导演罗勃图·洛斯里尼逝世。

7月

- 利比亚与埃及发生边界冲突。
- 欧共体内部开始实施货物自由贸易。
- 纽约电力供应中断25小时。

平民的和平奖

1977年10月，两位来自北爱尔兰首府贝尔法斯特的天主教妇女贝蒂·威廉姆斯和麦格蕾·考里甘被授予诺贝尔和平奖，以表彰她们在该地区"草根"阶层中开

▶ 贝蒂·威廉姆斯（左）和麦格蕾·考里甘（右）因发动平民和平运动而荣获诺贝尔和平奖。

展和平运动。实际上她们早在前一年就已经获得这个奖项，但由于技术原因被推迟颁发。

1976年8月，当贝尔法斯特西区的三名儿童被IRA恐怖分子安放的汽车炸弹炸死时，威廉姆斯和考里甘在当地百姓中发起了和平运动。在她们组织的游行和集会中，新教徒妇女和天主教妇女并肩前进，共同反对两派宗教极端分子的恐怖主义。许多因宗教矛盾和骚乱而反目成仇的邻居，现在又重新走到一起，为和平而奔走呼号。

这个后来被命名为"人民和平"运动的北爱妇女和平运动，引起了世界的普遍关注。威廉姆斯和考里甘也因此成为名人。然而，尽管这个运动在某种程度上减少了北爱的恐怖暴力，但由于它只是强调和平、非暴力和正义等一般观念而缺乏解决问题的政治方案，因此其长期效果是有限的。

"山姆之子"系列谋杀案

1977年春天和夏天，纽约出现了由一个自称"山姆之子"的凶手制造的系列谋杀案。每次作案后，这个凶手都会在现场留下一个神秘的、语无伦次的字条，告诉媒体和警方他这样做完全是遵照他"爸爸"的命令，只有当他死去的时候才能停止杀人。

8月，一个名叫大卫·伯克维茨的孤独者因涉嫌"山姆之子"谋杀案而被捕。他被控谋杀了六名年轻妇女和一名男子，并使另外七人受伤。警察在他汽车前座的一个纸口袋里发现了一支0.44口径的左轮手枪。被捕时，他只说了一句话："你们逮住我了。"

尽管有人怀疑他心智不健全，但伯克维茨仍于1978年被送交法庭，并因各项谋杀罪名成立而被判处终身监禁。

伯克维茨的身世很不幸，出生时便被父母遗弃。后来，一对住在布努克斯的犹太人夫妇收养了他。

▶ "山姆之子"大卫·伯克维茨从小就表现出病态的暴力倾向。

他在青少年时期就显示出残酷的性格和悖逆的行为，包括折磨和残害小动物。1971年，他参军入伍，希望能到越南作战并"死得其所"。然而事与愿违，他从未参加任何战斗，倒是学会了高效使用枪支。1974年，他回到纽约，越发变得妄想和躁动不安。他曾制造一系列纵火案，而且耳边似乎总有个声音要他去杀人。他第一次袭击一个女子是在1975年圣诞节。

1976年，伯克维茨搬到纽约北部的扬克斯。在

邻居和熟人看来，他的生活充满诡异和幻想，就好像古罗马军团的武士。伯克维茨声称有一个六千岁的恶魔通过邻居的一条狗与他交流。他在受审时多次提到的这个"恶魔"足以让敏感的美国人联想到合谋作案的可能。不久，一些人提出"山姆之子"谋杀案绝非一人所为，伯克维茨谈到的一个为"恶魔撒旦"服务组织的话，并不是他的幻觉而是确实存在。更牵强的说法甚至将"山姆之子"谋杀案与嬉皮士杀人犯查尔斯·曼森联系起来。

90年代，伯克维茨声称自己已经"脱胎换骨"，成为虔诚的基督徒——从"山姆之子"变成"希望之子"。这种说法似乎得到一些坚信上帝可以感化魔鬼的基督教原教旨主义者的支持。但对此表示怀疑的人们指出，一些被长期监禁的人为争取获得假释而突然宣布自己已经"脱胎换骨"的事并非罕见。

"猫王"之死

1977年8月16日清晨，摇滚音乐创始人之一，"猫王"埃维斯·普雷斯利被人发现在他位于田纳西州孟菲斯市的家中浴室里死亡，终年42岁。

这位密西西比农场工人的儿子是第一个成功表演黑人风格和蓝调乐曲的白人歌手，同时也开创了白人乡村音乐的一代新风。1956年，他成为美国最受欢迎的流行歌手和青少年崇拜的偶像。然而，他也因性感而狂躁的舞台表演风格而成为保守势力猛烈抨击的对象。

他的事业转折点是在1958—1960年参军服役的两年期间。在他的经理人汤姆·帕克的带领下，"猫王"逐渐从世界摇滚霸主转变为成功的电影明星和民谣歌手。到了70年代，他的辉煌逐渐消失，后来堕落为赌城拉斯维加斯一个夜总会的色情演员。

然而这些并没有降低"猫王"在数百万"铁杆"歌迷心中的地位。大约有7.5万人参加了他的葬礼，他的墓地成为歌迷们朝拜的圣地。据估计，到他逝世时，他的歌曲至少卖出了1.55亿张单曲唱片，2500万张专辑和1500万张密纹唱片。他的《猎犬》、《温柔地爱我》、《蓝色山羊皮鞋》和《让我们摇起来》等歌曲都已成为流行文化经典。

▲不可替代的"猫王"——埃维斯·普雷斯利死后20年仍深受广大歌迷的喜爱。

· 斯里兰卡大选；贾纳瓦蒂尼组成新政府。
· 索马里入侵埃塞俄比亚。
· 美国阿拉斯加石油管道开始输油。
· 德国一银行家被他参加"红色旅"恐怖组织的孙女谋杀。
· 俄罗斯移民作家弗里基米尔·纳波夫逝世。

8月
· 中国共产党举行第11届全国代表大会。
· 美国成立能源部。
· 美国发射太空探测器"旅行者2号"探索太阳系外太空。
· 伊安·史密斯赢得罗得西亚大选。
· 俄裔雕塑家诺姆·盖波逝世。

77

新闻摘要
. . . .

9月

· 美国总统卡特和巴拿马总统特里乔斯签署条约,分期结束美国对巴拿马运河区的控制;一个月后巴拿马恢复对运河区的管理。

· "红色旅"恐怖组织绑架西德企业家协会主席汉斯·舒勒耶尔并杀死他的司机和三名保镖。

· 英国雷克航空公司开始"空中列车"服务。

· 15 国签署核不扩散条约,包括美国和苏联。

· 黑人活动家斯蒂夫·比库死在南非一个警察拘留所。

· 美国诗人罗伯特·劳维尔、英国电影制片人利奥波德·斯图克斯基和歌剧演员玛利亚·卡夫顿逝世。

10月

· 英国工会罢工造成短时间电力供应中断。

· 苏联实行新宪法。

· 泰国发生军事政变。

· 索马里报告世界最后一例天花。

· 西德恐怖分子安德雷斯·巴德尔在狱中自杀。

· 西德企业家汉斯·舒勒耶尔被绑架他的"红色旅"恐怖分子杀害。

斯蒂夫·比库之死

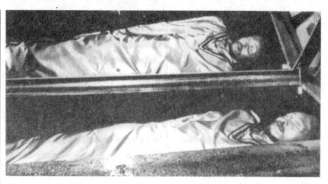

▲当局声称斯蒂夫·比库死于自尽,但他的遗体却显示曾受到严刑拷打。

1977年9月,30岁的黑人活动家在头部受到致命重击之后,死在南非一个警察拘留所内。官方调查认为,他是在暴力袭击逮捕他的警察时头部猛烈撞墙后死亡的,因此没有人因他的死而被起诉。然而,南非结束种族隔离制度后,由"真实与和解委员会"提供的证据却表明比库死于野蛮的刑讯、残酷的折磨以及未能提供及时的救治。他曾经长期戴着手铐和脚镣并多次被打成重伤。

60 年代后期,斯蒂夫·比库在上大学期间成为反对南非种族隔离制度的黑人抵抗运动领导人。

受美国黑人权力运动的影响,比库拒绝了南非非洲人国民大会(非国大)领袖纳尔逊·曼德拉提出的种族和睦相处的原则,而是鼓吹所谓的"黑人觉醒"观念,认为黑人要获得政治自由就必须与白人作坚决的斗争。

70 年代前半期,随着非国大几个领导人的被捕或流亡,比库成为南非国内反对种族隔离最活跃的人物。他在黑人青年中影响特别大,他的观念对 1976 年在约翰内斯堡附近的苏维托小镇爆发的反种族隔离民众起义起了很大作用。

船民逃离越南

1975 年,共产党势力在东南亚取得全面胜利之后,西方的一些自由主义者以为该地区新统治者能够放弃阶级斗争的教条而以温和的姿态赢得普遍的支持。然而残酷的事实使他们彻底失望。"红色高棉"在柬埔寨实施的大屠杀,其惨状超过任何一个反共鹰派分子的预言;越南尽管没有发生大规模残杀暴行,但对南方实行的"社会主义改造",导致了对自由和人权的完全蔑视。

二十多万曾为前南越政权工作的人们被送入"再教育营"。他们在那里被迫从事艰苦的体力劳动和精神折磨。新政府还强迫一百多万城市居民迁移到遭受战争破坏的农村。尽管这不失为恢复经济和减轻城市负担的一项措

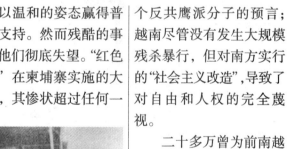

◀70 年代后期,近百万南越人逃离苦难的家园。

施，但给这些人们带来严重的苦难和悲痛。共产党的极端政策使佛教徒和天主教徒等宗教群体生活非常艰苦。而以经营生意为主要谋生手段的当地华裔，由于个体经济遭受压制更是苦不堪言。再加上共产党的暴政和美国的经济制裁，使饱受战争摧残的当地群众生活远远低于战前水平。

1977年，每月有数千人乘坐简陋的、经受不起大洋风暴的小型木船逃离越南，试图穿越泰国湾或南中国海，前往其他国家谋生。这种逃难是一场绝望的冒险：估计有四分之一的难民在途中死去，还有许多人染上重病。一些小船在汪洋大海中迷失方向，直到耗尽淡水和食物。一些小船在海盗猖獗的海面遭遇厄运。海盗们掠夺他们的财物，强奸妇女，有时甚至杀死全船人。

70年代后期，逃亡的规模越来越大。1979年，越南与中国关系破裂以至发生大规模边境战争并加紧迫害和驱赶华侨。共计约有80万船民逃到香港、马来西亚、泰国、印尼和菲律宾。其中有五十多万人被西方国家收容。还有数万人被多年拘留在难民营，最终被遣返回国。

喜剧大师告别人间

19 77年圣诞节，电影史上最著名的喜剧天才查理·卓别林在他位于瑞士维威伊的家中逝世，享年88岁。

卓别林1889年生于英国伦敦，1913年在英格兰音乐厅学艺结束后进入电影界。不久，他就塑造了一个头戴圆形礼帽，身穿肥大长裤，走路一瘸一拐的流浪汉形象，成为好莱坞最伟大的明星之一。然而，20年代出现的有声电影对他的事业造成极大的冲击，因为他的表演主要是基于体态和手势而不善于语言的表达。他在三四十年代演出的几部影片如《摩登时代》和《大独裁者》都受到普遍好评，但都没有达到无声电影时代所受到欢迎的热烈程度。

卓别林是个颇受争议的人。他曾四次结婚，都是与非常年轻的姑娘。他的政治观念使他深受美国右翼势力的厌恶。1952年，迫于反共歇斯底里的麦卡锡主义的压力，他离开美国，并发誓再不回到那里。

但1972年他还是回到美国接受他的第二次特别学术奖。1975年，他被封为爵士。

关于卓别林的死，还有一个离奇的故事：1978年3月，他的棺材被人从维威伊墓地偷出来，估计盗墓者是想用他的遗骨敲诈他家人的钱财。两个月后棺材和遗骨在附近的诺威尔小镇被发现。

▲无声电影影帝查理·卓别林扮演他最喜欢的角色——一个手持礼帽和手杖的可爱的流浪汉。

▲被盗的卓别林棺材在他家附近的一片玉米地里找到。

· 美国歌手蒂英·考斯比逝世。

11月

· 以色列与埃及开始和解；埃及总统安瓦尔·萨达特访问以色列，并在以议会致词。
· 美国退出国际劳工组织。
· 美国禁止向南非出售武器。
· 英国消防队员罢工。
· 飓风造成印度近万人死亡。
· 南非执政党国民党赢得大选。
· 英国剧作家特伦斯·雷迪甘逝世。

12月

· 阿拉伯国家谴责埃及与以色列和解。
· 南非法院裁决警察不应对黑人活动家斯蒂夫·比库的死负责，尽管他们曾采用酷刑。
· 南非名义上允许博茨瓦纳黑人家园独立。
· 中非共和国独裁者比杜·博卡萨在奢华的仪式上封自己为这个最贫困国家的国王。
· 美国煤矿工人罢工；出现暴力活动。
· 美国通过外国腐败行为法；禁止公司向外国政府行贿。
· 以色列总理贝京访问埃及。
· 设在英国的"大赦国际"获得诺贝尔和平奖。
· 著名演员兼电影制片人查理·卓别林逝世。
· 丘吉尔遗孀巴诺丝·丘吉尔逝世。

新闻摘要

· 大批经济难民,即所谓"船民"逃离越南。

· 欧佩克提高石油价格。

· 西方七国集团举行第一次会议。

· 美国航空工业解除政府管制。

· 英国《泰晤士报》因与印刷工人就采用新技术举行的谈判破裂而暂停出版。

· 第一次 DNA 重组(人体胰岛素)成功。

· 一颗未知的冥王星卫星被发现。

· 苏联宇航员打破人类太空逗留时间最长纪录。

· 苏联太空探测器"金星1号"和"金星2号"在金星着陆。

· 希腊开始挖掘古代马其顿王朝菲利普国王墓地。

· 当年公演的影片包括迈克尔·齐米诺的《猎鹿人》、特伦斯·麦里克的《天堂的日子》、伊尔曼诺·奥尔米的《木鞋树》、《油脂》和克里斯菲尔主演的《超人》。

· 连续剧《达拉斯》在美国电视台首播。

· 哈罗德·平特的话剧《背叛》在伦敦公演。

· 波兰尼乐队发表专辑《平行线》。

超级油轮大灾难

1978年3月17日,行驶在法国布里塔尼沿海的满载 22.3 万吨原油的"阿摩柯·卡迪兹号"超级油轮突然发生舵轮故障。在巨大的海浪推动下,它开始向多岩的海岸漂去。一艘得到求救信号的西德拖船赶来救助,但拖船的缆绳被绷断了。油轮继续向波特肖附近的礁石区漂去,直到船体被撞裂,大量原油流入海峡。

长达 360 公里的布里塔尼海岸到处覆盖着油层。估计有 3 万多只海鸟因原油污染而死亡,还有

▶"阿摩柯·卡迪兹号"超级油轮船体断为两截,将满载的原油泄漏在英吉利海峡的布里塔尼海岸。

23 万吨的螃蟹、龙虾和其他鱼类也惨遭厄运。当地的重要经济支柱牡蛎养殖业受到毁灭性打击。

这是欧洲最大的油轮灾难。当地民众为获得合理赔偿进行了长期的斗争。最后终于在 1988 年由美国联邦法院裁决船主印第安纳标准石油公司犯有疏忽罪,赔偿当地损失 8520 万美元。

恐怖分子杀害莫罗

政治恐怖主义是 70 年代意大利社会的一个显著特征。1969 年至 1980 年,这个国家发生过一万多起记录在案的恐怖事件,导致 214 人死亡。尽管一些最血腥的暴行,例如 1980 年造成 84 人死亡的波隆纳火车站爆炸案,是由右翼新法西斯集团策划的,但最著名的恐怖组织却是与西德的巴德尔——曼尼霍芙匪帮关系极为密切的"红色旅"。他们是 60 年代后期学生运动中产生的极端激进分子。

1978 年,"红色旅"绑架了意大利政治社会中最著名的人物阿尔多·莫罗。他是执政的基督教民主党主席,并曾担任意大利总理五年之久。3 月 16 日,莫罗从位于罗马的家中出来,乘车前往桑塔齐拉大教堂进行晨祷。他的轿车前排坐着一个武装保镖,另外两个保镖坐在紧随其后的另一辆轿车上。经过芬尼大街时,莫罗的车被两辆堵塞在马路上的汽车挡住。这时埋伏在附

▲意大利前总理莫罗的尸体在罗马市中心的一辆轿车后备箱内被发现。

近的恐怖分子突然出现，向莫罗的保镖和司机猛烈扫射。然后将莫罗塞进一辆旅行车，送到市中心一家商店的一全封闭房间。

"红色旅"发布一则公告称莫罗正在接受"人民的审判"。而意大利政府则声明绝不与恐怖分子谈判。莫罗被允许给他的家庭和基督教民主党同事们写信，他在信中以心酸的口气抗议政府拒绝进行谈判。4月15日，"红色旅"宣布"人民的审判"已经结束，莫罗已被判处死刑。

莫罗的信变得更加绝望。他谴责基督教民主党的"冷酷无情和无所作为"并呼吁他们解救他的生命，以免"作为孤独的政治囚犯而不光彩地死去"。但他的恳求没有使当局动心。经过长期的犹豫和激烈的内部争论之后，"红色旅"决定执行莫罗的死刑。

5月9日，被枪杀的莫罗的尸体在罗马市中心的一辆轿车后备箱内被发现。

实际上，这次谋杀的后果对"红色旅"非常不利。政府立即展开严厉的反恐行动，使当年的恐怖事件下降一半。原来同情"红色旅"的左翼分子对他们的血腥行为感到震惊，不再支持他们。这个集团从此一蹶不振，再也没有恢复元气。

雨伞刺杀案

19 78年9月15日，一个名叫乔治·马柯夫的保加利亚叛逃者在经过三天高烧之后死在伦敦一家医院。死者的尸检显示他的右大腿后部有一个圆形的感染痕迹，在这个感染部位有一个直径约两毫米的针孔。医生在这块皮肤下面发现一个带有四个微型针孔的细小金属球。它是用航空工业材料铂铟合金制成的。验尸官的检查结论是，这个金属球被用来向马柯夫血管输送毒药，导致他死亡。

马柯夫是"自由欧洲"电台的雇员，也是著名的反对保加利亚共产党政权的持不同政见者。被送往医院的前一天，当他在伦敦市中心的艾德维奇排队等候公共汽车时，突然感到大腿后部一阵刺痛。他急忙转身查看，发现一个人匆匆离去。后来人们知道，这个人是保加利亚情

▲ 乔治·马柯夫，离奇谋杀的牺牲者。

报机构的一名特工。他用金属雨伞杆刺中马柯夫，并发射带毒药的小球。

马柯夫并不是第一个遭此毒手的人。在他死后不久，另一个保加利亚流亡者弗里迪米尔·考斯特夫在巴黎也遭遇类似的袭击。他在拥挤的地铁站突然感到大腿刺痛，第二天开始发高烧。但幸运的是，他没有死。医疗检查证实，考斯特夫皮下有一个带毒药的金属小球。医生的化验发现这种毒药是可导致神经中毒的蓖麻油素。

- 当年的流行歌曲包括保罗·麦克卡特尼的《凯尼亚的深思》、凯特·卜施的《呼啸高峰》、比伊·吉的《夜热》和"船长"乐队的《一个女士的三个时间》。
- 当年出版的图书包括约翰·埃尔温的《格拉普的世界》和朱迪斯·克兰茨的《踌躇》。
- 阿根廷队赢得足球世界杯。

1月
- 印度航空公司一架波音747飞机在空中爆炸，死亡213人。
- 美国实行新版权法。
- 印度国大党开除前总理英迪拉·甘地后分裂为两部分。
- 伊朗库姆圣城爆发宗教骚乱。
- 意大利联合政府垮台。
- 德国大众汽车公司生产"甲壳虫"轿车。
- 美国数学家科特·高德、政治家赫伯特·汉弗莱逝世。

2月
- 里昂·斯宾克战胜拳王穆罕默德·阿里赢得世界重量级拳击冠军。
- 尼加拉瓜持续一个月的全国总罢工结束。

3月
- 阿拉法特的游击队杀死以色列平民30人。
- 意大利组成新联合政府，首次包括共产党。
- 以色列入侵黎巴嫩，摧毁巴解基地。
- 英国伊丽莎白二世女王的妹妹玛格丽特与斯诺顿伯爵离婚。

罗得西亚白人统治的末日

▲津巴布韦爱国阵线领导人罗伯特·穆加贝(左)和约述亚·尼库姆(右)。

新闻摘要

4月

· 美国退休年龄提高到70岁。

· 以色列开始从黎巴嫩撤军;联合国控制的缓冲区在该国建立。

· 印度旋风造成600多人死亡。

· 阿富汗政变;总统达乌德被杀;穆罕默德·塔拉基掌权。

· 英国文学评论家F.R.利维斯基逝世。

5月

· 科摩罗雇佣军政变;流亡的前总统阿德拉哈回国掌权。

· 罗得西亚特种部队杀害90名反对派支持者。

· 意大利法律允许堕胎。

· 美国发射"先锋1号"太空探测器。

· 巴解同意撤离联合国在黎巴嫩设立的缓冲区。

· 澳大利亚政治家罗伯特·曼扎斯逝世。

6月

· 诺米·詹姆斯完成创纪录的单人帆船环球航行。

· 伊朗国王逮捕伊朗秘密警察负责人。

· 以色列从南黎巴嫩撤军;基督教长枪党控制该地区。

· 意大利总统因财务丑闻而被迫辞职。

· 北也门总统被暗杀。

1978年3月,罗得西亚白人政府放弃维持这个前英国殖民地作为白人统治国家的主张。白人领导者伊安·史密斯邀请温和派黑人领袖阿贝尔·姆祖尔瓦主教、纳德巴尼齐·斯茨勒和耶利米·齐奥共同组成一个组织民主选举的多种族执行委员会。但这个"内部解决方案"完全是为了保障白人的利益和特权,而那些为争取平等权利而与史密斯政权斗争的游击队领导人则什么也得不到。

70年代初期,史密斯和他的支持者对单方面独立并建立白人统治充满信心。他们在相邻的南非和葡萄牙殖民地莫桑比克的支持下,轻松克服了英国经济制裁带来的困难。黑人民族主义者的游击运动惨遭镇压,他们的领导者约述亚·尼库姆和罗伯特·穆加贝被囚禁。

1971年,英国政府同意罗得西亚维持白人统治的解决方案,但要求在未来某个时期实现占人口多数的黑人统治。英国派遣一个代表团到达罗得西亚,调查这个方案是否为大多数人所接受。他们以为黑人基本上会屈从这个方案,那些无知的人们不会对管理国家有多大兴趣。然而,令英国人惊讶的是,当地的非洲人明确表示这个提议完全不可接受。

从这时起,情况开始朝着史密斯无法控制的方向发展。1974年,葡萄牙国内革命导致莫桑比克的独立,那里的左翼政府成为反对罗得西亚白人政权的游击战争基地。南非政府认为罗得西亚无法自保,也开始向史密斯施加压力,要求他与黑人民族主义者达成某种协议。史密斯被迫让步,释放了尼库姆和穆加贝,并就结束游击战争进行了一系列谈判和会议。

▲经过15年自封的"独立"之后,1980年4月14日午夜,罗得西亚正式独立,成为津巴布韦。

▲和平缔造者的角色——卡特总统站在以色列贝京总理（左）和埃及萨达特总统（右）之间。

1977年，尼库姆和穆加贝将他们各自领导的武装力量——"津巴布韦人民革命军"和"津巴布韦非洲国民解放军"联合起来组成"爱国阵线"，继续发动和扩大游击战争。尼库姆的"革命军"的主要支持者是马特贝尔人，而穆加贝的"解放军"则以罗得西亚东部的修纳为基地。尽管白人政府的装备精良和训练有素的军队给游击队造成严重伤亡，并且不断攻击设在邻国的基地，但游击战争的烈火越烧越旺，令白人政府难以抵挡。

1978年3月白人政府与温和派黑人达成的协议并未改善国内的安全情况；1979年6月的大选也未能使姆祖尔瓦主教当选这个国家的第一任黑人总理。事实很明显，没有爱国阵线的参与就不可能有和平。9月，英国政府建议举行所有各方参加的对话，就停火、选举和大幅度减少白人安全部队等问题达成一项新协议。在自1979年12月至1980年4月的过渡期间，这个国家暂时再次由英国管辖，然后正式成为独立的津巴布韦。罗伯特·穆加贝在大选中获胜，成为这个新国家的领导者。

戴维营和平协定

19 73年中东"赎罪日战争"之后，美国开始积极寻找一个能够让阿拉伯和以色列都满意的解决方案。由于以色列严重依赖于美国的军事援助，美国有能力迫使以色列作出让步。另一方面，在国会中拥有强大势力的犹太利益集团又不允许美国政府过分恫吓以色列。埃及总统安瓦尔·萨达特虽然急于得到和平方案，但又不愿因牺牲巴勒斯坦神圣事业而与其他阿拉伯国家翻脸。

1973年至1976年间，美国国务卿亨利·基辛格进行了一系列所谓"穿梭外交"。起初，以色列除了同意从它占领的西奈部分地区撤军外，不肯作出更多让步，几乎使基辛格的努力半途而废。而当右翼的利库德集团领导人贝京于1977年5月当选以色列总理时，和平似乎变得更加渺茫。美国总统卡特的新政府对贝京拒绝就巴勒斯坦问题作出任何让步深感失望。

萨达特决定采取一个或许能打破僵局的大胆的政治姿态。1977年12月，他访问了以色列，并在以色列议会致词。这是任何一个阿拉伯领导人从未有过的行动。但这个姿态未能引起以色列强硬派的响应。1978年9月5日，卡特总统邀请贝京和萨达特在戴维营会谈，和平协议似乎已经看到希望。然而此时萨达特开始对和平进程之缓慢感到失望，卡特急于获得一次重大的外交成功，而贝京则不得不考虑作出最低限度的让步：全部撤出西奈并含糊地承诺就巴勒斯坦问题采取进一步行动。作为回报，以色列将获得与埃及和平共处，有效解决自建国以来一直困扰着他们的安全问题。

这一外交成就赢得西方世界的高度赞扬，萨达特和贝京获得该年度的诺贝尔和平奖。但戴维营协议立即遭到巴勒斯坦和几乎所有阿拉伯国家的拒绝，使萨达特受到阿拉伯各国的孤立和本国穆斯林极端分子的仇视。

- 南也门总统被罢黜并被处死。

7月

- 加纳政变。
- 所罗门群岛独立。
- 桑迪奥·帕特尼当选意大利总统。
- 苏联人权活动家亚历山大·舒亚安斯基被判处13年苦役。
- 美国监狱暴乱，导致三名狱警死亡。
- 世界第一个试管婴儿路易斯·布朗在英国曼彻斯特诞生。

8月

- 美国发射"先锋2号"太空探测器。
- 伊朗电影院大火导致370人死亡；警方怀疑有人纵火。
- 肯尼亚总统杰姆·肯亚拉逝世；丹尼尔·莫伊继任。
- 桑德尼斯塔游击队占领马那瓜国家宫，控制数百人质，以换取尼加拉瓜政府释放政治犯。
- 伊朗总理辞职；沙里夫·埃米尼继任。
- 法国演员查尔斯·伯亚尔逝世。

新闻摘要

9月

· 穆罕默德·阿里击败里昂·斯宾克斯,夺回世界重量级拳击冠军。
· 伊朗地震造成 2.5 万人死亡。
· 南非总理沃尔斯特辞职;包哈当选新总理。
· 尼日利亚实行新宪法。
· 图瓦卢独立。
· 德国飞机设计师威利·米塞尔奇特逝世。

10月

· 贝鲁特冲突加剧。
· 瑞典联合政府垮台;奥尔拉·乌斯廷组成新政府。
· 坦桑尼亚与乌干达发生边界冲突。

波兰人当选教皇

▲前克拉科夫大主教,约翰·保罗二世是第一位积极插手世界事务的教皇。

1978 年 8 月 6 日,深受人们爱戴的罗马教皇保罗六世逝世之后,红衣主教阿尔比诺·卢齐尼当选新教皇,为约翰·保罗一世。人们预计这位来自意大利下层的新教皇将继续执行他的前任的政策。然而 9 月 30 日,他仅上任 33 天便因心脏病突发而逝世。

10 月,罗马教廷再次进行红衣主教团秘密选举,他们出人意料地选出了波兰克拉科夫大主教卡洛尔·乌基塔拉作为刚逝世的教皇继承人,即约翰·保罗二世。乌基塔拉是自 1522 年以来当选教皇的第一个非意大利人。他的当选是第三世界国家红衣主教的胜利,多年来他们一直试图结束意大利人独占教皇职位的局面。这同样也是教会内部保守势力的胜利。约翰·保罗二世不仅坚决反对共产主义,而且也反对有关控制生育和社会改革的自由政策。

58 岁的约翰·保罗二世是 20 世纪最年轻的教皇,上任伊始便显出比前任更加充沛的精力和热情。他走访了世界许多国家,与教徒们见面和会谈,并以教皇的身份对世界事务发挥着重大影响。

这种影响立即显示在东欧各国。这位波兰籍教皇的当选在他的祖国受到民众狂热的欢呼。民众的爱戴使当局难以控制。1979 年 6 月,波兰政府允许约翰·保罗二世正式访问波兰,这是罗马教皇第一次访问共产党执政的国家。教皇来访对波兰民众产生了巨大影响,直接导致"团结工会"运动的崛起,使苏联东欧集团出现第一条裂缝。

维塞斯的罪恶

1978 年 10 月 13 日,前"性感手枪"乐队的音乐手斯迪·维塞斯的女友南希·斯潘根死在他们共同居住的纽约彻尔西饭店房间里。她是被刺身亡的。警方立即逮捕了维塞斯。法庭以二级谋杀罪将他囚禁在雷克岛监狱。

维塞斯 1957 年 1 月生于英国波尔威利市,1977 年 3 月成为"性感手枪"的签约乐手。尽管他在音乐方面并无过人之处,但乐队经理麦克劳伦看中了他狂野的性格和倾向暴力的表演风格。维塞斯和女友斯潘根都嗜好吸毒。乐队于 1978 年初解体之后,他们的关系开始恶化。维塞斯有时参加一些演出,展示他狂躁混乱的风格。他这次美国之旅的目的是与纽约"朋克"乐队的鼓手约翰尼·詹德斯合作演出节目。

没人知道彻尔西饭店内究竟发生了什么事,或许维塞斯自己也说不清。过量的海洛因和酒精彻底摧毁了他的神志。后来的事实证明,维塞斯也不想活下去了。他在雷克岛监狱曾试图自杀。1979 年 2 月被保释出狱后,他的新女友米歇尔·罗宾逊和母亲安妮·贝弗利为他举行了一个聚会,但在聚会上他突然晕倒。第二天早晨,人们发现他死于过量吸毒。

◀前"性感手枪"乐队成员斯迪·维塞斯在一次聚会后死于过量吸毒。

邪教信徒集体自杀

19 78年11月,"人民圣殿"教的914名信徒,其中包括276名儿童在圭亚那丛林的一个村落里集体自杀。这个名叫"琼斯城"的村落是这些信徒们根据这个邪教创始人安·琼斯的姓名命名的。

琼斯在美国印第安纳州首府印第安纳波利斯创建"人民圣殿"教,最初它只是在某种程度上作为流浪者、病人和失业者的庇护所。但后来人们发现这个"宗教"的信徒越来越多的病态行为。为了逃避政府的调查和干预,琼斯带领他的追随者们来到加利福尼亚州,然后又进入南美的圭亚那丛林。

"人民圣殿"教的诡异行动引起美国政府的关注,调查人员无法理解琼斯为什么会有如此巨大的能力控制他的信徒。琼斯告诉他的追随者,这个世界不久就将在核战争中毁灭;"人民圣殿"教徒只有死在一起,才能在另一个星球转化为新的生命。为了准备这一时刻的到来,他们曾做过集体自杀演习,假装吞服毒药,躺倒在地。

真正的集体自杀是在美国加州参议员莱奥·雷恩带领一批记者前来"琼斯城"进行访问调查时发生的。这位参议员听说"人民圣殿"教一些成员被迫服从教主的意志,并受到性虐待和其他侮辱。这次访问似乎还算顺利,但当

▲数百"人民圣殿"教信徒喝了盛放在这只大桶里的剧毒氰化物溶液后,痛苦地死去。

他们要离开时,一些信徒表示希望跟他们一起走。当访问团在当地机场等候登机返回美国时,这个邪教的保安人员突然向他们开火,打死了雷恩和另外四人。

随后,琼斯将他的信徒们召集在一起,命令他们喝下剧毒的氰化物溶液自杀,大多数人欣然从命。少数不愿死的人被琼斯的忠实爪牙杀害,只有几个人逃入丛林脱险。最后,琼斯对自己的脑袋开了一枪,结束了他罪恶的一生。

11月
- 多米尼加独立。
- 伊朗政府辞职;军人集团掌权。
- 乌干达放弃对坦桑尼亚的领土要求。
- 英国教会拒绝授予妇女宗教职位。
- 新西兰政府以微弱多数赢得大选。
- 美国艺术家诺曼·克罗威尔、人类学家玛格丽特·米德和意大利超现实主义画家乔治奥·齐里奥逝世。

12月
- 伊朗石油工人罢工,导致停产。
- 美国"先锋1号"和"先锋2号"太空探测器抵达金星轨道。
- 东京日经指数到达6000点。
- 纽约肯尼迪机场发生500万美元被盗案。
- 美国驻伊朗使馆卫兵用催泪弹阻挡试图冲入使馆的骚乱人群。
- 越南在苏联支持下侵略柬埔寨。
- 南也门选出新总统。
- 阿根廷总统霍莫奥·伯莫迪恩在任职13年后逝世;查迪·本杰迪继任。
- 伊朗组成以沙伯尔·巴哈蒂亚为总理的新政府。
- 以色列前总理古尔达·梅厄和西班牙作家兼外交家舒尔瓦德·雷奥逝世。

杀人屠场

- 伊朗国王开始清洗和处决反叛的军官。
- 印尼爪哇岛迈莘火山喷发。
- 英国工人开始冬季罢工,造成社会不安。
- 尼日利亚成立文官政府。
- 伊朗伊斯兰革命,导致石油价格猛涨。
- 法国法律允许堕胎。
- 美国右翼政治集团"道德主流"成立。
- 英国电信公司成立。
- 英国政府实施紧缩政策,导致经济衰退、失业上升。
- 美国政府为克莱斯勒汽车公司提供15亿美元贷款保证金。
- 美国"空中实验室"脱离地球轨道。
- 苏联宇航员创造太空停留新纪录。
- 当年公演的电影包括:伍迪·艾伦的《曼哈顿》、詹姆斯·布里齐的《中国综合征》、罗伯特·宾顿的《凯莫尔传奇》、弗朗西斯·福特的《现代启示录》、拉德莱·斯克特德的《外星人》、乔治·摩尔的《疯狂的麦克斯》、雷纳·沃纳的《玛利亚·布劳恩的婚姻》和威克尔·舒伦道夫的《锡鼓》。
- 马丁·舒尔曼的话剧《倾向》在伦敦公演。

▲红色高棉游击队领导人波尔布特在柬埔寨实行了20世纪最血腥的独裁统治。

1978年圣诞节当天,越南军队入侵柬埔寨。两个星期后,越军占领柬埔寨首都金边,推翻了波尔布特领导的"红色高棉"政权,建立由前红色高棉官员洪森领导的亲越南的"联合阵线"。为了显示此次入侵的正义性,越南人邀请各国记者参观"红色高棉"的残暴场面。来自尸骨累累的"屠场"的照片,证实了柬埔寨在红色高棉残暴统治下经历了20世纪最恐怖的日子。操纵这些大屠杀的领导人波尔布特的残酷无情完全可与希特勒和斯大林相比。

红色高棉游击队于1975年4月夺取柬埔寨政权后,不久就开始有计划地实施各种暴行。红色高棉领导层是一些热衷于社会主义革命、主张与过去彻底决裂的马克思主义知识分子。他们掌权后,开始对人们实施脱胎换骨的"改造"。为了推行这种"改造",他们将没有文化的农民(大部分是青少年)组织起来,用野蛮的手段将城镇居民和知识阶层驱赶到乡村。

红色高棉夺取政权时,金边约有300万人口。在他们的暴力威胁下,全城百姓都被驱赶到乡村,去创建"新农庄"。其他城市也有一百多万人被当做"不可靠"分子而驱赶到农村。在这疯狂的"清理"城市期间,曾多次发生暴力和屠杀事件,许多前政府官员、教师和学生成为这些暴行的牺牲者。在残暴政权的统治下,数十万人因饥饿、疾病和政治迫害而死于极其艰苦的"新农庄"建设过程。甚至有的人仅仅由于与他人的配偶交谈或采摘野果充饥而被处以极刑。

这是一种只有恐怖而毫无任何进步意义的"农村化"运动。极端的暴力政权对少数民族,特别是高棉穆斯林以及越南侨民和泰国人实施惨绝人寰的种族灭绝。红色高棉对越南侨民的迫害成为越南军队入侵的借口之一。这种恐怖统治的另一个目标曾经是那些旧政权的重要人物,但后来也包括红色高棉领导层内部的持不同意见者和党内的"动摇分子"。

从1976年起,柬埔寨总理波尔布特开始成为国内的政治强人。当越南军队入侵时,他带领一些来自农村的老游击队员继续抵抗。

1989年9月越南从柬埔寨撤军。1991年10月23日,柬冲突四方在巴黎签署《巴黎和平协定》。1994年7月7日,柬议会宣布红色高棉为非法组织。

1997年5月,波尔布特被判处终身监禁。1999年2月9日,最后1700名红色高棉战士在安浓汶被编入柬政府军。3月6日,红色高棉最后一位领导人切春被政府军捕获。当今世界最著名的激进组织之一红色高棉,终于走到了它的历史尽头。

▲图中死亡营堆满了被屠杀者的尸骨。这只是红色高棉种族灭绝计划的罪证之一。

伊朗的伊斯兰革命

19 79年1月16日，伊朗国王穆罕默德·礼萨·巴列维，在席卷全国的伊斯兰原教旨主义的猛烈冲击下，被迫逃离德黑兰流亡国外。2月1日，一直在海外策划推翻国王的78岁的什叶派宗教领袖阿亚图拉·霍梅尼回到伊朗，受到大多数伊朗人民的热烈欢迎。

巴列维国王深受20年代现代土耳其创始人凯末尔的影响，是个亲西方的现代化促进者。他讨厌以圣城库姆为中心的什叶派毛拉们的宗教势力。他在60年代实施的一项重要改革就是将大量的土地资产分配给较小的土地所有者。这些土地资产大部分属于宗教势力。1963年，库姆伊斯兰示威被镇压之后，霍梅尼被迫流亡海外，开始策划推翻巴列维。

直到70年代，巴列维国王的统治一直比较稳固。美国和其他西方国家将伊朗视为反共堡垒，为巴列维的军队提供现代化装备。他的秘密警察组织可以随时消除任何反抗迹象。来自石油产品的收入足以支撑庞大的国家建设项目和都市中产阶级的西方式消费生活方式。

但是霍梅尼和毛拉们对巴列维国王进行诽谤宣传，说他是魔鬼的代理人。这些宣传在广大贫苦民众中产生巨大煽动作用。他

▲伊朗国王穆罕默德·礼萨·巴列维试图使他的国家现代化，却被伊斯兰原教旨主义者赶下台。

们流传着霍梅尼呼吁"被压迫者"起来反对"压迫者"的录音讲话。1976年当选的美国卡特政府尽管继续支持伊朗国王，但同时要求他改善人权和解散秘密警察。

1978年，伊朗国内的抗议运动不断高涨，但每次示威都遭到野蛮的镇压。

到年底，每天在首都参加示威的人多达100万。当局派遣武装直升机和坦克对付示威者，只能激起人民更大规模的抗议和斗争。不久，军队开始转向支持示威群众。这种情况下，美国也无能为力。1979年初，巴列维别无选择，只好弃国出走。

新成立的伊朗伊斯兰什叶派政府视美国为邪恶的撒旦，并打算违背任何不符合伊斯兰革命的国际法。这些行为的代价全部落在伊朗人民身上，他们不仅被迫穿上传统的伊斯兰服装和遵守严格的清规戒律，还有数以千计的人死于宗教恐怖统治之下，并陷入与邻国伊拉克的漫长而毫无结果的战争中。

- 斯蒂芬·桑德海姆的音乐剧《斯威尼·托德》在纽约公演。
- "警察"乐队发表专辑《雷格图》。
- 当年的流行歌曲包括"别致"乐队的《奇异》、格劳利亚·伽纳的《我将生存》和"窍门"乐队的《我的莎隆娜》。
- 当年出版的图书包括诺曼·梅尔的《刽子手之歌》、米兰·坎德拉的《欢笑与忘怀》、V.S.纳帕尔的《河流的弯曲处》和威廉·斯特兰的《苏菲的选择》。
- 暴雨造成英国法斯奈特帆船赛15人死亡。
- 英国首次出现球员转会费高达100万英镑。

1月
- 英国卡车司机罢工。
- 伊朗伊斯兰狂热分子煽动暴力。
- 中国与美国正式建立外交关系。
- 沙克波尔·巴克迪亚被任命为伊朗总理。
- 墨西哥地震造成一千人死亡。
- 坦桑尼亚入侵乌干达。
- 教皇约翰·保罗二世访问拉美。
- 意大利联合政府垮台。
- 美国爵士乐作曲家查尔斯·名古斯，德国诺贝尔奖获得者、物理学家马科斯·布恩和美国企业家尼尔森·洛克菲勒逝世。

▲阿亚图拉·霍梅尼的肖像成为激进穆斯林世界的代表。

新闻摘要
. . . .

2月
· 美国暂停对尼加拉瓜苏摩萨政权的援助。
· 美国驻阿富汗大使被穆斯林极端分子绑架；当地警察试图营救，美国大使在枪战中死亡。
· 美国驻德黑兰大使馆被穆斯林示威者占领。
· 民族党赢得孟加拉大选。
· 北爱尔兰忠于英国的新教徒杀手"桑克山屠夫"被判处终身监禁。
· 圣露西亚独立。
· 南北也门爆发战争。
· 罗得西亚空军袭击赞比亚境内的游击队基地。
· 法国电影导演伊安·雷诺尔和诺贝尔物理学奖获得者丹尼斯·盖伯逝世。

三哩岛核事故

三哩岛是位于美国宾夕法尼亚州首府哈里斯堡以南16公里的一座核工厂。1979年3月28日，这里发生了美国第一次严重核事故，给核电工业造成致命打击。

这次事故是技术故障和人为错误的共同结果：一个阀门被卡在开启的位置，使来自该厂2号反应堆冷却系统的水被蒸发。而操作员对发生的情况作出了错误判断，停止了向核燃料芯流动的紧急冷却水，使反应堆内部温度骤然升高。当人们终于发现水蒸气从芯体冒出时，才开始增加冷却水。然而，突然加入的冷水使极端高热的铀燃料棒瞬间崩裂。

▲三哩岛核电厂——美国第一起大型核事故发生地。

幸运的是，损坏的核燃料几乎没有对周围环境造成发射性污染。由于迅速采取安全措施，解除了反应堆彻底崩溃的危险。但这一事故引起公众的严重关注，宾夕法尼亚州州长迪克·图伦堡呼吁该厂周围的儿童和孕妇尽快撤离。

后来，核电公司向当地居民支付了一笔赔偿费。但大多数要求该公司作出健康赔付的起诉都被法庭驳回。尽管民众普遍要求关闭三哩岛核电站，但它的1号反应堆仍继续运行了20年之久。这次事故使来自美国民间和国会的要求停止建造新核电站的呼声日益高涨。

阿明暴政的完结

1971年，乌干达军队总司令埃迪·阿明将军发动军事政变，推翻了总统米尔顿·奥伯迪，掌握了国家大权。在此后的八年里他一直是这个国家的独裁者，他的统治以残暴和腐败而臭名远扬。他的罪行累累，从大规模驱逐亚裔人，实施部落大屠杀，到迫害和暗杀著名的反对派人士，其中包括1977年杀害的乌干达大主教。

阿明是个穆斯林，他的统治依赖于其他伊斯兰国家的支持，其中包括苏丹、利比亚和巴勒斯坦。

◀ 阿明在西方人眼中是个颇为可笑的人物，但实际上却是非洲最残暴的独裁者之一。

但阿明想在乌干达这个天主教徒占多数的国家实行伊斯兰化并不容易，而且导致军心不稳。由于强行没收亚裔人和外资企业，再加上阿明及其爪牙的疯狂掠夺，乌干达经济已经崩溃。阿明的独裁统治也完全失去了民众支持。

1978年秋，阿明决定通过战争解决他面临的严重政治问题。乌干达的邻国坦桑尼亚领导人朱利叶斯·尼雷尔一直严厉批评阿明，并支持流亡的乌干达前总统奥伯迪。10月，阿明军队入侵坦桑尼亚并占领该国边境地区。这完全是玩火的行为。坦桑尼亚立即以反侵略为由，对阿明发动进攻。

1979年3月，1万多人的坦桑尼亚军队与一支小规模的乌干达流亡者部队一起进入乌干达。尽管阿明得到利比亚领导人卡扎菲的大力支持，后者还派遣一支部队来保护阿明，但乌干达首都坎帕拉还是于4月10日被攻克。阿明乘飞机逃往沙特阿拉伯。

撒切尔夫人执掌英国内阁

1979年6月4日，保守党领袖玛格丽特·撒切尔成为英国第一位女首相。她领导保守党在大选中获得重大胜利。保守党在议会下院夺得339个席位，而工党仅为269个。

1974年以来，英国一直是工党执政，但70年代后期逐渐失去在下院的优势，只能靠其他几个小党的支持继续执政。工党与自由党就支持政府达成的协议到1978年秋即告终止。这时，首相詹姆斯·卡拉汉提出举行大选，他预计工党有可能获胜。

政府一直试图控制工资增长，但面临着日益增长的压力，特别是来自公共服务行业工人的压力。1979年1月至3月间，清洁工人、健康服务人员、殡葬工人和其他许多行业工人罢工此起彼伏。伦敦《太阳》报将这个多事的时期称为"不满的冬天"，而卡拉汉似乎低估了这个不利的形势。

尽管这些罢工并没有导致政府垮台，但的确动摇了它的根基。到1979年，工党政府依靠议会中苏格兰民族党议员的支持。但

▲玛格丽特·撒切尔和她的丈夫丹尼尔·撒切尔准备进入首相府唐宁街10号。

在3月举行的全民投票中，苏格兰和威尔士的投票人拒绝支持一项关于这两个地区自治的提案。于是政府收回了下放的立法权，而苏格兰民族党也撤消了对政府的支持。3月28日，政府在下院的信任投票中失败，被迫宣布举行大选。

保守党在这次大选中采取了巧妙的宣传策略，他们聘请著名的广告公司帮助策划和设计。有一幅宣传画显示人们正在排着队领取救济金，下面有一句发人深思的话："难道英国人不工作？"讽刺工党政府对严重的失业问题无所作为。

这次大选是英国政治的分水岭。此前15年是以工党为主（保守党执政仅4年）的统治时期，此后18年则由保守党连续执政。更重要的是，保守党改变了第二次世界大战以后两党共同接受的许多原则，如"福利国家"制度和国有企业与私营企业共存的"混合经济"体制。

3月
· 美国太空探测器"旅行者1号"到达木星。
· 苏格兰和威尔士全民投票否决脱离英国。
· 伊朗恢复石油出口。
· 格林纳达发生"新宝石运动"政变；莫里斯·毕绍普掌权。
· 欧洲货币系统开始运行。
· 巴西成立新文官政府。
· 南北也门战争结束。
· 英国驻荷兰大使被IRA暗杀。
· 埃及与以色列签订和平条约。
· 英国保守党政治家阿尔利·奈夫死于IRA汽车炸弹爆炸。

4月
· 苏联因生化武器研究所储存库事故，导致炭疽病爆发，造成人员感染。
· 伊朗宣布为伊斯兰共和国。
· 巴基斯坦前总理阿里·布托被处死。
· 罗得西亚举行第一次多种族选举。
· 关贸协议谈判东京会议结束。
· 尤素福·卢勒成为乌干达总统。
· 中非帝国一百多名儿童在示威活动中被杀害。

新闻摘要

. . . .

5月

·萨尔瓦多左翼游击队占领各国使馆。

·执政的自由党在加拿大大选中失败；乔伊·克拉克成为总理。

·美国电影明星玛丽·帕克福特、德国作家珍妮·雷斯逝世。

6月

·墨西哥油田发生特大井喷，造成世界最严重的环境污染事故；常规技术无法制止井喷，原油泄漏持续数月。

·南非总统因政治丑闻而辞职。

·加纳军事政变；杰瑞·罗林斯掌权。

·美国总统卡特与苏联领导人勃列日涅夫在日内瓦举行会谈；限制战略核武器第二阶段协定签字。

·美国亚特兰大城市快速交通系统开放。

影坛硬汉逝世

1979年6月11日，好莱坞著名影星约翰·韦恩在与癌症长期搏斗之后，终因病情恶化而逝世，享年72岁。韦恩生于马里恩市，他的第一部成名影片拍摄于1939年，在约翰·福特执导的经典西部片《西部马车》中扮演兰格·凯迪。从那时起，他开始成为传统美国男人美德的典型形象，特别是那些除暴安良的英雄豪杰。他在《红河》、《黄丝带》和《白杨》等一系列战争片和西部片中大获成功。

韦恩本人的性格与他

◀银幕上的美国英雄，约翰·韦恩的好莱坞生涯塑造了他的硬汉形象。

的银幕形象非常接近。他是一个强烈的爱国主义者，"冷战"期间曾积极揭露好莱坞内的"共产党同情分子"。在60年代，他号召人们支持美国政府发动的越南战争，并于1968年主演了《绿色贝雷帽》作为献给美国士兵的礼物。

1976年，韦恩与晚期癌症的搏斗受到社会的普遍赞扬。他在影片《枪手》中成功扮演了一个身患绝症的冷血杀手。韦恩一生结婚三次，共有七个子女。

欧洲议会选举

欧洲议会第一次直接选举于1979年6月7日举行。这是朝着统一欧洲的目标所作出的划时代的进步，但欧洲各国大多数选民却对此感到厌倦和漠不关心。特别是在一个月前刚举行过本国大选的英国，只有不到三分之一的选举人参加了投票。其中大部分支持保守党，该党赢得了分配给英国的81个欧洲议会席位中的60席，工党只获得17席，苏格兰民族党1席，乌尔斯特统一党3席。但就欧洲整体而言，则是社会民主党获胜。

不仅英国选民们对欧洲大陆缺乏热情，新首相撒切尔夫人更是不屑一顾。当年年底，她提出一项咄咄逼人的削减英国欧共体经费份额的方案。撒切尔夫人的坚定态度表明，她将不遗余力地捍卫英国自身的利益。

▶法国卫生部长萨文·威尔在第一次欧洲议会选举中投票。

桑迪尼斯塔政权的诞生

到70年代中期，索默扎家族自1933年以来在尼加拉瓜的独裁统治已经风雨飘摇。尼加拉瓜社会各阶层几乎都痛恨和畏惧索默扎残暴而腐败的政府及其爪牙"国民卫队"。总统安纳斯塔索·索默扎在这个贫穷落后的小国聚敛了大约9亿美元的财富。1977年卡特任美国总统后，开始执行基于人权的外交政策。索默扎也失去了他赖以生存的美国的全力支持。

反对索默扎独裁统治的先锋是1962年成立的左派游击队组织"桑迪尼斯塔"。受古巴卡斯特罗革命成功的启发，桑迪尼斯塔一直在农村开展游击活动。

这种游击战争本来很难持久，但由于"国民卫队"的残酷清剿，包括地毯式轰炸和大规模使用化学落叶剂，使普通农民遭受重大损失和死亡。对索默扎政权恨之入骨的广大农民坚决支持桑迪尼斯塔。

1977年，桑迪尼斯塔决定放弃狭隘的左派团体利益而与所有反对索默扎的各派组织结成广泛的战略同盟。斗争的形式从零星的游击战迅速发展为大规模的群众起义。1978年1月以来，首都马那瓜和其他城市相继发生反对"国民卫队"的骚乱和罢工。

1979年2月，桑迪尼斯塔发动大举进攻，敲响了内外交困的索默扎的丧钟。7月，索默扎逃往美国迈阿密。桑迪尼斯塔在广大民众的拥护下掌握了国家政权，建立了由马克思主义者丹尼尔·奥特加领导的国家重建委员会。许多前"国民卫队"成员逃往邻国洪都拉斯和哥斯达黎加，在那里组成反对新政府的游击武装。80年代，他们在美国政府支持下不断袭击桑迪尼斯塔并恐吓尼加拉瓜人民。

▲桑迪尼斯塔的支持者在首都马那瓜集会庆祝索默扎独裁统治的垮台。

蒙巴顿死于恐怖炸弹袭击

19 79年8月27日，英国女王的堂兄蒙巴顿将军被北爱尔兰共和军（IRA）杀害。当时，这位伯爵正与家人一起在爱尔兰的斯里格郡度假。一颗炸弹被安放在他停靠在姆拉格摩尔码头的游艇"幻影5号"上。当他与家人驾艇出游时，恐怖分子用无线电遥控器引爆了游艇上的炸弹。

与蒙巴顿伯爵一起遇难的有他15岁的孙子尼古拉斯·纳齐布尔和另一个15岁的爱尔兰男孩保罗·马科斯威尔；蒙巴顿的女儿和女婿巴布卢恩爵士夫妇和他们的儿子迪姆茨以及蒙巴顿的亲家巴布卢恩女伯爵受重伤。巴布卢恩女伯爵后来也因伤重不治而亡。

同一天，另有18个英国士兵在北爱尔兰的沃宁旁特死于IRA恐怖袭击。这是英国军队在当地遭遇的最严重的伤亡事件。袭击发生在卡灵福德湖附近的一条小道上，当一队英国士兵走过小道时，躲在湖对岸的恐怖分子用遥控装置引爆了埋在路边的炸弹。爆炸发生后，其他士兵纷纷向逃跑的恐怖分子开枪，却打死了一名英国旅游者。

死于沃宁旁特的士兵大部分属于伞兵团，该团曾在1972年"血腥的星期天"打死了13个参与暴乱的天主教徒。IRA的这次袭击就是为了报这七年前的仇恨。"8·27"事件之后，贝尔法斯特天主教居民区出现了一条标语："13个逝去的人没有被忘记，我们让蒙巴顿和18个人来偿还。"

▶蒙巴顿伯爵的葬礼。人们深切悼念这位二战英雄和IRA恐怖行动的牺牲者。

7月
· 美国太空探测器"旅行者2号"到达木星。
· 美国黑手党头子卡梅恩·盖兰特在纽约布鲁克林区被击毙。
· 印度总理莫尔加·德塞辞职；卡兰·辛格成为新总理。
· 萨达姆·侯赛因成为伊拉克总统。
· 尼加拉瓜独裁者索默扎流亡美国。
· 尼加拉瓜起义民众占领首都马那瓜。
· 两艘油轮在特立尼达附近相撞；原油泄漏，造成污染。
· 美国哲学家赫伯特·马修斯逝世。

8月
· 赤道几内亚发生军事政变。
· 毛里塔尼亚放弃对西撒哈拉的领土要求。
· 加拿大前总理、政治家约翰·迪芬贝克逝世。

9月
· 飓风造成多米尼加共和国一千多人死亡。
· 阿富汗军事政变；哈法祖拉·阿明掌权。
· 中非帝国独裁者博萨卡被废黜；大卫·达克掌权，废除帝制。
· 前赤道几内亚独裁者马萨斯·纳格马被判处死刑。
· 安哥拉总统奥格斯提诺·纳图逝世；乔斯·安瓦多·桑托斯继任。
· 德国哲学家奥托·费舍、美国艺术家吉恩·塞勒格和英国喜剧演员戴姆·格里斯费尔德逝世。

新闻摘要
. . . .

10月

· 日本举行大选。
· 萨尔瓦多连续数周骚乱;总统罗穆洛被罢免。
· 巴基斯坦总统奇亚·哈克取消即将举行的大选。
· 美国政府不顾美驻伊朗大使的建议,允许伊朗国王进入美国治疗癌症。
· 瓦克拉夫·海沃尔和其他持不同政见者被捷克政府判处颠覆罪。
· 韩国总统朴正熙被该国秘密警察首脑暗杀。
· 圣文森特和吉布丁群岛独立。
· 英国飞机设计师巴纳斯·沃伦斯逝世。

11月

· 英国新上台的保守党政府宣布大幅度削减开支。
· 美国油轮在得州加尔维斯顿水域起火,造成严重污染。
· 美国驻伊朗使馆被穆斯林极端分子占领,扣押六十多名人质,要求美国遣返前国王。
· 霍梅尼领导的伊斯兰国民委员会掌握伊朗政权。
· 美国禁止进口伊朗原油。
· 美国政府冻结伊朗在美资产。
· 穆斯林极端分子占领沙特阿拉伯大清真寺;四天后被沙特军队夺回。

女王身边的间谍

19 79年11月21日,英国首相撒切尔夫人在回答议会质询时确认,负责管理女王藏画的著名艺术史学家安东尼·勃兰特爵士是苏联间谍。传记作家安德鲁·鲍埃勒在最近出版的《叛逆的气候》一书中描述了勃兰特的罪行。勃兰特被剥夺了爵士称号,但这是惟一能对他执行的惩罚。

30年代,勃兰特在剑桥大学圣三一学院读书时就加入了一个信仰共产主义的学生团体,并开始为苏联情报机构工作。1951年,两名苏联间谍唐纳德·麦克林和盖伊·勃格斯逃往苏联;1963年,另一名间谍凯姆·费尔伯逃往苏联。第二年,反间谍机构军情五处根据得到的线索审讯了勃兰特。这位老谋深算的艺术家与审讯人员达成一项"交易":他同意说出他知道的一切,包括他对麦克林和勃格斯的逃跑所起的作用;而军情五处则对他免于起诉和严格保密,允许他继续从事他尊贵的事业并保持名誉。

但由于军情五处内部一些成员对勃兰特逃脱惩罚深感不满,他们最终还是公开揭露勃兰特的罪行。这些官员,其中包括《捉间谍的人》的作者彼得·怀特,深信除上述四人外还有一个苏联间谍隐藏在英国情报机构内部,他就是1956年至1965年担任军情五处处长的罗杰·霍里斯。但1981年,撒切尔夫人坚决否认了这个令人惊讶的说法,认为它是完全不真实的。

◀ 在英国上流社会核心工作了一生,安东尼·勃兰特最终暴露了苏联间谍的身份。

特里萨修女荣获诺贝尔和平奖

罗马天主教"慈善传教会"负责人特里萨修女因为全世界最贫苦的人们辛勤工作而被授予1979年度诺贝尔和平奖。

特里萨修女1910年生于马其顿王国斯克普里的一个阿尔巴尼亚族家庭,原名阿吉斯·格恩娜哈。1928年,她进入印度加尔各答的一个修道院。直到40年代,她一直在这个修道院教书。在此期间她深为加尔各答街头随处可见的贫苦百姓所感动,决心以毕生精力来帮助他们。1950年,她建立了"慈善传教会",致力于关怀和照顾患病和垂危的穷人。

1956年这个机构被罗马天主教正式承认,传教士们开始在各国开展工作,但特里萨修女仍住在加尔各答。1971年,她被授予约翰二十三世教皇和平奖。为贫困群体无私奉献的精神使她在70年代多次成为诺贝尔和平奖的候选提名者,尽管面临许多强大的竞争对手,其中包括与埃及签订和平条约的以色列总理贝京和通过谈判结束越南战争的美国国务卿基辛格。

▲ "活圣徒"特里萨修女一生致力于关怀世界上最贫穷的人们。

苏联入侵阿富汗

19 79年12月，苏联发动了侵略阿富汗的战争。这场成为导致苏联体制最终解体的原因之一的战争，最初起源于阿富汗内部复杂的权力斗争和阿富汗政府的长期暴政。

从50年代起，由穆罕默德·达乌德将军统治的阿富汗就成为苏联的附属国，但那时苏联很少干涉它的内部事务。然而达乌德的大权独揽却受到统治集团内部两个激进的马克思主义派别"哈尔克"派和"帕克哈姆"派的挑战，这些派别急于在这个落后的部落国家实现苏联式的现代化。1978年4月，他们发动了一场流血的军事政变，推翻了达乌德。

夺取政权后不久，两个派别之间又爆发权力之争。"哈尔克"派失利，它的领导者巴布拉克·卡尔迈勒逃往东欧。由总统诺尔·塔拉基和总理哈费祖拉·阿明领导的"帕克哈姆"政府开始实施对传统的穆斯林部落产生极大影响的大规模改革运动，包括重新分配大地主的土地、提高妇女地位和为女孩提供受教育机会等措施。但这种过激的改革遭到传统的部落和宗教领袖的反对和抵制。不久，这个多山的国家开始出现动乱，一些部落酋长组织起私人武装，号称"真主的战士"。1979年，首都喀布尔和其他城市都发生了反政府示威和大规模骚乱。

苏联倾向于比较温和的"哈克尔"派，对"帕克哈姆"政府的过激行动感到失望。阿富汗有大量苏联顾问，其中许多人在动乱中受到袭击。1979年9月，总理阿明杀害了总统塔拉基，掌握了绝对权力。苏联确信在阿明领导下，阿富汗的形势只会更加糟糕。它面临着两个选择：从阿富汗撤回顾问，或者实施军事干预直接控制这个国家。

1979年圣诞节前夕，苏联以帮助阿明镇压反叛者为名，开始派兵进入阿富汗。

12月27日，苏军进攻总统府，粉碎了阿富汗卫队的抵抗，击毙了阿明。"哈克尔"派领导人巴布拉克·卡尔迈勒回到国内，成为新政府首脑。苏军完全控制了阿富汗的主要城

▲一架苏军直升机被顽强抵抗的阿富汗游击队击落。

镇、机场和其他重要的交通枢纽。苏联的行动是否完全属于西方所说的"侵略"姑且不论，但有一点可以肯定，苏军绝不是"应邀"进入阿富汗，这与美国在越南的行径如出一辙。严格说来，这个行动并不是"苏联扩张主义"的表现，但它破坏了苏联与西方之间的缓和，并为苏联自身留下了危险的祸根。对苏联来说，与强悍的阿富汗山民作战是一场残忍而漫长的噩梦，就像美国人与越共的长期战争一样。

- 一架DC10型飞机在南极洲撞山，造成257人死亡。
- 撒切尔夫人决定削减英国对欧洲共同体基金的缴款。

12月

- 美国驻利比亚大使馆被示威者烧毁。
- 欧洲空间局发射"阿丽亚娜"火箭。
- 爱尔兰总理杰克·伦齐辞职；查尔斯·洪奇继任。
- 加拿大政府在信任投票中失败；要求举行大选。
- 罗得西亚内战停火。
- 美国流行歌曲作曲家理查德·罗杰斯逝世。

1980−89

对于英国和美国来说，80年代是由两个富有特色政治领袖主宰的时期，因此后来人们将这一时期称为"撒切尔时代"和"里根时代"。英国的第一位女首相玛格丽特·撒切尔于1979年开始执政。这位"铁娘子"使英国经济迅速发展而政治则急剧右转，并在此后的几届内阁都打上了自己的印记。撒切尔夫人坚信市场经济原则，通过货币调控手段促进财富增长。这一时期，政治右倾化是西方的普遍趋势，而美国大选产生的里根政府或许是其中最严重的。为美国观众所熟知的前电影演员罗纳德·里根从50年代后期开始从事政治活动。他以对共产主义的直言不讳的攻击（他曾称苏联为"邪恶帝国"）和对内实行"不干涉主义"的经济政策博得美国公众的好感，赢得了大选的胜利。在经过越南战争和"水门"事件形成的弱势政府之后，美国人民迫切希望通过强有力的里根政府重振美国的国际威望。即使发生了像非法为尼加拉瓜反共游击队提供武器这样的丑闻，也没有影响公众对里根的支持。1988年，里根第二任期届满后，他的党内继任者乔治·布什又轻松战胜民主党候选人当选美国总统。

尽管国际社会为维护中东和平作出了重大努力，但这里仍然是具有高度战争危险的地区。80年代又出现了一个新的不稳定因素——伊斯兰原教旨主义。1979年，这场席卷伊朗的革命将亲美的国王赶下台，取而代之的是以霍梅尼为精神领袖的什叶派穆斯林政府。1980年，随着美国对伊朗的影响的消失，毗邻伊朗的伊拉克在萨达姆·侯赛因的领导下，利用这个机会侵占伊朗的油田。霍梅尼则发动"圣战"进行反击。八年的两伊战争使两国经济受到严重摧残。

80年代，人类又面临一个新的威胁，一种危及人类未来的疾病——艾滋病。这是一种无法治愈的攻击人类免疫系统的疾病。人们已经知道艾滋病是通过性接触或血液传播的，起初主要流行于静脉注射吸毒者和同性恋者这两类缺乏社会关注和官方支持的群体。后来人们发现这种"同性恋瘟疫"同样也会通过异性性活动传播，这引起了社会的普遍重视。尽管尚未研制出有效治愈艾滋病的药物，但预防人体免疫缺损病毒（HIV）的全套方法已经找到。尽管艾滋病在西方国家已经得到遏制，但在不发达国家仍有扩大的趋势。

80年代的最后几个月发生了自第二次世界大战以来最剧烈的国际变化。随着波兰造船厂工人领袖莱奇·瓦文萨的团结工会发起的争取公民权利的斗争，东欧各国人民纷纷抛弃苏式共产主义制度。波兰政府迫于民众的巨大压力，承认了"团结工会"的合法政党地位。在随后举行的大选中，瓦文萨当选波兰总统。

造成东欧共产党国家崩溃的部分原因在于苏联领导人米哈伊尔·戈尔巴乔夫。他的所谓"新思维"使封闭的苏联社会逐渐对外开放。他的这种姿态也影响了其他东欧国家。十几年前遭遇苏军坦克镇压的捷克斯洛伐克又重新燃起改革的烈火，其他东欧国家也纷纷效仿。最后，作为28年"冷战"象征的柏林墙轰然倒塌。一年后，东德不复存在，德国人民实现了梦寐以求的统一。

此时，列宁在20世纪初创造的这个庞大帝国似乎气数已尽。挣扎着又过了一年之后，苏联于1991年解体。"冷战"也终于结束。

圣海伦斯火山喷发

1980年5月18日，位于美国华盛顿州西南部群山中的圣海伦斯火山发生多年未见的岩浆喷发的壮丽景观。这是自1917年拉森火山喷发以来，北美洲出现第一次火山喷发。

在1856年以来一直处于休眠状态的圣海伦斯火山于1980年3月27日首次出现复苏迹象，火山坑口开始持续冒出蒸气和烟灰并不时有爆裂的小石块滚落下山。州政府立即下令一切人员撤离可能遭受岩浆和泥石流危害的村庄。尽管地质学家早在两年前就已经作出火山活动的警告，但最终发生的剧烈喷发仍令人们感到惊讶。

在4月22日出现小规模喷发后，圣海伦斯火山持续咆哮了六个星期。喷涌而出的岩浆在高达2950.5米的火山口北坡形成一条火红炽热的熔岩流。5月18日上午，火山伴随着里氏5.1级地震的猛烈暴发。这是北美最大的一次火山暴发。强烈的爆炸气流将熔化的石块和岩灰带到19公里以外的地方。160公里以外的地区都能感受到大地的震撼。火山喷发形成的遮天闭日的烟云持续了将近一周的时间。

这次火山喷发摧毁了一千万棵树，并造成六十多人遇难，其中大部分死于泥石流和托特河谷洪水泛滥。此后，小规模的喷发一直持续到当年10月。到火山完全停止活动时，圣海伦斯火山口的高度降至2438米。

▲沉睡的巨人圣海伦斯火山开始苏醒，岩浆蒸汽和灰尘形成180米高的烟云。

北海油田的灾难

1980年3月28日，菲利普石油公司的"亚历山大·凯尔兰号"服务平台在飓风袭击下倾覆，造成自1975年北海油田投产以来最严重的灾难。

这座用作海上浮动旅馆的平台位于挪威水域。当威力强大的飓风袭来时，平台上的两百多人中除了一些正在油田工作以外，其他人都被抛入水中。尽管这里靠近比较繁忙的海上运输线，在半径80公里范围内有20艘船只在活

▲沉没的"亚历山大·凯尔兰号"平台被拖拽到斯塔芬格尔港进行修复。它的四只脚架已露出水面。

动，但恶劣的天气状况使救援变得非常困难，而且冰冷刺骨的海水使任何落水者的生存都无法超过几个小时。最后只有100人获救。

事后的调查表明，极为反常的恶劣天气是造成这场悲剧的主要原因。该项调查还建议限制石油生产。然而，自1975年以来，石油已经成为英国经济至关重要的支柱，英国现已经成为世界第六大产油国。

悬念大师希区柯克逝世

19 80年4月29日，美国好莱坞著名导演、悬念大师阿尔弗雷德·希区柯克逝世，享年80岁。

希区柯克1899年生于英国伦敦，在伦敦大学攻读工程专业毕业后进入初创时期的英国电影业。他的第一个工作是设计字幕卡片。他的进步很快，到1925年他执导了自己的第一部影片。第二年他导演了影片《寄宿者》，讲述一个被怀疑为强盗的人的故事，让观众在最后一刻才了解真相。这是他在50年辉煌艺术生涯中执导的80部悬念影片的第一部。

希区柯克是真正理解电影制作奥妙以及如何诱导观众的最伟大的导演之一。他的特点就是制造惊奇——"尽可能让观众忍受悬念的煎熬"，或者营造紧张氛围——"一声巨响并不可怕，只有在预感它的时候才令人心跳"。

1939年，随着他执导的《39级台阶》和《失踪的女士》等经典英国恐怖片的问世，希区柯克赢得全世界的赞誉。他来到好莱坞。在那里，他的第一部影片《莫里耶的丽贝卡》获得

▲悬念大师阿尔弗雷德·希区柯克执导了许多杰出的好莱坞恐怖片。

奥斯卡金像奖。在此后的20年里，他执导了《爱德华大夫》《列车上的陌生人》、《后窗》和《眩晕》等杰出影片。

1940年以后，希区柯克执导的每部影片都会有一个可爱的人物形象出现在某个远离主题的短暂情节中。他就是希区柯克本人扮演的小角色。但在许多观众看来，这位大名鼎鼎的导演才是真正的影星。这一点似乎希区柯克也不否认，他的确具有表演天赋。

- 麦克·梅杜夫的话剧《小神的孩子们》在纽约公演。
- 音乐剧《第42街》和《巴诺》在纽约公演。
- 当年出版的图书包括：卡尔·塞刚的《宇宙》、乌姆伯特·伊寇的《玫瑰的名字》、威廉·高登的《通过仪式》和安东尼·勃格斯的《地球的权力》。
- 当年流行的音乐包括：迈克尔·杰克逊的专辑《墙边》、约翰·列农的《狂欢》、"撞击"乐队的《伦敦电话》和"警察"乐队的《曼蒂塔》。单曲包括"妄求者"乐队的《袖珍铜管乐》、布兰迪乐队的《找我》和阿巴乐队的《冬天讲述一切》。
- 瑞典选手布乔恩·博格连续第五次夺得温布尔登网球公开赛男子单打冠军。

1月
- 英国钢铁工人罢工。
- 甘地夫人领导的印度国大党赢得大选。
- 苏联持不同政见者安德列·萨哈洛夫流亡国外。
- 英国设计家赛斯尔·毕顿、澳大利亚科学家乔伊·阿德姆森和美国喜剧演员杰米·杜伦特逝世。

2月
- 美国新墨西哥州监狱发生暴乱，33人死亡。
- 加拿大大选后组成以皮埃尔·特鲁多为首的新政府。
- 阿布尔哈森·巴尼萨德成为伊朗共和国首任总统。
- 英国通过就业提案，限制工会权利。

使馆风暴

19 80年4月30日，五个蒙面枪手冲入在伦敦的伊朗驻英使馆，扣押了19名人质，其中包括3名英国人。这一恐怖行动立即引起世界关注。警方立即封锁了该使馆区。

这些枪手是伊朗阿拉伯人，他们提出了一系列要求，包括要求伊朗霍梅尼政府释放关押的政治犯。

经过谈判，绑架者释放了5名人质。几天后，由于伊朗方面迟迟没有答复，他们开始变得失去耐心。他们通知英国政府，如果不接受他们的要求，他们将杀死人质。

5月5日，他们真的杀死了两名人质。在这危急关头，英国政府派遣空军特种部队，利用绳索从空中冲入使馆，击毙三名枪手，救出幸存的所有人质。

▶ 勇猛的空军特种部队冲入伊朗使馆，解救人质，为英国公众留下深刻印象。

新闻摘要

· 英国艺术家格莱姆·萨泽兰和奥地利表现派画家奥斯卡·柯克舒卡逝世。

3月

· 罗伯特·穆加贝组建津巴布韦新政府。

· 巴基斯坦发生未遂军事政变。

· 美国禁止向苏联出售高科技。

· 人权活动家罗姆洛大主教在萨尔瓦多群众集会上被暗杀。

· 西班牙设立巴斯克地方议会。

· 法国作家罗兰·巴茨和美国著名田径运动员杰西·欧文斯逝世。

4月

· 英国钢铁工人罢工结束。

· 英国布列斯托发生种族骚乱。

· 美国对伊朗实行贸易禁运并断绝外交关系。

· 以色列袭击黎巴嫩境内的巴勒斯坦基地。

· 利比里亚发生政变；总统威廉·图尔伯特和27名政府官员被处死。

· 罗得西亚正式独立，改国名为津巴布韦。卡那·巴纳纳任总统。

· 菲律宾渡轮与油轮相撞，造成三百多人死亡。

莫斯科奥运会

19 80年7月19日，苏联领导人勃列日涅夫正式宣布第22届奥运会在莫斯科开幕。这是第一次在共产党国家举行的奥运会，引起了自1936年柏林奥运会以来的最大的政治敏感问题。

当年3月，美国总统卡特提出，为了抗议苏联入侵阿富汗，美国运动员不应该参加本届奥运会。这个提议立即引起国际议论。作为世界运动大国，美国的缺席将严重降低奥运会的竞赛水平。有60个国家参加美国的抵制行动，其中包括西德和日本；还有一些国家则采取不参加开幕式或在领取金牌时用演奏奥运会会歌代替本国国歌等方式表示抗议。总共只有81个代表团，五千多名运动员参加本届奥运会，是1956年墨尔本奥运会以来人数最少的一次。

就比赛安排而言，莫斯科奥运会也令人失望。各国运动员对严格的保安措施和观众的不友好态度颇有怨言。有人甚至认为当地官员故意刁难西方运动员。最后，苏联和东欧国家获得了大部分奖牌。苏

▲英国运动员塞贝斯坦·考伊获得1500米金牌后激动不已。

联夺得 195 块奖牌,其中包括 80 块金牌。英国也有好消息,中长跑运动员斯蒂夫·奥维托和塞贝斯坦·考伊正处于巅峰状态。奥维托获得 800 米金牌,而考伊则在 1500 米夺冠。

四年后,体育上的政治角斗继续在美国洛杉矶上演,苏联和东欧国家抵制了在那里举办的第 23 届奥运会。这些国家的官方说法是,他们的运动员在一个激烈反共的国家会遇到危险。

波兰团结工会的诞生

19 80 年 9 月 22 日,苏联东欧集团内第一个独立的工会组织——波兰团结工会成立。80 年代团结工会的斗争和成功,在推进东欧改革并最终推翻共产党统治的过程中扮演了举足轻重的角色。它还神奇地将一位名叫莱赫·瓦文萨的船厂电工推上了世界政治舞台。

1980 年 7 月,整个波兰社会动荡不安。以北部港口格但斯克为中心,工人们发起了反对政府大幅度提高食品价格的抗议斗争。8 月 14 日,1.7 万多名工人在列宁造船厂召开罢工集会并在厂内设置路障。在集会中,因曾参加反政府抗议而被开除的船厂电工莱赫·瓦文萨再次加入了工人们的斗争,并被推选为罢工委员会领导人。这个委员会的目标不仅在于协调格但斯克的罢工行动,而且为了团结波兰全国的工人。

罢工委员会向政府提出了一系列政治要求,其中包括罢工权和建立自由工会的权利。瓦文萨还号召举行全国总罢工。政府的最初反应是逮捕了罢工委员会的 28 名领导成员。

▲波兰团结工会成功地获得了西方国家的支持。

后来由于担心引起全国性骚乱,波兰政府副总理加基尔斯基于 8 月 31 日与瓦文萨会谈,决定对罢工者的主要要求让步。

接着,全波兰一千多万工人组成了独立的地区性工会。1980 年 9 月 22 日,来自 36 个地区工会的代表在格但斯克开会,正式成立了以"团结"命名的全国总工会。瓦文萨当选为主席。

团结工会的诞生和获得的成功在东欧国家是史无前例的,为波兰人民带来了争取更多自由改革的希望。强大的罢工浪潮迫使强硬的共产党领导人盖莱克下台,取而代之的是表面上较为温和的卡尼亚。

然而,波兰事态的发展引起苏联政府的严重关注,强调波兰必须"走社会主义道路"。

1980 年底,由于担心苏联的干涉,北约发出警告,让波兰人民决定自己国家的命运。任何外来干涉都会影响东西方裁军谈判的进程,并可能招致经济制裁。但团结工会的下一步行动也不能受外部势力的操纵。

1981 年初,卡尼亚被苏联训练的雅鲁泽尔斯基将军取代。雅鲁泽尔斯基对团结工会的存在非常不满,在担任党的第一书记、政府总理并兼任军队总司令的几个月后,于当年 12 月 13 日宣布在波兰实行军事管制。

· 美国试图救出被扣押在伊朗德黑兰的人质行动失败。
· 利比里亚总统萨缪尔·多伊推迟大选;实施独裁统治。
· 71 岁的荷兰女王朱丽安妮退位;其女比阿特丽克斯继位。
· 法国存在主义作家保罗·萨特逝世。

5 月
· 美国迈阿密白人警官杀死一名黑人嫌疑犯被判无罪,导致种族骚乱。
· 欧共体对伊朗实施贸易制裁。
· 秘鲁现任总统弗兰多·贝尔兰迪再次当选。
· 欧共体同意削减英国缴费份额。
· 南斯拉夫总统铁托逝世,造成权力真空。

6 月
· 南非警察与示威民众发生暴力冲突,导致 30 人死亡。
· 日本首相大平正芳逝世;铃木善幸继任。
· 印度民族冲突,导致一千多人死亡。
· 英国探险家贝利·布托林、美国作家亨利·摩尔逝世。

7 月
· 太平洋岛国瓦努阿图独立。
· 伊朗前国王因癌症病逝于埃及。
· 美国影星彼得·萨尔斯和非洲政治家、前博茨瓦纳总统塞尔特斯·卡马逝世。

新闻摘要
. . . .

8月

· 右翼恐怖分子在意大利波隆纳火车站制造爆炸，导致82人死亡。

· 法国渔民开始堵塞港口，要求政府增加补贴。

· 飓风袭击多米尼加共和国；造成六千多人死亡，15万人无家可归。

9月

· 苏联军队在波兰边境集结。

· 土耳其发生军事政变；凯南·埃温将军掌权。

· 尼加拉瓜前独裁者在巴拉圭被暗杀。

· 瑞士阿尔卑斯山隧道开通。

· 美国爵士乐钢琴家比尔·埃文斯和瑞士心理学家吉恩·派格特逝世。

两伊战争

1980年9月22日，伊拉克军队对伊朗西部发起进攻，拉开了几乎贯穿整个80年代的两伊战争的序幕。他们的目标是全面控制盛产石油的库尔勒斯坦地区，然后实行两国共管。这场战争将伊拉克领导人萨达姆·侯赛因推上世界政治舞台，直到目前仍是人们关注的焦点之一。

1975年3月，这两个国家曾签署了关于联合管辖库尔勒斯坦的协议。但1979年霍梅尼领导的伊斯兰革命赶走了巴列维国王后，该地区出现紧张局势。而伊朗政府不断向伊拉克煽动什叶派穆斯林动乱，更加剧了这种紧张局势。

萨达姆是个善于抓住机会的老谋深算的政治家，他突然对伊朗发动的战争震惊了全世界。由于伊朗新政权立足未稳，伊拉克军队轻松占领了伊朗的霍拉姆沙赫尔市。但在10月中旬包围石油重镇阿巴丹后，他们却被伊朗的革命卫队击退。

战斗一直持续到1982年5月，入侵的伊拉克军队被赶出伊朗。双方的经济损失都很惨重，石油生产大幅度下降。萨达姆开始向伊朗求和。但此时霍梅尼的心中却有了另一个目标——继续推动"圣战"，直到萨达姆下台。

两伊战争与世界上其他武装冲突的不同之处在于，尽管双方之间充满敌意，但他们也同样反对资本主义西方和共产主义东方的价值观。

◀ 入侵伊朗的伊拉克军队守卫在位于伊朗边境内侧16公里的一个废弃的警察哨所。

里根时代

人们都说这种事情只会发生在美国。1980年11月4日，一位40年代好莱坞二流演员罗纳德·里根当选美国第四十任总统。时年69岁的里根是历届当选总统中年龄最大的。

里根1911年生于伊利诺斯州坦皮科市，从尤里卡大学毕业后，当了一名体育比赛播音员。1937年进入好莱坞后，里根在五十多部影片中扮演过角色。他的演艺事业顶峰出现在40年代初期，那时他经常扮演观众喜爱的爱国英雄。尽管他主演的影片大都是平庸的低成本作品，但一部小城情景剧《国王街》却给人们留下了深刻的记忆。

里根从其演艺事业衰落的50年代后期开始涉足政治。1959年，他当选美国演员工会主席，公开宣布要与电影业内的所谓"共产党同情者"斗争到底。

里根年轻时曾加入民主党，此时则是坚定的右翼共和党人。1966年，他当选加利福尼亚州州长，四年后又连任。

1976年，里根在竞选共和党总统候选人提名时负于福特，但在1980年获得成功。他以传统的美国价值观和"让美国恢复效率"的承诺赢得对现任总统卡特的压倒性胜利。

里根和他的第二任妻子南希是一对真诚的"第一

夫妇"，非常受公众爱戴。在媒体的摄像机前，里根总能轻松自如地展示充满信心的形象，让美国民众感到放心，即使他的外交政策更富于强烈的反共色彩。

里根在任期间，美英两国保持着比任何其他总统执政时期更紧密的"特殊关系"。就像人们将英国的 80 年代称为"撒切尔时代"一样，美国政坛以里根为主的 80 年代也被冠以"里根时代"。

▲里根总统和夫人南希。这位前电影明星是 20 世纪最受民众爱戴的美国领导人之一。

"甲壳虫"被暗杀

19 80 年 12 月 8 日，全世界的音乐迷被一个悲痛的消息所震惊：前"甲壳虫"乐队成员，世界著名的流行歌曲创作者约翰·列农遭暗杀身亡。当天，这位 40 岁的音乐家完成一项录音工作后返回位于纽约曼哈顿的公寓，当他走出自己的豪华轿车时，突然遭到两次近距离枪击。

刺客是一个名叫马克·查普曼的 25 岁的歌迷。据说他已经跟踪他的偶像列农好几天，甚至还索要过他的签名。查普曼没有抗拒逮捕，但也没有说出实施暗杀的任何理由。他的辩护律师声称他神经错乱，但被法庭驳回。1981 年 8 月，查普曼被判处终身监禁。

"甲壳虫"乐队于 60 年代初期诞生在英国利物浦，到 1964 年已经成为世界最著名的流行乐队。所到之处，无不引起公众，特别是青少年的疯狂追捧，人们称之为"甲壳虫热"。他们后来推出的专辑，如《左轮手枪》(1966)、《孤独的心》(1967)和《阿比大道》(1969)，都已成为流行音乐发展史上的里程碑。

到 1970 年"甲壳虫"乐队解散时，列农已经成为著名的反战政治活动家，他的音乐也更带有政治倾向性。这期间，他创作了流传甚广的《给和平一个机会》和《想象》。

70 年代后期列农开始变得颓废，酗酒、吸毒和与妻子小野洋子的离异使他远离了音乐世界。1980 年，与洋子复婚后，列农推出了五年来的第一个专辑。可惜好景不长，一代音乐天才死于非命。

▲著名的和平卫士，前"甲壳虫"成员约翰·列农死于自己歌迷的枪口之下。

10 月

- 英国工党采取单方面核裁军政策。
- 英国潘斯犹太人集会遭炸弹袭击，四人死亡。
- 海尔姆·施密特再次当选西德总理。
- 阿尔及利亚大地震，造成两万多人死亡。
- 詹姆斯·卡拉汉辞去英国工党领袖职务。
- 北爱尔兰监狱内的 IRA 囚犯开始绝食。

11 月

- 美国太空探测器"航海家 1 号"抵达土星。
- 迈克尔·福特当选英国工党领袖。
- 中国开始审判"四人帮"。
- 意大利地震，造成数千人死亡。
- 美国电影演员斯蒂夫·麦克昆、女演员迈伊·怀斯特逝世。

12 月

- 苏军在阿富汗发动进攻。
- 葡萄牙总理法兰西斯科·卡米洛因空难逝世；平托·巴塞姆奥继任。
- 米尔顿·奥伯特当选乌干达总统。
- 伊朗要求美国赎回在伊朗的美国人质。
- 伊朗爆发反苏示威，抗议苏联入侵阿富汗。
- 美国政治家马歇尔·麦克卢汉、英国政治家奥斯瓦尔多·莫斯比和英国剧作家本·特拉沃斯逝世。

新闻摘要

- 世界人口达到 45 亿。
- 获得性免疫系统综合征（艾滋病）被正式确认。
- 六个阿富汗政治集团联合抵抗苏联入侵。
- 波兰实施食品配给和提高物价。
- 意大利发生政府接受黑社会基金丑闻。
- 南非军队进入安哥拉与游击队作战。
- 英国建成世界上最长的悬索桥汉姆博大桥。
- 西班牙法律允许离婚。
- 澳大利亚媒体大亨默多克收购英国《泰晤士报》。
- IBM 推出第一台个人电脑。
- 生物学家在老鼠身上实现基因转换。
- 已知最大的恒星 R136a 被发现。
- 当年公演的电影包括：斯皮尔勃格的《夺宝奇兵》、雨果·休斯顿的《烈火战车》、卡纳尔·雷斯的《法国中尉的女人》、沃尔特·希尔的《南部惊魂》、彼得·维尔的《加黎波里》、维科尔·舒伦德尔的《谎言的流传》和沃尔夫邦·彼得森的《长靴》。
- 电视剧《王朝》和《山街警署》在美国电视台首播。
- 杜克·埃灵顿的音乐剧《贵妇人》在纽约公演。

伊朗人质危机

19 81 年 1 月 19 日，由于美国与伊朗政府达成正式协议，同意归还被冻结的伊朗在美资产，持续 444 天的伊朗人质危机终于结束。第二天，正值美国当选总统罗纳德·里根宣誓就任第四十任美国总统，获释的人质起程返回美国。

这场危机开始于 1979 年 11 月 4 日，五百多名疯狂的学生在伊朗新伊斯兰革命政府的支持下，冲入位于首都德黑兰的美国使馆，扣押了 52 名人质。当天是伊朗前国王军队杀死数名示威学生一周年纪念日。现在，愤怒的伊朗人民要向正在美国治病的巴列维国王报仇雪恨。他们的最初要求是美国交出前国王回国受审以换取人质自由。美国总统卡特拒绝了这个要求，并下令冻结数十亿美元的伊朗在美资产。

1980 年 4 月，随着双方谈判中止，卡特总统授权派遣一支特种部队前往德黑兰解救人质。这种行动遭到美国人民的普遍反对，因为霍梅尼已经宣布如果美国动武，伊朗将处决人质。美军出动八架满载突击队员的直升机实施解救计划，但在抵达目的地之前，就有三架直升机因技术故障而被迫着陆，其他飞机也被立即召回。在地面加油时，一架直升机与另一架运输机相撞，导致 8 名地勤人员死亡。这次荒唐的"救援"行动不得不草草收场。这一事件对卡特造成极为不利的影响。

这一年，解决人质危机几乎没有进展。11 月，伊朗政府提出美国以 240 亿美元赎金交换人质。经过谈判，美国拒绝了这个条件，但至少开启了谈判解决问题的大门，即使美国对外仍声称以武力对付所有恐怖行动。最后的协议在 1981 年 1 月 19 日签署。52 名美国人质终于回到期盼着他们的亲人身边。

▲美国为 52 名人质举行盛大的欢迎仪式。里根总统警告说，今后将以武力对付所有恐怖行动。

英国的新政党

19 81 年 1 月 25 日，英国工党的四个资深成员宣布退党，另行组建新政党社会民主党。这是近 80 年来第一个新成立的重要政党，成为"撒切尔时代"挑战工党作为主要反对党地位的重要因素。

前工党内阁大臣罗伊·金克斯、比尔·罗杰斯、斯尔利·威廉姆斯和大卫·欧文博士在他们的"莱姆豪斯声明"中阐述了他们的观点，认为以迈克尔·福特为领袖的工党向政治左倾化走得太远。他们宣布的目标是避免在两大政党体制下出现极端变化的政府交替。他们认为温和中间路线更符合公众的要求。

3 月 26 日，英国社会民主党正式成立，金克斯成为领导人。尽管人们希望该党能够吸纳现有两大政党中的奉行中立路线的持不同政见者，但在该党的 14 名下院议员中仅有一人来自保守党。社会民主党的一些政策，如选举改革和欧洲统一等，都与另一个小党自由党一致，因此这两个党很快就形成松散的联盟。

1983 年，在一次全民投票中，这个两党联盟获得了近四分之一的选票；按照英国政治体制下"最

▲英国的"四人帮"（从左至右）：比尔·罗杰斯、斯尔利·威廉姆斯、罗伊·金克斯和大卫·欧文。

多票数当选"的规则意味着这些票数几乎不能变成议会中的席位。在随后举行的党内选举中，金克斯的领导地位被大卫·欧文取代。欧文同时也成为"社—自"联盟的领袖。但欧文与自由党领导层长期不和。在 1987 年的选举中，欧文和自由党领导人大卫·斯蒂尔被选为两党的联合领导人。尽管他们明显处于竞争状态，但媒体仍幽默地将他们并称为"两个大卫"。

在后来的全国大选期间，斯蒂尔曾要求两党完全合并，但遭到欧文和其他几个社民党议员的反对。1988 年，这项要求被社民党的全国委员会和普通党员接受。欧文辞职，斯蒂尔成为新合并的自由民主党领袖。

里根遇刺

19 81 年 3 月 30 日，刚刚入主白宫的罗纳德·里根成为自 1963 年肯尼迪总统遭暗杀以来，再次遇刺的美国总统。

当天，里根在华盛顿希尔顿饭店向工会代表大会致词之后，离开休息厅向等候在外面的总统轿车走去。当他正进入轿车时，突然有人从近距离朝他连开六枪。总统身负重伤，被立即送往华盛顿大学医院，进行紧急外科手术抢救。

刺客是隐藏在一群电视记者中间的 25 岁的约翰·欣克利。整个枪击过程都被清晰地拍摄下来。这位来自科罗拉多州的"流浪者"欣克利很快被警察制服并逮捕。里根的新闻秘书詹姆斯·布

雷利和两个试图用身体阻挡子弹的便衣保镖也身负重伤。

善于应付媒体的里根，用一句巧妙的幽默来评述这一事件。他抱歉地对妻子南希说："亲爱的，我忘记躲避了。"尽管已经 70 岁高龄，但里根恢复得很快。4 月 11 日，他又出现在白宫办公室。

◀ 里根总统走出华盛顿希尔顿饭店向欢迎的人群致意，几秒钟后遭到约翰·欣克利枪击。

躁动的夏天

对 于英国来说，1981 年夏天是个多事的季节。一方面，查尔斯王子与戴安娜的豪华婚礼让人们兴奋不已；另一方面，一些贫困地区频繁发生的年轻人骚乱又使政府难以应付。

随着失业人口突破200 万大关，一些少数民族学生面临着极大的就业压力。1981 年 4 月 11 日，伦敦郊区布里克斯顿的数百名黑人青年爆发骚乱。由

于当地警察无法控制局面，骚乱者抢劫和焚烧了十几间商店和办公室。7月初，利物浦的托克斯特茨也发生类似骚乱，一百多名警察在平息骚乱过程中受伤。

保守党政府一直把这种骚乱视为种族问题，而不愿把失业与犯罪联系起

▶ 布里克斯顿黑人青年走上街头，与警察战斗。

来。然而社会上一些有识之士却看到问题的实质，正如创作了当年最畅销流行歌曲《鬼城》的"特别"乐队在分析 1981 年夏天骚乱时所说："政府让青年放任自流……人们都很气愤。"

· 安德鲁·劳埃德的音乐剧《猫》在伦敦公演。
· 当年的流行歌曲包括：阿德姆的《立场与转变》、凯姆·卡恩斯的《贝蒂的眼睛》、"特别"乐队的《鬼城》、"软室"乐队的《被污染的爱情》和"人权同盟"乐队的《你不想要我》。
· 当年出版的图书包括：索尔曼·拉什迪的《孩子们》、马丁·史密斯的《高尔凯公园》、约翰·埃尔温的《新汉普郡酒店》和保罗·特里卢克斯的《蚊子海岸》。

1 月
· 希腊加入欧共体。
· 菲律宾结束军事管制。
· 前北爱尔兰议会发言人诺曼·斯特恩奇被暗杀。
· 西班牙领导人阿尔道夫·苏亚雷斯辞职；利奥波德·索迪洛继任。
· 美国诺贝尔奖获得者化学家哈罗德·乌尔奇和英国作家 A.J.考恩逝世。

"约克郡碎尸者"的末日

1981年5月22日，英国最凶残的系列杀人犯彼得·舒特克利夫被法庭确认曾在1975年至1980年间杀害12名妇女。他被判处终身监禁，并附带劳役至少30年。

舒特克利夫是一名长途卡车司机，他总是在布莱福德和利兹的红灯区物色他的猎物，其中大部分都是妓女。他的作案手段是先用锤子将被害人砸死，然后再用刀子肢解尸体。这很快使警方推断出这些案子都出自于一个罪犯。早在被逮捕之前，媒体就将这个凶手称为"约克郡碎尸者"。

舒特克利夫并不是一个特别狡猾的罪犯。他之所以能如此长时间躲避警方的追捕主要靠运气。在警察展开大规模调查时，他甚至遇到过盘问，但很快就被放过去。而他的被捕也属于巧合：在一次例行的公路检查中，他被怀疑故意在路边慢行而被警察叫停。他随口报出一个假名，但警察通过检查他的驾驶执照发现了问题，并立即逮捕了他。舒特克利夫很快坦白了他的杀人罪行。

对他的法庭审判于1981年5月5日开始。尽管他的犯罪事实非常清楚，他的心智也很健全，但舒特克利夫仍辩解说他的行动是受上帝的旨意，声称上帝要他消灭世界上的所有妓女。陪审团当然不会理睬他的无耻狡辩。

▲警方绘制的彼得·舒特克利夫驾驶他的卡车的图片。

新闻摘要

2月

· 奇奥·布兰德班德成为挪威第一个女首相。

· 津巴布韦两大民族组织之间爆发战斗。

· 英国政府大幅度削减大学经费。

· 罢工威胁迫使英国煤炭公司停止关闭煤矿。

· 西班牙发生未遂政变；鲍斯克将军和19名军官被捕。

· 美国摇滚歌星比尔·哈莱逝世。

3月

· 第一届伦敦马拉松比赛举行。

· 英国情报机构负责人马里斯·奥德福特、自行车运动员迈克·哈特沃德和美国出版家、《读者文摘》创办人维特·沃伦斯逝世。

4月

· 阿拉伯维和部队与黎巴嫩民兵发生战斗。

· 美国发射第一架航天飞机"哥伦比亚号"。

· 美国拳击冠军乔伊·路易斯逝世。

5月

· 美国断绝与利比亚的外交关系。

· 法兰西斯·密特朗当选法国总统。

教皇遇刺

1981年5月13日，当教皇约翰·保罗二世乘敞篷轿车在罗马圣彼得广场向欢呼的人群致意时，突然遭到枪击。他的腹部中了两颗子弹，被立即送到附近的吉米利医院抢救。在医生的紧急救治下，他很快便恢复了健康。

枪手是一个名叫麦米特·阿里·阿其卡的土耳其逃犯。阿其卡只有23岁，1979年因杀害一名报纸编辑而从土耳其逃到国外。

◄ 教皇约翰·保罗二世突然遭到近距离枪击，腹部中了两颗子弹。

当他被捕时，警察发现一张字迹模糊的纸条，声称他刺杀教皇是为了抗议超级大国奉行的帝国主义政策。

7月，阿其卡被判处终身监禁。土耳其当局认为这个事件是一起右翼分子合谋犯罪，企图除掉这位支持波兰团结工会的波兰裔教皇。法庭还审判了其他六名嫌疑人，但都因证据不足而被释放。

约翰·保罗二世原名卡洛尔·乌基塔拉，是456年来第一个非意大利籍教皇。

北爱囚犯绝食

▲ "制造烈士"。年轻的 IRA 支持者爬上屋顶声援正在狱中绝食的恐怖分子鲍比·桑德斯。

19 81年，玛兹监狱发生的一系列北爱尔兰共和军（IRA）囚犯绝食抗议事件，推动北爱尔兰暴力活动重新猖獗起来。

1981 年 3 月初，因参与制造爆炸而正在服刑的北爱尔兰新芬党（IRA 的政治组织）成员奥比·桑德斯宣布绝食，以抗议英国当局对他的待遇。他要求英国政府按照政治犯而不是一般刑事犯来对待他和其他 IRA 囚犯。两周后，另一名 IRA 爆炸犯法兰西斯·霍格斯加入了桑德斯的绝食斗争。

玛兹监狱的绝食斗争对北爱街头的抗议和暴力活动起了推波助澜的作用。英国的巡逻兵不断受到袭击。5 月 5 日，经过 66 天的绝食之后，桑德斯死在狱中。一个星期后，霍格斯也随他而去。

他们的死点燃了新一轮恐怖活动的烈火。5 月 19 日，一颗炸弹杀死了五名正在北爱巡逻的士兵，两个月后，在英国本土伦敦摄政王公园举行的音乐会上，一颗炸弹导致八名士兵死亡，51 人受伤。与此同时，玛兹监狱的绝食仍在继续，最后有 10 名 IRA 囚犯死亡。

- 意大利政府因黑社会基金丑闻而辞职。
- 巴基斯坦发生未遂政变。
- 牙买加著名宗教歌手鲍比·马特伊和波兰红衣大主教斯蒂凡·维涅斯基逝世。

6月
- 巴解组织与伊斯兰在黎巴嫩发生武装冲突。
- 以色列空军摧毁伊拉克核设施。
- 爱尔兰现任政府在大选中失败；加雷特·弗则格尔德组成新联合政府。
- 菲律宾总统菲尔南德斯·马科斯在大选中再次获胜。
- 社会民主党在法国大选中获胜。
- 伊朗首席大法官和其他四名官员在炸弹袭击中身亡。

7月
- 以色列与巴解组织在黎巴嫩南部交战。
- 巴解与以色列停火。
- 巴拿马领导人奥马·埃蒂德在空难中死亡；曼缪尔·诺特加继任。
- 国际建筑大师马萨尔·波尔沃逝世。

皇家婚礼

▲童话般的亲吻。查尔斯王子和他的新娘戴安娜王妃在传统的皇家婚礼上。

新闻摘要

8月

· 美国有线电视开始播放MTV。

· 波兰团结工会在华沙举行抗议示威。

· 里根总统下令开除罢工的空中交通管制员。

· 美国通过减税和削减预算法案。

· 两架利比亚战斗机被美国海军航空兵击落。

· 美国空间探测器"航海者2号"到达土星。

· 德黑兰发生大爆炸，伊朗总统、总理遇难。

· 英国演员、歌手杰西·马休斯和澳大利亚导演卡尔·鲍姆逝世。

9月

· 埃及镇压穆斯林极端分子和持不同政见者。

· 波兰镇压团结工会和持不同政见者。

· 华约军队在波罗的海地区进行大规模调动。

· 法国驻黎巴嫩大使被暗杀。

· 伊朗领袖霍梅尼的助手马迪尼遇刺身亡。

· 伯利兹独立。

· 美国最高法院任命第一位女法官。

· 法国废除死刑。

· 意大利诺贝尔奖获得者、作家、诗人埃格诺·莫尼奈尔和德国建筑家阿尔波特·斯皮尔逝世。

1981年7月29日是英国威尔士王子与戴安娜·斯潘舍小姐举行婚礼的大喜日子，官方正式宣布这一天为公共假日。全世界有数亿人通过电视观看了这个盛大的皇家婚礼。

作为王位继承人，威尔士王子从就读于剑桥大学开始的罗曼史一直是人们津津乐道的话题。然而从1980年起，上流社会开始关注这位王子与20岁的戴安娜·斯潘舍小姐交往。自从1981年2月24日王室宣布他们订婚以后，血统高贵、仪态端庄又极为上相的戴安娜就成为公众关注的焦点和媒体追逐的对象，直到1997年8月她悲惨地离开人世。

戴安娜王妃1961年生于女王领地桑德海姆的花园宫，儿时常与女王的两个小王子安德鲁和爱德华一起玩耍。她的学习成绩不算好（她后来自嘲地说自己"像木头一样愚钝"）。后来在瑞士结束学业后，

她回到英国，当了一名幼儿园教师。

豪华气派的婚礼在伦敦圣保罗大教堂举行。美丽优雅的戴安娜身穿洁白的婚纱，身后拖着全长7.5米的下摆。英俊威武的查尔斯王子则身着全套皇家海军军官制服。他们用了四分钟缓步走过长廊来到神圣的殿堂。

婚礼仪式持续了一个小时，然后这对新人乘坐镀金的皇家马车回到白金汉宫。数万人在灿烂的夏日阳光下聚集在王宫附近的马路两边，向他们欢呼和祝福。

起初，这个童话般的

婚姻似乎真是天作之合，无限美好。11个月后，戴安娜生下了威廉王子——英国王位的第二继承人。两年后，哈里王子出生。

然而随着时间的流逝，人们发现他们的婚姻似乎出现了裂痕，两人分开的时间越来越多。虽然他们之间存在着明显的年龄差距，但更显著的是无法弥补的文化差异：充满活力而略显虚荣的戴安娜喜欢热闹的派对、追求时尚和流行的事物；而沉静内敛、不苟言笑的查尔斯则潜心钻研现代建筑，喜欢漫步在苏格兰高地的荒野。

同时，媒体和那些专门偷窥和拍摄名人隐私的"狗仔队"的无休止的骚扰也使戴安娜王妃焦躁不安。毫无疑问，她是80年代世界上最知名的（当然也是出镜率最高的）女性；但有谁知道她为此付出了多少代价。

▲英国公众以极大热情关注这个盛大的婚礼，许多人将这对新人视为未来的国王和王后。

和平缔造者之死

19 81年10月6日，开辟了埃及与以色列和平之路的埃及总统安瓦尔·萨达特被自己手下的士兵暗杀。

当天，萨达特和一些外国贵宾正在检阅台上观看纪念1973年10月阿以战争的阅兵式。几个正在行进的士兵突然从队列里跑到看台前，用机枪向人群猛烈扫射并投掷手榴弹。包括萨达特在内的10人死亡，另有四十多人受伤。

萨达特是已故总统纳赛尔领导的"自由军官"组织最早的成员之一，在1952年发动的推翻埃及国王的军事政变中扮演了重要角色。他在纳赛尔时代一直担任重要职务。1970年纳赛尔总统逝世后，身为副总统的萨达特成为他的接班人。

作为军事领导人，他发动了旨在收复被以色列占领的国土的"十月战争"，因而在埃及国内享有极高的声誉。然而，当他为实现埃以和平而努力并受到国际普遍赞扬时，却引起国内伊斯兰原教旨主义者的愤怒。

他的和平计划开始于1977年11月，他对以色列进行了历史性的访问，并向以色列议会发出了"建

▲国际社会普遍将萨达特总统视为中东政治舞台上比较现实的领导人。

立长久和平"的建议。萨达特和以色列总理贝京进行了艰苦的工作。尽管两国内部都存在顽固的反对势力，但他们最终还是达成了和平协议。他们的努力得到国际社会的赞赏。1978年，他们双双荣获诺贝尔和平奖。埃以和平协议于1979年3月26日正式生效，结束了两国长期敌对的历史。

此后，萨达特在阿拉伯世界的声望急剧下降。

随着当局对不同政见者的野蛮镇压，国内民众对他的支持也降至最低点。他对原教旨主义者采取强硬立场，宣布科普特教会和激进的穆斯林兄弟会为非法组织，逮捕了1500多名极端分子。

萨达特遇刺身亡后，埃及政府对刺客和涉嫌同谋者进行了公开审讯，24人被关入监牢。在1982年3月6日的法庭审判中，法官判处其中五人死刑，并在六周后执行。

萨达特死后，他的副总统、前埃及空军参谋长侯赛尼·穆巴拉克被任命为新总统。他宣布维持与以色列达成的和平协议，但在1982年以色列入侵黎巴嫩后，两国关系变得冷淡。后来，穆巴拉克开始寻求改善与其他阿拉伯国家的关系。在国内，他开始对宗教反对派和劳工运动实行较为温和的策略。

▶萨达特总统遭到背叛的埃及士兵的致命枪击。

10月

·阿里·哈梅内伊当选伊朗总统。

·北爱 IRA 绝食者停止绝食抗议行动。

·希腊大选；社会民主党安德雷斯·帕潘德里欧组阁。

·侯赛因·穆萨维被任命为伊朗总理。

11月

·英属安提瓜和巴布达岛独立。

·新西兰国民党赢得大选。

·北约与华约国家在日内瓦进行裁军对话。

·法国电影导演阿贝尔·甘斯和美国演员威廉·霍顿逝世。

12月

·波兰实行军事管制；团结工会被取缔。

·以色列正式确定叙利亚的戈兰高地为以色列属地。

·加纳政变；杰里·洛林斯掌权，实行紧缩政策。

新闻摘要

· 美国一个聚会上出现装有氰化物的羟苯基乙酰胺胶囊;七人中毒身亡。羟苯基乙酰胺被禁止销售。
· 美国失业率创新纪录。
· 西班牙结束对直布罗陀的封锁。
· 苏联连续四年粮食减产。
· 捕鲸协会宣布禁止捕鲸。
· 美国航天飞机首次成功飞行。
· 激光唱机(CD)系统推出。
· 人造心脏首次植入人体。
· 当年公演的影片包括:安德雷奇·瓦吉德的《达蒙》、雷德里·斯克特的《银翼杀手》、斯皮尔伯格的《外星人》、沃纳·赫佐格的《陆上行舟》、西尼·波雷克的《宝贝》、英格玛·勃格曼的《芬尼与亚历山大》和理查德·阿廷勃格的《甘地》。
· 连续剧《干杯》在美国电视台首播。
· 《来自布莱克斯塔福的男孩》在英国电视台首播。
· 迈克尔·福里恩的话剧《消除噪音》在伦敦公演。
· 当年出版的图书包括加西亚·马克兹的《死亡预言纪事》、海尼里奇·波尔的《安全网》和爱利斯·沃克的《紫色》。

失业:英国的顽症

19 82年1月,英国失业人口突破300万大关,这是自30年代大萧条以来的第一次。英国与其他欧洲国家一样,仍然遭受着70年代经济危机的影响,80年代头两年的失业人数居高不下。

劳动就业部每月公布一次就业状况。劳动就业大臣诺曼·提比特解释:1月失业人数比上月激增13万。这主要是由于1981年12月的恶劣天气。提比特的说法招致反对党的激烈批评(当时工党仍坚持全面就业的原则),指责政府强硬的反通货膨胀政策扼杀了英国工业。

此后,英国失业人口逐年减少。到80年代末,登记注册的失业者降至低于200万人。

▲ 面对排着长队领取失业救济金的人们,诺曼·提比特建议他们应该"骑上自行车"去找工作。

法国的社会主义

19 82年,法国的社会主义现象不断涌现。尽管70年代经济危机的后果仍然推动其他欧洲国家倾向保守势力,但新当选的法国总统皮埃尔·密特朗却继续实施他竞选时承诺的激进的社会主义纲领。

当前任总统德斯坦于1981年5月任期届满时,人们大都以为他会再次当选,但社会民主党人密特朗却出人意料地以微弱多数战胜了他。同时,社会民主党也在国民议会中赢得多数席位。

密特朗是个积极的社会主义活动家。担任总统后,他开始实施一系列改革。其中最受争议的是对法国银行业和其他重要行业实行国有化。他还制定了一个广泛的社会改革计划,包括确定最低工资、提高社会保障标准、增加对富人的税率和有关私人教育的规则。

一年后,密特朗的社会主义试验几乎全部失败。由于大量资本外流,投资水平大幅降低,出口减少,而失业人数则不断攀升。更糟糕的是,1984年6月,密特朗对私人教育的改革遭到公众的普遍反对,巴黎一百多万人走上街头示威。

随着政府支持率的迅速下降,任命温和的劳伦

► 与欧洲的政治潮流相反，密特朗总统试图在法国开展一场社会主义革命。

特·法比尤斯取代莫洛耶为政府总理。密特朗的承诺没有使人们满意，反而助长了法国社会普遍的失望情绪。这种社会环境为鼓吹驱逐外籍劳工的吉恩马里·勒庞的右翼极端组织——国民阵线带来了意外的成功。

不久，社会民主党在国民议会中失去支配地位，尽管密特朗还有两年任期。他任命戴高乐主义者雅克·希拉克为新政府

总理。密特朗在任期的最后两年，将主要精力集中于外交政策，放手让希拉克管理国内事务。由于密特朗本人颇受民众欢迎，

他于1988年再次当选法国总统，但这次他的社会民主党却未能赢得国民议会多数行为。

"洗脑"邪教

19 82年7月1日，通常用于体育或娱乐活动的纽约麦迪逊广场忽然成为罕见的宗教婚礼仪式的场所。2075对来自"统一教"的男女信徒在这里举行盛大的"集体婚礼"。

自从1954年在韩国成立以来，"统一教"就一直备受争议，这不仅是由于教主孙越孟的怪异行为。"统一教"的"圣经"是所谓的《神启录》，讲述孙越孟在16岁时见到基督耶稣，耶稣命他与各种"黑暗势力"战斗，其中之一就是共产主义。这个"宗教"要求信徒们遵守特定的行为规范，包括戒烟、戒酒、禁毒和节欲，并对他们个人生活实施严格的控制，甚至包括选择婚姻伴侣。

孙越孟原为基督教长老会成员。被长老会开除后，他创建了自己的教会。60年代，以韩国为基地的"统一教"已经拥有两百多万信徒，并创造了一个10

亿美元资产的企业帝国。1971年，他把教会搬到美国。在以后的十年里，他发展了五万多名新成员，其中大部分是来自中产阶级家庭的青年。

"统一教"招募新成员的办法引起社会的强烈反感。忧心忡忡的父母们抱怨他们的孩子被"洗脑"或被强行灌输教会的意志。尽管政府对此进行过数次调查，但似乎并未发现任何违法行为，但该教会的经费来源的确值得怀疑。

1982年5月，纽约法庭经过八个星期的调查和听证，确认"统一教"偷税罪名成立。1984年，孙越孟被判处监禁。虽然"统一教"依旧存在，但它在全世界的成员已经不足25万人。

▲ "统一教"教主孙越孟主持二千多对信徒的集体婚礼。

· 当年的流行歌曲包括："果酱"乐队的《一个叫马利斯的城市》、"陌生人"乐队的《金色的布朗》、保罗·麦克卡特尼的《乌木与象牙》和"疯狂"乐队的《我们的房子》。
· 意大利赢得足球世界杯。

1月
· 梵蒂冈与英国恢复外交关系。
· 波兰政府大幅度提高食品价格，导致格但斯克发生骚乱。

2月
· 雷克航空公司倒闭。
· 约苏亚·努库姆总统解散津巴布韦政府。
· 英国政府接管北爱尔兰德洛雷恩汽车制造厂。
· 乌干达首都坎帕拉发生叛军与政府军枪战。
· 爱尔兰大选，加雷特·弗则格尔德领导的联合政府失败；查尔斯·豪莱组阁。
· 英国艺术家本·尼古拉森和美国爵士乐钢琴家泽伦特斯·蒙克逝世。

3月
· 美国对利比亚实施贸易禁运。
· 危地马拉独裁者洛姆奥·加西亚被废黜。
· 孟加拉发生军事政变。
· 英国政治家赛伦·沃尔顿爵士和德国作曲家卡尔·奥尔夫逝世。

4月
· 美国通过决议，要求阿根廷从福克兰群岛撤军。
· 以色列驻巴黎外交人员被恐怖分子暗杀。
· 欧共体对阿根廷实施经济制裁。

福克兰群岛之战

'82

19 82年4月2日，英国民众被一个意想不到的消息震惊了：英国殖民地福克兰群岛（阿根廷称为马尔维纳斯群岛）已经被阿根廷占领。这一事件导致两国在后来的两个月间处于战争状态。福克兰群岛对英国并无重大战略意义，因此一些媒体起初将阿根廷的入侵当作笑谈。然而，一个月后爆发的战争却导致700多名阿根廷士兵和近300名英国水兵阵亡。

在入侵发生之前，许多英国人甚至没听说过福克兰群岛，更不知道一个半世纪以来围绕这些岛屿发生的一系列矛盾和暴力冲突。

福克兰群岛位于阿根廷东南海岸以外480公里的南大西洋海域。1690年，英国的约翰·斯特朗船长首先发现了它，并在那里登陆。该群岛主要包括东福克兰和西福克兰两个大岛。这个群岛的名称是为了纪念英国著名的海军将领福克兰子爵。18世纪期间，英国和西班牙曾因这个群岛的归属问题发生纠葛，两国分别占领了西岛和东岛。1820年，阿根廷摆脱西班牙统治获得独立后，宣布对该群岛拥有主权。

▲"帝国辉煌再现"。英国军队准备远征，收复福克兰群岛。

尽管如此，英国仍于1841年成立了一个公司来管理福克兰群岛。英国政府还任命了一名总督，并将阿根廷人驱逐出岛。到19世纪已有大约两千多英国人居住在福克兰群岛。

从那时起，阿根廷不断提出对福克兰的主权要求。1964年，福克兰的归属问题被提交到联合国。阿根廷的主张是基于西班牙和葡萄牙占领南美"新大陆"时期的陈旧条约，强调领土问题核心在于地理位置的远近。而英国则以联合国的公民自决标准来反驳——英国管理该群岛已经一百多年，岛上的居民都是英国人，而且他们都愿意维持现状。联合国没有偏袒任何一方，只是要求双方通过和平对话解决问题。这就是阿根廷入侵该岛时的政治背景。

阿根廷人选择发动入侵的时间有些不可思议，而人们普遍将它归咎于新上任的军政府首脑利奥波德·加尔铁里将军的病态思维方式。不久前，阿根廷在与智利争夺毕戈尔群岛所有权的战争中失败，使加尔铁里的领导地位深受打击，国民士气低落，经济也更加萎靡。为了挽回面子、振作民心，加里铁尔于1982年4月2日命令阿根

▲英国皇家海军陆战队正在等候进攻古斯格林居民区的命令。

廷军队在东福克兰登陆，并在岛上惟一的城镇斯坦利岛俘获84名英国水兵。

英国对这次入侵毫无准备。由于情报部门未能及时发出预警，英国外交大臣受到公众的严厉批评。他别无选择只好辞职。首相撒切尔夫人立即宣布该群岛周围320公里为战区。并派遣一支海军作战部队前往收复福克兰群岛。他们用了三个星期，行程1.3万多公里，进入福克兰群岛水域。

5月1日，这支海军编队受到阿根廷空军攻击，拉开了战争的序幕。第二天，阿根廷军舰"贝尔格拉诺号"在开往战区的路上被英国潜艇击沉，350名阿根廷水兵葬身鱼腹。伦敦各大媒体都在头版位置刊登了政府首战告捷的消息。但议院反对党成员却指出"贝尔格拉诺"号是在距战区58公里的海面被击沉的。战争结束后，确实有证据表明这艘阿根廷巡洋舰是在离开战区时被英军潜艇导弹击沉的。

但实际上，在强大的英国特遣部队面前，阿根廷仍进行了顽强的抵抗。经过艰苦战斗和损失五艘军舰之后，英国海军陆战队于5月21日在圣卡洛斯港登陆。然后士兵们迅速向南挺进，占领了达尔文和古斯格林居民区。5月31日，阿根廷驻斯坦利的守军被包围。6月14日，随着13500名阿根廷士兵被英军俘虏，加尔铁里将军宣布阿根廷投降。

这次战败普遍被阿根

▲训练有素的英国远征军战胜加尔铁里的军队，俘获13500名阿根廷士兵。

廷民众视为国家的耻辱。战争结束后三天，加尔铁里将军辞去国家总统和军队总司令职务。自1976年以来的军人政权彻底失去了阿根廷人民的信任。在第二年举行的大选中，随着鲁尔·阿方欣的当选，民主又重新回到阿根廷。

对英国而言，福克兰战争是撒切尔首相执政的转折点。战前她的支持率跌至最低点，而胜利后，她成为丘吉尔式的卓越领导人。在1983年6月的大选中，她的政府以绝对优势获胜。她的"铁娘子"美誉已经深入人心。

▲一颗鱼雷击中英国海军"羚羊号"军舰。在这次战争中，英国共损失五艘军舰。

以色列入侵黎巴嫩

新闻摘要

· 五个参与暗杀萨达特总统的埃及穆斯林极端分子被处决。
· 以色列攻击设在黎巴嫩的巴解基地。
· 英国特遣部队在南乔治亚登陆，收复被阿根廷占领的福克兰群岛。
· 美国对阿根廷实施经济制裁。

5月
· 波兰团结工会举行大示威，抗议军事管制。
· 以色列空袭贝鲁特巴解目标。
· 伊朗军队收复霍拉姆沙赫尔。
· 教皇约翰·保罗二世访问英国。

6月
· 约瑟·芒特在危地马拉实行独裁统治。
· 巴勒斯坦恐怖分子袭击以色列驻英国大使；以色列对黎巴嫩实施报复性空袭。
· 以色列入侵黎巴嫩。
· 乍得总统奥伊迪被罢免。
· 英国戴安娜王妃生下威廉王子。他是王位第二继承人。
· 沙特阿拉伯国王阿戴尔·阿尔索德逝世；其弟法赫德继位。
· 英国舞蹈家玛丽·罗伯特和德国电影制片人雷诺尔·沃纳逝世。

▲一个悲痛欲绝的黎巴嫩妇女被带出她毁于以色列轰炸的家。

1982年6月6日，六万以色列士兵和坦克越过边界大举入侵黎巴嫩，使这个冲突不断的国家再次遭受战火蹂躏。以色列对外宣布的目标是消除巴勒斯坦解放组织（巴解）对以色列北部日益严重的袭击和威胁。

长期以来，黎巴嫩一直是个宗教纷争不断的国家。70年代基督教徒与穆斯林军事集团之间的战争使这个国家濒于崩溃。1970年，巴解被赶出约旦后迁往黎巴嫩，并在黎南部设立了总部。从那时起，巴解就不断越过黎以边界进入以色列北部发动袭击。在以色列的要求下，以

基督教徒为主的黎巴嫩政府开始限制巴解在黎巴嫩的活动。这导致巴解与黎巴嫩穆斯林武装联合起来对付政府军，交战的各方都有自己的特殊利益，因而形成错综复杂的战场局面。

1975年，随着穆斯林/巴解联合阵线在黎巴嫩国内冲突中逐渐占据上风，它的邻国叙利亚担心以色列会出兵干涉，于是抢先派遣一支两万人的军队进入黎巴嫩。1978年，随着叙利亚有效控制黎巴嫩，联合国派遣了一支维和部队，试图强制实现交战各方之间的停火。

1981年，冲突的焦点

转移到以色列与巴解之间。7月17日，以色列军队对位于黎巴嫩首都贝鲁特西部的巴解总部进行轰炸。小规模冲突一直持续到1982年6月6日，以色列大批部队越过黎以边界。到6月9日，以色列人进入贝鲁特，开始与巴解和叙利亚人激烈交战。

从军事角度看，以色列的入侵获得了极大成功。叙利亚部队被击败，巴解被迫撤离黎巴嫩南部，重新集结在西贝鲁特。然而，这次行动受到美国国务卿亚历山大·黑格的谴责。他要求以色列总理贝京撤军。黑格警告说，如果以色列继续侵略，苏联可能动手干预帮助叙利亚。在以色列内部，贝京被反对党领袖西蒙·皮尔斯和议会其他成员批评为好战分子。7月3日，首都特拉

▲巴勒斯坦解放组织负责人阿拉法特（右）指挥游击队抵抗以色列对贝鲁特的进攻。

维夫 10 万学生走上街头，呼吁实现中东和平。

7 月底，以色列轰炸机空袭西贝鲁特人口稠密的地区，造成 120 多人死亡，200 多人重伤，其中大部分是黎巴嫩平民。这使它与西方国家的关系更加紧张。8 月，以色列的袭击仍在继续。8 月 21 日，当巴解同意撤出贝鲁特后，以色列最终也同样撤离。大部分巴解领导人被允许流亡也门。同时，许多普通巴勒斯坦人留在难民营，听候命运的安排。

8 月 23 日，黎巴嫩基督教长枪党领导人巴舍尔·吉马塞当选黎巴嫩总统。然而三个月之后，他还没有正式宣誓就职就在一次炸弹袭击中被暗杀。为了报复这次暗杀，基督教长枪党在以色列军队的支持下，残酷杀害了位于萨博雅和沙特拉的巴勒斯坦难民营中的数百人，其中包括老人、妇女和儿童。这一血腥事件使以色列政府受到全世界的同声谴责。特拉维夫 20 万市民也举行了声势浩大的抗议示威。

以色列军队于 1985 年 6 月撤出后，黎巴嫩的基督教徒与穆斯林武装之间的战斗仍在进行。25 年的内战和外国占领严重摧毁了黎巴嫩的经济。据估计，共有 25 万黎巴嫩人在战斗中死亡。全国人口的四分之一（包括大部分受过教育的专业人士）逃往海外。然而，冲突还在继续。

黎明的悲剧

▲电影拍摄现场的悲剧——一架失控的直升机夺去了演员维斯·莫罗和两名越南儿童的生命。

19 82 年 7 月 23 日，一个离奇而悲惨的事故发生在影片《黎明地带》的拍摄现场美国加利福尼亚州的印第安沙丘：一架用于空中拍摄的直升机突然失控，从空中掉下来，将演员维斯·莫罗和两名儿童砸死。这部影片是根据 60 年代著名的科幻电视连续剧改编的，讲述未来世界的某个地方发生的奇怪事情。

影片包括四个独立的故事。当维斯·莫罗正排演被一股神秘的力量转移到残酷的越南战场时，一架搭载着拍摄人员的直升机尾翼突然被地面制作爆炸效果产生的大块碎片击中。莫罗和两名越南儿童被失控的直升机砸死。莫罗是影片《黑板丛林》中的童星，60 年代曾在深受观众喜爱的表现第二次世界大战的电视连续剧《格斗》中担任主角。

1992 年，法庭裁决《黎明地带》的导演约翰·兰迪斯和其他四名制片人对这三个人的死没有任何责任。

7月
· 雷纳尔多·毕格诺克被任命为阿根廷总统。
· 英国正式宣布结束福克兰群岛的敌对状态。
· 米古勒·哈塔杜当选墨西哥总统。
· 伊朗对伊拉克发动新的进攻。
· IRA 在伦敦海德公园制造爆炸造成英军士兵死伤。
· 以色列要求巴解在 30 天内离开西贝鲁特；巴解领导人阿拉法特签署承认以色列的联合国 242 号决议。
· 美国拒绝承认巴解。
· 以色列空袭西贝鲁特。

8月
· 以色列政府接受美国关于巴解撤出黎巴嫩的计划。
· 巴舍尔·吉马塞当选黎巴嫩总统。
· 美国军舰开始帮助巴解游击队撤离贝鲁特。
· 阿根廷废除党禁。
· 阿拉法特离开贝鲁特前往突尼斯。
· 美国演员亨利·方达和瑞典演员英格利·褒曼逝世。

深海打捞

1982年10月11日，经过难以置信的17年的打捞作业，一艘16世纪的英国战舰终于从英格兰南面的海洋深处浮出水面。这是英国考古史上的重大事件。

这艘建造于1510年，重达500吨的"玛丽玫瑰号"是亨利八世国王最喜爱的战舰之一。他以自己妹妹的名字"玛丽"和都铎王朝的象征"玫瑰"来命名它。

"玛丽玫瑰号"在与法国海军进行的斯皮海德海战中沉没。当时法国并未对英国正式宣战，却突然对英国怀特岛附近的索伦水域发动进攻。但实际上"玛丽玫瑰"的沉没并不是由于法国军舰的炮火，而是由于水手的人为错误：最底排炮位的水手在开炮射击后，没有关闭舱口挡板，致使大量海水在战舰转向时涌入底舱。

1836年，一位本地渔民在捕鱼时偶然发现这艘战舰的残骸。一个潜水探险家找到了一尊铜炮。但大规模搜索和打捞是由一个名叫亚历山大·麦克伊的水下考古爱好者开始的。他从1966年开始寻找这艘沉船，四年后终于发现了它。

打捞这艘沉船估计需要花400万英镑。工人们在它的主结构上钻出一些孔洞，然后用巨大的钢板和螺栓固定，再通过粗壮结实的绳索平稳吊出海面。与"玛丽玫瑰"一起重见天日的还有1.7万多件珍贵的文物，都是罕见的都铎王朝精品。经过修复的这艘战舰现陈列在朴茨茅斯港。

◀ 沉睡海底近五百年的庞大战舰"玛丽玫瑰号"重见天日。

波兰危机中的团结工会

1982年，波兰持续发生骚乱。10月26日，军事管制当局宣布独立的工会组织"团结工会"为非法。这表明1980年总罢工取得的成果又毁于一旦。

尽管团结工会在波兰国内大受欢迎，并得到西方国家的普遍支持，但苏联一直将它视为东欧集团内部的危险因素。1981年2月9日，雅鲁泽尔斯基将军担任波兰政府总理，决心恢复波兰的秩序。1981年9月，苏共中央在一封措辞严厉的信函中警告波兰政府，波兰国内的"反苏主义已经接近危险的边缘"。

波兰政府则谴责团结工会过激的改革要求将导致苏联的干涉，进而使国家失去自由。虽然来自西方的威胁迫使苏联不敢采取直接行动，但苏联对波兰领导层的影响不可低估。随着罢工运动不断削弱波兰经济，人们呼吁进行全民投票以确

'82

新闻摘要

9月

· 黎巴嫩当选总统死于炸弹袭击；阿明·海马耶尔继任。

· 以色列占领西贝鲁特。

· 西德联合政府垮台。

· 黎巴嫩基督教长枪党民兵杀害巴勒斯坦难民。

· 瑞典社会民主党在大选中取胜。

· 联合国维和部队进入黎巴嫩。

· 摩纳哥王妃格雷斯死于车祸。

· 英国二战时期空军英雄道格拉斯·巴德逝世。

10月

· 西德组成以赫尔姆特·科尔为总理的新政府。

· 美国对波兰实施经济制裁。

· 里根总统对毒品"宣战"。

· 北爱尔兰德洛安汽车制造厂关闭。

· 约翰·德洛安在美国被捕。

· 西班牙成立以福利波·冈萨雷斯为首的社会民主党政府。

· 加拿大画家格林·古德逝世。

定未来的新政府。1981年12月13日，雅鲁泽尔斯基将军宣布实施军事管制。几天后，罢工行动受到军队的野蛮镇压。团结工会主席瓦文萨等工会领导人被捕。

第二年，镇压仍在继续。只是在罗马天主教会的干预下，军管限制才有所放松。8月间，团结工会大多数领导人仍被关押。格但斯克、华沙和克拉科夫都出现了反政府抗议集会。

1982年10月8日，雅鲁泽尔斯基将军对团结工会采取了最后行动，波兰议会通过决议取缔该组织。但仍有一些小型工会组织的零散罢工。一个月后，瓦文萨被释放。

虽然团结工会被宣布为非法组织，但它仍在进行地下活动，瓦文萨被政府安排到格但斯克的列宁造船厂，当了一名电工。他在民众与政府的冲突中继续扮演重要角色，直到1989年东欧剧变。1983年6月，波兰正式结束军事管制。

▲ 随着政府对团结工会镇压的加剧，该组织成立两周年的纪念活动变成一场普遍的骚乱。

苏联领导人逝世

超级大国领导层的任何变更都不可避免地会对世界造成相当大的影响。1982年11月10日，苏联新闻机构塔斯社宣布在位18年的苏联总统勃列日涅夫逝世，立即引起各国对未来东西关系发展的种种猜测。

勃列日涅夫在1964年驱逐赫鲁晓夫的苏共党内斗争中走上中央总书记宝座。在名义上，他与苏联总理柯西金、最高苏维埃主席米高扬一起实行集体领导。勃列日涅夫实行比他的前任更强硬的路线。到1970年，他已经有效地控制了整个苏联。他的外交政策强调苏联有权在其他共产主义国家受到威胁时（无论这种威胁来自内部或外部）进行干涉。这种政策被西方称为"勃列日涅夫主义"。在国内事务上，他极为重视武器的生产而忽视其他经济领域的发展。

勃列日涅夫的继承人原本是康斯坦丁·契尔年科，但苏共中央在他逝世后第二天宣布新的总书记是前克格勃负责人尤里·安德罗波夫。在后来的一年中，他以一个改革者的面貌出现，试图清除苏联在勃列日涅夫时代出现的腐败和任人唯亲的现象。

▲ 统治苏联18年的勃列日涅夫的逝世标志着苏联内部改革的开始。

11月

· 上沃尔特发生军事政变。

· 以色列驻黎巴嫩军营发生爆炸，100多人死亡。

· 越南战争纪念碑在华盛顿落成。

· 英国喜剧演员亚瑟·阿斯卡和法国电影制片人雅克·塔德逝世。

12月

· 北爱尔兰爆炸造成17人死亡。

· 美国通过博兰德修正案，禁止对尼加拉瓜反对派提供武器。

· 北爱尔兰新芬党领导人格里·亚当斯和丹尼·莫里森被禁止进入英国本土。

· 美驻英国格林汉姆空军基地被示威者封锁，抗议计划部署巡航导弹。

· 世界第一颗人造心脏被植入美国人巴尼·克拉克体内。

· 爱尔兰组成以加来特·福茨戈尔德为首的新政府。

· 波兰实行军事管制。

· 波兰籍钢琴家阿瑟·鲁宾斯坦逝世。

"星球大战"的幻想

1983 年 3 月 23 日，美国总统里根向全国发表电视讲话，提出将建立一个避免美国遭到苏联核攻击的防御系统。这个计划成为里根时代最奇特的标志之一。

这个被俗称为"星球大战"的"战略防御构想"（SDI），计划通过运行于地球轨道上人造卫星上的粒子束或激光武器直接拦截飞行中的导弹。里根承认，这个涉及许多先进而复杂技术的计划要到 20 世纪末才能完成。

由于 SDI 并未获得美国民众的全面支持，它的庞大的研制经费被国会搁置。尽管该计划由"氢弹之父"艾德·泰勒主持，但许多著名科学家对它提出质疑，认为它更像个科幻小说而不具备技术可行性。同时，许多政治家和外交家认为 SDI 可能破坏现有的军备限制协议，甚至导致新一轮的武器竞赛。

无论如何，这个"星球大战"计划并没有取得任何实质性进展。当苏联于 1991 年解体之后，这个计划似乎也失去存在的必要性。

▲美国总统里根在对全国发表的电视讲话中提出他的"星球大战"计划。

选择死亡的权力

1983 年 3 月 3 日，自愿安乐死的坚定支持者亚西尔·克斯特勒结束了自己的生命。这位身患白血病和帕金森综合征的 77 岁的小说家在他位于伦敦的家中服下了大量安眠药。令人惊讶的是，他的妻子，比他年轻 20 岁且身体健康的辛西娅也同时自杀。

克斯特勒生于匈牙利，年轻时曾是活跃的共产党人。从维也纳大学毕业后，他当了一名记者，并前往西班牙报道有关内战的消息。在那里，他曾被法西斯分子关入监狱，从此对所有形式的极权主义深恶痛绝。1940 年，他出版了第一部成功的小说《正午的黑暗》，体现了他对政治极权主义的讽刺和鞭挞。他在这一时期的许多作品都以政治道德为焦点。

克斯特勒于 1948 年加入英国籍。他后来的著作，如《创造的行动》和《机器中的魔鬼》对人类智慧的发展进行了深刻的探讨。

▲作家亚瑟·克斯特勒成为自愿安乐死原则的最著名的支持者和实践者。

最丑恶的伪造

19 83年4月，德国著名的大众杂志《斯特恩》宣布已经获得希特勒的全套60册日记，着实令史学界兴奋不已，许多人认为这是20世纪最重要的发现之一。这个消息立即在德国引起轰动，因为人们一直相信存在着这位独裁者从1933年纳粹掌权到1945年自杀前几天的个人记录。

但专家们却表示怀疑，特别是人们都知道，希特勒生前最讨厌文字工作，而喜欢将所有事务都吩咐秘书去完成。而《斯特恩》杂志之所以相信他们得到的确实为希特勒真迹，是由于专门研究德国

▲"希特勒日记"（左）就是从它旁边的这本书的内容伪造的。

第三帝国史的大名鼎鼎的英国历史学家雨果·特雷弗男爵的鉴定。

只是当这些"日记"被送到一位研究手写笔迹的美国专家手中后，这个骗局才被揭穿。经过与现存的

一些希特勒手稿仔细比较，这位名叫查尔斯·哈米尔顿的笔迹专家断定：这些"日记"都明显属于伪造。

尽管《斯特恩》杂志仍然试图掩盖事实，但5月11日这桩丑闻终于真相大白。该杂志社的一名低级记者承认，这些"日记"都是他从斯图加特市一个名叫柯纳德·居奥的书法家手中买来的。居奥虽然没有承认他就是这场骗局的始作俑者，但迫于社会压力，只好离开这个国家。《斯特恩》杂志的出版人亨利·纳恩被迫辞职。这一事件表明，纳粹的阴魂似乎还没有散尽。

撒切尔的巨大胜利

19 83年6月9日，英国首相撒切尔夫人第二次在大选中获胜，继续稳坐首相府，而她领导的保守党在议会下院中也获得压倒性多数席位。保守党的这个胜利具有重大意义，因为仅仅一年前的民意调查还显示保守党政府不受选民支持。

这种巨大的转变主要是由于两大因素。首先，1982年福克兰战争的胜利为撒切尔夫人增光添彩，让人们不禁回想起二战时期丘吉尔的卓越领导。她唤起了民众的爱国热情，全力以赴地夺取胜利。这场战争增强了撒切尔夫人

作为"铁娘子"的声誉。

其次，工党的失误也给她帮了大忙。迈克尔·福特领导下的工党内部矛盾严重，派别纷争不已。当四位著名的前内阁成员脱离工党另组社会民主党时，工党"左翼"更加显得独立无援。在很大程度上倾向于撒切尔夫人和保守党

的媒体也将工党的"疯狂左翼"描绘为英国社会的最大危险。

由于拥有议会下院中的稳定多数，保守党得以畅行无阻地推动"撒切尔革命"。工党用了几乎十年的时间才逐渐形成有效的反对力量，又过了四年才最终掌握政权。

▲撒切尔夫人（中左）庆祝大选胜利。她的成功的奠基人是保守党主席赛斯尔·帕金森（右）。

2月

· 印度发生宗教冲突，造成700多人死亡。

· 以色列国防部长阿米尔·沙龙因支持黎巴嫩基督教民兵屠杀巴勒斯坦难民而被迫辞职。

· 英国煤矿工人罢工被制止。

· 美国剧作家田纳西·威廉姆斯逝世。

3月

· 澳大利亚工党赢得大选。

· 基督教民主党赢得西德大选。

· 欧佩克降低石油价格。

· 里根总统提出"星球大战"防御计划。

· 英国作曲家威廉·沃肯和作家戴姆·怀斯特逝世。

4月

· 美国驻黎巴嫩大使馆遭炸弹袭击，六十多人死亡。

· 土耳其解除党禁。

· 奥地利举行大选，5月成立新联合政府。

· 美国舞蹈家乔治·巴伦奇克、艺术家安东尼·皮尔森和演员格劳莉亚·斯万森逝世。

5月

· 以色列同意从黎巴嫩撤军。

· 美国重量级拳击冠军杰克·迪姆帕希逝世。

6月

· 巴勒斯坦内部发生阿尔巴赫游击队与巴解组织之间的权力斗争。

· 葡萄牙组成以马里奥·桑雷斯为首的联合政府。

· 约翰·保罗二世访问波兰；雅鲁泽尔斯基将军警告他不要干涉波兰内政。

· 阿拉法特被迫离开叙利亚。

美国与中美洲

▲约翰·保罗二世教皇于 1983 年访问尼加拉瓜。他身后的招贴画是庆祝桑迪尼斯塔民族解放阵线的胜利。

19 79年2月，尼加拉瓜桑迪尼斯塔民族解放阵线推翻了总统安萨斯塔索·索默扎，结束了索默扎家族46年的野蛮独裁统治，建立了由马克思主义者丹尼尔·奥特加领导的国家重建委员会。这时的尼加拉瓜几乎是一片废墟。战争夺去了 3 万多人的生命，使 50 多万人无家可归。桑迪尼斯塔政府立即制定了一个激进的社会改革计划。他们没收了流亡索默扎家族及其支持者拥有的全部资产，并对幸存的企业实行国有化。还颁布了保障所有公民基本权利和自由的新宪法。

1981 年，尼加拉瓜的外交政策出现了一点危险的征兆：尼加拉瓜与卡斯特罗领导的古巴的密切关系令美国非常不满。里根总统担心共产主义势力会在贫穷的中美洲国家蔓延。因此，美国政府决定停止对尼加拉瓜的经济援助以迫使它就范。更糟糕的是，里根批给中央情报局 2000 万美元经费用于招募和训练尼加拉瓜反革命武装。这支武装是由流亡洪都拉斯和哥斯达黎加的前索默扎政权国民警卫队人员组成的，他们一直等待机会卷土重来。1984 年，这支拥有 1.5 万多人的反政府军开始进行游击战争。

里根政府对尼加拉瓜的干涉，并没有受到美国人民的普遍欢迎。而被里根形容为"现代社会的邪恶势力"的共产党人仍在以各种形式顽强战斗着，特别是在美国的近邻。1983 年 4 月来自马萨诸塞州的参议员爱德华·波兰德提出一项修正案，确定援助尼加拉瓜反政府武装为非法。同年 6 月，中央情报局支持的一系列暗杀计划被揭露，导致美国与尼加拉瓜断绝外交关系：尼加拉瓜驱逐了三名怀疑为中情局特工的美国外交官；美国则下令关闭尼驻美大使馆。

尽管美国国会立法制止干涉尼加拉瓜，但三年后的事实表明，美国政府仍一直向尼加拉瓜反政府军提供财政援助。这些非法为外国反政府武装（包括伊朗反政府分子）提供财政支持的事件成为困扰里根总统任期最后阶段的主要问题之一。

尼加拉瓜政府与反政

◀美国暗中颠覆尼加拉瓜桑迪尼斯塔政府的行径受到世界人民的普遍反对。

府武装之间的战争消耗了国家大量资源。为了有效制止战争，政府同意于1984年11月举行民主选举。桑迪尼斯塔在选举中以63%的得票率获胜，丹尼尔·奥特加继续担任总统。尽管这次选举有国际观察员举行全程监督，但美国里根政府仍拒绝承认这个公平的选举结果。由于无法对尼加拉瓜实施军事干涉或内部颠覆，美国政府试图以经济手段动摇尼政府。1985年，里根总统宣布对尼实行贸易禁运；接着又利用它对世界银行的影响停止以前分配给尼加拉瓜的发展贷款。这对80年代后期的尼加

▲维奥莱塔：巴里奥斯的"全国反对派联盟"得到美国的全力支持。

拉瓜经济造成致命的打击。1988年，尼加拉瓜出现自30年代以来最严重的通货膨胀，平均物价上涨了300倍。

1990年，随着尼加拉瓜贫困和失业日益严重，尼加拉瓜再次进行大选。这次，美国支持的"全国反对派联盟"以微弱多数获胜。维奥莱塔·巴里奥斯成为总统。新政府开始执行保守政策。在美国的援助下，私营企业重新开张，尼加拉瓜出现了某种程度的政治稳定。政府利用严厉的经济手段使通货膨胀得到控制。叛乱的反政府武装被解散，忠于桑迪尼

◀里根总统对守在美国后门的尼加拉瓜马克思主义政权必欲置之死地而后快。

斯塔的政府军也被裁减了80%。但前反政府武装与桑迪尼斯塔军队之间零星的暴力活动一直持续到90年代。

总之，尼加拉瓜的这段历史是个跌宕起伏的传奇故事。在这个经济落后的国家里，人民革命斗争推翻了罪恶深重的独裁统治，公民权利被提高到前所未有的程度。然而，里根总统却出于意识形态的差异而对这个"枪杆子里打出的政权"恨得咬牙切齿。美国政府通过中央情报局实施的破坏和颠覆，逐渐摧毁了尼加拉瓜的经济，使它的政府陷于瘫痪。各国人民从这一事件看出美国在充当世界警察的角色。

新闻摘要
. . . .

7月

· 英国通过限制工会权力的新法律。

· 斯里兰卡泰米尔分离主义分子制造骚乱;政府实施宵禁。

· 波兰解除军事管制。

· 西班牙电影制片人路易斯·波特尔、英国演员大卫·耐温和美国建筑师布克明斯特·福勒逝世。

8月

· 利比亚空袭乍得法雅拉乔市;法国伞兵进入乍得,但利比亚已经占领该市。

· 危地马拉发生军事政变。

· 巴基斯坦结束军事管制。

· 菲律宾反对派领导人本杰明·阿基诺在从海外返回菲律宾时被暗杀。

· 一艘油轮在南非开普敦附近海域搁浅,造成严重污染。

· 以色列总理贝京辞职。

9月

· 韩国一架波音747航班被苏联空军击落,269人死亡。

· 以色列开始从黎巴嫩撤军;黎巴嫩两派民兵爆发战斗。

· 智利反政府民众集会纪念前总统阿连德牺牲10周年。

世界舞台上的波兰团结工会

▲荣获1983年诺贝尔和平奖的团结工会领导人瓦文萨。

1983年12月10日,波兰团结工会领导人瓦文萨获得诺贝尔和平奖,标志着西方国家对这个不断在共产党领导的波兰制造骚乱的独立工会的赏识。

在挪威首都奥斯陆举行的颁奖仪式上,瓦文萨的妻子代表她被波兰当局关押在监狱的丈夫领取了12.9万英镑的奖金。当她朗读瓦文萨在狱中写的感谢信时,受到与会者的热烈欢迎。瓦文萨在信中说,他代表数百万团结工会成员接受这笔奖金,并感谢"自由世界"对他们的支持。

苏联政府对这次和平奖的颁发非常不满,它一直警告波兰政府关注团结工会对东欧"社会主义大家庭"的威胁。实际上,当英国广播公司在当晚播送颁奖仪式时,苏联明显加大了对海外广播的干扰力度。

美国在黎巴嫩

▲美军贝鲁特总部大楼在汽车炸弹袭击中化为灰烬。

1983年10月23日,一辆满载两千磅炸药的卡车闯过安全门,撞在美军驻贝鲁特总部大楼上。几秒钟后,这座四层大楼变成一堆燃烧的瓦砾,里面的216名美军士兵全部粉身碎骨。这是在半年时间内,美国驻黎巴嫩维和部队第二次成为恐怖袭击的牺牲品。

这场在基督教民兵与穆斯林武装之间展开的血腥内战开始于1975年,战斗主要集中在首都贝鲁特。后来,以色列站在基督教民兵一边,而巴解组织则与穆斯林并肩参战,使战争局面变得更加错综复杂。为了分离交战的各派势力,来自美国、法国和意大利的维和部队于1981年进入黎巴嫩。但他们的存在并不受欢迎。

在美军兵营爆炸的同时,法国维和部队也遭到攻击,死亡58人。一个位于伊朗的自称"自由伊斯兰革命运动"的组织宣布对这两起袭击负责。

仅半年前,美国驻贝鲁特大使馆也曾遭到类似的自杀式爆炸袭击,导致60人死亡。这些袭击都是针对里根总统的充当世界警察的强硬外交政策的回应。

▲美军遇难者遗体被挖掘出来。据称这次袭击是伊朗恐怖分子所为。

美军入侵格林纳达

1983 年 10 月 25 日，美国派遣两千多人的海军陆战队进入加勒比海岛国格林纳达，迅速镇压了由马克思主义者领导的军事政变，再次显示它无情的铁腕政策。

格林纳达于 1974 年摆脱英国殖民统治获得独立，由埃瑞克·盖里任政府总理。但在后来的十年间，各派政治势力的暴力斗争接连不断。1979 年当盖里出国访问时，一场不流血的政变导致"人民革命政府"掌权。新总理是温和的社会主义者马奥斯·

毕绍普。1983 年 10 月 19 日，毕绍普在激进的副总理伯纳德·考特发动的军事政变中被暗杀，格林纳达正式成为一个马克思主义国家。这是美国无法容忍的。

格林纳达军队无法与美军相比。这场入侵刚刚开始就顺利实现目标。这个岛国暂由保罗·斯库恩爵士监管，直到 1984 年 12 月举行民主选举。

美国采取的行动引起世界各国的反对。联合国安理会通过一项决议，表示对这次行动"粗暴破坏

国际法"深感不安。但里根总统却无动于衷。他以行动向全世界表明，美国绝不允许共产主义染指西印度群岛和中美洲国家。

▲ 时刻警惕共产主义威胁的美国，毫不留情地迅速镇压格林纳达的马克思主义者。

核战影片引起的喧嚣

1983 年 12 月 10 日，1500 万英国电视观众观看了三周前在美国首次公演的一部颇受争议的有关核爆炸后果的影片《浩劫之后》。这部影片以虚构的手法描绘了苏联对美国堪萨斯州一个小城发动核袭击后的情景。

该影片受到坚决主张拥有核威慑力的英国政府的强烈反对。国防大臣迈克尔·赫塞尔廷指责这部影片从单方面看待核武器问题，并在给保守党政府带来许多麻烦的反核抗议活动中起了推波助澜的作用。赫塞尔廷坚持认为，购买这部影片的约克郡电视台为反核抗议者提供了一个极好的机会。该电视台

邀请赫塞尔廷进行座谈讨论，但是，当他发现著名的反核运动领导者布鲁斯·肯特在场时，又打了退堂鼓。

一些人批评该影片缺乏足够的可信性。英国医

学协会说，那个繁忙的普通医院处理数千伤者的镜头是不真实的。如他们所述，医务人员本身与平民一样也可能成为牺牲品，而医院在爆炸的瞬间就会被夷为平地。

无论如何，《浩劫之后》在美英两国创造的收视率，反映了亿万普通百姓对可能爆发的核战灾难的严重关注。

◀ 苏联对美国堪萨斯州发动核袭击后会怎样？引起争议的影片《浩劫之后》显示了虚构的情景。

· 雅茨哈克·沙米尔当选以色列总理。
· 凯斯维尼斯独立。
· 菲律宾爆发反独裁政府示威。

10 月
· 尼尔·金诺克当选英国工党领袖。
· 恐怖分子制造爆炸试图暗杀韩国总统，造成 19 人死亡。
· 前日本首相田中角荣被判犯有受贿罪。
· 土耳其地震造成 1300 多人死亡。
· 罗奥尔·阿方辛领导的激进党赢得阿根廷大选。
· 英国艺术家拉菲尔·理查德森逝世。

11 月
· 以色列军营遭到自杀式爆炸攻击，60 人死亡。
· 第一批美国巡航导弹运抵英国格林汉姆美军基地，当地居民举行抗议示威。
· 西德就美国在该国部署核导弹举行全民投票。
· 美苏裁军对话失败。

12 月
· 阿根廷总统罗奥尔·阿方辛宣誓就职，结束长达八年的军事统治。
· IRA 汽车炸弹在伦敦哈罗茨商店附近爆炸，造成六人死亡。
· 尼日利亚发生军事政变，穆罕默德·布哈尼掌权。
· 西班牙抽象派超现实主义画家乔安·米罗逝世。

'84

新闻摘要

· 美国、法国和意大利维和部队撤离黎巴嫩。

· 两伊战争继续。

· 埃塞俄比亚饥荒造成200万人死亡。

· 锡克极端分子占领印度阿姆利萨金庙。

· 伊朗与伊拉克进行"油轮"战；相互袭击对方的油轮。

· 美国中央情报局策划袭击尼加拉瓜港口，造成船只损坏，世界法庭谴责美国。

· 英国电信公司私有化。

· 基因密码被发现。

· 当年公演的影片包括：詹姆斯·卡姆龙的《明天》、米洛斯·福曼的《火绒》、大卫·利昂的《印度之旅》、洛兰德·杰夫的《屠场》、约翰·休斯顿的《火山下》、塞尔格·莱恩的《从前在美国》和罗勃·雷尼尔的《摇滚万岁》。

· "王子"乐队发表第一张专辑《淑女》。当年的其他流行歌曲包括：弗兰克·古斯的《放松》、乔治·迈克尔的《让我醒来》、《无意的私语》和艾德乐队的《他们知道这是圣诞节》。

· 当年出版的图书包括：米兰·昆德拉的《不灭的灯光》和阿里森·卢耶的《外交事务》。

突尼斯食品骚乱

1984年1月1日，突尼斯政府决定提高面包价格125%，立即在全国引起大规模民众骚乱，导致一百多人丧生。

此次食品价格上涨是政府大幅度削减财政赤字的措施之一。作为石油生产国，突尼斯的经济深受近年来石油价格下降之苦，再加上粮食歉收和旅游收入减少更使它雪上加霜。到1983年底，政府被迫减少进口和削减用于维持面包价格的谷物生产补贴。

土耳其当局声称经济状况只是引发骚乱的原因之一，而伊斯兰原教旨主

▲面包价格猛涨，导致突尼斯民众走上街头。

义者组织的示威运动才是主要根源。一些独立的调查报告也证实，反对布尔基巴总统的亲西方政策的

反对派在骚乱中扮演了煽风点火的角色。

骚乱很快演变成失控的暴力活动。1月3日，政府宣布进入紧急状态，并在首都实行宵禁。坦克和装甲车开上街头驱赶骚乱的人群。两天后，政府同意提高工资并通过了在年底之前冻结所有零售价格的法律。

1月6日，政府仍无法控制局面，只好宣布收回提高物价的决定。混乱的秩序终于逐渐恢复。1月11日，骚乱中被迫关闭的学校重新开学，而宵禁则一直持续到月底。

加拿大总理辞职

1984年2月29日，加拿大总理皮埃尔·

▲加拿大自由党政府总理特鲁多是实现他的国家完全独立的领导人之一。

特鲁多决定辞职。在他的任期内，加拿大彻底摆脱了从属于英国的地位，实现了完全独立，并在1980年的全民公决中挫败了魁北克人的独立运动；同时，为维护国际和平作出了积极的贡献。

1968年以来，特鲁多长期担任加拿大自由党领袖和政府总理。自由党曾在1979年大选中失利，那时特鲁多第一次辞职。但在众人的劝说下，他又回到党内领导岗位并带领自由党赢得1980年大选。

特鲁多出身于富豪家庭，年轻时从事法律专业。他担任总理的第一个十年正值国内经济萧条和魁北

克分离主义猖獗的困难时期。在80年代初期，他主持修改宪法，增加了有关人权和扩大联邦经济权力的内容。他还与英国谈判，使1867年以来的加拿大主权从属英国君主转变为加拿大完全独立。

但1983年底，他的未来受到了质疑。一位自由党前部长说："我认为，特鲁多先生该离开了。他已经完成了他要做的事情，我不知道他为什么还要赖在那里。"1984年2月，特鲁多宣布"现在是其他人继续迎接挑战的时候了"。

"泄密"事件

福克兰战争结束后,有关英国海军福克兰战争中击沉阿根廷"贝尔格拉诺号"巡洋舰的争论一直困扰着保守党政府。1984年8月18日,英国国防部一位高级官员克里夫·旁廷被指控违反公务员保密法,将有关该事件的文件交给工党议员塔恩·达夫耶尔。

针对这项指控,克里夫·旁廷解释说:"我这样做是因为我认为内阁大臣们为了维护自己本党的利益而不打算回答一位议员的合法问题,而这个问题却是公众普遍关注的问题。"

自福克兰战争开始以来,塔恩·达夫耶尔一直在调查这个事件。他说,这些文件表明"贝尔格拉诺号"被英国潜艇击沉之前11个小时就已经开始从战区返回本国。他认为击沉这艘战舰使英国失去了和平解决冲突的一个机会。首相撒切尔夫人后来回答说:"贝尔格拉诺号"当时的准确位置和航线并不明确",而且此前政府的和平外交努力已经做到仁至义尽。

塔恩·达夫耶尔称赞旁廷的做法,他说:"那些为了自己的前途而不惜损害公众利益的公务员与古罗马的达官贵人没有什么区别。"

1985年2月,克里夫·旁廷受到审判,但被宣布无罪。

▶克里夫·旁廷(右)违反公务员保密法,泄漏了政府不愿公开的重要文件。

布来顿爆炸案

10月12日上午,按计划英国保守党应该在布来顿召开例行的年会。但电视台早间新闻却传来另一个令人震惊的消息:一颗由北爱尔兰共和军(IRA)放置的炸弹炸毁了作为主会场的饭店。

这颗含有20磅炸药的炸弹于当天凌晨2点54分在布莱顿格兰德大饭店六层的一间浴室内爆炸。当饭店的几个楼层坍塌时,一些客人被巨大的气浪抛了出来。正在房间里准备会议发言稿的首相撒切尔夫人没有受伤,但另有五人遇难。

死者中没有内阁大臣,但包括著名的议员安东尼·贝里和政府秘书长的妻子罗勃塔·威克汉姆。政府秘书长约翰·威克汉姆虽然幸免于难但也身负重伤。他和贸易与工业大臣诺曼·泰比特以及其他30名伤者被送往医院救治。泰比特直到第二年1月才出院,而他的妻子则自颈部以下全身瘫痪。

撒切尔夫人在当天上午准时出席会议,受到人们的普遍赞扬。她说这次爆炸是"妄图摧毁民主选举产生的女王陛下的政府"。

IRA声称对这次爆炸负责,说:"今天我们运气不好,但请记住,只要我们有一次走运,你们可就永远倒霉了。"

◀IRA在格兰德饭店制造爆炸,造成英国政府多名成员伤亡。

1月
· 前英国殖民地文莱独立。
· 阿拉伯恐怖分子在贝鲁特杀害美国大学校长。
· 英国政府禁止工会在通讯总部大楼组织罢工。

2月
· 苏共总书记安德罗波夫逝世,契尔年科继任。
· 伊拉克空袭伊朗非军事目标并封锁哈格岛石油炼油厂。
· 英国喜剧演员托尼·库波逝世。

3月
· 南非军队开始撤离安哥拉。
· 英国煤矿工人开始罢工。
· 莫桑比克与南非签订和平条约。

4月
· 锡克族极端分子在印度旁遮普邦制造骚乱。
· 英国民众在利比亚驻英国使馆门外示威,使馆人员开枪杀害维护秩序的英国警察。
· 英国断绝与利比亚的外交关系。
· 美国摄影师安塞尔·亚当斯和爵士乐钢琴家考特·巴赛斯逝世。

5月
· 约瑟·杜阿特当选萨尔瓦多总统。
· 丹麦议会抗议美国在欧洲部署导弹。
· 伊朗战斗机空袭沙特阿拉伯附近的油轮。
· 英国警察与罢工的煤矿工人暴力冲突增加。
· 英国诗人约翰·比特曼、演员戴安娜·多斯和喜剧演员埃瑞克·穆尔卡比逝世。

核能与生态

80 年代，欧洲掀起了声势浩大的反核抗议运动，其目的是结束核军备增长和核能对环境的威胁。

80 年代的英国出现了强大的右翼政府。由于在下院拥有稳定的多数，保守党政府能够执行有争议的政策而很少受到议会的反对。官方对核武器和核能的立场十分明确：政府希望在本国部署巡航导弹和三叉戟导弹；而核能更是被普遍当作安全而清洁的未来燃料。

针对政府的新核武器部署计划，核裁军运动协

▲佩戴骷髅面具，抬着导弹模型的抗议者在格林汉姆空军基地示威。

会在伦敦和其他城市组织了一系列民众抗议集会。在此后的两年间，民众反核运动的焦点集中在即将部署巡航导弹的格林汉姆空军基地。"妇女和平营"在这个军事基地外部安营扎寨，为抗议者提供永久性活动场所。当局多次试图驱赶他们，但未能得逞。

英国反核运动的问题最终在 80 年代初期呈现出来。媒体对在格林汉姆进行抗议活动的报道通常都描述她们是受到工党左翼分子的误导或者只是为了展示"女权主义"的力量。总之，这项运动缺乏英国广大"中间阶层"的普遍支持。

在欧洲其他国家，反核运动获得了某些实质性的成功。在德国，由 250 多个生态和环境保护团体组成的"绿色和平"组织已经成为政党。他们在 1983 年的联邦议院选举中获得超过 5% 的选票，这使他们能够向议会充分表达自己的意愿。

"绿色和平"运动再接再厉，在西欧各国都组建了自己的政党。尽管在英

◀ 对核裁军运动的支持在 80 年代初期达到最高峰。

国类似的政党并未获得议会席位，但他们在高层的游说活动已经取得相当大的效果。实际上到80年代末，英国所有主要政党，无论其对核问题立场如何，都把环境保护视为重大的政治问题。

80年代公众观念的显著变化表现在生态意识的不断提高。在这方面，由大量志愿者组成的跨国"绿色和平"组织成为环保运动的急先锋。无论政府当局或大公司在任何地方实施危害环境或生物的行为，都会遭遇"绿色和平"组织的非暴力抗议活动。"绿色和平"充分利用媒体宣传自己的宗旨，并将大规模的民众反核运动与向各国高层呼吁停止核试验的游说活动结合起来。

提高民众生态意识的一个重要方面是引导普通消费者合理利用地球自然资源。在这方面，英国开展的正确使用清洁喷雾罐的宣传活动显示了社会动员的强大作用。当科学家指出人们日常用于家庭清洁的这种喷雾罐会释放出破坏地球臭氧层的气体，而大多数生产厂家对此却无动于衷时，只有通过大规模宣传说服消费者采用其他替代用品。随着喷雾罐销量的下降，生产厂家开始意识到提供对环境无害的替代产品符合自身的利益。现在此类喷雾罐已经很少见了。

到90年代初期，环保组织已经获得很大成功。生态条件成为家居广告的重要内容之一，在许多情况下甚至是房地产商吸引买主的热点。

目前还很难评估公众压力对环保进步的贡献究竟有多大。就核武器而言，从政府方面看，80年代中期开始的全球核裁军行动更多是迫于财政因素而不是出于环保考虑；而80年代末苏联东欧集团的解体则意味着意识形态方面的冷战结束。

尽管公众的环保意识不断增强，但世界上仍有亿万普通百姓为提高生活水平而忽视工业污染的加剧，甚至不惜毁灭至关重要的热带雨林。科学家和环保组织有关减少污染的呼吁得到各国政府的普遍支持，他们开始对本国的重工业实施严格的环保规则。

90年代，英国多次发生由环保组织针对政府公路建设计划发动的抗议活动，试图阻止高速公路的建造对乡村自然环境的破坏。21世纪，生态保护战场将转移到人们日益依赖的汽车方面。尽管汽车引擎的设计和制造工艺不断改进，但汽车尾气排放仍是最主要的污染物之一。虽然绝大多数驾车者都知道这个事实，但公众似乎并不准备为此作出牺牲。

▲格林汉姆妇女抗议组织为其他组织开创了环保"直接行动"的先例。

中国的改革

促进中国长期发展的全面改革。他主张全中国的工作重点要坚定不移地转移到经济建设上来，要求把马克思主义的普遍真理同中国的具体实际结合起来，走自己的道路，建设有中国特色的社会主义。他提出了坚持社会主义道路、集中力量进行现代化建设的四项保证。1984年10月，他在一次令人振奋的报告中宣布，将给予国有企业更大的自主权。这意味着国家控制物价的结束，通过市场调节创造企业竞争机制。理顺供需关系成为重要的经济原则。政府还鼓励企业积极参与国际贸易。这些创新的理论和实践受到了广大人民的拥护。

▲邓小平向全世界展示改革开放的中国新形象。

19 84年10月，中国领导人邓小平出人意料地宣布实行全面的经济改革。

自50年代以来，邓小平一直是中共的重要人物。但他始终认为国民经济的增长依赖于刺激个人的积极性，而不是一味强调通过全体人民的共同努力实现共同富裕。在60年代后期的"文化大革命"期间，邓小平被剥夺了政府领导职务。在以后的十年间，他又经历了多次政治沉浮：1973年接替病重的周恩来总理主持国务院工作；1976年被"四人帮"剥夺权力；当"四人帮"倒台后又回到领导岗位。

80年代，邓的权力得到稳固。这使他得以实施

印度总理甘地夫人被暗杀

19 84年10月31日，印度政治斗争中屡见不鲜的血腥暴力事件再次出现，印度总理英迪拉·甘地在花园中散步时被她的两个锡克族卫兵开枪暗杀。据说这次暗杀是为了报复四个月之前她下令武装进攻锡克族宗教圣殿阿姆利则金庙。

英迪拉·甘地出身于印度政治世家，是印度独立后首任总理尼赫鲁的女儿。结婚后，她接受了丈夫的姓氏甘地，但无论她本人还是她的丈夫都与著名的圣雄甘地毫无关系。1966年，她首次代表新国大党出任印度总理。后来又连任两届直到1978年竞选失败。此后，她曾两次因被指控腐败而短暂入狱。1980年，她作为分裂的国大党（英迪拉派）领袖赢得大选，重返总理宝座。

这一时期，印度一些邦在积极活动试图从中央

政府获得更大的独立性。旁遮普邦的锡克人在争取自治的斗争中不惜使用暴力。1984年7月2日，印度政府派遣军队前往该地区平息骚乱。四天后，暴力活动仍有增无减，甘地遂命令军队进攻金庙，导致450多个锡克人死亡。这个愚蠢的政治判断葬送了和平解决教派冲突的所有机会，也给她自己带来杀身之祸。

甘地夫人遇刺身亡的当天，她的儿子拉吉夫·甘地被任命为总理。性格

▶ 英迪拉·甘地的遗体被缓缓送往恒河旁边的火葬场。

温和的拉吉夫虽然是长子，但向来不过问政治，却热衷于他的飞行事业。他的弟弟桑吉亚一直被视为家族的政治继承人。然而当桑吉亚于1980年死于空难之后，拉吉夫不得不重新选择他的未来。

甘地夫人死后，印度各地的暴力活动仍在继续。拉吉夫·甘地无法控

制各地涌现的分裂局面。1989年11月，因涉嫌财务问题，他辞去总理职务。

拉吉夫继续作为国大党（英迪拉派）领袖。1991年5月，他被斯里兰卡泰米尔独立组织暗杀。他的孩子尚在少年，不可能治理国家。至此，印度政坛的"尼赫鲁王朝"宣告结束。

博帕尔化学大灾难

19 84年12月3日，自甘地夫人遇刺之后，印度再次遭受震惊全国的大灾难：位于印度中部城市博帕尔的一家杀虫剂制造厂发生了历史上最严重的工业事故。当天清晨，45吨剧毒的甲基异氰酸酯气体从一个地下储气罐中泄漏出来，迅速扩散到拥有近25万人口的整个地区，立即造成2500多人死亡，

其中许多人还在睡梦中。

有毒的空气继续在博帕尔城内肆虐，至少造成5万人感染，许多人呕吐、失明，甚至窒息。面对突如其来的灾难，当地医院无法处理如此大量的急症病人。

发生事故的工厂属于美国联合碳化物公司。事故的直接原因是地下储气罐的三个巨大阀门中有一

个被损坏。然而，后来进行的调查表明，安全措施不力和管理人员素质低下是这场不该发生的事故的主要根源。

几个月后，前来调查博帕尔事故损失的美国联合碳化物公司董事长沃伦·安德森被印度当局短暂扣留。不久，经新当选的总理拉吉夫·甘地授权，律师起诉联合碳化物公司，要求赔偿150亿美元。这场官司直到1989年才最终结案，该公司被迫向受害者及死者家庭赔偿4.7亿美元。

◀美国联合碳化物公司设在印度博帕尔市的工厂发生了世界上最严重的工业事故。

9月
· 南非小镇骚乱，导致至少14人死亡。
· 加拿大组成以布莱恩·莫尔隆尼为总理的新政府。
· 以色列组成联合政府。
· 南非总理博塔成为南非第一位执行总统。
· 美国驻黎巴嫩大使馆爆炸，造成23人死亡。
· 约旦与埃及恢复外交关系。

10月
· 印度发生反锡克人暴力事件，造成一百多人死亡。
· 波兰秘密警察杀害亲团结工会的牧师居塞·博皮斯柯。
· 法国电影导演法兰西斯克·特鲁福特逝世。
· 丹尼尔·奥特加领导的桑迪尼斯塔赢得尼加拉瓜大选。
· 共和党候选人、现任总统里根再次当选美国总统。
· 墨西哥炼油厂爆炸，五百多人死亡。

12月
· 撒切尔夫人同意将香港交还中国。
· 美国纽约巡警枪杀四名黑人青年。
· 拉吉夫·甘地赢得印度大选。
· 南非德斯蒙德·图图主教获得诺贝尔和平奖。
· 美国电影导演山姆·帕克金法逝世。

英国煤矿工人大罢工

▲英国政府在煤矿工人罢工期间动用警察力量引起争议。许多人认为他们更关注执行政府的政策，而不是维护法律。

19 85年3月3日，英国煤矿工人总工会执行委员会（NUM）以98票对91票的表决，结束了几乎使英国煤炭工业全面瘫痪的长达一年的罢工。这场起源于一次普通的劳资争端的罢工后来逐步升级为工会与政府之间的长期对峙。

关于这场较量的谁胜谁负问题已经没有争论：正如许多媒体所报道的，撒切尔夫人赢得了"著名的胜利"。而工会在这次斗争中的失败使自己大伤元气。20世纪70年代以来，强大的工会势力足以颠覆政府的现象终于成为过去。

这次争端的起因是负责管理国营煤炭工业的国家煤炭委员会（NCB）宣布从1984年初开始关闭一些"没有经济效益"的矿井并裁减两万个工作岗位。在NUM与NCB进行的新一轮工资谈判即将开始时，这项关井裁员的计划也成为谈判内容之一。以伊安·麦克乔治为首的NCB同意增加工资5.2%，同时坚决表示关井裁员的计划不容改变。

谈判很快陷入僵局。1984年3月，NUM领导人亚西尔·萨卡吉尔号召实行全行业罢工。全国174个煤矿中有153个立即响应。但一些拒绝参加罢工的煤矿使矿工与政府之间的暴力冲突逐步升级。诺丁汉和肯特郡一些被称为"工贼"的不愿参加罢工的工人越过NUM设置的罢工纠察线去上班。他们虽然支持萨卡吉尔和NUM的目标，但要求经过全体矿工投票表决是否进行罢工。NUM拒绝了他们的要求。

在后来的几个月，随着大批坚决实施罢工的威尔士和约克郡矿工前往诺丁汉设置纠察线，说服和阻止仍在工作的矿工，暴力冲突日益加剧。他们试图封锁矿井的行为导致双方矛盾更加激化。不久政府开始派遣警察护送工人去上班。

1984年5月29日，奥其里夫煤矿发生骚乱，工人纠察队与警察发生打斗。在一整天的战斗中，41名警察和29名矿工受伤。警方谴责在场的亚西尔·萨卡吉尔煽动矿工纠察队员闹事；而NUM则声称矿工设置罢工纠察线的基本权利受到警方的公然践踏。后来，随着警方在诺丁汉郡主要道路设置警戒线并驱赶外地矿工，使NUM更为愤怒。这是20世纪英国政府第一次用如此严厉的手段解决劳资争端。

1984年6月7日，罢工工人在公众的普遍支持下，在议会大厦外面举行大规模示威。这次抗议活动再次演变成罢工者与警察之间的战斗，导致120多名矿工被捕。由于矿工工会南威尔士分会拒绝支付法庭判决的罚款,政府于8月1日下令查封该工会资产。政府相信一旦工会无法向会员提供罢工生活费,这场罢工风波很快就会烟消云散。

1984年10月初,这个案子被提交高等法院,NUM被判罚款20万英镑。亚西尔·萨卡吉尔本人因蔑视法庭被判罚款1000英镑。该法庭还裁决,由于未经全体会员表决,该工会组织的这次罢工实际上属于非法。

在冬季的几个月里,尽管暴力活动仍在继续,但越来越多的罢工者感到他们的财政状况已无法维持继续罢工。到11月,将近三分之一的罢工者开始复工;到1985年2月,超过半数的矿工重返工作岗位。尽管亚西尔·萨卡吉尔和NUM仍在苦苦支撑,但事实很明显,矿工们已经无法取得这场斗争的胜利。

经过一年的抗争,NUM没有获得任何成果。实际上,随着务实的诺丁汉矿工组建自己的工会,这个曾经强大的工会已经分裂。被媒体 209丑化为恶人的亚西尔·萨卡吉尔很快也从政坛消失了。这次罢工使矿工工会失去许多中小煤矿矿工的信任,成为英国当代劳工运动史上最具破坏性的事件。

这场较量的惟一胜者是保守党政府。随着80年代政府更迭导致的政治右倾化,撒切尔内阁改变了工会的运气。然而,正是煤矿工会本身的分裂才使这种一边倒的胜利成为可能。

▼1985年3月,罢工工人带着受挫和沮丧的心情返回工作。

戈尔巴乔夫上台

新闻摘要
· · · · · · · · · · ·

· 价格战导致世界石油价格下跌。

· 美国多家储蓄与贷款金融机构破产。

· 印度宗教领袖巴格弯·舍利在美国被捕。

· 南非废除禁止不同种族通婚的法律。

· 隧道扫描显微镜研制成功。

· 当年公演的电影包括：阿卡拉·库萨瓦的《奔跑》、彼得·威尔的《目击者》、托里·吉尔曼的《巴西》、斯德利·伯洛克的《走出非洲》和克劳德·拉兹曼的纪录片《浩劫》。

· 尼尔·西蒙的话剧《贝里奥斯》在纽约公演。

· 根据雨果名著改编的音乐剧《悲惨世界》在伦敦公演。

· 当年的流行歌曲包括：麦当娜的《物质女郎》、"恐惧与眼泪"乐队的《人人都想统治世界》和"单纯之心"乐队的《不要忘记我》。

· 当年出版的图书包括：安妮·泰勒的《意外的旅行》、加里森·凯勒的《沃伯冈湖边的故事》和爱利斯·蒙德克的《好徒工》。

▲世界舞台上的新面孔。苏联领导人米哈伊尔·戈尔巴乔夫的表现，让西方人感到他是个可以打交道的人。

苏联领导人勃列日涅夫于1982年11月逝世后，人们普遍猜测他的职务将由他信任的契尔年科来接替。而实际上前克格勃首脑安德罗波夫成为新的领导人。但他登上权力宝座不久就病了，很少在公共场合露面。安德罗波夫于1984年2月病逝后，他的前竞争者契尔年科继任。然而，像安德罗波夫一样，契尔年科也只是个过渡的领导人。他的身体不好，上台后仅一年就于1985年3月逝世。他的继任者是最年轻的苏共政治局委员、54岁的戈尔巴乔夫。虽然西方对他还不熟悉，但近十年来他已经成为苏联政治舞台上的一颗新星。

作为莫斯科大学法律系毕业生，戈尔巴乔夫在共产党内的仕途一帆风顺。他的第一个重要职务是被视为党的后备军的共青团领导成员。1971年，他进入苏共中央委员会；9年之后被选入核心领导层——中央政治局。

作为苏联领导人，戈尔巴乔夫最关心的是经济问题。他主张通过技术现代化提高生产率。他的掌权也使西方感到乐观。由于苏联入侵阿富汗导致的美苏关系僵持状态也有望得到缓和。戈尔巴乔夫呼吁实现全球裁军。1985年11月，他与美国总统里根举行了第一次裁军对话。

虽然没有多少实质性进展，但两位领导人通过长达6小时的会谈，增进了相互理解。

戈尔巴乔夫是个敏锐的世界政治家。他让世界看到了苏联的另一面，一个年轻而充满活力的形象。在上台的第一年，他与西方许多国家领导人建立了良好的个人关系。但很少有人能预见到他推行的改革将导致东欧剧变和苏联解体。

两起足球悲剧

19 85年5月，英国足球赛季以两起毫不相干的悲惨事故宣告结束。这两起事故导致近百人死亡，上千人受伤，使英国足协的声誉一落千丈。5月11日本来应该是约克郡布莱福德城的庆典日。这是该市球队在本赛季的最后一场比赛，而且是在主场进行。布莱福德城队已经积累了足够的分数赢得第三赛区冠军。当地大批球迷走出家门准备庆贺自己球队的胜利。

然而，欢乐很快变成一场灾难。当上半场比赛即将结束时，一处看台突然出现火苗。恐慌的球迷纷纷跳下看台，涌向球场。仅仅5分钟，这个建成已有76年的木制看台变成了人间地狱。共有56个球迷死于烈火或践踏，数百人受重伤。

这场悲剧引起公众对英国一些球场安全状况的普遍关注，特别是像布莱福德城体育场这样的战后以来一直没有改造或修缮的场地。

然而谁也没想到两个星期后，当卫冕冠军英国利物浦队与意大利尤文图斯队在比利时布鲁塞尔进行欧洲杯决赛时，又一场灾难降临在赛场海塞尔体育场。

这场定于5月29日进行的球赛的组织工作非常糟糕。警力不足，赛场没有配备闭路电视监视设备，更糟糕的是，没有将两支球队的支持者有效隔离。一大批饮酒过量的利物浦球迷在等候比赛开场时，与相邻的尤文图斯球迷展开对骂，使赛场气氛变得更加紧张。随后对骂变成了厮打，当一群利物浦球迷闯入尤文图斯球迷看台时，这些意大利人被迫夺路而逃。然而一座水泥墙挡住了他们的去路。水泥墙在巨大的压力下轰然倒塌，造成39人死亡，四百多人受伤。当少量警察赶来试图阻止利物浦球迷时，双方又在球场上展开激战。这场灾难的受害者几乎都是尤文图斯球迷。

英国足球的声誉降到了最低点。尽管实际上英国与足球相关的暴力事件并不比欧洲各国更严重，但自海塞尔体育场灾难发生之后，人们普遍把这种现象称为"英国病"。

虽然英国政府要求尽快解决这个问题，但真正执行的措施只不过是禁止在足球赛场出售酒精饮料。有人提出采用身份证识别系统以阻止有前科的"足球流氓"，但实际上无法有效使用。

这种情况对球队本身的影响更大。在后来举行的欧洲锦标赛中，英国足球协会希望为自己的球迷俱乐部获得一个看台的要求被组委会断然拒绝。6月，欧洲足球协会将这个措施扩大为不成文的禁令。在此后的十年间，英国球迷顶多只能在欧洲观看俱乐部级的足球比赛。

▼海塞尔体育场内惊恐万状的尤文图斯球迷争相翻越坍塌的水泥墙。

1月
· 美苏继续进行核裁军对话。
· 埃塞俄比亚火车出轨造成390人死亡。
· 巴西选出21年来第一位文官总统阿尔米德·纳维斯。
· 洪森成为柬埔寨总理。
· 南非成立新议会。

2月
· 爱尔兰通过紧急状态法，允许政府冻结IRA资产。

3月
· 乌干达恢复由总统朱利奥·桑奥尼提领导的文官统治。
· 英国球迷骚乱。
· 比利时政府批准部署美国巡航导弹。
· 南非警察对示威者开枪，导致18人死亡。
· 英国演员迈克尔·雷德格夫和俄罗斯艺术家马克·夏加尔逝世。

4月
· 苏丹发生军事政变，拉曼·赛威尔将军掌权。
· 苏联总统戈尔巴乔夫宣布推迟在欧洲部署导弹。
· 巴西当选总统阿尔米德·纳维斯在就职仪式前夕逝世；约瑟·萨尼继任。
· 阿尔巴尼亚独裁者恩维尔·霍查逝世；雷米兹·阿利雅继任。
· 阿根廷开始审判前军事领导人。

"生命援助"慈善音乐会

▲组织者鲍勃·吉尔道夫带领《让世界不再饥饿》的合唱队出席这场最大的慈善音乐会。

新闻摘要

5月
- 印度锡克族极端分子制造爆炸,造成八十多人死亡。
- 美国对尼加拉瓜实施经济制裁。
- 美国宾夕法尼亚州警察在制止骚乱中,炸毁楼房,导致11人死亡,两百多人无家可归。
- 斯里兰卡泰米尔猛虎组织袭击省城,导致一百多人死亡。
- 飓风造成孟加拉1万多人死亡。
- 法国艺术家吉恩·杜巴福特逝世。

6月
- 贝鲁特汽车炸弹造成52人死亡。
- 印度飞机在爱尔兰附近上空爆炸,机上325人全部遇难。
- 英国政治家乔治·布朗逝世。

7月
- 南非实施紧急状态法。
- 谢瓦尔德纳泽取代葛罗米柯担任苏联外交部长。葛罗米柯任最高苏维埃主席。
- 乌干达军事政变;米尔顿·奥伯特流亡;迪托·奥克罗将军掌权。
- 艾伦·皮尔兹成为秘鲁新总统。

1985年7月13日,英国最著名的斯塔特柯克摇滚乐队在伦敦温布利体育场举行盛大的音乐会。气势恢弘的合唱"让世界摇起来"拉开了这场规模空前的"生命援助"慈善音乐会的序幕。

这个项目是由爱尔兰顶级乐队"都市老鼠"的歌手鲍勃·吉尔道夫发起的。吉尔道夫看过有关埃塞俄比亚饥荒的报道后深感震惊,同时对西方各国政府的无动于衷深感愤怒。他的第一个行动就是组织一个全明星乐队义演,并于1984年圣诞节发行专辑《让世界不再饥饿》,所得收入全部用于赈济灾民。《让世界不再饥饿》成为当时销量最大的唱片。

"生命援助"音乐会在利用名人筹集资金方面达到了新的高度。这个大规模的音乐会在英国和美国同时举行,并通过双向视频线路连接英国温布利体育场和美国费城体育场这两大现场。全世界都可以看到两地的实况转播,每个转播网都设有供观众使用的捐款信用卡热线。

演出的节目精彩绝伦,令人难忘。几代流行音乐明星都到场献艺,其中包括保罗·麦克卡特尼、麦克·查格尔、鲍勃·戴安、麦当娜和著名的U2乐队。最引人注目的表演来自"女王"乐队,该乐队的天才歌手弗雷德里·莫丘利不愧为最杰出的摇滚演员。最后,全体明星和观众同声高唱《让世界不再饥饿》,将整个音乐会推向高潮。

这次慈善义演获得了极大的成功,共为赈济灾民筹集了五千万英镑。

"彩虹勇士号"沉没

在促进世界人民生态意识的运动中,一个由各国志愿者组成的、名叫"绿色和平"的国际环保组织一直活跃在最前线。"绿色和平"成立于1971年,最初的目的是反对美国在阿拉斯加进行核试验。随着越来越多的非官方人士注意到长期以来被政府和跨国公司忽视的生态问题,"绿色和平"开始将它的目标扩大到保护濒危物种和以"直接的非暴力行动"反对蓄意制造污染的罪行。它的宗旨是通过经常的宣传使人们改变错误行为,并揭露那些危害生态的丑恶行径。由于该组织的许多攻击目标是政府批准的项目,因此"绿色和平"本身也成为被打击的目标。

1985年7月10日,经常出现保护海洋环境斗争中的"绿色和平"的"彩虹勇士号"轮船在新西兰的奥克兰港被炸沉。这艘轮船原准备开往南太平洋的穆鲁罗阿·阿托尔岛,抗议法国在那里进行的核试验。一名"绿色和平"成员在爆炸中身亡。

这是在新西兰本土发生的第一次恐怖行动,警方立即展开大规模调查，并逮捕了两名法国人德米尼克·普里埃尔和埃伦·玛法特。人们怀疑这两名特工是根据法国政府的命令实施爆炸的。法国总统密特朗下令进行调查。17天后得出结论，法国与此事无关。但不久后泄漏的法国政府文件却道出了真相。

随着来自国内外的谴责不断增多，法国政府不得不向公众说明事实。政府文件表明，国防部长查尔斯·赫尔诺和情报机构负责人阿德米勒·拉考斯特不仅知道而且批准了这

▲ "绿色和平"组织"彩虹勇士号"轮船的沉没使法国政府陷入困境。

个行动。据密特朗说，他们向政府调查人员隐瞒了这些情况。这两位官员被撤了职。许多人认为密特朗本人也应该辞职。

五个向媒体透露真相的官员被判违反公务员保密法。同时，在"彩虹勇士号"安放炸弹的两名法国特工普里埃尔上尉和玛法特少校分别被新西兰判处七年和十年监禁。

墨西哥地震

19 85年9月19日上午7点18分，一场里氏7.8级的大地震突然袭击了墨西哥的太平洋沿岸地区。尽管震中在首都墨西哥城西南370公里处，但该市仍有强烈震感。一些高楼大厦和其他建筑倒塌，造成约9500人死亡。

发生在这个世界上人口密度最高的城市的这场大灾难，其主要原因在于墨西哥城的独特的地理结构。这个城市最初是一系列的内陆湖岛屿。在土著阿芝台克人时期，周围的湖泊逐渐干涸，并被人们填平。后来的墨西哥城就是在这块松软的地基上建立起来的。当地震和余震袭来时，墨西哥城脚下大地产生的晃动比周围地区大五倍。

人员伤亡主要来自倒塌的摩天大楼和高层建筑。惟一可以与之相比的大都市地震灾难是1971年的洛杉矶大地震。但这里的建筑完全按照抗震规范建造，减轻了地震的危害。洛杉矶的强大地震波持续不到一秒；而在墨西哥城则长达数秒，达到摩天大楼的自然频率。这导致更大的侧向移动，使二十多座高层建筑倒塌。另有五十多座大楼严重毁坏，不得不拆除。

十年后，墨西哥城依然可以看到地震的遗迹。

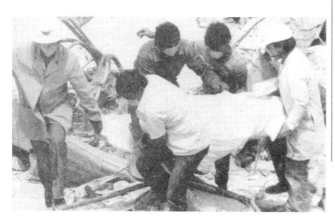

◀ 这所儿童医院是在墨西哥城地震中倒塌的许多建筑之一。

8月
· 南非黑人矿工罢工，要求结束紧急状态。
· 日本飞机撞山，520名乘客和机组人员遇难。
· 伊拉克空袭位于波斯湾的伊朗油田。
· 尼日利亚政变，艾伯拉姆·巴班吉达掌权。
· 圭亚那总统福布斯·伯恩汉姆逝世，迪斯蒙德·霍耶特继任。

9月
· 美国对南非实施经济制裁。
· 欧共体对南非实施经济制裁。
· 英国驱逐从事间谍活动的苏联外交官。
· 英国服装设计师劳拉·阿什利逝世。

10月
· 以色列袭击设在突尼斯的巴解总部，杀死六十多人。
· 英国伦敦托滕纳姆区发生骚乱，一名警察死亡。
· 美国电影制片人兼演员奥森·沃特和美国演员儒勒·布莱纳尔逝世。

11月
· 坦桑尼亚总统尼雷尔辞职，哈桑·麦尼格继任。
· 哥伦比亚火山喷发，造成2.5万人死亡。
· 英国与冰岛签订英—冰协议。
· 埃及航班被劫持到马耳他，埃及派突击队营救，60人死于枪战。
· 法国著名历史学家卡伯迪安·莱昂诺逝世。

新 瘟 疫

新闻摘要

12月

· 阿根廷前军人统治集团五人被判侵犯人权罪。

· 黑手党"头目"保罗·卡萨迪诺在纽约被击毙。

· 英一爱协议签订后，北爱乌尔斯特统一组织退出英国议会。

· 布克尼亚法索与马里发生边界冲突。

· 巴基斯坦结束军事管制。

· 英国诗人罗伯特·格里夫逝世。

▲洛克·哈德森是世界上第一个死于艾滋病的社会名人。他的死引起公众对这种疾病的高度关注。

1985年10月2日，好莱坞影星洛克·哈德森在长期患病后逝世，这是世界上第一个因获得性免疫缺陷综合征（艾滋病）而死亡的社会名人。这种疾病通过性活动或血液传播，因此最初的感染者都是同性恋者或共同使用针管的静脉注射吸毒者。虽然哈德森在银幕上常扮演充满男子汉气概的浪漫英雄，但在实际生活中却是公开的同性恋者。1985年7月，他的身体明显虚弱。他宣布自己得了艾滋病。三个月后哈德森的死引起公众对艾滋病的极大关注。

第一例艾滋病于1981年在美国加州被发现。两年后，人们认识到这种疾病是由于人体免疫系统缺陷病毒（HIV）造成的。这种病毒攻击并摧毁人类抵抗疾病的天然免疫系统。一旦这种抵抗力消失，身体将无法避免感染，最终导致死亡。感染了HIV的人，在医学检验时呈"HIV阳性"。目前人类还没有研制出艾滋病免疫疫苗或治愈方法，但在利用药物延长HIV感染者转变为艾滋病患者的时间方面已经有了重大进步。

正如许多媒体所述，艾滋病的迅速传播让西方各国政府猝不及防，处于被动状态。由于这种疾病通常与患者的生活方式密切相关，一些政治家试图从道德方面解决问题。然而，到80年代末，HIV感染者增长最快的高危人群出现在同性恋者中。同时，科学研究表明，预防是阻止这种疾病传播的惟一手段。英国和美国政府发起"安全性生活"运动，呼吁无论异性伴侣还是同性伴侣都使用避孕套。而这个运动却引起道德人士的愤怒，他们认为抵御艾滋病的最好办法就是避免性滥交。

尽管这些预防措施在西方国家有效地阻止了HIV的蔓延，但统计表明，不发达国家的预防效果并不理想。到1998年全世界

▲"同性恋权利"运动呼吁公众关注艾滋病患者的状况。

估计有两千万 HIV 携带者，其中三分之二生活在南部非洲；五分之一在东南亚。到 20 世纪末，估计有 700 万人死于艾滋病。

▲在英国，特伦斯·海金斯基金会已成为有关 HIV 和艾滋病的信息和咨询中心。

尽管，到目前为止科学家尚未找到有效的治愈方法，但已经研制出一些抗 HIV 药品，如齐多夫定（AZT）等。这些药品可单独或混合服用。但一个重要问题是，这些新的治疗方法越有效就越昂贵。

▼劫持环球航空公司航班的两名枪手之一出现在驾驶舱门口。机上有 104 名美国人质。

恐怖活动猖獗的一年

1985 年，一些利益集团试图通过暴力手段达到政治目的而制造的恐怖事件迅速增多。这一年发生的绑架、劫持和爆炸案大多与错综复杂的中东局势相关。此外，北爱尔兰共和军、锡克教极端分子和西班牙巴斯克分离主义者制造的恐怖事件也有增无减，而他们的受害者多为普通百姓。

3 月初，贝鲁特一个穆斯林什叶派清真寺发生爆炸，造成 15 人死亡，70 人受伤；不到一周后，一颗汽车炸弹在同一地区的什叶派真主党总部爆炸。人们怀疑是以色列特工所为。6 月 14 日，一架从希腊雅典起飞的环球航空公司飞机被两名真主党枪手劫持。机上 104 名美国人成为人质。劫机者在杀害一名乘客后，要求飞机降落在贝鲁特。起初贝鲁特机场拒绝他们的要求，直到机长报告说枪手开始毒打乘客，该机场才允许飞机降落。这些真主党枪手要求以色列释放 700 名巴勒斯坦囚犯，遭到拒绝。6 月 30 日，人质被释放，两名枪手被逮捕。

10 月，巴勒斯坦解放组织恐怖分子在海上劫持了从埃及亚历山大港开往意大利的客轮"阿奇尔·劳洛号"，船上 60 名美国人成为人质。恐怖分子杀害了一名老年乘客，要求以色列释放在押的巴勒斯坦人。由于不可能获得成功，

▲海上劫持——来自亚历山大港的"阿奇尔·劳洛号"客轮被巴解恐怖分子劫持，60 名美国人成为人质。

这些劫持者释放了人质，并接受了埃及政府提出的确保他们安全离境的条件。然而，正当他们准备逃离时，却被突然出现的美国海军突击队截获。

这一年巴勒斯坦恐怖分子的行动通常带有特定的目标和要求。但 12 月 30 日的暴力事件却有所不同——这次他们没有提任何要求，只有行动。这一天，罗马和维也纳机场同时发生针对以色列航空公司登机检查台的恐怖袭击。一些枪手突然向排队办理登机手续的乘客开枪扫射和投掷手榴弹，导致 14 人死亡，数百人受伤。4 名恐怖分子在与警察的枪战中丧命。这次野蛮袭击显然与 11 月以色列攻击巴解总部相关。这些恐怖分子来自强硬的巴勒斯坦阿布达尼尔组织。

尽管各国政府都强烈谴责恐怖行动并不断加强安全保卫工作，但这些所谓的"直接行动"仍没有结束的迹象。

航天飞机灾难

1986年1月28日是人类太空探险史上最黑暗的一天：美国"挑战者号"航天飞机从卡纳维拉尔角航天中心发射升空后70秒钟突然爆炸，机上七名宇航员全部遇难。他们是：机长弗朗西斯·斯科比，46岁；驾驶员迈克尔·史密斯，40岁；宇航员朱迪恩·雷斯尼克，36岁；罗纳德·麦克奈尔，37岁；埃利森·鬼冢，37岁；格里高利·杰维斯，41岁和37岁的女教师克里斯迪塔·麦克奥利弗。

"挑战者"在上升到距地面16公里高空时，主发动机达到最大功率。这时机身突然喷出一个巨大的火球。美国佛罗里达州海岸数千名参观者和全世界数百万电视观众目睹了一场难以想象的悲剧。

这架航天飞机是人类第一个可重复使用的宇宙飞行器，也是美国航天局最成功的太空项目之一。航天飞机计划最初于1969年宣布，该计划用于运送宇航员往返永久性的太空站。最后由于经费缩减，只开发了航天飞机而暂缓实施太空站的建造。1981年4月，外形酷似传统宇宙飞船的航天飞机进行了第一次飞行。

经过第一次轰动世界的飞行之后，媒体对后来的24次类似的飞行已逐渐失去兴趣，似乎这些与科学探索相关的任务已经不能吸引公众的关注。然而，这第25次飞行却由于七名宇航员中包括第一位即将进入太空的普通公民，年轻的中学教师克里斯迪塔·麦克奥利弗而引起媒体的极大关注。此前，在公开招募志愿者时，美国航天局收到的申请函堆积如山。一些人，如歌手约翰·丹威尔甚至提出愿意出高价获得此项殊荣。

当局用了近半年的时间才完成事故原因调查和分析。一支船队开始从佛罗里达沿海打捞"挑战者"的残骸和碎片。3月中旬，带有七名宇航员遗体的驾驶舱被发现。

美国航天局原计划在1986年还要进行10次航天飞机飞行。但事故发生后，所有飞行计划全部停止。6月，一份长达256页的调查报告表明，爆炸是由于航天飞机的固体火箭助推器的一个薄弱环节造成的。有媒体指出，一年前美国航天局一位工程师就曾提出他对可能发生此类事故的担心。

▼一个参观者注视着"挑战者号"从卡纳维拉尔角发射升空不久后在空中爆炸。

瓦尔德海姆的黑暗过去

曾经连任两届联合国秘书长的科特·瓦尔德海姆在准备竞选奥地利总统时，由于有人指控他在二战期间的行为而受到严重挫折。1986年3月，"世界犹太人大会"发现了有关瓦尔德海姆曾参与驱逐南斯拉夫和希腊犹太人至纳粹死亡集中营的记录。但瓦尔德海姆断然否认。

瓦尔德海姆生于1918年，在进入大学学习之前曾作为志愿者加入奥地利军队。二战爆发时，应征加入德国军队，直到1941年在俄罗斯前线负伤。人们对他此后三年的历史情况存在争议。具有丰富外交经验的瓦尔德海姆辩称，他从1942至1945年一直在维也纳学习法律。但"世界犹太人大会"发现的文件却表明那时他是一名驻扎在巴尔干地区的德军军官。

随着这段不光彩的历史的曝光，瓦尔德海姆承认他篡改了某些事实，但仍声称尽管当时他是一名纳粹军官，但从未参与"任何残酷的行动"。他声称自己仅仅是一名翻译。他还表示不打算放弃总统竞选。

在6月8日的大选中，瓦尔德海姆以较大优势获胜。他的竞争对手社会民主党人科特·斯特雅尔指出，有关瓦尔德海姆历史问题的公开化反而唤起了奥地利人的反犹情绪，为他的当选帮了忙。

尽管竞选成功，但或许是由于不光彩的过去，瓦尔德海姆在国际事务中始终保持低调姿态。

▶ 瓦尔德海姆承认自己在二战期间曾担任纳粹军官，但否认参与过种族灭绝行动。

小杜瓦利尔的末日

1986年2月7日，在经历了三个月席卷全国的暴力抗议活动之后，海地总统吉恩克劳德·杜瓦利尔被迫逃离这个国家。至此，近30年来杜瓦利尔家族两代人对海地的独裁统治宣告结束。

1964年，号称"医生爸爸"的当选总统法兰西斯科·杜瓦利尔在执政七年后宣布自己为"终身总统"。

◀20世纪残暴的独裁者的儿子——吉恩克劳德·杜瓦利尔。

尽管海地政坛始终充满不安定因素，但杜瓦利尔总统利用自己的私人武装巩固了统治地位。1971年，他在临死前指定19岁的儿子吉恩克劳德作为他的继承人。

小杜瓦利尔的政权未能得到国际社会的尊重。在他父亲统治时期，海地因践踏人权而臭名昭著，导致美国撤销经济援助和入境旅游者锐减。海地成为西半球最贫穷的国家。

1985年12月，随着失业率的不断攀升，海地爆发大规模民众示威，要求提高生活水平和实现政治自由。起初，民众的斗争遭到杜氏私人武装的残酷镇压，但1986年2月7日，全国内战的形势发生剧变。杜瓦利尔乘坐一架美国军用飞机逃往法国。

第二天，暴力活动继续蔓延，主要集中在首都太子港的老杜瓦利尔陵墓周围。一些示威者穿着带有蓝色条纹的前独裁者军服耀武扬威，整个国家陷入一片混乱。

人们很难说没有杜瓦利尔的海地比过去好了多少。1988年1月举行了第一次"民主"选举。半年后，当选总统埃斯利·玛尼格特就被罢免。又经历了两次军事政变之后，一位罗马天主教牧师博尔特拉德·阿萨泰德于1991年当选总统。后来阿萨泰德又被军人罢免并流亡海外，海地的政治动荡持续了整个90年代。美国对海地军人政权实施贸易禁运，导致数万海地难民乘坐小船逃往美国。

目前海地仍是世界上最贫困、最动乱的国家之一。

切尔诺贝利核灾难

▲一位英国科学家展示一张检测到切尔诺贝利放射性尘埃的过滤纸。

新闻摘要

1月

· 西班牙和葡萄牙加入欧共体。

· 美国对利比亚实施经济制裁。

· 北爱尔兰举行议员选举以填补因盎格鲁—爱尔兰大协定而辞职的议员空缺。

· 美国太空探测器"航海者2号"抵达天王星。

· 乌干达首都坎帕拉发生骚乱，政府垮台；尤维里·穆斯瓦尼掌权。

· 德国雕塑家约瑟夫·布莱斯逝世。

2月

· 菲律宾大选中断；马科斯宣布自己获胜，引起反对派抗议。

· 苏联释放四名政治犯，其中包括安东尼·苏拉尼斯基。

· 伊朗军队占领伊拉克帕拉港。

· 菲律宾国防部长和副总参谋长控制军队；宣布支持阿基诺夫人；马科斯及其家人逃往国外；两天后，阿基诺成为菲律宾总统。

· 瑞典总统奥尔夫·帕尔姆被暗杀。

位于前苏联乌克兰共和国西北的切尔诺贝利城，过去很少为西方人所知。城外16公里有一个名叫帕拉耶特的工业城镇，那里的居民大部分是切尔诺贝利核电站的工人。这个城镇很快就因一场可怕的核灾难而闻名于世。1986年4月26日，切尔诺贝利核电站四个核反应堆中的一个突然发生一系列爆炸。接着，一个巨大的火球冲破反应堆的水泥顶盖，将致命的放射性核原料散布到四周，酿成核能发电历史上最严重的事故。起初，苏联当局试图掩盖这场灾难。

切尔诺贝利核电站的第一座反应堆于1977年开始发电。另外三座在以后的八年里陆续投产。该核电站的总发电能力为4000万千瓦，在乌克兰的能源供应中占有举足轻重的地位。

这次事故几乎完全属于人为错误。4月25日，4号反应堆的技术人员进行了一次违规操作：当他们从反应堆堆芯取出燃料控制棒时，关闭了反应堆调

◀切尔诺贝利核事故发生后几天，当局派直升机测量现场的辐射强度。

节电源和紧急安全系统。26日凌晨，堆芯温度失控，造成一系列爆炸，其他反应堆的部分堆芯也被摧毁，导致周围地区受到严重放射性污染。

第二天，帕拉耶特镇的1.5万名居民紧急撤离。这时，一股强劲的风正从苏联东北部吹向欧洲西部。散落的放射性尘埃使外部世界感到一定发生了重大问题。4月28日，瑞典、芬兰和丹麦均监测到反常的高放射性物质。这是发生核事故的有力证据。但又过了两天，苏联塔斯社才向世界各国通报切尔诺贝利事故。

一个星期后，反应堆泄漏的核辐射才得到控制。几个月后4号反应堆被大量水泥和钢铁封闭起来。

像许多放射性事故一样，切尔诺贝利核灾难造成的恶果是无法计算的。虽然只有32人直接死于堆芯爆炸，但在附近工作的许多人在受到致命的辐射后，陆续死去。西方一些专家估计最终可能有大约2万人，其中大部分在乌克兰，由于切尔诺贝利灾难而死亡。另外，乌克兰西北部的数百万英亩森林遭受严重的核辐射污染，切尔诺贝利附近受污染的农田将在今后数千年内无法安全使用。

总之，在全世界核工业蓬勃发展的时代，切尔诺贝利核灾难为人类敲响了警钟。毕竟，与核能蕴藏的巨大摧毁力相比，它只是个相对较小的事故。

▲ 一个伤心的寡妇站在切尔诺贝利死难者墓碑前。

里根的反恐战争

▲ 里根总统在与戈尔巴乔夫的会谈中宣称绝不与恐怖分子作交易。

1986年4月15日，美国对利比亚境内的军事目标进行了一系列空袭，拉开了反恐战争的序幕。里根总统声称有确凿的证据表明利比亚已经成为重要的恐怖主义中心，并在最近制造了针对美国军人的西柏林迪斯科舞厅爆炸案。

美国政府的行动得到英国首相撒切尔夫人的全力支持，她授权美国在这次行动中使用英国军事基地。在两次空袭中，从英国空军基地起飞的美军F—111轰炸机攻击了利比亚首都的黎波里的目标；从地中海上的航空母舰起飞的A—6和A—7攻击机袭击了本格兹的军事目标。

最初的报告称利比亚领导人卡扎菲上校在轰炸中死亡。但第二天，他毫发无损地出现在公众面前，并严厉谴责里根总统。利比亚官方还邀请媒体拍摄被空袭摧毁的医院和居民区。几周后，数千美国和英国侨民被逐出利比亚。

西方各国对美国的这次行动大多不以为然。英国反对党领袖基诺克愤怒地指责首相"手上沾上了鲜血"。英国公众也普遍反对美国的行动。法国甚至拒绝执行此次任务的美国空军飞越其领空，使其飞行距离延长了一倍。然而，这并不是英国和美国最后一次在中东的军事行动中受到世界舆论的孤立。

挑战种族隔离

▲ 通往结束种族隔离的道路漫长而充满暴力。

新闻摘要
. . . .

3月

· 南非警察对示威群众开枪，杀死 30 人；政府随后宣布进入紧急状态。

· 雅克·希拉克当选法国总理；社会民主党在法国失利。

· 英国取消大伦敦市政委员会。

· 美国演员詹姆斯·卡格尼逝世。

4月

· 美国环球航空公司被炸，四人死亡。

· 布里恩·凯曼在贝鲁特遭绑架。

· 迪斯芒德·图图被任命为南非大主教。

· 两名英国人质和一名美国人质在贝鲁特被杀害。

· 前英国国王爱德华八世的遗孀沃利斯公爵夫人、美国电影导演奥托·普莱格尔、法国剧作家吉恩·格纳特和法国作家西蒙·比奥沃尔逝世。

5月

· 南非爆发反种族隔离罢工。

· 英国伦敦罢工的印刷工人与警察冲突。

· 巴拉克·卡尔迈勒辞去阿富汗共产党领导职务。纳吉巴图继任。

· 英国驱逐从事恐怖活动的叙利亚外交官。

1986 年 5 月，南非面临着日益增长的反种族隔离运动，同时白人极端分子的活动也非常猖獗。

5 月 22 日，由特里·巴伦奇领导的非洲白人抵抗运动破坏了在坦斯维尔召开的一个会议。南非外交部长原计划要在这次会议上发表演讲。身穿棕色制服，佩戴纳粹臂章的一伙人突然闯入会场。警察用催泪瓦斯驱散厮打的人群。尽管特里·巴伦奇否认他的组织是法西斯，但他拒绝接受权利共享的原则，而且主张剥夺南非犹太人的权利。在南非其他地区一些非暴力的抗议活动仍在继续。5 月 1 日，100 万黑人工人举行了总罢工。

或许是为了安抚南非白人集团，或许是认识到国际制裁在所难免，南非政府在 1986 年似乎放弃了它的有限的种族隔离制度改革，通过了一系列反非洲人国民大会的措施。5 月 19 日，南非军队袭击了位于博茨瓦纳、赞比亚和津巴布韦的非国大游击组织基地。

不到一个月后，一份来自英联邦独立观察员的报告表明，南非当局在结束种族隔离和实现政治自由方面并未取得实质性进步。尽管英国、德国和美国政府对经济制裁南非持保留态度，认为这种制裁只能损害南非人民的生活而不会影响其政治制度，但各国仍在当年下半年对南非实施了有限的经济和贸易制裁。

据估计，欧共体与南非的贸易仅有 10% 被封锁。这个数字不足以损害南非的经济，却是国际社会进一步孤立南非政权的明显信号。

▲ 纳粹式南非白人极端组织领导人特里·巴伦奇坚决反对改革。

喀麦隆上空的"死云"

1986 年 8 月 21 日，一团带有剧毒气体的云雾在一夜之间杀死了喀麦隆乌姆地区的 1700 多人。当地人认为这是邪恶的魔鬼带来的灾难。科学家当然不相信这种超自然的迷信，但他们也很难发现真正的罪魁祸首。多数人认为这个灾难是由于附近诺伊斯湖底的火山口释放的硫化氢与二氧化碳混合气体。这种气体无色无味，却能置人于死地。调查结果也证实，一团无法探测的"死云"悄悄沉降在周围的村庄。

一位幸存者说："当我早晨醒来时，发现我的五个孩子已经死了。最小的婴儿死在我的怀里。"当地官员知道这次灾难的规模，但直到两天后总统毕雅访问该地区时，才开始实施有效的救治。

当局缺乏足够的设备，援救者没有防毒面具，人们担心毒气会继续蔓延。最后，大雨和强风驱散了毒气，但同时也消除了可供调查的基本线索。

喀麦隆政府呼吁国际援助，得到各国的积极响应。一周前刚与喀麦隆恢复外交关系的以色列也派出了一支医疗队。尽管大批物质和人员进入喀麦隆，但由于缺乏良好的组织，救援工作仍进展缓慢。

总共有三千多人撤离该地区，数百名伤者被送入乌姆市医院。同时，政

▲ 神秘"死云"夺去了近2000人和大批牲畜的生命。

府还调动数百名士兵迅速掩埋死者，以免疫情扩大。这项艰巨的任务完成后，仍有数千头死亡牲畜散布乡间，足见这场灾难危害之大。

科学家仍在争论这种"死云"生成的原因和它是否会再次出现。尽管不确定因素依然存在，但大部分村民仍选择回到家乡，照管农田。

华尔街的内部交易

80年代大概没有人比华尔街交易员埃文·鲍斯基更贪得无厌了。11月14日，有关方面宣布他已承认进行内部交易。消息传来，股票价格应声跌落。

鲍斯基在高风险的"恶意并购"市场工作。他是善于套利的专家，专门寻找那些他认为可能被收购的公司作交易，一旦该公司真的被收购且价格攀升，他便可以从中获得高额利润。问题在于鲍斯基向一个名叫丹尼斯·莱恩的投资银行家支付一笔款项以事先获取即将被收购的公司的信息，这是一种严重违法的行为。

当联邦调查局人员逮捕他之后，他同意坦白一切，以免被法庭判处重刑和高达1亿美元的罚金。当局决定对他办公室内的300条电线(以及汽车里的3条专线)进行记录监控，这对他是个沉重打击。

一年前，他曾公开表示他对金钱的无限追求。他在一个商学院的毕业典礼上大言不惭地说："贪婪完全是正当的，我想让你们都知道。你们可以贪婪，同时感到心安理得。"

一些评论家感到鲍斯基的教训可能会唤起人们对道德的回归和对贪婪的批判。还有一些人认为，如果对类似的阴谋进行更广泛深入的调查，其结果可能导致美国股票市场的崩溃。没人知道下一个将会是谁。只有一点是明确的，随着鲍斯基被揭露，在华尔街工作的每个人似乎都失去了自信。

▲ 埃文·鲍斯基通过非法的"内部交易"聚敛了巨大的财富。

6月
· 印度旁遮普邦纪念金庙惨案一周年，发生民众骚乱。
· 南非宣布进入紧急状态。
· 英国演员安妮·纳格尔、美国音乐家本尼·古德曼和阿根廷诗人路易斯·博奇逝世。

7月
· 因炸沉"彩虹勇士号"而被新西兰判刑的法国特工被法国政府保释回国。
· 英国报纸被禁止刊登前军情五处官员彼得·怀特撰写的《捉间谍的人》。

8月
· 苏联驻美国外交官金纳迪·朱克哈夫因间谍活动而被捕。
· 英国雕塑家亨利·摩尔逝世。

9月
· 阿拉伯恐怖分子在卡拉奇劫持飞机并杀害15名乘客。
· 华尔街股市崩溃。

10月
· 苏联持不同政见者尤里·奥尔夫离开被流放的西伯利亚，前往美国。
· 莫桑比克总统和随从死于空难。
· 泄露以色列核计划的蒙德奇·万诺在伦敦被以色列特工绑架到以色列。

11月
· 孟加拉结束军事管制。
· 美国演员加里·格兰特逝世。

12月
· 美国特别检察官调查伊朗反对派事件。
· 英国政治家哈罗德·麦克米伦和法国舞蹈家塞格·里法逝世。

'87

新闻摘要
. . . .

· 美苏同意销毁中程核武器。
· 英国社会民主党分裂。
· 日本铁路私有化。
· 苏联宇航员创造太空逗留新纪录（在米尔太空站326天）。
· IBM公司推出OS/2电脑操作系统。
· 光缆穿越大西洋。
· 英法海底隧道开工建设。
· 当年公演的电影包括：加布里尔·阿莱克的《巴贝特的森林》、约翰·休斯顿的《死亡》、博纳尔多·布特里奇的《末代皇帝》、维姆·万德斯的《欲望的翅膀》、拉斯·豪塞特里姆的《狗脸的岁月》、保罗·沃尔海温的《机械战警》和比尔·奥格斯特的《征服者》。
· 凡·高的名画《爱利斯》拍卖价高达3000万美元。
· 当年出版的图书包括：托尼·莫里森的《深爱》、卡祖奥·阿什卡的《浮动世界中的艺术家》、汤姆·沃尔夫的《虚幻的篝火》和索尔·伯洛的《哀莫大于心死》。
· 当年的流行歌曲包括：波恩·杰夫的《祈祷生活》、U2乐队的《有你没有你》和《不要梦想它会过去》。

戈尔巴乔夫宣布政治改革方针

20世纪初期，十月革命使俄罗斯摆脱了经济停滞不前的状态；70年后的苏联又重新面对同样的问题。为此，苏共总书记戈尔巴乔夫宣布实现比当年的布尔什维克更为稳健的改革措施，并推动"公开化"。

1月27日，戈尔巴乔夫在苏共中央全会上指出前几届领导人，特别是勃列日涅夫对苏联经济衰退的责任。他认为，社会主义理论仍停留在三四十年代的斯大林时期；而当前党组织和苏联政府的基本任务就是体制改革和公开化。

实际上，改革涉及逐步放松对庞大而呆板的苏联经济的控制。逐步削减行政官员的权力并铲除腐败，最终实现苏共党内的民主。

戈尔巴乔夫在会上说："一个房间只有当住在里面的人感到他是它的主人时，才会变得整洁有序。"

"公开化"是指让民众更清晰地了解政府和公共组织的行动并实施监督。然而，任何变革都会遇到来自既得利益集团的强大阻力。一个月后，当戈尔巴乔夫宣布他的新措施时，遭到一些人的反对。事实证明，现代化的道路并不是一帆风顺的。

▲ 随着戈尔巴乔夫的上台，"改革"和"公开化"成为苏联流行的新名词。

阿基诺夫人平息兵变

1月，500多名士兵试图占领马尼拉市的7座重要建筑，菲律宾总统阿基诺夫人面临一场军事政变的威胁。参与兵变的士兵有些是前总统马科斯的支持者，有些则因为对政府与菲律宾共产党谈判感到不满。

兵变的第一天，1月27日，由奥斯卡·坎拉斯上校领导的部队占领了广播大楼。这座大楼立即被忠于政府的军队包围，并开始就和平解决问题进行谈判。

另有报告称，流亡夏威夷的马科斯一直与他的国内支持者保持着联系。政变前一天，他的妻子伊梅尔达购买了价值2000美元的军用设备，而且他们还预订了包机准备返回菲律宾。但后来美国当局否认允许马科斯夫妇离开夏威夷。

广播大楼的包围持续到1月29日。尽管叛军曾威胁炸毁这座建筑，但谈判最终达成协议，避免了进一步冲突。坎拉斯上校带领他的部队撤出大楼。兵变平息后，400多名参与者受到军事法庭审判。

同年，菲律宾还发生了另外两次兵变。4月18日，卡巴瓦坦少校发动了所谓的"黑色星期六事件"，由于规模小而迅速化解。8月28日，国防部长恩里莱的卫队长、"军队改革运动"领导人霍纳桑上校率1350名军人发动流血政变，也以失败告终。

▶前总统马科斯的支持者遭到忠于阿基诺夫人的军警殴打。

安迪·沃赫尔逝世

美国著名流行画家安迪·沃赫尔说过，未来每个人都会有至少15分钟的名气。但当他于1987年2月22日逝世时，留给人们的却是长久的思念。

作为流行艺术的杰出代表，沃赫尔于1928年8月6日出生在美国匹兹堡的一个捷克斯洛伐克移民家庭，1963年搬到纽约。沃赫尔的艺术风格源于简单的广告和漫画，后来凭借为坎贝尔汤料公司创作的招贴画（《100个罐头》，1962年）一举成名。这些作品深刻反映了美国当代文化的空虚。沃赫尔还创作了一些与他的风格反差极大的高深莫测的绘画作品。

到60年代中期，他更为关注实验派电影，并率先在影片中使用多媒体投影效果和灯光。1968年2月，在尝试建立自己的制片公司之后，他开始专门从事商业肖像绘画。80年代初期，他受吉恩麦克·巴斯阔特和法兰西斯科·塞尔门特等新一代艺术家的启发，重新回到艺术创作舞台。

沃赫尔逝世后，人们为他举行了隆重的葬礼。

2000多人前来为这位天才的画家送行。

▲ 流行艺术创始人之一，安迪·沃赫尔是20世纪流行文化的伟大标志。

泽布勒赫渡轮倾覆

1987年3月6日，一艘名为"自由企业先驱号"的汽车渡轮驶离比利时泽布勒赫港后，在距离港口不到一公里的海面突然倾覆，造成近200名乘客和船员死亡。

这艘属于堂桑德图森公司的渡轮，在起航时没有完全关闭船首舱门。起航后，大量海水涌入船舱，导致船身剧烈摇摆，并向一侧倾覆。尽管这场灾难来得太快，以至于没有来得及发送SOS求救信号，但救助者还是很快赶到现场。

许多救生员跳入冰冷刺骨的海水，试图解救被困在沉船内的人们。救生工作必须快速进行，因为落水者的生命危在旦夕。一些幸存者打碎船上的舷窗获救。

事后对翻船原因的调查表明，有三个船员应对此次事故负责。但船员工会却认为责任在于渡轮的管理者。后来议会通过了一项专门的法律，明确规定船员和船主在此类事故中的责任和应当受到的惩罚。

▲ "自由企业先驱号"渡轮在比利时泽布勒赫港附近海面倾覆。

- 首届世界杯橄榄球赛决赛被黑人球队包揽。

1月
- 伊朗对伊拉克发动新攻势。
- 八名黑手党高级成员在纽约被捕。
- 韩国学生运动积极分子朴成效被警察拷打致死。
- 厄瓜多尔总统和随从被武装匪徒绑架，绑架者要求释放被捕的空军司令。
- 因朴成效被警察拷打致死，韩国警察总监和内务部长辞职。
- 特里·怀特在贝鲁特失踪，怀疑被绑架。
- 奥地利组成以弗兰茨·沃尼兹斯基为首的新联合政府。
- 东伦敦罢工纠察线发生暴力冲突。
- 赫尔姆特·科尔再次当选西德总理。
- 菲律宾发生未遂政变。

2月
- 哥伦比亚大毒枭卡洛斯·里维斯被捕并被引渡到美国。
- 苏联政府释放一百多名政治犯。
- 查尔斯·赫格里赢得爱尔兰大选。
- 美国停止对波兰的经济制裁。
- 叙利亚军队进入贝鲁特。
- 霍华德·贝克担任白宫首席顾问。
- 美国钢琴家吕贝尔奇逝世。

'87

新闻摘要

· · · · · · · · · · · · · ·

3月

· 意大利总理贝提诺·克莱克希辞职。

· 泰米尔猛虎组织炸毁印度桥梁造成火车出轨，造成 22 人死亡。

· 乍得军队在边界冲突中从利比亚手中夺回奥迪德姆镇。

· 阿富汗军用飞机进入巴基斯坦领空，被击落。

· 美国电影演员丹尼·凯伊逝世。

4月

· 叙利亚军队结束什叶派穆斯林对贝鲁特巴勒斯坦难民营的围困。

· 斐济大选，当地印度族组成联合政府。

· 葡萄牙同意于 1999 年将澳门交还中国。

· 泰米尔猛虎组织袭击斯里兰卡运输船，造成 127 人死亡。

· 斯里兰卡首都科伦坡发生爆炸，一百多人死亡。

· IRA 利用遥控炸弹炸死北爱尔兰大法官莫里斯·吉本森和他的妻子。

· 美国禁止奥地利总统科特·瓦尔德海姆入境，因为他曾当过纳粹。

· 哈里·赫尔克里成为芬兰总理。

· 意大利作家普里莫·莱维逝世。

民主党的竞选混乱

1987年5月，距离新一轮美国大选还有一年多的时间，民主党阵营遭受了一次沉重打击。该党的一位竞选者，参议员加里·哈特因与一位 27 岁女模特的非法关系被媒体曝光而退出党内候选人的竞争。

▲ 尽管唐娜·雷斯（上）和参议员加里·哈特都否认他们之间的暧昧关系，但加里·哈特仍被迫退出民主党提名竞争。

哈特宣称自己是清白的，要求媒体彻底调查事实。结果使丑闻变得人人皆知：这位科罗拉多州参议员与模特唐娜·雷斯一起在朋友的游艇上秘密度假。有趣的是，这只游艇的名字叫"骗子的游戏"。

12月，哈特重新进入民主党候选人提名竞争，但被其他民主党同事谴责为不知羞耻，因而得票很少。

随着哈特被淘汰，黑人牧师杰西·杰克逊决定加入竞选，声称要成为美国第一个黑人总统。杰克逊年轻时就跟随马丁·路德·金从事民权运动，在民主党内受到普遍尊敬和爱戴。

9月，另一位候选人，参议员约瑟夫·毕登从半路杀出。他是参议院司法委员会主任，有着丰富的管理经验但缺乏公众知名度。然而，他的竞选也半途

而废，起因是他那次传播甚广的公开演讲。在那次演讲中他把自己描绘成一个通过自我奋斗从贫困背景下成长起来的政治家，但人们发现其中不少片断与英国反对党领袖基诺克几个月之前的一次演讲如出一辙。后来他不得不承认讲演稿是一个法学院学生代写的，其中不乏抄袭的内容。

在确定总统候选人的预选中，最后的胜利者是来自马萨诸塞州的参议员迈克尔·杜卡凯斯。他选择右翼民主党人劳埃德·本特森作为竞选伙伴。杰西·杰克逊虽然竞选失败，但他扩大了在民主党内部的影响。

最后的总统竞选并没有多少值得一提的新闻。由于即将卸任的里根总统的巨大威望，他的副总统布什轻松取得了大选胜利。

伊拉克袭击美国军舰

随着持续进行的两伊战争导致波斯湾紧张局势加剧。联合国批准美国军舰进入该水域，以保护至关重要的中东至世界各国的石油运输线。然而 1987 年 5 月 22 日，却发生了伊拉克攻击美国军舰

▶ 美国"斯塔克号"护卫舰在遭到伊拉克战机导弹袭击后冒起滚滚浓烟。

的意外事件。

起初，美国海军"斯塔克号"护卫舰没有注意到它的雷达系统上的信号，因此当一名水兵报告伊拉克战斗机正朝军舰飞来时，并未采取任何必要的措施——无论如何，当时伊拉克与美国并无敌意。

伊拉克战机发射了一枚"鱼叉"式导弹，击中"斯塔克号"上的甲板，造成37名水兵死亡。在后来的调查中，舰长格林·布里恩德因未能保持战斗警惕而受到严厉指责。

官方将这次攻击解释为一场人为的错误，伊拉克飞行员误将美国军舰当成敌方军舰。但一些人认为这是伊拉克领导人萨达姆·侯赛因警告美国人不要干涉海湾事务。尽管美国没有采取任何报复行动，但这是伊拉克与美国关系恶化的一个征兆。

吉他大师逝世

▲ 世界著名的吉他演奏家安德雷斯·塞格文，他的杰出工作使吉他进入古典音乐的高雅殿堂。

19 87年6月3日，卓越的音乐家、世界著名的吉他演奏家安德雷斯·塞格文逝世。塞格文是自学成才的音乐大师，曾多次自豪地宣称他是"自己的导师和学生"。他以毕生精力潜心研究吉他，并将这一流行乐器带入高雅的古典音乐殿堂。

塞格文1893年生于西班牙，曾在格兰纳达学习音乐和作曲。他不顾老师和父母的意愿，逐渐废弃了其他乐器而专攻吉他。他以极大的热情，刻苦钻研和反复练习，终于熟练掌握和发展了几百年流传下来的各种演奏技巧。

16岁时，塞格文举办了自己的第一场独奏音乐会。1919年，在游历南非时，他的演奏获得国际音乐界的好评。1924年，他首次在文化之都巴黎登台献艺，著名的吉他作曲家曼纽·德弗拉和阿尔伯特·罗素都来观看。塞格文在莫斯科（1926年）和纽约（1928年）的演出同样大获成功。后来他开始周游世界，各地的观众无不为他精湛的技艺和深刻的艺术鉴赏力感到惊讶。人们从未想到吉他这种古老的民间乐器能有如此巨大的感染力。

塞格文不仅是迄今最伟大的吉他演奏家，他还为吉他成为一种真正的国际乐器作出了巨大的贡献。此外，塞格文还为人们留下许多经典的吉他乐曲，因为一些20世纪最好的作曲家都曾专门为他而创作了作品。

塞格文对几代吉他乐手都产生了重大影响。他于50年代创办的大师培训班，产生了像约翰·威廉姆斯这样的杰出演奏家。

塞格文一直活跃在演奏舞台上直到八十多岁。他的录音至今仍是所有新手练习和模仿的标准。

5月
· 南非国民党赢得大选。
· IRA 恐怖分子在袭击警察局时被击毙。
· 埃及政府因伊斯兰极端主义问题与伊朗断绝外交关系。
· 斐济发生反印度族统治的政变。
· 西德青年玛萨斯·卢斯驾驶轻型飞机在莫斯科红场降落。
· 苏联空军司令被撤职。
· 美国演员里塔·海沃茨逝世。

6月
· 黎巴嫩总理拉什迪·卡拉米在自己的直升机内被炸死。
· 加拿大地方政府同意米奇·雷克协定，给予魁北克特殊地位。
· 阿根廷对参与违反人权活动的军人实施特赦。
· 韩国发生反政府示威。
· 撒切尔夫人领导的保守党赢得大选。
· 巴拿马发生反政府骚乱；政府宣布紧急状态。
· 林登·潘德灵当选巴哈马总理。
· 卡洛里·格劳兹成为匈牙利总理。
· 美国舞蹈家弗里德·阿斯卡尔和喜剧演员杰克·格塔森逝世。

'87

强烈飓风袭击英国

▲ 在横扫英国东南部的飓风袭击下，一辆轿车被倒下的大树砸坏。

1987 年 10 月 16 日凌晨，英国东南部遭遇强烈飓风，造成大规模破坏和数百万英镑的财产损失。许多大树被刮断，房屋被摧毁，导致 17 人死亡，数百人受伤。这是英国有气象纪录以来最强烈的一次风暴。

由于铁路被倒下的大树阻断，一些火车运输被迫中止近一个星期，给伦敦地区的交通带来极大不便。

这场最大风速达到每小时 177 公里的风暴，对英国公众造成一定程度的恐慌。尽管 36 小时之前，荷兰气象中心曾准确预测它的来临，但英国著名的天气预报员迈克尔·费什却在前一天晚上电视气象节目中自信地说："没有任何飓风的迹象。"对此，官方的解释是，"这场风暴生成的海面没有船只"，因而没有受到密切监视。

尽管这场飓风使保险公司付出巨额赔偿，但有些损失是无法弥补的。在彻尔西公园，许多珍贵的树木被连根拔起，其中有些是在 1673 年栽种的。据估计，位于克尤的皇家植物园至少需要 30 年才能完全恢复。正如一位官员所述："这座皇家园林就像刚刚被一个疯狂的巨人践踏过。"

风灾过后，园林工人、玻璃匠和房屋维修工都忙碌起来。惟一从这场灾难获益的或许是鸟类学家，他们在英国内陆发现了被强风刮来的几种罕见的鸟类。

黑色星期一

1987 年 10 月 19 日，伦敦股票交易市场在一个交易日内蒸发了 500 亿英镑股票价值，市值跌幅高达 10%。这一天，被人们称为"黑色星期一"。

而美国股市的下跌更为剧烈。道·琼斯指数下跌 500 点，相当于一日之内股票价值平均损失 22.6%。而 1929 年经济大萧条开始时，最剧烈的日跌幅也只有 13%。

这场突如其来的席卷世界股票市场的灾难，结束了五年来股票价格增长了 350% 的牛市局面。尽管它并未像一些分析家所担

▲ "黑色星期一"的恐慌导致伦敦和纽约股票市场崩溃。

新闻摘要

7月

- 欧盟"欧洲统一法"生效。
- 克劳斯·巴比承认在二战期间在法国犯有反人类罪。
- 鲍勃·霍克当选澳大利亚总理。
- 法国与伊朗断绝外交关系。
- 以安尼巴尔·塞尔瓦为首的社会民主党赢得葡萄牙大选。
- 联合国安理会通过决议要求结束两伊战争。
- 意大利组成以乔安尼·乔里亚为首的新联合政府。

8月

- 沙特阿拉伯穆斯林教派冲突，警察开枪镇压，造成四百多人死亡。
- 以大卫·隆奇为首的新西兰工党赢得大选。
- 英国亨特福德发生枪击案，凶手迈克尔·雷恩杀死 16 人后自杀。
- 美国与叙利亚断绝外交关系。
- 南非矿工在政府同意增加工资 30% 后结束罢工。
- 美国电影导演约翰·休斯顿、演员李·马温逝世。
- 德国战犯鲁道夫·赫斯死于英国监狱。

心的那样，造成第二次大萧条——到10月底近半损失已经得到恢复；但1987年10月19日这一天仍被人们视为80年代经济繁荣的终点。衰退的阴影一直持续到90年代前几年。

造成"黑色星期一"的因素不止一个。与五十多年前的那场股灾一样，股票价值被严重高估。伦敦和世界其他股市发生的现象都是华尔街恐慌的直接后果。

大多数投资者担心的是美国持续的贸易赤字和财政预算不平衡。而另外一些人则抱怨电脑化交易系统，他们认为它使股市变成了一个庞大的不可预知的赌城。

在这场股市全面下跌的灾难中，较小的公司受到的打击最大。而随着投资者在低价位时纷纷买入，那些信誉良好的大公司很快站稳脚跟。

烈士纪念日大爆炸

11月8日是西方传统的烈士纪念日。1987年的这一天北爱尔兰共和军（IRA）在当地制造了最大规模的爆炸。在小镇埃恩斯克伦举行的纪念日游行中，一颗炸弹被引爆，造成11人死亡，六十多人受伤。其中包括许多妇女和儿童。

爆炸发生前，有消息称IRA已经化整为零，分别组成一些相对独立的行动小组。有关这种变化的信息是通过一系列成功的情报活动获得的。

经过媒体的详细报道，这次野蛮的恐怖屠杀受到全社会一致的强烈谴责。一些有识之士认为人们应该努力从这一悲剧中获得积极的后果。布里恩·哈农主教说："我希望埃恩斯克伦悲剧将成为实现北爱和平的催化剂。"但IRA却仍然拒绝和平，他们在一份声明中说，这是因为"英国军队在'流血的星期天'后还没有离开北爱尔兰"。

这是有关"爱尔兰问题"的历史上令人悲痛的事件，标志着IRA暴力行动的升级。但它同时也唤起了举国一致的反对恐怖主义的坚强决心。11月15日，人们为遇难者举行了隆重的葬礼。两年后，英国和爱尔兰达成协议，允许爱尔兰政府对北爱事务提出建议。人们希望这种让步能够得到善意的回报。然而这种乐观的愿望并未实现。

尽管人们为和平解决这个由来以久的问题作出了不懈的努力，但要找到能够让北爱尔兰对立两派都满意的解决方案还有待时日。

▲ 埃恩斯克伦爆炸案震惊"北爱尔兰问题"对立的双方社会，但暴力仍在继续。

9月
· 布隆迪军事政变。
· 阿根廷举行国民议会选举。
· 东德总理埃里奇·昂纳克访问西德。
· 丹麦联合政府垮台。
· 新卡里多尼亚公民表决同意留在法国。
· 美国海军在波斯湾公海扣押伊朗的矿石船。
· 斐济发生第二次政变。
· 哥伦比亚雪崩造成120人死亡。
· 音乐家彼得·图什在家中遭入侵者枪击身亡。
· 美国舞蹈家鲍勃·福斯逝世。

10月
· 美国洛杉矶地震，六人死亡。
· 卡萨·鲍勃卡成为斐济领导人，并宣布退出英联邦。
· 穆巴拉克再次当选埃及总统。
· 布克尼法索政变；托马斯·桑卡拉被罢黜并处死。
· 英国赛马师莱斯特·皮格特因偷税被判监禁。
· 韩国公民投票批准新宪法。
· 英国大提琴演奏家杜·波里逝世。

"伊朗门"事件

▲ 一个真正的爱国者？诺思中校出席有关"伊朗门"事件的听证会。

新闻摘要

11 月

· 法国安全部门扣留前往爱尔兰的武器运输船。

· 南非非国大领导人高文·姆贝基出狱。

· 突尼斯政变；哈比比·布尔基巴被罢免；吉恩·本阿里掌权。

· 阿拉伯峰会在约旦举行。

· 尼日尔总统塞尼·库特奇逝世；阿里·塞布继任。

· 贝鲁特国际机场爆炸，5 人死亡。

· 伦敦英王十字地铁站大火，30 人死亡。

· 孟加拉国宣布进入紧急状态。

· 政治暴力迫使海地大选中止；34 人死亡。

· 恐怖分子在缅甸上空炸毁韩国班机，115 人死亡。

· 美国作家詹姆斯·巴尔德温和英国作家埃蒙·安德鲁斯逝世。

1987 年 11 月 18 日，随着长达 7 个月的"伊朗门"丑闻国会听证会的结束，里根总统渡过了执政期间最严重的危机。这桩丑闻涉及美国政府在两伊战争期间向伊朗提供武器并牵连到对尼加拉瓜反政府武装的财政援助。

一年前，为了确保受伊朗控制的什叶派穆斯林恐怖分子在黎巴嫩扣押的人质获释，美国国家安全委员会（NSC）曾秘密安排向伊朗提供反坦克导弹和防空导弹。1986 年 11 月，这桩秘密交易被媒体曝光。NSC 负责人海军上将约翰·波因德克斯和他的助手奥利弗·诺思中校参与了这笔总值 4800 万美元的交易，直接违反了里根总统对外宣布的"绝不与恐怖分子作交易"的原则。

为了在财务记录上掩盖这笔交易，他们将出售武器的收入转移到美国政府支持的尼加拉瓜反政府武装的账户上。这又违反了国会 1984 年通过的禁止向尼加拉瓜提供军事援助的法律。这项禁令反映了美国公众对政府日益加紧干预中美洲事务的不满。

随着这桩丑闻的公开，国会立即展开了一系列调查。同时，白宫的顾问们也在忙着控制丑闻造成的影响。波因德克斯和诺思都被调离 NSC。12 月 30 日，里根总统对美国人民发表讲话，承认"错误已经发生"，但他拒绝谴责

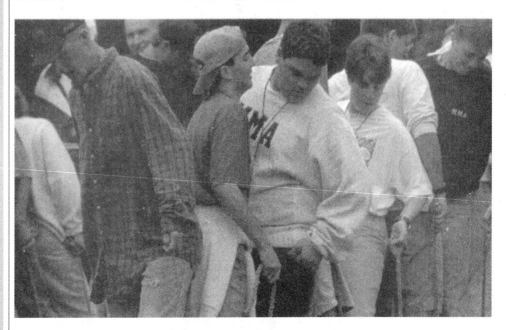

▲ 普遍的观点——许多普通美国人将诺思视为爱国英雄。

这个行动。他坚持说他不知道也没有授权这次行动。

1987年1月更多事实被揭露出来：美国中央情报局局长威廉·凯西也参与了这个计划。但后来凯西突发急症无法出席听证会，并于当年5月逝世。而波因德克斯和诺思以允许保持沉默的宪法第五条修正案为护身符，却难免被起诉。在1987年7月的听证会上，诺思声称他所做的一切都是按照上级的指示，并且以为这些命令都来自总统本人。后来他的秘书弗伦·赫尔的证词也成为消除有罪指控的有力证据。诺思一再声称他只是奉命行事，这些命令似乎都与已故的威廉·凯西相关。然而，诺思的供述却深深打动了每天守候在电视机旁观看听证会的数百万普通美国人。他们认为他的行动完全是为了拯救美国人质的生命，体现了爱国主义精神。诺思成为他们心中的英雄。

听证会没有导致对诺思等人的起诉。但国会的报告却明确谴责了总统。即使如里根所述，他既不知道也没有批准这些行动，但这个事件表明"政府最高层的管理混乱"。

尽管里根总统的个人声望减轻了"伊朗门"丑闻的影响，但它仍对美国外交政策蒙上了一层阴影。人们难免会怀疑，政府背后还隐藏着多少类似的丑闻。

让世界更安全

▲《削减中程核武器条约》的签署，标志着东西方关系的新纪元。

19 87年12月7日下午，戈尔巴乔夫乘坐那架蓝白相间的伊柳辛—62飞机降落在美国的安德鲁斯空军基地，开始了对美国的正式访问。12月10日，戈尔巴乔夫与美国总统里根在白宫东厅正式签署了《削减中程核武器条约》。

美苏领导人在华盛顿进行的为期三天的会谈，明确了射程从480公里到5500公里的中短程导弹的定义。这个条约还包括可配备核弹头的陆基导弹。在今后三年里，双方将拆除2619枚导弹，其中三分之二部署在苏联。该协议还设定了可以相互检查对方基地以确认导弹及其发射架被摧毁的条件。

在谈判期间，双方还讨论了东西方冲突的其他方面，但没有得出成功的结果。苏联方面极为关注里根总统的战略导弹防御计划。外交政策问题也是双方争论的焦点之一。里根谴责苏军在阿富汗的存在；而戈尔巴乔夫则对美国干涉中东和中美洲深感不满。与过去一样，双方意识形态上的差异依然深刻。

尽管削减中程核武器协议仅覆盖双方核武库的10%，并不涉及更为重要的远程核武器，但这次美苏两国领导人的对话标志着自"冷战"开始以来东西方关系的缓和。即使最偏激的评论家也不得不承认这是一个积极的步骤。尽管距离实现全面禁止和销毁大规模杀伤性武器的目标还有漫长的路程，但美苏《削减中程核武器条约》的签订毕竟是一个良好的起点，使人们在核战争的阴影下看到了一丝希望。

12月

· 美苏签署裁减核武器的中程核武器条约。

· 黑手党审判在西西里结束，三百多名被告被判监禁。

· 卢泰愚当选韩国总统。

· 捷克共产党第一书记古斯塔夫·胡萨克辞职。

· 菲律宾渡轮与油轮相撞沉没，造成1500多人死亡。

· 津巴布韦两派政治领导人约述亚·努库姆和罗伯特·穆加贝达成协议；两大组织合并。

· 美元币值降至最低点。

直布罗陀事件

'88

新闻摘要

· 美国人均医疗成本世界最高，开始失控。
· 全球变暖趋势加重。
· 澳大利亚庆祝欧洲移民二百年。
· 苏联亚美尼亚共和国发生民族冲突。
· 英国政府禁止电视台和广播电台播放新芬党的言论。
· 英国实施综合文法学校考试制度。
· 英国特纳网络电视公司成立。
· 苏联发射"火卫"1号和2号火星探测器。
· 当年公演的电影包括：路易斯·马勒的《孩子们，再见》、皮德洛·阿姆德瓦尔的《悬崖边上的女人》、罗伯特·萨姆克斯的《谁杀死了兔子罗杰》、巴厘·莱姆森的《超级太空人》和凯斯洛斯基的《谋杀见证》。
· 当年出版的图书包括：斯蒂芬·霍金的《时间简史》、萨尔曼·拉什迪的《撒旦诗篇》、乌姆伯特·伊柯的《潘德拉姆》和加波里·马柯伊的《霍乱时期》。
· 乔治·迈克尔发表专辑《忠诚》；当年的歌曲包括吉恩·洛斯的《我可爱的孩子》和乌马科的《泪珠》。

1988年3月7日，三名IRA恐怖分子在直布罗陀被便衣特警击毙。直布罗陀是地中海上一个由英国管辖的小岛。这三名死者中有两人曾因恐怖活动而被判处长期监禁，分别名叫斯恩·塞维奇和丹尼尔·麦克坎恩；另一个是"司令"马丽德·法雷尔。

此前，英国情报机构获悉一个IRA小组正在直布罗陀活动，这个小组准备在当地的军队换岗仪式上制造爆炸。实际上当这三人被击毙后，警方发现一辆恐怖分子租用的白色雷诺牌轿车，里面装有140公斤塑性炸药。如果恐怖分子的阴谋得逞，将使50名参加队列表演仪式的士兵丧生。

一些人认为警方应逮捕这三名嫌犯而不是当场击毙。但官方报告称，当这三人受到盘问时，他们试图逃跑。在自身处于高度危险的状态下，开枪射击是警察惟一的选择。但当地一位目击者称，警察是在没有事先警告的情况下击毙这些恐怖分子的。一些媒体的报道也倾向于后一种说法，尽管公众对这三名死者并不同情。

一周后，"直布罗陀枪击案"又导致了另一场悲剧。3月16日，IRA在贝尔法斯特为他们眼中的这三位"烈士"举行葬礼。当地5000多天主教居民参加了送葬仪式。英国军队决定不派兵监控。当这三人的遗体被放入墓穴时，突然出现一个枪手疯狂地向人群投掷手榴弹并开枪扫射，造成3人死亡，50多人受伤。后来人们将他制服并痛打一顿直到警察前来制止。

这一事件极不寻常。因为无论主张爱尔兰统一的天主教徒，还是效忠英

▼ 在贝尔法斯特举行的三名IRA恐怖分子的葬礼上，一个来历不明的枪手突然向人群开火。

国的新教徒，历来都非常重视宗教葬礼活动，不会在这种场合制造事端。后来人们得知，这个新教徒枪手一直是单独行动。他曾试图加入"效忠"派组织"乌尔斯特抵抗协会"但遭到拒绝。据说，他在实施这次袭击前曾大量吸毒。

三天后，又发生了与此相关的另一个悲剧，让整个英国感到震惊。两个英军士兵在不知情的情况下驾车闯入一个IRA游行队伍中间。被墓地枪击事件激怒的人群将这两个无辜的士兵德里克·伍德和罗伯特·霍斯拖下车来，将他们打得失去知觉，然后枪杀在野地里。整个过程都被他们用摄像机拍摄下来。

人们不知道为什么这两个英军士兵会出现在那里。尽管IRA宣称他们是在进行侦察，但军方的记录却表明，当天他们没有任务在身。

自从1987年11月埃恩斯克伦爆炸事件以来，北爱尔兰双方的准军事行动一直没有消停。英国首相撒切尔夫人与爱尔兰总理弗茨格雷德于1985年签订的和平协议已经名存实亡。IRA正准备将它的"战争"扩大到北爱尔兰以外和英国本土。

电视传教士的罪恶

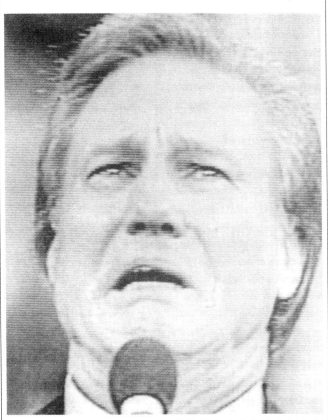

▲ 为保全面子，杰米·斯瓦格特牧师在他的电视广播中痛哭流涕地请求上帝原谅。

19 88年2月21日，美国最著名的"电视传教士"之一，杰米·斯瓦格特在他的电视广播中承认他犯下了"肉欲之罪"。当这位52岁的传教士与一个年轻妓女寻欢作乐的照片被公开后，他不得不作上述表示。斯瓦格特是"上帝集会"基金会的创办人。这个基金会在其鼎盛时期拥有1.4亿美元资金，并向世界各地的有线电视网播放宗教节目。

一年前，斯瓦格特曾公开指责另一位沉湎女色的电视传道士杰姆·巴克尔是"基督身上的一块肿瘤"。巴克尔和他的妻子塔米都是著名的"赞美上帝"电视网主办者。他们每年可以从大量会员手中收到1亿美元的赞助费。巴克尔声称自己是受到"狡猾的捉弄"而与那个女人发生关系的。为了保护自己的名誉，他不得不忍受对方的勒索。

后来的事实表明，"赞美上帝"电视网和与之相关的"美国基督教遗产主题公园"都因滥用基金而受到政府调查。1989年10月，巴克尔被传唤到法庭。在那里他被确认犯有24项诈骗罪。最后，他被判处45年监禁和罚款50万美元。

1月
· 纽约道琼斯股票指数创最大跌幅。
· 英国演员特里威尔·霍华德和爱尔兰政治家赛恩·麦克布里奇逝世。

2月
· 巴拿马独裁者曼纽·诺基亚被佛罗里达法庭判处贩毒罪。
· 莱斯里·曼加卡成为海地总统。
· 巴西洪水和山崩导致100多人死亡。
· 美国物理学家理查德·弗雷曼和作曲家弗雷兹·卢维逝世。

3月
· 缅甸警察枪杀示威学生。
· 伊拉克军队用毒气镇压库尔德人起义，造成6000多人死亡。
· 尼加拉瓜反政府军与桑迪尼斯塔武装停火。

4月
· 缅甸反对派人士颂文凯回到国内。
· 穆斯林极端分子劫持科威特航班，杀死两名乘客。
· 巴基斯坦军火库爆炸，数百人死亡。
· 巴解军事领导人阿布·加哈德在突尼斯被暗杀。
· 美国对伊朗油田实施报复性轰炸。
· 约翰·迪姆加柯因在二战期间杀害大批犹太人而被以色列判处死刑。
· 伊拉克军队夺回法奥港。
· 英国演员肯尼茨·威廉姆斯和南非作家艾伦·庞顿逝世。

苏联从阿富汗撤军

▲ 最后一批苏军部队撤出阿富汗首都喀布尔。

新闻摘要
· · · · · · · · ·

5月

· 巴基斯坦军事政变；穆罕默德·哈克掌权并解散国民议会。

· 贝鲁特穆斯林游击队释放三名法国人质。

· 密特朗再次当选法国总统。

· 匈牙利总统卡达尔被罢免；卡洛里·克劳茨掌权。

· 苏共中央投票决定限制官员任期。

· 美国总统里根访问莫斯科。

6月

· 南非黑人罢工三天抗议种族隔离。

· 海地军事政变；莱斯利·马尼加特被罢免；亨利·纳姆菲将军掌权。

· 缅甸警察开枪杀死三千多名示威学生。

· 英国作家罗素·哈迪逝世。

7月

· 苏共代表大会赞成戈尔巴乔夫的改革。

· 北海油田发生爆炸和大火，160人死亡。

· 伊朗客机在波斯湾被美国军舰击落，机上286人全部死亡。

· 卡罗斯·塞林萨当选墨西哥总统。

1979年12月，为了挽救阿富汗摇摇欲坠的亲苏政权，苏联悍然出兵入侵这个贫穷落后的山国。这场在外部世界看来毫无理由的战争断送了苏联与西方之间的缓和，使双方关系进入低迷状态。

苏联不顾国际社会的抗议，继续对阿富汗境内的反政府游击队发动进攻。但顽强的抵抗战士依托险峻的山岭坚持作战，不断袭击苏军。事实很快就证明，这是一场苏军永远无法取胜的战争。

10万多苏军部队进入阿富汗后，占领了主要城镇，迫使抵抗的起义者退到荒僻的乡村和山区。他们在那里组成分散的战斗小组，采用机动灵活的游击战术，不断打击苏联扶持的卡尔迈勒政权。这些穆斯林圣战者从美国获得先进的火箭和导弹，增强了抵抗力量。苏军几乎无法有效发现和打击他们的敌人，而游击战士却能出其不意地袭击苏军。酷爱自由的穆斯林战士决心通过顽强的战斗粉碎苏军的占领。

苏联内部一些明智人士开始认识到，阿富汗战争实际上已经成为苏联的"越南战争"，无论在军事或财政方面，都给苏联造成极大的负担。1988年4月，戈尔巴乔夫总统在日内瓦签署了一份联合国议案，承诺苏军将撤出阿富汗。撤军的时间定在1988年5月至1989年2月。

但阿富汗抵抗组织拒绝承认日内瓦协议，继续对阿富汗政府军发动进攻。1992年，他们占领首都喀布尔，赶走了总统纳加布哈，并宣布阿富汗为伊斯兰共和国。

两伊战争结束

1988年8月，随着旷日持久的战争给伊朗和伊拉克经济造成毁灭性打击，从1980年9月开始的两伊战争终于结束。这场战争是由于伊拉克入侵伊朗西部而引发的。到1982年年初入侵者被击退后，战争断断续续地在两国边境地区进行。尽管从那时起，萨达姆·侯赛因领导的伊拉克不断呼吁和平，但霍梅尼统治下的伊朗却发誓要"战斗到流尽最后一滴血"。

又过了六年，人们发现这场战争除了摧毁两国经济和造成一百多万士兵和平民死亡外，没有达到任何目标。伊朗地面部队的顽强进攻不断被装备精良的伊拉克人击退。在此期间伊拉克获得了石油富国沙特阿拉伯的财政援助。而且，尽管西方各国对交战双方都没有好感，但伊拉克在他们看来似乎是两个魔鬼中危险较小的一个，因此也在暗中提供支持。具有讽刺意味的是，仅仅过了几年，美英在两伊战争期间卖给伊拉克的武器就被萨达姆在侵略科威特的战争中用来对付西方盟军。而伊朗的盟友只有利比亚和叙利亚。

从80年代中期开始，联合国试图进行调解。它的原则目标是结束战争和全面恢复被战争阻断的石油供应。1988年年初，联合国制定的一项和平计划被双方接受，并于7月实现停火。1990年伊拉克和伊朗恢复外交关系。

汉城奥运会

1988年，第21届奥运会在韩国汉城举行。尽管本届奥运会不像前几届那样充满争端，但政治风波和违禁药品丑闻仍时有发生。

本届奥运会正值韩国国内局势动荡不安的时期。6月，距奥运会开始只有两个月，韩国发生席卷全国的学生大示威，要求实现南北统一。当局调动6万多名警察平息骚乱。

朝鲜当局致函国际奥委会，要求给予他们联合主办本届奥运会的权利。这个要求被拒绝后，他们便抵制本届奥运会。古巴和埃塞俄比亚也加入了抵制的行列。

汉城奥运会最大的丑闻出现在男子100米决赛中。加拿大选手本·约翰逊以9.7秒的超常成绩令其他参赛者瞠目结舌。但几天后约翰逊的金牌就被取消了，因为他的尿检结果显示他曾在奥运会赛前训练期间非法服用增强肌肉能力的类固醇药物。另外9名运动员，其中大部分是举重运动员也因滥用药物而被取消比赛资格。

汉城奥运会一颗耀眼的明星是美国女子短跑选手格里菲斯·乔伊娜。她一人夺得三枚金牌，成为田径场上名副其实的"女飞人"。

本届奥运会最大的"冷门"是美国篮球队在分组赛中负于南斯拉夫队。最后苏联队赢得篮球冠军。苏联在本届奥运会上共获得创纪录的132块金牌，雄踞各队之首。

◀ "汉城之星" 格里菲斯·乔伊娜或许是世界最优秀的女子田径运动员。

· 缅甸独裁者奈温将军辞职，赛恩·列维将军继任。
· 约旦将西岸地区划归巴勒斯坦。

8月
· 在纳米比亚和安哥拉的南非、安哥拉和古巴军事冲突停火。
· 巴基斯坦领导人哈克因飞机爆炸死亡，贝·布托继任。
· 英国芭蕾舞导师弗里德里克·阿什顿和意大利著名汽车设计师恩佐·法拉利逝世。

9月
· 孟加拉遭受70年未遇的特大洪水，数千人死亡，数百万人无家可归。
· 波兰罢工结束。
· 海地再次发生政变；亨利·纳姆菲下台。
· 网球运动员斯蒂夫·格拉夫赢得大满贯。

10月
· 戈尔巴乔夫成为苏联总统。
· 乍得与利比亚的战争结束。
· 英国汽车设计师阿尔克·埃斯格尼斯逝世。

独裁者倒台

1973年9月11日,智利军人集团对首都圣地亚哥总统府发动进攻,杀害了阿连德总统。政变集团首领奥格斯图·皮诺切特将军掌握了政权。在此后15年的独裁统治中,皮诺切特对所有试图在智利恢复民主政治的反对派人士实行了空前残酷的镇压。然而,1988年10月5日,随着智利人民的不懈努力和斗争,他不得不同意通过全民表决的方式决定他的政治前途。结果55%的选民要求他下台。

皮诺切特是在蓄意颠覆阿连德的马克思主义政府的美国扶持下掌权的。上台初期他也曾获得温和的中产阶级的欢迎,因为他们希望短期的军事管制能使这动荡的国家变得稳定。

然而不到半年,皮诺切特便开始实施独裁统治并野蛮镇压国内争取自由的反对派人士。到1976年,已有10万多人被捕。一些著名的民主人士被宣布"失踪",从此与家人永诀。智利很快因践踏人权而在国际社会声名狼藉。

随着自由市场经济的推出,智利在70年代出现经济繁荣。1981年3月,智利颁布新宪法。根据这部新宪法,皮诺切特可以继续担任总统八年;八年后将由军人集团选择一个候选人提交全民投票通过。

在后来的八年中,挑战皮诺切特统治地位的势力主要来自"民主联盟"和罗马天主教会等中左政治集团。随着智利经济开始面临困难,皮诺切特的威望开始下降。1988年,不出人们所料,军人集团仍选择皮诺切特作为全民投票选举的惟一总统候选人。由于超过半数的选民反对皮诺切特,他不得不按照宪法规定下台。消息传来,人们纷纷涌上街头欢庆胜利。对许多人来说,皮诺切特的下台意味着智利的自由。

1989年12月,智利举行了16年来的第一次选举。基督教民主党的帕特里克·艾尔文获胜。然而根据宪法规定,这并不意味着皮诺切特将军的终结,他还可以在今后的八年继续担任武装部队总司令。

实际上直到1998年,皮诺切特才彻底退出政治舞台。作为右翼参议员,他的个人权力排在参议院第五位。这使他能够不断阻挠政治改革,特别是利用手中剩余的权力阻挠人们对他执政时期的反人权行为的起诉。

尽管一些将军和高级官员被传唤到法庭陈述他们在那黑暗时期的"个人行为",但即使事实证明他们有罪,政府的特赦也使他们免于被起诉。

◀ 智利的"强人"奥格斯图·皮诺切特将军下台后仍是一个颇有势力的人物。

洛克比空难

▲ 泛美航空公司 103 航班的残骸散布在洛克比小镇的草地上，涉嫌制造爆炸的利比亚恐怖分子仍在听候审判。

19 88 年 12 月 21 日，苏格兰的洛克比小镇见证了一场重大的恐怖袭击灾难：一架从伦敦飞往纽约的波音 747 喷气客机在小镇上空爆炸并坠落在当地。这架泛美航空公司 103 航班上的 259 名乘客和机组人员全部死亡。另有 11 名当地人死于被坠落的飞机残骸砸倒的房屋。

调查人员对残骸进行了分析，很快认定这是一场蓄意制造的爆炸导致的灾难。

起初，人们怀疑凶手是伊朗的恐怖分子。因为当年 7 月，曾有一架伊朗客机被美国军舰当成带有敌意的 F-14 战斗机而击落，造成机上 290 人（其中大部分是伊朗人）死亡。尽管当时伊朗领袖霍梅尼称它为"战争的最大罪恶之一"并承诺伊朗不会实施报复。

随着调查的深入开展，事实逐渐变得清晰：实施爆炸的恐怖分子是利比亚人。90 年代初，美国政府认定两名利比亚人涉嫌参与此项犯罪。利比亚领导人卡扎菲上校交出这两名嫌犯，声称强烈的公众情绪将使他们无法得到公正的审判。

经过几年的外交努力，双方在审判地点上的争端出现解决的契机。1998 年，利比亚同意在荷兰由一名苏格兰法官按照苏格兰法律主持审判这两名嫌犯。1999 年 4 月，这两名利比亚人被带到荷兰并开始了持续数月之久的审判。

亚美尼亚大地震

19 88 年 12 月 7 日，苏联亚美尼亚共和国与土耳其接壤的西北部遭遇里氏 6.9 级地震。拥有 5 万人口的斯皮塔克城内全部房屋都被震倒。亚美尼亚第二大城市列宁纳坎也有四分之三被摧毁。估计死亡人数超过 10 万，无家可归者超过 50 万。

地震发生后，美国向苏联提供了第二次世界大战结束以来的第一次慷慨的援助，体现了自戈尔巴乔夫上台后美苏关系的新发展。苏联政府派遣大量飞机向灾区运送紧急救援物资和药品。

▶这个人正在大批没有标记的棺材中寻找他死于亚美尼亚大地震中的兄弟的遗体。

致命的魅力

新闻摘要

· 爱沙尼亚、立陶宛和拉脱维亚要求从苏联独立。
· 欧盟（除英国外）接受欧洲社会宪章。
· 萨尔瓦多内战加剧。
· 哥伦比亚骚乱不安，政府加强反毒品斗争，导致五百多人被捕，其中九人被引渡到美国；毒品走私集团实施报复，制造260起爆炸，导致180人死亡。
· 香港开始遣返越南船民。
· 国家禁止象牙贸易协定通过。
· 波兰、南斯拉夫和阿根廷发生恶性通货膨胀，造成民众生活艰难。
· 苏联贝加尔湖—西伯利亚铁路开通。
· 贝聿铭设计的法国卢浮宫门前的玻璃金字塔建成开放。
· 福特汽车公司收购英国美洲豹汽车公司。
· 当年的流行歌曲包括：麦当娜的《祈祷》和"后街男孩"乐队的《强劲》。
· 美国发射金星和木星探测器。

▲ 表面上英俊潇洒、充满魅力而且受过良好教育的泰德·布兰迪实际上是个专门攻击女性的凶残杀手。

19 89年1月24日，在被判处死刑10年后，系列杀人犯泰德·布兰迪终于坐上了死刑电椅。

布兰迪是个不可思议的暴力罪犯。尽管英俊潇洒、机智幽默而且受过良好的教育，但他在心理上缺乏自尊并有着严重的性侵犯倾向。他学习过法律，做过心理危机咨询顾问，甚至还当过政治志愿者。然而令人难以想象的是，布兰德在短短四年的时间里竟然凶残地杀害了几十名妇女，数量之多连他自己也数不清准确数字；警方估计至少有40人，也有人认为实际数字可能还要高出一倍。

1974年，当华盛顿警方获悉接连多名年轻妇女失踪的报告后，第一次开始怀疑有一名系列杀手在活动。1975年，失踪现象又逐渐转移到科罗拉多和犹他州。布兰迪第一次被警方确认是在他试图在西雅图附近的一个小湖边接近一个年轻女子之后。当时这个女子拒绝了他的请求。但后来她听到布兰迪向另一个女孩自我介绍说他叫"泰德"。而不久后那个女孩残缺的尸体就在附近被发现。警方根据这位目击者的描述绘制了嫌犯的画像，并列出了一份三千名可疑者的名单，其中包括布兰迪。然而由于侦破工作没有进展，又有更多的妇女失踪和更多的尸体被发现。

布兰迪最后在盐湖城被警方捉住。当时正是深夜，他因驾车连续闯红灯，被警察制止。在例行检查中，他的一些罪证被发现。警方立即搜查他的住所，又发现了更多的证据。后来经过化验，警方发现他汽车里的头发与一位受害者相同。1976年11月，泰德·布兰迪被送交盐湖城法庭。布兰迪坚称自己无罪，所有证据都是警察给他设计的圈套。尽管谋杀罪不成立，但法官仍以"恶意绑架"罪判处他15年监禁。

1977年12月，布兰迪越狱潜逃。在逃往佛罗里达的路上，他居然又实施了一起残酷的犯罪。他闯入一个大学校园，杀死了两名女学生。

这个思维古怪的杀人狂再次被捕，并于1979年7月23日被佛罗里达法庭以谋杀罪判处死刑。然而在以后的近十年里，他的刑期却被一拖再拖，因为警方不时从他所供出的地方发现被害人的尸体。到1989年，美国已经无法容忍让这个最令人发指的系列杀人犯继续苟延残喘了。

亵渎宗教还是言论自由？

1989 年 2 月 14 日，作家赛尔曼·拉什迪发现自己突然直接面对来自伊斯兰原教旨主义的死亡威胁。拉什迪的"罪恶"是出版了他的第三部小说《撒旦诗篇》。小说中虚构的一个人物在一些人看来是影射伟大的先知穆罕默德。按照伊斯兰法律，这种亵渎罪必须以死刑来惩罚。于是伊朗伊斯兰革命领袖霍梅尼便宣布处死拉什迪。

《撒旦诗篇》于 1988 年夏天在英国出版后，很快就遭到英国穆斯林领袖的谴责。第二年，抗议浪潮席卷整个伊斯兰世界。巴基斯坦发生的暴力示威运动导致六人死亡，近百人受伤。

几乎没有人怀疑霍梅尼的威胁只是做个样子。他甚至已经悬赏 300 万英镑奖励"执行者"。拉什迪别无选择，只好隐藏起来。尽管英国政府对伊朗提出抗议，但霍梅尼拒绝收回成命。大多数西方国家都谴责这个行动是企图扼杀言论自由。

尽管拉什迪是个获奖作家，但此前这位英籍印度人却很少为公众所知。具有讽刺意味的是，《撒旦诗篇》却因此而成为国际畅销小说，读者数量之多远远超过拉什迪的前两部作品。

然而，拉什迪却无法享受这意外高涨的知名度。直到 90 年代末，伊朗停止执行"追杀令"之后，他才从隐居生活中回到社会。

▶ 一群英国穆斯林示威者反对作家拉什迪和他的小说《撒旦诗篇》。

生态灾难

1989 年 3 月 24 日，"埃克森·沃尔茨号"超级油轮通过美国阿拉斯加沿海的威廉王子海峡时，在布莱暗礁搁浅倾覆。5000 万升原油从破裂的船舱泄漏到海里，造成历史上最严重的生态灾难，使阿拉斯加海洋生态系统和当地至关重要的捕鱼业受到严重破坏。

油轮的船主埃克森公司因清理污染行动缓慢和不愿承担全部责任而受到公众的严厉指责。阿拉斯加沿海留下了一道长达800 公里的油污，使数千公里海岸遭受污染。部分海滩上的原油层厚达 30 厘米，使那里的各种野生动物都陷于灭顶之灾，而且污染了其他相关物种的食物链。

灾难发生五个月之后，阿拉斯加州宣布对埃克森公司提起大规模诉讼。1990 年，作为"埃克森·沃尔茨号"油轮灾难的一个直接后果，美国政府通过了"石油污染法"，规定船主必须对造成的污染承担无限责任。经过激烈的法庭辩论之后，埃克森公司同意赔偿 10 亿美元。然而，这笔赔款根本无法与它造成的环境损害相比。

◀ 这只沾满油污的海雀是"埃克森·沃尔茨号"油轮在阿拉斯加沿海造成的 800公里污染带的受害者之一。

· 当年公演的电影包括：汤姆·布坎的《蝙蝠侠》、古斯塔波·托马图尔的《影院天堂》、斯皮克·李的《正确做事》、古斯·冯桑图的《药店牛仔》、帕特迪斯·莱康特的《雇员先生》、罗勃·里泰的《当哈里遇到萨丽》、伍迪·艾伦的《罪恶与失常》、肯尼茨·巴纳弗的《亨利五世》和迈克尔·摩尔的《罗杰与我》。

· 音乐剧《西贡小姐》和《巴蒂》在伦敦公演。

· 当年出版的图书包括：阿米·坦的《幸运俱乐部》、卡朱奥·伊斯格罗的《剩余的日子》和 E.道特图洛的《贝利大门》。

1 月

· 日本裕仁天皇逝世；其子明仁继位。

· 古巴军队撤出安哥拉。

· 南非总统皮特·博塔遭遇袭击。

· 苏联土库曼斯坦地震，造成两百多人死亡。

· 西班牙超现实主义画家萨尔瓦多·达利逝世。

2 月

· 巴拉圭独裁者阿尔弗里德·斯图纳尔被推翻；安德雷斯·罗德里格斯将军掌权。

· 迈克尔·曼利领导的民族党赢得牙买加大选。

· 英国开通卫星电视广播。

· 美国出现第一位女主教。

赫尔斯堡惨案

▲ 赫尔斯堡体育场灾难造成 95 人死亡。许多人把责任归咎于警察疏于管理和引导。

新闻摘要

4 月

· 贿赂丑闻导致日本首相竹下登辞职；宇田宗佑继任。

· 英国作家达方恩·莫里奥、美国拳击运动员雷·鲁本森和意大利导演塞格奥·莱恩逝世。

5 月

· 曼纽·诺雷加在巴拿马大选中失败，但拒绝接受选举结果，继续掌权。

· 卡洛斯·曼姆当选阿根廷总统。

6 月

· 波兰议会选举。

· 伊朗领导人霍梅尼逝世；拉夫桑贾尼任总统。

· 安哥拉反政府军与政府达成协议；安哥拉内战结束。

· 苏丹政变；萨迪克·阿里马哈迪被罢免。

7 月

· IRA 开始袭击英国驻西德军营。

· 古巴阿马尔多将军参与毒品走私，被判处死刑。

· 日本自民党在大选中失败。

· 英国演员劳伦斯·奥利弗逝世。

19 85 年 5 月在英国布莱福德和比利时海塞尔体育场发生的分别造成 56 人和 39 人死亡的足球悲剧，向全世界发出了对英国足球和球迷非常不利的信息。为了解决这个问题，英国政府和足球管理机构采取了一些措施。对重要赛事增派警力，严加控制；并在所有赛场都竖起高大的铁丝围栏，以防球迷骚乱扩大到场外。然而，1989 年 4 月 15 日，这种把球迷像牛羊一样圈起来的措施却导致了一场球迷相互拥挤践踏，造成 95 人死亡的大灾难。

这场比赛是利物浦队与诺丁汉森林队进行的足总杯半决赛。按照惯例，此类球赛都在一个中立的赛场进行。这次是在南约克郡谢菲尔德市的赫尔斯堡体育场。开赛前几分钟，球场门口仍聚集着大批无票的利物浦队球迷，为了缓解人群的巨大压力，警察决定打开大门放他们进来。蜂拥而入的利物浦球迷使本来已经人满为患的看台更加拥挤不堪。开赛 6 分钟后，人群中出现争斗和恐慌，迫使大批球迷向水泥围墙和铁丝围栏涌去，造成相互践踏、多人死亡的悲剧。

这场灾难震惊全国，人们为追究责任而争论不休。大部分人认为警力不足是主要原因。但《太阳》报却有独特的看法。它在头版以"真实情况"为题，以纪实的手法表述事件的来龙去脉，并谴责了利物浦球迷的行动。但这篇报道引起了利物浦人的愤怒，以致当天的《太阳》报在当地的销量大减。

由皇家大法官泰勒爵士领导的赫尔斯堡惨案官方调查组得出的结论是这次死亡事故属于意外，但南约克郡警察负有不可推卸的责任。泰勒大法官还指出英国体育场看台的状况不良，特别是足球赛场看台，大部分球迷不得不站着观看比赛。如果全部改为座位看台，将可以避免类似悲剧重演。尽管对许多人来说站在看台上为自己心爱的球队呐喊助威是这项伟大体育运动的一个传统，但在即将来临的90 年代，安全问题已经成为政府和足球管理机构的首要责任。

日本裕仁天皇病逝

19 89年1月7日,日本裕仁天皇因肠癌去世,享年87岁。他被安葬在林中墓地。裕仁在位62年,曾一度被视为神。他的一生历经沧桑,有人说他是日本现代历史的见证。

裕仁生于1901年4月29日,称号迪宫,是大正天皇嘉仁的长子。他于1916年11月被册封为皇储,1926年12月即位,继任第124代天皇。在他执政的前半期,日本军国主义先后发动了侵略中国的"九一八"事变、"七七"芦沟桥事变和向美国开战的珍珠港事件。在"发扬皇威"、"八宏一宇"口号下,成千上万的日本人被蒙骗、被驱使,为侵略战争效劳。长达14年的战争给亚洲各国人民带来了深重的灾难,也把日本推向崩溃的边缘。战败以后,日本国内外都有人主张应追究裕仁天皇的战争责任。但裕仁后来辩解说,从他执政到战争结束期间,他实际上只作过两次个人决定。一次是在1936年"二·六"事变后他力主惩办发动叛乱的少壮派军人,另一次就是在1945年8月14日的"御前会议"上宣布日本接受波茨坦公告,无条件投降。

1946年1月1日,裕仁发表《人格宣言》,表明自己"是人不是神",从而否定了一千多年来天皇一直被奉为神祇的传统。一年后实行的日本国新宪法明确规定,天皇仅作为"日本国的象征"存在,只能在内阁的建议和同意下从事象征性的、礼仪性的国事活动,并无关于国政的权能。从此以后,裕仁严格遵照宪法的规定,履行自己的职责。他每年要在约1100份文件上签字,参加象征性的国事活动约50次,参加礼节性的活动约200次,发出致外国元首的函件、贺电约600份。有时他还作为日本的代表出访外国从事友好活动。他是日本历史上执政时间最长的天皇。

裕仁自幼酷爱自然,他登基以后,在从政之余,潜心于生物研究,在生物分类学领域造诣颇深。他在皇宫内设立的生物研究所,仅陈列的植物标本就有6万余种。他还发表过《相模湾产后鳃类图谱》、《那须植物志》等17本专著,其中有的书销量高达60000册。1971年,他当选为英国皇家学会的正式会员。日本媒体曾不无感慨地称裕仁为"科学家天皇"。

▲ 日本为裕仁天皇举行葬礼。

英国实行电力改革

19 89年7月,英国议会批准了《1989年电力法》,拉开了英国电力改革的序幕。英国政府依据行政区域和地理位置,将电力系统分为:英格兰和威尔士、苏格兰及北爱尔兰三部分。其中,英格兰和苏格兰两个系统已经联网,英格兰和法国电力系统之间通过一条直流输电线路相连。英国的电力改革实际上是从1990年开始,首先是在英格兰和威尔士地区,把原中央发电局分成3个发电公司和1个输电公司,将原有的12家地区供电局实行了私有化,成立了独立的地区电力公司。

此后,英国历经十余年的电力改革,终于在2001年正式启用了新电力交易制度,也就是人们常说的NETA(新电力交易安排)。随后,英国政府又先后出台了《公用事业法》和新的《平衡和结算规范》,它取代了原有的《电力库及结算规程》。NETA作为一种更为市场化的交易制度,其发展基础是发电商、供电商、中间商和用户自愿参与的双边交易市场。提供了更精彩的成本目标和更灵敏的成本激励机制以控制市场的风险。NETA有力地促进了市场竞争机制的形成,使终端用户从改革中得到了根本的利益,并进一步打开欧洲电力市场的大门。

8月
- 南非总统博塔辞职。
- 日本首相宇田宗佑因性丑闻辞职;海部俊秀继任。
- 波兰组成以马兹维科夫斯基为首的新政府。
- 哥伦比亚总统候选人刘易斯·加仑被毒品走私犯暗杀;总统巴卡对哥伦比亚毒品行业宣战。
- 立陶宛、拉脱维亚和爱沙尼亚发生大规模示威。
- 美国"旅行者2号"太空探测器抵达海王星。
- 英国泰晤士河游船与挖掘船相撞;造成51人死亡。
- 美国酒店大亨劳纳·海姆斯里被判偷税罪。
- 英国自然学家彼得·斯克特、心理学家R.D.莱昂和波兰艺术家泰波斯基逝世。

9月
- 飓风对维金群岛和波多黎各造成重大损失。
- F.W.克拉克成为南非总统。
- 荷兰组成以兰德·卢波尔斯为首的新联合政府。
- 法国航班在尼日尔被恐怖分子炸毁,171人遇难。
- 阿拉伯军队向卡梅尔国家公园开火,造成严重环境破坏。
- 越南军队从柬埔寨撤离;柬埔寨内战结束。
- 美国歌手埃尔温·博林和作曲家维吉尔·汤普森逝世。

柏林墙的倒塌

▲裂缝开始出现——一个西柏林人从柏林墙破裂的墙洞中观看对面的世界。

19 89年11月9日，柏林墙的突然倒塌，象征着东西德国长期隔绝的结束和东欧共产主义势力的崩溃。在共产党强硬派被赶出领导层数月之后的这一天，东德当局迫于横扫东欧的民主化浪潮的压力，在自顾不暇的苏联政府默许下，开放了柏林墙和与西德交界的边境线，允许双方居民自由来往。而不到一年前，东德领导人昂纳克还曾预言柏林墙将挺立一百年。

柏林墙是在1961年8月12日深夜竖立起来的。最初只是用带刺的铁丝网和空心砖建造。当时的东德当局为了阻止大批专业技术人员从西柏林逃往富裕的西方，在国会通过了一项建立柏林墙的法律。几个月后，铁丝网被4.5公尺高的混凝土墙取代。沿墙还建立了多个配备机枪的了望塔，并用电网分隔出无人区，其中还埋设了地雷。但尽管防范如此严密，在此后的28年里仍有五千多名东德人冒着生命危险逃到高墙的另一侧。另有大约200人在试图偷越时被击毙。

东欧局面的剧烈变化源于苏联领导人戈尔巴乔夫的公开化改革。随着两个超级大国关系的缓和，苏联放松了对东欧卫星国的控制。在重要的转折关头，持其强硬路线的东德政府受到戈尔巴乔夫的严厉批评。实际上，早在1988年期间，苏联的一些宣传改革的出版物就曾在东德遭到查禁。

1989年5月，柏林墙第一次失去作用，当时刚刚实行自由化的匈牙利政府推倒了匈牙利与奥地利

◀来自西柏林的一家人第一次访问对西方隔绝近30年的勃兰登堡门。

边界上的铁丝网。在此后的几个月，寻求西方庇护的东德人也能自由往来于匈牙利与奥地利边界。匈牙利的做法惹恼了东德总理昂纳克，他认为西德政府在背后支持这种行动。

后来事态发展到僵持状态。为了避免情况急遽恶化，东德社会统一党（共产党）政治局于10月18日进行全体会议，将持强硬路线的总书记昂纳克和秘密警察头子克恩茨撤职。11月9日，东德政府宣布新的旅游规则，正式允许公民自由往来于东西德之间，而无需绕行匈牙利和奥地利。这项规定使东柏林人认为柏林墙已经开放。当天深夜，聚集在柏林墙官方出入口的数千东德民众在巨大的欢呼声中将高大的墙壁推倒，而高墙警卫人员只能眼睁睁地看着这一切。

第二天夜晚，柏林墙成为德国历史上最盛大的庆典场地。数万欢天喜地的柏林人爬上墙头，撕开铁丝网，尽情狂欢。这是直接导致两德统一的伟大历史时刻。尽管柏林墙在几个月后才被彻底拆除，但从1989年11月9日深夜起，它就从人们心中消失了。

柏林墙的倒塌同时也标志着德意志民主共和国的消亡。令人惊讶的是，最初的数千抗议者中只有少数人在那个历史性时刻穿越柏林墙来到西德，并选择留在那里。然而，随着东

▲大批东德人聚集在曾经是市中心的普茨达莫广场，观看拆除柏林墙。

德民众的民主化要求不断高涨，去往西方的人也越来越多。到11月底，随着卡恩茨等斯大林主义者的下台，温和的共产党领导人莫多洛开始效仿苏联戈尔巴乔夫的改革。他认识到东德正面临着生存危机，于是很快就宣布举行多党制选举。1990年3月

的选举表明共产党人的彻底失败，西德总理科尔领导的基督教民主党在东德的同伴组织获胜。在马茨拉尔的领导下，东德基督教民主党与其他主张与西德合并的民主党派组成了联合政府。

由于双方政府都承诺了祖国统一的目标，惟一

的障碍就只剩下苏联。苏联担心统一的德国会成为北约的重要成员，因而拒绝同意。但随着西德总理科尔答应对苏联提供大量经济援助，这个问题也顺利解决。

1990年10月3日，西德联邦议会和东德国会分别批准了国家统一协定，从而结束了长达45年的分裂状态。90年代后期，统一的德国议会回到首都柏林。

◀现在对许多曾经被隔绝的家庭和朋友来说，柏林墙是一个遥远而悲伤的记忆。

"丝绒"革命

新闻摘要

10月

- 黎巴嫩基督教徒代表与穆斯林代表在沙特阿拉伯谈判。
- 巴拿马独裁者纽曼·诺雷加发动政变被平息。
- 东德逮捕示威者。
- 美国旧金山地震,约90人死亡。
- 东德领导人昂纳克辞职;克伦茨继任。
- 匈牙利实施新宪法;共产党改名为社会民主党。
- 英国演员安东尼·卡莱利和美国演员贝蒂·戴维斯逝世。

11月

- 基督教马龙派领导人雷恩·莫阿瓦德当选黎巴嫩总统。
- 保加利亚领导人图德·佐科夫辞职;彼得·马拉德诺夫继任。
- 萨尔瓦多民族解放阵线发动进攻。
- 六名耶稣教牧师被萨尔瓦多政府军杀害。
- 黎巴嫩总统雷恩·莫阿瓦德和其他23人在贝鲁特发生的爆炸中身亡;埃利萨·哈里维继任。

1968年,由当时的捷共领导人杜布切克发起的改革运动——"布拉格之春"导致苏联带领东欧集团军队入侵捷克斯洛伐克。1969年4月,他被强硬的共产党人胡萨克取代。此后,尽管东欧国家没有发生流血的清洗事件,但仍有许多专业人士、知识分子和艺术家被逐出共产党组织,并被迫接受"思想改造"。70年代,这些群体中的持不同政见者组织了一个地下抵抗组织——"77宪章"。1977年7月,他们递交了一份述说民间疾苦、反对胡萨克统治的请愿书。而共产党当局却将他们逮捕入狱。

"77宪章"的签字者在导致1989年发生"丝绒"革命的运动中扮演了重要角色,这个运动结束了共产党在捷克斯洛伐克的统治。1989年11月17日,捷克当局受苏联戈尔巴乔夫改革的影响,允许公众上街游行,纪念50年前被德国占领军镇压的布拉格学生示威。但这次游行很快就演变为争取民主的抗议示威,布拉格街头再次布满警察,许多人遭到野蛮殴打。这一事件引发了全国范围的抗议示威和罢工,其中大部分是由"公民论坛"组织的。

共产党统治者不得不认识到他们无法消除如此大规模的民众抗议怒潮,被迫与"公民论坛"组成联合政府。1989年12月9日,长期执政的总统胡萨克被迫辞职。他的位置被"公民论坛"发言人、战后东欧最著名的文学家哈维尔所取代。哈维尔成为40年来捷克斯洛伐克第一位非共产党总统。

由于捷克斯洛伐克是个联邦国家,新政权面临着复杂的情况:"布拉格之春"运动后,捷克族和斯洛伐克族都分别成立了自己的政府。在1990年6月举行的第一次自由选举中"公民论坛"在议会两院中赢得了决定性的胜利。后来,两族关系日趋紧张,使这个联邦国家难以维持,最终分裂为两个独立的国家捷克共和国和斯洛伐克共和国。

▼著名的捷克剧作家瓦茨拉夫·哈维尔,一个从未想到会成为总统的人。

齐奥赛斯库被处决

▲罗马尼亚电视台展示被处决的独裁者齐奥赛斯库的照片。

19⁸⁹ 年席卷东欧的剧变表现出不同的方式。在匈牙利和捷克斯洛伐克，这种变革是相对平静而不流血的；在保加利亚，共产党甚至还赢得了该国的第一次自由选举。但在罗马尼亚，它却表现为激烈动荡的冲突和残酷的流血事件。这个过程在1989年圣诞节当天发展到了顶峰。这一天，罗马尼亚总统齐奥赛斯库和他的妻子被处决。当地报纸和电视展示了这对夫妇弹痕累累的尸体。

自1947年底，前国王迈克尔退位和罗马尼亚人民共和国成立以来，该国一直以政治稳定、经济发展而自豪，始终坚持斯大林式的优先发展重工业的计划经济。

60年代，在乔治乌德治的领导下，罗马尼亚开始实行自己特色的共产主义政策，导致与苏联的疏远。1965年，乔治乌德治逝世后，亲斯大林主义者尼古拉·齐奥赛斯库掌权，开始在全国实行斯大林式的个人崇拜。他安排亲属（其中包括他的妻子伊琳娜）掌握关键职位，在十年期间，将党政大权独揽于一身，一人兼任罗共总书记、共和国总统、国防委员会主席兼武装部队最高统帅、经济和社会发展最高委员会主席、民主与团结阵线主席等所有党内外组织的最高职务。尽管该国贫困人口率在东欧国家中属于最高，但齐奥赛斯库却过着国王般的生活。然而，他苦心经营24年的权力大厦却在充满血腥的一周内轰然倒塌。

罗马尼亚的这场革命始于1989年12月17日，铁米什瓦省的特兰西瓦尼亚市。罗马尼亚境内的近200万匈牙利族民众大部分居住在这里。在过去十年间，齐奥赛斯库一直试图压制少数民族，强迫他们在所有学校使用罗马尼亚文字并禁止出版匈牙利文图书。这一天，当1万多名反政府示威者走上街头时，齐奥赛斯库下令，立即派遣军队和秘密警察镇压，向手无寸铁的人群开火。包括妇女和儿童在内的数千人倒在血泊中。

铁米什瓦的血腥事件震动了整个罗马尼亚。而齐奥赛斯库却召集群众集会公开指责匈牙利煽动骚乱。但他的讲话被参加集会的人们打断，他们不断高呼抗议口号。12月22日，示威活动遍及全国，军队也开始发生兵变。军队与忠于齐奥赛斯库的秘密警察部队发生激烈冲突。5万多人在一个星期的激烈战斗中丧生。

眼看大势已去，齐奥赛斯库夫妇试图逃离首都布加勒斯特，但他们很快被逮捕并被送交军事法庭审判。12月25日，齐奥赛斯库夫妇被押送至一处秘密的军事设施内，由三名军事法官和三名民事法官进行了数小时的秘密审判。最终，他们被判犯有大屠杀、危害国家政权、破坏国民经济、破坏国家财产等罪，没收其财产，并被立即处决。

12月

· 恐怖组织"红色旅"暗杀德意志银行首席执行官阿尔弗里德·赫尔奥森。

· 拉脱维亚修改宪法。

· 帕特里克·艾尔文赢得智利大选；皮诺切特仍保留军队领导权。

· 身穿便装的美国士兵在巴拿马被巴拿马政府军杀害。

· 富尔安多·米罗赢得巴西总统大选。

· 美军入侵巴拿马；巴拿马独裁者诺雷加逃入梵蒂冈大使馆。

· 伊朗"哈格5号"油轮在大西洋起火爆炸，造成大面积原油泄漏。

· 爱尔兰剧作家萨缪尔·贝科特逝世。

1990–99

20世纪的最后十年,处于世纪之交,意义非凡,世界却突然走向了衰败。肃清东欧戏剧性事件的余波占据了20世纪90年代的大部分时间。尽管经济是"自由"发展的,先前命运与苏联密不可分的一些国家却面临着世界经济的严峻现实。对于许多这样的国家来说,自由国际贸易的概念还是一个未知事物,结果使一些国家陷入了经济混乱状态。各地纷纷戏剧性地转向了资本主义。当1991年强大的苏联垮台时,对"冷战"的结束做出重大贡献的戈尔巴乔夫总统实际上成了多余的人物。随着时间的推移,俄罗斯出现了一批资本家精英分子,他们做梦也没想到会如此富有。但大多数普通的俄罗斯人却发现:一方面,他们可以自由地购买"大麦克"(为筹措贷款减轻纽约市的财政困难而于1975年成立的纽约市政援助公司的绰号——译者注),也可以举行反政府的抗议,而无须担心受到枪击的危险;另一方面,他们的生活水平却急剧下降。随着卢布的完全崩溃,国家无法支付工人的工资,通货膨胀失控而呈螺旋形上升。

然而,南斯拉夫的分裂给20世纪90年代投下了最大的阴影。在20世纪之初,种族情况复杂的巴尔干各国就曾为权力而相互争斗。南斯拉夫在"冷战"期间形势比较稳定,由于斯大林对其采取的政策是对这一块不稳定的地区不管不问,相对于其他很多共产党领导的社会主义国家来说,南斯拉夫享有较大的自主权。1991年,随着周边国家多数社会主义制度的崩溃,波斯尼亚、斯洛文尼亚、马其顿和克罗地亚宣布脱离南斯拉夫联盟独立。最强大的加盟共和国塞尔维亚控制着南斯拉夫军队,试图将该地区团结在一起。在总统斯洛博丹·米洛舍维奇的领导下,塞尔维亚的目标很明确,即建立一个"大塞尔维亚",对原南斯拉夫各国实施完全统治。战争集中在波斯尼亚,因为在该国居住着大量的塞尔维亚人。形势很快变得明朗起来,波斯尼亚的穆斯林被强行赶出家门。这种"种族清洗"政策震惊了整个世界,最后北约组织因此卷入了其史无前例的武装冲突。直到1995年,双方才达成和平协定。

在中东地区,西方国家发现在萨达姆·侯赛因总统统治下的伊拉克存在着一个新的贱民阶层。1990年,萨达姆指挥伊拉克军队入侵科威特,后来伊拉克军队被联合国多国部队击退。在整个20世纪90年代期间,他反复采取军事行动,激起了联合国的愤怒。但尽管伊拉克遭受了严重的轰炸,但萨达姆·侯赛因却依然大权在握。

继英国保守党发生内部争执后,玛格丽特·撒切尔被迫下台,一个时代在英国结束了。此后,继任的保守党政府由于就英国加入欧洲共同体的问题争执不下,而出现了一团糟的局面。在保守党进行了长达18年的自我满意的执政后,1997年举行的大选差点儿使保守党走向毁灭,托尼·布莱尔以其"新劳动"竞选宣言以多数票当选为英国首相,就连其最热情的支持者也难以相信。

在20世纪90年代行将结束时,塞尔维亚科索沃地区爆发内战,巴尔干暴行再次成为人们关注的焦点。米洛舍维奇派遣南斯拉夫军队前去镇压"科索沃解放军",同时清洗阿尔巴尼亚人居住的地区。1999年3月,北约组织进行干预,对塞尔维亚境内的目标实施夜间轰炸袭击。在持续了将近3个月的轰炸后,塞尔维亚才同意通过谈判解决问题。在此期间,一百多万科索沃人被迫逃往邻国。在塞尔维亚撤退后,北约军队占领了科索沃。此时,全世界再次震惊,因为最骇人听闻的暴行的证据开始浮出水面:他们发现了大量的墓穴,里面放的是被烧焦的成年男子、妇女和儿童的尸体。北约组织承担了艰巨的任务,负责维持回国难民和塞族之间的和平。

'90

新闻摘要

· 戈尔巴乔夫总统授予应急权力应付正在崩溃的苏联经济。

· 南非科萨人与祖鲁人部落爆发暴力冲突。

· 南斯拉夫科索沃爆发塞尔维亚人同阿尔巴尼亚人的冲突。

· 奥恩将军在黎巴嫩投降，叛乱宣告结束。

· 纳米比亚脱离南非独立，总统为萨姆·努乔马。

· 除英国之外的欧共体成员在罗马首脑会议上投票赞成第二阶段实现经济和货币联合。

· 肯尼亚在反对派政治家可疑死亡后爆发反政府骚乱。

· 英国对商人的欺诈行为及其他犯罪的审判涉及吉尼斯公司竞价接收迪斯提乐公司一案。

· 美国和英国经济进入衰退期。

· 哈勃太空望远镜被送入轨道，随后其镜头出现故障。

· 本年度发行的影片包括让-保罗·拉珀诺导演并令演员热拉尔·德帕迪约一举成名的《大鼻子情圣》、凯文·科斯特纳导演的《与狼共舞》、马丁·斯科西斯导演的《好家伙》、大卫·林奇导演的《我心

纳尔逊·曼德拉获得自由

1990年2月11日下午4时左右，在妻子温妮的陪同下，被监禁达27年之久的纳尔逊·曼德拉走出了位于南非开普敦附近的维克托·维斯特监狱。迎接他的是2000名支持者（当局允许的最大数量）以及许多新闻记者和摄影记者。当这位71岁的黑人政治领袖举起其右拳时，支持者不禁发出高声喊叫。两个小时后，他站在开普敦市政厅的阳台上，与从早上起就一直在等候

接见的5万群众见面。一条横幅上写着："纳尔逊·曼德拉——全国人民欢迎您回家。"面对欢欣鼓舞的群众，他再次举起拳头，并发表讲话："朋友们、战友们、南非国民们，为了大家的和平、民主和自由，我向诸位致以敬意！"南非种族隔离制度时代走到了最后阶段。

就在9天前，即2月2日，总统F.W德克勒克在国会发表讲话，表达了其解除种族隔离制度的意图。

在宣布解除对非洲国民大会和其他三十多个非法组织的禁令时，他说："谈判的时间到了。"他许诺给包括纳尔逊·曼德拉在内的政治犯以自由；暂停死刑；并取消紧急状态下对新闻的限制。纳尔逊·曼德拉和其他黑人激进分子的言论和照片，在近30年的时间里第一次得以出现在南非报纸上。

总统德克勒克的讲话是在这样的背景下做出的：面对黑人居住区日益加剧的骚乱，南非政府被迫宣布进入紧急状态。国际社会为鼓励政治改革，对南非加紧实施贸易制裁。在过去的两年中，曼德拉同一个秘密政府委员会定期举行会议，为南非的这一新开端而谨慎努力。

◀ 纳尔逊·曼德拉向前来庆祝其从维克托·维斯特监狱获释的群众致意。

英国人头税引发暴乱

英国首相玛格丽特·撒切尔执政11年期间最不受欢迎的措施是远近闻名的取代地方税的"人头税"政策。1990年4月，在苏格兰实施"人头税"政策一年后，英格兰和威尔士开始实行这一政策，这在许多地方引发了普遍动乱，并以伦敦中部爆发

严重的骚乱而结束。

按照以前的税收制度，地方政府税收由户主根据其财产的多少缴纳。地方税以一种简单易行的方式趋向于从富人手中得到更多的钱，而从穷人手中得到更少的钱。原则上，人头税为一地方政府行政区域的每位成年人制定了

一个税收标准，而不问其收入多少，但对享受救济金的人则适当减少。为防止有人不缴纳人头税，政府制定了严厉的法律来保证该政策的顺利实施。人头税的标准由地方议会正式制定，但实际上却受到了政府的操纵。复杂的规则——或者说在有些人看

来复杂的规则，保证了像旺兹沃思这样的议会能够制定出极低的税收标准。

动乱于3月初开始，正在制定地方人头税标准的地方政府所在地的抗议群众聚集在市政厅。在包括布里斯托尔与伦敦布里托尔和哈克尼区在内的一些地方，抗议群众同警察发生了严重的冲突。3月31日（星期六），大约30万人聚集在特拉法尔加广场，抗议人头税，聆听演说者

开展非暴力反抗运动使新税无法征收的号召。这次群众集会就要结束时，大批警察赶来驱散群众。抗议群众向警察投掷投射物，接着发生了混战。一小

部分示威者开始放火，在商业街上横行霸道，捣碎窗户玻璃，威吓行人。零散的战斗持续了整个傍晚。三百多人被捕。

▶伦敦大街上的恐慌——史无前例的市民动乱，以特拉法尔加广场骚乱达到顶峰。

"超级大炮"事件

1990年初，英国军情六处和其他欧洲情报机构得到报告：有远程大炮的关键零部件将从英国出口到伊拉克。这种"超级大炮"是一种试验用武器，能够将装有常规、生物或核弹头的直径为36英寸的炮弹发射到320公里（200英里）之外的地方。接着又发生了复杂的事情，4月2日，该种大炮的设计者——持不同政见者加拿大人杰拉尔德·布尔在布鲁塞尔神秘

死亡。嫌疑犯为以色列特工穆萨德。以色列政府担心伊拉克正在计划使用这种大炮攻击以色列。

在"两伊战争"期间，交战国就受到了武器禁运的制裁。尽管后来禁运条款有所松动，但情报机构还是决定要阻止这种超级大炮的出口。4月11日，英国海关官员在蒂锡德港口截获谎称是装载"油管"的箱子，实际上装的是这种超级大炮炮管的零部件。一周后，一名英国司机被捕，警察发现他所驾驶的卡车上装载着超级大炮的零部件。最后在5月份，

◀"超级大炮"丑闻中处于核心地位的炮管。它无疑是一根大炮炮管，而出口商却称其为油管。

意大利当局在那不勒斯港口扣押了更多的这种大炮的零部件。

在实施上述逮捕的同时，人们产生了疑问：是谁授权英国公司根据订单生产这些零部件？负责生产炮管零部件的谢菲尔德锻造工程有限公司称，他们没有违反任何武器禁运条款。该公司发言人说："在有人代表伊拉克人完成第一个步骤之后，我公司就得到了贸易和工业部的许可。"

英国当局在这一整个不名誉的交易中所扮演的具体角色最后演变成了"为伊拉克提供武器"的丑闻，在20世纪90年代期间困扰着英国保守党政府。

狂野》和斯蒂芬·弗雷斯导演的《致命赌局》。

- 罗马世界杯足球赛期间举行的"三大男高音"演唱会是本年度音乐界的盛事。

- 本年度出版的图书包括托马斯·品钦的《葡萄园》、A.S.拜雅特的《占有》和纳奥米·沃尔夫的《美丽神话》。

- 本年度的流行歌曲包括西尼德·奥康娜演唱的《Nothing Compares 2 U》和麦当娜演唱的《Vogue》。

- 马丁娜·纳夫拉蒂洛娃第九次赢得温布尔登网球锦标赛女子单打冠军。

- 西德队在世界杯足球赛中夺冠。

1月

- 曼纽尔·诺列加在巴拿马向美军投降。

- 苏联军队奉命前往那格诺—卡拉巴克平息种族冲突。

- 阿塞拜疆对亚美尼亚宣战。

- 龙卷风给英国和西欧国家带来灾难。

2月

- 保加利亚政府辞职。

- 苏联领导人投票决定结束共产党一党专政。

- 共产党候选人在立陶宛选举中失利。

- 比奥莱塔·巴里奥斯·德查莫罗当选为尼加拉瓜总统。

- 以英瓦尔·卡尔松为首相的瑞典新政府成立。

叶利钦当选为俄罗斯总统

▲ 鲍里斯·叶利钦在当选为俄罗斯共和国总统后向一群矿工发表讲话。作为一位争议颇多的政治人物,叶利钦在整个20世纪90年代一直掌握着政权。

新闻摘要

3月

· 苏联政府准许公民经营私人企业。

· 立陶宛议会投票决定脱离苏联,维陶塔斯·兰茨贝吉斯当选为立陶宛总统;3周后苏联军队进入立陶宛,抓获军队逃亡者。

· 出生于伊朗的英国新闻记者法尔扎德·巴佐夫特因在伊拉克从事间谍活动而被绞死。

· 以色列联合政府解散。

· 澳大利亚工党在大选中获胜,第四次成功连任。

4月

· 曼彻斯特斯特兰韦斯监狱犯人骚乱,并占领该监狱,以抗议恶劣的监狱条件。

· 罗伯特·穆加贝赢得津巴布韦总统选举。

· 康斯坦丁·米佐塔基斯领导的希腊新民主党赢得选举。

· 匈牙利中—右翼政党联盟赢得选举。

· 苏联终止对立陶宛的石油供应。

· 出生于瑞典的美国女演员格雷塔·嘉宝去世。

5月

· 拉脱维亚单方面宣布脱离苏联独立。

· 希腊总统康斯坦丁·卡拉曼利斯再次当选。

1990年5月30日,鲍里斯·叶利钦当选为俄罗斯苏维埃联邦社会主义共和国总统。当时,俄罗斯苏维埃社会主义联邦共和国还是苏联15个加盟共和国中最大的一个,其疆域从波罗的海延伸至太平洋,占苏联国土面积的四分之三强,其人口占苏联人口的一半多,拥有苏联最重要的两个城市——莫斯科和列宁格勒。其领导人显然有雄厚的实力挑战苏联总统米克海尔·戈尔巴乔夫领导的摇摆不定的政府。

叶利钦1931年出生于斯维尔德洛夫斯克,后来从共产党干部队伍中脱颖而出,1976年成为其家乡所在地区的第一书记。1985年,米克海尔·戈尔巴乔夫任命叶利钦担任苏共莫斯科市委第一书记要职。叶利钦在首都对腐败进行的彻底攻击以及他直率而严肃的举止很快为自己赢得了公开性时代有希望的政治明星的美誉。然而,1987年,他对经济和政治改革进展缓慢进行了直言不讳的批评,因此激怒了苏联共产党领导层,而被降级到政府机构中担任无关紧要的职务。在1989年苏维埃代表大会上,他当选为副主席,这给他提供了一次重新成为人们关注的焦点的机会。

叶利钦得到了理想的安置,得以利用戈尔巴乔夫政府快速颓废的形势。苏联总统孤注一掷,对苏联政治和经济体制进行改革,以期共产党领导的苏联能够继续运转,这种做法显然正在走向失败。缺乏热情的经济改革使得经济急剧下滑,使许多人的生活陷入了困境,并引起了普遍的不满。政府继续实行政治改革,这给这种不满情绪提供了许多发泄的机会——最难忘的是,1990年在莫斯科举行的一年一度的"五一"游行中,抗议者向戈尔巴乔夫喝倒彩。

戈尔巴乔夫好像并没有意识到,在俄罗斯苏维埃联邦社会主义共和国和其他苏联加盟共和国举行的民主选举会在多大程度上削弱其权力。由于戈尔巴乔夫本人不是由普选选举产生的苏联总统,他就会不可避免地发现很难推翻真正选举出来的人民代表的权力。

被任命为俄罗斯苏维埃联邦社会主义共和国领导人的叶利钦立即采取行动,宣布该共和国享有主权,其联邦法律优先于苏联立法,并控制了经济。7月12日,在苏联共产党第二十八次全国代表大会上,叶利钦宣布辞去党内职务,这引起了很大的轰动。通过这种姿态,他转移了苏联政治斗争中的全部焦点。问题不再是改革共产主义制度,而变成了审视这种制度能否继续存在。

伊拉克入侵科威特

19 90年8月2日凌晨，伊拉克的坦克越过科伊边界进入了科威特。到中午时，科威特市已经落入强大的10万伊拉克侵略军手中。尽管科威特进行了持续几天的零星抵抗，但伊拉克及其独裁领袖萨达姆·侯赛因很快就完全控制了这个盛产石油的小国。惟一激烈的战斗发生在科威特埃米尔谢赫·贾比尔·阿勒—艾哈迈德·阿勒—萨巴赫的皇宫外面，后来他设法逃到了沙特阿拉伯。

伊拉克为其侵略进行辩护，称其军事行动的根据是古代历史上伊拉克对科威特享有所有权，但这只不过是萨达姆决意要在海湾地区称霸以及弥补同伊朗交战造成的财政损失的一个借口。除此之外，萨达姆还坚决反对石油输出国组织制定的廉价石油政策，而科威特却支持这一政策。

伊拉克入侵科威特的消息立即引起了国际社会的强烈抗议。联合国安理会一致通过联合国第660号决议，对这次侵略表示谴责，并要求伊拉克立即无条件从科威特撤军。美国由于担心伊拉克军队继续向前推进而进入沙特阿拉伯境内，从而破坏海湾地区的整个战略均衡，因而站在了谴责伊拉克对科威特发动侵略的最前线。

在沙特阿拉伯请求获得军事援助之后，美国政府派遣军队进入海湾地区。在接下来的几周内，来自其他19个国家的人数不多的部队加入了美军的行列。在军队集结持续进行的同时，国际社会还对伊拉克实施了经济制裁。当伊拉克冷战时期的盟友苏联和阿拉伯世界对这次侵略进行批评时，伊拉克在政治舞台上也陷入了孤立无援的境地。萨达姆发出的对西方国家发动圣战的号召没有得到响应，20个阿拉伯联盟成员国中有12个国家派遣军队进入沙特阿拉伯支援科威特。到这一年年底，中东地区的战争看来已不可避免。

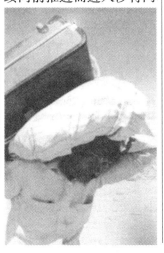

▶一位科威特难民肩上扛着行李，在位于约旦和伊拉克之间的无人区陷入了困境。

麦加灾难

19 90年7月2日，世界上最惨痛的一次群体灾难发生在伊斯兰教圣地——沙特阿拉伯的麦加市。该市是伊斯兰教的阿拉伯先知穆罕默德的出生地，每年在伊斯兰日历的最后一个月的月初，来自世界各地的朝圣者都会聚集在这座城市进行朝拜。最近几年，朝圣者人数急剧增长，这是世界人口增长和旅行相对容易成行的反映。每年好几百万人来到麦加，产生了越来越严重的组织问题，沙特阿拉伯因此而苦于应付。

朝圣的中心是天房神殿。朝圣者要围绕天房转七圈，然后前往麦加城外的阿拉法特山。沙特阿拉伯为此修建了连接天房和阿拉法特山的一条通道，这条通道穿过一条装有空调设备的隧道。7月2日，气温达到了大约43℃，空调系统却停止了运转。当时大约有5000名朝圣者拥挤在隧道里，他们顿时陷入了恐慌之中。在极度拥挤的情况下，大约有1400人因窒息而死或被他人踩死。

◀作为全世界穆斯林的圣殿，天房成了最惨痛的一次群体灾难的发生地。

- 爱沙尼亚单方面宣布脱离苏联独立。
- 南也门与北也门合并，成立也门共和国。
- 英国宣布一只宠物猫患有疯牛病，英国国内更加担忧疯牛病可能向人体传播。
- 缅甸全国民主联盟赢得选举，但军政府不愿承认选举结果。
- 英国喜剧演员马克斯·沃尔和美国艺人小萨米·戴维斯去世。

6月
- 杨·伊利埃斯库当选为罗马尼亚总统。
- 阿尔韦托·藤森赢得秘鲁总统选举。
- 以伊扎克·沙米尔为总理的以色列新政府成立。
- 伊朗西北部发生地震，5万多人丧生。
- 英国演员雷克斯·哈里森去世。

7月
- 爱尔兰共和军在伦敦实施炸弹袭击，证券交易所受损。
- 萨尔瓦多叛军同政府达成协议，同意联合国对该国践踏人权的情况展开调查。
- 利比里亚政府军在内战中屠杀600名平民。
- 英国保守党下院议员伊恩·高遭爱尔兰共和军汽车炸弹袭击身亡。
- 英国女演员玛格丽特·拉瑟福德去世。

8月
- 巴基斯坦总统罢免总理贝娜齐尔·布托，并解散国民议会。
- 美军进驻波斯湾。
- 美国太空探测飞船"麦哲伦"号进入环绕金星的轨道。

'90

▲两德统一受到了东德人民的普遍欢迎。横幅呼吁"统一和自由",并自豪地宣告:"我们德雷斯顿人是德国人。"

当1989年11月柏林墙的大门被打开时,几乎没有人会料到这一起非常著名的事件会导致德国在可以预见的将来走向统一。在柏林墙打开两周之后进行的一项民意测验显示,五分之四强的东德人希望他们的国家继续成为单独、独立的国家。这当然是"新论坛"社团求之不得的事情了。"新论坛"是东德的一个运动团体,该团体在1989年反对共产党政权的过程中发挥了领头羊的作用。该团体的领导人希望建立一个在资本主义和共产主义之间走"第三条道路"的民主社会主义国家。

在国外,德国统一也未被视为一个理想的选择。在东德依然驻扎着30万军队的苏联,传统上认为在北约组织内部出现一个统一的德国对其安全是一大威胁,是绝对不能接受的。西方国家拒绝谈论对苏联来说是危险挑衅行为的统一问题,否则,苏联可能会做出反应,而改变当时他们对东欧近来发生的事件所表现出来的容忍态度。总之,西方国家中的很多人对两次世界大战仍旧记忆深刻,不愿看到德国力量复兴的前景。

但西德总理赫尔穆特·科尔却自柏林墙打开的那天起就坚定地追求实现德国统一的目标。事态很快就向着他的努力方向发展。在政治方面,柏林墙打开之后,揭露出来的共产党领导下的东德的一些事实真相令东德人民感到厌恶和失望。那些力争实现改良社会主义的人们不久发现他们的拥护者正在逐渐离他们而去,因为对共产党领导人腐朽生活方式及其腐败货币交易的揭露使人们丧失了对旧制度残存的最后一点尊重。1990年1月,示威者突袭了东德秘密警察——民主德国国家安全部的总部,他们在此发现了600万人的档案。大约有200万东德人曾经向警方告发其朋

◀戈尔巴乔夫总统和科尔总理正式结束德国被一分为二的状态。

友、同事和邻居。面对这些事实,要维持东德的"单独身份"变得困难起来。

更具决定意义的是东德经济崩溃日益严重的势头。移民潮曾经促使共产主义走下坡路,而在柏林墙打开之后国民仍旧继续向外移居。在东德流通的货币东德马克迅速下跌。官方汇率为3东德马克兑1西德德国马克,而街头黑市价却变为20东德马克兑1西德德国马克。尽管如此,东德人仍旧争先恐后地购买西德的消费品,造成了灾难性的货币外流。12月6日从共产党手中接管国家的临时政府匆忙同西德就"经济合作"协定展开谈判,实际上是使西德向其注入重要的资本和专门技能,作为交换条件,临时政府将东德的工业和基础设施中的很大一部分交由西德控制。

到1990年1月中旬的时候,东德失业率上升,货币贬值,国民继续向外移居,补助金可能要削减,而这会导致租金和交通费用的剧增,东德政府和人民得出结论:同西德的统一是必要而不可避免的。这是东德瓦解的必然结果。

3月18日,东德举行了其短暂历史上第一次也是最后一次自由选举。土生土长的团体,如"新论坛",由于组织不力、资金不足,加之西德党派的干涉而受到冷落。赫尔穆特·科尔领导的基督教民主联盟在东德的分支获得了胜

利,其得票率为48%,领先于得票率为21%的社会民主党。惟一表现不错的东德政党是此时被称作"民主社会主义党"的改革后的共产党,该党获得了16%的选票。

这次选举结果明确提出了德国统一的民主要求。两德定于7月1日实现经济合并。在3月份选举期间,基督教民主联盟就许诺:货币统一后,东德马克可与西德德国马克平等兑换。对东德马克的过高估价使得有存款的东德人大发横财。西德德意志银行强烈反对,但当2东德马克兑换1西德德国马克的想法付诸实施时,东德

人民表示强烈抗议,科尔被迫做出让步。7月1日,兴高采烈的东德人排队等着收取他们的德国马克。

政治上的统一还要获得仍占领着柏林的四个国家的同意。3月15日,"4+2(美国、英国、法国和苏联,加上东德和西德)会谈"开幕。面对德国人民明确而通过民主的方式表达出来的愿望,西方各大国不可能反对德国统一。苏联曾试图阻止新的德国变成北约组织的成员,而这一愿望最终却因能够获得金钱而被搁置一边。在7月份同苏联领导人米克海尔·戈尔巴乔夫会晤时,科尔答应如果苏联政

府将军队撤回苏联(在1994年完成),作为交换条件,德国将向苏联支付120亿德国马克,并提供其他形式的经济援助,包括为应付再次出现柏林封锁而存储起来的35万吨食品。德国还同波兰达成了协议,确认了波兰的战后边界。

至此,德国扫清了统一道路上的各种障碍。1990年10月3日——柏林墙打开之后的第327天,东德和西德统一为一个单一的国家,其人口超过了770万。即使在庆祝国家统一的时候,也不可能掩盖这样的事实,即西德实际上接管了东德。

▲ 德国政府决定将政府迁回其传统所在地——柏林,群众聚集在德国国会大厦周围庆祝这一决定。

撒切尔时代走向终结

19 90年11月28日，英国首相玛格丽特·撒切尔在执政11年后辞职，她以非凡的能力成为在唐宁街10号居住时间最长的首相。她连续赢得了三次大选，但最终却未能说服其政党赢得第四次大选。

撒切尔1925年出生于格兰瑟姆，父亲是一位杂货商。1959年，她当选为芬奇利下议院议员。1970年至1974年，她曾在爱德华·希思为首相的内阁中出任教育和科学大臣，并因取消免费的学校膳食用乳而被其政敌称为"牛奶抢夺者"。1975年，她在一次竞选保守党领袖的辩论中依靠该党右派力量的支持击败了希思。对此，希思从未宽恕过她。

人们对女性政党领袖的新奇感很快就消失了，因为撒切尔在工作中将其性别特征同其政治角色之间的联系处理得界线分明。她强烈反对共产主义制度，不久就被莫斯科方面称为"铁娘子"。在1979年大选的预备阶段，她对工会表现出来的强硬态度赢得了因"不满衰退期"混乱局面受到惊吓的许多投票者的支持。

1979年5月4日，撒切尔在其第一次首相就职演说中说："哪儿有分歧，我们就要使其变得和谐起来。"但这并不是她执政的

◀玛格丽特·撒切尔在20世纪80年代期间控制着英国政府。

▲奈杰尔·劳森因与撒切尔夫人对欧洲的态度意见不同而辞去了财政大臣的职务。

风格。她对英国经济实施激进改革，大幅度削减政府开支，为追求财政稳定、改进竞争而甘愿付出大量工人失业的代价。当英国工业界破产时，出现了日益升高的失业率以及无法控制的通货膨胀，撒切尔出任首相的第一任期彻底失败了。1982年爆发的福克兰战争为她提供了一次扭转其政治发展趋势的机会。在其领导下，英国在福克兰战争中取得了胜利，同时工党内部老工党成员同新社会民主党成员出现了分裂，这些都成了她赢得1983年大选的关键因素。

撒切尔在实现其政治目标的过程中成效显著。她粉碎了工会的力量，尤

其值得一提的是她无情地挫败了1984年爆发的煤矿工人罢工。她开始实施一项宏伟的"私有化"计划，废除国有工业，并引导数百万人分享所有权。她以激进的方式减少政府借款，并猛烈抨击福利国家的很多政策。她削减所得税，特别是削减高收入者的所得税。尽管作为撒切尔执政时期特征的大量工人失业的局面仍在继续，但足够多的人认为她给他们提供了机会和幸福生活，这使得她在1987年第三次赢得大选。

随着时间的推移，撒切尔首相专横的执政风格疏远了很多非常有能力的保守党同僚。最引人注目的是1986年1月她同国防大臣迈克尔·赫塞尔廷发生的冲突，当时赫塞尔廷在韦斯特兰直升机事件问题上遭到率直的批驳后，气冲冲地离开了内阁会议。韦斯特兰直升机事件的核心问题除了个性冲突外，还有赫塞尔廷偏爱同欧洲发展更密切的关系，而这正是撒切尔所反对的。1989年10月，撒切尔反对欧洲的观点还导致了同其财政大臣奈杰尔·劳森的冲突。争论的焦点是英国是否应加入欧洲货币体系——实现单一欧洲货币的一个步骤。劳森坚持加入欧洲货币体系，却发现自己的这一主张遭到了撒切尔私人经济顾问艾伦·沃尔特斯教授的暗中破坏。劳森与撒切尔首相

经过一番唇枪舌剑的争执之后，愤然辞职。约翰·梅杰接替了他的职务。

劳森事件直接导致了对撒切尔领导地位的第一次正式挑战。普通议员安东尼·迈耶反对她作为一位象征性的候选人来检验本党的意愿。60名保守党下议院议员没有将选票投给她，这种反感情绪为不久的将来发动对领导地位更严重的挑战拉开了序幕。

不过，要不是在人头税问题上的惨败，撒切尔对权力的控制几乎是不可动摇的。在英国，有少数人认为1990年4月实施的新人头税是对旧地方税的合理改进，而撒切尔首相就是这少数人当中的一位。人头税问题使政府的声望骤然下跌。在5月举行的地方选举中有11%的选票转向了工党。10月，自由民主党在伊斯特本的补缺选举中获得了惊人的胜利，而这里曾一度被认为是保守党最安全的地盘。糟糕的是，经济也遇到了麻烦，通货膨胀率超过了10%，这比1979年撒切尔开始出任首相时还要高。对一个一贯以"打击通货膨胀"作为其政策平台主要支架的首相来说，这是一个不寻常的打击。

11月初，一直是撒切尔最忠实的追随者之一的副首相杰弗里·豪因为对欧洲的政策不满而辞职。11月13日，他在下议院发表辞职演说，对撒切尔首

相进行了猛烈抨击。第二天，迈克尔·赫塞尔廷宣布参与竞选保守党领袖。

11月20日，在保守党下议院议员的第一轮选举中，有152票支持赫塞尔廷，204票支持撒切尔。根据竞选规则，这一结果与撒切尔获得彻底胜利需要的票数相差四票。撒切尔的直接反应是，宣布她要继续参与竞选。然而，在幕后很清楚的是，如果她参与第二轮选举，预计她将遭到彻底失败。11月22日，撒切尔称"这就是可笑的旧世界"，并退出竞选。她喜爱的候选人约翰·梅杰在第三轮选举中获胜，接任首相职务。1992年，他继续领导保守党连续赢得了第四次大选，但这次获胜却非常勉强。

▼ 当保守党选举人还非常熟悉撒切尔说过的"这就是可笑的旧世界"这句话时，她却为其让位问题而感到苦恼。

玛丽·鲁宾逊当选为爱尔兰总统

19 90年11月9日，玛丽·鲁宾逊成为爱尔兰共和国历史上的第一位女总统。她以一份许诺实现公开化和变革为内容的开明的竞选宣言赢得大选，这令爱尔兰的两个主要政党共和党和统一党感到震惊。作为一位无党派候选人，鲁宾逊以86566票的优势击败了其最强劲的对手——共和党的布赖恩·雷宁汉。她的竞选口号是："你有发言权，我会倾听你的发言。"

修女出身的玛丽·鲁宾逊来自爱尔兰的梅奥郡。在她25岁的时候，她开始成为都柏林三一学院的一名法律教授。她在参与诸如离婚、避孕、堕胎和同性恋等问题的活动中表现出了其反对爱尔兰人生活狭隘的立场。她曾出任爱尔兰工党领袖，但1985

▲爱尔兰第一位女总统玛丽·鲁宾逊会见美国前官员爱德华·肯尼迪。

年她辞去了这一职务，因为她认为该党对北爱尔兰信仰新教的人们所关心的问题反应麻木。

鲁宾逊的当选，在一定程度上是对传统都柏林政治中肮脏闹剧的抗议。在距离选举开始还不到两周的时候，共和党总统候选人布赖恩·雷宁汉因涉嫌操纵政治而被总理查尔斯·郝格海免去职务。鲁宾逊承诺将给权力走廊注

入新的活力。她在当选总统后宣布："我是爱尔兰人，来同我一起跳舞吧。"

鲁宾逊做了七年总统，成了国际上声名显赫的政治领袖。1997年，她为出任联合国人权专员而辞去了总统职务。至此，她已无可争议地成为爱尔兰共和国最受欢迎的政治人物。作家罗迪·道尔曾这样说道："天哪，有玛丽·鲁宾逊，你还想选哪位王室成员呢？"

里奇·瓦文萨当选为波兰总统

19 90年12月，里奇·瓦文萨当选为共产党统治结束后的第一位波兰总统。格但斯克列宁造船厂电气装配工出身的里奇·瓦文萨，曾于十年前领导过反对共产党统治的大规模运动。他的当选是一个了不起的个人成就，标志着一次政治剧变的完成。

1988年，波兰经济再次陷入困境，工人又开始举行罢工。自1981年起一直对波兰实施着有力统治的

雅鲁泽尔斯基将军邀请遭政府查禁的瓦文萨领导的团结工会出席圆桌会谈。

1989年4月，双方达成了一项协议，取消对团结工会的禁令，并下令举行议会选举；在选举活动中，准许团结工会候选人角逐议会下议院中的三分之一的席位和权力较弱的上院中的所有席位。

这样安排是为了保证共产党能够继续执政，但结果却事与愿违。团结工

会在议会选举中得到了所允许角逐的所有席位，共产党彻底失败，被迫于1989年9月接受团结工会主导的政府，由虔诚的天主教徒和团结工会的知识分子马佐维其出任新政府总理。

同1989年底东欧其他国家的变化速度相比，波兰的政治改革（仍旧由雅鲁泽尔斯基任总统，共产党在议会下议院中占多数）显得过于谨慎、力度不

新闻摘要

· 伊拉克在科威特挟持西方国家的人质。

· 南非科萨人和祖鲁人爆发部落冲突，400人丧生。

· 包括布赖恩·基南在内的西方国家人质从贝鲁特获释。

9月

· 新西兰总理杰弗里·帕尔默辞职，迈克尔·穆尔继任其职务。

· 利比里亚总统塞缪尔·多伊被叛军处死，普林斯·约翰逊和查尔斯·泰勒为争夺国家控制权而争斗。

· 苏联对宗教的压制结束。

· 伊朗和英国恢复外交关系。

· 英国板球运动员伦纳德·赫顿去世。

10月

· 遭劫持的中国客机在降落时坠毁，120人丧生。

· 英国加入欧洲汇率体系。

· 美国联邦雇员因政党斗争导致的预算批准延迟而回家，三天后美国政府签字批准了一项紧急预算。

· 以色列军队在耶路撒冷向游行示威者开火，造成21人死亡；联合国安理会对此暴行进行了谴责。

够。1990年，波兰举行总统选举，与过去彻底决裂的时机到了。瓦文萨成为团结工会的当然候选人，但马佐维其也参与总统竞选。瓦文萨的民族主义、天主教传统主义以及涉嫌反犹太人的观点，对曾经支持团结工会运动的许多自由主义者来说都是难以接受的。

◀十年前还是造船厂电气装配工的里奇·瓦文萨成为共产党统治结束后的第一位波兰总统。

结果，在第一轮选举中，马佐维其所得票数排在第三位，而落后于从加拿大回国的波兰移民斯坦尼斯瓦夫·蒂明斯基，后者许诺在当选后立即给予所有波兰人以金钱。这位特殊的候选人在第一轮选举中赢得了23%的选票，这是波兰选民不成熟的表现。不过，瓦文萨最终还是在第二轮选举中获得了压倒性的胜利，获得了他应当选的职位。

南斯拉夫走向分裂

19**89**年，同波兰、捷克斯洛伐克、匈牙利和东德一样，共产党领导的巴尔干国家南斯拉夫也经历了共产党丢掉权力的民主剧变。1990年初，南斯拉夫共产党宣布正式放弃自1945年以来一直享有的对政权的垄断。同苏联一样，民主一出现就直接导致该国走向了分裂。

从1918年哈布斯堡王朝崩溃后的灰烬中兴起的南斯拉夫存在着不稳定的宗教混合状态和民族背景。南斯拉夫由六个共和国组成，其中信奉东正教的塞尔维亚最为强大。信奉天主教的克罗地亚和波斯尼亚—黑塞哥维纳两个共和国为塞尔维亚提供了平衡力量。波斯尼亚—黑塞哥维纳以穆斯林为主，但也有很多塞尔维亚人和克罗地亚人。另外三个较小的共和国分别是斯洛文尼亚、黑山和马其顿。

在1941年德国入侵南斯拉夫后，民族敌对的状态就开始出现了。德国人充分利用这种敌对状态，支持克罗地亚人对抗塞尔维亚人。双方互相残杀成了司空见惯的事情。1945年后铁托元帅对南斯拉夫推行共产党统治时，人们对这段历史仍然记忆犹新。在四十多年的时间里，共产主义制度成功地终止了南斯拉夫内部的民族仇恨，但在这种表象下面掩藏着的对立依然根深蒂固。

在1990年举行的民主选举中，民族主义者掌握了各共和国的政权。在12月举行的塞尔维亚选举中，共产党员斯洛博丹·米洛舍维奇获得了胜利。米洛舍维奇是"大塞尔维

▶斯洛博丹·米洛舍维奇总统建立一个"大塞尔维亚"的目标将最终激起北约组织的愤怒。

亚"——实际上是将南斯拉夫捏合在一起，而由塞尔维亚人进行独裁统治——的鼓吹者。另一方面，在南斯拉夫经济最发达的两个地区——克罗地亚和斯洛文尼亚，民族主义者希望实行自治。在米洛舍维奇当选的当月，斯洛文尼亚投票赞成独立。这为南斯拉夫内战埋下了伏笔。

- 贝娜齐尔·布托领导的政党在巴基斯坦选举中失利。
- 詹姆斯·博兰领导的国家党在新西兰选举中获胜。
- 共产党在苏联格鲁吉亚的选举中失利；新政府要求更大程度的自治。
- 挪威联合政府解散，以格罗·哈莱姆·布伦特兰为首相的新联合政府成立。
- 美国作曲家和指挥家伦纳德·伯恩斯坦去世。

11月
- 纳瓦兹·谢里夫出任巴基斯坦总理。
- 22个国家签订《欧洲常规军条约》，缩减欧洲军队。
- 新加坡总理李光耀在执政31年后辞职，吴作栋继任其职务。
- 保加利亚国内发生动乱，总理安德烈·卢卡诺夫辞职。
- 联合国安理会投票决定授权使用武力将伊拉克军队逐出科威特。

12月
- 当英吉利海峡隧道两端之间的一道薄石灰墙壁被打通后，该工程的钻孔工作宣告完成。
- 科尔在统一后的德国选举中再次当选为总理。
- 关于农业补贴改革问题的关税和贸易总协定会谈破裂。
- 让—贝特朗·阿里斯蒂德当选为海地总统。
- 苏联外长爱·阿·谢瓦尔德纳泽辞职。
- 美国作曲家亚伦·科普兰去世。

'91

"沙漠风暴"

▲美国空军 F—15 战斗机在科威特上空展示联合国的力量。下面是被溃退的伊拉克军队烧毁的油田。

西方盟国对 1990 年 8 月伊拉克入侵科威特的反应是,向沙特阿拉伯派遣大批军队。截至 1991 年初,盟国已经集结了将近 50 万兵力、3600 辆坦克和 1750 架飞机。其中,大部分来自美国,同时有相当数量的小股部队来自英国、法国、沙特阿拉伯、叙利亚以及埃及。尽管伊拉克军队在数量上占优势,他们有将近 100 万正规军和预备役部队,但他们能力混杂,同时对发动一场现代化战争缺乏必要的火力和支援性服务。最重要的是,伊拉克空军力量严重不足。

在盟国进行军事集结的同时,外交官们继续穿梭于世界各相关国家,希望能够避免一场战争。联合国先是通过了第 660 号决议,要求伊拉克立即从科威特撤军,而后又通过了对伊拉克实施制裁的其他几项决议。1990 年 11 月 29 日,联合国又通过了第 678 号决议。这项决议是联合国对伊拉克的最后警告,要求伊拉克于 1991 年 1 月 15 日之前撤军,否则,就要承担全面战争的后果。

即使联合国确定了上述最后期限,有些官员还是在努力通过外交途径解决问题。1991 年 1 月 9 日,美国国务卿詹姆斯·贝克和伊拉克外长塔利克·阿齐兹在日内瓦举行会晤,但在双方进行六个小时的会谈后,他们放弃了本次会晤。对美国和反伊同盟来说,这是发动战争的导火线。1 月 10 日,联合国秘书长哈维尔·佩雷斯·德奎利亚尔飞往巴格达,为阻止战争作最后努力。与此同时,反伊同盟的将领们开始将其计划付诸实施。

以美国为首的反伊同盟多国部队战略的关键在于其势不可挡的空中优势。在 1991 年 1 月 16 —

◀一位科威特公民在其国家获得解放后向美国表达其感激之情。

17 日的夜间,伊拉克遭受了一连串毁灭性的空中打击。多国部队最初的目标是摧毁伊拉克的空军部队、防空力量、弹道导弹部队以及指挥和通讯系统。伊拉克空军无力和多国部队相抗衡而飞向了伊朗,遭到了伊朗方面的扣押,一直到战争结束。伊拉克的防空炮火造成了一些伤亡,但多国部队控制着空中优势。

多国部队希望通过使用"智能炸弹"技术炸掉伊拉克的军事和工业目标,而避免击中附近的民用大楼。多国部队的指挥官们向世界媒体强调智能炸弹和巡航导弹的重要作用,称它们会将平民伤亡降低到最低限度。然而,事实上智能炸弹只占他们所发射的炸弹总量的一小部分,甚至他们能"错误"地击中目标。例如,2 月 13 日,多国部队在对阿米里亚掩体实施轰炸时就造成了 300 名平民死亡。

多国部队轰炸的第二个阶段扩大了目标范围，驻扎在科威特和伊拉克的军队也成为其轰炸目标。包括武装进攻直升机和B—52轰炸机在内的多国部队飞机对伊拉克军队进行了狂轰滥炸，重点是削弱伊精锐部队——共和国卫队的力量。

为分化反伊同盟，1月18日，萨达姆向以色列发射了七枚"飞毛腿"导弹。接着又发动了多次进攻，包括袭击沙特阿拉伯。然而，出乎意外的是，这些进攻造成的伤亡却很小。令以色列人感到欣慰的是，导弹上面并没有携带化学武器或生物武器弹头。美国说服以色列不要进行直接报复，担心这样的反应会疏远同盟中的阿拉伯成员国。幸运的是，出于团结反伊同盟成员国的考虑，以色列同意了美国的要求。作为报答，美国向以色列提供了"爱国者"导弹，以便能够击落向其发射的"飞毛腿"导弹。

到2月中旬的时候，多国部队的决策者们开始计划向伊拉克军队发起地面进攻。在好战的诺曼·施瓦茨科普夫将军的指挥下，多国部队已经推进到了沙特阿拉伯同科威特和伊拉克的边界地区。施瓦茨科普夫的计划是，在阿拉伯国家军队的支持下，强大的美国海军穿越科威特国境而控制住驻扎在科威特城周围的伊拉克军队。在空中侦察能力贫乏的伊拉克军队毫无察觉的情况下，以美英装甲部队为先头部队的多国部队主力已悄悄向西转移。他们会在科威特后面突然掉转方向，摧毁伊拉克共和国卫队，并阻止可能前来支援的其他伊拉克军队。

2月24日凌晨，多国部队向伊拉克推进，几乎未遇到什么抵抗。多国部队的控制非常彻底，其推进速度完全由引导进攻行动的主战坦克的速度来决定。伊拉克作出的惟一反应是，放火烧毁科威特境内的油井。数以千计的伊拉克军人死于盟国装甲部队和空军的攻击之下，不久，数万名伊拉克军人开始投降。在不到三天的时间里，伊拉克军队已不再是一支有战斗力的军队了。至此，盟国的目标已经

▲美国总统乔治·布什接见科威特盟国部队司令诺曼·施瓦茨科普夫将军。

实现，当地时间2月28日上午8点——正好是在发动地面进攻达100小时的时候，他们停止了进攻。

多国部队对伊拉克军队实施的空中—地面联合打击是一次战绩辉煌的军事胜利。在这场战争中，大约5万伊拉克军人死亡，20万人被俘，而多国部队仅死亡166人，伤207人。但是，尽管伊拉克被赶出了科威特——现在的环境灾难区，而萨达姆却依然大权在握。在这场战争后紧接着发生的两次起义（均是由西方大国不负责任地鼓动起来的）——由伊拉克北部的库尔德人和南部的什叶派穆斯林发动的起义，均被萨达姆指挥的军队成功地镇压下去。尽管国际社会对伊拉克实施了制裁，但萨达姆仍旧态度强硬，并继续竭力阻挠前往伊拉克解除"大规模杀伤性武器"的联合国专家小组的工作。

◀因为伊拉克准备使用化学武器，联合国多国部队因此穿上了战场防护服。

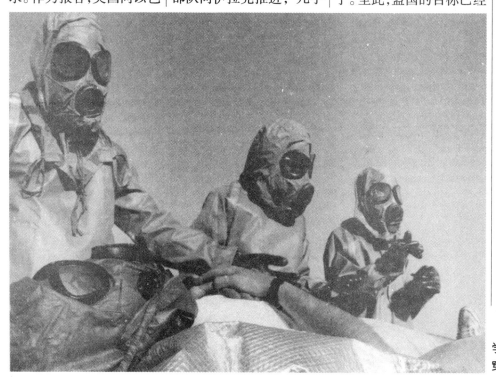

'91

新闻摘要
. . . .
· 世界人口达 55 亿。
· 列宁格勒恢复俄国十月革命前的名字——圣彼得堡。
· 秘鲁爆发霍乱，并向巴西蔓延。
· 伊斯兰原教旨主义者在阿尔及利亚发动骚乱。
· 塞尔维亚科索沃省颁布反阿尔巴尼亚法案。
· 持续了 11 年的萨尔瓦多内战结束。
· 莫桑比克内战结束。
· 阿尔巴尼亚国内骚乱和暴力活动造成大量难民外逃。
· 中国遭遇洪涝灾害。
· 索马里爆发内战。
· 瑞士废除匿名银行账户。
· 面对欺诈、盗窃和洗黑钱的指控，国际信贷商业银行倒闭。
· 美国泛美航空公司破产。
· 本年度发行的影片包括乔纳森·戴米导演的《沉默的羔羊》、雷德利·斯科特导演的《末路狂花》、弗朗西斯·福特·科波拉导演的《教父III》、彼得·格林纳韦导演的《魔法师的宝典》。
· 艾伦·贝内特编写的《疯狂的乔治三世》在伦敦公演。
· 本年度出版的图书包括米兰·昆德拉所著的《不朽》。
· 本年度的流行歌曲包括詹姆斯演唱的《Sit Down》和布莱恩·亚当斯演唱的《I Do for You》。

华沙条约组织解散

1991 年 3 月 31 日，华沙条约组织军事机构解散，为冷战时代划定了最后界限。华沙条约组织是 1955 年东欧国家为回应北约组织而成立的。华沙条约将以苏联为首的这些国家以军事同盟的形式联合在了一起。该组织曾于 1968 年被用以镇压捷克斯洛伐克企图实行自由共产主义制度的做法。1989 年底，东欧共产党政权崩溃，华沙条约组织已经过时了。

此时，显而易见的问题出现了：随着冷战的结束，北约组织也应当停止其存在吗？但结果是北约组织领导人却决定最终扩大北约以至于吸收东欧原共产党统治的国家前苏联本身为其成员。在原共产党集团看来，从华沙条约组织转向北约组织能够为其改善武器装备，为其武装力量提供资金支持，并改善其安全。不久，双方开始就此问题进行谈判。

▶一个新开端——原东欧共产党统治国家的领导人出席华沙条约组织最后一次会议。

罗德尼·金事件

1991 年 3 月，一位名叫罗德尼·金的青年黑人车手遭到了四名洛杉矶警察的毒打。这一起非同寻常的警察折磨案件变成了公开的丑闻，因为该过程被摄成了录像，并在全国电视节目中进行了播放。警察受到了审讯，但 1992 年 4 月 29 日，全部由白人组成的陪审团却判他们无罪。这种不可思议的判决引发了美国自 20 世纪 60 年代以来最具破坏性的骚乱。

居住在洛杉矶中南地区贫穷的黑人和西班牙人一时间失去了控制，袭击白人和亚洲人，抢劫财物，并纵火焚烧大楼。在一起有名的事件中，一位名叫雷金纳德·丹尼的载重汽车司机被参加骚乱的人从其车辆的驾驶室中拉下来，并在大街上进行毒打。这一过程也被摄成了录像。这次骚乱持续了两天两夜，造成五十多人死亡，数千人受伤。

这次骚乱显示：在公民权利运动取得表面胜利 25 年后，美国社会分歧依然严重。西海岸最大的非洲裔美国人报纸《洛杉矶哨兵报》这样总结黑人的看法："美国快要变成一个警察国家了。"相关的自由主义观点在《纽约时报》的评论中有所反映："对毒打罗德尼·金的警察作出无罪宣告以及黑人社会对此作出暴力反应，这些都向我们表明美国社会已经迷失了方向。"

罗德尼·金最后在法院进行的进一步审判中获得了大量的赔偿金，但这次事件却成了一个很有说服力的事例，说明在一些美国警察队伍中普遍存在着种族歧视，还有美国大城市的少数民族聚居区当中积蓄着大量的怨恨。

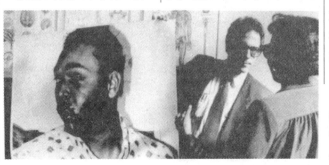

◀与洛杉矶警察不幸相遇后的罗德尼·金。对毒打他的警察作出的无罪宣告引发了两天两夜的骚乱。

甘地遭遇暗杀

19**91年5月21日，印度前总理拉吉夫·甘地在印度南部的泰米尔纳德邦的国大党选举集会中遭遇自杀性炸弹袭击身亡。这次暗杀活动是由活动在邻国斯里兰卡争取成立独立邦的泰米尔极端分子策划的。

当外祖父贾瓦拉哈尔·尼赫鲁于1947年印度独立之时出任印度第一任总理的时候，拉吉夫·甘地才三岁。1964年尼赫鲁去世后，这个了不起的家族王朝由尼赫鲁的女儿英迪拉·甘地继续控制着印度的政治活动。人们认为拉吉夫的弟弟桑杰将继承国大党的领导职位，但他却于1980年去世，这使拉吉夫成了该职位的当然继承人。在拉吉夫的母亲于1984年被其锡克族卫兵刺杀后，他开始继任印度总理。1989年，当国大党在大选中遭遇失败后，他辞去了总理的职务。

▲尽管拉吉夫·甘地是印度最了不起的统治王朝的成员，但他却从未积极追求过政治事业。

未遂政变震荡苏联

到**1991年8月的时候，苏联的形势沿着瓦解的道路急转直下。总统米克海尔·戈尔巴乔夫仍旧在维护苏维埃国家领土完整以及保持共产党的核心作用，同时还努力为其自由和民主改革辩护。面对苏联各加盟共和国纷纷要求独立的形势，苏联领导人提出了《联盟条约》。根据该条约，苏联将变成一个较为松散的主权共和国联盟。该条约预期将从8月20日起开始生效。

苏联的大多数共产党领导人认为必须停止改革的时候到了，否则，由列宁建立的国家将走向分裂。8月19日，副总统根纳季·亚纳耶夫和包括总理、内务部长和国家安全委员会主席在内的其他几位共产党领导人宣布苏联进入紧急状态，禁止一切游行示威，并派坦克开进莫斯科大街。

此时，戈尔巴乔夫总统正在克里米亚休假。参加政变的领导人邀请他支持政变，但遭到了他的拒绝，于是他们就将其软禁起来。在莫斯科，俄罗斯共和国总统鲍里斯·叶利钦领导了反抗镇压的活动，他爬到了停在俄国议会外

▲俄罗斯总统鲍里斯·叶利钦领导了反对引起苏联瓦解的未遂共产党政变活动。

边的一辆坦克上，公开谴责紧急状态组织者。正如结果所显示的那样，这次政变目的是试图扭转局势，但政变组织却缺乏足够的热情。亚纳耶夫和其他同僚没有付诸任何努力镇压大街上的反对派或逮捕叶利钦和其他几位主要改良派人物。8月21日，他们沉默地接受了政变失败的结果。

从克里米亚飞回的戈尔巴乔夫当众受到了叶利钦的羞辱，叶利钦坚持由戈尔巴乔夫朗读策划本次政变的领导人(他们全是戈尔巴乔夫最亲密的朋友)的名单。戈尔巴乔夫辞去了名誉扫地的共产党第一书记的职务。共产党的活动暂时中止，其财产被查封。至此，苏联结束只是一个时间问题了。

1月

· 豪尔赫·塞拉诺·埃利亚斯赢得危地马拉总统选举。

· 葡萄牙总统马里奥·苏亚雷斯再次当选。

· 叛军占领摩加迪沙，穆罕默德·西迪·巴雷逃亡。

· 阿里·迈赫迪·穆罕默德出任索马里总统。

· 俄罗斯冻结银行账户。

· 挪威国王奥拉夫五世去世，哈拉尔五世继位。

2月

· 南非政府宣布废除种族隔离法律。

· 爱尔兰共和军向唐宁街10号发射迫击炮。

· 日本核动力反应堆事故引起人们对核计划安全的忧虑。

· 泰国发生军事政变，阿南·班瓦拉春出任总理。

· 英国芭蕾舞女演员玛戈·芳廷去世。

3月

· 钱德拉·谢卡尔辞去印度总理职务。

· 阿尔巴尼亚难民涌入意大利。

· 对希腊前总理安德烈亚斯·帕潘德里欧腐败案的审判开始。

· 尼塞福尔·索格洛赢得塞内加尔二十多年来的第一次自由选举。

4月

· 以朱利奥·安德烈奥蒂为总理的意大利新内阁成立。

· 美国道·琼斯工业指数首次达到3000。

· 孟加拉遭龙卷风袭击，造成10万人死亡，数百万人无家可归。

· 莱索托发生政变，贾斯廷·莱卡尼耶将军被伊莱亚斯·雷米玛上校推翻。

· 英国小说家格雷姆·格林和电影导演戴维·利恩去世。

'91

新闻摘要
. . . .

5月
- 埃塞俄比亚总统门格斯图逃亡,反对派军队占领首都亚的斯亚贝巴。
- 尼泊尔举行自由选举。
- 温妮·曼德拉(南非前总统纳尔逊·曼德拉的妻子。——译者注)在南非被指控犯有绑架和威胁罪。
- 埃迪特·克勒松成为法国第一位女总理。
- 德意志联邦银行总裁因与德国政府存在政策分歧而辞职。
- 兹维阿德·加姆萨胡尔季阿当选为格鲁吉亚总统。

6月
- 伊斯兰原教旨主义分子发动骚乱,阿尔及利亚总理穆卢德·哈姆鲁谢因此辞职。
- 阿尔巴尼亚爆发罢工,政府因此解散。
- 南非废除带有种族主义特色的《人口登记法案》。
- 哥伦比亚毒品卡特尔头目巴勃罗·埃斯科瓦尔·加维拉向政府投降。
- 德国联邦议院投票决定将政府从波恩移至柏林。
- 纳拉辛哈·拉奥出任印度总理。
- 英国演员佩格·阿什克罗夫特夫人和伯纳德·迈尔斯勋爵去世。

7月
- 欧共体对南斯拉夫实施武器禁运。
- 美国同苏联签订裁减战略武器谈判军控条约。

南斯拉夫爆发内战

1991年,后共产党政权的南斯拉夫国内不断恶化的政治形势演变成了全面内战。从1980年起,该国一直是由各加盟共和国和地区领导人组成的集体政府首脑实施统治。集体政府首脑的成员轮流担任主席。然而,1991年6月,极端民族主义分子——塞尔维亚总统斯洛博丹·米洛舍维奇却阻止克罗地亚领导人斯蒂佩·梅西奇担任主席职务。结果,克罗地亚和斯洛文尼亚从南斯拉夫分离出去,并宣布独立。由塞尔维亚控制的南斯拉夫军队立即对这两个分离出去的共和国采取了行动。

胁迫斯洛文尼亚的计划很快就被放弃了,南斯拉夫军队被迫于7月份撤退。克罗地亚则是另外一回事。

塞尔维亚人和克罗地亚人之间存在的仇恨,将这次军事胁迫变成了历史上著名的最严酷的民族冲突。在克罗地亚内部存在着大量的塞尔维亚少数民族为发动全面进攻提供了借口和动机。9月,随着激烈战斗的升级,克罗地亚—塞尔维亚非正规军加入了南斯拉夫军队。塞尔维亚人对位于克罗地亚—匈牙利边界的克罗地亚东北部的奥西耶克、武科瓦和温科夫齐市发起猛烈进攻。10月,被认为是世界建筑珍品的克罗地亚城市——历史上著名的亚得里亚海港口杜勃罗文克,遭到了南斯拉夫炮兵的轰炸。

1992年1月,由联合国促成的停火协议开始生效。至此,克罗地亚30%的领土都落入了塞尔维亚人的手中。然而,停火只是暂时的,它只是给交战各方提供了重新组织其军队的机会。最糟糕的时刻即将到来。

新闻出版大亨
罗伯特·麦克斯韦神秘死亡

1991年11月5日,有人发现著名的出版大亨罗伯特·麦克斯韦死在了加纳利群岛附近的大西洋上。在此之前,他一直在"吉莱纳小姐"号游艇上度假。这一天凌晨时分,他从游艇的舱面上失踪。尽管他的死亡有可能是意外事故所致,但人们怀疑他是自杀而死。

出生于捷克斯洛伐克的麦克斯韦白手起家靠自己的努力奋斗成了一位百万富翁,但他常被指责使用不正当手段发展其经营的公司。面对一些人对其奢华生活的批评和披露,他常无情地求助律师以诽谤罪起诉他们,这让调查新闻记者感到非常担心。在政治上,他支持工党,曾于1964—1970年任工党下院议员。

在麦克斯韦死后紧接着对其经营的公司状况进

▲很多人仍然认为,罗伯特·麦克斯韦是在意识到他经营的公司要走向破产时自杀身亡。

行的披露表明,他有足够的动机实施自杀。作为像《每日镜报》和《纽约每日新闻报》的运营商,麦克斯韦将经营情况制作得就像迷宫一样,掩盖了大量债务和重大损失的状况。在他死亡前的那个月里,他的债权人还催着他还债。为避免其经营的公司走向破产,他被迫孤注一掷。在其死亡前不久,他以欺诈手段得到了其雇工的4.4亿英镑的养老金来延缓公司走向破产。

在他死后的一个月里,有关方面对其公司进行了破产清算,对其经营状况进行了重大欺诈行为的调查。1996年,在经历了一起漫长而昂贵的起诉后,他的儿子兰·麦克斯韦和凯文·麦克斯韦被处以欺诈罚款。

艾滋病死亡继续

1991 年 11 月 24 日，曾帮助"皇后合唱团"成为 20 世纪 70 年代最成功的摇滚乐队之一的歌手佛莱迪·摩克瑞因患艾滋病去世。同月，有报道披露有史以来最著名而成功的美国篮球运动员"魔术师"埃尔文·约翰逊感染上了艾滋病。艾滋病的威胁因此而进一步受到关注。

这两位艾滋病患者的经历都表明人们对待艾滋病的态度正在发生转变。两性人佛莱迪·摩克瑞因公开承认他的艾滋病病毒检测结果呈阳性而赢得了普遍的赞誉。这一点儿也没有疏远他同公众的关系，他的去世引起了公众对他的普遍同情，"皇后合唱团"的库存磁带因此而得以大量销售出去。

"魔术师"约翰逊声明其艾滋病病毒检测结果呈阳性，这对美国公众对该传染病的理解提出了挑战，特别是这位可信的篮球运动员称他是通过异性性行为而感染上艾滋病的。大多数美国人倾向于认为艾滋病只与同性恋者和滥用毒品者有关。

约翰逊声明他将退出体坛，以便能够将精力集中在引起人们对艾滋病的关注上。但他退出体坛的另一个最初动机是，他认识到其他运动员将不愿与他这样一位感染上艾滋病的人一起比赛或共用一间更衣室。1996 年，"魔术师"约翰逊重返职业篮球赛场，并受到了热烈欢迎，这表明人们对待艾滋病的理性态度又向前迈进了一步。

▶备受关注的摇滚歌星佛莱迪·摩克瑞的去世引起了人们对艾滋病患者的关注和同情。

黎巴嫩原教旨主义好战分子释放人质

1991 年最令人鼓舞的事态进展当数黎巴嫩原教旨主义好战分子释放了遭其绑架的西方国家的人质。这些人质当中最著名的是 1987 年 1 月被绑架在贝鲁特的特里·韦特，他当时是作为英国坎特伯雷大主教的巡回大使前去谈判其他人质的释放事宜。具有讽刺意味的是，他却遭到了绑架。

1991 年 8 月，被绑架在贝鲁特五年多的新闻记者约翰·麦卡锡获释，他说韦特还活着，并且身体健康状况良好。11 月 18 日，这位坎特伯雷大主教的代表接着被释放。12 月初，自 1985 年起就遭到绑架的最后一名美国人质特里·安德森乘坐飞机回到了家中。

这些遭到绑架的人质都能讲出绑架分子如何对待他们的骇人听闻的经历——他们长时间遭到单独监禁，在黑暗中度日，并经常受到被处死的威胁。

◀在黎巴嫩被囚禁达五年之后，英国新闻记者约翰·麦卡锡最终返回故土。

8 月
- 孟加拉改革政体，实行议会制。

9 月
- 现任政府在瑞典选举中失利。
- 罗马尼亚爆发要求增加工资的矿工骚乱，政府被迫解散。
- 海地发生军事政变，总统让—贝特朗·阿里斯蒂德流亡国外。
- 美国爵士乐音乐家迈尔斯·戴维斯去世。

10 月
- 阿妮塔·希尔因性骚扰控告美国联邦最高法院被提名人克拉伦斯·托马斯。
- 现任保加利亚政府在选举中失利。
- 以卡尔·比尔特为首相的瑞典新联合政府成立。
- 刚果（金）总统蒙博托取消总理的职务设置，并引发骚乱。
- 柬埔寨冲突各方签署和平协定。
- 波兰举行自由议会选举，结果不明朗。
- 总统肯尼思·卡翁达在赞比亚选举中失利。

11 月
- 菲利普·迪米特洛夫出任保加利亚非共产党政府总理。
- 西哈努克亲王返回柬埔寨。

12 月
- 欧洲经济共同体解除对塞尔维亚、黑山和南斯拉夫的制裁。
- 肯尼亚议会投票决定结束一党制。
- 欧共体成员国在荷兰马斯特里赫特签署《建立更紧密政治联盟的协定》。
- 保罗·基廷出任澳大利亚总理。
- 伊斯兰拯救阵线在阿尔及利亚第一轮选举中获胜。

苏联解体

▲飘扬在庆祝苏联式的共产主义制度最终崩溃的人群上空的不是"镰刀和斧子",而是传统的俄罗斯国旗。

在苏联存续期间的大部分时间里,苏联作为一个实行联邦制的"苏维埃社会主义共和国联盟"的事实完全可以忽略不计,因为所有的加盟共和国都被莫斯科党中央严格控制下的苏联共产党员统治着。在由米克海尔·戈尔巴乔夫推行的改革政策所导致的毁灭性的经济崩溃的背景下,共产党政权开始瓦解。此时,各加盟共和国提出了备选的政权组织形式,以应对即将出现的苏联中央政府分崩离析的局面。

在各加盟共和国占多数的民族团体与苏联之间存在着各种各样的关系,这同它们与苏联出现之前的俄罗斯帝国之间的关系一样。俄罗斯、乌克兰和白俄罗斯长期以来一直是被外界称为"俄国"的中心地带。其南边和东边是俄国在18世纪和19世纪期间进行帝国扩张时所吞并的地区,包括信奉基督教的格鲁吉亚和亚美尼亚以及穆斯林占多数的共和国,如阿塞拜疆和哈萨克斯坦。爱沙尼亚、拉脱维亚和立陶宛三个巴尔干国家则属于特殊情况。这三个国家在20世纪20年代和30年代期间享有独立主权,但在第二次世界大战开始的时候被并入了苏联。

在巴尔干国家,苏维埃统治的合法性从未得到过广泛的接受。因此,苏联开始解体一点儿也不令人感到惊讶。1990年3月11日,立陶宛总统维陶塔斯·兰茨贝尔吉斯单方面宣布他所领导的共和国脱离苏联独立。同意自己所统治的苏联瓦解决不属于米克海尔·戈尔巴乔夫的计划之列。苏联军队奉命进入立陶宛首都维尔纽斯的街道。5月,其他两个巴尔干国家拉脱维亚和爱沙尼亚也宣布独立,而没有遇到任何阻力。但这些在当时来说都还是象征性的姿态。巴尔干国家的独立没有得到苏联或世界其他国家的承认。1991年1月,当手无寸铁的示威者在维尔纽斯试图阻止苏联当局接管当地电台和电视台的时候,遭到了苏联军队的开枪镇压。苏联军队还占领了拉脱维亚首都里加的主要大楼。这些粗暴的行动表明,维持苏联统治秩序的愿望依然存在。

初期苏联开始瓦解的另一个地方是在苏联—土耳其边界附近的外高加索地区。在亚美尼亚、阿塞拜疆和格鲁吉亚三个面积狭

▲立陶宛——第一批宣布独立的一个苏联加盟共和国——总统维陶塔斯·兰茨贝尔吉斯。

小的共和国，人民民族情绪高涨。到 1990 年的时候，亚美尼亚和阿塞拜疆已经因纳戈尔诺—卡拉巴赫地区的领土争端而处于战争状态。与此同时，阿塞拜疆还在为宣布独立而同苏联军队交战。在格鲁吉亚，拥护独立的示威者遭到了安全部队的袭击，这对他们同莫斯科分裂的要求来说没有起到压制的作用，相反倒起到了激励的作用。1991 年 4 月，格鲁吉亚成为第四个宣布独立的苏维埃加盟共和国。

可能分裂的巴尔干和外高加索地区的共和国对于苏联的继续存在根本不能构成威胁，因为它们国土贫瘠，人口仅占苏联总人口很小的一部分。然而，在 1990 年期间，较大的共和国进行的自由选举结果却不断表明：多数人支持如果不能实现完整的主权独立，也至少实现得到强化的自治。这一年夏季，在新当选总统鲍里斯·叶利钦领导下的俄罗斯联邦和乌克兰两个共和国选择了"主权独立"，尽管它们还留在苏维埃联盟内部，但宣布它们有权通过效力高于苏联法律的本共和国的法律以及实施本共和国的经济政策，包括独立地同其他共和国就经济合同进行谈判。

为了在不导致莫斯科统治下的国家走向完全分裂的情况下包容这些变化，苏联政府领导人抛出了《联盟条约》，用一个较为松散的联盟来取代苏维埃社会主义共和国联盟。正是这一举措的前景促使除戈尔巴乔夫之外的苏联共产党高层于 1991 年 8 月 19 日宣布苏联进入紧急状态。这次政变不幸以失败而告终，从而决定了苏联的命运。苏联共产党被查封，9 月 5 日，苏维埃社会主义共和国联盟正式为"主权国家联盟"所取代，其总统仍然是戈尔巴乔夫。第二天，拉脱维亚、立陶宛和爱沙尼亚被正式承认为独立的国家。

此时，主动权完全掌握在鲍里斯·叶利钦手中，他在 1991 年 6 月的普选中被确认为俄罗斯联邦总统，并因领导反对 8 月政变的活动而大大提高了其声望。不久，他就开始与乌克兰和白俄罗斯的领导人举行谈判。12 月 8 日，这三位领导人宣布，他们将成立"独立国家联合体"（简称"独联体"）。12 月 21 日，在哈萨克斯坦首都阿拉木图举行的会议上，另有八个共和国同意加入独联体。此时，只有巴尔干三国和格鲁吉亚尚未加入独联体。12 月 25 日，米克海尔·戈尔巴乔夫——一个此时已不复存在的国家的总统——宣布辞职。

事实证明，独联体几乎是一个完全假想的实体。前苏联各加盟共和国都变成了独立的国家，它们之间有时还会成为敌对的国家。例如，乌克兰和俄罗斯不久就在应当由哪个国家来控制前苏联重要的黑海舰队而争执不休。苏联的解体远未解决苏联的领土问题，紧随其后的是一段艰难时期，地方冲突不断，经济持续衰退。

▼俄罗斯总统鲍里斯·叶利钦，他很快就成为世界舞台上一位较为引人注目的领导人。

波斯尼亚战争升级

19 92年,南斯拉夫冲突的重点从克罗地亚转向了波斯尼亚—黑塞哥维那。波斯尼亚将变成一个主要战场看来已成为一个不可避免的事实,因为该地区存在着民族和宗教的多样性:其人口44%为穆斯林族,33%为塞尔维亚族,17%为克罗地亚族。各民族群体交错混杂,零散分布在波斯尼亚各地,生活在不同的小社区里,在民族之间划出分界线几乎是不可能的。因为在波斯尼亚没有占绝对多数的民族。因此,各民族都试图对整个领土主权申明自己的权利。

在1992年2月至3月期间,波斯尼亚政府举行全民公决,结果显示有63%的选民赞成波斯尼亚脱离南斯拉夫独立。在塞尔维亚的强烈反对下,一个由穆斯林族主导的新波斯尼亚共和国宣告成立,并于4月份得到了欧共体和美国的承认。3月27日,塞尔维亚族对此实施报复,宣告成立他们自己的波斯尼亚共和国,他们坚持该共和国将成为南斯拉夫不可或缺的一个组成部分。

3月至4月期间,装备精良的塞尔维亚人开始夺

▲这是一位信奉天主教的克罗地亚人,她手里拿着她从遭到轰炸的自家房屋里抢救出来的几件东西。

取尽可能多的领土,数以千计的难民因此背井离乡,到他们自己民族的据点寻求安全的住所。

在波斯尼亚开始出现的敌对状态引发了一场特别残酷的战争,从此语言当中又多了一个词组:种族清洗。这是一项由塞尔维亚人控制的策略,其内容是将非塞尔维亚族驱逐出去,或者直接将他们杀死在家中,通过这些方式将所有非塞尔维亚族从某一地区迁走。残杀整个社区的事件时有发生,塞尔维亚军队还强奸穆斯林妇女。塞尔维亚族建起了俘虏收容所,俘虏在这里受到慢慢饿死或最可怕的拷打的折磨。塞尔维亚族实施的这些暴行遭到了波斯尼亚的克罗地亚族和穆斯林族准军事组织的报复。截至1992年底,有一百多万人被迫离开自己的家园,另有数万人惨遭杀害。第二次世界大战后从未见过的暴行突然在20世纪90年代的欧洲发生了。

欧共体、美国和联合国都试图结束发生在波斯尼亚的这场冲突,但由于冲突各方均拒绝接受它们

的调停,该地区因此继续处于战争状态。人道主义组织向波斯尼亚送去了救济品,联合国人员监督着迅速恶化的局势。8月份在伦敦召开的和平会议无果而终,而派驻波斯尼亚的大量的联合国维和部队在降低冲突强度方面发挥的作用也微乎其微。

尽管南斯拉夫声称其未直接控制波斯尼亚塞尔维亚族的活动,但联合国安理会还是就波斯尼亚战争对斯洛博丹·米洛舍维奇进行了强烈的谴责。1992年5月30日,联合国对塞尔维亚实施经济制裁,包括冻结其国际资产以及拒绝承认残余下来的新南斯拉夫为前南斯拉夫国家的延续。在国际上,南斯拉夫变成了"前南斯拉夫"。

联合国制裁因俄罗斯和希腊的态度而遭到破坏,上述两国均悄悄地给予塞尔维亚与其信奉同一宗教的人以支持与援助。在罗马尼亚和保加利亚两国政府的串通下,石油供应沿多瑙河用轮船运抵贝尔格莱德。尽管出现了这些破坏制裁的做法,但塞尔维亚经济还是受到了通货膨胀的冲击。

尽管波斯尼亚塞尔维亚族是波斯尼亚的主要挑衅者,但受到克罗地亚弗拉尼奥·图季曼领导的新右翼政府支持的克罗地亚塞尔维亚族也开始考虑寻找控制波斯尼亚部分领土

的方法了。克罗地亚族和穆斯林族之间的军事冲突变得更加频繁起来(尽管双方在对抗塞尔维亚族的过程中有时也互相合作)。穆斯林族对克罗地亚族意图的担忧不久就得到了证实。7月3日,克罗地亚族占多数的黑塞哥维纳西部地区宣布成立自治区,取名黑塞格—波斯那。

各方的强硬态度是和平努力尚未开始就注定要失败的主要原因。精神病专家、诗人出身的拉多万·卡拉季奇当上了新成立的波斯尼亚塞尔维亚共和国的领导人,并得到坚持强硬路线的军队指挥官拉特科·姆拉吉奇将军的支持。波斯尼亚塞尔维亚族在佩尔城建立了他们的"首都",他们实行的是富有侵略性的"大塞尔维亚"政策。塞尔维亚总统米洛舍维奇向他们提供了支持,这使其相信他们必将取得最后的胜利。

与塞尔维亚族公然蔑视国际舆论的做法截然相

▲克罗地亚国民警卫队英勇保卫位于波斯尼亚边界附近的科斯塔伊尼察。他们最后被迫放弃了这座小城。

反,设在萨拉热窝的波斯尼亚穆斯林政府却制定了获得世界新闻媒体支持的非常成功的政策。他们利用一切机会向世界揭露塞尔维亚族对"贫穷而弱小的波斯尼亚"的侵略。在很大程度上来说,穆斯林族将冲突归咎于塞尔维亚族的计划取得了成功。尽管他们的

主张在很大程度上是真实的,但他们却非常细心地隐瞒了这样的事实,即以总统阿利亚·伊泽特贝戈维奇为首的穆斯林政府也制定了其不可告人的进行领土和财政扩张的日程表,在实现其目标的过程中也与塞尔维亚族或克罗地亚族政府同样残忍。

尽管很多人,特别是新闻记者,批评西方国家的政治家们没有在尽力结束这场冲突方面发挥更具决定性的作用,但这些人却很难了解政治家们事实上能做些什么。除了发挥"维持和平"的作用外,几乎没有哪个国家愿意派遣地面部队前去"缔造和平"。因为缔造和平的过程会导致重大伤亡,这是不可接受的。除此之外,惟一的选择就是使用空军,这会将伤亡减小到最低程度,但这在阻止地面战争方面只会起到非常有限的作用。显然,在随后的几年内,南斯拉夫问题仍会继续成为世界关注的焦点。

◄几名波斯尼亚儿童勇敢地躲避塞尔维亚人对其首都萨拉热窝的轰炸。

《马斯特里赫特条约》

1992年2月7日,来自欧共体12个国家的代表在荷兰小城马斯特里赫特签订了《欧洲联盟条约》,又称《马斯特里赫特条约》。该条约规定各成员国致力于实现欧洲货币联盟,并最终实现政治联盟。根据该条约,欧洲联盟将发行单一货币——欧洲货币,建立一个欧洲中央银行,执行共同的外交和安全政策。该条约签订后,经历了许多挫折,其中之一是遭到了丹麦全民公决最初的否决,最终才于1993年11月开始生效。

该条约的实施一点儿也不顺利,尤其是人们对签约国暗中约定其内容一事存在诸多疑虑。1993年1月1日,欧洲正式成为一个没有国界的单一市场,而具有代表性的做法是英国、爱尔兰、丹麦和希腊四

▲欧洲一体化即使是在成员国当中也并非完全受到欢迎。

国保留要求旅行者入境时出示护照的权利。而迈向单一货币的进程更是举步维艰。12个成员国都率先加入了旨在使各成员国货币保持协调的汇率体系。按计划,它们将执行大量的"趋同"标准,包括降低膨胀率和削减国家债务。

不久,英国发现要加入欧洲汇率体系实在是太困难了。1992年9月,投机分子在国际货币市场上对英国货币实施的猖狂的

投机行为迫使英国货币出现了低于欧洲货币体系估价的情况。尽管英国惊慌失措地采取了一些措施,如将基本利率从10%提高到15%,发放150亿英镑的储备金以支持英国货币,但英国政府最终还是被迫退出了欧洲货币体系,并允许英镑向下浮动。该危机从根本上动摇了人们对刚刚改选产生的约翰·梅杰政府的信心,但是却为出口所带来的经济增长打下了基础,因为英镑面值下跌,英国出口商品因而更具竞争力。

从英国退出欧洲货币体系那一刻起,英国就同货币联盟进程之间产生了距离,这种疏远是由于一些政治集团的敌对行动,尤其是对保守党权利的敌对态度,而在英国和欧洲一体化进程之间产生的。

泰森遭强奸罪指控

1992年3月,世界重量级拳击冠军25岁的迈克·泰森因强奸罪和"性行为不端罪"而被判10年监禁。警察查明泰森曾强奸过美国黑人小姐选美大赛参赛选手德西雷·华盛顿。

对泰森强奸案的审判和有罪判决对种族和性政治提出了疑问。尽管泰森及其原告均为黑人,但在黑人极端分子中间存在着一个普遍的看法,即对这起案件进行审理是因为白人当

局想得到拳击比赛的冠军头衔。其他人对德西雷·华盛顿提出指控的动机迷惑不解。华盛顿是自愿进入泰森房间的,而且是在事发之后许久才提起指控。

1995年3月,泰森最终获得释放,其4年的刑罚获得缓期执行,而另外3年则因其表现良好而减掉。但不久他又陷入了困境。

▶迈克·泰森因多次违法而葬送了其早期职业生涯的辉煌。

1997年6月,在一次拳击锦标赛中,泰森将其对手伊万德·霍利菲尔德的一只耳朵咬掉了一块肉,他因此而受到禁赛18个月的处罚。

梅杰当选为英国首相

在玛格丽特·撒切尔于1990年辞职后，英国工党希望并期待着其长期在野的历史即将结束。撒切尔的继任者约翰·梅杰是一位毫无魅力可言的政治领袖，看来无法重振保守党的声望。梅杰很快就摆脱了人头税问题的阴影，该问题是导致撒切尔下台的主要原因。但当1992年大选开始的时候，许多保守党党员都心照不宣地认为这次该轮到工党执政了。

在选举酝酿阶段进行的民意测验一直认为工党会在大选中获胜。工党领袖尼尔·基诺克认为自己是这次必胜选举活动的获胜者，这种自鸣得意状无疑引起了选民的反感。另外，工党影子内阁的财政大臣约翰·史密斯诚实而准确地说出了执行工党计划所需要的资金，这更是疏远了同选民的关系。

在4月9日举行的选举中，保守党获得了42%的选票，而工党仅为34%，使保守党有足够的能力获得下议院21张议席的多数。这一选举结果令连续两次在大选中失败的尼尔·基诺克感到震惊和耻辱。因此，他辞去了工党领袖的职务。约翰·史密斯继任工党领袖。

▲令一些民意调查者感到意外的是，约翰·梅杰为保守党赢得了第四次连任。

诺列加被判监禁

1992年7月，美国佛罗里达州迈阿密法院作出判决，前巴拿马独裁者曼纽尔·诺列加将军因贩卖毒品罪被判处40年监禁。他在哥伦比亚可卡因富商到美国的供应链中充当了连接纽带的角色。

在此之前，诺列加担任着巴拿马国民警卫队总司令的职务。尽管他因侵犯人权而受到了指责，却得到了美国政府的支持。他曾向美国中央情报局提供了有关中美洲秘密计划的大量情报。然而，1988年，当美国大陪审团指控他犯有贩卖毒品和洗黑钱的罪行后，美国人疏远了与他的关系。

1989年10月，反对诺列加的未遂政变失败，美国总统乔治·布什因未插手支持推翻诺列加的政变而受到批评。12月，以需要保护在巴拿马的美国公民为借口，美国军队入侵巴拿马，迫使诺列加进入罗马教皇大使官邸寻求避难。最后，他向美军投降，继而被捕入狱。

▶巴拿马领导人曼纽尔·诺列加将军竟也是从哥伦比亚贩卖毒品的关键人物。

· 欧共体承认克罗地亚和斯洛文尼亚为独立国家。
· 热柳·热列夫出任保加利亚总统。
· 爱尔兰总理查尔斯·豪伊因丑闻辞职。

2月
· 萨尔瓦多内战以停战告终。
· 埃尔伯特·雷诺兹出任爱尔兰总理。
· 阿尔及利亚宣布进入紧急状态。
· 印度旁遮普地区锡克教徒制造选举暴力事件，造成17人死亡。
· 美国作家亚历克斯·哈利去世。

3月
· 俄罗斯军队开始从立陶宛撤退。
· 比利时新联合政府成立，从而结束了3个月的无政府状况。
· 阿尔巴尼亚民主党在共产党执政45年后赢得选举。
· 以色列前总理梅纳赫姆·贝京和美国电影制作人理查德·布鲁克斯去世。

4月
· 法国总理埃迪特·克勒松辞职，皮埃尔·贝雷戈瓦继任总理。
· 黑手党头目约翰·戈蒂在美国被控犯有诈骗罪。
· 秘鲁"阳光之路"游击队同政府军之间的冲突促使藤森推迟宪法的实施并解散议会，还承诺在一年之内恢复民主。
· 阿富汗总统纳吉布拉被免职，穆斯林各派别之间冲突依旧。
· 德国爆发政府雇员罢工。
· 美国作家伊萨克·阿西莫夫和法国作曲家奥利弗·梅西昂去世。

'92

新闻摘要

· · · · · · · · · ·

5月

· 泰国爆发反政府游行示威。

· 奥斯卡·斯卡尔法罗出任意大利总统。

· 联合国对塞尔维亚实施制裁。

6月

· 瓦尔德马·帕夫拉克出任波兰总理。

· 菲德尔·拉莫斯在菲律宾总统选举中获胜。

· 南非博伊帕通爆发所谓的种族暴乱，造成三十多人死亡。

· 以色列工党赢得大选。

· 阿尔及利亚总统穆罕默德·布迪亚夫被伊斯兰极端主义分子杀害。

7月

· 阿里·卡菲出任阿尔及利亚总统。

· 阿卜杜勒·萨博·法里德出任阿富汗总理。

· 捷克斯洛伐克总统瓦茨拉夫·哈韦尔在斯洛伐克争取独立后辞职。

· 第25届奥林匹克运动会在巴塞罗那开幕。

· 为避免政府破产，意大利通过紧急经济立法。

· 前东德领导人埃里希·昂纳克被迫返回德国接受杀人罪起诉。

8月

· 巴哈马举行大选，执政达25年之久的林登·平德林退出竞选。

克林顿当选为美国总统

1992年11月，民主党候选人阿肯色州州长威廉·杰斐逊·克林顿当选为美国总统，从而结束了共和党执政长达12年的历史。克林顿在选举中得到了4370万张选票，当时的在任总统乔治·布什得到了3820万张选票，而其余的1920万张投给了独立候选人罗斯·佩罗特。

在最终赢得大选的过程中，46岁的克林顿经历了损坏其名声的对其以往所作所为的指控。1992年1月，阿肯色州政府一名雇员詹尼弗·弗劳尔斯曾挺身而出，声称她与比尔·克林顿曾在1977年至1989年期间断断续续地保持着不正当性关系。她还提供了同克林顿电话谈话的录音磁带，以证实其所说内容的真实性。人们普遍认为克林顿无缘总统职位了。但他却继续在电视上露面，陪伴在他身边的是妻子希拉里，他断然否认他曾与弗劳尔斯发生过性关系。他没有否认在其婚姻生活中曾有过"不道德行为"，但他说这些都是过去的事情了。这种回答得到了他的拥护者的认可。

接着，有人揭露克林顿曾在越南战争期间逃避服兵役。令人感到非常尴尬的证据再次曝光，但此时被其对手称为"狡诈的威利"的克林顿对此只是一笑置之，这跟他对有人告发他在长期担任阿肯色州州长期间有过腐败行为时的反应一样。

克林顿的竞选对手向人们证明他不适合担任美国总统，但美国人却不在乎。他们喜欢他这个人及其政策：坚持中间派的民主路线，执行平衡预算，重视商业，同时关心少数民族，并计划改善医疗保健。事实证明，比尔·克林顿是一位很受欢迎的总统。

▲尽管有关其私生活的丑闻接连不断，但比尔·克林顿（右）却依然是一位受欢迎的政治领袖。

英国国教批准女牧师

1992年11月11日，英国国教教会大会通过了《牧师法案》。英国国教在经过长达20年的争论后，最终准许妇女担任牧师职务。

坎特伯雷大主教乔治·凯里曾"冒信仰之危险"，呼吁英国国教大会能够批准妇女担任牧师职务。针对这一呼吁，英国国教教会会议的牧师和非神职人员以三分之二的支持率批准了这项新法案。但反对妇女出任牧师的少数派中的大多数人对此反应非常强烈。保守党政治家安·威德科姆立即宣布她将退出英国国教，而她的同僚农业大臣约翰·格默辞去了其所担任的教会会议非神职人员职务，并称该决定不具有"经典或教义的权威"。

英国国教领导层放下架子同那些不满的人进行协商，同意主教可以在其主教管区拒绝任命女牧师。对那些不同意其主教女牧师政策的人，可以派给他们"主教监察员"，媒体称其为"空中主教"。尽管很多英国国教牧师，包括已婚的和未婚的，转向了天主教，但成立分裂教派的努力却无果而终。1993年11月，《牧师法案》获得了英国王室的同意。

▶准许妇女担任牧师职务的决定——《牧师法案》并未得到普遍的欢迎。

索马里干预

1992年12月9日，2.8万名第一批美国军队在索马里首都摩加迪沙登陆。被称作"重拾希望行动"的美军赴索马里维和行动，实质上是人道主义行动——保证向受饥饿威胁的人提供的食品供应能够得到顺利发放。

在总统穆罕默德·西亚德·巴雷于1991年1月被推翻后，索马里陷入了混乱的内战状态。国家统治权力实际上掌握在效忠于地方军阀的一些持枪武装分子的手中，其中力量最强大的是穆罕默德·法拉赫·艾迪德将军。法律失效，秩序混乱，通讯中断，这一切迅速将这个贫穷的东非国家逼到了人民将大规模饿死的边缘。救济机构估计有500万人正处于危险当中，但食品援助却几乎不可能得到发放，因为全副武装的强盗经常抢夺救济品。

在联合国的全力支持下，美国总统乔治·布什于1992年12月下令向索马里派遣维和部队。其他国家响应美国的倡议，在联合国的旗帜下，将干预部队人数增加至3.5万人。这些士兵迅速散布到索马里各地，控制了重要地区，并确保援助物资能够送到受饥饿煎熬的人手中。大多数索马里人普遍欢迎这次人道主义行动，而几乎没有遇到什么抵抗。

然而，1993年6月，这次干预却发生了转折。美国军队将解除交战派系的武装视为其任务的一部分，并以进攻性的决心来实现这一目的。这种做法激怒了艾迪德将军。6月5日，来自巴基斯坦的24名联合国士兵遭到艾迪德所领导的武装分子的伏击身亡。联合国安理会对此做出反应，下令逮捕艾迪德。美国军队对艾迪德设在摩加迪沙的总部发动了全面进攻，在人口密集的地区部署了武装直升机和地面部队。结果，艾迪德得以逃脱，却打死了许多平民。从此以后，美国军队就不得不在一个公开敌对的城市中实施维和行动了。

在接下来的几个月里，随着同武装分子冲突范围的扩大，死亡人数急剧上升。在9月份的一次事件中，美军直升机对被怀疑正威胁美国士兵的一个人群实施了轰炸，人群中有妇女和儿童。这次轰炸造成两百多人死亡。10月3日，美军为俘获艾迪德而引发枪战，在战斗中共有18名美军士兵死亡。对美国公众来说，这已经够了。总统比尔·克林顿宣布美国军队将尽快体面地撤离索马里。

美国人再次认识到：即使怀着最善良的意愿，到外国进行干预也会很容易误入歧途。不幸的是，这次美国在索马里的经历促使美国未能于1994年对卢旺达实施干预，如果当时能够及时采取行动，或许能阻止那次种族灭绝大屠杀。

▲美国维和部队没收两名索马里人的武器，以期能够结束普遍存在的抢夺援助物资的局面。

·佛罗里达和加勒比地区遭遇安德鲁飓风袭击。
·美国及其盟国在伊拉克南部划定"禁飞区"。
·阿富汗内战停火。

9月
·塔吉克斯坦总统纳比耶夫被迫辞职。
·阿尔巴尼亚前领导人拉米兹·阿利雅因贪污指控被捕。
·法国山洪暴发，八十余人丧生。
·利比里亚内战爆发激烈战斗。
·亚美尼亚同阿塞拜疆就纳戈尔诺—卡拉巴赫冲突达成停火协议。
·安哥拉举行多党选举。

10月
·圭亚那举行大选，人民全国大会党长达28年的统治宣告结束。
·喀麦隆举行首次多党选举。

11月
·火灾给伦敦温莎堡造成重大损失。
·尽管遭到了反对党的联合抵制，阿尔韦托·藤森还是在秘鲁选举中获胜。
·西南非洲人民组织在纳米比亚选举中获胜。

12月
·希腊总理因政策分歧解散政府。
·印度教极端分子摧毁历史悠久的印度阿约提亚清真寺，引发教派冲突。
·以色列驱逐四百多名巴勒斯坦人到黎巴嫩，而黎巴嫩却不愿收留他们。
·斯洛博丹·米洛舍维奇再次当选为南斯拉夫总统。
·弹劾诉讼促使巴西总统科洛·德梅洛辞职。

捷克斯洛伐克分裂

1989年，捷克斯洛伐克共产党政权被推翻，由于向民主政府过渡的过程是以比较和平而文明的方式实现的，因此这一事件被称为"丝绒革命"。然而，在不到三年的时间里，紧随其后的却是"丝绒分裂"，新成立的捷克和斯洛伐克共和国一分为二，这次同样没有出现暴力或言辞攻击。

捷克斯洛伐克成立于1918年，正如其名称所清楚标明的一样，它是由捷克和斯洛伐克两个不同的斯拉夫民族组成的。在1939年该国遭到纳粹德国的占领后，斯洛伐克民族主义者建立了一个有名无实的独立的斯洛伐克共和国，它只不过是苏联控制下的一个傀儡国家而已。1945年，捷克斯洛伐克重新成立。但是，许多斯洛伐克人对捷克人的统治仍然感到不满，因为斯洛伐克人比捷克人人数多，两者的比例为二比一，而且总体上前者也比后者更富裕。

1990年民主政府的成立为斯洛伐克民族主义的出现创造了条件。共产党政权颠覆后的宪法确立了双重体制——成立联邦议会和政府来统治整个捷克斯洛伐克，并设有通过选举产生的捷克和斯洛伐克国民委员会和政府对其各自的地区行使相当大的权力。然而，1992年6月，致力于实现斯洛伐克独立的政党——弗拉基米尔·麦恰尔领导的争取民主斯洛伐克运动获得了大多数斯洛伐克选民的支持。同时，捷克人将选票投给了瓦茨拉夫·克劳斯领导的公民民主党。克劳斯承诺实施彻底的自由市场改革，而斯洛伐克人却反对这种政策，因为他们想让国家继续支持其工业发展。克劳斯及其政党认为贫穷而落后的斯洛伐克对其经济发展计划是一大障碍，因而积极支持对捷克斯洛伐克进行"合理而平静的分裂"。

捷克斯洛伐克总统、反对共产党政权的英雄瓦茨拉夫·哈维尔反对分裂，并决定宁愿辞职也不愿做国家分裂后的总统。克劳斯同麦恰尔很快达成了口头协议。1993年1月

▲瓦茨拉夫·哈维尔尽管反对捷克斯洛伐克分裂，但最终还是担任了捷克共和国总统的职务。

1日，捷克斯洛伐克分裂为捷克共和国和斯洛伐克共和国。对此，并没有多少人为之欢呼雀跃，就连斯洛伐克的民族主义者也因其所面临的明显的经济困境而忧心忡忡。新成立的斯洛伐克共和国很快就因其处理同少数民族——尤其是吉卜赛人——的关系时所采取的方式而受到国际社会的谴责。在布拉格，哈维尔重新出任新成立的捷克共和国总统。

英国女王交纳税务

1993年2月，英国首相约翰·梅杰宣布：英国王室将放弃其享受的许多财政特权。从此以后，英国女王将与其他个人一样为其个人收入交纳所得税，并为其投资收益交纳资本收益税。威尔士亲王也同意为其从康沃尔公爵领地每年所得的大约300万英镑支付税收。同时，除女王、菲利普王子和王太后之外的所有王室成员均停止从王室经费——女王每年为执行其国家公务而得到的790万英镑的公款——中得到支付款。王室中低级别的成员执行公务所需要的费用则由女王负责支付。

这一举措是英国政府针对以下情况而做出的反

应：前一年，关于几位王室成员个人事务的报道，尤其是一些小报对这些内容的报道，在英国引起了轰动，由此激起的对王室的谴责趋势日益明显。充斥公众耳目的是威尔士亲王夫妇以及约克公爵夫人。根据媒体报道，这些王室成员均有婚外情现象。在1992年期间引起轰动最大的是对戴安娜王妃"传记"——由安德鲁·莫尔顿撰写的《戴安娜：她的真实故事》——一书的出版。该书透露：戴安娜王妃曾反复试图自杀以了结自己的一生，她还说自己受到了她

▲温莎堡火灾是由一家小教堂中的电路故障所导致的。

丈夫及其家人的虐待。

女王公开称1992年为"不幸的一年"，这一年威尔士亲王夫妇以及约克公爵和公爵夫人法定分居，一场火灾烧毁了温莎堡的部分建筑，好在其女儿安妮的再婚为其带来了一点儿安慰。看来一个世纪以来共和主义要第一次植根于英国了。

纽约世贸中心爆炸案

19 93年2月26日，国际恐怖主义降临美国。一群伊斯兰恐怖分子将一枚炸弹安在一辆卡车上，然后驾驶卡车进入了位于高达381米（1250英尺）的纽约世贸中心双塔下面的停车场内。炸弹在午饭时间爆炸，并引起大火，大火升起的浓烟像波浪一样飘到了双塔的第96层（共110层），当时有5.5万人正在双塔内上班。爆炸造成6人死亡，数千人受伤，大多数人是因吸进烟雾而导致呼吸出现问题。

最后确认策划这次爆炸案的是一位名叫拉姆齐·优素福的国籍不明的神秘人物。他在爆炸案发生的当天晚上离开了美国，但两年后在巴基斯坦被捕并被引渡到美国。在

1996年于纽约对优素福进行审判的时候，人们发现他曾制定宏大的恐怖计划，幸运的是因技术缺陷而未能得逞。他企图用进

入停车场的那枚炸弹将世贸中心双塔中的一座大楼炸塌后倒在另一座上面，这会造成数万人死亡，但这是不可能得逞的。他还曾计划将炸弹安装在12架客机上，企图同时炸死4000名乘客。但他仅在一架客机上如愿以偿，炸死了一名乘客，但并未能将这架客机炸落。

优素福的意图看来是要震惊美国并迫使其不再支持以色列。美国联邦法院作出判决，对其实施终生单独监禁。另有四名穆斯林因其在这次爆炸案中的作用而被作出有罪判决。

◀高度名列世界第二的办公大楼——世贸中心双塔周围停满了紧急救援车辆。

· 本年度发行的影片包括简·坎皮恩导演的《钢琴别恋》、斯蒂芬·斯皮尔伯格导演的《辛德勒的名单》和《侏罗纪公园》、安德鲁·戴维斯导演的《亡命天涯》、哈罗德·雷米斯导演的《二月二日圣烛节》和陈英雄导演的《青木瓜之味》。

· 安德鲁·劳埃德·韦伯的《日落大道》音乐版在伦敦公映。

· 本年度出版的图书包括维克拉姆·塞斯的《金童》和罗迪·道尔的《童年往事》。

· 本年度的流行歌曲包括 Take That 乐队演唱的《Could it Be Magic》和 Jazzy Jeff 和 Fresh Prince 组合演唱的《Boom! Shake the Room》。

1月

· 欧共体开始实行单一市场。

· 美国和俄罗斯签署《第二阶段限制和削减战略武器条约》。

· 安哥拉政府军从争取安哥拉彻底独立全国联盟（简称"安盟"。——译者注）手中夺取万博。

· 多国部队空袭伊拉克南部。

· 海地民众联合抵制选举。

· 希拉里·克林顿受命领导美国卫生改革专责小组。

· 美国总统克林顿命令军队解除对同性恋军人的限制。

· 美国小号演奏家和比博普现代爵士乐创始人迪齐·吉莱斯皮、女电影演员奥黛丽·赫本和出生于苏联的芭蕾舞演员鲁道夫·努里耶夫去世。

爱尔兰共和军发动炸弹恐怖袭击

▲英国民众献上花环，纪念在柴郡沃灵顿爱尔兰共和军炸弹袭击中死去的两名儿童。

新闻摘要

· · · · · · · · · · · ·

2月

· 联合国成立战争罪法庭，审判前南斯拉夫中出现的罪行。

· 古巴全国人民政权代表大会第一次实行直接选举。

· 英国足球运动员博比·穆尔、美国网球明星阿瑟·阿希和女演员莉莲·吉什去世。

3月

· 争取安哥拉彻底独立全国联盟夺回万博。

· 美国一位医生遭反对堕胎的极端分子枪杀身亡。

· 澳大利亚工党获得第五次连任。

· 俄罗斯议会投票决定限制俄总统的权力并否决叶利钦总统提出的宪法改革提案。

· 朝鲜收回其先前做出的签署《禁止核扩散条约》的决定。

· 埃泽尔·魏茨曼当选为以色列总统。

· 爱德华·巴拉迪尔在法国大选后出任总理。

4月

· 南非非洲人国民大会领导人克里斯·哈尼在南非遇刺。

· 俄罗斯总统叶利钦赢得信任投票。

1993年春，爱尔兰共和军在英国本土策划的爆炸袭击活动正如火如荼地进行，恐怖分子继续执行的策略是让英国政府和人民为英国对北爱尔兰实施统治付出难以接受的高昂代价。3月20日，恐怖分子将两个非常小的装置放在了柴郡沃灵顿的一个购物中心。这两个装置在中午时分爆炸，炸死了两名儿童——3岁的乔纳森·鲍尔和12岁的蒂莫西·帕里。另有50人受伤，其中一些人为重伤。

两名儿童的死亡引起了普遍的谴责。爱尔兰共和军尽力使其远离这次行动的后果，将死亡的责任推到英国政府的头上，称"英国当局没有提出明确而恰当的警告"。这种推卸责任的说法遭到了警方的驳斥。为反对这次爆炸案，一个名为"1993年和平倡议"的团体很快成立起来，他们在伦敦、都柏林和贝尔法斯特等地组织了有数千人参加的和平集会。

但爱尔兰共和军却没有取消其活动的打算。4月24日（星期六），他们将一枚巨型炸弹放在了位于伦敦市中心的主教门大街的一辆卡车上。当他们引爆这枚炸弹时，不仅炸死了一名行人，炸伤40人，而且还炸坏了远近闻名的汇丰银行办公大楼、国民西敏大厦和其他几座办公大楼，损失估计达10亿英镑左右。

主教门大街爆炸案第一次表明：爱尔兰共和军已经成功地对英国经济实施了严重的打击。为防止爱尔兰共和军对世界上几大金融中心之一的伦敦再次进行恐怖袭击，英国政府在这个城市采取了大量的安全措施，包括一如既往地在周末设置路障等。

韦科包围

1993年2月28日，美国联邦烟酒与军火管理局的大约100名特工人员对大卫教派在得克萨斯州韦科市的总部展开了猛烈的进攻。他们进攻的理由是大卫教派违反了有关军火法规。在仍然存有争议的情况下，双方展开了枪战，造成10人死亡，其中包括美国联邦烟酒与军火管理局的特工人员。联邦特工包围了这个总部，持久的僵持局面由此开始。

大卫教派是基督复临安息日会宗教团体成立已久的一个分支。他们因错

◀大卫教派总部浓烟四起，包括大卫·考雷什在内的82人死亡。

误地预言1959年耶稣基督第二次降临而闻名于世。自1986年以来，大卫教派一直处在大卫·考雷什的领导之下。考雷什是一位颇有争议的人物，其反对者认为他精神失常，并受到了他人的控制。他在1985年参观耶路撒冷后曾称自己为"有罪的弥赛亚"。考雷什特别成功地招募了大量的英国追随者，结果在被包围在韦科总部的95人当中几乎有一半是英国人。

联邦当局施加了各种形式的心理压力，以期能够促使拥有大量武器的大卫教派投降。但4月19日，在包围持续了51天后，联邦当局发起了袭击，试图将该教派成员赶出来。虽然当局知道里面至少有17名儿童，但还是派遣坦克将作为考雷什及其追随者藏身之处的大楼的墙壁撞开了洞。然后通过这些洞口向里面施放超级催泪弹。据来自联邦当局的消息称，里面的人自杀性地纵火烧毁了充满气体的大楼。其他方面的消息则称，在联邦军队向大楼里面施放催泪弹时，大楼起火。无论是哪种情况，这座大楼都很快变成了地狱。藏在里面的人仅有8人幸免于难。

82名大卫教派的教徒死在了韦科总部，其中33人为英国人。这次残杀成为困扰美国右翼极端主义者的一个问题，他们认为自己参与了反对联邦当局难以忍受的暴力的生死斗争。在韦科包围发生两年后的那一天，俄克拉荷马城的一座联邦政府大楼被炸，造成168人死亡。这是一次报复性袭击。

《原则宣言》为中东带来和平希望

19 93年9月13日，以色列外长西蒙·佩雷斯和巴勒斯坦解放组织的穆罕默德·阿巴斯在美国白宫签署了一项具有历史意义的协议，协议准许在加沙地带和约旦河西岸被占领区上成立巴勒斯坦自治政府。当双方代表团要面对媒体采访时，巴勒斯坦解放组织领导人亚西尔·阿拉法特向以色列总理伊扎克·拉宾伸开手臂要同其握手。拉宾犹豫了一下，看看别无选择，握住了阿拉法特已伸出的右手。这成就了阿拉法特想留给世界媒体的印象——一个比承诺或条约更有影响力的印象。

当了25年巴勒斯坦解放组织领导人的阿拉法特是一位了不起的政治幸存者，在经历了一次次明显的耻辱性的失败后每次都能够重新振作起来，并在以色列和许多其巴勒斯坦反对

▲伊扎克·拉宾在克林顿总统和亚西尔·阿拉法特面前签署有望为中东带来和平的《原则宣言》。

者强烈希望其死去的情况下，成功避免了多次暗杀计划。

1974年，阿拉法特成功促使联合国承认其为巴勒斯坦人民的正式代表，这为其于1993年代表巴勒斯坦人民谈判提供了根据。起初，阿拉法特是一位彻头彻尾的恐怖分子，但他后来却发生了彻底的变化，并成为巴勒斯坦人中的温和派，成功说服了巴勒斯坦解放组织以承认以色列

国为代价换取在被占领区上实现某种形式的巴勒斯坦独立。

拉宾和阿拉法特都明白，要说服其各自支持者中的强硬派接受并执行按部就班的协议——谨慎地称为《原则宣言》(该协议全称为《巴勒斯坦人首先在加沙和杰里科实行自治的原则宣言》——译者注)，他们还有许多艰巨的工作要做。只有时间能够检验该协议会走向何处。

· 巴西前总统费尔南多·科洛·德梅洛遭腐败指控。

· 网球冠军莫妮卡·塞勒斯在德国举行的一次比赛中被刺伤。

5月

· 斯里兰卡总统拉纳辛哈·普雷马达萨遇刺。

· 丹麦通过第二次全民公决，批准《马斯特里赫特条约》。

· 厄立特里亚脱离埃塞俄比亚独立。

· 意大利佛罗伦萨发生炸弹爆炸事件，乌飞齐美术馆和艺术作品受损。

· 德国新纳粹分子发动种族袭击，造成五名土耳其妇女死亡。

6月

· 阿塞拜疆爆发叛乱。

· 利比里亚叛军杀死四百余人。

· 伊朗总统阿里·阿克巴尔·拉夫桑贾尼成功连任。

· 金·坎贝尔接任总理布赖恩·穆罗尼的职务，成为加拿大第一位女总理。

· 坦苏·席列尔成为土耳其第一位女总理。

· 俄罗斯驻古巴军队全部撤出。

· 爱尔兰同性恋合法化。

· 白人至上主义组织"南非白人民族阵线"占领了正在举行南非宪法改革会谈的大楼。

· 美国对伊朗发动巡航导弹袭击。

· 欧洲复兴开发银行总裁雅克·阿塔利因与伦敦总部重建相关的财务不当行为被迫辞职。

· 英国赛车冠军詹姆斯·亨特和诺贝尔文学奖获得者威廉·戈丁尔去世。

詹姆斯·伯尔格谋杀案

▲购物区安全监视系统摄下的两岁儿童詹姆斯·伯尔格遭绑架后的最后一幕。

1993年2月12日,两岁的詹姆斯·伯尔格在利物浦布泰一个繁杂的购物区失踪。4天后,有人在5公里(3英里)之外的一条铁路线旁边发现了其尸体。购物区的安全监视系统摄下了他遭绑架的瞬间,显示他是被两个年龄较大的孩子带走的。在伯尔格死亡后的10天内,两个10岁的男孩罗伯特·汤普森和乔恩·韦纳布尔斯以绑架和谋杀罪受到起诉。

这起谋杀案激起了强烈的道德愤慨。当两个男孩出现在一家地方法庭上的时候,他们受到了愤怒民众的攻击,这迫使当局将审讯转移到普雷斯顿举行。政治家们声称社会正在崩溃。内政大臣肯尼思·克拉克评价说,他们"丧失了目标,丢掉了价值观",并提议为犯法儿童设立一种监护刑。首相约翰·梅杰宣布发起"遏止犯罪运动",并称社会应当"多一些谴责,少一些谅解"。

11月,一家成人法庭对这两个男孩进行审讯,作出了有罪判决,并判处"等候英国女王发落"。负责审判的法官暗示,这意味着他们至少要被监禁八年;英国最高法院王座庭庭长将监禁时间提高到了10年;新上任的内政大臣迈克尔·霍华德则要求命令这两个男孩至少要服刑15年。

当人们冷静下来时,发出了较为理性的声音,他们认为犯下残暴罪行的儿童与死在其手中的儿童一样也是牺牲品。1997年6月,英国上院高级法官维持了上诉法院的裁决:霍华德将两个男孩的服刑时间提高到至少15年的做法超出了他的权限范围。

波黑冲突依旧

1993年,塞尔维亚族、克罗地亚族和穆斯林族争夺利益的三方战争仍在继续。但在这一年开始的时候,人们至少看到进行更有效的和平谈判的希望。作为欧盟和联合国倡议的一个组成部分,英国前外交大臣欧文勋爵和美国政治家赛勒斯·万斯于1993年2月提出了一项和平计划。"万斯—欧文计划"建议将波斯尼亚分成10个

▶在前南斯拉夫联盟各交战派别继续相互争斗的过程中,城镇和村庄变成了一片瓦砾。

自治省，划分依据主要是民族渊源，但保证在每一地区都要有相应的少数民族代表。在领土方面，塞尔维亚族将得到46%的国土，穆斯林族将得到30%，克罗地亚族则得到24%。

起初，波斯尼亚的三方勉强接受了该计划，但在华盛顿会议期间会谈破裂。6月，欧文失望地宣布该计划"已在我们面前眼睁睁地看着被撕毁"。作为一个临时性的措施，联合国安理会于6月4日宣布将在波斯尼亚的东部和中部地区为穆斯林族建立六个安全区，负责监视这些区域的联合国军队在遭到攻击时将有权实施报复。

当谈判在继续进行的时候，波斯尼亚前首府萨拉热窝逐渐变成了一片瓦砾。该城包括市中心在内的大部分地区都控制在穆斯林族的手中，但郊区和萨拉热窝周围的战略地点却在塞尔维亚族的控制之下。这一地理分割为残酷围攻萨拉热窝埋下了伏笔。塞尔维亚族向该城投下大量的大炮和迫击炮炮弹，双方的狙击手向试图从废墟中逃生的平民无情地开火射击。与以往相同，受苦受难最多的还是平民百姓：人们像老鼠一样生活在地窖和被炸得破烂不堪的楼房里，经受着白天或晚上随时都有可能受到敌军炮火袭击的威胁，极其缺少食物、药品和燃料，期待着救济机构供应物资的到来。

非国大领袖曼德拉和南非总统德克勒克获诺贝尔和平奖

19 93年，非国大领袖纳尔逊·曼德拉和南非总统F.W.德克勒克获诺贝尔和平奖。他们是两位迥然不同的南非人：曼德拉已经准备在监狱中度过余生，以此反抗种族隔离制度，而德克勒克则是一位执行种族隔离制度的强硬派代表人物，他最后决定要面对已经变化了的形势。他们已经找到了一条从种族隔离制度通向多种族民主制度的和平路线。南非第一次完全民主的选举计划于1994年4月举行。

该奖项表彰曼德拉和德克勒克两人"拥有政治的个人品质和伟大的政治勇气"，并寻求"富有建设性的和平与和解策略"。他们两人独自前往奥斯陆出席颁奖仪式，对获得本次诺贝尔和平奖的反应相当低调。其部分原因是他们知道南非还存在着许多问题，另外的原因则是两人之间存在着深刻的分歧和反感。

1990年2月曼德拉获释后，他与德克勒克的关系就经常摇摆不定。例如，在1991年12月召开的"民主南非大会"——试图起草南非新宪法的集会开幕式上，曼德拉对德克勒克总统及其少数派政府进行了尖刻的攻击。同许多白人一样，德克勒克感到不愉快，他认为他向南非黑人施以政治权利这一"慷慨的礼物"却没有从他们那里得到更多的谢意。在经历了几十年的压迫和斗争后，曼德拉及其追随者不可能会认真考虑这种看法。

▲非国大领袖纳尔逊·曼德拉（中）与南非总统F.W.德克勒克（右）获诺贝尔和平奖。

10月

· 坦克轰炸议会大楼，与总统叶利钦作对的人投降。

· 巴基斯坦举行大选，无任何党派占明显多数的议会产生；贝娜齐尔·布托赢得信任投票，重新出任总理。

· 联合国解除对南非的经济制裁。

· 布隆迪发生军事政变，总统恩达达迪耶和其他政府官员遭杀害。

· 加拿大自由党赢得大选。

· 洛杉矶发生灌木丛火灾，给当地造成重大损失。

· 意大利电影导演费代里科·费利尼和美国演员文森特·普赖斯去世。

11月

· 让·克雷蒂安出任加拿大总理。

· 伊万德·霍利菲尔德击败里迪克·鲍，夺得世界重量级拳击冠军。

· 新西兰执政党国家党获得连任。

· 法鲁德·艾哈迈德·莱加里出任巴基斯坦总统。

· 尼日利亚发生军事政变，桑尼·阿巴查将军夺取政权。

12月

· 麦德林毒品卡特尔头目巴勃罗·埃斯科巴尔·加维拉被哥伦比亚警方击毙。

· 南非多种族过渡政府成立。

· 美国宇航员修复哈勃太空望远镜镜头上的缺陷。

· 爱德华多·弗雷·鲁伊斯—塔格莱领导的智利"民主联盟"（由基督教民主党、共和党右翼、社会民主党、激进党和社会党组成。——译者注）赢得大选。

· 俄罗斯举行大选并就宪法改革举行全民公决。

· 一百多个国家同意进行《关贸总协定最后文本》的谈判。

新闻摘要

· 巴基斯坦赞成伊斯兰教教义的情绪复活。
· 英国通过严重剥夺个人自由的《刑事审判法案》。
· 俄罗斯军队撤出爱沙尼亚和拉脱维亚。
· 英国煤炭工业实行私有化。
· 英国将同性恋最低年龄降低到 18 岁。
· 意大利总理西尔维奥·贝卢斯科尼卷入腐败丑闻。
· 萨帕塔民族解放军开始在墨西哥恰帕斯州起义。
· 美国总统克林顿身陷"白水事件"。
· 本年度发行的影片包括昆廷·特拉蒂诺导演的《低俗小说》、弗兰克·达拉伯恩特导演的《肖申克的救赎》、奥利弗·斯通导演的《天生杀人狂》、丹尼·博伊尔导演的《浅坟》、克日什托夫·基耶斯洛夫斯基导演的《红白蓝三部曲之红色》、罗伯特·泽梅基斯导演的《阿甘正传》和迈克·尼威尔导演的《四个婚礼和一个葬礼》。
· 本年度的流行歌曲包括 D: Ream 乐队演唱的《Things Can Only Get Better》、Wet Wet Wet 乐队演唱的《Love is All Around》和希瑞·克劳演唱的《All I Wanna Do》。
· 巴西在世界杯足球赛中夺冠。

联合国干预波斯尼亚

▲当由英国派出的联合国坦克出发前往萨拉热窝郊区的前线战场时，几名波斯尼亚儿童在一旁观看。

1994 年 2 月，波斯尼亚冲突各方又宣布了一个很快就会遭到破坏的停火协议。同在此之前的许多停火协议一样，它只不过是给交战各方提供一个喘息的机会以在发动新一轮进攻之前重新部署军队。各方在这场战争中付出的人力和物力代价惨重：截至 1994 年春，估计已有 20 万人死亡，其中绝大多数为平民，另外可能有多达 400 万人无家可归。

联合国继续在各方之间斡旋，并向该地区组织人道主义援助。在前南斯拉夫的维和部队人数增至 2.2 万人，只是他们缺少必要的军事装备和支援性服务同任何交战部队相抗衡。联合国安理会划定的 6 个"安全区"——萨拉热窝、图兹拉、斯雷布雷尼察、泽帕、戈拉日代和比哈奇——仍然接连不断地受到攻击，而且事实上它们的名字变成了新闻媒体反复向世界各地传递的令人悲伤的破坏和大屠杀报道的组成部分。

1994 年 12 月发生的事件让联合国蒙受了很大的耻辱。塞尔维亚族向穆斯林聚居的比哈奇安全区发动进攻，受到了凶狠而能力超群的阿蒂夫·杜达科维奇将军领导的波斯尼亚第五军团的抵抗。针对这次冲突，北约军队空袭了塞尔维亚族的空军基地。塞尔维亚族对此作出反应，扣押联合国维和部队军人当作人质。塞尔维亚族领导人拉多万·卡拉季奇吹嘘说："当塞尔维亚人占领比哈奇后，它才会变成一个安全区。"

到这一年年底的时候，西方国家不得不接受这样艰难的选择：要么分阶段撤退，要么采取直接的军事行动。

库尔特·科班自杀

1994 年 4 月 5 日，西雅图地下摇滚乐队——"涅槃"乐队主唱库尔特·科班开枪自杀。三天后，一名电工在他家里发现了他的尸体。

库尔特·科班 1967 年出生于西雅图附近的一个小镇上。在他 7 岁时，父母离异。人们认为这件事对他造成的精神创伤使他的音乐充满了焦虑的情绪。病态而不适应环境的科班迷上了英国朋克乐队，包括 Sex Pistols 乐队。1986 年，他成立了"涅槃"乐队，但直到 1991 年他们忧郁而粗野的歌声才引起世人的注意，这一年他们发行了唱片《别介意》，共售出 1000 万张左右，科班几乎在一夜之间就变成了一位百万富翁。

科班感情脆弱、病态

▲在库尔特·科班自杀身亡后，作为"X一代"发出的声音，"涅槃"成了世界上最为著名的乐队之一。

而孤独的性格与其摇滚歌星的地位非常不符。他同其妻子考特尼·洛夫——另一支地下摇滚乐队"洞穴"的主唱歌手一起染上了吸食海洛因的恶习。他好像没有在其非常重要而备受欢迎的后续唱片《子宫内部》中找到什么安慰。

科班在自杀遗嘱中称自己为一位"痛苦、自我毁灭而死气沉沉的摇滚歌手",还说"与其慢慢凋谢,还不如即刻逝去"。他的自杀对数百万年轻的"X 一代"的情绪产生了深远的影响,因为"涅槃"曾深刻地触及他们的痛苦与激情。

卢旺达种族大屠杀

在1994 年 4 月至 5 月期间,发生在中非国家卢旺达的历史上最为惨烈的一次种族大屠杀造成至少 50 万人丧生。国际社会完全意识到会发生这样的大屠杀,却未采取任何行动来阻止其发生。

在卢旺达及其邻国布隆迪两个国家中,都是胡图族占据多数,而图西族则为少数。两国都曾有过种族之间发生流血冲突的历史。1972 年,布隆迪政府曾屠杀过好几十万胡图族人。在卢旺达,胡图族掌握着政权,并歧视人口占少数的图西族。1990年,名为"卢旺达爱国阵线"的图西族叛军入侵卢旺达,内战由此开始。

以朱韦纳尔·哈比亚里玛纳为总统的卢旺达政府承受着国际社会要求其同叛军进行和平会谈的压力。1993 年 8 月,双方达成停火协议,联合国派遣观察员部队进驻卢旺达。而哈比亚里玛纳总统却开始招募年轻的胡图族民兵——"胡图族力量",该民兵组织将被训练成未来报复时刻来临时的一台杀人机器。

4 月 6 日,在卢旺达总统哈比亚里玛纳和布隆迪总统西普里安·恩塔里亚米拉在出席一次地区和平会议之后乘飞机前往卢旺达的路途中,两人所乘坐的飞机被击落,两人全部遇难。事件发生后,卢旺达首都基加利随即发生了对包括胡图族和图西族在内的卢旺达政府政敌的大屠杀。在政府的控制下,民兵组织"胡图族力量"奉命前往该国各地屠杀图西族人以及所有妨碍他们的人。

这次大屠杀普遍是以使用大砍刀这种极其残酷的方式进行的,连妇女和

▲在残酷的卢旺达种族冲突发生后,胡图族难民在位于扎伊尔戈马的一个临时难民营排队等着领水。

儿童也决不放过。这一切都发生在联合国观察员部队军人的眼前,而他们却无权干预。当来自比利时的 11 名观察员部队士兵遭杀害后,比利时只是撤回了其在联合国观察员部队中的小分队。

在大屠杀结束之后,图西族叛军取得了军事胜利,并在基加利掌握了政权。在这次大屠杀中,大约 400 万胡图族人沦为难民,逃到了犯下杀人罪的"胡图族力量"控制下的位于扎伊尔的难民营。1996年,几乎所有的难民都返回了卢旺达,而对这次大屠杀的责任人进行的谴责和惩罚却刚刚开始。

- 西印度群岛板球运动员布里安·拉腊创下了375 分的纪录。

1月

- 加利福尼亚发生地震,造成 57 人死亡。
- 日本国会废除反腐败法案。
- 用剪子割断其丈夫生殖器的美国人洛雷娜·博比特以暂时精神错乱为由被宣告无罪。
- 英国足球经理马特·巴斯比和美国演员特利·萨瓦拉斯去世。

2月

- 波斯尼亚萨拉热窝发生迫击炮袭击,造成 60 多位平民死亡。
- 希腊对马其顿实施经济制裁。
- 美国中央情报局前官员奥尔德里奇·埃姆斯因间谍指控而被捕。
- 犹太定居者在希伯伦清真寺打死 50 多名巴勒斯坦人。
- 俄罗斯对政治犯实行特赦。
- 英国电影导演德里克·贾曼、美国演员约瑟夫·科滕和歌唱家黛娜·肖尔去世。

3月

- 国际原子能机构核查小组抵达朝鲜。
- 波黑同克罗地亚签署联盟协定。
- 突尼斯依照改革后的程序举行选举。
- 索马里冲突各方签署和平协议,美国军队开始撤退。
- 右翼媒体大王西尔维奥·贝卢斯科尼赢得意大利选举。
- 南非宣布讲克瓦语的祖鲁—纳塔尔地区进入紧急状态。

布莱尔取代史密斯成为英国工党领袖

19 94年5月12日，英国工党领袖约翰·史密斯因心脏病发作而突然去世，终年55岁。1992年7月，史密斯在尼尔·基诺克因当年保守党获得选举胜利而辞职后当选为工党领袖。史密斯是一位严谨的政治家，他依靠其诚实、才智和幽默努力改造工党。然而，就连其最好的朋友也认为他并不是一位能力超群的人。

在史密斯去世后举行的工党领袖职位角逐中，主要竞争者看来是戈登·布朗和托尼·布莱尔。布朗被说服支持布莱尔为候选人，最后的角逐在布莱尔和约翰·普雷斯科特之间展开。普雷斯科特是昔日工党传统的代表人物，坦率且令人感到亲切。年轻而潇洒的布莱尔则主张对工党进行必要的革新，包括摒弃过去的许多陈腔滥调。结果，布莱尔在7月份的工党领袖选举中获胜，41岁的他成了工党历史上最年轻的领袖。普雷斯科特当选为工党副领袖。

布莱尔对其支持者的许诺简单而直截了当：他将把工党放回其原来所在的位置，即"再次执政"。在工党最后一次赢得大选20年过去后，工党成员准备支持能够帮助实现这一目标的任何政策变化。

▶备受各派别政治家普遍尊敬的约翰·史密斯去世，为"新工党"的产生开辟了道路。

新闻摘要

· 西班牙演员费尔南多·雷伊、希腊女演员和政治家梅利娜·迈尔库里以及瑞典女演员和导演马伊·塞特林去世。
· 日本首相细川护熙因腐败指控辞职。
· 因卡塔自由党同意参加南非多党选举。
· 白人恐怖帮派企图破坏南非第一次自由选举，结果南非非洲人国民大会在选举中获胜。
· 美国前总统理查德·尼克松、英国滑雪冠军约翰·柯里和儿童文学作家理查德·斯卡里去世。

5月
· 匈牙利社会党(前匈牙利共产党)赢得选举。
· 保拉·琼斯向美国总统克林顿提起性骚扰诉讼。
· 纳戈尔诺－卡拉巴赫地区冲突停火。
· 以色列军队开始从约旦河西岸城市杰里科撤退。
· 格鲁吉亚内战停火。
· 以色列军队开始撤出加沙地带。

纳尔逊·曼德拉出任南非总统

19 94年5月10日，南非第一位黑人总统纳尔逊·曼德拉在灿烂的阳光下于总统府宣誓就职。出席本次就职典礼的国际政要人数为南非历史上最多的一次。

在就职演说中，面对载歌载舞的数千名南非人，曼德拉说："我们发誓要将我们的所有人民从持续的贫穷、掠夺、苦难、种族和其他歧视中解放出来。这片美丽的国土决不、决不、决不会再次出现一个压迫另一个的现象……太阳永远不会在如此辉煌的人类成就之上降落。"接着，黑人和白人聚在一起高唱南非国歌《南非的召唤》和《上帝祝福阿非利加》。

在纳尔逊·曼德拉举行就职典礼的14天前，南非举行了第一次全国选举，在这次选举中，只要是南非人都享有选举权，而肤色则在所不问。非国大与南非共产党、南非工会大会组成三方联盟并在选举中获得了总票数的62.6%，获得了国家议会400张议席中的252张席位。

曼德拉出任南非首任黑人总统，标志着种族隔离制度的结束和民主、平等新南非的诞生。

▲在当选为南非总统前，纳尔逊·曼德拉在南非第一次民主选举中投下自己的一票。

英吉利海峡海底隧道

19 94年5月6日，英国女王伊丽莎白和法国总统弗朗索瓦·密特朗为连接英格兰南海岸和欧洲大陆的铁路线——英吉利海峡海底隧道举行竣工典礼，英国从此就不再是一个岛国了。这条隧道位于英吉利海峡海底，长达50公里（31英里），是有史以来最大的工程项目之一，耗资100亿英镑左右。伊丽莎白女王乘坐"欧洲之星号"列车前往法国科凯勒。在科凯勒，她会见了密特朗总统。然后，她同密特朗总统一起在劳斯莱斯汽车里乘坐"穿梭列车"返回了英国。

在此之前，修筑连接欧洲大陆的海底隧道的计划已被多次提出，但由于英国狭隘的思想而未能付诸实施。例如，1907年，有人提出一项准许修筑一条铁路隧道的议会提案，但在军事专家宣布这会给国防带来风险后，英国议会便否决了这项提案。当时，英国担心欧洲大陆的许多国家大多存在着社会弊病——尤其是人心不古——和非法移民。反对修筑海底隧道的另一个主要原因是安全问题，特别是隧道容易受到恐怖袭击。

然而，英国首相玛格丽特·撒切尔却是一个决不

给反对者留下多少机会的人。1987年11月，海底隧道的修筑工作开始。两年后，两头的工人在中间会师。这项工程耗资数额大大超出了预算，施工人员同付账的欧洲隧道公司发生了激烈的争吵。

最后，这项工程惟一全面失败的部分是修筑一条连接伦敦特别终点站的计划。现存的通往滑铁卢的铁路线1999年仍在使用。

▲ 两条隧道将英国同欧洲大陆连接起来，英国从此不再是一个岛国了。

被告席上的O.J.辛普森

19 94年6月，美国橄榄球历史上最著名的球星之一、最重要的美国黑人媒体名人——O.J.辛普森被指控在其前妻尼科尔·布朗·辛普森的家中残忍杀害尼科尔及其男友罗纳德·戈尔德曼。6月17日，他没有配合传讯程序，正在驾驶一辆白色福

特野马小汽车时被警方认出。当时，警察和电视新闻工作人员紧紧跟踪着O.J.辛普森的汽车，同时听到电视警告的数千人聚集在路边看着他从面前驾车穿过，这在法制史上是最奇特的事件之一。当辛普森放弃逃跑的念头而认输的时候，警察在他的车上找到了一张护照、一副面具和一大笔现金。

1995年1月开庭的审判几乎也是一个同样热闹的场面。在黑人占多数的

◀对美国最著名的体育明星之一——O.J.辛普森作出的无罪判决，仍然是人们思考的一个问题。

陪审团面前，辛普森的辩护律师充分利用种族问题为他辩护。他们得以证明主要参与这起谋杀案调查的一名警官——侦探马克·傅尔曼是一位种族主义者，并利用这一事实来削弱人们对显然不可抵抗的法庭证据的信任。9个月后，法院判决O.J.辛普森无罪。对此判决，大多数美国白人感到吃惊而不敢相信，而大多数黑人则兴奋不已。

为了给亲人报仇，受害者的家人控告辛普森导致非法死亡。1997年2月，民事法院中白人占多数的陪审团作出了于O.J.辛普森不利的判决，要求其支付850万美元的赔偿金。

6月

· 南非返回英联邦。

· 波斯尼亚塞族和穆—克联邦停火。

· 联合国完成对伊拉克化学武器杀伤力的核查。

· 英国首相约翰·梅杰在让—吕克·德阿纳出任欧盟欧洲委员会主席问题上投下否决票。

· 村山富市出任日本首相。

· 英国电视剧作家丹尼斯·波特和美国乐队指挥及作曲家亨利·曼西尼去世。

7月

· 巴勒斯坦解放组织领导人亚瑟尔·阿拉法特抵达加沙。

· 朝鲜领导人金日成去世，其子金正日继任其职务。

· 雅克·桑特出任欧盟欧洲委员会主席。

· 冈比亚发生军事政变，贾瓦拉总统领导的政府被推翻，亚雅·贾梅夺取政权。

· 以色列同约旦签署和平条约。

· 美国反堕胎极端分子杀死一位医生和另外一人。

'94

波罗的海汽车轮渡灾难

1994 年 9 月 27—28 日夜间，一艘载有 1047 名乘客和船员的汽车轮渡——"爱沙尼亚"号在跨越波罗的海前往瑞典的途中，在于特岛附近沉没。只有 140 人生还，这是自第二次世界大战以来发生在欧洲的最严重的一次轮渡灾难。

灾难发生时，天气阴沉，风速为每小时 100 公里，浪高为 10 米。人们认为事故发生的原因是，用于为轮渡装载和卸载小汽车和卡车的艏门被狂风刮开了，致使海水迅速进入轮渡，并使船尾首先沉没。

回想起 1987 年 3 月造成 187 人丧生的英国客轮"自由企业先驱号"灾难，这次海难再次引起人们对渡轮安全的疑虑。人们指责渡轮公司对安装防水舱壁的建议反应迟缓，如果给渡轮安装防水舱壁的话，即使海水涌入脆弱的艏门，整个汽车舱也不会进水。

◀哀悼者在雕刻着在"爱沙尼亚号"渡轮灾难中遇难的 907 人名字的纪念碑前向遇难者表达哀思。

"太阳圣殿教"教徒集体自杀

1994 年 10 月初，在北半球秋分后不久，在几天之内，在瑞士的两个地方和加拿大蒙特利尔附近的莫林海茨发生了三起集体自杀或屠杀事件。人们在被大火烧毁的农舍里共发现了 53 具尸体：15 人为中毒死亡，其余的人则被枪杀或因窒息而死。死者全是预言世界末日即将来临的准基督教或"新时代"邪教组织——由侣克·儒雷于 1977 年建立的"太阳圣殿教"的成员。

侣克·儒雷认为他是先前中世纪"圣殿骑士团"的成员，他是耶稣基督，他女儿则是"宇宙之子"。他让追随者们相信，世界末日即将来临，因为环境灾难将导致一场彻底毁灭性的火灾。他还说服邪教成员相信人在死亡后其生命会在其他星球上延续。

1994 年，儒雷和包括一附属团体头目约瑟夫·迪·马布罗在内的核心集团的其他成员决定："太阳圣殿教"的一些成员应当在世界末日来临之前离开地球，"转移"到围绕着"天狼星"旋转的一个星球上。他们认为要成功地"转移"，就必须死于火中。在与其他成员一起实施集体自杀的几天前，迪·马布罗和 12 名追随者共进最后一顿晚餐。

这次集体自杀后，"太阳圣殿教"的成员每年都会有零星的集体自杀，总是选择在春分、秋分、夏至或冬至前后烧死在火中。截至 1997 年底，该邪教组织共有 74 名成员自杀身亡。今天，人们认为全世界的"太阳圣殿教"成员人数已增至 500 人，主要分布在加拿大、法国和瑞士。

▶ 原"太阳圣殿教"总部——瑞士一家农舍被大火烧成了一片废墟。

英国彩票赌博

19 94年11月19日，英国国家彩票进行第一次抽奖。7人分摊了1580万英镑的奖金。估计有

2500万人购买了彩票，其人数超过了全国成人人口的一半。4500万英镑当中的三分之一拨给了为选中的慈善事业提供资金的一个基金会。

卡梅洛特公司获得了经销国家彩票的权利，该公司打算在这笔交易中获

◀ 到20世纪90年代末，估计有1000人因英国全国彩票的发行而成为百万富翁。

得巨额利润。这种做法受到了维真公司老板的强烈批评，他曾建议将经销权给予不营利的英国彩票基金会。

全国各地对彩票进行猛烈批评的主要是宗教界领袖。而普通彩民对其非自愿地为慈善事业提供的捐助的用途更是耿耿于怀，1200万英镑支付给了丘吉尔家族用于修建温斯顿·丘吉尔的个人档案馆。

车臣冲突

在 1991年苏联瓦解后，前苏联的领土上出现了接二连三的民族之间的争执，有些还引发了公开的武装冲突。其中，最激烈的冲突发生在俄罗斯联邦内部，在该国"自治区"的民族集团想同前苏联各加盟共和国一样也享有独立的权利。

俄罗斯联邦当中一直反对沙俄帝国和苏联统治的一个民族集团是穆斯林车臣人，他们生活在荒芜而多山的高加索地区。1991年11月，在焦哈尔·杜达耶夫的领导下，车臣自治区宣布成立车臣共和国。俄罗斯总统鲍里斯·叶利钦对此作出反应，派遣安全部队进驻车臣。但面对杜达耶夫领导的国民警卫队和车臣志愿者的抵抗，叶利钦被迫作出让步。

在此后三年的时间里，尽管杜达耶夫的统治

▲ 俄罗斯军队的载人装甲车被车臣反坦克导弹击中，导致五名俄罗斯士兵死亡。

变得日益专横起来，但俄罗斯政府却几乎未进行干涉，车臣借此巩固了其独立的地位。被逐出车臣的反对派政府官员请求俄罗斯支持他们将杜达耶夫赶下台。1994年11月26日，俄罗斯政府命令坦克进入车臣首府格罗兹尼的街道，试图发动政变，成立新政府。这一行动却遭到了彻底的失败。坦克被车臣好战分子击退，车臣民族情绪因而高涨起来。

俄罗斯不愿忍受这一耻辱，开始对格罗兹尼发

动全面进攻。经过激烈的战斗，1995年1月他们占领了格罗兹尼。此后，在该地区发生了残酷的游击战，共造成大约3万人死亡。1996年8月，车臣叛乱分子甚至还短暂地成功夺回了格罗兹尼。这次宣传性的政变之后，双方达成了和平协议，这得益于一个事实：极端分子杜达耶夫在冲突中被打死。俄罗斯军队将撤出该地区，但对车臣独立的承认至少要推迟到下个世纪。

· 英国历史学家约翰·波普—亨西尼和乌克兰电影导演谢尔盖·邦达尔丘克去世。

11月
· 韩国结束同朝鲜之间的贸易禁运。
· 美国民主党在中期选举中失利。
· 钱德拉·库马拉通加出任斯里兰卡总统。
· 伊拉克正式承认科威特。
· 安哥拉政府军占领万博。
· 东帝汶爆发反政府骚乱和游行示威。
· 爱尔兰联合政府垮台。
· 巴勒斯坦解放组织同更加好战的几个巴勒斯坦人组织在加沙和约旦河西岸爆发冲突。
· 若阿金·希萨诺出任莫桑比克总统。
· 挪威举行全民公决，决定不加入欧盟。
· 美国爵士乐歌唱家和乐队指挥卡贝尔·卡洛威去世。

12月
· 爱尔兰成立以约翰·布鲁顿为总理的新联合政府。
· 利比里亚内战结束。
· 意大利总理西尔维奥·贝卢斯科尼辞职。
· 波黑协商停火。
· 英国剧作家约翰·奥斯本去世。

日本神户大地震

▲ 在日本遭遇半个世纪以来最严重的地震之后，一辆巨型起重机将小汽车从被震坏的神户市的阪神高速公路废墟中拖出来。

19 95年1月17日凌晨5时46分，日本西部城市神户发生大地震。神户在这次地震中损失惨重，共造成3842人死亡，14679人受伤。这次地震震级为里氏7.2级，在最初的震动后，处在日本主要工业区之一的这个繁忙的港口城市就有54949幢建筑物遭到彻底毁坏，另有31783幢受到了不同程度的损害。

当高速公路被折断而坍塌时，卡车和小汽车正在上面飞速行驶，而断裂的煤气管道却燃起了大火。114500多人立即从一片瓦砾的街道上被疏散，他们的房屋要么是被彻底毁坏，要么是在接近零度的气温下突然断电和停止供暖。因为火灾蔓延到了周围数英里的地方，因此该地区包括大阪在内的其他城镇和城市也受到了一定的损失。

当人们了解到神户地震造成的损失程度时，远东地区的股票市场受到了冲击(造成这一结果的另外一些重要因素包括尼克·李森的损失和巴林银行的转让)。后来被命名为"阪神淡路大地震"的神户大地震是1923年9月1日之后破坏最严重的一次地震。1923年9月1日，东京和横滨发生地震，造成142807人丧生，并使东京成为一片废墟。

李森使巴林银行倒闭

19 95年2月24日，伦敦巴林银行的高级经理们意识到，由于该银行驻新加坡办事处总经理尼克·李森的投机和欺诈交易，他们将面临高达8.6亿英镑毁灭性的损失。包括英国王子信托基金在内的存款立即被冻结，因为主要董事要为这家英国资历最老的商业银行找到一位买主。

意识到灾祸即将来临，这位来自英格兰沃特福德的"天才少年"在前一天的晚上就逃离了新加坡。第二天，他在马来西亚吉隆坡用传真向外发送其辞呈及其解释。接着，李森

▶ 要不是在神户大地震后东京股票交易所股市价格暴跌，尼克·李森的投机欺诈行为或许还无人知晓。

与妻子利萨一起乘飞机抵达婆罗洲的哥打基纳巴卢，他们在这里一家豪华的"香格里拉"酒店住了几天。3月2日，他们企图途经法兰克福返回英格兰，没想到警察已在法兰克福等候已久，他们一到就遭到了逮捕。

1992年年底，李森被任命为新加坡巴林期货公司的总经理兼首席交易员。在新加坡期货交易所，他是一位知名人物，是众所周知的在交易中总能稳操胜券的人。1994年，他报告称获得了2850万英镑的史无前例的赢利，董事长彼得·巴林听后"喜出望外"。但这一切都是一种假象。事实上，截至1994年12月，李森已经共计损失2.08亿英镑。他在账目上隐瞒了这一事实，其上司对此一无所知，因为他控制着新加坡交易所的运作和内部结算。

1995年1月17日，受神户大地震的影响，东京股票交易所股价暴跌，李森的损失急剧上涨。为制造虚构营利，他在账目上做了虚构交易，捏造了欠给巴林期货公司的欠款，并非法借款用于更加铤而走险的赌钱活动，以弥补其剧增的损失。

3月5日，荷兰ING银行以1英镑的价格收购了巴林银行，但承诺注入6.6亿新资本。12月2日，尼克·李森在新加坡接受了审判，因欺诈罪被判6年零6个月的监禁。

新芬党变得体面起来

1995年3月，格里·亚当斯成功地对美国进行了访问，为其所领导的共和党——新芬党赢得名望而努力并取得了重大进展。由于新芬党被普遍认为是恐怖主义势力爱尔兰共和军的政治派别，因此以前主流政治家总是拒绝与其接触。然而，美国总统比尔·克林顿却不仅邀请亚当斯在白宫共进午餐，而且还和他热情地握手，这表明他在充当调解人的角色。

人们普遍认为亚当斯成功地说服了共和党，使其相信北爱尔兰前面的道路依赖于通过谈判解决存在的问题。1994年8月31日，爱尔兰共和军宣布"彻底停止军事行动"，这意味着北爱尔兰在持续达25年之久的战争之后将恢复和平，因此受到了很多方面的欢迎。爱尔兰总理艾伯特·雷诺兹当时表示："就我们而言，长时间的噩梦结束了。"其他人则表现得比他要审慎一些。英国首相约翰·梅杰继续坚持爱尔兰共和军必须先解除武装，才能同其展开和平会谈。

1995年2月，梅杰和新上任的爱尔兰总理约翰·布鲁顿在北爱尔兰签署了一项和平框架文件。其内容包括建议在乌尔斯特省成立立法会以及爱尔兰共和国与其在历史上享有主权的乌尔斯特实现统一。该框架文件受到了新

▲为爱尔兰共和主义展示出新面貌的新芬党领袖格里·亚当斯在为一次美国谈话电视节目做准备。

芬党的普遍欢迎，但解除爱尔兰共和军武装的问题阻碍了多党会谈进一步取得进展。9月，戴维·特林布尔当选为北爱尔兰统一党领袖。这在当时被视为对和平进程的又一重大打击，因为特林布尔是一位反对向共和党作出任何让步的强硬派知名人物。

尽管许多人作出了多种不乐观的预言，但双方还是达成了停火协议。1995年11月，在美国的推动下，采取了"双轨"的方式推动已经停滞的谈判进程。解除恐怖分子武装的问题留给美国参议员乔治·米切尔主持下的委员会去解决。同时，新芬党将参加初期和平会谈。这一协议促成了克林顿总统在月底成功访问北爱尔兰并与亚当斯再次握手。

演的《冰血暴》、布赖恩·辛格导演的《嫌疑惯犯》、丹尼·博伊尔导演的《猜火车》和迈克·李导演的《秘密与谎言》。

· 本年度的流行音乐包括Take That乐队的《Back For Good》、艾德温·科林斯演唱的《A Girl Like You》、Pulp乐队演唱的《CommonPeople》、Blur乐队演唱的《Country House》和Oasis乐队演唱的《Wonderwall》。

· 本年度出版的图书包括帕特·巴克的《幽灵之路》和詹姆斯·埃尔罗伊的《美国小报》。

1月

· 瑞典、奥地利和芬兰加入欧盟，欧盟成员国增至15个。

· 车臣格罗兹尼发生激烈战斗，俄罗斯军队占领车臣总统府。

· 纽特·金里奇出任美国众议院发言人。

· 马拉维前总统黑斯廷斯·班达因谋杀罪指控被捕。

· 美国为墨西哥签发400亿美元的借款保证函。

· 以兰贝托·迪尼为总理的意大利新政府成立。

· 荷兰遭遇大雨，面临着发生严重的洪涝灾害的威胁。

· 英国自然资源保护学家和作家杰拉尔德·达雷尔、讽刺作家彼得·库克和喜剧演员拉里·格雷森去世。

2月

· 联合国维和部队进驻安哥拉。

· 俄罗斯军队完成对车臣格罗兹尼的占领，叛乱分子在车臣南部继续反抗。

新闻摘要

· 俄罗斯爆发大规模的工人罢工,要求支付工资欠款。
· 伊朗禁止卫星电视接收机。
· 厄瓜多尔同秘鲁签署和平协议,结束边界冲突。
· 印度火车炸弹爆炸案造成27人死亡。
· 英国网球运动员弗雷德·佩里、剧作家罗伯特·博尔特、演员唐纳德·普莱森斯、作家詹姆斯·赫里奥特和美国惊险小说作家帕特里夏·海史密斯去世。

3月

· 联合国军队完成从索马里的撤军。
· 包括前共产党在内的政党联盟在爱沙尼亚选举中获胜。
· 墨西哥宣布实施财政紧缩措施以抑制金融危机。
· 布隆迪在政府部长遭暗杀后爆发种族暴力冲突。
· 被判谋杀罪的菲律宾少女被执行死刑。
· 欧盟七国废除其之间的内部边境控制。
· 美国军队从海地撤退。
· 英国战时突击队领导人洛瓦特勋爵和特种行动执行组(第二次世界大战中英国的情报组织,旨在从希特勒统治区营救科学家与其他有用的公民——译者注)成员奥黛特·哈洛斯去世。

"奥姆真理教"东京地铁毒气袭击事件

1995年3月20日交通高峰时间,一个日本邪教组织——"奥姆真理教"的十名成员身着西装并各带着一把雨伞,登上了开往位于东京中心的落霞刀关站的五列不同的地铁列车。他们在卷着的报纸里携带着装有神经毒气沙林的塑料袋。当他们用雨伞的尖端将塑料袋刺破时,致命的毒气便释放到了地铁系统里面,而这些邪教组织成员则飞快地逃跑了。接着,出现了恐怖的场面,被封住双眼的乘客拼命寻找地铁通道,而其他人则倒在了站台上。这起事件共造成12人死亡,5500人受伤,其中有些人伤势严重。

"奥姆真理教"是一个宣扬世界末日即将来临的邪教组织,该教创立于20世纪80年代。其创始人是出生于1955年自称"麻原彰晃"的松本智津夫,他双眼从小就因患青光眼而处于半失明的状态。麻原彰晃所著的一本名为《自封基督》的书吸引了大量的年轻日本人信奉"奥姆真理教"。他在俄罗斯也有大量的追随者。一项官方调查显示,"奥姆真理教"在世界范围内拥有5万名信徒和将近10亿美元的财产。

麻原彰晃利用这笔财富积累了大量的武器,这是他为其预言的将会促使一个新灵魂很快诞生的世界末日所做的准备。

毒气袭击事件发生两天后,佩戴着防毒面具的日本警察袭击了设在山梨县上九一色村的"奥姆真理教"总部,发现了制造神经毒气所需要的大量化学药品。随着该邪教组织成员接二连三地遭到逮捕,警察找到了前一年在松本农村地区发生的造成七人死亡的另一起沙林攻击事件和几起凶杀案以及其他犯罪活动的证据。

在东京地铁毒气袭击事件发生后的几周时间里,"奥姆真理教"成员又进一步采取了恐怖行动,包括枪击一位高级警官,向东京市长邮递书信炸弹以及三次对地铁进行毒气袭击,但幸运的是这些都未能得逞。5月16日,麻原彰晃最终被捕。他是在上九一色村一个极小的藏身之处被找到的,他在那里躲避警方的搜捕已经将近八周了。警察在他身上搜出了10万美元的现金。

▲这些是"奥姆真理教"东京地铁毒气袭击事件的受害者,这次事件共造成五千多人受伤。

俄克拉荷马城爆炸案

1995年4月19日上午,俄克拉荷马城遭到了美国历史上破坏性最强的恐怖袭击。恐怖分子放在停在俄克拉荷马城联邦办公大楼外面的一辆卡车上的一枚炸弹爆炸,90层高的办公大楼被炸开了一个敞开着的大洞。炸弹炸中了位于大楼二层的一个日托托儿站,爆炸发生时上班的职员刚把孩子送到那儿离开后不久。爆炸所引起的冲击波非常强烈,在48公里之外的地方都能感觉到。

爆炸发生后不久,有关方面就开始了救援行

动，这是一次非常恐怖的经历。救援人员在嗅探犬的帮助下在瓦砾中慢慢地寻找生还者——这种搜救行动通常是徒劳的，一位消防队员这样说道：他所发现的是"一个婴儿的手指和一面美国国旗"。最后确定的死亡人数为168人，另有更多的人受伤。

最初，人们猜测这次爆炸案肯定是中东恐怖分子所为，但时事评论员们很快就注意到4月19日这一天距离韦科包围恰好两年整，而许多美国右翼分子认为韦科包围是由联邦当局对大卫教派成员进行的一次大屠杀。最后，警方认定这是对联邦办公大楼实施的一次报复性袭击。

不久，同右翼民兵组织有联系的两人——提马斯·麦克维和特里·尼克尔斯被捕并遭到指控。最终，法院在其同谋犯罪没有得到充分证据的情况下对他们作出了有罪判决。

▲美国国旗在被炸得破烂不堪的俄克拉荷马城联邦办公大楼前飘扬。

克伦威尔大街：性质最恶劣的凶杀案

19 95年元旦，弗雷德里克·韦斯特在温森·格林监狱自己的牢房里上吊自杀。在此之前，他在等待对其进行的审判，他涉嫌制造了英国历史上最可怕的系列凶杀案。韦斯特已经供认他杀死了12名有名有姓的年轻女性，大部分是在20世纪70年代杀死的，但后来他告诉警方实际上除此之外他还杀死了二十多人。

韦斯特是位建筑工人，居住在格洛斯特克伦威尔大街25号。他同妻子罗斯玛丽一起拥有一个特殊的家庭，经常欢迎漂流者前来住宿。韦斯特十分迷恋于性事，并对各种性活动乐此不疲，同自己的女儿做爱，并喜欢看他妻子卖淫时的情景。他还经常与来他家里投宿的年轻姑娘发生性关系。凶杀案要么发生在性虐待过程中，要么是对与其作对或威胁他的人突然使用暴力而致其死亡。

1994年2月，警方在韦斯特家的后花园里发现了一具尸体，接着将其逮捕。

警方对他的房屋进行进一步的搜查，在房屋周围又发现了多具尸骨，其中大多数是在地窖里找到的。后来，警方又在格洛斯特郊外的一块田地里和韦斯特过去在该市另外一个地方的住宅里发现了多具尸体。受害者当中有夏梅因·韦斯特，她是弗雷德里克·韦斯特第一个妻子丽娜·科斯特洛的私生女儿，被害时年仅8岁；雪利·罗宾逊，被害时肚子里还怀着韦斯特的孩子；露西·帕廷顿，埃克塞特大学在校学生，1973年在一个公共汽车站被韦斯特夫妇用车接走后就在人世间消失了；一名瑞士人，在旅行途中曾搭乘韦斯特的便车；希瑟·韦斯特，罗斯玛丽同弗雷德里克·韦斯特结婚后生下的女儿，遇害时刚满16岁。

在弗雷德里克自杀后，罗斯玛丽·韦斯特因杀害十人而受到了审判。1995年11月，法院对其作出了有罪判决，她被判处无期徒刑。

▲英国历史上性质最恶劣的系列凶杀案凶手罗斯玛丽和弗雷德里克·韦斯特。尽管警方找到了十多具尸体，但遭其杀害的受害者的真实数字可能永远都是个未知数。

4月
· 阿尔韦托·藤森再次当选为秘鲁总统。
· 玻利维亚在出现罢工和国内动乱后宣布进入紧急状态。
· 美国特别检察官就白水腐败案调查会见克林顿总统夫妇。
· 卢旺达的一个难民营中的数千名胡图族难民遭图西族军人屠杀。
· 马哈蒂尔·宾·穆罕默德在马来西亚选举中获胜。
· 英国流行音乐节目主持人和喜剧演员肯尼·埃弗里特及美国女演员和舞蹈家金格·罗杰斯去世。

5月
· 爱尔兰新芬党同英国政府开始举行会议。
· 雅克·希拉克赢得法国总统选举。
· 卡洛斯·梅内姆在阿根廷总统选举中获得连任。
· 扎伊尔爆发埃博拉病毒（又译伊波拉病毒。——译者注），造成150人死亡。
· 欧文勋爵辞去欧盟驻波斯尼亚调解人的职务，卡尔·比尔特接任其职务。
· 英国前首相哈罗德·威尔逊去世。

6月
· 日本政府通过决议，要为日本在第二次世界大战中的行为表示歉意。
· 车臣游击队在俄罗斯普里库姆斯克（旧译布琼诺夫斯克。——译者注）劫持人质。
· 伊拉克发生未遂军事政变。
· 绿色和平组织活动分子阻止"布伦特·斯帕尔号"石油钻井平台在海上炸毁。

路易斯·法拉坎组织"百万男人游行"

1995年10月16日，美国最有争议的黑人运动团体之一——主张分离的"伊斯兰民族"的领袖路易斯·法拉坎在华盛顿特区策划了一次"百万男人游行"。在某种意义上说，这是为了纪念马丁·路德·金而精心策划的一次游行，并要同著名的1963年在华盛顿举行的大游行一比高低。1963年那次大游行共吸引了25万人来聆听民权运动领袖谈论其关于未来种族和谐的梦想。

与马丁·路德·金的观点不同，法拉坎主张：黑人必须维护自己的价值观，并抵制白人社会。他以其特别针对犹太人的攻击性言辞而著名，这使他受到了种族歧视的指控，而他却认为种族歧视只是白人针对黑人的行为。他还认为妇女处于从属地位，这种对待妇女的态度也招致了强烈的指责。

尽管10月16日的集会远远没有达到百万人的目标，但其规模也是非常巨大的。大约40万人——其中几乎全是黑人男子蜂拥到美国国会大厦下面的购物中心，其中"伊斯兰民族"的成员非常显眼，他们身着与众不同的套装，打着蝶形领结。他们听法拉坎谈论要不寻常地约束黑人自立的需要，呼吁只有在自卫时才能使用暴力以及黑人需要自律以避免对毒品或酒精的依赖。

尽管法拉坎演讲时的语气令人感到安心，但人们也普遍担心以其对"黑人愤怒"和对白人压迫的富有攻击性的谴责，他会成为20世纪90年代最著名的非洲裔美国人的代言人。就在华盛顿游行的当天，美国总统克林顿在得克萨斯州奥斯汀发表讲话，公开指责"一个人怀有恶意并企图制造分裂的言辞"的影响。然而，就连他也不可否认美国需要"洗刷国内的种族主义"。

▲路易斯·法拉坎策划的"百万男人游行"可能只有40万人，但参加游行的人还是挤满了美国国会大厦下面的购物中心。

以色列总理拉宾遇刺

1995年11月4日，以色列总理伊扎克·拉宾在离开特拉维夫举行的一个晚间和平集会时遭枪击身亡。凶手伊加尔·阿米尔是一名25岁的学生，被警方当场逮捕。

阿米尔是一位右翼犹太原教旨主义者，他反对拉宾与巴勒斯坦领导人亚西尔·阿拉法特于1993年达成的和平协议。事发后，阿米尔一点也不后悔，他告诉警方说："我是奉上帝的旨意独自行事。"他还计划枪杀以色列外长西蒙·佩雷斯，但佩雷斯独自离开了和平集会会场，因而避开了为他准备的子弹。

作为以色列的一名政治领导人，拉宾可谓成就辉

▲中东和平会谈期间伊扎克·拉宾（右）同美国总统克林顿和约旦国王侯赛因在一起。

煌。他参与了1948年的独立战争，并曾在1967年的"六天战争"期间担任以色列参谋长一职。进入政界后，他在20世纪70年代期间曾担任总理四年，并于1992年再次出任总理。正因为他是一位以色列爱国者和功勋卓著的军事领导人，他才得以说服以色列人支持同巴勒斯坦人达成的富有挑战性的和平协议。

这次刺杀活动凸显以色列社会内部两派——坚决反对向巴勒斯坦人作出任何让步的以色列人，尤其是宗教原教旨主义者和认为只有通过谈判解决问题才能产生持久的和平与安全的以色列人——之间存在着深刻的分歧。尤其让许多以色列人感到震惊的是，同他们的政府进行谈判的巴勒斯坦代表竟然是被普遍视为顽固不化的恐怖分子亚西尔·阿拉法特。

1993年9月，拉宾在白宫的草坪上同阿拉法特握手，很可能正是这一姿态让他付出了生命的惨重代价。

中东和平进程并没有因为拉宾遇刺而中止，而是在总理佩雷斯的领导下得以继续前进。1996年1月，阿拉法特当选为在约旦河西岸、加沙和东耶路撒冷实行自治的新的巴勒斯坦当局领导人。但在这一年5月举行的以色列选举中，佩雷斯被利库德集团领导人本雅明·内塔尼亚胡击败，内塔尼亚胡表示要对巴勒斯坦人采取更为强硬的立场。

波斯尼亚和代顿协议

▲当米洛舍维奇、图季曼和伊泽特贝戈维奇在代顿和平协议上签字时，几个国家的领导人鼓掌表示欢迎。

1995年，波黑战争在前两年期间的僵局将发生改变。促使这一变化的一个关键因素是西方国家对冲突各方——但主要是塞尔维亚族——采取了越来越强硬的态度。遭到围攻的联合国维和部队得到了重型武器、迫击炮、大炮和装甲战车。如果要对交战各派别实施有效的威胁，这些武器都是必需的。另外，英国、法国和美国均承诺向该地区派遣精锐的地面部队，以对抗塞尔维亚族、克罗地亚族和穆斯林族武装分子。

在由北约组织主导的军事集结正在进行的时候，塞尔维亚族对穆斯林聚居区发动了更猛烈的攻势。7月，塞尔维亚族武装分子攻陷斯雷布雷尼察，并对穆斯林族反抗者展开了骇人听闻的大屠杀。当眼看塞尔维亚族武装分子就要占领邻近的戈拉日代聚居区时，联合国军队（实际上是北约军队——译者注）采取了果断的行动：出动飞机3500架次对塞尔维亚族多个目标实施空袭，英国和法国炮兵部队发射炮弹轰炸萨拉热窝周围的塞尔维亚族阵地。

或许是担心其首府佩尔受到直接攻击，波斯尼亚塞尔维亚族对联合国军队的进攻没有作出反应。与此同时，穆斯林族和克罗地亚族在同塞尔维亚族的冲突中取得了一些有限而重要的局部胜利。担心失去其所有的既得利益，塞尔维亚族开始寻求谈判以解决问题。

1995年11月，米洛舍维奇、图季曼和伊泽特贝戈维奇在美国俄亥俄州的代顿举行会晤，讨论和平协议事宜。在美国谈判代表理查德·霍尔布鲁克的有力主导下，各方最终达成了一项相互妥协的和平协议。12月，有关各方在法国签署了该和平协议。根据该和平协议，一个新国家波斯尼亚—黑塞哥维纳联盟成立了，该国存在两个自治政府：穆斯林—克罗地亚联邦和波斯尼亚塞尔维亚共和国。联合国向波斯尼亚增派军队，监督各方对第一次达成的停火协议的执行情况。

- 巴勒斯坦解放组织同以色列签署第二阶段自治协议，推动中东和平进程向前迈进一步。

10月
- 被指控杀害其前妻的O.J.辛普森被宣告无罪。
- 马其顿总统遭汽车炸弹暗杀袭击而身受重伤。
- 以色列释放九千多名巴勒斯坦囚犯。
- 联合国举行成立50周年纪念仪式。
- 伊斯兰吉哈德领导人法特希·阿什—希卡基遭杀害。
- 魁北克省就独立问题举行公民投票，结果主张继续作为加拿大一部分的一派获得微弱优势。

11月
- 哈比尔·索拉纳·马达里亚加出任北约秘书长。
- 爱·阿·谢瓦尔德纳泽当选为格鲁吉亚总统。
- 沙特阿拉伯发生汽车炸弹袭击，造成六人死亡。
- 韩国前总统卢泰愚因腐败指控被捕。
- 亚历山大·克瓦希涅夫斯基在波兰总统选举中击败前共产党人莱赫·瓦文萨而当选为总统。
- 爱尔兰就解除离婚禁令举行公民投票，结果勉强获得通过。

12月
- 法国爆发罢工，要求进行福利改革。
- 俄罗斯举行杜马选举。
- 马拉维前总统黑斯廷斯·班达被宣判未曾犯有被指控的谋杀罪。
- 美国政党分歧致使预算立法未获通过，联邦机构因而关闭。

爱尔兰共和军重新实施炸弹袭击

1996年2月10日，爱尔兰共和军在伦敦东部发动了一次破坏性极强的袭击，自1994年8月以来该组织遵守的停火协议宣告终止。当天傍晚时分，一枚巨型炸弹在多克兰兹开发区中心的艾勒夫多格斯中的南奎伊斯车站外爆炸。爆炸在很大的范围内造成了损失，炸死两人，炸伤多人，其中大多是被炸碎的窗户玻璃碎片扎伤的。这并不是一起孤立的事件，一周后，一枚炸弹在伦敦中部的一辆公共汽车上爆炸，利用该公共汽车将炸弹运往其目标所在地的恐怖分子被炸死。

爱尔兰共和军在英国大陆发起的新一轮袭击，主要是使用大型的炸弹攻击象征性的或具有重要经济地位的目标。4月，爱尔兰共和军企图利用比多克兰兹开发区爆炸案中使用的炸弹还要大的两个炸弹装置轰炸伦敦西部横跨泰晤士河的哈默史密斯大桥，但炸弹未能引爆。接着，他们又把目标瞄准了曼彻斯特。6月15日，曼彻斯特市中心发生爆炸，炸伤数百人，造成的财产损失巨大，其规模是以前爱尔兰共和军对英国进行袭击所未曾有过的。

爱尔兰共和军重新实施炸弹袭击导致爱尔兰共和军政治派别新芬党被自动排除在有关北爱尔兰未来问题的各派会谈之外。英国政府将停止暴力活动列为新芬党参加各派会谈决定性的前提条件。然而，令英国政府感到尴尬的是，在5月份举行的将负责会谈的各派论坛的选举中格里·亚当斯领导的新芬党赢得了17个席位。

尽管英国政府拒绝新芬党代表出席各派会谈的做法是可以理解的，但这却导致会谈在很大程度上是毫无意义的，因为如果没有新芬党这一派的同意，就难以保证和平。1997年，英国新政府成立，各方得以继续向前推动和平进程，并达成了新的爱尔兰共和军停火协议。

▲耸立在伦敦多克兰兹的可奈力荷夫公司大楼严重受损，该炸弹袭击标志着爱尔兰共和军终止了停火协议的执行。

邓布兰凶杀案

1996年3月13日上午9时30分之前，前童子军领导人托马斯·汉密尔顿走进了苏格兰邓布兰镇的一所小学，当时他鼻子上架着一副眼镜，头上戴着一顶黑色帽子，耳朵上套着一副黑耳套。他随身携带着4支枪——两支9毫米口径的伯朗宁自动手枪和两支史密斯和韦森左轮手枪——和743发子弹。

汉密尔顿进入了该校的体育馆，当时有一班五六岁的学生正要开始体育锻炼。这个房间里还有这班学生的老师格温·梅厄、兼职教师艾琳·哈里德和助手玛丽·布莱克。汉密尔顿首先用枪射击三位成年人，梅厄当场死亡，其他两位被打伤。接着，他开始向学生们开枪，在房间里到处走动，将试图躲避的学生一个一个地击倒。在大约4分钟后，他向另一间教室连续射击，然后将一支史密斯和韦森左轮手枪放进嘴里，并扣动了扳机。汉密尔顿共打了105发子弹，打死了16名学生，打伤11名。体育馆里的那班学生28人当中只有一名学生身上没有受伤。

43岁的汉密尔顿是个单身汉，他实施枪杀案的动机好像是他对经常有人控告他对儿童的举止不当而愤恨不已。1973年，他被免去了童子军领导人的职务，这令他非常恼火，时隔二十多年之后，他还就此事向英国女王写了一封控诉信，这恰恰发生在这起凶杀案的前几天。在信中，他还明确提及邓布兰镇的那所学校，他声称说，有人控告他对那所学校的学生行为不端是对其人格毫无根据的诽谤。

随着对凶手情况的进一步揭露，人们对凶杀案的震惊和愤怒程度与日俱增。人们质问：既然有那么多的证据表明他不适合经营男生俱乐部，为什么却允许他经营

▲悲痛欲绝的家长在等待有关邓布兰小学枪击事件结果的消息。

了20年？他获得持枪证的情况更是反常：他在这起凶杀案中使用的武器均是通过完全合法的手段得到的。由卡伦勋爵组织进行的调查发现了这样的事实：1991年11月，侦探保罗·休斯警官就向副局长道格拉斯·麦克默多写了一封信，说汉密尔顿"性格令人讨厌，人格不稳定"，对年轻的男孩"有着极其反常的兴趣"，不应当获得持枪证。麦克默多没有采取任何行动，并于1992年更换了汉密尔顿的持枪证，1995年又再次更换，还批准其可再持有两支枪。麦克默多受到了卡伦调查小组的批评，被迫辞去了其在警察局的职务。

邓布兰凶杀案的直接后果是，英国禁止个人持有手枪。面对舆论的压力，最后英国下议院通过了一项比卡伦勋爵调查报告中的建议还要严格的法案。

英国牛肉受到"疯牛病"恐慌的打击

19⁹⁶年3月20日，英国卫生大臣斯蒂芬·杜瑞尔在英国议会承认牛身上所患的牛海绵状脑病(俗称"疯牛病"——译者注)与人类所患的潜在的致命性CJD病（中文称为"海绵状脑血管病变或朊病毒感染"，俗称"人类疯牛病"——译者注)有关联。从而结束了一场持久的争论。"疯牛病"出现于20世纪80年代，可能是由用屠宰的家畜的碎屑喂牛导致的。此前，英国政府一直否认这种疾病会对与其接触

▶英国农业大臣约翰·格默对英国牛肉信心十足。

的人构成任何威胁。

在杜瑞尔说出一席引起轰动的讲话5天后，欧盟对英国牛肉出口产品在全世界范围内发布禁令。许多英国消费者也不愿购买牛肉，像麦当劳这样的英国牛肉主要客户也拒绝购买。牛肉价格降到了最低水平，这给英国牛农造成了灾难

性的损失。英国政府有选择地屠杀了被认为患"疯牛病"风险最大的数百万头牛，以此来恢复人们对英国牛肉的信心。但这已为时太晚，因为媒体已频频报道有人患CJD病死亡的消息，而且一些专家称不排除有发生大规模流行病的可能性。

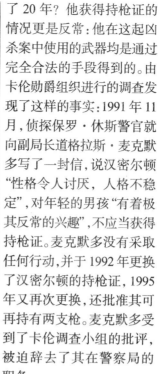

- 本年度的流行歌曲包括Prodigy乐队演唱的《Firestarter》、Fugees乐队演唱的《Killing Me Softly》和Spice Girls演唱的《Wannabe》。

1月
- 美国遭暴风雪袭击，造成100多人死亡。
- 科斯塔斯·希米蒂斯出任希腊总理。
- 亚瑟尔·阿拉法特当选为巴勒斯坦总统。
- 法国终止其在太平洋进行的多次核试验。
- 法国政治家弗朗索瓦·密特朗和美国诗人及散文家约瑟夫·布罗茨基去世。

2月
- 美国演员和舞蹈家吉恩·凯利去世。

3月
- 约翰·霍华德出任澳大利亚总理。
- 何塞·玛丽亚·阿斯纳尔在西班牙选举中获胜。
- 北爱尔兰和平会谈开始，爱尔兰新芬党和统一党主要派别未参加会谈。
- 纳尔逊·曼德拉同其妻温妮离婚。
- 刺杀以色列总理伊扎克·拉宾的凶手伊加尔·阿米尔被判处终生监禁。
- 俄罗斯单方面宣布在车臣停火。
- 美国喜剧演员乔治·伯恩斯去世。

4月
- 利比里亚派别冲突战火再次在首都蒙罗维亚燃起。
- 以色列向黎巴嫩联合国难民中心发动袭击，造成100多人死亡。

美国"寄邮包炸弹者"被抓获

1996年4月3日，前数学教授西奥多·卡钦斯基被美国联邦调查局逮捕，并被指控为被列为美国头号通缉恐怖分子的"寄邮包炸弹者"。被捕时，卡钦斯基正居住在蒙大拿州一个未开垦的森林地带的一间小木屋里，这里没有活水，也没有电。18年来，美国联邦调查局一直在寻找这位"寄邮包炸弹者"，但他们最后是根据他弟弟戴维的暗示才找到他的。

警方认为这位"寄邮包炸弹者"共策划了16起炸弹爆炸案，共造成3人死亡，23人受伤。其包裹炸弹的受害者当中有一家电脑商店的老板、一位计算机科学教授、一位遗传学家、一位广告经理和在伐木业中居于领先地位的加利福尼亚森林协会的会长。西奥多·卡钦斯基公开承认其策划邮包炸弹案的动机是警告世界放弃工业社会和现代技术的必要性，他认为这两者对人类的真正福祉和地球生存构成了威胁。他的这些观点在一份长达3.5万字的声明中得到了充分的体现，这份声明是1995年由美国两大报纸登载的，作为交换条件，这位"寄邮包炸弹者"承诺停止其恐怖活动。

在1998年接受审判的时候，卡钦斯基在最后时刻改变了原来准备的抗辩，承认有罪。他这样做是为了避免其律师将其犯罪行为归咎于精神状态不好。他坚持认为：作为一种引起人们对现代社会弊病关注的方式，他的所作所为是正确的。这一立场出乎意外地为其在美国赢得了众多的敬慕者。

◀ 在躲避美国联邦调查局达18年后，美国人众所周知的"寄邮包炸弹者"西奥多·卡钦斯基被抓获。

叶利钦再次当选为俄罗斯总统

1996年7月，尽管鲍里斯·叶利钦面临着形势严峻：俄罗斯经济呈螺旋形下滑，车臣游击战持续不断，越来越多的迹象表明其身体状况每况愈下，但他还是再次当选为俄罗斯总统。他的获胜受到了西方国家的欢迎，在此之前，它们担心共产党会重新在莫斯科执掌政权。

在第一轮投票中，叶利钦勉强领先于其主要对手——共产党候选人根纳季·久加诺夫，前者得票率为35%，后者为32%。极端民族主义分子弗拉基米尔·日里诺夫斯基得票率仅为6%，前苏联总统米克海尔·戈尔巴乔夫获得了耻辱性的0.5%。因此，第二轮选举力量对比的决定因素是吸引了将近15%选民的亚历山大·雷贝德将军。叶利钦对此做出的反应是，为换取雷贝德的支持，他任命其担任俄罗斯安全会议秘书这一重要职务。在接下来的选举中，叶利钦获得了其所需要的绝对多数，得票率为53.7%，而久加诺夫仅为40.4%。

然而，人们对叶利钦再次当选一点也不热情。在竞选中，叶利钦花费了大量的竞选资金，并对媒体宣传进行控制，仅凭这些他就应该能击败来自共产党的挑战。在竞选过程中，他假装自己精力充沛，身体健康，但很少有人相信他的身体状况会允许他再次任满其4年的总统任期。

▲叶利钦在大选中勉强获胜，证明西方国家的担心并不是多余的，即在俄罗斯仍有相当多的人支持共产党政权。

新闻摘要

· 伊斯兰极端分子在埃及开罗杀死18名游客。

· 车臣叛军头目杜达耶夫将军在俄罗斯军队的袭击中身亡。

· 罗马诺·普罗迪出任意大利总理。

· 一名持枪歹徒在澳大利亚阿瑟角疯狂地杀死35名游客。

5月

· 印度国民大会党在印度选举中失利。

· 联合国商定准许伊拉克以石油交换食品和药品。

· 法国军队镇压在中非共和国发生的兵变。

· 美国反文明倡导者蒂莫西·利里去世。

6月

· 以德维·高德为总理的印度新联合政府成立。

· 美国反政府组织"自由人"民兵在蒙大拿州被困81天后被迫投降。

· 19名美国军人在沙特阿拉伯遭汽车炸弹袭击身亡。

· 美国爵士乐歌唱家埃拉·菲茨杰拉德去世。

亚特兰大奥运会

1996 年是现代奥运的百年诞辰，这年 7 月至 8 月，奥林匹克运动会在美国佐治亚州的亚特兰大举行。19 世纪的现代奥运创始人会感到惊讶，与原本纯粹为业余的体育赛事密不可分的居然是商业炒作，但更令他们感到吃惊的可能是庞大的规模，本届奥运会共有来自 197 个国家和地区的 1.1 万名运动员参加了本届奥运会。

本届奥运会壮观的开幕式中的亮点是，当时因患有帕金森病的残疾人——前拳击运动员穆罕默德·阿里勇敢地出现在了开幕式上。阿里自豪地克服了自己身体方面的缺陷点燃了奥运会火炬。勇气也成就了本届奥运会的另一个亮点，美国体操运动员凯丽·斯特拉格不顾扭伤的脚踝而坚持比赛，

并为美国女子体操队赢得了一枚金牌。本届奥运会给人们留下印象最深的运动成绩是由来自加拿大的多诺万·贝利和来自美国的迈克尔·约翰逊两名短跑选手创造的。多诺万·贝利以 9.84 秒的成绩创造了 100 米短跑的世界纪录，赢得了该项比赛的金牌；而迈克尔·约翰逊则获得了 400 米和 200 米短跑两项比赛的冠军，并在 200 米短跑中以 19.32 秒的成绩

刷新了世界纪录。

然而，本届奥运会却遭到了破坏。7 月 27 — 28 日夜间，一枚炸弹在奥林匹克公园发生爆炸，造成 2 人死亡，111 人受伤。起初，人们怀疑爆炸案系保安理查德·尤维尔所为，但结果证明他完全是无辜的。1998 年 10 月，美国联邦调查局"十大通缉犯"名单上列出的艾力克·鲁道夫被控制造了亚特兰大爆炸案。

▲著名拳击运动员穆罕默德·阿里勇敢地出现在了亚特兰大奥运会开幕式上，这一举动震撼了整个世界。

查尔斯与戴安娜离婚

1996 年 8 月 28 日，威尔士亲王夫妇存续了 15 年的婚姻宣告结束。这起离婚案在伦敦萨默塞特郡议院未经审查就以绝对判决获得了批准。

议院批准这起离婚案，是基于以下理由作出的：从 1992 年 12 月起，威尔士亲王夫妇就正式分居，双方均公开承认曾与他人有过通奸行为。

查尔斯和戴安娜的离婚是本年内发生在英国王

室的第二起离婚案，在此之前，约克公爵夫妇已于 5 月份获得了绝对判决。

1995 年 12 月，英国女王曾公开表示：威尔士亲王夫妇认为离婚是正确的选择，希望这样做能改变看起来永无休止的对夫妇两人不愉快的私生活进行披露的势头。判决做出后不久，就有人推测威尔士亲王可能计划与已于前一年离婚的长期情人卡米拉·帕克—鲍勒斯结婚。

◀小报对威尔士亲王夫妇婚姻状况的披露引起公众对戴安娜王妃的普遍同情。

7 月

· 鲍里斯·叶利钦赢得俄罗斯总统选举。

· 北爱尔兰拥护北爱归属英国的游行遭军队阻止，然后北爱尔兰皇家骑警队获准前进；北爱尔兰各地爆发骚乱。

· 美国环球航空公司客机在科尼艾兰附近发生爆炸，机上 228 人全部遇难。

· 布隆迪发生军事政变，随后图西族人和胡图族人之间爆发部族冲突。

8 月

· 索马里军阀穆罕默德·法拉赫·艾迪德将军死亡。

· 车臣停火。

· 美国总统顾问迪克·莫里斯因性丑闻被迫辞职。

· 伊拉克军队占领由库尔德人控制的伊拉克埃尔比勒城。

9 月

· 鲁思·佩里出任利比里亚临时政府领导人。

· 美国对伊拉克发动巡航导弹袭击。

· 尤勒斯·韦登博斯当选为苏里南总统。

· 库尔德难民逃向土耳其边境。

· 波黑举行选举。

· 朝鲜小型潜水艇在韩国海岸搁浅后，韩国开始搜捕朝鲜特工人员。

· 希腊执政党泛希腊社会主义运动（简称泛希社运。——译者注）在希腊大选中获胜。

· 约旦河西岸发生骚乱，造成八十多名巴勒斯坦人死亡。

· 伊斯兰原教旨主义势力"塔利班"占领阿富汗首都喀布尔。

新闻摘要

10月

· 保加利亚前总理安德烈·卢卡诺夫遇刺。

· 英国国防大臣承认英军在海湾战争期间曾受到有害化学物质的伤害。

· 新西兰举行选举，结果产生了无任何党派占明显多数的议会。

· 美国维和部队抵达波黑。

· 法国爆发罢工，抗议政府提出的福利改革方案。

· 挪威首相格罗·哈莱姆·布伦特兰辞职。

· 扎伊尔〔后更名为刚果民主共和国，简称刚果（金）。——译者注〕东部爆发激战。

· 法国电影导演马塞尔·卡尔内去世。

11月

· 印度总理贝娜齐尔·布托遭罢免。

· 俄罗斯总统鲍里斯·叶利钦做心脏手术。

· 卢旺达胡图族难民开始从扎伊尔难民营返回国内。

· 塞尔维亚总统斯洛博丹·米洛舍维奇宣告选举无效。

· 泰国执政内阁在选举中失利。

· 埃米尔·康斯坦丁内斯库当选为罗马尼亚总统。

· 英格兰爆发大肠杆菌疾病。

比利时恋童癖丑闻

▲马克·迪特鲁曾是一个国际恋童癖团伙的核心人物，有些人认为该团伙受到了比利时警方的保护。

19 96年8月，39岁的比利时恋童癖患者马克·迪特鲁被警方逮捕，从而引出了骇人听闻的虐待、谋杀和令人反感的官员无能的报道。在迪特鲁被捕前，警方在其一处住宅(他共有11处住宅)的花园里发现了一个成年人和两个8岁女孩——梅利萨·吕索和朱莉·勒热纳的三具尸体。警察还在地下室里发现了两名被锁住的还活着的女孩。

事实表明，迪特鲁曾于1989年被宣判犯有恋童癖罪，并被判处13年监禁，但他却在服刑仅3年后就被释放。警察在寻找失踪的吕索和勒热纳的过程中，曾两次来到他的家中，却未能在地下的隐藏处找到她们。根据迪特鲁的供述，一名同伙是要在迪特鲁因另一毫不相干的指控而受到警方羁押的时候将这两名女孩活活饿死。

不久真相大白，迪特鲁是一个国际恋童癖团伙的一名成员，并有人怀疑他可能受到了官方的保护。这起案件在比利时变成了公众普遍不满的焦点，人们举行了大规模的游行示威和罢工，要求对该案进行全面调查。

后来，警察在迪特鲁的另一所住宅里又发现了两名年轻女孩的尸体。1998年4月，迪特鲁从一间审讯室逃走，4小时之后警方才将其重新抓获，此时公众对比利时政府的信任仍未恢复。

美国进攻伊拉克

在 1991年海湾战争结束后，西方国家宣布将伊拉克北部划为供库尔德人发动反对伊拉克领导人萨达姆·侯赛因叛乱的"安全区"。然而，1996年8月，为支持亲萨达姆的库尔德民主党的武装力量，伊拉克军队入侵了该"安全区"。美国总统比尔·克林顿对此作出反应，发动了自1991年停火以来的第一次大规模进攻。在9月份第一个星期的两天时间里，美国巡航导弹对伊拉克南部的目标进行了猛烈轰炸。

这次进攻对库尔德人居住地区的冲突产生的影响微乎其微，该地区形势依然动荡不安。克林顿是为了在11月份大选举行前的准备阶段在国内提高其声望而发动了这次进攻，结果萨达姆政权却幸存了下来，这令美国人大大受挫。在美国的北约盟友中，只有英国完全支持这次导弹袭击。

▶西方国家的眼中钉——伊拉克总统萨达姆·侯赛因再次与国际社会发生纠葛。

克林顿获得连任

19 96 年 11 月，美国总统比尔·克林顿再次当选，普选得票率为 49%，其共和党对手鲍勃·多尔为 41%。曾被视为主要政党候选人一大威胁的独立总统候选人——百万富翁罗斯·佩罗最终得票率仅为 8%。

1994 年，民主党在国会选举中被盛气凌人的右翼共和党击败，当时看来克林顿要获得连任是不可能的。然而当时的英雄人物众议院议长共和党人纽特·金里奇却过高地估计了自己的力量，而迅速失去了公众的支持。同时，克林顿不失时机地迎合美国选民明显的保守倾向，并与"新右"议程相似，主张大量削减福利以平衡预算，打击犯罪，接受"家庭价值观"。

面对这种情况，共和党将希望寄托在了编造丑闻的伎俩上。他们对"白水事件"展开了调查，内容涉及克林顿在担任其家乡所在地阿肯色州州长期间的土地交易情况，但这一招未能奏效。最后时刻他们还制造了一起关于克林顿接受非法外国竞选献金的丑闻，但这来得太晚了，已经无法影响选民了。

◄ 比尔·克林顿获得连任。而在两年前看来民主党获胜还是不可能的事情。

事实证明共和党年龄较大的政治家多尔是一位毫无激情的候选人，只能靠不幸事件为其竞选活动注入活力，如在加利福尼亚奇科的一次集会上他从演讲台上跌了下来。而克林顿却在竞选过程中再次展示了其在表现魅力和信心方面的杰出才能。他赢得这次选举有一点是很重要的，那就是他获得了 55% 的女性选民的投票，这一数字要比获得的男性选民的票数比例高得多。

不过，这次大选给人留下印象最深的却是在经济繁荣的美国人们对政治和政治家的高度冷漠。只有 49% 的美国人参加了投票，这一比例比自 1924 年以来的任何一次总统选举都要低，也远远低于其他民主国家总统选举的一般纪录水平。

麦克里贝尔案

19 96 年 12 月，英国法制史上最漫长的一次诽谤案审判宣告结束。这起被称为"麦克里贝尔案"的诉讼案是由世界上最大的跨国公司之一的麦当劳公司向两位几乎是身无分文的生态保护者提出的，这两位生态保护者曾散发传单，批评该快餐连锁公司。1990 年，麦当劳公司告诉戴夫·莫里斯、海伦·斯蒂尔和其他三位生态保护者：他们必须道歉，否则就要面对诉讼。令麦当劳公司感到吃惊的是，莫里斯和斯蒂尔不仅拒绝收回他们在传单中的主张，而且还在美国联邦最高法院打了两年的官司。

应麦当劳公司的请求，法院在没有陪审员的情况下审理了此案。1997 年 6 月，法官作出了详细的判决，结果对麦当劳公司有利。他承认两位生态保护者已经证明麦当劳公司对虐待动物和受剥削的儿童"负有不可饶恕的责任"，但另一方面他们却尚未证明另一主张，即麦当劳公司正在破坏雨林，导致食物中毒，或造成第三世界国家的饥荒。

麦当劳在这起诉讼案上花费了大约 1000 万英镑，结果却除了成为别人的笑柄之外一无所获。

► "麦当劳公司诉莫里斯和斯蒂尔案"让许多人想起了"石头"和"鸡蛋"这样的词语。

12 月
· 格里·罗林斯再次当选为加纳总统。
· 新西兰成立以吉姆·巴尔杰为总理的新的联合政府。
· 南非总统纳尔逊·曼德拉签署新宪法。
· 科菲·安南接替布特罗斯·布特罗斯·加利出任联合国秘书长。
· "图帕克阿马鲁革命运动组织"游击队占领日本驻秘鲁大使馆，并劫持许多名人质；5 天后，200 名人质获释。
· 6 名红十字会工作人员在车臣遭杀害。
· 两名英国护士被指控在沙特阿拉伯谋杀其一位同事。
· 韩国爆发罢工。
· 危地马拉游击队组织全国革命联盟同政府签署《永久和平协定》。

新闻摘要

· · · · · · · · · · · ·

- 阿尔巴尼亚难民涌入意大利。
- 欧盟内部在捕鱼权问题上发生分歧。
- 斐济加入英联邦。
- 德国家畜当中发现疯牛病。
- 美国遭遇严重的洪涝灾害。
- 伊斯兰极端分子在阿尔及利亚制造大屠杀事件。
- 扎伊尔更名为刚果民主共和国〔即刚果（金）。——译者注〕。
- 美国政府终止向无性繁殖（音译为克隆。——译者注）研究提供联邦基金。
- 挪威人博格·乌斯兰德成为以滑雪的方式穿越南极洲的第一人。
- 单人环球快艇旅行创下新纪录。
- "伽利略号"太空探测器通过木星，这次距离木星是最近的一次。
- 为避免将来受到起诉，多家烟草公司提出赔偿建议。
- 美国英特尔公司生产出奔腾 II 芯片。
- 美国福特汽车公司在停止生产 43 年后重新生产雷鸟汽车。

生态战士出现

在20世纪90年代的英国，要修建高速公路、旁道或扩大机场或做出这样的计划，必须同组织有力而富有献身精神的抗议者"生态战士"以及当局进行持久的斗争后方可实现。在 1996 年一年期间，最引人注目的抗议策略，尤其是在对拟议中的伯克郡纽伯里通道进行抗议时采取的策略，是借助于树木。抗议者住在与通道相连的建在树上的小屋里，阻止筑路机清除道路，最后面对艰难而危险的驱逐，他们才被迫停止其抗议活动。

1997 年 1 月，一项旨在引起媒体广泛关注的新的妨碍策略获得了成功。计划在德文郡东部的费尔迈尔阻止霍尼顿至埃克塞特公路施工的五名抗议者决定在拟议中的路线下面挖掘隧道网。他们打算日夜住在地下，令司法官难以找到驱逐他们的方法。他们的勇气和奇特的方式吸引了媒体记者，在媒体的作用下，他们很快就成了名人。他们还为自己起了滑稽的绰号，如"动物"、"木偶戴夫"和"沼泽"，这为新闻记者提供了极佳的新闻题材。

这次地下抗议持续了七天，最后司法官请来的隧道专家找到了大部分抗议者。最后一个走出隧道的是真实姓名为"丹尼尔·胡珀"的"沼泽"，他是自愿出来的。他后来成了媒体关注的焦点，因为他在反对在曼彻斯特机场修建另一条飞机跑道的另一次抗议活动中再次挖掘隧道。

一方面，媒体利用了

▲为阻止纽伯里通道的施工，两名年轻的"生态战士"将自己锁到了一棵树上。

"沼泽"，借此大做文章——他竟然出现在了英国广播公司 2 台的讽刺秀节目"我为您找到了新闻"上面；但另一方面，是"生态战士"利用了媒体。"沼泽"在费尔迈尔遭驱逐后这样说道："要是我只是给下议院议员写一封信，你们会来这儿吗？我想应该不会吧。"

"天堂之门"教徒集体自杀

▲"高级来源"网站讨论了邪教组织"天堂之门"荒诞不经的教义。

1997 年春，天文爱好者通过肉眼清晰地看到了海尔—波普彗星，这是许多年以来晚间最壮观的一幕。而对美国的一个邪教组织来说，海尔—波普彗星的出现却标志着集体自杀时刻的到来。

被称为"天堂之门"的邪教组织教主是自称"斗"的 66 岁的马歇尔·赫夫·阿普尔怀特。阿普尔怀特讲授的教义将宗教和 UFO（不明飞行物——译者注）荒诞不经地杂糅在了一起——显现出基督教和星际旅行两者的影响。他告诉其信徒，他们是"天使"，在某个时刻他们将乘坐"来自高于人类进化层（天国）的宇宙飞船"离开地球而获得永生。该邪教组织的成员身穿黑色服装，留短发，不喝酒，不吸毒，不过性生活——有些人还放弃了自己的性别：做了阉割或切除卵巢手术。其中许多信徒是电脑专家，该邪教组织通过设计网站而过着富足的生活。

1997年3月，阿普尔怀特向其信徒透露了令人吃惊的消息：在其一生的大部分时间里，他曾经与一位名叫邦尼·卢·特鲁斯戴尔·尼托丝的女人生活在一起，她后来因患肝癌去世，但阿普尔怀特却说她升上了"高于人类的进化层（天国）"，并称其为"梯"；而此时她通知他说在海尔—波普彗星出现之后，有一艘宇宙飞船将来地球接走被选中的为数不多的精英。听到这个消息后，信徒们在加利福尼亚南部城市圣地亚哥郊外的圣塔菲农场租了一处住宅。

该邪教组织在其网站"天堂之门"上发布了一条信息，说他们将离开地球并登上宇宙飞船。这条信息的部分内容这样写道："令我们高兴的是，'梯'已告诉我们海尔—波普彗星的出现就是我们一直在等待的标志。我们已经为和'梯'的手下一起离开地球而做好了充分的准备。"

在三天的时间里，阿普尔怀特和38名信徒一起集体自杀，他们喝下了伏尔加酒，服用了苯巴比妥（医学上使用的一种起镇静和催眠作用的药物——译者注），并在头上套上了塑料袋。他们在其"退场声明"中道出了让他们走到这一步的信念。其中一名信徒这样写道："我们来自遥远太空的高于人类的进化层（天国），我们现在已经退出了我们为完成在尘世间的任务而穿上的肉体，回到了原本属于我们的世界。"

秘鲁成功解决人质事件

19 97年4月22日，秘鲁政府特种部队突袭了位于首都利马的日本驻秘鲁大使馆大楼，打死了扣押人质的14名游击队员，持续达126天的人质事件宣告结束。

1996年12月17日，来自左翼的"图帕克阿马鲁革命运动组织"的游击队员占领了日本驻秘鲁大使馆，当时大约有500名政客、外交官、政府官员和日本商人正在出席该使馆举办的一次宴会。所有在场人员均被作为人质扣押，其中包括秘鲁总统阿尔韦托·藤森的哥哥、秘鲁最高法院院长、日本几大公司的负责人和18位大使。游击队员要求秘鲁政府释放400名左翼犯人，但遭到了具有日本血统的藤森总统的拒绝。

此后，劫持人质事件陷入了漫长的僵局，游击队员不时地释放了多批人质，最后只有72位重要人物还在他们的控制之下。秘鲁政府一边佯装要同其进行谈判，一边在耐心地准备由反恐突击队发动一次袭击。反恐突击队挖了一条从使馆外面到使馆大楼的地道，并安装了监视装置，以便跟踪游击队员的活动。

22日午后，安放在一间房屋下的地道里的炸药被引爆，突击队通过在房顶上炸开的一个窟窿进入大楼，毫无防备的游击队员被当场击毙。这次行动还造成了一名人质死亡。

▲秘鲁特种部队军人审视日本驻秘鲁大使馆周围地区的地形模型。

- 本年度发行的影片包括詹姆斯·卡梅隆导演的《泰坦尼克号》、柯蒂斯·汉森导演的《幕后嫌疑犯》、詹姆斯·L.布鲁克斯导演的《尽善尽美》、昆汀·塔伦蒂诺导演的《危险关系》、保罗·托马斯·安德森导演的《不羁夜》、约翰·麦登导演的《布朗夫人》、彼得·卡坦纽导演的《脱衣舞男》、麦克·纽威尔导演的《忠奸人》、卢克·贝松导演的《第五元素》、伊恩·索夫特雷导演的《鸽翼》和艾廉·伯林纳导演的《玫瑰少年梦》。
- 汉斯·华纳·亨策的歌剧作品《维纳斯和阿多尼斯》第一次公演。
- 温顿·马萨利斯获普利策音乐奖。
- 本年度出版的图书包括吉姆·克雷斯的《检疫》和阿兰达蒂·洛伊的《微物之神》。
- 本年度的流行歌曲包括No Doubt乐队演唱的《Don't Speak》、韩氏兄弟合唱团演唱的《Mmm Bop》、艾尔顿·约翰演唱的《风中的蜡烛》和Verve乐队演唱的《Bittersweet Symphony》。

1月
- 以色列士兵在约旦河西岸城市希伯伦向巴勒斯坦人开枪射击。
- 吴作栋当选为新加坡总理。
- 斯洛博丹·米洛舍维奇在地方选举中失利。
- 法国士兵在中非共和国处死10名军队叛变者。
- 以色列军队撤出希伯伦。
- 马德琳·奥尔布赖特成为美国第一位女国务卿。

布莱尔和"新工党"赢得英国大选

新闻摘要

· · · · · · · · · · · · ·

·阿尔巴尼亚金字塔式投资计划失败引发国内骚乱。

2月

·纳瓦兹·谢里夫当选为巴基斯坦总统。

·七十多名以色列士兵在直升机坠毁事件中丧生。

·O.J.辛普森在民事诉讼中被裁决有罪，被处以几百万美元的赔偿费。

·一艘油轮在乌拉圭触礁，溅出的石油造成大面积污染。

·罗萨莉亚·阿特尼亚当选为厄瓜多尔总统，成为该国第一位女总统。

·美国道·琼斯工业指数首次达到7000。

·英国政府经受住了有关疯牛病危机的谴责动议的考验。

·墨西哥毒品公司头目因毒品交易指控被捕。

·被判杀害报童卡尔·布里奇沃特的三名罪犯在英国获释。

·英国成功克隆出成年绵羊。

·中国领导人邓小平去世。

3月

·美国俄亥俄州洪水泛滥，造成巨大损失。

·阿尔巴尼亚叛乱分子同政府军发生激战，占领阿南部的叛乱分子抵达地拉那。

·刚果(金)基桑加尼落入叛军手中。

1997年5月1日举行的英国大选简直是一次政治地震。这次大选不仅使工党在保守党执政18年后得以组阁，而且也使其作为一个政党在第二次世界大战后赢得了最多的议会席位。工党在下议院中获得了419个议席，而保守党仅获得了165个议席，因此，作为工党领袖的托尼·布莱尔几乎肯定要在以后5年的时间里担任英国首相了。

工党的得票率为45%，保守党为31%。工党在议会席位方面的领先优势的扩大得益于"最高票当选"的选举制度以及工党和自由民主党支持者所采取的投票策略，这些人普遍支持最可能击败保守党候选人的任何一位候选人。自由民主党得票率为17%，这在下议院中使46张议席转向了工党。自由党领袖帕迪·阿什当准备大力支持新政府，这使工党更有把握得到下议院中的多数席位。

大选胜利对托尼·布莱尔本人来说是个巨大的成功，43岁的他成为185年来英国最年轻的首相。作为一支选举力量，"新工党"成功击败保守党，这是布莱尔建立"新工党"的努力所取得成就的巅峰。在这一过程中，他以惊人的速度摒弃了工党腐朽的思想和主张，而接受了"撒切尔革命"的诸多内容，涉及国有工业私有化和降低直接税率，严格限制联邦权力以及提倡"企业"文明。然而，他这么做却未使工党内部走向分裂，而事实上，工党在这次选举中团结一致，给人们留下了深刻的印象。布莱尔得到了媒体大亨鲁珀特·默多克和包括维珍集团董事长兼总裁理查德·布兰森在内的其他许多商界巨头的支持。

这次选举对保守党来说是一次痛苦的失利。选举结果刚一揭晓，远比其党派受人欢迎的约翰·梅杰便辞去了保守党领袖的职务。保守党内部因其对欧洲的政策而分歧严重，七十多位被称作"欧洲怀疑论者"的保守党下院议员在这一问题上永远反对其内阁。保守党内阁同时还因"向伊拉克出售武器"事件和"疯牛病"危机等挫折而受到削弱。1996年2月，保守党内阁中的多位大臣因"向伊拉克出售武器"事件而受到强烈指责；

▲托尼·布莱尔以"新工党，新英国"的竞选口号赢得大选。这实际上意味着英国工党传统的社会政策要发生巨大的转变。

有证据表明在"疯牛病"危机中政府处理不力。最重要的是，保守党政府无法摆脱一小部分保守党下院议员从事违法行为的阴影，其中尼尔·汉密尔顿就曾被指控因向议会质询而接受现金。

汉密尔顿被新闻记者马丁·贝尔搞得身败名裂而在选举中失利，是特别具有戏剧性的选举之夜中的亮点之一。在选举中失利的其他著名人物还有被政界黑马斯蒂芬·特威格击败的国防大臣迈克尔·伯蒂洛和主要因百万富翁詹姆斯·戈德史密斯及其反对欧洲的"公民投票党"的干预而丢掉在帕特尼的席位的前大臣戴维·梅勒。在北爱尔兰，新芬党领袖格里·亚当斯和马丁·麦克吉尼斯被选入了英国议会。然而，选举中最值得注意的是当选议员的妇女的人数，共计119人，其中一百余人为工党成员。

在赢得大选后，布莱尔向选民表示："诸位如此信任我，我将报答你们的信任。"被任命为财政大臣的戈登·布朗立即强调新内阁将实施公正的财政政策，将利率控制权移交给英格兰银行（英国中央银行——译者注）。引人注目的是，继工党在选举中获胜后，股票价格开始上扬。只有时间才知道"新工党"能否真正经受住各种考验——这次政治地震是否只是表面现象。

意大利时装设计师 詹尼·范思哲遭枪杀

▲时装界最著名的老前辈之一——詹尼·范思哲。警方一直没有查清导致他死亡的真正动机。

19 97年7月15日，以其豪华、艳丽的服装创意而深受富人和名流们喜爱的意大利时装设计师詹尼·范思哲在其位于迈阿密南海岸的住所外遭枪击身亡。那天，他在外面买了一份报纸，正要回家，这时有人在不远处向其头部后面连开两枪。这一年他才50岁。

不久，谣言就传开了，说范思哲是被一名黑手党的职业杀手杀害的。一名自称是受范思哲雇用的私人侦探弗兰克·蒙特断言，这位时装设计师遭人枪杀，是有人怕他向警方举报黑手党通过其公司洗黑钱的详细内幕。据说警方在范思哲的尸体旁边发现了一只死鸟儿，这是黑手党为警告某些人不要试图揭发该组织，否则，就不会有什么好下场。

然而，美国联邦调查局确信范思哲的死亡与其同性恋行为有关。他们确定的首要嫌疑犯是被他们列为"十大通缉犯"之一的安德鲁·库纳南，经他们了解，案发时他在迈阿密，且其长相同有关杀手的描述相符。警方认为他杀害了四名同性恋男子，而他可能染上了艾滋病，他杀害多人可能是为了报复他认为将艾滋病传给他的前情人。

7月24日，警方认定嫌疑犯就在迈阿密海滨的一艘游艇上。当他们突袭这艘游艇时，却发现库纳南已经死亡。他好像是自杀身亡。阴谋爱好者仍旧认为是黑手党杀死了范思哲，然后又将库纳南除掉，这样就有效防止了警方对该案件展开进一步的调查。

- 有关来路不明款项的《唐尼报告》在英国引发争议。

4月

- 英国全国越野障碍赛马因炸弹恐怖而被迫终止比赛，两天后比赛继续进行。
- 刚果（金）叛军夺取卢本巴希。
- 意大利军队抵达阿尔巴尼亚。
- 意大利都灵大教堂遭遇火灾。
- 刚果（金）首都金沙萨爆发大罢工。
- 美国诗人艾伦·金斯堡去世。

5月

- 刚果（金）叛军向首都金沙萨挺进。
- 伊朗发生地震，四千多人遇难。
- 国际象棋大师加里·卡斯帕罗夫被"深蓝"电脑击败。
- 俄罗斯同车臣签署和平协议。
- 英国政府通讯指挥部解除成立工会的禁令。
- 刚果（金）总统蒙博托离开首都金沙萨流亡国外。
- 叛军占领刚果（金）首都金沙萨，洛朗·卡比拉夺取政权。
- 法国总理阿兰·朱佩辞职。
- 英国作家劳里·李去世。

6月

- 法国社会党赢得法国大选，利奥内尔·若斯潘出任总理。
- 加拿大自由党在加拿大选举中获胜。
- 法院宣判制造俄克拉荷马州爆炸案的蒂莫西·麦克维有罪并判处死刑。
- 爱尔兰成立新的联合政府。

戴安娜之死

19 97年8月31日凌晨，威尔士王妃戴安娜及其男友多迪·法伊德乘坐的一辆梅塞德斯—奔驰小汽车正在巴黎的一个地下通道里高速行驶，突然撞到了一根混凝土柱子上。多迪·法伊德和司机亨利·保罗当即死亡。戴安娜王妃被送进一家医院抢救无效身亡。保镖特雷弗·里斯圭琼斯身受重伤，但最后却得以幸免于难。

在戴安娜王妃死亡时，她可能算得上是世界上最知名的人物了。在1996年同查尔斯王子离婚后，她就成了公众一直关注的焦点人物，而她对慈善事业的支持也同样引起了人们的注意，如艾滋病捐助和参加呼吁禁止使用地雷的

▲ "人民的王妃"戴安娜死亡后，人们纷纷向她表达哀思，在英国各地的公共场所都能看到为她献上的鲜花。

活动，她一直身着光彩夺目的高级女式时装外衣，更令其魅力非凡。她同伦敦哈洛斯百货商场董事长、出生于埃及的穆罕默德·艾尔·法伊德之子多迪·法伊德的关系在整个夏季成了一些小报连续报道的话题。

尽管如此，很少有人会预料到在接下来的一周内会出现席卷英国的惊人的公众悲伤情绪。只有首相托尼·布莱尔即刻正确理解了当时的气氛。他在事故当天上午这样说道："她是人民的王妃，她将永远活在我们的心里和记忆中。"数百万人都显然同意他这种说法。戴安娜王妃在伦敦的寓所——肯辛顿宫门前的区域变成了怀念她的灵堂，这里成了花的海

◀ 幸福时光：威尔士亲王夫妇与两个年幼的儿子威廉和哈里在西班牙度假。

洋，同时还有诗句、个人礼物、蜡烛和卡片点缀其间。哀悼的人们为了在吊唁书上签字，他们愿意耐心地在圣詹姆斯宫排队等几个小时。在英国的其他许多地方也有相似的场面，只不过规模小一点罢了。

在表达哀思之情的同时，人们还表达了心中的愤怒。这其中有一部分是针对媒体的。根据人们了解到的情况，戴安娜王妃乘坐的梅塞德斯—奔驰小汽车受到了骑着摩托车的媒体摄影师——确切地说应是无固定职业的摄影师的追踪。在汽车撞车事故发生后不久，戴安娜的兄长斯宾塞伯爵就在其抱怨的言语中说出了大家普遍认同的观点，他说："我一直认为媒体会最终将她置于死地，但也难以相信他们竟会与其死亡有着直接的关系。"

人们还向英国王室表达了愤怒的情绪。戴安娜的仰慕者认为英国王室对其不公，并且对这次不幸事件的反应平淡。查尔斯王子乘飞机前往巴黎，将戴安娜的遗体带回了英国，并安放在圣詹姆斯宫皇家小教堂。然后，他返回巴莫拉尔宫，包括其儿子在内的王室成员在那里秘密举行了悼念仪式。不久，报纸上反映人们对英国女王没有对戴安娜王妃的死亡公开表态而普遍不满。为此，王室家族被迫发表了一份声明，说他们"对认为他们对全国上下的悲痛漠不关心的看法深感不安"。9月5日（星期五），王室家族弥补了这种不足，英国女王和其他几位王室成员在伦敦走到哀悼者中间并与他们交谈。女王还在电视讲话中称赞戴安娜王妃是"一位才华横溢的人"。

民众要求必须为戴安娜王妃举行国葬，他们认为王位继承人离异后的妻子绝没有失去原有的地位。9月6日(星期六)，戴安娜王妃的国葬在伦敦举行。人们默默地从肯辛顿宫走到威斯敏斯特修道院为戴安娜送行，而后是伤感的讲话。厄尔·斯宾塞尖刻地抨击了媒体和英国王室家族对待戴安娜的态度和方式，这番讲话赢得了部分教徒和聚集在修道院外边的民众的掌声。戴安娜王妃的生前好友歌手埃尔顿·约翰演唱了专门献给她的《风中的蜡烛》的新版本。后来，这首歌曲的唱片成了历史上销量最大的唱片之一。这一切活动结束后，戴安娜王妃的遗体被运到了斯宾塞家族在艾尔索普的家中，然后被安葬在湖中的一座岛屿上。

与此同时，有关戴安娜王妃死亡之夜事件的详细报道开始见诸报端，因

▲戴安娜的儿子威廉和哈里王子为其母亲献上的鲜花。在戴安娜王妃的葬礼上，她的兄长厄尔·斯宾塞表示要依其生前的愿望帮助抚养两个孩子长大成人。

为撞车之谜尚未解开。事故发生时，戴安娜王妃和多迪·法伊德用餐后刚从多迪的父亲经营的里兹大饭店里出来后不久。梅塞德斯—奔驰汽车的司机亨利·保罗并不是一位经过专门训练的汽车司机，而是里兹大饭店的保安队副队长。血液化验显示，他在驾车之前曾过量饮酒。骑着摩托车的无固定职业的摄影师的确在戴安娜王妃所乘坐的汽车周围跑来跑去，但一次相撞的惟一证据是撞上了一辆神秘的白色菲亚特汽车。于是，在穆罕默德·艾尔·多迪的公开鼓励下，有关阴谋杀害的推测就不可避免地流传开来，他们认为戴安娜之死是英国情报机构和英国王室家族共同策划的。但这种推测完全缺乏证据。

戴安娜死亡所引起的过激的悼念是一种值得注意的现象，许多人在这当中发现英国人的情感和态度发生了根本性的变化。托尼·布莱尔断言：人们对戴安娜死亡的反应表明，一个更加关爱他人而富有同情心的社会正在显现，人们还会因她的模范作用而受到鼓舞。他的这一看法得到了民众的广泛认同。人们还为纪念戴安娜捐助了大量资金，一天之内就超过了10万英镑。

然而，出人意料的是，这一事件最持久的影响看来却是人们恢复了对英国王室家族的尊重和爱戴。他们从中吸取了一个教训，即他们需要一个更受大众欢迎的形象。不久，女王就开始参观酒馆，并参与足球签名活动。查尔斯王子也与女歌星一起参加娱乐活动。不久后进行的民意测验表明，他们受欢迎的程度迅速升至多年来的最高水平。

◀在戴安娜生前参加的最后一次呼吁禁止使用地雷的活动中，一群非洲儿童坐在她身边，这成了她永远留在人们心目中的形象。

北爱尔兰和平进程

19 97年9月,关于北爱尔兰前途的各方会谈开始,爱尔兰共和军所属的政治派别新芬党和最大的新教党北爱尔兰统一党均参加了这次会谈。这标志着爱尔兰和平进程向前迈出了不平凡的一步,这在很大程度上要归功于这一年5月份新当选的英国内阁。

英国首相托尼·布莱尔在就职后的最初讲话中又一次确定了爱尔兰和平进程的议程,这让统一党党员认识到统一的爱尔兰并不是一项重大抉择,而是要与各方展开会谈,尽管爱尔兰共和军尚未同意停火。布莱尔任命莫·莫兰为北爱尔兰大臣,这为和平进程带来了一种信号,明显的善意

▲在"麻烦"不断的历史上,绝大多数北爱尔兰人民表达了他们渴望和平的愿望。

和可操作性。

1997年夏,北爱尔兰好像又回到了无秩序状态。当局准许每年一度的"奥伦治大游行"于7月6日通过波塔当市的一个天主教教区,这一决定在该省引发了共和党骚乱和多起炸弹爆炸事件。然而,随后形势立即出现了新的突

破。首先,统一党党员同意重新划定游行路线,以避开天主教教区,这是在北爱尔兰派别紧张对峙的情况下作出的一项重大让步。然后,7月19日,爱尔兰共和军宣布继续遵守已经中断达18个月的1994年停火协议。和平会谈的大门再次敞开。

英国政府开始放权

在 1997年选举活动期间,"新工党"曾承诺要对宪法进行重大改革,

▲对于许多苏格兰选民来说,公民投票的胜利使他们在实现独立的道路上迈出了第一步。

执政后不久他们就兑现了当初的诺言。9月,苏格兰和威尔士就成立对内部事

务享有较大自主权的国民议会举行公民投票。苏格兰公民投票的内容还包括他们是否想让其议会拥有改变税收标准的权力,威尔士则不享有这种权力。

在苏格兰,英国政府放权的前景激发了人们无限的热情。在过去的18年当中,人们对连续执政的保守党政府对待苏格兰的方式非常不满。因此,在大选期间,保守党未能在苏格兰赢得一张席位。在苏格兰国民党党员的支持下,苏格兰大臣唐纳德·

德瓦领导了一次肯定会获得通过的姿态鲜明的投票活动。根据参加投票的合理人数计算，73.4%的人支持成立苏格兰议会，63.5%的人赞成议会享有改变税收标准的权力。然而，威尔士却未能以如此高的比例通过公民投票，因为威尔士人对英国政府放权表示怀疑。结果，政府在威尔士设法得以勉强通过，票数仅超过最低要求6721张。

人们一般认为成立威尔士议会意义不大，而苏格兰则是另外一种情况。苏格兰新议会将于2000年在爱丁堡举行会议，这标志着300年来英格兰与苏格兰之间的关系将发生巨大的变化。苏格兰议会对卫生和教育等内部事务享有管理权，而外交政策和国防则仍由英国议会控制。但由民主选举成立而明确表达苏格兰人民愿望的议会一旦成立，如果苏格兰想扩大其权力，依靠什么来阻止它呢？苏联和南斯拉夫都是在这样的情况下走向分裂的。苏格兰国民党领袖亚历克斯·萨尔蒙德确信：事实将证明英国政府放权是苏格兰走向完全独立的第一步。托尼·布莱尔声称政府放权将有助于加强联邦的稳定性。这一问题尚无定论。

路易丝·伍德瓦德审判

19 97年秋末，马萨诸塞州一法院对英国"互裨"姑娘(指以授课、协助家务等换取食宿等的姑娘——译者注)路易丝·伍德瓦德被指控犯有杀人罪进行审判。这引起了媒体记者的广泛关注，英国民众对此反应强烈，情绪受到了感染。19岁的伍德瓦德来自英国柴郡埃尔顿村，她被指控杀死了交给她照看的9个月的婴儿马修·伊彭。原告称，她将婴儿的头部撞到墙上，然后又疯狂地摇晃他。对此伍德瓦德矢口否认。

公众的注意力部分集中在了"互裨"姑娘在美国所受的待遇这一问题上。事实表明她们要超时劳动，还要承担照看孩子的大量工作。人们普遍同情伍德瓦德，尤其是她在出庭时令人信服的表现更是激起了人们对她的同情。随着案件的进展，伍德瓦德的律师受到了很大的鼓舞，因此坚持要求陪审团应当裁定她无罪或二等谋杀罪(如该罪名成立，依法应判处15年监禁)。陪审团却对其作出了有罪判决。

英国多数媒体和公众对此判决感到非常气愤。在英国出现了一波普遍的反美情绪，美国驻英国大使馆被迫加强了保安措施。接着，11月9日，负责审判的法官希乐·佐贝尔宣布他将推翻陪审团对伍德瓦德作出的杀人罪裁决，并引述了伍德瓦德所说的当时她"混乱、缺乏经验、惊恐、判断失误"作为婴儿死亡的原因。佐贝尔对她作出279天监禁的判决，而她恰好已经在监狱里度过了这么长时间，因此她在该判决作出后立即获得了释放。然而，由于双方均决定上诉——被告想推翻有罪判决，原告要求恢复谋杀罪判决，因此她并未能回到英国。

在随后的几个月里，

▲这是一名杀人犯的面孔吗？英国保姆路易丝·伍德瓦德依然享有自由，但她却永远也无法洗清其罪名。

英国的一些小报完全改变了对伍德瓦德的立场，反而对其充满了敌意。1998年6月，法院裁定维持原来作出的谋杀罪判决。伍德瓦德无法逃脱自己杀人的罪名，但却得以回到英国。这次却没有重现上一年11月份欢迎法官佐贝尔富有同情心的姿态的庆祝场面。成熟而沉着的伍德瓦德过上了与其罪名相伴的漫长日子。

9月
· 耶路撒冷发生炸弹爆炸事件，造成8人死亡。
· 海地一艘渡船沉没，400多人遇难。
· 印度尼西亚发生森林火灾，产生大量毁灭性的烟雾。
· 美国拒绝签署地雷限制条约。
· 穆斯林极端分子在开罗发动炸弹袭击，造成7名游客死亡。
· 意大利发生地震，致使阿西尼圣弗朗西斯教堂严重受损。
· 印度天主教仁爱传教会创建者德肋撒、乐队指挥格奥尔格·佐尔蒂和美国演员伯吉斯·梅雷迪思去世。

10月
· 意大利总理罗马诺·普罗迪辞职。
· Thrust车打破前进速度纪录，这是第一辆达到超音速的陆地交通工具。
· 香港股票市场和伦敦英国富时指数公司股价急剧下跌，美国道·琼斯指数也随之暴跌。
· 美国歌手约翰·丹佛在飞机坠毁事件中丧生。

11月
· 伊拉克拒不同意从伊朗撤出的联合国核查人员进入该国开展工作。
· 珍妮·希普利出任新西兰总理。
· 世界上第一例七胞胎婴儿在美国顺利降生。
· 印度总理辞职。
· 马拉维前总统黑斯廷斯·班达去世。

12月
· 英国政府禁止销售牛骨头上的牛肉。
· 欧盟禁止做烟草广告。
· 金大钟当选为韩国总统。
· 法国恐怖分子"胡狼卡洛斯"被判处终身监禁。
· 赞比亚前总统肯尼思·卡翁达被捕。
· 北爱尔兰统一党恐怖分子犯人比利·赖特在梅兹监狱遭暗杀，随后爱尔兰共和军成员谢默斯·狄龙在报复行动中遭杀害。
· 肯尼亚在选举期间爆发骚乱。
· 爵士乐小提琴家斯特凡娜·格拉佩利去世。

《受难节和平协定》与奥马爆炸案

- 森林火灾给中美洲造成重大损失。
- 美国莫妮卡·莱温斯基"总统性丑闻"闹得沸沸扬扬。
- 欧元诞生。
- 印度尼西亚爆发亲民主的反政府游行示威。
- 联合国大规模杀伤性武器核查小组对伊拉克武器藏匿地点的检查危机恶化。
- 日本修建的世界上最长的吊桥开始投入使用。
- 本年度发行的影片包括彼得·威尔导演的《楚门的世界》、斯蒂芬·斯皮尔伯格导演的《拯救大兵瑞恩》、谢加·凯普尔导演的《伊丽莎白一世》、泰伦斯·马利克导演的《红色警戒》、佩德罗·阿尔莫多瓦导演的《活色生香》、哈尔·哈特利导演的《傻子亨利》和北野武导演的《花火》。
- 本年度的流行歌曲包括席琳·狄翁演唱的《My Heart Will Go On》、All Saints乐队演唱的《Never Ever》和麦当娜演唱的《Ray of Light》。

1月
- 肯尼亚总统丹尼尔·阿拉普·莫伊在单方面选举中获得连任。

1998年4月10日，这一天恰好是受难节，有关各方就北爱尔兰问题达成了一份内容详实的和平协定。尽管《受难节和平协定》受到一些北爱尔兰统一党党员的抵制，并遭到许多政治评论员的嘲笑，但它却是结束自20世纪60年代开始升级的"北爱尔兰动乱"的最好机会。

1998年初，很少有人对已于上一年9月份开始的各方和平会谈抱有太大的希望。但英国和爱尔兰两国政府却毫不松懈，都在努力推动达成一份协定。1997年12月，英国首相布莱尔邀请以格里·亚当斯为首的新芬党代表团到唐宁街举行会谈，这是爱尔兰共和党自1921年以来第一次到访唐宁街，充分表明布莱尔在各方会谈方面付出了巨大的努力。

北爱尔兰事务大臣莫·莫兰走得更远，他于1998年1月前往梅兹监狱，与威胁要阻止和平进程的北爱尔兰统一党的恐怖分子谈话。1998年2月，有事实表明爱尔兰共和军违反停火协议而实施了谋杀活动后，新芬党在两周的时间里未能参加会谈。

在距离设定的达成和平协定的最终期限——受难节只有两天的时候，各方看来仍无法达成一致意见。后来，英国首相托尼·布莱尔和爱尔兰总理博提·埃亨亲自出席了会谈，加上美国总统比尔·克林顿打电话进行调解，这一切最终促使北爱尔兰各方消除了存在的各种疑虑。和平协定规定按比例代表制选举产生北爱尔兰议会和权力共享的执行委员会。各机构将同爱尔兰共和国进行合作。因从事恐怖活动而被捕的犯人将于两年内获得释放。各方回避了解除恐怖分子的武器这一关键问题。

在各方达成和平协定后，布莱尔说："我希望我们能将肩上的历史负担最终卸掉。"对一个饱受历史冲突的国家来说，要实现这种希望真可谓任重而道远。不过，在各方连续克服了一个个障碍后，出现了令人感到乐观的形势。北爱尔兰统一党领袖戴维·特林布尔和新芬党领袖格里·亚当斯均成功说服其各自政党支持该协定。尽管其他北爱尔兰统一党团体抵制该和平协定，新教团体也显然在该问题上存在分歧，但在5月份举行的公民投票中，北爱尔兰人民却以71%的压倒性的多数批准了该协定。莫·莫兰得意洋洋地宣布："他们已投票决定让枪杀暴力远离政治。"

6月，北爱尔兰举行新议会选举，戴维·特林布尔出任北爱尔兰新政府第一部长。但持不同意见的统一党党员依然强烈反对。跟上一年一样，每年一度的"奥伦治大游行"成了新教徒表达强硬立场的大规模示威。新教徒同奉命前去阻止游行队伍穿过一个天主教教区的安全部队发生了冲突，随之而来的是北爱尔兰秩序变得一片混乱。但冲突达到最高点时，北爱尔

▲英国副首相约翰·普雷斯科特视察奥马爆炸案造成的损失。

兰统一党党员用汽油弹攻击了一处住宅,烧死了理查德、马克和贾森·奎因三位小男孩。这一事件在北爱尔兰引起了强烈的反响,人们不再支持这次冲突。

然而,奎因家惨遭杀害这一事件很快就为北爱尔兰冲突中最为残酷的暴行——奥马爆炸案所掩盖。8月15日(星期六)下午3时10分,奥马主要街道马基特大街发生汽车炸弹爆炸事件。由于报警电话打得过于慌乱,警察找错了地方。爆炸造成28人死亡,两百多人受伤。死者当中有一家三代人——祖母、母亲和女儿全部遇难。这起事件是由爱尔兰共和党的一个小派别"真正爱尔兰共和军"策划的。然而,对这起爆炸案的反应却证明和平进程取得了重大进展。格里·亚当斯对这次袭击事件进行了谴责,他发表讲话说,暴力活动必须"成为历史,一去不复返"。公众对爆炸案深恶痛绝,致使"真正爱尔兰共和军"被迫宣布中止其恐怖活动。

10月,挪威诺贝尔委员会宣布将本年度诺贝尔和平奖授予北爱尔兰政府第一部长戴维·特林布尔和北爱尔兰社会民主工党领袖约翰·休姆。对此,特林布尔谨慎地评论说:"这还为时尚早。"未能解除恐怖分子的武装仍然是全面执行和平协定的一大障碍。但至少在北爱尔兰许多年以来第一次出现了和平的希望。

乔治·迈克尔公开宣称自己为同性恋者

▲乔治·迈克尔公开宣称自己为同性恋者,这成了一些小报的头条新闻,但这并未对其名声造成什么负面影响。

1998年4月7日,英国流行音乐歌手乔治·迈克尔被指控在贝弗利山一公厕内实施"猥亵行为"。为此作证的是一名秘密警察。后来,洛杉矶一家法院对其作出判决,对其处以81天的社区服务和500英镑的罚款。

在受到指控后不久,迈克尔就通过电视宣布他目前是一位同性恋者。他对CNN(美国有线电视新闻国际公司)记者说:"我已经有将近十年的时间没有同女人发生过性关系了。"

迈克尔原来宣称自己是位异性恋者,当时还尽力声称他与女人有性关系。

迈克尔面临的窘境凸显了20世纪末同性恋生活持续存在的问题。尽管在西方国家有着普遍自由的气氛,但许多同性恋者的活动仍旧是偷偷摸摸地进行。这一年的晚些时候,小报报道英国政府大臣彼得·曼德尔森和尼克·布朗受到了同性恋的指控,再次凸显了同性恋者所面临的困境。

- 丹麦哥本哈根"美人鱼"铜像头部被人砍掉。
- 冰雹使加拿大陷入一片黑暗。
- 美国总统克林顿被指控在莱温斯基风波中作伪证。
- 美国政治家、前歌手桑尼·博诺在滑雪意外事故中死亡。

2月
- 阿富汗发生地震,造成四千多人丧生。
- 企图暗杀格鲁吉亚总统爱·阿·谢瓦尔德纳泽的计划失败。
- 印度大选期间发生炸弹爆炸事件,造成四十多人死亡。
- 联合国秘书长科菲·安南为结束伊拉克同联合国之间的武器核查争论而进行磋商。
- 美国加利福尼亚遭遇暴风雪袭击,造成十人死亡。
- 秘鲁遭遇洪灾,造成重大损失。

3月
- 英国爆发百万人大游行。
- 塞尔维亚科索沃省阿族人举行游行示威,塞尔维亚军队打死五十余人。
- 三名巴勒斯坦人在以色列检查站遭杀害,随后爆发骚乱。
- 俄罗斯总统叶利钦解雇所有俄政府组成人员。
- 美国两名在校男生枪杀四名女生和一名教师。
- 汽车设计者费迪南德·波尔舍去世。

'98

4月
· 保拉·琼斯控告美国总统比尔·克林顿犯有性骚扰罪的案件被法院驳回。
· 一百多名朝拜者在沙特阿拉伯麦加因人群拥挤而丧生。
· 卢旺达处决22名战争罪犯。
· 柬埔寨前独裁者波尔·布特去世。

5月
· 厄立特里亚和埃塞俄比亚之间爆发边界冲突，造成一百多人死亡。
· 乍得和尼日利亚爆发边界冲突。
· 尼日利亚爆发民主示威游行，警察向示威人群开枪射击，致使七人死亡。
· 贝宁总理阿德里安·洪贝吉辞职。
· 印度引爆核装置。
· 阿根廷发生反犹太人的恐怖炸弹袭击，造成86人丧生，四名伊朗外交官因被指控参与该事件而遭驱逐。
· 国内骚乱迫使印度尼西亚总统凯穆苏·苏哈托辞职，B.J.哈比比继任总统。
· 巴基斯坦引爆核装置。
· 约瑟夫·埃斯特拉达出任菲律宾总统。

"米奇飓风"席卷中美洲

1998年10月底至11月初，20世纪加勒比地区第四次最强大的飓风——"米奇飓风"席卷了中美洲地区。飓风造成了水灾，连续五天每天降雨多达24英寸。与其说是飓风倒不如说是这次降雨带来了近乎空前的破坏，尤其是对洪都拉斯和尼加拉瓜两个共和国更是如此。

洪水不断上涨，淹没了广大的农村地区，洪水造成的塌方冲走了城镇和村庄。其中有一个广为人知的情形：从尼加拉瓜卡西塔火山山坡上冲下的泥石流将三百多人活活埋在了下面。由于当局尽力隐瞒灾难造成的损失，因此估计的死亡人数差别很大，但数字不久计算出来了，这次灾难在两个国家共造成至少一万人死亡，一百多万人无家可归。

英国公众通过一位名叫劳拉·伊莎贝拉·阿里

▲"米奇飓风"造成的破坏使洪都拉斯的经济估计倒退了20年。

奥拉·巴蒂斯·德吉蒂的洪都拉斯妇女的传奇经历了解到了这次灾难的严重性。暴风雨冲垮了她所在的村庄，她被洪水冲进了大海，后来被英国驱逐舰"谢菲尔德号"救起。她拼命抓住漂浮在水面上的一些碎片在水里坚持了六天。她的丈夫、三个孩子及其哥哥的全家六口人则全都在灾难中丧生。

不久，形势变得明朗起来，这次灾难对经济造成的长期影响要比导致的短期死亡人数更具破坏性。道路和桥梁被冲坏，数十万间房屋在洪水中倒塌。作为洪都拉斯最主要收入来源和就业渠道之一的香蕉产业遭受了毁灭性的打击。洪都拉斯总统卡洛斯·弗洛雷斯断言该国的发展倒退了50年。国际社会逐渐开始齐心协力向受灾国家提供紧急援助，并作出提供长期援助的承诺，尤其是免除其所负的债务。

亚洲金融危机

1997年末至1998年初，自20世纪80年代以来"东亚太平洋经济圈"内的经济和社会迅速发展的势头停滞下来。韩国作为世界上发展速度最快的经济体一贯被视作充满活力而生机勃勃的国家的典范，此时该国的经济却陷入了混乱状态。面对国内企业连续宣告破产的形势，韩国政府请求国际

货币基金组织给予大规模援助，就数十亿美元的贷款事宜进行磋商。香港股票交易所因股价暴跌而苦苦挣扎。与此同时，泰国、印度尼西亚和马来西亚也陷入了危机之中。最为重要的是，作为世界上第二大工业经济国的日本也卷入了经济衰退的漩涡，由于该国的政治和经济界的精英显然无力采取必要的

措施以扭转局势，因而在1997年中期到1998年中期这段时间内，该国经济下滑了五个百分点。

亚洲金融危机导致这些国家的进口锐减，其过剩的产品又以其低廉的价格充斥了世界市场。这为西方国家拉响了警铃，不久分析家就预言西方国家繁荣的股票市场将走向萧条，失业率会继续居高不

下。后来，俄罗斯货币和金融市场进入自由下滑的状态，表明自1991年苏联解体后进行的自由市场改革已完全失败，这使人们的悲观情绪达到了极点。

10月，美国总统比尔·克林顿在一次国际货币基金组织峰会上发言称世界正面临着50年来最严重的经济危机；英国财政大臣戈登·布朗宣称："由于日本和占世界四分之一大小的地区出现了经济衰退，世界经济进入了不稳定状态，各国都将受到影响。"然而，事实证明"全球金融彻底崩溃"的论断至少是不成熟的。到1999年初，西方国家的股票

市场就已经收回了其在1998年秋季的金融恐慌中遭受的大部分损失。1999年1月，欧盟成功地发行了新的欧洲单一货币——欧元，人们对欧盟的信心因而顿时增强。事实证明，世界金融体系要远比大多数人所预料的稳定。

▲1998年，亚洲经济失去了当年"龙"腾"虎"跃的一派繁荣景象。

世界杯足球赛期间的恶棍和英雄

19 98年6月至7月，世界杯足球赛决赛阶段的比赛在法国举行，英国的英格兰和苏格兰两支足球队参加了角逐。在比赛之前世界各地对足球流氓都感到担忧，人们至少在一定程度上意识到了这一点。醉酒后的英格兰球队的球迷在马赛制造了严重的骚乱，随后德国球迷实施了性质更为恶劣的狂暴行为。尽

管人们将一部分注意力集中到了这些突发事件上，但对大多数人来说重要的还是足球赛。

英格兰和苏格兰掀起了一波足球热潮。在比赛举行的日子里，街道上行人稀少，人们正常的生活因而停滞下来。英格兰和苏格兰两支足球队均表现良好。苏格兰队在决赛阶段的首场比赛中差点儿让卫冕冠

军巴西队在劫难逃，然后才一如往常在首轮比赛中被淘汰出局。英格兰队则戏剧性地一路挺进第二轮比赛并与阿根廷队打成平局，这要归功于20世纪英国最年轻的球员——18岁的迈克尔·欧文一个精彩的进球。这场比赛由于中场队员大卫·贝克汉姆因不必要的报复动作被罚下场而功亏一篑，最后英格兰队以点球告负。

总的说来，本届世界杯足球赛决赛引人注目，但缺少的是球队上佳的表现。最后，法国队在冠亚军决赛中以3:0的比分战胜了无精打采的巴西队夺冠。法国队事实上是一支种族混杂的球队，其中不乏富有天赋的黑人和阿拉伯球员，这令法国右翼势力"国民阵线"深感疑惑，他们主张法国球队应全由白人组成。

▲法国世界杯足球赛中的英雄齐达内手捧奖杯。

· 哥伦比亚举行第一轮总统选举。

6月
· 厄立特里亚同埃塞俄比亚发生战争。
· 津巴布韦前总统卡南·巴纳纳鸡奸指控案开审。
· 德国发生火车出轨事故，造成98人死亡。
· 哈维尔·巴列·列斯特拉出任秘鲁部长会议主席。
· 尼日利亚军政府总统桑尼·阿巴查去世，阿卜杜萨拉姆·阿布巴卡尔继任总统。
· 安德雷斯·帕斯特拉纳·阿朗戈当选为哥伦比亚总统。

7月
· 希腊发生森林火灾，造成大面积损失。
· 塞尔维亚在科索沃省发动军事进攻。
· 尼日利亚持不同政见者、被宣告无效的1994年大选获胜者莫舒德·阿比奥拉在狱中去世。
· 日本首相桥本龙太郎在选举结束后辞职。
· 美国总统比尔·克林顿开始访华。
· 洪森领导的柬埔寨人民党在柬埔寨大选中获胜。
· 美国总统克林顿同意在莱温斯基绯闻案审讯中作证。

98

英国世袭贵族议员
失去议会上院议员资格

新闻摘要

. . . .

8月

· 哥伦比亚左翼游击队发动进攻,造成数百人死亡。

· 刚果(金)爆发反对总统洛朗·卡比拉的叛乱。

· 斯里兰卡宣布进入紧急状态。

· 塔利班军队占领阿富汗第四大城市马扎里沙里夫。

· 加拿大最高法院裁定魁北克省无权单方面脱离加拿大独立。

· 几内亚比绍内战停火。

9月

· 马来西亚副总理因诬告而被捕。

· 南非调停莱索托冲突。

· 德国总理科尔在大选中失利。

· 巴西爆发经济危机。

10月

· 英国内阁大臣罗恩·戴维斯辞职。

· 77 岁的约翰·格伦成为进入太空的年龄最大的人。

· 曼联足球俱乐部卷入造成 18 人死亡的索韦托凶杀案。

1998 年 10 月,英国贵族院(英国议会上院——译者注)工党领袖杰伊女伯爵宣布:政府计划废除世袭贵族担任英国议会上院议员的权利。她将世袭贵族从一出生就获得政治权力描述为"显然不公平且明显落后于时代"。

英国政府在改革贵族院的过程中面临困境:贵族们有能力推迟有关废除其权力的立法。在 1165 名贵族院议员中,有 476 名为保守党忠诚的拥护者,而只有 175 名是工党的忠诚拥护者。在世袭贵族中,304 人为忠诚的保守党党员,只有 18 人为真正的工党拥护者。

为扫清改革立法道路上的障碍,英国政府于 1999 年 1 月作出妥协:在皇家专门调查委员会就新上院应当遵循何种具体规则作出决定之前,英国政府允许 91 名世袭贵族议员在"过渡上院"中继续留任。

▲英国政府成功废除了贵族院中世袭贵族担任英国议会上院议员的权利,这种做法对工党有利,因为 95% 的世袭贵族议员都是保守党的忠诚拥护者。

皮诺切特将军被捕

1998 年 10 月 17 日,前智利独裁者 82 岁高龄的奥古斯托·皮诺切特将军在伦敦一家私人医院被捕,当时他身体正处于背部手术后的康复阶段。警方是应巴尔塔萨·加尔松和曼努埃尔·卡斯特利翁两名西班牙法官的正式请求而实施抓捕的。此前,这两名法官一直在就数百名在智利的西班牙公民在皮诺切特执政的 17 年期间失踪或死亡的情况进行调查。他们想将皮诺切特引渡到西班牙接受审判。随后,瑞士、比利时和法国政府也相继提出了引渡的请求。

1973 年,智利发生军事政变,通过民主选举产生的萨尔瓦多领导的左翼政府被推翻,皮诺切特开始执政。

◀ 有些人或许会认为皮诺切特将军是一位体弱多病的老人,但许多人仍旧努力对其作出反人类罪的判决。

在夺取政权后,以皮诺切特为首的军政府制造了数以千计有案可查的践踏人权的个案,至少杀害三千人,并普遍使用了酷刑。1990 年,智利重新成立民主政府,总统皮诺切特下台。但他仍然担任着智利武装部队总司令的职务,他占据这一职位一直到 1998 年 3 月,当时他以此换取了智利终身参议员的职务。

具有讽刺意味的是,皮诺切特非常仰慕英国,每年都要到英国访问一次,在福特南及梅生公司就餐,并参观图索夫人故居。英国前首相玛格丽特·撒切尔非常赞赏皮诺切特将军,而皮诺切特总在她过生日时为其送去巧克力和鲜花,还曾到其寓所喝茶。撒切尔夫人与包括时任保守党领袖的威廉·黑格在内的其他主要保守党党员一起曾直言不讳地抨击引渡皮诺切特的请求,并作出了各种辩解,说皮诺切特曾在福克兰群岛战争期间帮助过英国;逮捕皮诺切特会破坏智利脆弱的民主;他成功阻止了智利陷入共产党独裁统治的险境,基本上是个值得尊敬的人。英国政府坚持官方的立场,认为引渡请求纯粹属于法律问题,这招致了一些大臣更直率的批评。贸易和工业大臣彼得·曼德尔森说,曾身为国家元首的独裁者要求免于起诉的做法对大多数人来说是一件"厚颜无耻的事情"。

10月28日,英国最高法院认为皮诺切特享有豁免权,并宣布对其进行拘留是非法行为。然而,上诉贵族院却产生了与此截然相反的结果,上院高级法官投票表决,结果60%赞成继续执行引渡程序,40%的人则持反对意见。由内政大臣杰克·斯特劳签注的这一决议后来受到了破坏,有消息披露:上院高级法官霍夫曼勋爵与提交对皮诺切特不利的证据并赞成对其进行引渡的组织大赦国际有联系。

当"纽伦堡审判"后的第一个战争罪法庭即将对在波斯尼亚犯下"种族清洗"罪的个人进行审判的时候,不论皮诺切特案的最终结果如何,对那些渴望看到人权在国际法的作用下受到尊重的人来说,它都显然是又一大进步。

"沙漠之狐行动"与莱温斯基案

19 98年12月16日,海湾地区战火再起。为惩罚伊拉克总统萨达姆·侯赛因拒不执行结束1991年海湾战争停火协议,美国和英国发动了"沙漠之狐行动"。伊拉克已经同意销毁一切"大规模杀伤性武器",并允许联合国核查人员进入任何他们可能想进入的地点,以确保停火协议条款得到遵守。但萨达姆却一直为联合国核查小组的工作设置障碍,且有充分证据表明他仍在研制生化武器。

在12月16日至19日期间,美国军舰和飞机向伊拉克共发射了大约400枚巡航导弹。英国皇家空军装载着"智能"武器的"旋风"式战机也执行了大量的轰炸任务。这次行动的目标包括秘密掩体、精锐的共和国卫队的军营和通讯中心。

这次军事行动未经联合国授权,并遭到了俄罗斯和美国大多数盟国的反对。

英国再次立场鲜明地充当了美国最亲密的朋友。在美国国内,许多政治家和政治评论家将这次军事行动视为转移美国民众注意力的一项策略,当时美国国会正在就弹劾身陷莫妮卡·莱温斯基案的总统克林顿举行投票。因此,愤世嫉俗者将其称作"莫妮卡裙子之战"。

人们对不可能推翻萨达姆或削弱其权力的军事行动的有效性普遍表示怀疑。实际上,西方国家陷入了这样一种圈套:一方面,它们不能允许萨达姆发展大规模杀伤性武器而不受惩罚;另一方面,如果它们不发动尚未准备就绪的一场全面侵略战争,它们又无法阻止萨达姆。

▲伊拉克当局将联合国核查人员驱逐出境,联合国因此再次展现其力量。

11月
· 2000年悉尼奥运会卷入财政丑闻。
· 伊拉克总统萨达姆·侯赛因将联合国武器核查人员驱逐出境。
· 在肯·斯塔尔调查引起对抗性的负面效应后,美国共和党在中期选举中举步维艰。

12月
· 巴勒斯坦投票决定修改反以色列纲领。
· 在有关"拉链门"丑闻调查的《斯塔尔报告》公布后,美国国会投票决定弹劾总统克林顿。

99

约旦国王侯赛因去世

▲约旦国王侯赛因与选中的王位继承人——担任约旦军队特种部队司令的长子阿卜杜拉合影。

19 99 年 2 月 8 日，中东地区微妙的政治均衡中的关键人物之一——约旦国王侯赛因去世。在此之前，他曾在美国接受治疗，在经过长期同癌症作斗争后，侯赛因国王决定返回约旦度过其生命中的最后几天。他的去世在约旦全国范围内引起了前所未有的悲痛场面；而在世界其他地方，人们也为这位中东政治中的重要人物表示哀悼。

1952 年，侯赛因的父亲塔拉勒国王被废黜，侯赛因因此中断了在英国的教育。一年后，这位 18 岁的王子登上了王位。在 20 世纪 60 年代期间，侯赛因在其自然效忠的邻近的阿拉伯国家和作为经济援助来源的西方国家之间走过了一条困难重重的道路。事实上，在他整个统治时期情况都是如此。

1967 年 6 月，他领导的军队在阿拉伯—以色列战争（该处指第三次中东战争，即中东"六·五"战争，亦称"六天战争"——译者注）中惨败，他因此经受了一次重大挫折。这次战争的结果是，约旦河西岸被以色列占领，并有大批巴勒斯坦难民涌入约旦。在以后的三年当中，约旦成了巴勒斯坦解放组织（简称"巴解组织"——译者注）对以色列发动游击战的根据地。这对约旦的稳定构成了威胁，因此为了控制约旦，"巴解组织"同约旦军队于 1970 年 9 月发动了一场全面战争。结果，侯赛因获胜。次年，"巴解组织"军队被逐出约旦。

在接下来的 20 年间，事实证明侯赛因国王是一位世界著名的政治家，他成功避免了同以色列发生军事冲突，修复了同"巴解组织"的关系，并同沙特阿拉伯和其他温和的阿拉伯国家建立了更密切的关系。他还努力维持同美国和英国的友好关系。

侯赛因在美国接受了长达 6 个月的治疗，而后返回约旦，并立即将王位继承人——他的弟弟哈桑亲王换下。显然，这位生命垂危的国王选中了一位更合适的继承人，那就是担任约旦军队特种部队司令的长子阿卜杜拉王子。

"拉链门事件"

19 99 年 2 月 12 日，美国自"水门事件"后最严重的宪法危机宣告结束。总统克林顿掩盖同前白宫实习生莫妮卡·莱温斯基的绯闻真相败露后，共和党出身的检察官肯尼思·斯塔尔对克林顿穷追不舍，并成功发起了弹劾总统的活动。尽管最后克林顿总统被宣告无罪，但当世界上权力最大的人物在接受仔细审查的时候，美国政府处于风雨飘摇之中，这 13 个月令人感到精疲力竭。

克林顿在其两次总统任期期间，其个人私事一直受到质疑。早在 1994 年，他就因卷入被称作"白水事件"的阿肯色州房地产开发问题而受到调查。6 个月后，阿肯色州政府办事员保拉·琼斯对克林顿提起诉讼，称克林顿在担任阿肯色州州长期间曾对其进行性骚扰。尽管如此，克林顿仍

▲克林顿左肩前面的这位女人就是"拉链门"丑闻中的关键人物莫妮卡·莱温斯基。

然很受欢迎,并于1996年再次当选为总统。

克林顿的麻烦始于1997年5月,当时美国联邦最高法院裁定保拉·琼斯可在克林顿当政期间继续对他提起诉讼。作为调查的一个组成部分,人们怀疑同克林顿总统有过风流韵事的前白宫实习生莫妮卡收到了为琼斯诉讼作证的传票。尽管她签署了一份宣誓书,称她与克林顿无关,但她的一位同事琳达·特里普向法院提供了几盘同莱温斯基的谈话录音,内容却截然相反。

1998年1月17日,克林顿总统就琼斯诉讼作证,他否认同莱温斯基有过性关系,也否认曾掩盖事情的真相。当时,克林顿发表了其著名的公开声明:"我同那位女人没有发生过性关系……我从未让任何人撒谎。"此后,事情发展得迅速而滑稽可笑,有消息称莫妮卡仍拥有一件沾有精液的裙子,可以证明克林顿有罪。

1998年4月1日,法院驳回了保拉·琼斯的诉讼,但肯尼思·斯塔尔继续纠缠克林顿总统。8月6日,已经同意免于起诉的莫妮卡·莱温斯基向斯塔尔为首的大陪审团作证。11天后,克林顿经历了4个多小时的质问。正如事实所显示的那样,受到羞辱的克林顿被迫发表电视讲话,向美国公众承认:"我的确同莱温斯基小姐有过不正当关系……这致使判决出现了严重的失误,也是我个人的失败,我对此负有完全不可推卸的责任。"当《斯塔尔报告》发表时,作者敦促美国参议院和众议院展开弹劾质询。

即使在这些颇具破坏性的事情被披露后,舆论仍旧支持克林顿。尽管克林顿存在这些缺点,但大多数美国人认为他在当政期间功绩卓著,只有不到三分之一的民众认为他应遭到弹劾。尽管国内民众不满情绪日益高涨,但共和党还是我行我素,于1998年12月19日基于作伪证和妨碍司法两条理由弹劾了总统威廉·杰斐逊·克林顿。

1999年1月7日,弹劾审讯开始。同月,克林顿和莱温斯基再次接受质询。这时,共和党人认识到大多数美国人认为该诉讼程序是一次政治迫害,应尽快结束调查。最后,2月12日,由100人组成的参议院陪审团投票表决,结果在伪证诉讼方面,55票支持,45票反对;而在妨碍司法诉讼方面,50票支持,50票反对。这一结果相对于罢免克林顿所要求的三分之二的多数这一比例还相距甚远。

"拉链门事件"之后,克林顿的个人声望仍然很高。他将继续留在白宫,一直到2001年1月他总统任期届满。共和党人的行为受到了普遍的谴责,并很可能在1999年总统选举期间被用作对其攻击的证据。与此同时,莫妮卡·莱温斯基一跃成为名人,围绕这一引起政界振荡最大的性丑闻,她从媒体那里获得了数百万美元的收入。

▲共和党出身的检察官肯尼思·斯塔尔,他相信他能将克林顿总统拉下马。

1月
· 欧洲单一货币欧元正式发行,欧洲十一个国家(不含英国)签约表示支持。
· 美国阿肯色州一名妓女声称克林顿总统是她孩子的父亲,后来进行的DNA检测证明这种说法不可能。
· 有消息披露欧盟总部高层存在普遍欺诈行为和管理不善等现象。
· 弹劾美国总统克林顿的诉讼程序开始。
· 英国前内阁大臣乔纳森·艾特肯承认自己曾在法庭上作伪证。
· 英国政府将泄露国家秘密的英国军情六处原特工从法国引渡回国的努力以失败告终。
· 黑手党受到指控曾印制了数千张欧元假钞,企图在2002年欧元上市后投向市场。
· 英国战时宣传专家哈罗德·罗宾和舰队司令卢因爵士去世。

2月
· 加拿大政府给予因纽特人划定一块实行自治的地区,因纽特人称其为"努纳瓦特"。
· 美国总统克林顿受到指控:在英国牛津大学求学期间实施过性骚扰行为。
· 英国国会大厦研究人员遭到指控:利用该处计算机系统从互联网上下载色情资料。
· 有文件显示与希尔斯伯勒灾难相关的警察曾努力修改官方报告。
· 演员德里克·尼莫和约旦国王侯赛因去世。

美国哥伦拜中学凶杀案

▲有电视台向世界各地直播了哥伦拜中学枪击案发生全过程。图为该校学生在为其生命安全而最后冲刺。

新闻摘要

3月

· "拉链门"丑闻的中心人物莫妮卡·莱温斯基接受英国电视台记者采访。

· 天文学家通过哈勃太空望远镜发现存在时间长达142.5亿年的宇宙中最古老的星系。

· 电影导演伊莱亚·卡赞被授予奥斯卡终身成就奖，由此引发争议。许多人不愿原谅其在20世纪50年代反共政治迫害期间"指名道姓"的行为。

· 由布赖恩·琼斯和贝特朗·皮卡尔组成的英一瑞士布赖特灵气球队完成第一次环球飞行，获得100万美元的奖金。

· 著名的小提琴演奏家耶胡迪·梅纽因、英国喜剧演员罗德·赫尔和厄尼·怀斯、电影导演斯坦利·库勃里克、歌唱家达斯蒂·斯普林菲尔德、法官德宁勋爵和玛丽莲·梦露的前夫棒球明星乔·迪马乔去世。

4月

· 美国路易斯安那州遭受龙卷风袭击，给长达6.5公里的地区造成重大损失。

· 期货贸易骗子尼克·李森从新加坡监狱提前获释。

"我是哥伦拜中学的一位老师，这里有一名持枪学生。"这是1999年4月20日科罗拉多急救中心接到的一个"911"急救电话，电话警告震惊美国的最近而破坏性最大的校园枪杀案就要发生了。

在俄勒冈州、密西西比州、宾夕法尼亚州、肯塔基州和阿肯色州发生类似的校园枪杀案后，科罗拉多州的两名学生在他们的校园里实施了一次计划周密的袭击，导致15人死亡，另有多人受伤。最后，两名持枪学生将其杀伤力极大的Tec-9冲锋枪对准自己并扣动扳机自杀身亡，这起校园枪击案才告终结。

哥伦拜中学凶杀案凸显了一个日益严重的现象，即自称为"与环境格格不入"的年轻人越来越多地受到吸引并加入了违反传统观念的邪教组织。这起校园枪击案的元凶是18岁的埃里克·哈里斯。哈里斯是一位电脑和互联网神童，他在这一领域能力超群，就连老师也常向他求教。哈里斯和他的一位同伙戴兰·柯莱伯德是一个被称为"战壕雨衣黑手党"的帮派成员。他们着装相似，全都身穿战壕雨衣，头戴贝雷帽，鼻子上架着一副太阳镜，见面以纳粹军礼互致问候。实际上，这次袭击发生当天恰好是鲁道夫·希特勒的生日。

事件发生后，媒体和当局不可避免地要反问自己，因为此前有线索可以使他们预测到4月20日悲剧事件的发生。他们只需要看看"战壕雨衣黑手党"的网站就明白了，该网站上面的内容显然已被多次报告给了丹佛警察局。就在这次袭击发生的几周前，曾经登出过教授如何自制炸弹的该网站网页上称计划"枪杀哥伦拜中学的所有在校人员"。事件发生后，警方在哈里斯的家中搜到了少量的武器，这使许多人不禁要问：他父母是怎么看护他的？哈里斯和柯莱伯德并非像有些人可能想象的那样是疯狂的贫穷白人，而是富家子弟，17岁的柯莱伯德已经拥有了自己的宝马汽车。

无论如何，这次事件再次引起人们对政府枪支管理政策的反思。从这一事件我们可以看出英国和美国文化之间的最明显差异。1994年邓布兰凶杀案使人们普遍支持在英国禁止拥有手枪和其他枪支；而在美国，无论悲剧如何上演，采取措施控制被视为个人基本自由的持有枪支这一现象却总是被全国来复枪协会游说团称之为"违反

▲美国副总统戈尔及其妻子蒂佩尔在哥伦拜中学向枪击案死难者表示哀悼。

宪法"的举措。但在这一问题上的争论无疑是错综复杂的。事实上，就在哥伦拜中学枪击案刚过去一周的时候，加拿大阿尔伯达省发生了一起模仿该案的校园枪击案，造成一名学生死亡，另有一名学生受伤。令人费解的是，这一事件却发生在世界上对枪支立法最为严格而几乎不存在"枪支文化"的加拿大。

哥伦拜中学枪击案发生后，有些美国人开始反思为所谓的"自由"付出这些悲剧事件的代价是否值得。研究20世纪邪教最著名的一位专家卡尔·拉西克曾尖锐地指出："美国民主存在的问题是我们不喜欢为无法接受的行为设定限制，即使这一行为是在玩弄政治和精神炸弹也是如此。"

英国"电视玉女"遇害

19⁹⁹年4月26日(星期一)，英国电视节目观众听到了令人感到震惊的消息:英国最著名的主持人吉尔·丹多在她位于伦敦西部的家外边被人杀害。

邻居们听到了凄厉的尖叫声，然后就发现这位37岁的明星瘫倒在她在富尔汉的公寓门口的台阶上。当她被送到附近的查灵克罗斯医院时已经死亡。经过验尸确认丹多是被近距离射程之内的子弹击穿头部后死亡的。

最初，丹多在其家乡英格兰西海岸的威斯顿苏珀马小城的一家当地报社工作。她通过在当地的播音获得了很快的进步，后来在英国广播公司全国新闻电视网谋得了一个正式职位。然而，她是因为主持《假日闲情》和《犯罪透视》节目才声名远扬的。《犯罪透视》是一个颇受观众欢迎的电视节目，在节目当中观众应邀帮助警方解决难于破案的暴力犯罪案件。

丹多遇害后，同事对她称赞有加，认为她是一位工作能力无可挑剔的专业人员，而且在成名后其

▲杀害电视节目主持人吉尔·丹多的动机看来将永远都是个不解之谜。

性格并未因此发生什么改变。这样一位深受观众喜爱的节目主持人竟遭杀害，人们难以理解并因而悲伤，自1997年8月威尔士王妃戴安娜死亡后还是第一次出现这样悲伤的情景。

一件尤其令人悲伤而

又出人意外的事情是，尽管她事业辉煌，如日中天，但她的个人问题直到遇害前还尚未解决。遇害前她曾公开表示她将于1999年秋季与妇科医生艾伦·法辛结婚。

杀害吉尔·丹多的动机一直是个不解之谜。有人暗示可能是出于对北约组织军队轰炸塞尔维亚电视大楼的报复。其他人认为可能与她在《犯罪透视》节目中的角色有关。事实上，她遇害的方式是经过精心计算的而又具专业标准，她是被一支9毫米口径射出的一发无声子弹击毙的，这表明这是一起约定谋杀。但令人费解的问题是：究竟是谁想杀害吉尔·丹多呢?

▲一条警戒线环绕在吉尔·丹多在富尔汉的公寓周围:她是在光天化日之下在自家门前的台阶上遇害的。

- 北约飞机在科索沃误炸难民车队。
- 22岁的戴维·科普兰被指控制造了在伦敦索霍区、布里克径和布里克斯顿等地发生的一连串致命的长钉炸弹袭击。
- 著名编辑利兹·蒂尔伯里斯、演唱家、作曲家和演员安东尼·纽莱、作曲家莱昂内尔·巴特和演员鲍勃·佩克去世。

5月
- 北约飞机轰炸中国驻南斯拉夫大使馆。
- 工党在威尔士和苏格兰议会的第一轮选举中获胜。
- 北约宣布派遣2.2万人的地面部队前往科索沃。
- 埃及商人、哈罗德公司总裁穆罕默德·阿勒法耶兹成为英国公民的申请遭到拒绝。
- 英格兰英式橄榄球队长劳伦斯·达拉利奥在遭到出售并吸食毒品指控后辞职。
- 有证据表明卡扎菲可能亲自下令轰炸了在1988年发生的洛克比空难中坠毁的美国泛美航空公司的班机。
- 演员罗里·卡尔霍恩、演员和电视节目主持人吉尔·丹多和演员奥里弗·里德去世。

6月
- 伊丽莎白女王的小儿子爱德华王子同索菲—里斯·琼斯的婚礼在温莎圣乔治教堂举行。
- 北约军队进入科索沃，与此同时北约同塞尔维亚领导人达成一项协议。
- 南非总统纳尔逊·曼德拉辞职，塔博·姆贝基继任南非总统。

科索沃战争

欧洲莫名其妙地看来要再次陷入战争的漩涡，战争的导火索将在一直是 20 世纪冲突中心的巴尔干地区被点燃。在总统斯洛博丹·米洛舍维奇拒绝停止其在塞尔维亚科索沃省的"种族清洗"行动后，北约联军于 1999 年 3 月 24 日对塞尔维亚首都贝尔格莱德发动了第一轮空袭。

在面积狭小的科索沃省发生的冲突是由民族和宗教差别引起的。该地区占其 200 万总人口的 90% 多的人是阿尔巴尼亚人，其余的则是塞尔维亚族的后裔。这两个民族信奉不同的宗教，说不同的语言，甚至使用不同的字母，他

们传统上一直相互怀有敌意。虽然在科索沃生活的塞族人为数不多，但它却对塞尔维亚具有象征性的重要意义，因为它是塞尔维亚东正教教堂所在地。1389 年，在塞尔维亚历史上最为重要的一次战役中，科索沃地区被土耳其军队占领。直到 1913 年，才重新回到塞尔维亚的统治之下。

第二次世界大战结束后，巴尔干各共和国联合起来，建立了以铁托为首的共产党政权——南斯拉夫联盟。在铁托当政期间，科索沃在很大程度上享有自治权。这一切都因 20 世纪 80 年代末的"东欧剧变"而改变。波斯尼亚、克罗地亚、斯洛文尼亚和马奇顿相继脱离南斯拉夫独立，南斯拉夫联盟只剩下塞尔维亚和黑山两个共和国了。1989 年，前共产党领导人斯洛博丹·米洛舍维

▲科索沃大量的墓地为塞尔维亚实施"种族清洗"政策提供了骇人听闻的证据。

奇开始执政，并立即试图恢复政府对塞尔维亚伏伊伏丁那和科索沃两个省的完全控制。深受塞尔维亚人民族主义的影响，米洛舍维奇在邻国波斯尼亚和克罗地亚陷入混乱状态之时为建立"大塞尔维亚"而不懈努力。

科索沃新政府坚持强硬路线，在政府中工作的阿尔巴尼亚人即刻遭到了解雇。面对日渐上升的压迫，越来越多的阿族人要求获得完全独立。前政府官员另立政府，举行自己的选举，征收自己的税收，同时向西方国家寻求支持，结果却徒劳无功。年轻好战的科索沃人变得越来越不耐烦了，他们独自采

取行动，成立科索沃解放军。在西方国家还没有重视在该地区正在酝酿的动乱的时候，科索沃解放军力量壮大起来。到 1995 年，他们就已经开始对塞尔维亚当局发动袭击了。

1998 年，米洛舍维奇总统派遣南斯拉夫军队进入科索沃打击科索沃解放军，国际社会的注意力才最终转向科索沃地区。然而，米洛舍维奇残忍的策略不仅是针对"恐怖分子"的，而且还针对阿族人。在不到几个月的时间里，数十万阿族人被迫逃离家园。随着一个个城镇和村庄被夷为平地，从该地区发回的报道开始表明这里正经历着一场种族大屠杀。

▲斯洛博丹·米洛舍维奇通过塞尔维亚国家电视台发表电视讲话，阐明其立场。

▲伸出手来结束摧毁科索沃许多社区的冲突。

随着每天发生人道主义灾难这样骇人听闻的消息传出，北约组织而非联合国对塞尔维亚开始发动攻势。1998年10月18日，美国特使理查德·霍尔布鲁克奉命前往南斯拉夫斡旋，他向米洛舍维奇总统发出了最后通牒，以空袭相威胁要求其军队撤出科索沃。尽管塞尔维亚在最终期限到来之前的几个小时在空袭压力面前屈服了，但这一年年底双方又恢复了冲突状态。

1999年1月16日，有人在科索沃南部的拉卡克发现了45具阿族人的尸体，这表明显然塞尔维亚军队又发动了一次大屠杀。面对世界各地愤怒的呼声，六国"联络组"在巴黎附近的兰布莱举行会议，并邀请塞尔维亚和阿尔巴尼亚领导人出席会议。经过一个月的谈判，各方达成了科索沃在塞尔维亚共和国内自治的协议，但由于米洛舍维奇总统拒绝在"兰布莱协议"上签字，致使协议失效。

科索沃继续陷于激烈的冲突当中。3月22日，理查德·霍尔布鲁克再次奉命前往贝尔格莱德向米洛舍维奇发出最后一份最后通牒。第二天，他宣布会谈已经失败。然后，北约组织宣布它们将对塞尔维亚境内的多处军事目标实施空袭。3月24日，北约发动第一轮空袭。

北约采取的策略是，通过持续不断的空袭削弱塞尔维亚的军事机构，这一策略遭到了北约国家之外的国际社会的广泛批评。与对伊拉克采取的军事行动不同，北约轰炸塞尔维亚并未得到联合国的授权，因而有些人称其为"西方国家的帝国主义"行径。此外，军事战略家公开声称只有派遣地面部队进入南斯拉夫，才能成功将塞尔维亚军队逐出科索沃。但空袭行动的坚定支持者美国和英国却清醒地意识到要避免地面行动可能带来的重大伤亡。人们认为现代战争要取得胜利不能没有公众的支持。尽管大多数美国人和英国人普遍赞成空袭行动，但如果因伤亡导致的尸体袋被送回家中的时候，这种支持便很快会受到减弱。空袭行动每周要花费大约2亿英镑，这不可避免地引起了北约国家内部日益强烈的批评。

4月至5月，北约军队实施的轰炸行动增多。与此同时，塞尔维亚也在科索沃采取了更多的军事行动。随之而来的是规模空前的难民涌入邻国阿尔巴尼亚、马其顿和黑山。占科索沃人口一半多的一百多万阿族人逃离该地区。随后北约军队意外轰炸了一个难民车队并炸毁了中国驻南斯拉夫大使馆，北约军队将后者归因于一张过时的地图。

在世人的眼中，斯洛博丹·米洛舍维奇已经取代伊拉克领导人萨达姆·侯赛因成了令人讨厌的人。正如萨达姆一样，事实证明米洛舍维奇同样做好了同舆论进行最后一搏的准备，在从灾难的边缘退回之前激起了强烈的反应。然而，最重要的是这两位领导人认识到可以利用被北约或联合国军队击败这样的结果来巩固其在国内的统治地位。

最后，无论北约军队给塞尔维亚的基础设施带来了多么严重的损失，米洛舍维奇总统消灭科索沃阿族人的计划看来都得到了实现。当塞尔维亚被迫允许难民返回科索沃时，大多数难民却发现此时他们的家、村庄甚或是整个城镇都变成了一片废墟。因此，这时又出现了一个问题：接下来会发生什么事情呢？

▲迈克·杰克逊将军宣读塞尔维亚和北约于1999年6月达成的和平协议条款。

索引

索 引

IBM(国际商用机器公司) 245

V2 火箭 189

A

阿比西尼亚 118-19,141

阿伯汉 324

阿尔巴尼亚 48,559

阿尔及利亚 252-3,272,296-7

阿富汗 419,478

阿根廷 234,254,436-7

阿基诺夫人 468

阿拉巴马州 264-5

"阿拉伯号"客轮 58

阿拉伯人起义 62,66

阿拉曼 179

阿拉斯加 280

阿里,侯赛因·伊本 62

阿蒙森,罗尔德 42-3

"阿摩柯·卡迪兹号"超级油轮 406

阿姆利则 452-3

阿塞拜疆 200,509

阿什当,帕迪 542

阿斯奎斯,赫伯特 28,50,63,93

阿斯特,南希 77

阿斯特,威廉·沃尔多夫 77

阿斯旺水坝 17,275,354

阿塔图尔克 32,46,92

埃德里斯国王 230-1

埃迪,阿明 369,414-15

埃尔哈特,阿米拉 126

埃及:安瓦尔·萨达特 433;阿斯旺水坝 17,275,354;戴维营 409;福奥德二世 235;纳赛尔,加迈尔 238-9,275;

穆罕默德·纳吉布 235,238;成立共和国 238-9;六天战争 328-9;苏伊士危机 262-3;图坦卡蒙 89;第二次世界大战 162;"赎罪日"战争 374

埃克纳尔,雨果 147

"埃克森·沃尔茨号"油轮 483

埃利斯岛 18

埃伦塔尔,莱克斯·冯 33

埃米琳,潘克赫斯特 30,47

埃塞俄比亚 382-3 另见阿比西尼亚

埃文斯,泰默茨 241

艾伯特,弗雷德里希 73,82,91

艾德礼 201,226,255

艾登,安东尼 231,263,267

艾森豪威尔,德怀特 237,239,288-9

艾滋病 460-1,507

爱迪生,托马斯 41,46,122-3

爱尔兰:内战 85,87;复活节起义 61;地方自治 50,85,87;鲁宾森,玛丽 500;柯林斯,迈克尔 86;第二次世界大战 188,另见乌尔斯特

爱尔兰共和军 361,364-5,383,417,473,476-7,518,529,534

爱尔兰志愿者 50

爱沙尼亚 508

"爱沙尼亚号"渡轮 526

爱因斯坦,阿尔贝特 15,27,198,249

安德里亚·巴德尔 386

安迪迪,穆罕默德·发阿 515

安哥拉 388-9

安奈特 281

安奇奥 188-9

安维雷,奥斯瓦尔德 186

昂纳克 487

昂山 182

奥巴尼翁,戴恩 110

奥本海默,罗伯特 198,227

奥勃恩,汉斯 149

奥地利 148,463

奥兰治自由邦 16-17

奥林匹克运动会:1908年32-3;1932年126-7;1952年235;1972年370;1976年396;1980年424-5;1988年479;1996年537

奥马爆炸案 549

奥姆真理教 530

奥斯卡 110-11

奥斯瓦尔德,李·哈维 307

奥特加,丹尼尔 417,445

奥维尔,乔治 220

奥匈帝国:与巴尔干国家的关系 33,39,52,53;第一次世界大战 52,53,55,74

澳大利亚:加利波利 59;悉尼港大桥 118

B

巴巴罗莎计划 168-9

巴本,弗朗兹·冯 58

巴德尔-曼尼霍芙匪帮 386,394

巴蒂斯塔 276

巴蒂斯塔,弗尔基齐奥 131

巴尔干:早期冲突 33,39,48

巴基斯坦 208,359,400

巴考,劳伦 265

巴克尔,杰姆 477

巴拉盖尔,乔昆 316

巴拉时尼科夫,米克海尔 380

巴勒斯坦 66,111,146-7,150

巴勒斯坦解放阵线(巴解阵) 355,368,394

巴勒斯坦解放组织(巴解组织) 355,438-9,519

巴黎 40,160,191

巴林银行 528-9

巴伦奇,特里 466

巴貌 182

巴拿马 513

巴拿马运河 49

巴纳德,克里斯廷 333

巴奈特,罗斯 299

巴斯奥,路易斯 137

巴特勒 231,275

白里安,阿里斯蒂德 108,266

"百万男人游行" 532

柏林 212-13,242,294-5,303,486-7

班斯,爱德华 211

板球 130

保大皇帝 225

保加利亚 18-19,48,167,407

保卢斯,弗雷德里奇 181

保守党 28,50,93,415,513,542-3

鲍德温,斯坦利 93,102

鲍尔斯,加里 286

鲍基斯 30

鲍林,利诺斯 15,246-7

鲍曼,马丁 205

鲍斯基,埃文 467

鲍斯克,居安 316

鲍威尔,伊诺克 335

北朝鲜 213,222-3,479

北大西洋公约组织(北约):建立 214;意大利 202;科索沃 559;华沙条约 248-9,504;西德 248

北海石油 399,422-3

北极 36-7,42,274

贝当元帅 64,160

贝尔德,约翰·洛吉 102,121

贝尔福,阿瑟 66,81

贝尔福声明 66,111,212

"贝尔格拉诺号"巡洋舰 437,449

贝京 409

贝克雷尔,亨利 20,21

贝利 273

贝内特,詹姆斯·戈登 30

贝文,安鲁恩 226,255

本贝拉,阿哈默德 297

本顿,威廉 221

本古里安,大卫 212

本尼斯特,罗杰 244-5

比夫拉 329,342,354

比格斯,罗恩 305

比库,斯蒂夫 404

比勒陀利亚 17

比利时:博杜安一世 228

比洛克西 285

彼得格勒 68,69

"俾斯麦号"战列舰 170

毕加索 372

毕加索,帕勃罗 372

毕少普,莫里斯 447

庇隆,艾薇塔 234

庇隆,胡安 234,254,380-1

庇隆,胡安 254

滨口雄幸 119

冰岛 171,279,392

波茨坦协定 197,232

波恩斯坦,卡尔 376

波尔布特 412

波幅默,约翰 302-3

"波将金号" 26

波兰 152-3,184-5,357,410,425,440-1,500-1

波拿·劳,安德鲁 50,63,93

波斯尼亚 33,510-11,520-1,522,533

波斯尼亚-黑塞哥维纳 257

波因德克斯,约翰 474-5

伯尔格,詹姆斯 520

伯克,弗兰克 58

伯克维茨,大卫 402-3

勃格斯,盖伊 229

勃哈,尼尔斯 217

勃兰特,安东尼 229,418

勃兰特,威利 381

勃朗宁,海恩里克 132

勃雷东,安德烈 101

勃列日涅夫 441

博加特,哈姆费雷 265

博帕尔 453

博萨,路易斯 57

博伊·埃德,卡尔 58

不列颠之战 164-5

布恩迪,泰德 482

布尔吉巴,哈贝 257

布尔加宁元帅 248

布尔什维克 26-7,68-9,72,94,95

布拉福德 457

布拉格之春 340

布莱尔,托尼 524,542-3

布莱里奥,路易 37

布赖顿爆炸案 449

布赖恩,本杰明 397

布赖恩,威廉·詹宁斯 15,100

布朗,尼科尔 525

布朗,詹姆斯 259

布劳恩,埃娃 195

布劳恩,韦赫·冯 189,198

布鲁顿,约翰 529

布鲁克,爱德华 325

布鲁塞尔世界博览会 272

布什,乔治 470

布托,阿里 400

C

"彩虹勇士号" 458-9

查尔斯王子 432,537

《查泰莱夫人的情人》(劳伦斯著) 289

长崎 199

长征 141

超现实主义 101

朝鲜战争 222-3

车彻斯特,弗朗西斯 337

车臣 527

陈清度 304

楚波,杰里米 392-3

春节攻势 338

慈禧太后 12-13

D

达尔文,查尔斯 100

达罗,克拉伦斯 96,100

"大坝摧毁者"特别攻击队 182-3

大屠杀 184-5,196-7

大西洋宪章 171

大萧条 128-9

代顿协议 533

戴安娜王妃 432,537,544-5

戴高乐 160,191,272,296,336,356-7

戴维森,埃米莉 47

戴维斯,安吉拉 368

戴维斯,马丁 230

戴维营 409

丹多,吉尔 557

丹麦 156

道森,查尔斯 243

道森斯菲尔德劫机案 355

道威斯,查理·盖茨 101

德尔蒙特,莫德 87

德国:阿道夫·希特勒 129,132-3,134,

136-7;反犹主义 133,140,150;柏林大空运 212;与英国的关系 52;与捷克关系;道威斯计划 101;德国分离 216;德累斯顿 192-3;经济崩溃 90-1,121;普法战争(1871年)52;"自由军团" 76,82;大萧条 128;卡普政变 82;纳粹党 129,132-3;国会大厦纵火案 136;战争赔款 84,121,134;重新合并 251;鲁尔占领区 84,134;斯巴达克同盟起义 76,82;两德统一 487,496-7;魏玛共和国 82;第一次世界大战 52,53,54-5,64,72,73,74-5;第二次世界大战 152,156-7,158,159-60,168-1,174-5,180-1,192-195

德克勒克,F.W. 492,521

德兰士瓦 16-17

德雷福斯,阿尔弗雷德 20

德雷塞布,费迪南德 49

德米尔,塞西尔 46,277

德乔伊,路易斯 273

德斯格朗吉,亨利 21

德瓦勒拉,埃蒙 61,85,86

的黎波里 162,166

邓布兰 534-5

邓小平 396,452

迪拜 178

迪博,米歇尔 272

迪恩,约翰 376-7

迪恩,詹姆斯 253,259

迪林戈尔,约翰 135

迪伦,鲍勃 317

迪斯尼,沃尔特 250-1,325

迪特鲁,马克 538

迪亚斯,普弗里雯 43

迪尤,沃尔特 41

地震 28-9,91,371,394,459,481,528

帝国大厦 120

第二次世界大战:安齐奥188-9;"俾斯麦

号"沉没 170;闪电战 158;轰炸 161,174-5,189,192-3;缅甸 182;"大坝袭击者" 182-3;迪拜 178;敦刻尔克大撤退 159;东线 180-1;阿拉曼战役 179;易北河 194;德国投降 195;大屠杀 184-5;德军入侵荷兰和比利时 158;入侵挪威和丹麦 156-7;意大利投降 183;日本投降 199;中途岛 175;诺曼底登陆 190;北非 162,166-7,179;巴巴罗莎计划 168-9;战争起源 152-3;波茨坦协定 197;火箭 189;塞瓦斯托波尔 178;东南亚 186-7;斯大林格勒 180-1;妇女 176-7;雅尔塔会议 192

第一次世界大战:非洲 57;浩劫 74-5;空战 71;亚眠 72;停战 73;东线 55;加利波利 59;日德兰半岛 60-1;"卢西塔尼亚号"沉没 57;马恩河 54-5;新技术 70-1;战争根源 52-3;索姆河 64-5;坦嫩贝格 55;潜艇 58;凡尔登 64-5;西线 54-5,64-5;妇女 67

电信:无线电 14,41;电视 102,121;"电信之星" 298

电影:《一个国家的诞生》56;爱迪生 41;好莱坞 46,87;鲁道夫·瓦伦蒂诺 104;有声电影 107

电影《浩劫之后》 447

东德:柏林骚乱 242;柏林墙 216,294-5,486-7,486-7,496-7

东京 91,530

东京湾 312

东条英机 170

东线:第一次世界大战55;第二次世界大战 180-1

都柏林 61

杜布切克,亚历山大 340

杜达耶夫,焦哈尔 527

杜卡凯斯,迈克尔 470

杜鲁门,亨利 195,198-9,207,217,221,

223

杜马 27

杜南,简·亨利 15

杜瓦利埃,弗朗索瓦 273,309,463

杜瓦利埃,让-克劳德 463

敦刻尔克大撤退 159

多尔,鲍勃 539

多哥 57

多米尼加共和国 316

多纳多,彼得里 32

E

俄国革命 68,69

俄克拉荷马城爆炸案 530-1

俄罗斯:与巴尔干国家的关系 33,48,
52-3;布尔什维克 26-7,68,69,72,
94,95;鲍里斯·叶利钦 494,505,
509,536;车臣 527;制宪国民代表大
会 68,69;政变 505,509;杜马 27;孟
什维克 26,68,69,94;临时政府
68-9,72,94-5;二月革命(1905 年)
26-7;十月革命(1917 年)68-9,94-5;
日俄战争(1904 年)24;社会革命党
68,69;西藏 24-5;沙皇尼古拉二世
24,26-7,68,72;第一次世界大战
52,53,55,68-9;另见苏联

恩德培 394-5

恩尼斯基伦 473

F

法勃,杰瑞 317

法尔根汉,埃里希·冯 64

法国:阿尔弗雷德·德雷弗斯 20;与阿尔
及利亚的关系 252-3,272,296-7;与
英国的关系 25;戴高乐 272,336,
356-7;巴黎洪灾 40;普法战争(1871
年)52;弗朗西斯·密特朗 434-5;约

瑟夫·卡约 51;乔托 163;"彩虹勇
士号"458-9;赔款 84;天主教会 20;
鲁尔占领区 84;学生骚乱 336;苏伊
士运河危机 262-3;环法自行车赛
21;与越南的关系 225,246;世界杯
551;第一次世界大战 52,53,54-5,
64,74,75;第二次世界大战 152,
159-60,191

法拉坎,路易斯 532

法洛克国王 235,238

法瓦洛欧,雷内 333

法西斯主义:英国 128-9,142;德国 129,
132-3,142,148-9;意大利 88,142,
148-9;日本 142,151;拉丁美洲 142

法伊德,多迪 544-5

凡·高,文森特 19

凡尔登战役 64-5

反犹主义 133,140,150,184-5,196-7

范德比尔特,阿尔弗雷德 57

范多伦,查尔斯 281

范思哲,詹尼 543

放权 546-7

非洲白人抵抗运动 466

非洲国民大会(非国大) 285,309,404,
466,524

菲律宾 468-9

斐迪南,弗朗茨 39,53

费尔伯,凯姆 229

《费加罗报》 51

费舍,鲍比 371

芬兰 156,168,169,235

疯牛病 535

佛巴斯,奥维拉 265

佛朗哥,弗朗西斯科 144

佛朗哥,弗朗西斯科 145,150-1,389

佛罗伦萨 324

弗拉基米尔大公 26

弗莱明,亚历山大 108

弗里克斯博格 380

弗里曼,亚瑟 118

弗伦奇,约翰 55

符拉迪沃斯托克 24

福克兰群岛战争 436-7

福克斯,达德科尔 67

福特,亨利 34,49

福特,杰拉尔德 377

福特 T 型车 34,49

妇女:教育83;飞行员126,166;颁布法令
514-15;选举权30,47,67;第一次世
界大战67;第二次世界大战176-7

妇女社会与政治联盟 30,47

复活节起义 61

富米诺萨万亲王 290

富农 116

G

盖茨克尔,雨果 226,255

盖利加因,毛瑞斯 21

甘地,拉吉夫 505

甘地,英迪拉 363,452-3

刚果 34-5,286-7,293

高庚 19

高庚,保罗 19

高华德,克里蒙 211

高知市 119

戈多斯基,利奥波德 31

戈尔巴乔夫,米克海尔:鲍里斯·叶利钦
505;政变505;竞选失败536;公开化
468;改革468;掌握权力456

戈尔-布斯,康斯坦斯 77

戈林,赫尔曼 164-5,205

戈洛谢金,菲利普 72

戈梅斯,约瑟·米格尔 29

戈培尔,约瑟夫 133

戈撒尔斯,乔治·华盛顿 49

哥伦拜中学 556-7

哥伦比亚 49

哥穆尔卡,沃尔迪斯劳 357

革命:古巴276;伊朗413;葡萄牙387;俄国26-7,68-9,94-5

格蒂,让·保罗 393

格雷,爱德华 53,62

格里菲茨金,摩尔温 289

格里菲思,戴维·沃克 56,84

格里菲斯,阿瑟 87

格林格拉斯,大卫 239

格林纳达 447

格鲁波,古斯塔夫 205

格默,约翰 535

格瓦拉,切 276

工党:安奈林·贝文226;分裂255,443;执政93,96-7,201,255,316,542-3;约翰·史密斯513;初建12,28;托尼·布莱尔524,542-3;季诺维也夫信件96-7

工会联盟 102

工人代表委员会 12,28

共和党 15,44

共生解放军 379

古巴 29,131,276,288,292,300-1

关岛 187

广岛 198,199

圭亚那 411

"滚石"乐队 311,343

国会纵火案 136

国际联盟 75,76,81,108,119,141,148,200

国家彩票 527

国民党 99

国王爱德华八世 143,232

国王爱德华七世 25,33,42

国王博杜安一世 228

国王法奥德二世 235

国王利奥波德二世 14,34

国王利奥波德三世 228

国王乔治六世 143,232

国王乔治四世 14

国王乔治五世 143

国王威廉四世 14

国王维克托·伊曼纽尔三世 88

国王温贝尔多二世 202

国有化 201,206

H

哈布斯堡王朝 33,39,48,74

哈德森,洛克 460

哈迪,基尔 28

哈尔斯维勒,温德姆 33

哈格,甘德 244

哈克,齐亚 400

哈里斯,埃里克 556

哈里斯,亚瑟 174-5

哈罗德,亚历山大 179

哈罗铁路大灾难 236

哈默尔斯哈德,达格 287,293

哈特,盖里 470

哈维尔,瓦茨拉夫 488,516

海底隧道 525

海地 273,309,463

海尔莱,埃德蒙 241

海尔塞拉西 118-19,141,382-3

海明威 15

海塞尔体育场 457

海洋探险 284

罕勾地区 156

汉德克斯,吉米 356

汉德曼,亨利 12

汉弗莱,哈伯特 341

汉密尔顿,托马斯 534-5

汉森,马修 36-7

航海:"泰坦尼克号"45;横渡大西洋竞赛31

航空:艾米·约翰逊166;飞越大西洋77,106,126;气球120,147;不列颠之战

164-5;加纳利群岛大空难398;"协和号"飞机342-3;轰炸大水坝182-3;飞越英吉利海峡37;首次22-3;"兴登堡号"飞艇147;喷气飞机149;第一次世界大战71;第二次世界大战164-5

航天飞机 462

豪波曼,布鲁诺 125

好莱坞 46,87,107,110,209

和平运动 252,270-1,450-1

核裁军运动 270-1,450-1

核物理学 125,198

荷兰 158

赫尔斯堡 484

赫列布尼克夫,韦列米尔 36

赫鲁晓夫,尼基塔:柏林墙294-5;古巴导弹危机300-1;掌权256,279

赫斯,齐奥多 216

赫斯特,帕蒂 379

赫斯特,威廉·伦道夫 230

"黑豹"组织 348

黑九月 370

黑利,丹尼斯 388

黑人民族主义 107

黑塞哥维纳 另见波斯尼亚-黑塞哥维纳

黑色星期一 472-3

黑山共和国 559

亨特,约翰 241

红色高棉 412

红色旅 406-7

侯赛因,萨达姆 426,495,503,538,553

侯赛因国王 235,355,554

胡佛,赫伯特 113,127

胡志明 225,246

华尔街崩溃 112-13

华莱士,巴恩斯 182-3

华纳,萨姆 107

华沙 184-5

华沙条约 248-9,340,504

化学战 70

怀特,富兰克林·劳埃德 280-1

怀特勒,弗兰克 149

环法自行车赛 21

皇帝曼尼莱柯二世 118

汇率体系 512

惠滕-布朗,阿瑟 77

"火车大盗" 304-5

霍迪尼,哈里 104-5

霍顿,哈里 290

霍尔布鲁克,理查德 559

霍夫曼,埃比 308,352

霍夫曼,保罗 207

霍夫曼,朱利叶斯 352

霍莉,巴迪 277

霍梅尼,阿亚图拉 413,426,483

J

基蒂霍克 23

基尔摩,加里 398

基马尔,穆斯塔法 32,46,92

基诺克,尼尔 465,513

基钦纳伯爵 17

基钦纳勋爵 62

基因科学 186

吉卜林,卢迪亚 15

吉布森,盖伊 182

吉尔里科,爱德华 357

计划生育 63

计算机 245

纪尧姆,甘特 381

季诺维也夫信件 96-7

加邦,乔治 26

加丹加 287,293

加尔铁里,利奥波德 437

加基尔斯基 425,440-1,500-1

加加林,尤里 269,291

加勒比 353,384,385,404,412

加利波利 59

加拿大 448

加斯波里,阿尔塞德 202

加维,马库斯 107

"甲壳虫"乐队 310-11,330-1,352

蒋介石 99,141,203,214

教皇庇护十二世 254

教皇约翰·保罗二世 410,430-1

劫机 355

杰弗里,阿莱克 186

杰弗里斯,詹姆斯 35

杰克逊,杰西 470

杰克逊,乔 83

杰克逊,乔治 368

捷克共和国 516

捷克斯洛伐克 148,152,211,235,340,
488,516

金,罗德尼 504

金日成 213

津巴布韦 408-9

禁酒令 80-1,110,131

旧金山 28-9,134-5

居里,玛丽 15,20-1

居里,皮埃尔 15,20-1

爵士乐 246

军备竞赛 217,226-7,251,252,475

K

喀麦隆 57,466-7

卡达尔,乔诺斯 260-1

卡拉汉,詹姆斯 391

卡拉季奇,拉多万 511,522

卡兰萨,维纳斯蒂安纳 60,90

卡马,弗朗西斯科 316

卡缪,阿尔贝特 15

卡彭特,约翰 33

卡蓬,阿芳斯 81,110,123

卡普,沃尔夫冈 82

"卡普政变" 82

卡其 190

卡钦斯基,西奥多 536

卡森,爱德华 50

卡斯帕迪斯,卡洛斯·曼纽尔·德 131

卡斯特罗,菲德尔 276,288,292,300-1

卡斯托里亚 19

卡特,霍华德 89

卡特,杰米 397,409,424,426,428

卡约,约瑟夫 51

卡扎菲上校 465,481

凯恩斯,梅纳尔 75

凯勒,克里斯蒂 302-3

凯里,乔治 514

凯丽,格蕾丝 261

凯洛格,弗兰克 108

《凯洛格—白里安公约》 108

凯斯基,凯恩 340-1

凯塔诺,马塞罗 387

凯西,威廉 474-5

坎贝尔,迈尔克鲁姆 139

坎贝尔,唐纳德 139

坎贝尔-巴纳曼,亨利 28

康邦,皮埃尔·保罗 25

康拉德,约瑟夫 97

康纳德,阿登纳 216

康诺利,詹姆斯 61

考古:死海卷轴 206-7

考里甘,麦格蕾 402

考特,伯纳德 447

柯布西耶 318

柯利沃,埃尔布里奇 348

柯林斯,迈克尔 85,86-7

柯南·道尔,亚瑟 117

科班,库尔特 522-3

科波菲尔,保罗 120

科蒂斯,罗伯特 361

科尔,赫尔穆特 496

科克罗夫特,约翰 125

科莱斯特,埃沃德·冯　181

科涅夫,伊凡　249

科索沃　558-9

科威特　495,502-3

科学:阿尔贝特·爱因斯坦27,198,249;核物理学125,198;达尔文主义100;基因186;玛丽·居里20-1;诺贝尔奖15,20-1,125,246-7,249;青霉素108-9;冥王星116-17;小儿麻痹疫苗244;雷达138,161,165

克恩茨　487

克劳,亚历山大　97

克里克,弗朗西斯　186

克里平,霍利　41

克里斯蒂,约翰　241

克里特岛　13

克利福德,克拉克　339

克列孟梭,乔治　74

克林德　13

克林顿,比尔　16,514,529,539,553,554-5

克鲁格,保罗　16-17

克伦斯基,亚历山大　69,72,95

克罗地亚　506,510-11

克斯特勒,亚瑟　442

肯德尔,亨利　41

肯尼迪,鲍比　337

肯尼迪,约翰:猪湾事件292;柏林墙294-5,303;民权运动299;古巴导弹危机300-1;遇刺身亡306-7,312-13;竞选胜利288-9;老挝问题290-1;越南问题296

肯尼亚　236

肯特郡大学　353

肯雅塔,乔姆　236

恐怖主义　461

库克,弗雷德里克　37

库克里尔,克里斯托弗　297

L

拉宾,伊扎克　519,532-3

拉丁美洲　271

拉赫曼,谢赫·穆吉布　359,363

拉马根　193

拉萨　227

拉什迪,塞尔曼　483

拉斯考柯斯岩洞　163

拉脱维亚　508

拉伍德,哈罗德　130

拉西科,姆特亚斯　260

腊斯克,迪恩　301

莱奥诺夫,阿列克谢　315

莱恩河　193

莱柯尔克,雅克　191

莱曼斯　250

莱默尔,卡尔　46

莱特,奥威勒　22-3

莱特,威尔伯　22-3

莱托-福贝克,保罗·冯　57

莱温斯基,莫妮卡　553,554-5

莱伊,罗伯特　205

兰迪,约翰　245

兰斯多恩　25

劳,帕奈特　290

劳德机场血案　368

劳合·乔治,大卫　28,63,74,93

劳伦斯,杰弗里　205

劳伦斯,托马斯·爱德华　62,138-9

劳森,奈杰尔　498

老挝　290-1,320,384,385

勒·尼夫,埃塞尔　41

雷达　138,161,165

雷诺,保罗　160,162

雷诺兹,艾伯特　529

雷斯,唐纳　470

雷斯戴维斯,曼蒂　302,303

雷伊,詹姆斯·厄尔　335

冷战:柏林墙294-5,486-7;国际象棋371;冷战结束504;加里·鲍尔斯286;氢弹226-7;冷战起源214-15,217;缓和紧张关系279,286,475;华沙条约248-9

黎巴嫩　399,438-9,446,507

李卜克内西,卡尔　76

李承晚　222

李森,尼克　528-9

里根,罗纳德　426-7,429,442,444-5,474-5

里雷,迪摩西　340

里扎,艾哈迈德　32

立陶宛　508

利奥波德,内森　96

利奥波德三世　228

利奥伯,理查德　96

利比亚　162,166-7,230-1,465,481

利勃,维尔海姆·冯　160

利福顿,甘特　295

利林塔尔,奥托　22

联合国:军备竞赛251;波斯尼亚522;中国362;刚果287,293;创建200;达格·哈马舍尔德287,293;朝鲜222-3;苏伊士运河危机262-3;吴丹293

恋童癖丑闻　538

两伊战争　426,478-9,493

列宁　26-7,68,69,72,94,162-3

列农,约翰　427

林德伯格,查尔斯　106,124-5

林登,吉姆　411

林雅,劳蒂　224 另见埃塞俄比亚

六天战争　328-9,337

隆美尔,埃尔温　166-7,179,190

露西,奥瑟琳　264

卢蒙巴,帕特利斯　287

卢森堡,罗萨　76

卢旺达　523

"卢西塔尼亚号"　31,57,66

鲁比,杰克　307

鲁宾逊,玛丽　500

鲁登道夫,埃里希·冯　55,64,72

鲁尔占领区　84,134

路德金,马丁　264-5,285,305,334-5

路易斯,阿姆斯特朗　360

路易斯,乔伊　215

吕米埃,奥古斯特　31

吕米埃,路易　31

旅顺港　24

绿色和平组织　458-9

绿色政治　451,540

伦敦　161,189,518

伦琴,威廉　15

伦斯戴尔,高登　290

罗德斯,塞西尔　16

罗德西亚　16,318-19,408-9

罗林森将军　64,72

罗马尼亚　167,489

罗马天主教会:阿根廷254;法国20;保罗二世教皇410

罗马条约　266-7

罗姆,恩斯特　137

罗纳迪,埃德瓦多　254

罗森堡,埃塞尔　239

罗森堡,朱利叶斯　239

罗斯,阿尔克　337

罗斯,拉尔夫　33

罗斯福,富兰克林:逝世194-5;第一次任总统127;新措施127,128,130;第二次世界大战162,170,171,173;雅尔塔会议192

罗斯福,西奥多　15,44

罗斯科,阿巴科尔　87

罗素,伯特兰　252,270

罗西斯坦,阿诺德　83

洛克比空难　481

洛克菲勒,约翰·戴维森　51

洛奇,亨利　304

洛杉矶　126

洛维尔,帕西瓦尔　117

M

马德罗,弗朗西斯科　43

马丁,雷蒙　131

马恩河战役　54

马恩河战役　55

马尔凯维奇伯爵　77

马尔克莱姆　305

马卡里奥大主教　257,287

马柯夫,乔治　407

马可尼,古列尔默　14

马克哈多,齐拉多　131

马克思,卡尔　94

马里内蒂,费利波·托马索　36

马其顿　559

马其顿内部革命组织　18-19

《马斯特里赫特条约》　512

马提斯,亨利　247

马歇尔,乔治　203,207

马歇尔计划　207

马谢尔,楚古德　325

马雅可夫斯基,弗拉基米尔　36

玛格丽特公主　254-5

"玛丽玫瑰号"战舰　440

迈格劳雷尔,保罗　273

迈尔,乔治　549

麦加　495

麦金莱,威廉　15,18

麦卡锡,约翰　507

麦卡锡,约瑟夫　221

麦克阿瑟,道格拉斯　222-3,232

麦克达德,詹姆斯　383

麦克卡特,迈克莱恩　186

麦克劳德,柯林　186

麦克里贝尔案　539

麦克林,唐纳德　229

麦克米伦,哈罗德　263,275,284

麦克斯韦,罗伯特　506

麦克斯韦,约翰　61

麦克唐纳,詹姆斯·拉姆齐　12,93,96-7

麦克唐纳准将　25

满洲　24,30

曼彻斯特联队　270

曼德拉,纳尔逊:入狱309;获诺贝尔和平奖521;出任总统524;获释492

曼内,利奥波德　31

曼尼霍芙,乌尔科　386

曼森,查尔斯　346

"毛里塔尼亚号"　31

毛泽东　141,203,214,322-3,366-7,396

"茅茅"运动　236

梅尔,路易斯·B　110

梅杰,约翰　512,513,542-3

梅莱　349

梅勒,诺曼　289

煤矿大罢工　454-5

《每日邮报》　37

美国:阿拉斯加280;美国印第安人运动372;军备竞赛217,251;建国二百年395;"黑豹"组织348;"流血的星期四"134-5;芝加哥白短袜棒球队丑闻82-3;与中国的关系366-7;民权运动264-5,285,299,305,308,334-5;与古巴的关系29,288,300-1;多米尼加共和国316;德怀特·艾森豪威尔237,286;富兰克林·罗斯福127,128,130,131,194-5;盖里·鲍尔斯286;大萧条128-9;夏威夷280;嬉皮士330-1;氢弹226-7;移民18;日裔美国人174;约翰·肯尼迪288-9,306-7,312-13;与朝鲜的关系222-3;三K党56,84-5;拉丁美洲271,444-5;国际联盟76,81,108;黎巴嫩446;麦卡锡主义221;马歇尔计划207;与墨西哥的关系60;"百万男人游行"532;新措施127,128,130,194-5;俄克拉荷马城爆炸案530-1;珍珠港172-3;禁酒令80-1,110,131;种族主义18,35,56,84-5,259,264-5,285,299,317,504;"红色恐慌"80,209,221;宗教100;索马里515;太空探险268-9,291,319,326,344-5,353,367;学生骚乱336;越南战争246,296,312,314-15,320-1,338-9,349,353,365,384-5;华尔街崩溃112-13;星际大战广播149;沃伦报告312;水门丑闻376-7;瓦特骚乱317;威廉·麦金莱15;妇女176-7;伍德罗·威尔逊44,76;第一次世界大战57,58-9,66;第二次世界大战170-4,175,186-7,190

美国印第安人运动 372

美西战争 (1898年)15

美智子 278

蒙巴顿爵士 208,417

蒙博托,约瑟夫 287

蒙德里安 187

蒙德里安,皮埃特 187

蒙格马利,伯纳德 179,183,193

蒙克,爱德华 187

蒙台梭利,玛利亚 223

孟戈菲,雅克-艾蒂安 22

孟戈菲,约瑟夫-米歇尔 22

孟加拉国 359,363

孟什维克 26,68,69,94

梦露,玛丽莲 261,298-9

米尔斯,杰克 304-5

米勒,亚瑟 261

米洛舍维奇,斯洛博丹 501,510,558-9

"米奇飓风" 550

秘鲁 308-9,541

密克罗尼西亚 186-7

密特朗,弗朗西斯 434-5,459

缅甸 182

民权运动 264-5,285,299,305,308,334-5

民主党 44,470

冥王星 116-17

摩尔,琼 221

摩尔德茨,詹姆斯·哈沃德 299

摩洛哥 253,257,390

"魔术师"约翰逊 507

莫德灵,雷金纳德 369

莫德洛,汉斯 487

莫兰,乔治 110,123

莫里森,赫伯特 147,228

莫里森,杰姆 360

莫罗,阿尔多 406-7

莫罗,维斯 439

莫纳斯提尔 19

莫塞奇,尼奥尔雷金 245

墨索里尼 88,141,148-9,162,183,195

墨西哥 43,60,90,459

穆巴拉克,霍斯尼 433

穆罕默德,阿里 327,537

穆加贝,罗伯特 408-9

N

纳粹党:反犹主义133,140,150,184-5,196-7;奥地利148;恩斯特·罗姆137;掌权129,132-3;苏德台地区148

纳吉,艾瑞姆 260,261

纳吉布,穆罕默德 235

纳赛尔,加迈尔 238-9,262-3,275,354

南朝鲜 213,222-3

南非:非洲国民大会285,309,404,466,524;南非白人抵抗运动466;种族隔离105,143,466,492,521,524;英布战争16-17;塞西尔·罗德斯16;亨

德里克·沃尔沃德323;圣雄甘地86,210;纳尔逊·曼德拉309,492,521,524;萨普维尔惨案284-5;斯蒂夫·比库404;第一次世界大战57

南极 42-3

南斯拉夫:内战506;分裂501;成立74;亚历山大国王137

尼尔,阿姆斯特朗 344-5

尼格林,居安 144

尼赫鲁,潘迪特·杰瓦哈拉 208

尼加拉瓜 371,416-17,444-5

尼克松,理查德:访华366-7;竞选失败288-9;竞选胜利341;出访拉美271;访问苏联279;水门事件376-7

尼库姆,约述亚 408-9

尼罗河 17

尼日利亚 329,342,354

尼亚齐,艾哈迈德 32

牛顿,胡莱 348

牛津大学 13,83

纽伦堡大审判 204-5

纽约 120

女王伊丽莎白二世 240,400,516-17

挪威 156

诺贝尔,阿尔弗烈德·伯恩哈德 15

诺贝尔奖 15,20-1,101,125,246-7,249,402,418,446,521,549

诺盖,坦辛 241

诺里戈,曼纽尔 513

诺曼,弗雷德 126

诺曼底登陆 190

诺萨斯 13

诺思,奥利弗 474-5

O

欧文,罗伯特 12

欧洲联盟:英国267,316,366;汇率体系512;《马斯特里赫特条约》512;起源

266-7;议会选举 416

欧洲自由贸易协会 267

P

帕尔马,托马斯·埃斯特拉达 29

帕尔默,米切尔 80

帕克斯,罗莎 264

帕拉 124

帕夏,恩维尔 46

帕夏,卡米尔 46

潘克赫斯特,埃米琳 30,67

潘克赫斯特,克丽斯特贝尔 30,67

潘廷,克莱夫 449

潘兴,约翰 60

佩萨莫 156

喷气飞机 149

朋克 401

皮尔丹人 243

皮尔斯,帕特里克 61

皮卡尔,奥加斯特 120

皮卡尔,雅克 284

皮里,罗伯特 36-7,42

皮诺切特,奥古斯托 373,480,552-3

葡萄牙 387

普尔森,约翰 369

普法战争 (1870—1871 年)52

普朗克,马克斯 15

普雷斯利,埃维斯 258-9,403

普林西普,加弗里洛 53

普吕多姆,苏利 15

溥仪皇帝 44

Q

齐奥赛斯库,埃琳娜 489

齐奥赛斯库,尼古拉 489

气垫船 297

气球飞行 120,147

汽车:制造 34,49;赛车 30,250

契尔年科 456

钱德勒,雷蒙德 278

潜艇 58

乔尔森,阿尔 107

乔拉维斯,乔治 256

乔洛,埃诺 260

乔姆斯基,查尔斯 83

乔瑞特,卢克 526

乔特沃豪,奥托 242

乔伊斯,詹姆斯 166

切尔诺贝利 464-5

青霉素 108-9

青年土耳其党 32,33,46,60

氢弹 226-7

情人节大屠杀 110,123

琼斯,保拉 554-5

琼斯,布里恩 343

琼斯镇 411

丘吉尔,温斯顿:贝文,安奈林 226;逝世 314;竞选失败201;竞选胜利231;加利波利59;大罢工 102,103;爱尔兰50;"铁幕演说" 202;第二次世界大战 157, 162, 165, 171;雅尔塔会议 192

丘纳德 66

全国有色人种进步委员会 56

拳击 35,215,327

R

人类登月 344-5

人头税 492-3

日本:美国占领结束 232-3;原子弹198-9;奥姆真理教530;与中国的关系122,151;明仁皇太子278;滨口雄幸 119;裕仁 199, 201, 233;广岛198,199;神户528;满洲122;长崎199;珍珠港172-3;经济繁荣 362-3;

日俄战争(1904 年)24;东京大地震91;第二次世界大战 170, 172-3, 175,186-7,198-9

日本皇太子明仁 278

日德兰海战 60-1

日俄战争(1904 年) 24

容格,卡尔·古斯塔夫 293

阮文绍 384-5

S

撒切尔,玛格丽特:竞选胜利 415-16, 443;福克兰群岛之战 437;辞职498-9

萨达特,安瓦尔 374,409,433

萨迪布兰尼 162

萨尔瓦多,阿连德 373

萨芬达斯,德摩特里奥 323

萨卡吉尔,亚瑟 454-5

萨柯,尼古拉 106

萨拉查,安东尼奥 387

萨拉热窝 53

萨勒诺 183

萨帕塔,埃米廉诺 43,60,90

萨乌姆比,乔纳斯 388-9

塞班岛 187

塞尔特,乔纳斯 244

塞尔维亚:与波斯尼亚的关系 510-11;早期冲突 48;与哈布斯堡王朝的关系33,39;科索沃558-9;第一次世界大战 53,55;南斯拉夫 501

塞格文,安德雷斯 471

塞浦路斯 256-7,287,382

塞瓦斯托波尔 178

赛马 124

三 K 党 56,84-5

三里岛 414

三日工作周 374-5

桑迪尼斯塔 416-17,444-5

桑迪斯,鲍比 431

桑格,玛格丽特 63

沙皇尼古拉二世 24,26-7,68,72

"沙漠风暴" 502-3

沙佩维尔惨案 284-5

沙特阿拉伯 375,495

山本五十六 175

闪电战 158,161

上海 98-9

舍尔,赖因哈德 60

社会民主党 428-9,443

社会民主联盟 12

沈阳 122

审判"四人帮" 396

生活救助 458

圣彼得堡 26

圣海伦火山 422

圣雄甘地 86,208,210

圣以利亚日起义 18

施瓦茨科普夫,诺曼 503

十进制 358

石油价格 375

石油输出国组织(欧佩克) 375

史密斯,爱德华·J 45

史密斯,伊安 318-19,408-9

史密斯,约翰 513,524

世界杯:1950年224;1966年321;1988年 551

世界产业工会 51

世贸中心 517

受难节和平协定 548-9

舒斯克因格,科特·冯 148

舒特克利夫,彼得 430

赎罪日战争 374

水门丑闻 376-7

斯巴达克同盟起义 76,82

斯俾尔,阿尔伯特 194

斯大林:逝世238;五年计划109;托洛茨 基162-3;波茨坦协定197;掌权98;

第二次世界大战180;雅尔塔会议 192

斯大林格勒保卫战 180-1

斯科普斯,约翰·T. 100

斯科特,罗伯特 42-3

斯科特,诺曼 392-3

斯洛伐克 516

斯洛文尼亚 506

斯穆茨,简 57

斯帕斯基,鲍里斯 371

斯皮顿,埃瑞克 241

斯塔尔,肯尼思 555

斯坦利,亨利·莫顿 34

斯特雷泽曼,古斯塔夫 91

斯托普斯,玛丽 63

斯瓦格特,杰米 477

死海卷轴 206-7

苏丹阿卜杜尔·哈米德二世 32

苏丹穆罕默德五世 257

苏德台地区 148

苏格兰:放权546-7;斯昆之石225

苏联:与阿富汗的关系419,478;亚历山 大·索尔仁尼琴科378;军备竞赛 217,251;原子弹217;柏林大空运 212;切尔诺贝利464-5;解体508-9; 创建72,94-5;古巴导弹危机300-1; 入侵捷克斯洛伐克211,340;医生谋 杀案238;与芬兰的关系156;五年计 划109;盖里·鲍尔斯286;与德国的 关系251,497;公开化468;匈牙利 260-1;伊朗200;约瑟夫·斯大林 98,109,238;富农116;勃列日涅夫 441;马歇尔计划207;戈尔巴乔夫 456;赫鲁晓夫256,279;改革468;波 茨坦协定197;斯大林掌权98;塞瓦 斯托波尔178;太空探险268-9,291, 315;斯大林格勒180-1;列宁26-7, 68,69,72,94,162-3;华沙条约 248-9;妇女177;第二次世界大战

152-3,168-9,177,178,180-1另见俄 罗斯

苏亚雷斯,马里奥 387

苏亚雷兹,阿道夫 389

苏伊士运河危机 262-3

孙越孟 435

孙中山 44

索尔仁尼琴科,亚历山大 378

索马里 515

索姆河战役 64-5,70-1

T

塔夫脱,罗伯特 237

塔夫脱,威廉 29,44

塔拉尔国王 235

塔什莫比,摩赛 287,293

塔希提岛 19

台湾 214,362

太空探险268-9,291,315,319,326, 344-5,353,367

"太阳圣殿教"教徒集体自杀 526

泰比特,诺曼 434

泰勒,爱德华 227,442

泰森,迈克 512

"泰坦尼克号" 45

泰特,莎伦 346

坦桑尼亚 57

探险:北极36-7;海洋284;南极42-3;太 空269-9,291,315,319,326,344-5, 353,367

汤姆勃,克莱德 116-17

汤森,彼得 254

特雷布林卡 184-5

特里吉罗,拉费尔 316

特里萨修女 418

特林布尔,戴维 549

特鲁多,皮埃尔 448

体育:拳击35,215,327;赛车30,250;国

际象棋 371;芝加哥白袜棒球队 82-3;板球 130;足球 224,270,273, 321,551;赛马 124;奥林匹克运动会 32-3,126-7,235,370,396,424-5, 479,537;赛跑 244-5;环法自行车赛 21;世界杯 224,321,551

"天堂之门"教徒集体自杀 540-1

统一和进步委员会 32,46

统一教 ("月亮教") 435

突尼斯 253,257,448

图季曼,弗拉尼奥 510

图坦卡蒙 89

土耳其 32

土耳其:阿拉伯人起义 62;与巴尔干国家 的关系 33,48;塞浦路斯 287,382;恩 维尔·帕夏 46;保加利亚大屠杀 18-19;穆斯塔法·基马尔 92;改革 92;革命(1908年)32,33;第一次世界 大战 59

土耳其帝国 32,33,46,48,62,74

吐温,马克 40

团结工会 425,440-1,446,500-1

退位危机 143

"托里峡谷"号油轮 326-7

托洛茨基 69,95,98,162-3

托马斯,戴兰 243

W

瓦尔德海姆,亨特 463

瓦伦蒂诺,鲁道夫 104

瓦文萨,里奇 425,446,500-1

瓦兹骚乱 317

万泽蒂,巴托洛梅奥 106

王子拉尼耶二世 261

威尔金斯,A.F. 138

威尔士 546-7

威尔士,唐纳德 284

威尔逊,哈罗德 255,316,332,388,

390-1

威尔逊,莫里斯 136

威尔逊,伍德罗 44,49,58,60,66,73, 74,76,81

威廉,安德森 274

威廉,帕蒂 402

威廉二世 39,52,73

威斯特摩兰,威廉 315,320,339

威沃尔,罗伯特 325

韦德,斯蒂芬 381

韦恩,约翰 416

韦尔,亨特 224

韦尔斯,奥森 149

韦尔塔,维多利亚诺 60

韦科 518-19

韦斯特,弗雷德里克 531

韦斯特,罗斯玛丽 531

韦特,特里 507

维多利亚女王 14

维拉德,杰西 35

维塞斯,斯迪 410

维特,谢尔盖 24,26

维亚,潘乔 43,60,90

未来派 36

魏玛共和国 82

温盖特,奥德 182

文特里斯,迈特尔 13

文学:亚历山大·索尔仁尼琴科 378;亚 瑟·柯南道尔 117;托马斯·戴兰 243;乔治·奥韦尔 220;詹姆斯·乔 伊斯 166;约瑟夫·康拉德 97;《查 泰莱夫人的情人》解禁 289;马克· 吐温40;诺贝尔文学奖15;钱德勒· 雷蒙德 278

沃尔顿,欧内斯特 125

沃尔斯特,巴尔茨扎 323

沃尔沃德,亨德里克 323

沃赫尔,安迪 469

沃伦报告 312-13

沃森,詹姆斯 186

沃森瓦特,罗伯特 138

乌布利希,沃尔特 294

乌尔斯特:各方对话 546;流血星期五 365;流血星期天 364;停火 529;直接 统治364;恩尼斯基伦 473;受难节协 定548-9;绝食431;拘留361;爱尔兰 地方自治法案50,85;奥马549;北爱 共和军 361,364-5;英军部署 347

乌尔斯特志愿军 50

乌干达 369,394-5,414-15

无线电 14,41,149

吴丹 293

吴庭艳 296,304

"五年计划" 109

伍德斯托克 346-7

伍德瓦德,路易丝 547

伍德沃德,鲍比 376

X

西班牙:内战 144-5,150-1;民主 389

西德:巴德尔-曼尼霍芙匪帮 386;成立 216;"绿色"政治 451;北约 248;西 线:第一次世界大战 54-5,64-5;第二 次世界大战 190

吸毒问题 340-1

希尔格,鲍比 348

希腊:塞浦路斯 287,382;诺萨斯 13;第二 次世界大战 167

希区柯克,阿尔弗雷德 423

希思,爱德华 374-5

希特勒,阿道夫:奥地利 148;墨索里尼 148-9;死亡 195;大屠杀 184;疯狂 194;赔款 134;总统 136-7;掌权 129, 132-3

希特勒日记 443

悉尼海港大桥 118

嬉皮士 330-1

霞飞,约瑟夫 54

夏奈尔 358

夏努特,奥科塔夫 23

夏威夷 280

宪章运动 12

香港 173

小儿麻痹疫苗 244

肖,沃尔特 111

"协和号"飞机 342-3

谢尔汉 337

心脏移植 333

辛哈,塔亚 208

辛普森,O. J. 525

辛普森,沃利斯 143,232

欣克莱,约翰 429

新堡爵士音乐节 246

新德里 127,128,130,194-5

新芬党 77,85,431,529,534

新西兰 59,458-9

兴登堡,保罗·冯 55,64,91,132-3,137

"兴登堡号"飞艇 147

星际大战广播 149

"星球大战"防御战略 442

"性感手枪"乐队 401

匈牙利 260-1

休姆,约翰 549

休斯,霍华德 391

叙利亚 62,329,399

学生骚乱 336

"鳕鱼之战" 392

"血腥的星期四" 134-5

Y

雅尔塔会议 192

亚伯,鲁道夫 286

亚当斯,格里 529,534

亚丁 332-3

亚历山大国王 137

亚美尼亚 481,509

亚眠战役 72

亚速,里奇 118-19

亚特兰大 537

亚西尔,阿拉法特 438-9,519

亚洲金融危机 550-1

扬哈斯本,弗朗西斯 25

摇滚乐 258-9

"椰林"大火 179

耶戈尔,查克 209

叶海亚汗 359,363,400

叶利钦,鲍里斯 494,505,509,536

叶芝,威廉·巴特勒 15,61

《一个国家的诞生》(电影) 56,84

伊拉克 426,470-1,478-9,493,495,502-3,538,553

伊拉克利翁 13

伊朗 200,413,426,428,478-9,481

伊朗大使馆被占领 424

"伊朗门"事件 474-5

伊文思,阿瑟 13

以色列:"贝尔福宣言" 66,111;戴维营 409;建国 212;恩德培劫机事件 394-5;与黎巴嫩的关系 438-9;劳德机场血案 368;1972年奥运会 370;与巴勒斯坦关系 355,368,370,519;六天战争 328-9;苏伊士运河危机 263;拉宾,伊扎克 532-3;六天战争 374

义和团运动 12-13

艺术:沃赫尔,阿迪 469

意大利:莫罗,奥尔多 406-7;法西斯主义 88;佛罗伦萨洪水 324;红色旅 406-7;建立共和国 202;第二次世界大战 162,166-7,183,188-9

印度:阿姆利则 452-3;孟加拉 363;博帕尔化学大灾难 453;独立 208;印度国民大会 86;圣雄甘地 86,208,210;非暴力不合作运动 86;拉吉夫·甘地

505

印度国大党 86

印度之星 313

印象派 19

英布战争 16-17,25

英国:国王退位危机 143;阿伯汉事件 324;不列颠之战 164-5;大轰炸 161;英布战争 16-17,25;英国广播公司 121;核裁军运动 270-1,450-1;"鳕鱼战争" 392;保守党 28,93,415,513,542-3;与塞浦路斯的关系 256-7,287;推行十进制 358;英镑贬值 332;放权 546-7;经济危机 388;女王伊丽莎白二世 240,400,516-17;欧洲联盟 267,316,366,512;汇率体系 512;福克兰群岛战争 436-7;英国科技节 228;第一次世界大战 52;英法关系 25;大罢工 102-3;乔治五世 42;乔治六世 232;英德关系 52;大萧条 128-9;绿色政治 451;哈罗铁路大事故 236;赫尔斯堡惨案 484;外来移民 274-5,335,369;与爱尔兰的关系 50,61,85,93,188;工党 12,28,93,201,255,316,542-3;《查泰莱夫人的情人》解禁 289;自由党 28,47,63,93,392-3;矿工大罢工 454-5;国家彩票 527;国有化 201,206;与巴勒斯坦的关系 66,111,146-7;"人头税"骚乱 492-3;玛格丽特公主 254-5;波福默丑闻 302-3;北爱尔兰共和军 383;维多利亚女王 14;种族主义 274-5,335;骚乱 429;社会民主党 428-9;斯昆之石 225;苏伊士运河危机 262-3;三日工作周 374-5;与西藏的关系 24-5;失业问题 434;温斯顿·丘吉尔 157,314;妇女问题 30,47,77;第一次世界大战 52,53,54,56,64-5,72;第一次世界大战 152,153,157,164-5,166-7;季诺

维也夫信件 96-7

英国大罢工 102-3

英国广播公司 121

英国国教 514-15

英国科技节 228

英国议会上院 552

英吉利海峡 37

优素福,拉姆齐 517

尤里,安德罗波夫 441,45,65

尤瑞,雷 33

尤素福,莫莱 257

尤素福,佐奥特 252-3

裕仁天皇 199,201,233,485

元帅凯特尔 195

原子弹 198-9

袁世凯 44

约旦 235,329,355

约翰,阿尔科克 77

约翰内斯堡 17

约翰逊,艾米 166

约翰逊,杰克 35

约翰逊,林登 308

越南:美国干涉 246,296,312,314-15, 320-1,338-9,365,384-5;船民 404-5;分裂225;越南战争246,296, 304,314-15,320-1,338-9,365, 384-5

Z

扎图波克,埃米尔 235

扎伊尔 34 另见刚果

战争赔款 84,121,134

张伯伦,奥斯汀 101

张伯伦,奈维尔 157,232

"沼泽" 540

珍珠港 172-3

真纳,穆罕默德 208

芝加哥白短袜棒球队丑闻 82-3

"芝加哥七人"审判 352

直布罗陀 476

智利 373,480

中国:义和团运动12-13;蒋介石99,151, 203,214;内战203,214;共产党 98-9,141,203,214;"文化大革命" 322-3;"四人帮"受审396;日军侵华 122,151,203;朝鲜战争222-3;国民 党99;长征141;满洲里122;毛泽东 141,203,214,396;爱国运动99, 141,151,203,214;改革452;中华民 国成立44;日俄战争(1904年)24;孙 中山44,99;重返联合国362,366-7

中途岛之战 175

种族隔离 105,143,466,492,521,524

周恩来 223

珠穆朗玛峰 136,241

猪湾 292

卓别林,查理 405

自由党 28,30,47,50,63,93,392-3

"自由军团" 76,82

自由民主党 542

"自由企业先驱号"渡轮 469

足球 224,270,273,321,457

左尔戈兹,利昂 15

图片来源说明

出版方谨向准许本书复制其图片的下列提供方致谢：

AKG London 31b, 133b, 220b, 267t/AP 208b, Tony Vaccaro 101t

Michael Coote 117b

Corbis 影像专利公司　22, 23t, 56b, 107t, 169b, 187tr, 212, 245, 282-3, 298b, 311b 339b, 344b, 345, 447t, 466b, 470b, 481b, 494, 498b, 515b, 516t, 517b, 532b/Jacques M. Chenet 474b, 532t, Bryn Colton/Assignment Photographers 436, Ric Ergenbright 448t, Kevin Fleming 459t, Owen Franken 463b, 496t, Bill Gentile 444b, Robert Maass 496b, Photo B.D.V. 545t, Reuters 476, 478, 487t, 489, 500t, 503b, 511, 517t, 519, 521t, 524b, 525b, 527, 529, 53 It, 542b, Paul Seheult/Eye Ubiquitous 512t, S.I.N. 522b, Joseph Sohm; ChromoSohm Inc. 539t, Peter Turnley 461tr, 467t, 508t, 509b, Miroslav Zajic 504t

Corbis 影像专利公司　20t, 26t, 35t, 37, 43br, 49t, 54-55, 59t, 60, 63t, 74, 83t, 86t, 88, 92, 107b, 13lb, 133t, 152t, 179t, c, 187b, 220t, 254, 258t, 268t, 269t, 277c, 281b, 307t, 325t, 344t, 350-1, 352t, 435b, 442t, 444t, 464b, 466t, 495, 502b, 504b, 513b, 528t, 533t, 543b, **UPI** 23b, 31t, 75b, 98b, lllt, 112b, 113, 117b, 124, 127t, 131t, 133c, 135b, 145t, 150t, 153b, 154-5, 16ltl, 163b, 175b, 179b, 181b, 185b, 186t, 191b, 202t, 208t, 209t, 213t, 221, 222b, 223, 240tl, 241t, 244t, 248, 250b, 253b, 258b, 259, 264, 271b, 273b, 277b, 279b, 280t, 285b, 303b, 307b, 308, 309t, 310, 311t, 312, 313b, 330b, 331t, 335t, 338, 339t, 346t, 348, 349b, 353b, 360b, 365, 371b, 372t, 377t, 384, 385b, 395t, 398t, 399b, 402b, 411, 413t, 414t, 422t, 426, 428t, 430t, 433b, 435t, 438, 446c, b, 453, 459b, 460b, 462, 465t, 467b, 470t, 474t, 475, 477, 482, 487b, 492, 503t

玛丽·埃文斯图片馆　25b, 29, 46t, 105b, 119t

福特汽车公司　34

罗纳德·格兰特档案馆　46b

Hulton Getty 图片社　10-18, 19b, 19c, 20b, 24, 25t, 26b, 27-28, 30, 32, 35b, 36, 38-9, 40-42, 43t, bl, 44-45, 47-48, 49b, 50, 51-53, 56t, 57, 58, 59b, 61, 62t, 63b, 64-73, 75t, 76-82, 83b, 84-85, 86b, 87, 89-91, 93-97, 98t, 99-100, 10lb, 102-104, 106, 108-110, 112t, 114-5, 116, 117t, 118, 119b, 120-123, 125, 126, 127b, 128-130, 132, 134, 135, 136b, 137-144, 145b, 146-149, 150c, 151, 152b, 153t, 156-160, 161tr, b, 162, 163t, 164-168, 169t, 170-174, 175t, c, 176-178, 180, 181t, 182-184, 185t, 186b, 187l, 188-190, 191t, 192-201, 202b, 203-207, 209b, 210, 211, 213b, 214-219, 222t, 224-239, 240tr, b, 241b, 242, 243, 244b, 246, 247, 249, 250t, 251, 252, 253t, 255-257, 260-263, 265, 266, 267b, 268b, 269b, 270, 271t, 272, 273t, 274-276, 277t, 278, 280b, 281t, 284, 285t, 286-297, 298t, 299-302, 303t, 304-306, 309b, 313t, 314-324, 325b, 326-329, 330t, 33lb, 332-334, 335b, 337, 340-343, 346b, 347, 349t, 352b, 353t, 354-356, 357t, 358, 359, 360t, 361-364, 366-370, 371t, 372b, 373-376, 377b, 378-383, 385t, 386-389, 390b, 391-394, 395b, 396, 397, 398b, 399t, 400, 401, 402t, 403-406, 408-410, 412, 413b, 414b, 415-419, 423-425, 427, 428b, 429, 430b, 431, 432, 433t, 434, 441, 442b, 443b, 446t, 448b, 449-452, 454-458, 460t, 46 Icl, 463t, 464t, 468t, 469, 471-473, 479t, 480, 481t, 483, 484, 486, 488, 493t, 502t, 505, 506, 507t, 510, 512b, 513t, 514, 520b, 522t, 523, 524t, 525t, 534, 542t, 544, /AFP 336

英国合众社　436b, 437, 440, 490-1, 498t, 499, 507b, 520t, 526, 540b, 553, 556t, 557, 559b, /AFP 537t, AFP/Frederic J. Brown 55 lt, AFP Photo/CNN 555t, AFP Photo/Orlando Sierra 550, EPA Photo 479b, 518b, 536t, EPA Photo/AFP 554, EPA Photo/AFP/Luke Frazza 555b, EPA Photo/AFP/INA 538b, EPA Photo/AFP/Mark Leffingwell 556b, EPA Photo/AFP/Eduardo Verdugo 541, EPA Photo ANSA/Danilo Schiavella 501t, EPA Photo/Mladen Antonov 559t, EPA/Belga 538t, EPA Photo/DPA/Achim Scheidemann 55lb, EPA Photo/Louisa Gouliamaki 558t, EPA Photo/Serbian Television 558b, EPA Photo/Sergei Supinsky/MPC 465b, Fiona Hanson 543t, Jim James 535b, Peter McErlane 546t, John Stillwell 552t

Popperfoto 390t, 439

Topham Picturepoint 19t, 2It, 33, 62b, 111b, 136t, 279t, 357b, 407, 422b, 443t, 445, 447b, 468b, 493b, 50lb, 508b, 515t, 518t, 527t, 528b, 530, 531b, 535t, 536b, 537b, 539b, 540t, 546b, 547-549, 552b, /AP 420-1, 461b, 485

卡尔顿图书有限公司已经尽力告知或联系每幅图片的所有者和/或版权所有者，如有任何无意的过失或疏忽，本公司表示歉意，并将在以后再版时加以纠正。

卡尔顿图书有限公司向曾对本书提供帮助以及进行合作的柯林·芬雷、洛娜·麦克雷、理查德·菲尔波特和丽贝卡·伍德表示特别的感谢。